해커스변호사

민법

Civil Law

기출중심

사례의 脈

해커스변호사

Prologue

이 책의 **머리말**

"'꾸준히만 하면 목표에 도달할 것이다.' 듣기에는 그럴싸하지만 사실 틀린 말이다. **'올바른 연습'을 충분한 기간에 걸쳐 수행해야 실력이 향상**되고 원하는 목표에 도달할 수 있다."

- 안데르스 에릭슨(Anders Ericsson) -

소위 '1만 시간의 법칙'이라는 이론에 대해 '무조건 열심히 하면 된다'는 식의 오해가 생기자 위 이론의 창시자인 에릭슨 교수는 '올바른 연습'이 필요하다고 강조합니다. 로스쿨 3년 동안 하루 9시간씩 공부하면 1만 시간이 완성됩니다. 강의 듣고 책 읽고, 졸업시험을 통과한 변시 수험생이라면 1만 시간의 노력을 기울였다는 점에서는 차별화될 수 없을 것입니다. 결국 합격의 성과를 내는 비결은 **'출제자가 의도한 정확한 문제풀이를 정해진 시간 안에 답안지에 현출해 내는 연습'**을 충분히 했는가에 달려있습니다.
제대로 된 방향으로 전진해야 목적지에 도착할 수 있습니다. **본서는 기출문제를 중심으로 사례해결을 위한 가장 적합한 방법을 제시함으로써 수험생 여러분의 노력에 방향성을 제시하고자 합니다. 본서의 특징은 아래와 같습니다.**

1. 2025 대비 개정판 특징

① 작년 1년 동안 여름방학, 겨울방학 사례특강을 준비하면서 **거의 모든 사례를 다시 검토**하였습니다. **더욱 정확한 목차구성과 정확한 판례서술**을 통해 좀 더 완성도 높은 사례집이 되도록 노력하였습니다. ② 거기에 더해 **2024년 13회 변호사시험, 2023년 총 3회에 걸친 법전협 모의고사 문제를 추가**하였습니다. ③ 다만, **중복되는 기출쟁점의 경우 대표사례를 소개하고, '유사기출사례'를 압축적으로 소개하여 수험서로서의 효율을 높였습니다.**

2. 출제의도에 가장 적합한 정확한 해설, 실전답안지 분량과 유사한 간명한 해설

기출문제집의 가장 중요한 덕목은 '출제의도에 적합한 정확한 해설'입니다. 시중에 출간된 저명한 교수 및 강사님들의 해설서를 대부분 참고하고, 사법시험의 경우 실제 채점위원들의 채점평, 법전협 모의고사의 경우에는 채점기준표 등을 참고하여 가장 정확한 해설을 하고자 했습니다. 무엇보다 **출제자가 묻고자 하는 논점의 추출은 물론이고 배점을 고려한 분량까지도 조절**했습니다. 그리고 **본서는 실전답안지 분량과 유사한 간명한 해설로 수험적합성을 높였습니다.** 다만 추가설명이 필요한 경우는 각주나 본문 내용에 '심화', '주의', '비교판례' 등으로 설명하여 유사한 쟁점으로 출제되었을 때 틀리지 않도록 기본서로서의 기능도 고려하였습니다.

3. 절제된 분량 880page로 변호사시험, 법전협, 사법시험, 법원행시, 법무사 기출까지 반영

13회에 걸친 변호사시험은 물론이고 2023년까지의 법전협 모의고사 문제 및 최근 10년 이내의 사법시험, 법원행시, 법무사시험 문제까지 반영하고 목차박스까지 수록하면서도 880page로 수험생의 수험부담을 줄였습니다. 물론 **중복되는 쟁점은 가장 대표적인 사례문제만 수록**하였고, **진도별로 문제를 분설하여 로스쿨 재학생의 학과시험 준비에도 도움**이 되도록 했습니다.

사법시험은 변호사시험과 마찬가지로 법무부가 주관하는 시험으로서 문제 풀을 공유한다는 점에서 참고할 가치가 큽니다. 한편 대법원이 시행처인 **법원행정고등고시와 법무사시험의 출제위원은 사법연수원 교수, 대법원 재판연구관 등이라는 점에서 변호사시험의 출제위원을 겸**하기 때문에 주목할 필요가 있습니다.

실제 기출문제를 분석해 보면 2018년 법원행정고등고시에 출제된 상사시효와 관련된 논점은 2019년 변호사시험에서도 유사하게 출제되었고, 2017년 법원행정고등고시에 유치권과 압류에 관한 2011다55214판결 · 2005다22688판결 · 2009다60336판결은 2018년 변호사시험에 그대로 출제되었으며, 2016년 법무사문제에 출제되었던 주택임대차보호법상 대항력과 2016년 법원행정고등고시에 출제되었던 주택임대차보호법상 묵시의 갱신은 2017년 변호사시험에 출제되었고, 2011년 법무사 시험에 출제된 명의신탁 관련한 문제는 거의 동일한 쟁점으로 2016년 변호사시험에 그대로 출제되었습니다. 이러한 출제경향에 비추어 볼 때 **최근 10년 이내에 법원행정고시, 법무사시험, 변호사시험, 사법시험의 주관식 문제는 강조되는 주제나 문제의 형식에 약간의 차이는 있어도 사실상 문제 풀을 서로 공유한다고 보아도 무방합니다.** 따라서 본서는 변호사시험뿐만 아니라 법무사시험이나 법원행정고시를 준비하는 수험생들에게도 좋은 길라잡이가 될 수 있을 것으로 확신합니다.

4. 사례별 중요도 표시, 필수암기 사항 두문자, 시험별 기출표시, 비교판례 등 수록

암기에 도움이 될 수 있도록 꼭 **필요한 요건(사실) 등에 대해서는 두문자를 표시**해 두었고, 기출표시를 해당 판례번호 옆에 해두어 스스로 중요도를 확인할 수 있게끔 하였습니다. 선택형으로 기출된 내용은 예를 들어 '(13회 선택형)'으로 표시하여 **수험생 각자가 응시하고자 하는 시험과 대비하고자 하는 시험유형에서의 빈출 정도를 가늠하실 수 있도록** 했습니다. 또한 해당 사례문제에 출제된 판례와 **비교해야 할 판례,** 꼭 참고해야 할 **관련판례** 등을 소개하여 다양한 사례문제에 대비할 수 있도록 하였습니다.

참고로 배점기준의 경우 변호사시험에서의 2점 = 사법시험, 법무사, 법원행정고시 1점임을 유의할 필요가 있습니다. 즉, 변호사시험에서의 배점기준은 1시간 시험은 100점 기준이나, 다른 국가고시의 경우 50점입니다. 본서는 변호사시험 기준에 따라 배점을 부여하였습니다.

아울러 마지막 최종정리를 위한 사례별 목차박스 및 사례별 강약조절을 위해 특별히 중요한 사례는 ★ 표시해 두었습니다.

5. 핸드북 사이즈의 별책부록

작년 판까지 아래 내용으로 구성된 별책부록은 독자분들의 폭발적인 반응으로 '주관식용 핵심 민법의 맥'으로 별도 출간된 점 알려드립니다.

① **주제별 논리사례구조** : 각 주제별로 수십개의 사례가 만들어질 수 있으나, 별책부록에 수록된 논리(사례)구조는 각 주제별로 가장 전형적으로 문제될 수 있는 경우를 예시로 제시하였으며, 필요에 따라 요건사실론에 바탕을 둔 주장⇒항변 사례구조도 제시하여 기록형까지 동시에 대비할 수 있도록 하였습니다. 이러한 사례구조의 Tool을 잘 활용한다면 객관식에서 시간절약, 주관식에서 쟁점누락 방지 등 다방면에서 크게 도움이 될 것으로 생각됩니다.

② **필수암기 요건(사실), 효과, 판례키워드 정리** : 사례문제에서 제대로 점수를 획득하기 하기 위해서는 쟁점의 정확한 추출⇒논리적 목차구성⇒사안포섭의 정확성이 요구됩니다. 하지만 이 모든 것이 수험생의 머릿속에서 완벽하게 구성되어 있다고 할지라도 가장 기본적인 요건(사실), 효과, 판례의 태도가 정확하게 '답안지에 현출'될 수 없다면 '기본점수'를 획득하기 어렵습니다. 따라서 주관식 사례에서 반드시 암기해야 할 필수암기 요건(사실), 효과, 판례 키워드를 소개하여 수시로 '암기'할 수 있도록 '두문자'와 함께 정리하였습니다.

③ **핵심 요건사실론** : 150여 page의 연수원 '요건사실론' 교재를 50여 page로 요약해서 재구성하였습니다.

오랜 시간 준비하고, 정성을 많이 들인 사례집인 만큼 아무쪼록 변호사시험, 법원행정고시, 법무사 시험 등을 준비하는 수험생들에게 적지 않은 도움을 줄 수 있기를 간절히 기대하는 마음입니다. 앞으로도 본서가 살아있는 수험서가 되도록 부족한 부분들은 꾸준히 보완해 나갈 예정입니다.

본서에 관한 의문이나 질문이 있으신 분은 dhyoon21@hanmail.net이나 daum 카페 "윤동환 민사법교실"(http://cafe.daum.net/civillawclass)로 의견을 개진해 주길 바랍니다.

2024년 6월 연구실에서

윤동환

脈 민법 사례형 문제해결의 실천적 방법론

[Ⅰ] 사례 해결의 일반론

민법사례는 기본적으로 일정한 당사자들이 '무엇'을 요구하거나 청구하는 것을 내용으로 하는 일련의 사건에 의해서 구성되어 있다(그러나 권리의 존재에 대한 주장만이 문제되는 경우도 있다 : 예를 들면 물권적 권리상태의 확인과 형성권 문제). 따라서 사안을 풀이하는 데 있어서는 ⅰ) 먼저 당사자의 일방이 상대방에 대하여 요구 · 주장하는 것이 무엇인가를 사안의 면밀한 검토를 통하여 확정하여야 하며, ⅱ) 다음으로 당사자의 요구와 주장(청구)에 대한 법적기초를 검토하면서 그 사안에 해답을 줄 수 있는 (청구권)규범을 확정해야 하고, ⅲ) 끝으로 그 사안을 해당 규범의 구성요건요소에 포섭시키면서 쟁점에 관한 판단을 내려야 한다. 대표적으로 청구권사례의 해결방법에 대해서 구체적 내용들을 살펴보면, ① 사안에 대한 정확한 파악 ② 당사자들의 사실적 요구의 확인 ③ 청구권규범의 탐색 ④ 청구권규범의 경합과 그 검토 ⑤ 청구권규범의 구성요건과 사안의 포섭 ⑥ 부인권 및 항변권의 검토와 사안의 포섭 ⑦ 청구권규범의 효과의 확정이 필요하다.

[Ⅱ] 사례 해결의 단계론(실제 시험장에서)

1. 1단계 : 관찰 단계

최대한 자신의 민법지식에 기초한 '선입견'을 버리고, 설문내용에 나타난 구체적 사안을 '법률용어'로 재구성해 나가며 관찰하는 단계이다. 이 단계에서는 '질문을 중심으로' 설문을 반복해서 읽어나가면서 최대한 민법상 문제될 수 있는 쟁점을 머릿속에서 추출한다. 사례훈련 초기에는 머릿속에 떠오르는 쟁점들을 모두 써 보는 훈련을 해 보는 것이 효과적이다.

2. 2단계 : 그림그리기 단계

복잡한 당사자 관계를 간단한 그림을 통해 설문사안을 압축 · 요약한다. 날짜, 금액, 고의 · 과실 및 악의 · 선의 여부, 점유와 등기 상태 등은 꼭 체크해야 한다. 이 단계에서는 설문에서 제시된 질문과 관련하여 실제 소송에서 '대립될 수 있는 양 당사자'를 확정하는 것이 중요하다.

3. 3단계 : 목차구성 단계

설문에서 제시된 질문과 관련하여 목차를 구성하는 단계이다. 최대한 목차는 세분화시키는 것이 바람직하며 목차간 논리적 연결점을 잘 찾아 서술해야 한다. 또한 목차는 최대한 사안포섭의 관점에서 독창성을 발휘하여야 한다. 민법 실력이 가장 적나라하게 드러나는 단계이며, 가장 많은 훈련이 필요한 부분이다. 다만, 쟁점제시형 문제의 경우 목차구성은 해당질문을 단순하게 또는 세분화하여 목차로 구성하면 된다.

[III] 사례문제 답안작성의 세부요령

1. 선입견적인 추상적 법명제를 앞세우지 말고 설문에 나타난 구체적 사정들로부터 하나 하나 철저하게 분석할 것

케이스 해결에 있어 가장 치명적인 오류 중 하나가 자신이 아는 '듯한' 주제가 나온다고 해서 사안을 자기 나름대로 재해석하는 것이다. 특히 시험 직전에 본 주제들에 대해서는 보다 적극적으로 이러한 오류를 범한다. 선입견을 버려야 한다.

2. 판례의 외워쓰기 차원을 넘어 당해 사안과 관련한 '적용'에 중점을 두고 서술할 것

채점위원들은 설문의 해결과 전혀 관계가 없는 판례나 학설대립의 외워쓰기는 최소한 無益하고 대부분 有害하다고 한다. 그리고 '적용'은 당해 사안이 가지는 법적 의미를 남김없이 그리고 '모순없이' 풀어 나가는 것이어야 한다고 한다. 또한 채점위원들의 한결같은 이야기가 평이한 문제임에도 불구하고 물 흐르는 듯한 답안은 극소수라는 것이다.

3. 목차작성 및 시간배분

답안 작성시 우선 전체적인 체계를 잡고, 이를 토대로 세부 목차를 잡은 다음 본격적으로 답안을 작성하는 것이 유리하다. 그래야만 논점을 빠짐없이 언급할 수 있고, 시간배분도 가능하다. 채점기준표가 항목별로 세분화되어 있으므로 어느 한 항목을 상술한다고 해도 채점위원은 배점기준상의 점수 이상은 줄 수 없는 것이다. 답안을 작성할 때 자신이 채점위원이라고 가정하고, 머릿속에 항목별 배점기준을 염두에 두면서 답안을 작성한다면 큰 도움이 될 수 있을 것이다.

예를 들어 배점 1점에 대하여 일반적으로 1줄 정도로 계산하면 되므로, 10점 배점이면 10줄 내외 정도까지 쓰겠다는 생각하에 답안지에 연필로 간단히 10줄 되는 줄에 미리 표시를 해두면 강약조절에 도움이 된다.

그리고 일반적으로 논점추출 및 목차구성까지 소요되는 시간은 2시간 기준에 20분 내지 30분이 적합한데, 다만 문제의 난이도의 경중에 따라 목차구성 시간도 강약을 조절할 필요가 있다. 난해한 문제일수록 좀 더 시간을 배분할 필요가 있다.

4. CBT 실시에 따른 대응책

과거 악필이나 글씨쓰는 속도가 느려서 불이익을 보는 사례가 많았으나, 이제 CBT(Computer Based Test)시행으로 인해 이러한 불이익은 사실상 없어졌으며, 오히려 글씨가 아닌 오직 실력에 기반한 점수를 받을 수 있게 되어 여러 측면에서 긍정적인 효과가 기대된다. 아울러 손글씨때 보다 훨씬 자유롭게 내용수정이 가능하고, 중간에 문장을 끼워넣기도 쉬워서 이러한 CBT에 장점을 수험생들은 십분활용할 필요가 있다. 또한 과거 100점 기준 132줄 중에 100줄 정도 내용을 채웠다면 CBT에서는 132줄 모두 쓸 수 있는 시간적인 여력이 생겼기 때문에 이에 대한 대비책도 필요하다. 따라서 예컨대 과하게 쓰고 나중에 다시 줄이는 것보다 압축적으로 쓰고 난 후 중간에 추가하는 것이 시간조절에는 효과적이라고 할 수 있다.

[IV] 고득점을 향한 답안작성 방법론

1. 채점교수님들의 공통적인 지적

① 설문내용을 무의미하게 반복해서 언급하는 경우, 또는 반대로 설문내용을 통상적인 의미로 그대로 받아들이지 않고, 재해석한 후 이를 토대로 논리를 전개해 나가는 경우

② 묻는 질문에 동문서답하는 경우, 또는 출제자의 의도를 정확하게 파악하지 못한 채 설문과 관련한 장황한 지식만 나열하는 경우

2. 고득점을 향한 답안작성 방법론

① 최종적으로 무엇을 묻고 있는지(질문) 반복해서 검토한다. 즉, 출제자가 무엇을 묻고자 하는지 출제의도를 빨리 파악한다. 최근에는 논점제시형 문제가 일반화되는 추세이지만 이 경우에도 논점파악이 쉽지 않은 경우가 많았다.

② 질문에서부터 출발한다. 예를 들어 '갑의 주장은 타당한가?' 라는 최종적인 질문을 하였다면 갑의 주장이 무엇인지에서 출발해서 '갑 주장의 청구권의 근거는 무엇인지? 당해 청구권의 근거가 된 법률관계의 기초는 어떠한지?' 등 민법적으로 문제될 수 있는 쟁점들을 하나하나 짚어가며 역순으로 검토한다.

③ "중요쟁점"은 "빠뜨리지 않고" 언급해야 한다. 그러나 단순한 쟁점의 나열을 넘어 쟁점의 강약을 제시해야 한다. 예를 들어 당해 여러 쟁점들 중에 법률관계를 풀어가는 단초가 되는 쟁점이 무엇인지 정확하게 언급한다.

④ 그리고 이러한 핵심 쟁점은 단순한 쟁점의 '제시'를 넘어 당해 쟁점의 '본질'(문제점)을 정확히 그리고 간략하게 언급하는 것이 중요하다. 예를 들어 "재단법인 출연재산의 귀속시기와 관련한 제48조와 제186조의 충돌이 문제된다."라는 쟁점제시보다 "재단법인 출연재산의 귀속시기와 관련하여 재단법인의 '재산적 기초'에 충실을 기하려는 제48조의 입법취지가 부동산 물권변동에 있어 제186조의 형식주의(거래안전)에 반하는 측면이 있어 문제된다."는 식의 '문제점이나 판례의 핵심중요단어'를 서론이나 본문내용에서 현출시키는 노력이 필요하다(지식의 현출화 작업).

⑤ 교수님들이 가장 중요하게 여기시는 부분은 바로 "물 흐르는 듯한 논리적 흐름"이다. 즉, 중요쟁점을 빠뜨리지 않고 나열하는 것은 고득점을 위한 필수조건이지만 충분조건은 아니다. 물 흐르는 듯한 논리적 흐름이야 말로 최고 답안을 위한 필요 · 충분조건이라는 것이 한결같은 채점 교수님들의 지적이다(지식의 구조화, 체계화 작업).

⑥ 사안의 해결은 구체적으로 하여야 하며 단순히 추상적인 검토만 하고 결론을 도출하는 것은 바람직하지 않다. 답안 중에는 자신의 입장이 어떤지 불분명한 것이 있는데 그런 답안은 좋은 인상을 줄 수 없다.

脈 민법 사례형 기출분석 및 실천적 공부방법론

I. 제1회~제13회 민법 사례형 쟁점별 기출분석

1. 민법총칙

계약의 당사자 확정(제4회), 의사무능력과 제104조(제2회), 비법인사단의 대표권제한과 단축된 급부(제11회), 사기와 착오 취소가부(제4회), 사기 취소와 불법행위로 인한 손해배상청구권 경합(제7회), 유권대리와 표현대리 · 무권대리행위의 추인(제2회), 무권대리 추인의 소급효제한(제8회), 일상가사대리권와 표현대리(제12회), 대표기관 불법행위로 인한 손해배상청구권의 기산점(제11회), 소멸시효와 변론주의(제6회), 소멸시효기간 연장합의의 효력(제9회), 소멸시효와 어음채권 행사로 인해 시효중단 여부, 가압류 취소가 시효중단에 미치는 영향, 보증인의 시효이익포기의 효력 등(제3회), 화해권고결정 및 추심금청구와 시효중단의 효력(제11회), 취소소송에서 수익자가 시효원용권자인지 여부(제9회), 연대채무자 1인의 시효이익포기의 효력(제8회), 재판상청구로 인한 시효중단(제9회), 가압류로 인한 시효중단(제8회), 소멸시효 중단사유로서 가압류 및 시효이익 포기의 상대효(제5회), 제766조의 기산점(제13회)

2. 물권법

토지거래허가와 중간생략등기(제6회), 중간생략등기합의에 따른 법률관계(제2회, 제12회), 도품유실물 특칙(제9회), 취득시효 완성자의 변제와 구상권(제4회), 점유취득시효의 기산점과 점유취득시효완성자의 원소유자에 대한 구제수단(제5회), 취득시효완성에 기한 소유권이전등기청구권(제6회), 무권리자의 처분행위와 등기부 취득시효 완성에 따른 부당이득반환청구(제13회), 제214조의 방해의 의미(제13회), 공유자 1인의 공유물처분행위의 효력(제9회), 소수지분권자가 다른 소수지분권자에게 공유물의 반환을 청구할 수 있는지 여부(제1회), 소수지분권자가 과반수지분권자에게 공유물의 반환을 청구할 수 있는지 여부(제6회), 구분소유적 공유와 제366조 법정지상권의 성립 여부(제3회), 계약명의신탁과 중간생략형 명의신탁(제1회), 계약명의신탁과 유치권(제2회), 압류의 효력과 유치권(제7회), 계약명의신탁과 부당이득반환(제5회), 중간생략형 명의신탁과 채권자취소권(제4회), 중간생략형 명의신탁과 부동산실명법 제4조 3항(제12회), 제366조 법정지상권(제6회), 관습법상 법정지상권(제1회, 제6회, 제7회), 무담보채권에 질권을 설정한 후 채권을 담보하기 위한 저당권이 설정된 경우(제12회), 저당물의 제3취득자 보호(제9회), 전세권을 목적으로 한 저당권(제4회), 압류된 전세금반환채권에 대한 전세권저당권자의 전부명령의 효력(제8회), 물상대위권행사로 인한 압류와 제3채무자의 상계권 행사(제8회), 근저당권의 확정과 공동저당에서 이시배당의 경우 배당방법(제9회), 토지저당권자의 일괄경매청구권(제7회), 근저당권의 피담보채무액 범위와 확정(제6회)

3. 채권총론

채무불이행책임(제391조)과 불법행위책임(제756조)의 피용자 비교(제10회), (복)이행보조자의 과실과 수급인의 불완전이행책임 및 담보책임(제13회), 채권자지체 중 채무자의 경과실에 의한 이행불능(제4회), 대상청구권(제5회), 피보전채권이 금전채권인 경우 예외적으로 채무자의 무자력이 필요없는 채권자대위권(제1회), 채권자대위권을 대위행사할 수 있는지 여부(제1회),

채권자대위에 의한 변제수령권한에 대한 압류 및 전부명령의 효력(제9회), 채권자대위 소송에서 채권자와 제3채무자 사이의 독자적인 사정에 기한 사유(제10회), 채권자취소소송과 가액배상(제2회), 채무초과 상태의 채무자가 유일한 재산을 명의신탁한 경우의 사해행위성(제4회), 명의신탁자의 사해행위(제8회), 채권양도계약이 사해행위로 취소된 경우 원상회복방법과 취소의 상대효(제10회), 채권자취소권의 제소기간, 가액반환의 범위(제11회), 채권양도통지의 효과에 관한 제451조 2항(제1회), 채권의 이중양도의 경우 우열문제(제1회 · 제8회), 이의를 보류하지 않은 승낙에 관한 제451조 1항(제1회), 채권양도와 전부명령 경합시 우열 판단과 가압류의 효력(제3회 · 제8회), 양도통지 이후 채무자의 양도인에 대한 자동채권의 변제기가 도래하는 경우 상계로 양수인에게 대항할 수 있는지 여부(제4회), 채권양도의 대항요건으로서 승낙의 상대방(제5회), 담보 목적의 채권양도와 피담보채무 변제의 효력(제13회), 면책적 채무인수인과 채무자사이의 관계에 기초한 항변(제8회), 사정변경의 원칙을 이유로 한 보증인의 해지권 인정여부 및 주채무의 이행기 연장이 보증인에게 미치는지 여부(제2회), 제3취득자의 연대보증인에 대한 구상권(제3회), 부진정연대채무자 1인에 대한 면제의 효력과 구상권 인정 여부(제6회), 지급금지명령을 받은 채권을 수동채권으로 하는 상계(제9회), 상계항변과 상계충당(제3회), 보증채권을 자동채권으로 한 상계의 효력(제8회), 유익비상환청구권과 제495조(제11회), 압류채권자에 대한 사전 · 사후구상권을 자동채권으로 한 상계항변 가부(제12회)

(4) 채권각론

청약과 청약의 유인(제10회), 계약금 해제의 적법여부(제6회), 일부 계약금지급에 따른 효과(제5회), 종류채권의 특정과 대가위험부담주의(제537조, 제538조)(제4회), 잔금채무불이행에 따른 실권약정(제2회), 사인증여계약의 해제와 철회(제13회), 공동명의로 담보가등기를 마친 경우 예약완결권의 귀속형태(제5회), 담보책임의 제척기간과 소멸시효의 경합(제13회), 임대인의 지위 승계에 따른 임차보증금의 면책적 채무인수와 배당요구 및 우선변제권(제3회), 주택임대차보호법상 대항요건을 갖춘 임차인보다 선순위 근저당권자가 존재하는 상황에서 후순위 근저당권자가 경매신청을 하는 경우 임차권의 대항력 소멸여부(제6회), 임차인의 비용상환청구권 포기(제6회), 임차인의 유익비상환청구권과 전용물소권(제4회), 묵시의 갱신과 임차인의 해지통고(제6회), 이미 발생한 연체차임채권과 임차건물의 양수인(제7회), 차임채권에 압류 및 추심명령이 있는 경우 보증금의 담보적 효력(제7회), 지상물매수청구권, 퇴거청구, 임대차 종료 후 임차인의 계속 점유(제10회), 임차권의 양도금지특약(제13회), 보증금반환채무의 기한의 이익 포기(제13회) 및 상계적상의 시기(제13회), 횡령한 금전에 의한 채무변제와 부당이득(제7회), 불법원인급여(제4회), 사용자책임의 사무집행관련성(제13회), 자동차손해배상보장법상 손해배상청구권(제6회)

(5) 친족상속법

과거 출산 경력의 고지와 혼인의 취소사유(제13회), 낙태와 상속결격 및 상속포기(제3회), 상속포기와 지분의 탄력성(제6회), 상속포기와 무효행위의 전환(제7회), 가분채무가 공동상속된 경우 상속재산 분할의 대상이 되는지 여부 및 채무인수인에 대한 채권자의 이행청구를 묵시적인 채무인수의 승낙으로 볼 것인지 여부(제3회), 상속재산분할협의의 소급효(제9회), 상속재산분할협의의 합의해제와 제3자 보호(제9회)

Ⅱ. 사례형 출제경향에 부합한 실천적 공부방법론

1. 민사법 문제 전반에 관한 소견(21C 법조인 像)

변호사시험 민사법 문제의 관건은 "민사법의 기본적 법리에 근거한 쟁점추출 능력 및 문제해결 능력" 이라고 생각한다. 즉, 이 시대가 요구하는 법조인은 ① 문제되는 분쟁(사실)관계에서 법적으로 무엇이 문제되는지 '순발력' 있게 추려내며(**쟁점추출 능력**), ② 당해 분쟁을 해결할 수 있는 다양한 법적 수단들(민사법제도) 상호간의 관련성(이익형량) 및 가장 효과적인 법적 해결 수단은 무엇인지를 논리적으로 '순발력' 있게 검토할 수 있는 사람이다(**문제해결능력**). 이러한 시대적 요구가 최근 출제경향으로 반영된다고 보여진다.

2. 쟁점(논점) 파악능력 배양

1차적으로는 '정확한' 민사법지식이 필요한 부분이다. 그러나 그것만이 전부는 아니다. 예를 들어 내가 채권자대위권의 요건과 효과를 알고 있다고 해서 사례(분쟁상황)를 보면서 채권자대위권의 어떤 요건, 어떤 효과가 '쟁점이 된다. 안 된다.'를 파악할 수 있는 능력이 저절로 생기는 것은 아니다. 그리고 그것이 '주된 논점이다. 부수적인 논점이다'를 파악할 수 있는 능력은 더더욱 그러하다. 그래서 훈련이 필요한 바, **사례문제는 공부초기(1학년, 2학년)부터 적극적으로 풀어보아야 한다. 먼저 공부초기(1학년, 2학년)에는 기본적이고 전형적인 논리(사례풀이) 구조를 통해 민사법의 중요주제별 논리(사례풀이) 구조를 "내.것.화"해야 한다.** 그래서 사례형 민사법문제에서 중요한 주제가 무엇이며, 주제별 논리(사례풀이)의 기본구조가 어떻게 이루어진다는 것을 빨리 간파해야 한다.

3. 쟁점(민사법제도) 상호간 압축적 · 논리적 목차구성(강약조절 포함) 능력 배양

(1) 서 설

이는 당해 사례의 핵심쟁점이 무엇인지, 각 민사법제도(쟁점)들 상호간의 관련성은 어떻게 되는지를 알고 있는 능력으로 이것은 회독수가 늘어난다고 저절로 해결되는 것도 아니고, 평면적인 민사법지식이 풍부하다고 해결되는 부분도 아니다. 특히 민법은 민총(계약의 성립) ⇒ 채권(계약의 이행) ⇒ 물권(물권변동)이 사실상 하나로 연결된 정치한 논리구조이다. 따라서 민사법의 전반적인 체계나 각 제도 상호간의 관련성에 대한 '깊이 있고', '자발적인' 사고훈련, 즉 민사법을 입체적으로 바라볼 수 있는 시각이 없이는 고득점을 획득하기 어려운 과목이다. 따라서 공부초기에는 강사의 도움이 필요하나, 궁극적으로는 본인이 어떻게 공부하느냐의 문제이다.

(2) 일명 '창조적 구슬꿰기' 작업

① 첫째, 하루에 민사법 교과서 100page를 목표로 삼았다면 공부시작 전 책을 덮고 오늘 공부할 주제(제도)들에 대해서 '조문을 중심으로' 10~20분 정도 '나름대로' 각 제도들의 요건, 효과에 대한 체계도 및 각 제도들 사이의 연관성을 머릿속에서 '그려보는' 것이다. 또는 잠자리에 누워 하루 공부한 내용을 '조문을 중심으로' 이렇게 정리하는 것도 유용하다. 이러한 공부방법은 적은 시간으로 체계화 작업뿐만 아니라 암기에 있어서도 탁월한 효과를 낼 수 있다. 이러한 체계화 작업은 화장실 또는 식사 후 tea타임 때에도 가능한 것으로 때와 장소에 구애받지 않는 유용한 공부방법이 될 수 있다.

② 둘째, 본인이 기본강의 시간에 많이 활용하는 방법인데, 100점짜리 사례문제를 본인이 '직접' '쟁점추출 및 사안의 해결'을 간략하게 써보고(대략 20~30분 소요), 이를 해설지 또는 스터디멤버들과 비교해 보는 것이다(구체적인 판례내용은 본인이 단권화할 기본서를 통해 정리 · 암기). 이런 공부방법은 상당수 수험생들이 사례문제집 또는 암기장 하나 잡고서 열심히 외우며 사고를 '경직화'시키고 '전형화'시키고 있을 때 짧은 시간 안에 수많은 사례들을 접하면서 민사법 전반에 대한 '체계화'와 '논리성'을 배양할 수 있는 최적의 공부방법이 될 수 있다. 물론 이러한 방법이 효과를 보려면 본인이 선택한 기본서로 단권화를 병행해야 한다는 점과 이는 사례형 민사법 문제에서 어떤 내용이 중요한가를 어느 정도 간파하고 난 다음에 하는 것이 효과적이라는 점이다.

4. 법조문을 중심으로 한 공부방법

채점위원들이 공통적으로 요구하는 것이다. 답안지에 법조문을 정확히 현출시키는 것은 기본이거니와 또한 법조문을 중심으로 공부하는 것이 왜 필요하고 얼마나 유용한 공부방법인지는 앞서 설명한 바와 같다.

5. 기초개념의 정확한 이해와 암기

법학에 있어 가장 기본일 뿐만 아니라 판례를 정확히 이해하기 위한 단초이다. 우리가 생각하는 것 이상으로 채점위원들이 눈여겨보는 부분이므로 기초개념의 정확한 이해와 암기는 필수적이며, 사례문제 해결의 선결적 과제라 하겠다. 예를 들어 보증채무와 관련한 대부분의 쟁점(판례)는 보증채무의 법적성질(부종성 또는 독립성)에서 문제된다. 상계와 관련한 대부분의 쟁점(판례)는 상계의 '우선변제적 기능', 즉 상계권자의 기대권의 보호정도와 관련해서 문제된다. 그런데, 로스쿨을 다니면서 공부할 때 이러한 기초개념을 소홀히 한 채 단지 판례만 외워서 공부한 수험생들은 결국 변호사시험에서 고생을 할 수밖에 없을 것이다.

6. 단권화 방법

(1) 일반론 - 단권화의 오류

특히 민법의 경우 다른 법과목처럼 "한권의 책에 내가 암기하고 검토할 모든 내용을 압축시켜 놓겠다"라는 생각은 애초에 버리는 것이 바람직하다. 왜냐하면 민법 사례의 경우 후4법과 달리 단순한 형태가 아니라 각 제도 상호간의 다양한 역학관계 속에서 복잡하게 엮여있기 때문이다. 다만 필요하다면 개념노트나 판례노트를 만들어 필수적으로 암기해야 할 내용을 본인이 스스로 정리해 나가는 것도 방법인데, 이는 시간이 많이 소요되는 작업일 수 있으므로 강사들의 필수암기장을 활용하는 것도 한 방법이다.

(2) 단계별 공부(단권화) 방법론

1) 1단계(1학년)

공부 초기에는 기본서(수험서)를 최우선으로 민사법 전반을 빠짐없이 공부하되 '중요' 민사법주제에 대해서는 '주제별 논리(사례)구조'를 중심으로 깊이 있게 공부할 필요가 있다. 다만 평면적인 학설, 판례암기에 머물지 말고 왜 당해 학설이 문제되고, 학설과 판례에 따른 논의의 실익은 무엇이며, 다른 제도와의 상관관계는 어떠한 지를 수업을 통해 숙지하고 논점파악 및 쟁점연결 연습 등의 자발적 사고를 통해 이것을 "내.것.화"(내 말로 쓸 수 있어야 한다)하고 있어야 한다.

2) 2단계(2학년 또는 3학년)

기본서를 중심으로 한 사례풀이를 위한 기초이론 작업 및 주제별 논리(사례)구조의 완성이 '어느 정도' 되었다면 2학년, 3학년 때는 적극적으로 문제해결능력을 향상시키는 것에 중점을 둘 필요가 있다. 즉, 처음에는 전형적인 사례구조를 빨리 익히는 것이 중요하지만 시험문제는 전형적인 사례구조대로 풀리는 것은 아니므로 전형적인 사례구조를 더욱 공고히 하는 반복학습과 함께 다양한 판례문제에 대한 충분한 연습이 필요하다.
즉, 이 때에는 선택형 및 사례형 문제집을 적극 활용하되 기본서(수험서)를 계속 반복, 확인하여 제대로 된 단권화를 완성해 나가야 한다.

脈 법원행정고시 기출분석 및 출제예상

Ⅰ. 전반적인 출제경향

법원행시는 1차 시험 경쟁률이 무척이나 높은 반면 2차 시험 준비기간은 1차 시험을 치른 후 2개월 밖에 안 되며, 유예제도조차 없습니다. 따라서 1차 시험을 합격하기 위해 객관식 문제에 집중을 하고나면 2차 시험은 1차 시험에 포함되지 않은 과목을 준비하기에도 벅찹니다. 하지만 빈출영역이 명확한 만큼 전략을 잘 짜면 합격확률을 경쟁자보다 훨씬 높일 수 있습니다. 주로 법원실무에서 중요하게 다루는 제도를 종합적으로 물어보는 사례형문제가 출제됩니다. 최근에는 단문이 출제되지 않고 있으나 사례를 분설하여 출제하면서 기본서의 해당주제를 목차순서대로 정확하게 이해하는 사람이 고득점을 할 수 있도록 출제하고 있습니다. 부동산분쟁해결, 채권추심절차진행, 경제적 약자보호 등 법원의 핵심 업무영역에 대한 이해가 필요합니다.

Ⅱ. 과목별 출제예상

1. 민법총칙

최근 5년간 단독으로 출제된 민법총칙 주제는 착오취소와 관련한 30점짜리와 20점짜리 사례문제 각 1개씩뿐입니다. 그러나 계약의 무효·취소나 소멸시효 등 법률관계를 종결짓는 제도는 물권이나 채권법리와 연계되어 계속 출제되고 있습니다. 따라서 ① 해제의 법리와 연관되는 토지거래허가구역내의 유동적 무효법리, ② 각종 권리의 행사가능 여부와 관련된 소멸시효법리에 대한 이해가 중요합니다. 18년에도 주채무와 보증채무의 소멸시효 완성과 중단의 관계를 묻는 문제가 출제되었습니다. 최근 5년 이전에는 무권대리에 관한 문제가 종종 출제되었으므로 이에 대한 대비도 하여야 합니다. 반면 표현대리는 복잡하고 정치한 논리학습에는 적합한 주제이나 법원실무에서는 자주 다루는 주제가 아니어서인지 출제가 많지 않습니다. 법원공무원으로서 자기 일에 관심을 갖는 마음자세라면 자연스럽게 출제경향에 맞춘 학습이 이루어지리라 생각합니다.

2. 물권법

최근 5년간 14개 이상의 사례문제가 출제되었고, 배점으로는 25점 이상을 차지하는 가장 중요한 파트입니다. ① 특히 소유권에 기한 토지인도청구와 건물철거청구가 3년 전까지 主를 이루다가 최근에는 주춤한 추세입니다. 그래도 전통적인 빈출영역이므로 준비를 소홀히 한다면 위험합니다. 경쟁자들은 기계적으로 준비한 답을 쏟아내는데 본인만 평범한 답안을 제출한다면, 다른 문제에서 탁월한 실력을 보여주지 못할 경우 낙오될 수밖에 없습니다.

② 17년에는 유치권과 관련된 문제가 종합적으로 출제되었는데, 이런 식으로 한 가지 주제를 집중해서 물어보는 경향이 법원행시의 특징입니다. 토지인도청구와 건물철거청구문제 역시 소유권에 기한 물권적청구권을 이해하기 위한 종합문제라고 할 수 있습니다. 이와 관련하여 저당권과 관련된 일련의 법리를 대비하실 필요가 있습니다. 법원실무에서 가장 주요하게 다루는 분야가 부동산 소유권분쟁과 담보관련 경매절차입니다. 유치권이 중요한 제도여서가 아니라 경매절차의 맥락에서 포인트가 맞춰져서 종합문제로 구성되었다고 보여집니다. 따라서 향후에는 경매절차의 메인이라 할 수 있는 ③ 저당권 실행법리를 철저히 대비할 필요가 있습니다.

3. 채권총론

① 채권자대위권과 채권자취소권에 관한 문제가 집중되고 있습니다. 최근 5년간 215점의 배점으로 출제된 채권총론 문제 중에 채권자대위권과 채권자취소권을 묻는 문제의 배점 총계가 115점입니다. 그 중에서도 ② 채권자대위권행사의 통지에 따른 채무자의 처분권 제한 및 제3채무자의 항변권 제한문제가 반복 출제되고 있습니다. 채권자대위권과 채권자취소권 역시 법원실무에서 중요한 분야입니다. 법원은 모든 분쟁의 종착점이고 민사 분쟁의 핵심은 빌려준 돈을 받아내는 것입니다. 채권추심방법으로 채권자대위권과 채권자취소권이 자주 쓰이기 때문에 법원공무원이 잘 알아야하는 영역인 것입니다. 그런데 채권의 만족을 얻는 간편한 방법으로 선호되는 제도가 상계입니다. ③ 동시이행항변권과의 관계에서 상계의 가부를 묻는 문제는 한 가지 주제를 집중해서 물어보는 법원행시의 경향과도 어울리며 14년에 25점 배점으로 출제되기도 하여 다시 출제될 확률이 높습니다. 18년에는 변제충당에 대한 논점이 출제되었으므로 앞으로는 상계충당에 대한 대비도 있어야 하겠습니다. 또한 채권추심방법으로 자주 이용되는 ④ 채권양도와 채무인수 역시 대항력과 관련하여 종합문제로 출제될 수 있는 영역입니다.

4. 채권각론

① 최근 5년간 출제된 문제의 배점이 70점정도 밖에 되지 않으며 그 중 35점이 임차권과 관련된 문제입니다. 13년부터 15년까지는 채권각론 분야에 대한 출제가 생략되었다가 16년부터 18년까지는 3년 연속 임대차와 관련된 문제가 출제되었습니다. 채권각론의 백미는 해제권행사와 관련된 법리입니다. 이 또한 법원이 권리관계의 종착지라는 점에서 중요시됩니다. 그리고 법원실무에서 자주 다루는 문제는 서민경제의 핵심인 임차권입니다. 이런 이유에서인지 18년에는 임차권의 해지와 관련된 논점이 출제되기도 했습니다. ② 아직 출제되지 않은 주택임대차보호법상의 대항력 문제가 출제 유력합니다. 해제와 관련해서는 계약금해제가 중요하나 법원이 강력한 해제권을 인정하는 제535조의 법리를 소극적으로 적용하므로 ③ 계약금해제를 인정하지 않으려는 법리를 중심으로 대비를 할 필요가 있습니다.

Ⅲ. 연도별 출제된 기출쟁점

다음카페 윤동환 민사법 교실 '법원행정고시' 기출분석란 참고

脈 법무사 기출분석 및 출제예상

Ⅰ. 전반적인 출제경향

법원이 출제기관인 점은 법원행시와 동일합니다. 한 가지 주제를 종합적으로 물어보는 사례형 문제 출제경향 역시 법원행시 출제경향과 비슷합니다. 40점에서 50점짜리 지문을 5점에서 8점 정도의 설문으로 쪼개어 물어보는 사례형 문제를 대비해야 합니다. 1차 시험합격자는 그다음 회 1차 시험을 면제해 주므로 주관식 대비기간에 비교적 여유가 있습니다. 그 대신 사례위주의 난이도 높은 문제를 대비해야 합니다. 부동산공유관계, 임대차관계, 명의신탁 등 서민경제와 밀접한 관련을 갖는 분야가 빈출영역이므로 이에 대한 대비가 필요합니다.

Ⅱ. 과목별 출제예상

1. 민법총칙

최근에 거의 출제되지 않다가 ① 18년에는 친권남용에 관한 사례가 출제되었습니다. ② 또한 18년에는 타인의 명의를 사용한 법률행위가 출제되어, 계약의 성립단계에서 당사자 확정의 문제, 효력단계에서 대리의 문제를 구분할 수 있는지를 평가했습니다.

2. 물권법

① 13년에는 유치권, 14년에는 공유관계, 15년에는 명의신탁관계, 16년에는 가등기에 관한 문제 등 하나의 주제를 여러 설문으로 나누어 물어보는 경향이 있습니다. 주제도 편중되지 않아서 쉽게 향후 출제주제를 예측하기는 어렵습니다. 다만, 서민 경제 분야라는 법무사의 업무영역을 고려한 출제경향을 고려할 때, ② 전세권과 가등기담보권의 출제가 유력해 보입니다.

3. 채권총론

법원행시와 다르게 채권총론분야의 출제가 빈약합니다. 따라서 ① 물권과 채권각론의 문제풀이를 위한 범위에서 책임재산의 보전에 관한 법리를 정확히 이해해야겠습니다. 18년에는 채권자대위권의 요건을 약술하라는 문제가 출제되었고, 채권자대위권 행사 이전에 이미 채무자가 권리를 재판상 행사하는 경우 등 민사소송법 관련 쟁점도 출제되었습니다. ② 향후에는 채권자취소권의 요건과 관련된 문제를 대비할 필요성이 높아 보입니다.

4. 채권각론

① 주택임대차보호법상의 법리가 집중 출제되고 있습니다. 최근에는 ② 상가임대차보호법의 적용을 묻는 지문도 있어 이에 대한 대비가 필요합니다. 나아가 전통적으로 중요한 주제이면서 서민경제안정을 위한 부분으로 ③ 해제와 관련된 제3자보호문제의 출제를 예상할 필요가 있습니다.

Ⅲ. 연도별 출제된 기출쟁점

다음카페 윤동환 민사법 교실 '법무사' 기출분석란 참고

목 차

제1편 민법총칙

사례 1. 신의칙

[사례A-01] 토지소유권에 기한 공로(公路)인도청구, 불법행위에 기한 금지청구권 인정 여부 3
2023년 1차 법전협모의 제2문

[사례A-02] 권리남용금지의 원칙, 실효의 원칙, 취득시효와 이중양도법리★ 7
중요판례 미기출 핵심사례

사례 2. 권리능력, 제한능력

[사례A-03] 신용카드이용계약 및 신용구매계약에 있어 미성년자의 법률행위★ 10
최신판례 미기출 핵심사례

사례 3. 법 인

[사례A-04] 재단법인 출연재산의 귀속시기, 이사의 대표권 제한 14
중요판례 미기출 핵심사례

[사례A-05] 법률에 의한 대표권 제한 18
중요판례 미기출 핵심사례

[사례A-06] 종중의 원고적격, 총유물의 처분과 보존행위, 비법인사단과 제35조 22
2012년 2차 법전협모의 제1문

[사례A-07] 총유물의 처분행위, 비법인사단(종중)의 대표권제한 위반, 제35조 유추★ 25
2015년 사법시험 제3문

[사례A-08] 비법인사단의 대표권제한과 단축된 급부 29
2022년 변호사시험 제2문

사례 4. 법률행위 해석

[사례A-09] 법률행위의 해석(목적물의 확정) 32
중요판례 미기출 핵심사례

[사례A-10] 타인명의를 사용한 법률행위(당사자 확정 등) 34
중요판례 미기출 핵심사례

사례 5. 의사표시의 흠결

[사례A-11] **제103조(동기의 불법), 제104조 및 강박, 불법원인급여★** 37
2016년 1차 법전협모의 제2문

[사례A-12] **차명대출, 제108조 2항, 제451조 2항★** 40
최신판례 미기출 핵심사례

[사례A-13] **통정허위표시와 선의의 제3자(임대차계약과 전세권저당권)★** 43
2017년 사법시험 제2문

[사례A-14] **허위의 주채무를 보증한 보증인이 보증채무를 이행한 경우** 46
중요판례 미기출 핵심사례

[사례A-15] **허위의 근저당권설정계약과 제3자 보호★** 50
최신판례 미기출 핵심사례

[사례A-16] **유발된 동기의 착오 등★** 53
중요판례 미기출 핵심사례

[사례A-17] **동기의 착오에 의한 일부취소, 경과실에 의한 착오와 손해배상★** 56
2015년 법원행정고시 제1문

[사례A-18] **하자담보책임에 기한 해제권과 착오에 기한 취소권의 경합★** 59
2020년 3차 법전협 모의 제2문

[사례A-19] **동기의 착오 및 제3자의 사기** 62
2015년 변호사시험 제2문

[사례A-20] **제3자에 의한 사기 취소와 불법행위로 인한 손해배상청구권의 경합** 65
2018년 변호사시험 제2문

사례 6. 대 리

[사례A-21] **대리권의 범위** 67
2015년 2차 법전협모의 제2문

[사례A-22] **예금인출행위와 대리권남용** 68
2014년 사법시험 제1문

[사례A-23] **일상가사대리와 표현대리** 70
2023년 변호사시험 제2문

[사례A-24] **친권자 일방의 대리행위에 관한 제126조 및 제920조의 2** 73
2010년 사법시험 제1문

[사례A-25] **이해상반행위, 친권남용, 제107조 2항의 유추적용★** 76
2020년 1차 법전협모의 제2문

[사례A-26] 총유물의 관리 · 처분행위, 제129조의 표현대리★ 80
2014년 3차 법전협모의 제2문

[사례A-27] 당사자 확정(현명), 표현대리, 무권대리행위의 묵시적 추인 82
2011년 사법시험 제3문

[사례A-28] 타인명의를 사용한 법률행위, 과실없는 무권대리인의 제135조 책임 85
최신판례 미기출 핵심사례

[사례A-29] 무권대리와 묵시적 추인, 자동해제조항(실권조항) 89
2013년 변호사시험 제1문

[사례A-30] 무권대리의 추인의 상대방과 철회권, 추인의 소급효 제한 91
2016년 사법시험 제2문

[사례A-31] 무권리자의 처분행위, 권리자의 추인 95
2020년 1차 법전협모의 제2문

사례 7. 유동적 무효

[사례A-32] 토지거래허가구역지정의 해제(배제 · 잠탈), 금반언, 불법원인급여, 관법지 등★ 97
중요판례 미기출 핵심사례

[사례A-33] 유동적 무효와 단축된 급부에서의 부당이득반환 102
2017년 사법시험 제1문

사례 8. 소멸시효

[사례A-34] 불법행위로 인한 손해배상청구권의 기산점 105
2022년 변호사시험 제2문

[사례A-35] 제214조의 방해, 담보책임의 제척기간과 소멸시효 경합, 제766조의 기산점★ 107
2024년 변호사시험 제2문

[사례A-36] 추심명령과 추심채무자의 시효중단 행위의 효력★ 110
2020년 2차 법전협 모의 제2문

[사례A-37] 화해권고결정 및 추심금청구와 시효중단의 효력 112
2022년 변호사시험 제1문

[사례A-38] 일부청구와 시효중단, 반복적 최고와 시효중단, 일부변제와 시효이익의 포기 115
2022년 1차 법전협 모의 제1문

[사례A-39] 연대보증과 소멸시효 중단★ 118
2012년 법무사시험 제1문

[사례A-40] 소멸시효와 변론주의, 연대보증인의 주채무 소멸시효 완성의 항변, 제183조 122
2018년 법원행정고시 제2문

[사례A-41] 소멸시효 연장합의, 채권자취소소송에서 피보전채권의 소멸시효 완성 126
2020년 변호사시험 제2문

[사례A-42] 채권양도와 가압류에 따른 소멸시효의 중단, 시효이익의 포기의 상대효★ 128
2016년 변호사시험 제1문

[사례A-43] 어음금 채권의 가압류와 원인채권의 소멸시효 중단, 시효이익의 포기, 보증채무 132
2014년 변호사시험 제2문

[사례A-44] 물상보증인에 대한 시효중단 일반 136
2010년 법원행정고시 제2문

[사례A-45] 보증채권을 자동채권으로 한 상계의 효력, 채권의 가압류와 전부명령의 효력, 연대채무자 1인의 시효이익포기의 효력, 가압류로 인한 시효중단★ 141
2019년 변호사시험 제1문

[사례A-46] 시효이익 포기의 상대효, 일반채권자의 시효원용권★ 145
2021년 1차 법전협모의 제1문

[사례A-47] 시효이익 포기의 상대효 제한법리★ 148
2016년 2차 법전협모의 제1문

제2편 채권총론

사례 1. 채권의 목적

[사례B-01] 종류채권의 특정, 채권자지체와 대가위험부담 153
2015년 변호사시험 제2문

사례 2. 채무불이행, 손해배상

[사례B-02] 채무불이행책임(제391조)과 불법행위책임(제756조)의 피용자 비교 156
2021년 변호사시험 제2문

[사례B-03] 이행제공과 동시이행의 항변권 · 이행지체 · 계약해제★ 158
중요판례 미기출 핵심사례

[사례B-04] 동시이행의 항변권의 당연효(존재효), 행사효★ 161
중요판례 미기출 핵심사례

[사례B-05] 대상청구권 163
2015년 사법시험 제3문

[사례B-06] 수령지체 및 이행기 전 이행거절을 이유로 한 해제, 일방적 손해배상액의 예정 165
최신판례 미기출 핵심사례

[사례B-07] 채권자지체의 법적성질과 그 효과(계약해제권) 169
2012년 2차 법전협모의 제2문

[사례B-08] 담보책임과 불완전이행, 신뢰이익과 이행이익, 통상손해와 특별손해 171
2014년 3차 법전협모의 제1문

사례 3. 부동산 이중매매

[사례B-09] 유효한 이중매매의 경우 제1매수인의 매도인에 대한 구제수단 등★ 175
2016년 변호사시험 제2문

[사례B-10] 유효한 이중매매와 무효인 이중매매의 경우 제1매수인의 구제수단 178
중요판례 미기출 핵심사례

[사례B-11] 이중매매와 상속재산분할협의★ 185
2019년 2차 법전협모의 제1문

사례 4. 채권자대위권

[사례B-12] 임대차 종료에 따른 법률관계, 물권적 청구권을 피보전채권으로 한 채권자대위권★ 188
최신판례 미기출 핵심사례

[사례B-13] 채권자대위 소송에서 채권자와 제3채무자 사이의 독자적인 사정에 기한 사유★ 191
2015년 법원행정고시 제2문

[사례B-14] 채권자대위 소송에서 제3채무자의 피보전채권에 관한 항변★ 194
최신판례 미기출 핵심사례

[사례B-15] 채권자대위권의 통지 후 채무자의 처분제한과 제3채무자의 항변권★ 195
2013년 법원행정고시 제2문

[사례B-16] 제405조 2항에 따른 제3채무자의 항변권 제한과 시효이익의 포기 197
최신판례 미기출 핵심사례

[사례B-17] 민법 제405조 2항의 처분금지효와 가압류의 처분금지효의 비교★ 202
2016년 법원행정고시 제2문

[사례B-18] 채권자대위소송에서 제3채무자의 (피보전채권, 피대위채권에 관한) 항변권★ 204
2011년 2회 법무부모의 제2문

[사례B-19] 중간생략형명의신탁과 계약명의신탁, 채권자대위권의 대위소송 207
2012년 변호사시험 제2문

[사례B-20] 채권자대위권 행사에 따른 제3채무자로부터 지급받을 채권에 대한 채권압류 및 전부명령 210
2020년 변호사시험 제2문

사례 5. 채권자취소권

[사례B-21] 말소등기청구의 대상등기 및 피고적격, 채권자대위권, 가등기와 사해행위★ 213
2016년 법무사시험 제2문

[사례B-22] 채권자취소권의 요건(피고적격, 제소기간, 피보전채권 등) 217
2013년 1차 법전협모의 제2문

[사례B-23] 공동저당이 설정된 경우 책임재산, 채권양도 취소의 상대효와 채권자대위권★ 222
2017년 3차 법전협모의 제2문

[사례B-24] 공동저당이 설정된 채무자 소유 부동산의 처분시 사해행위 여부★ 226
2018년 3차 법전협모의 제1문

[사례B-25] 채권자취소권의 요건(가등기와 사해행위의 존재에 대한 판단시기) 228
2015년 법원행정고시 제2문

[사례B-26] 상속포기와 채권자취소권 230
2010년 사법시험 제1문

[사례B-27] 특별수익자의 사해행위와 상속재산분할협의★ 232
2019년 2차 법전협모의 제1문

[사례B-28] 대물변제의 사해행위성, 채권자취소권의 대위행사★ 234
2012년 2차 법전협모의 제2문

[사례B-29] 중간생략형 명의신탁, 당사자확정과 채권자취소권, 말소등기청구의 상대방★ 238
2015년 변호사시험 제1문

[사례B-30] 양자간 명의신탁자의 사해행위, 취소로 원상회복된 재산을 채무자가 처분한 경우 243
2019년 변호사시험 제2문

[사례B-31] 악의의 수익자가 선의의 전득자에게 저당권을 설정해 준 경우 채권자취소권★ 245
2006년 사법시험 제1문

[사례B-32] 채권자취소소송과 원상회복청구소송(제소기간, 기판력) 249
2014년 변호사시험 제1문

[사례B-33] 사해행위취소소송의 원물반환판결 후 가액반환청구, 취소채권자의 대상청구권, 수익자의 상계권, 수익자의 압류 및 전부명령★ 253
2019년 3차 법전협모의 제1문

[사례B-34] '이미' 담보물권이 설정되어 있는 재산의 처분행위와 사해행위, 가액배상★ 258
2013년 변호사시험 제2문

[사례B-35] '이미' 담보물권이 설정되어 있는 재산의 처분행위와 사해행위, 가액배상★ 261
2008년 법무사시험 제1문 변형

[사례B-36] 가액반환시 임차보증금, 저당권의 피담보채무, 가압류 채권액의 공제여부★ 265
2018년 2차 법전협모의 제2문

[사례B-37] 채권자취소권의 제소기간, 가액반환의 범위 270
2022년 변호사시험 제1문

[사례B-38] 다른 채권자에 의해 선순위담보권 설정이 사해행위를 이유로 취소된 경우★ 274
2020년 3차 법전협모의 제2문

사례 6. 보증채무, 부진정연대채무

[사례B-39] 사정변경의 원칙, 주채무의 이행기연장과 보증채무 279
2013년 변호사시험 제1문

[사례B-40] 채권의 이중양도와 보증채무의 부종성, 독립성 281
2016년 3차 법전협모의 제1문

[사례B-41] 부진정연대채무 일반★ 283
2011년 법무사시험 제1문 변형

사례 7. 채권양도

[사례B-42] 채권양도의 대항요건으로서 채무자의 승낙 288
2016년 변호사시험 제1문

[사례B-43] 임차보증금반환채권양도와 채무자의 항변, 채권자대위소송과 양수금청구소송, 가압류와 채권양도의 경합 ★ 289
2012년 변호사시험 제1문

[사례B-44] 통지의 효력과 제108조 2항 · 제548조 1항 단서, 승낙의 효력과 동이항 · 상계항변★ 293
2015년 3차 법전협모의 제1문 변형

[사례B-45] 양도금지특약, 양수인 명의의 채권양도통지, 이의보류 없는 승낙과 상계항변★ 298
2015년 1차 법전협모의 제2문

[사례B-46] 채권의 이중양도와(제450조 2항) 이의를 보류하지 않은 승낙의 효력(제451조 1항) 300
2017년 1차 법전협모의 제1문

[사례B-47] 이의를 보류하지 않은 승낙, 채권의 이중양도와 채권양도계약의 합의해지★ 302
2017년 3차 법전협모의 제2문

[사례B-48] 압류 · 전부명령(제2양도) 송달 이전에 제3채무자가 (제1양도)양수인에게 변제한 경우 306
2013년 3차 법전협모의 제2문

[사례B-49] 채권의 이중양도, 채권양도와 전부명령의 우열관계 307
2014년 변호사시험 제1문

[사례B-50] 임대차보증금반환채권(장래채권, 양도금지특약, 임차인 채무 공제, 이중양도)★ 310
2013년 사법시험 제1문

[사례B-51] 임대차보증금반환채권의 양도와 담보적 효력 315
2009년 법원행정고시 제1문

[사례B-52] 채권양도와 채무자의 항변(동이항 · 상계), 소유권이전등기청구권의 가압류★ 320
2012년 변호사시험 제2문

[사례B-53] 채권양도금지특약 · 상계항변(제498조), 이의를 보류하지 않은 승낙★ 324
2009년 사법시험 제2문

사례 8. 채무인수, 이행인수

[사례B-54] 면책적 채무인수인과 원인된 법률관계에 기한 항변(채무인수의 무인성) 329
2019년 변호사시험 제2문

[사례B-55] 임대차보증금반환채무의 이행인수, 인수채무 불이행의 효과★ 330
2015년 법무사시험 제1문

[사례B-56] 이행인수와 면책적 · 중첩적 채무인수, 채권자 위험부담주의 등★ 337
2015년 3차 법전협모의 제1문

사례 9. 변제, 변제충당, 구상권 및 변제자대위권

[사례B-57] 채권의 준점유자에 대한 변제와 인지의 소급효 339
중요판례 미기출 핵심사례

[사례B-58] 변제충당★ 342
2007년 법원행정고시 제2문

[사례B-59] 변제자대위 345
2009년 사법시험 제3문

[사례B-60] 구상권과 변제자 대위, 제364조의 제3취득자 347
2014년 변호사시험 제2문

[사례B-61] 변제자대위에서 제3취득자, 보증인, 물상보증인의 관계★ 349
2018년 1차 법전협모의 제2문

[사례B-62] 후순위근저당권자의 보증인에 대한 변제자대위★ 352
2015년 3차 법전협모의 제2문

[사례B-63] 물상보증인, 보증인, 제3취득자 사이의 구상권 및 변제자대위권 354
2018년 2차 법전협모의 제2문

[사례B-64] 보증인과 물상보증인을 겸유하는 자의 구상의무(제482조 2항 5호의 해석) 358
2020년 3차 법전협모의 제1문

[사례B-65] 일부변제자대위권과 저당권의 우열(제483조), 우선회수특약과 변제자대위 360
2021년 2차 법전협모의 제2문

사례 10. 상 계

[사례B-66] 동시이행의 항변권이 부착되거나 가압류된 수동채권의 상계★ 363
2014년 1차 법전협모의 제2문

[사례B-67] 압류효력발생 후 취득한 자동채권으로 압류채권자에 대한 상계항변(제498조) 367
2013년 3차 법전협모의 제2문

[사례B-68] 압류효력발생 후 취득한 자동채권으로 압류채권자에 대한 상계항변(제498조)★ 369
2020년 변호사시험 제2문

[사례B-69] 소송촉진법, 채권의 일부전부명령과 제498조★ 373
2014년 법원행정고시 제2문

[사례B-70] 전세권설정자의 상계, 지급금지채권을 수동채권으로 하는 상계★ 378
2016년 2차 법전협모의 제2문

[사례B-71] 가압류 및 추심명령과 채권양도, 채권양도와 상계적상일 381
최신판례 미기출 핵심사례

[사례B-72] 압류채권자에 대한 사전(제441조) · 사후구상권(제341조)을 자동채권으로 한 상계항변 가부(제498조)★ 385
2020년 2차 법전협모의 제2문 유사

[사례B-73] 물상보증인의 구상금채권을 수동채권으로 한 채무자의 상계★ 390
2014년 법원행정고시 제2문

[사례B-74] 상계충당, 금전채권의 변제기 이후 지연손해금 산정기준★ 392
2014년 변호사시험 제2문

제3편 채권각론

사례 1. 계약의 성립, 대가위험부담

[사례C-01] 청약과 청약의 유인 396
2021년 변호사시험 제2문

[사례C-02] 대가위험부담(제537조)과 대상청구권 397
2014년 3차 법전협모의 제2문

[사례C-03] 이행인수, 대가위험부담(제538조 1항 1문, 제538조 2항)★ 399
2014년 3차 법전협모의 제2문

[사례C-04] 수령지체와 대가위험부담★ 402
중요판례 미기출 핵심사례

[사례C-05] 수급인의 보수지급청구권과 대가위험부담(제538조 1항 2문) 404
2012년 사법시험 제1문

사례 2. 제3자를 위한 계약

[사례C-06] 제3자를 위한 계약과 제541조의 적용 407
2016년 사법시험 제1문

[사례C-07] 제3자를 위한 계약에 따른 효과★ 409
최신판례 미기출 핵심사례

[사례C-08] 제3자를 위한 계약과 제548조 1항 단서★ 411
최신판례 미기출 핵심사례

사례 3. 계약해제

사례 3-1. 계약금에 기한 해제

[사례C-09] 계약금이 일부만 지급된 경우의 제565조에 따른 계약해제 413
2016년 변호사시험 제2문

[사례C-10] 토지거래허가와 계약금이 일부만 지급된 경우의 제565조에 따른 계약해제★ 415
2012년 사시, 2017년 변시

[사례C-11] 토지거래허가와 계약금에 기한 해제 417
2012년 사시, 2017년 변시

[사례C-12] 계약금에 기한 해제(이행기 전 이행의 착수가 가능한 경우)★ 419
2011년 사시, 2016년 법행

[사례C-13] 계약금에 기한 해제(이행기 전 이행의 착수가 불가능한 경우) 420
2011년 사시, 2016년 법행

사례 3-2. 채무불이행에 기한 해제 등

[사례C-14] 일부지급된 계약금에 기한 해제, 이행기 전 이행의 착수가 불가능한 경우★ 422
2021년 1차 법전협모의 제2문

[사례C-15] 제565조 및 제544조에 의한 해제 424
2014년 법전협, 2012년 법전협

[사례C-16] 이행지체를 원인으로 한 계약해제, 해제의 제3자 보호 425
2014년 법전협, 2012년 법전협

[사례C-17] 약정이자율과 지연손해금, 정지조건부 해제 427
2018년 1차 법전협모의 제2문

[사례C-18] 원상회복의무와 동이항, 실권조항, 해제권 취득을 위한 이행제공의 정도★ 431
2013년 법원행정고시 제1문

[사례C-19] 토지거래허가구역내 토지거래의 효과(유동적 무효, 원상회복청구, 손해배상청구)★ 435
2011년 법원행정고시 제3문 변형

사례 3-3. 제548조 1항 단서

[사례C-20] 제548조 1항 단서의 제3자(채권의 양수인, 해제 후 선의의 제3자, 대항력 있는 임차인)★ 439
2014년 2차 법전협모의 제1문

[사례C-21] 제548조 1항 단서의 제3자(미등기 매수인으로부터의 임차인) 443
미기출 핵심사례

[사례C-22] 제548조 1항 단서의 제3자(대항력 있는 임차인, 가압류채권자)★ 445
2009년 법무사시험 제1문

[사례C-23] 합의해제와 제548조 1항 단서의 제3자(무허가건물관리대장에 소유자로 등재된 자) 449
2016년 사법시험 제1문

[사례C-24] 토지매매가 해제된 경우 건물에 대한 이해관계인과 제548조 1항 단서의 제3자★ 451
중요판례 미기출 핵심사례

사례 4. 증여, 매매(담보책임)

[사례C-25] 사인증여계약의 해제와 철회 453
2024년 변호사시험 제2문

[사례C-26] 타인권리매매에 따른 담보책임, 해제에 따른 원상회복과 손해배상의 범위★ 455
2012년 3차 법전협모의 제1문

[사례C-27] 타인권리매매와 담보책임, 이행불능책임 457
2014년 3차 법전협모의 제2문

[사례C-28] 하자담보책임과 불완전이행책임의 경합, 소멸시효와 제척기간의 경합★ 459
최신판례 미기출 핵심사례

[사례C-29] 하자담보책임의 성립요건과 행사기간(소멸시효와 제척기간의 경합) 463
2019년 1차 법전협모의 제2문

사례 5. 임대차

사례 5-1. 임차목적물 멸실

[사례C-30] 임차인의 보존의무위반으로 인한 임차목적물 외의 부분에 대한 손해배상 464
2019년 2차 법전협모의 제2문

사례 5-2. 임차권의 대항력(저당권과의 우열), 보증금반환청구권

[사례C-31] 토지임대차의 대항력(제622조)·임차권의 무단양도와 배신행위론★ 466
2015년 법무사시험 제1문

[사례C-32] 주택임대차보호법상 대항력 있는 임차권과 저당권의 우열 판단 470
2017년 변호사시험 제2문

[사례C-33] 임차권과 저당권의 우열, 압류의 처분금지효와 유치권, 상대방이 제3자에 대하여 가지는 채권을 수동채권으로 한 상계가부★ 473
2019년 3차 법전협모의 제2문

[사례C-34] 주택임대차보호법상 대항력, 저당권과 임차권의 우열, 임대인지위의 승계 476
2010년 법무사시험 제1문

[사례C-35] 주택임대차보호법상 대항력·우선변제권, 보증금의 일부만 변제받은 경우 479
2014년 3차 법전협모의 제2문

[사례C-36] 대항력 있는 임차권이 갱신된 후의 임차권 양수인과 기존 저당권자의 우열관계 481
2015년 2차 법전협모의 제2문

[사례C-37] 주택임대차보호법상의 대항력, 임대인 지위 승계, 저당권과의 우열관계★ 483
2014년 변호사시험 제2문

[사례C-38] 임대인의 지위승계시 채권가압류의 제3채무자 지위도 승계하는지 여부★ 485
2015년 1차 법전협모의 제2문

[사례C-39] 이미 발생한 연체차임 채권이 대항력을 갖춘 임차목적물양도의 경우 보증금에서 공제되는지 여부, 차임채권이 압류된 경우 보증금의 담보적 효력의 범위 487
2018년 변호사시험 제2문

[사례C-40] 임차권의 양도금지, 담보 목적의 채권양도에서 피담보채무의 변제의 효과 490
2024년 변호사시험 제2문

[사례C-41] 임차보증금반환채무의 기한의 이익의 포기, 상계적상의 시기 492
2024년 변호사시험 제2문

[사례C-42] 시효완성된 연체차임과 보증금반환채무의 상계 또는 공제(제495조) 등 494
최신판례 미기출 핵심사례

사례 5-3. 비용상환청구권, 부속물매수청구권, 지상물매수청구권

[사례C-43] 유익비상환청구권과 제495조 499
2022년 변호사시험 제2문

[사례C-44] 미등기주택 '대지'의 환가대금에 대한 소액임차인의 우선변제권 인정여부★ 502
최신판례 미기출 핵심사례

[사례C-45] 주택임대차의 묵시의 갱신과 해지통고, 보증금반환과 부당이득 공제 및 유익비 포기특약 504
2017년 변호사시험 제2문

[사례C-46] 임대차와 유익비상환청구권 · 부속물매수청구권 506
2014년 1차 법전협모의 제1문

[사례C-47] 건물임대차에서의 부속물매수청구권과 보증금반환청구권★ 508
중요판례 미기출 핵심사례

[사례C-48] 지상물매수청구권, 퇴거청구, 임대차종료 후 임차인의 계속 점유 513
2021년 변호사시험 제2문

[사례C-49] 토지임대차에서의 지상물매수청구권과 보증금반환청구권★ 517
중요판례 미기출 핵심사례

[사례C-50] 토지소유자 변동과 지상물매수청구권, 원상회복특약 522
2015년 3차 법전협모의 제2문

[사례C-51] 토지소유자 변동과 지상물매수청구권, 부당이득반환청구권 524
2017년 1차 법전협모의 제2문

사례 6. 도 급

[사례C-52] 신축건물의 소유권 귀속, 계약인수와 도급계약 526
2012년 사법시험 제1문

[사례C-53] 건축도급계약이 수급인의 채무불이행으로 인하여 중도에 해제된 경우의 효과 529
2021년 3차 법전협모의 제2문

[사례C-54] 수급인의 담보책임 531
2017년 3차 법전협모의 제1문

[사례C-55] (복)이행보조자의 과실, 수급인의 담보책임과 불완전이행에 따른 손해배상책임 533
2024년 변호사시험 제1문

[사례C-56] 수급인의 담보책임★ 536
2014년 법무사시험 제1문

사례 7. 조 합, 화 해

[사례C-57] 건물신축 도급계약상 하자, 조합원 개인에 대한 조합채무의 청구 540
2021년 1차 법전협모의 제1문

[사례C-58] 조합채무와 조합원 개인의 채무★ 544
2009년 사법시험 제2문

[사례C-59] 상행위에 따른 조합원의 연대책임 547
2013년 3차 법전협모의 제2문

[사례C-60] 업무집행을 위임받은 동업자 중 1인이 업무집행 과정에서 타인에게 손해를 가한 경우, 다른 동업자의 책임 549
2015년 사법시험 제2문

[사례C-61] 공동불법행위와 화해계약 552
2017년 2차 법전협모의 제1문

사례 8. 부당이득

[사례C-62] 제3자변제와 도의관념에 적합한 비채변제 553
2017년 2차 법전협모의 제1문

[사례C-63] 임차인의 유익비상환청구와 부당이득반환청구(전용물소권)★ 555
2015년 변호사시험 제1문

[사례C-64] 수급인의 유익비상환청구와 부당이득반환청구(전용물소권)★ 557
2019년 2차 법전협모의 제2문

[사례C-65] 전용물소권, 제203조(유익비상환청구권), 유치권 559
2011년 사법시험 제2문

[사례C-66] 단축된 급부(또는 무권대리)와 횡령한 금전에 의한 변제의 경우 부당이득★ 562
2018년 변호사시험 제1문

사례 9. 불법행위책임

[사례C-67] 사용자책임(공동불법행위책임) 565
2014년 사법시험 제1문

[사례C-68] 사용자책임의 사무집행관련성 567
2024년 변호사시험 제1문

[사례C-69] 안전배려의무, 사용자책임, 공작물책임, 과실상계(피해자측 과실이론)★ 570
2007년 사법시험 제2문

[사례C-70] 보호의무 위반, 공작물책임, 상속인의 (피상속인 가해자에 대한)구제수단 574
2014년 사법시험 제2문

[사례C-71] 보호의무 위반, 공작물책임, 유족의 위자료청구권 및 상속여부 577
2019년 2차 법전협모의 제2문

[사례C-72] 사용자책임과 공불책, 부진정연대채무의 절대효 · 수인의 구상의무자의 관계 581
2016년 1차 법전협모의 제1문

[사례C-73] 공동불법행위와 사용자책임 및 과실상계, 제496조, 부진정연대채무와 구상권★ 586
2013년 2차 법전협모의 제1문

[사례C-74] 공동불법행위와 사용자책임, 구상권과 부진정연대채무★ 590
2015년 2차 법전협모의 제1문

제4편 물권법

사례 1. 일물일권주의

[사례D-01] 유동집합동산에 대한 양도담보★ 596
중요판례 미기출 핵심사례

사례 2. 등 기

[사례D-02] 공유물의 보존행위, 대리권 존부에 대한 증명과 등기의 추정력★ 599
2019년 2차 법전협모의 제2문

[사례D-03] 채권자대위소송의 피대위채권, 대리권 존부에 대한 증명과 등기의 추정력★ 601
2013년 법원행정고시 제2문

[사례D-04] 상속회복청구의 소, 무효인 이중보존등기에 기초한 등기부 · 점유취득시효★ 603
최신판례 미기출 핵심사례

[사례D-05] 토지거래허가와 중간생략등기★ 606
2017년 변호사시험 제1문

[사례D-06] 중간생략등기 608
2013년 변호사시험 제2문

[사례D-07] 중간생략등기 610
2023년 변호사시험 제2문

사례 3. 선의취득

[사례D-08] 선의취득과 도품·유실물에 관한 특칙 612
2020년 변호사시험 제1문

[사례D-09] 타인의 동산을 경락인이 선의취득한 경우 부당이득 614
2017년 2차 법전협모의 제1문

[사례D-10] 소유권유보부매매, 목적물반환청구권의 양도 및 점유개정에 따른 선의취득 616
중요판례 미기출 핵심사례

사례 4. 혼 동

[사례D-11] 명의신탁해지, 가등기에 기한 본등기청구권과 혼동
(채권과 물권 사이의 혼동 여부)★ 620
최신판례 미기출 핵심사례

사례 5. 취득시효

[사례D-12] 취득시효(경계침범 건축, 피상속인의 점유분리) 623
2012년 2차 법전협모의 제1문

[사례D-13] 피상속인의 점유분리, 취득시효로 인한 이전등기청구권과 소멸시효 625
2014년 2차 법전협모의 제2문

[사례D-14] 취득시효의 기산점과 변론주의, 오상권원 627
2013년 1차 법전협모의 제1문

[사례D-15] 부동산 점유취득시효 완성자의 등기청구(점유취득시효 완성 후 원소유자의 처분)★ 631
2017년 변호사시험 제2문

[사례D-16] 점유취득시효 완성 후 등기 전에 점유자가 제3자에게 점유를 이전한 경우
점유취득시효 완성 후 등기 전에 소유자가 권리를 행사한 경우★ 633
2016년 변호사시험 제1문

[사례D-17] 점유취득시효 완성 후 소유자의 저당권설정과 부당이득반환청구권,
손해배상청구권 637
2015년 변호사시험 제2문

[사례D-18] 점유취득시효 완성 후 등기 전에 소유자가 제3자에게 소유권을 이전한
경우, 공유, 타주점유로의 전환, 상속 640
2012년 법무사시험 제2문

[사례D-19] 명의신탁해지와 점유취득시효 완성 후의 권리변동 644
2019년 3차 법전협모의 제2문

[사례D-20] 경계침범 건축, 취득시효 기산점 및 기간, 타주점유 전환, 2차 취득시효 중단★ 647
2012년 법원행정고시 제2문 변형

[사례D-21] 자기소유 부동산에 대한 취득시효 651
최신판례 미기출 핵심사례

[사례D-22] 무권리자의 처분행위와 등기부 취득시효 완성에 따른 부당이득반환청구★ 654
2024년 변호사시험 제2문

[사례D-23] 등기부취득시효로 인해 소유권을 상실하게 된 원소유자의 구제수단★ 655
최신판례 미기출 핵심사례

사례 6. 부 합

[사례D-24] 소유권이 유보된 건축자재의 건물에의 부합과 부당이득★ 660
2013년 3차 법전협모의 제2문

[사례D-25] 부합, 종물, 소유권유보부 매매와 동산양도담보 등★ 662
중요판례 미기출 핵심사례

사례 7. 물권적 청구권, 점유자와 회복자

[사례D-26] 선의점유자의 과실수취권, 임차인의 유익비상환청구권 668
2012년 3차 법전협모의 제1문

[사례D-27] 선의점유자의 과실수취권, 공유지분권자의 부당이득반환청구 672
2019년 2차 법전협모의 제2문

[사례D-28] 방해배제청구권과 손해배상청구권의 비교 674
2011년 사법시험 제1문

사례 8. 공동소유

[사례D-29] 사망한 공유자의 지분상속, 과반수지분권자의 배타적 사용수익과 부당이득★ 677
2017년 변호사시험 제2문

[사례D-30] 공유물의 관리와 부당이득반환청구권, 관습법상 법정지상권 680
2012년 변호사시험 제2문

[사례D-31] 공유자 1인의 임대차계약해지, 공유지분에 저당권설정 후 공유물분할 683
2015년 2차 법전협모의 제2문

사례 9. 명의신탁

[사례D-32] 공동명의수탁자의 공유물분할과 명의신탁관계의 소멸 686
2017년 2차 법전협모의 제2문

[사례D-33] 부부일방의 사망과 명의신탁관계의 존속여부 688
2015년 2차 법전협모의 제2문

[사례D-34] 구분소유적 공유(상호명의신탁)의 대외적 주장 690
2014년 변호사시험 제1문

[사례D-35] 구분소유적 공유(상호명의신탁)관계의 승계 692
2016년 사법시험 제3문

[사례D-36] 양자간 명의신탁, 진명등, 부동산실명법 제4조 3항 693
2016년 1차 법전협모의 제2문

[사례D-37] 명의신탁자의 소유권회복 방법, 양자간 명의수탁자의 처분행위와 신탁자의 권리 695
2018년 3차 법전협모의 제2문

[사례D-38] 중간생략형 등기명의신탁, 부동산실명법 제4조 3항★ 698
2023년 변호사시험 제2문

[사례D-39] 계약명의신탁에서 매도인이 선의인 경우(부동산실명법 시행 전과 후)★ 702
2016년 변호사시험 제2문

[사례D-40] 계약명의신탁에서 매도인이 선의인 경우, 채권자취소권★ 707
2015년 법무사시험 제2문

[사례D-41] 계약명의신탁에서 매도인이 악의인 경우 수탁자의 처분행위 711
2019년 3차 법전협모의 제2문

[사례D-42] 부합, 유효한 명의신탁, 관습법상 법정지상권 등★ 712
중요판례 미기출 핵심사례

사례 10. 지상권

[사례D-43] 담보지상권과 피담보채무의 존부, 제256조 단서의 권원, 부당이득반환청구 717
2019년 1차 법전협모의 제1문

[사례D-44] 지상권이전의 경우 지료연체로 인한 지상권소멸청구(제287조) 720
2015년 2차 법전협모의 제2문

[사례D-45] 토지소유권 이전의 경우 지료연체로 인한 지상권소멸청구(제287조) 721
2018년 3차 법전협모의 제2문

[사례D-46] 관습상의 법정지상권의 승계★ 723
2014년 2차 법전협모의 제2문

[사례D-47] 대항력 있는 건물임차인에 대한 퇴거청구, 강제경매와 관습법상 법정지상권★ 726
2016년 1차 법전협모의 제2문

[사례D-48] 채권자취소권과 관습법상 법정지상권, 제366조의 법정지상권★ 730
2016년 법원행정고시 제1문

[사례D-49] 공동저당권 설정 후 경매 전에 건물을 재신축한 경우 법정지상권★ 733
2009년 사법시험 제3문

[사례D-50] 구분소유적 공유와 법정지상권 735
2014년 변호사시험 제1문

사례 11. 전세권

[사례D-51] 전세권이 설정된 건물이 경매된 경우, 관습법상 법정지상권 737
2013년 사법시험 제3문

[사례D-52] 전세권과 물상대위의 추급력★ 739
2016년 2차 법전협모의 제2문

[사례D-53] 전세권저당권의 행사방법 743
2015년 변호사시험 제1문

[사례D-54] 압류된 전세금반환채권에 대한 전세권저당권자의 전부명령의 효력, 물상대위권 행사로 인한 압류와 제3채무자의 상계권 행사★ 746
2019년 변호사시험 제2문

[사례D-55] 전세권저당권자의 물상대위와 상계★ 748
2023년 2차 법전협모의 제2문

사례 12. 유치권

[사례D-56] 중간생략보존등기의 유효성, 유치권 750
2014년 1차 법전협모의 제1문

[사례D-57] 압류의 효력과 유치권행사★ 752
2018년 변호사시험 제1문

[사례D-58] 경매개시로 인한 압류의 효력 발생 후에 유치권을 취득한 경우 우열관계★ 755
2012년 사법시험 제1문

[사례D-59] 유치권의 소멸, 동시이행항변권, 전용물소권, 비용상환청구권★ 757
2015년 1차 법전협모의 제1문

[사례D-60] 매도인이 선의인 계약명의신탁, 부당이득과 유치권, 유익비상환청구권과 유치권 763
2013년 변호사시험 제2문

[사례D-61] 유치권의 소멸 766
2021년 3차 법전협모의 제2문

사례 13. 질 권

[사례D-62] 저당권부채권에 대한 채권질권 설정(제348조의 유추적용) 768
2021년 3차 법전협모의 제2문

[사례D-63] 임대차 종료에 따른 법률관계, 채권질권 769
2008년 사법시험 제3문

[사례D-64] 채권질권, 보증금반환채무의 면책적 인수, 상계합의와 이익침해금지★ 772
2020년 1차 법전협 모의 제1문

사례 14. 저당권

[사례D-65] 저당권의 침해에 대한 구제★ 777
2017년 3차 법전협모의 제2문

[사례D-66] 불법말소된 저당권등기의 회복★ 780
2017년 2차 법전협모의 제2문

[사례D-67] 저당권 침해와 물상대위, 대위권불행사의 특약 781
2011년 사법시험 제1문

[사례D-68] 제3취득자의 변제권과 경매인이 될 수 있는 권리 786
2020년 변호사시험 제2문

[사례D-69] 가압류채권자와 저당권자의 우열관계 788
2017년 1차 법전협모의 제1문

[사례D-70] 일괄경매청구권의 허용요건 791
2018년 변호사시험 제2문

[사례D-71] 법정지상권과 일괄경매청구권 792
2015년 사법시험 제1문

사례 15. 특수저당권(근저당권, 공동저당권)

[사례D-72] 제3자 명의의 근저당권, 피담보채권의 확정시기, 일부 변제자대위★ 795
중요판례 미기출 핵심사례

[사례D-73] 근저당권에 있어서 채무액이 채권최고액을 초과하는 경우★ 799
2017년 변호사시험 제1문

[사례D-74] 무담보채권에 질권을 설정한 후 그 채권을 담보하기 위해 저당권이 설정된 경우 802
2023년 변호사시험 제1문

[사례D-75] 공동저당권의 동시배당과 이시배당★ 804
2013년 2차 법전협모의 제2문

[사례D-76] 물상보증인의 대위권(제481조, 제482조)과 후순위저당권자
대위권(제368조 2항 후문)의 관계 807
2009년 사법시험 제3문

[사례D-77] 공동저당권의 변제자대위와 물상대위, 공동저당권의 불법말소 809
2016년 사법시험 제3문

[사례D-78] 공동근저당권의 피담보채권의 확정시기 1.★ 812
2019년 1차 법전협모의 제2문

[사례D-79] 공동근저당권의 피담보채권의 확정시기 2.★ 814
2020년 변호사시험 제2문

[사례D-80] 누적적 근저당권, 물상보증인의 변제자대위와 후순위근저당권자의 우열 816
2021년 3차 법전협모의 제2문

사례 16. 비전형담보물권

[사례D-81] 유동집합동산의 양도담보, 점유개정에 의한 선의취득 가부★ 818
2012년 3차 법전협모의 제2문

[사례D-82] 이중의 동산양도담보, 양도담보권침해에 따른 구제수단★ 820
2014년 사법시험 제3문

[사례D-83] 건축허가를 채권자명의로 한 경우 부동산 양도담보와 주택임차인의 대항력 824
2017년 · 2021년 법전협 모의변형

제5편 친족 · 상속법

사례 1. 혼인과 이혼

[사례E-01] 과거 출산 경력의 고지와 혼인의 취소사유 828
2024년 변호사시험 제2문

[사례E-02] 유책배우자의 이혼청구권, 재산분할청구권(채권자대위권 · 취소권), 중혼적 사실혼★ 830
최신판례 미기출 핵심사례

사례 2. 부양과 양육, 친생자와 양자

[사례E-03] 부모의 자녀에 대한 과거의 양육비 청구, 부부 상호간 과거의 부양료 청구 834
2016년 사법시험 제2문

[사례E-04] 친생자추정과 제한, 친생부인의 소 838
최신판례 미기출 핵심사례

[사례E-05] 허위의 친생자출생신고, 무효행위의 전환 · 무효행위의 추인 841
중요판례 미기출 핵심사례

사례 3. 인지와 상속

[사례E-06] **상속재산분할과 이해상반행위, 제860조 단서★** 844
2012년 사법시험 제2문

[사례E-07] **제3자간 명의신탁, 인지청구의 소, 제1014조와 상속회복청구★** 847
2014년 사법시험 제2문

[사례E-08] **태아의 권리능력, 인지청구권, 가액반환청구권** 849
2010년 사법시험 제1문

사례 4. 상속결격

[사례E-09] **낙태와 상속결격, 상속포기** 852
2014년 변호사시험 제2문

사례 5. 상속회복청구권

[사례E-10] **중혼취소와 공동상속, 상속회복청구권과 공유물 관리** 854
2010년 사법시험 제1문

[사례E-11] **상속회복청구권의 상대방과 제소기간★** 858
2014년 3차 법전협모의 제2문

[사례E-12] **참칭상속인과 상속회복청구 및 공유물의 보존행위★** 860
2020년 1차 법전협모의 제2문

[사례E-13] **포괄적 유증과 상속회복청구권** 863
2021년 3차 법전협모의 제2문

사례 6. 상속재산분할협의

[사례E-14] **상속재산의 협의분할과 면책적 채무인수★** 865
2014년 변호사시험 제2문

[사례E-15] **가분채권의 상속재산분할★** 867
2019년 2차 법전협모의 제1문

[사례E-16] **공동상속 중 1인이 무단으로 단독등기를 한 경우(상속회복청구), 상속재산 분할협의의 소급효, 상속재산 분할협의의 합의해제와 제548조 1항 단서★** 868
2020년 변호사시험 제2문

[사례E-17] **제1015조 단서의 제3자★** 872
2023년 1차 법전협모의 제2문

사례 7. 승인과 포기

[사례E-18] **한정승인의 효력(상속채권자와 상속인의 고유채권자의 우열관계)★** 874
2018년 1차 법전협모의 제1문

[사례E-19] **상속포기의 경우 상속권자** 876
2016년 2차 법전협모의 제2문

[사례E-20] **상속포기 신고 후 수리심판 전에 상속재산 처분행위를 한 경우** 877
2017년 사법시험 제1문

[사례E-21] **상속포기와 관습상의 법정지상권** 878
2018년 변호사시험 제2문

사례 8. 유언 및 유류분반환청구권

[사례E-22] **유언의 효력, 공유물(공동상속재산)의 관리 및 보존행위** 881
2019년 1차 법전협모의 제2문

[사례E-23] **유류분반환청구권 ★** 883
2015년 사법시험 제1문 변형

[사례E-24] **유류분반환청구권** 886
2015년 3차 법전협모의 제2문

부록

판례색인

제1편

민 법 사 례 의 맥

민법총칙

기출해설

2023년 1차 법전협모의 제2문

[2문의 1]
〈기초적 사실관계〉
2019. 1. 19. 甲은 X임야를 임의경매절차에서 매수하고 그 대금을 완납하였으며, 이에 관한 소유권이전등기를 마쳤다. X임야 가운데에는 Y도로가 이미 나 있다. 이 도로는 X임야 인근에 있는 A사찰로 출입하는 유일한 통행로로서 A사찰이 중건된 1920년 직후에 자연발생적으로 형성되었고, 사찰의 승려, 신도, 탐방객, 인근 주민들이 무상으로 이용하고 있다. 지방자치단체인 乙시(市)는 1980년경 Y도로에 시멘트 포장을 한 후 관련 법령에 따라 Y도로를 농어촌도로로 지정하고 40년 이상 관리하고 있다. 한편 甲은 위와 같은 이용상황을 알면서 X임야를 매수하였고, 특별히 X임야를 다른 용도로 개발하려는 구체적 계획을 세운 것은 아니지만, Y도로가 이와 같이 계속 이용되는 상황을 방치할 수 없다고 생각하였다.
※ 이하의 추가된 사실관계 및 질문은 상호 무관하며 독립적임.

〈추가적 사실관계 1〉
甲은 乙시를 상대로 Y도로의 철거 및 그 부지 부분의 인도를 구하는 소송을 제기하였다. 이에 대해 乙시는 "① Y도로의 개설 당시부터 甲이 X임야의 소유권을 취득하기 전까지 같은 임야를 소유하던 사람들이 Y도로를 배타적으로 사용·수익할 권리를 포기하였다. ② 설령 사용·수익할 권리를 포기하지 않았다 하더라도 甲에게 별다른 이익도 없으면서 A사찰의 내방객과 인근 주민들에게 막대한 피해를 주는 위와 같은 청구가 권리남용에 해당한다."고 주장하였다.

1. 乙시의 항변을 고려하여 甲의 乙시에 대한 소송에 대해 법원이 내릴 판단(각하, 기각, 인용, 일부 인용)을 그 법리적 논거와 함께 구체적으로 서술하시오. (15점)

〈추가적 사실관계 2〉
甲은 2022. 3. Y도로 위에 X임야 관리사무소를 축조하고 개폐식 차단기를 설치하였다. 이후 甲은 현재까지 A사찰 방향으로 Y도로를 이용하려는 자동차 운전자들에게 행선지와 방문목적 등을 확인한 후 차단기를 열어 통행할 수 있게 하면서, 인근 주민 丙 등이 A사찰 내의 약수터를 이용하기 위해 자동차를 운행하는 경우에는 그 통행을 막고 있다.

2. 丙이 A사찰 방향으로 자동차를 운행할 수 없게 되자, Y도로를 이용하기 위하여 甲을 상대로 불법행위를 주장하면서 그 효과로서 통행방해금지를 청구한 경우에 법원이 내릴 판단(각하, 기각, 인용, 일부 인용)을 그 법리적 논거와 함께 구체적으로 서술하시오. (15점)

사례A-01 토지소유권에 기한 공로(公路)인도청구, 불법행위에 기한 금지청구권 인정여부

Ⅰ. 문제 1.의 경우(15)

1. 문제점(1)

배타적 사용수익권 포기의 효력이 승계인에게 미치는지 여부 및 권리남용에 해당하는지가 문제된다.

2. 甲의 소유권에 기한 물권적 청구권인정 여부(1)

甲은 X임야를 경매절차에서 매수한 소유자이다(민사집행법 제268조, 제135조, 민법 제187조). 그는 특별한 다른 사정이 없는 한, 그 임야에 관한 사용, 수익을 제한하는 방해원을 지배하는 자를 상대로 그 방해원의 제거를 구하고, 이를 (일부) 점유하는 자를 상대로 그 반환을 청구할 권원을 가진다(제214조, 제213조).

3. 甲의 배타적 사용수익권 포기 여부(6)

(1) 소유권의 사용·수익 권능을 '대세적, 영구적'으로 포기하는 것이 허용되는지 여부

판례를 통하여 토지 소유자 '스스로' 그 소유의 토지를 '일반 공중을 위한 용도'로 제공한 경우에 그 토지에 대한 소유자의 **독점적이고 배타적인 사용·수익권의 행사가 제한되는** 법리가 확립되어 있기는 하다(대판 2019.1.24. 전합2016다264556등). 그러나 "민법 제211조는 '소유자는 법률의 범위 내에서 그 소유물을 사용, 수익, 처분할 권리가 있다.'고 규정하고 있으므로, 소유자가 **'채권적'으로 상대방에 대하여 사용·수익의 권능을 포기하거나 사용·수익권 행사에 제한을 설정하는 것** 외에 소유권의 핵심적 권능에 속하는 배타적인 사용·수익 권능이 소유자에게 존재하지 아니한다고 하는 것은 물권법정주의에 반하여 특별한 사정이 없는 한 허용될 수 없다"(대판 2012.6.28. 2010다81049).

(2) 사안의 경우

사안의 경우, **Y도로는 자연발생적으로 형성된 것**으로서, X임야 소유자 스스로 그 소유 토지를 일반 공중을 위한 용도로 제공한 경우에 해당하지 않는다. 설령, X임야의 전(前) 소유자가 Y도로를 배타적으로 사용·수익권 행사를 포기하거나 제한하였더라도, 이는 채권적 효력밖에 없으므로, 현 소유자 甲은 그러한 포기나 제한의 효력을 승계하지 않는다. 乙시는 甲의 Y도로에 관한 배타적 사용수익권 포기를 주장할 수 없다.

[비교판례] **독점적·배타적 사용수익권의 제한이 상속인 또는 특정승계인에게 미치는지 여부**(적극)

최근 전원합의체 판결은 "**토지 소유자 스스로 그 소유의 토지를 일반 공중을 위한 용도로 제공한 경우**에 그 토지에 대한 소유자의 독점적이고 배타적인 사용·수익권의 '행사가 제한' 된다(사용·수익권의 '행사의 제한'이지 토지의 처분이나 사용·수익 권능을 상실하는 것이 아님)"는 기존의 법리를 유지하면서(위 '②' 참조), 이러한 법리는 위 토지를 상속받은 **상속인에게도 적용되고**, 위 토지의 소유권을 **특정승계한 자에게도 원칙적으로 적용된다고** 보았다(대판 2019.1.24. 전합2016다264556).[1]

---

1) 다만 "ⅰ) 토지 소유자의 독점적이고 배타적인 사용·수익권 행사의 제한 여부를 판단하기 위해서는 토지 소유자의 소유권 보장과 공공의 이익 사이의 비교형량을 하여야 하고, ⅱ) 원소유자의 독점적·배타적인 사용·수익권 행사가 제한되는 경우에도 특별한 사정이 있다면 특정승계인의 독점적·배타적인 사용·수익권 행사가 허용될 수 있다. ⅲ) 또한, 토지 소유자의 독점적·배타적

자기소유 토지를 일반공중의 통행로로 무상제공하는 등 독점적·배타적 사용수익권을 포기하는 경우

"㉠ 물건에 대한 배타적인 사용·수익권은 소유권의 핵심적 권능이므로, 소유자가 제3자와의 채권관계에서 소유물에 대한 사용·수익의 권능을 포기하거나 사용·수익권의 행사에 제한을 설정하는 것을 넘어 이를 대세적, 영구적으로 포기하는 것은 법률에 의하지 않고 새로운 물권을 창설하는 것과 다를 바 없어 허용되지 않는다. ㉡ 토지소유자가 그 소유 토지를 일반 공중의 통행로로 무상제공하거나 그에 대한 통행을 용인하는 등으로 자신의 의사에 부합하는 토지이용상태가 형성되어 그에 대한 독점적·배타적 사용·수익권이 인정되지 않는다고 보는 경우에도, 이는 금반언이나 신뢰보호 등 신의성실의 원칙상 기존의 이용상태가 유지되는 한 토지소유자는 이를 수인하여야 하므로 배타적 점유·사용을 하지 못하는 것으로 인한 손해를 주장할 수 없기 때문에 부당이득반환을 청구할 수 없는 것일 뿐이고, 그로써 소유권의 본질적 내용인 사용·수익권 자체를 대세적·확정적으로 상실하는 것을 의미한다고 할 것은 아니다. ㉢ 따라서 그 후 토지이용상태에 중대한 변화가 생기는 등으로 배타적 사용·수익권을 배제하는 기초가 된 객관적인 사정이 현저히 변경된 경우에는(이 사건 제2토지가 천호대로 부지로 편입됨으로써 망인이 당초 이 사건 제2토지를 인접 토지 소유자 등의 통행에 제공한 때와는 그 이용상태가 근본적으로 달라졌다), 토지소유자는 그와 같은 사정변경이 있은 때부터는 다시 사용·수익권능을 포함한 완전한 소유권에 기한 권리주장을 할 수 있다"(대판 2013.8.22. 2012다54133).

[판례해설] '배타적 사용수익권 포기'는 타인의 토지를 도로 등으로 무단점용하는 자에 대하여 토지소유자의 부당이득반환청구를 제약하기 위해 대법원이 창출한 독특한 개념인바, 이러한 법리의 유효범위는 부당이득의 반환에 한정되고, 소유권에 기한 방해배제청구, 즉 건물철거 및 토지인도청구에는 적용될 수 없다고 한다. 따라서 判例는 '배타적 사용수익권의 포기'를 소유권의 권능으로서의 사용수익권의 포기가 아닌 '채권적 포기'로 보고, 이것은 '사용대차'와 다름 아니라고 한다.

4. 甲의 청구가 권리남용인지 여부(6)

(1) 판례 : 토지소유권에 기한 공로(公路)인도청구 등

토지소유자가 그 토지의 소유권을 행사하는 것이 권리남용에 해당한다고 할 수 있으려면, 주관적으로 그 권리행사의 목적이 오직 상대방에게 고통을 주고 손해를 입히려는데 있을 뿐 행사하는 사람에게 아무런 이익이 없을 경우이어야 하고, 객관적으로는 그 권리행사가 사회질서에 위반된다고 볼 수 있어야 한다(대판 1994.11.22. 94다5458 등). 어떤 토지가 개설경위를 불문하고 일반 공중의 통행에 공용되는 도로, 즉 공로가 되면 그 부지의 소유권 행사는 제약을 받게 되며, 이는 소유자가 수인하여야 하는 재산권의 사회적 제약에 해당한다. 따라서 공로 부지의 소유자가 이를 점유 · 관리하는 지방자치단체를 상대로 공로로 제공된 도로의 철거, 점유 이전 또는 통행금지를 청구하는 것은 법질서상 원칙적으로 허용될 수 없는 '권리남용'이라고 보아야 한다(대판 2021.3.11. 2020다229239등).

[관련판례] 대법원은 도로로 이용되고 있는 토지의 소유자인 甲이 도로 관리청인 乙 지방자치단체를 상대로 토지 인도를 구한 사안에서, 위 토지는 오래전부터 도로로 이용되었고 甲은 경매절차에서 이를 알면서 매수한 점, 甲은 乙 지방자치단체에 높은 금액의 보상금을 요구하였으나 乙 지방자치단체가 응하지 않자 토지 인도를 구한 점, 위 토지는 도로의 일부로 고가도로를 연결하는 지점에 위치하고 있어 차량 통행에 필수적이고 통행량도 많은 점, 위 토지가 인도되면 교통에 큰 지장이 초래되는 반면 주변 현황에 비추어 甲이 이를 다른 용도로 사용하기 어려운 점 등에 비추어 甲의 토지 인도 청구가 권리남용에 해당한다고 하였다(대판 2021.11.11. 2020다254280).

인 사용 · 수익권 행사가 제한되는 경우에도 일정한 요건을 갖춘 때에는 사정변경의 원칙이 적용되어 소유자가 다시 독점적 · 배타적인 사용 · 수익권을 행사할 수 있다(저자 주 : 토지 소유자의 독점적 · 배타적인 사용 · 수익권 행사가 제한되는 시한은 객관적인 토지이용현황이 유지되는 한도 내)"(同 判例)고 판시하였다.

(2) 사안의 경우

Y도로는 아주 오래전에 자연발생적으로 형성되었고, 乙시에 의해 40년 이상 관리되면서 일반 공중의 통행에 공용된 도로, 즉 공로에 해당한다. 甲은 이러한 이용상황을 알면서도 임의경매절차에서 Y도로를 포함한 X토지를 매수하였다. 甲이 X임야를 다른 용도로 개발하려는 구체적 계획을 수립한 것도 아니므로 현재의 이용상황으로 인해 甲이 불측의 손해를 입는다고 보기도 어렵다. 사정이 이러한데도, 甲이 乙시를 상대로 Y도로의 철거와 인도를 구하는 것을 권리남용에 해당한다고 봄이 타당하다.

5. 사안의 해결(1)

甲이 乙을 상대로 Y도로의 철거 및 그 부지 부분의 인도를 구하는 청구는 '기각'되어야 한다.

Ⅱ. 문제 2.의 경우(15)

1. 문제점(2)

특정인의 공로통행을 방해하는 행위가 불법행위를 구성하는지 여부(제750조)와 그러한 경우 불법행위의 법적 효과로서 방해의 금지를 청구할 수 있는지가 쟁점이다.

2. 불법행위 성립여부(6)

(1) 일반 공중의 통행에 제공된 도로에서 제3자가 통행의 자유를 침해하는 것

불특정 다수인인 일반 공중의 통행에 공용된 도로, 즉 공로(公路)를 통행하고자 하는 자는 그 도로에 관하여 다른 사람이 가지는 권리 등을 침해한다는 등의 특별한 사정이 없는 한, 일상생활상 필요한 범위 내에서 다른 사람들과 같은 방법으로 그 도로를 통행할 자유가 있고, 제3자가 특정인에 대하여만 그 도로의 통행을 방해함으로써 일상생활에 지장을 받게 하는 등의 방법으로 특정인의 통행의 자유를 침해하였다면 민법상 불법행위에 해당한다(대판 2021.3.11. 2020다229239).

(2) 사안의 경우

丙은 A 사찰 및 X 토지의 인근주민으로서 공로인 Y 도로를 자동차로 이용하면서 일상생활에 필요한 범위 내에서 다른 사람들과 같은 방법으로 통행할 자유를 가진다. 그럼에도 甲이 丙 등 특정인에 대하여만 그 도로의 통행을 방해함으로써 일상생활에 지장을 받게 하는 방법으로 그의 통행의 자유를 침해하였으므로, 이는 위법한 가행행위이고, 이에 대한 甲의 고의 또는 과실도 인정할 수 있으며, 丙에게 발생한 손해와의 인과관계도 인정된다.

3. 불법행위 효과로서 통행방해 금지 청구 가부(6)

(1) 판 례

불법행위에 대한 구제수단으로 손해배상청구권 외에 금지청구권, 즉 불법행위에 기한 방해제거 또는 방해예방청구가 가능한지 문제된다. 손해배상은 사후적 손해전보수단에 불과하여 피해자의 이익을 충분히 보호할 수 없기 때문이다(제394조 참조). 종래 判例는 불법행위가 인격권에 대한 침해를 구성하는 경우에 인격권에 기한 금지청구를 인정한 바 있고(대판 1996.4.12. 93다40614 ; 대결 2005.1.17.

2003마1477 등), 최근에 判例는 제3자가 특정인에 대하여만 어떠한 공로의 통행을 방해함으로써 일상생활에 지장을 받게 하는 등의 방법으로 특정인의 통행 자유를 침해하는 경우, 그 침해를 받은 자로서는 그 제3자를 상대로 방해의 배제나 장래에 생길 방해를 예방하기 위하여 통행방해 행위의 금지를 소구할 수 있다고 한다(대판 2021.3.11. 2020다229239).

(2) 사안의 경우

丙은 앞서 본 바와 같이 甲에 의해 다른 사람과 같이 Y 도로를 이용하는 것을 방해당함으로써 일상생활에 지장을 받고 있는 등의 방법으로 그의 통행 자유를 침해당하고 있으므로, 그 방해자인 甲을 상대로 자동차를 이용한 통행방해 행위의 금지를 청구할 수 있다. 요컨대 丙은 甲을 상대로 Y 도로에서 丙이 운행하는 자동차의 통행을 방해하여서는 아니 된다는 청구(통행방해금지청구)를 할 수 있다.

4. 사안의 해결(1)

丙이 甲을 상대로 불법행위를 이유로 한 통행방해금지청구권은 '인용'되어야 한다.

丙은 1967년에 160㎡에 이르는 A토지를 경기도에 증여한 후 1999년 1월에 사망하였다(다만 소유권 이전등기는 하지 않았음). 이에 경기도는 위 A토지 중 80㎡를 그가 운영하는 고등학교의 교실 및 정원으로 사용하여 오고 있었다. 그 후 丙의 단독상속인인 乙은 A토지가 증여된 사실을 모른채 甲에게 A토지를 매도하고 1999년 5월 3일에 소유권이전등기를 경료하여 주었다. 그 후 경기도는 2000년경 A토지의 소유자가 변경된 사실을 알면서도 별다른 조치를 취하고 있지 않고 있었고, 2013년 5월 3일 甲은 건물을 건축하려고 A토지를 측량하던 중 80㎡부분에 대한 경기도의 점유사실을 알게 되었다.

(1) 2013년 5월 3일 현재 A토지의 소유권자는 누구인가? (5점)

(2) 만약 A토지의 소유권자가 甲이라면, 甲은 2013년 5월 3일 경기도에게 교실철거청구 및 A토지 80㎡에 대한 토지인도청구와 함께 토지를 반환할 때까지의 차임 상당의 부당이득반환청구를 구하였다. 이 경우 경기도가 제기할 수 있는 실체법상 타당한 항변 등을 서술하시오. (45점)

사례A-02 권리남용금지의 원칙, 실효의 원칙, 취득시효와 이중양도법리[1]★

Ⅰ. A토지의 소유권자 확정(5) - 설문 (1).의 경우

判例가 판시하는 바와 같이 부동산 이중매매는 '계약자유의 원칙'에 비추어 유효함이 원칙이다. 그러나 제2매수인이 매도인의 배임행위에 적극 가담한 경우에는 '정의관념에 반하는 행위'로서 반사회질서 행위로서 무효가 된다(제103조).

사안의 경우 甲은 乙의 배임행위에 적극 가담한 사정이 보이지 않으므로 乙과 甲의 매매계약은 유효하고, 따라서 A토지에 대한 소유권이전등기를 먼저 경료한 甲이 2013년 5월 3일 A토지의 소유자이다(제186조).

Ⅱ. 甲의 토지인도청구 및 교실철거청구권의 인용여부(45) - 설문 (2).의 경우

1. 문제점

ⅰ) 원고 甲은 A토지의 소유권자이고, ⅱ) A토지 중 80㎡는 X고등학교의 교실 및 정원으로 사용되고 있으며, ⅲ) 피고인 경기도는 위 교실 및 정원의 소유자로서 당해 토지를 점유하는 자이므로 원칙적으로 甲의 경기도에 대한 교실철거(제214조 전단) 및 토지인도(제213조 본문)는 인용될 수 있는 것처럼 보인다. 그러나 '점유할 권리'가 있는 자는 소유권자의 소유물반환청구에 대하여 반환을 거부할 권리가 있는바(제213조 단서), 이와 관련하여 A토지 중 80㎡에 대한 경기도의 점유취득시효 완성에 따른 항변(제245조 1항), 甲의 물권적 청구권 행사의 소멸시효 완성 여부, 그리고 경기도의 실효의 원칙 · 권리남용금지의 원칙(제2조 2항)의 항변 가부가 문제된다.

2. 경기도의 취득시효 완성의 항변 가부

(1) 경기도의 점유취득시효 완성 여부

---

1) ★ 민법의 맥 핵심사례 A-02

1) 요 건

ⅰ) 20년간 ⅱ) 소유의 의사로 ⅲ) 평온 · 공연하게 ⅳ) 부동산을 점유하는 자는 ⅴ) 등기함으로써 그 소유권을 취득한다(제245조 1항). 다만 경기도는 **제197조 1항에 의해 당해 부동산을 '20년간 점유한 사실'** 만 주장·증명하면 된다.

2) 사안의 경우

분필되지 않은 1필의 '토지의 일부'에 대해서도 ⅰ) 그 부분이 다른 부분과 구분되어, ⅱ) 시효취득자의 점유에 속한다는 것을 인식하기에 족한 객관적인 징표(가령, 담장)가 계속하여 존재하면 취득시효가 인정된다(대판 1997.3.11. 96다37428). 그렇다면 다른 사정이 없는 한 경기도는 1987.경에 취득시효가 완성되었다.

(2) 경기도의 甲에 대한 취득시효 주장 가부

경기도는 1987.경에 제245조 1항에 따른 등기청구권을 취득한다. 그러나 취득시효 완성 후인 1999.5.3.에 乙이 당해 토지의 소유권을 甲에게 양도하였으므로 甲이 乙의 배임행위에 적극 가담하였다는 사정이 보이지 않는 이상 **'이중양도법리'**[2]에 의해 경기도는 취득시효 완성 후 소유권을 취득한 甲에 대하여 점유취득시효의 완성을 주장할 수 없다. 결국 **경기도는 A토지 중 80㎡를 점유할 정당한 권원이 없다**(제213조 단서).

3. 경기도의 소멸시효 완성의 항변 가부

判例는 소유권의 절대성과 항구성을 이유로 소유권은 물론(제162조) 소유권에 기한 물권적 청구권도 소멸시효에 걸리지 않는다고 본다(대판 1982.7.27. 80다2968).

4. 경기도의 실효의 항변 가부

(1) 요 건(상, 새, 정)[3]

甲의 권리행사는 명문규정인 소멸시효에는 걸리지 않았다. 그러나 ⅰ) 권리자인 甲이 장기간 권리를 행사하지 않아 ⅱ) 의무자인 경기도가 더 이상 그 권리가 행사되지 아니할 것으로 신뢰하고 있었다면, ⅲ) 후에 이르러 甲이 새삼스럽게 권리를 행사하는 것이 신의칙에 반하는 것은 아닌지 문제된다. 즉 실효원칙의 적용여부가 문제된다.

(2) 사안의 경우

실효의 원칙은 **소유권과 같은 배타적·항구적 권리에 관해서는 그 권리의 본질과 배치되지 않는 한도에서만 인정될 수 있다는 점** 등에 비추어 볼 때 甲의 소유권 및 그에 기한 물권적 청구권에 대하여 실효의 법리를 적용하기는 곤란하다(대판 1996.5.14, 94다54283 참고).

---

2) 시효완성 후 제3자가 등기를 갖춘 경우는 '이중양도의 법리'에 따라 제3자가 설령 악의라 하더라도 그 소유권이전등기가 당연무효가 아닌 한[제3자 명의의 등기가 통정허위표시, 반사회적 행위 등 무효인 법률행위에 터 잡은 경우에는 그 등기 또한 원인무효이기 때문에, 점유취득시효 완성자는 그 당시 소유자를 대위하여 위 제3자에게 그 등기의 말소를 구할 수 있다(대판 2002.3.15. 2001다77352,77369 등)], 종전소유자의 소유권이전등기의무가 이행불능으로 되어 점유취득시효 완성자는 그 제3자에 대하여 시효취득을 주장할 수 없다.

3) ⅰ) 권리자가 상당한 기간 동안 권리를 행사하지 않다가 후에 새삼스럽게 권리를 행사하였을 것, ⅱ) 권리자가 더 이상 권리를 행사하지 않을 것이라고 믿을 만한 정당한 사유가 있을 것을 요한다.

5. 경기도의 권리남용의 항변 가부

(1) 요 건

1) 객관적 요건

권리가 행사되고, 권리자의 이익과 상대방의 손해가 '현저한' 불균형이 있어야 한다. 특히 判例는 **토지소유자의 지상물철거청구가 권리남용인지를 판단하는 기준**과 관련하여 ⅰ) 지상물 소유자와 토지소유자의 이익형량 ⅱ) 토지소유자의 전략적 행동의 유무, ⅲ) 지상물 소유자의 귀책성 등을 고려한다.[4)]

2) 주관적 요건

判例는 일관된 입장을 보이고 있지 않으나 기본적으로 주관적 요건(가해의사 ; 상대방에게 고통을 주고 손해를 입히려는 의사)을 고려하여 판단한다. 다만 최근에는 **"주관적 요건은 권리자의 정당한 이익 결여라는 객관적 사정에 의하여 추인될 수 있다"**(대판 1993.5.14, 93다4366 등)라고 판시함으로써 **주관적 요건을 완화하는 경향이다.**

(2) 사안의 경우

① 권리남용의 객관적 요건인 ⅰ) **지상물 소유자와 토지소유자의 '이익형량'** 과 관련하여 권리자 甲이 자신 소유의 A토지 160㎡ 중 80㎡를 사용, 수익하지 못한다면 피해가 적다고 할 수 없고, ⅱ) **토지소유자의 '전략적 행동' 의 유무**와 관련하여 甲은 A토지의 소유권을 취득한지 14년만에 경기도의 점유사실을 알게 되었으며, ⅲ) **지상물 소유자의 '귀책성'** 과 관련하여 경기도는 A토지의 소유자가 변경된 사실을 알면서도 공법상의 토지수용절차를 밟거나, 그 사용에 대한 손실을 보상한 사실이 전혀 없었다는 점 등을 고려하건대, 권리남용의 객관적 요건을 충족하였다고 보기 어렵다. ② 아울러 권리남용의 주관적 요건인 判例가 요구하는 가해의사도 있다고 보기 어렵다. 따라서 **甲의 소유권에 기한 물권적 청구권 행사는 권리남용에 해당한다고 볼 수 없다**(대판 1996.5.14, 94다54283등).

6. 사안의 해결

甲은 A토지 중 80㎡에 대해 경기도에게 교실철거(제214조) 및 토지인도(제213조)를 청구할 수 있다.

Ⅲ. 甲의 부당이득반환청구 - 설문 (2).의 경우

甲은 경기도의 침해로 입은 임료상당의 손해에 대해서는 부당이득반환 청구를 할 수 있다(제741조). 그런데 경기도는 악의의 점유자이므로 토지사용이익(임료상당)과 이자 및 甲에게 손해가 있으면 손해까지도 반환해야 한다(제201조 2항, 제748조 2항)(대판 2003.11.4. 2001다61869).[5)] 다만 이러한 甲의 권리는 채권이므로 10년의 소멸시효에 걸린다(제162조 1항). 따라서 甲은 10년간(2013년 5월 3일~2003년 5월 3일)의 임료상당액을 부당이득으로 청구할 수 있다.

---

4) 즉, ⅰ) 지상물 철거로 인해 토지 소유자가 얻는 이익보다 '지상물 소유자가 입는 손해가 현저히 큰 것'인지, ⅱ) 지상물이 존재하는 상태에서 토지 이용권에 대한 교섭이나 합의가 성립하지 않은 것이 '토지 소유자의 귀책사유' 때문인지, 즉 토지 소유자의 전략적 행동이 있는지, ⅲ) 지상물 소유자가 지상물을 설치할 당시에 자기에게 토지를 이용할 권원이 없음을 모르고 거기에 '중과실'이 없는지 등을 검토한다.

5) 判例는 악의의 점유자가 타인 소유물을 권원 없이 점유함으로써 얻은 사용이익을 반환하는 경우 제201조 2항은 제748조 2항의 특칙이 아니어서 악의 수익자가 반환하여야 할 범위는 제748조 2항에 따라 정하여지는 결과 ⅰ) 임료 상당의 부당이익(사용이익) 및 ⅱ) 그에 따른 법정이자와 ⅲ) 위 부당이득 및 이자액에 대한 지연이자의 지급도 청구할 수 있다(제387조 2항 참조)고 한다.

기출해설

최신판례 미기출 핵심사례

부모님의 권유로 아르바이트를 하면서 월 30만 원 정도의 고정수입을 갖고 있는 만 18세의 甲은 부모의 동의 없이 A카드회사 직원이 보는 앞에서 부모님의 이름을 쓰고 동의서를 제출하여 '신용카드이용계약'을 체결하였다. 이후 甲은 신용카드를 이용하여 200만원 상당의 컴퓨터를 乙가맹점에서 2개월 할부로 '신용구매계약'을 체결하였다(단, 乙은 甲의 법정대리인의 동의가 없었음을 알았으나 취소하지는 않으리라 신뢰했다). 그 후 A카드회사는 가맹점 약정에 따라 乙에게 200만원을 지급하였다.

(1) 甲의 법정대리인 B는 제5조 2항에 기초하여 '신용카드이용계약'을 취소하고자 한다. 가능한지 검토하고 만약 취소된다면 A가 甲에게 청구할 수 있는 권리와 그 범위를 논하시오. (25점)

(2) 甲은 제5조 2항에 기초하여 '신용구매계약'을 취소하고자 한다. 가능한지 검토하고 만약 취소된다면 乙이 甲에게 청구할 수 있는 권리와 그 범위를 논하시오. (25점)

사례A-03 신용카드이용계약 및 신용구매계약에 있어 미성년자의 법률행위[1]★

Ⅰ. A와의 신용카드이용계약 취소 여부 및 그에 따른 부당이득반환(25) - 설문 (1).의 경우

1. 신용카드이용계약 취소 여부

(1) 문제점

미성년자 甲은 법정대리인의 동의 없이 '신용카드이용계약'을 체결한 바, 원칙적으로 법정대리인 B는 당해 계약을 취소할 수 있다(제5조 2항). 다만 상대방 A의 '항변사유'와 관련하여 제6조, 제17조의 취소권 제한사유가 문제된다.

(2) 취소권의 제한사유 1.(신용카드이용계약이 법정대리인의 묵시적 허락에 의한 재산의 처분인지 여부)

1) 범위를 정하여 처분이 허락된 재산의 처분행위

법정대리인이 범위를 정하여 처분을 허락한 재산은 미성년자가 임의로 처분할 수 있는바(제6조), 여기에서의 범위는 '사용목적의 범위'가 아니라 '재산의 범위'라고 보는 것이 타당하며, 이러한 법정대리인의 동의는 언제나 명시적이어야 하는 것은 아니고 묵시적으로도 가능하다.

2) 사안의 경우

甲은 비록 법정대리인의 허락을 받아 월 30만원 정도의 소득을 얻고 있었으나, 이를 두고 포괄적인 처분행위인 카드이용계약체결에 대한 묵시적 허락을 하였다고는 보기 어렵다.

(3) 취소권의 제한사유 2.(甲의 동의서 위조가 취소권 배제사유로서 제17조에 해당하는지 여부)

1) 제17조에 의한 취소권배제의 요건사실(속, 오, 인)

ⅰ) '속임수'를 써서 제한능력자를 능력자로 믿게 하거나(제17조 1항) 또는 미성년자나 한정치산자

1) ★ 민법의 맥 핵심사례 A-03

가 법정대리인의 동의가 있는 것으로 믿게 하였고(제17조 2항), ii) 상대방이 '오신(誤信)'하였어야 하며, iii) 상대방이 그러한 오신에 기하여 제한능력자와 법률행위를 하였어야 한다(인과관계).

2) A가 법정대리인의 동의가 있는 것으로 오신하였는지 여부

사안은 미성년자가 법정대리인의 동의서를 위조한 사안이므로 학설 대립[2]에 상관없이 제17조 '속임수'의 의미에 포함된다. 그러나 미성년자 甲은 A사 직원이 보는 앞에서 부모님의 이름을 쓰고 동의서를 제출하는 행위를 하였으므로 A사 직원이 법정대리인의 동의가 있는 것으로 '오신'을 하였다고 보기는 어렵다.

(4) 소 결

甲의 법정대리인 B는 취소권을 가지며(제140조), A사와의 신용카드이용계약을 취소할 수 있다(제5조 2항).

[주의] 甲의 법정대리인 B는 선행행위가 없었으므로 설문 (2)에서와 같이 금반언의 원칙은 별도로 검토할 필요가 없다.

2. 신용카드이용계약의 취소에 따라 A가 甲에게 청구할 수 있는 권리와 범위

(1) 문제점

甲과 A가 체결한 신용카드이용계약이 甲의 법정대리인 B의 취소권의 행사로 적법하게 취소된다면 소급적으로 무효로 된다(제141조 본문). 이때 제한능력자는 받은 이익을 부당이득으로 반환해야 할 의무가 있으며(제741조), 이때 반환범위는 제한능력자의 선의·악의를 불문하고 현존하는 한도에서 상환책임이 있다(제141조 단서). 사안의 경우 신용카드이용계약의 취소에 따른 부당이득반환의 대상이 문제된다.

(2) 신용카드이용계약의 취소에 따른 부당이득반환(의 대상)

1) 판 례

判例는 신용카드이용계약이 제한능력을 이유로 취소되는 경우, 제한능력자가 반환하여야 할 부당이득반환의 대상은 신용카드가맹점과의 거래계약을 통하여 취득한 물품이 아니라 신용카드사가 가맹점에 대신 지급함으로써 '면제받은 물품대금채무 상당액'이고, 그와 같은 이익은 금전상의 이익으로 다른 특별한 사정이 없는 한 현존하고 있는 것으로 추정된다고 한다(대판 2005.4.15, 2003다60297 등 : 7회 선택형).[3]

2) 사안의 경우

A카드사는 甲에게 대신 지급한 채무상당액 200만원을 부당이득으로 반환청구할 수 있다(제141조 단서).

---

2) [학설] ① 적극적인 기망수단을 사용한 경우에만 속임수에 해당한다는 협의설(적극설)과 ② 침묵 등 부작위를 포함하는 통상의 기망수단으로 오신을 유발하거나 강하게 하는 것도 속임수에 해당한다는 광의설(소극설)의 대립이 있다(다수설).

3) [판례평석] 위 판결과 같이 '대금상당의 금전'이 아닌 '채무소멸의 이익'을 얻었다고 파악하면 현존이익의 추정이 뒤집히는 경우는 쉽사리 상정할 수 없으며 이는 제141조 단서의 취지(행위무능력자의 부당이득반환 의무를 현존이익으로 제한)를 거의 몰각하게 된다는 견해가 있다[양창수, 민법연구(9권), p.330].

| 보론 |

※ 신용카드이용계약의 취소에 따른 甲과 乙 사이의 법률관계(신용구매계약)

신용카드 이용계약이 취소됨에도 불구하고 신용카드회원과 해당 가맹점 사이에 체결된 개별적인 신용구매계약 등은 특별한 사정이 없는 한 신용카드 이용계약취소와 무관하게 유효하게 존속한다(대판 2005.4.15, 2003다60297 등). 따라서 매매대금은 乙이 부당이득한 것이 아니며, 甲이 구입한 물품 역시 乙과의 관계에서 부당이득이 아니다.

참고로 신용카드이용계약의 취소는 신용카드회사만을 상대로 해야 하지만, 신용구매계약의 취소는 신용카드회사를 상대로 해도 되고 가맹점을 상대로 해도 가능하다. 즉, 위 2003다60297판결은 신용카드회사를 피고로 한 신용카드이용계약의 취소가 문제된 사안이고, 아래 2005다71659판결은 신용카드회사를 피고로 한 신용구매계약의 취소가 문제된 사안이다.

| 보론 |

※ 미성년자의 '신용카드이용계약'과 관련한 여신전문금융법과 동법 시행령

여신전문금융법(제14조 3항)과 동법 시행령(제6조의 7)은 대법 2005.4.15. 2003다60297의 취지를 수용하여 만 18세 이상의 미성년자이더라도 '부모의 동의'를 신용카드 발급의 필수요건으로 개정하였다. 그러므로 미성년자가 '신용카드이용계약' 자체를 취소하는 분쟁은 거의 발생되지 않을 것으로 보인다. 다만, 미성년자가 법정대리인의 동의를 얻어 신용카드를 발급받고 이를 가지고 가맹점과 개별적인 '신용구매계약'을 체결한 경우 그 계약을 제한능력을 이유로 취소하는 경우에는 앞서 살핀바와 같이 신용카드이용계약과 신용구매계약은 독립적이므로(대판 2005.4.15, 2003다60297 등), '신용카드이용계약'이 법정대리인의 동의를 받아 유효하게 체결되었다고 하더라도 개별적인 '신용구매계약'에 있어서까지 법정대리인의 동의가 필요없다고 할 수는 없으므로 여전히 위 判例에 의해 취소 여부를 판단해야 한다.

Ⅱ. 乙과의 신용구매계약 취소 여부 및 그에 따른 부당이득반환(25) - 설문 (2).의 경우

1. 신용구매계약 취소 여부

(1) 문제점

미성년자 甲은 법정대리인의 동의 없이 '신용구매계약'을 체결한 바, 원칙적으로 법정대리인 B는 당해 계약을 취소할 수 있다(제5조 2항). 다만 상대방 乙의 '항변사유'와 관련하여 **제6조, 제2조**의 취소권 제한사유가 문제된다.

(2) 취소권의 제한사유 1.(신용구매계약이 법정대리인의 묵시적 허락에 의한 재산의 처분인지 여부)

1) 범위를 정하여 처분이 허락된 재산의 처분행위

법정대리인이 범위를 정하여 처분을 허락한 재산은 미성년자가 임의로 처분할 수 있는바(제6조), 여기서의 처분은 그러한 처분행위로 인한 후속조치도 포함한다. 예를 들어 미성년자가 처분이 허락된 재산의 범위 내에서 새로 채무를 부담하는 경우(예컨대 용돈의 범위에서 물품을 할부로 구입하기로 한 경우)에도 제6조에 의하여 법정대리인의 동의가 필요없다. 아울러 법정대리인의 동의는 묵시적으로도 가능한 바, 묵시적 동의 유무는 ⅰ) 미성년자의 독자적인 소득의 범위와 ⅱ) 계약의 내용 등을 고려한다(대판 2007.11.16, 2005다71659 : 7회,9회 선택형).

2) 사안의 경우

甲은 비록 법정대리인의 허락을 받아 월 30만 원 정도의 소득을 얻고 있었으나, 사안에서 200만원 상당의 신용구매계약은 2개월 할부계약임을 고려하더라도 甲의 월 소득범위를 벗어나는 것으로 당해 신용구매계약은 제6조의 처분허락을 받은 재산범위 내의 처분행위에 해당한다고 볼 수 없다. 다만 이 경우 일부취소가 문제될 수 있으나 컴퓨터에 대한 분할가능성 및 당사자의 가정적 의사를 고려하건데 일부취소가 허용되는 사안은 아니다(제137조 본문 유추적용). 따라서 甲은 원칙적으로 乙과의 신용구매계약을 전부 취소할 수 있다.

(3) 취소권의 제한사유 2.(甲이 신용구매계약을 취소하는 것이 금반언을 이유로 제한되는지 여부)

判例가 판시하는 바와 같이 "미성년자의 법률행위에 법정대리인의 동의를 요하도록 하는 것은 강행규정이고, 신용카드 가맹점이 미성년자와 신용구매계약을 체결할 당시 향후 그 미성년자가 법정대리인의 동의가 없었음을 들어 스스로 위 계약을 취소하지는 않으리라고 신뢰하였다 하더라도 그 신뢰가 객관적으로 정당한 것이라고 할 수 있을지 의문일 뿐만 아니라, 위 규정에 반하여 이루어진 신용구매계약을 미성년자 스스로 취소하는 것을 신의칙(금반언) 위반을 이유로 배척한다면, 제한능력자 보호라는 제한능력자 제도의 입법 취지를 몰각시킬 우려가 있다"(대판 2007.11.16, 2005다71659 : 7회,9회 선택형).

따라서 법정대리인의 동의 없이 乙과 신용구매계약을 체결한 미성년자 甲이 사후에 법정대리인의 동의 없음을 사유로 들어 이를 취소하는 것이 신의칙(금반언)에 위배되는 것이라고 할 수는 없다.

(4) 소 결

甲은 취소권을 가지며(제140조), 乙과의 신용구매계약을 '단독으로' 취소할 수 있다(제5조 2항).

2. 신용구매계약의 취소에 따라 乙이 甲에게 청구할 수 있는 권리와 범위

신용카드이용계약이 취소된 경우와 달리 개별적인 매매계약이 취소된 경우는 매매계약의 목적물인 컴퓨터가 부당이득으로서 반환의 대상이다. 미성년자 甲은 '현존이익'만 반환하면 되므로(제141조 단서) 사용하던 컴퓨터 자체만을 반환해주면 된다. 그러나 乙은 甲에게 부당이득으로 반환해야 할 것이 없다. 왜냐하면 乙이 받은 매매대금은 A와의 가맹점계약에 따른 것이기 때문에 오히려 A에게 지급해야 하기 때문이다.

[심화] 만약 미성년자 甲측이 신용카드이용계약 및 신용구매계약 모두를 취소한 경우, 甲측은 컴퓨터를 현존이익의 한도에서 반환하고 매매대금 200만 원은 가맹점 乙이 카드회사 A에게 반환해야 한다. 그러나 신용구매계약이 취소되었으므로 매매대금지급 채무가 소급적으로 소멸되어 甲은 '면제받은 물품대금채무 상당액' 200만 원에 대한 반환의무는 없다.

乙은 자선을 목적으로 甲 재단법인을 설립하면서 그 소유의 X부동산을 기부하였는바, 재단법인의 충실한 운영과 이사의 권한남용을 방지하기 위해 이사 A와 B를 공동대표자로 정하고 정관에 기재하였으나, 이를 법인등기부에 등재하지는 아니하였다.
한편 甲재단법인이 설립등기를 마치고 활동을 개시하던 중 운영자금이 부족하게 되자 이사 A는 B와 상의 없이 단독으로 아직 甲법인 앞으로 소유권이전등기가 되어 있지 아니한 X부동산을 丙에게 매각하였으나 아직 이전등기는 乙에게서 경료하지 아니하였으며, A의 친구인 丙은 甲재단법인이 A·B 두 명의 공동대표자에 의해 운영됨을 알고 있었다.

1. 甲과 丙간의 매매 당시 X부동산의 소유권자는? (15점)

2. 만약 X부동산의 소유권자가 甲이라면 甲과 丙간의 매매계약의 효력은? (20점)

사례A-04 재단법인 출연재산의 귀속시기, 이사의 대표권 제한

Ⅰ. 설문 1.의 해결(15)

1. 문제점

제48조 1항의 규정에 의하면 X부동산의 소유권은 甲재단법인의 성립시인 '설립등기시'(제33조 참조)에 甲에게 귀속된다. 그런데 한편으로 재단법인 설립을 위한 재산출연행위는 **상대방 없는 단독행위**로서 법률행위인바, 제186조의 규정에 의하면 사안의 경우 甲재단법인 명의로 소유권이전등기까지 마쳐야 X부동산의 소유권이 甲에게 귀속된다. 이처럼 민법상 **실체 없는 재단법인의 발생을 방지하려는 제48조의 규정과 거래안전을 고려하는 제186조의 규정이 충돌하는 면**이 있어 이의 해석을 두고 학설과 判例가 나뉘어 있다.

2. 甲과 丙간의 매매 당시 X부동산의 소유권자

(1) 재단법인 출연재산의 귀속시기

1) 판 례[1)]

判例는 "**출연자와 법인간에는**(대내관계) 등기 없이도 **제48조에서 규정하는 때에 법인에 귀속되지만, 법인이 그것을 가지고 제3자에게 '대항'하기 위해서는**(대외관계) 제186조의 원칙에 돌아가 그 등기를 필요로 한다"(대판 1979.12.11, 전합78다481 : 2회,3회 선택형)고 판시하고 있다.

2) 검 토

判例의 경우 구체적 타당성을 기하려 하였으나, 형식주의를 취하고 있는 현행 민법 하에서 **소유권**

1) [학설] ① 제48조는 재단법인의 '재산적 기초'를 충실히 하기 위한 특별규정이므로, 제48조를 제187조의 '기타 법률의 규정'으로 보아서 재단법인 앞으로의 공시가 없어도 제48조가 정하는 시기에 권리가 귀속한다는 법인성립시설(제48조 1항 적용 ; 물권적 귀속설)과(다수설). ② '거래안전'의 보호에 치중하는 견해로서 법인의 성립 또는 설립자의 사망시에 법인에게 출연재산의 이전청구권이 생길 뿐이고, 그것이 현실로 재단법인 앞으로 귀속되는 때는 공시를 한 때라고 보는 이전등기시설(제186조 적용; 채권적 귀속설)이 대립한다.

의 상대적 귀속을 인정한 점(대내관계와 대외관계의 소유권을 다르게 판단)에서 민법의 결단에 위배되는 측면이 있다(전합78다481 소수의견 및 학계의 통설). 따라서 재단법인 앞으로의 공시가 없어도 제48조가 정하는 시기에 권리가 귀속한다는 判例의 소수의견(법인성립시설)이 타당하다.

(2) 사안의 경우

① 설립등기시로 보는 견해에 따르면 X부동산의 소유권은 甲재단법인의 성립시인 '설립등기시'(제33조 참조)에 甲에게 귀속된다(제48조 1항). 이때 甲명의로 소유권이전등기를 하였을 필요도 없다. 따라서 **甲과 丙의 매매계약 당시 X부동산의 소유권자는 甲이다.** ② 그러나 判例에 따르면 X부동산은 甲과 乙 사이에서는 甲재단법인이 성립하는 때 甲에게 귀속하지만, 甲이 제3자 丙에게 소유권을 주장(대항)하려면 등기가 필요하다. 즉, **判例에 따르면 甲과 乙 사이의 대내관계에서는 소유권자가 甲이지만 대외관계에서는 등기를 경료하고 있는 乙이 소유권자이다.**

[참고] 등기 완료시로 보는 견해에 따르면 甲재단법인의 성립 후에도 甲재단법인 앞으로 등기가 이루어지지 않았다면 X부동산의 소유권은 여전히 乙에게 있는 것이 된다. 따라서 甲과 丙의 매매계약 당시 X부동산의 소유권자는 乙이다.

Ⅱ. 설문 2.의 해결(20)

1. 문제점

甲과 丙간의 매매계약의 효력이 유효한지 여부는 i) 위 매매계약이 甲법인의 정관으로 정한 목적범위 내에 속하는지(제34조), ii) 만약 목적범위 내라면 공동대표를 규정한 정관규정의 의미와(제41조) iii) 이를 등기하지 아니한 것이 악의의 상대방 丙과의 관계에서 어떠한 영향을 미치는가가 검토되어야 한다(제60조).

2. 甲과 丙간의 매매계약의 효력

(1) 매매계약이 甲의 정관상 목적범위 내에 해당하는지 여부

법인은 정관으로 정한 목적의 범위 내에서 권리와 의무의 주체가 된다(제34조). 사안의 경우 대표이사 A의 부동산매매계약은 운영자금확보를 위한 경우이므로 **학설대립에 상관없이** 甲재단법인의 목적 범위에 포함된다고 보아야 한다.

[관련판례] 判例는 "목적을 수행하는 데 있어서 직접·간접으로 필요한 행위는 모두 포함한다"(대판 1991.11.22, 91다8821 등)고 하며, "목적수행에 필요한지 여부도 행위의 객관적 성질에 따라 추상적으로 판단할 것이지 행위자의 주관적, 구체적 의사에 따라 판단할 것은 아니다"(대판 1987.9.8, 86다카1349)라고 판시하여 그 목적의 범위를 확대하는 경향이다.

(2) 공동대표를 규정한 정관규정의 의미

1) 공동대표

대표기관이 수인인 때에는 **'각자대표'가 원칙**이다(제59조 1항). 그러나 법률 또는 수권행위에서 달리 정한 때에는 공동으로만 대리하여야 한다. 이 때 '공동'의 의미는 ① 의사표시의 공동으로 보는 견해도 있으나, ② 공동대리제도의 취지상 **'의사결정의 공동'**으로 보는 것이 타당하다.

2) 정관규정의 의미

민법은 '이사의 대표권에 대한 제한은 정관에 기재하여야 효력이 있다'(제41조)고 하여 정관의 기재를 대표권제한의 **효력요건**으로 규정하고 있는바, 사안에서 대표이사 A가 다른 대표이사 B와 상의 없이 甲법인을 대표하여 丙과 매매계약을 체결한 행위는 '무권대표행위'에 해당한다.

(3) 대표권 제한 미등기의 효력

'이사의 대표권 제한은 이를 등기하지 않으면 제3자에게 대항하지 못한다'(제60조)고 하여 등기를 **대항요건**으로 규정하고 있는바, 判例는 "**등기가 되어 있지 않는 한, 악의의 제3자에게도 대항할 수 없다**"(대판 1992.2.14, 91다24564 : 7회,8회,9회 선택형)고 한다.

검토하건대, 제60조는 제3자의 범위에 대해 제한을 가하고 있지 않을 뿐만 아니라(즉, 우리 민법은 제3자와 선의의 제3자를 명확히 구분한다), 등기제도의 일률적 처리를 통한 법률관계의 간명화의 필요성에 비추어 볼 때 判例의 태도는 타당하다.

3. 소 결

A의 X부동산 매매계약은 甲법인의 목적범위 내의 행위이고, 이사의 대표권의 제한이 등기되지 아니한 이상 丙이 그 사정을 알고 있었더라도 甲법인은 이를 주장하여 계약의 효력을 부인할 수 없으므로(제60조), **甲법인과 丙사이의 매매계약은 유효하다.** 아울러 설령 X부동산의 소유권자가 乙이라고 하더라도 타인권리매매는 유효하므로(제569조 참조), 甲법인과 丙사이의 매매계약은 유효하다.

> [참고] 만약 제60조의 '제3자'의 범위와 관련하여 '제한설'을 취한다면 사안에서 丙은 대표권 제한 사실을 알고 있었으므로 甲법인은 A의 무권대표를 주장할 수 있고, 다만 제126조의 표현대리가 문제된다. 그러나 丙은 악의이므로 제126조의 표현대리가 성립하지 않고 협의의 무권대표가 성립할 것이다. 그렇다면 위 설문에서 X부동산의 소유권자가 누구이든지 甲법인과 丙사이의 매매계약은 甲법인이 추인하지 않는 한 무효이다(제59조 2항, 제130조).

유사기출

정관에서 정한 대표권제한 위반의 효력 [2020년 3차 법전협모의 제2문]

甲은 고서화 소매업을 운영하는 사람이다. 甲이 마침 단원 김홍도 선생의 산수화 1점을 보유하고 있음을 알게 된 乙법인(전통 문화예술품의 수집, 보존, 전시 등을 목적으로 하는 비영리법인이다)의 대표이사 A는 위 산수화를 전시하기 위하여 2014. 3. 1. 甲의 화랑을 방문하여 乙명의로 위 산수화를 대금 1억 원에 매수하는 내용의 매매계약을 체결하였다. 甲은 다음 날 A로부터 대금 전액을 지급받으면서 그 산수화를 인도하였다.
乙법인의 정관에 법인 명의로 재산을 취득하는 경우 이사회의 심의, 의결을 거쳐야 한다는 규정이 있었음에도 A가 이를 무시하고 그와 같은 이사회를 소집하지도 않은 채 위 산수화를 매수하였으며, 甲 또한 乙법인과 빈번한 거래로 말미암아 위 정관 규정을 알고 있었음에도 이를 문제 삼지 않았다. **乙법인과 甲 사이에 매매계약은 유효한가? (15점)**

Ⅰ. 제2문의 1. 문제 1. : 정관에서 정한 이사회결의를 거치지 않은 경우 대표기관 법률행위의 효력

1. 문제점

2. 乙법인과 甲사이의 매매계약의 효력

(1) 매매계약이 乙법인의 정관상 목적범위 내에 해당하는지 여부

법인은 정관으로 정한 목적의 범위 내에서 권리와 의무의 주체가 된다(제34조). 이와 관련하여 判例는 "목적을 수행하는 데 있어서 직접·간접으로 필요한 행위는 모두 포함한다"(대판 1991.11.22, 91다8821 등)고 하는바, 사안의 경우 대표이사 A의 산수화매매계약(이하 '매매계약'이라 한다)은 전통 문화예술품의 수집, 보존, 전시 등을 목적으로 하는 乙법인의 목적 범위에 포함된다고 보아야 한다.

(2) 정관에서 정한 이사회 결의를 거치지 않은 경우

민법은 '이사의 대표권에 대한 제한은 정관에 기재하여야 효력이 있다'(제41조)고 하여 정관의 기재를 대표권제한의 '효력요건'으로 규정하고 있는바, 사안에서 대표이사 A가 이사회의 결의없이 乙법인을 대표하여 甲과 매매계약을 체결한 행위는 '무권대표행위'에 해당한다.

(3) 대표권 제한 등기 및 미등기의 효력

'이사의 대표권 제한은 이를 등기하지 않으면 제3자에게 대항하지 못한다'(제60조)고 하여 등기를 대항요건으로 규정하고 있는바, 判例는 **"등기가 되어 있지 않는 한, 악의의 제3자에게도 대항할 수 없다"**(대판 1992.2.14, 91다24564)고 한다. 검토하건대, 제60조는 제3자의 범위에 대해 제한을 가하고 있지 않을 뿐만 아니라(즉, 우리 민법은 제3자와 선의의 제3자를 명확히 구분한다), 등기제도의 일률적 처리를 통한 법률관계의 간명화의 필요성에 비추어 볼 때 判例의 태도는 타당하다.

사안의 경우 乙법인의 정관 규정의 등기 여부가 설문상 명확하지 않다. 따라서 등기가 되어 있는 경우와 되어 있지 않은 경우를 나누어 검토한다.

1) 등기가 되어 있는 경우

법인은 정관규정에 의한 대표권의 제한을 甲에게 대항할 수 있고(제60조), 따라서 대표이사 A의 행위는 무권대표행위로 되어 무효이다(제59조 제2항, 제130조). 사안에서 甲이 대표권 제한규정에 대해 악의였기 때문에 표현대표가 성립할 여지도 없다. 따라서 乙법인이 추인하지 않는 한 乙법인과 甲사이의 매매계약은 무효가 된다.

2) 등기가 되어 있지 않는 경우

법인은 정관규정에 의한 대표권의 제한을 악의의 甲에게도 대항할 수 없다(제60조). 따라서 甲에 대해서는 대표권의 제한이 없는 것과 같은 상황으로 되어 A의 대표권행사는 정당한 범위 내의 것으로 되고 결과적으로 乙법인과 甲사이의 매매계약은 유효하다.

A학교법인의 대표이사 甲은 자기 개인의 사업자금으로 사용할 목적으로, A학교법인을 대표하여 그 이사회의 결의를 거쳐 학교시설확충을 명목으로 乙은행으로부터 1억원을 차용하는 금전소비대차계약을 체결하였다. 그러나 甲은 이 과정에서 관할청의 허가가 필요하다는 사실을 알면서도 관할청의 허가를 받지 않았으며, 乙은행의 대출담당직원도 이사회의 결의만 있으면 충분하다는 甲의 말만 믿고 별도로 관할청의 허가가 있었는지 여부를 확인하지 않은 과실이 있었다(30%의 과실). 甲은 乙은행이 위 금전소비대차계약에 따라 1억원을 A학교법인명의 계좌로 송금하자 위 돈을 무단 인출하여 자신의 사업자금으로 활용하였다. **이 경우 A와 乙간의 법률관계를 논하시오.** (50점)

[참조조문] **사립학교법 제28조**(재산의 관리 및 보호)

① 학교법인이 그 기본재산을 매도·증여·교환 또는 용도변경하거나 담보에 제공하고자 할 때 또는 의무의 부담이나 권리의 포기를 하고자 할 때에는 관할청의 허가를 받아야 한다. (단서 생략)

사례A-05 법률에 의한 대표권 제한

Ⅰ. 논점의 정리

① 먼저 A법인의 乙은행에 대한 계약책임부터 검토하면 ⅰ) 금전차용행위가 A의 권리능력 범위 내에 해당하는지(제34조), ⅱ) 해당한다면 사립학교법 제28조를 위반한 대표행위의 효력은 어떠한지가 문제된다. ② 만약 당해 계약이 무효라면 A의 불법행위책임과 관련해서는 대표자 甲의 개인사업자금을 위한 행위도 제35조의 '직무관련성'이 있는지 등이 문제된다. ③ 아울러 A의 부당이득반환책임도 문제된다(제748조 2항).

Ⅱ. A와 乙간의 법률관계

1. 乙의 대출금 반환청구 가부

(1) 문제점

乙은행이 A학교법인에 대해 계약상 책임으로 대출금 반환을 청구하기 위해서는 금전차용행위가 ⅰ) A법인의 권리능력 범위 내의 행위이어야 하며(제34조), ⅱ) 대표권의 범위 내의 유효한 행위이어야 한다.

(2) 금전차용행위가 A의 권리능력 범위 내에 해당하는지 여부

1) 사립학교법 제28조가 A의 권리능력을 제한하는 규정인지 여부

사립학교법 제28조는 학교법인이 의무부담행위 등을 할 수 없다는 취지의 규정이 아니라 학교법인도 의무부담행위 등을 할 수 있지만 관할청의 허가를 받아야 한다는 '절차'를 규정한 것에 불과하다. 따라서 사립학교법 제28조는 A학교법인의 권리능력을 제한하는 규정이라고 볼 수는 없다.

2) 금전차용행위가 A의 정관상 목적범위 내에 해당하는지 여부

법인은 정관으로 정한 목적의 범위 내에서 권리와 의무의 주체가 된다(제34조). 이와 관련하여 최근에 判例는 "목적을 수행하는 데 있어서 직접 · 간접으로 필요한 행위는 모두 포함한다"고 하며, "목적수행에 필요한지 여부도 행위의 객관적 성질에 따라 추상적으로 판단할 것이지 행위자(대표기관)의 주관적, 구체적 의사에 따라 판단할 것은 아니다"라고 판시하여 그 목적의 범위를 확대하는 경향이다.

사안의 경우 대표이사 甲이 '학교시설확충 명목'으로 금원을 차용한바, 학설대립에 상관없이 A학교법인의 목적 범위에 포함된다고 보아야 할 것이다.

(3) 사립학교법 제28조를 위반한 대표행위의 효력

1) 판 례

判例는 사립학교법인이 감독청의 허가를 받지 않고 돈을 빌린 행위는 '강행규정' 인 사립학교법 제28조 위반으로 '절대적(확정적) 무효' 이며, 따라서 제126조의 표현대리 규정이 적용되지 않는다고 한다. 즉, 이사가 법률에서 규정된 절차를 위반한 경우 '대표권 제한'(유동적 무효)이 아닌 '효력규정'(절대적, 확정적 무효)의 문제로 판단하여 제35조의 불법행위책임(또는 부당이득)의 성립만을 인정하고 있다.

2) 검 토

① 이러한 절차규정을 단순히 대표권의 제한규정으로 이해하는 견해도 있으나,[1] ② 대표기관의 행위에 일정한 절차를 요구하는 특별법 규정은 법인의 보호라는 측면에서 강행규정으로 보는 것이 타당하다(다수설).[2]

3) 사안의 경우

A의 금전차용행위는 사립학교법 제28조에 위반하여 '절대적, 확정적으로 무효'가 된다. 따라서 乙은 금전소비대차를 원인으로 하여 A에 대해 대출금 반환을 청구할 수 없다. 그렇다면 '무효' 의 항변사유인 대표권 남용은 검토할 필요가 없다.

2. A의 불법행위책임의 성립 여부

(1) 문제점

乙은행은 A학교법인에 대해 계약상 책임을 물을 수는 없으나, 乙은 대출금 상당의 손해를 입게 되는바 A에게 제35조의 불법행위책임을 물을 수 없는지 문제된다.

(2) 제35조 1항의 요건 검토

법인의 제35조 불법행위책임이 성립하기 위한 요건은 ⅰ) 대표기관의 행위일 것, ⅱ) 직무관련성이 있을 것(외형이론), ⅲ) 대표기관의 불법행위가 제750조의 요건을 갖추고 있을 것을 요한다(제35조).

---

1) 이러한 견해에 따르면 이에 위반한 행위는 무권대표가 되므로, 이때는 제126조에 의한 표현대리의 법리를 우선 적용하여 법인에게 이행책임을 부담시키되, 다만 법인은 대표권남용의 항변을 통해 무효를 항변할 수 있는 경우가 있다고 한다. 그러나 표현대리 책임이 부정된다면 제35조 1항에 의한 법인의 불법행위책임을 인정할 수 있다고 한다.

2) 따라서 이러한 절차를 거치지 않은 대표행위는 대표권 제한을 위반한 행위로서 정관기재(제41조)나 등기기재(제60조)에 따라 효력이 달라지는 것이 아니라 확정적 무효로서 그 결과 불법행위(또는 부당이득)의 문제만 남는다.

사안의 경우 i) 甲은 A법인의 대표이사로서 대표기관에 해당되며, ii) 甲은 관할청의 허가가 필요하다는 사실을 알면서도 관할청의 허가를 받지 않아 위 금전소비대차계약이 무효가 되었다. 그로 인해 乙은 A에 대하여 이행청구를 할 수 없어 1억원의 손해를 입혔다고 할 것이므로 甲은 乙에 대하여 제750조의 불법행위책임을 진다. iii) 따라서 문제는 甲이 위 돈을 자신의 사업자금으로 사용한 것도 '직무관련성'이 있는지 여부이다.

(3) 직무에 관하여(직무관련성)

1) 직무관련성의 의미

'직무에 관한 행위'인지 여부는 주관적, 구체적으로 판단할 것이 아니라 객관적, 추상적으로 판단하여야 하며, 여기에는 외형상 대표기관의 직무집행행위라고 볼 수 있는 행위 및 직무집행행위와 사회통념상의 관련성을 가지는 행위를 포함한다(외형이론).

2) 외형이론의 적용배제 요건

'직무에 관하여'의 범위를 확장하는 것은 거래의 안전을 도모하기 위한 것이므로, 대표기관의 행위가 실질적으로 직무집행에 관한 것이 아니라는 점에 대하여 **상대방이 '선의' 이고 '중대한 과실' 이 없어야** 한다. 따라서 **상대방이 '경과실' 로 인하여 몰랐을 경우** 상대방은 법인에 대하여 불법행위책임을 물을 수는 있지만, **과실상계(제396조, 제763조)를 함으로써 양자의 이익을 조정할** 수 있다.

(4) 사안의 경우

비록 甲은 자신의 이익을 도모하기 위한 목적이 있었으나 외형상으로는 A의 운영자금조달이 목적이었을 뿐만 아니라 상대방 乙은행에게는 관할청의 허가가 있었는지 여부를 확인하지 않은 30%의 경과실(사안에서 乙은행의 과실이 30%라고 하였으므로 중과실이라고 볼 수는 없다)이 있었을 뿐이므로 '직무에 관하여' 의 요건도 충족된다. 따라서 **A학교법인은 1억원의 손해배상책임에서 '과실상계' 규정이 적용되어(제763조, 제396조) 乙은행에 대하여 7,000만원의 손해배상채무만 부담한다(제35조 1항 전단).**

3. A에 대한 부당이득반환청구 가부

(1) 부당이득반환책임의 성립 여부 및 범위

금전소비대차계약이 사립학교법 제28조에 위반하여 무효라고 할 경우, 乙이 A의 송금계좌로 1억원을 송금한 것은 법률상 원인 없이 행한 것으로서 부당이득의 문제가 발생한다. 이 때 **부당이득반환의 범위는 대표이사 甲을 기준으로 하여 결정된다**(제59조 2항, 제116조). 설문에 따르면 甲은 악의이므로 A는 乙에게 위 대여금 1억 원에 이자를 붙여 반환해야 하고, 손해가 있으면 이를 배상해야 한다(제748조 2항).

> [주의] 주의할 점은 A학교법인의 송금계좌로 대여금이 송금되는 순간 부당이득이 성립하기 때문에, 나중에 甲이 위 돈을 무단으로 인출하여 자신의 사업자금으로 활용하였다는 사정은 A학교법인의 부당이득반환의무에 영향을 미치지 않는다는 점이다(대판 2002.2.5, 2001다66369 참조).

(2) 불법원인급여에 해당하는지 여부

1) 문제점

乙은 강행규정인 사립학교법에 위반되어 무효인 위 금전소비대차계약에 따라 A에게 위 대출금을 송금하였다. 이는 제746조가 정한 '불법의 원인'으로 인하여 재산을 급여한 경우에 해당되어 반환청구가 부정되는 것은 아닌지 문제된다.

2) 제746조의 불법의 의미

判例는 "법률의 금지함(강행규정)에 위반한 경우라 할지라도 선량한 풍속 기타 사회질서에 위반하지 않는 경우에는 제746조의 불법에 해당하지 않는다"고 판시하여 협의설(동일개념설)의 입장이다. 생각건대 제746조의 취지는 스스로 제103조 위반행위를 한 자가 부당이득반환을 통해 그 결과를 복구하려고 할 때 법이 보호를 거부하겠다는 것이다. 따라서 동일개념설이 타당하다.

3) 사안의 경우

강행규정인 사립학교법 제28조 위반이 선량한 풍속 기타 사회질서 위반을 의미하지는 않으므로 협의설에 의할 때 불법원인급여에 해당하지 않는다. 따라서, 乙은행은 A학교법인에 대해 1억원 상당의 부당이득반환을 청구할 수 있다.

4. 불법행위책임과 부당이득반환책임의 관계

乙은 이 경우 불법행위책임과 선택하여 행사할 수 있지만 중첩적으로는 행사할 수 없다.[3] 그러나 부당이득반환의 경우에는 과실상계가 적용되지 않으므로 실질적으로 피해자 乙은 부당이득반환을 청구하는 것이 보다 유리하다.

Ⅲ. 사안의 해결

① 甲의 금전차용행위는 A의 권리능력 범위 내에 속하지만(제34조), 강행규정인 사립학교법 제28조에 위반하여 '절대적, 확정적으로 무효'가 되므로 乙은 A에게 1억원의 대출금에 대해 반환청구를 할 수 없다. ② 다만 乙은 A에게 제35조 1항의 불법행위책임을 물을 수 있으나, 과실상계 규정이 적용되어(제763조, 제396조) 7,000만원에 대해서만 손해배상을 청구할 수 있다. ③ 그리고 乙은 부당이득반환을 청구할 수 있는바(제748조 2항), 부당이득에는 과실상계가 적용되지 않으므로 乙에게는 보다 유리하다.

---

3) 즉, 부당이득을 반환받은 한도에서 손해배상의 범위가 감축된다(대판 1993.4.27, 92다56087).

기출해설

2012년 2차 법전협모의 제1문

甲, 乙, 丙은 2011. 10. 10. 의류 수입, 판매를 목적으로 하는 X조합을 만들기로 하였다. 이를 위하여 乙과 丙은 3억 원씩을 현금으로 출자하고, 甲은 시가 3억 원 상당의 평택시 청북면 어연리 A토지 220㎡ 및 그 지상의 창고건물(이하 'A토지' 및 '창고건물'이라 한다)을 출자하면서 甲, 乙, 丙명의로 합유등기를 마친 후, 의류회사 근무 경험이 있는 甲을 업무집행조합원으로 선임하였다.

한편 A토지상의 기존 창고건물이 낡아 의류창고 용도로 사용하기에 부적합하였기 때문에 甲, 乙, 丙은 A토지와 인접한 B토지를 매수하여 A, B토지상에 새로이 창고건물을 지어 사용하기로 하고, 甲이 B토지 소유자인 Y종중의 대표 己를 찾아가 그 토지를 자신들에게 팔 것을 제의하였다. 그 무렵 채무변제 독촉에 시달리던 己는 종중총회를 개최하지도 아니한 채 임의로 B부동산을 매도한다는 내용의 종중총회 회의록을 만들어 甲에게 제시하면서 Y종중을 대표하여 2011. 12. 20. 甲과 B토지를 대금 1억 원에 매도하기로 하는 매매계약을 체결하고 甲, 乙, 丙명의로 소유권이전등기를 넘겨주었다. 그리고 己는 그 매매대금을 자신의 채무변제에 사용하였다.

3. Y종중의 종중원들은 己가 종중 소유 B토지를 임의로 매도한 사실을 알고, 己를 대표에서 해임한 후 새로이 대표자를 선임하여 B토지의 매수자인 甲측을 상대로 매매계약이 무효임을 주장하면서 그 소유권이전등기말소청구의 소를 제기한다면, 누가 원고가 되어 어떠한 법리상의 근거를 들어 무효를 주장할 수 있는지 논하시오. 이에 대하여 甲측이 적법한 종중 대표자인 己로부터 종중총회 회의록까지 확인하고 B토지를 매수하였음을 이유로 위 계약이 유효함을 주장할 경우 그 주장의 당부에 관하여 논하시오. (30점)

4. 위 사안에서 결국 B토지에 관한 매매계약이 무효로 되어 이로 인해 甲측이 손해를 입었다면, 甲측은 누구를 상대로 어떠한 손해배상책임을 물을 수 있는지 논하시오. (20점)

사례A-06 종중의 원고적격, 총유물의 처분과 보존행위, 비법인사단과 제35조

Ⅲ. 설문 3.의 경우(30)

1. Y종중의 당사자능력

判例가 판시하는 바와 같이 "비법인사단이 민사소송에서 당사자능력을 가지려면(민사소송법 제52조) 일정한 정도로 조직을 갖추고 지속적인 활동을 하는 단체성이 있어야 하고 또한 그 대표자가 있어야 하므로, 자연발생적으로 성립하는 고유한 의미의 종중이라도 그와 같은 비법인사단의 요건을 갖추어야 당사자능력이 인정된다"(대판 2013.1.10. 2011다64607)(4회, 7회 선택형).

따라서 다른 특별한 사정이 없는 한 사안에서 Y종중은 비법인사단으로서 당사자능력이 있다.

2. Y종중의 원고적격

(1) 총유물의 보존행위

권리능력 없는 사단의 재산소유는 총유로 하며(제275조 1항), 총유물의 관리 및 처분은 정관 기타 규약에 정한 바가 없으면 사원총회의 결의에 의한다(제275조 2항, 제276조 1항). 그런데 사안에서

Y종중이 제기하는 소유권이전등기말소청구의 소는 성질상 '보존행위' 인바, 총유의 경우에는 공유나 합유의 경우처럼 보존행위는 구성원 각자가 할 수 있다(제265조 단서, 제272조)는 규정이 없으므로 보존행위를 함에도 사원총회의 결의를 요한다.

(2) 총유물의 보존행위에 관한 당사자적격

총유재산의 보존행위에 관한 당사자적격과 관련하여 최근 判例는 "총유재산에 관한 소송은 법인 아닌 사단이 그 명의로 사원총회의 결의를 거쳐 하거나 또는 그 구성원 전원이 당사자가 되어 필수적 공동소송의 형태로 할 수 있을 뿐 총회의 결의를 거치더라도 (설령 대표자라도)구성원 개인이 할 수는 없다"(대판 2005.9.15, 전합2004다44971 : 2회,3회,8회 선택형)고 판시하고 있다.

(3) 사안의 경우

그러므로 Y종중이 소유권이전등기말소청구의 소를 제기하기 위해서는 종중총회 결의를 거쳐 **Y종중이 직접 원고**가 되거나(민사소송 제52조), **종중 구성원 전원이 (고유)필수적 공동소송**의 형태로 원고가 되어 수행할 수 있다.

3. Y종중의 소유권이전등기말소청구가 인용되는지 여부(본안판단)

(1) 문제점

소유권에 기한 소유권이전등기 말소청구의 요건사실은 ⅰ) 원고의 소유, ⅱ) 피고의 소유권이전등기 경료, ⅲ) 등기의 원인무효인바(제214조), 사안의 경우 특히 甲, 乙, 丙명의 등기가 원인무효의 등기인지가 문제된다.

(2) 매매계약의 유효성

앞서 살핀바와 같이 총유물의 관리 및 처분은 정관 기타 규약에 정한 바가 없으면 사원총회의 결의에 의하는바, 총유물의 관리 및 처분이라 함은 "총유물 그 자체에 관한 이용·개량행위나 법률적·사실적 처분행위를 말한다"(대판 2007.4.19, 전합2004다60072·60089 : 3회,5회,6회,7회,8회,9회 선택형).
따라서 **Y종중이 B토지를 매도하는 행위는 총유물의 '처분행위' 인바, 종중총회의 결의를 거친 후 대표자의 대표행위를 통해야 한다.** 그러나 사안에서 己는 종중총회를 개최하지도 아니한 채 임의로 B토지를 매도한다는 회의록을 만들어 대표행위를 한 것인바, 이는 민법 제276조 1항에 위반되어 Y종중에 대하여 효력이 없다(대판 1996.8.20. 96다18656).[1]

(3) 민법 제126조의 적용여부(甲측의 항변수단)

判例에 따르면 총회결의를 거치지 않은 총유물의 관리 및 처분행위는 **'무효'**이고(대판 2001.5.29, 2000다10246), 이는 처분권한 없이 처분한 경우에 해당하므로 **표현대리가 적용될 여지도 없다**고 한다(대판 2003.7.11, 2001다73626). 따라서 상대방이 선의였는지 여부는 문제되지 않는다.
사안에서 甲측이 적법한 종중 대표자 己로부터 종중총회 회의록까지 확인하고 B토지를 매수했음을 이유로 계약이 유효하다고 주장하는 것은 표현대리의 성립을 주장하는 것으로 볼 수 있다. 그러나 判例가 판시하듯이 총회 결의 없는 총유물의 매매의 경우에는 표현대리가 적용될 수 없는바

1) "종중 소유의 재산은 종중원의 총유에 속하는 것이므로 그 관리 및 처분에 관하여 먼저 종중규약에 정하는 바가 있으면 이에 따라야 하고, 그 점에 관한 종중규약이 없으면 종중총회의 결의에 의하여야 하므로, 비록 종중 대표자에 의한 종중 재산의 처분이라고 하더라도 그러한 절차를 거치지 아니한 채 한 행위는 무효이다"

甲측의 주장은 부당하고 매매계약은 무효이다.

(4) 사안의 해결

Y종중 측은 己가 B 토지를 처분한 행위가 사원총회의 결의 없음을 근거로 무효라고 주장하여야 한다. 또한 제126조의 표현대리가 성립하지 않으므로 매매계약이 유효하다는 甲측의 주장은 부당하다. 따라서 甲측 명의의 등기는 원인무효이므로 Y종중의 말소등기청구는 인정된다.

Ⅳ. 설문 4.의 경우(20)

1. Y종중에 대한 손해배상청구

(1) 제35조 유추적용 가부

민법은 권리능력 없는 사단의 법적 지위에 관한 규정을 두고 있지 않지만, 권리능력 없는 사단은 법인등기를 하지 않았을 뿐 법인의 실질을 갖고 있는 것이다. 따라서 **사단법인에 관한 규정 중에서 법인격을 전제로 하는 것**(법인등기 등)**을 제외하고는 법인격 없는 사단에 유추적용해야** 한다(대판 1992.10.9, 92다23087). 따라서 비법인사단의 경우에도 제35조를 유추적용하여 그 대표기관의 행위에 대해서 불법행위책임을 물을 수 있다.

(2) 제35조가 유추적용되기 위한 요건(대, 직, 불)

법인의 제35조 불법행위책임이 성립하기 위한 요건은 ⅰ) 대표기관의 행위일 것, ⅱ) 직무관련성이 있을 것(외형이론), ⅲ) 대표기관의 불법행위가 제750조의 요건을 갖추고 있을 것을 요한다(제35조). 특히 문제는 己가 매매대금을 자신의 채무변제에 사용한 것도 Y종중의 '직무'와 관련성이 있는지 여부이다.

(3) 직무에 관하여(직무관련성)

통설·判例는 행위의 외형을 기준으로 직무관련성 여부를 판단한다. **'직무에 관하여'의 범위를 확장하는 것은 거래의 안전을 도모하기 위한 것이므로, 대표기관의 행위가 직무집행에 관한 것이 아니라는 점에 대하여 상대방이 '선의'이고 '중대한 과실'이 없어야 한다**(대판 2003.7.25, 2002다27088).

(4) 사안의 경우

비록 己는 자신의 이익을 도모하기 위한 목적이 있었으나 외형상으로는 Y종중의 총유물의 처분행위로 B토지를 처분하였으므로 '직무에 관하여'의 요건은 충족된다. 다만 피해자 甲측은 매매계약을 체결하면서 종중총회의 결의가 있었는지 여부를 확인하지 않은 과실이 있으나, 종중총회 회의록이 있었던 점으로 보아 중과실로 보기는 어렵다. 따라서 Y종중은 제35조 1항 1문의 불법행위책임을 지나, 甲측의 경과실은 과실상계 사유가 된다(제396조, 제763조).

2. 己에 대한 손해배상청구

己도 제35조 1항 2문의 불법행위책임을 지고, Y종중과 己의 책임은 부진정연대채무의 관계에 있게 된다.

기출해설

2015년 사법시험 제3문

Ⅰ. A종중은 양주 강씨 35세손 진선공의 후손으로 구성되었고, 규약을 갖추었으며 대표자는 甲이다. A종중은 2014. 3. 1. B주식회사에게 A종중 소유인 X토지 위에 5층 건물을 신축하는 공사를 공사대금 10억 원에 도급하였고, B주식회사는 2014. 3. 3. C주식회사에게 위 공사를 일괄하여 하도급하였다.

Ⅱ. B주식회사가 C주식회사에게 하도급 공사대금을 제대로 지급하지 아니하여 공사에 차질을 빚자, A종중은 2014. 7. 1. B주식회사의 C주식회사에 대한 하도급 대금채무를 보증하였다. A종중 규약 제21조는 "종중원에게 부담이 될 계약이나 자금차입에 관한 사항은 임원회의 결의를 거쳐야 한다."라고 규정하고 있으나, 甲은 보증계약 체결 전에 임원회의 결의를 거치지 아니하였다. C주식회사의 대표이사는 甲의 친한 친구여서 A종중의 규약 내용 및 규약 위반사실을 알고 있었다.

Ⅲ. Y토지는 A종중 소유이지만 甲은 등기서류를 위조하여 甲 명의로 소유권이전등기를 해두었다. 甲은 2014. 9. 12. 乙에게 Y토지를 4억 원에 매각한 뒤 계약금과 중도금으로 합계 2억 원을 받았다. 乙이 잔대금 지급 전에 비로소 Y토지가 실제로는 A종중 소유임을 알고 항의하자, 甲은 "내가 A종중의 대표자이니 종중총회의 결의를 거쳐 적법하게 Y토지의 소유권을 이전해 주겠다."라고 약속하였다. 그 후 甲은 Y토지에 관하여 임의로 A종중 앞으로 소유권이전등기를 한 후 종중총회결의서 등을 위조하여 2014. 10. 15. 乙에게 소유권이전등기를 해주고 잔금 2억 원을 받았다. 乙은 적법한 절차를 거쳐 정당하게 Y토지의 소유권을 취득한 것으로 믿었다. Y토지의 시가는 매매계약 시부터 현재까지 4억 원이다.

※ 아래 각 문항은 별개의 사안임.

1. A종중과 C주식회사의 2014. 7. 1.자 보증계약은 유효한가? (30점)

2. A종중이 2015. 6. 1. 확정판결을 받아 Y토지를 되찾아 간 경우, 乙이 A종중을 상대로 물을 수 있는 책임의 성질과 범위는 어떠한가? (20점)

사례A-07 총유물의 처분행위, 비법인사단(종중)의 대표권제한 위반, 제35조 유추★

Ⅰ. A종중과 C주식회사의 보증계약의 유효성(30) - 설문 1.

1. A종중의 법적성질 및 그에 따른 법적규율

종중이란 공동선조의 후손들에 의하여 선조의 분묘수호 및 봉제사와 후손 상호 간의 친목을 목적으로 형성되는 '**자연발생적인 종족단체**'로서 선조의 사망과 동시에 후손에 의하여 성립하는 것이며, 종중의 규약이나 관습에 따라 선출된 대표자 등에 의하여 대표되는 정도로 조직을 갖추고 지속적인 활동을 하고 있다면 비법인사단으로서의 단체성이 인정된다(대판 1994.9.30, 93다27703).

이러한 권리능력 없는 사단은 법인등기를 하지 않았을 뿐 법인의 실질을 갖고 있는 것이다. 그러므로 사단법인에 관한 규정 중에서 '법인격을 전제'로 하는 것(대표적으로 제60조)을 제외하고는 비법인 사단에 유추적용해야 한다. 따라서 사단의 권리능력(제34조)·대표기관의 불법행위로 인한 사단의 배상책임(제35조)의 규정 등은 비법인사단인 A종중에게도 유추적용된다.

2. 보증계약체결이 A의 목적범위 내의 행위인지 여부

비법인사단 A도 정관으로 정한 목적의 범위 내에서 권리와 의무의 주체가 된다(제34조의 유추적용). 사안의 경우 A와 도급계약을 체결한 B가 C에게 하도급 공사대금을 제대로 지급하지 아니하여 공사에 차질을 빚자, A가 B의 C에 대한 하도급 대금채무를 보증한 것이므로 이는 어느 견해에 의하든 A종중의 목적의 범위 내라고 볼 수 있다.

[관련판례] "목적수행에 필요한지 여부도 행위의 객관적 성질에 따라 추상적으로 판단할 것이지 행위자의 주관적, 구체적 의사에 따라 판단할 것은 아니다"(대판 1987.9.8, 86다카1349)

3. 보증계약체결이 총유물의 관리·처분행위인지 여부

(1) 문제점

권리능력 없는 사단의 재산소유는 총유로 하며(제275조 1항), 총유물의 관리 및 처분은 사원총회의 결의에 의한다(제276조 1항). 判例에 따르면 이러한 **총회 결의를 거치지 않은 총유물의 관리 및 처분행위는 '무효'이고**, 이는 처분권한이 없이 처분한 경우에 해당하므로 **표현대리가 적용될 여지도 없다**고 한다(대판 2003.7.11, 2001다73626). 따라서 대표자 甲이 임원회 등의 결의 없이 보증계약을 체결한바, 이러한 행위가 총유물의 관리 및 처분행위에 해당되어 무효는 아닌지 문제된다.

(2) 판 례

전원합의체 판결에서 ① 총유물의 관리·처분을 수반하지 않는 금전채무 부담행위는 생각하기 어려우므로, 금전채무 부담행위는(判例 사안에서는 보증채무) 총유물의 관리·처분에 관한 법리가 적용된다는 반대의견과 ② **총유물의 관리 및 처분이라 함은 총유물 그 자체에 관한 이용·개량행위나 법률적·사실적 처분행위를 의미하는 것이므로, 단순한 채무부담행위는 총유물의 관리·처분행위라고 볼 수 없다는** 다수의견으로 나뉘었다(대판 2007.4.19, 전합2004다60072 : 2회,6회,7회,9회 선택형).

(3) 검토 및 사안의 경우

대법원의 반대의견에 따르면 총회결의를 거치지 아니한 채무부담행위는 상대방의 선의 여부에 관계없이 확정적 무효가 되어 선의·무과실의 거래 상대방도 보호받지 못하는 결과가 된다. 따라서 **비법인사단을 특히 보호하여야 할 공익적 필요성이 있는 경우가 아니라면 거래안전상 대법원의 다수의견이 타당하다.** 따라서 사안의 경우 C와의 보증계약체결은 제276조 1항의 위반으로 인한 무효라고 볼 수는 없고, 다만 정관에 의한 대표권 제한 위반행위로 인해 무효로 될 여지는 있다. 아래에서 검토하기로 한다.

4. 규약에서 정한 임원회 결의를 거치지 않은 甲의 대표행위의 효력

(1) 규약에 규정된 임원회 결의 요건이 甲의 '대표권을 대외적으로 제한'하는 것인지 여부

判例(대판 1992.2.14, 91다24564)는 일반적으로 '정관(규약)에서 정하고 있는 임원회의(사원총회) 결의 요건'은 대표기관의 대표권을 대외적으로 제한하는 효력이 있는 것으로 본다. 따라서 대표기관 甲이 임원회 결의를 거치지 않고 A를 대표하여 C와 보증계약을 행위는 '무권대표행위'에 해당한다.

(2) 甲의 '대표권 제한' 위반행위의 효력

1) 제60조 규정을 권리능력 없는 사단에 적용할 수 있는지 여부

이사의 대표권에 대한 제한은 정관에 기재하여야 효력이 있고(제41조), 이를 등기하지 아니하면 '제3자'에게 대항하지 못한다(제60조). 그러나 앞서 검토한 바와 같이 통설과 判例(대판 2003.7.23, 2002다64780)는 제41조는 유추적용될 수 있으나, 제60조와 같이 법인등기와 관련한 규정은 법인격을 전제로 하는 것이어서 비법인사단에게는 그 적용이 없다고 한다.

2) 제126조의 표현대리 성립 여부

대표권 제한을 위반한 甲의 보증계약 체결행위는 무권대표행위로서 제126조의 표현대리의 성립 여부가 문제된다(제59조 2항의 유추적용). 이에 대해 **判例는 상대방이 대표권제한 및 그 위반사실을 알았거나 알 수 있었을 경우가 아니라면 그 거래행위는 원칙적으로 유효하다고 보고, 대표권제한 및 그 위반 사실을 상대방이 알았거나 알 수 있었다는 점을 비법인사단측이 주장·입증하여야 한다고 본다**(대판 2007.4.19, 전합2004다60072 · 60089 : 2회,6회,7회,9회 선택형). 判例가 거래 상대방의 악의 · 과실을 문제삼은 것은 법인 대표에 준용되는(제59조 2항) 대리규정 가운데 제126조를 유추적용한 것으로 보인다.

3) 사안의 경우

거래의 상대방 C는 甲의 대표권제한(규약 내용) 및 그 위반 사실(규약 위반사실)을 알았다. 따라서 A종중과 C주식회사의 2014. 7. 1.자 보증계약은 A종중이 이를 추인하지 않는 한 '협의의 무권대표' 행위로서 '무효'이다.

Ⅱ. A종중의 乙에 대한 책임의 성질과 범위(20) - 설문 2.의 경우

1. A종중이 계약책임이 지는지 여부

사안에서 甲과 乙의 A종중 소유 Y토지에 대한 매매계약은 타인권리매매로 '유효'하나(제569조), 甲이 종중총회결의서 등을 위조하여 乙에게 소유권이전등기를 해 준 것은 무권리자의 처분행위로 '무효'이다. 아울러 **Y토지에 대한 매매계약의 당사자는 甲**이기 때문에 A가 확정판결을 받아 Y토지를 되찾아 간 것에 대해 乙은 A에게 계약상 책임을 물을 수 없다. 따라서 A의 Y토지 회복에 대한 乙의 A에 대한 책임의 성질과 범위는 대표기관 甲의 불법행위에 대한 A종중의 불법행위책임(제35조 1항 1문) 및 부당이득반환책임(제741조)이 문제될 뿐이다.

2. A종중의 불법행위책임(제35조 1항 1문)

(1) 제35조 1항의 유추적용(대, 직, 불)

사단법인에 관한 규정 중에서 '법인격을 전제'로 하는 것을 제외하고는 비법인 사단에 유추적용되므로 제35조도 유추적용된다. 법인의 제35조 1항 1문의 불법행위책임이 성립하기 위한 요건은 ⅰ) 대표기관의 행위일 것, ⅱ) 직무관련성이 있을 것(외형이론), ⅲ) 대표기관의 불법행위가 제750조의 요건을 갖추고 있을 것을 요한다(제35조). 문제는 ① A종중 소유 Y토지에 대한 등기서류를 위조하여 甲 명의로 소유권이전등기를 하고 이에 기해 乙과 매매계약을 체결한 甲의 행위(계약금 및 중도금 2억 원 수령행위)와 ② Y토지에 관하여 임의로 A종중 앞으로 소유권이전등기를 한 후 종중총회결의서 등을 위조하여 乙에게 소유권이전등기를 해 준 甲의 행위(잔금 2억 원 수령행위)가 A의 '직무'와 관련성이 있는지 여부이다.

(2) 직무에 관하여(직무관련성)

1) 직무관련성의 의미(外形理論)

통설・判例는 행위의 외형을 기준으로 직무관련성 여부를 판단한다. 즉 '직무에 관한 행위'인지 여부는 주관적·구체적으로 판단할 것이 아니라 객관적・추상적으로 판단하여야 하며, 여기에는 외형상 대표기관의 직무집행행위라고 볼 수 있는 행위 및 직무집행행위와 사회관념상의 관련성(견련성)을 가지는 행위를 포함한다.

2) 외형이론의 적용배제 요건

'직무에 관하여'의 범위를 확장하는 것은 거래의 안전을 도모하기 위한 것이므로, 대표기관의 행위가 직무집행에 관한 것이 아니라는 점에 대하여 상대방이 '선의'이고 '중대한 과실'이 없어야 한다(대판 2003.7.25, 2002다27088).

(3) 사안의 경우

①의 행위와 ②의 일련의 행위를 전체로 A의 '직무'와 관련한 하나의 법률행위로 보아 乙의 손해액(Y토지의 시가) 4억 원 전액을 기준으로 과실상계법리를 적용한 금액에 대해 A에게 손해배상책임을 물을 수 있는 것으로 논리구성할 수 있다고 판단된다.[1]

[다른 방향으로 사안포섭] 앞서 검토한 ①의 행위(계약금 및 중도금 2억 원 수령행위)는 외형이론에 따르더라도 甲이 A종중을 대표한 것이 아니므로 A의 '직무'에 관한 것이라고 할 수 없고 甲 개인의 불법행위이나, ②의 행위(잔금 2억 원 수령행위)는 비록 대표기관 甲이 부정한 대표행위를 하였지만 외형이론에 따르면 A의 '직무'에 관한 것이라고 할 수 있고(대판 1990.3.23. 89다카555참고), 비록 위조된 것이었지만 종중총회결의서가 있었고 등기명의도 A에게로 경료되어 있었으므로 ②의 행위가 직무집행에 관한 것이 아니라는 점에 대해 乙에게 '중과실'이 있다고 보기는 어렵다. 따라서 A종중은 제35조 1항 1문의 유추적용을 통해 ②의 행위에 대해서는 불법행위책임을 진다고 봄이 상당하다. 그러므로 甲의 ①의 행위의 통해 이미 지급된 계약금과 중도금 2억 원에 대해서는 A에게 불법행위책임을 물을 수 없지만, 甲의 ②의 행위를 통해 지급된 잔금 2억 원에 대해서는 A에게 불법행위책임을 물을 수 있고, 만약 乙이 '경과실'로 인하여 몰랐을 경우라면 이러한 2억 원에 대해서 과실상계를 함으로써 양자의 이익을 보호할 수 있을 것이다(제396조, 제763조). 즉, 대표기관의 고의적인 불법행위라고 하더라도 과실상계법리는 적용될 수 있다(대판 1987.12.8. 86다카1170).

3. A종중의 부당이득반환책임(제741조)

사안에서 A종중은 2015. 6. 1. 확정판결을 받아 적법하게 Y토지를 되찾아 갔으므로 이러한 사유가 乙에 대한 관계에 있어 부당이득이라고 볼 수는 없으나, 최소한 甲이 받은 잔금 2억 원은 A종중의 대표자로 받은 것으로 판단되므로 乙에 대한 관계에 있어 부당이득이라고 볼 수 있다(대판 2002.2.5, 2001다66369 참고). 그리고 사안에서 甲은 악의이므로 A는 악의의 수익자로 판단되고(제748조 2항), 부당이득반환의 경우에는 과실상계가 적용되지 않기 때문에 乙은 A에게 불법행위책임을 묻는 것보다 효과적인 구제수단이 될 수 있다.

물론 이 또한 앞서 검토한 바와 같이 ①의 행위와 ②의 일련의 행위를 전체로 A의 '직무'와 관련한 하나의 법률행위로 보고, 결국 甲이 수령한 매매대금 총 4억 원을 전체적으로는 A종중이 乙에게 소유권을 넘기는 대가로 받은 것으로 본다면 4억 원이 기준이 될 수도 있다.

---

1) ★ 왜냐하면 甲은 "내가 A종중의 대표자이니 종중총회의 결의를 거쳐 적법하게 Y토지의 소유권을 이전해 주겠다."라고 약속하였으므로, 이러한 약속도 A의 대표기관에 따른 행위로 외형상 A의 '직무'의 범위에 포함된다고 볼 수 있고 그렇다면 Y토지의 소유권을 이전해 주지 못한 것에 따른 손해배상(4억)을 A에게 청구할 수 있다고 볼 수 있기 때문이다.

기출해설

2022년 변호사시험 제2문

【기초적 사실관계】

사단의 실질은 갖추었으나 법인등기를 하지 아니한 A종중은 2016. 9. 1. 종중회관 신축을 위해 B와 건물공사에 관한 도급계약(이하 '건물공사계약')을 체결하였다. 이후 B는 2016. 10. 1. 건물신축을 위해 필요한 토목공사를 목적으로 하는 도급계약(이하 '토목공사계약')을 C와 체결하였다. [※ 추가적 사실관계는 각각 별개임]

【추가적 사실관계 1】

B와 C 사이의 토목공사계약에 따르면, 총 공사대금은 5억 원으로 하되, B는 공사의 진척상황에 따라 매 20%에 해당하는 1억 원씩 5회에 걸쳐 C에게 공사대금을 지급하기로 하였다. C가 공사의 40%를 진척하여 2억 원의 공사대금을 B에게 청구하였으나, B는 지급할 대금이 부족하여 A종중에게 건물공사계약에 따른 공사대금 일부에 대한 변제 명목으로 2억 원을 C에게 직접 지급할 것을 요청하였고, 이에 A종중은 공사의 원활한 진행을 위해 2017. 9. 1. C에게 2억 원을 송금하였다. 한편 A종중의 정관 제13조에는 "예산으로 정한 사항 외에 본 종중 및 회원의 부담이 될 계약체결 등에 관한 사항은 총회의 결의를 거쳐야 한다."라고 규정되어 있었는데, 건물공사계약에 관한 총회결의에 하자가 있어 총회결의가 무효임이 확인되었다. B는 건물공사계약 체결 당시, 해당 총회결의에 정관에 위배되는 하자가 있음을 알고 있었다.

A종중은 C에게 지급한 2억 원을 부당이득으로 반환할 것을 청구할 수 있는지를 설명하시오. (사안에서 「하도급거래 공정화에 관한 법률」은 적용되지 않음을 전제로 함) (20점)

사례A-08 비법인사단의 대표권제한과 단축된 급부

Ⅰ. 제2문의 1. 문제 1.의 해결(20)

1. 논점의 정리

비법인사단의 '정관에 규정된 대표권 제한'을 위반한 경우의 효과와 지시삼각관계에서의 급부가 이루어진 경우 '부당이득반환청구의 상대방'이 문제된다.

2. A종중이 C에게 지급한 2억 원이 부당이득[1]인지 여부

(1) 문제점

사단의 실체 갖췄으나 법인등기 하지 않은 A종중은 통설·判例에 따라 '비법인사단'에 해당하는 바(대판 1994.9.30, 93다27703), A종중이 무효인 총회결의에 기해 B와 건물공사계약을 체결하고 공사대금 일부에 대한 변제 명목으로 2억 원을 C에게 직접 지급한 것이 무효라서 부당이득의 요건인 '법률상 원인'이 없는지 검토하여야 한다.

---

1) 부당이득이 성립하기 위해서는 i) 법률상 원인없이, ii) 타인의 재산 또는 노무로 인하여 이익을 얻고, iii) 그러한 이익으로 인하여 타인에게 손해를 가하고, iv) 이익과 손해 사이에 인과관계가 있을 것을 요한다(제741조).

[관련쟁점] ❋ A종중의 대금지급행위가 A종중의 목적범위 내의 행위인지 여부
비법인사단 A종중도 정관으로 정한 목적의 범위 내에서 권리와 의무의 주체가 된다(제34조의 유추적용). A종중이 종중회관 신축을 위해 B와 건물공사계약을 체결한 것은 A종중의 목적범위에 속하는 행위이므로, 공사대금에 대한 변제 명목으로 2억 원을 C에게 직접 지급한 행위 역시 민법 제34조에 위반되어 무효인 것은 아니다.

(2) C에게 2억 원을 송금한 행위가 총유물의 관리·처분행위인지 여부

1) 제276조 위반 여부

권리능력 없는 사단의 재산소유는 총유로 하며(제275조 1항), 총유물의 관리 및 처분은 정관 기타 규약에 정한 바가 없으면 사원총회의 결의에 의하며(제275조 2항, 제276조 1항), 判例에 따르면 이러한 **총회 결의를 거치지 않은 총유물의 관리 및 처분행위는 '무효'이고**, 이는 처분권한이 없이 처분한 경우에 해당하므로 **표현대리가 적용될 여지도 없다**고 한다(대판 2003.7.11, 2001다73626).
그런데 여기서 "총유물의 관리 및 처분이라 함은 총유물 그 자체에 관한 이용·개량행위나 법률적·사실적 처분행위를 의미하는 것이므로, **단순한 채무부담행위는 총유물의 관리·처분행위라고 볼 수 없다**"(대판 2007.4.19, 전합2004다60072·60089 : 3회,5회,6회,7회,8회,9회,11회 선택형).

2) 사안의 경우

A종중이 C에게 2억 원을 송금한 행위는 단순한 채무부담행위에 불과하므로, 건물공사계약에 관한 총회결의에 하자가 있어 총회결의가 무효임이 확인되었다하더라도 제276조 1항의 위반으로 무효는 아니다. 다만 정관에 의한 대표권 제한의 위반행위로 인한 효력유무가 문제된다(제60조).

(3) 정관에서 정한 총회 결의를 거치지 않은 송금행위의 효력

1) 제41조 및 제60조 유추적용여부

민법은 '이사의 대표권에 대한 제한은 정관에 기재하여야 효력이 있다'(제41조)고 하여 **정관의 기재를 효력요건으로** 하고 있고, '이사의 대표권제한은 이를 등기하지 않으면 제3자에게 대항하지 못한다'(제49조 2항 9호, 제60조)고 하여 **등기를 대항요건으로** 하고 있다. **判例는 "등기가 되어 있지 않는 한, 악의의 제3자에게도 대항할 수 없다"**(대판 1992.2.14, 91다24564 : 7회,8회,9회 선택형)**고 한다.**
그런데 判例는 이사의 대표권 제한에 관한 제41조는 권리능력 없는 사단에 유추적용될 수 있으나, 제60조는 성질상 권리능력 없는 사단에 적용될 수 없다고 판시하고 있는바(대판 2003.7.23, 2002다64780 : 7회 선택형), 최근에 判例는 이에 더하여서 "**임원회의의 결의 등을 거치도록 한 규약은 대표권을 제한하는 규정에 해당하는 것이므로, 거래 상대방이 그와 같은 대표권 제한 및 그 위반 사실을 알았거나 과실로 인하여 이를 알지 못한 때에는 그 거래행위가 무효로 된다고 봄이 상당하며**, 이 경우 그 거래 상대방이 대표권 제한 및 그 위반 사실을 알았거나 알지 못한 데에 과실이 있다는 사정은 그 거래의 **무효를 주장하는 측이 이를 주장·입증하여야 한다**"(대판 2007.4.19, 전합2004다60072·60089 : 2회,6회,7회,9회 선택형)고 판시하고 있다.

2) 사안의 경우

B는 건물공사계약 체결 당시, 해당 총회결의에 정관에 위배되는 하자가 있음을 알고 있었으므로, 대표권 제한 위반 사실까지 안 것이어서, A종중은 이러한 사실 주장·증명하여 건물공사계약의 무효를 주장할 수 있다.

3. A종중이 C에게 부당이득반환청구를 할 수 있는지 여부

(1) 지시삼각관계에서의 반환청구의무자

"계약의 일방당사자가 상대방의 지시 등으로 상대방과 또 다른 계약관계를 맺고 있는 제3자에게 직접 급부한 경우(이른바 삼각관계에서의 급부가 이루어진 경우), 그 급부로써 급부를 한 당사자의 상대방에 대한 급부가 이루어질 뿐 아니라 그 상대방의 제3자에 대한 급부도 이루어지는 것이므로 계약의 일방당사자는 제3자를 상대로 법률상 원인 없이 급부를 수령하였다는 이유로 부당이득반환청구를 할 수 없다"(대판 2008.9.11. 2006다46278).

(2) 사안의 경우

A가 C에 대하여 급부를 한 원인관계인 B와의 건물공사계약에 무효 등의 흠이 있다는 이유로 C를 상대로 직접 부당이득반환청구를 할 수 있다고 보면, 자기 책임하에 체결된 계약에 따른 위험부담을 C에게 전가하는 것이 되어 계약법의 원리에 반하는 결과를 초래할 뿐만 아니라, 수익자인 C가 B에 대하여 가지는 항변권 등을 침해하게 되어 부당하므로(대판 2008.9.11. 2006다46278). A종중은 C가 아닌 B를 상대로 2억 원의 반환을 구해야한다.

4. 사안의 해결

A종중의 C에 대한 부당이득반환청구는 인정되지 않는다.

【사실관계】
부동산 매매계약을 체결하며 매도인 甲소유의 X토지를 목적물로 삼았으나, 그 지번에 관하여 쌍방 당사자 모두 잘못하여 계약서에 매도인 소유의 다른 인접토지 Y를 표시하고 매매대금 완납 후 Y토지에 대하여 매수인 乙명의로 소유권이전등기도 마쳤다. 그 후에도 매수인 乙은 X토지를 점유·사용하여 왔다.
甲이 그 후 Y토지를 매도하려고 하다가 Y토지가 乙 명의로 되어 있음을 알게 되어 甲은 乙에 대하여 Y토지에 대한 소유권이전등기의 말소 및 乙의 X토지 점유로 인한 부당이득의 반환을 구하는 소를 제기하였다. 이에 대하여 乙은 X토지에 대한 소유권이전등기를 구하는 반소를 제기하였다
위 경우에 각 당사자가 주장할 수 있는 실체법적 항변들을 고려하여 각 청구의 결론[청구인용, 청구일부인용, 청구기각]을 논거와 함께 서술하시오. (20점)

사례A-09 법률행위의 해석(목적물의 확정)[1]

Ⅰ. 결 론

법원은 甲의 乙에 대한 Y토지에 대한 소유권이전등기의 말소청구는 인용하고, X토지 점유로 인한 부당이득의 반환청구를 기각하되, 乙의 X토지에 대한 소유권이전등기청구는 인용하여야 한다.

Ⅱ. 甲의 乙에 대한 Y토지에 대한 소유권이전등기의 말소청구

1. 문제점(소유권이전등기 말소청구의 요건사실)

소유권에 기한 소유권이전등기 말소청구의 요건사실은 ⅰ) 원고의 소유, ⅱ) 피고의 소유권이전등기 경료, ⅲ) 등기의 원인무효이다(제214조). 사안의 경우 특히 ⅲ)과 관련하여 **과연 甲과 乙 사이에 Y토지에 관한 매매계약이 유효하게 '성립'하였는지 문제된다.**

2. Y토지에 대한 매매계약의 성립 여부 및 물권변동 여부

(1) 법률행위 해석을 통한 매매계약의 목적물 확정(계, 형, 쌍, 진)

의사표시의 당사자가 표시를 사실상 같은 의미로 이해한 경우에는 표의자의 잘못된 표시에도 불구하고 표의자의 진의에 따른 법률효과가 주어지게 된다(誤表示 無害의 原則). 즉 계약서의 문언보다 당사자가 실제로 의욕한 의사가 우선하는 것이다. 判例 역시 "**계약의 해석에 있어서는 형식적인 문구에만 얽매여서는 아니되고 쌍방 당사자의 진정한 의사가 무엇인가를 탐구하여야 하는 것**"이라는 일반원칙을 선언하면서 동일한 결론에 이르고 있다(대판 1993.10.26, 93다2629,2636 : 6회 선택형). 이러한 해석방법은 '당사자가 사실상 일치하여 이해한 것의 확정으로서의 해석'으로 자연적 해석방법이다. 따라서 매매계약은 **X토지에 관하여 '성립'한 것으로** 보아야 한다.

---
1) ★ 대판 1993.10.26, 93다2629, 2636

(2) Y토지의 소유권변동이 있었는지 여부

Y토지에 대하여는 등기가 이루어졌으나, 그에 대한 '매매계약'이나 '물권적 합의'가 존재하지 않으므로 Y토지에 대한 소유권이 이전되었다고 할 수 없다(제186조).[2] 그러므로 **Y토지에 대한 乙명의 소유권이전등기는 원인무효이다.** 따라서 甲은 乙에게 Y토지에 대해 소유권에 기한 말소등기청구권을 행사할 수 있다(제214조).

Ⅲ. 甲의 乙에 대한 X토지 점유로 인한 부당이득의 반환청구

앞서 검토한 바와 같이 매수인 乙은 X토지에 대한 **'유효한 매매계약'**에 기해 X토지를 점유하고 있는 것이므로 '법률상 원인 없이' 이를 점유하고 있는 것이 아니다(제741조). 따라서 X토지의 매도인인 甲은 매수인 乙에게 X토지의 점유에 따른 부당이득반환청구권을 행사할 수는 없다(대판 1996.6.25, 95다12682).

Ⅳ. 乙의 甲에 대한 X토지에 대한 소유권이전등기청구

1. 경정등기에 의한 소유권이전등기청구 가부

토지를 표시하는 부동산등기에서 소재지나 지번의 표시는 당해 토지의 동일성을 결정하는 요소이므로, **경정등기는 원칙적으로 기존의 등기와 동일성이 유지되는 범위 안에서만 행하여질 수 있다**(대판 1989.1.31, 87다카2358).[3] 따라서 사안의 경우에 Y등기를 X등기로 경정등기를 하는 것은 불가능하다.

2. 매매에 의한 소유권이전등기청구 가부 및 착오취소 가부

(1) 매매에 의한 소유권이전등기청구 가부

위에서 살펴본 대로 매매계약은 X토지에 관하여 성립하였으므로, 乙은 甲에게 매매계약에 따라 X토지에 대한 소유권이전등기청구권을 행사할 수 있다(제568조 1항).

(2) 착오취소 가부

설문의 경우 앞서 살펴본 대로 당사자는 X토지를 매매계약의 목적물로 의욕하였다. 그러므로 계약서의 **Y토지의 표시는 단순한 오기에 불과한 것이어서 여기에 진의와 표시의 불일치, 즉 착오가 있다고 할 수 없다.** 따라서 乙의 X토지에 대한 소유권이전등기청구에 대해 甲은 제109조의 착오를 이유로 취소할 수 없다.

> [동시이행의 항변권이나 소멸시효 완성의 항변] ① 설문에서 매매대금을 완납했다고 하므로 甲은 동시이행의 항변권을 행사할 수 없으며(제568조 2항), ② 설문에서 매수인 乙은 매매목적물인 X토지를 사용·수익하고 있다고 하므로, 이는 判例가 판시하는 바와 같이 매수인이 등기청구권을 '행사'하고 있는 것으로 보아 등기청구권의 소멸시효는 진행하지 않는다(대판 1976.11.6, 전합76다148).[4]

---

2) 민법은 제186조에서 '부동산에 관한 법률행위로 인한 물권의 득실·변경은 등기하여야 그 효력이 생긴다'고 규정하고 있으므로 부동산 물권변동이 일어나려면 물권행위 외에 등기까지 갖추어야만 한다. 또한 물권행위와 등기가 모두 유효하여야 하고, 그 둘의 내용이 일치하여야 한다.

3) "등기된 토지의 소재 또는 지번의 표시에 착오나 유루가 있다는 것을 이유로 한 경정은 그것을 허용해도 그 경정의 전후를 통하여 표시된 부동산의 동일성에 변함이 없는 것이라고 여겨질 정도로 위 착오 또는 유루(遺漏)의 표시가 경미하거나 극히 부분적일 때 한하여 허용된다"

甲은 乙에게 자기소유 주택 X, Y, Z의 관리를 부탁하면서, 그 주택을 임대하여 임대료를 받는 업무의 처리도 위임하였다. 乙은 甲으로부터 위임받은 사무의 처리로 그 동안 수차례에 걸쳐 위 주택을 임대하고, 임대료 등을 甲에게 송금하는 업무를 처리하여 왔다. ※ 각 설문은 별개로 판단할 것.

1. 그러던 중 乙은 丙에게 甲 소유 주택 중 X주택을 임대하고 보증금으로 1억원을 수령하였다. 다만 乙은 자신을 甲이라고 말하면서 임대차계약을 체결하였고, 임대보증금을 자신의 개인사업자금으로 활용하였다. 이 때 甲은 丙에게 임대차계약에 따른 책임을 져야 하는가? 결론과 그에 따른 논거를 서술하시오. (30점)
2. 만약 乙이 자신을 甲이라고 말하면서 丙에게 甲 소유 주택 중 X주택을 처분하고 매매대금으로 1억원을 수령하였다면 이 때 甲은 丙에게 매매계약에 따른 책임을 져야 하는가? 결론과 그에 따른 논거를 서술하시오. (20점)

단, 설문 1, 2 모두 丙은 乙이 甲으로서 甲의 권한을 행사하는 것으로 믿었고, 이에 과실이 없었다고 가정한다.

사례A-10 타인명의를 사용한 법률행위(당사자 확정 등)[1]

Ⅰ. 결 론

규범적 해석방법에 따라 상대방인 丙은 乙이 甲인 것으로 믿고 있었으므로 임대차계약 및 매매계약은 甲과 丙 사이에 성립했다. 설문 1.의 경우 乙이 행한 임대차 계약은 대리권한 및 현명이 있었으므로 甲에게 미치고, 甲은 丙에게 대리권남용의 항변을 통해 임대차계약의 무효를 항변할 수 없다(제107조 1항 단서). 설문 2.의 경우 乙이 행한 매매계약에 대해 甲은 丙에게 제126조의 유추적용에 따른 책임을 져야 한다.

Ⅱ. 임대차 계약 및 매매계약의 당사자 확정

1. 문제점

설문 1. 2.의 경우 甲의 丙에 대한 계약책임을 검토하기 위하여는 선결적으로 법률행위 해석을 통해 각 계약의 당사자가 甲과 丙인지를 확정할 필요가 있다.

2. 타인의 명의를 사용하여 행한 법률행위의 경우 계약당사자 확정의 기준

(1) 판 례

타인의 명의를 사용하여 행한 법률행위의 경우에 대해 최근의 판결들은 "누가 그 계약의 당사자인가를 먼저 확정하여야 할 것"이라고 보아 법률행위 해석을 통한 당사자 확정의 문제로 보고 있다.

4) ① 규범적 해석이 이루어진 경우에만 착오를 이유로 취소가 가능하다. ② 왜냐하면 자연적 해석에서는 표의자의 의사대로 법률효과가 발생하므로 진의와 표시의 불일치가 없고, ③ 보충적 해석에서는 진의 아닌 가정적 의사가 중시되므로 진의와 표시의 불일치에 따른 착오는 문제되지 않는다.

1) ★ 대판 1963.5.9, 63다67 ; 대판 1993.2.23, 92다52436 ; 법률행위의 해석(당사자 확정, 현명주의, 표현대리, 대리권남용 등)

즉, 먼저 ① **'자연적 해석'**을 통하여 행위자와 상대방의 의사가 '일치'한 경우에는 그 일치하는 의사대로 행위자 또는 명의자의 행위로 확정하고, ② 그러한 일치하는 의사를 확정할 수 없는 경우에는 **'규범적 해석'**을 통하여 '상대방'이 행위자의 표시를 어떻게 이해했어야 하는가에 따라 당사자가 결정되어야 한다고 한다(대판 1995.9.29, 94다4912 등 : 6회 선택형).

(2) 검 토

타인의 명의를 사용한 법률행위의 경우 '효력요건'의 검토(명의신탁의 유효성이나 대리행위의 유효성)에 앞서 '성립요건'과 관련하여 당사자가 누구인지를 법률행위의 해석을 통해 확정해야 하는바, 判例의 태도가 타당하다.

3. 임대차계약 및 매매계약의 당사자

계약의 일방당사자가 丙임은 의문의 여지가 없다. 그런데 상대방이 甲과 乙 중 누구인가는 법률행위(계약)의 해석에 의하여 결정되어야 한다.

먼저, ① **자연적 해석방법**에 따르면 乙과 丙 사이에, 甲 또는 乙을 당사자로 한다는 의사의 일치는 없다. ② 그러므로 **규범적 해석방법**에 따라 사안에서 상대방인 丙은 乙이 甲인 것으로 믿고 있었으므로 **임대차계약 및 매매계약은 甲과 丙 사이에 성립**했다고 할 것이다.

Ⅲ. 甲이 丙에게 임대차계약에 따른 책임을 져야 하는지 여부 - 설문 1.

1. 乙이 행한 임대차계약의 효력이 甲에게 미치는지 여부

(1) 문제점

계약명의자가 당사자로 확정되는 경우 대리에 관한 규정이 (유추)적용될 수 있는바, 대리인이 한 의사표시가 직접 본인에게 그 효력이 생기려면 ⅰ) 대리권의 범위 내에서, ⅱ) 본인을 위한 것임을 표시하여야 한다(제114조). 사안에서 乙은 甲소유 주택을 임대할 대리권한이 있는바, 문제는 **대리인 乙이 본인 甲을 위한 것임을 표시하였는지 여부**이다.

(2) 판 례

통설 및 判例는 '본인을 위한 것임을 표시'하여야 한다는 것은 본인의 이름으로 법률행위를 하라는 의미이지, 본인의 이익을 위하여서 행위하라는 뜻은 아니라고 한다. 특히 判例는 **반드시 대리인임을 표시하여 행위하여야 하는 것은 아니고 '본인명의'로도 할 수 있다**고 한다(대판 1963.5.9, 63다67).

(3) 검토 및 사안의 경우

대리인이 본인으로부터 대리권을 수여받아 마치 본인인 것처럼 행세하여 상대방과 법률행위를 한 경우 이는 결국 법률행위 해석을 통한 당사자 확정의 문제인바, 행위자의 개성이 특히 의미를 갖는 경우가 아니라면 통상 명의자인 본인이 법률행위의 당사자가 되고 이 때 대리인의 행위는 유권대리가 되어 그 효과가 본인에게 귀속한다.

따라서 사안의 경우 비록 乙이 丙에게 임대할 당시 대리관계를 표시하지 않고 본인 甲의 성명만 표시하였다고 하더라도 '현명'이 있었다고 할 것이다. 따라서 乙이 행한 X주택에 관한 임대차 계약의 효력은 원칙적으로 甲에게 미친다.

2. 乙이 대리권을 남용한 경우

(1) 문제점

乙은 형식적으로는 대리권의 범위 안에서 대리행위를 하였으나 실질적으로는 자신의 이익을 위하여 한 것이므로 乙의 행위를 甲에게 귀속시킨다면 甲에게 가혹할 수 있다. 따라서 본인 甲의 항변수단으로 대리의 효과가 본인에게 귀속되지 않는다고 이론구성할 수 있는지 문제된다.

(2) 학설 및 판례

대리권 남용의 법률구성으로는 ① 제107조 1항 단서 유추적용설, ② 권리남용설, ③ 무권대리설 있으며, 判例는 대체로 대리인의 진의가 사익 도모에 있다는 것을 상대방이 알았거나 알 수 있었을 경우에는 제107조 1항 단서를 유추하여 '무효'로 보아야 한다는 **제107조 1항 단서 유추적용설과 그 견해를 같이 한다**(대판 1987.11.10, 86다카371 : 9회 선택형).

(3) 검토 및 사안의 경우

상대방이 경과실인 경우에는 거래의 안전도 중요하지만 대리인의 배임적 행위로부터 본인을 보호하는 것이 더 중요하므로, 제107조 1항 단서 유추적용설이 가장 무리가 없는 것으로 보인다. 사안에서 丙은 乙이 甲으로서 甲의 권한을 행사하는 것으로 믿었고, 이에 과실이 없었다고 하므로 어느 견해에 따르든 甲은 丙에게 대리권남용의 항변을 통해 임대차계약의 무효를 항변할 수 없다. 따라서 **甲은 丙에게 임대차계약에 따른 책임을 진다.**

Ⅳ. 甲이 丙에게 매매계약에 따른 책임을 져야 하는지 여부 - 설문 2.

1. 판 례

"사술을 써서 대리행위의 표시를 하지 아니하고 단지 본인의 성명을 모용하여 자기가 마치 본인인 것처럼 상대방을 기망하여 본인 명의로 법률행위를 한 경우에는 **특별한 사정이 있는 경우에 한하여 제126조의 표현대리의 법리를 유추적용할 수 있으며**, 특별한 사정이란 ⅰ) 본인을 모용한 사람에게 본인을 대리할 **'기본대리권'**이 있었고, ⅱ) 상대방으로서는 위 모용자가 본인 자신으로서 **본인의 권한을 행사하는 것으로 믿은 데 '정당한 사유'**가 있었던 사정을 의미한다"(대판 2002.6.28, 2001다49814)

2. 검토 및 사안의 경우

행위자에게 대리권이 없거나 타인명의를 무단으로 모용한 경우에는 일반적으로 행위자에게 대리의사가 없고, 현명도 있다고 할 수 없지만 타인의 이름으로 법률행위를 하였다는 점에서 **무권대리 규정이 유추적용**된다는 判例의 태도는 타당하다.

사안의 경우 ⅰ) 乙은 甲소유 주택을 임대할 기본대리권이 있었고, ⅱ) 상대방 丙은 乙이 甲으로서 甲의 권한을 행사하는 것으로 믿었고, 이에 과실이 없었다고 하므로 **제126조의 표현대리가 유추적용되어 甲은 丙에게 매매계약에 따른 책임**을 진다(대판 1993.2.23, 92다52436). 그러나 표현대리가 성립된다 하여도 유권대리로 되는 것은 아니며 여전히 무권대리의 성질을 갖는다. 다만 본인 甲이 표현대리를 주장할 수는 없고 표현대리의 주장여부는 상대방 丙의 선택에 달려 있다. 따라서 상대방 丙이 표현대리를 주장하지 않는 동안에는 추인에 관한 규정(제130조), 상대방의 최고권(제131조), 철회권(제134조)이 적용될 수 있다.

사 례 2016년 1차 법전협모의 제2문

【기초적 사실관계】
甲은 도박장을 차리고 乙을 고용하여 사기도박을 하고 있었다. 이러한 사실을 모르는 丙은 乙과 도박을 하다가 도박자금이 떨어지자 같은 날 甲으로부터 3천만 원을 도박자금명목으로 차용하였다.

1. 甲이 丙에게 차용금 3천만 원의 반환을 청구하였다. 甲의 청구근거와 이에 대한 丙의 가능한 항변과 그 법적근거를 설명하라. (15점)

【추가적 사실관계】
丙의 도박사실을 우연히 알게된 丁은 丙에게 당신소유 Y건물을 증여하지 않으면, 도박하였다는 범법사실을 경찰에 신고하겠다."고 하였다. 이에 丙은 위협을 느끼며 Y건물의 소유권을 丁에게 무상으로 이전하기로 하고 Y건물을 인도하였다. 丁이 丙에게 Y건물의 소유권이전등기를 청구하였다.

2. 각 당사자들의 가능한 공격방어방법을 고려하여 丁의 청구의 당부를 서술하라. (10점)

사례A-11 제103조(동기의 불법), 제104조 및 강박, 불법원인급여★

Ⅰ. 설문 1.의 경우(15)

1. 甲의 소비대차계약에 기한 대여금 반환청구에 대한 丙의 무효 항변

(1) 甲의 청구의 근거

소비대차계약에 기한 대여금반환청구의 요건사실은 ⅰ) 금전소비대차계약(변제기 포함)을 체결한 사실, ⅱ) 금전을 교부한 사실, ⅲ) 변제기가 도래한 사실이다(제598조). 甲은 丙과 소비대차계약을 체결하여 丙에게 3천만 원을 교부하였으므로 변제기가 도래한 이상 丙에 대하여 소비대차계약에 기한 대여금반환청구를 할 수 있다.

(2) 丙의 제103조에 기한 무효 항변

1) 금전소비대차계약의 동기가 불법한 경우[1)]

判例는 "표시되거나 상대방에게 알려진 법률행위의 동기가 반사회질서적인 경우를 포함한다"고 판시하고 있는바(대판 2001.2.9, 99다38613 : 4회 선택형),[2)] 거래의 안전과 제103조의 취지를 종합적으로 고려할 때, 判例의 태도가 타당하다.

---

1) [문제점] 丙과 甲의 금전소비대차계약의 내용자체는 반사회질서적인 것이 아니다. 그러나 丙이 甲과 금전소비대차계약을 체결하게 된 동기가 '도박자금에 충당'이라는 불법동기에 해당한다. 사안과 같이 동기의 불법이 있는 경우에도 법률행위의 내용이 선량한 풍속 기타 사회질서에 반하는 것으로 볼 수 있는지 문제된다(제103조).

2) [학설] ① 동기가 표시된 경우에 한하여 동기가 법률행위의 내용이 되므로 법률행위가 무효가 된다는 동기표시설(다수설), ② 불법동기를 표시한 경우뿐만 아니라 표시하지 않았더라도 동기가 알려져 상대방이 그 불법동기의 실현에 가담한 경우에는 법률행위가 무효가 된다는 인식설, ③ 동기가 표시된 경우는 물론 표시되지 않았다 하더라도 상대방이 그 동기를 알았거나 알 수 있었을 때 그 법률행위는 무효라고 보는 인식가능성설 등이 있다

2) 사안의 경우

사안에서 甲과 丙간의 금전소비대차계약의 동기는 '도박자금 사용'이라는 '불법동기'이며, 丙은 도박자금 명목으로 甲에게 돈을 차용한바, 불법동기가 표시되었다. 따라서 **丙의 민법 제103조 위반 이유로 한 무효항변은 이유 있으므로 甲의 丙에 대한 소비대차계약상의 반환청구는 불가하다.**

[주의] 丙과 乙사이의 도박계약과 관련해서는 사기취소(제110조)가 문제될 수 있으나, 甲과 丙 사이의 금전소비대차계약의 경우에는 사기취소가 문제되지 않는다.

2. 甲의 丙에 대한 부당이득 반환청구에 대한 丙의 불법원인급여 항변

(1) 甲의 청구의 근거

부당이득이 성립하기 위해서는 i) 법률상 원인없이, ii) 타인의 재산 또는 노무로 인하여 이익을 얻고, iii) 그러한 이익으로 인하여 타인에게 손해를 가하고, iv) 이익과 손해 사이에 인과관계가 있을 것을 요한다(제741조). 사안에서 甲과 丙간의 소비대차 계약이 제103조의 반사회질서 법률행위로서 무효이므로, 丙은 법률상 원인 없이 3천만 원을 이득하고 甲은 3천만 원의 손해를 입었으며 인과관계도 인정된다. 따라서 甲은 丙에게 원칙적으로 부당이득반환청구를 할 수 있다.

(2) 丙의 제746조 본문에 기한 불법원인급여 항변

불법의 원인으로 인하여 재산을 급여하거나 노무를 제공한 때에는 그 이익의 반환을 청구하지 못한다(제746조 본문). 判例는 제746조의 '불법'을 제103조의 선량한 풍속 기타 사회질서 위반과 동일한 의미로 본다(대판 1983.11.22, 83다430).[3] 다만, 불법원인이 수익자에게만 있는 때에는 예외적으로 급부한 것의 반환을 청구할 수 있는데(동조 단서), 判例는 이를 완화하여 **'불법성비교론'** 에 따라 수익자의 불법성이 급여자의 불법성보다 현저히 크다면 제746조 본문의 적용을 배제하고, 급여자의 반환청구를 허용한다(아래 관련판례).

[관련판례] "급여자가 수익자에 대한 도박 채무의 변제를 위하여 급여자의 주택을 수익자에게 양도하기로 한 것이지만 내기바둑에의 계획적인 유인, 내기바둑에서의 사기적 행태, 도박자금 대여 및 회수 과정에서의 폭리성과 갈취성 등에서 드러나는 수익자의 불법성의 정도가 내기바둑에의 수동적인 가담, 도박 채무의 누증으로 인한 도박의 지속, 도박 채무 변제를 위한 유일한 재산인 주택의 양도 등으로 인한 급여자의 불법성보다 훨씬 크다고 보아 급여자로서는 그 주택의 반환을 구할 수 있다"(대판 1997.10.24. 95다49530)

사안의 경우 3천만 원의 급여는 도박자금 명목이어서 제103조의 위반이므로 甲이 丙에게 3천만 원을 급부한 것은 불법원인급여에 해당한다. 한편 **判例의 '불법성비교론' 에 의하더라도 사기도박을 한 甲에게 불법성이 현저히 큰 경우이므로 甲은 丙에 대해 부당이득 반환청구를 할 수 없다.**

3. 사안의 해결

甲의 소비대차계약(제598조) 및 부당이득에 기한 반환청구(제741조)에 대하여 丙은 각 청구에 대해 제103조 및 제746조 본문의 불법원인급여를 주장하여 반환을 거절할 수 있다.

---

3) "제746조의 불법원인은 설사 법률(강행규정)의 금지함에 위반한 경우라 할지라도 그것이 선량한 풍속 기타 사회질서에 위반하지 않는 경우에는 이에 해당하지 않는다"

Ⅱ. 설문 2.의 경우(10)

1. 丁의 청구(증여계약에 기한 소유권이전등기청구)

丙은 Y건물의 소유권을 丁에게 무상으로 이전하기로 하였으므로, 이는 증여계약이 체결된 것이고 丁은 증여계약에 기하여 丙에게 소유권이전등기절차의 이행을 청구할 수 있다(제554조).

2. 丙의 무효항변(제104조, 제103조, 제107조 1항 단서)

① 判例는 **제104조의 불공정한 법률행위에 해당하기 위하여는** 급부와 반대급부와의 사이에 현저히 균형을 잃을 것이 요구되므로 '증여'와 같이 상대방에 의한 대가적 의미의 재산관계의 출연이 없이 당사자 일방의 급부만 있는 경우에는 급부와 반대급부 사이의 불균형의 문제는 발생하지 않는다고 한다(대판 1993.7.16, 92다41528,92다41535).

② 判例는 강박행위는 그것 자체가 사회질서에 반할지라도 법률행위가 제110조에 의하여 취소될 수 있을 뿐 원칙적으로 **제103조에 해당하여 무효로 되지는 않는다**고 한다(대판 1993.7.16, 92다41528,92다41535).

③ 判例는 **제107조의 비진의의사표시에 있어서의 진의란** 특정한 내용의 의사표시를 하고자 하는 표의자의 생각을 말하는 것이지 표의자가 진정으로 마음속에서 바라는 사항을 뜻하는 것은 아니므로, 비록 재산을 강제로 뺏긴다는 것이 표의자의 본심으로 잠재되어 있었다 하여도 표의자가 강박에 의하여서나마 증여를 하기로 하고 그에 따른 증여의 의사표시를 한 이상 증여의 내심의 효과의사가 결여된 것이라고 할 수는 없다고 한다(대판 1993.7.16, 92다41528,92다41535).

3. 丙의 제110조에 따른 취소항변

강박에 의한 의사표시가 성립하기 위해서는 ⅰ) 강박자의 2단의 고의, ⅱ) 강박행위 ⅲ) 강박행위의 위법성, ⅳ) 강박행위와 공포심 사이에 그리고 공포심과 의사표시 사이에 인과관계가 존재하여야 한다(제110조 1항). 그런데 ⅲ) **'강박행위의 위법성'과 관련하여 判例는** "일반적으로 부정행위에 대한 고소, 고발은 그것이 부정한 이익을 목적으로 하는 것이 아닌 때에는 정당한 권리행사가 되어 위법하다고 할 수 없으나, 부정한 이익의 취득을 목적으로 하는 경우에는 위법한 강박행위가 되는 경우가 있고 목적이 정당하다 하더라도 행위나 수단 등이 부당한 때에는 위법성이 있는 경우가 있을 수 있다"(대판 1992.12.24. 92다25120)고 한다.

사안에서 丙은 丁의 강박에 위협을 느껴서 증여계약을 체결한 바, 도박하였다는 범법사실을 신고하겠다는 것은 원칙적으로 **'적법절차의 고지'라고 볼 수 있지만,** 도박사실을 경찰에 신고하는 것과 전혀 관계없는 丙 소유 Y건물의 소유권 이전을 요구하고 있기 때문에 **해악의 고지로써 추구하는 이익이 정당하지 아니하여** 丙은 원칙적으로 제110조 1항에 기한 취소권을 행사할 수 있다.

[참고] 법정추인의 재항변도 고려될 여지가 있는바, 법정추인이 되기 위한 요건은 ⅰ) 원칙적으로 취소원인이 소멸한 후에, ⅱ) 이의를 보류하지 않고, ⅲ) 법정추인의 사유가 있어야 한다(제145조). 사안의 경우 제145조 1호의 '일부의 이행'이 있었던 것으로 볼 수 있으나, 丙이 丁에게 Y건물을 인도할 당시 丙이 강박상태에서 벗어났다고 볼 수 없다. 따라서 법정추인이 되었다고 볼 수 없다.

4. 사안의 해결

丙의 강박에 의한 의사표시의 취소가 인정되므로(제110조 1항), 丁의 증여계약에 기한 소유권이전등기청구는 부당하다.

甲은 乙상호신용금고에서 3억원을 대출받았다. 그런데 당해 3억원의 대출은 甲이 아닌 A의 필요(동일인대출한도 초과)에 의하여 체결된 것으로, 乙이 대출명의를 甲으로 할 뿐 甲에게 법적 책임을 지우지 않는다는 양해를 하고 대출을 한 경우이다. 그러나 이후 乙은 파산하였고 이에 관계법령에 따라 한국자산관리공사(이하 丙라고 한다)에게 乙의 위 3억원의 대출금 채권을 양도하고 이를 甲에게 통지하였다. 그 후 丙이 甲을 상대로 채무이행을 구하고 있다(단, 甲은 乙에 대해 채권양도통지 전에 이미 변제기에 도달한 4,000만원의 채권이 있었다).

丙의 청구가 인용가능한지 예상되는 丙의 주장과 甲의 항변 등을 중심으로 검토하시오. (30점)

사례A-12 차명대출, 제108조 2항, 제451조 2항[1] ★

Ⅰ. 결 론

丙의 甲에 대한 3억원의 양수금청구에 대해 甲은 통정허위표시를 이유로 丙에게 대항할 수 없으나(제108조 2항), 4천만원을 자동채권으로 한 상계항변은 가능하다(제451조 2항, 제492조). 따라서 丙의 청구는 일부인용될 것이다.

Ⅱ. 丙의 甲에 대한 양수금청구 '주장'의 당부

丙은 ⅰ) 乙이 甲에게 돈을 대여해 준 사실(양수채권의 발생원인사실), ⅱ) 乙이 丙에게 3억원의 대출금 채권을 양도한 사실(ⅰ)의 채권의 취득원인사실 ; 채권양도계약), ⅲ) 乙이 甲에게 양도통지를 한 사실(채무자에 대한 대항요건)을 증명하여(대판 1990.11.27, 90다카27662) 甲을 상대로 3억원의 채무이행을 청구할 수 있다.

Ⅲ. 민법 제451조 2항에 따른 통정허위표시를 이유로 한 甲의 무효의 '항변' 가부

1. 문제점

채권의 양도에 의해 양도인에 대한 채무자의 지위가 달라질 것은 아니므로, 채무자는 그 '통지를 받은 때까지' 양도인에 대하여 생긴 사유로써 양수인에게 대항할 수 있는바(제451조 2항), 사안의 경우 甲의 '차명대출'이 통정허위표시로 무효인 것은 아닌지 문제된다.

2. 판 례

判例는 원칙적으로는 차명대출의 경우에도 통정허위표시로 볼 수 없다고 한다(대판 1998.9.4, 98다17909 : 7회 선택형). 그러나 사안과 같이 乙이 대출명의를 甲으로 할 뿐 甲에게 법적 책임을 지우지 않는다는 '양해'를 하고 대출을 한 경우라면 甲을 당사자로 한 의사표시는 통정허위표시로 무효가 되어 甲이 책임을 면할 수 있다고 한다. 判例는 이 경우 실제 채무자 A가 채무자가 되어 乙에게 책임을 진다고 한다(대판 1999.3.12, 98다48989 ; 통정허위표시를 긍정한 판례들은 '금융기관이 명의대여자에 대하여 기초적인 신용조사를 제대로 하지 않았다는 점'을 통정허위표시를 인정하기 위한 중요한 근거로 들고 있다).

---

1) ★ 민법의 맥 핵심사례 A-07

3. 검토 및 사안의 경우

사실 이론상으로는 이 경우 통정허위표시로서 무효라고 판단하기 전에 명의대여자(甲)는 계약당사자가 아니라고 판단하는 것이 타당하다. 그러나 判例가 통정허위표시라고 판단한 것은 명의대여자가 그러한 취지의 항변을 했기 때문이다. 결국 어느 견해에 따르든 실제 채무자인 A가 원칙적으로 계약책임을 져야 한다.

Ⅳ. 제108조 2항에 따른 丙의 '재항변' 가부

1. 丙이 제108조 2항의 선의의 '제3자'에 해당하는지 여부

(1) 선의의 제3자의 의미

통정허위표시의 무효는 선의의 제3자에게 대항하지 못한다(제108조 2항). 이 때 '제3자'는 **당사자 및 포괄승계인 이외의 자로서 '허위표시에 의하여 외형상 형성된 법률관계를 토대로 ⅰ) 실질적으로 ⅱ) 새로운 ⅲ) 법률상 이해관계를 맺은 자'**로 한정된다는 것 判例의 입장이다(실, 새, 법). 그리고 判例에 따르면 **제3자는 선의로 추정**되므로 제3자가 악의라는 사실은 그것을 주장하는 자가 입증해야 한다(대판 1970.9.29, 70다466 : 1회 선택형).

(2) 사안의 경우

대법원은 통정허위표시에 의하여 금융기관과의 사이에 대출명의인이 된 자는 제108조 2항에 의해 그 금융기관으로부터 그 채권을 양수한 한국자산관리공사에 대하여 대출계약의 무효를 주장할 수 없다고 한다(대판 2004.1.15, 2002다31537).[2] 따라서 사안의 경우 가장채권의 양수인 丙에 대해서는 가장채무자 甲이 대항하지 못한다.

2. 제451조 2항의 적용 여부

사안과 같이 가장채권이 양도된 경우 제451조 2항이 적용된다면, 가장채무자 甲은 양도인(乙)에 대한 항변사유(가장채권이어서 무효라는 것)로써 양수인 丙에게 대항할 수 있게 된다. 그러나 제108조 2항이 적용되는 경우 가장채권의 양수인에 대해서는 가장채무자가 대항하지 못하고 채권양수인에게 채무를 이행하여야 하기 때문에 결국 **제108조 2항이 적용될 사안에서는 제451조 2항의 적용은 배제된다**고 보는 것이 타당하다.[3]

[참고] 判例와 같이 명의대여자(甲)와 은행(乙) 사이의 대출계약을 통정허위표시로서 무효라고 이론 구성하게 되면 위 대출금채권의 양수인(丙)은 제108조 2항이 정한 제3자에 해당하여 보호를 받을 수 있지만, 계약의 당사자 확정의 문제로 접근하게 되면 그 해결이 쉽지 않다. 즉, 사안과 같이 乙상호신용금고가 대출명의를 甲으로 할 뿐 甲에게 법적 책임을 지우지 않는다는 '양해'를 하고 대출을 한 경우라면 오히려 '자연적 해석'에 의해 당해 대출계약의 당사자는 A와 乙이 되어야 할 것이기 때문이다. 생각건대 사안을 당사자확정의 문제로 보아 처음부터 대출계약의 당사자를 A와 乙로 보더라도, 명의대여자(甲)는 스스로 자기가 마치 대출계약의 주채무자인 것과 같은 허위의 외관을 만들었기 때문에 제108조 2항을 유추적용하여 선의의 제3자(丙)를 보호하는 것이 타당하다.

---

2) "채권양수인이 채권양도인으로부터 지명채권을 양도받았음을 이유로 채무자에 대하여 그 채권을 행사하기 위하여는 지명채권 양도에 관한 합의 이외에 양도받은 당해 채권에 관하여 민법 제450조 소정의 대항요건을 갖추어야 하는 것이고, 이러한 법리는 채권양도인과 채무자 사이의 법률행위가 허위표시인 경우에도 마찬가지로 적용된다"

3) 지원림, 민법강의(13판), 2-243a

Ⅴ. 민법 제451조 2항에 따른 乙에 대한 채권(4,000만원)을 자동채권으로 한 甲의 상계의 '재재항변' 가부

甲이 변제기에 도달한 乙에 대한 4,000만원의 채권을 변제받지 못하였다면 甲은 이를 자동채권으로 양수인 丙에게 상계의 항변으로 대항할 수 있다(제451조 2항, 제492조). 이 경우에는 제108조 2항과 충돌되는 부분이 없어 제451조 2항이 적용될 수 있다.

★ 유사기출 [2010년 사법시험 제2문]

사실관계 | 급전이 필요한 甲은 A상호저축은행으로부터 대출을 받고자 하였으나, 신용이 불량하여 자신의 명의로 대출받기가 곤란하였다. 그러자 甲은 A와 아무런 상의 없이 자신의 동생 乙의 승낙을 얻어 乙 명의로 대출을 신청하였다. 그런데 A가 2인의 연대보증인을 세울 것을 요구하자, 甲은 친구 丙에게 이러한 사정을 설명하면서 보증위탁을 하였고, 丙은 이를 승낙한 후 보증 관련 서류를 甲에게 건네주었다. 또한, 甲은 친지 丁에게도 같은 사정을 설명하면서 丁의 사용자인 戊 명의로 보증계약을 체결하여 줄 것을 부탁하였다. 丁은 이를 승낙하고, 戊의 허락 없이 戊의 대리인으로서 보증계약 체결을 위한 서류를 작성하여 甲에게 교부하였다. 그 후 A는 대출에 필요한 모든 서류를 받고 乙 명의로 3,000만원을 대출해 주었다.

1. 변제기가 되어도 대출금이 상환되지 않자 A는 乙, 丙, 戊에게 대출금 상환을 촉구하는 내용증명을 보냈다. 이에 乙은 '자신은 甲의 부탁으로 위 대출 당시 명의만 빌려 주었을 뿐이므로 변제할 이유가 없다.'는 취지의 답변을 보낸 반면, 丙과 戊는 아무런 대응을 하지 않았다. 이 경우 A는 甲, 乙, 丙, 丁, 戊에게 어떠한 권리를 행사할 수 있는가? (40점)

2. 만일 丙이 A에게 1,000만원을 변제하였다면, 丙은 甲, 乙, 丁, 戊에게 어떠한 권리를 행사할 수 있는가? (30점)

설문 1.의 해결 | ① 대출계약의 당사자는 A와 乙이므로 A는 乙에게 원금 3,000만원과 변제기 이후 이자를 청구할 수 있고, 이에 대해 乙이 무효 또는 취소를 주장할 사유가 없다(제107조 내지 제109조). ② 그리고 A는 甲에게 불법행위에 기한 손해배상을 청구할 여지는 있다(제750조). ③ A는 丙에게는 보증계약에 기한 책임을 물을 수 있으나(제428조 1항), ④ 丁이나 戊에게는 무권대리행위로 인해 보증계약에 따른 책임을 물을 수 없지만[4] 각각 제750조(제135조)와 제756조에 따른 책임을 물을 수는 있다. 위 계약상 책임과 불법행위책임은 청구권 경합관계에 있으며, 책임 상호간은 부진정연대채무관계에 있다.

설문 2.의 해결 | A에게 1,000만원을 변제한 丙은 甲에 대해 1,000만원 전액을 구상할 수 있고(제441조, 제452조 2항), A의 甲에 대한 채권은 변제자로서 대위할 수 있다(제481조). 그러나 丙과 乙 사이에는 공동보증인간의 구상법리가 적용될 수 있다고 하여도 丙은 자기의 부담부분인 1,500만원을 초과하여 변제하지 못하였으므로 乙에게 구상권을 행사할 수 없다(제448조 2항). 아울러 부진정연대채무관계에 있는 丁과 戊에 대해서도 부담부분이라는 관념이 없어 구상권을 행사할 수 없다.

4) 물론 丁은 A의 선택에 따라 보증계약에 따른 이행책임을 져야 할 수도 있다(제135조 1항).

기출해설

2017년 사법시험 제2문

【공통되는 사실관계】
甲은 2015. 4. 1. 乙에게 甲 소유의 X건물을 임대차보증금 1억 원, 월 차임 400만 원, 임대차 기간 2015. 4. 1.부터 2017. 3. 31.까지로 정하여 임대하기로 계약하고, 계약 당일 乙로부터 임대차보증금 1억 원을 지급받았다.
甲은 X건물에 관하여 '전세금을 2억 원으로 올려 전세권을 설정하여 주면 이를 담보로 금융기관에서 대출을 받아 사업자금으로 사용할 수 있게 하여 달라'는 乙의 부탁에 따라, 乙과 2015. 4. 2. 전세권설정계약을 체결하고, 乙 명의로 전세금 2억 원, 존속기간 2015. 4. 1.부터 2017. 3. 31.까지로 하는 전세권설정등기를 마쳐 주었다. 乙은 2015. 4. 3. 그 사정을 모르는 丙은행으로부터 1억 5,000만 원을 대출 받으면서 위 전세권을 담보로 하여 丙은행에 근저당권설정등기를 마쳐 주었다. (각 문항은 독립된 것임)

1. 甲은 丙은행을 상대로 丙 명의의 전세권근저당권설정등기의 말소를 청구할 수 있는가? (20점)

2. 丙은행은 2017. 4. 30. 乙의 전세금반환채권에 대하여 압류 및 전부명령을 받아 甲에게 전부금 지급을 청구하였다. 이에 대해 甲은 임대차 기간 중 乙의 관리 부실로 X건물의 외벽이 훼손된 것을 보수할 비용 1,000만 원과 乙이 연체한 차임 2,000만 원을 공제할 것을 주장한다. 甲의 주장은 타당한가? (20점)

사례A-13 통정허위표시와 선의의 제3자(임대차계약과 전세권저당권)★

Ⅰ. 설문 1.의 경우 (20)

1. 문제점

乙이 전세금을 담보로 대출 받을 수 있도록 전세권 설정등기를 마친 후, 그 전세권에 근저당권이 설정된 경우, 甲이 그러한 사정을 모르는 근저당권자 丙에게 전세권근저당권설정등기의 말소를 청구할 수 있는지는 甲과 乙의 전세권설정계약이 통정허위표시인지, 丙이 제108조 2항의 제3자에 해당하는지의 문제이다.

2. 甲과 乙의 전세권 설정계약의 효력(제108조 1항)

실제로는 전세권설정계약을 체결하지 아니하였으면서도 금융기관으로부터 자금을 융통할 목적으로 임차인과 임대인 사이의 합의에 따라 임차인 명의로 전세권설정등기를 경료한 경우, 전세권설정계약은 통정허위표시에 해당하여 무효이다(제108조 1항)(대판 2008.3.13, 2006다58912 등).

3. 甲이 丙에게 전세권근저당권설정등기의 말소를 청구할 수 있는지 여부(제108조 2항)

(1) 제108조 2항의 제3자

통정허위표시의 무효는 선의의 제3자에게 대항하지 못한다(제108조 2항). 이 때 '제3자'는 당사자 및 포괄승계인 이외의 자로서 '허위표시에 의하여 외형상 형성된 법률관계를 토대로 ⅰ) 실질적으로 ⅱ) 새로운 ⅲ) 법률상 이해관계를 맺은 자'로 한정된다는 것 判例의 입장이다(실, 새, 법).

(2) 사안의 경우

선의의 근저당권자 丙은 甲과 乙사이의 통정한 허위표시에 의하여 외형상 형성된 전세권설정계약을 토대로 별개의 법률원인에 의하여 근저당권이라는 새로운 법률상 이해관계를 갖게 되었으므로 제108조 2항의 제3자로서 甲은 丙에 대하여 전세권설정계약의 무효를 주장할 수 없고, 근저당권설정등기 말소를 구할 수도 없다(제108조 2항)(대판 2008.3.13, 2006다58912 등).

Ⅱ. 설문 2.의 경우 (20)

1. 문제점

전세권 존속기간이 만료된 이후, 근저당권자 丙이 전세금반환채권에 대하여 압류 및 전부명령을 받아 '물상대위권'을 행사한 경우(제370조, 제342조), 甲이 외벽 훼손에 따른 보수비용과 연체차임을 공제할 수 있는지는, 제315조 외의 채권으로써 전세금반환채무와 상계할 수 있는지와, 외벽 훼손에 따른 보수비용이 제315조로 담보되는 채무인지가 문제된다.

2. X건물 보수비용 1,000만 원의 공제가부(제315조의 채권)

(1) 제315조의 의미

제315조는 전세권자의 귀책사유로 목적물의 전부 또는 일부가 '멸실'된 경우에 전세금으로써 그 손해의 배상에 충당할 수 있다고 규정하고 있지만 전세금에는 설정자에 대한 전세권자의 손해배상채무를 담보하는 보증금의 성질도 있으므로 목적물의 '멸실' 이외에 전세권자가 지게 되는 손해배상의무에 대하여도 전세금으로써 충당할 수 있다(통설).

(2) 사안의 경우

제309조에 따라 전세권자는 목적물의 현상을 유지하고 그 통상의 관리에 속한 수선을 하여야 하고, 제316조에 따라 원상회복의무를 부담하므로 임대차 기간 중 乙의 관리 부실로 X건물의 외벽이 훼손된 것을 보수할 비용 1,000만원은 제315조로 담보되는 채무로 봄이 타당하다. 그러므로 보수비용에 대한 甲의 공제주장은 타당하다.

3. 연체차임 2,000만 원의 공제가부(제315조 외의 채권)

(1) 판 례

"전세금은 그 성격에 비추어 제315조에 정한 전세권설정자의 전세권자에 대한 손해배상채권 외 다른 채권까지 담보한다고 볼 수 없으므로, **전세권설정자가 전세권자에 대하여 위 손해배상채권 외 다른 채권을 가지고 있더라도 다른 특별한 사정이 없는 한 이를 가지고 전세금반환채권에 대하여 물상대위권을 행사한 전세권저당권자에게 상계 등으로 대항할 수 없다**"(대판 2008.3.13. 2006다29372,29389 : 5회,7회,9회 선택형).

[비교판례] " i) 전세금반환채권은 전세권이 성립하였을 때부터 이미 그 발생이 예정되어 있다고 볼 수 있으므로, 전세권저당권이 설정된 때에 이미 전세권설정자가 전세권자에 대하여 반대채권을 가지고 있고 그 반대채권의 변제기가 장래 발생할 전세금반환채권의 변제기와 동시에 또는 그보다 먼저 도래하는 경우와 같이 전세권설정자에게 합리적 기대 이익을 인정할 수 있는 경우에는 특별한 사정이 없는 한 전세권설정자는 그 반대채권을 자동채권으로 하여 전세금반환채권과 상계함으로써 전

세권저당권자에게 대항할 수 있다. ii) 대판 2008.3.13.선고 2006다29372, 29389 판결은 임대차보증금 반환채권의 담보를 목적으로 전세권이 설정된 것임을 저당권자가 몰랐던 사안에서 임대차계약에 의하여 발생한 연체차임, 관리비, 손해배상 등의 채권을 자동채권으로 하여 전세금반환채권과 상계할 수 없다고 한 것으로, 이 사건과는 그 사안을 달리하여 원용하기에 적절하지 않다"(대판 2014.10.27. 2013다91672)

[비교판례] "전세권근저당권자가 그 전세권이 임대차보증금을 담보하기 위한 것임을 알고 있어(제108조 2항의 악의) 전세권설정자가 전세권근저당권자에 대하여 그 전세권설정계약의 무효 및 그 임대차계약에 따른 효력을 주장할 수 있으므로, 전세권설정자는 전세권자에 대한 연체차임채권으로서 전세권저당권자가 물상대위권의 행사로서 압류·추심한 전세금반환채권과 상계할 수도 있다"(대판 2004.6.25. 2003다46260,53879).

(2) 사안의 경우

丙은 제108조 2항의 제3자로서 전세권설정계약의 무효로 대항할 수 없는바, 그 결과 임대차계약은 양립할 수 없게 된다. 따라서 전세권설정자가 전세권자에 대해 연체차임 채권을 갖는다고 하더라도 상계할 여지는 없으므로, 甲의 丙에 대한 연체차임 2,000만원 공제 주장은 부당하다.

4. 사안의 해결

甲은 丙에게 외벽 훼손에 따른 보수비용 1,000만원은 전세금반환채권에서 공제할 것을 주장할 수 있으나, 乙의 연체 차임 2,000만원에 대해서는 공제할 것을 주장할 수 없다.

■ ★ 유사기출 [2016년 2차 법전협 모의 제2문]

사실관계 | 甲은 자기소유 X건물을 乙에게 임대기간 2013. 2. 1 .부터 2015. 1. 31 까지, 임대보증금 1억 원 월차임 200만 원으로 정하여 임대하였다. 乙은 甲으로부터 X건물을 인도받고 甲에게 임대보증금 1억 원을 지급한 후, 甲에 대한 임대보증금반환채권을 담보하기 위해 X건물에 관하여 전세금 1억 원, 전세기간 2013. 2. 1.부터 2015. 1. 31.까지로 정한 전세권설정등기를 경료 받았다. 甲과 乙사이의 전세권설정계약은 갱신되지 않고, 2015. 1. 31. 종료되었다. 乙의 채권자 丙은 위와 같은 사실을 모르는 상태에서 위 전세권에 대하여 2014. 10. 8. 전세권근저당권(채권최고액 2억 원, 실제 피담보채권액 1억2천만 원)을 취득하였다. 2015. 1. 20. 乙은 전세기간 만료 후 발생할 甲에 대한 전세금반환채권 1억 원을 丁에게 양도하는 내용의 계약을 체결하고 2015. 2. 10. 그와 같은 취지를 확정일자부 서면을 통해 甲에게 통지하여 같은 날 도달하였다. 전세기간종료 후 丙은 위 전세금반환채권에 대하여 물상대위권에 기초해 압류 및 추심명령을 받았다(압류 및 추심명령은 2015. 10. 1. 甲에게 송달되었다). 이에 丙이 甲에게 전세금반환청구를 하고 있다.

1. 甲은 "이 사건 전세권설정계약은 통정허위표시로서 무효이므로 그에 기초한 근저당권도 효력이 없고 따라서 丙의 청구에 응할 수 없다. 설사 근저당권이 유효하더라도 乙의 연체차임 500만 원을 공제하고 지급하겠다."고 항변한다. 甲의 항변은 받아 들여질 수 있는가? (20점)

사안의 해결 | ① 사안에서 전세권설정계약 없이 임차보증금반환채권을 담보하기 위하여 전세권설정등기가 경료된 사정을 '모르고' 전세권에 대하여 근저당권을 설정한 丙은 제108조 2항의 제3자에 해당한다. 따라서 전세권설정계약이 통정허위표시로서 무효이므로 그에 기초한 근저당권도 효력이 없다는 甲의 항변은 받아들여질 수 없다. ② 또한 丙은 제108조 2항의 제3자로서 전세권설정계약의 무효로 대항할 수 없는바, 그 결과 임대차계약은 양립할 수 없게 된다. 따라서 전세권설정자가 전세권자에 대해 연체차임 채권을 갖는다고 하더라도 상계할 여지는 없으므로, 甲의 연체차임 공제항변도 받아들여질 수 없다.

건설업자 甲은 乙에게 5억원의 대여금반환채무가 있었으나, 채무를 이행하지 못하고 있었다. 乙은 10억원을 들여 신축한 건물을 소유하고 있었는데, 2000.4.1. 甲과 乙은 공모하여 乙이 甲에게 건물 보수공사를 10억원에 발주하고, 乙은 선급금으로 5억원을 甲에게 지급하며, 공사를 착공하지 못할 경우 선급금을 반환하기로 하는 내용의 허위의 도급계약을 체결하였다. 2000.5. 1. 甲은 건설공제조합 丙에게 甲의 선급금반환채무를 담보하기 위한 보증을 부탁하였고, 丙은 중과실로 별다른 의심 없이 乙에게 甲의 선급금반환채무를 연대보증하였다. 이때 甲·乙 간의 가장도급계약에 관하여 알지 못하는 丁이 甲의 부탁으로 丙과 구상보증계약도 함께 체결하였다. 그 뒤 공사가 착수조차도 하지 않은 상태에서 2000.5.15. 甲이 부도가 나자, 乙은 丙에게 선급금반환채무에 대한 보증채무의 이행을 청구하였고, 이에 丙은 乙에게 5억원을 지급하였다.

1. 丙이 甲에게 구상권을 행사할 수 있는지 여부를 논하시오. (15점)

2. 丙이 乙에 대하여 이미 지급한 5억원의 반환이나 이에 상응하는 손해배상을 구하고자 한다. 그 법적 근거를 밝히시오. (25점)

3. 丙이 丁에게 구상보증채무의 이행을 청구할 수 있는지를 논하시오. (10점)

사례A-14 허위의 주채무를 보증한 보증인이 보증채무를 이행한 경우[1]

Ⅰ. 丙의 甲에 대한 구상권 행사 가부(15)

1. 문제점(주채무가 무효인 경우 구상권의 발생여부)

i) 주채무자의 부탁으로 보증인이 된 자가 ii) 과실 없이 iii) 변제 기타의 출재로 iv) 주채무를 소멸하게 한 때에는 주채무자에 대하여 구상권이 있다(제441조 1항). 그러나 주채무 발생의 기초가 된 甲 · 乙 사이의 하도급계약은 통정허위표시로서 무효인바(제108조 1항), 보증채무 또한 보증채무의 '부종성'으로 무효라고 할 수 있다. 따라서 사안의 경우 甲의 선급금반환채무는 처음부터 무효이었지 수탁보증인 丙의 변제로 소멸한 것이 아니기 때문에 과연 丙이 甲에게 구상권을 갖는지 문제된다.

2. 丙이 제108조 2항의 '선의의 제3자'에 해당하는지 여부

(1) 가장채무의 보증인이 제108조 2항의 '제3자'에 해당하는지 여부

判例는 채무자와 허위표시에 기초한 채무에 대해 보증을 한 자가 보증채무를 이행하여 채무자에 대해 구상권을 취득한 경우, 그 구상권 취득에는 보증채무의 부종성으로 인하여 주채무가 유효하게 존재할 것이 필요하므로, 결국 그 보증인은 채무자의 채권자에 대한 채무부담행위라는 허위표시에 기초하여 구상권 취득에 관한 법률상 이해관계를 가지게 되었다고 보아야 하므로 제3자에 해당한다고 한다 (대판 2000.7.6. 99다51258 : 3회 선택형 ; 보증채무부담행위 그 자체만으로는 제108조 2항의 제3자에 해당하지 않는다).

---

1) ★ 대판 2000.7.6. 99다51258(허위의 주채무를 보증한 보증인이 보증채무를 이행한 경우, 보증채무의 부종성, 제108조 2항의 제3자, 착오 또는 사기에 의한 의사표시)

(2) 사안의 경우

丙은 甲의 선급금반환채무가 존재하는 것으로 믿고 乙에게 보증채무를 이행하였는바, **보증채무의 이행 자체를 구상권 취득에 관한 실질적으로 새로운 법률상 이해관계를 맺은 것으로 파악할** 수 있다. 그리고 당시 丙이 甲의 선급금반환채무의 유효 여부를 제대로 확인하지 않은 중과실이 있었지만 丙이 '선의'라는 데 영향이 없다. 그러므로 丙은 제108조 2항의 '선의의 제3자'에 해당한다.

3. 사안의 해결

甲과 乙간의 계약은 통정허위표시로서 무효이나, 선의의 제3자인 丙에게는 그 무효를 주장할 수 없어(제108조 2항) 丙과의 관계에서 甲의 선급금반환채무는 유효한 것으로 다루어진다. 따라서 丙은 보증채무의 유효한 변제를 주장하여 주채무자 甲에게 구상권을 행사할 수 있다(제441조, 제425조 2항). 물론 사안과 같이 보증인 丙이 변제를 함에 있어 '과실'(사안에서는 중과실)이 있는 경우에는 주채무자에 대한 구상권이 발생하지 않으나(제441조 1항), 통정허위표시의 경우 스스로 주채무가 성립한 것과 같은 외관을 창출한 주채무자가 나중에 구상권을 행사하는 보증인에 대하여 보증인의 과실을 이유로 구상책임을 면하려고 하는 것은 '금반언'에 해당되어 허용될 수 없다.

Ⅱ. 丙의 乙에 대한 부당이득반환청구권 또는 불법행위에 기한 손해배상청구권(25)

1. 통정허위표시에 기한 주채무의 무효를 이유로 한 부당이득반환청구권

(1) 문제점

甲·乙 간의 하도급계약은 통정허위표시에 의한 것으로 무효이므로(제108조 1항), 甲은 乙에 대해 대금채무를 지지 않고, 보증채무의 부종성에 따라 丙의 乙에 대한 보증채무도 무효이다. 따라서 丙이 乙에게 5억원을 지급한 것은 보증채무 없이 지급한 것으로서 부당이득반환청구가 가능할 수 있다. 그러나 제108조 2항은 허위표시의 당사자가 제3자에 대해 무효를 주장할 수 없다고 규정하고 있어, 반대로 제3자에 해당하는 丙이 이러한 무효를 주장할 수 있는지 문제된다.

(2) 학설 검토 및 사안의 경우

① '제3자에게 대항하지 못한다'는 것은 제3자에 대하여 법률행위의 효력(유효·무효)을 주장하지 못하지만, 제3자가 그 효력을 인정하는 것은 무방하다는 것을 의미하므로 긍정해야 한다는 견해(종래 다수설)가 있으나, ② 제108조 2항의 취지가 부동산 '거래안전'에 있다는 측면에서 선의의 제3자도 무효를 주장할 수 없다고 보는 **부정설**이 타당하다(최근 다수설).
따라서 丙은 甲·乙 간의 하도급 계약의 무효를 주장하여 乙에게 지급한 5억원을 부당이득으로서 반환청구할 수 없다.

2. 사기에 의한 보증계약 취소를 이유로 한 부당이득반환청구권

(1) 사기취소의 요건(고, 기, 위, 인)

사기에 의한 의사표시가 성립하기 위해서는 ⅰ) 사기자의 2단의 고의[2], ⅱ) 기망행위(사기) ⅲ) 기망

---

2) 사기자에게 표의자를 기망하여 착오에 빠지게 하려는 고의와, 그 착오에 기하여 표의자로 하여금 의사표시를 하게 하려는 고의가 있어야 한다.

행위의 위법성, ⅳ) 기망행위와 착오 사이에 그리고 착오와 의사표시 사이에 인과관계가 존재하여야 한다

(2) 제3자의 사기(제110조 2항)에 의한 취소권 발생 여부

제3자의 사기의 경우 표의자는 상대방이 그 사실을 알았거나 알 수 있었을 경우에 한하여 그 의사표시를 취소할 수 있다(제110조 2항). 사안에서 丙은 **보증계약에 있어 제3자의 지위에 있는 주채무자** 甲의 사술에 의하여 채권자 乙과 보증계약을 체결한바, 보증계약의 상대방인 乙은 주채무에 대하여 甲과 통정행위를 한 당사자라는 점에서 甲의 사술을 알았거나 알 수 있었다. 따라서 丙은 제110조 2항에 기해 보증계약을 취소할 수 있다.

(3) 당사자의 사기(제110조 1항)에 의한 취소권 발생 여부

乙은 甲과의 허위채권에 관한 통정이 있었음에도 이러한 사실을 침묵함으로써 丙에게 착오를 유발하여 허위채권에 관한 보증계약을 체결하도록 하였다고 볼 수 있다. 다만 부작위에 의한 기망은 고지 또는 설명의무가 전제되어야 하는바, 고지의무의 대상이 되는 것은 직접적인 법령의 규정뿐 아니라 널리 계약상·관습상 또는 조리상 일반원칙에 의하여도 인정될 수 있다(대판 2006.10.12, 2004다48515). 따라서 乙은 **신의칙상의 고지의무를 위반**하여 위법한 기망행위를 한 것으로 볼 수 있다. 그렇다면 丙은 제110조 1항에 기해 보증계약을 취소할 수도 있다.

(4) 소 결

결국 사안에서 丙이 보증계약을 제110조 1항 또는 2항을 이유로 취소한다면 보증계약은 소급적으로 무효가 되므로(제141조 본문) 乙은 법률상 원인 없이 5억원의 이득을 얻은 것이 된다. 따라서 丙은 乙에게 지급한 5억원을 부당이득으로서 반환청구할 수 있다(제748조 2항).

3. 착오에 의한 보증계약 취소를 이유로 한 부당이득반환청구권

(1) 착오취소의 요건(착, 중, 중)

착오를 이유로 취소를 주장하기 위해서는 ⅰ) 법률행위 내용의 착오, ⅱ) 중요부분에 관한 착오, ⅲ) 취소의 의사표시 및 그 도달사실을 증명해야 한다(제109조 1항). 이에 대해 표의자에게 중대한 과실이 없을 것은 상대방측의 (재)항변 사유이다(제109조 1항 단서).

(2) 소위 '동기가 상대방으로부터 제공되거나 유발된 경우'의 문제

1) 판 례

丙은 甲의 선급금반환채무가 존재하는 것으로 믿고서 乙과 연대보증계약을 체결하였는바, 이는 **'동기의 착오' 이지만 상대방인 乙에 의하여 소극적으로 유발된 것**이다. 이렇게 '동기가 상대방으로부터 제공되거나 유발된 경우'에 判例는 동기가 표시되었는지 묻지 않을 뿐만 아니라 대부분 법률행위의 중요부분이라고 하여 취소를 인정한다(대판 1996.7.26. 94다25964 등 : 2회 선택형).

2) 검토 및 사안의 경우

위 判例는 표의자와 상대방 사이의 이해관계 조절이라는 측면에서 표의자의 (동기)착오를 유발한 상대방의 보호가치가 (경감)부정된다는 점에서 충분히 수긍될 수 있을 것이다.
따라서 丙은 착오에 의한 의사표시라는 이유로 乙과의 보증계약을 취소할 수 있다(제109조 1항).

그리고 상대방인 乙이 丙의 착오를 알면서 이를 이용하였기 때문에, 이는 丙의 중과실로 인한 것이라 하더라도 마찬가지라고 해석하여야 한다(법률행위 내용의 착오와 관련한 대판 2014.11.27. 2013다49794 : 5회,7회,9회 선택형). 따라서 丙은 착오 취소를 이유로 부당이득반환청구를 할 수 있다. 아울러 착오와 사기는 그 인정근거 및 요건이 서로 다른 별개의 제도이므로, 표의자는 어느 쪽이든 그 요건을 증명하여 의사표시를 취소하고 부당이득반환청구를 할 수 있다(대판 1985.4.9, 85다167).

4. 불법행위에 기한 손해배상청구권

乙은 甲과의 통정허위표시에 따라 대금채권자로 가장한 것이므로, 제3자 丙과 허위의 대금채무에 대해 보증계약을 체결한 후 원채권이 없음을 알면서 당해 보증채권을 실현한 것은 乙의 귀책사유 있는 위법한 행위로서 평가될 수 있다. 따라서 丙은 乙에게 불법행위로 인한 손해배상을 청구할 수 있다(제750조). 아울러 부당이득반환청구권과 불법행위에 기한 손해배상청구권은 경합된다. 양자는 선택적(경합)으로 행사할 수 있으나, 중첩적으로 행사할 수는 없다. 즉, 부당이득을 반환받은 한도에서 손해배상의 범위가 감축된다(대판 1993.4.27, 92다56087).

5. 사안의 해결

제108조 2항의 선의의 제3자도 무효를 주장할 수 없다고 보는 것이 타당하므로 丙은 甲·乙 간의 하도급 계약의 무효를 주장하여 乙에게 지급한 5억원을 부당이득으로서 반환청구할 수 없다. 그러나 사기 또는 착오에 의한 보증계약의 취소를 이유로 한 부당이득반환청구권은 가능하고(제110조·제109조), 불법행위로 인한 손해배상도 선택적으로 청구할 수 있다(제750조).

Ⅲ. 丙의 丁에 대한 구상보증채무 이행청구 가부(10)

1. 문제점

判例에 의하면 허위표시를 토대로 실질적으로 새로운 법률상 이해관계를 맺은 **선의의 제3자에 대하여는 허위표시의 당사자뿐만 아니라 그 누구도 허위표시의 무효로 대항하지 못한다**고 한다(제108조 2항)(대판 1996.4.26, 94다12074 등). 그러므로 丁은 허위표시의 무효로서 丙의 보증채무의 이행청구에 대항할 수 없는 것이 원칙이다. 문제는 구체적 타당성의 관점에서 丙에게 '중과실'이 있는 경우까지 허위표시의 당사자가 아닌 선의의 丁이 대항할 수 없느냐는 것이다.

2. 판 례

"보증인이 채권자에 대하여 보증채무 전부를 부담하지 아니함을 주장할 수 있었는데도 **중과실**로 그 주장을 하지 아니한 채 보증채무를 이행한 경우, 그 주장을 할 수 있었던 범위 내에서는 **신의칙**상 구상보증인에게 구상보증채무의 이행을 청구할 수 없다"(대판 2006.3.10, 2002다1321)고 판시하였다.

3. 검토 및 사안의 경우

丁 역시 선의이며 허위표시의 당사자가 아닌 점에 비추어 判例와 같이 구체적인 사정들을 종합적으로 검토하여 신의칙에 따라 판단하는 것이 타당하다고 본다. 따라서 설문에서 丙은 중과실로 별다른 의심 없이 乙에게 甲의 선급금반환채무를 연대보증하였다고 하므로(대판 2006.3.10, 2002다1321),[3] 丙은 신의칙상 구상보증인 丁에게 구상보증채무의 이행을 청구할 수 없다.

최신판례 미기출 핵심사례

X토지의 소유권자인 B는 그의 처인 A와의 혼인 생활 중 불화가 있어 A가 이혼 및 재산분할청구 소송을 제기하려고 하자, 그의 누나인 甲과 상의하여 실제로는 B가 甲에 대하여 채무를 부담하고 있지 않음에도 불구하고 A의 강제집행을 면할 목적으로 채권자 甲, 채무자 B, 채권최고액 1억 원을 내용으로 하는 근저당권설정계약서를 작성하고 甲 명의로 근저당권설정등기를 하였다. 그런데 B와 甲은 채권을 발생시키는 행위는 따로 하지 않았다. 그 후 甲은 乙에게 위 근저당권설정계약서를 제시하면서 금전을 빌려달라고 요청하여, 乙은 甲에게 3,200만 원을 빌려준 다음, 곧바로 甲의 B에 대한 위 근저당권설정등기의 피담보채권 금 3,200만 원 부분에 대하여 저당권부채권 가압류결정을 받았고, 그에 기하여 X토지에 관하여 근저당권부채권 가압류 기입등기를 마쳤다. 이에 B는 甲과 乙을 상대로 甲에 대해서는 위 甲 명의 근저당권설정등기가 원인 없이 경료되었음을 이유로 甲 명의 근저당권설정등기의 말소등기절차의 이행을 구하고, 乙에 대해서는 甲을 근저당권자로 한 근저당권설정등기의 말소등기에 관하여 승낙의 의사표시를 하라는 청구의 소를 제기하였다.

B의 청구에 대한 결론을 그 논거와 함께 서술하시오. (50점)

사례A-15 허위의 근저당권설정계약과 제3자 보호[1] ★

Ⅰ. 결 론

B의 甲과 乙에 대한 청구는 인용가능하다. 법원은 "원고 B에게, 피고 甲은 별지목록기재 부동산에 관하여 ○○ 지방법원 등기국 ○. ○. ○. 접수 제 ○ 호를 마친 근저당권설정등기의 말소등기절차를 이행하고, 피고 乙은 위 근저당권설정등기의 말소등기에 대하여 승낙의 의사표시를 하라"는 판결을 선고해야 한다.

Ⅱ. 논 거

1. B의 甲에 대한 근저당권설정등기 말소등기청구에 관하여

(1) 문제점

소유권에 기한 근저당권설정등기 말소청구의 요건은 ⅰ) 원고의 소유, ⅱ) 피고의 근저당권설정등기 경료, ⅲ) 근저당권의 소멸이다(제214조). 문제는 ⅲ) 근저당권의 소멸여부인바, 근저당권의 소멸원인으로는 변제 등과 같이 피담보채무가 후발적으로 소멸한 경우뿐만 아니라, 피담보채무

3) 대법원은 위 2002다1321 판결에서 丙이 건설공제조합으로서 소속 조합원들을 위한 보증계약의 체결 내지 보증금의 지급과 관련하여 전문가라는 점, 보증계약 체결 후 얼마 되지 않아 甲이 부도가 났다는 점, 건물보수공사 비용이 건물신축공사 비용과 같다는 점, 민간 발주 공사에 있어서 도급인이 선급금을 지급하여야 할 법령상의 의무가 없고 실제로도 선급금을 지급하기로 약정하는 사례가 많지 아니할 뿐 아니라, 공사대금의 50%에 해당하는 거액의 선급금을 지급하였다는 점 등을 고려하여 볼 때, 丙은 도급계약의 진정성에 관하여 상당한 정도로 의심을 가질 수 있었다고 보여지므로 丙이 乙에게 보증채무를 이행한 것에 중과실을 인정할 수 있다고 하였다.

1) ★ 대판 2004.5.28, 2003다70041 : 민법의 맥 핵심사례 A-08 ; 이하 송덕수, 신민법사례연습(2판), p.51~58 ; 김재형, '2004년 물권법 판례의 동향', 사법행정(제46권 3호), p.12~13 참고

를 발생시키는 법률행위가 성립하지 않았거나 무효, 취소된 경우와 같이 원시적으로 발생하지 않는 경우도 포함한다.

(2) B와 甲 사이의 근저당권설정계약이 성립하고 유효한지 여부

1) 성립 여부

B와 甲은 비록 실제로 채권을 담보하기 위한 것은 아닐지라도 근저당권을 설정하는데 합의하고 있다. 따라서 B와 甲 사이의 '근저당권설정계약'은 성립하였다.

2) 유효 여부

가) 제103조 해당여부

강제집행을 면할 목적으로 부동산에 허위의 근저당권설정등기를 경료하는 행위는 判例와 같이 제103조의 선량한 풍속 기타 사회질서에 위반한 사항을 내용으로 하는 법률행위로 볼 수 없다(대판 2004.5.28, 2003다70041).

나) 제108조 해당여부

B는 채권자 A가 B 자신 소유의 X부동산을 강제집행하는 것을 면탈하기 위해 甲과 통정하여 근저당권설정계약서를 작성하였으므로, 이는 제108조 1항에 해당하여 무효이다(대판 2004.5.28, 2003다70041).

(3) 근저당권의 성립에 근저당권설정행위와 별도로 근저당권의 피담보채권을 성립시키는 행위가 필요한지 여부

1) 판 례

"근저당권은 그 담보할 채무의 최고액만을 정하고, 채무의 확정을 장래에 보류하여 설정하는 저당권으로서, 계속적인 거래관계로부터 발생하는 다수의 불특정채권을 장래의 결산기에서 일정한 한도까지 담보하기 위한 목적으로 설정되는 담보권이므로 **근저당권설정행위와는 별도로 근저당권의 피담보채권을 성립시키는 법률행위가 있어야 한다**"(대판 2004.5.28, 2003다70041 : 7회 선택형)

2) 검토 및 사안의 경우

근저당권은 피담보채권에 부종하는 성질이 완화되어 있어서 설정 당시 피담보채권이 존재하지 않거나 피담보채권이 0이 되어도 소멸하지 않으나, **적어도 피담보채권의 발생기초가 되는 계속적 계약관계, 즉 기본계약은 존재할 것이 필요하다.** 따라서 B와 甲 사이의 근저당권설정계약이 통정허위표시로 무효이므로 甲의 근저당권이 성립할 수 없을 뿐만 아니라, 기본계약이 존재하지 않아서도 甲의 근저당권은 성립하지 못한다. 그렇다면 **甲의 근저당권설정등기는 무효**이다. 결국 B는 甲 명의 근저당권설정등기의 말소등기절차의 이행을 구할 수 있다. 물론 통정허위표시에 의한 무효는 불**법원인급여라고 볼 수도 없다**(대판 2004.5.28, 2003다70041).

2. B의 乙에 대한 근저당권설정등기의 말소등기에 관하여 승낙의 의사표시를 하라는 청구에 관하여

(1) 근저당권의 피담보채권이 부존재하는 경우, 그 채권에 대한 가압류명령의 효력

判例가 판시하는 바와 같이 "근저당권이 있는 채권이 가압류되는 경우, 근저당권설정등기에 부기등기의 방법으로 그 피담보채권의 가압류사실을 기입등기하는 목적은 근저당권의 피담보채권이 가압류되면 담보물권의 수반성에 의하여 종된 권리인 근저당권에도 가압류의 효력이 미치게 되어 피담보채권의 가압류를 공시하기 위한 것이므로, 만일 **근저당권의 피담보채권이 존재하지 않는다면 그 가압류명령은 무효**"(대판 2004.5.28, 2003다70041)라고 할 것이다. 그러므로 乙의 가압류등기도 원칙적으로 무효이다.

(2) 이해관계 있는 제3자가 있는 경우의 등기말소 절차

근저당권을 말소하는 경우에 가압류권자는 등기상 이해관계 있는 제3자로서 근저당권의 말소에 대한 승낙의 의사표시를 하여야 할 의무가 있다(부동산 등기법 제57조 1항). 사안에서 甲명의 근저당권설정등기는 그에 대응하는 근저당권설정계약이 무효이고, 또 기본계약도 존재하지 않아서 무효이다. 그리고 가압류 결정도 무효이어서 그에 기한 근저당권채권 가압류 기입등기도 효력이 없다. 따라서 **乙이 다른 이유로 보호받지 못한다면,** 乙은 B의 근저당권설정등기의 말소등기에 관하여 승낙의 의사표시를 할 의무가 있게 된다.

(3) 乙의 보호여부

1) 판 례

判例는 **통정한 허위표시에 의하여 외형상 형성된 법률관계로 생긴 채권**(사안에서는 근저당권부채권)**을 가압류한 경우,** 그 가압류권자는 허위표시에 기초하여 새로운 법률상 이해관계를 가지게 되므로 **제108조 2항의 제3자에 해당한다고** 한다. 다만 사안과 같이 근저당권설정행위에 대해서만 허위의 의사표시가 있었고, 그 근저당권의 피담보채권을 성립시키는 허위의 의사표시는 없었던 경우는 결국 제3자는 보호받을 수 없다고 한다. 즉 **'기본계약의 부존재와 가압류결정의 무효'를 이유로 乙은 등기상 이해관계 있는 제3자로서 근저당권의 말소에 대한 승낙의 의사표시를 할 의무가 있다고** 한다(대판 2004.5.28, 2003다70041 : 7회 선택형).

2) 검토 및 사안의 경우

① 乙을 제108조 2항의 선의의 제3자라고 보면서도 등기말소에 대해 승낙의무가 있다고 보아 결국 보호하지 않고 있다고 비판하는 입장이 있으나[송덕수, 신민법사례연습(3판), p.51~52], ② **법률행위**(사안의 경우는 기본계약)**의 외형조차 없는 경우에는 신뢰의 대상 자체가 결여되어 있기 때문에 결국 보호할 필요가 없다고** 봄이 타당하다[노재호, 민법교안 10판, p121 참고]. 따라서 **B는 乙에게 甲을 근저당권자로 한 근저당권설정등기의 말소등기에 관하여 승낙의 의사표시를 하라고 청구할 수 있다.**

중요판례 미기출 핵심사례

【기초적 사실관계】

甲은 공장을 짓기 위한 임야를 매수할 목적으로 乙소유의 X임야가 적합하다고 생각되어 교섭을 시작하였다. 그런데 X임야가 도시계획상 공원구역에 포함되어 있어 공장신축이 불가능하자, 소유자 乙은 비용을 들여 관계공무원에게 공원구역 해제 여부를 문의하였더니 곧 공원구역에서 해제되어 공장신축이 가능할 것이라는 답변을 듣고 이를 甲에게 고지하였다. 이에 甲은 공장신축이 가능하다는 乙의 말만 믿고 乙에게 위 임야에 공장을 짓는 것이 가능하다는 점을 계약서에 특별히 기재하자고 하였으나 乙은 이를 거절하였고, 이에 따라 매매대금도 통상의 임야와 같은 가격인 1억원으로 결정하였다. 그 후 甲 앞으로의 소유권이전등기와 매매대금의 지급을 완료하였다. 그러나 예상과는 달리 X임야는 공원구역에서 해제되지 않았다(단, 이와 관련하여 甲과 乙은 모두 경과실이 있었다고 가정한다).

【소송의 경과】

甲은 이에 따라 착오와 사기를 이유로 위 매매계약을 취소하고 매매대금 1억원 및 乙이 받은 날로부터 이 사건 소장부본 송달일까지는 (민법 제397조의 민사법정이율인)연 5%의, 소장부본 송달일 다음날부터 완제일까지는 (소송촉진 등에 관한 특례법 제3조 1항에서 정한)연 12%의 비율에 의한 금원을 지급하라는 내용의 소를 제기하였다.

甲의 청구에 대한 결론[청구인용, 청구일부인용(구체적인 인용범위 포함), 청구기각]을 그 논거와 함께 서술하시오. (30점)

사례A-16 유발된 동기의 착오 등[1] ★

I. 결 론

법원은 甲의 乙에 대한 청구에 대하여 '피고 乙은 원고 甲에게 100,000,000을 반환하라.'는 일부승소판결을 하여야 한다. 즉 소송에서 乙이 동시이행항변권을 행사하지 않는 한, 법원은 이를 고려하여 상환이행판결을 할 수 없다(대판 1990.11.27, 90다카25222).

Ⅱ. 甲이 매매계약을 착오를 이유로 취소할 수 있는지 여부

1. 문제점(착오취소의 요건사실)

착오를 이유로 취소를 주장하기 위해서는 ⅰ) 법률행위 내용의 착오, ⅱ) 중요부분에 관한 착오, ⅲ) 취소의 의사표시 및 그 도달사실을 증명해야 한다(제109조 1항). 이에 대해 표의자에게 중대한 과실이 없을 것은 상대방측의 (재)항변 사유이다(제109조 1항 단서).

사안에서 甲은 X임야에 대해 공장을 신축할 수 있을 것으로 믿고서 乙과 매매계약을 체결하였는바, 이는 동기의 착오이다. 그런데 이러한 동기의 착오가 상대방인 乙에 의하여 제공된 것이라는 점에서 그것이 제109조의 요건을 검토하는데 어떠한 영향을 미치는지 검토를 요한다.

---

1) ★ 민법의 맥 착오에 의한 의사표시 쟁점구조

2. 동기의 착오가 '법률행위 내용'의 착오에 해당하는지 여부

(1) 판 례

① "동기를 당해 의사표시의 내용으로 삼을 것을 상대방에게 표시한 경우 그 착오를 이유로 계약을 취소할 수 있다"고 보아 기본적으로 동기표시설의 입장이다. 다만, 의사표시의 해석상 그 동기가 법률행위의 내용으로 되어 있다고 인정되면 충분하고, 당사자들 사이에 별도로 그 동기를 의사표시의 내용으로 삼기로 하는 '합의'까지 이루어질 필요는 없다고 한다.[2] ② 그러나 동기가 상대방으로부터 제공되거나 유발된 경우 判例는 동기의 표시 여부를 묻지 않고 대부분 법률행위의 중요부분을 인정하여 취소를 인정한다(대판 1996.7.26. 94다25964 등 : 2회 선택형).

(2) 검토 및 사안의 경우

표의자의 이익과 상대방의 이익을 함께 고려하는 동기표시설이 타당하다. 아울러 동기가 상대방으로부터 제공되거나 유발된 경우와 관련한 判例는 표의자의 (동기)착오를 유발한 상대방의 보호가치가 (경감)부정된다는 점에서 충분히 수긍될 수 있을 것이다. 다만 사안의 경우 상대방인 乙은 甲의 공장신축의 동기를 알고 있었으므로 甲의 동기는 표시되었다고 할 것이다.

3. 기타 취소권발생요건의 충족 여부

ⅰ) 법률행위의 내용의 중요부분에 대한 착오이어야 하는 바, 주관적 현저성과 객관적 현저성이 있어야 하고 ⅱ) 아울러 표의자에게 중대한 과실이 없어야 한다. 甲의 착오는 甲뿐만 아니라 일반인도 착오가 없었더라면 매매계약을 체결하지 않았을 것이므로, 객관적 현저성과 주관적 현저성을 모두 갖추고 있어 중요부분의 착오라고 할 것이고, 이에 경과실이 있는데 불과하므로 甲은 동기의 착오를 이유로 매매계약을 취소할 수 있다(제109조 1항).

Ⅲ. 甲이 매매계약을 사기를 이유로 취소할 수 있는지 여부

사기에 의한 취소가 인정되기 위해서는 사기자에게 표의자를 기망하여 착오에 빠지게 하려는 고의와 다시 그 착오에 기하여 표의자로 하여금 의사표시를 하게 하려는 고의(2단의 고의)가 있어야 하는데, 사안에서는 乙도 사정을 잘못 인식하고 甲에게 고지한 것이므로 乙에게 사기의 고의가 있었다고는 볼 수 없다. 따라서 甲은 사기를 이유로 위 계약을 취소할 수 없다.

Ⅳ. 甲의 부당이득반환청구의 인용여부

1. 취소권 행사의 효과 일반

甲·乙 간의 매매계약이 착오를 이유로 취소되면 매매계약은 처음부터 무효로 된다(제141조 본문). 그러므로 甲·乙 각각의 급부는 '법률상 원인'(제741조)이 없는 경우로 된다. 그러므로 甲·乙 간에는 이미 이행된 급부에 대하여 부당이득반환관계가 성립한다.

---

2) [관련판례] 매매대상 토지 중 20~30평 정도만 도로에 편입될 것이라는 중개인의 말을 믿고 주택 신축을 위하여 토지를 매수하였고, 그와 같은 사정이 계약체결과정에서 현출되어 매도인도 이를 알고 있었는데, 실제로는 전체 면적의 약 30%에 해당하는 197평이 도로에 편입된 사안에서, 그러한 동기는 법률행위의 착오를 이룬다고 하여 착오에 의한 매매계약의 취소를 인정하였다(대판 2000.5.12, 2000다12259). 결국 법률행위의 해석에 의해 당사자가 그 동기를 하나의 전제로 삼고 법률행위를 했느냐 하는 것을 기준으로 하는 것이 判例의 기본적인 태도라고 볼 수 있다.

2. 乙의 대금반환의무

判例는 “쌍무계약이 취소된 경우 선의의 매수인에게 제201조가 적용되어 과실취득권이 인정되는 이상 선의의 매도인에게도 제587조의 유추적용에 의하여 대금의 운용이익 내지 법정이자의 반환을 부정함이 형평에 맞다”(대판 1993.5.14. 92다45025 : 8회 선택형)고 판시하여 계약당사자 사이에 발생할 수 있는 불공평[3]을 제거하기 위하여 계약법의 유추적용을 인정하고 있다. 따라서 甲은 1억원에 대한 법정이자는 반환을 청구할 수 없다. .

| 보 론 |

■ 甲과 乙 쌍방이 공통된 동기의 착오를 일으킨 경우

1. **쌍방 모두가 공장신축이 가능하다고 생각하고 매매한 경우의 법적 취급**

공장신축이 불가능함에도 가능하다고 생각하고 매매한 당해 사안은 의사와 표시에 불일치는 없으나 그 의사를 결정하게 된 동기가 실제의 사실과 다른 경우이다. 즉, 표의자(甲과 乙) 모두가 ‘의사표시를 하게 된 이유’로서 의사표시에 선행하는 심리적 과정에 착오를 일으킨 ‘쌍방의 공통된 동기의 착오’라고 하겠다.

2. **쌍방의 공통된 동기의 착오**

쌍방이 일치하여 착오에 빠진 경우에는 계약내용을 개별적인 관계에 맞게 수정하는 것이 당사자의 의사나 이익에 부합하는 때가 많은가 하면, 계약의 구속력으로부터 전혀 벗어나지 못하게 하는 것이 부당한 경우도 있다. 이는 제109조가 예정한 경우가 아니어서 기존의 동기의 착오이론을 그대로 적용하기는 어렵다.

3. **판 례**

최근에 명시적으로 ‘보충적 해석’에 의한 수정가능성을 인정하였으나, 실제로 대부분의 判例에서는 의사표시가 법률행위의 중요부분일 경우 취소를 인정하여 왔다(대판 2006.11.23, 2005다13288).

4. **검토 및 사안의 경우**(보충적 해석에 의한 계약의 수정 가부)

X임야의 경우 공원구역에서 해제되지 않았으므로 계약의 수정이 불가능한 경우이다. 왜냐하면 공원구역의 해제가 없다는 사실을 甲이 알았더라면 당해 계약을 체결하지 않았을 것이므로 계약유지 의사를 인정할 수 없기 때문이다. 따라서 제109조에 의한 취소 여부의 판단이 필요하다.

※ 사안에서 위 쟁점을 검토하지 않은 것은 甲은 착오와 사기를 이유로 위 매매계약을 취소하였으므로 계약을 유지하려는 의사가 명백이 없었기 때문이다.

---

3) ★ 즉, 다수설과 判例는 점유를 전제로 한 부당이득에 있어서는 제201조가 제748조의 특칙으로 적용된다고 한다(대판 2003.11.14. 2001다61869). 따라서 X임야의 사용이익이 있다면 이는 과실에 준하는 것이므로, 제201조 1항이 적용되어 乙은 임료상당의 사용이익의 반환을 청구할 수 없다. 한편 乙이 甲으로부터 받은 매매대금 1억원은 제748조 1항에 따라 현존이익의 한도에서만 반환하면 된다. 그리고 위 양 의무는 상호 동시이행의 관계에 있다(대판 2001.7.10. 2001다3764). 그러나 이와 같은 결론은 쌍무 · 유상계약에서의 당사자의 공평성에 문제가 있을 수 있다. 현존이익에는 과실이 포함되기 때문이다[지원림, 민법강의(13판), 5-256].

기출해설

2015년 법원행정고시 제1문

甲은 건물을 신축하기 위해 乙로부터 이 사건 토지(면적 2,000㎡)를 매수하는 계약을 체결하였다. 이 사건 토지의 일부는 분할되어 도로에 편입될 예정이었으나 매매계약 체결 당시 중개인들이 이 사건 토지 중 100㎡ 정도만 도로에 편입될 것이라 하여 甲은 그렇게 알고 매매계약을 체결하였다. 甲이 이 사건 토지 중 100㎡ 정도만 도로에 편입되는 것으로 알고 건물 신축을 위해 이 사건 토지를 매수한다는 점은 모두 계약 체결 과정에서 현출되어 乙도 알고 있었다. 그런데 실제로 이 사건 토지의 약 1/3에 해당하는 666㎡가 도로에 편입되어 남은 토지만으로는 甲이 매매계약을 체결한 목적을 달성할 수 없게 되었다.

甲이 매매계약 체결 당시 이 사건 토지 중 100㎡ 정도 이상은 도로에 편입되지 않을 것이라고 믿은 것은 동기의 착오이고, 현장 확인 없이 중개인들의 말만 믿고 매매계약을 체결하는 등 甲의 착오에 과실은 있으나 중대한 과실은 아니며, 乙이 착오를 한 것은 아니라고 할 때, 다음 문항에 답하시오. (각 문항은 독립된 사항임)

1. 甲이 착오를 이유로 乙과의 매매계약을 취소할 수 있는지 논하시오. (30점)

2. 甲이 착오를 이유로 매매계약을 취소할 수 있다고 할 때, 乙이 甲에게 매매계약의 취소로 인한 손해배상을 청구할 수 있는지 논하시오. (20점)

사례A-17 동기의 착오에 의한 일부취소, 경과실에 의한 착오와 손해배상★

Ⅰ. 설문 1.의 경우(30)

1. 착오를 이유로 한 매매계약의 취소 가부

(1) 착오 취소의 요건(착, 중, 중)

착오를 이유로 법률행위를 취소하려면 i) 의사표시에서 착오의 존재, ii) 법률행위내용의 중요부분에 착오가 있을 것, iii) 표의자에게 중대한 과실이 없을 것을 요한다(제109조).

(2) 법률행위 내용의 착오 … 동기의 착오를 이유로 한 제109조 취소 가부

1) 판 례

사안의 경우 계약 당사자 일방(甲)만이 동기의 착오를 일으켰는바, 判例는 "동기를 당해 의사표시의 내용으로 삼을 것을 상대방에게 표시한 경우 그 착오를 이유로 계약을 취소할 수 있다"고 보아 기본적으로 동기표시설의 입장이다. 다만, 의사표시의 해석상 그 동기가 법률행위의 내용으로 되어 있다고 인정되면 충분하고, 당사자들 사이에 별도로 그 동기를 의사표시의 내용으로 삼기로 하는 '합의'까지 이루어질 필요는 없다고 한다(아래 관련판례 참고).

[관련판례] 매매대상 토지 중 20~30평 정도만 도로에 편입될 것이라는 중개인의 말을 믿고 주택 신축을 위하여 토지를 매수하였고, 그와 같은 사정이 계약체결과정에서 현출되어 매도인도 이를 알고 있었는데, 실제로는 전체 면적의 약 30%에 해당하는 197평이 도로에 편입된 사안에서, 그러한 동기

는 법률행위의 착오를 이룬다고 하여 착오에 의한 매매계약의 취소를 인정하였다(대판 2000.5.12, 2000다12259). 결국 법률행위의 해석에 의해 당사자가 그 동기를 하나의 전제로 삼고 법률행위를 했느냐 하는 것을 기준으로 하는 것이 判例의 기본적인 태도라고 볼 수 있다.

2) 검토 및 사안의 경우

표의자의 이익과 상대방의 이익을 함께 고려하여 구체적 타당성과 취소권자의 상대방의 법적 지위의 안정성, 양자의 조화를 도모하는 동기표시설이 타당하다.

사안의 경우 甲이 이 사건 매매계약 체결 당시에 이 사건 토지 중 $100m^2$정도의 토지 이상은 분할되어 도로로 편입되지 않을 것이라고 믿은 것은 이 사건 매매계약과 관련하여 동기의 착오라고 할 것이고 이러한 사실은 계약 체결 과정에서 현출되어 乙도 알고 있었는바 매매계약의 내용으로 표시되었다고 볼 것이다. 따라서 甲의 동기의 착오는 법률행위 내용의 착오에 해당한다.

(3) 중요부분에 관한 착오

判例와 통설에 따르면 이른바 '이중적 기준설'에 따라 행하여진다(대판 2003.4.11, 2002다70884 등). 즉, 사안의 경우 甲은 ⅰ) 건물 신축 목적으로 이 사건 토지를 매수하려고 한 바, 만약 이 사건 토지의 약 1/3이 도로로 편입되어 남은 토지만으로 건물 신축이 불가능함을 알았더라면 甲은 매매계약을 체결하지 않았을 것이고(주관적 현저성), ⅱ) 이는 일반인이 甲의 입장에 선 경우에도 마찬가지이다(객관적 현저성). 따라서 甲의 착오는 중요부분에 관한 착오에 해당한다.

(4) 표의자의 중과실

설문에서 甲의 착오에 과실은 있으나 중대한 과실은 아니라고 전제하고 있으므로 문제되지 않는다.

(5) 사안의 경우

甲의 착오는 동기의 착오에 해당하지만 계약 체결 과정에서 乙에게도 현출되어 법률행위 내용의 착오에 해당하고 건물신축 가부라는 중요부분에 관한 것이고 이에 대한 표의자 甲의 중과실이 인정되지 않는다. 따라서 甲은 착오를 이유로 乙과의 매매계약을 취소할 수 있다(제109조 1항).

2. 취소의 범위(일부취소의 문제)

判例에 따르면 **제137조를 유추적용하여** 하나의 법률행위의 일부분에만 취소사유가 있다고 하더라도 ⅰ) 그 법률행위가 **가분적**이거나 그 목적물의 일부가 **특정**될 수 있다면, ⅱ) 그 나머지 부분이라도 이를 유지하려는 당사자의 **가정적 의사**가 인정되는 경우 그 **일부만의 취소도 가능**하다(대판 2002.9.10, 2002다21509)고 한다.

사안의 경우 $100m^2$을 초과하여 도로로 편입된 특정 부분에 대해서만 동기의 착오가 인정되지만, 남은 토지만으로는 매매계약 체결 목적을 달성할 수 없는바, 남은 토지부분이라도 매수하려는 甲의 가정적 의사를 인정된다고 보기 어렵다. 따라서 사안의 경우 $100m^2$을 초과하여 도로로 편입된 부분에 대해서만 매매계약을 취소할 수는 없고 매매계약 전부를 취소하여야 한다.

3. 사안의 해결

甲은 동기의 착오를 이유로 乙과의 매매계약을 취소할 수 있다(제109조 1항).

Ⅱ. 설문 2.의 경우(20)

1. 문제점

매도인(乙)의 손해배상청구라는 점, 매매계약이 유효하게 취소되었다는 점에서 매매계약에 따른 담보책임과 채무불이행책임은 문제되지 않는다. 다만, 사안과 같이 표의자가 경과실 착오에 기해 계약을 취소한 경우 상대방에게는 신뢰이익 손해가 발생할 수 있는바, 이 경우 표의자에 대한 손해배상청구가 가능한지가 문제된다.

2. 경과실 표의자의 상대방에 대한 신뢰이익 배상책임

(1) 판 례

判例는 전문건설공제조합이 경과실로 인하여 착오에 빠져 계약보증서를 발급하고 그 착오를 이유로 보증계약을 취소하자 상대방(채권자)이 **제750조의 불법행위로 인한 손해배상을 청구한 사안에서** "ⅰ) (경)과실로 인하여 착오에 빠져 계약을 체결한 것과, ⅱ) 그 착오를 이유로 계약을 취소한 것 모두 **'위법' 하다고는 할 수 없다**"(대판1997.8.22, 97다카13023 : 5회,7회,9회 선택형)**고 하여 불법행위 책임을 부정**하고 있다.

(2) 검토 및 사안의 경우

명문의 규정이 없다는 점과 判例와 같이 위법성이 없다고 보아 부정하는 견해가 타당하다. 따라서 乙은 甲에게 매매계약의 취소를 이유로 제750조의 손해배상청구를 할 수 없다.

기출해설 2020년 3차 법전협 모의 제2문

甲은 고서화 소매업을 운영하는 사람이다. 甲이 마침 단원 김홍도 선생의 산수화 1점을 보유하고 있음을 알게 된 乙법인(전통 문화예술품의 수집, 보존, 전시 등을 목적으로 하는 비영리법인이다)의 대표이사 A는 위 산수화를 전시하기 위하여 2014. 3. 1. 甲의 화랑을 방문하여 乙명의로 위 산수화를 대금 1억 원에 매수하는 내용의 매매계약을 체결하였다. 甲은 다음 날 A로부터 대금 전액을 지급받으면서 그 산수화를 인도하였다.

A는 甲과 위 매매계약을 체결할 당시 위 산수화가 단원의 진품이라고 감정된 한국고미술협회의 감정서를 甲으로부터 제시받았다. 甲과 A는 한국고미술협회의 권위를 믿고 위 산수화가 진품이라는 것에 대하여 별다른 의심을 하지 않았다. 그런데 위 작품의 진위 여부에 관하여 우연한 기회에 의구심을 갖게 된 A는 2019. 2. 28. 한국미술품감정평가원에 그 감정을 의뢰하였고, 2019. 3. 3. 위 산수화가 위작이라는 회신을 받았다.

2019. 7. 1.을 기준으로 乙법인이 甲과의 매매계약의 구속력으로부터 벗어날 수 있는 방법에 관하여 검토하시오. (20점)

사례A-18 하자담보책임에 기한 해제권과 착오에 기한 취소권의 경합★

Ⅱ. 2문의 1. 문제 2.의 경우

1. 문제점

乙법인이 甲과의 매매계약의 구속으로부터 벗어나기 위한 방안으로 하자담보책임에 기한 해제권(제580조 1항, 제575조 1항)과 착오에 기한 취소권(제109조 1항)이 주로 문제되며, 만약 두 가지 권리의 요건을 모두 갖춘다면 두 권리의 경합이 문제된다.

> [주의] 사안은 '쌍방의 공통하는 동기의 착오'라고 할 수 있다. 하지만 이는 '계약의 수정'이 문제될 때 검토할 쟁점이고, 사안과 같이 '계약의 구속력'으로 벗어날 수 있는 방법은 아니므로 검토할 필요가 없다.

2. 하자담보책임에 따른 해제권의 발생과 제척기간의 경과 여부

(1) 제580조의 하자담보책임에 따른 해제권 발생여부

1) 요 건

특정물과 종류물의 구별기준(개성의 중시 여부)은 거래의 일반관념에 의하여 객관적으로 정해지는 것이 아니라 당사자의 의사를 표준으로 하여 정하여 지는바, 사안의 산수화는 '김홍도 선생의 산수화 1점'이라는 특정물이다.

따라서 특정물에 관한 하자담보책임이 성립하기 위해서는 i) 매매계약이 유효하게 성립되고, ii) 매매계약 성립 당시 매매목적물에 하자(원시적 하자)가 존재하며(대판 2000.1.18, 98다18506 등), iii) 매수인은 그 하자에 대해 선의이며 무과실이어야 한다(제580조). 그러나 하자담보책임 자체는 무과실책임이다(대판 1995.6.30, 94다23920).

2) 사안의 경우

i) 사안에서 매매계약은 유효하게 성립되었으며, ii) 본건 특정물의 하자는 인도받은 미술품이 위작이라는 '원시적 하자'이고, iii) 乙법인이 甲에 의하여 제시된 미술가협회의 감정서를 믿고 거래한 점에 비추어 하자에 대한 매수인의 선의·무과실도 인정된다.

(2) 하자담보책임의 제척기간 도과 여부

매수인은 사실을 안 날로부터 6개월 내에 하자담보책임에 관한 권리를 행사해야 한다(제582조). 사안의 경우 乙법인은 2019. 3. 3. 한국미술품감정평가원의 감정을 통하여 산수화의 하자가 있음을 알게 되었고, 2019. 7. 1.을 기준으로 볼 때 6개월을 지나지 않았음이 역수상 명백하다.

(3) 소 결

乙법인은 민법 제580조(제575조 1항)를 근거로 매매계약을 해제함으로써 甲과의 매매계약의 구속력으로부터 벗어날 수 있다.

3. 착오에 따른 취소권의 발생과 제척기간의 경과 여부

(1) 제109조의 착오에 따른 취소권 발생여부

1) 요 건(착, 중, 중)

착오를 이유로 취소를 주장하기 위해서는 i) 법률행위 내용의 착오, ii) 중요부분에 관한 착오, iii) 취소의 의사표시 및 그 도달사실을 증명해야 한다(제109조 1항). 이에 대해 표의자에게 중대한 과실이 없을 것은 상대방측의 (재)항변 사유이다(제109조 1항 단서).

2) 동기의 착오가 '법률행위 내용'의 착오에 해당하는지 여부

乙법인은 매매목적물인 산수화가 단원 김홍도 선생의 진품 산수화라고 착오한 '물건의 성질에 관한 착오'가 있었는바, 이는 일반적으로 '동기의 착오'로 다루어진다.

동기의 착오와 관련하여 判例는 ① "동기를 당해 의사표시의 내용으로 삼을 것을 상대방에게 표시한 경우 그 착오를 이유로 계약을 취소할 수 있다"고 보아 기본적으로 동기표시설의 입장이다. ② 그러나 동기가 상대방으로부터 제공되거나 유발된 경우 判例는 동기의 표시 여부를 묻지 않고 대부분 법률행위의 중요부분을 인정하여 취소를 인정한다(대판 1996.7.26. 94다25964 등 : 2회 선택형).[1]

3) 사안의 경우

i) A는 甲으로부터 위 산수화가 단원의 진품이라고 감정된 한국고미술협회의 감정서를 교부받았으므로 乙법인의 그림 매수 동기가 상대방 甲에게 표시되었다거나 甲에 의해 동기의 착오가 유발된 것이라고 볼 수 있다. ii) 또한 '이중적 기준설'(대판 2003.4.11, 2002다70884 등)에 따르면 사안의 경우 표의자 乙은 그러한 착오가 없었더라면 그림을 매수하지 않았으리라고 생각될 정도로 중요한 것이고(주관적 현저성), 일반인도 매수의 의사표시를 하지 않았으리라고 생각될 정도로 중요한 것이라고 판단된다(객관적 현저성). iii) 아울러 '중대한 과실'이란 표의자의 직업, 행위의 종류, 목적

1) [검토] 표의자의 이익과 상대방의 이익을 함께 고려하는 동기표시설이 타당하다. 아울러 동기가 상대방으로부터 제공되거나 유발된 경우와 관련한 判例는 표의자의 (동기)착오를 유발한 상대방의 보호가치가 (경감)부정된다는 점에서 충분히 수긍될 수 있을 것이다.

등에 비추어 당해 행위에 일반적으로 요구되는 주의를 현저하게 결여한 것을 말하는바(대판 2000.5.12, 2000다12259), 그림이 진품이라는 한국고미술협회의 감정서를 믿었으므로 적어도 중대한 과실이 있다고 보기도 어렵다(대판 1997.8.22, 96다26657 참고)[2]

(2) 착오취소의 제척기간 도과 여부

착오취소는 추인할 수 있는 날로부터 3년, 법률행위를 한 날로부터 10년 내에 행사하여야 한다(제146조). 사안의 경우 乙법인은 2019. 3. 3. 한국미술품감정평가원의 감정을 통하여 산수화의 하자가 있음을 알게 되었으므로 이때부터 추인할 수 있는바, 2019. 7. 1.을 기준으로 볼 때 3년이 지나지 않았고, 법률행위를 한 2014. 3. 1.로부터 10년도 지나지 않았다.

(3) 소 결

乙법인은 민법 제109조 1항을 근거로 매매계약을 취소함으로써 甲과의 매매계약의 구속력으로부터 벗어날 수 있다.

4. 하자담보책임에 기한 해제권과 착오에 기한 취소권의 경합

(1) 판 례[3]

判例는 "착오로 인한 취소 제도와 매도인의 하자담보책임 제도는 취지가 서로 다르고, 요건과 효과도 구별된다. 따라서 매매계약 내용의 중요 부분에 착오가 있는 경우 매수인은 매도인의 하자담보책임이 성립하는지와 상관없이 착오를 이유로 매매계약을 취소할 수 있다"(대판 2018.9.13. 2015다78703 : 9회 선택형)고 판시하여 **제580조와 제109조의 경합을 처음으로 명시적으로 인정**하였다. 따라서 이러한 判例에 따르면 설령 하자를 안 날로부터 6개월이 지났더라도(제582조), 제146조의 제척기간이 지나지 않았다면 착오를 이유로 취소할 수 있다.

(2) 사안의 경우

결국 乙법인은 민법 제580조(제575조 1항)를 근거로 매매계약을 해제하거나, 민법 제109조 1항을 근거로 매매계약을 취소함으로써 甲과의 매매계약의 구속력으로부터 벗어날 수 있다.

5. 사기에 의한 법률행위 취소

매도인 甲의 사기의 고의가 인정되기 어려우므로 사기취소는 인정되기 어렵다(제110조 1항 참조).

6. 채무불이행을 이유로 한 계약해제

한국고미술협회의 감정서가 위조되지 않은 이상 채무자(매도인)인 甲에게 과실이 있다고 보기 어려우므로 채무불이행을 이유로 한 해제권은 인정되기 어렵다.

---

2) **[사실관계]** 골동품도자기 매매계약을 체결함에 있어 매수인이 전문적 감정인의 감정을 거치지 아니한 채 매매계약을 체결한 경우에도 중대한 과실이 없다고 보았다.

3) **[학설]** 통설은 '하자담보책임에 관한 규정'(제580조)은 착오에 관한 규정에 대한 특별규정으로서 매도인의 담보책임이 성립하는 범위 내에서 우선적으로 적용되어야 한다고 한다. 즉, 통설은 그 논거로서 착오를 이유로 한 취소권은 10년 또는 3년의 제척기간에 걸리는데 비해 담보책임에 따른 권리는 1년 또는 6월의 제척기간에 걸리는바, 일상 가장 빈번하게 행해지는 매매 기타 유상계약을 오랫동안 불확정한 상태에 두는 것은 옳지 않다는 점을 들고 있다.

기출해설

2015년 변호사시험 제2문

건강기능식품 판매점을 운영하는 甲은 친환경 농법으로 재배된 수삼을 원료로 하여 만든 홍삼 진액을 구입하려고 한다. 그런데 甲의 경쟁업자인 乙은 자신이 홍삼 도매상 丙을 통하여 친환경 인증을 받은 홍삼 진액을 구입하였는데 아주 좋은 제품이라고 甲에게 소개하면서 丙으로부터 홍삼 진액을 구입하라고 적극적으로 권유하였다. 그러나 乙은 丙으로부터 홍삼 제품을 구입한 사실도 없을 뿐만 아니라 丙이 판매하는 홍삼 진액이 친환경 인증을 받은 바도 없었음에도 불구하고, 乙이 거짓말을 한 것이다.

하지만 甲은 위와 같은 乙의 말을 그대로 믿고 2014. 12. 1. 丙과 G-200 홍삼 진액 30상자를 상자당 50만 원씩 구입하되 같은 해 12. 10. 오전 10시에 甲의 점포에 배달하는 것을 내용으로 하는 매매계약을 체결하였다. ……(이하 중략)……

甲은 다음과 같은 주장을 하면서 위 물품대금의 지급을 거절하는 답변서를 제출하였다. 甲이 제기한 각 주장에 대하여 가능한 논거를 설명하고 그 각 주장에 관한 결론을 도출하시오.

1. 이 사건 계약은 착오 내지 사기를 원인으로 하여 체결된 것이므로 구매에 관한 의사표시를 취소한다. 따라서 위 물품대금을 지급할 의무가 없다. (15점)

사례A-19 동기의 착오 및 제3자의 사기

Ⅰ. 설문 1.의 경우(15)

1. 甲의 사기 취소 가부

(1) 사기에 의한 의사표시인지 여부(고, 기, 위, 인)

사기에 의한 의사표시가 성립하기 위해서는 ⅰ) 사기자의 2단의 고의, ⅱ) 기망행위, ⅲ) 기망행위의 위법성, ⅳ) 기망행위와 착오 사이에 그리고 착오와 의사표시 사이에 인과관계가 존재하여야 한다(제110조). 사안에는 乙이 丙의 홍삼 제품을 구입한 점이 없는 점과 丙의 홍삼 진액이 친환경 인증을 받은 바 없는 점에 대해 기망하였고, 이에는 고의 및 위법성, 인과관계도 인정된다.

(2) 취소권의 발생여부

상대방 있는 의사표시에 관하여 제3자의 사기·강박이 있은 경우 표의자는 상대방이 그 사실을 알았거나 알 수 있었을 경우에 한하여 그 의사표시를 취소할 수 있다(제110조 2항). 즉, 사안에서 乙은 이 법률행위의 직접 상대방이 아니므로 丙이 이에 대하여 알았거나 알 수 있었던 경우에 한하여 취소할 수 있다. 그러나 丙이 이를 알았거나 알 수 있었다는 사정이 없으므로 甲이 이러한 사정을 증명하지 못하는 이상 사기를 이유로 취소할 수는 없다.

2. 甲의 착오 취소 가부(착, 중, 중)

(1) 착오 취소의 요건

착오를 이유로 법률행위를 취소하려면 ⅰ) 의사표시에서 착오의 존재, ⅱ) 법률행위내용의 중요부분에 착오가 있을 것, ⅲ) 표의자에게 중대한 과실이 없을 것을 요한다(제109조).

(2) 법률행위의 동기에 착오를 일으킨 경우

判例는 ① "동기를 당해 의사표시의 내용으로 삼을 것을 상대방에게 표시한 경우 그 착오를 이유로 계약을 취소할 수 있다"고 보아 **기본적으로 동기표시설**의 입장이다. 다만, 의사표시의 해석상 그 동기가 법률행위의 내용으로 되어 있다고 인정되면 충분하고, 당사자들 사이에 별도로 그 동기를 의사표시의 내용으로 삼기로 하는 '합의'까지 이루어질 필요는 없다고 한다(대판 2000.5.12, 2000다12259). ② **그러나 동기가 상대방으로부터 제공되거나 유발된 경우** 判例는 동기의 표시 여부를 묻지 않고 대부분 법률행위의 중요부분을 인정하여 취소를 인정한다(대판 1996.7.26. 94다25964 등 : 2회 선택형).

(3) 검토 및 사안의 경우

표의자의 이익과 상대방의 이익을 함께 고려하는 동기표시설이 타당하다.

사안에서 甲은 乙이 丙의 홍삼 제품을 구입하였는지, 丙의 홍삼 진액이 친환경 인증을 받았는지에 대한 착오를 일으킨 것으로, 법률행위의 내용이 아닌 동기의 착오이다. 이러한 甲의 동기는 상대방 丙에게 표시된 적이 없고, 乙의 거짓말에 따른 적극적인 구입권유가 있었으나 앞서 검토한 바와 같이 乙은 이 사건 계약의 당사자가 아니므로 위에서 검토한 유발된 동기의 착오와 관련한 判例가 적용될 수도 없다. 또한 甲은 아무런 근거 없이 乙의 말만 그대로 믿고 거래하였으므로 중과실이 인정된다고 할 것이어서 결국 착오를 이유로도 취소할 수 없다.

2. 결 론

甲은 이 사건 계약을 착오 또는 사기를 이유로 취소할 수 없다. 따라서 위 물품대금을 지급할 의무가 없다는 甲의 주장은 타당하지 않다.

유사쟁점

★ 법률행위 내용의 착오와 사기의 경합[1] 대판 2005.5.27, 2004다43824

甲은 乙에게 돈을 빌리려고 하는데, 乙은 채무의 담보로 연대보증인을 세울 것을 요구하였다. 이에 甲은 연대보증서류임을 속이고, 직장 동료인 丙에게 자신의 아들이 乙의 회사에 취직하였는데 乙이 신원보증서를 요구하므로 신원보증을 부탁한다며, 연대보증서류를 교부하였고, 일반 사무직에 대한 신원보증이므로 대수롭지 않게 생각한 丙은 甲의 아들에 대한 신원보증서류로 알고 연대보증인란에 서명날인하였다(즉, 丙에게는 경과실이 있다고 전제한다). 그 후 甲이 채무를 이행하지 않자 채권자 乙은 丙에게 보증채무의 이행을 구하고 있다. 이에 丙은 연대보증계약을 체결한 일이 없다고 주장하였고, 설령 그렇지 않더라도 착오 및 사기를 이유로 취소한다고 주장하면서 乙의 연대보증채무의 이행청구를 거절하고 있다. **丙의 주장은 타당한가? (30점)**

Ⅰ. 결 론

채권자 乙의 연대보증채무의 이행청구에 대한 ① 丙의 연대보증계약 '불성립' 의 항변(부인)은 타당하지 않고, ② 丙이 사기를 이유로 연대보증계약을 취소한 것도 상대방 乙이 제3자인 주채무자 甲의 사기에 대해 악의 또는 과실이 있다고 할 수 없어 타당하지 않다(제110조 2항 참조). ③ 그러나 丙이 착오를 이유로 乙과의 연대보증계약을 취소한 것은 타당하다(제109조 1항).

Ⅱ. 논 거

1. 丙의 연대보증계약 불성립의 항변(부인) 가부(소극)

丙은 연대보증계약을 체결할 의사가 없었던 것으로 보이나, 丙은 대출계약서의 연대보증인란에 서명·날인 하였기 때문에 일반적으로 상대방인 乙은 丙에게 甲의 금전채무를 연대보증하려는 의사가 있다고 이해하였을 것이다. 즉, 사안에서는 丙의 연대보증의사에 관해 乙과 丙사이에 일치하는 의사가 있다고 할 수 없으므로 **丙의 의사는 자연적 해석방법이 아닌 규범적 해석 방법에 의해 연대보증의사가 있었던** 것으로 해석된다. 따라서 일단 乙과 丙 사이에는 甲의 금전채무에 대한 연대보증계약이 유효하게 '성립'하였으므로 丙이 연대보증계약을 체결한 일이 없다고 주장한 것은 타당하지 않다.

2. 丙의 착오취소의 항변 가부

(1) 법률행위 내용의 착오

丙은 연대보증서류를 신원보증서류로 알고 연대보증인란에 서명·날인하였으므로, 사안과 같이 문서를 잘못 읽고 서명·날인을 한 때에는 **법률행위 내용의 착오**에 해당한다.[2] **따라서 사안은 동기의 착오가 아닌 의사표시(법률행위내용)에서의 착오가 존재하는 경우이다.**

(2) 중요부분에 착오가 있을 것 / (3) 표의자에게 중대한 과실이 없을 것

(4) 소 결

丙이 착오를 이유로 乙과의 연대보증계약을 취소한 것은 타당하다(제109조 1항).

3. 丙의 사기취소의 항변 가부

(1) 착오취소와 사기취소의 경합(判例는 부정, 통설은 긍정)

① 判例는 타인의 기망행위에 의하여 '동기의 착오'가 발생한 때에는 사기와 착오의 경합을 인정한다(대판 1969.6.24, 68다1749). ② 그러나 判例는 **타인의 기망행위에 의하여 '표시상의 착오'가 발생한 경우에는 사기를 이유로 취소할 수 없고, 착오를 이유로만 취소할 수 있다고** 한다. 즉, "사기에 의한 의사표시란 타인의 기망행위로 말미암아 착오에 빠지게 된 결과 어떠한 의사표시를 하게 되는 경우이므로 거기에는 의사와 표시의 불일치가 있을 수 없고, 단지 의사의 형성과정 즉 의사표시의 동기에 착오가 있는 것에 불과하며, 이 점에서 고유한 의미의 착오에 의한 의사표시와 구분되는데, **제3자의 기망행위에 의하여 신원보증서류에 서명날인한다는 착각에 빠진 상태로 연대보증의 서면에 서명날인한 경우 이른바 표시상의 착오에 해당하므로,** 상대방이 그러한 제3자의 기망행위 사실을 알았거나 알 수 있었을 경우가 아닌 한 의사표시자가 취소권을 행사할 수 없다는 제110조 2항의 규정을 적용할 것이 아니라, 착오에 의한 의사표시에 관한 법리만을 적용하여 취소권 행사의 가부를 가려야 한다"(대판 2005.5.27, 2004다43824 : 5회,7회 선택형)고 한다.

검토하건대, 의사와 표시가 일치하는 동기의 착오도 착오를 이유로 취소할 수 있다는 점에서 사기에 의한 의사표시의 범위를 의사와 표시가 일치하는 경우로 한정할 근거가 없고, 사기를 당한 표의자를 보호하는 측면에서도 경합을 인정하는 것이 타당하다(통설).

(2) 사기 취소 가부

1) 사기에 의한 의사표시인지 여부(적극)

2) 취소권의 발생 여부

보증계약은 주계약과는 별개의 독립된 계약으로서, 보증계약의 당사자는 보증인(丙)과 채권자(乙)이므로 주채무자(甲)를 채권자(乙)와 '동일시할 수 있는 자'로 볼 수 없다. 따라서 주채무자 **甲은 제110조 2항의 제3자에 해당한다.** 그렇다면 丙은 乙이 甲의 사기를 알았거나 알 수 있었을 경우에 한하여 甲의 사기를 이유로 위 연대보증계약을 취소할 수 있다(제110조 2항). 그러나 사안의 경우 특별한 사정이 없는 한 丙이 乙은행의 악의 또는 과실을 증명하기는 어려워 보인다. 따라서 **丙이 사기를 이유로 乙과의 연대보증계약을 취소한 것은 타당하지 않다(제110조 2항 참조).**

기출해설

2018년 변호사시험 제2문

甲은 자기 소유인 X토지에 대하여 A은행 앞으로 근저당권을 설정한 후, 乙에게 지상권을 설정해 주었다. 乙은 2015. 10.경 X토지 위에 Y다세대주택을 신축하여 분양하는 사업을 하게 되었다. 그 후 신축공사가 절반 정도 진행된 상태에서 乙은 자금사정 악화로 공사를 계속하기 어려워졌고, 乙에게 건축자재를 납품해 오던 丙은 연체된 대금을 받으려는 의도로 丁에게 Y다세대주택이 최고급 건축자재로 지어지고 있고, 역세권에 있어서 투자가치가 높으며, 이미 준공검사 신청까지 접수해 놓은 상태여서 이를 담보로 은행대출도 가능하다고 이야기하면서 분양받을 것을 제의하였다. 이에 丁은 2016. 1. 10. 乙과 Y다세대주택 중 1세대(이하 '이 사건 주택'이라고 함)에 대한 분양계약을 체결하고, 계약 당일 계약금 3,000만 원, 같은 해 2. 10. 중도금 1억 원을 乙에게 각 지급하였다.
한편, 분양계약 체결 당시에 Y다세대주택은 절반밖에 완성되지 않은 상태였다. 그런데 乙은 丁이 丙에게서 Y다세대주택이 준공검사 신청까지 접수되어 은행대출도 가능한 좋은 물건이라고 소개받았다는 말을 듣고 이상하다고 생각하면서도 자금이 급한 나머지 그대로 분양계약을 체결하였다.
이후 乙은 2016. 4. 20. Y다세대주택의 내부공사만 남겨둔 상태에서 지급불능 상태에 빠졌다.
이 사건 주택의 소유권을 취득하지 못하게 된 丁은 乙과 丙을 상대로 소를 제기하였는바, 乙에 대하여서는 기망을 이유로 분양계약의 취소와 기지급한 계약금과 중도금 합계액에 대한 부당이득반환을 청구하고, 丙에 대하여서는 불법행위에 기한 손해배상을 청구하였다.

1. 丁의 청구에 대하여 乙은, ① 丁을 기망한 것은 자신이 아닌 丙이므로 丙의 기망을 이유로 이 사건 주택에 관한 분양계약을 취소할 수 없고, ② 동일한 금액에 대하여 丙을 상대로 불법행위에 기한 손해배상을 청구하는 이상 자신에 대한 부당이득반환청구는 허용될 수 없다고 주장한다. 丁의 乙에 대한 분양계약 취소 및 부당이득반환 청구는 인용될 수 있는가? (25점)

사례A-20 제3자에 의한 사기 취소와 불법행위로 인한 손해배상청구권의 경합

Ⅰ. 설문 1.의 경우(25)

1. 丁의 乙에 대한 분양계약의 사기취소 가부 - 乙의 ①주장의 당부

(1) 사기에 의한 의사표시인지 여부(고, 기, 위, 인)

사기에 의한 의사표시가 성립하기 위해서는 ⅰ) 사기자의 2단의 고의, ⅱ) 기망행위, ⅲ) 기망행위의 위법성, ⅳ) 기망행위와 착오 사이에 그리고 착오와 의사표시 사이에 인과관계가 존재하여야 한다(제110조). 사안에서 丁은 분양계약 체결 당시 Y다세대주택이 절반밖에 완성되지 않은 상태였음에도 丙으로부터 이미 준공검사 신청까지 접수해 놓은 상태여서 이를 담보로 은행대출도 가능하다는 이야기를 듣고 계약을 체결하였으므로 이는 기망에 의한 의사표시에 해당한다.

---

1) ★ 민법의 맥 핵심사례 A-09

2) 서명·날인의 착오의 경우 ① 문서를 전혀 읽지 않고 서명·날인을 한 때에는 그 문서의 내용대로 효력이 발생하는 것을 수용하려는 것으로 볼 수 있기 때문에 착오에 해당하지 않는다. ② 그러나 문서를 잘못 읽은 경우에는 의미상의 착오에 해당한다. ③ 또 다른 문서로 알고 서명·날인을 한 때에는 표시상의 착오로서 역시 취소사유에 해당한다[김준호, 민법강의(16판), p.287].

(2) 취소권의 발생여부

상대방 있는 의사표시에 관하여 제3자의 사기·강박이 있은 경우 표의자는 상대방이 그 사실을 알았거나 알 수 있었을 경우에 한하여 그 의사표시를 취소할 수 있다(제110조 제2항).

사안에서 丙은 乙에게 건축자재를 납품해 오던 자에 불과하므로 乙과 동일시할 수 없어 제3자의 사기에서의 제3자에 해당하고, 乙은 丁이 丙에게서 Y다세대주택이 준공검사 신청까지 접수되어 은행대출도 가능한 좋은 물건이라고 소개받았다는 말을 듣고 이상하다고 생각하였으므로 丙의 기망을 알 수 있었다고 보여진다. 따라서 丁의 乙에 대한 분양계약의 취소청구는 제3자의 사기에 해당하여 인용될 수 있으므로 乙의 주장 ①은 부당하다.

2. 丁의 乙에 대한 부당이득반환청구 가부 - 乙의 ②주장의 당부

(1) 부당이득반환청구권의 발생여부

부당이득이 성립하기 위해서는 i) 법률상 원인없이, ii) 타인의 재산 또는 노무로 인하여 이익을 얻고, iii) 그러한 이익으로 인하여 타인에게 손해를 가하고, iv) 이익과 손해 사이에 인과관계가 있을 것을 요한다(제741조). 사안의 경우 丁과 乙의 분양계약은 丁의 취소권행사로 인해 처음부터 무효인 법률행위가 되어(제141조 본문), 乙이 지급받은 계약금과 중도금 합계액은 법률상 원인을 결여한 이익이 되고, 丁의 손해와 인과관계가 인정되므로 부당이득반환대상에 해당한다.

(2) 부당이득반환청구권과 불법행위로 인한 손해배상청구권의 경합 인정여부

1) 양 청구권의 실체법적 관계

"법률행위가 사기를 이유로 취소되는 경우에 동시에 불법행위를 구성할 때에는 취소의 효과인 부당이득반환청구권과 불법행위로 인한 손해배상청구권은 경합하여 병존하는 것이므로, 채권자는 어느 것이라도 선택하여 행사할 수 있지만 중첩적으로 행사할 수는 없다"(대판 1993.4.27, 92다56087).

2) 양 청구권의 소송법적 관계

"부당이득반환청구권과 불법행위로 인한 손해배상청구권은 서로 실체법상 별개의 청구권으로 존재하고 소송법적으로도 소송물을 달리하므로, 채권자로서는 어느 하나의 청구권에 관한 소를 제기하여 승소 확정판결을 받았다고 하더라도 아직 채권의 만족을 얻지 못한 경우에는 다른 나머지 청구권에 관한 이행판결을 얻기 위하여 그에 관한 이행의 소를 제기할 수 있다"(대판 2013.9.13, 2013다45457).

(3) 사안의 경우

丁은 丙으로부터 불법행위로 인한 손해배상채권의 만족을 얻기 전까지는, 乙에 대해 중첩되지 않는 범위에서 별개의 청구권으로서 부당이득 반환청구를 행사할 수 있으므로, 乙의 주장 ②는 부당하다.

3. 사안의 해결

丁의 乙에 대한 분양계약 취소 및 부당이득반환 청구는 전부 인용될 수 있다.

기출해설

2015년 2차 법전협모의 제2문

【기초적 사실관계】 甲, 乙, 丙은 X토지를 각 3분의 1의 지분으로 공유하고 있다. 乙과 丙은 甲에게 X토지의 관리를 위탁하였고, 이에 따라 2013.5.13. 甲은 주차장을 운영하려는 丁과 X토지에 관하여 임대기간 3년, 그리고 매 월말을 차임지급시기로 하는 계약을 공유자 전원의 명의로 체결하였다.

※ 특별한 언급이 없으면 추가적 사실관계들은 서로 독립적임

【추가된 사실관계】 丁은 매 월말에 甲에게 차임을 지급하였으나, 차임을 수령한 甲은 이를 乙에게만 분배하고 丙에게는 지급하지 않고 있다. 이에 丙은 丁을 상대로 자기 몫의 차임과 지연이자의 지급을 청구하는 소를 제기하였다.

1. 丙의 청구의 당부를 논증하시오. (10점)

사례A-21 대리권의 범위

Ⅰ. 설문 1.의 경우[1](10)

1. 甲의 임대차계약체결이 관리행위로서 적법한 대리행위인지 여부

공유물의 관리행위란 처분이나 변경에 이르지 않는 정도로서 공유물을 이용·개량하는 행위이다(제265조 본문). 이러한 관리행위는 공유자의 지분의 과반수로 결정하므로 지분의 과반수를 가지는 공유자가 있는 경우에는 그는 단독으로 관리행위를 결정할 수 있다. 다만 이 규정은 임의규정으로 해석되므로 공유자간에 관리방법에 대해 약정이 있는 경우에는 그러하지 아니하다.

사안에서 임대차계약체결행위는 공유물을 이용하는 행위에 해당하므로(대판 2010.9.9, 2010다37905참조) 관리행위에 해당하고 따라서 乙과 丙으로부터 X토지의 관리를 위탁받은 甲이 丁과 X토지에 관하여 임대차계약을 체결한 행위는 적법한 대리행위라고 볼 수 있다.

2. 甲의 임대차계약체결의 대리권에 차임 등 변제수령권한이 포함되는지 여부

임의대리권의 범위는 수권행위에 의해 정해진다. 따라서 그 구체적인 범위는 '수권행위의 해석'을 통해 결정된다. 判例는 임의대리권은 그 권한에 부수하여 상대방의 의사표시를 수령하는 이른바 수령대리권을 포함하고, 매매계약체결의 대리권을 수여받은 대리인은 중도금과 잔금을 수령할 권한을 가진다(대판 1994.2.8, 93다39379 : 2회,4회,5회,9회 선택형)고 보았다. 따라서 甲에게 변제수령권한이 인정된다.

3. 사안의 해결

따라서 甲은 대리행위의 상대방인 丁으로부터 적법하게 차임을 수령할 권한도 있으므로, 丁의 甲에 대한 차임지급으로써 乙과 丙에게 대항할 수 있다. 그 결과 丙의 丁에 대한 청구는 의무 없는 자에 대한 청구로서 기각되어야 한다.

---

1) [문제점] 乙과 丙은 甲에게 X토지의 관리를 甲에게 위탁하였는바, 乙과 丙이 甲에게 X토지의 관리와 관련하여 수권행위를 한 것으로 판단된다. 결국 甲이 丁과 임대차계약을 체결한 것이 관리행위로서 적법한 대리행위인지에 대한 검토와 甲에게 계약체결에 관한 대리행위 외에 변제를 수령할 대리권도 있는지에 대한 검토가 차례로 이루어 져야 한다. 이를 기초로 하여 丙의 丁을 상대로 한 자기의 몫과 차임과 지연이자의 지급을 청구에 대한 당부를 밝힐 수 있을 것이다.

기출해설

2014년 사법시험 제1문

소규모 무역업을 영위하는 A회사는 B금고를 주거래 은행으로 거래하고 있다. A회사의 대표이사 甲은 A회사의 여직원 乙에게 B금고와의 입출금업무에 관해 1일 거래한도 1,000만 원 이하의 입출금 업무처리 위임장을 작성·교부하여 주었다. 乙은 B금고에 위 위임장을 제시하고 업무를 계속 처리하였는데, 乙과 B금고는 거래가 지속되면서 위 위임장을 별도로 제시하거나 확인하지 않고 업무를 처리해 오고 있었다.

한편 乙과 사실혼관계에 있는 C회사의 경리직원인 丙은 주식투자에 실패하여 5억여 원의 빚을 지게 되어 수차에 걸쳐 C회사가 D회사에 지급하여야 하는 결제금을 유용하여 오다가, 결국 이러한 사실이 발각될 상황에 처하게 되었다. 이에 丙은 乙에게 자신의 사정을 고백하면서 도와 달라고 하였고, 이에 乙은 B금고의 A회사 계좌에서 수개월 동안 1일 400~500만 원씩을 수차례 인출하여 丙에게 주었는바, 그 총액은 5,000만 원에 달한다. 丙은 월 250만 원 정도의 급여를 받는 乙로부터 수차에 걸쳐 乙의 월급의 몇 배나 되는 금액을 매월 2~3회에 걸쳐 건네 받으면서, 이를 의아하게 생각하였으나 그에 관한 상세한 사정은 묻지 아니하였다. 丙은 乙로부터 받은 위 돈을 C회사의 계좌에 입금한 후 C회사의 채권자인 D회사의 계좌로 위 유용한 금액 상당을 이체하였다.

1. A회사는 B금고에 대해, 乙이 무단으로 인출한 예금의 지급을 청구할 수 있는가? (30점)

사례A-22 예금인출행위와 대리권남용[1)]

Ⅰ. 문제점(4)

A회사는 소비임치계약인 예금계약의 예금주로서 원칙적으로 B금고에 대해 예금반환을 청구할 수 있다. 따라서 A회사가 乙이 무단 인출한 예금을 청구할 수 있으려면 乙의 인출행위가 A회사에게 효력이 없어야 한다. 그러므로 乙의 행위가 대리권 범위 내인지 살펴보고, 만약 유효한 인출행위라면 乙의 대리행위가 제3자인 丙의 이익을 위해 행해진 대리권 남용으로 A회사에게 법률효과가 귀속되지 않을 수 있는지 검토해 보아야 한다.

Ⅱ. 乙의 예금인출행위가 대리권 범위 내인지 여부(8)

1. 대리권의 범위

대리인이 한 의사표시가 본인에게 그 효력이 발생하기 위한 요건은 ⅰ) 대리권의 범위 내에서, ⅱ) 본인을 위한 것임을 표시하여야 한다(제114조). 특히 임의대리권의 범위는 '수권행위의 해석'을 통해 결정되고 수권행위의 문언, 대리인과 본인의 관계, 대리의 목적인 사항의 성질, 거래관행 등을 고려해야 한다.

---

1) ★ 2013년 2차 법전협 모의 제2문에서도 동일한 쟁점이 출제되었다.

2. 사안의 경우

A회사의 대표이사 甲은 회사의 업무에 관해 포괄적인 대표권을 가진 자이고 입출금 업무에 대해 乙에게 위임장이 작성, 교부된 것은 대리권의 수여행위로 볼 수 있고 그 범위는 1일 거래한도 1000만원 이하의 입출금 업무이다. 수권행위의 철회 등이 없는 이상 乙은 1일의 거래한도 내에서 상시적으로 입출금행위의 대리권을 가지고 있는 것으로 보인다. **乙이 수개월에 걸쳐 무단으로 인출한 금액은 총 5000만원에 달하지만 1일 거래한도를 넘지는 않았으므로 대리권의 범위 내의 대리행위로** 볼 수 있다. 거래가 지속되면서 위임장 제시나 확인을 생략하고 입출금행위가 이루어졌으나, 현명의 방식은 반드시 명시적일 필요가 없고 해석을 통해 인정될 수 있으므로 대리의사는 여전히 인정될 수 있으며 대리권이 있음에는 영향이 없으므로 무권대리가 아니고 유효하다.

Ⅲ. 乙의 예금인출행위가 대리권 남용으로 무효인지 여부(18)

1. 문제점

대리행위의 현명주의는 대리인이 '본인의 이익을 위한 의사'가 있을 것까지 요구하고 있지 않기 때문에 대리권이 남용된 경우라도 일단 본인에게 법률효과가 귀속된다(제114조). 그러나 이는 본인에게 가혹할 수 있기 때문에, 본인의 항변수단으로 당해 **대리행위의 효과가 본인에게 귀속될 수 없다고 이론구성**할 수 있는지 문제된다.

2. 학설 및 판례

대리권 남용의 법률구성으로는 ① 제107조 1항 단서 유추적용설(非眞意表示說), ② 권리남용설(信義則說), ③ 무권대리설(代理權否認說)이 있으며, 判例는 **대체로** 대리인의 진의가 사익 도모에 있다는 것을 상대방이 알았거나 알 수 있었을 경우에는 제107조 1항 단서를 유추하여 '무효'로 보아야 한다는 **제107조 1항 단서 유추적용설과 그 견해를 같이 한다**(대판 1987.11.10, 86다카371).

3. 검 토

대리권의 범위 내에서 행한 법률행위를 무권대리의 문제로 처리하는 것은 적절치 못하고(무권대리설에 대한 비판), 상대방이 경과실인 경우에는 거래의 안전도 중요하지만 대리인의 배임적 행위로부터 본인을 보호하는 것이 더 중요하므로(권리남용설에 대한 비판), 제107조 1항 단서 유추적용설이 가장 무리가 없는 것으로 보인다.

4. 사안의 경우

B금고측이 乙의 대리권 남용 사실을 알았다고 볼 사정은 보이지 않는다. 다만 수개월 동안 1일 400~500만원씩을 수차례 인출하고 그 총액이 5000만원에 이르렀다는 사실로 B금고가 대리권 남용 사실을 알 수 있었는지(과실여부)가 문제된다. 소규모 무역업을 하는 A회사임을 고려하더라도 1일 한도의 절반 정도에서 인출을 하고 수개월 동안 10여 차례의 인출로 총액 5000만원이 된 것으로 보이므로 대리권 남용을 쉽사리 의심할 수 있다고 보이지는 않는다. 따라서 상대방 **B금고측에 과실이 있다고 볼 수 없어 제107조 1항 단서 유추적용설을 포함한 어느 견해에 따르든** 乙의 인출행위는 유효하므로 A회사는 무단 인출한 예금의 지급을 청구할 수 없다.

기출해설

2023년 변호사시험 제2문

〈 기초적 사실관계 〉

甲(남편)과 乙(부인)은 2020. 1.경 혼인신고를 마친 부부이다.

乙은 2022. 4. 1. 甲을 대리하여 丙으로부터 丙 소유의 X토지를 매매대금 3억 원에 매수하면서, 잔금 지급과 토지인도 및 소유권이전등기 소요서류의 교부는 2022. 6. 30. 동시에 이행하기로 약정하였다(이하 '제1매매계약'이라 한다).

이후 乙은 2022. 8. 1. 甲을 대리하여 丁에게 X토지를 매매대금 3억 5,000만 원에 매도하면서, 잔금 지급과 토지인도 및 소유권이전등기 소요서류의 교부는 2022. 10. 31. 동시에 이행하기로 약정하였다(이하 '제2매매계약'이라 한다).

〈 추가적 사실관계 2 〉

제1매매계약은 乙이 부동산 매매를 통한 시세차익을 얻기 위해 타지에 출장 중인 甲과 상의 없이 집에 보관 중이던 甲의 인감도장을 사용하여 체결한 것으로, 乙은 제1매매계약에 따른 매매대금을 지급하고 2022. 6. 30. X토지에 관하여 甲 명의로 소유권이전등기를 마쳤다. 甲은 2022. 7. 중순경 乙로부터 X토지의 소유권취득 경위를 듣게 되었으나 이에 대해 별다른 이의를 제기하지 않았다. 이후 X토지의 시세가 하락할 것이라는 소문이 돌자, 乙은 甲에게 알리지 않고 甲의 인감도장을 사용하여 甲 명의의 위임장을 작성한 다음, 2022. 8. 1. 甲을 대리하여 丁에게 X토지를 매도하는 제2매매계약을 체결하였다. 丁은 위 계약체결 당시 乙과 부동산중개인을 만나 '乙은 甲의 배우자로 출장 중인 남편 甲을 대리하여 X토지를 매수하였다가 바로 전매하는 것이다. 甲이 매매계약을 체결하라고 인감도장과 서류도 乙에게 맡기고 갔다'는 설명을 들었고, 乙이 甲의 인감도장과 X토지의 등기필정보를 소지하고 있음을 확인하였다.

출장에서 돌아온 甲은 2022. 8. 중순경 乙로부터 제2매매계약의 체결 사실을 듣고 X토지의 시세를 확인해 보니, 소문과 달리 X토지의 시세가 상승한 것을 확인하였다. 이에 甲은 즉시 丁에게 '제2매매계약은 乙이 무단으로 체결한 것이므로 무효'라고 주장하며 丁에 대한 소유권이전등기절차를 이행하지 아니할 의사를 밝혔다.

2. 丁은 ① **乙이 甲의 배우자로서 X토지의 처분에 관한 대리권이 있었고, 그렇지 않다 하더라도 ② 丁으로서는 乙에게 그러한 대리권이 있는 것으로 믿을 수밖에 없었으므로, 甲은 丁에게 제2매매계약에 따른 소유권이전등기의무가 있다고 주장한다. 丁의 주장은 타당한가? (25점)**

사례A-23 일상가사대리와 표현대리

Ⅲ-2. 제2문의 3. 문제 2.(25)

1. 문제점

丁의 주장과 관련하여 ① 乙은 甲의 배우자로서 X토지의 처분에 관한 甲의 수권행위가 있었는지 여부 및 일상가사대리권의 범위 내인지 문제되고(제827조), ② 그렇지 않다면 丁의 신뢰를 고려해 제126조의 표현대리가 성립하는 것은 아닌지 문제된다.

2. 乙이 甲의 배우자로서 X토지의 처분에 관한 대리권이 있는지 여부 : 丁의 ①주장

(1) 제1매매계약의 유효성

乙이 甲과 상의없이 甲의 인감도장을 사용하여 甲의 대리인으로서 체결한 제1매매계약은 무권대리행위로서 무효이나(제130조), 甲이 2022. 7. 중순경 乙로부터 X토지의 소유권취득 경위를 듣고 난 후 별다른 이의를 제기하지 한 행위는 '묵시적 추인'에 해당하여 X토지의 부동산의 소유권은 甲에게 귀속한다(대판 2011.2.10. 2010다83199,83205).[1]

(2) 제2매매계약의 유효성 : 수권행위 및 일상가사대리권

① X토지를 '매수'하는 것과 이를 다시 '매도'하는 것은 별개의 법률행위이므로 앞서 이의를 제기하지 아니한 것이 제2매매계약에 관한 대리권 수여(수권행위)라고 보기는 어렵다.

② 한편 甲과 乙은 부부관계이므로 일상의 가사에 관하여 서로 대리권이 있으며(제827조 1항), 여기서 일상가사라 함은 부부가 가정공동생활을 영위함에 있어서 필요로 하는 통상의 사무를 말한다(대판 1997.11.28. 97다31229). 사안에서 '시세차익을 얻기 위한 X토지의 매매계약'은 일상가사에 관한 어느 견해에 의하든 부부의 공동생활에 필요한 법률행위라고 보기는 어려운 만큼, X토지의 매각은 일상가사의 범위를 벗어난 '무권대리행위'라고 할 수 있다.[2]

3. 甲이 丁에게 표현대리책임 있는지 여부 : 丁의 ②주장

(1) 일상가사대리권을 기본대리권으로 한 제126조 표현대리의 인정 여부

대법원은 부부가 일상가사의 범위를 벗어난 사항에 대한 대리행위를 한 경우 일상가사대리권을 기본대리권으로 하여 제126조의 표현대리를 직접적용한다(대판 1968.11.26. 68다1727,1728 : 1회 선택형). 그러나 대법원은 '부부별산제의 취지'에 비추어 제126조의 요건인 정당한 이유의 유무를 판단함에 있어 엄격하게 판단하는 바, 부부일방이 배우자 소유 부동산에 관하여 매매 등의 '처분행위'를 한 경우에 제126조의 표현대리가 인정되려면 배우자에게 일상가사대리권(법정대리권)이 있었다는 것만이 아니라 상대방이 그 배우자에게 그 행위에 관한 대리의 권한을 주었다(임의대리권)고 믿었음을 정당화할 만한 '객관적 사정'이 있어야 한다고 본다(대판 1998.7.10. 98다18988 등).

(2) 검토 및 사안의 경우

표현대리를 넓게 인정했을 때 발생할 수 있는 부부의 재산적 독립보장의 문제(부부별산제 : 제830조)는 '정당한 이유'에 대한 엄격한 판단을 통해 충분히 달성할 수 있다는 점 등에서 判例의 태도가 타당하다. 사안에서 부부관계인 乙은 甲의 인감도장과 서류 등 '서류의 입수가 용이'하다는 점을 감안할 때 丁이 위 계약체결 당시 乙과 중개인을 만나 '乙은 甲의 배우자로 출장 중인 남편 甲이 매매계약을 체결하라고 인감도장과 서류도 乙에게 맡기고 갔다'는 설명을 들은 사실만으로는 '정당한 이유'가 인정되지 않는다. 따라서 제126조의 표현대리는 성립하지 않는다.

---

1) 무권대리행위의 추인은 ⅰ) 무권대리행위가 있음을 알고 ⅱ) 그 행위의 효과를 자기에게 귀속시키도록 하는 단독행위로서 묵시적인 방법으로도 할 수 있으므로, 본인이 그 행위로 처하게 된 법적 지위를 충분히 이해하고 그럼에도 진의에 기하여 그 행위의 결과가 자기에게 귀속된다는 것을 승인한 것으로 볼 만한 사정이 있는 경우에는 묵시적으로 추인한 것으로 볼 수 있다.

2) 判例는 일반적·추상적 판단설에 따른 판시내용도 있고, 개별적·구체적 판단설에 따른 판시내용도 있으나 일반적으로 일상가사의 범위를 어느 정도 고정적인 것으로 보아, 부동산의 매각이나 담보설정은 일상가사의 범위를 벗어난 행위로 보며(대판 1968.11.26. 68다1727,1728 등), 기본적으로 비상가사대리권을 인정하지 않으려는 태도를 보이고 있다.

＊ 판례에 나타난 제126조에 있어서 정당한 이유

(1) 원 칙

判例는 남편이 아내에게 '부동산처분의 대리권'을 주는 것이나 '타인의 채무를 보증함에 필요한 대리권'을 주는 것은 사회통념상 이례에 속한다고 한다(대판 1969.6.24. 69다633 ; 대판 1998.7.10. 98다18988[3]). 그리고 부부관계인 경우에는 부부의 일방이 거래에 필요한 서류를 가지고 있더라도, 이와 같은 서류의 입수가 용이하다는 것을 이유로 **원칙적으로 정당한 이유를 인정하지 않는다**(대판 1981.8.25. 80다3204).

(2) 예 외

그러나 본인과 대리인이 부부관계인 경우에도, 처분행위가 아닌 채무부담행위(담보설정행위)인 경우에는 비교적 용이하게 정당한 이유를 인정한다(대판 1981.6.23. 80다609).[4] 그리하여 '부동산 처분행위'에 대한 부부간 일상가사대리에 있어서 제126조의 표현대리는 다음과 같은 경우에 한정하여 인정하고 있다. ① 夫가 장기간 외국 또는 지방에 체류하여 살림 일체를 맡긴 경우(대판 1982.9.28. 82다카177), ② 夫가 정신병원에 입원하여 처가 부동산을 매각하여 입원비·생활비 등에 충당한 경우(대판 1970.10.30. 70다1812), ③ 처가 남편의 인감도장 등을 가지고 있었고 처의 인척을 통해 부부 사이가 원만하며 남편이 처를 통해 금전을 차용하고자 한다는 말을 듣고 돈을 빌려주고 담보권을 설정한 경우(대판 1981.6.23. 80다609) 등이 있다.

4. 사안의 해결

丁의 주장을 검토하건대, ① 乙은 甲의 배우자이나 X토지의 처분에 관한 대리권이 없고, ② 甲은 丁에게 제126조에 따르는 표현대리책임이 없다. 따라서 甲은 丁에게 제2매매계약에 따른 소유권 이전등기의무가 있다는 丁의 주장은 타당하지 않다.

---

3) [사실관계] 처가 임의로 남편의 인감도장과 용도란에 아무런 기재 없이 대리방식으로 발급받은 인감증명서를 소지하고 남편을 대리하여 친정 오빠의 할부판매보증보험계약상의 채무를 연대보증한 경우, 남편의 표현대리 책임을 부정한 사례

4) [관련판례] 즉 다년간 처와 별거하고 있는 남편이 자기의 인장과 부동산에 관한 권리증을 처에게 보관시켰는데 처가 이를 이용하여 '담보로 제공'한 사안에서는, 남편이 처에게 위와 같은 서류 등을 장기간 보관시킨 것은 어떤 대리권을 수여한 것으로 봄이 타당하다고 하고, 이에 기초하여 제126조에 의한 표현대리를 인정하기도 한다(대판 1968.8.30. 68다1051 ; 대판 1982.9.28. 82다카177).

기출해설

2010년 사법시험 제1문

甲남과 乙녀는 결혼을 하여 2008.4.7. 혼인신고를 하였으며 乙은 2009.4.20. 甲과의 사이에서 丙을 출산하였다. 혼인생활 도중 甲은 2010.3.26. 심장마비로 자연사하여 상속이 개시되었고, 甲 명의의 상속재산으로는 시가 5억 원 상당의 X부동산이 유일하게 존재한다.

2. 乙은 2010. 5. 20. 丁과 재혼하여 혼인신고를 하였고, 丁은 2010.6.7. 丙을 양자로 입양하는 신고를 적법하게 마쳤다. 그 후 丁이 乙 모르게 양자 丙을 대리하여 X부동산 중 丙 소유지분(2/5)을 B에게 2억 원에 매도하는 매매계약을 체결한 경우, 위 매매계약의 효력은 어떠한가? (30점)

사례A-24 친권자 일방의 대리행위에 관한 제126조 및 제920조의 2

Ⅰ. 논점의 정리(3)

먼저 재혼과 입양에 따른 乙, 丁, 丙의 법적지위를 확인하고, 만약 丁과 丙 사이에 양친자관계가 설정되었다면 丁이 단독명의로 대리한 경우와 공동명의로 대리한 경우를 나누어 매매계약의 효력을 검토할 필요가 있다. 전자의 경우 주로 제한능력자를 위한 법정대리에 제126조의 표현대리가 성립할 수 있는지 문제되고, 후자의 경우 주로 제920조의 2의 적용여부가 문제된다.

Ⅱ. 乙, 丁, 丙의 법적지위(4)

부부의 일방인 甲이 사망하였으므로 甲과 乙의 혼인의 효과는 소멸하였다. 따라서 **乙의 재혼은 유효하며, 다만 乙과 丙간의 母子관계는 그대로 유지되고 생존배우자 乙은 甲을 상속**하게 된다. 또한 丁은 丙을 양자로 입양하는 신고를 적법하게 마쳤다고 하므로[1] 丙은 입양신고시부터(제878조 참조) 丁의 혼인 중의 출생자의 신분을 취득한다(제772조 1항).[2]

사안과 같이 부부의 일방이 친생자이고 타방의 양자인 경우에는 **친생친(乙)과 양친(丁)이 공동으로 친권자가 되고(제909조 1항) 子의 재산에 관한 법률행위에 대하여 대리권을 가진다(제920조).**

Ⅲ. 친권자 丁 일방적 대리행위의 효과(20)

1. 丁의 대리행위가 친권의 공동행사를 위반하였는지 여부

민법은 미성년자의 친권자인 부모가 혼인 중인 때에는 부모가 공동으로 친권을 행사하여야 한다고 하여 친권행사는 '공동대리'가 원칙임을 규정하고 있다(제909조 2항, 3항). 사안에서는 丁이 乙 모르게 대리행위를 하였으므로 **공동대리의 위반으로 원칙적으로 무권대리에 해당한다.**

---

1) 배점이 30점인 것과 설문의 표현이 입양신고를 적법하게 마쳤다고 하므로 입양신고의 유효여부는 굳이 검토할 필요는 없다고 보여지며, 실제로 배우자의 전혼 중에 출생한 혼인중의 자를 입양하고자 할 때에는 친생자 관계가 없는 배우자 일방이 단독으로 입양할 수 있다.

2) 사안에서 丁이 丙을 친양자로 입양신고했다는 사정이 없으므로 친양자 여부를 굳이 검토할 필요가 없으나, 설령 검토하더라도 1년이상 혼인 중인 요건이 충족되지 않아 친양자의 효력이 발생할 수 없다(제908조의 2 1항 1호).

2. 丁이 단독명의로 丙을 대리한 경우

(1) 문제점

丁이 단독명의로 丙을 대리하여 B와 매매계약을 체결하였다면 제909조 2항의 제한을 위반하는 것으로 무권대리행위이다.[3] 따라서 공동대리인 乙이 추인하지 않는 한 매매계약의 효과가 丙에게 미치지 않는다. 다만 표현대리가 성립한다면 丙에게 미칠 수 있는바, 사안의 경우는 특히 **제한능력자를 위한 법정대리에 제126조의 표현대리가 성립할 수 있는지** 문제된다.

(2) 판 례

判例는 "한정치산자의 후견인이 친족회(개정 민법은 종전의 친족회제도를 폐지하고, 가정법원이 사안에 따라 후견감독인을 선임할 수 있는 것으로 바꾸었다)의 동의 없이 피후견인의 부동산을 처분한 경우(제950조 1항 4호 참조)에도 거래의 상대방이 친족회의 동의가 갖추어진 것이라고 믿을만한 정당한 이유가 있는 때에는, 본인인 한정치산자에게 그 효력이 있고 제950조 2항(현행법 제950조 3항)에 따른 취소권을 행사할 수 없다"(대판 1997.6.27, 97다3828 ; 다만 이 判例에서는 친족회의 동의 여부를 확인하지 않은 잘못을 물어 상대방의 과실을 인정하였다)고 판시하여 긍정설을 취하고 있다.

(3) 검토 및 사안의 경우

임의대리와 달리 법정대리의 경우에는 본인의 의사관여가 없고 제한능력자의 보호가 중대한 법익임에 분명하나, 상대방의 신뢰 역시 보호할 필요성이 있으므로 제126조를 (유추)적용하되 **'정당한 이유'를 엄격하게 검토함으로써 대립하는 이익을 조정할** 수 있다고 본다.

사실관계가 불명확하나 사안에서 丁이 단독명의로 丙을 대리한 경우라면 특별한 사정이 없는 한, **상대방은 최소한 과실이 있다고 보여지므로 제126조의 표현대리는 성립하지 않는다고 보는 것이 타당하**다. 따라서 丁이 丙을 대리하여 B와 체결한 매매계약은 丙에게 효력이 없다. 따라서 굳이 당해 대리행위가 친권남용이어서 丙에게 효력이 없는 것은 아닌지 검토할 필요는 없다.

3. 丁이 공동명의로 丙을 대리한 경우

(1) 대리행위의 유효성

공동친권의 원칙에 기한 제909조 2항의 제한에도 불구하고 민법은 거래의 안전을 위하여 부모 일방이 단독으로 행위를 하였더라도 공동명의로 대리한 경우에는 상대방이 '선의'일 것을 조건으로 당해 대리행위의 유효성을 인정한다(제920조의 2). 따라서 **상대방 B가 선의라면 丙과 B사이의 매매계약은 원칙적으로 유효하다(제920조의 2).**[4]

---

3) 따라서 굳이 당해 대리행위가 제921조 1항의 이해상반행위로서 무권대리인지 검토할 필요는 없다. 아울러 B와의 매매계약이 丙에게는 불이익한 것이 분명하나 과연 친권자인 丁에게 이익이 되는 것인지에 대한 판단을 할 만한 사실관계가 불명확하다.

4) ★ 다만 이 경우에도 丁의 대리행위가 제921조 1항의 이해상반행위에 해당한다면 무권대리가 될 여지가 있으나, 그런 경우에도 앞서 검토한 바와 같이 표현대리가 성립하지 않아 丁이 단독명의로 丙을 대리한 경우와 동일한 결론에 이른다. 그리고 만약 이해상반행위에 해당하지 않는다면 위 3.(2)에서 검토하는 바와 같이 친권남용이 문제될 수 있어 결과적으로 丁의 대리행위가 이해상반행위에 해당하는지 여부는 굳이 검토할 필요가 없다고 생각된다. 물론 배점이 여유가 있다면 이런 내용을 모두 언급할 필요가 있겠지만 사안의 배점이 30점인 것과 앞서 검토한 바와 같이 사실관계의 불명확성을 고려할 때 별도로 검토할 필요는 없다고 판단된다(채점평 참고).

(2) 丁의 대리행위가 친권남용에 해당하는지 여부

1) 판 례

상대방 B가 선의여서 丁의 대리행위가 유효하다고 하더라도 그 대리권(친권)을 남용한 경우에는 거래효과가 부정될 수 있다. 최근에 대법원은 **민법 제107조 제1항 단서의 규정을 유추적용**하여, 친권의 남용에도 임의대리권의 남용에 관한 논의를 적용할 수 있음을 분명히 하였다(대판 2011.12.22, 2011다64669 : 7회 선택형). **다만 과거 判例는 친권의 행사에는 넓은 재량이 인정되므로 최종적으로 친권의 남용 여부를 판단할 때 신중한 태도를 보였다**(대판 1991.11.26, 91다32466 ; 대판 2009.1.30, 2008다73731 등).[5]

2) 검토 및 사안의 경우

친권행사의 자율성과 무능력자 보호라는 무능력자제도의 취지를 함께 고려한다면 제107조 1항 단서 유추적용설(非眞意表示說)에 따라 판단한 최근 判例의 태도는 타당하다고 보여진다. 사안의 경우 丁의 대리행위를 친권을 남용한 행위라고 단정할 수 없고, 상대방 B의 인식[6]도 명확하지 않으므로 **丁의 대리행위를 친권남용으로 무효라고 판단하기에는 무리가 있다.**

Ⅳ. 사안의 해결(3)

丙은 입양신고시부터 丁의 혼인 중의 출생자의 신분을 취득하므로(제772조 1항), 乙과 丁이 공동으로 친권을 행사해야 한다(제909조 2항, 3항). 따라서 ① 丁이 단독명의로 丙을 대리한 경우 무권대리이나 상대방 B는 최소한 과실이 있다고 보여지므로 제126조의 표현대리는 성립하지 않는다. 결국 丁이 단독으로 대리행위를 하였다면 매매계약은 효력이 없다. ② 만약 丁이 공동명의로 丙을 대리한 경우 상대방 B가 선의라면 丙과 B사이의 매매계약은 유효하고(제920조의 2), 친권남용에 해당하여 무효라고 볼 수는 없다.

---

5) "미성년자의 (단독)친권자인 母가 미성년자에게는 오로지 불이익만을 주는데도 자기 오빠의 사업을 위하여 미성년자 소유의 부동산을 제3자에게 담보로 제공하였고(형식적 판단설인 判例에 따르면 이는 제921조의 이해상반행위에 해당하지 않는다), 제3자도 그와 같은 사정을 잘 알고 있었다고 하더라도, 그와 같은 사실만으로 母의 근저당권 설정행위가 바로 친권을 남용한 경우에 해당한다고는 볼 수 없다"

6) 비록 B가 제920조의 2의 선의라고 하더라도 이는 丁의 대리권한에 관한 인식이므로, 반드시 친권남용에 대해서도 선의라고 할 수는 없다.

기출해설

2020년 1차 법전협모의 제2문

【기초적 사실관계】

A(女)는 B(男)와 1996. 11. 5. 혼인신고를 마치고 2000. 2. 6. 슬하에 쌍둥이 甲과 乙을 낳은 다음 2012. 5. 2. 이혼하였다(친권과 양육권은 B가 가지기로 함). 2016. 3. 13. A가 사망하자, 甲과 乙이 A가 남긴 X 부동산을 상속하였고, B는 甲과 乙의 친권자로서 이들을 대리하여 2016. 6. 30. 丙에게 시가 10억 원 상당의 X 부동산을 3억 원에 매도하였고(이하 '이 사건 매매계약'이라고 한다), 丙은 B가 사리(私利)목적으로 이러한 매매행위를 한다는 사실을 알고 있었다. 2016. 7. 1. B는 X 부동산에 관하여 甲과 乙앞으로 2016. 3. 13. 상속을 원인으로 하는 각 1/2 지분의 소유권이전등기를 마친 다음, 같은 날 丙 앞으로 소유권이전등기를 마쳐주었다. 丙은 이러한 사실을 숨긴 채 X 부동산을 丁에게 매도한 후 2018. 8. 26. X 부동산에 관하여 丁 앞으로 소유권이전등기를 마쳐주었다.

1. 甲과 乙은 2020. 6. 4. 丙을 상대로 그 명의의 소유권이전등기의 말소를 구하는 소를 제기하였다. 甲과 乙의 丙에 대한 청구의 결론[인용, 기각, 일부 인용, 각하]을 구체적 이유와 함께 적시하시오. (15점)

2. 甲과 乙은 2020. 6. 14. 丁을 상대로 그 명의의 소유권이전등기의 말소를 구하는 소를 제기하였다. 甲과 乙의 丁에 대한 청구의 결론[인용, 기각, 일부 인용, 각하]을 구체적 이유와 함께 적시하시오. (10점)

사례A-25 이해상반행위, 친권남용, 제107조 2항의 유추적용[1] ★

Ⅰ. 문제 1.의 경우(15)

1. 결 론(1)

B의 부동산매매 대리행위는 '(확정적) 무효'이므로(제107조 1항 단서 유추적용), 甲과 乙의 丙에 대한 청구는 인용된다(제214조).

2. 논 거(14)

(1) 문제점

2000. 2. 6. 출생한 쌍둥이 甲과 乙은 2019. 2. 6. 오전 0시로 성년이 되었다(제4조, 제158조). 성년이 된 甲과 乙은 2020. 6. 4. 丙을 상대로 그 명의의 소유권이전등기의 말소를 청구하고 있는바(제214조), 丙 앞으로의 소유권이전등기가 유효인지 검토한다. 이를 판단하기 위해서는 ⅰ) 단독친권자 B가 미성년자 甲과 乙을 대리하여 丙에게 소유권이전등기를 경료한 행위가 B와 甲과 乙 사이의 이해상반행위[2]에 해당되어 무권대리행위인지(**제921조**), ⅱ) 만약 유권대리행위라고 하더라도 대리권(친권)의 남용에 해당되어 무효는 아닌지를 검토해야 한다(**제107조 1항 단서 유추적용**).

1) ★ 2020년 1차 법전협 모의 제2문

2) 이해상반행위란 친권자에게는 이익이 되고 子에게는 불이익이 되는 경우(제921조 1항) 혹은 친권자의 여러 子들간에 있어서 일방의 子에게는 이익이 되고 다른 子에게는 불이익이 되는 경우(제921조 2항)를 말한다.

(2) B의 대리행위가 이해상반행위에 해당하여 무권대리가 되는지 여부(7/14)

1) 이해상반행위의 판단기준

법정대리의 경우는 원칙적으로 대리권의 범위에 제한이 없다(제920조 본문, 제949조 1항).
그러나 친권자와 그 子 사이에 또는 친권에 복종하는 수인의 子 사이에 이해가 충돌하는 경우에, 친권자는 법원에 그 子의 또는 수인의 子 각자의 '특별대리인'의 선임을 청구하여야 한다(제921조).
이해상반행위의 판단기준에 관하여 判例는 "행위의 객관적 성질상 친권자와 子 사이에 이해의 대립이 생길 우려가 있는 행위를 의미하며 친권자의 의도(예컨대 친권자 개인의 이익을 위해 행위된 내용)나 실질적으로 이해의 대립(예컨대 결과적으로 미성년자에게 이익이 되었는지 여부)이 생겼는가는 묻지 않는다"(대판 1991.11.26, 91다32466 : 8회 선택형)고 하여 '형식적 판단설'의 입장이다.

2) 사안의 경우

B가 甲과 乙을 대리하여 상속재산을 丙에게 매각한 행위는 '객관적 성질상' B에게 유리하고 甲과 乙에게 불리한 것이 아니며, '친권자 B의 사리를 도모할 의도'는 고려하지 않으므로 이는 이해상반행위가 아니다. 따라서 특별대리인을 선임하지 않고 대리행위를 하였다 할지라도 이는 유권대리이다.

(3) B의 대리행위가 친권남용에 해당하여 무효가 되는지 여부(7/14)

1) 학설 및 판례

대리권 남용의 경우 학설은 ① 제107조 1항 단서 유추적용설, ② 신의칙설(권리남용설), ③ 무권대리설의 대립이 있으나, 친권남용의 경우 최근에 대법원은 제107조 1항 단서의 규정을 유추적용하고 있으나(대판 2011.12.22, 2011다64669),[3] 다만 判例는 친권의 행사에는 넓은 재량이 인정되므로 최종적으로 친권의 남용 여부를 판단할 때 신중한 태도를 보이고 있다.[4] 그러나 최근에는 이러한 친권의 재량권도 제한될 필요가 있다는 취지에서 14년 개정민법에 따르면 기존의 친권의 상실제도 외에도 친권을 일정한 기간 동안 제한하거나 친권의 일부만을 제한하는 제도를 마련하고 있다(15년 10월 16일 시행).

2) 검토 및 사안의 경우

신의칙설은 일반조항으로의 도피가 될 수 있고, 무권대리설은 대리권의 범위 내의 행위임에도 불구하고 법적인 근거없이 대리권을 부정하는 점에서 결국 제107조 1항 단서 유추적용설이 타당하다. 이에 따르면 법정대리인인 친권자 B의 부동산 매각행위는 친권자인 B의 '사리를 목적'으로 이루어졌고, 상대방인 丙도 이러한 사실을 알고 있었으므로, 제107조 1항 단서의 규정을 유추적용하여 그 행위의 효과는 甲과 乙에게는 미치지 않는다고 해야 한다. 따라서 B의 부동산매매 대리행위는 '(확정적) 무효'이다.

---

3) "법정대리인인 친권자의 대리행위가 객관적으로 볼 때 미성년자 본인에게는 경제적인 손실만을 초래하는 반면, 친권자나 제3자에게는 경제적인 이익을 가져오는 행위이고, 그 행위의 상대방이 이러한 사실을 알았거나 알 수 있었을 때에는, 민법 제107조 제1항 단서의 규정을 유추적용하여 그 행위의 효과는 자(子)에게는 미치지 않는다고 해석함이 상당하다"

4) "미성년자의 단독 친권자인 母가 미성년자에게는 오로지 불이익만을 주는데도 자기 오빠의 사업을 위하여 미성년자 소유의 부동산을 제3자에게 담보로 제공하였고, 제3자도 그와 같은 사정을 잘 알고 있었다고 하더라도, 그와 같은 사실만으로 母의 근저당권설정행위가 바로 친권을 남용한 경우에 해당한다고는 볼 수 없다"(대판 1991.11.26, 91다32466)라고 판단하고 있다. 이는 친권자의 대리행위가 경제적으로는 미성년자에게 손실만을 가져오더라도 다른 측면에서는 미성년자에게 이익이 될 수도 있고, 비록 미성년자 개인에게는 손해가 되더라도 가족 전체에게는 이익이 될 수 있음을 고려한 것으로 판단된다.

Ⅱ. 문제 2.의 경우

1. 결 론

丁은 제107조 2항이 유추적용되는 선의의 제3자에 해당하므로 甲과 乙에게 대항할 수 있고, 따라서 丁에 대한 말소등기청구는 기각된다(제214조).

2. 논 거

(1) 丁이 제107조 2항의 유추적용을 통해 보호받는 제3자인지 여부

1) 친권남용과 제107조 2항의 유추적용 가부

친권행사도 법정대리권의 행사인 이상 대리권 남용이론이 동일하게 적용된다. 이와 관련하여 최근 判例는 제107조 1항 단서뿐만 아니라 **제107조 2항의 규정도 유추적용**될 수 있다는 입장이다(대판 2018.4.26. 2016다3201).[5]

2) 제107조 2항의 제3자

가) 무효의 제한

비진의표시의 무효는 선의의 제3자에게 대항하지 못한다(제107조 2항). 이는 등기의 공신력을 보완하여 부동산 거래안전에 기여한다.

나) 선의의 제3자

判例는 ① 제107조 2항의 제3자란 **'당사자 및 포괄승계인 이외의 자로서 비진의표시에 의하여 외형상 형성된 법률관계를 토대로 ⅰ) 실질적으로 ⅱ) 새로운 ⅲ) 법률상 이해관계를 맺은 자'**로 한정된다고 하며, ② 제3자는 선의로 추정되므로 제3자가 악의라는 사실은 그것을 주장하는 자가 입증해야 한다고 한다(대판 2018.4.26. 2016다3201).

(2) 사안의 경우

丁은 당사자인 丙과 甲, 乙 이외의 자로서 비진의표시(유추)에 의하여 외형상 형성된 丙명의 X부동산의 등기를 기초로 '매매계약'이라는 ⅰ) 실질적으로 ⅱ) 새로운 ⅲ) 법률상 이해관계를 맺은 자이며, 선의로 추정되므로 丁는 제107조 2항의 유추적용에 의해 보호되는 제3자이다. 따라서 丁에게는 무효를 주장할 수 없다(제107조 2항 유추적용).

---

5) "법정대리인인 친권자의 대리행위가 객관적으로 볼 때 미성년자 본인에게는 경제적인 손실만을 초래하는 반면, 친권자나 제3자에게는 경제적인 이익을 가져오는 행위이고 행위의 상대방이 이러한 사실을 알았거나 알 수 있었을 때에는 제107조 제1항 단서의 규정을 유추적용하여 행위의 효과가 자(子)에게는 미치지 않는다고 해석함이 타당하나, 그에 따라 외형상 형성된 법률관계를 기초로 하여 새로운 법률상 이해관계를 맺은 선의의 제3자에 대하여는 같은 조 제2항의 규정을 유추적용하여 누구도 그와 같은 사정을 들어 대항할 수 없으며, 제3자가 악의라는 사실에 관한 주장·증명책임은 무효를 주장하는 자에게 있다"

유사기출

★ 이해상반행위, 친권남용 [2011년 사법시험 제2문]

甲은 2008.3.3. 乙에게 Y물품을 계속하여 공급하고, 물품 대금은 매월 말에 변제받기로 합의하였다. 乙은 丙에게 甲에 대한 물품 대금 채무에 대한 담보 제공을 부탁하였고, 丙은 甲과 나대지 X에 대해, 같은 해 3.17. 채권최고액을 3억 원, 존속기간을 2년으로 하는 근저당권설정계약을 체결하고 같은 날 甲 명의의 1순위 근저당권설정등기를 마쳐주었다.

1. 위 사안에서 나대지 X가 2008.3.17. 당시 미성년자 A(만 17세)의 단독소유였던 경우, A의 친권자인 丙이 A의 동의만 받고 별도의 절차를 거치지 아니하고 체결한 나대지 X에 대한 근저당권 설정계약의 효력에 대하여 설명하시오. (20점)

Ⅰ. 논점의 정리

사안에서 명확하지는 않으나, 상대방 甲에 입장에서는 X토지의 명의자인 A를 당사자로 이해하였을 것이므로 계약의 당사자는 甲과 A라고 보는 것이 타당하므로, **丙은 A의 법정대리인으로 대리행위를 하였다**고 판단된다. 또한 친권의 행사는 공동대리가 원칙이므로(제909조 2항, 3항), 친권자 丙이 공동대리 규정에 위반하여 단독명의로 A를 대리하였다면 무권대리행위로서 제126조의 표현대리가 문제되겠지만, 사안에서 다른 친권자가 있음이 나타나 있지 않으므로 **丙이 단독친권자임을 전제로 유권대리로 보**고 丙의 근저당권설정 계약의 효력에 대해 살펴보기로 한다.[6]

Ⅱ. 이해상반행위에 해당하는지 여부

1. 문제점

2. 이해상반행위의 판단기준

(1) 학설 및 판례(형식적 판단설)

(2) 검토 및 사안의 경우

형식적 판단설 따르면 丙이 제3자 乙의 채무를 담보하기 위하여 A소유 X토지에 근저당권을 설정하는 행위는 형식적으로 미성년자 A에게는 불리하나, 친권자 丙에게는 이익이 된다고 할 수 없어 **이해상반행위에 해당하지 않는다.**

Ⅲ. 친권남용에 해당하는지 여부

1. 문제점

2. 판 례

3. 검토 및 사안의 경우

사안의 경우 ⅰ) 상대방인 甲의 주관적 인식이 명확하지 않은 점과 ⅱ) **미성년자 A의 동의가 있었다는** 점에서 제107조 1항 단서 유추적용설에 의하더라도 굳이 법률효과를 부정할 필요는 없다. 따라서 **丙의 X토지에 대한 근저당권 설정계약의 효력은 본인 A에게 미친다.**

6) 사안에서 다른 친권자와의 공동명의로 대리하였거나 다른 친권자가 동의한 사정은 나타나 있지 않으므로 제920조의 2는 문제되지 않는다.

기출해설 2014년 3차 법전협모의 제2문

비법인사단인 K종중의 대표자인 L은 대대로 내려오던 낡은 제실(祭室)을 허물고 새로운 제실을 건축할 계획을 하고서는 자신과 가까운 소수 몇 명의 종원들로 구성된 모임에서 이를 승인받았다. 그 후 L은 위 모임에 참석하였던 종원이자 건축학 교수인 M에게 설계관련 일을 맡기기로 하고 그에게 대리권을 수여하는 취지의 위임장을 등기우편으로 발송하였다. 그러나 그 등기우편이 M에게 도달하기 전에, L이 과거에 K종중 소유의 Y토지를 종중총회의 결의 없이 무단 처분한 것이 드러나, 종중총회에서 해임되었다. 그러나 이 사실을 몰랐던 M은 위임장을 수령한 후 K종중을 위해 자신의 제자가 운영하고 있는 N건축회사와 설계용역계약을 체결하였다. N건축회사의 대표이사도 M이 가지고 있는 위임장을 믿었으며 K종중 내의 사정에 대해서는 전혀 알지 못하였고 알 수도 없었다.

1. 위 계약에 따라 설계를 마친 N건축회사가 K종중에게 설계용역비를 청구한 경우, 그 청구의 타당성을 검토하라. (20점)

사례A-26 총유물의 관리·처분행위, 제129조의 표현대리★

Ⅰ. 설문 1.의 경우(20)

1. 설계용역계약 체결행위가 K종중의 목적의 범위 내에 해당하는지 여부

권리능력 없는 사단은 법인등기를 하지 않았을 뿐 법인의 실질을 갖고 있는 것이다. 따라서 사단법인에 관한 규정 중에서 법인격을 전제로 하는 것(법인등기 등)을 제외하고는 법인격 없는 사단에 유추적용해야 한다(대판 1992.10.9, 92다23087). 한편 비법인사단도 정관으로 정한 목적의 범위 내에서 권리와 의무의 주체가 되는데(제34조 유추적용), 사안의 경우 K종중은 비법인사단이고 설계용역계약은 종중의 제실 재건축을 위한 것으로서 목적 범위 내라고 판단된다.

2. 설계용역계약의 행위가 총유물의 관리·처분행위인지 여부

권리능력 없는 사단의 재산소유는 총유로 하며(제275조 1항), 총유물의 관리 및 처분은 정관 기타 규약에 정한 바가 없으면 사원총회의 결의에 의한다(제275조 2항, 제276조 1항). 유사한 사안에서 判例는 "재건축조합이 재건축사업의 시행을 위하여 설계용역계약을 체결하는 것은 단순한 채무부담행위에 불과하여 총유물 그 자체에 대한 관리 및 처분행위라고 볼 수 없다"(대판 2003.7.22, 2002다64780)고 판시한 바 있다. 이에 따를 때 설계용역계약은 정관상 특별한 규정이 없는 한 총회의 결의 없이도 L이 단독으로 대표할 수 있는 행위에 해당한다.

[관련판례] 判例에 따르면 총회결의를 거치지 않은 총유물의 관리 및 처분행위는 '무효'이고, 이는 처분권한 없이 처분한 경우에 해당하므로 표현대리가 적용될 여지도 없다고 하는바(대판 2009.2.12, 2006다23312 등), 判例는 총유물의 관리 및 처분이라 함은 총유물 그 자체에 관한 이용·개량행위나 법률적·사실적 처분행위를 말하는바, 단순한 채무부담행위는 총유물의 관리·처분행위라고 볼 수 없다고 한다(대판 2007.4.19, 전합2004다60072·60089).

3. 유권대리가 성립하는지 여부

(1) 대리권수여가 가능한 사안인지 여부(복임권의 제한)

이사는 대내적으로는 법인의 업무집행기관에 해당하고 대외적으로는 각자 법인을 대표한다(제59조 1항). 이때 원칙적으로 이사 스스로 대표권을 행사하여야 하지만, **정관 또는 사원총회의 결의로 금지하지 않은 사항에 한하여 타인으로 하여금 '특정'의 행위를 대리하게 할 수 있다(제62조).**
따라서 사안에서는 정관 또는 사원총회의 결의로 금지하였다는 특별한 사정이 없으므로 대표이사 L이 M에게 대리권을 수여한 것은 적법하다.

(2) 수권행위의 효력 유무

상대방이 있는 의사표시는 상대방에게 도달한 때에 그 효력이 생긴다(제111조 1항). 사안에서 M에게 위임장이 도달하기 전 L이 총회에 의하여 대표이사직에서 해임되었으므로 수권행위는 권한 없는 자에 의한 것이 되어 효력이 없다(제59조 2항, 제128조).[1] 따라서 M이 행한 N건축회사와의 설계용역계약은 무권대리행위로 원칙적으로 무효가 된다.

(3) 제129조의 표현대리가 성립하는지 여부

1) 제129조 표현대리의 성립요건(소, 내, 선)

유권대표가 성립하지 않는다 하더라도 N건축회사의 신뢰를 보호하기 위하여 표현대리의 성부를 검토해야 하는바, 대표권 소멸 이후 대표권 행사가 문제되므로 제129조 표현대리의 성부를 검토한다. 이 때 제129조의 표현대리가 적용되기 위해서는 ⅰ) 존재하였던 대리권의 소멸, ⅱ) 대리인이 권한 내의 행위를 할 것, ⅲ) 상대방의 선의·무과실을 요한다.

2) 대리인이 대리권소멸 후 선임한(무효인 복임행위에 기한) 복대리인이 대리행위를 한 경우

처음부터 전혀 대리권이 없었던 경우에는 원칙적으로 제129조가 적용될 수 없다(통설). 그러나 判例는 "대리인이 대리권 소멸 후 복대리인을 선임하여 대리행위를 시킨 경우에도, **표현대리의 법리는 거래의 안전을 위하여 일반적인 권리외관 이론에 그 기초를 두고 있는 것인 점에 비추어 볼 때** 제129조에 의한 표현대리가 성립할 수 있다"(대판 1998.5.29, 97다55317 : 6회 선택형)고 한다.
생각건대 논리적으로는 복대리인은 처음부터 대리권이 없어 제129조의 표현대리는 성립할 수 없을 것처럼 생각되지만, 표현대리법리가 거래안전을 위한 권리외관이론에 기초하고 있는 점과 원대리인이 대리권이 소멸한 후 직접 대리행위를 한 경우와 복대리인을 통하여 대리행위한 경우를 달리 취급할 합리적인 이유가 없다는 점에 비추어 判例의 태도가 타당하다.

3) 사안의 경우

ⅰ) L의 대표권소멸 이후 M이 무효인 위임장을 받아 복임행위를 하였으므로 이 역시 제129조의 대리권 소멸 이후 대리권 행사에 해당하고, ⅱ) M의 설계용역계약 체결행위는 과거 대리권한 내 행위이며, ⅲ) N건축회사는 이를 믿었으며 내부사정을 알지도 못하였고 알 수도 없었으므로 제129조의 표현대리가 성립한다. 따라서 N건축회사는 제129조 표현대리의 성립을 주장하여 K종중에게 도급계약인 설계용역계약에 따른 보수인 설계용역비를 청구할 수 있다(제664조).

4. 사안의 해결

N건축회사는 제129조 표현대리의 성립을 주장하여 K종중에게 도급계약인 설계용역계약에 따른 보수인 설계용역비를 청구하는 것은 타당하다(제664조).

---

1) 다만 민법 제111조 2항은 대리권과 같은 의사표시를 할 권한을 잃은 경우에도 유추적용될 수 있다는 견해에 따르면 L이 도중에 대표자의 지위를 상실한 사정은 M의 대리권 취득에 장애가 되지 않는다.

기출해설

2011년 사법시험 제3문

甲은 시가 10억 원 상당의 X 토지를 소유하고 있다. 甲은 2010.6.4. 조카인 乙에게 X 토지를 담보로 제공하여 금융기관으로부터 사업 자금 1억 원을 대출받을 수 있도록 허락하면서 근저당권설정계약에 필요한 인감도장, 주민등록증, 등기권리증 등을 교부하였다. 乙은 2010.6.7. 위와 같은 경위로 甲의 인감도장 등을 가지고 있게 된 기회를 이용하여 X 토지를 다른 사람에게 처분하여 그 매매대금을 사업 자금으로 사용하기로 마음먹고, 위 인감도장을 이용하여 甲으로부터 X 토지의 매매에 관한 권한을 위임받았다는 내용의 위임장을 작성한 다음, 丙에게 그 위임장만을 제시하면서 등기권리증 등은 집에 놓고 와서 나중에 보여 주겠다고 말하자, 丙은 그 위임장이 진실한 것으로 믿고 乙과 매매계약서 - 매도인을 '乙', 매수인을 '丙', 매매 목적물을 'X 토지', 매매대금을 '8억 원(계약금 8천만 원은 계약 당일, 중도금 2억 2천만 원은 2010.7.7. 잔금 5억 원은 2010.8.7. 각 지급받기로 함)'으로 함 - 를 작성하였다.
丙은 위 매매계약에 따라 계약 당일 乙에게 계약금 8천만 원을 지급하였고, 2010.7.7. 乙에게 중도금 2억 2천만 원을 지급하면서 乙이 제시한 甲의 인감증명서, 등기권리증 등을 확인하였다.
丙은 2010.8.7. 잔금을 준비하고 X 토지의 소유권을 이전받고자 하였으나 乙과 연락이 되지 않자, 甲에게 직접 X 토지의 소유권을 이전하여 달라고 요구하였다. 甲은 그때서야 乙이 丙에게 X 토지를 매도하였다는 것을 알고, 乙을 수소문하여 위 매매의 책임을 물어 乙로부터 그 아버지 소유의 Y 토지에 관하여 채권최고액 2억 원의 근저당권설정등기를 경료받고, 그와 별도로 1억 원을 지급받기로 약정하였다. 丙은 甲이 X 토지의 소유권을 이전하여 주지 아니하자, 2011.6.23. 甲을 상대로 X 토지에 관하여 2010.6.7.자 매매를 원인으로 한 소유권이전등기청구의 소(이하 '이 사건 소송'이라 한다)를 제기하였다.

1. 이 매매계약의 계약당사자는 누구인가? (14점)
2. 丙이 이 사건 소송에서 제기할 수 있는 주장과 근거 및 그 당부에 대하여 기술하시오. (56점)

사례A-27 당사자 확정(현명), 표현대리, 무권대리행위의 묵시적 추인

Ⅰ. 매매계약의 당사자 확정[1](현명주의) - 설문 1.(14)

1. 판 례

유사한 사안에서 判例는 '매매위임장'을 제시하고 매매계약을 체결하면서 **매매계약서의 매도인란에 대리관계의 표시가 없이 대리인의 이름만을 기재하더라도,** 그것은 소유자를 대리하여 매매계약을 체결한 것으로 보아야 한다(대판 1982.5.25, 81다1349)고 한다.

2. 검 토(현명주의의 취지)

대리의사, 즉 현명의 방식은 보통 '甲의 대리인 乙'이라는 모습으로 나타나지만 **법률행위 해석을 통해 대리의사를 인정할 수 있으면 족하다.** 따라서 먼저 **'자연적 해석'**을 통하여 행위자와 상대방의

1) [문제점] 매매계약의 당사자 확정과 관련하여 매수인이 丙이라는 점에는 특별히 문제가 없으나, 매도인의 확정과 관련해서는 乙이 위임장의 제시와 함께 계약서에 매도인을 乙로 기재한바, 과연 乙에게 대리의사, 즉 현명이 있었다고 볼 것인지 법률행위 해석이 문제된다.

의사가 '일치'한 경우에는 일치하는 의사대로 당사자를 확정하고, ② 일치하는 의사를 확정할 수 없는 경우에는 '**규범적 해석**'을 통하여 '상대방'이 행위자의 표시를 어떻게 이해했어야 하는가에 따라 당사자가 결정되어야 한다(**제115조 참조**).[2)]

3. 사안의 경우

乙은 丙과 매매계약을 체결하면서 비록 위조된 것이었지만 甲의 위임장을 제시한 것으로 보아 甲을 대리할 의사가 있었다고 보여지며, 상대방인 丙 또한 그렇게 이해하는 것이 일반적이라는 점에서 비록 계약서에 매도인을 乙이라고 기재하였더라도 **일치하는 의사로 乙은 甲을 대리하여 매매계약을 체결한 것으로 보아야 한다.** 따라서 **매매계약의 당사자는 자연적 해석 또는 제115조 단서에 의해 甲과 丙이다.**

Ⅱ. 丙이 제기할 수 있는 주장과 근거 및 당부[3)] - 설문 2.(56)

1. 유권대리 주장의 당부

대리인이 한 의사표시가 본인에게 그 효력이 발생하기 위해서는 ⅰ) 대리권의 범위 내에서 ⅱ) 본인을 위한 것임을 표시하여야 한다(제114조). 살피건대 乙이 丙과 체결한 매매계약은 앞서 검토한 바와 같이 현명은 있었으나, 매매계약에 관한 대리권한은 없었으므로 **무권대리행위**로서 원칙적으로 본인 甲에게 매매계약의 효력이 미치지 않는다(제130조). 다만 표현대리가 성립하거나 본인의 추인이 있다면 본인에게 계약의 효력이 미칠 수 있으므로 이에 대해 살펴보기로 한다.

2. 제125조 표현대리 주장의 당부

제125조의 표현대리가 적용되기 위해서는 ⅰ) 대리권 수여의 표시, ⅱ) 표시된 대리권의 범위 내에서 한 행위, ⅲ) 표시의 통지를 받은 상대방과의 대리행위, ⅳ) 상대방의 선의·무과실이 있을 것을 요한다(**표, 내, 상, 선**).

사안의 경우 甲은 乙에게 X토지의 담보제공을 허락하면서 근저당권설정계약에 필요한 각종 서류를 교부하였으므로 이에 관한 대리권한을 실제로 부여한 것으로 볼 수 있다. 또한 '매매'와 관련한 위임장 제시는 甲이 제공한 것이 아니라 乙이 위조한 것이다. 따라서 이러한 서류제공을 **매매계약에 관한 대리권 수여의 표시로 볼 수는 없다.** 따라서 丙이 제125조의 표현대리를 주장하더라도 인용될 수 없다.

3. 제126조 표현대리 주장의 당부

(1) 제126조의 성립요건(기, 넘, 정)

제126조의 표현대리가 적용되기 위해서는 ⅰ) 기본대리권의 존재, ⅱ) 권한을 넘은 표현대리행위

2) 상대방이 대리관계를 알았거나 알 수 있었더라도 대리행위의 효력이 인정되기 위해서는 대리인에게 대리권이 있어야 한다(제115조 단서 ; 대판 2008.2.14, 2007다77569). 즉, 제115조는 당사자확정과 함께 대리행위의 효력까지 문제된다.

3) **[문제점]** '이 사건 소송'에서 丙은 甲에게 계약의 이행을 청구하고 있는바, 이에 대한 법적 근거와 관련해서는 먼저 乙의 대리행위의 효과가 본인 甲에게 미치는지, 즉 유권대리가 성립하는지 문제된다(제114조). 만약 무권대리행위라면, 丙이 甲에게 제125조 또는 제126조의 표현대리를 주장할 수 있는지, 그리고 표현대리가 성립하지 않는다면 甲의 무권대리행위 추인(제130조)을 이유로 丙이 甲에게 계약의 이행을 청구할 수 있는지 문제된다.

의 존재, iii) 상대방의 정당한 이유가 있을 것을 요한다. 사안의 경우에는 특별히 정당한 이유의 의미 및 판단시기가 문제된다.

(2) 정당한 이유의 의미 및 판단시기

判例는 표현대리는 대리행위당시에 대리권이 존재한다고 믿은 선의의 제3자를 보호하기 위한 것이므로 i) 무권대리행위시를 기준으로 ii) 정당한 이유의 의미를 '상대방이 대리권이 있다고 믿은데 과실이 없는 것', 즉 **선의·무과실**로 해석한다(대판 1989.4.11, 88다카13219 : 1회 선택형).

(3) 사안의 경우

乙이 丙과 매매계약에 관한 대리행위를 할 당시에는 위조된 위임장만 제시하고 등기권리증 등 다른 서류들은 계약체결 후에 제시한 바, **丙이 乙에게 X토지의 매매에 관한 대리권한이 있다고 믿은 것에는 과실이 있다**고 보여진다. 따라서 丙이 제126조의 표현대리를 주장하더라도 인용될 수 없다.

4. 무권대리행위 추인 주장의 당부

(1) 문제점

결국 乙이 甲을 대리하여 체결한 매매계약은 **협의의 무권대리행위**가 되는바, 만약 甲이 乙의 책임을 물어 근저당권설정등기를 경료받고 별도로 1억 원을 지급받기로 약정한 것이 무권대리행위의 추인이 될 수 있다면 丙은 '이 사건 소송'에서 승소할 수 있으므로 이에 대해 검토한다.

(2) 추인의 방법 및 상대방

무권대리행위의 추인의 의사표시는 무권대리행위가 있음을 알고 추인해야 하며, 명시적으로 또는 묵시적으로도 가능하다. 이러한 추인의 의사표시는 무권대리인, 무권대리 행위의 직접의 상대방 및 그 무권대리 행위로 인한 권리 또는 법률관계의 승계인에 대하여도 할 수 있다(대판 1981.4.14, 80다2314 : 2회,3회 선택형). 다만 무권대리인에 대해 한 경우에는 상대방이 추인이 있었던 사실을 알지 못한 때에는 그에 대해 추인의 효과를 주장하지 못한다(제132조).

(3) 사안의 경우

甲이 매매의 책임을 물어 乙로부터 그 아버지 소유의 Y토지에 관하여 근저당권설정등기를 경료받고 별도로 1억 원을 지급받기로 약정한 것은, 甲이 X토지 매매계약의 효과를 받는 대신 乙이 X토지의 시가 10억 원보다 싼 가격인 8억 원에 매도한 것에 대한 책임을 묻겠다는 의사표시로 해석될 수 있다.

따라서, 유사한 사안에서 判例가 인정한 바와 같이 **甲은 乙의 무권대리행위를 묵시적으로 추인한 것으로 볼 수 있고**(대판 2009.11.12., 2009다46828),[4] 추인이 있으면 무권대리행위는 처음부터 유권대리와 동일한 법률효과를 발생시키는 소급효가 있으므로(제133조 본문) 丙은 '이 사건 소송'에서 甲의 무권대리행위 추인을 이유로 소유권이전등기청구를 할 수 있다(**제132조**).[5]

---

4) "만일 본인 甲이 이 사건 부동산이 대물변제로 제공되었음을 알고서 원심 판시와 같이 무권대리인 乙로부터 위 순천시 대안리 소재 부동산에 관하여 채권최고액 3억 원의 근저당권설정등기를 경료받고, 그와 별도로 수천만 원의 금원을 지급받기로 하였다면, 특별한 사정이 없는 한 甲의 의사는 무권대리인 乙의 이 사건 대물변제행위를 묵시적으로 추인하는 취지라고 볼 여지가 있다"

5) 물론 상대방 丙이 본인 甲의 추인을 모른 경우에는, 그 때까지 丙은 무권대리인 乙과 맺은 X토지 매매계약을 철회할 수도 있으나(제134조 ; 대판 1981.4.14, 80다2314), '이 사건 소송'은 丙이 甲을 상대로 X토지 매매계약을 원인으로 한 소유권이전등기청구의 소이므로 위 내용을 굳이 서술할 필요는 없을 것이다.

최신판례 미기출 핵심사례

甲은 B에게 자기 소유의 Y부동산을 처분해 달라면서 위임장, 인감도장, 인감증명서, 등기서류를 넘겨주었다. 그런데 甲인 줄 알았던 자는 甲을 사칭한 A이였고, B는 이 사실을 몰랐고 과실도 없었다. 이에 B는 A로부터 Y부동산 처분을 위해 甲 명의로 위조된 서류들을 넘겨받아 甲을 대리하여 선의, 무과실의 M에게 Y부동산을 처분하였다.

B와 M의 법률관계에 대해 논하시오. (25점)[1]

사례A-28 타인명의를 사용한 법률행위, 과실없는 무권대리인의 제135조 책임

Ⅰ. 논점의 정리(2)

B와 M의 법률관계와 관련해서는 먼저 B의 법적지위를 확인하여, 무권대리인이라면 B의 대리행위에 표현대리가 성립하는지를 검토한다. 만약 표현대리가 성립하지 않는 '협의의 무권대리'라면 상대방 M의 무권대리인 B에 대한 구제수단으로 ① 제131조의 최고권이나 제134조의 철회권을 B에게 행사할 수 있는지, ② 제135조의 무권대리인 책임을 B에게 행사할 수 있는지 문제되는바, 특히 사안과 같이 무권대리행위가 제3자 A의 기망 등 위법행위로 야기된 경우와 같이 무권대리인에게 책임이 없는 경우에도 제135조의 책임이 인정될 수 있는지 여부가 핵심이다.

Ⅱ. B의 법적지위(B와 M의 법률관계 일반)(4)

사안에서는 권한 없는 A가 자신이 마치 명의자 甲인 것처럼 Y부동산 처분에 관한 '수권행위'를 B에게 한 것으로 보이는바,[2] 이러한 수권행위는 상대방 있는 단독행위이므로 상대방인 대리인 B측의 사정(B는 A가 甲을 사칭한 사실을 몰랐다)에 영향을 받지 않는다.[3] 따라서 무권한자 A의 의사에 따라 B는 甲의 대리인의 지위에 있으나, 명의자 甲을 대리할 권한은 없으므로 B가 甲을 대리하여[4] M에게 Y부동산을 처분한 행위는 무권대리행위이다. 따라서 **Y부동산 처분행위와 관련하여 B는 무권대리인, 처분행위의 당사자는 B가 대리한 본인 甲과 상대방 M이다.**

[주의] 사안에서 질문이 B와 M의 법률관계를 물었기 때문에 질문의 취지에서 벗어난 타인명의를 사용한 법률행위(甲과 B의 법률관계 중 위임계약의 당사자 확정에서 '주로' 문제), 사기에 의한 의사표시(B가 甲과의 위임계약을 제3자 A의 사기를 이유로 취소할 수 있는지 또는 B가 A의 사기를 이유로 불법행위책임을 물을 수 있는지와 관련한 문제), 무권리자의 처분행위(B가 마치 Y부동산을 자기 것 인양 자기 이름으로 처분했을 때 문제) 등은 당해 사안의 쟁점이 아니므로 이에 대한 '상세한' 언급은 전체적으로 답안 인상을 나쁘게 할 수 있다.

---

1) ★ 대판 2014.2.27. 2013다213038
2) 위임계약은 위임인과 수임인의 내부적 관계이므로 B와 M의 법률관계에서는 수권행위만 문제된다.
3) 소위 타인명의를 사용한 법률행위에서 법률행위 해석을 통한 당사자 확정이 주로 문제되는 경우는 위임계약, 매매계약과 같은 '계약'에서 문제되고 단독행위의 경우에는 상대방의 의사를 고려할 여지가 없이 행위자의 의사만 고려하여 당사자를 확정하면 된다.
4) 사안에서 B는 甲 명의로 된 서류들을 넘겨받아 M에게 Y부동산을 처분한 바, 甲을 '대리'하여 처분행위를 하였다고 볼 수 있다.

Ⅲ. B의 대리행위가 표현대리에 해당하는지 여부(5)

1. 표현대리의 유형

표현대리에 관하여 민법은 ① 대리권수여의 표시에 의한 표현대리(제125조), ② 권한을 넘은 표현대리(제126조), ③ 대리권 소멸후 표현대리(제129조) 세가지를 규정하고 있다. 判例는 민법이 규정한 유형 이외의 표현대리를 인정하지 않는다.

2. 사안의 경우

사안의 경우 본인 甲은 대리권 수여를 표시한 적도 없고(제125조), 기본대리권이 B에게 있지도 않으며(제126조), B의 대리권한이 있다가 소멸한 적도 없으므로(제129조) 즉, 본인 甲이 B의 무권대리행위에 대해 책임져야 할 사정이 전혀 없으므로 아무리 거래상대방 M이 선의 · 무과실이더라도 표현대리가 성립하지 않는다.[5] 따라서 B가 한 대리행위는 표현대리가 성립하지 않은 '협의의 무권대리행위'로서 Y부동산의 처분행위는 본인 甲이 추인하지 않는 한 무효이다.

Ⅳ. 상대방 M의 무권대리인 B에 대한 최고권, 철회권(5)

1. M의 B에 대한 최고권

무권대리행위의 상대방은 상당한 기간을 정하여 추인 여부를 확답할 것을 본인에게 최고할 수 있다. 그 기간 내에 확답을 '발송'하지 않은 경우에는 추인을 거절한 것으로 본다(제131조). 최고는 준법률행위로서 의사의 통지이며, 본인 甲만 최고의 상대방이 될 수 있고 무권대리인 B는 최고의 상대방이 될 수 없다.

2. M의 B에 대한 철회권

무권대리인임을 알지 못한 선의의 상대방은 본인이 추인하고 있지 않은 동안에 철회가 가능하다(제134조). 철회는 의사표시로서 상대방 있는 단독행위이며, 본인 뿐만 아니라 무권대리인도 철회의 상대방이 될 수 있다. 따라서 M은 B가 무권대리인임을 알지 못했다면 B에게 Y부동산 처분행위를 철회할 수 있다.

Ⅴ. 상대방 M의 무권대리인 B에 대한 제135조의 책임추궁(9)

1. 무권대리인의 책임

ⅰ) 대리인이 대리권을 증명할 수 없을 것(증명책임은 무권대리인에게 있다 ; 대판 1962.4.12, 61다1021), ⅱ) 상대방이 무권대리인에게 대리권이 없음을 알지 못하고(선의), 또한 알지 못하는 데 과실이 없을 것, ⅲ) 본인의 추인이 없거나[6] 표현대리가 성립하지 않을 것(다수설), ⅳ) 상대방이 아직 철회권을 행사하고 있지 않을 것, ⅴ) 무권대리인이 행위능력자일 것의 요건이 필요하다(제135조).

---

5) 표현대리란 ⅰ) 대리인에게 대리권이 없음에도 불구하고, ⅱ) 마치 있는 것과 같은 외관이 존재하고, ⅲ) 본인이 책임져야 할 사정이 있는 경우에 그 무권대리행위에 대하여 본인에게 책임을 지우는 것을 말한다.

6) "무권대리인이 본인 소유의 부동산에 대해 제3자와 매매계약을 체결하였는데, 후에 본인이 이를 타인에게 매도하고 타인명의로 소유권이전등기가 마쳐진 때에도 이에 해당하는 것으로 볼 것이다"(대판 1965.8.24, 64다1156).

判例에 따르면 제135조의 규정에 따른 무권대리인의 상대방에 대한 책임은 무과실책임으로서 대리권의 흠결에 관하여 대리인에게 과실 등의 귀책사유가 있어야만 인정되는 것이 아니고, 무권대리행위가 제3자의 기망이나 문서위조 등 위법행위로 야기되었다고 하더라도 책임은 부정되지 아니한다(대판 2014.2.27. 2013다213038).

2. 책임의 내용

상대방의 선택에 좇아 이행 또는 손해배상의 책임을 진다(제135조 1항)(이른바 '선택채권'). 여기서 손해배상의 범위는 신뢰이익이 아니라 이행이익의 배상으로 해석된다(통설).

3. 사안의 경우

ⅰ) B는 무권대리인이며, ⅱ) 사안에서 M은 선의, 무과실이고, ⅲ) 본인 甲의 추인이 없고 표현대리가 성립하지 않으며, ⅳ) M이 아직 철회권을 행사하고 있지 않고, ⅴ) 다른 사정이 없는 한 무권대리인 B는 행위능력자일 것이므로 결국 M의 선택에 좇아 B는 甲 소유 Y부동산을 다시 정당하게 처분하거나 이행이익 상당의 손해배상책임을 져야 한다. 이는 B의 무권대리행위가 제3자 A의 기망 등 위법행위로 야기되었더라도 B가 甲에게 사기를 이유로 위임계약을 취소(제110조 2항)하거나 B가 A에게 사기를 이유로 불법행위책임(제750조)을 묻는 것은 별론으로 M에 대한 제135조 책임이 부정되는 것은 아니다.

※ 보 론 : 제135조의 책임이 성립하기 위해서 표현대리가 성립하지 않아야 하는지 여부

표현대리의 상대방이 제135조에 의한 무권대리인의 책임을 물을 수 있는가와 관련하여 ① 표현대리는 무권대리의 성격을 가지므로 상대방은 표현대리를 주장하여 본인의 책임을 묻거나 무권대리를 주장하여 무권대리인의 책임을 물을 수 있다는 '적용긍정설'이 있으나, ② 본인의 책임과 무권대리인의 책임을 선택적으로 인정한다면 상대방 보호에 치우치게 되어 공평을 잃게 된다는 점에서 '적용부정설'이 타당하다.

따라서 상대방 M이 무권대리인 B에게 제135조의 책임을 묻기 위해서는 표현대리가 성립하지 않아야 한다.

기출해설

2013년 변호사시험 제1문

【공통된 사실관계】

A 주식회사(대표이사 B)는 2009. 1. 3. 乙의 대리인임을 자처하는 甲으로부터 乙 소유의 X 부동산을 대금 7억 원에 매수하면서, 계약금 1억 원은 계약 당일 지급하고, 중도금 3억 원은 2009. 3. 15. 乙의 거래은행 계좌로 송금하는 방법으로 지급하며, 잔금 3억 원은 2009. 3. 31. 乙로부터 X 부동산에 관한 소유권이전등기 소요서류를 교부받음과 동시에 지급하되, 잔대금 지급기일까지 그 대금을 지급하지 못하면 위 매매계약이 자동적으로 해제된다고 약정한 후(이하 '이 사건 매매계약'이라 함), 같은 날 甲에게 계약금 1억 원을 지급하였다.

【추가된 사실관계】

甲은 乙의 사촌 동생으로서 乙의 주거지에 자주 내왕하는 사이였는데, 乙의 건강이 악화되어 관리가 소홀한 틈을 타 평소 乙의 거실 서랍장에 보관되어 있던 乙의 인장을 임의로 꺼내어 위임장을 위조한 후 그 인감증명서를 발급받는 한편 평소 위치를 보아 둔 X 부동산의 등기권리증을 들고 나와 A 주식회사 대표이사 B에게 제시하면서 乙의 승낙 없이 이 사건 매매계약을 체결한 것이었다.

乙은 2009. 3. 15. A 주식회사로부터 자신의 거래 계좌로 3억 원을 송금받자 이를 이상히 여기고 평소 의심스러운 행동을 보이던 甲을 추궁한 끝에, 甲이 乙의 승낙 없이 A 주식회사에게 X 부동산을 매도하고 계약금 1억 원을 착복하였으며 그 중도금으로 3억 원이 위와 같이 입금되었다는 사정을 알게 되었다. 그러나 乙은 평소 甲에 대하여 1억 원 가량의 채무를 부담하고 있었던 터라 甲과 사이에서 이 사건 매매계약을 그대로 유지하고 甲에게는 더 이상의 책임을 추궁하지 않기로 합의하였으며, 그 무렵 甲은 이를 B에게 통지하여 주었다.

乙은 2008. 11.경 丙으로부터 1억 5,000만 원을 차용하면서 그 담보로 丙에게 X 부동산에 관하여 저당권(이하 '이 사건 저당권'이라 함)을 설정하고 그 등기를 마쳐준 바 있는데, 丙은 2008. 12.경 丁에게 위 대여금 채권을 양도하고 이를 乙에게 통지하는 한편 이 사건 저당권을 양도하고 같은 날 丁에게 이 사건 저당권 이전의 부기등기를 마쳐 주었다.

【소송의 경과】

A 주식회사는 2012. 10.경 乙·丁을 상대로 이 사건 소송을 제기하여, 乙에 대하여는 甲이 乙을 적법하게 대리하여 이 사건 매매계약을 체결한 것이라고 주장하면서 X 부동산에 관하여 이 사건 매매계약을 원인으로 한 소유권이전등기를 구하였다.

1. 乙에 대한 소유권이전등기청구 관련,

다. A 주식회사가 이 사건 매매계약의 효력이 乙에게 미친다고 주장하는 근거로서, 주위적으로 표현대리(민법 제126조)를, 예비적으로 추인을 내세우는 경우, 위 각 주장이 받아들여질 수 있는지 여부를 그 논거와 함께 서술하시오. (20점)

라. 乙이 설령 이 사건 매매계약의 효력이 자신에게 미친다고 하더라도 A 주식회사가 잔금을 지급하지 아니한 채 잔금지급기일이 지났으므로 이 사건 매매계약은 해제 의사표시가 담긴 이 사건 준비서면의 송달로써 자동으로 해제되었다고도 항변하였다면, 乙의 이 부분 주장이 받아들여질 수 있는지 여부를 그 논거와 함께 서술하시오. (10점)

사례A-29 무권대리와 묵시적 추인, 자동해제조항(실권조항)

Ⅲ. 설문 1.의 다.(20)

1. 결 론

주위적 주장인 표현대리는 받아들여질 수 없으나, 예비적 주장인 추인은 받아들여질 수 있다.

2. 논 거

(1) 주위적 주장인 표현대리에 대하여

1) 제126조의 표현대리(기, 넘, 정)

민법 제126조 표현대리의 요건사실은, ⅰ) 대리인에게 일정한 범위의 기본대리권이 있는 사실, ⅱ) 대리인이 기본대리권을 넘어 상대방과 법률행위를 한 사실, ⅲ) 상대방이 대리인에게 기본대리권을 넘은 법률행위를 할 권한이 있다고 믿을 만한 정당한 사유(상대방의 선의·무과실)가 있다는 사실이다.

2) 기본대리권이 존재하는지 여부 등

'원칙적'으로 전혀 대리권이 없는 자의 행위에는 표현대리가 성립하지 않는다(대판 1984.10.10, 84다카780). 따라서 甲은 기본대리권조차 없는 경우(위임장 위조)이므로 제126조의 표현대리가 성립하지 않는다. 그리고 설령 判例와 같이 '예외적'으로 기본대리권이 없는 경우에도 제126조의 표현대리가 (유추)적용가능하다고 하더라도 사안의 경우 '정당한 이유'를 인정하기 어렵다. 왜냐하면 A주식회사는 대리권 수여 여부를 본인에게 쉽게 확인할 수 있었는데에도 불구하고 조사·확인해 보지 않았기 때문이다(대판 1992.11.27, 92다31842 참고).

그 외에도 민법 제125조의 대리권수여의 표시도 없었고, 민법 제129조의 대리권 소멸 후의 표현대리에도 해당사항이 없으므로 A주식회사의 표현대리 주장은 받아들여질 수 없다.[1)]

(2) 예비적 주장인 추인에 대하여

1) 추인의 성립요건

무권대리행위의 추인은 ⅰ) 무권대리행위가 있음을 알고 ⅱ) 그 행위의 효과를 자기에게 귀속시키도록 하는 단독행위이다(제130조). 이러한 추인은 명시적·묵시적으로 가능하며, 추인의 의사표시는 무권대리인, 무권대리 행위의 직접의 상대방 및 그 무권대리 행위로 인한 권리 또는 법률관계의 승계인에 대하여도 할 수 있다(대판 1981.4.14, 80다2314 : 2회,3회 선택형). 다만 무권대리인에 대해 한 경우에는 상대방이 추인이 있었던 사실을 알지 못한 때에는 그에 대해 추인의 효과를 주장하지 못한다(제132조).

---

1) 判例는 상대방이 표현대리의 세 가지 유형별로 따로 이를 적시하여 주장할 것을 요구하지는 않는다. 즉 상대방이 표현대리를 주장하더라도 그것이 이를테면 제125조 내지 제126조에 관련되는 것인 때에는 어느 한쪽의 요건에 해당하지 않더라도 다른 쪽의 요건을 갖춘 경우에는 그것에 대한 주장도 포함한 것으로 보아 그것도 같이 심리하여야 한다(대판 1987.03.24. 86다카1348 ; 대판 1963.6.13. 63다191).

2) 사안의 경우

사안의 경우 乙은 甲이 乙의 승낙 없이 A주식회사에게 자신의 X부동산을 매도한 사실을 알았음에도 甲과의 사이에서 이 사건 매매계약을 그대로 유지하고 甲에게는 더 이상의 책임을 추궁하지 아니하기로 합의하였는바, 이는 甲의 무권대리행위에 대한 묵시적 추인의 의사표시에 해당하고, 甲이 추인사실을 상대방 A의 대표이사 B에게 통지까지 한 이상 A의 추인의 주장은 받아들여질 수 있다.

Ⅳ. 설문 1.의 라.(10)

1. 결 론

乙의 이 사건 자동해제특약에 따른 해제의 항변은 받아들여질 수 없다.

2. 논 거

(1) 잔대금지급채무의 불이행을 조건으로 한 실권조항(동시이행관계이므로 이행제공해야 자동해제 : 제한해석)

判例는 쌍방의 채무가 동시이행관계인 경우 이행의 제공을 하여 상대방을 이행지체에 빠뜨려야 자동해제가 된다고 한다(대판 1998.6.12, 98다505 : 2회,5회,7회 선택형). 다만 동시이행의 경우에도 (매수인이 수회에 걸친 채무불이행에 대하여 책임을 느끼고 잔금 지급기일의 연기를 요청하면서 새로운 약정기일까지는 반드시 계약을 이행할 것을 확약하고) **'불이행시 계약이 자동적으로 해제되는 것을 감수하겠다'**는 등의 별도의 특약이 있는 때에는 특약에 따라 이행의 제공 없이도 자동해제될 수 있다고 한다(대판 1996.3.8, 95다55467).

(2) 잔대금미지급 자동해제특약에 의한 해제의 요건사실

매도인이 잔대금미지급을 이유로 매매계약의 자동해제를 주장하기 위해서는 ⅰ) 매수인이 이행기가 도과하도록 잔대금지급의무를 이행하지 않은 사실, ⅱ) 매도인·매수인 간에 자동해제특약을 약정한 사실, ⅲ) 매도인이 잔대금지급기일에 매수인의 의무와 동시이행관계에 있는 자신의 의무를 이행하였거나 이행제공하여 매수인을 이행지체에 빠뜨린 사실을 주장·입증하여야 한다.

> [비교판례] 이에 반하여, 중도금지급채무의 불이행을 조건으로 한 실권조항의 경우 判例는 "매매계약에 있어서 매수인이 중도금을 약정한 일자에 지급하지 아니하면 그 계약을 무효로 한다고 하는 특약이 있는 경우 매수인이 약정한대로 중도금을 지급하지 아니하면(해제의 의사표시를 요하지 않고) 그 불이행 자체로써 계약은 그 일자에 자동적으로 해제된 것이라고 보아야 한다"(대판 1991.8.13, 91다13717)고 한다. 즉 중도금의 지급은 선이행의무이므로 그 불이행시 즉시 조건이 성취되어 해제의 효력이 발생한다.

(3) 사안의 경우

사안의 경우 비록 자동해제특약이 있다고 하더라도, 매도인인 乙이 잔대금지급기일에 매수인인 A주식회사의 의무(잔대금지급의무)와 동시이행관계에 있는 자신의 의무(소유권이전등기관련서류 등 교부의무)를 이행한 사실이 없어 매수인인 A는 이행지체에 빠지지 않았다(동시이행항변권의 존재효과설). 따라서 乙의 이 사건 자동해제특약에 따른 해제의 항변은 받아들여질 수 없다.

기출해설

2016년 사법시험 제2문

甲의 대리인이라고 주장하는 乙은 甲 소유의 X토지를 丙에게 매도하는 계약을 체결하였다. 그러나 실제로 甲은 乙에게 대리권을 수여한 적이 없었고, 계약 당시 丙은 이러한 사실을 알지 못하였다. (각 문항은 독립된 것임)

1. 甲은 乙에게 위 매매계약을 추인한다는 의사표시를 하였다. 丙은 乙이 무권대리인임을 알게 된 후, X토지의 시가가 하락할 것으로 예상되자 매매계약을 철회하였다. 丙이 매매계약을 철회할 당시에 丙은 甲이 乙에게 추인의 의사표시를 하였음을 알지 못하였다. 甲은 丙에게 매매대금의 지급을 청구하였지만, 丙은 매매계약의 철회를 이유로 대금지급의무가 없다고 주장한다. 丙의 주장은 타당한가? (20점)
2. 甲은 乙이 체결한 매매계약을 추인하기 전에 X토지를 丁에게 매도하는 계약을 체결하였다. 이후 甲은 乙의 丙에 대한 매도행위를 추인하고 丙 명의로 소유권이전등기를 마쳐 주었다. 丁은 甲을 대위하여 丙에게 위 소유권이전등기의 말소를 청구하였다. 丁의 청구는 타당한가? (20점)

사례A-30 무권대리의 추인의 상대방과 철회권, 추인의 소급효 제한

Ⅰ. 설문 1.의 경우(20)

1. 문제점

乙은 甲의 대리인이라고 주장하며 甲 소유의 X 토지를 丙에게 매도하였으므로 甲과 丙 사이에 계약이 체결되었고, 甲은 乙에게 대리권을 수여한 적이 없었으므로 이는 무권대리행위가 되므로 본인이 이를 '추인'하지 아니하면 본인에 대하여 효력이 없다(제130조). 따라서 먼저 본인 甲이 상대방 丙이 아닌 무권대리인 乙을 상대로 추인의 의사표시를 한 것이 타당한지 문제되며, 최종적으로 본인 甲의 추인을 알지 못한 丙의 철회 주장이 타당한지 문제된다(제132조, 제134조).

2. 무권대리 추인 및 추인의 상대방

추인의 의사표시는 무권대리인, 무권대리 행위의 직접의 상대방 및 그 무권대리 행위로 인한 권리 또는 법률관계의 승계인에 대하여도 할 수 있다(대판 1981.4.14, 80다2314 : 2회,3회 선택형). 다만 무권대리인에 대해 한 경우에는 상대방이 추인이 있었던 사실을 알지 못한 때에는 그에 대해 추인의 효과를 주장하지 못한다(제132조). 따라서 그 사실을 상대방이 모른 경우에는, 그 때까지 상대방은 무권대리인과 맺은 계약을 철회할 수 있고(제134조)(3회 선택형), 또 무권대리인에 대한 추인이 있었음을 주장할 수도 있다(대판 1981.4.14, 80다2314).

따라서 사안에서 甲은 무권대리인 乙에게 추인의 의사표시를 하였는바, 乙에게 한 추인의 의사표시도 유효하나, 추인이 있었던 사실을 알지 못한 丙에게는 추인으로 대항하지 못한다(제132조).

3. 선의의 상대방의 철회권

계약 당시 무권대리인임을 알지 못한 '선의'의 상대방은 본인이 추인하고 있지 않은 동안에는 철회가 가능하다(제134조). 사안에서 계약 당시 丙은 乙이 무권대리인임을 몰랐고, 甲의 추인이 있었으나 앞서 살핀바와 같이 丙에게 추인으로 대항하지 못하는바, 丙은 계약을 철회할 수 있다.

4. 소 결

상대방의 철회는 일방적 의사표시로 가능하고, 계약은 확정적으로 무효가 되므로 매매계약의 철회를 이유로 대금지급의무가 없다는 丙의 주장은 타당하다.

Ⅱ. 설문 2.의 경우(20)

1. 문제점

丁의 청구가 타당한지는 채권자대위권의 행사요건을 검토할 필요가 있는바(제404조), 사안에서는 특히 피대위권리인 甲의 丙에 대한 등기말소청구권의 존부와 관련하여 제133조 단서의 '제3자'의 의미가 문제된다.

2. 丁의 채권자대위권의 인정여부

(1) 채권자대위권의 요건

채권자대위권은 ⅰ) 피보전채권의 존재, ⅱ) 채권보전의 필요성, ⅲ) 채무자의 권리불행사, ⅳ) 피대위권리의 존재를 요구한다(제404조). 사안의 경우 ⅰ) 피보전채권은 丁의 甲에 대한 소유권이전등기청구권이고, ⅱ) 이는 특정채권이므로 채무자 甲의 무자력은 요구되지 않으며, ⅲ) 채무자는 소유권이전등기청구권을 행사하지 않고 있다. ⅳ) 문제는 피대위권리가 존재하는지 여부이다.

(2) 피대위권리인 甲의 丙에 대한 소유권이전등기의 말소청구권 존재 여부

1) 추인의 소급효(丙 등기의 유효성)

추인으로 무권대리행위는 '소급'하여 확정적으로 유효하게 된다(제133조 본문).
따라서 사안에서 甲과 丙의 매매계약은 무권대리행위로 무효이나, 甲의 추인으로 인해 소급하여 유효하게 되므로, 甲의 추인 후에 경료 된 丙의 등기는 등기했을 때부터 유효이다.

2) 추인의 소급효 제한(추인으로 丁에게 대항할 수 있는지 여부)

그러나 추인의 소급효는 '제3자의 권리'를 해하지 못하는바(제133조 단서)(4회 선택형), 이 때 **소급효가 제한되는 것은 무권대리행위의 상대방이 취득한 권리와 제3자가 취득한 권리가 모두 '배타적 효력'을 가지는 경우에 한한다**(대판 1963.4.18, 62다223 : 9회 선택형). 따라서 물권변동에 있어서는 등기 또는 인도(제186조, 제188조), 채권양도에 있어서는 확정일자 있는 통지나 승낙을 먼저 갖추는 자(제450조 2항)가 우선한다.
사안에서 甲이 추인할 당시 丙과 丁은 모두 등기를 경료받지 못하였기 때문에 제133조 단서는 적용이 없고, 추인의 소급효에 의하여 甲과 丙간의 계약은 계약당시부터 확정적으로 유효하게 되어 먼저 등기를 한 丙이 유효하게 소유권을 취득한다. 따라서 피대위권리가 존재하지 않으므로 丁도 甲을 대위하여 丙에게 소유권이전등기말소를 청구할 수는 없다. 결국 丁의 청구는 타당하지 않다.

[심화] ㉠ **'무권대리의 상대방과 제3자가 취득한 권리가 모두 배타적 효력이 있는 경우'**, 제133조 단서가 적용된다. 예컨대 본인 甲의 무권대리인 乙이 甲소유의 주택을 丙에게 매도하고 소유권이전등기를 해준 후, 甲이 위 주택을 제3자 丁에게 임대하고 丁이 대항력을 갖춘 경우, 甲이 乙의 무권대리행위를 추인하더라도 丁의 임차권에는 영향을 주지 못한다. ㉡ 그러나 **'제3자가 취득한 권리만이 배타적 효력을 가지는 경우'**, 예컨대 본인 甲의 무권대리인 乙이 甲 소유의 건물을 丙에게 매도하는 계약을 체결한 후, 甲이 위 건물을 제3자 丁에게 매도하고 丁 앞으로 소유권이전등기가 된 경우에는 甲이 乙의 무권대리행위를 추인하더라도 그것은 丙과의 매매계약을 유효로 할 뿐이고, 丙이 소유권을 취득하기 위해서는 그 등기를 하여야 하므로(제186조), 이미 丁 앞으로 소유권이전등기가 된 때에는 丁이 甲의 추인에 의해 피해를 보는 일은 생기지 않는다(甲은 丙에 대해 건물소유권이전채무의 이행불능에 따른 손해배상책임을 질 뿐이다). ㉢ **'상대방 및 제3자가 취득한 권리가 모두 배타적 효력이 없는 경우'**, 예컨대 위의 예에서 丁이 아직 소유권이전등기를 하지 않은 때에는 丙과 丁 중 누가 먼저 등기를 하는지에 따라 우열이 정해지므로, 丁이 甲의 추인에 의해 피해를 본다고는 할 수 없다[곽윤직·김재형, 민법총칙(8판), p365]

유사기출

■ 채권의 이중양도의 우열과 무권대리 추인의 소급효제한 [2019년 변호사시험 제2문]

甲은 2018. 3. 1. 乙에 대해 1억 원의 대여금채권을 가지고 있다.
평소 甲과 알고 지내던 丙은 甲으로부터 어떠한 권한도 부여받은 적 없이 甲의 대리인이라고 칭하면서 2018. 4. 1. 위 채권을 丁에게 양도하는 계약을 체결하였고, 丁은 2018. 5. 1. 乙로부터 확정일자 있는 증서로써 채권양도의 승낙을 받았다. 이러한 사실을 알지 못한 甲은 2018. 5. 1. 자신의 채권자 戊에게 위 채권을 양도하고, 이러한 사실을 乙에게 내용증명우편으로 통지하여 2018. 5. 3. 위 통지가 도달하였다. 이에 乙은 甲에게 연락하여 이미 한 달 전에 위 채권이 丙을 통해 丁에게 양도되었으며 자신이 이를 승낙하였다고 설명하였다. 그간의 경위를 알게 된 甲은 丙과의 관계를 고려해서 2018. 5. 10. 丁에게 연락하여 丙과 체결한 위 채권양도계약을 추인하였다. 위 채권을 두고 丁과 戊는 乙에게 각자 자신에게 채무를 이행하여야 한다고 주장하고 있다.

1. 이러한 경우에 누구의 주장이 타당한지를 설명하시오. (15점)

Ⅰ. 문제 1.의 경우(15)

1. 결 론

丁의 주장은 부당하고 戊의 주장이 타당하다.

2. 논 거

(1) 제1채권 양도 행위의 효력

사안의 경우대리인이 한 의사표시가 직접 본인에게 그 효력이 생기려면 ⅰ) 대리권의 범위 내에서, ⅱ) 본인을 위한 것임을 표시하여야 한다(제114조). 사안의 경우, 丙이 甲의 대리인이라고 칭하면서 丁에게 甲의 채권을 양도하였는데, 丙에게는 유효한 대리권이 없었다. 따라서 **제1양도행위는 본인인 甲이 이를 추인하지 않는 한 甲에 대하여 효력이 없다**(제130조).

(2) 제2채권 양도 행위의 효력

사안의 경우제1양도행위가 무효임에 따라, 채권양도인 甲은 채무자 乙에 대한 관계에서 여전히 채권자이다. 나아가 양도인 甲이 확정일자 있는 채권양도 통지를 하여 채무자 乙이 이를 수령하였으므로, 戊는 채권 양수 사실로써 채무자 乙에게 대항할 수 있다(제450조 2항).

(3) 무권대리행위 추인의 효력

추인으로 무권대리행위는 '소급'하여 확정적으로 유효하게 된다(제133조 본문). 추인의 소급효는 '제3자의 권리'를 해하지 못하는바(제133조 단서), 이 때 **소급효가 제한되는 것은 무권대리행위의 상대방이 취득한 권리와 제3자가 취득한 권리가 모두 배타적 효력을 가지는 경우에 한한다**(대판 1963.4.18, 62다223).

(4) 채권의 이중양도의 우열과 무권대리 추인의 소급효제한

1) 채권의 이중양도의 우열기준

제1양수인, 제2양수인 모두 확정일자 있는 증서에 의한 대항력을 갖춘 경우, 判例는 채권양수인과 동일채권에 대하여 가압류명령을 집행한 자 사이의 우열은 확정일자 있는 채권양도통지와 가압류결정정본의 제3채무자(채권양도의 경우 채무자)에 대한 도달의 선후에 의하여 결정하여야 한다고 보아 **도달시를 기준으로 우열을 결정한다**(대판 1994.4.26, 전합93다24223).

> **[관련판례]** "양도인이 지명채권을 제1양수인에게 1차로 양도한 다음 제1양수인이 확정일자 있는 증서에 의한 대항요건을 갖추었다면 채권이 제1양수인에게 이전하고 양도인은 채권에 대한 처분권한을 상실하므로, 그 후 양도인이 동일한 채권을 제2양수인에게 양도하였더라도 제2양수인은 채권을 취득할 수 없다"(대판 2016.7.14, 2015다46119)

2) 사안의 경우

甲의 확정일자 있는 제2채권양도의 통지는 2018. 5. 3. 도달하였으므로, 무권대리인 丙에 의한 제1채권양도의 확정일자인 2018. 5. 1.보다 늦다. 따라서 **甲의 무권대리의 추인의 소급효를 인정하게 되면 이미 대항력을 갖추고 있던 제3자 戊의 권리를 해하게 된다.** 따라서 乙은 戊에게 대여금채무를 이행해야 한다.

기출해설

2020년 1차 법전협모의 제2문

甲은 A 은행 지점장과 공모하여 자신의 모(母)인 B명의의 대출거래약정서, 근저당권설정계약서 등을 위조하고 이를 행사해서 B 소유의 Y 토지에 대하여 2019. 5. 18. A 은행 앞으로 채무자 B, 채권최고액 4억 원인 근저당권설정등기(이하 '제1근저당권설정등기'라 한다)를 하고 3억 3,000만 원을 대출받았다. 제1근저당권설정등기가 된 후 A 은행은 2019. 5. 21. B에게 등기완료통지를 하였다. A 은행은 제1근저당권설정등기의 담보대출금 3억 3,000만 원에 대한 이자 납입이 연체되자, 2019. 8.경 B에게 대출금채무와 관련하여 기한의 이익 상실 예고통지를 하였고, 그 이후에도 연체가 계속되자 B에게 대출금 이자납입을 독촉하고 2019. 11. 16. 이 사건 제1근저당권설정등기에 기한 임의경매 실행예정 통지를 하였으며, B는 2019. 11. 19. 이를 직접 수령하였다. B는 2019. 12. 31. 직접 A 은행에 방문하여 새로운 대출 및 근저당설정계약을 위해 관련 서류(대출거래약정서, 근저당권설정계약서)에 자필 서명한 다음 Y 토지에 관하여 A 은행 앞으로 채무자 B, 채권최고액 1,600만 원인 근저당권설정등기(이하 '제2근저당권설정등기'라 한다)를 하고 1,400만 원을 대출받아 그 중 1,300만 원을 제1근저당권설정등기의 피담보대출금의 이자로 납부하였다.

1. 만약 2020. 6. 3. B가 A 은행을 상대로 제1근저당권설정등기의 말소를 구하는 소를 제기한 경우, B의 A 은행에 대한 청구의 결론(인용, 기각, 일부 인용, 각하)**를 구체적 이유와 함께 적시하시오. (15점)**

사례A-31 무권리자의 처분행위, 권리자의 추인

Ⅰ. 문제 1.의 경우

1. 문제점

甲에 의해 이루어진 '제1근저당권설정등기'가 '무권리자 처분행위'에 해당하여 무효인지 여부 및 B의 제1근저당권설정등기의 대출금 이자납부행위가 '권리자의 추인'에 해당하는지 문제된다.

2. 甲에 의해 이루어진 제1근저당권설정등기의 효력

(1) 무권리자의 처분행위와 무권대리의 구별

타인의 권리를 처분할 권한이 없는 자가 타인의 권리를 자신의 이름으로 처분하는 것을 '무권리자 처분행위'라 한다. 이는 타인의 권리를 '자신의 이름'으로 처분하는 것이기 때문에 '무권대리행위'와 구별된다. 그리고 이러한 무권리자의 처분행위(직접적으로 권리의 변동을 생기게 하는 행위로 물권행위)는 처분권한이 있는 자가 해야만 효력이 있기 때문에, 처분권한이 없는 자가 한 처분행위(물권행위)는 상대방이 공시방법(등기 또는 점유)을 갖추었다고 하더라도 원칙적으로 효력이 없다.

[비교] 그러나 참고로 채권행위의 경우에는 이행기까지 권리를 취득하여 이행을 하면 되므로, 우리 민법은 타인 권리의 매매도 유효하다는 입장이다(제569조 참조).

(2) 사안의 경우

甲은 자신의 모(母)인 'B명의'로 허락없이 대출을 받고 저당권설정을 하였으므로 '무권대리'로 볼 여지도 있다. 그러나 甲은 상대방 A은행 지점장과 '공모'하여 일련의 대출절차를 진행한 사정에 비추어 채무자 및 저당권설정자를 '甲'으로 하는 점에 대한 의사일치가 있다고 보는 것이 타당하다. 따라서 Y토지에 관하여 설정된 제1근저당권설정등기는 **甲이 처분권한 없이 자신의 이름으로 저당권을 설정한 '무권리자의 처분행위'** 이므로 이는 **'무효'** 이다(대판 2017.6.8. 2017다3499).[1]

3. 권리자 B의 추인 여부 및 효력

(1) 권리자 B의 추인 여부

B는 제1근저당권설정등기에 관한 등기완료통지를 비롯한 각종 통지를 통해서 무권리자인 甲이 제1근저당권설정등기를 하고 대출을 받았다는 사실을 알게 되었다. 그럼에도 불구하고, B는 이 사건 토지에 관하여 A은행 앞으로 제2근저당권설정등기를 하고 1,400만 원을 대출받아 그 대부분을 제1근저당권의 담보대출금 이자로 납부하였으므로, 이는 제1근저당권설정등기와 담보대출의 효과가 자신에게 유효하게 귀속됨을 묵시적으로 추인한 것으로 볼 수 있다.

(2) 법적근거

종래 判例는 무권대리의 추인으로 이론구성하는 입장이었으나(대판 1981.1.13, 79다2151), **최근에 判例**는 "무권리자가 타인의 권리를 자기의 이름으로 또는 자기의 권리로 처분한 경우에, 권리자는 후일 이를 추인함으로써 그 처분행위를 인정할 수 있고, 특별한 사정이 없는 한 이로써 권리자 본인에게 위 처분행위의 효력이 발생함은 **사적자치의 원칙에 비추어 당연하고**"(대판 2001.11.9, 2001다44291)라고 판시함으로써 무권리자 처분행위에 대한 추인의 근거를 사적자치의 원리에서 구하고 있다.

(3) 추인의 방법

추인은 명시적으로뿐만 아니라 묵시적인 방법으로도 가능하며 그 의사표시는 무권리자나 그 상대방 어느 쪽에 하여도 무방하다(대판 2001.11.9, 2001다44291 ; 제132조와 구별).

(4) 추인의 효력

判例에 따르면 "권리자가 무권리자의 처분을 추인하면 무권대리에 대해 본인이 추인을 한 경우와 당사자들 사이의 이익상황이 유사하므로, **무권대리의 추인에 관한 제130조, 제133조 등을 무권리자의 추인에 유추 적용할 수 있다**. 따라서 무권리자의 처분이 계약으로 이루어진 경우에 권리자가 이를 추인하면 원칙적으로 그 계약의 효과가 계약을 체결했을 때에 **'소급'** 하여 권리자에게 귀속된다고 보아야 한다"(대판 2017.6.8. 2017다3499 : 9회 선택형)고 한다.

(5) 사안의 경우

B의 제2근저당권 설정행위를 통한 제1근저당권의 담보대출금 이자납부행위는 '무권리자 처분행위에 대한 권리자의 묵시적 추인'에 해당하고, 위 判例에 따르면 추인의 소급효가 인정되므로 제1저당권설정계약의 효력은 계약을 체결했을 때로 소급하여 권리자인 B에게 귀속한다. 따라서 제1근저당권설정등기도 소급하여 유효한 등기가 된다.

4. 사안의 해결

B의 A은행을 상대로한 위 등기말소청구는 '기각'되어야 한다.

---

1) "원심은, 원고가 제1근저당권설정등기에 따른 법률효과를 자신에게 귀속시키도록 하는 의사를 피고에게 표시하였다고 보아 '무권대리의 추인'에 관한 피고의 항변을 받아들였다. 이러한 원심의 판단은 '무권리자의 처분에 대한 추인'을 '무권대리의 추인'으로 잘못 파악한 것이지만, 피고의 추인 항변을 받아들인 결론은 수긍할 수 있다"

중요판례 미기출 핵심사례

甲은 2003. 4. 2. 乙과 사이에 토지거래허가구역 내에 있던 乙 소유의 Y토지에 대한 매매계약을 체결하였으나, 투기거래인 탓에 토지거래 허가 및 甲 명의로 소유권이전등기를 마치지 못하고 있었다. 이에 자신이 토지거래허가를 받을 수 없음을 알고 있는 甲의 요청에 따라 丙은 2003. 11. 29. 乙과 사이에 매매계약을 체결하면서 토지거래허가를 잠탈하기 위하여 허위로 Y토지를 증여하는 내용의 증여계약서를 작성하였고, 같은 날 丙 앞으로 소유권이전등기를 마쳤다. 그 후 Y토지는 토지거래허가구역지정이 해제되었고, 이에 丙은 2004. 7. 31. 丁과 매매계약을 체결하면서 매매대금을 받고 소유권이전등기를 경료해 주었다. 그리고 丁은 그 후 Y토지 위에 건물을 신축하여 완공하였다.

1. 乙은 丙과의 매매계약이 토지거래허가가 없었음을 이유로 무효를 주장하면서 丁에게 진정명의 회복을 원인으로 하는 소유권이전등기 및 건물철거를 주장하고 있다. 乙 주장의 당부를 검토하라. (35점)

사례A-32 토지거래허가구역지정의 해제(배제·잠탈), 금반언, 불법원인급여, 관법지 등[1] ★

Ⅰ. 문제 1.의 해결(35)

1. 乙의 丁에 대한 진정명의회복을 원인으로 하는 소유권이전등기청구 가부

(1) 문제점

먼저 乙이 말소등기대신에 진정명의회복을 원인으로 하는 소유권이전등기청구도 가능한지 살펴본 후, 인정된다면 그 요건의 충족 여부를 검토하기로 한다. 乙은 국토의 계획 및 이용에 관한 법률(이하 국토계획법)을 **잠탈**하기 위하여 증여를 원인으로 소유권이전등기를 한 바, **허가구역지정이 해제된** 경우에도 여전히 허가가 필요한 것인지 문제된다.

만약 丁명의의 등기가 원인무효의 등기라면 乙이 나중에 무효를 주장하는 것이 **금반언의 원칙**에 반하는 것은 아닌지, 아울러 乙의 소유권이전등기청구가 **제746조의 불법원인급여**에 해당되어 인정되지 않는 것은 아닌지 문제된다.

> [주의] ❋ **실제(매매)와 다른 원인(증여)에 의한 당해 소유권이전등기의 효력 여하**
> 乙은 '허가 없음을 이유' 로 무효를 주장하고 있으므로 이에 대해서만 검토하면 된다. 다만 이와 관련하여 判例에 따르면 부동산 등기는 '현실의 권리 관계에 부합하는 한' 그 권리취득의 경위나 방법 등이 사실과 다르다고 하더라도 그 등기의 효력에는 아무런 영향이 없는 것(대판 1980.7.22, 80다791)이라고 한다. 따라서, 사안의 경우 비록 매매에 의하여 부동산을 취득하였지만 등기원인을 증여로 기재하였다고 하더라도 그 등기의 효력에는 아무런 하자가 없다.

1) ★ 민법의 맥 핵심사례 A-14.(대판 1999.6.17. 전합98다40459 변형) ; 관련판례 2017년 변호사시험 1문 주쟁점

(2) 진정명의회복을 원인으로 하는 소유권이전등기청구권의 인정여부

1) 인정 여부

① 당해 등기는 부동산 물권변동의 과정 및 태양까지 반영하지 못하기 때문에 부정해야 한다는 견해도 있다. ② 그러나 제214조의 소유권에 기한 방해배제청구권은 소유권의 방해배제에 중점을 두는 것이므로 그 형식이 등기말소에 의하든 이전등기에 의하든 중요한 것은 아니며, 소송절차 및 등기경제상 말소등기가 아닌 이전등기가 유리한 점도 있다. 따라서 긍정설과 判例가 타당하다.

2) 인정요건

진정명의회복을 원인으로 하는 이전등기청구권은 물권적 청구권이므로 이를 행사하기 위해서는 민법 제214조의 요건을 구비해야 한다. 따라서 ⅰ) 청구권자는 채권자가 아닌 물권자, 즉 현재의 소유권자이어야 한다.[2] ⅱ) 상대방은 무효의 등기 등을 함으로써 현재 소유권의 행사를 방해하는 자이어야만 한다. 따라서 乙의 청구의 당부를 위해서는 현재 X토지의 소유자가 乙인지, 丁의 등기가 乙의 소유권을 방해하는 무효의 등기인지를 확인해야 한다.

(3) 통정허위표시로서 무효인지 여부

乙과 丙은 토지거래허가를 잠탈하기 위해 매매를 증여로 가장하였으므로, 가장행위인 증여계약은 제108조에 해당하여 무효이나 은닉행위인 매매계약은 그 행위 자체에 관한 규정이 적용되어야 할 것이다.

[주의] ❋ **乙과 丙의 증여계약이 통정허위표시로써 무효라면 丁이 제108조 2항의 보호되는 제3자인지 여부**
乙은 '허가 없음을 이유' 매매의 무효를 주장하고 있을 뿐만 아니라, 은닉행위인 매매가 확정적·절대적 무효이므로 이런 경우까지 제3자를 보호하는 것은 국토계획법 등의 취지에 반한다고 보여진다.

(4) 토지거래허가를 '잠탈' 하기 위하여 행해진 소유권이전등기가 나중에 지정해제가 된 경우의 효력

1) 판례의 태도

대법원은 토지거래허가 대상지역이었다가 지정해제가 된 경우 처음부터 허가를 잠탈하거나 배제하여 확정적으로 무효가 된 경우를 제외하고는 더 이상 허가를 받을 필요 없이 확정적으로 유효라고 보았다(대판 1999.6.17, 전합98다40459).

2) 검토 및 사안의 경우

토지거래허가제도는 자유롭게 행하여져야 할 토지거래를 행정목적의 달성을 위하여 일시적으로 규제하는 것으로 그 규모 등에 비추어 보면 실제로 토지소유권에 대한 중대한 제한이었다. 따라서 이 제한을 풀어 원래의 자유를 회복하는 지정해제는 거래계약의 효력제한을 소급적으로 해소한다고 하여도 좋을 것이므로 判例의 태도는 타당하다.[3] 다만 사안과 같이 매매계약을 체결하면서 토지거래허가를 받지 아니하고 이를 잠탈하기 위하여 증여를 원인으로 소유권이전등기를 하기로 한 경우에는 判例에 의하더라도 유효로 될 여지가 없으므로 당해 매매계약은 처음부터 확정적으로 무효로 되며, 이에 터잡은 丙명의(물권행위의 유인성으로 무효), 丁명의(무권리자의 처분행위로 무효)의 소유권이전등기 역시 원인이 없게 되어 무효라고 보아야 한다.

---

2) 判例도 역시 ⅰ) 이미 자기 앞으로 소유권을 표상하는 등기가 되어 있었거나, ⅱ) 법률에 의하여 소유권을 취득한 자에 한하여 이전등기청구를 인정할 수 있다고 있다(대판 1980.11.27, 전합89다카12398).

3) 양창수, '국토이용관리법상의 거래허가 대상토지에 대한 허가 없는 거래계약의 효력', 고시연구(2001.7.), p.120

(5) 乙이 무효를 주장하는 것이 신의칙(자기모순금지의 원칙)[4]에 반하는지 여부

1) 판 례

判例는 "동조를 위반한 자의 무효주장을 신의칙위배의 권리행사라는 이유로 이를 배척한다면, 투기거래계약의 효력발생을 금지하려는 국토이용관리법의 입법취지를 완전히 몰각시키는 결과가 되므로 특단의 사정이 없는 한 그러한 주장이 신의성실의 원칙에 반한다고는 할 수 없다"(대판 1993.12.24, 93다44319)고 판시하였다.

2) 검토 및 사안의 경우

비록 乙이 객관적으로 모순되는 행태를 보이고 있지만 ⅰ) 상대방인 丙도 제반사정을 알고 있었다는 점에서 丙의 신뢰가 반드시 보호가치 있는 신뢰라고 단정할 수 없다. ⅱ) 또한 만약 乙의 주장을 금반언 원칙에 반한다는 이유로 배척한다면 결국 투기거래방지 목적으로 제정된 강행법규인 국토계획법의 적용을 배제하는 결과가 되므로 이러한 乙의 주장이 정의관념에 비추어 용인될 수 없는 정도의 상태에 이르렀다고는 할 수 없다. 결국 乙의 무효 주장은 모순행위금지 원칙의 한계에 해당하는 것으로 허용된다.

(6) 乙의 소유권이전등기청구가 불법원인급여에 해당하는지 여부

1) 소유권에 기한 방해배제청구와 불법원인급여

判例는 제746조는 사회적 타당성이 없는 행위(제103조)를 한 사람은 복구를 그 형식 여하에 불구하고 인정하지 않겠다는 이상을 표현한 것이므로, 물건의 소유권이 여전히 자기에게 있다고 하여 소유권에 기한 물권적 청구권도 행사할 수 없다(대판 1979.11.13, 전합79다483)고 한다.

2) 제746조의 '불법'의 의미

학설은 ① 불법개념확대설, ② 동일개념설, ③ 불법개념축소설이 있으나, 불법원인급여에 대하여 반환청구를 부인하는 이유가 스스로 사회적 타당성이 없는 행위를 하였다고 주장하여 그 결과를 회복하려고 하는 자에 대하여는 법이 조력하기를 거부하여 이를 소극적으로 억제하려는 규정이라는 점을 고려할 때, 다수설 및 判例(대판 1983.11.22, 83다430[5] : 2회 선택형)와 같이 제746조의 불법을 제103조의 불법과 동일한 개념으로 이해함이 타당하다.

3) 사안의 경우

비록 丙명의의 소유권이전등기가 강행법규인 국토계획법 규정에 위반되어 무효이지만 이는 선량한 풍속 기타 사회질서에 위반되는 행위라고는 볼 수 없으므로, 제746조의 불법원인급여에 해당된다고는 할 수 없다. 따라서 乙의 丁에 대한 소유권이전등기청구는 정당하다(제214조).

---

4) 이 원칙이 적용되기 위한 요건으로는 일반적으로 ⅰ) 객관적으로 모순되는 행태와 그에 대한 귀책 및 ⅱ) 그에 의하여 야기된 상대방의 보호가치 있는 신뢰의 존재가 '상관적' 으로 고려되어야 한다고 한다. 사안의 경우 乙은 허가를 피하기 위하여 증여를 원인으로 소유권이전등기를 한 후, 이러한 선행행위에 반하여 허가가 없음을 이유로 무효를 주장하고 있는바, ⅰ)의 요건은 충족하나, 과연 상대방인 丙의 신뢰를 보호가치 있는 것으로 볼 수 있는지 여부 등이 문제된다.

5) "제746조의 불법원인은 설사 법률(강행규정)의 금지함에 위반한 경우라 할지라도 그것이 선량한 풍속 기타 사회질서에 위반하지 않는 경우에는 이에 해당하지 않는다"

2. 乙의 丁에 대한 건물철거청구 가부

(1) 문제점

乙의 Y토지 위의 건물철거 주장에 대한 丁의 항변사유로는 관습법상의 법정지상권의 인정여부가 문제된다(제213조 단서).

(2) 丁의 관습법상 법정지상권의 인정여부

1) 관습법상 법정지상권의 성립요건(처동, 매, 특)

관습법상 법정지상권이 성립하기 위해서는, i) 처분 당시 토지와 건물의 소유권이 동일인에게 속하여야 하며 ii) 매매 기타의 적법한 원인으로 소유자가 달라져야 하며 iii) 또한 당사자 사이에 건물을 철거한다는 특약이 없어야 한다.

2) 판 례

判例는 "관습상의 법정지상권의 성립 요건인 **해당 토지와 건물의 소유권의 동일인에의 귀속과 그 후의 각기 다른 사람에의 귀속은 법의 보호를 받을 수 있는 권리변동으로 인한 것이어야** 하므로, 원래 동일인에게의 소유권 귀속이 원인무효로 이루어졌다가 그 뒤 그 원인무효임이 밝혀져 그 등기가 말소됨으로써 그 건물과 토지의 소유자가 달라지게 된 경우에는 관습상의 법정지상권을 허용할 수 없다"(대판 1999.3.26, 98다64189)고 한다.

3) 검토 및 사안의 경우

관습법상 법정지상권은 토지와 건물을 별개의 물건으로 취급하는 우리 법제하에서 양자의 소유자가 달라진 경우에, 건물이 그 자체의 가치를 유지할 수 있도록 하려는 것이 그 인정 이유이기는 하나, **토지소유자의 토지이용권을 과다하게 제한하는 측면**도 있다. 따라서 判例와 같이 제한적으로 인정하는 것이 타당한 바, 丁에게 관습법상 법정지상권이 인정되지 않는다. 따라서, 사안의 경우 丁은 乙의 Y토지 위의 건물철거 주장에 대항할 수 없다. 특별히 乙의 건물철거 주장이 권리남용에 해당한다고 볼 수도 없다.

유사기출

★ 토지거래허가구역 내 토지의 매매가 확정적 무효인 경우 [2021년 제2차 법전협모의 제2문]

甲은 2017. 12. 24. 乙 소유의 X토지를 3억 원에 매수하기로 하는 매매계약을 체결하면서 당일 계약금 3천만 원을 지급하였고, 잔금 2억 7천만 원은 2018. 3. 19.에 지급하기로 하였다. X토지는 매매시에 부동산 거래신고 등에 관한 법률(구 국토이용관리법)상 관할관청의 허가가 필요하므로, 甲과 乙은 허가를 배제하고자 계약서에 '매매'가 아닌 '증여'로 표기하였고, 2018. 3. 19. 증여를 원인으로 이전등기를 마쳤다. 2020. 3. 4. X토지에 대한 허가구역 지정이 해제되었다.

1. 乙이 甲을 상대로 위 계약이 무효임을 주장하면서 소유권이전등기의 말소를 청구한 경우, 그 청구가 타당한지 판단하시오. (15점)

Ⅰ. 문제 1.의 경우 - 토지거래허가구역 내 토지의 매매가 확정적 무효인 경우(15)

1. 쟁점의 정리

乙은 甲을 상대로 '위 계약이 무효' 임을 이유로 제214조를 청구하고 있는바, 증여계약의 효력, 토지거래허가구역 내 토지의 허가 전 매매의 효력, 토지거래허가를 잠탈하려는 계약의 효력이 문제된다.

2. 증여계약의 효력

가장행위 속에 실제로 다른 행위를 할 의사가 감추어진 경우에, 그 감추어진 행위를 '은닉행위' 라고 한다. 사안에서 증여계약은 '가장행위' 로서 무효이나(민법 제108조 1항), 매매는 은닉행위에 해당하고, 은닉행위의 효력에 대하여는 그 행위 자체에 관한 규정이 적용되어야 할 것이므로(자연적 해석), 甲과 乙의 매매계약의 효력이 문제된다.

3. 토지거래허가구역 내 토지의 허가 전 매매의 효력

① 토지거래 허가규정은 효력규정이며 (구)국토이용관리법의 입법목적의 달성을 위해 허가없이 체결한 매매계약은 채권계약도 무효라는 견해가 있다(절대적 무효설 ; 대법원 소수의견). ② 그러나 허가를 전제로 한 토지거래의 경우에는 투기거래에 대한 위험이 없다 할 것이므로 "허가가 있기 전에는 채권계약 자체도 무효이지만 **허가를 받을 것을 전제로 한 계약은 유동적 무효로** 보아 허가가 있으면 소급적으로 유효한 계약이 된다"(대판 1991.12.24, 전합90다12243)고 보는 判例의 태도가 타당하다(유동적 무효설).

4. 토지거래허가를 '배제, 잠탈' 하려는 계약의 효력

토지거래허가구역 지정을 해제하였거나, 허가구역지정기간이 만료되었음에도 허가구역 재지정을 하지 않은 경우(대판 1999.6.17. 전합98다40459), 허가구역 해제 후 재지정된 경우(대판 2002.5.14 2002다12635),[6] **判例는 처음부터 허가를 잠탈하거나 배제하여 확정적으로 무효가 된 경우를 제외하고는** 더 이상 허가를 받을 필요 없이 확정적으로 유효라고 보았다(대판 2019.1.31. 2017다228618). 즉, 규제지역에서 토지거래허가를 받기 전의 거래계약이 처음부터 허가를 **'배제' 하거나 '잠탈' 하는 내용의 계약일 경우 확정적 무효로서 유효로 될 여지가 없다**(대판 1991.12.24, 전합90다12243).

5. 사안의 경우

甲과 乙은 '매매계약' 을 체결하면서 토지거래허가를 '배제' 하기 위하여 허가가 필요 없는 '증여계약' 을 체결한 것과 같이 소유권이전등기를 하였다. 따라서 나중에 허가구역지정이 해제되더라도 X토지에 대한 매매계약은 지정해제와 관계없이 '처음부터 확정적 무효' 이다.

---

6) "토지거래허가구역으로 지정된 토지에 관하여 매매계약이 체결될 당시 관할행정청의 토지거래허가를 받지 아니하였다 하더라도, 그 계약이 처음부터 토지거래허가를 배제하거나 잠탈하는 내용의 것으로서 확정적으로 무효라고 볼 수 없는 이상 그 후 토지거래허가구역지정이 해제된 때는 그 계약은 더 이상 관할행정청으로부터 토지거래허가를 받을 필요가 없이 확정적으로 유효로 되고, 일단 유효로 된 이상 그 후 그 토지가 토지거래허가구역으로 재지정되었다 하여 다시 토지거래허가를 받아야 되는 것은 아니다"

기출해설 2017년 사법시험 제1문

【공통되는 사실관계】

甲은 2010. 10. 5. 건물 신축을 위하여 토지거래허가대상인 X토지를 그 소유자인 乙로부터 임차하였고(임차기간 20년), 2011. 7. 1. X토지 위에 Y건물을 신축하고 자신 앞으로 소유권보존등기를 마쳤다. 甲은 2016. 3. 5. 乙로부터 X토지를 대금 10억 원에 매수하면서 계약금 1억 원은 계약 당일, 잔금 9억 원은 2016. 4. 5. 지급하기로 약정하였다. 甲은 위 매매계약 당일 乙의 지시에 따라 乙의 채권자인 丙에게 계약금 1억 원을 지급하고, 2016. 4. 5. 乙에게 잔금 중 2억 원을 지급하였다. 甲은 2016. 5. 2. 乙에 대하여 토지거래허가신청절차에 협력할 것을 요구하였으나, 乙은 잔금 중 7억 원의 미지급을 이유로 이를 거부하였다. 甲은 같은 달 7. 위 협력의무의 이행을 최고하였고, 협력하기에 충분한 기간이 도과한 후인 같은 달 17. 乙에 대하여 위 협력의무 불이행을 이유로 위 매매계약 해제의 의사표시를 하였다. 甲은 2016. 6. 8. 丁에게 Y건물을 매도하고 丁 앞으로 소유권이전등기를 마치고서, 乙의 동의를 얻어 丁에게 X토지에 관한 임차권을 양도하였다. 한편 X토지에 관하여는 2016. 6. 25. 강제경매개시결정의 기입등기가 마쳐지고 그에 따른 강제경매절차에서 戊가 X토지를 매수하고 2016. 8. 1. 매각대금을 완납하였다.

1. 甲은 丙에 대하여 계약금으로 지급한 1억 원의 반환과 乙에 대하여 잔금으로 지급한 2억 원의 반환을 각 청구할 수 있는가? (60점)

사례A-33 유동적 무효와 단축된 급부에서의 부당이득반환

Ⅰ. 설문 1.의 경우(60)

1. 문제점

사안에서 甲의 계약금 및 잔금의 반환청구와 관련해서는 **'해제에 따른 원상회복청구'** 나 **'무효에 따른 부당이득반환청구'** 를 생각해 볼 수 있는데, 이와 관련하여 ① 토지거래허가 구역 내 X토지에 대한 매매계약의 효력 및 ② 협력의무 불이행을 이유로 한 계약해제가 가능한지가 문제되고, ③ 戊가 강제경매절차에서 X토지를 매수하고 경락대금 완납한 것이 甲과 乙의 계약에 미치는 영향과 ④ 최종적으로 甲이 계약금 및 잔금의 반환을 청구할 수 있는지 그 근거규정 및 반환청구의 상대방이 문제되는바, 차례대로 검토하기로 한다.

2. 甲과 乙의 X토지 매매계약의 효력

(1) 甲의 계약해제 의사표시의 유효성

1) 토지거래허가 구역 내 대상 토지에 대한 매매계약의 효력

국토의 계획 및 이용에 관한 법률상 토지거래 허가규정은 효력규정이나, 허가를 전제로 한 토지거래의 경우에는 투기거래에 대한 위험이 없다 할 것이므로 "허가가 있기 전에는 채권계약 자체도 무효이지만 **허가를 받을 것을 전제로 한 계약은 유동적 무효로 보아 허가가 있으면 소급적으로 유효한 계약이 된다**"(대판 1991.12.24, 전합90다12243).

2) 협력의무 불이행을 이유로 한 해제 가부

① 유동적 무효상태의 계약당사자는 그 계약이 효력 있는 것으로 완성될 수 있도록 서로 **'협력할 의무'**를 부담하고, 이러한 협력의무 불이행시 상대방은 **손해배상을 청구 할 수 있다**(대판 1995.4.28, 93다26397 ; 이러한 의무는 견해대립이 있으나 신의칙상 의무이므로 법적 근거는 제750조). ② 그러나 "유동적 무효의 상태에 있는 거래계약의 당사자는 상대방이 '협력할 의무'를 이행하지 아니하였음을 들어 일방적으로 유동적 무효의 상태에 있는 거래계약 자체를 **해제할 수 없다**"(대판 1999.6.17, 전합98다40459).

3) 사안의 경우

'협력할 의무'는 매매계약상 의무가 아닌 신의칙상의 의무에 불과하여, 협력의무 불이행을 이유로 乙이 손해배상의무를 부담하게 됨은 별론으로 하더라도, 이를 이유로 한 甲의 계약해제의 의사표시는 (협력의무의 이행을 최고하고 이행에 필요한 충분한 기간이 도과한 후에 해제의 의사표시를 하였더라도) **효력이 없다.**

(2) X토지가 강제경매절차에서 제3자 戊에게 매각된 경우 X토지 매매계약의 효력

判例가 판시하는 바와 같이 "토지거래허가가 나지 아니한 상태에서 당해 토지에 관한 경매절차가 개시되어 제3자에게 소유권이 이전되었다면, 위 토지거래계약에 기한 소유권이전의무는 특별한 사정이 없는 한 이행불능 상태에 이르렀다고 보아야 하고, 이로써 유동적 무효 상태에 있던 위 토지거래계약은 (사후적으로) **'확정적으로 무효'**가 된다"(대판 2011.6.24. 2011다11009).

따라서 사안의 경우 X토지에 관한 강제경매 절차에서 戊가 X토지를 매수하고 2016. 8. 1. 매각대금을 완납한바, 이 때 甲과 乙의 X토지 매매계약은 (사후적으로) 확정적으로 무효가 되었다.

3. 무효에 따른 甲의 부당이득 반환청구

(1) 부당이득반환청구 가부

判例가 판시하는 바와 같이 "매수인이 지급한 계약금은 그 계약이 유동적 무효상태로 있는 한 이를 부당이득으로 반환을 구할 수 없고, 유동적 무효상태가 확정적으로 무효로 되었을 때 비로소 부당이득으로 그 반환을 구할 수 있다"(대판 1993.7.27, 91다33766).

(2) 丙에게 계약금 반환 청구 가부 - '금전'의 단축급부

1) 판 례

判例는 "계약의 일방 당사자가 계약 상대방의 지시 등으로 급부과정을 단축하여 계약 상대방과 또 다른 계약관계를 맺고 있는 제3자에게 직접 급부한 경우, 그 급부로써 급부를 한 계약 당사자의 상대방에 대한 급부가 이루어질 뿐 아니라 그 상대방의 제3자에 대한 급부로도 이루어지는 것이므로 계약의 **일방 당사자는 제3자를 상대로 법률상 원인 없이 급부를 수령하였다는 이유로 부당이득반환청구를 할 수 없고,** 제3자(丙)가 급부를 수령함에 있어 계약의 일방당사자(甲)가 상대방(乙)에 대하여 급부를 한 원인관계인 법률관계에 무효 등의 흠이 있었다는 사실을 알고 있었다 할지라도 마찬가지다"(대판 2008.9.11, 2006다46278 : 4회,6회,8회 선택형)라고 한다.

2) 검토 및 사안의 경우

생각건대, 甲과 乙사이의 매매계약의 청산은 그들 사이에서 이루어져야 하는데 만일 甲이 丙에게 직접 부당이득반환청구를 할 수 있다고 보면, **자기책임하에 체결된 계약에 따른 위험부담**(乙의 무자력의 위험)**을 제3자인 丙에게 전가 시키는 것이 되어 계약법의 기본원리에 반하는 결과를** 초래하게 되어 부당하기 때문에(이는 전용물소권을 부정하는 것과 같은 이치이다), 甲은 계약상대방인 乙에게 부당이득반환을 청구하여야지 丙에게 직접 부당이득을 원인으로 그 계약금의 반환을 청구할 수는 없다.

(3) 乙에게 계약금 1억 원 및 잔금 2억 원 부당이득 반환청구 가부

甲과 乙의 계약이 확정적으로 무효로 됨으로써 乙의 급부 보유는 법률상 원인이 없게 되었으므로 甲은 乙에게 계약금 1억 원 및 잔금 2억 원에 대해 계약의 무효를 원인으로 한 부당이득 반환청구를 할 수 있다.

4. 사안의 해결

甲은 丙에 대하여는 계약금으로 지급한 1억 원의 반환을 청구할 수 없고, 乙에게 계약이 확정적으로 무효가 된 2016. 8. 1.에 비로소 부당이득으로 계약금 1억 원 및 잔금 2억 원에 대하여 반환을 구할 수 있다(제741조).

기출해설

2022년 변호사시험 제2문

【기초적 사실관계】
사단의 실질은 갖추었으나 법인등기를 하지 아니한 A종중은 2016. 9. 1. 종중회관 신축을 위해 B와 건물공사에 관한 도급계약(이하 '건물공사계약')을 체결하였다. 이후 B는 2016. 10. 1. 건물신축을 위해 필요한 토목공사를 목적으로 하는 도급계약(이하 '토목공사계약')을 C와 체결하였다. [※ 추가적 사실관계는 각각 별개임]

【추가적 사실관계 2】
甲은 2016. 9. 1. A종중을 대표하여 B와 건물공사계약을 체결하면서 B로부터 뒷돈을 받고 B가 제시하는 공사대금이 부풀려진 금액임을 알면서도 계약을 체결하여, A종중에 3억 원의 피해가 발생하였다. 이러한 사실을 A종중의 종전 임원이나 내부 직원은 알지 못하였으며, 새로 취임한 A종중의 신임 대표 乙이 2019. 10. 1. 종중 사무에 대한 전반적인 감사를 실시하는 과정에서 甲의 비위사실을 적발하게 되었다.
A종중은 2021. 10. 1. 甲을 상대로 법원에 불법행위로 인한 손해배상을 구하는 소를 제기하였다. 이에 대해 甲은 위 비위사실은 5년 전에 발생한 것이어서 자신에 대한 손해배상청구권은 이미 시효로 소멸하였다고 항변하였다.

이에 관하여 법원은 어떠한 판단을 하여야 하는지, 1) 결론(소 각하/청구 기각/청구 인용/청구 일부 인용 - 일부 인용의 경우 인용 범위를 특정할 것)과 2) 논거를 기술하시오. (15점)

사례A-34 불법행위로 인한 손해배상청구권의 기산점[1)]

Ⅱ. 제2문의 1. 문제 2.의 해결(15)

1. 결 론

법원은 인용판결을 해야 한다.

2. 논거

(1) 불법행위로 인한 손해배상청구권의 소멸시효

가해자 甲의 소멸시효 항변과 관련하여 불법행위로 인한 손해배상의 청구권은 피해자나 그 법정대리인이 그 손해 및 가해자를 안 날로부터 3년간 이를 행사하지 아니하면 시효로 인하여 소멸한다. 불법행위를 한 날로부터 10년을 경과한 때에도 같다(제766조).
여기서 '손해 및 가해자를 안 날'이란 손해의 발생사실과 그 손해가 가해자의 불법행위로 인해 발생한 것임을 피해자측이 현실적이고도 구체적으로 인식한 것을 뜻하는바(대판 1995.2.10, 94다30263). '법인이 피해자인 경우 안 날' 의 판단기준이 문제된다.

---

1) ★ 2012년 3차 법전협모의 제2문에서도 동일한 쟁점이 출제되었다.

(2) 법인의 대표자가 법인에 대해 불법행위를 한 경우

① 법인이 피해자인 경우 원칙적으로 대표자가 안 날부터 기산될 것이나, ② **법인의 대표자가 법인에 대해 불법행위를 한 경우**에는 "법인과 그 대표자는 이익이 상반하게 되므로 현실로 그로 인한 손해배상청구권을 행사하리라고 기대하기 어려울 뿐만 아니라 일반적으로 그 '**대표권도 부인**' 된다고 할 것이므로 단지 그 대표자가 그 손해 및 가해자를 아는 것만으로는 부족하고, 적어도 '**법인의 이익을 정당하게 보전할 권한**' 을 가진 다른 임원 또는 사원이나 직원 등이 손해배상청구권을 행사할 수 있을 정도로 이를 안 때에 비로소 위 단기소멸시효가 진행한다"(대판 2002.6.14, 2002다11441 : 3회 선택형). 만약 임원 등이 법인 대표자와 공동불법행위를 한 경우에는 그 임원 등을 배제하고 단기소멸시효의 기산점을 판단하여야 한다(대판 2012.7.12. 2012다20475).

(3) 사안의 경우

피해자 A종중이 손해 및 가해자를 안 날은 통상 대표자 甲이 안 날을 기준으로 함이 원칙이나, 甲은 스스로 불법행위를 저질러 손해 및 가해자를 알았으므로, 가해행위에 가담한 대표 甲이 아닌 신임 대표 乙이 안 날을 기준으로 해야 한다. 따라서 乙이 甲의 비위사실을 적발한 2019. 10. 1.로부터 소제기일 2021. 10. 1.까지는 3년이 경과하지 않았고, 불법행위일로부터 10년이 경과하지도 않았으므로 甲의 시효소멸항변은 타당하지 않다.

기출해설

2024년 변호사시험 제2문

甲은 건물신축을 위해 2012. 3. 15. 乙로부터 X토지를 6억 원에 매수하여, 같은 해 4. 30. 토지를 인도받고 같은 날 소유권이전등기를 마쳤다.
甲은 자금 등 상황이 여의치 않아 건물신축을 미루고 있던 중, 2022. 9. 30. 건물을 신축하기 위한 건축허가를 받고, 토지의 굴착공사를 개시하였다. 그런데 굴착공사가 진행되던 2023. 8. 초순경, 토지 1~4m 깊이에 건설폐토석, 비닐, 폐유와 폐자재 등 각종 쓰레기가 매립되어 있다는 사실, 해당 쓰레기들은 1995. 5.경 당시 X토지의 소유자인 乙에 의해서 매립된 것인데 그 사이 오염물질과 토양이 뒤섞여 혼합된 상태이고 주변 토양도 검게 오염되어 있다는 사실, 신축건물의 지하주차장 마련을 위해 해당 토지가 정화 처리되어야 한다는 사실이 밝혀졌다.
甲은 2023. 9. 1. 乙에게 내용증명우편을 보내어 매립된 쓰레기를 발견하였다고 통지하였는데, 乙은 甲에게 '매립 혹은 인도한 때로부터 오랜 시간이 경과하여 책임이 없다'는 취지의 내용증명우편을 발송하였다. 甲은 2024. 1. 중에는 乙에게 소를 제기할 계획이다.

甲은 乙에게 ① 소유권에 기한 방해배제를 구하는 방안, ② 하자담보책임이나 불법행위책임을 물어 손해배상을 구하는 방안을 고민하면서, 변호사인 귀하에게 의견을 묻고 있다. 乙의 항변을 고려하여 위 각 구제수단의 인용가능성에 관하여 검토하시오. (30점) [※「토양환경보전법」 등 특별법은 고려하지 말 것]

사례A-35 제214조의 방해, 담보책임의 제척기간과 소멸시효 경합, 제766조의 기산점★

Ⅰ. 결 론

X토지에 매립된 쓰레기는 '방해'가 아니므로 소유권에 기한 방해제거를 구할 수 없고(민법 제214조 ; 이하 법명은 생략), 하자담보책임에 따른 손해배상청구는 소멸시효(제162조 1항)가 도과되었으므로 각 인용될 수 없다. 다만 불법행위책임에 기한 손해배상청구는 소멸시효가 도과되지 아니하였으므로 인용될 수 있다(제766조).

Ⅱ. 논 거

1. 甲의 제214조의 소유권에 기한 방해제거청구의 인용여부

(1) 문제점

소유권에 기한 방해제거청구권은 소유자가 소유권을 방해하는 자에 대하여 방해의 제거를 청구할 수 있는 권리이다(제214조 전단). '방해'란 점유 이외의 방법으로 소유권의 내용이 실현되지 못하고 있는 상태를 말한다. X토지의 매도인 乙이 매립한 쓰레기가 甲의 소유권을 '방해'하는 것인지 문제된다.

(2) 방해의 개념

"소유권에 기한 방해배제청구권에 있어서 '방해'라 함은 현재에도 지속되고 있는 침해를 의미하고, 법익 침해가 과거에 일어나서 이미 종결된 경우에 해당하는 '손해'의 개념과는 다르다 할 것이어서, 소유권에 기한 방해배제청구권은 방해결과의 제거를 내용으로 하는 것이 되어서는 아니 되며(이는 손해배상의 영역에 해당한다 할 것이다) 현재 계속되고 있는 방해의 원인을 제거하는 것을 내용으로 한다"(대판 2003.3.28. 2003다5917).

(3) 사안의 경우

제214조의 '방해의 제거'란 방해 결과의 제거가 아니라 현재 계속되고 있는 방해의 원인을 제거하는 것을 의미한다(위 2003다5917 판결). 사안에서 쓰레기 매립으로 조성한 토지에 소유권자 甲이 매립에 동의하지 않은 쓰레기가 매립되어 있다 하더라도 이는 乙의 과거의 위법한 매립공사로 인하여 생긴 결과로서 소유권자 甲이 입은 손해에 해당함에 불과하고, 그 쓰레기가 현재 소유권에 대하여 별도의 침해를 지속하고 있다고 볼 수 없으므로 甲은 소유권에 기한 방해배제청구권을 행사할 수 없다.

2. 甲의 제580조 1항 하자담보책임에 따른 손해배상청구의 인용여부

(1) 매도인 乙의 하자담보책임 인정여부

민법 제580조 1항의 매도인의 하자담보책임은 i) 유효한 매매계약의 성립, ii) 매매목적물에 하자 존재, iii) 매수인의 선의 무과실을 요건으로 한다. 사안에서 토지에 오염을 유발할 수 있는 쓰레기가 매립되어 있는 것은 토지로서 통상적으로 갖추어야 할 성질, 상태를 갖추고 있지 못한 것이므로 乙은 쓰레기가 매립된 객관적 하자 있는 X토지를 甲에게 유효하게 매도하였고, 甲은 2012. 3. 15. 매매계약 체결당시에 알 수 없었고 알지 못한데 과실도 없었으므로, 매도인 乙에게 제580조 1항의 하자담보책임이 인정된다.

(2) 하자담보책임에 기한 손해배상청구의 제척기간과 소멸시효의 경합

하자담보책임으로 인한 손해배상청구권은 매수인이 하자를 안 날로부터 6월 내에 행사해야 한다(제582조). 이때 '하자를 안 날'이란 그 결과가 하자로 인한 것임을 알았을 때를 말한다(대판 2003.6.27, 2003다20190). **한편 최근 判例에 따르면 하자담보책임에 기한 매수인의 손해배상청구권은 매수인이 그 사실을 안 때부터 6월의 제척기간(제582조)에 걸리는 동시에 매수인이 매매의 목적물을 인도받은 때부터 10년의 소멸시효(제162조 1항)에도 걸린다고** 한다(대판 2011.10.13, 2011다10266).[1]

甲은 2023. 8. 초순경 하자를 알았으므로 2024. 1. 현재 제척기간은 도과되지 아니하였으나, 甲이 X토지를 인도받은 때인 2012. 4. 30.으로부터 10년이 도과하였음이 명백하므로, 甲의 하자담보책임에 기한 손해배상청구권은 소멸시효 완성으로 소멸하였다.

---

1) ★ **[사실관계]** 甲이 乙 등에게서 부동산을 매수하여 소유권이전등기를 마쳤는데 위 부동산을 순차 매수한 丙이 부동산 지하에 매립되어 있는 폐기물을 처리한 후 甲을 상대로 처리비용 상당의 손해배상청구소송을 제기하였고, 甲이 丙에게 위 판결에 따라 손해배상금을 지급한 후 乙 등을 상대로 하자담보책임에 기한 손해배상으로서 丙에게 기지급한 돈의 배상을 구한 사안에서, 甲의 하자담보에 기한 손해배상청구권은 甲이 乙 등에게서 부동산을 인도받았을 것으로 보이는 소유권이전등기일로부터 소멸시효가 진행하는데, 甲이 그로부터 10년이 경과한 후 소를 제기하였으므로, 甲의 하자담보책임에 기한 손해배상청구권은 이미 소멸시효 완성으로 소멸되었다고 한 사례이다.
생각건대 제척기간과 소멸시효는 제도의 취지가 서로 다르기 때문에 하나의 권리에 대하여 제척기간과 소멸시효가 중첩적으로 적용될 수 있으므로 判例의 태도는 타당하다.

3. 甲의 제750조 불법행위에 따른 손해배상청구의 인용여부

(1) 매도인 乙의 불법행위책임 인정여부

乙은 고의로 X토지에 쓰레기를 매립하여 X토지를 오염시킨 사실을 숨기고 이를 甲에게 매도한바, 이는 甲에게 쓰레기처리비용 상당의 손해를 입힌 위법행위로서 乙의 매립행위와 甲의 손해발생 사이에 인과관계 인정되어 乙은 불법행위책임을 진다(제750조).

[관련판례] 토지 소유자가 폐기물을 불법으로 매립한 경우 토지를 전전 취득한 현재의 소유자에게 불법행위책임으로 '폐기물처리비용' 상당의 손해배상책임을 지는지 여부와 관련하여 ① 토양이 오염되고 폐기물이 매립된 토지의 매수인이 그 정화·처리비용을 실제 지출하거나 지출하게 된 것을 제750조가 규정하는 '손해'로 평가할 수 있는지 여부는 그 토지의 거래 상대방과 사이에서 논의될 수 있을 뿐이라는 判例의 반대견해도 있으나, ② 다수의견은 "다른 특별한 사정이 없는 한 이는 거래의 상대방 및 토지를 전전 취득한 현재의 토지 소유자에 대한 위법행위로서 불법행위가 성립할 수 있고, 위법행위로 인하여 오염토양 정화비용 또는 폐기물 처리비용의 지출이라는 손해의 결과가 현실적으로 발생하였으므로, 토양오염을 유발하거나 폐기물을 매립한 종전 토지 소유자는 오염토양 정화비용 또는 폐기물 처리비용 상당의 손해에 대하여 불법행위자로서 손해배상책임을 진다"(대판 2016.5.19. 전합2009다66549)고 판시한 바 있다.

토지소유자에게는 토양오염물질을 토양에 누출·유출하거나 투기·방치함으로써 토양오염을 유발하였음에도 오염토양을 정화하지 않은 상태에서 오염토양이 포함된 토지를 거래에 제공함으로써 유통되게 하지 않도록 할 일반적인 의무가 있다고 보는 것이 타당하다(전합2009다66549판시내용)

(2) 제766조 소멸시효의 기산점 및 기간

불법행위로 인한 손해배상의 청구권은 피해자나 법정대리인이 그 손해 및 가해자를 안 날로부터 3년간 이를 행사하지 아니하면 시효로 인하여 소멸한다(제766조 1항). 불법행위를 한 날로부터 10년을 경과한 때에도 같다(제766조 2항). 判例는 이를 (제척기간이 아닌) 소멸시효기간으로 본다(대판 1996.12.19. 전합94다22927).

특히 가해행위와 이로 인한 손해의 발생 사이에 시간적 간격이 있는 불법행위에 기한 손해배상청구권의 경우, '불법행위를 한 날'은 가해행위가 있었던 날이 아니라 객관적·구체적으로 손해가 발생한 때, 즉 손해의 발생이 현실적인 것으로 되었다고 할 수 있을 때를 의미한다(대판 2021.8.19. 2019다297137).

(3) 사안의 경우

甲이 X토지에 쓰레기가 매립되었다는 사실을 안 시점은 2023. 8. 초순경으로 손해 및 가해자를 안 날로부터 2024. 1. 현재 3년이 도과하지 아니하였고(제766조 1항), 甲에게 토지 정화 처리 비용이라는 손해의 결과가 현실적으로 발생한 날은 甲이 토지를 인도받은 시점이 아니라, 사회통념에 비추어 X토지의 오염 사실을 알게되고 이를 제거하여야 할 필요가 발생한 때로 봄이 객관적이고 합리적이므로 2023. 8. 초순경으로 보아야 한다(대판 2003.4.8. 2000다53038). 따라서 불법행위를 한 날로부터 10년이 도과하지 않았다(제766조 2항).

기출해설 2020년 2차 법전협 모의 제2문

甲은 2010. 1. 5. 乙에게 1억 원을 변제기 2010. 3. 4.로 정하여 무이자로 대여하였다.(아래의 각 설문은 독립적임. 지연손해금은 고려하지 말 것).

甲은 乙을 상대로 2020. 2. 11. 위 대여금의 지급을 구하는 소를 제기하였고, 그 소장은 2020. 2. 22. 乙에게 송달되었다. 한편 甲의 채권자 丙은 강제집행을 승낙하는 취지가 기재된 소비대차계약 공정증서를 집행권원으로 하여 2020. 3. 10. 甲의 乙에 대한 위 대여금 채권에 관한 채권압류 및 추심명령신청을 하여, 2020. 3. 15. 채권압류 및 추심명령이 내려지고, 2020. 3. 20. 乙에게 위 추심명령이 송달되었다. 丙은 甲의 乙에 대한 소송의 변론기일이 계속 진행 중인 상태에서 2020. 5. 1. 乙을 상대로 추심금 청구의 소를 제기하였다. 그 후 甲은 2020. 5. 10. 乙에 대한 위 대여금 청구의 소를 취하하였고, 乙도 같은 날 소취하에 동의하였다.

한편 丙의 乙에 대한 위 추심금 청구 소송에서 乙은 '위 대여금은 변제기 2010. 3. 4.로부터 10년이 지나 시효소멸하였다.'고 항변하였고, 이에 대하여 丙은 '甲이 소멸시효 완성 전에 재판상 청구를 하였고, 甲이 그 후 소를 취하하기는 하였지만 丙이 별도로 추심금 청구를 하였으므로 위 대여금 채무의 시효는 중단되었다.'고 재항변하였다. 법원은 그 상태에서 변론을 종결하였다.

1. 쌍방 주장사실이 모두 인정되는 경우, 법원은 어떠한 판결을 하여야 하며(소 각하/청구 기각/청구 인용), 그 근거는 무엇인가? (15점)

사례A-36 추심명령과 추심채무자의 시효중단 행위의 효력★

Ⅰ. 문제 1.의 경우

1. 乙의 피압류채권 '소멸시효완성' 항변의 타당성

甲의 乙에 대한 대여사실이 인정되고, 丙의 압류·추심명령이 제3채무자 乙에게 적법하게 송달된 사실이 인정되므로 丙의 乙에 대한 추심금 청구는 타당하다. 그러나 乙은 피압류채권의 소멸시효 완성의 항변을 하고 있는바, 위 피압류채권은 다른 사정이 없는 이상, 민사채무로서 그 소멸시효는 변제기 2010. 3. 4.로부터 10년이 지난 **2020. 3. 4. 완성된다(제162조 1항). 그러므로 丙의 추심의 소는 소멸시효 완성 이후에 제기되었으므로 원칙적으로 피고 乙의 소멸시효 항변은 이유있다.**

2. 丙의 피압류채권 '시효중단' 재항변의 타당성

(1) 문제점

집행채무자 甲은 피압류채권의 소멸시효가 완성되기 이전인 2020. 2. 11. 이행의 소를 제기한 후 2020. 5. 10. 위 소를 적법하게 '취하' 한바, 이로 인해 소멸시효 중단의 효과는 소급적으로 소멸된다(**제170조 1항**).

다만 소취하 이후 6개월 이내에 소제기 등의 조치가 있으면 처음 소제기로 인한 소멸시효 중단의 효과는 그대로 유지되는바(**제170조 2항**), 사안의 경우 추심채무자 甲의 '소취하' 이전에 추심채권자 丙이 추심의 소를 제기하였으므로 甲이 2020. 2. 11. 처음 소제기로 인한 소멸시효 중단의 효과가 그대로 유지되는지 문제된다.

(2) 채무자의 소제기에 의한 시효중단의 효력이 추심채권자에게 미치는지 여부

判例에 따르면 "채무자의 제3채무자에 대한 금전채권에 대하여 압류 및 추심명령이 있더라도, 이는 추심채권자에게 피압류채권을 추심할 권능만을 부여하는 것이고, 이로 인하여 채무자가 제3채무자에게 가지는 채권이 추심채권자에게 이전되거나 귀속되는 것은 아니다(따라서 추심채권자는 제169조 소정의 '승계인'에 해당한다고 볼 수는 없다).[2] 따라서 채무자가 제3채무자를 상대로 금전채권의 이행을 구하는 소를 제기한 후 채권자가 위 금전채권에 대하여 압류 및 추심명령을 받아 제3채무자를 상대로 추심의 소를 제기한 경우, **채무자가 권리주체의 지위에서 한 시효중단의 효력은 집행법원의 수권에 따라 피압류채권에 대한 추심권능을 부여받아 일종의 추심기관으로서 그 채권을 추심하는 추심채권자에게도 미친다**"(대판 2019.7.25. 2019다212945).

(3) 채무자의 재판상 청구에 따른 시효중단의 효력이 추심채권자의 추심소송에 유지되기 위한 요건

"그러므로 민법 제170조에 따라 채무자가 제3채무자를 상대로 제기한 금전채권의 이행소송이 압류 및 추심명령으로 인한 당사자적격의 상실로 각하되더라도, 위 이행소송의 계속 중에 피압류채권에 대하여 채무자에 갈음하여 당사자적격을 취득한 추심채권자가 위 **각하판결이 확정된 날로부터 6개월 내에 제3채무자를 상대로 추심의 소를 제기하였다면, 채무자가 제기한 재판상 청구로 인하여 발생한 시효중단의 효력은 추심채권자의 추심소송에서도 그대로 유지된다**"(대판 2019.7.25. 2019다212945).

(4) 사안의 경우

추심채무자 甲이 2020. 5. 10. 소를 '취하'하였으나 그 전에 이미 추심채권자 丙이 제3채무자 乙을 상대로 추심의 '소'를 제기하였으므로, 이는 위 判例에 따르면 제170조 2항의 6개월 내에 소를 제기한 것에 해당한다. 이에 따라 최초에 甲이 2020. 2. 11. 재판상 청구를 한 때로 소급하여 시효중단의 효과가 유지된다. 따라서 丙의 피압류채권 시효중단 재항변은 타당하다.

3. 사안의 해결

법원은 丙의 청구를 인용하여야 한다.

---

2) **[판례평석]** ㉠ 금전채권에 대한 압류 및 추심명령이 있으면 제3채무자에 대한 이행의 소는 추심채권자만이 제기할 수 있고, 채무자는 피압류채권에 대한 이행소송을 제기할 '당사자적격'(소송수행권)을 상실한다. 따라서 채무자가 제3채무자를 상대로 금전채권의 이행을 구하는 소를 제기한 후 채권자가 위 금전채권에 대하여 압류 및 추심명령을 받으면 채무자와 제3채무자 간의 소송은 '각하'된다. 다만, 채무자가 제기한 이행의 소가 법원에 계속되어 있는 경우에도 추심채권자는 제3채무자를 상대로 별도로 추심의 소를 제기할 수 있고, 이는 중복제소에 해당하지 않는데(대판 2013.12.18. 전합2013다202120), 이때 추심채권자는 채무자가 이미 제기한 소에 승계참가할 것인지 또는 자기 명의로 별도로 추심의 소를 제기할 것인지 여부를 자유롭게 선택할 수 있고 그 법적 효력 역시 동일하게 볼 수 있다.
㉡ 제169조의 시효중단의 효력이 미치는 '승계인'이라 함은 "시효중단에 관여한 당사자로부터 중단의 효과를 받는 권리를 그 중단 효과 발생 이후에 승계한 자"를 의미한다(대판 1994.6.24. 94다7737). 그런데 대상판결이 판시한 바와 같이 "채무자가 제3채무자에게 가지는 채권이 추심채권자에게 이전되거나 귀속되는 것은 아니"므로, 추심채권자가 제169조 소정의 '승계인'에 해당한다고 볼 수는 없다[법무법인(유) 율촌, 최윤아, 2019.9.2. 법무리포트].

기출해설 2022년 변호사시험 제1문

【기초적 사실관계】 대부업자 甲은 2013. 5. 21. 乙에게 2억 원을 변제기 2014. 5. 20.로 정하여 대여하였다. [※ 추가적 사실관계는 각각 별개임]

【추가적 사실관계 2】
甲은 2019. 5. 1. 乙을 상대로 위 대여금 2억 원의 지급을 구하는 소를 제기하였다. 그런데 甲에 대해 1억 원의 채권을 보유하고 있는 丙은 甲을 채무자, 乙을 제3채무자로 하여 위 대여금 채권 중 1억 원에 대해 압류 및 추심 명령을 받았고, 위 명령은 2019. 6. 1. 乙에게 송달되었다.
甲의 乙에 대한 대여금청구소송에서, "丙이 압류 및 추심 명령을 받은 부분에 대해서는 甲에게 당사자적격이 없음을 확인하고, 乙은 甲에게 1억 원을 지급한다."라는 내용의 화해권고결정이 2019. 11. 1. 확정되었다. 그 후 丙은 2020. 1. 10. 乙을 상대로 1억 원의 추심금 지급을 구하는 소를 제기하였다.
2. 乙은 甲의 위 대여금 채권이 시효로 소멸하였다고 주장한다. 乙의 주장은 타당한가? (20점)

사례A-37 화해권고결정 및 추심금청구와 시효중단의 효력

Ⅱ. 문제 2.의 경우(20)

1. 쟁점의 정리

채무자에 의한 시효중단의 효력이 추심채권자에게 미치는지, 압류 및 추심명령으로 인해 채무자의 제3채무자에 대한 소가 각하된 이후 제기된 추심의 소에 의해 시효중단의 효과가 발생하는지 여부가 문제된다.

2. 甲의 乙에 대한 소제기와 시효중단

甲은 대부업자로서 상인이므로 甲의 乙에 대한 대여금채권의 소멸시효기간은 5년이다(상법 제46조 8호, 상법 제64조). 따라서 확정기한부채권인 위 채권은 변제기인 2014. 5. 20.부터 5년이 경과한 2019. 5. 20. 24:00에 시효가 완성될 예정이었으나, 甲이 2019 .5 .1. 乙을 상대로 위 대여금 2억 원의 지급을 구하는 소를 제기함으로써 원칙적으로 시효가 중단될 수 있다(민사소송법 제265조, 민법 제168조 1호, 민법 제170조 ; 이하 민법은 법명생략).

3. 화해권고결정의 시효중단 효력

판례가 판시하는 바와 같이 "채권에 대한 압류 및 추심명령이 있으면 제3채무자에 대한 이행의 소는 추심채권자만이 제기할 수 있고 채무자는 피압류채권에 대한 이행소송을 제기할 당사자적격을 상실한다"(대판 2000.4.11. 99다23888). 따라서 甲의 乙에 대한 대여금청구소송에서 丙이 추심명령을 받은 1억 부분에 당사자적격이 없음을 확인한 화해권고결정은 각하판결 확정에 준하는 효력이 인정된다(민사소송법 제231조, 제220조).

그러므로 당사자 적격이 없다고 확인된 甲의 청구 부분에 대한 이 사건 화해권고결정의 효력은 민법 제170조 1항 및 2항에 따라 6개월 내에 재판상 청구가 있는 경우, 甲이 소를 제기한 2019. 5. 1.에 시효가 중단된 것으로 볼 수 있다.

3. 추심금 청구의 소의 시효중단 효력

(1) 채무자의 소제기에 의한 시효중단의 효력이 추심채권자에게 미치는지 여부

判例에 따르면 "채무자의 제3채무자에 대한 금전채권에 대하여 압류 및 추심명령이 있더라도, 이는 추심채권자에게 피압류채권을 추심할 권능만을 부여하는 것이고, 이로 인하여 채무자가 제3채무자에게 가지는 채권이 추심채권자에게 이전되거나 귀속되는 것은 아니다(따라서 추심채권자는 제169조 소정의 '승계인'에 해당한다고 볼 수는 없다). 그러나 채무자가 제3채무자를 상대로 금전채권의 이행을 구하는 소를 제기한 후 채권자가 위 금전채권에 대하여 압류 및 추심명령을 받아 제3채무자를 상대로 추심의 소를 제기한 경우, **채무자가 권리주체의 지위에서 한 시효중단의 효력은 집행법원의 수권에 따라 피압류채권에 대한 추심권능을 부여받아 일종의 추심기관으로서 그 채권을 추심하는 추심채권자에게도 미친다**"(대판 2019.7.25. 2019다212945).

(2) 채무자의 재판상 청구에 따른 시효중단의 효력이 추심채권자의 추심소송에 유지되기 위한 요건

"그러므로 민법 제170조에 따라 채무자가 제3채무자를 상대로 제기한 금전채권의 이행소송이 압류 및 추심명령으로 인한 당사자적격의 상실로 각하되더라도, 위 이행소송의 계속 중에 피압류채권에 대하여 채무자에 갈음하여 당사자적격을 취득한 추심채권자가 위 **각하판결이 확정된 날로부터 6개월 내에 제3채무자를 상대로 추심의 소를 제기하였다면, 채무자가 제기한 재판상 청구로 인하여 발생한 시효중단의 효력은 추심채권자의 추심소송에서도 그대로 유지된다**"(대판 2019.7.25. 2019다212945).

(3) 사안의 해결

사안의 경우 화해권고결정이 확정된 2019. 11. 1.로부터 6월이 경과하기 전인 2020. 1. 10. 추심채권자 丙이 乙을 상대로 추심금의 소 제기했으므로, 1억 원 부분의 소멸시효는 시효 완성 전인 2019. 5. 1. 중단된 것이고 丙도 그 효력을 받는다.

4. 사안의 해결

乙의 시효소멸 주장은 부당하다.

2022년 1차 법전협 모의 제1문

【기초적 사실관계】

전자기기 판매업을 하고 있는 甲은 2014. 3. 10. 乙에게 사무용 컴퓨터 100대를 대당 100만 원씩 총 대금 1억 원에 매도하면서, 위 컴퓨터는 모두 2014. 3. 31. 인도하고, 2014. 4. 30. 위 물품대금을 지급받기로 약정하였다. 甲은 2014. 3. 31. 乙에게 컴퓨터 100대를 모두 인도하였으나, 물품대금지급기일이 지났음에도 물품대금을 지급받지 못하였다. 한편, 乙은 2014. 3. 31. 甲으로부터 인도받은 컴퓨터는 100대가 아니라 80대라고 주장하였다. 甲은 2016. 8. 5. 乙을 상대로 물품대금의 지급을 청구하는 소를 제기하면서 소장에 '일부청구'라는 제목 하에 "원고는 피고에게 1억 원의 물품대금채권을 가지고 있으나 정확한 금액은 추후 관련 자료를 확인하여 계산하고 우선 이 중 일부인 8,000만 원에 대하여만 청구합니다."라고 기재하였다. 甲은 위 소송이 종료될 때까지 청구금액을 확장하지 아니하였다. 법원은 2017. 3. 12. '피고는 원고에게 금 8,000만 원 및 이에 대한 지연손해금을 지급하라'는 판결을 선고하였고, 위 판결은 2017. 3. 28. 확정되었다.

※ 추가된 사실관계는 각각 별개임.

【추가적 사실관계 1】

위 판결이 확정된 이후 甲은 乙이 2014. 3. 31. 컴퓨터 100대를 모두 수령하였음을 확인하는 내용으로 작성한 서류를 찾아내었다. 甲은 2017. 8. 10. 乙을 상대로 나머지 물품대금 2,000만 원 및 이에 대한 지연손해금을 지급하라는 소송을 제기하였다. 이 소송에서 乙은 '위 물품대금채권 2,000만 원은 시효로 소멸하였다'고 항변하였다.

1. 위 소송에서 법원은 어떠한 판단을 하여야 하는지 1) 결론(소 각하/청구 기각/청구 인용/청구 일부 인용-일부 인용의 경우에는 인용 범위를 특정할 것)과 2) 논거를 기재하시오. (25점)

【추가적 사실관계 2】

乙은 2018. 2. 20. 컴퓨터 100대를 모두 인도받았음을 인정하며 甲에게 나머지 물품대금 2,000만 원 중 500만 원을 우선 지급하였다. 그 후 甲은 2020. 10. 15. 乙에게 물품대금 1,500만 원의 지급을 요청하였으나 乙이 차일피일 미루며 나머지 물품대금을 지급하지 아니하였다. 甲은 2021. 3. 15. 乙을 상대로 위 1,500만 원을 지급하라는 소를 제기하였다가 이를 취하하였다. 甲은 2021. 7. 15. 乙을 상대로 물품대금 1,500만 원을 지급하라는 소를 다시 제기하였고, 이 소송에서 乙은 '위 물품대금채권 1,500만 원은 시효로 소멸하였다'고 항변하였다.

2. 위 소송에서 법원은 어떠한 판단을 하여야 하는지 1) 결론(소 각하/청구 기각/청구 인용/청구 일부 인용-일부 인용의 경우에는 인용 범위를 특정할 것)과 2) 논거를 기재하시오. (25점)

사례A-38 일부청구와 시효중단, 반복적 최고와 시효중단, 일부변제와 시효이익의 포기

Ⅰ. 문제 1.의 경우(25)

1. 결 론(3)

법원은 甲의 청구를 전부 인용해야 한다.

2. 논 거

(1) 甲의 물품대금채권의 소멸시효 기산점 및 기간(3)

① 소멸시효는 '권리를 행사할 수 있는 때'로부터 진행한다(제166조 1항). 따라서 사안의 경우 甲의 물품대금채권은 확정기한부 채권으로서 이행기인 2014. 4. 30.(정확하게는 제157조 본문에 따라 그 다음날인 5. 1. 오전 0시)이 소멸시효의 기산점이 된다. ② 상행위로 생긴 채권의 소멸시효 기간은 5년임이 원칙이다(상법 제64조 본문). 다만, 다른 법령에 5년보다 단기 시효의 규정이 있는 때에는 그 규정에 의한다(상법 제64조 단서). 따라서 사안의 경우 甲의 물품대금채권은 상인이 판매한 상품의 대가에 해당하여 3년의 단기 소멸시효에 걸린다(민법 제163조 6호). 그러므로 **甲의 물품대금채권의 소멸시효는 '시효중단 사유가 없는 한' 2017. 4. 30. 24:00 완성된다.**

(2) 명시적 일부청구와 시효중단의 효력

1) 재판상청구로 인한 시효중단 - 일부청구 부분(6)

가) 판 례

① 하나의 채권 중 일부에 관하여만 판결을 구한다는 취지를 명백히 하여 소송을 제기한 경우에는 소제기에 의한 소멸시효중단의 효력이 그 일부에 관하여만 발생한다는 것이 판례의 기본입장이다(대판 1967.5.23. 67다529 : 명시설).

② 그러나 비록 일부만을 청구한 경우에도 그 취지로 보아 채권 전부에 관하여 판결을 구하는 것으로 해석되는 경우에는 그 전부에 대해 시효중단의 효력이 발생한다(대판 1992.4.10. 91다43695). 다만 "소장에서 청구의 대상으로 삼은 채권 중 일부만을 청구하면서 소송의 진행경과에 따라 장차 청구금액을 확장할 뜻을 표시하였으나 당해 소송이 종료될 때까지 실제로 청구금액을 확장하지 않은 경우에는 소송의 경과에 비추어 볼 때 채권 전부에 관하여 판결을 구한 것으로 볼 수 없으므로, 나머지 부분에 대하여는 재판상 청구로 인한 시효중단의 효력이 발생하지 아니한다"(대판 2020.2.6. 2019다223723 : 10회 선택형).

나) 사안의 경우

甲이 乙을 상대로 제기한 8,000만 원의 물품대금청구의 소(이하 "선행 소송"라고 한다)와 관련하여, **소장에서 청구의 대상으로 삼은 물품대금 중 일부(8,000만 원)에 대해서는 2016. 8. 5. 재판상 청구로 인한 시효중단의 효력이 발생한다(제170조).** 그러나 甲은 장차 청구금액을 확장할 뜻을 표시하였으나 당해 소송이 종료될 때까지 실제로 청구금액을 확장하지 않았으므로 소송의 경과에 비추어 볼 때 채권 전부에 관하여 판결을 구한 것으로 볼 수 없어 나머지 부분(2,000만 원)에 대해서는 2016. 8. 5. 재판상 청구로 인한 시효중단의 효력이 발생하지 아니한다.

[구체적 예] 丁에 대해 각 2억 원의 집행채권을 가지고 있는 추심채권자 甲과 乙이 丁에 대해 2억 원의 채무(피압류채권)를 지고 있는 제3채무자인 丙을 상대로 추심금 청구의 소(선행소송)를 제기하면서, 각자 채권액 비율로 안분한 1억 원의 추심금만 청구하였는데, 甲의 청구는 인용되고 乙의 청구가 기각되자, 甲이 선행소송에서 기각된 나머지 피압류채권 부분(선행소송에서 乙의 청구금액에 해당하는 부분) 1억 원에 대하여 소멸시효기간 도과 후 재차 추심금 청구의 소(후행소송)를 제기한 경우, **甲이 선행소송에서 잔부 채권 1억 원까지 권리행사를 하였다고 볼 여지가 있더라도, 실제 잔부 채권을 청구하지는 않은 이상 잔부 채권까지 재판상청구로서의 시효중단 효력이 미치지 않고, 다만 선행소송 계속 중 잔부 채권에 '최고'로서의 효력이 지속될 수 있을 뿐이므로**, 선행소송 종료 후 6월 내에 소멸시효를 중단시켰다는 등 특별한 사정이 없다면 잔부 채권은 후행소송의 소 제기 전에 소멸시효가 완성되었다고 보아야 한다(대판 2022.5.26. 2020다206625).

2) 최고로 인한 잠정적 시효중단 - 나머지 부분(8)

가) 판 례

"그러나 위와 같은 경우에도 소를 제기하면서 장차 청구금액을 확장할 뜻을 표시한 채권자로서는 장래에 나머지 부분을 청구할 의사를 가지고 있는 것이 일반적이라고 할 것이므로, 특별한 사정이 없는 한 당해 소송이 계속 중인 동안에는 나머지 부분에 대하여 권리를 행사하겠다는 의사가 표명되어 **'최고'에 의해 권리를 행사하고 있는 상태가 지속되고 있는 것으로 보아야 하고, 채권자는 당해 소송이 종료된 때부터 6월 내에 민법 제174조에서 정한 조치를 취함으로써 나머지 부분에 대한 소멸시효를 중단시킬 수 있다**"(대판 2020.2.6. 2019다223723 : 10회 선택형).

나) 사안의 경우

선행 소송의 제기로 나머지 부분(2,000만 원)에 대해서는 최고로 인한 잠정적 시효중단의 효력이 발생하고, 소송이 종료된 2017. 3. 28.부터 6월 내에 재판상 청구, 압류, 가압류 등의 시효중단 조치를 취함으로써 나머지 부분에 대한 소멸시효를 중단시킬 수 있다.

(3) 사안의 해결(5)

甲은 선행 소송이 종료된 2017. 3. 28.부터 6월 내인 2017. 8. 10. 乙을 상대로 나머지 부분인 2,000만 원의 지급을 구하는 소를 제기하였으므로 선행 소송의 소 제기 시점인 2016. 8. 5. 나머지 부분에 대한 소멸시효가 중단되어 乙의 소멸시효 항변은 인용되지 않는다.

Ⅱ. 문제 2.의 경우(25)

1. 결 론(3)

법원은 甲의 청구를 전부 기각해야 한다.

2. 논 거

(1) 甲의 물품대금채권과 소멸시효 완성(3)

앞서 검토한 바와 같이 甲의 물품대금채권은 상인이 판매한 상품의 대가에 해당하여 3년의 단기 소멸시효에 걸린다(제163조 제6호). 사안에서 甲은 선행 소송이 종료된 2017. 3. 28.부터 6월 내에 나머지 부분인 2,000만 원의 물품대금채권에 대한 재판상 청구 등의 조치를 취하지 않았으므로(제174조), 甲의 위 물품대금채권의 소멸시효는 2017. 4. 30. 24:00 완성되었다.

(2) 乙의 일부 변제와 시효이익의 포기(6)

채무의 '일부를 변제'한 때에도 다른 특별한 사정이 없다면 '잔존채무에 대하여도 승인'을 한 것으로 보아 시효중단이나 포기의 효력을 인정할 수 있다(대판 1993.10.26. 93다14936). 물론 시효이익의 포기는 '의사표시'이므로 시효완성의 사실을 알고서 하여야 하나, 判例는 시효완성 후에 시효이익을 포기하는 듯한 행위가 있으면 시효완성사실에 대한 악의를 추정한다(대판 2001.6.12. 2001다3580). "사안의 경우 물품대금채권의 소멸시효 완성 이후 乙이 2018. 2. 20. 甲에게 잔존 물품대금 2,000만 원 중 500만 원을 우선 지급한 것은 시효이익의 포기로 볼 수 있고, 특별한 사정이 없는 한 잔존한 물품대금채무 전체에 대해서 시효이익 포기의 효력을 인정할 수 있다. 따라서 일부 변제 후 잔존한 물품대금채권(1,500만 원)은 乙의 시효이익의 포기 시점인 2018. 2. 20.부터 다시 진행된다.

(3) 반복된 최고와 재판상 청구, 시효중단의 효력(8)

1) 최고, 소 취하와 시효중단의 효력

최고는 6월내에 재판상의 청구, 파산절차참가, 화해를 위한 소환, 임의출석, 압류 또는 가압류, 가처분을 하지 아니하면 시효중단의 효력이 없다(제174조). 아울러 재판상의 청구는 소송의 각하, 기각 또는 취하의 경우에는 시효중단의 효력이 없고, 소 취하의 경우에 6월내에 재판상의 청구, 파산절차참가, 압류 또는 가압류, 가처분을 한 때에는 시효는 최초의 재판상 청구로 인하여 중단된 것으로 본다(제170조).

2) 판 례

"제174조가 시효중단 사유로 규정하고 있는 최고를 여러 번 거듭하다가 재판상 청구 등을 한 경우에 ⅰ) 시효중단의 효력은 항상 최초의 최고 시에 발생하는 것이 아니라 재판상 청구 등을 한 시점을 기준으로 하여 이로부터 소급하여 6월 이내에 한 최고 시에 발생하고, ⅱ) 제170조의 해석상 재판상의 청구는 그 소송이 취하된 경우에는 그로부터 6월 내에 다시 재판상의 청구를 하지 않는 한 시효중단의 효력이 없고 다만 재판 외의 최고의 효력만을 갖게 된다"(대판 2019.3.14. 2018두56435).

甲이 2021. 7. 15. 소를 제기하였으므로 이로부터 역산하여 6월 내에 이루어진 최고 시에 시효중단의 효력이 발생한다.

(4) 사안의 해결(5)[1)]

사안에서는 2020. 10. 15.자 최고(제174조), 2021. 3. 15. 재판상 청구하였다가 취하(제170조 1항)되어 최고가 반복적으로 이루어졌다. 따라서 甲이 2021. 7. 15. 소를 제기하였으므로 이로부터 역산하여 6월 내에 이루어진 최고는 2021. 3. 15.의 재판상 청구의 취하로 인한 최고뿐이며, 2020. 10. 15.자 최고는 6월이 초과된다.

그런데 앞서 살핀바와 같이 물품대금채권의 소멸시효는 시효이익의 포기 시점인 2018. 2. 20.로부터 3년이 경과한 2021. 2. 20. 24:00에 완성되었고, 2021. 3. 15.자 최고는 위 소멸시효가 완성된 날 이후임이 명백하므로 시효중단의 효력이 인정될 수 없다. 따라서 乙의 소멸시효 항변은 타당하다.

---

1) ① 물품대금채권(소멸시효기간 3년)의 소멸시효는 2017. 4. 30. 완성되었으나, 채무자의 시효이익의 포기로 물품대금채권의 소멸시효가 2018. 2. 20.부터 다시 진행됨 → ② 2020. 10. 15. 최고 → ③ 2021. 3. 15. 재판상 청구하였다가 소 취하 → ④ 2021. 7. 15. 다시 이 사건 재판상 청구한 사안이다.

기출해설

2012년 법무사시험 제1문

의류도매상 甲은 2007. 3. 1. 의류소매상 乙에게 청바지 100벌을 대금 1,000만 원에 판매하였다. 당시 乙의 친구인 丙은 위 의류대금채무를 연대보증하였다. ※ 각 문항은 상호 아무런 관련이 없음

1. 위 사례에서, 乙과 丙의 의류대금채무의 소멸시효기간 및 기산점은 어떠한지 간략하게 설명하고, 만약 甲이 2007. 7. 1. 乙을 상대로 위 의류대금의 지급을 구하는 소를 제기하여 2008. 6. 30. 승소판결이 확정되었다면, 乙과 丙의 의류대금채무의 소멸시효기간 및 기산점은 어떻게 변경되는지 설명하시오. (20점)
2. 위 사례에서, 만약 甲이 2010. 2. 1. 위 의류대금채권을 보전하기 위하여 丙 소유의 X부동산을 가압류한 후, 2012. 3. 1. 乙과 丙을 상대로 위 의류대금의 지급을 구하는 소를 제기하면서 위 가압류로 乙과 丙의 의류대금채무의 소멸시효가 중단되었다고 주장하였고, 이에 대하여 乙과 丙은 위 채무의 시효소멸을 주장하였다면, 乙과 丙의 위 주장은 받아들여질 수 있는지 그 결론과 근거를 설명하시오. (20점)

사례A-39 연대보증과 소멸시효 중단★[1)]

Ⅰ. 설문 1.의 경우(20)

1. 乙과 丙의 의류대금채무의 소멸시효기간 및 기산점

(1) 소멸시효 기산점

소멸시효는 '권리를 행사할 수 있는 때'로부터 진행한다(제166조 1항). 이 때 '권리를 행사할 수 있는 때'란 권리를 행사하는 데 있어 **'법률상의 장애'가 없음을 말한다**(이행기의 미도래 · 정지조건의 불성취 등). 기한을 정하지 않은 채권의 경우에는 그 채권 성립(발생)시부터 시효가 진행한다.

사안의 경우 乙과 丙의 의류대금채무는 기한을 정하지 않은 채무로서 그 성립시인 2007. 3. 1.(정확하게는 제157조 본문에 따라 그 다음날인 3. 2. 오전 0시)이 소멸시효의 기산점이 된다.

(2) 소멸시효 기간

상행위로 생긴 채권의 소멸시효 기간은 5년임이 원칙이다(상법 제64조 본문). 다만, 다른 법령에 5년보다 단기 시효의 규정이 있는 때에는 그 규정에 의한다(상법 제64조 단서). 따라서 생산자 · 상인이 판매한 생산물 및 상품의 대가에 해당하는 채권의 경우에는 3년의 단기소멸시효기간이 적용된다(**제163조 6호**).

① 사안의 경우 乙의 의류대금채무는 상인이 판매한 상품의 대가로서 그 소멸시효기간은 3년이다. ② 그리고 **연대보증채무는 주채무와는 별개의 독립한 채무여서 보증채무와 주채무의 소멸시효기간은 채무의 성질에 따라 각각 별개로 정해지나**(대판 2014.6.12. 2011다76105), 사안의 경우 연대보증인 丙의 채무도 '물품대금채무'이므로 주채무와 동일하게 3년으로 보는 것이 타당하다. 따라서 乙과 丙의 의류대금채무 소멸시효는 '시효중단 사유가 없는 한' 2010. 3. 1. 24:00 완성된다.

---

1) ★ 2018년 1차 법전협 모의고사 제2문에서도 동일한 쟁점이 출제되었다.

2. 甲의 乙에 대한 소송의 승소판결에 따른 乙과 丙의 소멸시효기간·기산점 변경

(1) 판결 등에 의해 확정된 채권의 소멸시효기간 및 새로운 기산점

판결에 의하여 확정된 채권은 '단기의 소멸시효에 해당한 것'이라도 그 소멸시효는 10년으로 한다(제165조 1항). 또한 시효가 중단된 때에는, '중단사유가 종료한 때'부터 소멸시효가 새로 진행하는바(제178조 1항 후문), 재판상 청구의 경우에는 재판이 확정된 때부터 소멸시효가 새로이 진행한다(제178조 2항).

(2) 채무의 소멸시효기간의 연장이 보증채무에 대하여도 미치는지 여부

判例는 **연장부정설의 입장**인바, 그 근거로는 "ⅰ) 판결의 확정으로 인해 소멸시효기간이 연장되는 효과는 판결의 당사자인 채권자와 주채무자 사이에 발생하는 효력에 관한 것이고, ⅱ) 보증채무가 주채무에 부종한다 하더라도 양자는 별개의 채무이고, **제440조의 의미는 '보증채무의 부종성'에 기인한 것이라기보다는 '채권자보호를 위한 특별규정'**으로서, 보증인에 대한 별도의 시효중단조치가 불필요함을 의미하는 것일 뿐 중단된 이후의 시효기간까지도 당연히 보증인에게 효력이 미친다는 취지는 아니라는 것"을 들고 있다(대판 1986.11.25, 86다카1569 : 3회 선택형).
따라서 주채무의 소멸시효기간이 제165조 1항에 따라 그 소멸시효기간이 10년으로 연장되더라도, 연대보증채무의 소멸시효기간은 여전히 종전의 것을 따른다.

[비교판례] ✻ **주채무의 시효연장이 제3취득자, 물상보증인에게 미치는 영향**
"**담보목적물의 제3취득자 또는 물상보증인은** 채권자에게 채무자의 채무와는 별개의 독립된 채무를 부담하는 것이 아니라 단지 채무자의 채무를 변제할 책임을 부담한다. 따라서 **채권에 관하여 소멸시효가 중단되거나 소멸시효기간이 제165조에 따라 연장되더라도 그 효과가 그대로 미친다**"(대판 2009.9.24, 2009다39530 : 2회 선택형).

3. 사안의 경우

(1) 乙의 경우

사안의 경우 甲은 2007. 7. 1. 乙을 상대로 의류대금의 지급을 구하는 소를 제기하여 2008. 6. 30. 승소판결이 확정되었다. 이에 따라 乙의 의류대금채무는 소제기시인 2007. 7. 1.에 시효중단되고 **(민사소송법 제265조)**, 판결확정시인 2008. 6. 30.을 새로운 기산점으로 하여(정확하게는 제157조 본문에 따라 2008. 7. 1. 오전 0시) 10년 연장된 소멸시효기간이 진행된다**(제165조 제1항, 제178조)**.

(2) 丙의 경우

주채무자에 대한 시효의 중단은 보증인에 대하여 그 효력이 있다**(제440조)**. 따라서 주채무인 乙의 의류대금채무의 소멸시효가 중단된 2007. 7. 1. 丙의 의류대금채무의 소멸시효도 중단된다. 따라서 丙의 소멸시효는 판결확정시인 2008. 6. 30.(정확하게는 제157조 본문에 따라 2008. 7. 1. 오전 0시)부터 새로이 진행하는데 이때 소멸시효 기간은 종전과 같은 3년이다.

Ⅱ. 설문 2.의 경우(20)

1. 결 론

乙과 丙의 시효소멸 주장은 받아들여질 수 있다.

2. 논 거

(1) 문제점

채권자가 보증인의 부동산을 가압류한 경우, 가압류로 인한 보증채무 시효중단의 효력이 주채무자에게도 미치는지 및 주채무가 시효소멸한 경우 보증채무의 소멸여부가 문제된다.

(2) 보증인 丙의 X부동산 가압류에 따른 시효중단의 효력

사안의 경우 丙의 의류대금 보증채무의 시효가 완성되기 전(2010. 2. 1.) 甲이 丙의 X부동산을 가압류함으로써 丙의 의류대금 보증채무 소멸시효는 중단된다(제168조 2호). 다만 이러한 시효중단의 효력이 주채무자 乙에게도 미치는지가 문제된다.

(3) 보증채무의 시효중단에 따른 주채무의 시효중단 여부

보증인에게 생긴 사유는 채권을 만족시키는 사유(대물변제 · 공탁 · 상계를 포함)를 제외하고는 주채무자에게 그 효력이 없다(상대적 효력). 따라서 **보증인에 대해 시효중단사유가 있더라도 주채무의 소멸시효가 중단되지는 않는다.** 이와 관련하여 민법은 시효완성의 이익을 받을 자(채무자)가 아니라 제3자(물상보증인 또는 저당부동산의 제3취득자 등)에 대해 압류 등을 한 경우에는, **그 자**(채무자)**에 대하여 통지한 때**에 시효중단의 효력이 발생한다고 규정하고 있는바(제176조), 사안에서는 이러한 통지가 없었으므로 주채무의 소멸시효가 중단되지 않는다.

다만 이 경우 먼저 주채무가 소멸시효 완성으로 소멸된 경우에는, 보증채무 자체의 시효중단에 불구하고 보증채무는 '부종성'에 따라 당연히 소멸한다(대판 2002.5.14, 2000다62476 : 1회,6회,8회 선택형).

(4) 사안의 경우

사안의 경우 丙의 의류대금 보증채무의 시효가 중단되었다 하더라도 이는 주채무인 乙의 의류대금채무에는 영향을 미치지 못하는바, 乙의 의류대금채무는 2010. 3. 1.을 도과함으로써 시효완성으로 소멸하였다. 주채무가 소멸한 이상 丙의 의류대금채무 역시 보증채무의 '부종성'으로 인해 소멸하게 된다. 따라서 乙과 丙의 시효소멸 주장은 타당하다.

기출해설 2018년 법원행정고시 제2문

【기본적 사실관계】

甲은 2012. 1. 1. 컴퓨터 도매업을 영위하는 상인 乙에게 1억 원을 이자 월 1%, 지연손해금 월 2%(각 매월 말일 지급), 변제기 2012. 12. 31.로 하여 대여하였다. 그리고 이에 대해서 乙의 친구 丙이 연대보증을 하였다.

위와 같은 사실관계를 전제로 아래 각 문항에 답하시오. (각 설문은 상호관련성 없음)

【위 기본사실에 추가하여 2.】

乙이 변제기까지의 이자만 지급한 채 변제기 이후로 위 차용금과 그 지연손해금을 변제하지 아니하자, 甲은 2017. 7. 1. 丙을 상대로 '1억 원 및 이에 대한 2013. 1. 1.부터 다 갚는 날까지 월 2%의 비율로 계산한 지연손해금'의 지급을 구하는 소를 제기하였다. 위 소송 중 丙은 다음과 같이 주장하였다.

① 위 대여금채권은 상사채권으로 5년의 소멸시효가 적용되며, ② 위 대여금채권은 이 사건 소 제기 당시 이미 그 발생일로부터 5년이 경과하여 소멸시효가 완성되었다. ③ 그렇지 않더라도, 위 대여금의 지연손해금채권 중 이 사건 소 제기일로부터 역산하여 3년이 되는 2014. 7. 1. 이전에 발생한 부분은 시효로 소멸하였다.

2. 위 丙의 각 주장(①, ②, ③)의 당부를 각각 검토하고 결론과 이유를 설명하시오. (30점)

【위 기본사실에 추가하여 3.】

乙이 변제기까지의 이자만 지급한 채 변제기 이후로 위 차용금과 그 지연손해금을 변제하지 아니하자, 甲은 2018. 7. 1. 丙을 상대로 '1억 원 및 이에 대한 2013. 1. 1.부터 2017. 12. 31.까지 월 2%의 비율로 계산한 지연손해금'의 지급을 구하는 소(이하 '이 사건 소'라 함)를 제기하였다. 위 소송 중 밝혀진 사실과 甲의 주장은 다음과 같다.

○ 丙이 2014. 1. 1. 5,000만 원을 변제한 사실과 甲과 丙이 이를 위 차용금의 원금채무에 먼저 충당하기로 합의한 사실이 다툼없이 인정됨 ○ 甲은 丙의 위 2014. 1. 1.자 5,000만 원의 변제로 인해 丙의 보증채무는 시효중단되었으므로, 甲은 2018. 7. 1. 현재 丙에게 '위 차용금 중 남은 5,000만 원 및 이에 대한 지연손해금'의 지급을 구할 수 있다고 주장함

3. 가. 위 甲의 주장의 당부를 검토하고 결론과 이유를 설명하시오. (20점)

3. 나. (위 인정된 사실과 위 가.에서 甲의 주장에 대한 당부를 전제로) 이 사건 소에서 인용될 수 있는 甲의 채권액은 얼마인지 결론(액수)과 이유를 설명하시오(소송촉진 등에 관한 특례법은 고려하지 않으며, 결론은 판례에 의함). (30점)

사례A-40 소멸시효와 변론주의, 연대보증인의 주채무 소멸시효 완성의 항변, 제183조

Ⅱ. 문제 2.의 경우(30)

1. 문제점

차주가 대여금채권의 시효소멸을 주장하기 위해서는 ⅰ) 대주가 특정시점에서 당해 권리를 행사할 수 있었던 사실(기산점), ⅱ) 그때로부터 소멸시효기간이 도과한 사실(시효기간)을 주장·증명하면 되는바, 이와 관련한 연대보증인 丙의 주장 ①②③에 대해 검토하기로 한다.

2. 甲의 대여금채권의 소멸시효 기간…丙의 ①주장

(1) 상사채무의 소멸시효 기간

보통 채권의 소멸시효기간은 10년이다(제162조 1항). 그러나 **상행위로 생긴 채권의 소멸시효기간은 5년이다**(상법 제64조 본문). 다만, 다른 법령에 5년보다 단기의 시효의 규정이 있는 때에는 그 규정에 의한다(상법 제64조 단서). 이는 당사자 일방에 대하여만 상행위에 해당하는 행위로 인한 채권에도 적용되고(대판 2006.4.27, 2006다1381), 상인이 영업을 위하여 하는 보조적 상행위도 적용된다(대판 2000.8.22, 2000다19922).

(2) 사안의 경우

상인 乙의 甲에 대한 차금행위는 보조적 상행위로써, 甲의 乙에 대한 대여금채권은 상사채권에 해당하여 5년의 소멸시효가 적용된다(대판 2012.4.13. 2011다104246). 따라서 "위 대여금채권은 상사채권으로 5년의 소멸시효가 적용된다."는 丙의 ①주장은 타당하다.

3. 甲의 대여금채권의 소멸시효 기산점…丙의 ②주장

(1) 소멸시효의 '기산점'과 변론주의 적용여부

소멸시효는 '권리를 행사할 수 있는 때'로부터 진행한다(제166조 1항). 이 때 '권리를 행사할 수 있는 때'란 권리를 행사하는 데 있어 '법률상의 장애'(이행기의 미도래·정지조건의 불성취 등)가 없음을 말하므로, 사안의 경우와 같은 **'확정기한부 채권'**은 그 기한이 도래한 때(2012. 12. 31.)부터 소멸시효가 진행한다.

그러나 判例의 판시와 같이 "특정시점에서 당해 권리를 행사할 수 있었던 사실은 소멸시효의 기산점에 관한 사실로서 **'주요사실'이므로 '당사자'가 주장하지 않은 때를 기산점으로 하여 소멸시효의 완성을 인정하게 되면 변론주의 원칙에 위배된다**"(대판 1995.8.25, 94다35886 : 1회·2회 선택형).

(2) 사안의 경우

甲의 乙에 대한 대여금채권은 채권 발생일이 2012. 1. 1.이고 그 변제기는 2012. 12. 31.인 확정기한부 채권에 해당한다. 소멸시효 기산점은 변론주의가 적용되므로, 설령 본래의 소멸시효기산일은 2012. 12. 31.이더라도 丙이 본래의 기산일보다 앞선 2012. 1. 1.을 소멸시효기산일로 주장하고 있는바, 법원은 이를 기초로 소멸시효완성 여부를 판단해야 한다. 이는 **설령 채무자 乙이 변제기까지 이자를 지급하여 채무승인으로 시효가 중단되었다고 하더라도 丙이 이 시점을 소멸시효기산점으로 주**

장하지 않는 한 마찬가지이다(대판 2006.9.22. 2006다22852,22869). 물론 이에 대해 원고 甲이 이의를 제기한다면, 법원은 본래의 소멸시효의 기산일에 따라 판단하여야 한다.

따라서 원고 甲이 이의를 제기하지 않는 한, 2012. 1. 1.을 기산점으로 위 대여금채권은 이 사건 소 제기 당시(2017. 7. 1.) 이미 그 발생일로부터 5년이 경과하여 소멸시효가 완성되었고, 연대보증을 한 丙은 주채무자 乙의 소멸시효 완성을 원용할 수 있으므로(제433조 1항), 丙의 ②주장은 타당하다.

4. 甲의 대여금에 대한 지연손해금채권의 소멸시효기간…丙의 ③주장

(1) 소멸시효의 '기간'과 변론주의 적용여부

1년 이내의 정기로 지급하기로 한 '이자채권'은 3년의 소멸시효에 해당한다(제163조 1호). 그러나 1년 이내의 정기로 이자를 받기로 한 경우에도, 그 원본채무의 연체가 있는 경우의 그 지연배상금은 손해배상금이지 이자가 아니므로 본조의 적용이 없고 원본채권의 소멸시효기간과 같다고 보아야 한다(대판 1989.2.28, 88다카214 : 7회 선택형).

한편, 判例의 판시와 같이 "채권의 소멸시효기간에 관한 근거사실은 당사자가 주장·증명하여야 하는 것이지만, 어떤 시효기간의 적용을 받는가에 관한 당사자의 주장은 '법률상의 견해'에 불과하므로 법원은 이에 구속되지 않는다"(대판 1997.9.13, 77다832 ; 대판 2006.11.10, 2005다35516 : 1회 선택형).

(2) 사안의 경우

사안의 원금채권인 甲의 대여금채권이 상사채권으로 5년 소멸시효에 해당하므로, 그 지연손해금채권도 5년 소멸시효에 해당한다. 따라서 "위 대여금의 지연손해금채권 중 이 사건 소 제기일로부터 역산하여 3년이 되는 2014. 7. 1. 이전에 발생한 부분은 시효로 소멸하였다."는 丙의 ③주장은 타당하지 않다.

> [주의] "다만, 甲의 대여금채권이 시효소멸하면 소멸시효의 소급효 및 지연손해금채권의 종속성에 따라 그 지연손해금채권도 시효로 소멸하므로(제167조, 제183조), 丙의 주장은 결론에 있어서는 타당하다."고 판단할 여지도 있다. 그러나 ③에서 묻는 것은 '대여금채권이 시효소멸하지 않았어도 지연손해금채권은 시효소멸했다'는 주장의 판단이고 '3년의 기간' 주장의 당부에 초점이 맞추어져 있으므로 굳이 이와 같이 판단할 필요는 없다고 보여진다.

Ⅲ. 문제 3. ㉮의 경우(20)

1. 문제점

주채무가 소멸시효 완성으로 소멸된 경우에는 보증채무도 부종성에 따라 당연히 소멸되므로, 보증인인 피고로서는 주채무의 시효소멸을 항변으로서 주장할 수 있다(제433조 1항). 한편, 보증채무에 대한 소멸시효가 중단되었다고 하더라도 이로써 주채무에 대한 소멸시효가 중단되는 것은 아니고, 주채무가 소멸시효 완성으로 소멸된 경우에는 보증채무도 그 채무 자체의 시효중단에 불구하고 부종성에 따라 당연히 소멸된다(대판 2002.5.14, 2000다62476 : 1회,6회,8회 선택형).

물론 소멸시효 항변은 변론주의 원칙에 따라 당사자의 주장이 있어야만 법원의 판단대상이 되므로(대판 2017.3.22. 2016다258124), 甲의 주장의 당부는 연대보증인 丙이 주채무의 소멸시효완성을 항변하는지 여부에 따라 달라진다.

2. 연대보증인 丙이 주채무의 소멸시효 완성을 항변하지 않는 경우

丙이 2014. 1. 1. 5,000만 원을 변제하면서 차용금 원금에 충당하기로 하였는데, **'합의충당'**은 제479조의 비용, 이자, 원본의 순서를 바꿀 수도 있으므로 차용금 원금부터 충당되었다. **2014. 1. 1. 합의충당 후 남은 잔액은** ① 차용금 1억 원에 대한 2013. 1. 1.부터 2013. 12. 31.까지 지연손해금과 ② 차용원금 잔액 5,000만 원 및 이에 대한 2014. 1. 1.부터 2017. 12. 31.까지 지연손해금이다. 따라서 연대보증인 丙이 주채무자 乙의 소멸시효항변권을 원용하지 않는다면, 甲은 丙에 대하여 2014. 1. 1. 합의충당 후 남은 위 잔액 모두를 청구할 수 있으므로, 丙의 연대보증채무가 시효중단되어 甲이 이를 청구할 수 있다는 甲의 주장은 타당하다.

3. 연대보증인 丙이 주채무의 소멸시효 완성을 항변하는 경우

甲의 대여금채권의 변제기가 2012. 12. 31.이므로 이 시점부터 소멸시효가 진행되어 이사건 소제기 당시인 2018. 7. 1.에는 이미 5년의 소멸시효가 완성되었다. 이에 연대보증인 丙이 주채무자 乙의 소멸시효항변권을 원용하는 경우(제433조 1항), **乙의 차용금 중 남은 5,000만 원 및 이에 대한 지연손해금은 시효소멸하였고(제167조, 제183조)**, 그 부종성에 따라 丙의 연대보증채무도 시효소멸한다. 따라서 연대보증인 丙이 주채무자 乙의 소멸시효항변권을 원용한 경우, "위 차용금 중 남은 5,000만 원 및 이에 대한 지연손해금의 구할 수 있다"는 甲의 주장은 타당하지 않다.

Ⅳ. 문제 3. ㉯.의 경우(30)

1. 문제점

주된 권리의 소멸시효가 완성한 때에는 종속된 권리에 그 효력이 미친다(제183조). 따라서 원본채권이 시효로 소멸하면 이자채권도 그것의 시효기간이 남아 있다고 하더라도 시효로 소멸한다. 다만 判例는 **하나의 금전채권의 원금 중 일부가 변제된 후 나머지 원금에 대하여 소멸시효가 완성된 경우, 소멸시효 완성의 효력은 소멸시효가 완성된 원금 부분으로부터 그 완성 전에 발생한 이자**(또는 지연손해금)**에는 미치나, 변제로 소멸한 원금 부분으로부터 그 변제 전에 발생한 이자**(또는 지연손해금)**에는 미치지 않는다고 한다**(대판 2008.3.14, 2006다2940[1]: 8회 선택형). 따라서 이 사건 소에서 인용될 수 있는 甲의 채권액은 연대보증인 丙이 주채무의 소멸시효완성을 항변하는지 여부에 따라 달라진다.

2. 보증채무액 및 지연손해금액

(1) 보증채무 자체의 이행지체로 인한 지연손해금

判例가 판시하는 바와 같이 "**보증채무는 주채무와는 별개의 채무이기 때문에** 보증채무 자체의 이행지체로 인한 지연손해금은 보증한도액과는 별도로 부담하고 이 경우 보증채무의 연체이율에 관하여 특별한 약정이 없는 경우라면 그 거래행위의 성질에 따라 상법 또는 민법에서 정한 법정이율

1) "이자 또는 지연손해금은 주된 채권인 원본의 존재를 전제로 그에 대응하여 일정한 비율로 발생하는 종된 권리인데, 하나의 금전채권의 원금 중 일부가 변제된 후 나머지 원금에 대하여 소멸시효가 완성된 경우, 가분채권인 금전채권의 성질상 변제로 소멸한 원금 부분과 소멸시효 완성으로 소멸한 원금 부분을 구분하는 것이 가능하고, 이 경우 원금에 종속된 권리인 이자 또는 지연손해금 역시 변제로 소멸한 원금 부분에서 발생한 것과 시효완성으로 소멸된 원금 부분에서 발생한 것으로 구분하는 것이 가능하므로, 소멸시효 완성의 효력은 소멸시효가 완성된 원금 부분으로부터 그 완성 전에 발생한 이자 또는 지연손해금에는 미치나, 변제로 소멸한 원금 부분으로부터 그 변제 전에 발생한 이자 또는 지연손해금에는 미치지 않는다"

에 따라야 하며, 주채무에 관하여 약정된 연체이율이 당연히 여기에 적용되는 것은 아니지만, 특별한 약정이 있다면 이에 따라야 한다"(대판 2000.4.11. 99다12123).

(2) 사안의 경우

甲은 丙을 상대로 '차용금에 대하여 월 2%의 비율로 계산한 지연손해금'의 지급을 구하고 있으나, 乙의 차용금채무에 관하여 약정된 연체이율 월2%가 당연히 丙의 연대보증채무에 적용되는 것은 아니다. **甲의 대여금채권이 상사채권이라 하더라도 甲과 丙은 둘 다 상인이 아니고 위 보증채권이 상행위로 인해 발생한 것도 아니므로,** 특별한 사정이 없는 한 丙의 연대보증채무의 연체이율은 상사법정이율인 연 6%가 아니라, 민사법정이율 연 5%에 해당한다(제379조).

따라서 2014. 1. 1. 합의충당후 남은 잔액과 관련, ① **차용금 1억** 원에 대한 2013. 1. 1.부터 2013. 12. 31.까지 **지연손해금은 500만 원**이고(=1억×0.05×1년), ② **차용원금 잔액 5,000만** 원에 대한 2014. 1. 1.부터 2017. 12. 31.까지(소제기시점은 18.7.1.이지만 소에서 청구취지가 17.12.31.까지이므로) **지연손해금은 1,000만 원**이다(=5천×0.05×4년).

3. 연대보증인 丙이 주채무의 소멸시효 완성을 항변하지 않는 경우

丙이 2014. 1. 1. 5,000만 원을 변제하면서 차용금 원금에 충당하기로 하였는데, 합의충당은 제479조의 비용, 이자, 원본의 순서를 바꿀 수도 있으므로 차용금 원금부터 충당되었다. 2014. 1. 1. 합의충당 후 남은 잔액은 앞서 살핀바와 같이 ① 차용금 1억 원에 대한 지연손해금 500만 원과 ② 차용원금 잔액 5,000만 원 및 이에 대한 1,000만 원의 총 합산액 6,500만 원이다.

따라서 연대보증인 丙이 주채무의 소멸시효 완성을 항변하지 않는다면, 이 사건 소에서 인용될 수 있는 甲의 채권액은 6,500만 원이다.

4. 연대보증인 丙이 주채무의 소멸시효 완성을 항변하는 경우

연대보증인 丙이 주채무의 소멸시효 완성을 항변하는 경우, ① 2014. 1. 1. 합의충당 후 남은 잔액 중 차용원금 **잔액 5,000만** 원 및 이에 대한 2014. 1. 1.부터 2017. 12. 31.까지 **지연손해금 1,000만 원**(=5천×0.05×4년)은 모두 시효소멸된다(제167조, 제183조). ② 다만, 앞서 살펴본 判例에 따르면 차용금 1억 원에 대한 2013. 1. 1.부터 2013. 12. 31.까지 지연손해금 500만 원에 대한 소멸시효 완성의 효력은 ⅰ) **'소멸시효가 완성된 원금' 5,000만 원 부분으로부터 그 완성 전에 발생한 지연손해금 250만 원**(=5천×0.05×1년)**에는 미치나,** ⅱ) **'변제로 소멸한 원금' 5,000만 원 부분으로부터 그 변제 전에 발생한 지연손해금 250만 원**(=5천×0.05×1년)**에는 미치지 않으므로,** 결국 이러한 ⅱ)의 지연손해금 250만 원은 2018. 7. 1. 이 사건 소제기 당시부터 역산하여 5년 범위 내에 있는 지연손해금 125만원(=5천×0.05×2013. 7. 1.부터 2014. 1. 1.까지 6개월)은 시효소멸하지 않았다.

따라서 연대보증인 丙이 주채무자 乙의 소멸시효항변권을 원용한 경우, 이 사건 소에서 인용될 수 있는 甲의 채권액은 125만 원이다.

기출해설

2020년 변호사시험 제2문

【기초적 사실관계】

상인인 甲은 乙에 대하여 상품 판매로 인한 4억 원의 물품대금채권을 가지고 있다.

【추가적 사실관계 1】

甲이 乙에 대해 갖고 있는 물품대금채권의 변제기는 2015. 4. 1.이었으나, 甲과 乙은 위 물품대금채권의 소멸시효 기간을 5년으로 약정하였다. 乙은 경제적으로 형편이 어려워져 2015. 4. 1.에 甲에게 물품대금을 변제해 주지 못하였다. 甲이 물품대금채권을 회수하기 위하여 강제집행을 하려고 하자 2018. 12. 1. 乙은 자신의 유일한 재산인 X토지를 丙에게 매도하였고, 같은 날 丙 명의로 소유권이전등기를 마쳐 주었다. 乙이 丙에게 X토지를 매도한 사실을 알게 된 甲은 2019. 5. 1. 丙을 상대로 乙과 丙이 체결한 매매계약을 취소하고, 丙 명의의 소유권이전등기의 말소를 구하는 사해행위 취소의 소를 제기하였다.

甲의 위 청구에 대하여 丙은 甲의 물품대금채권의 소멸시효가 완성되었다는 주장을 하였다. 丙의 주장에 대하여 甲은 물품대금채권의 소멸시효 기간이 5년이므로 물품대금채권의 소멸시효가 완성되지 않았고, 설령 소멸시효가 완성되었더라도 물품대금채권의 채무자가 아닌 丙이 소멸시효가 완성되었다는 항변을 할 수 없다고 주장하였다.

1. 甲의 丙에 대한 소송에서 법원은 어떠한 판단을 하여야 하는지 1) 결론(소 각하/청구 기각/청구 인용/청구 일부 인용 - 일부 인용의 경우에는 인용 범위를 특정할 것)과 2) 논거를 기재하시오. (15점)

사례A-41 소멸시효 연장합의, 채권자취소소송에서 피보전채권의 소멸시효 완성[1]

Ⅰ. 문제 1.의 해결(15)

1. 결 론

법원은 甲의 청구를 기각하여야 한다.

2. 논 거

(1) 문제점

① 甲의 피보전채권의 소멸시효 완성여부, ② 채권자취소소송의 수익자 丙에게 피보전채권의 시효완성의 원용권이 인정되는지 여부, ③ 채권자취소소송에서 피보전채권이 시효가 완성된 경우 법원의 판결형태가 문제된다.

(2) 甲의 물품대금채권의 소멸시효 완성여부

甲의 물품대금채권은 '상인이 판매한 상품의 대가'로써 상품의 매매로 인한 대금 그 자체의 채권에 해당하므로 3년의 소멸시효에 걸린다(제163조 6호, 상법 제64조 단서)[2](대판 1996.1.23. 95다39854). 그

1) ★ 2021년 3차 법전협 모의고사 제1문에서도 동일한 쟁점이 출제되었다.

리고 소멸시효는 법률행위에 의하여 이를 배제, 연장 또는 가중할 수 없다(제184조 2항).
그러므로 甲과 乙이 위 물품대금채권의 소멸시효 기간을 5년으로 약정하였다하더라도 이는 무효이다. 따라서 甲의 채권은 변제기인 2015. 4. 1.로부터(정확하게는 제157조 본문에 따라 2015. 4. 2. 오전 0시) 3년이 경과한 2018. 4. 1. 24:00에 소멸시효가 완성하였다.

(3) 채권자취소소송의 수익자 丙에게 피보전채권의 시효완성의 원용권이 인정되는지 여부

判例는 소멸시효의 완성을 원용할 수 있는 자는 권리의 소멸에 의하여 '직접 이익을 받는 자'에 한정된다고 한다(대판 1995.7.11, 95다12446). 따라서 사해행위취소소송의 상대방이 된 **'사해행위의 수익자'**는, 사해행위가 취소되면 사해행위에 의해 얻은 이익을 상실하고 사해행위취소권을 행사하는 채권자의 채권이 소멸하면 그와 같은 이익의 상실을 면하는 지위에 있으므로, 피보전채권의 소멸에 의해 직접 이익을 받는 자에 해당한다고 한다(대판 2007.11.29, 2007다54849 : 4회,7회 선택형).
따라서 丙은 사해행위취소소송의 수익자로서 취소채권자 甲에 대하여 시효완성의 항변을 할 수 있다.

(4) 법원의 판결 : 채권자취소소송에서 피보전채권의 흠결

甲은 사해행위가 있은 2018. 12. 1. 로부터 1년 이내인 2019. 5. 1. 악의의 수익자 丙을 상대로 사해행위 취소소송을 제기하였으므로 당해 소는 적법하다(민법 제406조).
그러나 **채권자취소송에서 피보전채권은 채권자취소권을 이유있게 하는 공격방어방법**이므로(대판 2003.5.27. 2001다13532), 사안에서 피보전채권인 甲의 물품대금채권의 소멸시효가 완성되었고, 이에 대해 피고 丙이 항변하고 있으므로 법원은 '청구기각판결'을 선고해야 한다(대판 1993.2.12, 92다25151 : 3회 선택형 ; 이에 비해 채권자대위권에서 피보전채권이 존재하지 않으면 '소각하' 판결을 한다).

---

2) 이러한 채권은 본래 상행위로 인한 것이어서 5년의 소멸시효가 적용되어야 하나(상법 제64조 본문), 본호의 3년의 소멸시효는 상법 제64조 단서의 '다른 법령에 이보다 단기의 시효의 규정이 있는 때'에 해당하여 본호가 우선하여 적용되는 것이다.

기출해설

2016년 변호사시험 제1문

【기초적 사실관계】

甲은행은 2009. 12. 1. 乙에게 1억 원을 이자 월 1%(매월 말일 지급), 변제기 2010. 10. 31.로 정하여 대여하였고, 丙은 같은 날 乙의 甲은행에 대한 위 차용금 채무를 연대보증하였다. 甲은행은 2013. 5. 1. 乙에 대한 위 대여금 및 이에 대한 이자, 지연손해금(이하 '대여금 등'이라 한다) 채권을 丁에게 양도하였으나, 乙에게 위 채권양도 사실을 통지하지 않았다. 甲은행은 위 채권양도에도 불구하고, 2013. 12. 20. 乙을 상대로 위 대여금 등 채무의 이행을 구하는 소(이하 '전소'라 한다)를 제기하였는데, 전소에서 乙은 위 대여금 등 채권이 丁에게 양도되었으므로 甲은행의 청구는 기각되어야 한다고 주장하였고, 전소 법원은 이러한 주장을 받아들여 2015. 11. 30. 甲은행의 청구를 기각하였다.

한편, 丁은 2016. 1. 4. 乙을 상대로 '1억 원 및 이에 대한 2009. 12. 1.부터 다 갚는 날까지 월 1%의 비율로 계산한 이자와 지연손해금'의 지급을 구하는 양수금 청구의 소를 제기하였다(이하 '이 사건 소'라 한다). 乙은 위 채무의 원금 및 이에 대한 이자, 지연손해금을 전혀 변제하지 않고 있다.

2. 乙이 이 사건 소에서 소멸시효 항변을 하는 경우, 법원은 어떠한 판단을 하여야 하는지와 그 근거를 설명하시오. (15점)

【추가적 사실관계】 甲은행은 2010. 2. 1. 乙에게 8,000만 원을 변제기 2010. 10. 31.로 정하여 대여하였고, A는 같은 날 乙의 甲은행에 대한 위 차용금 채무를 연대보증하였다. 甲은행은 2013. 5. 1. 乙에 대한 위 대여금 채권을 B에게 양도하였다.

3. 甲은행은 2013. 2. 1. 위 대여금 채권의 보전을 위하여 A가 C에 대하여 가지고 있는 1,000만 원의 공사대금 채권에 관하여 채권가압류신청을 하였고, 법원으로부터 가압류 결정을 받아 위 결정 정본이 2013. 2. 10. C에게 송달되었다. B가 乙을 상대로 2016. 1. 2. '8,000만 원을 지급하라'는 양수금 청구의 소를 제기하였고, 乙의 소멸시효 주장에 대하여 B가 위 가압류 사실을 들어 시효 중단 주장을 하는 경우, 법원은 B의 주장에 대하여 어떠한 판단을 해야 하는지와 그 근거를 설명하시오. (10점)

4. 乙은 2015. 12. 1. B에 대하여 위 양수금의 변제를 약속하였다. A는 B에 대하여 위 연대보증채무를 이행할 의무가 있는지와 그 근거를 설명하시오. (5점)

사례A-42 채권양도와 가압류에 따른 소멸시효의 중단, 시효이익의 포기의 상대효★

Ⅱ. 설문 2.의 경우(15)

1. 법원의 판단

乙의 소멸시효 완성의 항변 중 '이자채권 부분'은 타당하나, '대여금 및 지연손해금채권 부분'은 이유 없다. 따라서 丁의 청구 가운데 '이자채권 부분'은 기각되어야 하나, '대여금 및 지연손해금채권 부분'은 인용되어야 한다.

2. 근 거

(1) 乙의 소멸시효 완성의 항변

1) '대여금 등'의 소멸시효 기간

사안의 경우 甲은행이 회사이면 상법 제5조 2항에 의하여 당연상인이 되고, 회사가 아니면 제4조 및 제46조 8호에 의하여 당연상인이 된다. 따라서 ① 甲은행의 '대여금 등'의 채권은 상행위로 인한 채권이므로 5년의 상사시효가 적용되고(상법 제64조 본문), ② 이에 대한 이자는 민법 제163조 1호에 해당하여 3년의 단기소멸시효가 적용된다(상법 제64조 단서). ③ 한편 금전채무에 대한 변제기 이후의 지연손해금은 금전채무의 이행을 지체함으로 인한 손해의 배상으로 지급되는 것이므로, 그 소멸시효기간은 원본채권의 그것과 같으므로(대판 2006. 4. 14. 2006다3813), 대여금에 대한 변제기 이후의 지연손해금에 대해서는 5년의 상사시효가 적용된다.

2) '대여금 등'의 소멸시효 완성여부

사안의 경우 대여금의 변제기는 2010. 10. 31.이므로 소멸시효의 기산점은 2010. 10. 31.이고(정확하게는 제157조 본문에 따라 2010. 11. 1. 오전 0시) 2015. 10. 31. 24:00가 되면 소멸시효가 완성된다(상법 제64조 본문). 아울러 주된 권리인 1억 원 원금의 소멸시효가 완성한 때에는 종속된 권리인 이자채권 및 지연손해금 채권도 소멸시효가 완성된다(**제183조**). 따라서 丁이 2016. 1. 4. '이 사건 소'를 제기할 당시 원칙적으로 '대여금 등'의 채권은 소멸시효가 완성되었다.

(2) 甲의 재판상 청구에 따른 소멸시효 중단여부

1) 판 례

"**채권양도의 '대항요건을 갖추지 못한 상태'에서 '채권양도인'이 청구소송을 제기하면** 시효중단이 되는데 그 소송 중에 채무자가 채권양도의 효력을 인정하는 등의 사정으로 인하여 채권양도인의 청구가 기각된 경우 시효중단의 효력이 없어지나, 이 경우에도 채권양수인이 그로부터 6월 내에 채무자를 상대로 재판상의 청구 등을 하면 채권양도인이 최초의 재판상 청구를 한 때부터 시효가 중단된다"(대판 2009.2.12, 2008두20109 : 3회,9회 선택형)(**제169조, 제170조 2항**).

[비교판례] 채권양수인이 소멸시효기간이 경과하기 전에 채무자를 상대로 소를 제기하였는데, 채권양도사실의 채무자에 대한 통지는 소멸시효기간이 경과한 후에 이루어진 경우, 위 채권의 소멸시효가 중단되는지 여부가 문제되는바, 判例는 "채권양도에 의하여 채권은 그 동일성을 잃지 않고 양도인으로부터 양수인에게 이전되며, 이러한 법리는 채권양도의 대항요건을 갖추지 못하였다고 하더라도 마찬가지인 점 등에서 비록 '**대항요건을 갖추지 못하여**' 채무자에게 대항하지 못한다고 하더라도 '**채권의 양수인**'이 채무자를 상대로 재판상의 청구를 하였다면 이는 소멸시효 중단사유인 재판상의 청구에 해당한다"(대판 2005.11.10, 2005다41818 : 4회,9회 선택형)고 한다.

2) 검토 및 사안의 경우

시효의 중단은 당사자 외에 승계인에게도 인정되는바(**제169조**), 양도인 甲의 소제기에 따른 시효중단의 효과(**제170조 2항**)는 양수인 丁에게도 미친다고 볼 수 있어 判例의 태도는 타당하다. 사안의 경우 丁은 甲은행의 '전소'가 청구기각된 2015. 11. 30.부터 6개월 내인 2016. 1. 4. '이 사건 소'를 제기하였으므로 '대여금 등' 채권의 소멸시효는 甲은행의 '전소' 제기일인 **2013. 12. 20.**에 이미 중단되었다. 다만 앞서 살핀바와 같이 甲은행의 대여금에 대한 이자채권은 3년의 소멸시효에 해당하는바(제163조 1호), 마지막 이자지급일인 2010. 10. 31.로부터 3년이 경과한 **2013. 10. 31.**에 이미 소멸시효가 완성하였다. 따라서 乙의 소멸시효 완성의 항변 중 '이자채권 부분'은 타당하나, '대여금 및 지연손해금채권 부분'은 이유없다.

Ⅲ. 설문 3.의 경우(10)

1. 법원의 판단

법원은 B의 주장을 배척하여야 한다.

2. 근 거

(1) 소멸시효 중단사유로서 가압류

가압류에 의하여 소멸시효가 중단되는데(제168조 2호), 이러한 가압류 등은 **집행되면 그 '집행을 신청한 때'에 소급하여** 시효중단의 효력이 발생한다(대판 2017.4.7. 2016다35451 : 9회 선택형).

사안의 경우 甲은행이 2013. 2. 1. 신청한 가압류에 대한 결정정본이 2013. 2. 10. 제3채무자 C에게 송달됨으로써 甲은행의 보증인 A에 대한 채권의 소멸시효가 2013. 2. 1. 중단되었고, 이와 같이 시효가 중단된 보증채권을 2013. 5. 1. B가 양수하였다.

(2) 가압류에 의한 시효중단의 효력이 미치는 범위

원칙적으로 시효의 중단은 당사자 및 승계인간에만 효력이 있고(제169조), 가압류 등의 경우는 시효완성의 이익을 받을 자(채무자)가 아니라 제3자(물상보증인 또는 저당부동산의 제3취득자 등)에 대해 압류 등을 한 경우에는, **그 자(채무자)에 대하여 통지한 때**에 시효중단의 효력이 발생한다(제176조).

(3) 보증인 A에게 생긴 시효중단의 효력이 주채무자 乙에게 미치는지 여부

보증인에게 생긴 사유는 변제(대물변제·공탁·상계를 포함)처럼 채권을 만족시키는 사유를 제외하고는 주채무자에게 그 효력이 없다(상대적 효력). 사안의 경우 양도인 甲의 가압류 신청으로 인하여 보증인 A에 대한 양수인 B의 채권의 시효가 중단되었으나(제169조), 이를 이유로 주채무자 乙에 대한 B의 채권까지 시효가 중단되는 것은 아니다(대판 2002.5.14, 2000다62476 : 1회,6회 선택형).[1]

아울러 보증인 A의 채권에 대한 가압류를 주채무자 乙에게 통지하였다는 사정도 보이지 않으므로, 민법 제176조를 들어 시효중단을 주장할 수도 없다. 따라서 위와 같은 가압류에 의해 乙에 대해 시효가 중단되었다는 B의 주장은 이유가 없어 배척되어야 한다.

1) "보증인에 대해 시효중단사유가 있더라도 주채무의 소멸시효가 중단되지는 않는다. 이 경우 주채무가 소멸시효 완성으로 소멸된 경우에는, 보증채무 자체의 시효중단에 불구하고 보증채무는 부종성에 따라 당연히 소멸한다"

Ⅳ. 설문 4.의 경우(5)

1. A가 B에게 연대보증채무를 이행할 의무가 있는지 여부

A는 B에게 연대보증채무를 이행할 의무가 없다.

2. 근 거

(1) 乙의 변제약속이 소멸시효이익의 포기인지 여부

소멸시효의 이익은 미리 포기하지 못한다는 민법 제184조 1항의 반대해석상 소멸시효완성 후 시효이익의 포기는 허용된다. 따라서 乙이 2015. 12. 1. B에 대해 양수금의 변제를 약속한 것은 소멸시효가 완성된 2015. 10. 31. 24:00 이후의 채무승인이어서 시효완성을 알고 그 이익을 포기한 것으로 추정된다(대판 2001.6.12. 2001다3580).

(2) 시효이익포기의 상대효

시효이익의 포기의 효과는 상대적이어서 포기할 수 있는 자가 다수인 경우에 1인의 포기는 다른 사람에게 영향을 미치지 않는다. 判例도 직접 이익을 받는 자의 시효원용권은 **채무자의 시효원용권에 기초한 것이 아닌 독자적인 것**이라고 하여 채무자의 시효이익의 포기는 다른 직접수익자의 시효원용권에 영향을 미치지 않는다고 한다(대판 1995.7.11, 95다12446). 따라서 주채무자 乙의 소멸시효이익의 포기는 보증인 A에게 미치지 않는다(**제433조 2항**)(대판 1995.7.11, 95다12446 : 2회,6회,7회 선택형).

결국 A의 연대보증채무는 소멸시효완성을 이유로 소멸되었으므로 B에 대하여 연대보증채무를 이행할 의무가 없다.

[비교판례] ※ **시효이익 포기의 상대효 제한법리**

判例는 시효이익을 이미 포기한 자와의 법률관계를 통하여 비로소 시효이익을 원용할 이해관계를 형성한 자(판례사안은 피담보채권의 소멸시효가 완성된 후 채무자가 저당권을 설정한 후 이를 취득한 담보물의 제3취득자)**는 이미 이루어진 시효이익 포기의 효력을 부정할 수는 없다**고 한다(대판 2015.6.11. 2015다200227).

[사실관계] A는 1992년 B로부터 5천만원을 차용하면서 그 담보로 A 소유 부동산에 대해 B 앞으로 제1근저당권을 설정해 주었다. 그 후 (이 채권의 소멸시효기간 10년이 지난 때인) 2004년에 A는 위 차용금채무의 이자를 3천만 원으로 확정하고, 이를 담보하기 위해 위 부동산에 대해 B 앞으로 제2근저당권을 설정해 주었다. 2013년에 C는 A로부터 위 부동산을 매수하여 소유권을 취득한 후, B를 상대로 근저당권의 피담보채권이 소멸시효로 인해 소멸하였다는 것을 이유로 제1, 제2근저당권의 말소를 청구한 것이다. 이에 대해 대법원은 A가 B 앞으로 제2근저당권을 설정해 준 것은 소멸시효의 이익을 포기한 것으로 볼 수 있는데, 이 효력은 C에게도 미쳐 C는 독자적으로 소멸시효를 주장할 수 없는 것으로 보았다.

2014년 변호사시험 제2문

【공통된 사실관계】
의류도매업자 甲은 2007. 1. 5. 乙에게 의류 1,000벌을 1억 원에 매도하였다. 乙은 2007. 3. 5.까지 의류대금을 지급하기로 약속하고, 甲에게서 의류 1,000벌을 인수하였다. 당시 甲이 乙의 대금지급 능력에 대하여 의문을 표시하자, 乙의 친구 丙은 2007. 3. 7. 乙의 甲에 대한 의류대금채무를 연대보증하였고, 乙의 다른 친구 丁은 2007. 3. 10. 자기 소유 X 주택에 채권최고액을 1억 2,000만 원으로 하는 근저당권을 甲에게 설정해 주었다. (이하 각 설문은 서로 독립적이다).

【추가되는 사실관계】
乙은 2007. 1. 5. 甲에게 위 의류대금의 지급을 위하여 액면금 1억 원, 지급기일 2007. 3. 5. 발행지 및 지급지 서울, 지급장소 주식회사 대안은행 서초동 지점, 발행일 2007. 1. 5. 수취인 백지로 된 약속어음 1장을 발행하였다. 甲은 2010. 1. 5. 위 약속어음금채권을 피보전채권으로 하여 乙 소유의 Y 토지에 관하여 청구금액 1억 원으로 한 가압류를 신청하여 2010. 1. 7. 그 가압류등기가 마쳐졌다. 한편, 乙은 2013. 1. 11. 위 가압류에 대한 이의신청을 제기하여 법원은 2013. 3. 30. 甲의 가압류신청을 기각하고, 위 가압류를 취소하는 결정을 하였고, 위 결정은 2013. 4. 10. 확정되었다. 甲은 2013. 10. 5. 丙을 상대로 하여 위 연대보증금 1억 원 및 이에 대한 2007. 3. 6.부터 다 갚는 날까지 연 5%의 비율에 의한 지연손해금의 지급을 구하는 소를 제기하였다.

【소송의 경과】
소송에서 丙은 "乙의 의류대금채무는 3년의 소멸시효기간이 지났으므로 소멸하였고, 그에 따라 丙의 보증채무도 역시 소멸하였다."라고 주장하였고, 이에 대하여 甲은 "의류대금채무는 甲이 2010. 1. 5. 乙 소유의 Y 토지에 가압류를 신청하여 2010. 1. 7. 집행됨으로써 그 시효가 중단되었다."라고 주장하였다.
丙은 이에 대하여 "甲의 가압류는 이 사건 의류대금채권의 집행을 보전하기 위한 것이 아니라, 그 지급을 위하여 발행된 어음채권의 집행을 보전하기 위한 것이므로 이 사건 의류대금채권의 시효를 중단시키는 효력이 없고, 가사 그 효력이 있다고 하더라도 甲은 수취인란을 보충하지 않은 상태에서 가압류를 신청하였으므로 역시 그 가압류는 시효중단의 효력이 없다. 또한 위 가압류는 乙의 이의신청에 의하여 취소되었으므로 시효중단의 효력이 소급적으로 소멸하였다." 라고 주장하였다. 이에 대하여 甲은 "이 사건 소송을 제기한 직후 丙으로부터 '지금은 사정이 어려우니 조금만 기다려 주면 조금씩이라도 변제하도록 하겠으니, 소를 취하해 달라.' 라는 취지의 부탁을 들은 적이 있는데, 이와 같은 丙의 태도는 소멸시효의 중단사유인 승인에 해당하거나, 시효이익을 포기하는 것에 해당하므로, 丙의 소멸시효항변은 받아들일 수 없다."라고 주장하였는데, 丙이 甲에게 같은 취지의 말을 하였다는 사실은 증명되었다.

이 소송에서 법원은 어떠한 판결을 선고하여야 하는가에 관한 결론[각하, 청구기각, 청구일부인용(일부인용의 경우 그 구체적인 금액과 내용을 기재할 것), 청구전부인용] 및 각 당사자의 주장의 당부에 관한 판단이 포함된 근거를 쓰시오. (20점)

사례A-43 어음금 채권의 가압류와 원인채권의 소멸시효 중단, 시효이익의 포기, 보증채무

Ⅰ. 결 론

법원은 甲의 청구를 기각하여야 한다.

Ⅱ. 논 거

1. 丙 주장(항변)의 타당성 - 소멸시효기간이 완성되었는지 여부(적극)

본 사안의 乙의 의류대금지급채권은 '상인이 판매한 상품의 대가'로써 상품의 매매로 인한 대금 그 자체의 채권에 해당하므로 3년의 소멸시효에 걸린다(**제163조 6호**)[1](대판 1996.1.23. 95다39854). 따라서 원칙적으로는 의류대금 지급기일 2007. 3. 5.(정확하게는 제157조 본문에 따라 207. 3. 6. 오전 0시) 부터 소멸시효가 진행되어(제166조 1항) 3년 후인 2010. 3. 5. 24:00가 되면 소멸시효가 완성된다. 따라서 사안의 경우 丙의 소멸시효 완성의 항변은 원칙적으로 타당하다.

2. 甲 주장(재항변)의 타당성

(1) 어음금 채권을 피보전채권으로 한 가압류와 원인채권의 소멸시효 중단 여부(적극)

判例가 판시하는 바와 같이 "**채권자가 어음채권에 기하여 청구를 하는 경우에는 원인채권의 소멸시효를 중단시키는 효력이 있고**, 이러한 법리는 어음채권을 피보전권리로 하여 채무자의 재산을 가압류함으로써 그 권리를 행사한 경우에도 마찬가지로 적용된다"(대판 1999.6.11, 99다16378).

따라서 사안의 경우 甲이 2010. 1. 5. 약속어음금 채권을 피보전채권으로 하여 가압류를 신청한 경우라도 소멸시효는 중단될 수 있으므로 이에 대한 丙의 주장은 이유 없다.

> [비교판례] "원인채권의 지급을 확보하기 위한 방법으로 어음이 수수된 경우에 원인채권과 어음채권은 별개로서 채권자는 그 선택에 따라 권리를 행사할 수 있고, **원인채권에 기하여 청구를 한 것만으로는 어음채권 그 자체를 행사한 것으로 볼 수 없어 어음채권의 소멸시효를 중단시키지 못한다**"(대판 1967.4.25, 67다75 ; 대판 1994.12.2, 93다59922).

(2) 백지어음의 수취인란을 보충하지 않은 상태에서의 가압류 신청과 소멸시효 중단 여부(적극)

判例가 판시하는 바와 같이 "지급지와 수취인이 백지인 약속어음을 소지한 자가 그 백지 부분을 보충하지 않은 상태에서 어음금을 청구하는 것은 어음상의 청구권에 관하여 잠자는 자가 아님을 객관적으로 표명한 것이고 그 청구로써 어음상의 청구권에 관한 소멸시효는 중단된다"(대판 2010.5.20. 전합2009다48312).

따라서 사안의 경우 甲이 수취인란을 보충하지 않은 상태에서 가압류를 신청한 경우라 하더라도 신청시로부터 시효중단의 효력은 발생할 수 있으므로 이에 대한 甲의 주장은 타당하다.

3. 丙 주장(재재항변)의 타당성 - 가압류 취소로 인해 시효중단이 소급적으로 소멸하는지 여부(적극)

소멸시효는 압류, 가압류 또는 가처분으로 인하여 중단되는바(제168조 2호), 이러한 가압류 등은 **집행되면** 그 '**집행을 신청한 때**'에 소급하여 시효중단의 효력이 발생한다(대판 2017.4.7. 2016다35451 ;

---

1) 이러한 채권은 본래 상행위로 인한 것이어서 5년의 소멸시효가 적용되어야 하나(상법 제64조 본문), 본호의 3년의 소멸시효는 상법 제64조 단서의 '다른 법령에 이보다 단기의 시효의 규정이 있는 때'에 해당하여 본호가 우선하여 적용되는 것이다.

9회 선택형). 그러나 압류 등이 권리자의 청구에 의하여 또는 법률의 규정에 따르지 않음으로 인하여 취소되면 시효중단의 효력이 없다(제175조). 따라서 判例에 따르면 '집행에 착수하지 못한 경우', 권리자가 신청을 취소(취하)하거나 요건흠결로 취소된 때에는, 소멸시효 중단의 효과가 소급적으로 소멸된다고 한다(대판 2010.10.14, 2010다53273).

따라서 사안의 경우 채무자 乙의 이의신청에 의해 가압류가 취소된 경우에는 권리자가 신청을 취소 혹은 취하한 경우는 아니지만 요건이 흠결되어 취소된 경우에 해당하여 소멸시효 중단의 효력은 소급적으로 소멸된다(제175조). 따라서 2013. 3. 30. 甲의 가압류 신청이 취소된 경우 2010. 1. 5. 신청된 가압류에 의한 소멸시효 중단의 효과가 소급적으로 소멸하여 甲의 乙에 대한 의류대금채권은 2010. 3. 5. 24:00에 소멸시효가 완성되었고, '보증채무의 부종성'에 따라 丙의 보증채무도 원칙적으로 소멸된다. 그러므로 甲의 乙에 대한 의류대금채권의 소멸시효 중단효가 소급적으로 소멸되었다고 항변하는 丙의 주장은 원칙적으로 타당하다.

4. 甲 주장(재재재항변)의 타당성

(1) 소멸시효 완성 후 기한유예 요청 및 일부변제 약속의 의미

丙의 보증채무는 소멸시효가 완성되었으므로, 그 후 丙이 '기한유예 요청 및 일부변제의 약속'을 한 것은 (소멸시효 완성 前) 시효중단사유인 승인에는 해당하지 않는다(제168조 3호). 그러나 (소멸시효 완성 後) 시효이익의 포기에 해당되는지는 문제되는바(제184조 1항의 반대해석), 判例는 소멸시효 완성 후 변제기한의 유예요청, 채무의 승인, 일부변제 등이 있는 경우 시효완성 사실을 알고 그 이익을 포기한 것으로 추정한다. 따라서 判例에 따르면 丙이 시효완성 후 '기한유예 요청 및 일부변제의 약속'을 한 것은 보증채무에 관한 시효이익의 포기라고 볼 수 있다(대판 1965.12.28. 65다2133).

(2) 보증채무에 관하여 시효의 이익을 포기하고 나서 주채무의 시효소멸을 주장할 수 있는지 여부[2)]

1) 판 례

"주채무의 시효소멸에도 불구하고 보증채무를 이행하겠다는 의사를 표시한 경우 등과 같이 '부종성'을 부정하여야 할 다른 특별한 사정이 없는 한 보증인은 여전히 주채무의 시효소멸을 이유로 보증채무의 소멸을 주장할 수 있다고 보아야 한다"(대판 2012.7.12. 2010다51192 : 8회 선택형).[3)]

2) 사안의 경우

判例에 따르면 보증인 丙이 주채무의 시효완성 후 채권자 甲에게 '기한유예 요청 및 일부변제의 약속'을 한 경우 이는 주채무의 시효소멸에도 불구하고 보증채무를 이행하겠다는 등의 특별한 사정이 있다고 볼 수 없어 시효이익의 포기라고 볼 수 없다. 따라서 丙이 보증채무에 관한 시효이익을 포기한 후라도 주채무의 소멸에 따른 보증채무의 소멸을 주장할 수 있다. 그러므로 '丙의 소멸시효항변은 받아들일 수 없다'는 甲의 주장은 이유없다.

---

2) 보증인은 주채무자의 항변(예컨대 주채무의 부존재, 소멸, 소멸시효의 완성)으로 채권자에게 대항할 수 있다. 그리고 주채무자의 항변포기는 보증인에게 효력이 없다(제433조). 문제는 사안과 같이 보증인 丙이 주채무의 시효완성 후 채권자 甲에게 일부 변제의 약속을 한 경우 보증인 자신의 채무에 대한 시효이익 포기로 보아 보증인 丙에게 채무가 남아있다고 볼 수 있는지 여부이다.

3) [판례평석] ① 원용을 허용한다면 결과적으로 선행행위와 모순되는 행위를 허용하게 되어 신의칙에 반하므로, 보증인의 보증채무에 관한 시효이익의 포기에는 원칙적으로 주채무에 관한 시효이익의 포기가 포함된다는 견해와 ② 주채무가 소멸하였음에도 보증인이 이를 주장하지 못한다고 하는 것은 '보증채무의 부종성'의 성질에 반하므로 判例의 입장이 타당하다는 견해가 있다.

기출해설

2010년 법원행정고시 제2문

1. 피고는 2005. 3. 11. 소외 주식회사 아름다움(이하 소외 회사라고 한다)과 사이에 피고가 생산하는 화장품을 계속적으로 소외 회사에게 판매하기로 하는 거래약정(이하 이 사건 거래약정이라고 한다)을 체결하였고, 원고는 같은 날 피고와 사이에 소외 회사가 피고에 대하여 부담하고 있거나 장래 부담하게 될 모든 채무를 담보하기 위하여 원고 소유인 청주시 흥덕구 운천동 120 대 220㎡ 및 그 지상 건물(이하 이 사건 부동산이라고 한다)에 관하여 채권최고액 2억 원으로 하는 근저당권설정계약을 체결하고 피고에게 청주지방법원 2005. 3. 13. 접수 제13772호로 채무자 소외 회사로 된 근저당권설정등기(이하 이 사건 근저당권설정등기라고 한다)를 마쳐 주었다.
2. 소외 회사는 이 사건 거래약정에 따라 피고로부터 화장품을 공급받아 판매하였으나 2007. 6. 30. 화장품을 공급받은 이후 거래를 중단하였고 당시 미지급 물품대금은 70,000,000원이었다.
3. 피고는 소외 회사가 위 물품대금을 지급하지 않자 위 근저당권에 기하여 이 사건 부동산에 대하여 담보권실행을 위한 경매신청을 하여 이에 따라 2007. 10. 15. 경매개시결정의 기입등기가 경료되었는데, 위 경매절차에서 채무자인 소외 회사에게 경매개시결정이나 경매기일통지서의 교부송달은 되지 아니하고 우편송달인 발송송달의 방법에 의하여 경매가 진행되었으며, 피고는 2007. 11. 19. 원고로부터 30,000,000원을 일부 변제받고 위 경매신청을 취하하였다.
4. 피고는 2008. 3. 24. 소외 회사에게 20,000,000원을 대여하였다.
5. 원고는 2010. 4. 14. 이 사건 근저당권의 피담보채무인 소외 회사의 나머지 물품대금채무가 시효소멸하였다고 주장하면서 피고를 상대로 이 사건 근저당권설정등기의 말소를 구하는 소를 제기하였다.

위 사건에서 원고와 피고가 청구원인·항변·재항변 등의 각 단계별 요건사실에 대한 주장과 입증을 다한 것을 전제로 하여 아래의 피고의 주장에 대한 당부를 판단하고 그 논거를 서술하시오.

가. 피고의 주장

① 시효중단의 기준시점을 원고의 소제기 당시로 보아야 하고, 원고의 소제기 당시에는 최종물품공급일인 2007. 6. 30.로부터 상사소멸시효기간 5년이 경과하지 않았으므로 시효가 완성되지 아니하였다. **(25점)** ② 이 사건 부동산에 대하여 경매신청을 함으로써 경매개시결정에 따른 압류의 효력으로 인하여 소멸시효가 중단되었다. **(15점)** ③ 원고가 2007. 11. 19. 일부 변제를 함으로써 소멸시효가 중단되었다. **(15점)** ④ 피고는 2010. 5. 4. 답변서를 제출하였으므로 이러한 응소행위에 의하여 소멸시효가 중단되었다. **(15점)** ⑤ 피고가 2008. 3. 24. 소외 회사에게 대여한 20,000,000원도 이 사건 근저당권의 피담보채무이므로 이를 변제받기 전에는 원고의 청구에 응할 수 없다. **(15점)**

(피고에게 소장부본이 송달된 날은 2010. 4. 28.이고, 위 소송의 변론종결일은 2010. 8. 11.이며, 편의상 물품대금에 대한 지연손해금은 발생하지 않는 것으로 가정한다.)

사례A-44 물상보증인에 대한 시효중단 일반

Ⅰ. 가 - ①의 경우(25)

1. 당 부

피고의 ①.의 주장은 타당하지 않다.

2. 근 거

(1) 소멸시효완성의 요건사실 및 권리자의 재항변 사유

시효로 인하여 권리가 소멸하려면, ⅰ) 권리를 행사할 수 있음에도 불행사할 것(기산점), ⅱ) 권리불행사의 상태가 일정기간 계속될 것을 요한다(시효기간). 이러한 소멸시효완성에 따른 항변은 判例에 따르면 권리의 소멸에 의하여 '직접 이익을 받는 자'에 한정되는바(대판 1995.7.11, 95다12446), 물상보증인인 원고는 이에 해당한다(대판 2004.1.16, 2003다30890). 이에 대해 채권자인 피고는 ⅰ) 시효중단(제168조 각호), ⅱ) 소멸시효의 이익포기(제184조 1항의 반대해석), ⅲ) 소멸시효의 남용(제2조 2항)의 재항변을 할 수 있는바, 사안에서는 특히 피고의 시효중단의 재항변이 문제된다.

(2) 기산점

계속적 물품공급계약에 기하여 발생한 외상대금채권은 특별한 사정이 없는 한 개별 거래로 인한 각 외상대금채권이 발생한 때로부터 개별적으로 소멸시효가 진행하는 것이지 거래종료일부터 외상대금채권 총액에 대하여 한꺼번에 소멸시효가 기산한다고 할 수 없는 것이고(대판 2007.1.25. 2006다68940), 각 개별 거래 시마다 서로 기왕의 미변제 외상대금에 대하여 확인하거나 확인된 대금의 일부를 변제하는 등의 행위가 없었다면, 새로이 동종 물품을 주문하고 공급받았다는 사실만으로는 기왕의 미변제 채무를 승인한 것으로 볼 수 없다(대판 2005.2.17, 2004다59959). 따라서 물품대금채권은 각 공급일로부터 진행하는 것이지, 최종 물품공급일부터 진행하지 않는다.
그러나 判例에 따르면 '소멸시효의 기산일'은 '주요사실'이므로 변론주의의 적용 대상이고, 따라서 본래의 소멸시효 기산일과 당사자가 주장하는 기산일이 서로 다른 경우에는 변론주의의 원칙상 법원은 당사자가 주장하는 기산일을 기준으로 소멸시효를 계산하여야 한다(대판 1995.8.25. 94다35886 : 1회,2회 선택형).

(3) 시효기간

피고가 영업으로 생산을 하는 상인이든 아니든 소외 회사가 상인이므로(상법 제5조 2항), 물품대금채권은 상사채권이다. 그런데 생산자 및 상인이 판매한 생산물 및 상품의 대가는 상법 제64조 단서[1]에 의해 민법 제163조 제6호가 우선 적용된다. 따라서 소멸시효기간은 5년이 아니라 3년이다. 이러한 채권의 소멸시효기간에 관한 근거사실은 당사자가 주장·증명하여야 하는 것이지만, 判例에 따르면 "어떤 권리의 소멸시효기간이 얼마나 되는지에 관한 주장은 '단순한 법률상의 주장'에 불과하므로 변론주의의 적용대상이 되지 않고 법원이 직권으로 판단할 수 있다"(대판 2013.2.15. 2012다68217).

---

1) 제64조(상사시효) 상행위로 인한 채권은 본법에 다른 규정이 없는 때에는 5년간 행사하지 아니하면 소멸시효가 완성한다. 그러나 다른 법령에 이보다 단기의 시효의 규정이 있는 때에는 그 규정에 의한다.

(4) 소멸시효 중단 사유 및 기준시점

민법 제168조 제1호, 제170조 제1항에서 시효중단사유의 하나로 규정하고 있는 '재판상의 청구'라 함은, 통상적으로는 '권리자가 원고로서' 시효를 주장하는 자를 피고로 하여 소송물인 권리를 소의 형식으로 주장하는 경우를 가리킨다. 이러한 재판상 청구에 따른 시효중단의 시기는 원칙적으로 '소를 제기한 때'이다(민사소송법 제265조).

(5) 사안의 경우

i) 피고가 '소멸시효 기산점'을 2007. 6. 30.으로 주장하고 있고 원고가 이에 대해 다투지 않고 있는바 법원은 당사자가 주장한 기산일(2007. 6. 30.)을 기준으로 소멸시효를 계산하여야 한다. ii) 한편, 소멸시효기간은 '간접사실'로서 이에 대한 피고의 주장은 법률상 주장에 불과하므로 법원은 3년의 소멸시효기간을 기준으로 하여 시효완성 여부를 판단하여야 한다. 2007, 6. 30.을 기산일로 하였을 때, 위 소송의 변론종결일인 2010. 8. 11.에는 이미 3년의 단기소멸시효기간이 도과되었음이 명백하다. iii) 다만 시효중단사유가 있었는지가 문제되는데, 원고는 소외 회사의 채무를 담보하기 위하여 자신의 이 사건 부동산에 근저당권을 설정한 물상보증인에 불과하므로 **원고의 소제기를 권리자 즉, 채권자의 재판상 청구로 볼 수 없는바** 시효중단의 기준시점을 원고의 소제기 당시로 보는 피고의 주장은 타당하지 않다. 따라서 소멸시효중단의 기준시점 및 시효완성 여부에 관한 피고의 주장 ①은 타당하지 않다.

Ⅱ. 가 - ②의 경우(15)

1. 당 부

피고의 ②.의 주장은 타당하지 않다.

2. 근 거

(1) 시효중단사유로서 압류

압류, 가압류 또는 가처분은 그 **'집행을 신청한 때'** 에 시효중단의 효력이 발생한다(대판 2017.4.7. 2016다35451 : 9회 선택형). 경매신청에 따른 경매개시결정의 기입등기가 경료되면 압류의 효력이 있다(민사집행법 제268조, 제83조 4항).

(2) 물상보증인 소유 부동산에 대한 압류에 따른 시효중단 여부(시효이익을 받을 자 이외의 자에 대한 압류)

시효완성의 이익을 받을 자(채무자)가 아니라 제3자(물상보증인 또는 저당부동산의 제3취득자 등)에 대해 압류 등을 한 경우에는, 그 자(채무자)에 대하여 통지한 때에 시효중단의 효력이 발생한다(**제176조**). 이 통지는 반드시 채권자 본인이 하여야 하는 것은 아니고, 경매법원이 경매절차의 이해관계인인 채무자에게 경매개시결정 등의 통지서를 송달하는 방법으로 할 수도 있는데, 후자의 경우 채무자가 압류의 사실을 알 수 있도록 하기 위해 **그 송달은 우편송달**(발송송달)**이나 공시송달의 방법이 아닌 '교부송달' 의 방법에 의하여야** 한다(대판 1990.1.12, 89다카4946).

사안의 경우 시효이익을 받을 자가 아닌 물상보증인 원고의 부동산에 대해 경매개시결정등기가 된 경우 압류의 효력이 발생하나, 채권의 시효를 중단시키기 위해서는 채무자에게 통지를 하여야 하는데 교부송달이 아닌 발송송달의 방식으로 행해졌으므로 시효중단의 효력이 생기지 않는다.

따라서 이 사건 부동산에 대한 경매신청 및 경매개시결정에 따른 압류의 효력으로 인해 소멸시효가 중단한다고 보는 피고의 주장 ②는 타당하지 않다.

Ⅲ. 가 - ③의 경우(15)

1. 당 부

피고의 ③.의 주장은 타당하지 않다.

2. 근 거

(1) 시효중단사유로서 승인

소멸시효 중단사유로서의 채무의 승인(제168조 3호)은 ⅰ) '시효이익을 받을 당사자인 채무자 또는 대리인'이 ⅱ) '소멸시효의 완성으로 권리를 상실하게 될 자 또는 그 대리인'에 대하여 ⅲ) '상대방의 권리 또는 자신의 채무가 있음을 알고 있다는 뜻을 표시'함으로써 성립한다(대판 2012.10.25. 2012다45566). 그리고 승인은 단지 권리의 존재를 인정하는 것에 불과하기 때문에 상대방의 권리에 관한 처분의 능력이나 권한 있음을 요하지 아니한다(제177조).

(2) 물상보증인의 일부변제에 따른 시효중단 여부

승인에는 특별한 방식을 필요로 하지 않는다. 이 중 '묵시적 승인'은 채무자가 그 채무의 존재 및 액수에 대하여 인식하고 있음을 전제로 하여 그 표시를 대하여 상대방으로 하여금 채무자가 그 채무를 인식하고 있음을 그 표시를 통하여 추단하게 할 수 있는 방법으로 행하여지면 족하다(대판 2006.9.22. 2006다22852,22869 등). 예를 들어 判例는 동일당사자간에 계속적인 거래관계로 인하여 수개의 금전채무가 있는 경우에 채무자가 전채무액을 변제하기에 부족한 금액을 **채무의 일부로 변제한 때에는 특별한 사정이 없는 한 기존의 수개의 채무전부에 대하여 승인을** 하고 변제한 것으로 본다(대판 1980.5.13. 78다1790). 그러나 **승인은 시효이익을 받을 당사자인 채무자**(또는 대리인)**가 하여야 하고** 물상보증인의 채무승인은 채무자에 대한 소멸시효를 중단시키지 않는다. 따라서 원고(물상보증인)의 일부변제로 시효가 중단되지 않았으므로 피고의 주장 ③은 타당하지 않다.

Ⅳ. 가 - ④의 경우(15)

1. 당 부

피고의 ④.의 주장은 타당하지 않다.

2. 근 거

(1) 응소행위가 재판상 청구에 해당하는지

判例는 응소행위로서 상대방의 청구를 적극적으로 다투면서 자신의 권리를 주장하는 것은 ⅰ) **자신이 권리 위에 잠자는 자가 아님을 표명한 것이고,** ⅱ) (권리불행사라는) **계속된 사실상태와 상용할 수 없는 다른 사정이 발생한 때로 보아야 할 것임을** 이유로 응소도 시효중단사유로서 재판상 청구에 해당한다고 한다(대판 1993.12.21, 전합92다47861).

(2) 물상보증인이 제기한 소에 대한 응소가 시효중단사유에 해당하는지 여부

채권자의 응소가 시효중단사유인 제170조 1항의 재판상 청구가 되려면 i) 채무자가 제기한 소송에서, ii) 채권자가 응소하여 적극적으로 소멸되는 당해 권리를 주장하여, iii) 승소한 경우이어야 한다. 따라서 담보물의 **제3취득자나 물상보증인 등 시효를 원용할 수 있는 지위에 있으나 직접 채무를 부담하지 아니하는 자가 제기한 소송에서의 응소행위는 권리자의 의무자에 대한 재판상 청구에 준하는 행위에 해당한다고 볼 수 없다**(대판 2007.1.11, 2006다33364 : 3회,5회,9회 선택형).

따라서 채무자가 제기한 소송에 대해 응소하여 승소한다면 답변서 제출시에 시효가 중단될 수 있으나, 채무자가 아닌 물상보증인인 원고가 제기한 소송에서 응소한 행위는 재판상 청구라 볼 수 없다. 따라서 피고의 주장 ④는 타당하지 않다.

Ⅴ. 가 - ⑤의 경우(15)

1. 당 부

피고의 ⑤.의 주장은 타당하지 않다.

2. 근 거

(1) 근저당권의 피담보채권액의 확정

근저당권은 그 담보할 채무의 최고액만을 정하고 채무의 확정을 장래에 보류하여 설정되는 것이기 때문에(제357조 1항) 그 피담보채권은 유동, 교체될 수 있는데, 그러한 상태가 종료되는 것을 근저당권의 피담보채권 확정이라고 한다. 확정사유로는 약정된 확정시기의 도래, 근저당권설정자의 근저당권 확정청구, 근저당권자의 경매신청, 후순위저당권자등의 경매신청 등이 있는바, 확정이 되면 근저당권은 보통의 저당권과 같은 취급을 받게 되며 부종성, 수반성을 취득한다.

(2) 경매신청 취하와 근저당권의 피담보채권액 확정의 효과

채무자가 채무불이행에 빠져 있거나 기한의 이익을 상실하는 등의 사유가 있는 경우 근저당권자가 근저당목적물에 대하여 경매신청을 함으로써 거래를 종료시키는 의사를 표시할 수 있고 **'경매신청시'**(경매개시결정시가 아님)에 **피담보채권의 원본이 확정된다**(대판 1988.10.11. 87다카545 : 2회 선택형). 그리고 **일단 근저당권자의 경매신청에 의하여 피담보채권이 확정된 이상 그 후 경매신청이 '취하' 되더라도 확정의 효력에는 영향이 없다**(대판 1989.11.28, 89다카15601).

사안에서 피고의 경매신청으로 피담보채권은 확정되었고, 경매신청을 취하하였더라도 확정의 효력에는 영향이 없다. 이러한 확정으로 보통의 저당권처럼 취급되며 확정 이후에 발생한 원본채권은 근저당권에 의해 담보되지 않는다. 그러므로 피고가 2008.3.24. 소외 회사에 대여한 20,000,000원은 근저당권 피담보채권이 확정된 이후에 발생한 것으로서 근저당권에 의해 담보되지 않는다. 따라서 피고의 주장 ⑤는 타당하지 않다.

기출해설 2019년 변호사시험 제1문

【기초적 사실관계】

중고차매매업을 하는 甲과 乙은 영업장 확보를 위하여 2012. 1. 6. 丙의 보증 아래 A은행으로부터 3억 원을 연이율 7%, 변제기 1년으로 하여 차용하였고, 甲은 A은행에 집행력 있는 공정증서의 형식으로 차용증을 따로 작성해 주었다.

한편 甲과 乙은 변제기인 2013. 1. 5.까지의 이자는 모두 지급하였으나 그 이후로 아무런 변제를 못하고 있다. [※ 추가적 사실관계는 각각 별개임]

【추가적 사실관계 1】

A은행이 甲, 乙, 丙의 재산을 찾아보았더니, 甲은 B은행에 9천만 원의 정기예금을, 丙은 A은행에 1억 2천만 원의 정기예금을 가지고 있었다. 이에 A은행은 2013. 5. 2. 丙에게 위 대출금채권 중 원금 1억 2천만 원을 2013. 1. 5. 만기인 위 1억 2천만 원의 정기예금채무와 상계한다는 통지를 보냈고, 이는 2013. 5. 3. 丙에게 도달하였다.

그리고 A은행은 甲을 상대로 위 공정증서에 기한 강제집행에 착수하여, 2015. 1. 6. 甲의 B은행에 대한 정기예금채권에 채권압류 및 전부명령이 있었고, 이는 다음 날 甲과 B은행에 송달된 후 확정되었다. 그런데 甲의 B은행에 대한 위 정기예금채권에는 2014. 12. 3. 甲에 대한 다른 채권자인 C가 甲에 대한 1억 원의 대여금채권을 청구채권으로 하여 신청한 채권가압류가 있었고, 이는 다음 날 甲과 B은행에 송달된 사실이 있었다.

한편 乙은 2018. 11. 9. A은행에 남은 대출금 채무를 전액 변제하겠다는 확약서를 제출하였다.

1. 현재 A은행은 甲, 乙, 丙에 대하여 각 얼마의 대출금 지급을 구할 수 있는가? (금액은 원금에 한하고, 다수 채무자 간의 중첩적 채무관계는 별도로 표시할 필요 없음) (30점)

【추가적 사실관계 2】

A은행이 2018. 11. 1. 甲을 상대로 위 대출금의 지급을 구하는 소를 제기하자, 甲은 이 소송에서 위 대출금채무의 소멸시효가 완성되었다고 주장한다. 이에 A은행은 2018. 1. 4. 위 공정증서에 기하여 甲 소유의 유체동산에 대한 가압류를 신청하여 2018. 1. 8. 그 결정을 받았으므로 시효가 중단되었다고 주장한다.

이에 甲은 다시 ① 위 가압류결정이 이미 시효가 완성된 후에 이루어졌고, 또한 ② 가압류결정에 기한 집행이 이루어지지 않았으므로, 시효가 중단되지 않았다고 주장한다. 사실 A은행은 위 가압류결정을 받은 후 甲에게 가치 있는 유체동산이 없다는 판단하에 집행절차를 밟지 않았다.

2. 甲의 위 ①, ② 주장은 이유 있는가? (20점)

사례A-45 보증채권을 자동채권으로 한 상계의 효력, 채권의 가압류와 전부명령의 효력, 연대채무자 1인의 시효이익포기의 효력, 가압류로 인한 시효중단★

Ⅰ. 문제 1.의 경우(30)

1. 문제점

① 甲, 乙, 丙의 A은행에 대한 채무의 법적 성질과 그에 따른 각 채무의 소멸시효 완성시점, ② ⅰ) A은행의 연대보증인 丙에 대한 상계권행사의 효과, ⅱ) 제3자에 의해 이미 가압류된 채권에 내려진 A은행의 甲의 채권에 대한 압류 및 전부명령의 효과, ⅲ) 연대채무자 乙에 대한 시효완성의 효과, ⅳ) A은행에 대한 乙의 확약서 제출의 효과가 각 다른 채무에 미치는 영향을 살펴봄으로써 A은행의 甲, 乙, 丙에 대한 대출금 지급 청구의 금액을 확인해 보도록 한다.

2. 甲, 乙, 丙의 A은행에 대한 채무의 법적 성질[1)]

甲과 乙은 중고차매매업을 하는 상인으로서 그 영업장 확보를 위하여 A은행으로부터 3억 원을 차용하였다. 따라서 이는 상행위로 인한 채무에 해당하고(상법 제47조 1항・2항), 甲과 乙은 연대채무자로서 책임을 지며(상법 제57조 1항), 이를 보증한 丙은 상인인지 여부와 관계없이 주채무가 상행위로 인한 것에 해당하므로, 甲, 乙과 연대하여 변제할 책임이 있다(상법 제57조 2항).

3. 각 채무의 소멸시효기간과 시효완성시점

① A은행의 甲과 乙에 대한 대여금 채권은 상사채권으로서 그 소멸시효기간은 5년이고(상법 제64조 본문), ② 丙에 대한 보증채권의 소멸시효 기간은 주채무의 시효기간과 별개로 보증계약의 성질에 따라 정해지는데(대판 2014.6.12. 2011다76105), 사안의 경우 A은행과 丙의 보증계약은 상행위라 할 것이므로(상법 제47조 1항・2항), 역시 5년의 소멸시효기간이 적용된다(대판 1959.8.27. 4291민상407).[2)]

따라서 '시효중단' 등이 없는 한 위 각 대여금 채권 및 연대보증채권은 변제기인 2013. 1. 5.로부터(정확하게는 제157조 본문에 따라 2013. 1. 6. 오전 0시) 5년이 도과된 2018. 1. 5. 24:00에 소멸시효가 완성된다.

4. A은행의 丙에 대한 상계권행사의 효과

(1) A은행의 상계허용 여부 및 효과

A은행은 2013. 5. 2. 丙에 대한 보증채권을 자동채권으로 하여 丙의 A은행에 대한 1억 2천만 원의 정기예금채권을 상계한다는 표시를 하였고, 그 의사표시가 2013. 5. 3. 丙에게 도달하였다.

한편, 자동채권에 항변권이 부착된 경우 상대방의 항변권을 침해하게 되어 상계가 성질상 허용되지 아니하나(제492조 1항 단서), A은행의 보증금채권은 연대보증채권으로서 최고・검색의 항변권이 인정되지 않으므로(제437조 단서), 상계적상일인 2013. 1. 5(양 채권의 변제기 도래일)에 소급하여

---

1) 수인이 그 1인 또는 전원에게 상행위가 되는 행위로 인하여 채무를 부담한 때에는 연대하여 변제할 책임이 있으며(상법 제57조 1항), 보증인이 있는 경우에 그 보증이 상행위이거나 주채무가 상행위로 인한 것인 때에는 주채무자와 보증인은 연대하여 변제할 책임이 있다(상법 제57조 2항).

2) "보증이 상행위라 함은 보증이 보증인에 있어서 상행위인 경우뿐 아니라 채권자에 있어서 상행위성을 가진 경우를 포함한다"

정기예금채권과 대등액 범위에서 소멸하였다. 소멸시효는 기산일인 2013. 1. 5.로 소급하여 효과가 발생하지만(제167조), 시효완성 이전인 2013. 1. 5.에 발생한 상계의 효과가 번복되지는 않는다(제493조 2항).

(2) 연대보증인 丙에 대한 상계에 따른 효과가 甲, 乙에 대한 채권에 미치는 영향

보증인에게 생긴 사유는 주채무자에게 그 효력이 없으나(상대적 효력), 상계(변제·대물변제·공탁)처럼 채권을 만족시키는 사유는 주채무자에게도 그 효력이 미친다(절대적 효력).

따라서 丙의 보증채무 및 甲과 乙의 연대채무는 2013. 1. 5. 현재 1억 8천만 원으로 감축된다.

5. A은행의 甲의 채권에 대한 압류 및 전부명령의 효과

(1) 압류 및 전부명령의 효과

1) 압류 경합의 경우

전부명령이 있는 때에는 압류된 채권은 지급에 갈음하여 압류채권자에게 이전된다(민사집행법 제229조 3항). 그러나 전부명령이 제3채무자에게 송달될 때까지 그 금전채권에 관하여 다른 채권자가 압류·가압류 또는 배당요구를 한 경우에는 전부명령은 효력을 가지지 아니한다(민사집행법 제229조 5항). 한편, 이처럼 압류 경합으로 '전부명령'이 무효인 경우에도 '압류' 자체는 피압류채권 전부에 대하여 효력이 있다(민사집행법 제235조).[3)]

2) 사안의 경우

A은행은 2015. 1. 6. 위 대여금 채권을 집행채권으로 하여 甲의 B은행에 대한 정기예금 채권에 채권 압류 및 전부명령을 받아, 그 명령이 2015. 1. 7. 제3채무자 B은행에 송달된 후 확정되었다. 그러나 위 피압류채권에는 선행하는 C의 1억 원 상당의 채권가압류가 있었고, A의 집행채권액과 C의 청구 채권액 합계가 피압류채권액을 초과하므로, A의 전부명령은 무효이다. 다만, 그 경우에도 채권 압류는 효력이 있으므로, 소멸시효 완성 이전인 2015. 1. 7. 압류에 의해 A은행의 甲에 대한 대여금채권의 소멸시효는 '압류신청일'에 소급하여 중단되었다(제168조 2호)(대판 2017.4.7. 2016다35451 : 9회 선택형).

(2) 압류에 따른 甲에 대한 채권의 시효중단효가 乙, 丙에 대한 채권에 미치는 영향

1) 乙의 연대채무

① 연대채무자 1인에 대한 압류는 절대효가 없으므로(제423조), 甲에 대한 압류에도 불구하고 연대채무자 乙에 대한 대여금채권에 대해서는 압류에 의한 시효중단의 효력은 발생하지 않는다. ② 한편 채권자가 연대채무자 1인에 대해 경매신청을 한 경우에는 최고로서의 효력은 있고, 이 최고(=이행청구)는 다른 연대채무자에게도 효력이 있으므로(제416조), 채권자가 6개월 내에 '다른 연대채무자'를 상대로 재판상 청구 등을 한 때에는 그 '다른 연대채무자'에 대한 채권의 소멸시효가 중단된다(대판 2001.8.21, 2001다22840 : 4회,7회 선택형). 그러나 사안의 경우 6개월 내에 후속절차가 없었으므로 연대채무자 乙에 대한 대여금채권에 대해서는 시효중단의 효과는 발생하지 않는다.

---

3) 채권의 일부가 압류된 뒤에 그 나머지 부분을 초과하여 다시 압류명령이 내려진 때에는 각 압류의 효력은 그 채권 전부에 미친다(동조 1항). 채권의 전부가 압류된 뒤에 채권의 일부에 대하여 다시 압류명령이 내려진 때에도 후자의 압류의 효력은 그 채권 전부에 미친다(동조 2항).

2) 丙의 연대보증채무

주채무자에 대한 시효중단은 보증인에게도 효력이 있으므로(제440조), 주채무자 甲에 대한 압류에 의한 시효중단으로 丙의 연대보증채무의 소멸시효도 중단된다.

6. 연대채무자 乙에 대한 시효완성의 효과가 甲, 丙에 대한 채권에 미치는 영향

乙의 대여금채권에 대해서는 시효중단 사유가 없어 2018. 1. 5. 24:00에 소멸시효가 완성되었다. 이에 따라 ① 어느 연대채무자에 대하여 소멸시효가 완성된 때에는 '그 부담부분에 한하여' 다른 연대채무자도 의무를 면한다(**제421조**). 한편 부담부분의 경우 특별한 사정이 없는 한 균등한 것으로 추정되므로(제424조), 甲에 대한 채권은 乙의 부담부분인 9천만 원(=1억 8천만 원×1/2)만 소멸되어 결국 9천만 원만 존재한다. ② 그리고 i) **'丙의 乙에 대한 연대보증채무'**는 주채무자 乙에 대한 채권이 소멸시효가 완성됨으로써 **'부종성'**에 따라 역시 소멸시효가 완성되었다. 그러나 ii) **'丙의 甲에 대한 연대보증채무'**는 甲의 채무가 여전히 9천만 원 존재하고 있어 결국 丙은 甲의 대여금채무에 대해서는 여전히 9천만 원의 연대보증채무를 부담한다.

7. A은행에 대한 乙의 확약서 제출의 효과가 甲, 丙에 대한 채권에 미치는 영향

(1) 확약서 제출의 의미

判例가 판시하는 바와 같이 **소멸시효가 완성된 후 의무이행을 약정한 경우에는 시효이익을 포기한 것으로 보아야 한다**(대판 1993.5.11. 93다12824). 따라서 乙은 시효 완성 후인 2018. 11. 9. 채무 변제의 확약서를 제출함으로써, 채무 전액에 대하여 시효이익을 포기한 것으로 보아야 하므로 乙은 대여금채권의 시효소멸의 항변을 할 수 없다.

(2) 乙의 시효이익 포기의 효과가 甲, 丙에게 미치는 영향

乙의 시효이익 포기는 다른 연대채무자 甲에 대해서 효력이 미치지 않을 뿐만 아니라(제423조), 연대보증인 丙에 대해서도 효력이 없다(제433조 2항).

8. 사안의 해결

A은행은 연대채무자 甲 또는 연대보증인 丙에게는 9천만 원의 지급을 청구할 수 있고, 연대채무자 乙에게는 1억 8천만의 지급을 청구할 수 있다.

Ⅱ. 문제 2.의 경우(20)

1. 결 론

甲의 ① 주장은 이유 없지만, ② 주장은 이유있다.

2. 논 거

(1) 소멸시효의 완성 후 재판상 청구

앞서 검토한 바와 같이 위 대여금 채권은 2018. 1. 5. 24:00에 소멸시효가 완성되었다. 따라서 그 후 2018. 11. 1. 대출금 지급을 구하는 이 사건 소가 제기되었으므로 시효중단 사유로써 재판상

청구(제170조)에 해당하지 않고, 다른 사정이 없는 한 대출금채권의 소멸시효는 완성되었다.

(2) 유체동산 가압류에 의한 시효 중단시점 : ① 주장

1) 판 례

소멸시효는 압류, 가압류 또는 가처분으로 인하여 중단되는바(제168조 2호), 判例에 따르면 이러한 가압류 등은 **'집행'**이 되는 것을 전제로 민사소송법 제265조(재판상 청구의 경우 소제기시 시효중단)를 유추적용하여 재판상 청구의 '소제기'와 유사하게 **'집행을 신청한 때'**에 소급하여 시효중단의 효력이 발생한다고 한다(대판 2017.4.7. 2016다35451 : 9회 선택형).[4)]

2) 검토 및 사안의 경우

'가압류'도 재판상의 청구와 마찬가지로 법원에 신청을 함으로써 이루어지고(민사집행법 제279조), 가압류명령에 따른 집행이나 가압류명령의 송달을 통해서 채무자에게 고지가 이루어지기 때문에 민사소송법 제265조를 유추적용하는 判例의 태도는 타당하다. 이러한 법리에 비추어 보면, 유체동산 가압류에 의한 시효 중단 효력 발생시기는 가압류 **'집행신청시'**(2018. 1. 4.)에 소급하는 것이므로, 가압류 **'결정시'**(2018. 1. 8.)가 시효 완성 후에 있었는지 여부는 위 채권의 시효소멸 여부와 무관하다고 할 것이다. 따라서 甲의 ① 주장은 타당하지 않다.

(3) 유체동산에 대한 가압류 집행절차에 착수하지 않은 경우 시효중단의 효력 : ② 주장

1) 판 례

判例에 따르면 "유체동산에 대한 가압류 집행절차에 착수[5)]하지 않은 경우에는 시효중단 효력이 없고, 집행절차를 개시하였으나(필자주 : 집행착수가 있음을 의미) 가압류할 동산이 없기 때문에 집행불능이 된 경우에는 '집행절차가 종료된 때'로부터 시효가 새로이 진행된다"(대판 2011.5.13, 2011다10044)고 한다.

2) 검토 및 사안의 경우

가압류집행절차는 ⅰ) 가압류신청(집행신청), ⅱ) 가압류결정(집행개시), ⅲ) 가압류착수(집행착수 또는 집행절차개시)인바, 집행절차에 착수하지 않은 경우에는 결국 권리를 행사한 경우로 볼 수 없어 가압류에 의한 시효중단 효력이 발생하지 않는다고 보아야 한다. 따라서 A은행이 가압류 결정을 받은 후 동산에 대한 가압류 집행절차를 밟지 않은 이상 시효중단의 효력이 발생할 여지가 없어 甲의 ② 주장은 타당하다.

---

4) "민법 제168조 제2호에서 가압류를 시효중단사유로 정하고 있지만, 가압류로 인한 시효중단의 효력이 언제 발생하는지에 관해서는 명시적으로 규정되어 있지 않다. 민사소송법 제265조에 의하면, 시효중단사유 중 하나인 '재판상의 청구'(민법 제168조 제1호, 제170조)는 소를 제기한 때 시효중단의 효력이 발생한다. 이는 소장 송달 등으로 채무자가 소 제기 사실을 알기 전에 시효중단의 효력을 인정한 것이다. 가압류에 관해서도 위 민사소송법 규정을 유추적용하여 '재판상의 청구'와 유사하게 가압류를 신청한 때 시효중단의 효력이 생긴다고 보아야 한다. '가압류'는 법원의 가압류명령을 얻기 위한 재판절차와 가압류명령의 집행절차를 포함하는데, 가압류도 재판상의 청구와 마찬가지로 법원에 신청을 함으로써 이루어지고(민사집행법 제279조), 가압류명령에 따른 집행이나 가압류명령의 송달을 통해서 채무자에게 고지가 이루어지기 때문이다. 가압류를 시효중단사유로 규정한 이유는 가압류에 의하여 채권자가 권리를 행사하였다고 할 수 있기 때문이다. 가압류채권자의 권리행사는 가압류를 신청한 때에 시작되므로, 이 점에서도 가압류에 의한 시효중단의 효력은 가압류신청을 한 때에 소급한다"

5) "유체동산에 대한 집행착수시기는 집행관이 압수·수색에 나가는 경우이며, 부동산에 대한 집행착수시기는 가압류명령의 등기부기입을 등기관에게 촉탁하여 집행할 때이다"

기출해설

2021년 1차 법전협모의 제1문

【기초적 사실관계】
甲은 2013. 1. 5. A상호신용금고(이하 'A 금고'라 한다)로부터 1억 원을 빌리면서 변제기는 2014. 1. 5.로 하고 이자는 월 1%로 매월 말일 지급하기로 하였다. 甲은 이 대출금채무를 담보하기 위하여 자신의 X 부동산(시가 1억 2천만 원) 및 乙 소유의 Y 부동산(시가 1억 원)에 대해 저당권 설정등기를 마쳐주었다.

【추가된 사실관계】
甲은 A 금고에게 원금은 물론 변제기 이후 이자조차 전혀 지급하지 못하고 있었다. 이에 A 금고는 2020. 10. 5. X 부동산에 대하여 임의경매를 신청하였고, 이에 따라 임의경매절차가 개시되어 2020. 12. 5. 배당기일에서 A 금고가 매매대금 중 1억 원을 배당받는 것으로 배당표가 작성되었다. 甲은 경매절차의 진행사실을 알고도 아무런 이의를 제기하지 않았다. (※ 아래 각 질문은 상호 독립적이고 서로 무관함)

3. A 금고는 위 경매절차에서 매매대금 중 1억 원을 배당받아 그때까지의 이자 및 원금 일부의 변제에 충당하였다. A 금고는 2021. 1. 15. 다시 나머지 원금을 변제받기 위하여 Y 부동산에 대해 임의경매를 신청하였는데 乙은 소멸시효 완성의 항변을 하였다. 乙의 주장이 타당한지 판단하시오. (15점)
4. 위 경매절차에서 甲의 일반채권자 戊는 배당절차에서 A 금고의 배당에 대해 이의를 제기한 후, 甲을 대위하여 소멸시효 완성의 항변을 하였다. 이에 대하여 A 금고는 ① 甲은 배당절차에서 아무런 이의를 제기하지 않았으므로 더 이상 소멸시효 완성을 원용할 수 없고, ② 설사 원용할 수 있더라도 제3자인 戊는 이를 대위할 수 없다고 주장하였다. A 금고의 주장이 타당한지 판단하시오. (15점)

사례A-46 시효이익 포기의 상대효, 일반채권자의 시효원용권★

Ⅲ. 문제 3.의 경우 - 주채무자의 시효이익포기와 물상보증인(15)

1. 쟁점의 정리

주채무자 甲의 시효이익의 포기여부(제184조 1항의 반대해석) 및 주채무자 甲의 시효이익포기가 물상보증인 乙에게 효력이 있는지가 문제된다(시효이익 포기의 상대효).

2. A금고 채권의 소멸시효 완성여부

A금고는 회사이므로 甲이 A금고로부터 금전을 차용한 행위는 상행위로서 5년의 시효기간이 적용된다(상법 제64조 본문). 따라서 변제기인 2014. 1. 5.로부터 5년이 경과한 2019. 1. 5. 24:00가 되면 소멸시효는 완성된다.

3. 甲의 시효이익포기여부

判例가 판시하는 바와 같이 "소멸시효가 완성된 채무를 피담보채무로 하는 근저당권이 실행되어 채무자 소유의 부동산이 경락되고 대금이 배당되어 채무의 일부 변제에 충당될 때까지 채무자가 아무런 이의를 제기하지 아니하였다면, 경매절차의 진행을 채무자가 알지 못하였다는 등 다른 특별한 사정이 없는 한, 채무자는 시효완성의 사실을 알고 채무를 묵시적으로 승인하여 시효의 이익을 포기한 것으로 볼 수 있다"(대판 2017.7.11. 2014다32458).

사안의 경우 채권자 A금고가 2020. 10. 5.에 임의경매를 신청하여 채무자 甲소유 X부동산이 경매되고 그 대금으로부터 일부변제에 충당될 때까지 채무자 甲은 경매절차의 진행사실을 알고도 아무런 이의를 제기하지 않았으므로 이는 시효의 이익을 포기한 것으로 볼 수 있다(제184조 1항의 반대해석).

4. 甲의 시효이익포기가 丙에게 효력이 미치는지 여부

判例가 판시하는 바와 같이 "타인의 채무를 담보하기 위하여 자기의 물건에 담보권을 설정한 물상보증인은 채권자에 대하여 물적 유한책임을 지고 있어 그 피담보채권의 소멸에 의하여 직접 이익을 받는 관계에 있으므로 소멸시효의 완성을 주장할 수 있고, 소멸시효 이익의 포기는 상대적 효과가 있을 뿐이어서 채무자가 시효이익을 포기하더라도 물상보증인에게는 효력이 없다(대판 2018.11.9. 2018다38782).

사안의 경우 주채무자인 甲이 시효이익을 포기하더라도 물상보증인인 乙은 여전히 채권자 A금고에 대해 소멸시효완성의 항변을 할 수 있다.

5. 사안의 해결

乙의 소멸시효 완성의 항변은 타당하다. .

Ⅳ. 문제 4.의 경우 - 채무자의 일반채권자의 시효원용권(15)

1. 쟁점의 정리

채무자 甲의 일반 채권자 戊가 채무자를 '대위'하여 소멸시효 완성의 주장을 원용하는 것이 허용되는지 문제된다.

2. 甲이 소멸시효 완성을 원용할 수 없다는 주장

甲소유 X부동산이 경매되고 A금고가 그 대금으로부터 일부변제에 충당될 때까지 甲이 경매절차의 진행사실을 알고도 이의제기를 하지 않은 것은 判例가 판시하는 바와 같이 '묵시적으로 시효이익을 포기'한 것으로 볼 수 있다(대판 2017.7.11. 2014다32458). 따라서 甲이 더 이상 소멸시효 완성을 원용할 수 없다는 A금고의 주장은 일응 타당하다. 하지만 아래에서 검토하는 바와 같이 甲의 일반채권자 戊의 소멸시효 완성의 대위행사가 허용되므로 결과적으로 甲이 시효이익을 포기한 것으로 볼 수 없다.

3. 戊는 甲의 시효원용권을 대위행사할 수 없다는 주장

判例는 **'채무자에 대한 일반채권자'**는 자기의 채권을 보전하기 위하여 필요한 한도 내에서 채무자를 대위하여 소멸시효 주장을 할 수 있을 뿐 **채권자의 지위에서 독자적으로** (다른 채권자의 채무자에 대한 채권에 대해) **소멸시효의 완성을 주장할 수 없다**고 한다(대판 1997.12.26, 97다22676).

이러한 **判例에 따르면 대위 원용이 허용되나,** ㉠ 채무자가 시효이익을 **'적극적으로' 포기**한 때에는 '채무자에 대한 일반채권자'는 '다른 채권자의 채무자에 대한 채권'에 대해 소멸시효를 원용할 수 없게 된다(채무자의 권리불행사 요건 불충족). ② 그러나 채무자 소유의 부동산이 경락되고 대금이 배당되어 채무의 '일부 변제'에 충당될 때까지 채무자가 이의를 제기하지 아니하여 시효의 이익을 **'묵시적으로' 포기**한 때에는 '채무자의 다른 채권자가 이의를 제기'하고 채무자를 대위하여 소멸시효 완성의 주장을 원용할 수 있다고 한다(대판 2017.7.11. 2014다32458).

사안의 경우 戊가 배당절차에서 A금고의 배당에 이의를 제기한 이상 甲을 대위하여 시효완성을 원용할 수 있으므로 A금고의 주장은 타당하지 않다.

4. 사안의 해결

A금고의 주장은 타당하지 않다.

기출해설 2016년 2차 법전협모의 제1문

【공통된 사실관계】
사무용품 도매상을 개업하려는 乙은 개업자금을 조달하기 위하여 지인 甲으로부터 2004. 4. 1. 1억 원을 이자 월 1%(매월말일지급), 변제기 2005. 3. 31.로 정하여 차용하였다.

【추가된 사실관계】
乙의 甲에 대한 대여금채무에 관하여는 乙이 차용당시인 2004. 4. 1. 자신의 소유인 Y토지 위에 채권자 甲, 채권최고액을 1억 5천만 원으로 하는 제1근저당권을 설정해주었다. 그 후 원리금을 상환하지 못하고 있던 乙은 2010. 5. 7. 甲과 사이에 그때까지의 채무액을 1억3천만 원이라고 확정하고 이에 관해 변제기를 2010. 10. 31.로 약정한 후 이를 담보하기 위하여 같은 날 甲에게 Y토지 위에 채권최고액 5천만 원의 제2근저당권을 추가로 설정해 주었다. 한편 乙은 2011. 4. 5. 戊에게 매매를 원인으로 Y토지의 소유권이전등기를 마쳐주면서 甲명의의 위 제1. 2근저당권을 자신이 말소하기로 약정하였다.
甲이 여전히 대여금을 상환받지 못하고 있던 2015. 5. 21. 乙과 戊가 각각 甲을 상대로 위 차용금채무가 소멸시효의 완성으로 소멸하였음을 이유로 위 제1. 2근저당권설정등기의 말소를 구하는 소를 제기하였다. 이에 甲은 2015. 6. 20. 변론기일에 시효완성을 다투면서 각 소송에 응소하였다.

2. 乙, 戊의 청구에 대한 결론을 그 근거와 함께 서술하시오. (25점)

사례A-47 시효이익 포기의 상대효 제한법리★

Ⅱ. 설문 2.의 경우(25)

1. 결 론

법원은 乙, 戊의 각 청구에 대하여 청구기각판결을 하여야 한다.

2. 논 거

(1) 문제점

① 乙의 청구와 관련하여 ⅰ) '본안전 판단'으로 Y토지의 소유권을 상실한 乙이 근저당권설정등기의 말소청구를 할 수 있는지 여부, ⅱ) 피담보채무인 乙의 甲에 대한 차용금 채무의 시효가 완성되었는지 여부, ⅲ) 만약 완성되었다면 그 후 乙의 甲에 대한 미지급채무의 확정과 추가담보제공이 시효이익포기에 해당하는지 여부가 문제된다. ② 戊의 청구와 관련하여 채무자 乙의 시효이익 포기의 효력이 채무자 소유 담보 목적물의 제3취득자 戊에게 미치는지 문제된다.

(2) 채무자 乙의 채권자 甲에 대한 근저당권설정등기의 말소청구에 대한 판단

1) 소유권을 상실한 근저당권설정자 乙의 근저당권설정등기의 말소청구의 법적 근거

乙은 더 이상 소유자가 아니므로 소유권에 기한 물권적 청구권으로서의 근저당권등기말소는 청구할 수 없으나, 乙과 甲 사이에는 근저당권설정계약이 있으므로 소유권을 상실한 乙도 判例가 판시하는 바와 같이 근저당권설정계약상의 **'채권적 청구권'**으로서 甲에게 근저당권등기말소청구를 할 수 있다(대판 1994.1.25, 전합93다16338).

2) 피담보채무인 乙의 甲에 대한 차용금채무의 시효완성 여부

乙은 사무용품 도매상 개업자금에 충당하기 위하여 甲으로부터 금전을 차용하였는바 甲이 乙의 지인이라는 점에 비추어 甲은 위 행위가 개업을 준비하는 행위라는 점을 인식하고 있었다고 보이므로 乙의 금전차용행위는 **상인의 보조적 상행위**[1]로서 상법규정이 적용된다(상법 제47조).

즉, 乙의 차용금 채무는 상사채무로 **상법 제64조 본문**에 따라 5년의 소멸시효에 걸린다(대판 2006.4.27. 2006다1381).[2] 따라서 원칙적으로 차용금 변제기일 2005. 3. 31.(정확하게는 제157조 본문에 따라 2005. 4. 1. 오전 0시)부터 소멸시효가 진행되어(제166조 1항) 5년 후인 2010. 3. 31. 24:00로 소멸시효가 완성되었다.

물론 2010. 4. 1. 지연이자(제397조 1항에 따라 사안의 경우 약정이율인 월 1%)의 소멸시효(사안의 경우 원본채권의 시효기간인 5년이고, 변제기 이후 날마다 발생)는 아직 완성되지 않았지만 제183조에 의해 지연이자도 모두 소멸시효가 완성된다.

3) 乙의 甲에 대한 미지급채무의 확정과 추가담보제공이 시효이익포기에 해당하는지 여부

소멸시효가 완성된 후에 그 이익을 포기하는 것도 허용된다(**제184조 1항의 반대해석**). 시효이익의 포기는 의사표시이므로 시효완성의 사실을 알고서 하여야 한다. **判例는** 시효완성 후에 시효이익을 포기하는 듯한 행위가 있으면 **시효완성사실에 대한 악의를 추정한다**. 사안에서 乙은 차용금채무의 소멸시효 완성된 후인 2010. 5. 7. 채권자 甲과 미지급채무를 확정하고 甲에게 제2근저당권을 추가로 설정해주었는바, 이는 시효완성 후에 **채무의 승인**[3]을 한 것으로 시효이익의 포기로 추정된다(대판 2015.6.11. 2015다200227 : 6회 선택형).

일반적으로 채무자가 시효의 이익을 포기한 경우에는 포기한 때부터 새로이 소멸시효가 진행하나(대판 2009.7.9, 2009다14340), 사안의 경우 당사자들이 미지급 채무의 변제기를 2010. 10. 31.로 약정하였기 때문에 이때부터 5년의 소멸시효가 재진행된다.

4) 소 결

乙의 소제기 당시인 2015. 5. 21. 및 甲이 응소한 2015. 6. 20.에는 아직 피담보채무인 대여금채무의 소멸시효가 완성되지 않았으므로 甲의 근저당권은 여전히 유효하다. 따라서 법원은 乙의 근저당권말소등기청구에 대하여 청구기각판결을 하여야 한다.

---

1) **[관련판례]** "영업의 목적인 상행위를 개시하기 전에 영업을 위한 준비행위를 하는 자는 영업으로 상행위를 할 의사를 실현하는 것이므로 그 준비행위를 한 때 상인자격을 취득함과 아울러 개업준비행위는 영업을 위한 행위로서 그의 최초의 보조적 상행위가 된다. 이와 같은 개업준비행위는 반드시 상호등기·개업광고·간판부착 등에 의하여 영업의사를 일반적·대외적으로 표시할 필요는 없으나 점포구입·영업양수·상업사용인의 고용 등 그 준비행위의 성질로 보아 영업의사를 상대방이 객관적으로 인식할 수 있으면 당해 준비행위는 보조적 상행위로서 여기에 상행위에 관한 상법의 규정이 적용된다"(대판 1999.1.29. 98다1584). 그리고 "영업자금의 차입 행위는 행위 자체의 성질로 보아서는 영업의 목적인 상행위를 준비하는 행위라고 할 수 없지만, 행위자의 주관적 의사가 영업을 위한 준비행위이고 상대방도 행위자의 설명 등에 의하여 그 행위가 영업을 위한 준비행위라는 점을 인식한 경우에는 상행위에 관한 상법의 규정이 적용된다"(대판 2012.4.13. 2011다104246).

2) "당사자 쌍방에 대하여 모두 상행위가 되는 행위로 인한 채권뿐만 아니라 당사자 일방에 대하여만 상행위에 해당하는 행위로 인한 채권도 상법 제64조 소정의 5년의 소멸시효기간이 적용되는 상사채권에 해당하는 것이고, 그 상행위에는 상법 제46조 각 호에 해당하는 기본적 상행위뿐만 아니라, 상인이 영업을 위하여 하는 보조적 상행위도 포함된다"

3) **[관련판례]** 다만 시효이익의 포기에는 '효과의사'가 필요하므로, '관념의 통지'로 효과의사가 필요하지 않는 시효중단사유로서의 승인과 다르며, 따라서 채무승인만으로 언제나 시효이익의 포기가 되는 것은 아니다(대판 2013.7.25. 2011다56187,56194).

(3) 제3취득자 戊의 채권자 甲에 대한 근저당권설정등기의 말소청구에 대한 판단

1) 제3취득자의 독자적인 시효원용권과 시효이익 포기의 상대효 : 원칙

判例는 소멸시효의 완성을 원용할 수 있는 자는 권리의 소멸에 의하여 '직접 이익을 받는 자'에 한정된다고 하는바, 담보물의 제3취득자는 이에 해당한다(대판 1995.7.11, 95다12446 : 5회 선택형). 아울러 判例는 직접 이익을 받는 자의 시효원용권은 채무자의 시효원용권에 기초한 것이 아닌 독자적인 것이라고 하여 **채무자의 시효이익의 포기는 다른 직접수익자인 저당부동산의 제3취득자의 시효원용권에 영향을 미치지 않는다고** 한다(대판 1995.7.11, 95다12446).

2) 시효이익 포기의 상대효의 제한법리 : 예외

그러나 判例는 시효이익을 이미 포기한 자와의 법률관계를 통하여 비로소 시효이익을 원용할 이해관계를 형성한 자(판례사안은 피담보채권의 소멸시효가 완성된 후 채무자가 저당권을 설정한 후 이를 취득한 담보물의 제3취득자)**는 이미 이루어진 시효이익 포기의 효력을 부정할 수는 없다고** 한다(대판 2015.6.11. 2015다200227 : 6회 선택형).

따라서 채무자 乙의 시효이익의 포기 이후에 乙과 매매계약을 맺고 Y토지의 소유권을 취득한 戊는 乙이 한 시효이익 포기의 효력을 전제로 하여 근저당권의 제한을 받는 소유권을 취득한 것이어서 乙이 한 시효이익 포기의 효력을 부정할 수 없다.

> [사실관계] A는 1992년 B로부터 5천만원을 차용하면서 그 담보로 A 소유 부동산에 대해 B 앞으로 제1근저당권을 설정해 주었다. 그 후 (이 채권의 소멸시효기간 10년이 지난 때인) 2004년에 A는 위 차용금채무의 이자를 3천만 원으로 확정하고, 이를 담보하기 위해 위 부동산에 대해 B 앞으로 제2근저당권을 설정해 주었다. 2013년에 C는 A로부터 위 부동산을 매수하여 소유권을 취득한 후, B를 상대로 근저당권의 피담보채권이 소멸시효로 인해 소멸하였다는 것을 이유로 제1, 제2근저당권의 말소를 청구한 것이다. 이에 대해 判例는 A가 B 앞으로 제2근저당권을 설정해 준 것은 소멸시효의 이익을 포기한 것으로 볼 수 있는데, 이 효력은 C에게도 미쳐 C는 독자적으로 소멸시효를 주장할 수 없는 것으로 보았다(대판 2015.6.11. 2015다200227 : 6회 선택형).

3) 소 결

戊는 Y토지의 소유자로서 근저당권이 무효라면 근저당권설정등기의 말소청구를 할 수 있는 지위에 있지만(제214조), 근저당권의 피담보채무인 乙의 甲에 대한 차용금채무는 채무자 乙의 시효이익포기로 소멸시효가 재진행하며, 시효이익 포기 이후에 이해관계를 맺은 戊는 독자적인 시효원용권자도 아니므로 乙이 한 시효이익 포기의 효력을 부정할 수 없는바, 법원은 戊의 청구에 대하여 청구기각판결을 하여야 한다.

제2편

민 법 사 례 의 맥

채권총론

기출해설

2015년 변호사시험 제2문

건강기능식품 판매점을 운영하는 甲은 친환경 농법으로 재배된 수삼을 원료로 하여 만든 홍삼 진액을 구입하려고 한다. 그런데 甲의 경쟁업자인 乙은 자신이 홍삼 도매상 丙을 통하여 친환경 인증을 받은 홍삼 진액을 구입하였는데 아주 좋은 제품이라고 甲에게 소개하면서 丙으로부터 홍삼 진액을 구입하라고 적극적으로 권유하였다. 그러나 乙은 丙으로부터 홍삼 제품을 구입한 사실도 없을 뿐만 아니라 丙이 판매하는 홍삼 진액이 친환경 인증을 받은 바도 없었음에도 불구하고, 乙이 거짓말을 한 것이다.

하지만 甲은 위와 같은 乙의 말을 그대로 믿고 2014. 12. 1. 丙과 G-200 홍삼 진액 30상자를 상자당 50만 원씩 구입하되 같은 해 12. 10. 오전 10시에 甲의 점포에 배달하는 것을 내용으로 하는 매매계약을 체결하였다. 이에 따라 丙은 2014. 12. 10. 오전 10시 자신의 배달차량에 홍삼 진액 30상자를 싣고 甲의 점포에 도착하였으나, 문이 잠겨 있어서 위 제품을 인도하지 못하였다. 당시 甲은 丙과의 약속을 깜박 잊고서 점포 문을 닫고 외출한 상태였다.

한편, 丙은 甲의 점포 앞에서 1시간여 동안 甲을 기다리다가 甲이 끝내 나타나지 않고 전화도 받지 않자 홍삼 진액 30상자를 배달차량에 그대로 싣고 되돌아와 자기가 관리하는 창고 앞에 위 차량을 주차해 놓았다. 그런데 2014. 12. 11. 아침에 丙이 고용한 직원 丁의 경미한 실수로 창고에 화재가 발생하였고, 그 불이 창고 앞에 주차되어 있던 배달차량에 옮겨 붙어 차량이 전소함으로써 그 홍삼 진액 30상자는 모두 소실되었다. 丙은 甲과의 계약내용에 따라 2014. 12. 10. 오전 10시에 홍삼 진액 30상자를 甲의 점포로 가지고 가서 계약내용에 따른 이행의 제공을 하였는데 甲이 외출하는 바람에 인도하지 못한 것일 뿐이라고 주장하면서 甲을 상대로 홍삼 진액 30상자에 대한 1,500만 원의 지급을 구하는 물품대금지급청구소송을 제기하였다. 이에 대하여 甲은 다음과 같은 주장을 하면서 위 물품대금의 지급을 거절하는 답변서를 제출하였다.

甲이 제기한 각 주장에 대하여 가능한 논거를 설명하고 그 각 주장에 관한 결론을 도출하시오.

2. 丙이 새로운 홍삼 진액 30상자를 인도한다면 그와 동시에 물품대금을 지급하겠다. (15점)

3. 또는, 丙이 홍삼 진액 30상자를 인도하지 않음으로써 발생한 손해배상금을 지급한다면 그와 동시에 물품대금을 지급하겠다. (15점)

4. 丙의 홍삼 진액 30상자에 대한 인도의무는 이행이 불가능하게 되었으므로 물품대금을 지급할 의무가 없다. (20점)

사례B-01 종류채권의 특정, 채권자지체와 대가위험부담

Ⅱ. 설문 2.의 경우(15)

1. 논 거

(1) 문제점

사안에서 甲은 자신의 물품대금 지급 채무가 상대방 丙의 홍삼 진액 인도 채무와 동시이행 관계임을 주장하고 있는 바, 만약 丙의 홍삼 진액 인도 채무가 존재하지 않는다면 동시이행항변권이 성립할 여지가 없다. 이와 관련하여 소실된 홍삼 진액 30상자 인도채무가 '종류물 인도채무' 라면 '특정' 된 때부터 급부의 위험이 채권자에게 이전되어 그 후 어떤 사정으로 '멸실' 한 경우에는 채무자는 '급부의무' 를 면하는바, 이에 대해 검토한다.

(2) 丙의 홍삼 진액 30상자 인도 채무의 존부

1) 종류채권의 특정

'종류채권'이란 일정한 종류에 속하는 물건의 일정량의 인도를 목적으로 하는 (불특정물)채권으로 거래의 일반관념에 의하여 객관적으로 정해지는 것이 아니라 당사자의 의사를 표준으로 하여 정하여진다. 이러한 종류채권은 ⅰ) 채무자가 이행에 필요한 행위를 완료하거나 ⅱ) 채권자의 동의를 얻어 이행할 물건을 지정한 때에 특정이 되는바(제375조 2항), 채권자의 주소에서 이행하여야 하는 '지참채무'의 경우 채권자의 주소에서 '현실제공'을 한 때(제460조 본문) 특정된다. 즉 목적물이 채권자의 주소에 도달하고 채권자가 언제든지 수령할 수 있는 상태에 놓여진 때에 특정된다.

사안에서 丙의 홍삼 진액 30상자 인도 채무는 종류채권이므로, 변제기인 2014. 12. 10. 오전 10시에 丙이 甲의 점포에 도착하여 현실의 제공을 한 때 특정된다.

2) 종류채권 특정의 효과

종류채권의 목적물이 특정되면 그 때부터 그 특정된 물건이 채권의 목적물이 된다(제375조 2항). 즉 종류채권은 목적물의 특정으로 그 동일성을 해함이 없이 특정물채권으로 변한다(다수설). 이러한 목적물의 특정으로 급부(물건)의 위험이 채권자에게 이전한다. 따라서 특정된 물건이 그 후 어떤 사정으로 滅失한 경우에는, 채무자는 다른 종류물로 다시 이행하여야 할 의무(조달의무)를 지지 않으며 그 인도의무를 면한다(6회 선택형).

> [주의] 다만 물건의 멸실에 대하여 채무자에게 책임이 있는 경우(제374조), 그가 손해배상책임을 질 수는 있지만 이는 급부위험과 별개의 문제이다.

따라서 丙의 홍삼 진액 인도 채무는 특정된 이후인 2014. 12. 11. 이행불능 되었으므로 丙은 이를 다시 인도할 의무를 지지 않으며, 따라서 甲의 동시이행항변권이 인정될 여지가 없다.

2. 결 론

채무자 丙은 채권자 甲에게 새로운 홍삼 진액 30상자를 인도할 의무가 없으므로, 甲에게 동시이행의 항변권이 성립할 여지가 없다. 따라서 甲의 주장은 타당하지 않다.

Ⅲ. 설문 3.의 경우(15)

1. 논 거

(1) 문제점

甲은 丙의 인도의무의 이행불능을 이유로 손해배상을 청구하고 있는 것으로 보이는바(제390조), 채무불이행으로서의 '이행불능'이 성립하기 위해서는 i) 채권관계 성립 이후에 이행이 불능으로 되었을 것, ii) 채무자의 귀책사유가 있을 것, iii) 위법할 것을 요한다. 특히 특정물채권의 채무자는 특정물을 인도할 때까지 선량한 관리자의 주의로 보존하여야 하는바(제374조), 이러한 선관주의 의무는 가중되는 경우(제392조)도 있고, 경감되는 경우(제401조)도 있다.

사안에서는 특히 목적물 멸실이 채무자 丙이 아닌 그의 직원 丁의 경과실로 이루어진 것이므로 이를 丙의 과실과 동일시할 수 있는지, 그렇다면 채권자지체 중 채무자의 경과실로 인한 이행불능도 채무불이행으로 되는지 **제401조의 적용여부**가 문제된다.

(2) 이행보조자의 고의·과실

채무자의 법정대리인이 채무자를 위하여 이행하거나 채무자가 타인을 사용하여 이행하는 경우에는 법정대리인 또는 피용자의 고의나 과실은 채무자의 고의나 과실로 본다(제391조). 여기서 '피용자'라 함은 判例가 판시하는 바와 같이 "**i) 채무자의 의사관여 아래서 ii) 채무자가 하여야 할 이행행위에 속하는 활동을 하는 사람**"을 말한다(대판 1999.4.13, 98다51077).

사안에서 丁은 丙의 직원으로, 丙의 의사관여 아래 丙이 하여야 할 이행행위 등을 하는 사람이므로 피용자로 인정할 수 있다. 따라서 丁의 경과실은 채무자 丙의 경과실로 인정된다.

(3) 채권자지체 중 채무자의 경과실에 의한 이행불능

채권자지체가 성립하기 위해서는 i) 채무의 이행에 채권자의 수령 또는 협력이 필요할 것, ii) 채무의 내용에 좇은 이행의 제공이 있을 것, iii) 채권자의 수령거절 또는 수령불능이 있을 것을 요한다(제400조). 이러한 채권자지체가 성립하는 경우 선관주의의무가 경감되어 채무자의 고의나 중대한 과실이 없으면 불이행으로 인한 모든 책임을 면한다(제401조).

사안에서 丙이 변제기에 적법하게 甲에게 이행의 제공을 하였으나 甲이 수령하지 않고 있으므로 채권자지체가 성립한다. 따라서 丙은 고의나 중과실로 인한 불이행을 제외하고는 채무불이행 책임을 부담하지 않고, 丁의 경과실이 丙의 경과실로 인정되더라도 이행불능 책임을 지지 않는다. 따라서 채무불이행으로 인한 손해배상책임 지지 않는다.

2. 결 론

丙은 홍삼 진액 30상자를 인도하지 않음으로써 발생한 손해에 대하여 甲에게 배상할 책임이 없으므로(제401조), 이에 대한 손해를 배상하면 그와 동시에 물품대금을 지급하겠다는 甲의 주장은 타당하지 않다.

Ⅳ. 설문 4.의 경우(20)

1. 논 거

(1) 문제점

앞서 살핀바와 같이 丙의 홍삼 진액 의도의무는 채무자의 책임 없는 사유로 '멸실'되었다. 甲은 이를 이유로 물품대금지급 의무가 없다고 주장하고 있는바(제537조), 이는 **쌍무계약에서 '대가위험부담'**의 문제이다.

(2) 채무자 위험부담주의 원칙과 예외

쌍무계약의 당사자 일방의 채무가 당사자 쌍방의 책임없는 사유로 이행할 수 없게 된 때에는 채무자는 상대방의 이행을 청구하지 못한다(제537조). 다만 쌍무계약의 당사자 일방의 채무가 ⅰ) 채권자의 책임 있는 사유로, 또는 ⅱ) 채권자의 수령지체 중에 당사자 쌍방의 책임 없는 사유로 이행할 수 없게 된 때에는 채무자는 상대방의 이행을 청구할 수 있다(제538조 1항).

(3) 쌍무계약의 당사자 일방의 채무가 채권자의 책임 있는 사유로 이행할 수 없게 된 것인지 여부

判例에 의하면 채권자의 책임 있는 사유로 이행할 수 없게 되었을 때는 "채권자의 어떤 작위나 부작위가 채무자의 이행의 실현을 방해하고 그 작위나 부작위는 채권자가 이를 피할 수 있었다는 점에서 신의칙상 비난받을 수 있는 경우"(대판 2004.3.12. 2001다79013)를 의미한다.

사안에서 甲의 수령지체가 없었다면 甲은 홍삼 진액 30상자를 인도 받을 수 있었고, 홍삼 진액이 멸실될 이유도 없었다. 그러나 이는 채권자의 작위 또는 부작위가 직접 채무자의 이행의 실현을 방해하거나 신의칙상 비난받을 행위라고 볼 수 없으므로 **제538조 1항 1문**의 '당사자 일방의 채무가 채권자의 책임 있는 사유로 이행할 수 없게 된 때'에 해당하지 않는다.

(4) 수령지체 중에 당사자 쌍방의 책임 없는 사유로 이행할 수 없게 된 때에 해당하는지 여부

수령지체 중 당사자 쌍방의 무과실로 이행할 수 없게 된 경우는 이에 해당하나, 제401조가 수령지체 중에는 채무자의 중과실이나 고의가 없으면 불이행으로 인한 모든 책임을 면한다고 규정하고 있어 **채무자의 경과실이 있는 경우에도 제538조 1항 2문의 '수령지체 중에 당사자 쌍방의 책임 없는 사유로 이행할 수 없게 된 때'에 해당하는지** 문제된다. 이에 대해서는 判例가 존재하지 않으나, 제401조의 의미는 채권자지체 중의 채권자의 귀책사유 범위 정한 것으로 볼 수 있으므로 채무자의 경과실은 채무자의 책임 없는 사유로 보는 것이 **민법의 체계적·통일적 해석상 타당하다**(다수설).

따라서 홍삼 진액의 멸실에 대한 丁의 경과실을 丙의 경과실로 보더라도, 甲의 채권자지체 중이므로 이는 당사자 쌍방의 책임 없는 사유로 이행이 불능된 때이다. 따라서 사안은 제538조 1항 2문에 따라 甲은 대금지급 의무를 면할 수 없다.

2. 결 론

사안은 제538조 1항 2문이 적용되는 경우로 채권자 甲은 '반대급부'인 물품대금을 지급할 의무가 있으므로, 丙의 인도의무 불능으로 물품대금지급의무가 없다는 甲의 주장은 타당하지 않다.

기출해설

2021년 변호사시험 제2문

【사실관계】

甲은 여행 중개 플랫폼을 통하여 리조트의 숙박과 렌터카 서비스가 포함된 여행패키지 계약을 A와 체결하고 대금을 완납하였다. [※ 아래 각 문항은 별개임]

2. 甲은 여행패키지 계약에 포함되어 있는 무료 승마체험을 신청하였다. A는 승마체험 시설을 직접 운영하고 있지 않아서 A의 직원은 아니지만 독립적으로 승마체험 영업을 하고 있는 乙에게 1시간 동안의 승마체험 진행을 위탁하였다. 하지만 乙은 甲에게 말을 타는 법을 제대로 설명하여 주지 않았고, 안전모를 제공하는 등의 안전조치도 취하지 않은 채 말을 타게 하였다. 결국 甲은 말에서 떨어져 머리를 다쳤다.
甲은 A에게 채무불이행 또는 불법행위를 이유로 하여 상해로 인한 손해배상을 청구할 수 있는가? (20점)

사례B-02 **채무불이행책임(제391조)과 불법행위책임(제756조)의 피용자 비교**

Ⅱ. 제2문의 3.의 2.의 경우(20)

1. A의 甲에 대한 채무불이행(불완전이행)에 따른 손해배상책임

(1) 문제점 : 불완전이행책임의 요건

불완전이행이 성립하기 위해서는 ⅰ) 이행행위의 존재, ⅱ) 이행행위가 불완전할 것, ⅲ) 채무자의 귀책사유가 있을 것, ⅳ) 위법할 것을 요한다(제390조).

사안의 경우 ⅱ) 요건과 관련하여 여행업자 A의 여행객 甲에 대한 '신의칙상 주의의무'로서 '안전배려의무'의 위반이 있는지가 문제되고, ⅲ)의 요건과 관련하여 乙의 과실을 A의 과실로 볼 수 있는지, 즉 乙이 A의 이행보조자인지 문제된다(제391조).

(2) 여행업자의 여행객에 대한 안전배려의무

判例의 판시와 같이 "여행업자는 기획여행계약의 상대방인 여행자에 대하여 **'기획여행계약상의 부수의무'**로서, 여행자의 생명·신체·재산 등의 **안전을 확보하기 위하여**, 여행목적지·여행일정·여행행정·여행서비스기관의 선택 등에 관하여 미리 충분히 조사·검토하여 전문업자로서의 합리적인 판단을 하고, 또한 그 계약 내용의 실시에 관하여 조우할지 모르는 **위험을 미리 제거할 수단을 강구하거나** 또는 여행자에게 그 뜻을 고지하여 여행자 스스로 그 **위험을 수용할지 여부에 관하여 선택의 기회를 주는** 등의 합리적 조치를 취할 **'신의칙상의 주의의무'**를 진다"(대판 1998.11.24, 98다25061).

사안의 경우 乙은 승마체험 과정에서 甲에게 승마법을 제대로 알려주지 않았을 뿐만 아니라 안전조치도 취하지 않았다고 하므로 이는 안전배려의무를 위반한 것으로 판단된다.

> [개념] 안전배려의무란 '주된 급부의 실현은 아니지만' 채무자가 제공하는 장소 또는 설비가 채권자의 신체에 접촉하게 됨에 따라 그 신체의 안전을 배려해야 한다는 특별한 **'계약상의 의무'**로서 신의칙상 요구되는 **'부수적 의무'에 해당하므로 이에 따른 의무위반은 원칙적으로 채무불이행책임이** 성립한다.

(3) 乙이 A의 이행보조자인지 여부

判例가 판시하는 바와 같이 "채무자의 의사관여 아래 그 채무의 이행행위에 속하는 활동을 하는 사람이면 족하고, 반드시 채무자의 지시·감독을 받는 관계에 있어야 하는 것은 아니므로, 채무자에 대하여 **종속적인가 독립적인 지위에 있는가는 문제되지 않는다**"(대판 1999.4.13, 98다51077,51084).

사안의 경우, 乙은 A의 지시·감독을 받는 관계인 '직원'은 아니라고 하여도 A로부터 승마체험을 위탁받았으므로 채무자 A의 '의사관여'가 있는 '이행보조자'라고 보는 것이 타당하다.

(4) 소 결

따라서 A는 甲의 신체침해(확대손해)에 대해 불완전이행책임을 져야 할 것으로 보인다(제390조). 즉, 이러한 甲의 신체침해는 불완전이행에 따른 '특별손해'라고 볼 수 있으나, 채무자 A측에 예견가능성이 있다고 판단되기 때문이다(제393조 2항).

[관련판례] "여행 실시 도중 위와 같은 안전배려의무 위반을 이유로 기획여행업자에게 손해배상책임을 인정하기 위해서는, 문제가 된 사고와 기획여행업자의 여행계약상 채무이행 사이에 직접 또는 간접적으로 관련성이 있고, 그 사고 위험이 여행과 관련 없이 일상생활에서 발생할 수 있는 것이 아니어야 하며, **기획여행업자가 그 사고 발생을 예견하였거나 예견할 수 있었음에도 그러한 사고 위험을 미리 제거하기 위하여 필요한 조치를 다하지 못하였다고 평가할 수 있어야** 한다"(대판 2017.12.13. 2016다6293).[1)]

2. A의 甲에 대한 불법행위(사용자책임)에 따른 손해배상책임

(1) 문제점 : 사용자책임의 요건

제756조의 사용자 책임이 성립하기 위해서는 ⅰ) 피용자의 가해행위가 불법행위의 일반적 성립요건을 갖출 것, ⅱ) 타인을 사용하여 어느 사무에 종사하게 할 것(사용관계의 존재), ⅲ) 피용자가 사무집행에 관하여 제3자에게 손해를 주었을 것(가해행위의 사무집행관련성), ⅳ) 사용자의 선임·감독상의 주의의무 결여가 있을 것이 필요하다(불, 사, 사).

사안에서는 특히 ⅱ)의 요건이 문제되는바, 乙이 A의 '피용자'인지 문제된다.

(2) 乙이 A의 피용자인지 여부

제756조의 사용자책임이 성립하려면 사용자가 피용자를 실질적으로 지휘, 감독하는 관계에 있어야 하는데(대판 1999.10.12, 98다62671), 乙은 독립적으로 영업을 하고 위탁을 받았을 뿐이므로 원칙적으로 제756조의 피용자라고 할 수 없다. 따라서 乙의 불법행위책임(제750조)에 대해 A는 사용자책임을 지지 않는다.

3. 사안의 해결

甲은 A에게 채무불이행(불완전이행)에 따른 손해배상은 청구할 수 있으나(제390조), 불법행위(사용자책임)에 따른 손해배상은 청구할 수 없다(제756조).

---

1) [사실관계] 기획여행계약의 여행자가 자유시간인 야간에 숙소인 이 사건 호텔 인근 해변에서 물놀이하였으며, 기획여행업자의 국외여행 인솔자가 이를 발견하여 "바닷가는 위험하니 빨리 나오라."라고 말하고 그 현장을 떠났는데, 그 여행자가 다른 여행자와 함께 계속 물놀이하다가 익사하여 그 유족인 원고들이 기획여행업자인 피고를 상대로 손해배상을 청구한 사안에서, 피고가 여행자들의 익사와 관련하여 기획여행계약의 여행주최자로서 안전배려의무를 위반하였다고 단정하기는 어렵다고 판단하였다.

甲은 乙과 2005년 6월 1일 자신의 가옥을 1억원에 乙에게 매도하기로 하고 계약금 1,000만원은 당일에 지급하고 중도금 4,000만원은 동년 6월 30일에 지급하고 잔금은 동년 7월 31일에 甲으로부터 가옥의 소유권이전등기에 필요한 서류를 받음과 동시에 지급하기로 하는 매매계약을 체결하였다. 그런데 乙은 계약당일에 계약금을 지급하였으나 자신이 예상한 금전 융통의 길이 막혀 중도금 및 잔금은 지급하지 못하고 있으며, 한편 甲은 2005년 7월 31일 가옥의 소유권이전등기에 필요한 서류를 가지고 약속장소인 법무사 사무실을 찾아 갔는데 乙이 잔금을 준비하지 못했음을 알고 그대로 돌아와야 했다.

1. **甲은 2005년 8월 20일 위 매매계약을 원인으로 乙에게 중도금 및 잔대금의 지급을 구하는 소를 제기하였다. 이 경우 乙은 동시이행의 항변권을 행사할 수 있는지 검토하라. (10점)**
2. **甲은 2005년 8월 20일 乙이 중도금 및 잔대금지급채무를 지체하고 있음을 이유로 손해배상청구를 한다. 甲의 청구는 타당한지 검토하라. (10점)**
3. **甲은 2005년 8월 1일 乙에게 동년 8월 15일까지 중도금 및 잔금의 지급을 최고하였고, 그 기간 동안 법무사 사무실에 가옥의 소유권이전등기에 필요한 서류를 준비하여 두었다. 그럼에도 불구하고 乙이 이행을 하지 않자 甲은 2005년 8월 20일 乙에게 위 매매계약을 해제한다는 의사표시를 하였다. 이 경우 甲과 乙의 매매계약이 해제되었는지 검토하라. (10점)**

사례B-03 이행제공과 동시이행의 항변권 · 이행지체 · 계약해제[1]★

Ⅰ. 乙의 동시이행항변권 행사가 가능한지 여부(10) - 설문 1.의 경우

1. 문제점(수령지체자가 동시이행의 항변권을 행사할 수 있는지 여부)

설문 1.의 경우 이행의 제공이 있었음에도 자기 채무를 이행하지 않음으로써 수령지체에 빠진 자가 그 후 상대방이 자기 채무의 이행의 제공을 다시 하지 않고 이행을 청구한 경우에 동시이행의 항변권을 가지는지 문제된다.

2. 판 례

① 判例는 "동시이행의 항변권을 소멸시키려면 한번 이행의 제공이 있었다는 사실만으로는 불충분하고 이행의 제공이 계속되어야 한다"고 보아 **계속적 이행제공설**의 입장이다(대판 1993.8.24, 92다56490 등).

② 다만 이행제공의 정도와 관련해서는 이행의 제공을 엄격하게 요구하면, 불성실한 상대 당사자에게 구실을 주게 될 수도 있기 때문에 그 요건을 완화하는 바, "이행장소에 소유권이전등기 서류 및 열쇠 등을 '준비'하여 두고 매수인에게 그 뜻을 통지하고 신의칙상 요구되는 상당한 시간 간격을 두고 거듭 수령을 최고(구두제공)하면 된다"(대판 2001.5.8. 2000다6053)

1) ★ 민법의 맥 판례연구 B-04

3. 검토 및 사안의 경우

한 번의 수령지체를 이유로 그 항변권을 상실시켜 버리면, 그 후 그 일방이 무자력이 된 경우에 상대방은 반대급부를 받지 못하면서도 자신의 채무만을 이행하여야 하는 점에서 공평에 반하기 때문에 判例의 태도가 타당하다(통설). 사안의 경우 비록 乙은 甲의 한 번의 이행제공으로 수령지체에 빠졌으나 쌍방채무의 변제기가 도래하여 甲이 자신의 채무를 이행제공하지 않고 청구하는 경우 乙은 동시이행항변권을 행사할 수 있다.

Ⅱ. 甲의 손해배상청구의 타당성 여부(10) - 설문 2.의 경우

1. 문제점(동시이행의 항변권과 지체책임)

설문 2.의 경우 쌍무계약에서 자신의 채무에 대한 1회의 이행제공이 있고 이를 상대방이 수령하지 않아 수령지체가 발생하는 경우 상대방은 동시에 이행지체에도 빠지게 된다. 이 경우 이행을 제공한 자가 상대방의 이행지체를 주장하여 채무불이행책임을 묻기 위해서는 그 이행제공이 계속되어야 하는지 문제된다.

2. 판 례[2)]

① "쌍무계약의 당사자 일방이 먼저 한 번 현실의 제공을 하고, 상대방을 수령지체에 빠지게 하였다고 하더라도 그 이행의 제공이 계속되지 않는 경우는 **과거에 이행의 제공이 있었다는 사실만으로 상대방이 가지는 동시이행의 항변권이 소멸하는 것은 아니므로**, 일시적으로 당사자 일방의 의무의 이행 제공이 있었으나 곧 그 이행의 제공이 중지되어 더 이상 그 제공이 계속되지 아니하는 기간 동안에는 상대방의 의무가 이행지체 상태에 빠졌다고 할 수는 없다고 할 것이고, 따라서 그 이행의 제공이 중지된 이후에 상대방의 의무가 이행지체되었음을 전제로 하는 손해배상청구도 할 수 없는 것이다"(대판 1995.3.14, 94다26646 : 2회,7회 선택형)고 판시하여 **'계속적 이행제공설'**의 입장이다.
② 다만 **이행제공의 정도**와 관련해서는 이행의 제공을 엄격하게 요구하면, 불성실한 상대 당사자에게 구실을 주게 될 수도 있기 때문에 그 요건을 완화하는 바, "이행장소에 소유권이전등기 서류 및 열쇠 등을 '준비'하여 두고 매수인에게 그 뜻을 통지하고 신의칙상 요구되는 상당한 시간 간격을 두고 거듭 수령을 최고(구두제공)하면 된다"(대판 2001.5.8. 2000다6053)

3. 검토 및 사안의 경우

일시적 이행제공으로 상대방을 이행지체에 빠뜨린 경우에도 이행제공을 중지하면 상대방이 가진 동시이행항변권이 소멸한다고 볼 수는 없으므로 그때부터는 위법성이 없게 되어 이행지체책임이 성립하지 않는다. 따라서 이행지체책임을 묻기 위해서는 계속적 이행제공이 필요하다.
사안의 경우 甲은 2005년 7월 31일 자신의 반대급부를 제공한 이후에는 구두제공조차 없었다. 따라서 2005년 8월 1일부터 20일까지 甲이 乙에게 이행지체책임을 이유로 손해배상을 청구한 것은

---

2) **[판례평석]** 이에 대해 상대방을 이행지체에 빠지게 하여 채무불이행책임을 묻기 위해서는 한 번 이행제공으로 족하다고 할 것이며, 지체가 성립한 후에는 상대방에게 이행제공을 계속할 필요가 없다는 일시적 이행제공설은(양창수, 김상용, 지원림, 송덕수, 윤진수, 남효순)은 i) 이행지체에 빠진 채무자에게 동시이행의 항변권을 인정하는 것은 어디까지나 양 급부간의 견련성을 유지하는 것이 공평하다는 취지에서 나온 것이지, 나아가 지체자의 지체책임까지도 면하게 하는 취지는 아니라는 점과, ii) 지체자가 이행지체를 면하려면 적극적으로 자기의 급부를 이행제공해야 하지(제461조), 채권자에게 이행제공의 계속을 요구할 것은 아니라고 한다.

타당하지 않다. 물론 매수인 乙은 7월 1일부터 7월 31일까지의 중도금 지체책임은 진다(대판 1991.3.27, 90다19930 : 1회,3회 선택형).

[쟁점정리] ✻ **甲이 乙의 동시이행항변권을 깨고 중도금 · 잔대금 및 잔대금에 대한 지연이자를 받기 위한 조치** 매도인 甲이 매수인 乙이 갖고 있는 동시이행항변권을 깨고 중도금 · 잔대금 및 잔대금에 대한 지연이자를 받기 위해서는 '자신의 의무를 이행하거나 적어도 이행제공을 하여야' 하는데, 매수인인의 대금지급의무와 동시이행관계에 있는 매도인의 의무는 '소유권이전' 및 '목적물의 인도'이다. 따라서 甲은 소유권이전에 필요한 등기서류를 乙에게 교부하거나 적어도 언제든지 현실의 제공을 할 수 있는 정도로 등기절차에 필요한 일체의 서류준비를 완료하고 그 뜻을 통지하여 그 수령을 최고해야 하며(대판 1992.9.22. 91다25703), 아울러 매매목적 건물을 비우고 그 열쇠 등도 교부하여야 한다. 또한 이러한 제공은 계속되어야 하는바, 다만 判例에 따르면 이행장소에 소유권이전등기 서류 및 열쇠 등을 '준비'하여 두고 매수인에게 그 뜻을 통지하고 신의칙상 요구되는 상당한 시간 간격을 두고 거듭 수령을 최고(구두제공)하면 된다(대판 2001.5.8. 2000다6053)

Ⅲ. 甲의 매매계약 해제가 유효한지 여부(10) - 설문 3.의 경우

1. 문제점(해제권 행사요건으로서 상당한 기간 내에 이행제공 정도)

동시이행관계에 있는 계약을 '이행지체'를 이유로 해제하기 위해서는 이행의 제공을 하여 상대방을 이행지체에 빠뜨린 후[(이 경우는 한 번의 이행제공으로 족하나, "상대방의 행위를 필요로 할 때에는 언제든지 현실로 이행을 할 수 있는 준비를 완료하고 그 뜻을 상대방에게 통지하여 그 수령을 최고하여야만 상대방으로 하여금 이행지체에 빠지게 할 수 있고, 단순히 이행의 준비태세를 갖추고 있는 것만으로는 부족하다"(대판 1987.1.20. 85다카2197 등)], 상당기간이 경과하여야 하는데(제544조), 그 상당기간이 경과할 때까지 이행의 제공을 계속해야 하는지 문제된다(최고기간이 경과한 후에는 해제권이 발생하므로 그 이후에는 그러한 이행의 제공이나 준비상태가 필요없다).

2. 판 례

"쌍무계약의 일방당사자가 이행기에 한 번 이행제공을 하여서 상대방을 이행지체에 빠지게 한 경우, 신의성실의 원칙상 이행을 최고하는 일방당사자로서는 그 채무이행의 제공을 계속할 필요는 없다 하더라도 상대방이 최고기간 내에 이행 또는 이행제공을 하면 계약해제권은 소멸되므로 상대방의 이행을 수령하고 자신의 채무를 이행할 수 있는 정도의 준비가 되어 있으면 된다"(대판 1982.6.22, 81다카1283,1284 ; 그런데 이러한 사례들은 대부분 처음에 정한 확정기한에 이행의 제공을 한 사례들이다).

3. 검토 및 사안의 경우

계약의 목적을 달성하기 위한 기회를 부여한다(이행불능의 경우에서와 달리 이행지체의 경우에는 아직 이행이 가능하기 때문이다)는 최고제도의 취지상 계속적 이행제공이냐, 일시적 이행제공이냐는 형식논리에 얽매일 필요없이 채권자는 최고기간 동안 채무자의 이행을 수령하고 자신의 반대채무를 이행할 수 있는 정도의 준비만 하고 있으면 충분하다고 본다.

사안의 경우 甲은 乙이 이행지체에 빠진 후 상당한 기간을 정하여 이행을 최고하였으며, 그 기간 내에 가옥에 대한 소유권이전등기서류를 준비해 놓은 점으로 보아 甲의 해제의 의사표시는 유효하다. 따라서 甲과 乙의 매매계약은 해제되었다.

甲은 2005. 7. 1. 乙에게 甲 소유의 A부동산을 대금 1억 원에 매도하면서 계약 당일 계약금 1,000만 원을 지급받고, 중도금 4,000만 원은 2005. 8. 1. 잔금 5,000만 원은 2005. 9. 1. 소유권이전등기절차의 이행과 동시에 지급받되 만약 乙이 위 대금의 지급을 연체하면 연체일부터 월 1%의 비율에 의한 지연손해금을 가산하여 지급받기로 약정하였다. 그런데 乙은 甲에게 계약금과 중도금은 위 약정대로 지급하였으나, 잔금은 잔금지급기일이 지나도록 지급하지 아니하였고, 甲도 잔금지급기일이 지난 현재까지 소유권이전등기 서류를 준비하지 못하고 있다.

그리하여 甲은 법원에 乙을 상대로 잔금 5,000만 원 및 이에 대한 잔금지급기일 다음 날인 2005. 9. 2.부터 다 갚는 날까지 월 1%의 비율에 의한 지연손해금의 지급을 청구하였다(이하 '이 사건 소송'이라 한다).

1. 이 사건 소송에서 법원이 인용하여야 할 금액은 얼마(지연손해금이 인용되면 지연손해금을 포함하여 기재)인지 결론을 쓰고, 그 논거를 서술하시오(단, 乙이 소송 중 동시이행항변권을 원용하지 않았음을 전제로 할 것, 변론주의는 논외로 할 것). (25점)

사례B-04 동시이행의 항변권의 당연효(존재효), 행사효[1]★

Ⅰ. 문제 1.의 해결(25)

1. 결 론(법원이 인용하여야 할 금액)

법원은 甲의 청구 중 잔금 5,000만원에 대해서만 인용하고, 나머지 지연손해금 청구에 대해서는 기각하여야 한다(청구 일부인용).

2. 논 거

(1) 동시이행의 항변권이 성립하는지 여부

1) 성립요건(동대, 변, 이)

동시이행의 항변권이 성립하기 위해서는 ⅰ) 동일한 쌍무계약에 의한 대가적 채무가 존재할 것, ⅱ) 적어도 상대방의 채무가 변제기에 있을 것, ⅲ) 상대방이 이행 또는 이행의 제공을 하고 있지 않을 것이 필요하다(민법 제536조).

2) 사안의 경우

사안의 경우 ⅰ) 甲의 A부동산에 대한 소유권이전등기의무와 乙의 금 5,000만원의 잔금지급의무는 2005. 7. 1. 매매계약으로부터 발생한 주된 채무 상호간의 관계에 있고(민법 제536조, 제569조), ⅱ) 매매잔금지급기일인 2005. 9. 1.이 지나도록 乙은 잔금을 지급하지 않고 甲은 소유권이전등기 서류를 준비하지 못한 상태에서 甲이 이 사건 소를 제기한 것이므로 쌍방의 채무 모두 변제기가 도과하였으며, ⅲ) 한편 甲이 자신의 의무인 소유권이전등기의무의 이행 또는 이행의 제공 없이 이 사건 소를 제기하였다는 점에서, 乙은 동시이행의 항변권을 취득한다.

---

1) ★ 민법의 맥 핵심사례 B-03(사법연수원 문제)

判例도 부동산의 매매에서 매도인의 '소유권이전등기의무 및 인도의무'와 매수인의 '잔대금 지급의무'는, 어느 일방의 이행 또는 이행의 제공이 없는 한, 동시이행의 관계에 있는 것이 원칙이라고 하였다(대판 1991.9.10, 91다6368).

(2) 동시이행항변권의 존재효(당연효)

1) 존재의 효과(존재효, 당연효)

동시이행의 항변권을 가지는 채무자는 자신의 채무를 이행하지 않는 것이 정당한 것으로 인정되기 때문에, 비록 이행기에 이행을 하지 않더라도 이행지체가 성립하지 않는다(제390조 단서). 즉, **이행지체책임의 면책의 효력은 그 항변권을 행사·원용하지 않아도 발생한다**(존재효=이행지체 저지효). 判例도 "쌍무계약에서 쌍방의 채무가 동시이행관계에 있는 경우 일방의 채무의 이행기가 도래하더라도 상대방 채무의 이행제공이 있을 때까지는 그 채무를 이행하지 않아도 이행지체의 책임을 지지 않는 것이며, 이와 같은 효과는 이행지체의 책임이 없다고 주장하는 자가 반드시 동시이행의 항변권을 행사하여야만 발생하는 것은 아니다"(대판 2010.10.14, 2010다47438)고 한다.

2) 사안의 경우

사안에서 비록 乙의 잔금 5,000만원 지급채무의 변제기가 도래하였더라도, 甲이 소유권이전등기서류를 이행 제공하지 않는 한, 乙은 동시이행의 항변권의 존재 그 자체의 효과에 의해 잔금에 대한 이행지체 책임이 면제되므로, 그에 따른 지연손해금을 지급할 의무를 부담하지는 않는다.

(3) 동시이행항변권의 행사효

1) 행사의 효과

동시이행의 항변권은 상대방의 채무이행이 있기까지 자신의 채무이행을 거절할 수 있는 권리로서, 이행거절 권능이 주어지는데 그 중심적 효력이 있다. 다만 항변권이기 때문에, 이를 주장하는 때에 한해 그 효력이 발생한다. 즉 주장이 없는 경우에는 상대방의 청구권은 그대로 효력을 발생하며(비록 채무의 이행을 제공하지 않더라도), **법원도 주장이 없는 한 항변권의 존재를 고려할 필요 없이 상대방의 청구를 인용하여야**(단순이행판결)**한다**(대판 1990.11.27, 90다카25222 : 3회 선택형).

> **[민소법 쟁점]** 동시이행의 항변권은 상대방의 청구를 전적으로 부인하는 것이 아니라, 상대방이 이행을 제공할 때까지 이행을 거절할 수 있는 것에 지나지 않기 때문에, 피고는 원고의 이행과 상환으로 이행하여야 한다고 판결(일부승소판결 : 상환급부판결)하여야 한다. 이 판결에 기하여 강제집행을 함에 있어서 원고의 반대급부 이행은 집행문 부여의 요건이 아니라 집행개시의 요건이다(민사집행법 제41조). **원고가 단순이행청구를 하고 있는데** 피고의 동시이행의 항변이 이유 있을 때에 원고가 반대의 의사표시를 하지 않는 한 원고청구기각이 아니라, 원고의 채무이행을 받음과 상환으로 피고의 채무이행을 명하는 판결을 하여야 한다(대판 1979.10.10, 79다1508). 이러한 판결은 원고의 신청취지를 벗어난다고 할 수 없으며, 따라서 **'처분권주의'**(민사소송법 제203조)**에 위반되지 아니한다.**

2) 사안의 경우

따라서 사안에서 피고 乙은 동시이행의 항변권을 소송상 행사한 바 없으므로 법원이 이를 고려하여 상환이행판결을 명할 수는 없고, 원고의 청구를 인용하는 판결을 하여야 한다. 다만, 甲의 청구에 대해 법원이 인용할 수 있는 금액은 이미 변제기가 도래한 잔금 5,000만원에 국한되고, 그 잔금의 변제기 다음날인 2005. 9. 2.부터 다 갚는 날까지 월 1%의 지연손해금에 대해서는, 피고 乙의 동시이행의 항변권의 행사가 없다 하더라도 인용할 수는 없다.

기출해설

2015년 사법시험 제3문

A종중은 적법한 절차를 거쳐 2014. 10. 1. A종중 소유인 Z토지를 丙에게 대금 5억 원에 매도하고, 2014. 12. 1.까지 계약금과 중도금으로 합계 4억 원을 받았다. Z토지를 포함한 부근 토지가 2014. 12. 15. 수용되었고, A종중은 2015. 5. 1. Z토지의 수용보상금 6억 원을 수령하였다. Z토지의 시가는 매매계약 시부터 현재까지 5억 원이다.

3. 丙이 A종중에게 위 수용보상금의 지급을 청구한다면 그 근거, 요건과 범위는 어떠한가? (36점)

사례B-05 대상청구권[1]

Ⅲ. 丙의 A종중에 대한 수용보상금 청구의 근거, 요건, 범위(36) - 설문 3.

1. 문제점

A종중은 Z토지의 수용보상금 6억 원을 수령한바, 이는 Z토지를 대신하는 이익이다. 그러므로 채권자(매수인) 丙에게 대상청구권이 인정되는지 여부와 그 범위가 문제된다. 특히 **사안의 경우 제537조의 채무자위험부담주의에 따라 문제가 해결될 수 있는 바**, 이러한 명문의 규정이 적용되는 경우에도 대상청구권이 인정되는지 문제된다.

2. 수용보상금 청구의 근거

① 명문의 규정으로 해결이 어려운 경우에만 제한적으로 인정하자는 '제한적 인정설'도 있으나, ② 대상청구권은 당사자의 의사 및 공평의 원칙에 합당한 것이므로 일반적으로 인정함이 타당하다(일반적 인정설). 判例도 **'토지매매계약' 성립 후 그 토지가 '강제수용' 됨으로써** 채무자의 소유권이전의무가 이행불능이 된 사안과 같이 **대가위험부담의 법리(제537조)에 의하여 해결할 수 있는 사안에서**도 "우리 민법은 이행불능의 효과로서 채권자의 전보배상청구권과 계약해제권 외에 별도로 대상청구권을 규정하고 있지 않으나 **해석상 이를 부정할 이유가 없다**"(대판 1992.5.12, 92다4581)고 하여 대상청구권을 정면에서 긍정하였다.

3. 수용보상금 청구의 요건(급, 후, 대, 반)

대상청구권이 성립하기 위해서는 ⅰ) 물건·권리의 급부를 목적으로 하는 채권일 것, ⅱ) 급부의 후발적 불능이 있을 것, ⅲ) 이행의 목적물에 갈음하는 이익(代償)을 취득할 것(인과관계) 등의 요건이 필요하다. ⅳ) 아울러 判例에 따르면 쌍무계약의 경우에는 채권자의 상대방(채무자)에 대한 반대급부 이행가능성이 있어야 한다고 한다.

사안의 경우 ⅰ) 매수인 丙은 유효한 매매계약에 따라 매도인 A종중에 대해 Z토지 인도청구권이 있었으나, ⅱ) 이는 수용으로 인하여 후발적으로 급부불능이 되었으며, ⅲ) Z토지에 대신하여 A는 수용보상금을 수령하였다. ⅳ) 丙의 잔금지급의 이행가능성도 있으므로 대상청구권은 성립한다.

---

1) ★ 채권각론 C-01.사례(2014년 3차 법전협모의 제2문)도 유사한 쟁점으로 기출되었다.

4. 수용보상금 청구의 범위

(1) 문제점

사안의 경우 A종중은 Z토지의 수용보상금으로 6억 원을 수령하였으나, 채권자인 丙이 급부불능으로 인하여 받은 손해는 불능 당시의 Z토지의 시가인 5억 원이다. 따라서 대상청구권의 인정범위가 채권자의 손해의 한도로 제한되어야 하는지 문제된다.

(2) 판 례

최근 대법원은 매매의 목적물이 화재로 소실됨에 따른 화재보험금에 대해 매수인의 대상청구권을 인정하면서 화재보험금 전부에 대해 대상청구권을 행사할 수 있는 것이지 '매매대금 상당액의 한도 내로 그 범위가 제한된다고 할 수 없다' 고 판시하여 무제한설에 가까운 입장(매수인의 손해는 화재로 소실될 당시의 목적물의 시가상당액이다)을 밝혔다(대판 2016.10.27. 2013다7769 : 9회 선택형).

(3) 검 토

① 채권자가 실제 손해보다 더 많은 이익을 얻는 것은 '손해배상법의 기본원칙'에 반하고, 우리 민법상 부당이득반환이 손실자의 손실에 한정되는 것과의 균형상 채권자의 손해를 한도로 해야 한다는 제한설이 있으나, ② 사안의 경우 제한설에 따른다면 대상청구권의 범위가 丙의 손해인 5억 원으로 제한되고, 이는 매매대금 5억 원과 일치하므로 丙은 특별히 대상청구권을 행사할 실익이 없다. 그러므로 대상청구권의 취지에 따라 범위를 제한하지 않아야 한다는 무제한설이 타당하다.

(4) 사안의 경우

대상청구권의 행사 여부는 丙의 자유인바, 만약 丙이 대상청구권을 행사하지 않는다면 제537조가 적용되어 매매계약이 소급적으로 무효가 되므로 丙은 A에게 이미 지급한 계약금 및 중도금 4억 원을 부당이득으로서 반환청구할 수 있을 뿐이다. 그러나 丙이 대상청구권을 행사할 수 있고, 그 범위가 손해를 한도로 하지 않는다면 丙은 그 한도에서(6억 원) 자신의 반대급부(매매대금 5억 원 중 나머지 잔금 1억 원)를 이행하면 되므로 실질적으로 1억 원 상당의 이익이 남게 된다.

그러나 대상청구권의 인정 여부와 관련한 제한적 긍정설에 의하면 이러한 경우에는 대상청구권은 인정되지 않고, 명문의 규정인 제537조(채무자위험부담주의)가 적용되어 채권자는 자신의 반대급부를 이행할 필요가 없게 된다.

최신판례 미기출 핵심사례

甲은 2022. 5. 12. A에게 자기 소유의 X토지를 10억 원에 매도하면서 계약 당일 계약금으로 1억 원, 2022. 6. 12. 중도금 4억 원, 2022. 7. 12. 잔금 5억 원을 지급받고, 잔금 수령과 동시에 소유권이전등기에 필요한 서류를 교부하여 주기로 하였다. 아울러 A가 각 기일에 대금을 지급하지 못하는 경우에는 甲이 계약금을 몰취하기로 약정하였다. 한편 甲은 2022. 5. 말경 주변 지역의 개발호재로 X토지의 가격이 다소 상승하자 A에게 터무니 없는 대금의 인상을 요청하였다. 그러나 A는 이를 거절하였고 이후 2022. 6. 12. 중도금 4억 원을 甲에게 변제제공하였으나 甲은 정당한 이유 없이 수령을 반복적으로 거절하였다.

1. 이에 A는 2022. 6. 30. 甲에게 위 매매계약의 해제를 통보하고, 이미 지급한 계약금 1억 원, 위약금 1억 원 및 위 각 금원에 대한 지연손해금을 구하는 소를 제기하였다. A의 위 각 청구에 대한 당부를 판단하시오. (30점)

사례B-06 수령지체 및 이행기 전 이행거절을 이유로 한 해제, 일방적 손해배상액의 예정[1)]

Ⅰ. 문제 1.의 경우(30)

1. A의 해제권 행사가 적법한지 여부

(1) 문제점(해제권 발생원인)

① A가 스스로 '중도금을 변제제공'함으로써 이행에 착수한 이상 약정해제권을 행사할 수는 없으나(제565조), ② A의 중도금지급을 甲이 반복적으로 수령거절함으로써 채권자지체(=영구적 불수령)를 이유로 A가 계약을 해제할 수 있는지 문제된다. ③ 또한 甲의 채무는 아직 이행기(2022.7.12)가 도래하지 않았으므로 **'이행지체'**가 존재하지 않으며, **'이행불능'**된 사정도 보이지 않는 점, 甲이 아직 이행을 하지 않은 상태이므로 **'불완전이행'** 또한 있을 수 없는 점에서 A가 甲의 **'이행기 전 이행거절'**(2022.6.20)을 이유로 매매계약을 해제(2022.6.30)할 수 있는지가 문제된다.

(2) 甲의 채권자지체를 이유로 한 A의 계약해제권

1) 학 설

채권자지체의 법적 성질에 따라 채권자지체의 요건과 효과가 달라지므로 법적 성질이 문제된다. 학설은 크게 ① 채권、채무관계를 양당사자가 공동목적의 달성을 위해 협력하여야 하는 공동체관계로 파악하여, 그 일환으로 협력의무를 '채무'로 평가하는 **채무불이행책임설**(종래 다수설 ; 따라서 요건으로 채권자의 귀책사유가 필요하고, 그 효과로는 제401조 내지 제403조, 제538조 이외에 손해배상청구권과 계약해제권을 인정한다), ② 채권자는 '권리'를 가질 뿐이라는 전제하에 민법에 규정된 채권자지체책임은 채무자가 변제의 제공을 한 경우에 이익형평의 원칙에 따라 협력지연에 따른 불이익을 채권자가 부담하도록 법률이 정한 것으로 보는 **법정책임설**(최근 다수설 ; 따라서 요건으로 채권자의 귀책사유가 필요치 않고, 그 효과로는 제401조 내지 제403조와 제538조의 효과만이 인정된다)로 나누어진다.

---

1) ★ 2011년 사법시험 제2문 변형 + 대판 2021.10.28. 2019다293036

2) 판 례

최근 判例는 "채권자지체가 성립하는 경우 그 효과로서 원칙적으로 채권자에게 민법 규정에 따른 일정한 책임이 인정되는 것 외에, 채무자가 채권자에 대하여 일반적인 채무불이행책임과 마찬가지로 손해배상이나 계약 해제를 주장할 수는 없다. 그러나 채권자에게 계약상 의무로서 수령의무나 협력의무가 인정되는 경우, 그 수령의무나 협력의무가 이행되지 않으면 계약 목적을 달성할 수 없거나 채무자에게 계약의 유지를 더 이상 기대할 수 없다고 볼 수 있는 때에는 채무자는 수령의무나 협력의무 위반을 이유로 계약을 해제할 수 있다"고 한다(대판 2021.10.28. 2019다293036)

3) 검토 및 사안의 경우

채권의 행사는 채권자의 권리이지 의무라고 볼 수 없다는 점, 채권자의 귀책사유 있음을 요하지 않는 것이 채무자의 보호 및 당사자 간의 공평한 이익조정에 적합하다는 점에서 법정책임설이 타당하다. 사안의 경우 채권자지체의 법적 성질과 관련하여 채무불이행책임설에 따르면 정당한 사유 없는 채권자의 수령거절의 경우 채무자의 계약해제권이 인정된다. 그러나 법정책임설이 타당한바, 민법 제401조 내지 제403조 이외의 효과는 인정되지 않는다. 그러므로 A는 甲의 채권자지체를 이유로 계약해제를 할 수 없다.

(3) 甲의 이행기 전 이행거절을 이유로 한 A의 계약해제권

1) 甲의 이행거절이 있었는지 여부

[심화] ❋ 채무불이행의 유형으로서 이행거절의 독자성 인정 여부
① 이행이 가능함에도 채무자가 이행을 하지 않는다는 점에서 이행지체와 본질적인 차이는 없다고 보아, 이행지체의 하부유형으로 파악하면 충분하다고 하는 견해도 있으나, ② 민법은 채무불이행에 대한 일반조항(제390조)을 두고 있다는 점과 이행거절은 다른 불이행의 유형과는 요건과 효과가 구별된다는 점 등에서 독자적인 채무불이행의 유형으로 인정할 실익이 있다.

가) 이행거절의 성립요건(이, 거, 귀, 위)

채무불이행으로서 이행거절이 성립되기 위해서는 ⅰ) 이행이 가능할 것, ⅱ) 진지하고 종국적인 이행거절의 의사일 것, ⅲ) 채무자의 귀책성이 있을 것, ⅳ) 이행거절이 위법할 것이 필요하다.

나) 사안의 경우

ⅰ) 甲의 소유권이전등기의무가 불가능한 사정은 보이지 않으며, ⅱ) 매수인 A가 제공하는 선이행의무인 반대채무의 이행을 반복적으로 수령하지 않는 경우(=영구적 불수령, 즉 수령지체 사안)(대판 1981.11.24, 81다633 ; 대판 1993.6.25, 93다11821[2] : 2회·7회 선택형)는 매도인 자신의 채무에 대한 명백하고 종국적인 이행기 前 이행거절 의사로 볼 수 있고, ⅲ) ⅳ) 터무니 없는 가격인상을 요구한 점에서 귀책성 및 위법성 또한 인정되는 점에서 甲의 행위는 채무불이행으로 '이행기 전 이행거절'에 해당한다.

---

2) ★ "피고들(=매도인)은 중도금의 수령을 여러차례 거절한 데다가 이 사건 매매계약을 이행할 의사가 없음이 분명한데, 만약 원고(=매수인)가 피고들의 중도금 수령거절과 계약이행의 의사가 없음을 이유로 이 사건 매매계약을 해제할 수 없다고 해석한다면, 원고로서는 중도금을 공탁한 후 잔대금 지급기일까지 기다렸다가 잔대금의 이행제공을 하고 피고들이 자기들 의무인 소유권이전등기의무의 이행제공을 하지 아니한 때에야 비로소 위 계약을 해제할 수 있다는 결론에 이르게 되는바, 어차피 피고들이 위 소유권이전등기의무의 이행을 제공하지 아니할 것이 분명한 이 사건에서, 원고에게 위와 같은 방법을 취하라고 요구하는 것은 불필요한 절차를 밟고 또다른 손해를 입도록 강요하는 게 되어 오히려 신의성실에 어긋나는 결과를 초래할 뿐이라고 여겨지므로 원고(=매수인)는 '신의성실의 원칙'상 소유권이전등기의무 이행기일까지 기다릴 필요 없이 이를 이유로 매매계약을 해제할 수 있다"

2) 이행거절로 인한 A의 해제가 적법한지 여부 및 효과

가) 이행거절의 효과

① 이행거절의 경우 이행하지 않을 것이 명백하므로 그 이행을 요구하는 것은 무의미하다. 따라서 '신의칙상' 자기 채무의 이행제공이나 최고 없이도 이행기 전에 계약을 해제할 수 있다(대판 1993.6.25, 93다11821). ② 또한 이행거절에서는 이행최고가 무의미하므로 최고 없이 전보배상을 청구할 수 있다. 判例도 '신의성실의 원칙' 상 손해배상을 청구할 수 있다고 한다(대판 2005.8.19, 2004다53173). 다만 判例는 이행거절 당시의 급부목적물의 시가를 표준으로 해야 한다(대판 2007.9.20, 2005다63337)고 한다.

나) 사안의 경우

A는 甲의 이행기 전 이행거절에 대하여 자기 채무의 이행제공이나 최고 없이도 유효하게 계약을 해제할 수 있고, 나아가 손해가 있다면 이행거절시를 기준으로 손해배상을 청구할 수도 있다.

2. 계약금, 중도금, 위약금 및 그 지연손해금 청구에 대한 당부

(1) 계약금 및 그 지연손해금 청구에 대한 판단

甲의 이행거절로 인한 A의 계약해제는 적법하므로 甲과 A는 각 원상회복의무와 손해배상의무를 진다(제548조, 제551조). 다만 사안에서 甲은 아직 아무런 이행도 하지 않았고, A의 귀책사유는 보이지 않으므로 A는 원상회복의무와 손해배상의무를 부담하지 않는다. 결국 甲만이 A에게 원상회복의무와 손해배상의무를 부담하므로 甲·A사이에 동시이행관계는 성립하지 않는다(제549조, 제551조 참조).

따라서 A는 甲에게 이미 지급한 계약금 1억 원 및 이를 받은 날(5. 12.)로부터의 법정이자(연 5%)와 이를 반환청구한 날로부터의 지연손해금을 청구할 수 있다(제548조 2항). 나아가 사안에서는 A가 이미 기지급금의 반환청구소송을 제기하였다고 하였으므로 소장 부본 송달 익일부터는 연 12%(2019.6.1.부터)의 지연손해금을 청구할 수 있다(소송촉진법 제3조 1항 본문).

(2) 위약금 및 그 지연손해금 청구에 대한 판단

1) 甲과 A 간의 위약금 약정의 성질

甲과 A 간에 계약위반시 제재수단을 약정한 것의 법적 성질이 문제되는데, 민법은 이러한 위약금의 약정을 손해배상액의 예정으로 추정한다(제398조 4항). 判例도 '위약시에는 교부자는 그것을 몰수당하고 교부받은 자는 그 배액을 상환한다'는 채무불이행과 관련한 위약특약이 있는 경우, 判例는 "특별한 사정이 없는 한 그 계약금은 민법 제565조가 규정하는 해약금으로서의 성질과 아울러 제398조 1항의 손해배상액의 예정의 성질도 가진다"고 판시하였다(대판 1992.5.12, 91다2151 : 3회 선택형). 따라서 사안에서 甲과 A간에 계약위반시 적용할 약정은 손해배상액의 예정으로 추정된다. 다만 채권자 甲이 A와의 약정을 '위약벌'로서 입증을 하게 되면 甲은 당해 약정에 의한 금액 이외에 별도로 손해배상을 청구할 수 있다.

2) A에 대한 일방적 손해배상액 예정의 유효성 및 甲에게의 유추적용 여부

손해배상액 예정이 일방적 손해배상액 예정이라는 이유만으로 그 효력을 부정할 수는 없다(대판 2000.9.22, 99다53759,53766). 다만 당사자들이 특별히 일방의 채무불이행에 대하여만 손해배상액 예정을 한 것이기 때문에 특별한 사정이 없는 한 이를 타방의 채무불이행의 경우에까지 유추적용할 수는 없다. 따라서 타방의 채무불이행의 경우에는 일반 원칙에 따라 손해배상액을 산정하여야 한다(대판 1996.6.14, 95다11429).

3) 사안의 검토

甲·A간 위약금 특약은 손해배상액의 예정으로 추정되고, A의 위약상황에 대한 일방적 손해배상액의 예정도 유효하나 상대방 甲의 채무불이행에 이를 유추할 수 없고 이 경우 A가 실손해를 입증하여 손해배상을 구할 수 있을 뿐이다. 따라서 A는 甲에게 위약금 1억 원 및 그 지연손해를 구할 수 없다(제551조 참조).

3. 사안의 해결

甲의 수령지체(=영구적 불수령)는 채무불이행의 '이행기 전 이행거절'로 볼 수 있어, 비록 이행기 전이라도 A의 계약 해제는 '신의칙상' 적법하다. 따라서 해제의 효과로서 A의 甲에 대한 계약금 1억 원과 이에 대한 이자·지연손해금 청구는 인정될 수 있지만(**청구인용**), 위약금 1억 원 및 이에 대한 지연손해금 청구 부분은 A가 자기가 입은 실손해를 입증하여 청구할 수 있음은 별론으로 하고 부정될 것이다(**청구기각**).

기출해설 2012년 2차 법전협모의 제2문

甲은 다세대주택을 건축하여 분양하는 자이다. 甲이 다세대주택의 분양을 진행한 결과 2011. 3. 5. 준공검사를 완료할 때까지 8세대 중 6세대가 분양되었다. 甲은 미분양된 2세대 중 하나인 Y 주택에 대하여는 2011. 9. 20. 자신의 친구인 丁에게 당시의 시가인 2억 원에 매각하기로 하는 계약을 체결하면서, 계약 당일 1,500만 원을 계약금으로 수령하였고, 2011. 10. 25. 잔금의 지급과 동시에 소유권이전등기서류를 교부하기로 약정하였다. ※ 아래의 각 문항은 독립된 사항임

1. 甲이 2011. 10. 25. Y 주택의 소유권이전등기에 필요한 서류를 丁에게 제공하였으나, 丁이 중과세 회피를 빌미로 그 수령을 거절하고 있다면, 甲은 이를 이유로 위 매매계약을 해제할 수 있는가? (15점)

사례B-07 채권자지체의 법적성질과 그 효과(계약해제권)

Ⅰ. 설문 1.의 경우(15)

1. 채권자 丁의 채권자지체를 이유로 한 甲의 계약해제권 성부

(1) 丁에게 채권자지체가 발생했는지 여부(수협, 이, 거불)

사안의 경우 매도인 甲이 이행기에 소유권이전등기에 필요한 서류를 제공하였으나, 매수인 丁이 이를 거절하고 있으므로 이는 '채권자지체'에 해당한다(제400조).[1] 물론 '채권자 귀책사유의 필요성'과 관련하여 아래에서 살펴보는 바와 같이 학설대립이 있으나, 사안에서는 채권자(丁)에게 고의가 있어 어느 견해에 따르든 채권자지체에 해당한다.

(2) 채권자지체를 이유로 한 계약해제권의 인정여부

1) 학 설

채권자지체의 법적 성질에 따라 채권자지체의 요건과 효과가 달라지므로 법적 성질이 문제된다. 학설은 크게 ① 채권·채무관계를 양당사자가 공동목적의 달성을 위해 협력하여야 하는 공동체 관계로 파악하여, 그 일환으로 협력의무를 '채무'로 평가하는 **채무불이행책임설**(종래 다수설 ; 따라서 요건으로 채권자의 귀책사유가 필요하고, 그 효과로는 제401조 내지 제403조, 제538조 이외에 손해배상청구권과 계약해제권을 인정한다), ② 채권자는 '권리'를 가질 뿐이라는 전제하에 민법에 규정된 채권자지체책임은 채무자가 변제의 제공을 한 경우에 이익형평의 원칙에 따라 협력지연에 따른 불이익을 채권자가 부담하도록 법률이 정한 것으로 보는 **법정책임설**(최근 다수설 ; 따라서 요건으로 채권자의 귀책사유가 필요치 않고, 그 효과로는 제401조 내지 제403조와 제538조의 효과만이 인정된다)로 나누어진다.

[관련판례] 구법시대에 나온 判例로서 수령의무를 긍정하는 듯한 판시내용이 있으나(대판 1958.5.8, 4290민상372),[2] 채권자지체의 성질에 관해 이를 직접 판단한 判例는 발견되지 않는다.

---

1) 채권자지체가 성립하기 위해서는 ⅰ) 채무의 이행에 채권자의 수령 또는 협력이 필요할 것, ⅱ) 채무의 내용에 좇은 이행의 제공이 있을 것, ⅲ) 채권자의 수령거절 또는 수령불능이 있을 것(제400조)을 요한다.

2) 검토 및 사안의 경우

채권의 행사는 채권자의 권리이지 의무라고 볼 수 없다는 점, 채권자의 귀책사유 있음을 요하지 않는 것이 채무자의 보호 및 당사자 간의 공평한 이익조정에 적합하다는 점에서 법정책임설이 타당하다.[3] 사안의 경우 채권자지체의 법적 성질과 관련하여 채무불이행책임설에 따르면 정당한 사유 없는 채권자의 수령거절의 경우 채무자의 계약해제권이 인정된다. 그러나 법정책임설이 타당한 바, 민법 제401조 내지 제403조 이외의 효과는 인정되지 않는다. 그러므로 甲은 丁의 채권자지체를 이유로 계약해제를 할 수 없다.

2. 채권자 丁의 이행지체 또는 이행거절을 이유로 한 甲의 계약해제권 성부

(1) 이행지체

丁이 소유권이전등기에 필요한 서류의 수령을 거절하면서 동시에 자신의 甲에 대한 잔금지급의무도 이행하지 않고 있다면 甲은 丁에게 위 서류의 이행제공을 한 후 '상당한 기간을 정하여 잔금의 지급을 최고하고' 그 기간 내에 丁이 잔금을 지급하지 않으면 이행지체를 이유로 매매계약을 해제할 수 있다(제544조).

(2) 이행거절

丁이 소유권이전등기에 필요한 서류의 수령을 거절한 행위가 자신의 의무이행에 관한 '진지하고 종국적인 거절의 의사임이 인정된다면' 이행거절로 평가될 수 있으므로, 이 경우 甲은 '신의칙상 최고 없이도' 계약을 해제할 수 있다(대판 2005.8.19, 2004다53173 : 7회 선택형).

---

2) "채권자는 채무자의 채무이행의 제공을 수령하여야 할 의무가 있고 만약 채권자가 위 의무에 위배하여 그 수령을 지체한 경우에는 그 이후에 있어서의 불가항력에 대한 이행불능에 대하여도 채권자에게 책임이 있다고 해석함이 신의성실의 원칙상 타당하다"

3) 법정책임설에 따를 경우 채무자의 지위가 불안해진다는 비판이 있으나, 채무자는 목적물을 변제공탁함으로써 채무에서 벗어날 수 있고(제487조), 대부분의 채권관계에서는 쌍무계약인 관계로 채무자의 이행제공은 채권자지체를 유발시키는 동시에 채권자의 반대채무에 대한 이행지체를 발생시키므로(동시이행항변권의 상실) 채무자는 이행지체의 효과로서 손해배상청구 및 해제권을 행사할 수 있어 별 문제가 되지 않는다[양창수, 민법주해(9), p.237].

기출해설 **2014년 3차 법전협모의 제1문**

甲은 자신이 소유하는 완구제조 공장건물과 부지 및 그 공장 내 기계들을 일괄매도 하고자 하였다. 마침 식기류 유통업을 하다가 새로운 사업가능성을 모색하던 乙이 정보를 입수하고 甲과 계약교섭 끝에 계약을 체결하였다.

문제 2. 계약상 채무가 정상적으로 이행되어 甲은 乙에게 건물과 부지, 기계의 소유권을 이전하였고 乙은 甲에게 대금을 모두 지급하였다. 기계대금은 3천만 원 상당으로 계산하였다. 그런데 기계의 하자로 인하여 기계 인도일로부터 불과 3개월 만에 기계들이 가동할 수 없는 상태가 되었다. 乙은 이로 인해 5천만 원을 들여 새로 만들어진 기계들을 제3자로부터 구입, 설치하여 재가동하게 되었는데, 공장 가동 정지일로부터 재가동일까지 4개월이 소요되었다. 그 4개월 동안 乙은 적어도 2천만 원의 수입을 올릴 것으로 예상되었다. 한편 위와 같은 가동정지 문제 때문에 乙은 丙 회사와 체결한 완구공급계약을 이행하지 못하여 계약을 해제당함으로써 丙 회사에게 1천만 원의 위약금을 몰취당하였다. 또한 乙은 판로개척을 위해 丁회사 관계자들도 만나 5백만 원 상당의 비용을 들여 사업설명도 하고 식사도 대접하여 거의 공급계약 체결 직전에 이르렀는데 공장의 가동이 일시 중단됨에 따라 결국 공급계약을 체결하지 못하게 되었다.

(1) 乙이 甲에게 손해배상청구를 할 수 있는 법적 근거를 찾아 그 당부를 검토하시오. (10점)

(2) 손해배상청구권이 인정되는 경우 그 손해배상의 범위를 검토하시오. (30점)

사례B-08 담보책임과 불완전이행, 신뢰이익과 이행이익, 통상손해와 특별손해

Ⅱ-1. 설문 2의 (1).의 경우(10)

1. 결 론

乙은 甲에게 손해배상을 청구하기 위하여 하자담보책임(제580조, 상법69조), 불완전이행으로 인한 채무불이행책임(제390조), 불법행위책임(제750조)을 물을 수 있다. 이들 책임은 '청구권 경합' 관계에 있다.

2. 논 거

(1) 특정물에 대한 하자담보책임 성립여부

하자담보책임이 성립하기 위해서는 i) 매매계약이 유효하게 성립할 것, ii) 매매목적물에 하자가 존재할 것, iii) 매수인이 선의·무과실일 것이 요구된다(제580조).

공장 내 기계들인 특정물에 하자가 존재하고, 매수인 乙에게 악의 또는 과실이 인정된다고 볼 수 없으므로 甲은 민법 제580조에 의한 하자담보책임을 진다. 다만, 甲과 乙이 상인의 지위에 있다는 점을 고려하면 乙이 상법 제69조에 따라 6개월 내에 목적물의 검사 및 통지의무를 이행하지 않는 경우 甲은 담보책임을 면할 수 있다.

(2) 불완전이행으로 인한 손해배상책임 성립여부(이, 불, 귀, 위)

불완전이행이 성립하기 위해서는 i) 이행행위의 존재, ii) 이행행위가 불완전할 것, iii) 채무자의 귀책사유가 있을 것, iv) 위법할 것을 요한다(제390조).

공장 내 기계가 특정물인 점을 고려해 민법 제462조에 따라 불완전이행이 성립하지 않는다는 견해도 있으나, 특정물채무라 하더라도 채무자는 일부멸실·훼손이 없는 완전한 특정물을 인도할 의무를 부담한다고 보는 것이 당사자의 의사에 부합하므로 하자있는 목적물을 인도한 이상 불완전이행이 성립한다고 봄이 타당하다(특정물도그마 부정설). 따라서 甲이 현상 그대로 기계들을 인도하였더라도 채무자 甲은 자신에게 귀책사유가 없음을 입증하지 못하면(제390조 단서), 乙은 甲에게 불완전이행을 이유로 손해배상청구권을 행사할 수 있다.

(3) 담보책임과 채무불이행책임의 경합

담보책임은 채무불이행책임과는 그 요건과 효과가 다른 별개의 제도로서 매수인을 보호하기 위한 또 하나의 구제수단으로 보아야 할 것이다. 그러므로 양 책임은 중첩적으로 병존한다. 判例도 매매의 목적인 특정물에 원시적인 하자가 있는 경우에도 불완전급부로 인한 채무불이행책임이 성립할 수 있음을 명확히 하였다(대판 2004.7.22, 2002다51586).[1]

따라서 사안의 경우 乙은 甲에 대해 채무불이행책임과 담보책임을 추궁할 수 있다. 다만 채무불이행 경합시 상법 제69조는 적용되지 않는다(대판 2015.6.24. 2013다522).

(4) 불법행위로 인한 손해배상책임 성립여부

甲에게 기망 기타 불법행위가 인정되는 경우에 제750조에 따른 불법행위책임이 인정될 수 있다. 이는 계약책임인 담보책임 및 채무불이행책임과 '청구권 경합'의 관계에 있다.

Ⅱ-2. 설문 2의 (2).의 경우(30)

1. 결 론

乙이 甲에게 불법행위(제750조) 또는 채무불이행(불완전이행)에 따른 손해배상을 청구하는 경우(제390조) '이행이익 상당액' 중 중고기계의 가치인 3천만 원과 휴업손해인 2천만 원을 '통상손해'로서(제393조 1항), 계약해제로 인한 위약금 1천만 원과 판로개척을 위한 지출비 5백만 원은 '특별손해'로서 甲에게 예견가능성이 인정되는 경우에 한하여 배상받을 수 있다(제393조 2항). 그러나 담보책임에 따른 손해배상을 청구하는 경우(제580조)에는 '신뢰이익 상당액 중 통상손해'인 3천만 원만 배상받을 수 있다.

2. 논 거

(1) 각 손해의 법적성격

기계에 '하자'가 없을 것이라고 신뢰하고 지급한 기계대금 3천만 원은 '신뢰이익' 손해에 해당하며

1) ★ "매도인이 성토작업을 기화로 다량의 폐기물을 은밀히 매립하고 그 위에 토사를 덮은 다음 도시계획사업을 시행하는 공공사업시행자와 사이에서 정상적인 토지임을 전제로 협의취득절차를 진행하여 이를 매도함으로써 매수자로 하여금 그 토지의 폐기물처리비용 상당의 손해를 입게 하였다면 매도인은 이른바 불완전이행으로서 채무불이행으로 인한 손해배상책임을 부담하고, 이는 하자 있는 토지의 매매로 인한 민법 제580조 소정의 하자담보책임과 경합적으로 인정된다고 할 것이다"

(이는 동시에 '이행이익' 손해에도 포함된다), 나머지 손해들은 완전한 기계를 인도하였더라면 얻었을 이익을 얻지 못한 것에 따른 손해이거나 면할 수 있었던 비용을 부담함으로써 발생한 손해이므로 이는 '이행이익' 손해에 해당한다.

[심화] ❋ **이행이익과 신뢰이익 판단시 주의할 점**

손해의 내용을 이루는 '침해이익'에 따른 손해의 분류로서 이행이익과 신뢰이익의 개념은 제535조에 그 법적 근거를 둔다. 이는 '손해배상의 범위'와는 별개의 문제이므로, 손해가 배상범위에 포함되는지 여부는 제393조에 따라 다시 결정된다.

이행이익의 손해가 반드시 신뢰이익손해보다 큰 것은 아니다(손해의 크기와는 무관한 구분이다). 그리고 어떠한 손해가 이행이익손해에 해당하는 한편 신뢰이익손해에도 해당하는 경우가 있을 수 있다. 예컨대 새 자동차인 것으로 생각하고 시가인 1,000만원을 주고 자동차를 구입하였는데 실제로는 시가 700만원 상당의 중고자동차였던 경우, 여기서 생긴 300만원의 손해는 이행이익손해인 한편 하자가 없다고 믿음으로 인하여 입게 된 신뢰이익손해에도 해당한다.

(2) 손해배상청구권의 근거에 따른 손해의 내용

① **특정물매매에 관한 하자담보책임(제580조)에 기한 손해배상의 내용**에 대해서는 判例의 입장이 분명하지 않으나,[2] 검토하건대 **담보책임은 무과실책임이므로** 그 책임의 내용을 통상의 채무불이행책임과 동일하게 인정할 수는 없다고 본다. 따라서 '신뢰이익배상설'이 타당하다. 이 때 신뢰이익이란 '하자가 없다고 믿고서 매매계약을 체결함으로 인하여 입은 손해'를 말하는 것으로 '하자에 상응하는 대금감액'의 실질을 가진다. ② 반면 **채무불이행(불완전이행)에 기한 손해배상의 내용**은 '이행이익배상설'이 타당한바(통설 및 判例), 이행이익이란 **채무자가 채무를 이행하였더라면** 채권자가 얻었을 이익을 의미한다(이행이익의 손해=이행이 있었더라면 존재하였을 채권자의 상태-현재의 상태).

(3) 손해배상의 범위

1) 제393조 1항(통상손해)

채무불이행으로 인한 손해배상은 통상의 손해를 그 한도로 한다(제393조 1항). '통상손해'란 채무불이행이 있으면 일반적으로 발생하는 것으로 여겨지는 손해를 말한다.

2) 제393조 2항(특별손해)

특별한 사정으로 인한 손해는 채무자가 그 사정을 알았거나 알 수 있었을 때에 한하여 배상의 책임이 있다(제393조 2항). 이 때 알았거나 알 수 있었던 것의 대상은 손해의 원인이 된 '특별한 사정'이지 '손해' 자체는 아니다(대판 1994.11.11. 94다22446). 특별손해에 따른 손해배상의 범위는 그 발생된 손해 전부가 아니라 그러한 특별한 사정 하에서 통상 생기는 손해를 그 한도로 하며, 특별한 사정에 대한 예견가능성의 '판단시기'는 계약체결시가 아니라 채무의 이행기까지를 기준으로 판단하여야 한다(대판 1985.9.10, 84다카1532).

---

2) ★ 하자담보책임으로 인한 확대손해는 분명히 채무불이행책임으로 다루고 있다. 즉 "매매목적물의 하자로 인하여 확대손해 내지 2차 손해가 발생하였다는 이유로 매도인에게 그 확대손해에 대한 배상책임을 지우기 위하여는 채무의 내용으로 된 하자 없는 목적물을 인도하지 못한 의무위반사실 외에 그러한 의무위반에 대하여 매도인에게 귀책사유가 인정될 수 있어야만 한다"(대판 1997.5.7, 96다39455)고 한다.

(4) 사안의 경우

1) 제580조에 따른 손해배상을 청구하는 경우

사안에서 기계가 하자가 없다고 믿고서 대금 3천만 원을 지불하였으나 기계가 3개월 만에 가동할 수 없게 되었으므로 사안과 같이 목적물의 하자로 인해 수리가 불가능한 경우, '수리불능 당시의 교환가치 감소액'이 손해가 되고 이는 통상손해에 해당한다(대판 1994.10.14. 94다3964).

따라서 乙이 지출한 5천만 원 중 당초의 기계의 가치에 해당하는 3천만 원은 '신뢰이익 중 통상손해'라고 볼 수 있으나(제393조 1항), 이를 초과하는 2천만 원은 새로운 기계의 추가가치를 취득하는 것에 따른 지출이므로 손해라고 하기 어렵다. 따라서 乙이 甲에게 제580조의 하자담보책임에 따른 손해배상을 청구하는 경우 3천만 원에 대해서만 배상받을 수 있다.

2) 제390조 또는 제750조에 따른 손해배상을 청구하는 경우

가) 새로운 기계구입을 위해 지출한 5천만 원

乙이 甲에게 불법행위나 채무불이행(불완전이행)에 따른 손해배상을 청구하는 경우 불완전한 기계를 인도한 것에 따른 '이행이익 중 통상손해'인 3천만 원에 대해서는 배상받을 수 있으나,[3] 앞서 검토한 바와 같이 이를 초과하는 2천만 원은 손해라고 볼 수 없다.

나) 4개월 동안 얻을 수 있었던 2천만 원의 수입

判例는 "(불법행위로) 영업용 물건이 멸실된 경우, 이를 대체할 다른 물건을 마련하기 위하여 필요한 합리적인 기간 동안 그 물건을 이용하여 영업을 계속하였더라면 얻을 수 있었던 이익, 즉 휴업손해는 그에 대한 증명이 가능한 한 통상의 손해로서 그 교환가치와는 별도로 배상하여야 하고, 이는 영업용 물건이 일부 손괴된 경우, 수리를 위하여 필요한 합리적인 기간 동안의 휴업손해와 마찬가지라고 보아야 할 것"(대판 2004.3.18, 전합2001다82507)이라고 하였다.

따라서 乙은 4개월 동안(대체물을 마련하기 위하여 필요한 합리적인 기간) 기계를 작동하였다면 2천만 원의 수익을 얻을 수 있었다는 점을 증명하여 통상손해로서 휴업손해를 배상받을 수 있다(제393조 1항).

다) 계약 해제로 인해 몰취당한 위약금 1천만 원

이는 특별손해에 해당한다고 볼 수 있으므로(대판 1991.10.11. 91다25369참고)[4] 乙은 甲에게 예견가능성이 있었다는 점을 입증한 경우에 한하여 위약금 상당의 손해배상을 청구할 수 있다(제393조 2항).

라) 판로개척을 위해 지출한 5백만 원

판로개척을 위해 지출한 비용은 乙의 특별한 사정으로 인해 발생한 손해로서 특별손해에 해당한다. 따라서 乙은 甲에게 예견가능성이 있었다는 점을 입증한 경우에 한하여 위약금 상당의 손해배상을 청구할 수 있다(제393조 2항).

---

3) 다만 채무불이행책임이 경합하여 매수인이 채무불이행책임을 물을 경우 '하자 자체에 의한 손해 또는 그러한 불완전한 반대급부로서 현실적으로 지급된 대가'는 이중배상금지의 원칙에 따라 불완전이행에 따른 손해배상범위에 흡수시켜 처리해야 한다(양창수, 민법주해, 제9권, p.296 참고). 判例도 수출면제품에 이를 세탁하면 심하게 줄어드는 등의 하자가 있었던 사안에서 "원심이 원고의 주장과 같이 피고의 채무불이행을 원인으로한 손해배상책임을 인정하고 있는 이상 구태여 피고의 하자담보책임의 성립 여부를 따져볼 필요는 없다"(대판 1992.4.28. 91다29972)고 한다.

4) "매도인이 매수인으로부터 매매대금을 약정된 기일에 지급받지 못한 결과 제3자로부터 부동산을 매수하고 그 잔대금을 지급하지 못하여 그 계약금을 몰수당함으로써 손해를 입었다고 하더라도 이는 특별한 사정으로 인한 손해이므로 매수인이 이를 알았거나 알 수 있었던 경우에만 그 손해를 배상할 책임이 있다"

기출해설

2016년 변호사시험 제2문

【기초적 사실관계】
甲은 2015. 1. 20. 乙에게 甲 소유의 Y 토지(이하 '이 사건 토지'라 한다)를 매도하기로 하는 매매계약(이하 '이 사건 계약'이라 한다)을 체결하였다. 이 사건 계약의 내용은 다음과 같다. "매매대금을 5억 원으로 하되, 계약금 5,000만 원은 계약 당일 지급하고, 중도금 2억 원은 2015. 4. 15.에 지급하고, 잔금 2억 5,000만 원은 2015. 8. 10. 소유권이전등기서류를 교부받음과 동시에 지급하기로 한다." ※ 아래의 각 문제는 독립적이며, 공휴일 여부는 고려하지 말 것

【추가적 사실관계】
乙은 이 사건 계약에 따라 계약 당일 甲에게 계약금 전부를 지급하였고, 2015. 4. 15. 중도금 전부를 지급하였다. 그 무렵 이 사건 토지를 포함한 주변 일대가 「도시개발법」에 따라 도시개발계획이 결정되어 도시개발구역 지정 고시가 이루어졌고, 이로 인하여 이 사건 토지의 가격상승이 기대되자 甲은 乙과 매매계약을 체결한 것을 후회하였다. 평소 丙은 이 사건 토지에 건물을 신축하여 식당을 운영할 계획을 가지고 있었는데, 우연히 甲이 이 사건 토지에 대한 매매를 후회한다는 사실을 알게 되었다. 이에 丙은 이 사건 토지에 대한 매매계약이 있음을 알면서도 甲과 교섭하여 2015. 7. 5. 이 사건 토지에 대하여 대금을 7억 원으로 하는 매매계약을 체결하고, 2015. 8. 4. 매매대금 전액을 지급하고 소유권이전등기를 넘겨 받았다.

1. 乙은 이 사건 토지에 대한 소유권이전등기를 넘겨받거나, 자신의 손해를 보전 또는 최소화하기 위한 법적조치를 취하려 한다.

가. 乙이 甲을 상대로 이 사건 토지에 대한 매매를 원인으로 한 소유권이전등기청구를 하는 경우 인용가능 여부 및 그 논거를 서술하시오(단, 소송에서 예상가능한 항변은 모두 주장된 것으로 한다). (10점)

나. 乙이 甲을 상대로 금전지급을 구하는 청구를 하려고 하는 경우 가능한 권리구제 수단 및 그 논거를 서술하시오. (20점)

사례B-09 유효한 이중매매의 경우 제1매수인의 매도인에 대한 구제수단 등★

Ⅰ. 설문 1. 가.의 경우(10)

1. 결 론

乙의 甲에 대한 매매를 원인으로 하는 소유권이전등기청구는 인용가능성이 없다.

2. 논 거

(1) 乙의 청구원인

매매를 원인으로 한 소유권이전등기청구의 요건사실은 '매매계약을 체결한 사실'이다(제568조). 사안의 경우 乙은 2015. 1. 20. 甲과 그 소유의 Y토지에 대한 매매계약을 체결하였으므로 甲의 항변이 이유 없는 한, 원칙적으로 Y토지의 소유권 이전등기청구를 할 수 있다.

(2) 甲의 이행불능의 항변

1) 甲과 丙사이의 이중매매의 효력

부동산 이중매매와 관련하여 통설 · 判例는 '**자유경쟁의 원칙**'상 단지 이중매매라는 것만으로는 정의에 반한다고 보기 어려우나, 제2매수인이 매도인의 '**배임행위에 적극가담**'한 경우에는 정의관념에 반하므로 제103조 위반으로 무효라고 한다(대판 1994.3.11, 93다55289 : 4회 선택형).

사안의 경우 丙은 이 사건 토지에 대한 매매계약이 있음을 알면서도 甲과 교섭하여 매매계약을 체결했다는 사정(단순악의) 외 배임행위에 적극가담했다는 사정이 보이지 않는다. 따라서 甲과 丙 사이의 제2매매계약은 유효하다.

2) 乙의 소유권이전등기청구권이 이행불능되었는지 여부

"매도인 甲이 그 매매부동산을 제3자 丙에게 이중양도하고 이전등기를 경료한 때에는 **丙의 이전등기가 말소되거나 丙으로부터 甲이 소유권을 회복하여 매수인 乙에게 이전할 수 있는 특별한 사정이 없는 한** 甲의 乙에 대한 소유권이전의무는 이행불능이다"(대판 1981.6.23. 81다225). 사안의 경우 위와 같은 특별한 사정이 없으므로 사회통념상 甲의 乙에 대한 소유권이전등기의무는 이행불능이 되었다.

Ⅱ. 설문 1. 나.의 경우(20)

1. 결 론(권리구제수단)

乙의 甲에 대한 금전지급 청구는 ① 계약을 해제하지 않고 ⅰ) 이행불능에 따른 전보배상청구권으로 이행불능 당시인 2015. 8. 4. Y토지의 시가 상당액을 통상손해로 청구하거나(제390조),[1] ⅱ) 甲이 취득한 매매대금 7억 원에서 자신의 반대채무인 5억 원을 뺀 2억 원에 대하여 대상청구권을 행사할 수 있다. ② 아울러 乙은 甲과의 매매계약을 이행불능을 이유로 해제하고(제546조), 계약금 5천만 원 및 이에 대해서는 2015. 1. 20.부터, 중도금 2억 원 및 이에 대해서는 2015. 4. 15.부터 연 5%의 이자를 붙여서 반환을 청구할 수 있고(제548조 2항), 그 외 원상회복을 통해 전보하지 못한 손해(이행불능에 따른 전보배상과 동일)가 있으면 추가적으로 손해배상도 청구할 수 있다(제551조). ③ 한편 乙은 甲에게 불법행위책임에 따른 손해배상을 경합적으로 청구할 수 있다(제750조).

2. 논 거

(1) 이행불능에 따른 전보배상청구권

제2매수인 丙이 소유권을 취득한 결과 매도인 甲의 제1매수인 乙에 대한 소유권이전의무는 이행불능상태에 빠지게 된다(대판 1965.7.27, 65다947). 따라서 乙은 손해배상청구(제390조)가 가능하다. 그 성질은 전보배상이며, 배상액 산정 시기는 이행불능이 발생한 때 (제2매수인 丙에게 이전등기를 마친 때)를 기준으로 하고, 그 이후 시가앙등으로 인한 손해는 특별손해에 해당한다(대판 1967.7.4, 67다836).

(2) 해제권 행사에 따른 원상회복청구권 및 손해배상청구권

매도인 甲의 이행불능으로 인하여 매수인 乙은 최고 없이 또 자신의 잔금지급의무의 이행제공을 할 필요도 없이 계약을 해제할 수 있으며(제546조), 해제로 인하여 매도인 甲과 매수인 乙은 원상

---

1) 물론 乙이 이행불능을 이유로 계약을 해제하지 않는 한 채권관계는 존속하므로 乙의 급부청구권이 손해배상청구권으로 전환될 뿐이다. 따라서 乙은 반대급부인 잔대금(2억 5천)을 지급해야 한다.

회복의무를 진다(제548조). 또한 해제는 손해배상청구에 영향을 미치지 않다(제551조).
따라서 乙은 甲에게 계약금 5천만 원 및 이에 대해서는 2015. 1. 20.부터, 중도금 2억 원 및 이에 대해서는 2015. 4. 15.부터 연 5%의 이자를 붙여서 반환을 청구할 수 있고(제548조 2항), 그 외 원상회복을 통해 전보하지 못한 손해(이행불능에 따른 전보배상과 동일)가 있으면 추가적으로 손해배상도 청구할 수 있다(제551조).

(3) 대상청구권

1) 인정 여부

① 제한적 인정설도 있으나, ② **대상청구권은 당사자의 의사 및 공평의 원칙에 합당한 것이므로** 일반적으로 인정함이 타당하다(일반적 인정설). ③ 判例도 '토지매매계약' 성립 후 그 토지가 '강제수용'됨으로써 채무자의 소유권이전의무가 이행불능이 된 사안에서 '**해석상 이를 부정할 이유가 없다**'(대판 1992.5.12, 92다4581)고 하여 대상청구권을 정면으로 긍정하였다.

2) 인정요건

사안에서 i) 매도인 甲의 제1매수인 乙에 대한 소유권이전등기의무는 후발적 불능이 되었고, ii) 채무자인 매도인 甲은 토지에 대신하는 매매대금 7억 원을 취득하였으며(代償), iii) 이익을 취득케 한 객체와 불능으로 된 객체는 모두 Y토지로써 동일성이 인정되므로 제1매수인 乙은 대상청구권을 가진다.

3) 행사범위

사안에서 불능당시의 시가가 설시되어 있지 않아 乙의 손해액을 확정할 수 없지만, 대상청구권의 범위가 채권자가 급부불능으로 인하여 받은 손해의 한도로 제한되는지 여부와 관련하여 최근 대법원은 매매의 목적물이 화재로 소실됨에 따른 화재보험금에 대해 매수인의 대상청구권을 인정하면서 화재보험금 전부에 대해 대상청구권을 행사할 수 있는 것이지 '**매매대금 상당액의 한도 내로 그 범위가 제한된다고 할 수 없다**'고 판시하여 **무제한설에 가까운 입장**(매수인의 손해는 화재로 소실될 당시의 목적물의 시가상당액이다)을 **밝혔다**(대판 2016.10.27. 2013다7769 : 9회 선택형).
따라서 乙은 甲이 취득한 7억 원에서 자신의 반대채무인 5억 원을 뺀 **2억 원에 대하여 대상청구권을 행사할 수 있다. 그러므로 만약 불능당시의 Y토지의 시가가 7억 원이 되지 않는다면 乙은 甲에게 채무불이행책임**(불능당시의 시가기준)**을 묻는 것 보다 대상청구권을 행사하는 것이 유리하다.**

> [심화] ✻ **손해배상청구권과의 관계**
> 사안은 이행불능이 채무자 甲의 '책임 있는' 사유로 인한 경우이므로 채권자 乙은 대상청구권과 손해배상청구권을 모두 갖는다. 그러나 어느 하나를 선택함으로써 당연히 타방의 권리가 소멸하는 것은 아니고 선택한 권리가 다 만족될 때까지는 소멸하지 않는다.

(4) 불법행위에 따른 손해배상청구권

매도인 甲은 중도금까지 수령한 단계이므로 형법상 배임죄가 성립하는 경우로서 불법행위책임이 성립한다(제750조). 불법행위에 기한 손해배상액은 불법행위시를 기준으로 산정하는바, 이행불능 당시인 2015. 8. 4. Y토지의 시가에서 5억 원을 뺀 금액을 통상손해로서 청구할 수 있다. 피해자보호를 위해 채무불이행책임 등과는 경합한다(대판 1983.3.22. 전합82다카1533).

【기초적 사실관계】

ㅇ X토지가 유일한 재산인 甲은 당해 X토지의 가격이 연일 떨어지자, 위 X토지를 처분하고 다른 곳에 투자하는 것이 좋겠다는 공인중개사 A의 권유에 따라 X토지를 매물로 공인중개소에 내놓았다. 그 후 당해 X토지를 매입하겠다는 乙이 등장하여, 甲과 乙은 당해 X토지에 대하여 2003. 12. 5. 매매대금 6억 원으로 하는 매매계약을 체결하였다. 계약내용에 따르면 계약금으로 매매계약 당일에 6,000만 원을 지급하고, 2003. 12. 30. 중도금으로 2억 4,000만 원을, 2004. 1. 20. 잔금 지급일에 乙이 3억 원을 지급함과 동시에 甲은 X토지에 관하여 이전등기 및 인도를 하기로 약정하였다. 그런데 X토지의 가격이 급등하려는 조짐이 보이자, 甲은 마음이 흔들렸고, 공인중개사 A는 당해 X토지를 비싸게 사고 싶어하는 사람이 많다고 하며 그 중 丙에게 팔라고 부추겼다. 2004. 1. 10. 甲은 丙이 매매대금으로 10억 원을 당장 지급하겠다는 말에 乙에게서 중도금까지 지급받은 사실을 무시하고 丙과 매매계약을 체결하였고, 당일 10억 원을 지급받음과 동시에 2004. 1. 15. 丙에게 바로 이전등기 및 인도를 해주었다. 2004. 1. 15. 위 X토지의 시가는 9억 원에 달한다.

1. 甲과 丙의 매매계약의 유효한지 검토하고, 만약 유효하다면 그에 따르는 乙의 甲에 대한 구제수단은 어떤 것이 있는지 검토하고, 그에 따른 구체적 법률관계를 서술하시오. (25점)[1)]

【변형된 사실관계】

2. 만일 중개사 A가 아닌 丙이 甲에게 자신에게 그 X토지를 매도하라고 계속 부추긴 경우라면, 乙이 위 X토지의 소유권을 취득할 수 있는 법적수단은 어떠한 것이 있는지 검토하시오. (25점) (단, 관련 소송요건은 별도로 검토하지 말 것)

사례B-10 유효한 이중매매와 무효인 이중매매의 경우 제1매수인의 구제수단

Ⅰ. 이중매매가 유효인 경우 제1매수인의 구제수단(20) - 문제 1.의 경우

1. 甲과 丙의 매매계약의 유효 여부(형식주의 원칙과 자유경쟁의 원리)(3)

민법은 형식주의를 택하여 법률행위에 의한 부동산물권변동은 등기하지 않으면 효력이 생기지 않는 것으로 하고 있다(제186조). 따라서 등기를 갖추지 않은 상태에서 제1매수인은 단순한 채권자적 지위를 가질 뿐이고 제2매수인이 먼저 이전등기를 마쳤으면 그가 완전한 물권취득자로 된다. 또한 判例는 단지 이중매매라는 것만으로는 정의에 반한다고 보기 어렵기 때문에 다른 사람에게 팔린 사정을 알고 다시 팔라고 한 사정이 있을 뿐이라면 무효로 할 수 없다(대판 1977.4.12, 75다1780)고 한다. 사안에서 A가 甲에게 매도를 적극 권유한 경우라도, 丙이 단순악의일 뿐이라면 甲과 丙의 매매계약은 '자유경쟁의 원칙'상 유효하며, 乙은 채권자로서 甲에게 권리를 주장할 수 있을 뿐이다.

---

1) ★ 유효한 이중매매는 2016년 변호사시험 제2문에 출제되었다. 민법의 맥 핵심사례 B-09

2. 乙의 甲에 대한 구제수단

(1) 손해배상청구권

1) 甲의 채무불이행(이행불능)에 따른 손해배상청구권(4)

이행불능이 성립하기 위해서는 ⅰ) 채권관계 성립 이후에 이행이 불능으로 되었을 것, ⅱ) 채무자의 귀책사유가 있을 것, ⅲ) 위법할 것을 요한다.

사안의 경우 甲의 고의에 의한 이중매매에 따라 제2매수인 丙이 소유권을 취득한 결과 매도인 甲의 제1매수인 乙에 대한 소유권이전의무는 **'사회통념상'** 이행불능상태에 빠지게 되었다(대판 1965.7.27, 65다947). 따라서 乙은 손해배상청구(제390조)가 가능하다. 그 성질은 전보배상이며, 배상액 산정 시기는 이행불능이 발생한 때 (제2매수인 丙에게 이전등기를 마친 때)를 기준으로 하고, 그 이후 시가앙등으로 인한 손해는 특별손해에 해당한다(대판 1967.7.4, 67다836).

따라서 乙은 甲에게 **'불능 당시의 시가 상당액'** 인 9억 원을 **'통상손해'** 로 청구할 수 있다(제390조).

2) 甲의 불법행위에 따른 손해배상청구권(2)

매도인 甲은 중도금까지 수령한 단계이므로 형법상 배임죄가 성립하는 경우로서 불법행위책임이 성립한다(제750조). 피해자보호를 위해 채무불이행책임과는 경합한다.

(2) 계약해제권(제546조)(6)

매도인 甲의 이행불능으로 인하여 매수인 乙은 **'반대급부의 이행제공'** 이나 **'최고 없이'** 계약을 해제할 수 있으며(제546조)(대판 2003.1.24, 2000다22850), 해제로 인하여 매도인 甲과 매수인 乙은 원상회복의무를 진다(제548조). 또한 해제는 손해배상청구에 영향을 미치지 않으므로(제551조), 甲은 계약금 6,000만원 및 중도금 2억 4,000만원을 각각 그 받은 날로부터 (법정)이자를 붙여서 반환해야 하고(제548조 2항), 그 외 원상회복을 통해 전보하지 못한 (이행이익) 손해가 있으면 추가적으로 손해배상도 해야 한다.

따라서 乙은 매매계약을 해제하더라도 시가 9억 원에서 매매대금 상당액인 6억 원을 제외한 3억 원 상당액을 손해배상으로 받을 수 있다(제551조).

(3) 대상청구권(10)

1) 문제점

甲은 乙과의 계약 이후 丙에게 위 X토지를 매도하였는데, 乙로서는 해제와 이행불능책임 외에 그 목적물에 상당하는 대가를 甲으로부터 이전받는 것이 유리할 수 있다. 그러므로 乙이 X토지 대신 甲이 丙으로부터 받은 매매대금을 취득할 수 있는지 문제된다.

2) 인정 여부(일반적 인정설)

① 제한적 인정설도 있으나, ② **대상청구권은 당사자의 의사 및 공평의 원칙에 합당한 것이므로** 일반적으로 인정함이 타당하다(일반적 인정설). ③ 判例도 '토지매매계약' 성립 후 그 토지가 '강제수용' 됨으로써 채무자의 소유권이전의무가 이행불능이 된 사안에서 **'해석상 이를 부정할 이유가 없다'**(대판 1992.5.12, 92다4581)고 하여 대상청구권을 정면으로 긍정하였다.

3) 인정요건(급, 후, 대, 반)

대상청구권이 성립하기 위해서는 i) 물건·권리의 급부를 목적으로 하는 채권일 것, ii) 급부의 후발적 불능이 있을 것, iii) 이행의 목적물에 갈음하는 이익(代償)을 취득할 것(인과관계) 등의 요건이 필요하다. iv) 아울러 判例에 따르면 쌍무계약의 경우에는 채권자의 상대방(채무자)에 대한 반대급부 이행가능성이 있어야 한다고 한다. 사안에서 매도인 甲의 제1매수인 乙에 대한 소유권이전등기의무는 후발적 불능이 되었고, 채무자인 매도인 甲은 토지에 대신하는 매매대금 10억원을 취득하였으며(代償), 이익을 취득케 한 객체와 불능으로 된 객체는 모두 X토지로써 동일성이 인정되므로 제1매수인 乙은 대상청구권을 가진다.

4) 효 과

가) 채권적 청구권

대상청구권은 채권적 청구권이다. 따라서 대상청구권의 요건을 갖추었다고 하여 대체이익(代償)이 직접 乙에게 이전되지는 않는다.

나) 대상청구권의 범위가 채권자가 이행불능으로 인하여 받은 손해의 한도로 제한되는지 여부

대법원은 매매의 목적물이 화재로 소실됨에 따른 화재보험금에 대해 매수인의 대상청구권을 인정하면서 화재보험금 전부에 대해 대상청구권을 행사할 수 있는 것이지 **'매매대금 상당액의 한도 내로 그 범위가 제한된다고 할 수 없다'** 고 판시하여 **무제한설에 가까운 입장**(매수인의 손해는 화재로 소실될 당시의 목적물의 시가상당액이다)을 **밝혔다**(대판 2016.10.27. 2013다7769 : 9회 선택형).

대상청구권의 실익을 고려할 때 判例의 입장이 타당한바, 乙은 매매대금 10억 원에 대하여 제한 없이 대상청구권을 취득하게 되므로, **결국 乙은 甲에게 매매대금 6억 원을 지급하고 10억 원에 대한 대상청구권을 행사할 수 있다**. 따라서 대상청구권을 행사하는 경우 채권자 乙은 실질적으로 4억원의 이익을 얻게 될 것이다. 이는 채무불이행에 따른 손해배상액(3억원)을 청구하는 것보다는 효과적인 구제수단이 된다.

다) 손해배상청구권과의 관계

사안은 이행불능이 채무자 甲의 '책임 있는' 사유로 인한 경우이므로 채권자 乙은 대상청구권과 손해배상청구권을 모두 갖는다. 그러나 어느 하나를 선택함으로써 당연히 타방의 권리가 소멸하는 것은 아니고 선택한 권리가 다 만족될 때까지는 소멸하지 않는다.

보론

제1매수인(乙)과 제2매수인(丙) 사이의 법률관계

① 제2매매가 유효하기 때문에 乙은 丙에게 채권자대위권을 행사할 수 없고(제404조), ② '소유권이전등기청구권을 피보전채권' 으로 한 채권자취소권도 행사할 수 없다(제407조 참조). 다만 매도인 甲이 무자력이어서 손해배상을 해 줄 수 없다면, 乙은 丙에게 '손해배상채권을 피보전채권' 으로 한 채권자취소권을 행사할 수 있는지를 검토해야 한다. 왜냐하면 判例는 이를 부정하고 있지만 이를 긍정하는 유력설도 있기 때문이다. ③ 그리고 丙이 소유권을 취득한 것이 위법하다고는 할 수 없으므로 乙은 丙에게 불법행위로 인한 원상회복청구권을 행사할 수 없다. 그리고 설사 위법하다하더라도 불법행위로 인한 원상회복청구권은 인정되지 않는다(아래 참고).

Ⅱ. 이중매매가 무효인 경우 제1매수인의 소유권취득방안(25) - 문제 2.의 경우

1. 甲과 丙의 매매계약의 유효 여부(형식주의 원칙과 자유경쟁의 원리)(2)

부동산 이중매매는 '계약자유의 원칙'에 비추어 유효함이 원칙이다. 그러나 判例(대판 1994.3.11, 93다55289)에 따르면 제2매수인이 매도인의 배임행위에 적극 가담한 경우에는 '정의관념에 반하는 행위'로서 반사회질서 행위로서 무효가 된다(제103조).

사안에서 甲과 丙의 매매계약은 문제 1.과 달리 제3자 A가 아닌 계약당사자인 丙이 甲의 매도사정을 알고도 자신에게 다시 매도할 것을 부추긴 경우에 해당한다. 이와 같은 丙의 행위는 단순한 악의를 넘어 적극적으로 甲의 배임행위에 가담한 것으로서 반사회적인 법률행위(제103조)에 해당하여 무효이다

2. 乙이 X토지의 소유권을 취득할 수 있는 방법

(1) 채권자대위권 행사 가부(적극)(9)

1) 채권자대위권의 행사요건(보, 필, 불, 대)

채권자대위권의 요건으로는 ⅰ) 피보전채권의 존재, ⅱ) 채권보전의 필요성, ⅲ) 채무자의 권리불행사, ⅳ) 피대위권리의 존재를 요구한다(제404조). ⅰ), ⅱ), ⅲ)은 당사자적격에 관계되는 소송요건사실로서 흠결시에는 부적법 각하, ⅳ)의 흠결의 경우는 본안판단으로서 청구기각판결(법정소송담당설).

2) 피대위권리의 존재 여부

가) 문제점

사안에서 다른 요건은 특별히 문제되지 않으나 피대위권리와 관련하여 甲에게는 丙과의 매매계약이 무효임을 이유로 한 丙의 원인무효등기에 대한 등기말소청구권이 있는 것으로 보이나, 甲과 丙의 매매계약이 제103조 위반으로 무효인 경우 **제746조의 불법원인급여에 해당하여 이러한 피대위권리가 존재하지 않는 것은 아닌지 문제된다.**

나) 불법원인급여와의 관계에 관한 견해의 대립

대체로 매도인의 반환청구를 인정하고 있으나, 그 근거에 대해서는 ① 불법성비교론, ② 선량한 풍속위반한정설, ③ 법질서 자기모순금지의 원칙에 의한 이론 등이 있다. 判例는 "반사회적인 이중매매의 경우에 제1매수인은 매도인을 대위하여 제2매수인에 대해 등기의 말소를 청구할 수 있다"(대판 1983.4.26, 83다카57)고 하였다. 그러나 **구체적인 논거는 제시하지 않았다.**

> [비교판례] 최근 명의신탁과 관련하여 명의수탁자의 매도행위가 반사회질서 위반으로 무효로 된 경우, 매도인인 명의수탁자의 불법성이 매수인의 불법성보다 크다고 하여 **매수인의 매매대금반환청구를** 인용함으로써 '불법성비교론'을 받아들인 바 있다(대판 1993.12.10, 93다12947).

다) 검 토

① 불법성비교론은 불법성의 비교에 관한 명확한 기준이 없어 법관의 자의적인 판단이 이루어질 수 있고, ② 제746조는 사법의 기본이념을 표현함과 동시에 제103조와 표리관계에 있기 때문에

선량한 풍속위반한정설과 같이 '선량한 풍속 기타 사회질서'와 '불법'의 개념을 달리 보는 것은 부당하다. ③ 따라서 **제746조는 이중매매의 제1매수인 같이 부동산 소유권이 궁극적으로 귀속되어야 할 제3자가 존재하는 경우에는 적용되지 않는다는 견해가 타당하다**. 결국 법질서 자기모순금지의 원칙에 따라 제1매수인이나 명의신탁자는 제404조에 의하여 매도인의 매수인에 대한 소유권이전등기말소청구권을 대위행사할 수 있다.

[참고] 참고로 이 경우 소유권을 잃게 되는 매수인은 **쌍무계약을 지배하는 공평의 원칙에 비추어** 대위청구에 의하여 소유권을 빼앗기는 범위에서는 매도인에게 이미 지급한 매매대금의 반환을 부당이득을 이유로 청구할 수 있다고 해석하여야 한다.

3) 사안의 경우

결국 乙은 甲에 대한 이전등기청구권을 피보전권리로 하여 甲의 丙에 대한 말소등기청구권을 대위행사할 수 있다. 그리고 말소등기청구와 함께 甲에게는 유효한 매매계약에 따라 소유권이전등기청구권을 행사하여 위 X토지에 대한 소유권을 취득할 수 있을 것이다.[2] 그러나 乙이 丙에게 직접 자신에게 이전등기를 청구(진정명의의 회복을 위한 소유권이전등기청구)하는 것은 허용되지 않는다(대판 2003.5.13, 2002다64148).

(2) 채권자취소권 행사 가부(적극)(10)

1) 채권자취소권의 행사요건(보, 사, 사)

채권자취소권의 요건으로서 ① 객관적 요건으로는 ⅰ) (금전)채권이 사해행위 이전에 발생하여야 하고(피보전채권), ⅱ) 채권자를 해하는 재산권을 목적으로 하는 법률행위가 있어야 하며(사해행위), ② 주관적 요건으로는 채무자 및 수익자(또는 전득자)의 사해의사가 있어야 한다(제406조).

2) 무효인 제2매매가 채권자취소의 대상이 되는지 여부(적극)

무효와 취소는 논리필연적으로 구분되는 것은 아니며, 법률효과를 뒷받침하는 근거로서 결국은 입법정책의 문제에 속한다고 할 수 있다. 또한 무효인 행위라도 법적으로 '無'는 아닌바, **결국 무효인 법률행위도 채권자취소권의 대상이 된다고** 봄이 타당하다(대판 1984.7.24, 84다카68 : 1회,2회,6회 선택형).

3) 상당한 가격에 의한 부동산 매각행위와 사해행위의 성부(적극)

判例는 채무자가 유일한 재산인 부동산을 매각하여 소비하기 쉬운 금전으로 바꾸는 행위는 '정당한 변제를 위한 상당한 매각이 아닌 한' 원칙적으로 사해행위에 해당한다고 한다(대판 2015.10.29. 2013다83992). 따라서 判例에 의하면 당해 X토지가 매도인 甲의 유일한 재산이므로 상당한 가격으로 부동산을 매각하였다고 하더라도, 매도인 甲은 이로써 무자력이 될 것이기 때문에 제2매매행위는 사해행위가 된다고 본다.

---

2) ★ 그러나 제1매수인이 매도인을 대위하여 제2매수인의 등기를 말소할 수 있다고 할 경우에도, 양도인과 제2양수인이 법을 악용할 능력이 있다면 제2양수인이 양도인을 상대로 소유권이전등기절차이행청구의 소를 제기하고 양도인은 이를 다투지 않음으로써 제2양수인 승소의 확정판결을 얻어 소유권이전등기를 넘겨가는 것도 얼마든지 생각할 수 있다. 이 경우 양도인 자신이 위 소유권이전등기의 말소를 청구하는 것이 확정판결의 기판력에 저촉되어 허용될 수 없음은 물론이고, 제1양수인이 양도인을 대위하여 그와 같은 청구를 하는 것 또한 기판력에 저촉된다고 보지 않을 수 없다(대판 1975.8.19, 74다2229). 결국 제1매수인이 채권자대위권을 행사하여 제2매수인으로부터 토지 소유권을 회복하는 방법은 기판력에 저촉되는 경우에는 그 실효성이 적다(윤진수, 부동산의 이중양도와 원상회복, 민사법학 6호, p.170).

4) 제1매수인 乙의 피보전채권의 성립 여부(소극)

가) 소유권이전등기청구권의 보전을 위한 채권자취소권 행사 가부

判例(대판 1999.4.27, 98다56690 : 1회,4회,5회,8회 선택형)는 채권자취소권이 총채권자를 위한 책임재산의 보전제도라는 점을 들어 소유권이전등기청구권과 같은 특정채권을 보전하기 위하여는 행사될 수 없다고 한다(제407조).

나) 채무불이행(이행지체)에 대한 손해배상청구권[3]의 보전을 위한 채권자취소권 행사 가부

判例는 "사해행위라고 주장하는 이 사건 부동산에 관한 매매 당시 아직 위 손해배상채권이 발생하지 아니하였고, 그 채권 성립에 관한 고도의 개연성 또한 없어 원고는 피고에 대한 '손해배상채권'을 피보전채권으로 하여 채권자취소권을 행사할 수 없다(대판 1999.4.27, 98다56690 : 1회,4회,5회,8회 선택형)고 한다. [4]

(3) 불법행위로 인한 원상회복청구권 인정 여부(소극)(5)

1) 제3자의 채권침해에 해당하는지 여부

사안은 계약의 목적인 '급부를 침해'하는 경우로 제3자의 채권침해에 해당한다. 다만 이 경우 채권자는 채무자에 대한 손해배상청구권을 가지므로 이하의 불법행위책임을 인정할 때는 보다 신중하여야 한다.

2) 불법행위책임 성립 여부(공, 기, 해)

제750조의 요건 충족과 관련하여 判例는 "독립한 경제주체 간의 경쟁적 계약관계에 있어서는 단순히 제3자가 채무자와 채권자 간의 계약내용을 알면서 채무자와 채권자 간에 체결된 계약에 위반되는 내용의 계약을 체결한 것만으로는 **제3자의 고의·과실 및 위법성을 인정하기에 부족하고, ⅰ) 제3자가 채무자와 적극 공모하였다거나 또는 ⅱ) 제3자가 기망·협박 등 사회상규에 반하는 수단을 사용하거나 ⅲ) 채권자를 해할 의사로 채무자와 계약을 체결하였다는 등의 특별한 사정이 있는 경우에 한하여 제3자의 고의·과실 및 위법성을 인정하여야 한다**"(대판 2001.5.8, 99다38699)고 한다.

사안의 경우 제2매수인 丙은 매도인 甲의 배임행위에 적극 가담하여 제103조 위반으로 매매행위가 무효에 이르렀기 때문에 고의 및 위법성이 인정되어 불법행위로 인한 손해배상책임을 진다(제750조).

3) 손해배상으로 원상회복을 구할 수 있는지 여부(소극)

제763조는 제394조를 준용하여 다른 의사표시가 없으면 손해는 금전으로 배상하도록 규정하고 있다. 따라서 위와 같은 이중매매에서 乙과 丙의 의사표시가 없는 경우에 원상회복을 구할 수 있

---

3) ★ ① 제2매매가 반사회적 법률행위여서 무효인 경우, 제1매수인은 채권자대위권의 행사로써 제2매수인 명의의 소유권등기를 말소하고, 이를 다시 자기 앞으로 이전하게 할 수 있기 때문에, 매도인의 제1매수인에 대한 채무는 사회통념에 비추어 보면 아직 이행불능된 것이 아니다(따라서 대상청구권도 행사할 수 없다). 다만 제2매수인이 기판력 있는 판결에 의해 소유권이전등기를 한 경우에는 제1매수인이 채권자대위권을 행사하여 제2매수인의 등기를 말소할 수 없으므로 매도인의 제1매수인에 대한 이전등기 의무는 이행불능이다[지원림 · 제철웅, 민법연습(2판), p.121~p.122 참고].

4) ★ 채권자취소권의 행사를 인정하더라도, 제1매수인은 매도인에게 원상회복된 부동산에 대하여 위 손해배상채권을 집행권원으로 하여 강제집행을 할 수 있을 뿐, 다시 매도인에게 제1매매를 원인으로 한 소유권이전등기를 청구할 수는 없다. 즉 채권자가 회복된 재산으로부터 우선변제를 받을 권리는 없다(제407조). 따라서 위와 같은 채권자취소권의 행사는 제1매수인이 당해 부동산에 관한 소유권을 취득할 수 있는 방법으로는 실효성이 없다고 할 것이다.

는지 문제된다. 학설상으로는 ① 금전배상주의는 편의를 위한 것이므로 원상회복이 보다 형평에 타당하다면 가능하다고 보는 견해도 있으나,[5] ② 입법론은 별론으로 하더라도 현행법의 해석상 다른 의사표시가 없으면 부정하는 견해가 통설 및 判例(대판 1997.3.28, 96다10638)[6]이고 타당하다.

보론

무효인 이중매매에서 전득자 보호방안

이에 대해서는 제108조 2항의 유추적용설,[7] 물권행위의 무인성론에 의한 보호설 등이 주장되고 있으나, 判例에 따르면 제103조 위반으로 무효가 되면 이는 절대적 무효이므로 그 무효인 당사자로부터 목적물을 전득한 제3자도 보호받지 못한다고 한다(대판 2008.3.27, 2007다82875).[8] 다만 취득시효(제245조) 등을 통해 예외적으로 취득할 수 있다는 점에 대해서는 이견이 없다.

---

5) ★ 그러나 이러한 견해에 따르더라도 제1매수인 乙이 제2매수인 丙에게 직접 위 토지에 관한 소유권이전등기를 청구할 수는 없다. 왜냐하면 불법행위가 있기 전의 상태는 乙이 甲에게 소유권이전등기청구권을 갖고 있는 것이었는데, 만일 원상회복으로서 乙이 丙에게 직접 소유권이전등기를 청구할 수 있다고 해석한다면 원상회복의 결과가 불법행위가 있기 전의 상태보다 더 나아지게 되어 乙에게 일종의 과잉배상을 해주는 셈이 되기 때문이다.

6) "법률에 다른 규정이 있거나 당사자가 다른 의사표시를 하는 등 특별한 사정이 없는 이상 불법행위자에 대하여 원상회복청구는 할 수 없다"

7) 예외적으로 권리자가 부실등기를 알면서 방치한 경우에는 민법 제108조 2항 유추적용이 가능하다는 견해(대판 1991.12.27, 91다3208)에 의하더라도 제2매매로 인한 등기는 사회질서 위반으로 인한 '절대적 무효'이지 부실등기라고는 할 수 없고, 이러한 절대적 무효를 다른 제3자에게 주장할 수 없다고 한다면 이는 두 번째 매도행위를 사회질서 위반으로 보는 것 자체에 문제점이 있다는 비판이 있다(윤진수).

8) "부동산의 매수인이 매도인의 배임행위에 적극 가담하여 그 매매계약이 반사회적 법률행위에 해당하는 경우에는 매매계약은 절대적으로 무효이므로, 당해 부동산을 매수인으로부터 다시 취득한 제3자는 설사 매수인이 당해 부동산의 소유권을 유효하게 취득한 것으로 믿었다고 하더라도 매매계약이 유효하다고 주장할 수 없는 것이며, 이러한 법리는 담보권설정계약에서도 마찬가지라 할 것이다"

기출해설

2019년 2차 법전협모의 제1문

【기초적 사실관계】
丙은 2017. 4. 1. 사망하였고, 丙의 상속인으로 그의 자(子) 甲과 丁이 있다.

문제 1. 丙은 2017. 2. 1. 乙에게 甲의 부(父) 丙의 소유인 X아파트에 관하여 자신을 매도인으로 하는 매매계약을 체결하면서, 2017. 5. 1. 소유권이전등기를 마치기로 약정하고 이후 계약금 및 중도금을 지급받았다. 甲은 X아파트에 관하여 매매계약을 체결한 사실을 2017. 4. 5. 丁에게 말하였다. 이를 들은 丁은 "최근 주택경기 활성화의 영향으로 주택가격이 급등하고 있으므로 X아파트를 계속 가지고 있는 것이 좋겠다"면서 X아파트의 소유권 이전을 적극 만류하였다. 甲은 이를 받아들여 2017. 4. 7. 丁과 상속재산인 X아파트를 丁의 단독소유로 하기로 상속재산 분할협의를 하였고, 丁 명의로 X아파트에 관하여 상속을 원인으로 한 소유권이전등기를 마쳤다.
乙은 상속재산 분할협의가 사회질서에 반하여 무효라고 주장하면서 丁 명의의 소유권이전등기의 전부 말소를 청구하였다. 乙의 청구에 대한 법원의 결론(각하, 기각, 전부 인용, 일부 인용) 및 그 결론에 이르게 된 근거를 설명하시오. (20점)

사례B-11 이중매매와 상속재산분할협의★

Ⅰ. 문제 1.의 해결(20) - 이중매매와 상속재산분할

1. 결 론

乙의 청구에 대해 법원은 丁 명의의 이전등기 중 1/2지분에 관하여 말소하라는 '일부 인용판결'을 하여야 한다.

2. 근 거

(1) 甲과 乙의 X아파트 매매계약의 법률관계

甲이 아버지 丙 소유의 X아파트를 2017. 2. 1. 乙에게 매도한 것은 '전부' 타인권리매매로서 유효하다(제569조). 그 후 丙이 사망한 2017. 4. 1.부터 X아파트는 공동상속인 甲과 丁이 각 1/2지분으로 공유하므로(제1006조), 결국 매도인 甲이 丁의 1/2지분을 취득하여 乙에게 이전해 주지 않는 한 원칙적으로 乙은 甲의 1/2지분에 대해서만 이전등기를 받을 수 있다.

(2) 乙에게 상속재산분할협의의 효력이 미치는지 여부 : 乙이 제1015조 단서의 제3자인지 여부

1) 판 례

상속재산의 분할은 상속이 개시된 때에 소급하여 그 효력이 생긴다(제1015조 본문). 그러나 상속재산분할의 소급효는 제3자의 권리를 침해할 수 없다(제1015조 단서). 이 때 제3자는 상속재산분할 전에 이해관계를 맺은 **'특별승계인'**으로서 그의 선의·악의는 묻지 않는다. 다만 제3자가 권리를 주장하기 위해서는 **'권리변동의 효력발생요건'**(제186조·제188조)을 갖추어야 한다(대판 1996.4.26, 95다54426).

2) 사안의 경우

사안에서 乙은 상속재산에 관해 매매계약을 체결하였을 뿐 소유권이전등기를 경료하지 못하였으므로 상속재산분할협의의 소급효로부터 보호되는 제3자에 해당하지 않는다(제1015조 단서).

(3) 甲과 丁의 상속재산분할협의가 제103조에 위반되는지 여부

1) 판 례

상속재산분할협의는 상속인간의 '계약'이므로 민법 제103조의 적용을 받는다. 따라서 判例는 공동상속인 중의 1인이 상속부동산을 타인에게 매도한 후 등기 전에 **다른 상속인이 매도인의 배임행위에 적극가담하는 형태로 상속재산을 협의분할하여 받은 경우, 상속재산 협의분할 중 그 '매도인의 법정상속분에 관한 부분'은 반사회적 법률행위로서 무효**라고 한다(제137조 단서의 일부무효 ; 대판 1996.4.26, 95다54426,54433).

2) 사안의 경우

사안에서 丁은 공동상속인인 甲의 매도사실을 알면서도 丁의 단독소유로 하는 협의분할에 적극가담하였으므로 상속재산 협의분할 중 '매도인 甲의 법정상속분 1/2에 관한 부분'은 제103조의 반사회질서의 법률행위에 해당하여 무효이다.

4. 채권자대위소송을 통한 丁명의 등기의 말소범위

(1) 판 례

判例는 "반사회적인 이중매매의 경우에 제1매수인은 매도인을 대위하여 제2매수인에 대해 등기의 말소를 청구할 수 있다"(대판 1983.4.26, 83다카57)고 하여 제1매수인의 채권자대위청구에 대하여는 제746조의 불법원인급여의 법리를 적용하지 않고 있다. 검토하건대, 제746조는 이중매매의 제1매수인 같이 부동산 소유권이 궁극적으로 귀속되어야 할 제3자가 존재하는 경우에는 적용되지 않는다고 보는 것이 타당하다.

(2) 사안의 경우

甲과 丁의 상속재산분할협의는 '甲의 법정상속분 1/2 지분범위'에서는 무효이므로, 乙은 매매계약에 기한 소유권이전등기청구권을 보전하기 위하여 甲을 대위하여 丁 명의의 등기 중 1/2지분에 대해 말소를 청구할 수 있다(제404조).

유사기출

★ 반사회적 상속재산분할협의(이중양도구조) [2015년 사법시험 제2문 유사]

- 2019년 법전협 모의와 유사한 사실관계 -

乙은 甲, 丁에게 각각 어떠한 권리를 행사할 수 있는가? (60점)

※ 乙의 甲, 丁에 대한 권리 여하

1. X아파트 중 丁의 상속분(1/2지분)에 해당하는 부분(乙의 甲에 대한 권리)[1)]

X아파트 중 丁의 상속분(1/2지분)에 해당하는 부분에 대한 甲과 丁 사이의 상속재산분할 협의는 유효하고 이러한 丁의 상속분(1/2지분)에 해당하는 상속재산 협의분할은 상속개시된 때에 소급하여 효력이 발생하고 등기를 경료하지 아니한 제3자 乙은 제1015조 단서 소정의 소급효가 제한되는 제3자에 해당하지 아니하는 바 丁의 상속분(1/2지분)에 대해서는 상속재산분할의 효력을 다툴 수 없다(대판 1996.4.26, 95다54426 · 54433). 따라서 乙은 甲에게 i) 담보책임으로서 丁의 1/2지분의 가액에 상당하는 대금감액 청구 또는 계약해제 외에 손해배상도 청구할 수 있다(제572조), ii) 그 외 채무불이행책임(이행불능), iii) 불법행위책임(제750조)을 물을 수 있다. 착오취소(제109조)도 문제될 수 있으나, 타인권리매매에 따른 담보책임은 착오취소의 특칙이라고 보는 것이 타당하고(서울고법 1980.10.31, 80나2589참고),[2)] 가능하다고 하더라도 일부취소에 따른 부당이득반환을 청구할 수 있을 뿐이므로 실제로 X아파트의 시가가 올랐다면 乙에게는 손해배상을 청구하는 것이 더 효과적인 구제수단이 될 것이다.

2. X아파트 중 甲의 상속분(1/2지분)에 해당하는 부분(乙의 丁에 대한 권리)[3)]

(1) 채권자대위권 행사 가부

결국 어느 견해에 의하든 乙은 甲을 대위하여 X아파트 중 甲의 상속분(1/2지분)에 해당하는 부분에 대한 지분등기를 자신의 앞으로 경료할 수 있다(제404조). 물론 乙이 丁에게 직접 자신에게 이전등기를 청구(진정명의의 회복을 위한 소유권이전등기청구)하는 것은 허용되지 않는다(대판 2003.5.13, 2002다64148).

(2) 채권자취소권 행사 가부

무효인 상속재산분할협의도 채권자취소의 대상이 될 수 있으나, 判例에 따르면 ① 소유권이전등기청구권의 보전을 위한 채권자취소권의 경우 소유권이전등기청구권과 같은 특정채권을 보전하기 위하여는 행사될 수 없다고 하고(제407조), ② 채무불이행(이행지체)에 대한 손해배상청구권의 보전을 위한 채권자취소권의 경우 매도인 甲이 丁과 상속재산분할협의를 하면서 그 이후에 비로소 발생한 것으로 보아야 하므로 채권자취소권은 행사할 수 없다고 한다(대판 1999.4.27, 98다56690). 아울러 사안의 경우 甲의 무자력 유무도 설시되어 있지 않다.

(3) 제3자의 채권침해를 이유로 한 불법행위책임

1) 불법행위 책임 성립 여부

제750조의 요건 충족과 관련하여 判例에 따르면 "제3자가 채무자에 대한 채권자의 존재 및 그 채권의 침해사실을 알면서 채무자와 적극 공모하였다거나 채권행사를 방해할 의도로 사회상규에 반하는 부정한 수단을 사용하였다는 등 채권침해의 고의·과실 및 위법성이 인정되는 경우라야만 할 것"(대판 2001.5.8, 99다38699)고 한다. 사안에서 丁은 甲이 X아파트를 乙에게 매도한 것을 알면서도 甲의 배임행위에 적극 가담한 경우이므로 이에 해당될 수 있다.

2) 손해배상으로 원상회복을 구할 수 있는지 여부

제763조는 제394조를 준용하여 다른 의사표시가 없으면 손해는 금전으로 배상하도록 규정하고 있다. 따라서 사안에서 乙은 丁에게 금전배상을 청구할 수는 있으나, 乙과 丁의 일치하는 의사표시가 없는 경우에 원상회복을 구할 수 있는지 문제될 수 있으나, 입법론은 별론으로 하더라도 현행법의 해석상 다른 의사표시가 없으면 부정하는 判例(대판 1997.3.28, 96다10638)가 타당하다.

3. 사안의 해결

乙은 甲에 대해서 X아파트 1/2 지분에 대한 담보책임(제572조), 이행불능책임(제390조), 불법행위책임(제750조)을 물을 수 있으며, 丁에 대하여는 甲을 대위하여 X아파트 1/2지분에 대한 이전등기를 청구하거나(제404조), 대신 이에 대한 금전배상을 청구할 수도 있다(제750조).

기출해설

최신판례 미기출 핵심사례

甲은 乙에게 5억원을 빌리면서 자신의 X토지에 저당권을 설정해 주었다. 그 후 甲은 Y상가건물을 신축하였다. 이에 丙은 Y건물을 2001년 6월 1일 甲으로부터 보증금 2,000만원 월차임 100만원에 2년간 임차하기로 약정하였다. 그 후 2002년 4월 丙은 영업적자로 300만원의 차임지급을 연체한 상태였다. 그러나 이 때 당시 甲은 丙의 차임지급 연체를 방치하고 있었고, 甲 자신도 乙에 대한 대금지급을 지체하고 있는 상태에서 乙이 X토지와 Y건물에 대해서 X토지에 대한 저당권에 기해 임의경매를 신청하여(일괄경매청구 아님), 丁이 2002년 7월 1일 X토지와 Y건물에 대해 낙찰을 받았다. 이에 丁은 甲을 상대로 자신에게 X토지의 반환과 Y건물의 철거를 청구하고, 丙을 상대로 Y건물을 인도할 것을 청구하고 있다.

丁의 청구가 인용가능한지 여부를 그 근거를 들어 서술하시오. (40점)[1)]

사례B-12 임대차 종료에 따른 법률관계, 물권적 청구권을 피보전채권으로 한 채권자대위권★

Ⅰ. 丁의 甲에 대한 X토지반환 및 Y건물철거청구 가부

1. 문제점

丁은 甲에 대해 소유권에 기한 반환청구권 및 방해배제청구권을 행사하고 있는 것으로 보이는 바, 이러한 청구권이 인용되기 위해서는 丁이 X토지에 대한 소유권을 가지고 있어야 한다(제213조 본문, 제214조). 특히 토지저당권자가 임의경매를 통해 건물에 대한 소유권도 취득할 수 있는지와 만약 그렇지 않다면 甲에게 법정지상권이 인정되는지가 문제된다(제213조 단서, 제366조).

2. 丁이 X토지와 Y건물에 대한 소유권을 취득하는지 여부

(1) 판 례

"경매법원이 기존건물의 종물이라거나 부합된 부속건물이라고 볼 수 없는 건물에 대하여, 경매신청된 기존건물의 부합물이나 종물로 보고서 경매를 같이 진행하여 경락허가를 하였다 하더라도 그 독립된 건물에 대한 경락은 당연무효이고, 따라서 그 경락인은 위 독립된 건물에 대한 소유권을 취득할 수 없다"(대판 1988.2.23, 87다카600).

---

1) [乙의 丁에 대한 권리] ① X아파트 중 丁의 상속분(1/2지분)에 해당하는 부분에 대한 甲과 丁 사이의 상속재산분할 협의는 유효하므로, 乙은 丁에게 채권자대위권을 행사할 수 없고(제404조), ② '소유권이전등기청구권을 피보전채권'으로 한 채권자취소권도 判例에 따르면 행사할 수 없다(제407조 참조). ③ 그리고 丁이 X아파트에 대한 자신의 상속지분인 1/2지분을 취득한 것은 제103조 위반이 아니어서 위법하다고는 할 수 없으므로 乙은 丁에게 불법행위책임을 물을 수도 없다.

2) "민법상 타인의 권리의 매매로 인한 매도인의 담보책임에 관한 규정이 민법 총칙의 착오에 관한 규정보다 우선 적용되어야 할 성질의 것이므로 이 사건에서 매도인인 피고는 착오에 기한 취소를 주장할 수 없다"

3) [乙의 甲에 대한 권리] 乙은 丁에게 채권자대위권 행사를 통해서 X아파트 1/2 지분에 대한 소유권을 취득할 수 있으므로 특별히 甲에게 행사할 만한 권리는 생각하기 어렵다. 굳이 검토하자면 X아파트 1/2지분권에 대한 이행지체 책임정도가 문제될 수 있으나, 설문에서는 이행기가 소개되어 있지 않다.

1) ★ 민법의 맥 핵심사례 C-07(대판 2007.5.10. 2006다82700,82717사실관계)

(2) 사안의 경우

乙의 저당권은 토지에 대한 저당권이므로 그 저당권의 효력은 결코 독립한 물건인 건물에 미치지 않는다(제358조 참조). 그러므로 건물에 대한 저당권의 실행은 비록 경매법원이 간과하였어도 무효이므로 丁은 건물의 소유권을 취득할 수 없다. 따라서 乙이 X토지에 대한 저당권에 기해 임의경매를 신청한 경우에 낙찰자 丁은 X토지에 대해서만 소유권을 취득하고 Y건물에 대한 소유권자는 여전히 甲이다(제187조).[2)]

3. 甲이 X토지를 점유할 권리가 있는지 여부(법정지상권의 취득 여부)

법정지상권이 성립하기 위해서는 ⅰ) 저당권설정 당시부터 건물이 존재할 것, ⅱ) (저당권이 설정될 당시) 토지와 건물의 소유자가 동일할 것, ⅲ) 토지나 건물 중 적어도 어느 하나에 저당권이 설정될 것, ⅳ) 경매로 인해 건물과 토지에 대한 소유자가 분리될 것을 요한다(제366조).

그러나 사안에서는 저당권설정 당시 건물이 존재하지 않았기 때문에 甲에게 Y건물을 위한 법정지상권은 성립되지 않는다. 따라서 甲은 X토지를 점유할 권리가 없어(제213조 단서) 토지소유자 丁의 甲에 대한 X토지의 반환과 Y건물의 철거는 전부 인용된다.

Ⅱ. 丁의 丙에 대한 Y건물인도청구 가부

1. 문제점

丙을 상대로 한 건물인도청구와 관련해서는 ① 丁이 건물소유권자로서 직접 소유권에 기한 목적물반환청구권을 행사하거나(제213조), ② 또는 甲의 丙에 대한 권리를 채권자대위권의 행사를 통해 간접적으로 행사하여야 한다(제404조). 특히 후자의 경우 ⅰ) 물권적 청구권이 피보전권리가 될 수 있는지, ⅱ) 임대차계약의 해지권이 피대위권리가 될 수 있는지, ⅲ) 다른 구제수단이 없을 것이 채권자대위권 행사의 요건인지 등이 문제된다.

2. 丁이 직접 丙에게 Y건물의 소유권에 기한 반환청구권을 행사할 수 있는지 여부

앞서 검토한 바와 같이 丁은 Y건물에 대한 소유권은 취득했다고 볼 수 없으므로 **건물소유권에 기해서 임차인 丙에게 '건물인도'를 청구할 수는 없다(제213조 참조).** 그러나 丁은 X토지의 소유권을 취득하므로 아래의 채권자대위권을 행사하지 않고도 **토지소유권에 기해서 임차인 丙에 대해 건물에서의 '퇴거청구'가 가능하다(제214조).** 이는 丙이 건물임대차에 대한 대항력을 갖추었더라도 마찬가지이며, 아울러 丙은 보증금반환채권이나 부속물 매매대금채권에 대한 유치권도 인정되지 않아 丁의 토지소유권에 기한 물권적 청구권행사에 대항할 수 없다. 다만 설문에서 Y건물에서의 '퇴거'청구가 아닌 Y건물을 '인도'할 것을 청구하고 있으므로 아래의 검토가 필요하다.

---

2) ★ 그러나 사안에서 만일 X토지 저당권자 乙이 Y건물에 대해서 저당권에 기한 임의경매가 아닌 제365조에 의한 일괄경매를 청구한다면 Y건물에 소유권을 취득할 수 있다. 왜냐하면 아래에서 검토하는 바와 같이 甲에게는 Y건물을 위한 법정지상권이 성립하지 않으므로 일괄경매를 청구할 수 있고, 일괄경매의 청구시에는 일괄낙찰(매도)이 원칙이기 때문이다.

3. 丁의 丙에 대한 채권자대위권 행사 가부

(1) 채권자대위권 행사요건(보, 필, 불, 대)

(2) 소유권에 기한 물권적 청구권이 피보전권리가 될 수 있는지 여부(피보전채권)

判例에 따르면 '물권적 청구권'도 '피보전권리'가 될 수 있으며, 이러한 '특정채권'의 경우에는 채무자의 무자력에 상관없이 채권자대위권을 행사할 수 있다고 한다(대판 2007.5.10. 2006다82700,82717).

(3) 다른 구제수단이 없을 것이 채권자대위권 행사의 요건인지의 여부(채권보전의 필요성)

判例가 판시하는 바와 같이 건물에서의 '퇴거청구'와 건물의 '인도청구'는 요건과 효과를 달리하는 것이므로, 퇴거청구를 할 수 있었다는 사정이 '채권보전의 필요성'을 부정할 사유가 될 수는 없다(대판 2007.5.10. 2006다82700,82717). 또한 특정채권을 보전하기 위해서는 채무자의 무자력이 필요없다.

(4) 임대차계약 해지권이 채권자대위권의 목적이 될 수 있는지 여부(피대위채권)

1) 임대인 甲이 임차인 丙과의 임대차계약을 해지할 수 있는지 여부

사안의 경우 임차인 丙은 영업적자로 300만 원의 차임지급을 연체한 상태인바, 이는 2기분(월 차임 100만 원)이상의 차임을 연체하고 있는 것이다. 따라서 甲에게는 해지권이 발생하였다(제640조).

2) 임대차계약 해지권이 채권자대위권의 목적이 될 수 있는지 여부

행사상의 일신전속적인 권리는 채권자대위권의 객체가 되지 못한다(제404조 1항 단서). 그러나 判例가 판시하는 바와 같이 '임대인의 임대차계약 해지권'은 오로지 임대인의 의사에 행사의 자유가 맡겨져 있는 '행사상의 일신전속권'에 해당하는 것으로 볼 수 없다(대판 2007.5.10, 2006다82700,82717). 따라서 甲의 丙에 대한 임대차계약의 해지권도 채권자대위권의 목적으로 될 수 있다.

(5) 소 결

甲은 丙에게 제640조에 기한 해지권이 발생하였고, 이러한 권리를 丁이 대위하여 행사할 수 있다. 이렇게 채권자대위권으로 임대차계약이 해지가 되면 甲은 건물소유권에 기해서, 혹은 임대차계약의 종료에 기해서 丙에게 Y건물의 인도를 청구할 수 있는바, 이러한 **'건물인도청구권'을 丁이 다시 대위행사하여 '자신에게 직접' Y건물을 인도할 것을 청구할 수 있다(제404조).** 다만, 임차인 丙은 '피대위채권'인 건물인도청구권과 관련하여 임대인 甲에게 항변할 수 있는 (연체차임을 공제한) 보증금반환과의 동시이행의 항변을 丁에게도 할 수 있는바(제3채무자의 항변권), 오히려 丁은 **X토지 소유권에 기초한 '건물에서의 퇴거청구권'이라는 '물권적 청구권'을 행사하는 것이 보다 유리하다.**

[심화] ❋ **피대위채권이 '인도청구권'이고 피보전채권이 '특정채권'인 경우 채권자대위권 행사방법**
① 채권자대위권의 요건이 구비되면 채권자는 '자기의 이름으로' 채무자의 권리를 행사할 수 있다. 채권자대위권은 채무자의 권리를 채권자가 대위행사하는 것이므로, 그 내용은 제3채무자에 대해 채무자에게 일정한 급부행위를 하라고 청구하는 것이 원칙이다(대판 1966.9.27, 66다1149). ② 그러나 **피대위채권이 '인도청구권'이고 피보전채권이 '특정채권'인 경우'**에는 대위권을 행사하는 채권자로 하여금 목적부동산에 대한 점유의 취득 또는 회복하게 하려는 데 목적이 있으므로 **직접 채권자에게 인도하도록 하여도 무방하다.** 예컨대 "원고가 미등기 건물을 매수하였으나 소유권이전등기를 하지 못한 경우에는 위 건물의 소유권을 원시취득한 매도인을 대위하여 불법점유자에 대하여 인도청구를 할 수 있고 이때 원고는 불법점유자에 대하여 직접 자기에게 인도할 것을 청구할 수도 있다"(대판 1980.7.8. 79다1928).

기출해설

2015년 법원행정고시 제2문

甲은 그 소유의 X토지에 관하여 2014. 7. 1. 乙과 매매예약을 체결하고, 같은 날 乙 앞으로 위 매매예약을 원인으로 하여 소유권이전청구권가등기를 마쳐주었다.

문제 3. 甲은 2015. 6.경 乙과의 합의하에 위 매매예약을 해제하였다. 그 후 乙 명의의 가등기가 아직 말소되지 않고 남아있던 2015. 7. 1. 甲은 새로이 丁과 X토지에 대한 매매예약을 체결하였는데, 甲과 丁은 새로운 매매예약에 기한 소유권이전청구권의 보전을 위하여 乙 명의의 가등기를 유용하기로 합의하고, 새로운 매매예약 당일 乙의 협조하에 丁 앞으로 그 가등기 이전의 부기등기까지 마쳤다. 한편 X토지에는 이미 그 변제기가 도래한 甲에 대한 대여금채권에 기하여 2015. 4. 1. 가압류등기를 마친 가압류채권자 戊도 존재하고 있었는데, 위와 같은 경위로 X토지에 가등기 이전의 부기등기가 마쳐진 사실을 알게 된 戊는 곧바로 甲을 대위하여 丁을 상대로 그 가등기 말소청구의 소를 제기하였다. 위 대위소송에서 丁이 가등기 유용의 합의를 주장하며 그 말소청구에 대항하자, 戊는 위 가등기 유용 전에 X토지를 가압류한 제3자인 자신을 상대로 丁은 그 가등기 유용합의로써 대항할 수 없다고 주장하였다.

甲이 심각한 무자력 상태에 빠져있고 戊의 대여금채권 보전의 필요성도 인정된다고 할 때, 戊의 청구는 인용될 수 있는가? 그 결론과 논거를 설명하시오. (30점)

사례B-13 채권자대위 소송에서 채권자와 제3채무자 사이의 독자적인 사정에 기한 사유[1]★

Ⅲ. 설문 3.의 경우(30)

1. 결 론

제3채무자 丁의 가등기 유용의 합의에 대한 채권자 戊의 가등기 유용 전 가압류 사실은 사안의 채권자대위소송에서는 주장할 수 없는 **'채권자 자신의 제3채무자에 대한 대항사유'** 이므로 戊의 채권자 대위청구는 기각된다.

2. 논 거

(1) 채권자대위권의 요건(보, 필, 불, 대)

채권자대위권의 요건으로는 ⅰ) 피보전채권의 존재, ⅱ) 채권보전의 필요성, ⅲ) 채무자의 권리불행사, ⅳ) 피대위권리의 존재를 요구한다(제404조). 법정소송담당설에 의할 경우 ⅰ), ⅱ), ⅲ)은 당사자적격에 관계되는 소송요건사실로서 흠결시에는 부적법 각하, ⅳ)의 흠결의 경우는 본안판단으로서 청구기각판결을 하여야 한다고 한다.

사안의 경우 ⅰ) 피보전채권으로서 戊의 甲에 대한 대여금 채권이 인정되고, ⅱ) 채권보전의 필요성 및 ⅲ) 채무자의 권리불행사도 인정된다. 따라서 **본안판단과 관련하여 피대위권리의 존재 및 이에 대한 제3채무자의 항변이 문제된다.**

---

1) ★ 민법의 맥 판례연구 D-04(대판 2009.5.28, 2009다4787사실관계), 동일한 쟁점으로 2021년 변호사시험 제1문에서 출제되었다.

(2) 피대위권리의 인정여부

1) 丁의 무효등기 유용의 항변

가) 청구권 보전을 위한 가등기의 유용

"ⅰ) 부동산의 매매예약에 기하여 소유권이전등기청구권의 보전을 위한 가등기가 마쳐진 경우에 그 매매예약완결권이 소멸하였다면 그 가등기 또한 효력을 상실하여 말소되어야 할 것이나, ⅱ) 그 부동산의 소유자가 제3자와 사이에 새로운 매매예약을 체결하고 그에 기한 소유권이전등기청구권의 보전을 위하여 이미 효력이 상실된 가등기를 유용하기로 합의하고 실제로 그 가등기 이전의 부기등기를 마쳤다면, 그 가등기 이전의 부기등기를 마친 제3자로서는 언제든지 부동산의 소유자에 대하여 위 가등기 유용의 합의를 주장하여 가등기의 말소청구에 대항할 수 있고, ⅲ) 다만 **그 가등기 이전의 부기등기 전에 등기부상 이해관계를 가지게 된 자에 대하여는 위 가등기 유용의 합의 사실을 들어 그 가등기의 유효를 주장할 수는 없다**"(대판 2009.5.28, 2009다4787 : 4회 선택형)

나) 검토 및 사안의 경우

戊의 채권자대위를 통한 가등기말소청구가 인용되기 위해서는 제3자인 丁의 가등기 유용이 요건을 갖추지 못하여 가등기가 원인무효이어야 하는데(제214조), 실질관계의 소멸로 무효로 된 등기의 유용은 그 등기를 유용하기로 하는 합의가 이루어지기 전에 **'등기상 이해관계가 있는 제3자'** (예를 들어 다른 저당권자, 가등기담보권자, 처분금지가처분권자 등)가 생기지 않은 경우에 한하여 허용된다.

따라서 사안의 경우 戊는 丁의 무효등기의 유용인 가등기이전의 부기등기(2015. 7. 1.)보다 선행하는 부동산 가압류권자(2015. 4. 1.)로서 丁에게 대항할 수 있다. 다만, 이러한 채권자 戊의 제3채무자 丁에 대한 독자적인 대항사유를 '채권자대위소송'에서 戊가 丁에게 주장할 수 있는지 문제된다.

2) 戊의 丁에 대한 독자적인 사정에 기한 사유의 주장

가) 채권자와 제3채무자 사이의 독자적인 사정에 기한 사유

判例는 "**채권자는 제3채무자에 대하여 채무자가 주장할 수 있는 범위 내에서 주장할 수 있을 뿐, 자기와 제3채무자 사이의 독자적인 사정에 기한 사유를 주장할 수는 없다**"(대판 2009.5.28, 2009다4787)고 판시하여 채권자가 그 부기등기 전에 부동산을 가압류한 사실을 주장하는 것은 채무자가 아닌 채권자 자신이 제3채무자에 대하여 가지는 사유에 관한 것이어서 허용되지 않는다고 하였다.

나) 사안의 경우

채권자대위권은 채무자의 제3채무자에 대한 권리를 행사하는 것이므로(법정소송담당설), 제3채무자는 채무자에 대해 가지는 (피대위권리에 대한) 모든 항변사유로 채권자에게 대항할 수 있으나, **채권자는 채무자 자신이 주장할 수 있는 사유의 범위 내에서 주장할 수 있을 뿐 자기와 채3채무자 사이의 독자적인 사정에 기한 사유를 주장할 수는 없다.**

따라서 戊의 채권자대위소송에서 丁은 무효인 가등기유용의 합의로 대위채권자인 戊에게 대항할 수 있으므로 戊의 채권자대위소송은 '청구기각'될 것이다. 다만, 부동산 가압류권자인 戊는 본안 승소 후 집행권원에 기해서 직접 丁을 상대로 권리행사하거나, 또는 대상 부동산이 경매가 진행된다면 이후 배당절차에서 그 순위에 따라 권리구제를 받을 수는 있을 것이다.

기출해설

최신판례 미기출 핵심사례

【기초적 사실관계】

K는 甲소유의 Z토지를 매수하기로 마음먹고 2014.1.1. L에게 Z토지 매수 및 등기명의를 L로 해줄 것을 부탁하고 이에 매수자금을 제공하였다. 아울러 향후 L은 K가 요구하는 경우 언제든지 K에게 소유권을 반환하기로 하는 약정을 하였다. 한편 이러한 약정을 몰랐던 甲은 L과 Z토지에 관한 매매계약을 체결하고 다만 등기는 L의 부탁에 따라 M에게 경료하였다. 이에 K는 자신이 2014.1.1.자 위임약정 또는 반환약정에 의하여 L에게 Z토지에 관한 이전등기청구권을 가진다고 주장하면서 L과 甲을 순차로 대위하여 "M은 甲에게 Z토지에 관하여 말소등기절차를 이행하라"는 내용의 소를 제기하였다.

【소송의 경과】

제1심 법원은 ① 2014.1.1.자 위임약정은 L이 Z토지를 매수하여 보관하고 있다가 K의 의사에 따라 그에게 이전해주기로 하는 내용의 부동산 매입의 위임약정과 등기명의는 L명의로 하되 내부적으로는 K의 소유로 하기로 하는 내용의 명의신탁약정이 혼합된 계약명의신탁약정인데, 부동산실명법에 의해 명의신탁약정이 무효로 된 이상 그와 함께 이루어진 부동산 매입의 위임 약정 역시 무효로 되었고, ② 2014.1.1.자 반환약정은 명의신탁약정과 구별되는 별개의 독립된 약정으로 보기 어렵거나 무효인 명의신탁약정을 전제로 명의신탁 부동산 자체의 반환을 구하는 범주에 속하는 것으로 역시 무효이므로, K의 L에 대한 이전등기청구권을 인정할 수 없어 K의 당사자적격도 인정할 수 없다고 판단하였다.

1. **이에 K는 항소를 제기하여 "제1심법원은 2014.1.1.자 위임약정과 반환약정이 부동산실명법에 의하여 무효라는 M의 항변을 받아들여 무효라고 판단하였는데, 위 항변은 채무자인 L이 가지는 항변일 뿐이므로 제3채무자인 M은 위 사유를 들어 다툴 수 없다"고 주장한다. K의 주장은 타당한가? (10점)**

사례B-14 채권자대위 소송에서 제3채무자의 피보전채권에 관한 항변[1]★

Ⅰ. 설문 1.의 경우(10)

1. 채권자대위소송에서 제3채무자의 피보전채권에 관한 항변

(1) 원 칙

원칙적으로 제3채무자는 채무자가 채권자에 대하여 가지는 항변권(소멸시효의 완성의 주장, 취소권, 해제권 등 그 권리의 행사가 채무자의 의사에 달려있는 항변을 말한다)이나 형성권 등과 같이 권리자에 의한 행사를 필요로 하는 사유를 들어 채권자의 채무자에 대한 권리(피보전권리)가 인정되는지 여부를 다툴 수 없다(대판 2004.2.12, 2001다10151 : 1회,3회 선택형).

(2) 예 외

그러나 채권자의 채무자에 대한 권리의 발생원인이 된 법률행위가 무효라거나 위 권리가 변제 등으로 소멸하였다는 등의 사실을 주장하여 채권자의 채무자에 대한 권리가 인정되는지 여부를 다투는 것은 가능하고, 이 경우 법원은 제3채무자의 주장을 고려하여 채권자의 채무자에 대한 권리가 인정되는지 여부에 관하여 직권으로 심리·판단하여야 한다(대판 2015.9.10. 2013다55300).

[참고판례] "'채권자대위권의 행사에서 제3채무자'는 채무자가 채권자에 대하여 가지는 항변으로 대항할 수 없을 뿐더러 시효이익을 직접 받는 자에도 해당하지 않는다는 이유로 채권자의 채권이 시효로 소멸하였다고 주장할 수 없다"고 한다(대판 1998.12.8, 97다31472 : 1회 선택형). 다만 채무자가 이미 소멸시효를 원용한 경우에는 피보전채권이 소멸하게 되므로 제3채무자가 그 '효과'를 원용하여 피보전채권의 부존재를 주장하는 것은 허용된다(대판 2008.1.31, 2007다64471).

[비교쟁점] ❋ 피대위채권(원칙적 가능, 예외적 불가)
① 원칙적으로 채권자는 채무자의 권리를 행사하는 것이므로 대위권 행사의 통지가 있기 전에 제3채무자는 채무자에 대하여 가지는 모든 항변(피대위권리에 대한 항변)으로 채권자에게 대항할 수 있다(대판 2009.5.28, 2009다4787 : 6회 선택형). ② 그러나 제405조에 따른 통지 후에는 채무자의 '처분권'이 제한되므로, 통지 후에 채무자가 한 피대위권리에 관한 처분행위에 기하여 제3채무자가 취득한 항변사유로는 채권자에게 대항할 수 없다.

2. 사안의 경우

2014 .1. 1.자 위임약정과 반환약정이 부동산실명법에 의하여 무효라는 제3채무자 M의 항변은 채무자가 채권자에 대하여 가지는 항변권이나 형성권의 행사가 아니라 권리발생원인이 되는 법률행위가 무효라는 사실을 주장한 것으로 무효인 행위는 법률상 당연히 효력이 없고, 누구나 주장 가능하다. 따라서 채권자대위소송의 제3채무자도 이를 주장할 수 있다. 결국 K의 주장은 타당하지 않다.

---

1) ★ 대판 2015.9.10. 2013다55300 판례 사실관계

기출해설

2013년 법원행정고시 제2문

다음 각 문제에 대한 결론과 그 논거를 기재하시오.

X 토지에 관하여는 2009. 10. 1. 乙 앞으로 소유권이전등기가 마쳐져 있었다. 甲은 2011. 8. 7. 乙로부터 X 토지를 대금 1억 원에 매수하고 乙에게 계약금과 중도금을 지급하였으나, 乙이 X 토지 위의 근저당권설정등기를 말소하지 아니하자 乙에게 그 말소를 요구하면서 잔금을 지급하지 않고 있다. 그 후 X 토지에 관하여 2012. 4. 10. 丙 앞으로 2012. 3. 10. 매매를 원인으로 한 소유권이전등기가 마쳐졌다. 甲은 2012. 12. 5. 乙과 丙을 상대로 X 토지에 관하여, ① 乙에 대하여는 2011. 8. 7. 매매를 원인으로 한 소유권이전등기절차의 이행을 구하고,

② 丙에 대하여는 乙에 대한 위 소유권이전등기청구권을 보전하기 위하여 乙을 대위하여 丙 앞으로 마쳐진 위 소유권이전등기의 말소를 구하는 소를 제기하였고, 그 소장 부본은 2012. 12. 24. 乙과 丙에게 각 송달되었다. 乙은 답변서를 제출하지 않고 공시송달에 의하지 아니한 적법한 통지를 받고도 변론기일에 출석하지 아니하였다. **(아래의 각 문항은 독립된 사항임)**

2. 위 소송 도중, 乙의 동생인 丁이 乙의 인감도장을 보관하고 있음을 기화로 소유권이전등기에 필요한 서류를 위조하여 2012. 3. 10. 乙의 대리인임을 자처하면서 X 토지를 丙에게 매도하고 2012. 4. 10. 위와 같이 丙 앞으로 X 토지에 관하여 소유권이전등기를 마쳐준 사실과, 乙이 2013. 1. 5. 丙에 대하여 丁과 丙 사이의 위 매매계약을 추인한 사실이 밝혀졌다. 변론기일에서, 丙은 위 추인으로 丁과 丙 사이의 위 매매계약이 유효하게 되었다고 주장하고, 이에 대하여 甲은 위 추인으로써 대항할 수 없다고 주장하였다면, 甲의 丙에 대한 청구는 받아들여질 수 있는가? (60점)

사례B-15 채권자대위권의 통지 후 후 채무자의 처분제한과 제3채무자의 항변권★

설문 2.(60)

Ⅰ. 결 론

제405조 2항에 의하면 丙은 위 추인을 가지고 甲에게 대항할 수 없으므로, 甲의 청구는 인용된다.

Ⅱ. 논 거

1. 문제점

사안의 경우 丁의 무권대리 행위에 대해 甲의 추인이 있었다는 점에서 무권대리의 추인의 효과가 문제된다. 다만, 위 추인이 甲이 제기한 채권자대위소송의 소장 부본이 乙에게 도달한 이후에 이루어졌다는 점에서 제405조 2항에 의해 甲에 대해서는 추인을 가지고 대항할 수 없는지가 문제된다.

2. 무권대리 및 그 추인의 효과

(1) 무권대리의 효과

사안의 경우, 丁은 대리권을 수여받지 않은 채로 등기서류를 위조하고, 乙의 대리인임을 자처하여 丙과 X토지 매매계약을 체결하고 등기를 마쳐준바, 이는 무권대리행위로서 무효이다(제130조).

(2) 무권대리 추인의 효과

추인으로 무권대리행위는 계약시로 '소급'하여 유효하게 되나, 다른 의사표시가 있는 경우에는 소급하지 않는다. 그리고 추인의 소급효는 제3자의 권리를 해하지 못한다(제133조 단서). 이 때 소급효가 제한되는 것은 무권대리행위의 상대방이 취득한 권리와 제3자가 취득한 권리가 모두 배타적 효력을 가지는 경우에 한한다(대판 1963.4.18, 62다223 : 9회 선택형). 따라서 물권변동에 있어서는 등기 또는 인도(제186조, 제188조)를 먼저 갖추는 자가 우선한다.

(3) 사안의 경우

사안에서 2013. 1. 5. 丙을 상대로(제132조) 적법하게 위 매매계약을 추인한 바, 이 계약은 계약시(2012. 3. 10.)로 소급하여 유효하게 된다. 이 경우 X토지의 매수인인 甲은 채권자에 불과해 제133조 단서에 의해 보호되는 제3자에 해당하지 않는다. 다만, 甲이 채권자대위권 행사사실을 통지한 대위채권자의 지위도 겸하고 있다는 점에서 위 추인을 가지고 甲에게 대항할 수 있는지가 문제된다.

3. 채권자대위권행사의 통지에 따른 채무자의 처분권 제한 및 제3채무자의 항변권 제한

(1) 채무자의 처분권 제한

채권자가 보존행위 이외의 권리를 행사한 때에는 채무자에게 이를 통지하여야 하고(제405조 1항), 채무자가 그 통지를 받은 후에는 그 권리를 '처분'하여도 채권자에게 대항하지 못한다(제405조 2항). 여기서 말하는 금지되는 처분행위에는 '채권 자체'에 대한 처분행위로서 채무자의 제3자에 대한 권리를 소멸시키는 행위, 제3자에 대한 채권을 양도하는 행위, 소 제기 등 권리의 행사 등이 포함된다. 判例에 따르면 "채권자가 채무자와 제3채무자 사이의 무효인 매매계약에 의하여 마쳐진 소유권이전등기의 말소등기청구권을 대위행사하여 소를 제기한 후에 채무자가 무효인 매매계약을 추인하거나, 말소등기청구권을 포기할 수 없다"(대판 1975.12.23. 73다1086).

(2) 제3채무자의 피대위채권에 대한 항변권 제한

① 원칙적으로 채권자는 채무자의 권리를 행사하는 것이므로 대위권 행사의 통지가 있기 전에 제3채무자는 채무자에 대하여 가지는 모든 항변(피대위권리에 대한 항변)으로 채권자에게 대항할 수 있다(대판 2009.5.28, 2009다4787 : 6회 선택형). ② 그러나 제405조에 따른 통지 후에는 채무자의 '처분권'이 제한되므로, 통지 후에 채무자가 한 피대위권리에 관한 처분행위에 기하여 제3채무자가 취득한 항변사유로는 채권자에게 대항할 수 없다.

(3) 사안의 경우

사안의 경우 위 대위소송의 소장 부본이 2012. 12. 24. 乙에게 송달된 바, 채권자대위권 행사의 통지는 아니더라도 이를 통해 乙이 대위권행사의 사실을 알았으므로 통지가 있었던 것과 마찬가지의 효과가 발생한다(대판 2003.1.10, 2000다27343 : 3회 선택형). 따라서 2012. 12. 24.부터는 乙의 丙에 대한 소유권이전등기 말소청구권의 처분이 제한되며 제3채무자 丙 역시 이러한 처분행위에 의해 취득한 항변사유를 가지고 대위채권자 甲에게 대항할 수 없다. 그러므로 2013. 1. 5.에 이루어진 X토지 매매계약의 추인으로 인해 위 매매계약이 유효가 되었다고 하더라도 이를 가지고 甲에게 대항할 수는 없다. 따라서 위 대위소송에서는 피대위권리(乙의 丙에 대한 소유권이전등기 말소청구권)의 존재가 인정되는바, 甲의 丙에 대한 청구는 받아들여질 수 있다.

1. 甲의 금전채권자 A는 무자력 甲을 대위하여 甲의 채권자인 근저당권자 B에게 근저당권의 피담보채무가 시효소멸하였다고 주장하면서 근저당권설정등기의 말소를 구하였다(피담보채무의 시효소멸은 증명되었다고 전제한다). 이에 甲은 A의 대위행사 사실을 알면서도 B에게 '피담보채권이 존재함을 확인한다'는 채무승인서를 작성해 주었다.
   이에 따른 B의 항변을 고려하여 법원의 판단(각하, 청구기각, 청구인용)을 검토하시오. (20점)[1)]
2. 한편 위 사실관계와 달리 소멸시효가 완성된 채무를 피담보채무로 하는 B의 근저당권이 실행되어 채무자 甲 소유의 X부동산이 경락되고 대금이 배당되어 채무의 일부 변제에 충당될 때까지 채무자 甲은 아무런 이의를 제기하지 않았다. 다만 이때 무자력인 채무자 甲의 다른 금전채권자 A가 이의를 제기하고 채무자 甲을 대위하여 소멸시효 완성의 주장을 원용하는 경우 **이에 따른 법원의 판단(각하, 청구기각, 청구인용)을 검토하시오(단, 문제 1.과 중복되는 내용은 서술하지 말 것). (15점)**[2)]

사례B-16 제405조 2항에 따른 제3채무자의 항변권 제한과 시효이익의 포기

Ⅰ. 문제 1.의 경우(20)

1. 문제점

A의 채권자대위소송의 요건을 '법정소송담당설'에 따라 검토하건데, 적법요건으로 ⅰ) A의 피보전채권인 금전채권이 존재하고, ⅱ) 채권보전의 필요성으로 채무자 甲은 무자력이며, ⅲ) 채무자 甲은 시효가 완성되었음에도 근저당권등기의 말소청구권 행사하고 있지 않다. 본안요건으로 ⅳ) B의 채권이 시효가 완성되었으므로 피대위권리로써 甲의 B에 대한 근저당권 등기말소청구권이 존재한다(제404조). 다만, 甲이 A의 대위행사 사실을 알면서도 B에게 '피담보채권이 존재함을 확인한다'는 채무승인서를 작성해 주었으므로 이의 '법적의미'를 살펴보고, 이를 이유로 **제3채무자 B가 채권자 A에게 대항할 수 있는지 '제3채무자의 항변권'이 문제된다.**

2. 시효완성 후 채무자 甲의 채무승인서 작성의 법적의미

소멸시효완성 후의 포기는 ⅰ) 처분능력과 처분권한을 갖춘 자가 ⅱ) 시효완성 사실을 알고, ⅲ) 권리를 잃을 자에게 '시효이익을 포기하는 의사표시'로 할 수 있다(**제184조 1항의 반대해석**).
따라서 사안에서 채무자 甲은 채권자 A의 소멸시효 완성에 따른 근저당권설정등기의 말소청구의 대위행사 사실을 알면서도 채권자 B에게 '피담보채권이 존재함을 확인한다'는 채무승인서를 작성해 주었으므로 이는 유효한 '소멸시효이익의 포기'가 될 수 있다.

---

1) ★ 대판 2010.10.28. 2010다58377 ; 대판 2018.11.9. 2015다75308 판례
2) ★ 대판 2017.7.11. 2014다32458 판례 ; 2021년 3차 법전협 모의쟁점

3. 대위권 행사의 통지와 채무자의 처분권 제한

채권자가 보존행위 이외의 권리를 행사한 때에는 채무자에게 이를 통지하여야 하고(제405조 1항), 채무자가 그 **통지를 받은 후에는 그 권리를 '처분'하여도 채권자에게 대항하지 못한다**(제405조 2항). 그리고 통지는 없었지만 채무자가 대위권행사 사실을 안 때에도 통지가 있었던 때와 마찬가지의 효과가 발생한다(대판 2003.1.10, 2000다27343 : 3회 선택형). 따라서 사안에서 채무자 甲이 A의 대위행사 사실을 알면서도 소멸시효의 이익을 포기한 것도 '처분'행위에 해당하므로 이를 이유로 채무자 甲은 채권자 A에게 대항하지 못한다(대판 2010.10.28. 2010다58377)[3]

4. 채권자대위 소송에서 제3채무자의 채권자에 대한 항변권

(1) 피대위채권에 대한 항변(원칙적 가능, 예외적 불가)

① 원칙적으로 채권자는 채무자의 권리를 행사하는 것이므로 대위권 행사의 통지가 있기 전에 제3채무자는 채무자에 대하여 가지는 모든 항변(피대위권리에 대한 항변)으로 채권자에게 대항할 수 있다(대판 2009.5.28, 2009다4787 : 6회 선택형). ② 그러나 제405조에 따른 통지 후에는 채무자의 '처분권'이 제한되므로, **통지 후에 채무자가 한 피대위권리에 관한 처분행위에 기하여 제3채무자가 취득한 항변사유로는 채권자에게 대항할 수 없다.**

[비교판례] ※ **피보전채권에 대한 항변**(원칙적 불가, 예외적 가능)
① 원칙적으로 제3채무자는 채무자가 채권자에 대하여 가지는 항변권(소멸시효의 완성의 주장, 취소권, 해제권 등 그 권리의 행사가 채무자의 의사에 달려있는 항변을 말한다)이나 형성권 등과 같이 권리자에 의한 행사를 필요로 하는 사유를 들어 채권자의 채무자에 대한 권리(피보전권리)가 인정되는지 여부를 다툴 수 없다(대판 2004.2.12, 2001다10151 : 1회,3회 선택형). ② 그러나 **채권자의 채무자에 대한 권리의 발생원인이 된 법률행위가 무효라거나 위 권리가 변제 등으로 소멸하였다는 등의** 사실을 주장하여 채권자의 채무자에 대한 권리가 인정되는지 여부를 다투는 것은 가능하고, 이 경우 법원은 제3채무자의 주장을 고려하여 채권자의 채무자에 대한 권리가 인정되는지 여부에 관하여 직권으로 심리·판단하여야 한다(대판 2015.9.10. 2013다55300).

(2) 사안의 경우

채무자 甲이 A의 대위행사 사실을 알면서도 소멸시효의 이익을 포기한 '처분행위'를 하였으므로, 채무자 甲뿐만 아니라 제3채무자 B도 채무자 甲의 시효이익포기를 이유로 채권자 A에게 대항할 수 없다(대판 2018.11.9. 2015다75308).[4)5)]

---

3) 채권자가 채무자를 대위하여 제3채무자를 상대로 "제3채무자가 채무자로부터 경료받은 근저당권설정등기는 그 피담보채권이 소멸시효 완성을 원인으로 소멸하였다"고 주장하며 그 말소를 구하는 소송을 제기하자, "채무자가 위 소송 계속 중 소멸시효 완성의 이익을 포기하였다"고 제3채무자가 주장한 사안에서, 대법원은 "채권자는 채무자를 대위하여 채무자가 제3채무자에 대하여 가지는 소멸시효 완성의 이익을 원용할 수 있고, 위 시효이익의 포기 당시 채무자가 채권자의 대위권행사 사실을 알고 있었던 이상, 제3채무자로서는 제405조 제2항에 의하여 그 시효이익의 포기로써 채권자에게 대항할 수 없다"고 판시하면서 제3채무자의 위 주장을 배척하였다.

4) **[사실관계]** X협동조합은 2001. 5. 21. 甲에게 20,000,000원을 대출하였고, 乙은 甲의 대출금채무를 연대보증하였다. 그 후 X협동조합은 파산하였고 파산관재인으로 선임된 예금보험공사는 乙에 대한 연대보증채권을 원고 A에게 양도하고 乙에게 채권양도 통지를 하였다. 한편 乙은 2003. 5.경 피고로부터 60,000,000원을 차용하면서 피고 B에게 2003. 5. 31. 부동산에 관하여 채권최고액 60,000,000원의 근저당권설정등기를 마쳐주었다. 乙이 2007. 1. 8. 사망하자 乙의 자녀들인 丙 등이 법원에 한정승인신고를 하였고, 법원이 이를 수리하였다. 丙 등은 2007. 5. 2. 일반상속채권자와 유증받은 자에 대하여 한정승인의 사실과 2007. 7. 31.까지 그 채권 또는 수증을 신고할 것을 공고하였고, 한정승인신고서에 첨부된 상속재산목록에 기재된 상속채권의 채권자들에게 채권신고를 최고하였다. 그런데 원고 A의 양수금채권은 위 상속재산목록에 기재되어 있지 않았고, 원고 A가 위 기간 내에 양수금채권을 신고한 바도 없다. 그 후 <u>원고 A가 丙 등을 대위하여 피고 B를 상대로 이 사건 근저당권등기의 피담보채권이 시효로 소멸하</u>

5. 사안의 해결

제3채무자 B가 채무자 甲의 시효이익포기를 이유로 항변하더라도 채권자 A에게 대항할 수 없으므로 법원은 A의 대위청구를 인용해야 한다.

Ⅱ. 문제 2.의 경우(15)

1. 시효완성된 채권에 기초한 배당절차에서 채무자가 이의를 제기하지 않는 경우

判例가 판시하는 바와 같이 "채무자가 소멸시효 완성 후 채무를 일부 변제한 때에는 액수에 관하여 다툼이 없는 한 채무 전체를 묵시적으로 승인한 것으로 보아야 하고, 이 경우 시효완성의 사실을 알고 이익을 포기한 것으로 추정되므로, 소멸시효가 완성된 채무를 피담보채무로 하는 근저당권이 실행되어 채무자 소유의 부동산이 경락되고 대금이 배당되어 채무의 일부 변제에 충당될 때까지 채무자가 아무런 이의를 제기하지 아니하였다면, 경매절차의 진행을 채무자가 알지 못하였다는 등 다른 특별한 사정이 없는 한, 채무자는 시효완성의 사실을 알고 채무를 묵시적으로 승인하여 시효의 이익을 포기한 것으로 볼 수 있기는 하다"(대판 2017.7.11. 2014다32458)

2. 채권자가 다른 일반채권자 채권의 시효완성을 주장할 수 있는지 여부

判例가 판시하는 바와 같이 "소멸시효가 완성된 경우 채무자에 대한 일반채권자는 채권자의 지위에서 독자적으로 소멸시효의 주장을 할 수는 없지만 자기의 채권을 보전하기 위하여 필요한 한도 내에서 채무자를 대위하여 소멸시효 주장을 할 수 있으므로 채무자가 배당절차에서 이의를 제기하지 아니하였다고 하더라도 채무자의 다른 채권자가 이의를 제기하고 채무자를 대위하여 소멸시효 완성의 주장을 원용하였다면, 시효의 이익을 묵시적으로 포기한 것으로 볼 수 없다"(대판 2017.7.11. 2014다32458)

였다고 주장하면서 그 말소를 구하는 이 사건 소송을 제기하자, 丙 등은 2014. 4. 30. 피고 B에게 위 피담보채권이 존재함을 확인한다는 채무승인서를 작성하여 주었다. 원고 A는 원심에서 채무승인의 의사표시에 대한 사해행위취소 및 원상회복청구를 추가적으로 병합하였다. 한정승인신고서에 첨부된 상속재산목록에 이 사건 부동산의 시가는 73,000,000원 상당으로 피고 B에 대한 차용금채무는 60,000,000원으로 각 기재되어 있는데, 丙 등은 신고기간이 지난 후 현재에 이르기까지 민법 제1034조 제1항에 따른 배당변제를 실시하지 않고 있다.

5) [판시이유] 한정승인신고서에 첨부된 상속재산목록에 원고의 양수금채권이 기재되어 있지 않고, 丙 등이 다른 상속채권자들에게는 개별적으로 채권신고의 최고를 하면서도 원고 A에게는 최고를 하지 않은 점에 비추어 볼 때 적어도 丙 등이 채권신고의 최고를 한 시점에는 원고를 알지 못했던 것으로 보인다. 그러나 丙 등이 배당변제를 실시하기 전에 원고 A가 丙 등을 대위하여 피고 B를 상대로 이 사건 근저당권등기의 말소를 구하는 소송을 제기하고 소송 중 丙 등이 피고 B에게 채무승인서를 작성, 교부하기까지 하였으므로 늦어도 그 시점에는 丙 등이 원고의 양수금채권의 존재를 알게 되었다고 봄이 타당하다. 따라서 원고 A는 민법 제1034조 제1항에 따라 배당변제를 받을 수 있는 '한정승인자가 알고 있는 채권자'에 해당한다고 보아야 한다. 그럼에도 원심은, 원고가 민법 제1039조 본문에 따라 상속재산의 잔여가 있는 경우에 한하여 변제를 받을 수 있는 '한정승인자가 알지 못한 자'에 해당하고, 상속채무가 상속재산을 초과하여, 이 사건 근저당권등기가 말소되어도 상속재산으로 원고의 채권을 변제받을 수 없으므로, 이 사건 채무승인은 원고에 대한 관계에서 공동담보의 감소를 초래하는 사해행위에 해당된다고 할 수 없다는 이유로 원고의 사해행위취소 등 청구를 배척하였다. 이러한 원심의 판단에는 한정승인에 관한 법리를 오해하여 판결에 영향을 미친 잘못이 있다. 이를 지적하는 상고이유 주장은 이유 있다. 기록에 의하면, 원고 A는 이 사건 근저당권등기의 피담보채무가 시효소멸하였다고 주장하면서 丙 등을 대위하여 피고 B에게 이 사건 근저당권등기의 말소를 구하였을 뿐, 원심에 이르기까지 丙 등이 원고 A의 대위권행사 사실을 알면서도 피고 B에게 채무승인서를 작성해 줌으로써 시효이익을 포기하였으므로 원고 A에게 대항할 수 없다는 주장을 하지 않았음을 알 수 있다. 이러한 사정을 앞서 본 법리에 따라 살펴보면, 원심이 丙 등의 시효이익 포기가 채권자에게 대항할 수 없는 민법 제405조 제2항에서 정한 처분에 해당하는지 여부에 대하여 심리하지 아니하고 원고에게 그에 대한 주장·증명을 촉구하지도 않았다고 하여, 원심의 그러한 조치에 채권자대위권 행사에 의한 채무자의 처분권 제한이나 변론주의에 관한 법리를 오해하거나 석명의무를 다하지 아니하는 등의 잘못이 있다고 할 수 없다.

그러므로 원심판결 중 사해행위취소 및 원상회복 청구에 관한 부분을 파기하고, 이 부분 사건을 다시 심리·판단하게 하기 위하여 원심법원에 환송하며, 나머지 상고를 기각하기로 하여, 관여 대법관의 일치된 의견으로 주문과 같이 판결한다.

3. 사안의 해결

소멸시효가 완성된 채무를 피담보채무로 하는 B의 근저당권이 실행되어 채무자 甲 소유의 X부동산이 경락되고 대금이 배당되어 채무의 일부 변제에 충당될 때까지 채무자 甲은 아무런 이의를 제기하지 않았다면 '시효이익의 포기'로 볼 수 있다. 다만 이 때 무자력인 채무자 甲의 다른 금전채권자 A가 이의를 제기하고 채무자 甲을 대위하여 소멸시효 완성의 주장을 원용하였다면, 이는 시효의 이익을 묵시적으로 포기한 것으로 볼 수 없다. 따라서 법원은 A의 대위청구를 인용해야 한다.

[쟁점정리] 判例는 '채무자에 대한 일반채권자'는 자기의 채권을 보전하기 위하여 필요한 한도 내에서 채무자를 대위하여 소멸시효 주장을 할 수 있을 뿐 채권자의 지위에서 독자적으로 (다른 채권자의 채무자에 대한 채권에 대해) 소멸시효의 완성을 주장할 수 없다고 한다(대판 1997.12.26, 97다22676 : 6회 선택형).

이러한 判例에 따르면 대위 원용이 허용되나, ㉠ 채무자가 시효이익을 '적극적으로' 포기한 때에는 '채무자에 대한 일반채권자'는 '다른 채권자의 채무자에 대한 채권'에 대해 소멸시효를 원용할 수 없게 된다. ② 그러나 소멸시효가 완성된 채무를 피담보채무로 하는 근저당권이 실행되어 채무자 소유의 부동산이 경락되고 대금이 배당되어 채무의 '일부 변제'에 충당될 때까지 채무자가 이의를 제기하지 아니한 경우 채무자가 시효의 이익을 '묵시적으로' 포기한 것으로 볼 수 있기는 하나, 다만 이때 '채무자의 다른 채권자가 이의를 제기'하고 채무자를 대위하여 소멸시효 완성의 주장을 원용하는 경우에는 判例는 시효의 이익을 묵시적으로 포기한 것으로 볼 수 없다고 한다(대판 2017.7.11. 2014다32458).

유사기출

★ 대위권의 통지 후 채무자의 처분제한과 제3채무자의 항변권 [2017년 2차 법전협모의 제2문]

乙은 甲으로부터 위 금전(1억 원)을 차용한 후 변제자력이 없어 이행기일이 지나도 이를 상환하지 못하고 있었다. 이에 甲은 乙의 丙에 대한 1억 원의 물품대금채권을 적법하게 대위하여 丙으로 하여금 직접 자신에게 위 물품대금을 지급해 줄 것을 구하면서 곧바로 이 사실을 乙에게 통지하였다. 이에 대하여 丙은 "위 통지 이후에 납품받았던 물품에 하자가 발견되어 乙과의 매매계약을 적법하게 해제하였다"고 주장하면서 甲에게 대금의 지급을 거절하고 있다.

2. 丙의 항변이 타당한지 여부를 논거를 들어 서술하시오. (15점)

1. 결 론

제3채무자 丙이 채무자 乙의 '채무불이행 또는 하자담보책임'을 이유로 '법정해제권'을 행사한 것은 甲의 채권자대위권 행사통지로 인한 처분권제한에 반하지 않으므로 丙의 항변은 타당하다(제405조).

2. 논 거

(1) 문제점

甲은 乙의 丙에 대한 1억 원의 물품대금채권을 '적법하게' 대위하고 있으므로(제404조), 그렇다면 ① 丙에게 직접 위 물품대금을 지급해 줄 것 청구할 수 있는지 여부와 ② 대위권 통지 후 제3채무자 丙의 계약해제의 항변이 제405조의 금지되는 처분행위에 해당하는 것은 아닌지 문제된다.

(2) 甲이 丙에게 직접 자신에게 지급할 것을 청구할 수 있는지 여부

채권자대위권은 채무자의 권리를 채권자가 대위행사하는 것이므로, 그 내용은 제3채무자에 대해 채무자에게 일정한 급부행위를 하라고 청구하는 것이 원칙이다(대판 1966.9.27, 66다1149). 그러나 **채무자의 '금전채권'을 대위행사하는 경우** 채무자에게 그 지급의무를 이행하도록 청구할 수도 있지만, 직접 대위채권자 자신에게 이행하도록 청구할 수도 있다. 채권자대위권을 행사하는 '채권자'에게 변제수령의 권한을 인정하더라도 그것이 채권자 평등의 원칙에 어긋난다거나 제3채무자를 이중변제의 위험에 빠뜨리게 하는 것이라고 할 수 없기 때문이다(대판 2005.4.15. 2004다70024).

(3) 채권자대위권의 통지 후 법정해제의 항변

1) 대위권 행사의 통지와 채무자의 처분권 제한

채권자가 보존행위 이외의 권리를 행사한 때에는 채무자에게 이를 통지하여야 하고, 채무자가 그 통지를 받은 후에는 그 권리를 '처분'하여도 채권자에게 대항하지 못한다(제405조).

2) 금지되는 처분행위

이 때 금지되는 처분행위에는 **'채권 자체'**에 대한 처분행위 뿐만 아니라, **'채권 발생의 기초가 되는 법률관계에 대한 처분행위'** 도 포함되는바, ㉠ 判例는 채권자대위권 행사사실이 통지된 후에 '채무자와 제3채무자가 합의해제한 것'은 제405조 2항의 '처분'에 해당한다고 보았으나(대판 1996.4.12, 95다54167 : 1회,3회,6회 선택형), ㉡ '채무자가 채무를 불이행하여 계약이 법정해제되도록 한 것'은 이에 해당하지 않는다고 보았다(대판 2012.5.17, 전합2011다87235 : 4회,6회,7회,8회 선택형). 왜냐하면 채무자의 채무불이행 사실 자체만으로는 권리변동의 효력이 발생하지 않아 이를 채무자가 제3채무자에 대하여 가지는 채권을 소멸시키는 적극적인 행위로 파악할 수 없고 법정해제는 채무자의 객관적 채무불이행에 대한 제3채무자의 정당한 법적 대응이기 때문이다. 따라서 丙은 甲에게 법정해제사실을 항변할 수 있다.[6]

---

6) "다만 형식적으로는 채무자의 채무불이행을 이유로 한 계약해제인 것처럼 보이지만 실질적으로는 채무자와 제3채무자 사이의 합의에 따라 계약을 해제한 것으로 볼 수 있거나, 채무자와 제3채무자가 단지 대위채권자에게 대항할 수 있도록 채무자의 채무불이행을 이유로 하는 계약해제인 것처럼 외관을 갖춘 것이라는 등의 특별한 사정이 있는 경우에는 채무자가 피대위채권을 처분한 것으로 보아 제3채무자는 계약해제로써 대위권을 행사하는 채권자에게 대항할 수 없으나"(대판 2012.5.17, 전합2011다87235), 사안의 경우 이와 같은 사정이 보이지 않으므로 丙은 甲에게 법정해제사실을 항변할 수 있다.

기출해설

2016년 법원행정고시 제2문

甲은 2014. 9. 25. 乙에게 자신 소유인 A 주택을 8억 원에 매도하면서, 계약금 8,000만 원은 당일에, 중도금 4억 2,000만 원은 2014. 10. 25.에 잔금 3억 원은 2014. 11. 25.에 지급받기로 하고, 주택의 인도 및 소유권이전등기절차는 위 잔대금의 지급과 동시에 이행하기로 하였다. … (중략) …

1. 위 사안에 추가하여, 그런데 乙은 자신의 사정으로 중도금 지급기일인 2014. 10. 25. 중도금 4억 2,000만 원을 지급하지 않고, 그 지급을 차일피일 미루다가 잔금지급기일이 도과하였다. 한편, 채권자 X는 무자력 상태인 甲에 대하여 대여금채권(원금 5억 원, 이자 연 12%, 변제기 2014. 7. 7.)이 있었는데, 2014. 12. 1.아래 ① 또는 ②의 방법으로 자신의 채권을 실현하고자 한다.

① X는 甲을 대위하여 乙에 대하여 매매잔대금지급청구 소송을 제기하고는 그 사실을 甲에게 통지하였다. ② X는 자신의 대여금채권을 피보전권리로 하여 甲의 乙에 대한 매매잔대금청구권을 가압류 하였다. 위 ① 또는 ② 이후 甲과 乙은 A 주택에 관한 공법상 규제사항이 사후 변경되자 위 A 주택에 관한 매매계약을 합의해제하였다.

이때 乙은 X에게 위 합의해제 사실을 들어 대항할 수 있는지 ①, ②를 비교 설명하시오. (30점)

사례B-17 민법 제405조 2항의 처분금지효와 가압류의 처분금지효의 비교★

Ⅰ. 설문 1.의 경우(30)

1. 문제점

합의해제의 제3자에 대한 효력과 관련하여 ①의 경우 채권자대위권 행사의 통지 후 '채무자 甲과 제3채무자 乙이 계약을 합의해제'한 것이 제405조 2항의 '처분'에 해당되는지, ②의 경우 채권의 가압류에 따른 처분금지효의 효력이 '채권의 발생원인인 법률관계에 대한 채무자의 처분'(합의해제) 까지도 구속하는 효력이 있는지 문제된다.

2. 제405조 2항의 처분에 채무자와 제3채무자의 합의해제가 포함되는지 여부…①의 경우

1) 판 례

"채권자가 채무자를 대위하여 제3채무자의 부동산에 대한 처분금지가처분을 신청하여 처분금지가처분 결정을 받은 경우, 이는 그 부동산에 관한 소유권이전등기청구권을 보전하기 위한 것이므로 피보전권리인 소유권이전등기청구권을 행사한 것과 같이 볼 수 있어, 채무자가 그러한 **채권자대위권의 행사 사실을 알게 된 이후에 그 부동산에 대한 매매계약을 합의해제함으로써 채권자대위권의 객체인 그 부동산의 소유권이전등기청구권을 소멸시켰다 하더라도 이로써 채권자에게 대항할 수 없다**"(대판 1996.4.12, 95다54167 : 1회,3회,6회 선택형)

2) 검토 및 사안 ①의 경우

제405조 2항에서 말하는 금지되는 처분행위에는 '채권 자체'에 대한 처분행위뿐만 아니라 '**채권 발생의 기초가 되는 법률관계에 대한 처분행위**'도 포함되므로, 判例의 태도는 타당하다. 따라서 사안 ①의 경우 甲과 乙이 X의 채권자대위권 행사사실이 이미 통지된 후에 위 매매계약을 합의해제하

였는바, 제405조 2항에 따라 통지 후에는 채무자의 처분권이 제한되므로 통지 후에 채무자(甲)가 한 그 권리에 관한 처분행위(매매계약의 합의해제)에 기하여 제3채무자(乙)가 취득한 항변사유로는 채권자(X)에게 대항할 수 없다.

(3) 가압류의 처분금지효에 채무자와 제3채무자의 합의해제가 포함되는지 여부(소극) … ②의 경우

1) 판 례

"채권에 대한 가압류는 제3채무자에 대하여 채무자에게의 지급금지를 명하는 것이므로 채권을 소멸 또는 감소시키는 등의 행위는 할 수 없고 그와 같은 행위로 채권자에게 대항할 수 없는 것이지만, **채권의 발생원인인 법률관계에 대한 채무자의 처분까지도 구속하는 효력은 없다** 할 것이므로 채무자와 제3채무자가 아무런 합리적 이유 없이 채권의 소멸만을 목적으로 계약관계를 합의해제한다는 등의 특별한 경우를 제외하고는, **제3채무자는 채권에 대한 가압류가 있은 후라고 하더라도 채권의 발생원인인 법률관계를 합의해제하고 이로 인하여 가압류채권이 소멸되었다는 사유를 들어 가압류채권자에 대항할 수 있다**"(대판 2001.06.01. 98다17930 : 9회 선택형).

[심화] ✻ **매매잔대금청구권 가압류권자가 제548조 1항 단서의 제3자에 포함되는지 여부(소극)**
判例는 "그 해제된 계약으로부터 생긴 법률효과를 기초로 하여 '해제 전'에 새로운 이해관계를 가졌을 뿐 아니라 등기·인도 등으로 완전한 권리를 취득한 자"를 말하며(대판 2002.10.11, 2002다33502), **이러한 법리는 법정해제의 경우뿐만 아니라 합의해제의 경우에도 마찬가지**라고 한다(대판 2004.7.8, 2002다73203). 다만, 判例는 매수인의 매도인에 대한 소유권이전등기청구권(채권)을 양수받은 자나 **소유권이전등기청구권을 (가)압류한 자의 권리는** 채권에 불과하고 대세적 효력을 갖는 권리가 아니어서 **매매계약이 해제되면 보호받지 못한다**고 한다(대판 2000.4.11, 99다51685 : 1회 선택형).

2) 검토 및 사안 ② 의 경우

계약이 해제되어 채권이 소급적으로 소멸될 수 있다는 것은 채권 그 자체가 갖는 고유한 위험이므로 채권의 가압류권자는 원칙적으로 이로 인한 위험을 스스로 부담함이 상당하다. 즉, **압류가 되었다고 해도 피압류채권의 발생원인인 기본적인 법률관계를 변경 소멸시키는 행위**(계약의 취소·해제·해지) **등은 원칙적으로 자유롭게 할 수 있으므로** 判例의 태도는 타당하다. 따라서 사안 ②의 경우, 乙은 위 매매계약의 합의해제로써 매매잔대금청구권이 소급적으로 소멸하였음을 주장하여 X에게 대항할 수 있다.

[심화] 따라서 사안 ②의 경우, 甲과 乙의 합의해제에도 제548조 1항 단서가 적용되지만, 위 判例에 따르면 매매잔대금청구권의 가압류권자에 불과한 X는 제548조 1항 단서에 의해 보호되는 제3자가 아니므로 乙은 위 매매계약의 합의해제로써 매매잔대금청구권이 소급적으로 소멸하였음을 주장하여 X에게 대항할 수 있다.

3. 사안의 해결

乙은 위 합의해제 사실을 들어 ① 대위채권자 X에게 대항할 수 없으나(제405조 2항), ② 대여금채권의 가압류권자 X에게는 대항할 수 있다.

기출해설 2011년 2회 법무부모의 제2문

전자제품 도매상을 운영하는 丙은 2006. 10. 10. B에게 냉장고 등 합계 5,000만 원 상당의 가전제품을 인도하고 그 대금은 인도 후 다음날까지 지급받기로 약정한 다음 2006. 10. 26. 매매대상 가전제품을 인도하였다. 한편 B는 2007. 9. 1. 甲에게 자신소유의 X토지를 매매대금 3억 원에 매도하면서, 계약금 및 중도금 2억 원은 계약 당일 지급받고, 나머지 잔대금 1억 원은 B가 甲에게 X토지를 인도함과 동시에 지급받기로 하되, 소유권이전등기에 필요한 서류는 계약금 및 중도금 2억 원 지급과 동시에 甲에게 교부하기로 약정하였다. 이에 B는 2007. 9. 1. 甲으로부터 2억 원을 지급받으면서 甲에게 X토지의 소유권이전등기에 필요한 서류를 교부하였다.

【소송의 경과】

한편 丙은 2010. 7. 1. B가 무자력 상태임을 주장하며 B를 대위하여 甲을 상대로 위 매매잔대금 중 5,000만 원을 지급할 것을 구하는 소를 제기하였다.

이 경우 甲이 위 소송의 변론에서 주장(항변)할 만한 사유들을 모두 검토하고, 이에 따른 丙의 소에 대한 최종적인 법원의 판단을 논거와 함께 서술하시오. 단, 심리 결과 B는 2010. 7. 8. 丙으로부터 채권자대위권 행사의 통지를 수령하였고 甲이 2010. 12. 1. B에게 7,000만 원을 변제하였으며, 이 사건 변론종결일 현재 B는 X토지를 인도하지 않았고, B는 무자력 상태인 것으로 판명되었다. (30점)

사례B-18 채권자대위소송에서 제3채무자의 (피보전채권, 피대위채권에 관한) 항변권★

Ⅰ. 법원의 판단(1)

법원은 丙의 채권자대위소송에 대해서 X토지 인도와 동시에 30,000,000원을 지급하라는 일부인용판결을 선고해야 한다(상환급부판결).

Ⅱ. 丙의 채권자대위권의 성립여부(5)

1. 채권자대위권의 행사요건(보, 필, 불, 대)

채권자대위권의 요건으로는 ⅰ) 피보̆전채권의 존재, ⅱ) 채권보전의 필̆요성, ⅲ) 채권자의 권리불̆행사, ⅳ) 피대̆위권리의 존재를 요구한다(제404조). 법정소송담당설에 의할 경우 ⅰ), ⅱ), ⅲ)는 당사자적격에 관계되는 소송요건사실로서 따라서 흠결시에는 부적법 각하, ⅳ) 피대위권리의 흠결의 경우는 본안판단으로서 청구기각판결을 하여야 한다고 한다.

2. 사안의 경우

ⅰ) 채권자 丙은 채무자 B에 대해서 금전채권인 물품대금채권이 있는데, ⅱ) B는 무자력이므로 채권보전의 필요성이 인정된다. ⅲ) ⅳ) 그리고 B는 甲에 대해서 매매잔대금 1억 원의 채권이 있는데 이는 행사상 비전속적 권리이며, B 스스로 甲에 대해 권리를 행사하고 있지 않으므로 丙의 채권자대위소송은 다른 특별한 사정이 없는 한 인정된다.

Ⅲ. 甲의 항변수단 등(24)

1. 丙의 B에 대한 물품대금채권이 3년의 소멸시효 완성으로 소멸되어 이 사건 소가 부적법하다는 주장을 할 수 있는지 여부

(1) 제3채무자의 항변권(피보전채권 관련)

원칙적으로 제3채무자는 채무자가 채권자에 대하여 가지는 항변권(소멸시효의 완성의 주장, 취소권, 해제권 등 그 권리의 행사가 채무자의 의사에 달려있는 항변을 말한다)이나 형성권 등과 같이 권리자에 의한 행사를 필요로 하는 사유를 들어 채권자의 채무자에 대한 권리(피보전권리)가 인정되는지 여부를 다툴 수 없다(대판 2004.2.12, 2001다10151 : 1회,3회 선택형).

사안과 관련하여 判例는 **'채권자대위권의 행사에서 제3채무자'는 채무자가 채권자에 대하여 가지는 항변으로 대항할 수 없을 뿐더러 시효이익을 직접 받는 자에도 해당하지 않는다는 이유로 채권자의 채권이 시효로 소멸하였다고 주장할 수 없다**고 한다(대판 1998.12.8, 97다31472 : 1회,9회 선택형). 다만 채무자가 이미 소멸시효를 원용한 경우에는 피보전채권이 소멸하게 되므로 제3채무자가 그 '효과'를 원용하여 피보전채권의 부존재를 주장하는 것은 허용된다(대판 2008.1.31, 2007다64471).

(2) 사안의 경우

丙의 B에 대한 물품대금채권이 3년의 소멸시효가 완성되었다고 하더라도(제163조 6호),[1] 제3채무자인 甲으로서는 이를 원용할 수 없다.

2. 2010. 12. 1. B에게 7,000만 원을 변제하였다고 丙에게 항변할 수 있는지 여부

(1) 채무자의 처분권의 제한

채권자가 보존행위 이외의 권리를 행사한 때에는 채무자에게 이를 통지하여야 하고(제405조 1항), 채무자가 그 **통지를 받은 후에는 그 권리를 '처분'하여도 채권자에게 대항하지 못한다**(제405조 2항). 그리고 통지는 없었지만 채무자가 대위권행사 사실을 안 때에도 통지가 있었던 때와 마찬가지의 효과가 발생한다(대판 2003.1.10, 2000다27343 : 3회 선택형).

여기서 말하는 금지되는 처분행위에는 '채권 자체'에 대한 처분행위(예컨대 채무자의 제3자에 대한 권리를 소멸시키는 행위, 제3자에 대한 채권을 양도하는 행위, 권리의 행사) 뿐만 아니라 **'채권 발생의 기초가 되는 법률관계에 대한 처분행위'**(예컨대 합의해제 등)**도 포함된다**. 한편 통지 등이 있는 경우에는 처분행위가 금지될 뿐 관리·보존행위까지 금지되는 것은 아니므로 **통지 후에도 제3채무자의 변제**(예컨대 채무자 명의로의 소유권이전등기)**가 금지되는 것은 아니다**(대판 1991.4.12, 90다9407 : 1회,3회 선택형).

(2) 사안의 경우

채무자의 변제수령은 제405조 2항의 처분행위라고 할 수 없고, 대위권의 행사는 압류와는 달리 제3채무자의 변제를 금지하는 효력이 있는 것도 아니므로 채권자대위권 행사의 통지가 있더라도 제3채무자인 甲은 유효하게 위 매매잔대금채무를 변제할 수 있고, 이러한 채무의 변제로 인한 채무의 소멸을 항변사유로 하여 채권자인 丙에게 대항할 수 있다. 따라서 **甲의 매매잔대금채무는 3,000만 원(=1억 원- 7,000만 원)이 남게 된다.**

---

1) 이러한 채권은 본래 상행위로 인한 것이어서 5년의 소멸시효가 적용되어야 하나(상법 제64조 본문), 본호의 3년의 소멸시효는 상법 제64조 단서의 '다른 법령에 이보다 단기의 시효의 규정이 있는 때'에 해당하여 본호가 우선하여 적용된다.

3. B로부터 X토지를 인도받기 전에 丙의 청구에 응할 수 없다고 항변할 수 있는지 여부

(1) 제3채무자의 항변권(피대위채권 관련)

① 원칙적으로 채권자는 채무자의 권리를 행사하는 것이므로 대위권 행사의 통지가 있기 전에 제3채무자는 채무자에 대하여 가지는 모든 항변(피대위권리에 대한 항변)으로 채권자에게 대항할 수 있다(대판 2009.5.28, 2009다4787 : 6회 선택형). ② 그러나 제405조에 따른 통지 후에는 채무자의 '처분권'이 제한되므로, **통지 후에 채무자가 한 피대위권리에 관한 처분행위에 기하여 제3채무자가 취득한 항변사유로는 채권자에게 대항할 수 없다.**

(2) 사안의 경우

甲은 B로부터 X토지를 인도받음과 동시에 매매잔대금 채무를 지급할 의무가 있고, 또한 甲으로서는 B로부터 X토지를 인도받아야 비로소 잔대금채무의 이행지체로 인한 지연손해금을 지급할 의무가 있다 할 것인데, B가 X토지를 그대로 점유하고 있으므로 위 잔대금에 대한 지연손해금을 지급할 의무가 없다. 아울러 **이러한 관계는 대위권 행사의 통지가 있기 전부터 예정된 관계이므로 제3채무자 甲은 채무자 B로부터 X토지를 인도받음과 동시에 채권자 丙에게 나머지 잔대금 3,000만 원을 지급할 의무가 있다.**

■ ★관련기출(대위소송에서 제3채무자의 피대위채권에 관한 항변) [2011년 1차 법전협모의 제1문]

사실관계 | 甲은 乙에 대해 이행기가 도래한 물품대금채권을 가지고 있다. 만약, X토지에 관한 乙과 丁사이의 위 매매계약 및 소유권이전등기가 통정허위표시에 의한 것이고, 丁의 채권자 戊가 丁에 대한 채권의 보전을 위하여 X토지에 관하여 가압류집행을 하였으며, 그 후 甲이 乙과 丁사이에 X토지에 관하여 체결된 매매계약은 서로 통모하여 허위의 의사표시에 기한 것으로 무효라고 주장하면서 乙을 대위하여 丁과 戊를 상대로, "피고 丁은 乙에게 X토지에 관하여 경료된 丁명의의 소유권이전등기의 말소등기절차를 이행하고, 피고 戊는 위 말소등기에 대하여 승낙의 의사표시를 하라."는 내용의 소를 제기하였고, 그 소송의 변론기일에서 戊는 자신이 민법 제108조 제2항에 정해진 선의의 제3자이므로 乙과 丁사이의 매매계약이 통정허위표시에 해당하여 무효라 할지라도 자신에게 대항할 수 없다고 주장하였으며, 심리 결과 乙은 무자력이고, 戊가 가압류 당시 위 매매계약이 통정허위표시에 의한 것인 점을 알지는 못하였으나 조금만 주의를 기울였으면 그러한 사정을 쉽게 알 수 있었던 것으로 밝혀졌다면, **甲의 戊에 대한 청구에 관한 법원의 ① 결론(소 각하, 청구인용, 청구기각)과 ② 그 논거를 기재하시오. (25점)**

대위소송의 행사요건 | 채권자대위권의 요건으로는 ⅰ) 피보전채권의 존재, ⅱ) 채권보전의 필요성, ⅲ) 채무자의 권리불행사, ⅳ) 피대위권리의 존재를 요구한다(제404조). 법정소송담당설에 의할 경우 ⅰ), ⅱ), ⅲ)은 당사자적격에 관계되는 소송요건사실로서 흠결시에는 부적법 각하, ⅳ)의 흠결의 경우는 본안판단으로서 청구기각판결을 하여야 한다.

대위소송의 적법여부 | ⅰ) 채권자 甲은 채무자 乙에 대해서 금전채권인 물품대금채권이 있는데 ⅱ) 乙은 무자력이므로 채권보전의 필요성이 인정된다. ⅲ) 그리고 乙은 스스로 丁 및 戊에 대해 권리를 행사하고 있지 않으므로 당사자적격을 갖추어 소의 적법요건은 충족된다.

대위소송의 본안판단 | 대위소송의 본안요건인 '피대위채권'의 존부와 관련하여 戊는 甲과 乙 사이의 허위표시에 의한 외형상 형성된 법률관계를 토대로 X토지를 가압류한 것이므로, '戊의 중과실' 여부와 상관없이 제108조 2항의 제3자에 해당한다. 결국 제3채무자 戊의 피대위채권에 관한 항변은 이유있으므로 법원은 甲의 戊에 대한 대위청구를 '기각'하여야 한다.

기출해설

2012년 변호사시험 제2문

【공통된 사실관계】
甲과 乙은 2010. 3. 1. 甲이 乙에게 나대지인 X 토지를 매매대금 3억 원에 매도하되, 계약금 3,000만 원은 계약 당일 지급받고, 중도금 1억 원은 2010. 3. 31.까지 지급받되 미지급 시 그 다음날부터 월 1%의 비율에 의한 지연손해금을 가산하여 지급받으며, 잔대금 1억 7,000만 원은 2010. 9. 30. 소유권이전등기에 필요한 서류의 교부와 동시에 지급받기로 하는 내용의 매매계약(이하 '이 사건 매매계약'이라 한다.)을 체결하고, 그에 따라 같은 날 乙로부터 계약금 3,000만 원을 지급받았다.

【추가된 사실관계】 乙은 친구인 E와 각각 매매대금을 1억 5,000만 원씩 부담하여 X 토지를 매수하여 각 1/2 지분씩 공유하되, 매매에 따른 소유권이전등기는 乙 명의로 하기로 상호 합의하였고, 그 합의에 따라 乙이 甲과 이 사건 매매계약을 체결하였다. 그리고 甲은 이 사건 매매계약 체결 당시 위 합의 내용을 알지 못하고 있었다.
그 후 乙은 이 사건 매매계약에 따른 중도금을 지급한 다음 잔대금을 지급하면서 E와 한 위 합의와는 달리 이 사건 매매계약에 따른 등기명의를 자신의 동생인 F 앞으로 넘겨줄 것을 甲에게 요구하였고, 그에 따라 2010. 9. 30. X 토지에 관하여 F의 동의 아래 F 명의의 소유권이전등기가 마쳐졌다.
E는 2011. 3. 20. X 토지에 관한 소유권이전등기가 乙이 아닌 F 명의로 마쳐진 사실을 뒤늦게 알게 되었고, 또한 乙이 최근 사업에 실패하여 다른 재산이 없다는 사실도 알게 되었다.

1. E는 乙과 F에 대하여 어떠한 내용의 청구를 할 수 있는지를 그 논거와 함께 서술하시오. (10점)

2. E는 위 청구권을 보전하기 위하여 누구를 상대로 어떤 내용의 소를 제기할 수 있는지를 그 논거와 함께 서술하시오. (10점)

사례B-19 중간생략형명의신탁과 계약명의신탁, 채권자대위권의 대위소송

Ⅰ. E가 乙과 F에 대해 행사할 수 있는 청구(10) - 설문 1.

1. 각 약정들의 유·무효와 X토지의 소유권자 확정

(1) 각 명의신탁약정의 유효성 및 甲·乙간의 매매계약의 유효성

① 乙과 E간의 계약명의신탁 및 乙과 F간의 제3자간 명의신탁약정은 부동산 실권리자명의 등기에 관한 법률(이하 '부동산실명법'이라 한다) 제4조 1항에 의해 무효가 된다. ② 甲과 乙간의 매매계약은 ⅰ) 계약명의신탁의 경우 매도인 甲이 매매계약 당시 乙과 E 사이의 명의신탁약정을 몰랐으므로 유효하고, ⅱ) 제3자간 등기명의신탁의 경우 부동산실명법은 매도인과 명의신탁자 사이의 매매계약의 효력을 부정하는 규정을 두고 있지 아니하므로 역시 유효하다.

(2) 甲에서 F로의 물권변동의 유효성 및 X토지의 소유권자 확정

F의 소유권이전등기는 乙과 F간의 제3자간 등기명의신탁약정에 의한 것으로 그 등기로 인한 물권변동 또한 무효이다(부동산실명법 제4조 2항 본문). 따라서 F에게 경료된 소유권이전등기는 원인무효의 등기이므로 X토지의 소유권은 매도인인 甲에게 있다.

2. E가 乙에 대해 행사할 수 있는 청구권

(1) 부당이득반환청구권

1) 판 례

判例는 "계약명의신탁약정이 부동산실명법 시행 후인 경우에는 명의신탁자는 애초부터 당해 부동산의 소유권을 취득할 수 없었으므로 위 명의신탁약정의 무효로 인하여 명의신탁자가 입은 손해는 당해 부동산 자체가 아니라 명의수탁자에게 제공한 매수자금이라 할 것이고, 따라서 **명의수탁자는 당해 부동산 자체가 아니라 명의신탁자로부터 제공받은 매수자금을 부당이득하였다고** 할 것이다"(대판 2005.1.28. 2002다66922 : 3회 · 4회 · 7회 선택형)라고 한다.

2) 사안의 경우

사안에서는 乙명의로 등기가 되지 않아 E가 부당이득을 이유로 X토지에 대한 1/2지분 이전을 청구할 수 있느냐는 문제되지 않고, 다만 **乙이 E로부터 매매대금 1억 5,000만 원을 지급받았다면 E는 乙에게 지급한 매수자금에 대한 부당이득반환청구권을 행사할 수 있다.** 아울러 부동산실명법이 규정하는 명의신탁약정은 그 자체로 선량한 풍속 기타 사회질서에 위반하는 경우에 해당한다고 단정할 수 없으므로 **불법원인급여에 해당한다고 볼 수도 없다**(대판 2003.11.27. 2003다41722 참고).

(2) 손해배상청구권

명의신탁약정은 앞서 본 바와 같이 무효이다. 아울러 설령 E와 乙 사이에 위임계약이 체결되었다고 하더라도 명의신탁약정과 위임계약은 사회관념상 하나의 법률행위로 보아야 하고, E와 乙은 명의신탁약정이 무효임을 알았더라면 위임계약을 체결하지 않았을 것이므로, 위임계약 또한 무효로 보아야 한다(제137조 본문)(대판 2015.9.10. 2013다55300참고). 따라서 이러한 약정 위반을 이유로 한 손해배상청구권은 행사할 수 없다(제390조).[1]

3. E가 F에 대해 행사할 수 있는 청구권

(1) 등기말소청구권 등

E는 X토지에 대한 소유권을 가지고 있지 않으므로 직접 F에 대해 등기말소청구나 진정명의회복을 원인으로 한 소유권이전등기청구를 할 수는 없다(제214조).

(2) 불법행위에 기한 손해배상청구권

F에게 불법행위에 기한 손해배상청구권을 청구할 수 있는 여지가 있는데, 이때에는 제3자의 채권침해로 논리를 구성하여야 한다. 그러나 사안에서 F는 자신이 이전등기를 받음으로써 E에게 손해가 발생하리라는 의도나 인식이 없었다고 봄이 상당하므로 E는 F에게 불법행위책임을 묻기는 어려울 것으로 판단된다(제750조).

1) 사안에서 乙이 E에게 손해를 가져올 것을 알면서도 자신의 명의로 X토지의 등기를 이전받지 않고, F에게 소유권이전등기가 경료되도록 하였다면, 경우에 따라 이러한 乙의 이러한 행위는 불법행위의 제반 요건을 충족할 수도 있다(제750조).

Ⅱ. E의 청구권을 보전하기 위한 수단(10) - 설문 2.

1. 문제점

乙은 甲과의 매매계약이 유효함을 바탕으로 소유권이전등기청구권을 가지고 있으므로 이를 피보전채권으로 하여 甲의 F에 대한 등기말소청구권을 대위하여 등기를 甲에게 되돌려 놓을 수 있다. 이 후에 乙은 甲에 대해서 소유권이전등기청구권을 행사할 수 있는 바, 이러한 乙의 채권자대위권을 E가 다시 대위할 수 있는지 문제된다.

2. E의 F와 甲을 상대로 한 채권자대위 소송

(1) 채권자대위권의 요건(보, 필, 불, 대)

채권자대위권의 요건을 검토하건대 ⅰ) 피보전채권으로 E의 乙에 대한 부당이득반환채권이 존재하고, ⅱ) 채무자 乙은 책임재산이 없는 무자력 상태이며, ⅲ) 채무자 乙은 스스로 자신의 채권자대위권을 행사하지 않고 있다. 다만 사안에서는 ⅳ) 피대위채권이 문제된다(제404조).

(2) 피대위채권으로서의 채권자대위권 : F를 상대로 한 E의 채권자대위소송

사안에서 乙은 甲에 대한 소유권이전등기청구권을 피보전채권으로 甲의 F에 대한 등기말소청구권을 대위행사할 수 있다(대판 1999.9.17, 99다21738).[2] 따라서 E는 앞서 검토한 부당이득반환채권을 피보전채권으로 **'乙의 F에 대한 채권자대위권'을 대위행사**하여 X토지에 대한 소유권 등기를 甲에게 회복시킬 수 있다. 즉, 채무자의 책임재산의 보전과 관련이 있는 재산권은 그 종류를 묻지 않고 채권자대위권의 목적으로 될 수 있으므로 채권자대위권도 채권자대위권의 피대위권리가 될 수 있다(대판 1992.7.14, 92다527).

(3) 피대위채권으로서의 소유권이전등기청구권 : 甲을 상대로 한 E의 채권자대위소송

그 후 E는 다시 부당이득반환채권을 피보전채권으로 **'乙의 甲에 대한 매매계약에 기한 소유권이전등기청구권'을 대위행사**하여 X토지에 대한 소유권 등기를 乙에게 이전시킬 수 있다. 그리고 이를 책임재산으로 하여 E는 부당이득반환채권의 만족을 얻을 수 있다. 이 때 E와 乙 사이의 계약명의신탁을 매도인인 甲이 몰랐으므로 乙이 X토지의 소유권을 취득한다고 하여 그 물권변동이 무효로 되는 것은 아니다(부동산실명법 제4조 제2항 단서).

3. 소 결

결국 E는 ① F를 상대로 乙과 甲을 순차 대위하여 소유권에 기한 방해배제청구권으로서 소유권이전등기에 대한 말소를 구하는 소를 제기하여 등기명의를 甲에게 회복시킨 후, ② 甲을 상대로 乙을 대위하여 매매계약에 기한 소유권이전등기를 구하는 소를 제기하여 X토지에 대한 소유권 등기를 乙에게 이전시킬 수 있다.[3]

---

2) "부동산실권리자명의등기에관한법률 소정의 유예기간 경과에 의하여 기존 명의신탁 약정과 그에 의한 등기가 무효로 되면 명의신탁 부동산은 매도인 소유로 복귀하므로 매도인은 명의수탁자에게 무효인 명의수탁자 명의의 등기의 말소를 구할 수 있게 되고, 한편 같은 법은 매도인과 명의신탁자 사이의 매매계약의 효력을 부정하는 규정을 두고 있지 아니하여 위 유예기간 경과 후로도 매도인과 명의신탁자 사이의 매매계약은 여전히 유효하므로, 명의신탁자는 위 매매계약에 기한 매도인에 대한 소유권이전등기청구권을 보전하기 위하여 매도인을 대위하여 명의수탁자에게 무효인 명의수탁자 명의의 등기의 말소를 구할 수 있다."

3) ★ 이 경우 乙이 자기 명의로 소유권이전등기한 후 이를 제3자에게 임의처분함으로써 또 다시 무자력을 만들어 E의 부당이득반

기출해설

2020년 변호사시험 제2문

【기초적 사실관계】

상인인 甲은 乙에 대하여 상품 판매로 인한 4억 원의 물품대금채권을 가지고 있다.

【추가적 사실관계 2】

甲에게 2억 원의 대여금채권을 갖고 있는 丁은 甲을 대위하여 乙에 대해 물품대금 중 2억 원을 丁에게 지급할 것을 청구하는 소를 제기하였다. 丁이 乙을 상대로 제기한 대위소송에서 2017. 8. 12. "乙은 丁에게 2억 원을 지급하라."라는 판결(이하 '이 사건 판결'이라 한다)이 선고되었고, 2017. 9. 3. 이 사건 판결이 그대로 확정되었다. 丁의 채권자인 戊는 丁에 대한 집행력 있는 지급명령 정본에 기초하여 2018. 1. 11. 이 사건 판결에 따라 乙이 丁에게 지급해야 하는 2억 원에 대하여 채권압류 및 전부명령을 받아 그 전부명령이 확정되었고, 戊는 2018. 4. 25. 乙을 상대로 전부금의 지급을 청구하는 소를 제기하였다.

2. 戊의 乙에 대한 소송에서 법원은 어떠한 판단을 하여야 하는지 1) 결론(소 각하/청구 기각/청구 인용/청구 일부 인용 - 일부 인용의 경우에는 인용 범위를 특정할 것)과 2) 논거를 기재하시오. (20점)

사례B-20 채권자대위권 행사에 따른 제3채무자로부터 지급받을 채권에 대한 채권압류 및 전부명령

Ⅱ. 문제 2.의 해결(20)

1. 결 론

법원은 戊의 乙에 대한 청구를 '기각'하여야 한다.

2. 논 거

(1) 채권자대위소송에서 제3채무자로 하여금 직접 대위채권자에게 금전지급을 명한 경우 채권의 귀속

"자기의 금전채권을 보전하기 위하여 채무자의 금전채권을 대위행사하는 대위채권자는 제3채무자로 하여금 직접 대위채권자 자신에게 지급의무를 이행하도록 청구할 수 있고 제3채무자로부터 변제를 수령할 수도 있으나, **이로 인하여 채무자의 제3채무자에 대한 '피대위채권'이 대위채권자에게 이전되거나 귀속되는 것이 아니다**"(대판 2016.8.29. 2015다236547 : 8회 선택형).

즉, 사안에서 채무자 甲의 제3채무자 乙에 대한 피대위채권 2억 원이 판결의 집행채권으로서 존재하고 대위채권자 丁은 채무자 甲을 대위하여 피대위채권 2억 원에 대한 변제를 수령하게 될 뿐 자신의 채권에 대한 변제로서 수령하게 되는 것이 아니다.[1)]

환청구권을 재차 침해하지 못하도록 乙의 甲에 대한 소유권이전등기청구권에 대한 채권가압류절차를 밟아 보전처분을 미리 해두는 것이 권리확보에 만전을 기하는 것이 될 것이다[오시영, 15년 대비 사례형 변호사시험 기출문제집(고시계사), p.259)]

1) 물론 이 경우 채권자 丁이 2억 원을 수령한다면 채무자 甲에게 인도하여야 하지만(위임에 준하는 법정채권관계), 그것이 채권자 丁의 채무자 甲에 대한 2억 원의 금전채권과 동종의 것이고 또 상계적상에 있는 것인 때에는 상계를 함으로써 사실상 우선변제를 받을 수 있다(이는 결과적으로 집행권원 없는 집행을 의미한다).

(2) 대위채권자의 제3채무자에 대한 추심권능 내지 변제수령권능에 대한 압류·전부명령의 효력

"채무자의 제3채무자에 대한 피대위채권이 대위채권자에게 이전되거나 귀속되는 것이 아니므로, **대위채권자의 제3채무자에 대한 추심권능 내지 변제수령권능은 자체로서 독립적으로 처분하여 환가할 수 있는 것이 아니어서 압류할 수 없는 성질의 것이고, 따라서 추심권능 내지 변제수령권능에 대한 압류명령 등은 무효이다**. 그리고 채권자대위소송에서 제3채무자로 하여금 직접 대위채권자에게 금전의 지급을 명하는 판결이 확정되었더라도 판결에 기초하여 금전을 지급받는 것 역시 대위채권자의 제3채무자에 대한 추심권능 내지 변제수령권능에 속하므로, **채권자대위소송에서 확정된 판결에 따라 대위채권자가 제3채무자로부터 지급받을 채권에 대한 압류명령 등도 무효**이다"(대판 2016.8.29. 2015다236547 : 8회 선택형).

(3) 사안의 경우

丁이 채권자대위소송을 통해 제3채무자 乙로부터 직접 금전을 지급받는 확정판결을 받았더라도, 이러한 丁의 변제수령권능은 현금화가 가능한 독립한 재산이 아니므로, **'대위채권자 丁의 채권자 戊'가 '대위채권자 丁이 제3채무자 乙로부터 채권자대위소송 판결에 따라 지급받을 2억 원의 채권'에 대하여 받은 '압류 및 전부명령' 모두 무효**이다. 다만 判例는 이행소송의 경우 당사자적격은 주장 자체로 판단되어야 한다고 하여 당사자적격 판단을 본안 판단에 흡수시키므로, 위와 같이 전부명령이 무효인 경우에도 소 각하 판결을 할 것이 아니라, 청구기각 판결을 하여야 한다.

[비교판례] 判例는 "채권에 대한 압류 및 '추심명령'이 있으면 제3채무자에 대한 이행의 소는 추심채권자만이 제기할 수 있고 채무자는 피압류채권에 대한 이행소송을 제기할 당사자적격을 상실한다고 하여야 할 것이다"(대판 2000.4.11. 99다23888)라고 하여 전부명령과 달리 추심명령과 같은 '제3자 소송담당'의 경우에는 주장자체로 당사자적격 여부를 판단하지 않는다.

[쟁점정리] ❋ **채권자대위권 행사와 채권압류 및 전부명령의 경합★**

甲은 乙에 대해 금전채권이 있고 乙은 丙에 대해 금전채권이 있는데, 甲이 丙을 상대로 채권자대위소송을 제기하여, 제1심 법원으로부터 '丙은 피대위채권을 甲에게 지급하라'는 판결이 선고되었고, 乙은 이 법원에 증인으로 출석하여 甲이 채권자대위권을 행사한 사실을 알고 있었다.

이러한 상태에서, **乙의 채권자 A가** 위 피대위채권, 즉 乙이 丙에게 갖는 채권에 대해 채권압류 및 전부명령을 받았는데, 判例는 아래 ㉠㉡의 이유를 들어 **'압류는 유효하나, 전부명령'은 무효**라고 판단하였다. 그러나 **甲의 채권자 B가** 甲이 丙으로부터 지급받을 피대위채권에 대해 채권압류 및 전부명령을 받았는데, 判例는 아래 ㉢의 이유를 들어 **'압류 및 전부명령' 모두 무효**라고 보았다.

즉, 判例에 따르면 ㉠ **채권자대위소송에서** 제3채무자로 하여금 직접 대위채권자에게 금전의 지급을 명하는 **판결이 확정된 경우에도**, 대위채권자는 채무자를 대위하여 피대위채권에 대한 변제를 수령하게 될 뿐 자신의 채권에 대한 변제로서 수령하게 되는 것이 아니므로 피대위채권이 변제 등으로 소멸하기 전에 **'채무자의 다른 채권자'가 피대위채권을 '압류·가압류'할 수 있다**. ㉡ **그러나 대위채권자가 채무자에게 대위권 행사사실을 통지하거나 채무자가 이를 알게 된 후에 '채무자의 다른 채권자'가** 피대위채권을 '전부명령'을 받을 수 있다고 한다면 전부명령을 받은 '채무자의 다른 채권자'가 대위채권자를 배제하고 전속적인 만족을 얻는 결과가 되어, 채권자대위권의 실질적 효과를 확보하고자 하는 민법 제405조 제2항의 취지에 반하게 된다. 따라서 이러한 상태에서의 **'전부명령'은 무효**이다(즉, '채무자의 다른 채권자'의 전부명령은 무효이나 압류는 유효하다). ㉢ 한편 대위채권자의 제3채무자에 대한 추심권능 내지 변제수령권능은 그 자체로서 독립적으로 처분하여 환가할 수 있는 것이 아니어서 압류할 수 없는 성질의 것이므로 **'대위채권자의 채권자'가 '대위채권자가 제3채무자로부터 채권자대위소송 판결에 따라 지급받을 채권'에 대하여 받은 '압류 및 전부명령' 모두 무효**이다(대판 2016.8.29. 2015다236547 : 8회 선택형).

기출해설

2016년 법무사시험 제2문

【공통된 사실관계】

甲은 2015. 2. 1. 자신 소유인 'A토지'를 乙에게 매도하는 내용의 매매예약을 채결하고, 2015. 2. 3.에 乙을 권리자로 하는 위 매매예약청구권 보전의 가등기를 경료하여 주었다. 한편, X는 甲에 대하여 대여금반환채권(원리금 10억 원, 변제기 2014. 12. 30.)을 가지고 있었는데, 위 대여금반환채권의 변제기가 도래함에도 불구하고 甲이 대여금채무를 변제하지 않자, 대여금채권을 피보전채권으로 하여 甲소유의 위 'A토지'에 2015. 3. 1. 가압류하였다.

이후 甲은 2015. 3. 15. 乙과의 합의하에 위 매매예약을 해제하였다. 그 후 乙 명의의 가등기가 아직 말소되지 않고 남아있던 2015. 4. 1. 甲은 Y로부터 금 10억 원을 차용(원금 10억 원, 변제기 2015. 12. 30. 이자 월 1%)하고, 이를 담보하기 위해 'A토지'에 설정된 乙명의의 매매예약가등기를 유용하기로 합의하여, 乙의 협조하에 Y는 2015. 4. 10. 위 乙명의의 매매예약가등기에 대한 이전의 부기등기를 경료하였다.

1. 〈위 공통된 사실관계에 추가하여〉, 가압류 채권자 X는 2015. 6. 1. 자신의 가압류에도 불구하도 甲이 아직 채무를 변제하지 않자, 우선 위 가등기를 말소하기 위해 대위소송만을 제기하고자 한다. 아래와 같은 'A토지'의 등기부사항을 고려하여 ① 대위소송이 적법하도록 가등기말소등기청구소송의 주된 청구취지를 작성하고, ② 그러한 청구취지의 구성 이유를 논하시오. (30점) (단, 청구취지 작성 시 부동산의 특정은 '별지 목록 기재 부동산'이라고만 인용함)

[토지] 서울특별시 강남구 세곡동 524　　고유번호 1232-3000-127153

【표 제 부】	(토지의 표시)			
표시번호	소재지번	지목	면적	등기원인 및 기타사항
1 (전 3)	서울특별시 강남구 세곡동 459	잡종지	500㎡	부동산등기법 제177조의6 제1항의 규정에 의하여 2004년 5월 11일 전산이기

【갑 구】	(소유권에 관한 사항)			
순위번호	등기목적	접수	등기원인	권리자 및 기타사항
1 (전 3)	소유권 이전	2003년 5월 1일 제3250호	2003년 5월 1일 매매	소유자 甲 550315-1274565 서울 용산구 후암동 321 부동산등기법 제177조의6 제1항의 규정에 의하여 2004년 5월 11일 전산이기
2	소유권이전청구권 가등기	2015년 2월 3일 제3424호	2015년 2월 1일 매매예약	가등기권자 乙 600125-1966415 서울 서초구 양재천로 552(양재동)
2-1	2번소유권이전청구권의 이전	2015년 4월 10일 제5087호	2015년 4월 1일 매매	가등기권자 Y 650124-1246765 서울 용산구 이촌로 772(산천동)
3	가압류	2015년 3월 1일 제4431호	2015년 2월 28일 서울중앙지방법원의 가압류결정(2015카단1121)	청구금액 금1,000,000,000원 채권자 X 630225-1674661 서울 서초구 잠원로 257(잠원동)

------- 이 하 여 백---------

관할등기소 서울중앙지방법원 등기국 / 발행등기소 법원행정처 등기정보중앙관리소

2. 〈위 공통된 사실관계와 달리〉, 甲은 丙의 대여금채권(원금 5억 원, 변제기 2014. 12. 31. 이자 연 12%)을 비롯하여 다수의 채무를 부담하고 있는 무자력 상태에서 채권자들의 강제집행을 피하고자 2015. 3. 6. 자신의 유일한 부동산인 'A토지(시가 20억 원)'를 丁에게 금 16억 원에 매도하는 내용의 매매예약을 체결하고, 2015. 4. 11.에 丁을 권리자로 하는 위 매매예약 청구권 보전의 가등기를 경료하여 주었다. 다만, 丙은 위 대여금반환채권의 변제기가 도래함에도 불구하고 甲이 대여금채무를 변제하지 않자, 대여금채권을 피보전채권(원리금 5억 500만 원)으로 하여 2015. 1. 25. 가압류결정을 받아 위 'A토지'에 2015. 1. 31. 가압류등기를 경료해 두었다.

한편, 丁은 갑자기 사업자금이 필요해지자 2015. 7. 7. 戊에게 위 'A토지'를 금 15억 원에 매도하고, 같은 날 위 가등기의 이전등기를 경료해 주었다. 戊는 2015. 7. 21. 위 'A토지'에 대하여 그 가등기에 기한 본등기를 경료하였다.

이 경우 ① 甲이 'A토지'를 丁에게 매도하고 가등기를 경료하여 준 것이 채권자 丙의 입장에서 사해행위가 되는지, ② 채권자 丙이 丁을 피고로 하여 사해행위취소와 원상회복을 청구하는 경우 인용여부와 그 이유를 논하시오. (30점) (단, 현재까지 'A토지'의 가격은 20억 원임)

사례B-21 말소등기청구의 대상등기 및 피고적격, 채권자대위권, 가등기와 사해행위★

설문 1.(30)

Ⅰ. 청구취지(3)

1. 피고 Y는 원고 X(또는 소외 甲)에게 별지 목록 기재 부동산에 관하여 서울중앙지방법원 등기국 2015. 2. 3. 접수 제3424호로 마친 소유권이전청구권가등기에 대하여 말소등기 절차를 이행하라.
2. 소송비용은 피고가 부담한다.

라는 판결을 구합니다.

Ⅱ. 청구취지의 구성 이유[1](27)

1. 가등기 이전의 부기등기가 경료된 경우, 말소등기청구의 대상등기 및 피고적격

判例가 판시하는 바와 같이 ㉠ "가등기의 이전에 의한 부기등기는 기존의 가등기에 의한 권리의 승계관계를 등기부상에 명시하는 것뿐으로 그 등기에 의하여 새로운 권리가 생기는 것이 아닌 만큼 가등기의 말소등기청구는 양수인만을 상대로 하면 족하고, 양도인은 그 말소등기청구에 있어서의 피고적격이 없고" ㉡ "가등기이전의 부기등기는 기존의 주등기인 가등기에 종속되어 주등기와 일체를 이루는 것이어서 피담보채무가 소멸된 경우에는 주등기인 가등기의 말소만 구하면 되고 그 부기등기는 별도로 말소를 구하지 않더라도 주등기의 말소에 따라 직권으로 말소된다"(대판 1994. 10.21, 94다17109).

1) [문제점] ① 말소등기청구의 피고적격과 관련 가등기이전의 부기등기가 있는 경우 누구를 피고로 하여 어떠한 등기를 말소청구할 것이지 우선 문제되고, ② 또한 말소등기청구를 대위행사하는 경우 이행의 상대방은 누구인지 문제된다.

2. 대위소송에 의한 말소등기청구의 경우 이행의 상대방

判例가 판시하는 바와 같이 "채권자 대위권을 행사함에 있어서 채권자가 제3채무자에 대하여 자기에게 직접 급부를 요구하여도 상관없고, **자기에게 직접 급부를 요구하여도 어차피 그 효과는 채무자에게 귀속되는** 것이므로 채권자 대위권을 행사하여 채권자가 제3채무자에게 그 소유권이전등기의 말소절차를 직접 자기에게 이행할 것을 청구하여 승소하였다고 하여도 그 판결에 기한 말소등기에 따른 등기상태는 채무자 명의로 돌아가는 것이니, 원심이 **채권자 대위권을 행사하는 채권자인 원고에게 직접 말소등기 절차를 이행할 것을 명하였다고 하여 무슨 위법이 있다고 할 수 없다**"(대판 1995.4.14, 94다58148 : 1회 선택형)

3. 사안의 경우

사안의 경우 甲과 乙 사이의 매매예약에 기한 소유권이전등기청구권의 가등기가 부기등기의 형식으로 Y에게 이전된바, 이 경우 위 가등기를 말소하기 위해서는 주등기인 소유권이전청구권가등기의 말소만 구하면 족하고 그 말소등기청구의 피고적격은 양수인 Y에게만 인정된다. 대위소송을 통해 이행청구를 하는 경우 그 이행의 상대방은 원칙적으로 소외인 채무자(甲)이나 말소등기청구와 같이 이행의 상대방이 별다른 의미를 갖지 못하는 경우에는 채권자인 원고에게 이행할 것을 청구할 수 있다.

[심화] ❋ **가등기상의 권리의 이전과 가등기의 가등기**(가등기의 부기등기)
종전의 判例는 가등기된 소유권이전등기청구권을 그 본등기 전에 양수하더라도 그 양수등기의 방법으로서 그 가등기에 부기등기를 하는 것은 허용되지 않는다고 판시한 바 있다(대결 1972.6.2, 72마399), 그러나 이후 전원합의체 판결을 통해 "가등기는 원래 순위를 확보하는 데에 그 목적이 있으나 순위보전의 대상이 되는 물권변동의 청구권은 ⅰ) 그 성질상 양도될 수 있는 재산권일 뿐만 아니라, ⅱ) 가등기로 인하여 그 권리가 공시되어 결과적으로 공시방법까지 마련된 셈이므로, 이를 양도한 경우에는 양도인과 양수인의 공동신청으로 그 가등기상의 권리의 이전등기를 가등기에 대한 부기등기의 형식으로 경료할 수 있다"고 입장을 변경하였다(대판 1998.11.19, 전합98다24105).
* 따라서 설문 1.에서는 가등기 이전의 부기등기가 허용됨을 전제로 한다.

설문 2.(30)

Ⅰ. 결 론(3)

① 甲이 A토지를 丁에게 매도하고 가등기를 경료하여 준 것은 가압류채권자 丙의 입장에서 사해행위가 된다. ② 채권자 丙의 수익자 丁을 피고로 한 사해행위취소 및 원상회복청구에 대해 법원은 사실심 변론종결시까지 발생한 丙의 대여금채권의 원금, 이자 및 지연손해금을 합산한 범위 내에서 사해행위 일부취소 및 가액배상을 명하는 판결을 내려야 한다.

Ⅱ. 논 거[2](27)

2) [문제점] ① 채무자 소유 부동산에 관하여 채무자와 수익자 사이의 매매예약을 원인으로 한 소유권이전청구권가등기가 경료된 경우, 매매예약이 사해행위에 해당하는지 및 가압류채권자의 입장에서도 마찬가지인가 문제된다. ② 사해행위취소 및 원상회복 청구와 관련하여 부기등기 및 본등기의 결과 수익자의 원물반환의무가 불가능하게 된 경우에도 매매예약이 사해행위 취소의 대상이 되는지 및 수익자가 가액배상의무를 부담하는지가 문제된다.

1. 甲과 丁 사이의 A토지 매매예약 및 가등기 경료가 가압류채권자 丙의 입장에서 사해행위에 해당하는지 여부

(1) 사해행위의 의미

채권자를 해한다함은 채무자의 재산행위로 그의 일반재산이 감소하여 '채권의 공동담보에 부족'이 생기게 되는 것, 즉 채무초과상태에 이르거나 이미 이른 채무초과상태가 심화되는 것을 말한다(즉, 채무자의 무자력).

[참고] 채권자취소권의 요건으로서 ① 객관적 요건으로는 ⅰ) (금전)채권이 사해행위 이전에 발생하여야 하고(피보전채권), ⅱ) 채권자를 해하는 재산권을 목적으로 하는 법률행위가 있어야 하며(사해행위), ② 주관적 요건으로는 채무자 및 수익자(또는 전득자)의 사해의사가 있어야 한다(제406조).
사안의 경우 취소채권자 丙의 채무자 甲에 대한 피보전채권은 금전채권으로 채무자 甲의 사해행위인 매매예약(2015. 3. 6.) 이전에 성립한 것이 역수상 명백하므로 특별히 문제되지 않고, 채무자 甲이 채무초과상태에서 자신의 유일부동산인 'A토지'를 수익자인 丁에게 매매예약으로 처분한 것이므로 채무자 甲의 사행행위, 사해의사도 추정되고(대판 1997.5.9, 96다2606). 그에 따라 수익자인 丁의 악의도 추정된다(대판 1997.5.23, 95다51908 ; 1회,2회,5회 선택형).

(2) 채무자 소유 부동산에 대한 소유권이전청구권가등기가 마쳐진 경우, 그 원인행위의 사해행위 해당여부

사안과 같이 무자력 상태에 빠진 채무자 소유 부동산에 관하여 소유권이전청구권을 보전하기 위한 가등기를 마친 경우에, 가등기 자체만으로는 소유권이전의 효력이 발생하지 않지만 후일 본등기를 마치면 가등기 시에 소급하여 소유권변동의 효력이 발생하고 그 결과 채권자가 채무자의 재산으로부터 완전한 변제를 받을 수 없게 되어 채권자를 해할 수 있다(대판 1975.2.10. 74다334). 따라서 채권자를 해하는 가등기의 원인인 법률행위는 사해행위로서 취소의 대상이 된다.

(3) 취소채권자가 가압류채권자인 경우 사해행위성 판단

채권자취소권에 의하여 보호될 수 있는 채권은 '책임재산의 감소로 피해를 입을 수 있는 일반채권'이어야 한다. 따라서 만약 피보전채권을 위해 담보권이 설정되어 있다면, 담보제공자가 누구인가를 불문(채무자 또는 제3자 소유의 부동산에 대한 저당권)하고 그 담보물로부터 우선변제받을 액을 공제한 나머지 채권액에 대하여만 채권자취소권이 인정된다. 그러나 사안과 같이 피보전채권을 위해 채무자 소유 부동산에 가압류가 되어 있다는 사정은 '우선변제권'이 확보된 것이 아니므로 사해행위 당시의 '피보전채권액 전부'에 대하여 사해행위를 이유로 취소할 수 있다.

(4) 사안의 경우

사안의 경우 채무자 甲은 무자력 상태에서 자신의 유일한 부동산 A토지를 丁에게 매도하는 매매예약을 체결하고 소유권이전청구권 보전의 가등기를 경료하여 줌으로써 채무초과 상태를 심화시킨바, 위 매매예약은 甲의 일반채권자에 대해 사해행위가 된다. 또한 부동산의 가압류 여부는 책임재산으로서 부동산 가치에 영향을 미치지 못하므로 가압류채권자인 丙의 입장에서도 위 매매예약은 전체가 사해행위가 된다.

2. 사해행위 취소의 범위 및 원상회복의 방법

(1) 문제점

채권자의 사해행위취소 및 원상회복청구가 인정되면, 수익자 또는 전득자는 원상회복으로서 사해행위의 목적물을 채무자에게 반환할 의무를 진다. 만일 **원물반환이 불가능하거나 현저히 곤란한 경우에는 원상회복의무의 이행으로서 사해행위 목적물의 가액 상당을 배상하여야 한다**(대판 1998.5.15. 97다58316). 사안의 경우 甲과 丁 사이의 매매예약은 사해행위로 취소의 대상이 되므로 수익자 丁은 원칙적으로 원물반환의무로써 가등기말소의무를 진다. 다만, 사안에서는 전득자 戊 앞으로 부기등기 및 본등기가 경료 되었다는 점이 문제된다.

(2) 가등기의 부기등기 및 본등기의 결과 수익자의 원물반환의무가 불가능하게 된 경우 사해행위 취소 가부 및 수익자의 가액배상의무 부담 여부

判例는 "사해행위인 매매예약에 기하여 수익자 앞으로 가등기를 마친 후 전득자 앞으로 가등기 이전의 부기등기를 마치고 나아가 가등기에 기한 본등기까지 마쳤다 하더라도, 위 부기등기는 사해행위인 매매예약에 기초한 수익자의 권리의 이전을 나타내는 것으로서 **부기등기에 의하여 수익자로서의 지위가 소멸하지는 아니하며, 채권자는 수익자를 상대로 사해행위인 매매예약의 취소를 청구할 수 있다**. 그리고 설령 부기등기의 결과 가등기 및 본등기에 대한 말소청구소송에서 수익자의 피고적격이 부정되는 등의 사유로 인하여 수익자의 원물반환의무인 가등기말소의무의 이행이 불가능하게 된다 하더라도 달리 볼 수 없으며, 특별한 사정이 없는 한 **수익자는 가등기 및 본등기에 의하여 발생된 채권자들의 공동담보 부족에 관하여 원상회복의무로서 가액을 배상할 의무를 진다**"[3](대판 2015 5.21. 전합2012다952 : 7회 선택형).

(3) 사안의 경우

甲과 丁 사이의 매매예약은 사해행위에 해당하는바, 전득자 戊 앞으로 가등기의 부기등기 및 본등기가 마쳐진 경우에도 위 매매예약은 사해행위 취소의 대상에 해당하고 수익자 丁은 원상회복의무를 부담한다. 다만, 이 경우에는 원물반환의무로써 가등기말소의무가 丁의 피고적격 상실로 인해 불가능하므로 丁은 가등기 및 본등기에 의하여 발생된 책임재산 부족에 관하여 가액배상의무를 부담한다. 이때, **사해행위 취소의 범위는 취소채권자 丙의 사해행위 당시 채권액을 표준으로 하는데 여기에는 사실심 변론종결시까지 발생한 이자나 지연손해금이 포함된다**(대판 2003.7.11, 2003다19572). 가액배상의 경우 그 범위는 사해행위 취소의 범위와 결론적으로 동일하다.

따라서 丙의 丁을 피고로 한 사해행위취소 및 원상회복청구에 대해 법원은 사실심 변론종결시까지 발생한 丙의 원금, 이자 및 지연손해금을 합산한 범위 내에서 일부취소 및 가액배상판결을 내려야 한다.

> [참고판례] "원고가 사해행위 전부의 취소와 원물반환을 구하고 있더라도 그 청구취지 중에는 사해행위의 일부취소와 가액배상을 구하는 취지도 포함되어 있으므로, 법원으로서는 청구취지의 변경이 없더라도 바로 가액배상을 명할 수 있다"(대판 2002.11.8. 2002다41589).

3) "이와 달리 사해행위인 매매예약에 의하여 마친 가등기를 부기등기에 의하여 이전하고 그 가등기에 기한 본등기를 마친 경우에, 그 가등기에 의한 권리의 양도인은 가등기말소등기청구 소송의 상대방이 될 수 없고 본등기의 명의인도 아니므로 가액배상의무를 부담하지 않는다는 취지의 (대법원 2005. 3. 24. 선고 2004다70079 판결 등)은 이 판결의 견해에 배치되는 범위 안에서 이를 변경하기로 한다."

기출해설 2013년 1차 법전협모의 제2문

【기초적 사실관계】

甲은 2010. 1. 1. 乙로부터 그의 유일한 재산인 X 토지를 1억 원에 매수하기로 약정하고 대금을 전액지급하였으나, 乙이 소유권이전등기를 해주지 아니하자 채무불이행을 이유로 같은 해 6. 1. 위 매매계약을 적법하게 해제하였다. 이에 乙은 甲에 대한 매매대금반환채무를 면탈할 의도로 처남인 丙과 통정하여 허위로 2010. 7. 1. 丙에게 위 토지를 1억 2천만 원에 매도하는 내용의 매매계약을 체결하고 같은 날 丙 명의로 소유권이전등기를 경료하였다(서울중앙지방법원 2010. 7. 1. 접수 제5678호). 그 후 丙은 같은 해 10. 1. 친구인 丁에게 위 토지를 매도하고 같은 날 丁 명의로 소유권이전등기를 경료하여 주었다(동 법원 2010. 10. 1. 접수 제6789호).

한편 甲은 해제 직후인 2010. 6. 7. 위 매매대금반환채권을 피보전권리로 하여 X 토지를 가압류하였으나, 같은 해 7. 15. 乙이 丙에게 위와 같이 토지를 양도한 사실을 알게 되었고, 이에 乙의 재산을 조사한 결과 같은 해 11. 10. 경 乙에게 위 토지 외에는 다른 재산이 없음을 알게 되었다.

【소송의 경과】

이에 2011. 10. 10. 甲은 乙과 丙 사이의 매매행위가 사해행위라고 주장하면서, ① 乙을 상대로 매매대금 1억 원의 반환을, ② 乙, 丙을 상대로 피고 乙과 피고 丙이 체결한 2010. 7. 1.자 매매계약의 취소를, ③ 丙, 丁을 상대로 피고 丙과 피고 丁이 체결한 2010. 10. 1.자 매매계약의 취소를 구하고, ④ 피고 丙, 丁은 피고 乙에게 위 토지에 관하여 경료된 소유권이전등기의 말소등기절차를 이행하라는 소를 제기하였다. 위 사건 심리 결과 위 사실관계 및 丙, 丁이 모두 악의임이 인정되었다.

1. 사실관계와 소송의 경과에서 기술된 내용을 토대로, 乙, 丙, 丁에 대한 청구에 대한 각 결론[소각하, 청구인용, 청구기각]을 그 논거와 함께 서술하시오. (65점)

2. 위 사안에서 甲이 위 매매계약을 해제하지 않고 자신의 소유권이전등기청구권을 보전하기 위하여 피고 乙과 피고 丙 사이의 같은 해 7. 1.자 매매계약을 취소할 수 있는가? (10점)

【추가된 사실관계】

3. 위 사건 심리결과 위 매매계약이 적법하게 해제되지 않았음이 밝혀지자 원고는 이 사건 심리 도중인 2011. 12. 1.자 준비서면에서 피보전채권을 '매매대금반환채권 1억 원'에서 '2010. 7. 5.자 대여금채권 1억 원'으로 바꾸어 주장하면서 위 준비서면을 변론기일에 진술하였다.

(1) 위와 같은 피보전채권의 교환적 변경은 제척기간과 관련하여 문제가 없는가? (15점)

(2) 제척기간의 제한을 받지 않는다고 가정한다면 원고의 청구는 인용될 수 있는가? (10점)

사례B-22 채권자취소권의 요건(피고적격, 제소기간, 피보전채권 등)

Ⅰ. 설문 1.의 경우(65)

1. 乙에 대한 매매대금 반환청구 … 甲의 ①청구

당사자 일방이 계약을 해제한 때에는 각 당사자는 그 상대방에 대하여 원상회복을 부담할 의무가 있으며, 반환하는 경우 금전은 그 받은 날로부터 이자를 가하여야 한다(제548조 2항). 甲은 2010.

6. 1. 매매계약을 적법하게 해제하였는바, 甲은 乙에 대해 1억 원의 반환을 청구하는 경우 인용판결을 받을 수 있을 것이다.

2. 乙, 丙에 대한 2010. 7. 1.자 매매계약 취소청구 … 甲의 ②청구

(1) 채권자취소소송의 적법요건 검토

채권자취소권의 적법요건으로 i) 피고적격, ii) 제소기간, iii) 대상적격을 갖출 것이 요구된다.

1) 피고적격(채권자취소소송의 법적 성질)

채권자취소권의 행사는 '거래안전'의 영향이 크므로 취소권 행사의 효과는 수익자나 전득자로부터 일탈재산의 반환을 청구하는데 필요한 범위에서만, 즉 채권자와 그들에 대한 상대적 관계에서만 발생한다고 보는 **상대적 무효설이 통설·判例**(대판 2004.8.30. 2004다21923 : 3회,6회 선택형)의 견해로 타당하다. 이 견해에 따르면 악의인 수익자 혹은 전득자만이 피고가 되며, 채무자는 피고적격이 없다. 따라서 **채무자인 피고 乙에 대한 채권자취소소송은 부적법한 것으로 각하하여야** 한다.

2) 제소기간 준수 여부

① 채권자취소의 소는 채권자가 취소원인을 안 날로부터 1년, 법률행위 있은 날로부터 5년 내에 제기하여야 한다(제406조 2항). 이 때 **'취소원인을 안 날'**이라 함은 그 법률행위가 채권자를 해하는 행위라는 것 즉, 그에 의하여 **채권의 공동담보에 부족이 생기거나 이미 부족상태에 있는 공동담보가 한층 더 부족하게 되어 채권을 완전하게 만족시킬 수 없게 되었으며 나아가 '채무자'에게 사해의 의사가 있었다**는 사실까지 알 것을 요한다(대판 2003.7.11. 2003다19435). 구체적으로는 사해행위의 객관적 사실을 알았다고 하여 취소의 원인을 알았다고 추정할 수는 없으나(대판 2006.7.4, 2004다61280), 예를 들어 채무자가 유일한 재산인 부동산을 매도한 경우 그러한 사실을 채권자가 알게 된 때에 **채권자가 채무자에게 당해 부동산 외에는 별다른 재산이 없다는 사실을 알고 있었다면 그 때 채권자는 채무자가 채권자를 해함을 알면서 사해행위를 한 사실을 알게 되었다고 보아야 한다**(대판 1999.4.9, 99다2515).

② 사안의 경우 2010. 7. 15. 乙이 丙에게 토지를 양도한 사실을 알았기는 하나, 2010. 11. 10.경 그 토지가 유일한 재산임을 알았으므로, 그 때 채권자 甲은 채무자 乙이 채권자를 해함을 알면서 사해행위를 한 사실을 알게 되었다고 보아야 한다. 따라서 채권자취소소송을 제기한 2011. 10. 10.은 아직 2010. 11. 10.로부터 1년이 지나지 않았으므로 **丙에 대한 취소소송은 제소기간을 준수한 것으로** 적법하다.

3) 대상적격

취소의 대상은 채무자 乙과 수익자 丙사이의 매매계약이므로 대상적격도 갖추었다. 따라서 甲의 丙에 대한 채권자취소소송은 적법요건을 모두 구비하였다.

(2) 채권자취소소송의 본안요건 검토

1) 채권자취소소송의 요건(보, 사, 사)

채권자취소권의 요건으로서 ① 객관적 요건으로는 i) (금전)채권이 사해행위 이전에 발생하여야 하고(피보전채권), ii) 채권자를 해하는 재산권을 목적으로 하는 법률행위가 있어야 하며(사해행위), ② 주관적 요건으로는 채무자 및 수익자(또는 전득자)의 사해의사가 있어야 한다(제406조).

2) 사안의 경우

ⅰ) 甲이 乙에 대해 가지는 해제로 인한 부당이득반환채권은 금전채권이며, 해제시인 2010. 6. 1.에 발생하였으므로 2010. 7. 1. 사해행위 이전에 발생한 것이라 할 수 있으며, ⅱ) 통정허위표시로서 무효인 법률행위도 채권자취소권의 대상이 될 수 있다(대판 1984.7.24, 84다카68 ; 무효와 취소의 이중효). 그리고 丙이 악의인 이상 사해의사를 인정하는데 특별히 문제될 것은 없다. 따라서 丙에 대한 채권자취소소송은 이유가 있으므로 인용판결을 하여야 할 것이다.

3. 丙, 丁에 대한 2010. 10. 1.자 매매계약 취소청구 … 甲의 ③청구

(1) 대상적격

判例가 판시하는 바와 같이 "채권자가 전득자를 상대로 하여 사해행위취소의 소를 제기한 경우에 그 취소의 효과는 채권자와 전득자 사이의 상대적인 관계에서만 생기는 것이고 채무자 또는 채무자와 수익자 사이의 법률관계에는 미치지 않는 것이므로, 이 경우 **취소의 대상이 되는 사해행위는 채무자와 수익자 사이에서 행하여진 법률행위에 국한되고, 수익자와 전득자 사이의 법률행위는 취소의 대상이 되지 않는다**"(대판 2004.8.30. 2004다21923 : 4회,8회 선택형).

(2) 사안의 경우

2010. 10. 1.자 매매계약은 수익자 丙과 전득자 丁간의 매매계약이므로 채권자취소의 대상이 아니다. 따라서 법원은 이 청구에 대해 소각하판결을 해야 한다.

4. 丙, 丁에 대한 소유권이전등기 말소청구 … 甲의 ④청구

(1) 丙에 대한 청구

1) 원상회복의 방법

원상회복은 원칙적으로 그 목적물의 반환(원물반환)을 청구하여야 한다. 다만 ⅰ) 원물반환이 불가능하거나 ⅱ) 현저히 곤란한 경우에는 예외적으로 원물반환에 갈음하여 가액반환이 허용된다.

2) 사안의 경우

甲의 丙을 상대로 한 소유권이전등기 말소등기청구는 '원물반환'에 대한 예외사유가 보이지 않으므로 그대로 인용될 것이다.

(2) 丁에 대한 청구

1) 사해행위 취소의 상대적 효력

채권자취소권 행사에 의한 취소의 효과는 채권자취소권 행사의 상대방인 수익자 또는 전득자와 채권자 사이에서만 상대적으로 발생한다(상대적 무효설). 判例도 "채권자가 수익자를 상대로 사해행위의 취소를 구하는 소를 이미 제기하여 채무자와 수익자 사이의 법률행위를 취소하는 내용의 판결을 선고받아 확정되었더라도 그 소송의 피고가 아닌 전득자에게는 미칠 수 없다"(대판 2005.6.9. 2004다17535)고 한다.

2) 사안의 경우

채권자 甲이 전득자 丁에 대해서는 2010. 7. 1.자 乙과 丙 사이의 매매계약의 취소(사해행위 취소)를 구한 적이 없으므로 채무자 乙과 수익자 丙사이의 법률행위는 전득자인 丁에게는 유효한 것으로, 甲의 丁에 대한 원상회복청구(소유권이전등기 말소등기청구)는 '기각'되어야 한다.[1)]

Ⅱ. 설문 2.의 경우(10)

1. 특정물에 대한 소유권이전등기청구권을 보전하기 위한 채권자취소권 행사 가부

대법원은 무효인 부동산 이중매매 사안에서, "**채권자취소권을 특정물에 대한 소유권이전등기청구권을 보전하기 위하여 행사하는 것은 허용되지 않으므로** 부동산의 제1양수인은 자신의 '소유권이전등기청구권' 보전을 위하여 양도인과 제3자 사이에서 이루어진 이중양도행위에 대하여 채권자취소권을 행사할 수 없다"(대판 1999.4.27. 98다56690 : 1회,4회,5회,8회 선택형)라고 하여 특정물에 대한 소유권이전등기청구권을 보전하기 위한 채권자취소권 행사를 **부정**하는 입장이다.[2)]

2. 사안의 경우

생각건대, 채권자취소권은 책임재산을 보전하기 위한 것이고 그 행사의 효과는 '모든 채권자의 이익을 위하여' 효력이 있으므로(제407조), 채권자취소권의 피보전채권은 원칙적으로 금전채권이어야 한다. 즉 **'특정채권 자체'**의 보전을 위한 경우에는 채권자취소권을 행사할 수 없다.
따라서 사안의 경우 甲이 위 매매계약을 해제하지 않고 자신의 소유권이전등기청구권을 보전하기 위하여 乙과 丙사이의 매매계약을 취소할 수 없다.

Ⅲ. 설문 3.의 (1)의 경우(15)

1. 채권자취소권의 피보전채권의 변경이 소의 변경인지 여부

(1) 판 례

判例는 "채권자가 사해행위의 취소를 청구하면서 그 **보전하고자 하는 채권을 추가하거나 교환하는** 것은 그 사해행위취소권을 이유 있게 하는 **공격방법에 관한 주장을 변경하는 것일 뿐이지** 소송물 또는 청구 자체를 변경하는 것이 아니므로 **소의 변경이라 할 수 없다**"(대판 2003.5.27. 2001다13532)고 한다.

---

1) 채권자가 민법 제406조 제1항에 따라 사해행위의 취소와 원상회복을 청구하는 경우 사해행위의 취소만을 먼저 청구한 다음 원상회복을 나중에 청구할 수 있다(대판 2001.9.4. 2001다14108). 그러나 사안과 같이 원상회복의 전제가 되는 사해행위의 취소가 없이 원상회복의 차원에서 전득자 丁을 상대로 소유권이전등기 말소청구소송만을 구할 수는 없다. 이 때 사해행위취소소송을 제기함이 없이 원상회복만을 청구한 경우 ① 각하설도 있으나, ② 원상회복의 전제가 되는 사해행위의 취소가 없는 이상 원상회복청구권은 인정되지 아니하므로 청구기각을 하여야 한다는 '청구기각설'이 타당하다(대판 2008.12.11, 2007다69162 참고). 다만 이 경우에도 원상회복청구가 민법 제406조 제2항에서 정한 제소기간 내에 제기되지 않은 경우에는 본안 판단에 들어감이 없이 제소기간의 도과를 이유로 소를 각하하여야 한다. 왜냐하면 원상회복만을 청구하는 경우에도 청구권원으로 사해행위의 취소를 주장하는 이상 이는 사해행위취소소송으로 보아야 하고, 따라서 그 청구가 제소기간을 도과하여 이루어졌다면 사해행위취소소송의 적법요건을 갖추지 못한 것으로 보아야 하기 때문이다.

2) [관련판례] 또한 判例는 '특정채권이 금전채권으로 변화될 수 있는 경우'라도 채무자가 사해행위를 할 당시에 이미 손해배상채권으로 변화되어 있지 않는 한 채권자취소권을 행사할 수 없다고 보아야 하므로, 이중매매의 제1매수인은 이중매매에 의한 소유권이전등기가 경료됨으로써 비로소 이행불능에 의한 손해배상채권을 취득하게 될 뿐 이중매매 당시에는 채무자의 변제자력과 관계없는 특정채권자에 불과하여 채권자취소권을 행사할 수 없다고 한다(대판 1999.4.27, 98다56690참고).

(2) 사안의 경우

피보전채권의 변경은 공격방법에 관한 주장을 변경하는 것일 뿐 소의 변경이 아니므로 처음의 취소의 소제기가 제척기간 내에 이루어졌다면 제척기간이 경과한 후에 피보전채권을 변경하더라도 제척기간 내에 소가 제기된 것으로 인정된다. 따라서 사안에서 교환적 변경일인 2011. 12. 1.이 아닌 최초의 소제기일인 2011. 11. 10.을 기준으로 제척기간 준수여부를 판단해야 한다.

2. 제척기간 준수여부

앞서 설문 1.에서 검토한 바와 같이 甲이 취소원인을 안 날은 2010. 11. 10.이고 이로부터 1년이 경과하기 전인 2011. 10. 10. 채권자취소소송을 제기하였으므로 제척기간을 준수하였다(제406조 2항).

Ⅳ. 설문 3.의 (2)의 경우(10)

1. 피보전채권의 성립시기

(1) 원 칙

채권자취소권의 피보전채권은 채권자대위권의 경우와는 달리 사해행위를 목적으로 하는 원인행위 이전에 발생되어 있어야 하는 것이 원칙이다(대판 1962.11.15, 62다634). 아울러 사해행위 이전에 이미 발생한 채권이면 이행기의 도래를 요건으로 하지 않는다.

(2) 예 외(기, 고, 현)

判例는 "채권자취소권에 의하여 보호될 수 있는 채권은 원칙적으로 사해행위라고 볼 수 있는 행위가 행하여지기 전에 발생한 것임을 요하나, ⅰ) **사해행위 당시에 이미 채권 성립에 기초가 되는 법률관계가 발생되어 있고, ⅱ) 가까운 장래에 그 법률관계에 기하여 채권이 성립되리라는 점에 대한 고도의 개연성이 있으며, ⅲ) 실제로 가까운 장래에 그 개연성이 현실화되어 채권이 성립된 경우에는 그 채권도 채권자취소권의 피보전채권이 될 수 있다**"(대판 1999.11.12, 99다29916 등)고 한다.

검토하건대, 장래의 채권의 경우에도 채권자를 위하여 책임재산을 보전할 필요가 있고 또 일정한 경우 채무자에게 채권자를 해한다는 점에 대한 인식이 있었다고 볼 수 있어, 채권자취소권 제도의 취지에 부합한다는 점(대판 2002.11.8, 2002다42957판시내용)에서 判例의 태도는 타당하다.

2. 사안의 경우

피보전채권의 변경에 의해 피보전채권은 2010. 7. 5.자 대여금채권 1억 원으로 바뀌었다. 이는 사해행위(2010.7.1.) 이후에 발생한 채권으로 평가될 수 있고, 判例상 예외에 해당할 만한 사유도 발견되지 않는다. 따라서 원고의 청구는 인용될 수 없다. 즉 채권자취소권의 피보전채권이 흠결된 경우에는 채권자취소권이 발생하지 않은 것이 되어 원고의 청구는 이유 없게 된다. 따라서 법원은 원고의 청구를 '기각'하게 된다(대판 1993.2.12, 92다25151 ; 이에 비해 채권자대위권에서 피보전채권이 존재하지 않으면 '소각하' 판결을 한다).

기출해설

2017년 3차 법전협모의 제2문

【기초적 사실관계】

甲은 2011. 10. 16. 乙로부터 2억 원을 빌리면서 변제기는 2012. 10. 15.로 하고, 이자는 월 1%로 매월 15일에 지급하기로 하였고, 이 채무를 담보하기 위하여 甲은 2011. 10. 16. 자신의 X 건물(시가 2억 원 상당)과, 그의 부탁을 받은 丁 소유의 Y 아파트(시가 1억 원 상당)에 채권최고액을 2억 4천만 원으로 하는 乙 명의의 공동 근저당권을 설정해 주었다. 이후 甲은 사업을 위하여 戊에게 X 건물의 리모델링 공사를 맡겼다. 그런데 戊가 공사를 완료한 후 2011. 11. 30.까지 甲은 공사대금 1억 원을 지급하기로 하였음에도 이를 지급하지 않고 있었다.

【추가된 사실관계】 甲은 E에 대해 1억 원의 임대보증금 반환채권을 가지고 있다. 甲에 대해 1억 원의 대여금채권을 가지고 있는 C가 담보를 요구하자 2012. 10. 5. 甲은 E에 대한 임대보증금 반환채권을 C에게 양도하고 이러한 사실을 확정일자 있는 증서에 의해 통지하여 다음날 E에게 그 통지가 도달하였다. C는 甲에게 별다른 재산이 없는 것을 알고 채권양도를 받은 것이었다. 그런데 甲으로부터 설치공사대금을 변제받지 못하고 있던 戊가 이러한 사실을 알고 C를 상대로 사해행위 취소의 소를 제기하였다. 이에 대하여 C는 "甲은 유일하게 X 건물만 가지고 있지만, 乙이 Y 아파트에 설정된 저당권을 실행하여 1억 원의 변제를 확보할 수 있으므로 X 건물의 담보가치가 1억 원 남아 있고 이를 가지고도 戊에게 변제할 자력이 있다. 그리고 자신은 채권자로서 채권을 양도받은 것이므로 사해행위가 아니다."라고 주장하였다.

5. 戊의 C에 대한 소송에서 C의 항변은 타당한가? (20점)

6. 만약 甲이 C에게 한 채권양도가 사해행위라는 이유로 취소된다면, 戊는 甲을 대위하여 E를 상대로 1억 원의 임대보증금을 지급할 것을 청구할 수 있는가? (15점)

사례B-23 공동저당이 설정된 경우 책임재산, 채권양도 취소의 상대효와 채권자대위권★

Ⅴ. 설문 5.의 경우(20)[1)]

1. 문제점(보, 사, 사)

채권자취소권의 요건으로서 ① 객관적 요건으로는 ⅰ) (금전)채권이 사해행위 이전에 발생하여야 하고(피보전채권), ⅱ) 채권자를 해하는 재산권을 목적으로 하는 법률행위가 있어야 하며(사해행위), ② 주관적 요건으로는 채무자 및 수익자(또는 전득자)의 사해의사가 있어야 한다(제406조).

사안의 경우 설치공사 대금 채권은 금전채권으로서 甲의 채권양도 이전에 발생하였으므로, 甲에게 자력이 있고 채권양도가 사해행위[2)]에 해당하지 않는다는 C의 항변은 채권자취소소송의 요건 흠결을 주장하는 것에 해당한다.

---

1) ★ 2021년 3차 법전협 모의고사 제1문 · 2018년 3차 법전협 모의고사 제1문에서도 동일한 쟁점이 출제되었다.

2) 채권자를 해한다 함은 채무자의 재산행위로 그의 일반재산이 감소하여 '채권의 공동담보에 부족'이 생기게 되는 것, 즉 채무초과상태에 이르거나 이미 이른 채무초과상태가 심화되어야 한다(즉, 채무자의 무자력). 채무자의 법률행위가 사해행위가 되는지는 처분행위 당시를 기준으로 판단하여야 한다.

2. 채무자 甲이 무자력인지 여부 : C의 첫 번째 항변

(1) 채무자와 물상보증인이 공동으로 저당권을 설정한 경우 채무자 소유 부동산의 책임재산

"㉠ 채무자 소유의 수 개의 부동산에 공동저당권이 설정되어 있는 경우 그 책임재산을 산정함에 있어 각 부동산이 부담하는 피담보채권액은 특별한 사정이 없는 한 민법 제368조의 규정 취지에 비추어 공동저당권의 목적으로 된 각 부동산의 가액에 비례하여 공동저당권의 피담보채권액을 안분한 금액이라고 보아야 한다. ㉡ 그러나 사안과 같이 수 개의 부동산 중 일부는 채무자의 소유이고 다른 일부는 물상보증인의 소유인 경우에는, 물상보증인이 민법 제481조, 제482조의 규정에 따른 '변제자대위'에 의하여 채무자 소유의 부동산에 대하여 저당권을 행사할 수 있는 지위에 있는 점 등을 고려할 때, 그 물상보증인이 채무자에 대하여 구상권을 행사할 수 없는 특별한 사정이 없는 한 채무자 소유의 부동산이 부담하는 피담보채권액은 '채무자 소유 부동산의 가액을 한도로 한 공동저당권의 피담보채권액 전액'이고, 물상보증인 소유의 부동산이 부담하는 피담보채권액은 공동저당권의 피담보채권액에서 위와 같은 채무자 소유의 부동산이 부담하는 피담보채권액을 제외한 나머지라고 봄이 상당하다"(대판 2013.7.18. 전합2012다5643참조)"(대판 2016.8.18. 2013다90402)

(2) 사안의 경우

X 건물과 Y 아파트 중 X 건물만 채무자 甲의 소유이고 Y 아파트는 물상보증인 丁의 소유이므로 채무자 甲 소유의 X 건물이 부담하는 피담보채권액은 그 가액(시가 2억 원)을 한도로 한 공동저당권의 피담보채권액(2억 원) 전부로서 2억 원에 해당한다.[3] 결국 X 건물에 저당권자 乙의 피담보채권액을 공제하면 남는 금액이 없으므로 X 건물은 일반채권자의 공동담보가 되는 책임재산이 아니다. 따라서 "乙이 Y 아파트에 설정된 저당권을 실행하여 1억 원의 변제를 확보할 수 있으므로 X 건물의 담보가치가 1억 원 남아있고 이를 가지고도 戊에게 변제할 자력이 있다"는 C의 항변은 타당하지 않다.

3. C가 담보목적으로 채권을 양도받은 것이 사해행위인지 여부 : C의 두 번째 항변

(1) 채무 초과 상태에 있는 채무자가 채권자 중 1인에게 '담보목적으로 채권양도' 한 행위

判例에 따르면 "채무초과의 상태에 있는 채무자가 적극재산을 채권자 중 일부에게 '대물변제조로 양도' 하는 행위는 채무자가 특정 채권자에게 채무본지에 따른 '변제'를 하는 경우와는 달리 원칙적으로 다른 채권자들에 대한 관계에서 사해행위가 될 수 있고, 다만 이러한 경우에도 사해성의 일반적인 판단기준에 비추어 그 행위가 궁극적으로 일반채권자를 해하는 행위로 볼 수 없는 경우에는 사해행위의 성립이 부정될 수 있다. 그리고 이는 적극재산을 대물변제로 양도하는 것이 아니라 채무의 변제를 위하여 또는 그 담보로 양도하는 경우에는 더욱 그러하다"(대판 2011.3.10. 2010다52416).

[비교판례] 그러나 ㉠ 대물변제로 인해 변제자력이 없게 되더라도 '그 당시 대물변제 목적물이 상당한 가격으로 평가되었을 때' (대판 1981.7.7. 80다2613), ㉡ '기존 금전채무의 변제에 갈음하여 다른 금전채권을 양도' 하였는데, 채무자가 일부의 채권자와 통모하여 다른 채권자를 해할 의사가 없는 경우(대판 2004.5.28. 2003다60822), ㉢ '우선변제권 있는 채권자에 대한 대물변제' 의 제공행위는 특별한 사정이 없는 한 다른 채권자들의 이익을 해한다고 볼 수 없어 사해행위가 되지 않는다(대판 2008.2.14. 2006다33357 : 2회 선택형).

---

3) 따라서 물상보증인 丁 소유의 Y 아파트가 부담하는 피담보채권액은 공동저당권의 피담보채권액 2억 원에서 채무자 甲 소유 X 건물이 부담하는 피담보채권액 2억 원을 제외한 나머지이므로 0원이다.

(2) 사안의 경우

甲은 채무초과상태에서(무자력 상태, 즉 우선변제권이 확보된 저당권자 乙의 피담보채권액을 제외한 일반채권자 C와 戊의 채권총액은 2억 원이고 적극재산인 임차보증금채권액은 1억 원) 채권자 중 C에게만 유일한 적극재산인 1억 원의 임대보증금반환채권을 담보목적으로 양도하였으며, C는 甲에게 별다른 재산이 없는 것을 알고 있었으므로 判例에 따르면 이는 '사해행위'에 해당한다.

4. 사안의 해결

甲에게는 무자력이 인정되고, C에게만 채권을 양도한 것은 사해행위에 해당하므로 C의 항변은 타당하지 않다.

Ⅵ. 설문 6.의 경우(15)

1. 문제점(보, 필, 불, 대)

채권자대위권의 요건으로는 i) 피보전채권의 존재, ii) 채권보전의 필요성, iii) 채무자의 권리불행사, iv) 피대위권리의 존재를 요구한다(제404조). 사안의 경우는 특히 iv)요건과 관련하여 채권자취소권의 상대적 효력에 따라 채권이 채무자 甲에게 귀속되어 甲의 제3채무자 E에 대한 1억 원의 임대보증금 지급청구권, 즉 '**피대위권리가 존재**'하는지 문제된다.

2. 채권자취소권의 행사로 채권이 채무자 甲에게 귀속되는지 여부 : 채권자취소권의 상대효

① 사해행위 취소송의 변론종결 전에 수익자가 제3채무자로부터 양도채권의 추심을 완료하였으면 수익자에 대하여 가액배상으로서 '**수령한 금전의 지급**'을 청구해야 한다.

② 그러나 "**채무자의 수익자에 대한 채권양도가 사해행위로 취소되는 경우, 수익자가 제3채무자에게서 아직 채권을 추심하지 아니한 때에는,** 채권자는 사해행위취소에 따른 원상회복으로서 수익자가 제3채무자에게 채권양도가 취소되었다는 취지의 통지를 하도록 청구할 수 있다. 그런데 사해행위의 취소는 채권자와 수익자의 관계에서 상대적으로 채무자와 수익자 사이의 법률행위를 무효로 하는 데에 그치고, 채무자와 수익자 사이의 법률관계에는 영향을 미치지 아니한다. 따라서 채무자의 수익자에 대한 채권양도가 사해행위로 취소되고, 그에 따른 원상회복으로서 제3채무자에게 채권양도가 취소되었다는 취지의 통지가 이루어지더라도, **채권자와 수익자의 관계에서 채권이 채무자의 책임재산으로 취급될 뿐, 채무자가 직접 채권을 취득하여 권리자로 되는 것은 아니므로, 채권자는 채무자를 대위하여 제3채무자에게 채권에 관한 지급을 청구할 수 없다**"(대판 2015.11.17. 2012다2743 : 8회 선택형).

3. 사안의 해결

사안의 경우 戊는 甲에 대해 변제기가 2011. 11. 30.인 공사대금 1억 원을 가지고 있고 甲은 무자력이므로, 만약 甲이 C에게 한 채권양도가 사해행위라는 이유로 취소된다면 甲의 E에 대한 1억 원의 임대보증금지급청구권이 피대위권리로 존재하게 되는지 문제되나, **채권자 취소권의 상대효로 인해 피대위권리가 없으므로** 戊는 E를 상대로 甲을 대위하여 임대보증금의 지급을 청구할 수 없다. 참고로 '피대위권리의 존재'는 법정소송담당설에 따를 때 '본안판단의 요건'이므로 사안의 경우 법원은 청구기각판결을 선고해야 한다.

유사기출

■ **채권양도계약이 사해행위로 취소된 경우 원상회복방법과 취소의 상대효** [2021년 변호사시험 제2문]

甲은 2018. 3. 5. 乙에게 1억 원을 이자의 정함 없이 변제기 2020. 3. 4.로 하여 대여하였다. 한편 乙은 2020. 1. 1. 丙에게 곰돌이인형 100개를 납품하였고, 2020. 1. 15.까지 丙으로부터 그 대금 5,000만 원을 지급받기로 하였다. 乙은 채무초과 상태에 이르자 친구인 丁과 2020. 2. 1. 丙에 대한 위 물품대금채권 5,000만 원을 양도하기로 하는 채권양도계약을 체결하였고, 그 무렵 乙의 채권양도통지가 丙에게 도달하였다. 丁은 丙으로부터 아직 물품대금을 지급받지 못하였다. 甲은 위와 같이 乙이 丁에게 물품대금채권을 양도한 것이 사해행위에 해당한다는 이유로 丁을 피고로 하여 乙과 丁 사이의 채권양도계약을 취소하고, 원상회복을 구하는 소를 제기하려고 한다.

1. **甲은 어떠한 방법으로 원상회복청구를 하여야 하는가? (10점)**
2. **甲이 丁을 상대로 한 사해행위취소 및 원상회복청구소송에서 승소판결을 받고 그 판결이 확정된 후, 甲이 乙을 대위하여 丙에게 물품대금 지급청구의 소를 제기할 경우, 법원은 어떠한 판단을 하여야 하는가? (소각하 / 청구인용 / 청구기각) (15점)**

Ⅰ. 제2문의 2.의 1.의 경우(10)

1. 결 론

甲은 丁을 상대로 乙과 丁사이의 채권양도를 사해행위로 취소하고, 丁으로 하여금 원상회복으로서 丙에게 채권양도가 취소되었다는 통지를 하도록 청구하여야 한다(제406조).

2. 논거 : 채권양도계약이 사해행위로서 취소된 경우의 원상회복 방법

① 사해행위 취소송의 변론종결 전에 수익자가 제3채무자로부터 양도채권의 추심을 완료하였으면 수익자에 대하여 가액배상으로서 '수령한 금전의 지급'을 청구해야 한다. ② 그러나 "채무자의 수익자에 대한 채권양도가 사해행위로 취소되는 경우, 수익자가 제3채무자에게서 아직 채권을 추심하지 아니한 때에는, 채권자는 사해행위취소에 따른 원상회복으로서 수익자가 제3채무자에게 채권양도가 취소되었다는 취지의 통지를 하도록 청구할 수 있다"(대판 2015.11.17. 2012다2743)

Ⅱ. 제2문의 2.의 2.의 경우(15)

1. 결 론

甲은 乙을 대위할 '피대위권리'가 부존재하므로 청구기각판결이 선고되어야 한다(제404조)

2. 논거 : 사해행위취소의 상대적 무효

"사해행위의 취소는 채권자와 수익자의 관계에서 상대적으로 채무자와 수익자 사이의 법률행위를 무효로 하는 데에 그치고, 채무자와 수익자 사이의 법률관계에는 영향을 미치지 아니한다. 따라서 채무자의 수익자에 대한 채권양도가 사해행위로 취소되고, 그에 따른 원상회복으로서 제3채무자에게 채권양도가 취소되었다는 취지의 통지가 이루어지더라도, 채권자와 수익자의 관계에서 채권이 채무자의 책임재산으로 취급될 뿐, 채무자가 직접 채권을 취득하여 권리자로 되는 것은 아니므로, 채권자는 채무자를 대위하여 제3채무자에게 채권에 관한 지급을 청구할 수 없다"(대판 2015.11.17. 2012다2743).

기출해설

2018년 3차 법전협모의 제1문

【공통된 사실관계】
甲은 2009. 7. 18. 乙로부터 X 부동산을 매수하고 2010. 7. 28. 소유권이전등기를 마침으로써 그 소유권을 취득한 이래 X 부동산을 점유하고 있다. 丙은 乙에 대한 A 채권을 보전하기 위하여 甲을 상대로 하여 甲-乙간 위 매매계약이 사해행위에 해당한다는 이유로 사해행위 취소 및 원상회복 청구소송('이 사건 소'라고 함)을 제기하였다.

【추가된 사실관계】
甲과 乙의 위 2009. 7. 18. 매매계약 당시 X 부동산에는 아래와 같이 戊의 공동저당권이 설정되어 있었다.
- 피담보채권 : 戊의 乙에 대한 5억 원의 채권.
- 乙소유 X 부동산(시가 4억 원, 변동 없음)에 대하여 2009. 3. 3. 戊명의의 1순위 공동저당권설정.
- C소유 Y 부동산(시가 6억 원, 변동 없음)에 대하여 2009. 3. 3. 戊명의의 1순위 공동저당권설정.
- 공동저당의 취지가 모두 등기됨.

또한 2009. 4. 1. 乙의 채권자 D가 X 부동산에 2순위 저당권을 취득하였고(피담보채권액 1억 원), 2009. 6. 3. C의 채권자 E가 Y 부동산에 2순위 저당권을 취득하였다(피담보채권액 4억 원). (이자 및 지연손해금 등 기타 일체의 부수채무는 고려하지 말 것). ※ 아래 각 설문은 상호 무관함

4. 만약 乙이 자신의 유일한 재산인 X 부동산을 매각한 것이라면, 위 2009. 7. 18. 매매계약은 丙에 대하여 사해행위에 해당하는가? (20점)

사례B-24 공동저당이 설정된 채무자 소유 부동산의 처분시 사해행위 여부★

Ⅳ. 문제 4.의 경우(20)

1. 사해행위의 일반적인 판단기준

사해행위에 있어 채권자를 해한다 함은 채무자의 재산행위로 그의 일반재산이 감소하여 '채권의 공동담보에 부족'이 생기게 되는 것, 즉 채무초과상태에 이르거나 이미 이른 채무초과상태가 심화되어야 한다(즉, 채무자의 무자력). 채무자의 법률행위가 사해행위가 되는지는 처분행위 당시를 기준으로 판단하여야 한다.

2. 이미 담보물권이 설정된 유일한 재산인 부동산을 매각한 행위가 사해행위인지 여부

(1) 유일한 부동산을 매각한 행위

判例가 판시하는 바와 같이 "채무자가 자기의 유일한 재산인 부동산을 매각하여 '소비하기 쉬운 금전으로 바꾸는 행위'는 그 매각이 일부 채권자에 대한 '정당한 변제에 충당'하기 위하여 '상당한 매각'으로 이루어졌다던가 하는 특별한 사정이 없는 한 항상 채권자에 대하여 사해행위가 된다"(대판 1966.10.4, 66다1535).

(2) 이미 담보물권이 설정되어 있는 재산의 처분행위의 사해행위성 판단기준

그러나 사안과 같이 담보권이 설정된 부동산처분행위가 사해행위가 되기 위해서는 단순히 금전으로 바뀌었다는 것으로는 부족하다. 왜냐하면 만약 사해행위 당시 우선변제권이 있는 채권이 부동산가액을 초과하고 있다면 매각당시 '책임재산'이 없어 사해행위가 될 수 없기 때문이다.

즉, 判例는 "채무자가 양도한 목적물에 담보권이 설정되어 있는 경우라면 그 목적물 중에서 일반채권자들의 공동담보에 제공되는 책임재산은 피담보채권액을 공제한 나머지 부분만이라 할 것이고, 그 피담보채권이 목적물의 가격을 초과하고 있는 때에는 당해 목적물의 양도는 사해행위에 해당한다고 할 수 없는바, 여기서 피담보채권액이라 함은 근저당권의 경우에 채권최고액이 아니라 실제로 이미 발생하여 있는 채권금액이다"(대판 2001.10.9, 2000다42618 : 1회,3회 선택형)라고 한다.

(3) 공동저당 부동산 중 일부가 채무자 아닌 제3자 소유인 경우 사해행위성 판단기준

判例는 "수 개의 부동산에 공동저당권이 설정되어 있는 경우 그 책임재산을 산정함에 있어 각 부동산이 부담하는 피담보채권액은 ① 제368조의 규정 취지에 비추어 공동저당권의 목적으로 된 각 부동산의 가액에 비례하여 공동저당권의 피담보채권액을 안분한 금액이라고 보아야 한다. ② 그러나 그 수 개의 부동산 중 일부는 채무자의 소유이고 다른 일부는 물상보증인의 소유인 경우에는, 물상보증인이 제481조, 제482조의 규정에 따른 '변제자대위'에 의하여 채무자 소유의 부동산에 대하여 저당권을 행사할 수 있는 지위에 있는 점 등을 고려할 때, 그 물상보증인이 채무자에 대하여 구상권을 행사할 수 없는 특별한 사정이 없는 한 채무자 소유의 부동산이 부담하는 피담보채권액은 채무자 소유 부동산의 가액을 한도로 한 공동저당권의 피담보채권액 전액이고, 물상보증인 소유의 부동산이 부담하는 피담보채권액은 공동저당권의 피담보채권액에서 위와 같은 채무자 소유의 부동산이 부담하는 피담보채권액을 제외한 나머지라고 봄이 상당하다"(대판 2013.7.18. 전합2012다5643)고 한다.

3. 사안의 경우

2009. 7. 18. 처분행위 당시 채무자 乙의 책임재산은 X 부동산 시가 4억 원에서 1순위 공동저당권자 戊의 피담보채권액 2억 원(=5억×3/5)이 아닌 5억 원 전액과 2순위 D의 피담보채권액 1억, 합계 6억 원을 뺀 나머지 부분이므로 乙의 처분당시 일반채권자들의 공동담보가액은 존재하지 않는다. 따라서 乙이 처분한 X부동산이 자신의 유일한 재산이었더라도 사해행위에는 해당하지 않는다.

기출해설 2015년 법원행정고시 제2문

甲은 그 소유의 X토지에 관하여 2014. 7. 1. 乙과 매매예약을 체결하고, 같은 날 乙 앞으로 위 매매예약을 원인으로 하여 소유권이전청구권가등기를 마쳐주었다.

2. 乙은 2015. 7. 1. 매매예약에 기한 예약완결권을 행사하고, 같은 날 X토지에 관하여 2015. 7. 1.자 매매계약을 원인으로 위 가등기에 기한 본등기를 마쳤다. 甲은 위 가등기 당시에는 채무초과의 상태에 빠져 있었으나, 그 후 본등기를 마칠 무렵 이후로는 그 부담하는 채무 전부를 변제하고도 남을 정도의 자력을 회복하였다. 이 경우 甲의 일반채권자 丙이 乙을 상대로 소를 제기하여 채권자취소권을 행사함에 있어 당사자의 주장·입증을 통하여 밝혀진 위와 같은 사정 외에는 그 권리 행사에 별다른 장애사유가 없다면, 위 매매예약과 매매계약의 각 취소 및 그 가등기와 본등기의 각 말소를 구하는 丙의 청구는 받아들여질 수 있는가? 그 결론과 논거를 설명하시오. (30점)

사례B-25 채권자취소권의 요건(가등기와 사해행위의 존재에 대한 판단시기)

Ⅱ. 설문 2.의 경우(30)

1. 결 론

丙의 채권자취소권 행사에 따른 취소청구 및 말소청구는 기각된다.

2. 논 거

(1) 문제점

사안의 경우 본등기를 마칠 무렵 채무자 甲이 자력을 회복한 바, 이와 관련하여 채권자 취소권의 요건 및 채무자의 무자력이 언제까지 유지되어야 하는지가 문제된다.

(2) 채권자취소권의 적법요건 및 본안요건

1) 적법요건 충족 여부…흠결시 소각하

① '상대적 무효설'에 따르면 악의인 수익자 혹은 전득자만이 피고가 되며, 채무자는 피고적격이 없다. ② 채권자취소의 소는 채권자가 취소원인을 안 날로부터 1년, 법률행위 있은 날로부터 5년 내에 제기하여야 한다(제406조 2항).

사안의 경우 적법요건과 관련하여 별다른 장애사유가 없으므로 적법요건은 충족된 것으로 본다.

2) 본안요건…흠결시 청구기각(보, 사, 사)

채권자취소권의 요건으로서 ① 객관적 요건으로는 ⅰ) (금전)채권이 사해행위 이전에 발생하여야 하고(피보전채권), ⅱ) 채권자를 해하는 재산권을 목적으로 하는 법률행위가 있어야 하며(사해행위), ② 주관적 요건으로는 채무자 및 수익자(또는 전득자)의 사해의사가 있어야 한다(제406조).

피보전채권의 존재, 채무자 및 수익자의 사해의사의 요건의 경우 권리행사에 관해 별다른 장애사유가 없으므로 충족된 것으로 본다. 다만, 객관적 요건 중 '사해행위의 존재'와 관련하여 사해행위의 의미 및 채무자의 무자력이 문제된다.

3) 사해행위의 존재에 대한 판단시기

가) 판 례

채권자를 해한다 함은 채무자의 재산행위로 그의 일반재산이 감소하여 **'채권의 공동담보에 부족'**이 생기게 되는 것, 즉 채무초과상태에 이르거나 이미 이른 채무초과상태가 심화되어야 한다(즉, 채무자의 무자력). 채무자의 법률행위가 사해행위가 되는지는 **처분행위 당시를 기준**으로 판단하여야 한다. 따라서 행위 당시에 무자력이 아닌 이상 후에 무자력으로 되었더라도 사해행위로 되는 것은 아니다.

다만, 判例에 따르면 가등기에 기하여 본등기가 경료된 경우 가등기의 원인인 법률행위와 본등기의 원인인 법률행위가 명백히 다른 것이 아닌 한 사해행위 요건의 구비 여부는 **가등기의 원인된 법률행위 당시를 기준**으로 하여 판단하여야 한다(대판 2001.7.27. 2000다73377 : 5회 선택형).

한편 행위시에 무자력인 경우에도 채무자가 후에 자력을 회복한 때에는 취소권을 인정할 필요가 없으므로, **무자력은 사실심변론종결시까지 유지되어야** 한다(이 경우 그러한 사정변경이 있다는 사실은 채권자취소소송의 상대방이 증명하여야 한다 ; 대판 2007.11.29, 2007다54849 참고 : 5회 선택형).

나) 사안의 경우

매매계약을 원인으로 가등기에 기한 본등기가 경료된 사안의 경우, 가등기의 원인인 법률행위 당시인 2014. 7. 1.를 기준으로 사해행위의 요건 구비여부를 판단하여야 한다. 당시 甲은 채무초과상태에 빠져 있어 매매예약의 체결의 사해성이 인정된다. 하지만 그 후 가등기에 기한 본등기가 경료될 무렵, 즉 사실심변론종결 이전에는 甲의 자력이 회복된바, 이 경우 책임재산 보전의 필요성이 사라져 채권자취소권이 소멸한다고 보아야 한다. 따라서 채권자취소권을 행사하여 丙이 제기한 위 청구들은 이유 없으므로 기각되어야 한다.

기출해설 2010년 사법시험 제1문

【공통되는 사실관계】
甲남과 乙녀는 결혼을 하여 2008.4.7. 혼인신고를 하였으며 乙은 2009.4.20. 甲과의 사이에서 丙을 출산하였다. 혼인생활 도중 甲은 2010.3.26. 심장마비로 자연사하여 상속이 개시되었고, 甲 명의의 상속재산으로는 시가 5억 원 상당의 X부동산이 유일하게 존재한다.

1. A는 乙에게 2억 원을 대여하였으나 乙이 변제기까지 이를 변제하지 아니하자, 乙을 상대로 대여금청구의 소를 제기하여 2010.3.3. 승소판결이 확정되었다. 甲이 사망하자, 아무런 재산도 소유하지 않았던 乙은 A에 대한 채무를 상속재산으로 변제하는 것을 회피하기 위하여, 가정법원에 상속포기 신고를 하여 2010.5.7. 그 신고가 수리되었다. 이 경우 A가 乙의 책임재산을 확보하는 조치를 취할 수 있는가? (20점)

사례B-26 상속포기와 채권자취소권[1)]

Ⅰ. 문제 1.의 경우(20)

1. 문제점

문제 1.의 경우 A가 乙의 책임재산을 확보하기 위해서 乙의 상속포기를 채권자취소권(제406조)을 행사하여 취소할 수 있는지가 핵심쟁점이다. 이는 상속포기의 자유 및 상속권자 乙의 보호와 상속인의 채권자 A의 이익을 어떻게 조화시킬 수 있는지의 문제라고 하겠다.

2. A가 乙의 책임재산을 확보하는 조치

(1) 乙의 상속포기의 유효성 및 효과

상속포기란 상속으로 인하여 생기는 모든 권리, 의무의 승계를 부인하고 처음부터 상속인이 아니었던 효력을 생기게 하는 단독의 의사표시를 말한다. 이러한 상속포기는 상속개시 있음을 안 날부터 3월내에 가정법원에 포기의 신고를 하여야 하며(제1041조), 상속의 포기는 상속개시 된 때에 소급하여 그 효력이 있다(제1042조).

사안에서 乙은 상속개시가 있은 날로부터 3월내인 2010.5.7. 상속포기를 하였는바, 이는 원칙적으로 유효하다. 따라서 乙은 상속개시시부터 상속인이 아닌 것으로 되어 乙의 상속분은 다른 상속인 丙에게 귀속된다.

(2) 상속포기가 채권자취소권의 대상이 되는지 여부

1) 문제점

채권자취소권의 대상이 되는 사해행위란 채무자의 '재산권'을 목적으로 하는 법률행위인 바, 상속포기의 법적성질과 관련하여 상속포기가 사해행위인지 문제된다. 즉, 사안과 같이 상속재산 중

---

1) ★ 2016년 2차 법전협 모의고사 제2문에서도 동일한 쟁점이 출제되었다.

적극재산이 상속채무보다 많은 경우(설문에서 시가 5억원 상당의 X부동산이 적극재산으로 존재하나, 상속채무는 보이지 않는다)에 상속인의 채권자가 상속인이 행한 상속포기를 취소할 수 있는지가 문제이다.

2) 판 례

최근 判例는 "**상속의 포기**는 비록 포기자의 재산에 영향을 미치는 바가 없지 아니하나 상속인으로서의 지위 자체를 소멸하게 하는 행위로서 **순전한 재산법적 행위와 같이 볼 것이 아니다**. 오히려 상속의 포기는 1차적으로 피상속인 또는 후순위상속인을 포함하여 다른 상속인 등과의 인격적 관계를 전체적으로 판단하여 행하여지는 **'인적 결단' 으로서의 성질**을 가진다"고 보아 상속의 포기는 민법 제406조 제1항에서 정하는 '재산권에 관한 법률행위'에 해당하지 아니하여 사해행위취소의 대상이 되지 못한다고 한다(대판 2011.6.9, 2011다29307 : 9회 선택형).

3) 검토 및 사안의 경우

상속의 포기는 신분행위이지 재산상의 법률행위라고 보기는 곤란하며, 상속포기의 본질은 상속인의 개인의사의 자유를 보장하고 상속인을 보호하기 위하여 만들어진 것이라는 점에서 부정하는 것이 타당하다. 따라서 사안에서 乙의 상속포기는 유효하고 채권자취소의 대상이 될 수 없다.

(3) 상속포기 취소를 대위할 수 있는지 여부

상속의 포기는 상속인은 상속개시 있음을 안 날로부터 3월내에도 이를 취소할 수가 없는 바(제1024조 1항), 피대위권리가 없어 A의 채권자대위권 행사는 불가능하다(제404조).

3. 사안의 해결

乙의 상속포기는 정당하므로 A가 乙의 책임재산을 확보할 수 있는 방법은 없다.

기출해설 2019년 2차 법전협모의 제1문

【기초적 사실관계】

丙은 2017. 4. 1. 사망하였고, 丙의 상속인으로 그의 자(子) 甲과 丁이 있다.

【변형된 사실관계】

戊는 2016. 5. 1. 甲에게 1억 원을 대여하였다. 丁은 2018. 5. 1. 그 당시 甲이 이미 채무초과상태임을 알면서도 유일한 상속재산인 X아파트(시가 3억 원)를 丁의 단독 소유로 하기로 甲과 상속재산 분할협의를 하였고, 丁은 위 아파트를 3억 원에 己에게 매도하고, 己에게 소유권이전등기를 경료하였다.

문제 3. 戊는 甲과 丁의 상속재산분할협의가 사해행위에 해당한다고 보아 1억 원의 한도에서 상속재산분할협의를 취소하고 丁에게 1억 원의 가액배상을 청구하였다. 이에 대하여 丁은 丙이 2015. 4. 1. 甲에게 사업자금으로 1억 원을 증여한 것을 고려하여 甲이 X아파트에 대한 권리를 포기한 것이라고 주장하였다. 가정법원의 기여분 결정절차에서 甲에게 피상속인을 특별히 부양하거나 피상속인의 재산의 유지 또는 증가에 특별히 기여한 사정이 인정되지 않았다.

戊의 청구에 대한 법원의 결론(각하, 기각, 전부 인용, 일부 인용) 및 그 결론에 이르게 된 근거를 설명하시오. (20점)

사례B-27 특별수익자의 사해행위와 상속재산분할협의★

Ⅲ. 문제 3.의 경우(20)

1. 결 론

법원은 戊의 청구를 전부 인용해야 한다.

2. 근 거

(1) 문제점

상속재산분할협의가 채권자취소권 행사의 대상이 될 수 있는지 여부 및 취소(가액반환)범위와 관련하여 일반채권자의 공동담보로 된 특별수익자 甲의 구체적 상속분의 액수가 문제된다.

(2) 상속재산분할협의가 채권자취소권 행사의 대상이 될 수 있는지 여부 및 범위

判例가 판시하는 바와 같이 "**상속재산의 분할협의는** 상속이 개시되어 공동상속인 사이에 잠정적 공유가 된 상속재산에 대하여 그 전부 또는 일부를 각 상속인의 단독소유로 하거나 새로운 공유관계로 이행시킴으로써 상속재산의 귀속을 확정시키는 것으로 그 **성질상 재산권을 목적으로 하는 법률행위이므로** 사해행위취소권 행사의 대상이 될 수 있다. 다만, **상속재산의 분할협의를 하면서 상속재산에 관한 권리포기는 구체적 상속분에 미달하는 과소한 부분에 한하여 사해행위가 되므로**(일부사해행위 : 저자주), 사해행위로서 취소되는 범위는 그 미달하는 부분에 한정하여야 한다. 여기서 구체적 상속분이 법정상속분과 다르다는 사정은 채무자가 주장 · 입증하여야 할 것이다"(대판 2001.2.9 2000다51797 : 5회,8회 선택형).

(3) 사안의 경우

1) 사해행위성 및 사해행위의 범위

가) 구체적 상속분의 계산

상속재산분할협의가 사해행위에 해당하기 위해서는 **분할협의의 결과 채무자의 상속분이 '구체적 상속분'에 미달하는 경우여야 한다.** 여기서 상속분이란 각 공동상속인이 소극재산을 포함한 포괄적인 상속재산에 대하여 가지는 권리, 의무의 비율을 말하는데(제1007조), 공동상속인 중에 피상속인으로부터 증여 또는 유증을 받은 자가 있는 경우 그 재산가액을 공제한 나머지 상속분에 달하지 못하는 부분에 대해서만 상속을 받게 된다(제1008조). 이러한 증여나 유증을 특별수익이라 하는데, 각 상속인의 상속재산분배액은 "(현존상속재산가액 + 생전증여의 가액)×법정상속분 - 특별수익"이고, 소극재산은 상속재산에 포함시키지 않는다(대판 1995.3.10. 94다16571, 대판 2014.7.10. 2012다26633)

나) 사안의 경우

사안에서 상속재산은 3억 원 상당의 X아파트[1]와 丙이 2015. 4. 1. 甲에게 증여한 1억 원이므로, 구체적 상속분 산정의 기초재산가액은 4억 원이고, 甲과 丁은 동순위 상속인으로서 甲의 추상적 상속분은 1/2이므로 법정상속분은 2억 원이 된다. 가정법원은 甲에게 기여분을 인정하지 않았으므로(제1008조의2), 甲의 구체적 상속분은 법정상속분(2억 원)에서 특별수익(1억 원)을 공제한 1억 원이다.

따라서 사안에서 丁은 甲이 이미 채무초과상태임을 알면서도 유일한 상속재산인 X아파트(시가 3억 원)를 丁의 단독소유로 하기로 하는 상속재산분할협의를 하였으므로 상속재산분할결과가 채무자 甲의 구체적 상속분(1억 원)에 미달하는 과소한 것에 해당한다. 따라서 **甲과 丁의 상속재산분할협의는 1억 원의 범위에서 사해행위에 해당한다(일부사해행위).**

2) 가액배상의 범위

사해행위 취소에 의한 원상회복은 원칙적으로 그 목적물의 반환을 청구하여야 하고, 원물반환이 불가능하거나 현저히 곤란한 경우에는 예외적으로 원물반환에 갈음하여 가액반환이 허용된다. 사안의 경우 **甲과 丁의 상속재산분할협의 결과는 甲의 구체적 상속분인 1억 원에 미달하므로 그 범위에서 사해행위를 구성하고** 丁은 상속재산을 이미 己에게 양도하였으므로 戊는 가액배상을 청구할 수 있는바, 가액배상은 **'사실심변론종결시'**(사해행위시가 아님)를 기준으로(대판 2001.12.27, 2001다33734 : 6회 선택형), i) 채권자의 피보전채권액, ii) 목적물의 공동담보가액, iii) 수익자·전득자가 취득한 이익 중 가장 적은 금액을 한도로 이루어지므로,[2] 법원은 戊의 청구를 전부 인용하여야 한다. 즉, **법원은 1억 원의 한도에서 상속재산 분할협의를 취소하고 丁에게 가액배상으로 1억 원의 반환을 명하여야 한다.**

---

1) 공동상속인 중에 특별수익자가 있는 경우의 구체적 상속분 산정을 위한 재산 평가시점은 상속개시일이고, 대상분할의 방법에 의한 상속재산분할시의 정산을 위한 상속재산 평가시점은 분할시이다(대결 1997.3.21, 96스62). 사안의 경우 별다른 지시가 없으므로 X아파트의 시가는 변동이 없는 것으로 계산한다.

2) 사해행위의 취소와 원상회복이 병합하여 청구되는 일반적인 경우 실무는 사해행위의 취소범위에 앞서 원상회복방법에 관하여 살펴 본 다음 사해행위취소범위와 가액배상의 범위를 동일한 기준 하에 한꺼번에 판단함으로써 사해행위취소범위와 가액배상 범위를 일치시키고 있다(사법연수원, 요건사실론).

기출해설 # 2012년 2차 법전협모의 제2문

甲은 다세대주택을 건축하여 분양할 목적으로 2010. 3. 15. 乙은행으로부터 상환일을 2011. 3. 14.로 하여 주택건축자금 4억 원을 대출받으면서, 자신의 유일한 재산인 시가 2억 원 상당의 X 토지에 근저당권을 설정하였다. 이와 동시에 乙은행은 甲의 사업동료인 A와의 사이에 A가 甲의 대출금채무를 연대보증하기로 하는 계약을 체결하였다. 위 건축공사 개시 후 甲에게 건축자재를 공급하던 丙은 자재가격의 상승으로 사업에 어려움을 겪게 되자 2010. 7. 15. 乙은행으로부터 2011. 7. 14.을 상환일로 하여 3억 원을 대출받았다. 甲은 위 공사가 진척되면서 다세대주택의 분양을 진행한 결과 2011. 3. 5. 준공검사를 완료할 때까지 8세대 중 6세대가 분양되었는바, 그 분양대금 12억 원으로 자신의 채무변제 및 인부들의 급여와 자재대금을 지불하였으나 여전히 丙에 대한 자재대금 2억 원은 지급하지 못하였다. 甲은 미분양된 2세대 중 하나인 Y 주택에 대하여는 2011. 9. 20. 자신의 친구인 丁에게 당시의 시가인 2억 원에 매각하기로 하는 계약을 체결하면서, 계약 당일 1,500만 원을 계약금으로 수령하였고, 2011. 10. 25. 잔금의 지급과 동시에 소유권이전등기서류를 교부하기로 약정하였다. **※ 아래의 각 문항은 독립된 사항임**

2. 甲과 丙이 2011. 7. 25. 미분양된 나머지 1세대인 시가 2억 원 상당의 Z 주택을 甲의 丙에 대한 위 자재대금채무의 변제에 갈음하여 丙에게 그 소유권을 이전해 주기로 합의하고 그 합의에 따라 丙명의로 Z 주택에 관하여 소유권이전등기를 마쳐주었다. 이에 대하여 乙이 甲에 대한 대여금채권을 보전하기 위하여 Z 주택의 소유명의를 甲에게 회복시키기 위한 소송을 제기하고자 한다면 乙은 누구를 상대로 소를 제기하여야 하는가? 이 소가 인용되기 위하여 乙의 甲에 대한 대여금채권 및 甲이 丙의 자재대금채권에 갈음하여 Z 주택의 소유권을 이전한 행위에 관하여 乙이 주장하여야 하는 사실은 무엇인가? (25점)
3. 丁이 2011. 10. 25. 잔금을 지급하고 甲으로부터 Y 주택에 대한 소유권이전등기를 경료한 경우, 乙과 丙이 甲에 대한 위 각 채권을 보전하기 위하여 Y 주택의 소유명의를 甲에게 회복시키기 위한 소를 제기하면서, 甲과 丁사이의 Y 주택에 대한 매매계약과 관련하여 어떠한 법리를 주장하는 것이 유리한가? 만일 丙이 무자력 상태에 빠져 있음에도 Y 주택의 소유명의를 회복하기 위한 위 소송을 제기하지 않고 있는 경우, 乙이 대신하여 이 소를 제기할 수 있는가? (20점)

사례B-28 **대물변제의 사해행위성, 채권자취소권의 대위행사★**

Ⅱ. 설문 2.의 경우(25)

1. 피고적격

채권자취소권의 행사는 '거래안전'의 영향이 크므로 취소권 행사의 효과는 수익자나 전득자로부터 일탈재산의 반환을 청구하는데 필요한 범위에서만, 즉 채권자와 그들에 대한 상대적 관계에서만 발생한다고 보는 **상대적 무효설이 통설·判例**(대판 2004.8.30. 2004다21923)의 견해로 타당하다. 이 견해에 따르면 악의인 수익자 혹은 전득자만이 피고가 되며, **채무자는 피고적격**이 없다.
따라서 채권자 乙은 채무자인 甲이 아니라 수익자인 丙을 상대로 채권자취소권을 행사하여야 한다.

2. 乙이 주장하여야 하는 사실

(1) 채권자취소권의 요건(보, 사, 사)

채권자취소권의 요건으로서 ① 객관적 요건으로는 ⅰ) (금전)채권이 사해행위 이전에 발생하여야 하고(피보전채권), ⅱ) 채권자를 해하는 재산권을 목적으로 하는 법률행위가 있어야 하며(사해행위), ② 주관적 요건으로는 채무자 및 수익자(또는 전득자)의 사해의사가 있어야 한다(제406조). 변론주의 원칙상 채권자취소권을 행사하려는 원고 乙은 위 요건사실을 주장하여야 한다.

(2) 피보전채권

1) 금전채권이 사해행위 이전에 발생되어 있을 것

채권자취소권은 책임재산을 보전하기 위한 것이고 그 행사의 효과는 '모든 채권자의 이익을 위하여' 효력이 있으므로(제407조), 채권자취소권의 피보전채권은 원칙적으로 금전채권이어야 하고, 채권자대위권의 경우와는 달리 사해행위를 목적으로 하는 원인행위 이전에 발생되어 있어야 하는 것이 원칙이다(대판 1962.11.15, 62다634). 사안에서 대출금채권은 금전채권으로서 이는 사해행위로 판단될 수 있는 2011. 7. 25. 이전에 발생하였다.

2) 피보전채권에 담보가 설정되어 있는 경우

가) 인적 담보

인적담보로부터는 우선변제를 받는다는 보장이 없기 때문에 채권자는 인적담보가 있는지에 관계없이 채권의 전액에 대하여 채권자취소권을 행사할 수 있다.

나) 물적 담보

채권자취소권에 의하여 보호될 수 있는 채권은 **'책임재산의 감소로 피해를 입을 수 있는 일반채권'**이어야 한다. 따라서 만약 피보전채권을 위해 담보권이 설정되어 있다면, 담보제공자가 누구인가를 불문(채무자 또는 제3자 소유의 부동산에 대한 저당권)하고 **그 담보물로부터 우선변제받을 액을 공제한 나머지 채권액에 대하여만 채권자취소권이 인정된다.** 이에 대한 증명책임은 '채권자'에게 있고, 이때 **우선변제받을 금액은 처분행위**(사해행위) **당시의 담보목적물의 시가를 기준**(사후에 환가된 가액을 기준으로 하는 것이 아님)으로 산정하는 것이 옳다(대판 2002.11.8, 2002다41589 ; 대판 2014.9.4. 2013다60661).

다) 사안에의 적용

사안의 경우 乙의 甲에 대한 대출금채권은 4억 원이고, 甲이 물적담보인 저당권을 설정한 X토지의 시가는 2억 원이다. 따라서 인적담보인 연대보증인 A가 있다고 하더라도 2억 원에 대한 피보전채권이 성립한다.

(3) 사해행위

1) 대물변제의 사해행위성

判例가 판시하는 바와 같이 "**채무초과의 상태에 있는 채무자가** 적극재산을 채권자 중 일부에게 대물변제조로 양도하는 행위는 채무자가 특정 채권자에게 채무 본지에 따른 변제를 하는 경우와는 달리 **원칙적으로 다른 채권자들에 대한 관계에서 사해행위가 될 수 있다**"(대판 2010.9.30. 2007다2718).

[비교판례] 그러나 ㉠ 대물변제로 인해 변제자력이 없게 되더라도 '그 당시 대물변제 목적물이 상당한 가격으로 평가되었을 때'(대판 1981.7.7. 80다2613), ㉡ '기존 금전채무의 변제에 갈음하여 다른 금전채권

을 양도'하였는데, 채무자가 일부의 채권자와 **통모하여 다른 채권자를 해할 의사가 없는 경우**(대판 2004.5.28. 2003다60822), ⓒ **'우선변제권 있는 채권자에 대한 대물변제'**의 제공행위는 특별한 사정이 없는 한 다른 채권자들의 이익을 해한다고 볼 수 없어 사해행위가 되지 않는다(대판 2008.2.14. 2006다33357 : 2회 선택형).

2) 사안의 경우

대물변제일인 2011. 7. 25.을 기준으로 甲의 책임재산인 Y주택과 Z주택의 시가가 각 2억 원, 합계 총 4억 원이고, 채무액은 乙에 대한 4억 중 2억 원, 丙에 대한 2억 원, 합계 총 4억 원이므로 甲은 무자력 상태이다. 이러한 무자력 상태에서 채무자 甲이 특정채권자 丙과 시가 2억 원 상당인 Z주택을 대물변제한 행위는 사해행위에 해당한다.

(4) 채무자 및 수익자의 사해의사

사해의사는 적극적인 의욕이 아니라 채무자의 재산처분행위에 의하여 채권의 공동담보에 부족이 생길 것이라는 사실을 안 '소극적인 인식'으로써 충분하다. 증명책임과 관련하여 "채무자의 악의의 점에 대하여는 그 취소를 주장하는 채권자에게 입증책임이 있으나 수익자 또는 전득자가 악의라는 점에 관하여는 수익자 또는 전득자 자신에게 선의라는 사실을 입증할 책임이 있다"(대판 1997.5.23, 95다51908 : 1회,2회,5회 선택형).

3. 사안의 해결

乙은 丙을 피고로 하여 채권자취소소송을 제기할 수 있다.

Ⅲ. 설문 3.의 경우(20)

1. 乙과 丙의 채권자취소권

(1) 채권자취소소송의 본안 전 요건 검토

1) 피고적격(채권자취소소송의 법적 성질)

앞서 설문 2.에서 살핀바와 같이 상대적 무효설에 따르면 채권자 乙, 丙은 채무자인 甲이 아니라 수익자인 丁을 상대로 채권자취소권을 행사하여야 한다.

2) 제소기간 준수 여부

채권자취소의 소는 채권자가 취소원인을 안 날로부터 1년, 법률행위 있은 날로부터 5년 내에 제기하여야 한다(제406조 2항).

3) 중복소제기 금지

채권자취소권은 채권자대위권과는 달리 **채권자 개개인에게 부여된 고유의 권리**이므로, 비록 채무자의 같은 법률행위를 대상으로 각각 채권자취소권을 행사하더라도 소송물이 달라 민사소송법 제259조의 중복제소에 해당하지 않는다(대판 2003.7.11, 2003다19558 ; 대판 2005.11.25, 2005다51457).

(2) 채권자취소소송의 본안요건 검토

1) 피보전채권

① 乙은 甲에게 대출하여 준 4억 원 중 X토지로 담보되는 2억 원을 공제한 2억 원의 금전채권을,

② 丙은 2억 원의 자재대금채권 전부를 각각 피보전채권으로 주장할 수 있다.

2) 사해행위

判例가 판시하는 바와 같이 "채무자가 자기의 유일한 재산인 부동산을 매각하여 '**소비하기 쉬운 금전으로 바꾸는 행위**'는 그 매각이 일부 채권자에 대한 '**정당한 변제에 충당**'하기 위하여 '**상당한 매각**'으로 이루어졌다던가 하는 특별한 사정이 없는 한 항상 채권자에 대하여 사해행위가 된다"(대판 1966.10.4, 66다1535).

3) 사해의사

判例가 판시하는 바와 같이 "채무자가 유일한 재산인 부동산을 매각하여 소비하기 쉬운 금전으로 바꾸는 경우에는 채무자의 사해의 의사는 추정되는 것이고, 수익자의 악의도 추정되므로 이를 매수한 수익자가 악의가 없었다는 입증책임은 그 수익자 자신에게 있다"(대판 1997.5.9. 96다2606 ; 대판 1997.5.23, 95다51908 : 1회,2회,5회 선택형).

2. 丙의 채권자취소권을 乙이 대위할 수 있는지 여부

(1) 채권자대위권의 행사요건(보, 필, 불, 대)

채권자대위권의 요건으로는 ⅰ) 피보전채권의 존재, ⅱ) 채권보전의 필요성, ⅲ) 채무자의 권리불행사, ⅳ) 피대위권리의 존재를 요구한다(제404조). 법정소송담당설에 의할 경우 ⅰ), ⅱ), ⅲ)은 당사자적격에 관계되는 소송요건사실로서 흠결시에는 부적법 각하, ⅳ)의 흠결의 경우는 본안판단으로서 청구기각판결을 하여야 한다고 한다.

(2) 소송요건

ⅰ) 乙의 3억 원의 대출금채권은 2011. 7. 14. 이행기가 도래한 금전채권이며, ⅱ) 丙은 무자력이므로 채권보전의 필요성은 인정되며, ⅲ) 丙이 무자력 상태임에도 채권자취소소송을 제기하지 않고 있어 채무자의 권리불행사의 요건도 충족된다.

(3) 본안판단

채권자취소권이 피대위권리가 될 수 있느냐와 관련하여 判例가 판시하는 바와 같이 "**채권자취소권도 채권자가 채무자를 대위하여 행사하는 것이 가능하다**고 할 것인바, 민법 제404조 소정의 채권자대위권은 채권자가 자신의 채권을 보전하기 위하여 채무자의 권리를 자신의 이름으로 행사할 수 있는 권리라 할 것이므로, 채권자가 채무자의 채권자취소권을 대위행사하는 경우, **제소기간은 대위의 목적으로 되는 권리의 채권자인 채무자를 기준으로 하여 그 준수 여부를 가려야 할 것**이고(즉 대위권을 행사하는 채권자를 기준으로 할 것이 아니다), 따라서 채무자가 취소원인을 안 날로부터 1년, 법률행위가 있은 날로부터 5년 내라면 채권자는 채권자대위권의 행사로서 채권자취소의 소를 제기할 수 있다"(대판 2001.12.27, 2000다73049 : 5회,7회 선택형).

기출해설

2015년 변호사시험 제1문

【기초적 사실관계】

B는 A로부터 2005. 2. 17.부터 2008. 6. 30.까지 사이에 합계 4억 3,000만 원을 차용하였다.

B는 2008. 7. 28. D와 매매대금 2억 원에 D 소유의 X부동산에 대한 매매계약을 체결하고, 자신의 아들인 C와 합의 아래 C에게 위 매매를 원인으로 한 소유권이전등기를 마쳤다.

C 명의로 위 소유권이전등기가 마쳐질 무렵, B의 채무는 A에 대한 4억 3,000만 원과 그 외 금융기관에 대한 1억 원의 대출금 채무가 있었던 반면, B의 재산으로는 시가 1억 원 상당의 주택 외에, 현금 2억 원이 있었는데 그 돈은 X부동산의 매수대금으로 사용되었다.

A는 2009. 5. 10. C를 상대로 하여 B와 C 사이의 명의신탁이 채권자를 해하는 행위라는 이유로 채권자취소소송을 제기하였다.

【추가적 사실관계】

B가 D와 사이에 X부동산에 관한 매매계약을 체결할 때 매매계약서상의 매수인 명의를 B와 D의 합의로 B의 아들인 C로 하였다.

B는 X부동산을 매수하는 계약을 체결한 후, 이를 계속 점유·사용하였다.

매도인 D는 매매계약서에 당사자로 표시된 C를 한 번도 만난 적이 없고, 매매계약과 관련된 협상과 거래는 모두 B를 상대로 하였다고 증언하였다.

C는 당시 대학생(25세)으로서 X부동산을 직접 매수할 만한 자력이 있었다는 자료도 없다.

1. 위 채권자취소소송에서 C는 자신이 X부동산 매매계약의 당사자이므로 명의신탁이 아니라고 주장하였다. 매매계약의 당사자 확정에 관한 원칙에 대하여 설명하고, 이를 이 사안에 구체적으로 적용한 결과를 서술하시오. (10점)

2. C는 자신의 명의로 경료된 등기가 명의신탁으로 인한 것이어서 무효라 하더라도 그와 같은 명의신탁은 사해행위에 해당하지 않는다고 주장하였다. C의 주장에 대한 타당성과 그 이유를 설명하시오. (15점)

【추가적 사실관계】

C는 2008. 8. 1. E에게 X부동산에 관하여 소유권이전등기청구권 보전을 위하여 가등기를 설정하여 주었는데, E는 2008. 9. 1. 위 가등기를 F에게 이전하여 주고 가등기이전의 부기등기를 마쳤다.

A는 2009. 6. 10. E와 F를 공동피고로 하여 ① E와 F에 대하여는 B와 C 사이의 사해행위의 취소를, ② E에 대하여는 X부동산에 대한 E 명의 가등기의 말소를, ③ F에 대하여는 E 명의의 가등기와 F 명의의 가등기이전 부기등기의 말소를 각 구하였다.

재판과정에서 E와 F는 X부동산에 관하여 C 명의의 등기가 경료된 경위를 전혀 알지 못하였다고 주장하였으나, 그에 관한 구체적인 증명은 없었다.

3. B와 C 사이의 명의신탁이 사해행위로 취소된다는 전제 아래, 법원의 E와 F에 대한 원상회복에 관한 판단과 그 이유를 설명하시오. (15점)

사례B-29 중간생략형 명의신탁, 당사자확정과 채권자취소권, 말소등기청구의 상대방★

Ⅰ. 설문 1.의 경우(10)

1. 계약의 당사자 확정에 관한 원칙

(1) 판 례

타인의 명의를 사용하여 행한 법률행위의 경우에 대해 최근의 판결들은 "누가 그 계약의 당사자인가를 먼저 확정하여야 할 것"이라고 보아 **법률행위 해석을 통한 당사자 확정의 문제**로 보고 있다. 즉, 먼저 ① **'자연적 해석'**을 통하여 행위자와 상대방의 의사가 '일치'한 경우에는 그 일치하는 의사대로 행위자 또는 명의자의 행위로 확정하고, ② 그러한 일치하는 의사를 확정할 수 없는 경우에는 **'규범적 해석'**을 통하여 '상대방'이 행위자의 표시를 어떻게 이해했어야 하는가에 따라 당사자가 결정되어야 한다고 한다(대판 1995.9.29, 94다4912 등 : 6회 선택형).

(2) 검토 및 사안의 경우

타인의 명의를 사용한 법률행위의 경우 '효력요건'의 검토(명의신탁의 유효성이나 대리행위의 유효성)에 앞서 '성립요건'과 관련하여 당사자가 누구인지를 법률행위의 해석을 통해 확정해야 하는바, 判例의 태도가 타당하다.

사안에서 C는 대학생으로 X부동산을 직접 매수할 자력이 있었다는 자료가 없고, 계약 체결 과정에 있어 C는 전혀 관여함이 없이 B와 D간의 협상과 거래가 이루어졌으며, 계약 체결 이후 B가 X부동산을 계속 점유·사용하였다는 점을 고려할 때, B와 D는 모두 B를 계약의 당사자로 하려는 의사였다고 보여지므로 '자연적 해석'에 따라 B를 계약의 당사자로 보아야 한다. 아울러 설령 B에게 C를 당사자로 할 의사가 있었다고 하더라도 '규범적 해석'에 따라 B를 매매계약의 당사자로 보는 것이 타당하다.

2. 사안에 구체적으로 적용한 결과

따라서 20008. 7. 28. 체결한 X부동산 매매계약의 매도인은 D이고 매수인은 B인데, 매수인 B가 제3자 C와 합의하여 D에게서 C에게로 위 매매를 원인으로 한 소유권이전등기를 마친 것은 제3자간(중간생략형) 명의신탁에 해당한다. 그러므로 C는 자신이 X부동산 매매계약의 당사자이므로 명의신탁이 아니라는 주장은 타당하지 않다. 결국 **당해 매매계약의 당사자는 C가 아니라 B이다.**

Ⅱ. 설문 2.의 경우(15)

1. 결 론

사안의 중간생략형 명의신탁은 사해행위에 해당하므로 C의 주장은 타당하지 않다.

2. 근 거

(1) 중간생략형 명의신탁의 법률관계

앞서 검토한 **명의신탁약정과 그에 의한 등기는 무효**이다(부동산 실명법 제4조 1항, 2항 본문). 따라서 B와 C간의 명의신탁 약정 및 C 명의의 소유권이전등기는 무효이다.

(2) 채무초과 상태에서 매수한 부동산을 명의신탁한 경우의 사해행위성

1) '사해행위'의 일반적인 판단기준

채무자가 채권자를 해함을 알고 재산권을 목적으로 한 법률행위를 한 때에는 채권자는 그 취소 및 원상회복을 법원에 청구할 수 있는바(제406조), 여기서 채권자를 해한다 함은 채무자의 재산행위로 그의 일반재산이 감소하여 '채권의 공동담보에 부족'이 생기게 되는 것, 즉 채무초과상태에 이르거나 이미 이른 채무초과상태가 심화되어야 한다(즉, 채무자의 무자력).

2) 판 례

判例는 채무자가 채무초과상태에서 매수한 부동산의 등기명의를 아들에게 신탁하고 이에 따라 소유권이전등기를 마친 사안에서, "위 (중간생략형)명의신탁약정은 공동담보인 금전을 출연하여 그 대가(부동산)을 매수하고도 그의 공동담보재산으로 편입시키지 않은 것이 되어 사해행위에 해당한다"(대판 2004.3.25. 2002다69358)고 판시하였다.

3) 검토 및 사안의 경우

사안에서 B는 명의신탁 당시에 이미 A에 대한 4억 3,000만 원의 채무 및 그 외 금융기관에 대한 1억 원의 대출 채무로 총 5억 3,000만 원의 채무를 지고 있었던 반면, 적극재산은 1억 원 상당의 주택과 2억 원의 현금으로 총 3억 원 정도에 불과하여 채무초과 상태였다. 이 상태에서 B는 매매대금 2억 원을 X부동산의 매수대금으로 사용하였으므로, 이는 채무초과상태가 심화되었다고 할 수 있어 사해행위성이 인정된다.

한편 부동산실명법은 매도인과 명의신탁자 사이의 매매계약의 효력을 부정하는 규정을 두고 있지 아니하므로 그들 사이의 매매계약은 유효하므로, 명의신탁자 B는 매도인 D에 대하여 매매계약에 기한 소유권이전등기를 청구할 수 있고, 그 소유권이전등기청구권을 보전하기 위해 D를 대위하여 수탁자 C명의의 등기의 말소를 구할 수 있다(대판 2002.3.15, 2001다61654). 하지만 이러한 청구권이 인정된다고 하여도 B가 매매대금 2억 원을 그대로 보유할 때와 비교하여 채무초과상태를 심화시킨다는 점에는 의문이 없어 B와 C사이에 명의신탁의 사해행위성이 부정되는 것은 아니다.

Ⅲ. 설문 3.의 경우(15)

1. 법원의 판단

법원은 A의 E에 대한 가등기말소 청구는 '피고적격'의 흠결을 이유로 소각하 판결을, A의 F에 대한 가등기이전 부기등기말소 청구에 대해서는 '소의 이익'의 흠결을 이유로 역시 소각하 판결을, 그러나 A의 F에 대한 E명의 가등기 말소청구 부분은 청구인용판결을 하여야 한다.

2. 이 유

(1) 말소등기청구의 상대방 및 말소의 대상이 되는 등기[1)]

1) 판 례

"가등기의 이전에 의한 부기등기는 기존의 가등기에 의한 권리의 승계관계를 등기부상에 명시하는

1) [문제점] 사안에서는 B와 C사이의 명의신탁이 사해행위로 취소된다고 전제하였으므로 취소에 따른 원상회복청구와 관련하여 C명의의 등기가 말소되어야 하는바, 이를 위해서는 등기상 이해관계 있는 제3자의 승낙이 있어야 한다(부동산등기법 제57조 1항). 이와 관련하여 사안에서는 가등기말소등기청구의 상대방이 가등기권자인 E인지 부기등기권자인 F인지, 말소대상이 되는 등기가 가등기인지 부기등기인지 문제된다.

것뿐으로 그 등기에 의하여 새로운 권리가 생기는 것이 아닌 만큼 **가등기의 말소등기청구는 양수인만을 상대로 하면 족하고,** 양도인은 그 말소등기청구에 있어서의 피고적격이 없다 할 것이고, 가등기 이전의 부기등기는 기존의 주등기인 가등기에 종속되어 주등기와 일체를 이루는 것이어서 피담보채무가 소멸된 경우에는 **주등기인 가등기의 말소만 구하면 되고** 위 부기등기는 별도로 말소를 구하지 않더라도 주등기의 말소에 따라 직권으로 말소된다 할 것이다"(대판 2013.6.28. 2013다8564).

2) 검토 및 사안의 경우

이행의 소에서는 원칙적으로 자기에게 이행청구권이 있음을 '주장'하는 자가 원고적격을 가지며 그로부터 이행의무자로 '주장'된 자가 피고적격을 가진다. 즉 주장 자체로 당사자적격 여부를 판단한다.[2] 다만 判例는 사안과 같은 '말소등기청구'사건에서는 "등기의무자, 즉 등기부상의 형식상 그 등기에 의하여 권리를 상실하거나 기타 불이익을 받을 자(등기명의인이거나 그 포괄승계인)가 아닌 자를 상대로 한 등기의 말소절차이행을 구하는 소는 당사자적격이 없는 자를 상대로 한 부적법한 소이다"(대판 1994.2.25. 93다39225)라고 판시하여 **등기의무의 존부를 당사자적격의 문제로 파악한다**(대판 2009.10.15. 2006다43903).

사안의 경우 현재 가등기 명의자는 부기등기를 경료받은 F이므로, 피고 E는 등기명의자가 아니므로 등기의무자가 아니다. 이와 같이 주장자체로 이유가 없는 경우에는 본안심리에 들어갈 필요가 없기 때문에 소를 각하한 判例는 수긍할 만하다. 따라서 법원은 **A의 E에 대한 가등기말소 청구에 대해서는 소각하판결**을 선고해야 한다. 또한 주등기가 말소되는 경우에는 이에 따른 부기등기도 직권으로 말소되므로 부기등기에 대한 말소등기청구는 소의 이익이 없다. 따라서 법원은 **A의 F에 대한 가등기이전 부기등기말소 청구에 대해서도 소각하판결**을 선고해야 한다.

(2) 전득자 F의 '사해의사' 여부[3]

1) 판 례

사해의사의 증명책임과 관련하여 判例는 "사해행위취소소송에 있어서 채무자의 악의의 점에 대하여는 그 취소를 주장하는 채권자에게 입증책임이 있으나 수익자 또는 전득자가 악의라는 점에 관하여는 입증책임이 채권자에게 있는 것이 아니고 **수익자 또는 전득자 자신에게 선의라는 사실을 입증할 책임**이 있다"고 한다(대판 1997.5.23. 95다51908 : 1회,2회,5회 선택형).

2) 검토 및 사안의 경우

채무자의 악의가 증명되었다면 수익자 또는 전득자의 악의는 추정된다고 보는 것이 타당하다. 따라서 사안에서 E와 F는 X부동산에 관하여 C 명의의 등기가 경료된 경위를 전혀 알지 못하였다고 주장하였으나, 그에 관한 구체적인 증명은 없었으므로 이들의 악의는 추정된다. 그렇다면 사해행위 취소의 요건을 모두 구비하였으므로 법원은 F를 피고로 하는 'E명의 가등기 말소청구'부분은 청구인용판결을 하여야 한다.

---

2) 따라서 원고적격자·피고적격자의 판단에 있어서 실제로 이행청구권자 의무자일 것을 요구하지 않는다. 원고가 실제 청구권자이며 피고가 실제 의무자인가는 본안심리에서 가릴 문제로서(이를 본안적격이라고 하는데 당사자적격과 구별된다), 실제 권리·의무자가 아님이 판명되면 기각되는 것이며 당사자적격 흠결로 각하되는 것이 아니다.

3) [문제점] 결국 사안에서 A의 사해행위 취소 및 원상회복 소송은 F를 피고로 하는 'E명의 가등기 말소청구'부분만 피고적격이 인정되고, 사해행위 있은 2008. 7. 28. 무렵으로부터 1년이 경과하지 않은 2009. 6. 10.에 소 제기하였는바 제소기간도 준수하고 있다(제406조). 따라서 본안판단이 가능한바, 사안에서는 B와 C사이의 명의신탁이 사해행위로 취소된다고 전제하였으므로, 문제는 전득자 F의 '사해의사'여부이다.

기출해설 2019년 변호사시험 제2문

【기초적 사실관계】

甲은 2017. 2. 3. 乙에게 1억 원을 이자 연 5%, 변제기 2018. 1. 2.로 정하여 대여하였다. 乙은 유일한 재산으로 X아파트를 소유하고 있다.

[※ 추가적 사실관계는 각각 별개임] [※ 제시된 일자는 공휴일이 아닌 것으로 간주함]

【추가적 사실관계 1】

乙은 2017. 6. 2. 친구인 丙과 X아파트에 관하여 명의신탁 약정을 체결하고, 같은 날 丙에게 X아파트에 관한 소유권이전등기를 마쳤다. 乙은 2017. 8. 5. 丁에게 X아파트를 매도하기로 하고, 乙 자신을 매도인으로, 丁을 매수인으로 하는 매매계약을 체결하였다. 乙은 같은 날 丙의 협조를 받아 X아파트에 관하여 丙에서 丁으로 소유권이전등기를 마쳤다.

甲은 2018. 6. 5. 丁을 상대로, 채무자인 乙이 丁에게 X아파트를 매도한 행위는 사해행위에 해당하므로, 위 매매계약의 취소와 소유권이전등기의 말소를 구하는 소를 제기하였다. 이에 丁은 X아파트를 乙로부터 매수한 것은 사실이나, 乙이 매도한 것은 丙 명의로 소유권이전등기가 마쳐진 X아파트이므로 乙의 채권자인 甲이 사해행위 취소를 구할 수 없다고 주장한다. 심리 결과 乙의 재산상태는 위 매매계약 당시부터 변론종결 당시까지 채무초과임이 인정된다.

1. 법원은 어떠한 판단을 하여야 하는지 1) 결론(소각하/청구기각/청구인용/청구일부인용 - 일부 인용의 경우에는 인용범위를 특정할 것)과 2) 논거를 기재하시오. (15점)

【추가적 사실관계 2】

乙은 2017. 3. 3. 丙에게 X아파트를 매도하고 X아파트에 관하여 소유권이전등기를 마쳐 주었다. 乙의 채권자 丁은 2017. 6. 5. 丙을 상대로 乙과 丙 사이의 위 매매계약이 사해행위라고 주장하면서, 위 매매계약의 취소와 丙 명의의 소유권이전등기의 말소를 구하였다(이하 '이 사건 전소'라 함). 丁은 2018. 1. 25. 이 사건 전소에서 전부 승소하였고, 丙이 항소하지 않아 이 사건 전소가 확정되었다. 丙은 2018. 2. 25. 乙에게 X아파트에 관한 소유권이전등기를 말소하여 주었다.

乙은 2018. 3. 4. X아파트에 관하여 소유권이전등기가 회복된 것을 기화로 戊에게 X아파트를 매도하고 다음 날 X아파트에 관하여 戊에게 소유권이전등기를 마쳐주었다. 이에 甲은 2018. 6. 5. 戊를 상대로 戊 명의의 소유권이전등기가 원인무효임을 주장하며 소유권이전등기 말소청구의 소를 제기하였다. 이에 戊는 ① 채무자인 乙은 X아파트를 처분할 권한이 있고, ② 甲은 이 사건 전소의 취소채권자가 아니고, 채무자의 재산에 강제집행 절차를 통해 배당을 받을 수 있는 일반채권자일 뿐 등기말소청구권을 행사할 권리가 없다고 주장한다.

2. 법원은 어떠한 판단을 하여야 하는지 1) 결론(소각하/청구기각/청구인용/청구일부인용 - 일부 인용의 경우에는 인용범위를 특정할 것)과 2) 논거를 기재하시오. (20점)

사례B-30 양자간 명의신탁자의 사해행위, 취소로 원상회복된 재산을 채무자가 처분한 경우

Ⅰ. 문제 1.의 경우(15)

1. 결 론

법원은 甲의 청구를 전부 인용하여야 한다.

2. 논 거

(1) 사해행위 취소소송의 적법요건 (피, 제, 대)

채권자취소권의 적법요건으로 ⅰ) 피고적격, ⅱ) 제소기간, ⅲ) 대상적격을 갖출 것이 요구된다. 즉, ⅰ) '상대적 무효설'에 따르면 악의인 수익자 혹은 전득자만이 피고가 되며, 채무자는 피고적격이 없다. ⅱ) 채권자취소의 소는 채권자가 취소원인을 안 날로부터 1년, 법률행위 있은 날로부터 5년 내에 제기하여야 하며, ⅲ) 취소의 대상은 채무자와 수익자의 법률행위이다(제406조).

사안의 경우 甲은 乙이 2017. 8. 5. 丁에게 X아파트를 매도한 날로부터 1년 이내인 2018. 6. 5. 수익자인 丁을 상대로 매매계약의 취소 및 원상회복을 구하였으므로 적법요건은 충족되었다.

(2) 사해행위 취소소송의 본안요건 (보, 사, 사)

채권자취소권의 요건으로서 ① 객관적 요건으로는 ⅰ) (금전)채권이 사해행위 이전에 발생하여야 하고(피보전채권), ⅱ) 채권자를 해하는 재산권을 목적으로 하는 법률행위가 있어야 하며(사해행위), ② 주관적 요건으로는 채무자 및 수익자(또는 전득자)의 사해의사가 있어야 한다(제406조).

1) 피보전채권의 존재여부

채권자취소권의 피보전채권은 사해행위를 목적으로 하는 원인행위 이전에 발생되어 있어야 하는 것이 원칙이다(대판 1962.11.15, 62다634).

사안의 경우 甲의 乙에 대한 2017. 2. 3.자 소비대차계약에 기한 대여금채권은 2017. 8. 5.에 체결된 乙과 丁 사이의 매매계약보다 먼저 발생하였으므로 피보전채권의 존재가 인정된다.

2) 사해행위의 존재여부

判例에 따르면 '부동산 실권리자명의 등기에 관한 법률'(이하 동법)의 시행 후에 부동산 소유자가 등기명의를 수탁자에게 이전하는 이른바 양자간 명의신탁에서, 신탁부동산에 관하여 채무자인 신탁자가 '실질적 당사자'(신탁자가 직접 자신의 명의 또는 수탁자의 명의로 제3자와 매매계약을 체결하는 등)가 되어 법률행위를 하는 경우 이러한 신탁자의 법률행위가 사해행위에 해당할 수 있다고 보고, 이 경우 사해행위의 대상은 '신탁자'와 제3자 사이의 법률행위가 될 것이고, 원상회복은 제3자가 '수탁자'에게 말소등기절차를 이행하는 방법에 의할 것이라고 한다(대판 2012.10.25, 2011다107382).

사안의 경우 乙과 丙사이의 명의신탁 약정은 무효이며(동법 제4조 1항), 따라서 여전히 위 아파트는 乙의 소유이고 乙이 2017. 8. 5. 丁에게 위 아파트를 매도한 행위는 사해행위에 해당한다.

3) 사해의사의 존재여부

判例는 사안과 같이 채무자가 자신의 유일한 재산인 부동산을 매각하여 소비하기 쉬운 금전으로 바꾼 경우, 채무자의 사해의사를 추정한다(대판 1997.5.9. 96다2606). 따라서 채권자 甲은 乙의 위 매매계약을 취소할 수 있다.

(3) 취소의 범위 및 원상회복

원칙적으로 취소의 범위는 취소채권자의 피보전채권액 범위에 한정되지만, 사안과 같이 불가분적인 목적물을 대상으로 하는 하나의 매매계약을 취소하고 원물 반환을 구하는 경우에는, 피보전채권을 초과하더라도 그 전부의 취소를 구할 수 있다. 결국, 甲은 위 매매계약을 전부 취소하고, 원상회복의 방법으로서 원물반환(소유권이전등기의 말소)을 구할 수 있다.

Ⅱ. 문제 2.의 경우(10)

1. 결 론

법원은 甲의 청구를 전부 인용하여야 한다.

2. 논 거

(1) 사해행위 취소의 효력

"취소채권자의 사해행위취소 및 원상회복청구에 의하여 채무자에게로 회복된 재산은 취소채권자 및 다른 채권자에 대한 관계에서 채무자의 책임재산으로 취급될 뿐 **채무자가 직접 그 재산에 대하여 어떤 권리를 취득하는 것은 아니다**"(대판 2017.3.9. 2015다217980 : 7회 선택형).

(2) 채무자 처분행위의 효력

"따라서, 채무자가 사해행위 취소로 등기명의를 회복한 부동산을 제3자에게 처분하더라도 **이는 무권리자의 처분에 불과하여** 효력이 없으므로, 채무자로부터 제3자에게 마쳐진 소유권이전등기나 이에 기초하여 순차로 마쳐진 소유권이전등기 등은 모두 원인무효의 등기로서 말소되어야 한다"(대판 2017.3.9. 2015다217980 : 7회 선택형).

(3) 말소등기 방법

"이 경우 취소채권자나 민법 제407조에 따라 사해행위 취소와 원상회복의 효력을 받는 채권자는 채무자의 책임재산으로 취급되는 부동산에 대한 강제집행을 위하여 원인무효 등기의 명의인을 상대로 등기의 말소를 청구할 수 있다"(대판 2017.3.9. 2015다217980).

(4) 사안의 경우

甲은 乙의 사해행위 이전에 乙에 대한 대여금채권을 가지고 있었으므로, 민법 제407조의 채권자에 해당한다. 따라서 甲은 X 아파트에 대한 강제집행을 위하여 戊에게 그 명의로 마쳐진 소유권이전등기의 말소등기절차를 이행할 것을 청구할 수 있다. 그러므로 법원은 채권자 甲의 청구를 전부 인용하여야 한다.

기출해설

2006년 사법시험 제1문

2005. 2. 2. 甲은 乙에 대해 불법행위에 따른 2억 원 상당의 손해배상채권을 취득하였다. 그런데 乙은 甲으로부터 강제집행 당할 것을 염려한 나머지 2005. 8. 6. 자신의 유일한 재산으로서 시가 1억 5,000만원 상당(이후 시가변동 없음)인 21평 아파트에 관하여 자신의 동생인 丁에게 2005. 8. 4.자 증여를 원인으로 한 소유권이전등기절차를 마쳤다. 그 후 丁은 위와 같은 사정을 모르는 戊은행으로부터 돈을 차용하면서 위 아파트에 관하여 채권자를 戊로 한 채권최고액 7,000만원의 근저당권 설정등기를 마쳤다. 甲은 위 증여사실과 위 아파트가 유일한 재산이라는 사실을 2005. 9. 4. 알게 되었다. 한편 甲은 별다른 조치를 취하지 않은 채 오늘(2006. 6. 21.)에 이르렀다.

2. 甲이 乙의 책임재산의 보전을 위해서 취해야 할 조치의 내용 및 책임재산의 원상회복방법에 관하여 설명하시오. (40점)

사례B-31 악의의 수익자가 선의의 전득자에게 저당권을 설정해 준 경우 채권자취소권★

설문 2. (40)

Ⅰ. 논점의 정리(3)

甲이 乙의 책임재산을 보존하기 위한 조치로써 사안에서는 채권자취소권의 행사 가부 및 행사방법이 가장 문제된다(제406조). 이 때 乙과 丁 간의 증여가 통정허위표시로 무효(제108조)라서 취소의 대상이 없는 것은 아닌지, 선의의 전득자 戊가 존재하는 경우 행사방법 및 반환범위는 어떻게 되는지 등이 문제된다.

Ⅱ. 甲이 乙의 책임재산의 보전을 위해서 취해야 할 조치(35)

1. 甲의 채권자취소권 행사 가부

(1) 피고적격 및 제소기간 등의 준수 … 취소소송의 적법요건

1) 피고적격

통설 및 判例인 '상대적 무효설' 에 의할 때 채무자 乙은 피고가 될 수 없고, 수익자 丁을 피고로 하여야 한다.

2) 제소기간의 준수

甲이 위 증여사실과 위 아파트가 유일한 재산이라는 사실을 안 2005. 9. 4.이 '취소 원인' 을 안 때라고 할 것이므로 그 날부터 1년 내, 법률행위가 있은 날인 2005. 8. 4.부터 5년 내에 소를 제기하여야 하므로(제406조 1항) 2006. 6. 21. 현재 제척기간은 도과하지 않았다.

[관련판례] 사해행위의 객관적 사실을 알았다고 하여 취소의 원인을 알았다고 추정할 수는 없으나(대판 2006.7.4, 2004다61280), 예를 들어 채무자가 유일한 재산인 부동산을 매각하여 소비하기 쉬운 금전으로 바꾸는 경우에는 채무자의 사해의사는 추정되므로, 채무자가 유일한 재산인 부동산을 매도한 경우 그러한 사실을 채권자가 알게 된 때에 **채권자가 채무자에게 당해 부동산 외에는 별다른 재산이 없다는 사실을 알고 있었다면 그 때 채권자는 채무자가 채권자를 해함을 알면서 사해행위를 한 사실을 알게 되었다고 보아야 한다**(대판 1999.4.9, 99다2515). 즉 채무자의 악의가 사실상 추정되는 경우에는 이에 대한 구체적인 인식은 필요 없다(대판 2000.9.29. 2000다3262).

3) 대상적격

취소의 대상은 채무자와 수익자 사이의 법률행위이지 수익자와 전득자의 법률행위가 아니다(대판 2004.8.30. 2004다21923). 따라서 사안에서 乙과 丁 사이의 2005. 8. 4.자 증여계약이 취소의 대상이다.

(2) 채권자취소권의 발생 여부 … 취소소송의 본안요건

1) 채권자취소권 발생요건(보, 사, 사)

채권자취소권의 요건으로서 ① 객관적 요건으로는 ⅰ) (금전)채권이 사해행위 이전에 발생하여야 하고(피보전채권), ⅱ) 채권자를 해하는 재산권을 목적으로 하는 법률행위가 있어야 하며(사해행위), ② 주관적 요건으로는 채무자 및 수익자(또는 전득자)의 사해의사가 있어야 한다(제406조).

2) 乙의 증여가 사해행위에 해당하는지 여부

가) 乙과 丁 간의 증여가 허위표시로 무효인지 여부

乙은 유일한 재산인 자기 소유 아파트가 강제집행 당할 것을 대비하여 그 아파트를 그의 동생 丁에게 증여를 원인으로 한 소유권이전등기를 하여 두었는바, 이러한 간접사실이나 보조사실에 비추어 乙과 丁 간에 통정에 의한 증여 또는 명의신탁이 이루어진 것으로 추단할 수 있다(대판 1978.4.25, 78다226 등).[1] 따라서 乙과 丁 간의 통정에 의한 증여 또는 명의신탁은 무효이다(제108조 또는 부동산 실권리자 명의등기에 관한 법률 제4조).[2]

나) 통정허위표시로써 무효인 증여행위가 채권자취소권의 대상이 되는지 여부

허위표시도 제406조의 '법률행위' 에 해당한다. 왜냐하면 무효와 취소의 '이중효'의 이론적 측면뿐만 아니라 통정허위표시의 경우 제3자의 보호법리(제108조 2항)에 의해 채무자의 재산이 일탈될 가능성이 있어 채권자가 사해행위를 주장하여 그 취소를 구할 실익이 있기 때문이다.

3) 乙 및 丁의 사해의사 여부

채무자가 자기의 유일한 재산인 부동산을 타인에게 무상으로 이전하여 주는 행위는 특별한 사정이 없는 한 채권자에 대하여 사해행위가 된다고 볼 것이므로 **채무자 乙의 사해의 의사는 추정**되는 것이고, 이를 이전 받은 丁이 사해의사가 없다는 점을 입증을 해야 한다(대판 2001.4.24, 2000다41875).

4) 소 결

따라서 甲은 乙과 丁 사이의 증여계약을 사해행위를 이유로 취소할 수 있다. 다만 취소의 범위는 원상회복의 방법에 따라 달라질 수 있다.

---

1) 判例는 가령 장인과 사위 사이의 농지매매를 허위표시로 보았으며, 부부간의 부동산매매도 특단의 사정이 없는 한 허위표시로 보았다.

2) 그러나 설사 乙과 丁 간의 증여가 진정한 증여로 입증된다고 하더라도 사해의사가 입증된다면 이하에서 검토할 채권자취소권을 행사할 실익은 있다.

2. 甲의 채권자취소권 행사방법

(1) 원물반환

1) 소유권이전등기말소를 청구할 수 있는지 여부

甲은 원상회복(원물반환)으로서 丁명의의 위 소유권이전등기를 실제로 말소하기 위해서는 戊의 승낙이나 戊에게 대항할 수 있는 확정판결정본이 필요한바(부동산등기법 제57조 1항), 이는 甲이 乙에 대한 채권을 보전하기 위한 실효적인 권리구제수단이 되지 못한다.

2) 진정명의회복을 원인으로 한 소유권이전등기를 청구할 수 있는지 여부

부동산의 소유권이 악의의 수익자에게 이전된 후 '선의의 전득자가 저당권'을 취득한 경우 判例는 "**채권자가 스스로 위험이나 불이익을 감수하면서 원물반환을 구하는 것까지 허용되지 아니하는 것으로 볼 것은 아니고,** 그 경우 채권자는 원상회복 방법으로 가액배상 대신 수익자 명의의 등기의 말소를 구하거나 수익자를 상대로 채무자 앞으로 직접 소유권이전등기절차를 이행할 것을 구할 수 있다"(대판 2001.2.9, 2000다57139 : 1회,6회 선택형)고 판시하여 말소등기 대신에 진정명의회복을 원인으로 한 소유권이전등기도 허용된다고 하는바, 甲은 丁에 대하여 乙앞으로 소유권이전등기를 할 것을 청구할 수 있다. 그런데 이 경우에는 戊의 근저당권이 그대로 남게 된다. 그렇다면 戊의 근저당권의 채권최고액에 상당하는 부분은 원상회복이 안 된 것과 마찬가지이다.[3)]

따라서 이 방법 또한 적당하지 않다.

(2) 가액반환

1) 가액반환의 인정 여부

앞서 보았듯이 사안에서는 원상회복으로서 원물반환만을 인정할 경우 사해행위 이전의 상태로 완전하게 원상회복되지 않는 문제가 생긴다. 따라서 사안에서와 같이 선의의 전득자가 있는 경우 수익자가 채무자에게 원물반환하는 것이 거래상의 관념에 비추어 불가능하거나 현저히 곤란하다고 보아 가액반환을 인정하여야 한다(대판 2001.2.9, 2000다57139).

2) 가액반환을 판단하는 시기와 기준

가액상환에서 가액은 '사해행위가 성립하는 범위 내'에서 **'사실심변론종결시'**(사해행위시가 아님)를 기준으로 하여 산정된다(대판 2001.12.27, 2001다33734 : 6회 선택형). 따라서 채무자 乙의 책임재산인 21평 아파트의 시가는 변동없이 1억 5,000만원 상당액이고, 가액반환시에는 선의의 제3자 戊의 저당권액을 공제하지 않고 목적물가액 전액을 청구할 수 있다(대판 2003.12.12, 2003다40286).[4)]

가액배상은 ⅰ) 채권자의 피보전채권액, ⅱ) 목적물의 공동담보가액, ⅲ) 수익자·전득자가 취득한 이익 중 가장 적은 금액을 한도로 이루어지는바, 甲은 乙에 대한 손해배상채권 2억 원 및 이에 대한 사실심변론종결시까지의 지연손해금(대판 2002. 4.12, 2000다63912) 전부가 아닌 1억 5,000만 원 상당의 범위에서 가액반환을 청구할 수 있을 뿐이다.

---

3) ★ 즉, 甲이 乙에 대한 집행권원에 기하여 乙에게 그 소유권이 회복된 위 아파트에 대하여 강제경매를 신청하는 경우, 그 강제경매에 따른 배당절차에서 戊가 위 근저당권의 피담보채권 상당액을 우선변제받기 때문이다.

4) "사해행위 후 그 목적물에 관하여 선의의 제3자가 저당권을 취득하였음을 이유로 가액반환을 명하는 경우에는 사해행위 당시 일반채권자들의 공동담보로 되어 있었던 부동산 가액 전부의 배상을 명하여야 할 것이고, 그 가액에서 제3자가 취득한 저당권의 피담보채권액을 공제할 것은 아니다. 그리고 증여의 형식으로 이루어진 사해행위를 취소하고 원물반환에 갈음하여 그 목적물 가액의 반환을 명함에 있어서는 수익자에게 부과된 증여세액과 취득세액을 공제하여 가액반환액을 산정할 것도 아니다"

[참고판례] 가액반환을 하는 경우 채권자가 지급받은 가액배상금에 대해 다른 채권자들이 배당요구를 할 수 없으므로(현행법상 위 지급받은 가액배상금을 분배하는 방법이나 절차 등에 관한 아무런 규정이 없다), 이때에는 취소채권자는 자신의 채권액을 초과하여 가액배상을 구할 수 없다(대판 2008.11.13, 2006다1442 : 3회 선택형).

3) 가액반환의 상대방

원상회복을 가액배상으로 하는 경우에 채권자 甲은 직접 丁에게 가액배상을 청구할 수 있다. 이 경우 甲은 원칙적으로 乙에게 이를 반환하여야 하나 다른 한편 乙에게 손해배상채권을 가지고 있으므로 위 양 채권을 대등액에서 상계할 수 있는데, 이렇게 되면 甲은 乙의 다른 일반채권자들보다 **'사실상 우선변제'** 받는 결과가 된다.[5] 그러나 이상의 설명은 丁이 가액을 반환할 자력이 있는 경우에 의미가 있는 것이고, 그렇지 않은 경우 원물반환을 청구하는 것이 보다 나을 것이다.

3. 甲의 채권자대위권 행사 가부

乙의 丁에 대한 증여가 허위표시에 해당한다면, 甲이 乙을 대위하여 소유권에 기한 물권적 청구권, 부당이득반환청구권이 피대위권리가 되어 채권자대위권을 행사할 수 있다(제404조). 다만 사안에서는 戊은행이 선의의 제3자이어서 甲은 戊에게 무효로 대항할 수 없다고도 할 수 있으나, **시가 1억 5,000만원의 목적물에 채권최고액 7,000만원의 근저당권이 설정되었으므로 그 잔여의 책임재산 가치를 파악할 필요는 있다고** 보여진다.[6]

Ⅲ. 사안의 해결(2)

甲은 乙과 丁 사이의 증여계약을 사해행위를 이유로 취소할 수 있고, 이 경우 채권자 甲은 직접 丁에게 가액배상을 청구할 수 있으나, 丁에게 가액을 반환할 자력이 없다면 戊의 근저당권이 그대로 남은 상태로 원물반환을 청구할 수도 있다.

한편, 乙의 丁에 대한 증여가 허위표시에 해당한다면, 甲은 乙을 대위하여 소유권에 기한 물권적 청구권, 부당이득반환청구권을 행사할 수 있다(제404조).

---

5) **[관련판례]** "사해행위의 취소와 원상회복은 모든 채권자의 이익을 위하여 그 효력이 있으므로(제407조), 채권자취소권의 행사로 채무자에게 회복된 재산에 대하여 취소채권자가 우선변제권을 가지는 것이 아니라 다른 채권자도 총채권액 중 자기의 채권에 해당하는 안분액을 변제받을 수 있는 것이지만, 이는 채권의 공동담보로 회복된 채무자의 책임재산으로부터 민사집행법 등의 법률상 절차를 거쳐 다른 채권자도 안분액을 지급받을 수 있다는 것을 의미하는 것일 뿐, 다른 채권자가 이러한 법률상 절차를 거치지 아니하고 취소채권자를 상대로 하여 안분액의 지급을 직접 구할 수 있는 권리를 취득한다거나, 취소채권자에게 인도받은 재산 또는 가액배상금에 대한 분배의무가 인정된다고 볼 수는 없다. 가액배상금을 수령한 취소채권자가 이러한 분배의무를 부담하지 아니함으로 인하여 사실상 우선변제를 받는 불공평한 결과를 초래하는 경우가 생기더라도, 이러한 불공평은 채무자에 대한 파산절차 등 도산절차를 통하여 시정하거나 가액배상금의 분배절차에 관한 별도의 법률 규정을 마련하여 개선하는 것은 별론으로 하고, 현행 채권자취소 관련 규정의 해석상으로는 불가피하다"(대판 2008.6.12, 2007다37837).

6) 양창수, 고시계 2006년 8월호, p.301

기출해설

2014년 변호사시험 제1문

甲은 2005. 1. 4. A에게 1억 5천만 원을 이자 월 2%, 변제기 2005. 3. 4.로 정하여 대여하였다. 2007. 11. 26. A의 유일한 재산인 X건물에 관하여 2007. 4. 10.자 매매를 원인으로 하여 A의 여동생 B 명의의 소유권이전등기가 경료되었고, 2007. 12. 11. 乙을 권리자로 하여 2007. 12. 10.자 매매예약을 원인으로 한 소유권이전청구권 가등기가 경료되었다. 甲은 2008. 6. 2. B를 상대로, A와 B 사이에 체결된 2007. 4. 10.자 매매계약이 사해행위임을 이유로 위 매매계약의 취소 및 X건물에 관하여 B 명의로 경료된 소유권이전등기의 말소 소송을 제기하여, 2008. 12. 30.에 원고 전부 승소 판결이 선고되었으며 제1심 판결이 2009. 1. 20. 확정되었다. 위 2007. 4. 10.자 매매는 A가 사해의사를 가지고 한 사해행위임이 명백하고, B와 乙도 위 2007. 4. 10.자 매매가 사해행위임을 알고 있었다. 이러한 사실들을 甲은 2008. 5. 25.에야 비로소 알게 되었다.

甲이 원상회복의 차원에서 2009. 10. 30.에 乙을 상대로 소유권이전청구권가등기 말소청구소송을 제기한 경우 법원은 어떤 판단을 하여야 하는지와 그 근거를 서술하시오. (20점)

사례B-32 채권자취소소송과 원상회복청구소송(제소기간, 기판력)

Ⅰ. 결 론(1)

법원은 甲의 乙에 대한 소에 대해 소각하 판결을 하여야 한다.

Ⅱ. 근 거(19)

1. 甲의 B에 대한 사해행위 취소판결의 효력

(1) 채권자취소송의 법적성질

채권자취소권의 행사는 '거래안전'의 영향이 크므로 취소권 행사의 효과는 수익자나 전득자로부터 일탈재산의 반환을 청구하는데 필요한 범위에서만, 즉 채권자와 그들에 대한 상대적 관계에서만 발생한다고 보는 **상대적 무효설이 통설·判例**(대판 2004.8.30. 2004다21923)의 견해로 타당하다.

(2) 채권자 甲의 수익자 B에 대한 채권자취소소송의 효력이 전득자 乙에게도 미치는지 여부(기판력)

앞서 검토한 상대적 무효설에 따르면 채권자취소의 효력은 소송의 당사자인 채권자 甲과 수익자 B에게만 미치고 전득자 乙에게는 미치지 않는다. 判例도 "비록 채권자가 수익자를 상대로 사해행위의 취소를 구하는 소를 이미 제기하여 채무자와 수익자 사이의 법률행위를 취소하는 내용의 판결을 선고받아 확정되었더라도 그 판결의 효력은 그 소송의 피고가 아닌 전득자에게는 미칠 수 없다"(대판 2005.6.9. 2004다17535)고 한다.

2. 乙에 대해 취소소송을 제기함이 없이 원상회복만 청구할 수 있는지 여부

매매예약으로 인한 소유권이전등기청구권 보전을 위한 가등기가 사해행위로서 이루어진 경우 그 매매예약을 취소하고 원상회복으로서 가등기를 말소하면 족하다(대판 2001.6.12. 99다20612).[1] 한편 채권자가 제406조 제1항에 따라 사해행위의 취소와 원상회복을 청구하는 경우 사해행위의 취소만을 먼저 청구한 다음 원상회복을 나중에 청구할 수 있다(대판 2001.9.4. 2001다14108 : 5회,8회 선택형).[2] 그러나 사안과 같이 **원상회복의 전제가 되는 사해행위의 취소가 없이 원상회복의 차원에서 전득자 乙을 상대로 가등기 말소청구소송만을 구할 수는 없다.** 이 때 사해행위취소소송을 제기함이 없이 원상회복만을 청구한 경우 ① 각하설도 있으나, ② 원상회복의 전제가 되는 사해행위의 취소가 없는 이상 원상회복청구권은 인정되지 아니하므로 청구기각을 하여야 한다는 **'청구기각설' 이 타당하다**(대판 2008.12.11, 2007다69162 참고).[3] 다만 이 경우에도 원상회복청구가 민법 제406조 제2항에서 정한 제소기간 내에 제기되지 않은 경우에는 본안 판단에 들어감이 없이 제소기간의 도과를 이유로 소를 각하하여야 한다(소송요건심사 선순위성).[4]

3. 乙에 대한 채권자취소소송이 제소기간을 도과했는지 여부

(1) 채권자취소소송의 제소기간

채권자취소의 소는 채권자가 취소원인을 안 날로부터 1년, 법률행위 있은 날로부터 5년 내에 제기하여야 한다(제406조 2항). 여기서 '취소원인을 안 날'이라 함은 단순히 채무자의 법률행위가 있었다는 사실을 아는 것만으로는 부족하고 그 법률행위가 채권자를 해하는 행위라는 것, 즉 그에 의하여 채권의 공동담보에 부족이 생기거나 이미 부족상태에 있는 공동담보가 한층 더 부족하게 되어 채권을 완전하게 만족시킬 수 없게 된다는 것까지 알아야 하며, 나아가 '채무자'에게 사해의 의사가 있었다는 사실까지 알 것을 요한다(대판 2003.7.11, 2003다19435 : 2회,3회 사례형).

사안에서 甲은 A가 사해의사를 가지고 유일한 재산인 X건물을 매매한 사실과 B와 乙도 악의임을 2008. 5. 25. 비로소 알게 되었다. 따라서 甲이 취소원인을 안 날은 2008. 5. 25.이고, 2009. 5. 25. 내에 채권자취소소송을 제기하여야 한다.

(2) 채권자가 수익자에 대한 사해행위취소소송과는 별도로 전득자에 대하여 채권자취소권을 행사하여 원상회복을 구하는 경우의 제소기간

"채권자가 전득자를 상대로 제406조 1항에 의한 채권자취소권을 행사하기 위해서는, 같은 조 제2항에서 정한 기간 안에 채무자와 수익자 사이의 사해행위의 취소를 소송상 공격방법의 주장이

---

1) "소유권이전등기청구권보전을 위한 가등기가 사해행위로서 이루어진 경우 그 매매예약을 취소하고 원상회복으로서 가등기를 말소하면 족한 것이고, 가등기 후에 저당권이 말소되었다거나 그 피담보채무가 일부 변제된 점 또는 그 가등기가 사실상 담보가등기라는 점 등은 그와 같은 원상회복의 방법에 아무런 영향을 주지 않는다"

2) "채권자가 민법 제406조 제1항에 따라 사해행위의 취소와 원상회복을 청구하는 경우 사해행위 취소 청구가 민법 제406조 제2항에 정하여진 기간 안에 제기되었다면 원상회복의 청구는 그 기간이 지난 뒤에도 할 수 있다"

3) 判例도 위 판결에서 채권자가 사해행위의 취소와 원상회복을 청구하는 경우 사해행위의 취소만을 먼저 청구한 다음 원상회복을 나중에 청구할 수 있으나 원상회복의 전제가 되는 사해행위의 취소가 없는 이상 원상회복청구권은 인정되지 않는다고 판시하여 '기각설'을 따르는 것으로 보인다.

4) 왜냐하면 원상회복만을 청구하는 경우에도 청구권원으로 사해행위의 취소를 주장하는 이상 이는 사해행위취소소송으로 보아야 하고, 따라서 그 청구가 제소기간을 도과하여 이루어졌다면 사해행위취소소송의 적법요건을 갖추지 못한 것으로 보아야 하기 때문이다.

아닌 법원에 소를 제기하는 방법으로 청구하여야 하는 것이고, 비록 채권자가 수익자를 상대로 사해행위의 취소를 구하는 소를 이미 제기하여 채무자와 수익자 사이의 법률행위를 취소하는 내용의 판결을 선고받아 확정되었더라도 그 판결의 효력은 그 소송의 피고가 아닌 전득자에게는 미칠 수 없는 것이므로, 채권자가 그 소송과는 별도로 전득자에 대하여 채권자취소권을 행사하여 원상회복을 구하기 위해서는 위에서 본 법리에 따라 제406조 2항에서 정한 기간 안에 전득자에 대한 관계에 있어서 채무자와 수익자 사이의 사해행위를 취소하는 청구를 하지 않으면 아니 된다"(대판 2005.6.9. 2004다17535).

사안에서 甲이 B를 상대로 A와 B 사이의 사해행위인 매매계약을 취소하는 내용의 판결이 확정되었더라도 그 판결의 효력은 전득자 乙에게는 미치지 않는다. 따라서 甲은 乙에 대해서도 A와 B 사이의 사해행위인 매매계약을 취소하는 청구를 2009. 5. 25. 내에 해야만 적법하다. 그런데 甲은 乙에 대해서는 제소기간을 경과해 2009. 10. 30.에 제소하였으므로, 법원은 甲의 청구는 적법요건을 갖추지 못해 부적법하다는 소각하 판결을 하여야 한다.

기출해설 2019년 3차 법전협모의 제1문

【공통된 기초사실관계】

乙은 甲에게 매매대금을 지급하고 2001. 5. 1. 유효하게 X토지의 소유권을 취득했다. 무자력 상태인 乙이 아무런 대가없이 2015. 2. 6. 기존의 채권자들 중 1인(채권액 2억 원)인 A에게 X 토지에 관해 저당권(이하 '이 사건 저당권'이라 한다)을 설정하자, 2015. 2. 10. 乙의 채권자 B(乙에 대해 1억 원의 채권을 가지고 있음)가 A를 피고로 하여 이 사건 저당권설정계약의 취소와 이 사건 저당권설정등기의 말소를 구하는 소를 제기하였다. 법원이 2016. 10. 8. B 승소판결(이하 '이 사건 판결'이라 한다)을 선고하였고 판결은 그 무렵 확정되었다. 한편 이 사건 저당권설정등기가 말소되지 않은 상태에서 A에 의한 이 사건 저당권 실행을 위한 경매신청에 의하여 2016. 5. 6.부터 경매절차가 개시되어 2016. 11. 3. X 토지는 C에게 1억 500만 원에 매각되었다. 한편 경매비용을 제외한 매각대금 1억 원은 2016. 11. 10. 모두 채권자 A가 위 저당권에 기해 배당받았다.

1. B는 2016. 11. 30. A를 상대로 원물반환의 불능을 이유로 1억 원의 가액반환을 구하는 소를 제기하였다. 이에 대한 법원의 결론[인용, 일부 인용, 기각, 각하]을 구체적인 논거와 함께 서술하시오. (10점)

2. B는 2016. 11. 24. 대상청구권에 근거하여 A를 상대로 A가 지급받은 배당금 1억 원의 지급을 구하는 소를 제기하였다. 이에 대한 법원의 결론[인용, 일부 인용, 기각, 각하]을 그 구체적인 논거와 함께 서술하시오. (15점)

【추가된 사실관계】

X 토지를 매각 받아 소유권을 취득한 C는 X 토지의 시가가 크게 상승하자 그 위에 건물을 짓기 위해 2018. 1. 6. 丙에게 2억 원을 차용하였고, 이를 담보하기 위하여 X 토지(시가 4억 원)에 저당권을 설정하였다. D에게 2억 원의 채무를 부담하고 있는 등 이미 채무초과상태에 있는 C는 다른 2억 원의 채권자인 E로 하여금 D에 대한 채무를 대신 변제하게 하는 조건으로 E에게 자신의 유일한 재산인 X 토지를 대물변제하고 2018. 6. 25. 소유권이전등기를 마쳐 주었다. E는 2018. 7. 10. 丙에게 2억 원의 피담보채권을 변제하여 X 토지에 있던 저당권을 말소시켰다. 2018. 11. 20.에 뒤늦게 대물변제사실을 알게 된 D가 E를 상대로 사해행위취소 및 가액반환으로 2억 원의 지급을 구하는 소를 제기하였고 이에 법원은 사해행위 취소를 인정하고 E에게 원상회복으로 가액 2억 원을 D에게 반환할 것을 명하여 그 판결이 확정되었다. 한편 그 이전에 E는 D에게 3억 원의 대여금채권의 지급을 구하는 소를 제기하여 2015. 8. 1. 승소하여 그 무렵 그 판결(이하 E가 D에게 가지는 3억 원의 채권을 '이 사건 판결금 채권'이라 한다)이 확정되었다.

3. 2억 원의 지급을 명하는 판결에 따라 D가 E에게 2억 원의 지급을 요구하자 E는 C에 대한 2억 원의 채권을 자동채권으로 하여 상계를 주장하였다. E의 주장의 타당성 여부를 구체적으로 판단하시오. (15점)

4. E가 D에 대해 가지는 이 사건 판결금 채권을 집행채권으로 하여 법원에 D의 E에 대한 2억 원의 가액반환채권에 대해 압류 및 전부명령을 신청하였다. 이에 대한 법원의 판단을 구체적인 논거와 함께 서술하시오. (10점)

사례B-33 사해행위취소소송의 원물반환판결 후 가액반환청구, 취소채권자의 대상청구권, 수익자의 상계권, 수익자의 압류 및 전부명령★

Ⅰ. 문제 1.의 경우(10) : 원물반환불능을 이유로 한 가액반환청구

1. 문제점

사해행위취소를 원인으로 원물반환을 구하는 선행소송이 확정된 후 원물반환의 목적달성이 불가능하게 되자, 다시 가액배상을 구하는 후행소송을 제기한다면 권리보호의 이익이 있는지 여부가 문제된다.

2. 사해행위취소판결에 따른 원물반환불능을 이유로 다시 가액배상을 청구할 수 있는지 여부(소극)

(1) 판 례

"사해행위 후 목적물에 관하여 제3자가 저당권이나 지상권 등의 권리를 취득한 경우에는 수익자가 목적물을 저당권 등의 제한이 없는 상태로 회복하여 이전하여 줄 수 있다는 등의 특별한 사정이 없는 한, 채권자는 원상회복 방법으로 수익자를 상대로 가액 상당의 배상을 구할 수도 있고, 채무자 앞으로 직접 소유권이전등기절차를 이행할 것을 구할 수도 있다. 이 경우 **원상회복청구권은 사실심 변론종결 당시의 채권자의 선택에 따라 원물반환과 가액배상 중 어느 하나로 확정**되며, 채권자가 일단 사해행위 취소 및 원상회복으로서 원물반환 청구를 하여 승소 판결이 확정되었다면, **그 후 어떠한 사유로 원물반환의 목적을 달성할 수 없게 되었다고 하더라도 다시 원상회복청구권을 행사하여 가액배상을 청구할 수는 없으므로 그 청구는 권리보호의 이익이 없어 허용되지 않는다**"(대판 2006.12.7, 2004다54978 : 8회 선택형).

(2) 검토 및 사안의 경우

채권자 취소권의 소송물은 '채권자취소권' 그 자체이므로 원상회복의 방법 역시 하나의 공격방어방법에 불과하기 때문에 원상회복 청구에서 가액배상 청구로의 변경은 결국 공격방어방법의 변경이어서 실질적으로 기판력 저촉된다. 즉, 전소에서 승소한 당사자가 원상회복방법만을 달리하여 제기하는 후소는 동일한 소송물을 대상으로 한 것이므로, 전소 승소 확정판결의 기판력이 미쳐 '권리보호의 이익'이 없다.[1)]

따라서 B의 청구는 권리보호이익이 없어 부적법하다는 이유로 각하된다.

> [심화] 다만, 최근 대법원은 위 2004다54978 판결의 기판력이론에 모순되지 않으면서, 대상청구권 이론을 통하여 원물반환청구소송에서 승소한 사해행위취소 채권자가 구제받을 수 있는 통로를 마련하였다.[2)] 즉 判例는 원물반환으로 근저당권설정등기의 말소를 명하는 판결확정 후 해당 부동산이 관련 경매사건에서 담보권 실행을 위한 경매절차를 통하여 수익자가 배당금을 수령한 경우, 취소채권자의 대상청구권을 인정하였다(대판 2012.6.28. 2010다71431 : 아래 문제 2.해설 참고).

---

1) 判例는 기판력의 본질에 관해 ① 승소한 자가 동일한 후소를 제기한 경우에는 권리보호이익의 흠결로 후소를 각하해야 하고(대판 2009.12.24. 2009다64215), ② 패소한 자가 동일한 후소를 제기한 때에는 전 소송과 모순되는 판단을 해서는 안되는 구속력 때문에 기각해야 한다(대판 1989.6.27. 87다카2478)고 하여 모순금지설의 입장이다.

2) 손흥수, 서울중앙지방법원 판사, '사해행위취소의 효력과 배당', 법학평론 제4권(2013. 12.), p.74-138 참조

Ⅱ. 문제 2.의 경우(15) : 원물반환불능을 이유로 한 대상청구권

1. 문제점

'저당권을 설정하는 행위가 사해행위'인데, 그 저당권이 실행되어 매각되고 이미 배당이 종료되어 수익자가 배당금을 수령한 경우, 취소채권자의 대상청구권 인정여부가 문제된다.

2. 사해행위취소판결에 따른 원물반환불능을 이유로 대상청구권을 행사할 수 있는지 여부(적극)

(1) 취소채권자의 대상청구권 인정여부

1) 판 례

判例는 원물반환으로 근저당권설정등기의 말소를 명하는 판결확정 후 해당 부동산이 관련 경매사건에서 담보권 실행을 위한 경매절차를 통하여 수익자가 배당금을 수령한 경우, 취소채권자의 대상청구권을 인정한다(대판 2012.6.28. 2010다71431).[3]

2) 검 토

수익자가 배당금을 수령한 이후 취소채권자에게 가액배상을 명하는 판결이 확정된 사례에서 判例는 부당이득반환을 원인으로 수익자에게 배당금반환을 명하는 판결을 선고하였다(대판 2011.2.10. 2010다90708). 그러나 원물반환을 명하는 판결 확정 후 경매가 진행되어 수익자가 배당금을 수령한 경우 취소채권자에게 부당이득반환의 법리가 적용된다는 보장이 없다.[4] 또한, 다시 가액반환을 청구하는 소를 제기하는 것도 권리보호이익이 없어 허용되지 않는다(대판 2006.12.7, 2004다54978).[5] 대신 判例는 취소채권자가 수익자에게 대상청구권을 행사하는 것을 인정하였는바(대판 2012.6.28. 2010다71431), 기존법리와의 충돌을 피하면서 구체적 타당성을 도모한 判例의 입장이 타당하다.

(2) 대상청구권 요건

대상청구권이 성립하기 위해서는 ⅰ) 물건·권리의 급부를 목적으로 하는 채권일 것, ⅱ) 급부의 후발적 불능이 있을 것, ⅲ) 이행의 목적물에 갈음하는 이익(代償)을 취득할 것(인과관계) 등의 요건이 필요하다. ⅳ) 아울러 判例에 따르면 쌍무계약의 경우에는 채권자의 상대방(채무자)에 대한 반대급부 이행가능성이 있어야 한다고 한다.

---

3) [사실관계] 判例는 신용보증기금이 甲 주식회사를 상대로 제기한 사해행위취소소송에서 원물반환으로 근저당권설정등기의 말소를 구하여 승소판결이 확정되었는데, 그 후 해당 부동산이 관련 경매사건에서 담보권 실행을 위한 경매절차를 통하여 제3자에게 매각된 사안에서, "위와 같이 부동산이 담보권 실행을 위한 경매절차에 의하여 매각됨으로써 확정판결에 기한 甲 회사의 근저당권설정등기 말소등기절차의무가 이행불능된 경우, 신용보증기금은 대상청구권 행사로서 甲 회사가 말소될 근저당권설정등기에 기한 근저당권자로서 지급받은 배당금의 반환을 청구할 수 있다"고 판시하였다.

4) 이 사안에서 사해행위가 없었더라면 당해 경매절차에서 배당되었을 상황을 상정해 보면, 수익자인 피고에게 배당된 금원은 채무자인 甲에게 배당되었을 것이고, 취소채권자인 원고는 당해 경매절차에서 적법하게 배당받을 자가 아니어서 이를 배당받는 못하였을 것이다. 따라서 피고가 수령한 배당금이 원고에 대하여 부당이득이 된다고 보기는 어렵다고 생각한다(이봉민, 한국민사판례연구회 '민사판례연구 36', p.48)

5) 대상판결은 종전 대법원 2006. 12. 7. 2004다54978 선고 판결에서 원물반환을 명한 판결이 확정된 이후의 가액반환청구는 권리보호이익이 없다는 취지의 판시와 저촉되는 문제를 피하고자 대상청구의 법리를 통하여 구체적 타당성을 도모하려고 했던 것으로 생각된다(이봉민, 한국민사판례연구회 '민사판례연구 36', p.48)

(3) 사안의 경우

대상청구권의 요건을 검토하면 사안에서 i) B는 A에 대해 저당권말소등기청구권을 갖고 있고, ii) A 명의 저당권등기가 말소됨으로써 B의 위 청구권은 후발적으로 불능이 되었으며, iii) A는 그 대가로 1억 원을 우선배당 받았으므로 B의 대상청구권이 인정된다.

따라서 B의 청구는 인용된다.

Ⅲ. 문제 3.의 경우(15) : 채권자취소소송에서 수익자의 상계권

1. 문제점

상계가 유효하기 위해서는 양 채권이 상계적상에 있어야 하는바, i) 채권이 대립하고 있을 것, ii) 대립하는 채권이 동일한 종류일 것, iii) 적어도 자동채권의 변제기가 도래할 것, iv) 상계가 허용되지 않는 채권이 아닐 것을 요한다. v) 이러한 상계적상은 원칙적으로 상계의 의사표시가 행하여지는 당시에 현존하여야 한다(제492조)(대, 동, 변, 허, 현).

사안의 경우 자동채권의 발생원인사실과 관련하여 피고인 수익자의 채무자에 대한 채권이 부활하는지, 자동채권이 인정된다면 피고인 수익자가 원고인 채권자에 대해 상계권을 행사할 수 있는지가 문제된다.

2. 피고인 수익자의 채무자에 대한 채권이 부활하는지 여부(자동채권의 존재 긍정)

수익자도 채권자 중 1인인 경우 判例는 "민법 제406조에 의한 채권자취소와 원상회복은 모든 채권자의 이익을 위하여 그 효력이 있는 것인바, 채무자가 다수의 채권자들 중 1인(수익자)에게 담보를 제공하거나 대물변제를 한 것이 다른 채권자들에 대한 사해행위가 되어 채권자들 중 1인의 사해행위 취소소송 제기에 의하여 그 취소와 원상회복이 확정된 경우에, 사해행위의 상대방인 수익자는 그의 채권이 사해행위 당시에 그대로 존재하고 있었거나 또는 사해행위가 취소되면서 그의 채권이 부활하게 되는 결과 본래의 채권자로서의 지위를 회복하게 되는 것이므로, 다른 채권자들과 함께 민법 제407조에 의하여 그 취소 및 원상회복의 효력을 받게 되는 채권자에 포함된다"(대판 2003.6.27. 2003다15907)고 판시하였다. 따라서 E의 C에 대한 2억 원의 금전채권은 부활하였다.

3. 피고인 수익자의 원고인 채권자에 대한 상계가 인정되는지 여부(부정)

그러나 判例에 따르면 채권자의 가액반환 청구에 대하여 수익자는 채무자에 대한 원래의 채권 또는 장차 안분배당받을 채권으로 상계할 수 없다고 한다(대판 2001.2.27, 2000다44348 ; 대판 2001.6.1, 99다63183). 만약 이를 인용하면 자신의 채권에 대하여 변제를 받은 수익자를 보호하고 다른 채권자의 이익을 무시하는 결과가 되어 채권자취소권 제도의 취지에 반하게 되기 때문이다.

4. 사안의 해결

E의 상계주장은 타당하지 않다.

Ⅳ. 문제 4.의 경우(10) : 채권자취소소송에서 수익자의 압류 및 전부명령

1. 문제점

수익자가 '취소채권자에 대해 가지는 별개의 다른 채권'을 집행하기 위하여 취소채권자의 수익자에 대한 가액배상채권을 압류하고 전부명령을 받는 것이 허용되는지, 상계가 금지되는 채권이라고 하더라도 강제집행에 의한 전부명령의 대상이 될 수 있는지 문제된다.

2. 수익자의 압류 및 전부명령 가부

"수익자가 채권자취소권을 행사하는 채권자에 대해 가지는 별개의 다른 채권을 집행하기 위하여 그에 대한 집행권원을 가지고 채권자의 수익자에 대한 가액배상채권을 압류하고 전부명령을 받는 것은 허용된다. 이는 수익자의 채무자에 대한 채권을 기초로 한 상계나 임의적인 공제와는 내용과 성질이 다르다. 또한 채권자가 채무자의 제3채무자에 대한 채권을 압류하는 경우 제3채무자가 채권자 자신인 경우에도 이를 압류하는 것이 금지되지 않으므로 단지 채권자와 제3채무자가 같다고 하여 채권압류 및 전부명령이 위법하다고 볼 수 없다. 상계가 금지되는 채권이라고 하더라도 압류금지채권에 해당하지 않는 한 강제집행에 의한 전부명령의 대상이 될 수 있다"(대결 2017.8.21. 2017마499).

3. 검토 및 사안의 해결

수익자의 압류 및 전부명령을 허용하여 채무자의 책임재산이 감소되더라도 이는 제407조의 취지에 반한다고 볼 수 없어 判例의 태도는 타당하다. 따라서 법원은 E의 압류 및 전부명령신청을 인용하는 결정을 하여야 한다.

기출해설

2013년 변호사시험 제2문

【공통된 사실관계】
A는 2011. 6. 3. C로부터 금 2억 원을 변제기 2012. 6. 3.로 정하여 차용하면서 자신소유의 X부동산에 C명의로 근저당권(채권최고액 2억 5,000만 원)을 설정해 주었다.

【변형된 사실관계】
A는 2011. 8. 1. 자신의 사업 자금을 조달하기 위하여, 丁으로부터 2억 원을 빌렸다.
그러나, A의 사업은 경기침체로 인하여 더 어려워졌고, 결국, 평소 A의 재무 상황을 잘 파악하고 있는 丙에게 "내가 급히 사업자금이 필요하여 나의 유일한 재산인 X 부동산을 급하게 매각해야 하니까, 매수해달라."라고 요청하여, 이를 승낙한 丙에게 2011. 9. 1. X 부동산을 당시 시가인 5억 원에 매도하고, 같은 날 丙은 자기 명의로 소유권이전등기까지 마쳤다.
2012. 6. 3. 丙은 X 부동산에 이미 설정되어 있던 근저당권의 피담보채무 전액 2억 원을 C에게 변제하고 근저당권을 말소하였다.
그 이후, 丙은 2012. 7. 1. A가 D 은행으로부터 1억 원을 대출받을 때 X 부동산을 담보로 제공하고 D 은행 명의로 채권최고액 1억 5,000만 원의 근저당권설정등기를 경료했다.
丁은 A가 X 부동산을 丙에게 매도한 사실을 2012. 9. 15.에 비로소 알게 되었고, 2012. 10. 1. 丙을 상대로 '1. 피고와 소외 A 사이에 X 부동산에 관하여 2011. 9. 1.에 체결된 매매계약을 2억 원의 범위 내에서 취소한다. 2. 피고는 원고에게 2억 원 및 이에 대하여 판결 확정 다음날부터 다 갚는 날까지 연 5%의 비율에 의한 돈을 지급하라.'라는 소를 제기하였다.
丁의 청구에 대해서 丙은 ① 丙이 X 부동산의 소유권을 취득한 날부터 1년이 경과한 후 丁이 소를 제기하였으므로 丁의 청구는 부적법하고, ② X 부동산을 시가 5억 원에 매매하였기 때문에 A의 책임재산에 변동이 없으므로 사해행위가 성립할 수 없으며, ③ 丙이 아직 등기부상 소유자이므로 원물반환을 청구할 수 있을 뿐이며 가액반환을 청구할 수는 없고, ④ 설사 백보를 양보하여 사해행위가 성립하더라도, C에게 이미 설정된 근저당권의 채권최고액 2억 5,000만 원 및 丙이 D 은행에 대하여 물상보증인으로서 설정한 근저당권의 채권최고액 1억 5,000만 원을 모두 공제한 후 가액배상을 해야 한다고 항변한다.
법원의 심리 결과, A는 2011. 9. 1.부터 변론종결 시까지 채무초과상태였다. 또한, 2012년 부동산경기 침체 때문에 변론종결 당시 X 부동산의 시가는 3억 5,000만 원이며, C의 피담보채권액은 2억 원으로 근저당권 설정 당시부터 丙이 변제할 때까지 변동이 없다고 밝혀졌다.

丙에 대한 丁의 청구에 대한 결론[각하, 청구전부인용, 청구일부인용(일부 인용되는 경우 그 구체적인 금액 또는 내용을 기재할 것), 청구기각]을 그 논거와 함께 서술하시오. (30점)

사례B-34 '이미' 담보물권이 설정되어 있는 재산의 처분행위와 사해행위, 가액배상★

Ⅰ. 결 론(3)

법원은 "1. 피고와 소외 A 사이에 X부동산에 관하여 2011. 9. 1.에 체결된 매매계약을 150,000,000원의 한도 내에서 취소한다. 2. 피고는 원고에게 150,000,000원 및 이에 대한 이 판결 확정일 다음 날부터 다 갚는 날까지 연 5%의 비율에 의한 금원을 지급하라."라는 청구일부인용 판결을 하여야 한다.

Ⅱ. 논 거(27)

1. 채권자취소소송의 적법 여부[1)]

(1) 피고적격

채권자취소권의 행사는 '거래안전'의 영향이 크므로 취소권 행사의 효과는 수익자나 전득자로부터 일탈재산의 반환을 청구하는데 필요한 범위에서만, 즉 채권자와 그들에 대한 상대적 관계에서만 발생한다고 보는 **상대적 무효설이 통설·判例**(대판 2004.8.30. 2004다21923)의 견해로 타당하다. 이 견해에 따르면 악의인 수익자 혹은 전득자만이 피고가 되며, 채무자는 피고적격이 없다. 따라서 채권자 丁이 수익자 丙을 상대로 제기한 채권자취소의 소는 피고적격을 구비하였다.

(2) 제소기간을 도과 여부 : 丙의 ① 항변(본안 前항변)에 관하여

채권자취소의 소는 채권자가 취소원인을 안 날로부터 1년, 법률행위 있은 날로부터 5년 내에 제기하여야 한다(제406조 2항). 사안에서 ⅰ) A와 丙 사이에 매매계약이 있은 날로부터 5년이 경과하지 않음은 명확하고, ⅱ) 채권자 丁은 A가 책임재산인 X부동산을 丙에게 매도한 사실을 2012. 9. 15.에 비로소 알게 되었으므로 1년이 경과하지 않은 2012. 10. 1.에 채권자취소의 소를 제기한 것은 적법하다.

[관련판례] 여기서 '**취소원인을 안 날**'이라 함은 단순히 채무자의 법률행위가 있었다는 사실을 아는 것만으로는 부족하고 그 법률행위가 채권자를 해하는 행위라는 것, 즉 그에 의하여 채권의 공동담보에 부족이 생기거나 이미 부족상태에 있는 공동담보가 한층 더 부족하게 되어 채권을 완전하게 만족시킬 수 없게 된다는 것까지 알아야 하며, 나아가 '채무자'에게 사해의 의사가 있었다는 사실까지 알 것을 요한다(대판 2003.7.11, 2003다19435).

(3) 대상적격

취소의 대상은 채무자와 수익자 사이의 법률행위이지 수익자와 전득자의 법률행위가 아니다(대판 2004.8.30. 2004다21923 : 4회,8회 선택형). 따라서 '피고인 수익자 丙과 채무자 A 사이에 체결된 매매계약'을 취소한다는 丁의 취소소송은 적법하다.

1) 채권자취소권의 적법요건으로 ⅰ) 피고적격, ⅱ) 제소기간, ⅲ) 대상적격을 갖출 것이 요구된다.

2. 채권자취소권의 인정여부[2)]: 본안요건

(1) 피보전채권

피보전채권은 '금전채권'으로 사해행위를 목적으로 하는 원인행위 이전에 발생되어 있어야 하는 것이 원칙인바(대판 1962.11.15, 62다634), 사안에서 丁의 A에 대한 2011. 8. 2. 2억 원의 대여금채권은 A가 丙에게 X부동산을 매도한 사해행위(2011. 9. 1.)이전에 발생한 것이므로 피고전채권이 있다.

(2) 사해행위 : 丙의 ② 항변에 관하여

채권자를 해한다 함은 채무자의 재산행위로 그의 일반재산이 감소하여 '채권의 공동담보에 부족'이 생기게 되는 것, 즉 채무초과상태에 이르거나 이미 이른 채무초과상태가 심화되어야 한다(즉, 채무자의 무자력). 사안의 경우 判例에 따르면 "채무자가 자기의 유일한 재산인 부동산을 매각하여 **'소비하기 쉬운 금전으로 바꾸는 행위'**는 그 매각이 일부 채권자에 대한 **'정당한 변제에 충당'**하기 위하여 **'상당한 매각'**으로 이루어졌다던가 하는 특별한 사정이 없는 한 항상 채권자에 대하여 사해행위가 된다"(대판 1966.10.4, 66다1535)고 한다.

검토하건대, 형식적으로는 총재산의 가액에 변화가 없지만, 실질적으로 살펴보면 부동산을 소비하거나 은닉하기 쉬운 금전으로 바꾸는 행위는 사해행위에 해당할 수 있다. 아울러 부동산 매각당시 목적물의 시가는 5억 원이고, 피담보채권액은 2억 원이므로 후술하는 바와 같이 '책임재산이 3억 원 존재'하므로 A의 丙에 대한 X부동산 매각행위는 사해행위에 해당한다.

(3) 사해의사

判例는 "사해행위취소소송에 있어서 채무자의 악의의 점에 대하여는 그 취소를 주장하는 채권자에게 입증책임이 있으나 수익자 또는 전득자가 악의라는 점에 관하여는 입증책임이 채권자에게 있는 것이 아니고 **수익자 또는 전득자 자신에게 선의라는 사실을 입증할 책임**이 있다"고 한다(대판 1997.5.23, 95다51908 ; 1회,2회,5회 선택형). 다만, 채무자가 그의 유일한 재산을 매각하여 소비하기 쉬운 금전으로 바꾸는 경우 '채무자의 사해의사는 추정'된다고 한다(대판 20001.4.24. 2000다41875).

(4) 소 결

사안의 경우 채권자취소권의 모든 요건이 충족되었으므로 丁은 A와 丙 사이의 2009.9.1.자 매매계약을 사해행위를 이유로 취소할 수 있다.

3. 원상회복의 방법과 취소의 범위

(1) 원상회복의 방법(원물반환인지 가액반환인지 여부) : 丙의 ③ 항변에 관하여

① 원상회복은 원칙적으로 그 목적물의 반환을 청구하여야 한다. ② 그러나 i) 원물반환이 불가능하거나, ii) 현저히 곤란한 경우에는 예외적으로 원물반환에 갈음하여 가액반환이 허용되는바, **사안과 같이 저당권부 부동산이 사해행위로 양도된 후 수익자**(양수인)**의 변제에 의하여 저당권이 소멸한**

---

2) 채권자취소권의 요건으로서 ① 객관적 요건으로는 i) (금전)채권이 사해행위 이전에 발생하여야 하고(피보전채권), ii) 채권자를 해하는 재산권을 목적으로 하는 법률행위가 있어야 하며(사해행위), ② 주관적 요건으로는 채무자 및 수익자(또는 전득자)의 사해의사가 있어야 한다(제406조).

경우 判例는 "사해행위를 취소하여 그 부동산의 자체의 회복을 명하는 것은(말소되었던 저당권까지 회복되는 것은 아님) 당초 일반채권자들의 공동담보로 되어 있지 아니하던 부분까지 회복을 명하는 것이 되어 공평에 반하는 결과가 되므로, 그 부동산의 가액에서 저당권의 피담보채무액을 공제한 잔액의 한도에서 사해행위를 취소하고 그 가액의 배상을 구할 수 있을 뿐이다"(대판 1999.9.7, 98다41490)라고 한다.

(2) 가액반환의 범위(취소의 범위) : 丙의 ④ 항변에 관하여

① 취소의 범위는 '사해행위 당시' 취소권을 행사하는 채권자의 채권액을 표준으로 한다. 다만 사해행위 이후 사실심 변론종결시까지 발생한 이자나 지연손해금이 포함된다(대판 2003.7.11, 2003다19572).[3]

② 그리고 이미 저당권이 설정되어 있는 부동산에 관하여 사해행위가 이루어진 경우에는 앞서 검토한 判例와 같이 "부동산의 가액에서 저당권의 피담보채무액을 공제한 잔액의 한도에서 사해행위를 취소하고 그 가액의 배상을 구할 수 있을 뿐이고, 그와 같은 가액 산정은 사실심 변론종결시를 기준으로 하여야 한다"(대판 1999.9.7. 98다41490).[4] 그리고 이 때 피담보채권액이라 함은 근저당권의 경우에 채권최고액이 아니라 실제로 이미 발생하여 있는 채권금액이다(대판 2003.11.13. 2003다39989).

③ 그러나 사해행위 이후에 선의의 수익자가 그 부동산에 저당권을 설정한 경우에 그 피담보채권액은 공제되지 않는다(대판 2003.12.12. 2003다40286).[5]

결국 가액반환을 하는 경우에는 가액배상은 ⅰ) 채권자의 피보전채권액(피보전채권액 2억 및 사실심변론종결시까지의 이자나 지연손해금), ⅱ) 목적물의 공동담보가액(1억 5천 = 변종시 X부동산의 가액 3억5천 - C의 실제 피담보채권액 2억), ⅲ) 수익자・전득자가 취득한 이익(1억 5천 = 변종시 X부동산의 가액 3억5천 - 수익자 丙의 변제액 2억)중 가장 적은 금액을 한도로 이루어진다. 따라서 사안에서는 변론종결 당시 X부동산의 시가인 3억 5,000만 원에서 C의 피담보채권액인 2억 원을 공제한 1억 5,000만 원의 한도에서 사해행위를 취소하고 그 가액의 배상을 구할 수 있으므로 丁의 청구는 일부인용될 것이다.

> [심화] 사해행위 취소로 인한 가액배상 지급의무는 그 전제가 되는 사해행위 취소라는 형성판결이 확정될 때 비로소 발생하므로 판결확정 전에는 지체책임이 발생하지 않고, 따라서 판결확정일까지의 지연손해금은 인정되지 않는다. 그리고 "가액배상의무는 사해행위의 취소를 명하는 판결이 확정된 때에 비로소 발생하므로 그 판결이 확정된 다음날부터 이행지체 책임을 지게 되고, 따라서 소송촉진 등에 관한 특례법 소정의 이율은 적용되지 않고 민법 소정의 법정이율이 적용된다"(대판 2009.1.15. 2007다61618).[6]

---

3) [관련판례] 가액반환을 하는 경우 채권자가 지급받은 가액배상금에 대해 다른 채권자들이 배당요구를 할 수 없으므로(현행법상 위 지급받은 가액배상금을 분배하는 방법이나 절차 등에 관한 아무런 규정이 없다), 이때에는 취소채권자는 자신의 채권액을 초과하여 가액배상을 구할 수 없다(대판 2008.11.13, 2006다1442).

4) [관련판례] 判例는 사해행위 이후에 피담보채권액이 늘었으면 '채권최고액의 한도 내에서' 이를 모두 공제하여야 하고, 피담보채권액이 줄었으면 '사해행위 당시의 피담보채권액'을 공제해야 한다고 한다(대판 2005.10.14. 2003다60891)

5) "사해행위 후 그 목적물에 관하여 선의의 제3자가 저당권을 취득하였음을 이유로 가액배상을 명하는 경우에는 사해행위 당시 일반 채권자들의 공동담보로 되어 있었던 부동산 가액 전부의 배상을 명하여야 할 것이고, 그 가액에서 제3자가 취득한 저당권의 피담보채권액을 공제할 것은 아니다"

6) 아울러 사해행위청구에서 가액배상의 청구는 사해행위취소의 효과발생을 전제로 하는 이행청구로 그 이행기의 도래가 판결확정 이후임이 명백하여 확정 전에는 집행할 수 없으므로 가집행의 선고를 붙이지 않는다(사법연수원, 민사재판실무II).

기출해설 2008년 법무사시험 제1문 변형

甲은 A에게 ① 2003. 1. 금 4,000만 원을 대여하였고, ② 2003. 2. 금 1억 2,000만 원을 대여하였다. 2003. 1.자 채권에 대하여는 A소유의 X부동산이 담보로 제공되어 채권액 4,500만원의 저당권이 설정되었고, 2003. 2.자 채권에 대하여는 B 소유의 Y부동산이 담보로 제공되어 채권액 1억 3,000만원의 저당권이 설정되었다. 한편, 乙도 2002. 12. A에게 금 4,500만원을 대여하였다. A는 2003. 3. 자신의 채권자 丙에게 채무의 지급에 갈음하여 유일한 재산인 X부동산을 양도하기로 하는 매매계약을 체결하였고, 같은 날 丙 명의의 소유권이전등기가 경료되었다. 丙은 2003. 4. A의 甲에 대한 2003. 1.자 채무 4,000만원을 변제하고 X부동산에 설정된 저당권등기를 말소하였다. 甲과 乙은 각각 2003. 5. 丙을 상대로 2003. 3.자 매매계약을 취소하고 원상회복을 구하는 사해행위취소소송을 제기하였다(X부동산 및 Y부동산의 시가는 각 1억 원과 5,000만원으로 변동이 없다고 가정한다. 이자는 고려하지 말 것).

1. 2003.3.자 매매계약이 甲과 乙에 대한 관계에서 사해행위에 해당하는지 검토하고 만약 사해행위에 해당한다면 그 범위는 어떠한가? (30점)

2. 만약 채권자취소권의 요건을 모두 갖추었다면 이 경우에 원상회복의 방법과 범위는? (20점)

3. 2003. 3.자 매매계약이 있기 전에 X부동산에 관하여 C 명의의 피담보채권 3,000만원의 선순위 근저당권이 설정되어 있었던 경우라면, 후순위 저당권자 甲이 제기한 사해행위취소소송에서 丙이 반환하여야 하는 가액배상액은 얼마인가? (10점)

사례B-35 '이미' 담보물권이 설정되어 있는 재산의 처분행위와 사해행위, 가액배상[1] ★

Ⅰ. 2003. 3.자 매매계약이 甲과 乙에 대한 관계에서 사해행위에 해당하는지 여부(30)-설문 1.

1. 사해행위의 일반적인 판단기준

채권자를 해한다 함은 채무자의 재산행위로 그의 일반재산이 감소하여 '채권의 공동담보에 부족'이 생기게 되는 것, 즉 채무초과상태에 이르거나 이미 이른 채무초과상태가 심화되어야 한다(즉, 채무자의 무자력). 이는 **처분행위 당시를 기준으로** 판단하여야 하고, 채무자의 무자력은 사실심변론종결시까지 유지되어야 한다(대판 2007.11.29, 2007다54849 참고 : 5회 선택형).

2. 대물변제의 사해행위성

"**채무초과의 상태에 있는 채무자가** 적극재산을 채권자 중 일부에게 대물변제조로 양도하는 행위는 채무자가 특정 채권자에게 채무 본지에 따른 변제를 하는 경우와는 달리 **원칙적으로 다른 채권자들에 대한 관계에서 사해행위가 될 수 있다**"(대판 2010.9.30. 2007다2718).[2]

---

1) ★ 민법의 맥 핵심사례 B-08.유사, 2013년 변호사시험 제2문, 2021년 3차 법전협 모의고사 제1문에서도 유사한 쟁점이 출제되었다.

2) 변제는 사실행위이지만, 대물변제는 계약인 점에서 변제와 같이 판단할 수는 없다. 즉, 判例에 따르면 변제는 원칙적으로 사해행위가 부정되며, 예외적으로 특정채권자와 통모하여 변제한 경우 사해행위성을 인정하고 있는바, 대물변제는 채무자와 특정채권자와의 계약이므로 통모하여 변제한 것과 마찬가지로 볼 수 있기 때문이다. 그러나 우선변제권 있는 채권자에 대한 대물변제의 제공행위는 특별한 사정이 없는 한 다른 채권자들의 이익을 해한다고 볼 수 없어 사해행위가 되지 않는다(대판 2008.2.14. 2006다33357).

3. 채무자가 양도한 부동산에 이미 담보물권이 설정되어 있는 경우

判例에 따르면 "채무자가 양도한 목적물에 담보권이 설정되어 있는 경우라면 그 목적물 중에서 일반채권자들의 공동담보에 제공되는 **책임재산은 피담보채권액을 공제한 나머지 부분만이라** 할 것이고, 그 피담보채권이 목적물의 가격을 초과하고 있는 때에는 당해 목적물의 양도는 사해행위에 해당한다고 할 수 없는바, 여기서 **피담보채권액이라 함은 근저당권의 경우에 채권최고액이 아니라 실제로 이미 발생하여 있는 채권금액이다**"(대판 2003.11.13, 2003다39989 등)라고 한다.

4. 사안의 경우

① 甲의 2003. 1.자 채권은 저당권이 설정되어 있고 저당권의 목적물인 X부동산의 가액(1억 원)이 피담보채권액(4,000만 원)을 초과하므로 이 범위 내에서는 2003. 3.자 매매계약이 사해행위에 해당하지 않는다. ② 반면, 甲의 2003. 2.자 채권 역시 저당권이 설정되어 있으나, 저당권의 목적물인 Y부동산의 가액(5,000만 원)이 피담보채권액(1억 2,000만 원)에 미치지 못하므로 **甲의 2003. 2.자 채권 중 Y부동산의 가액을 초과하는 7,000만 원 부분**(피담보채권액 1억 2,000만원-Y부동산의 시가 5,000만원)]**에 관해서는 甲은 일반채권자이다. ③ 乙 또한 2012. 12. A에게 4,500만원을 대여한 일반채권자이다.**

일반채권자의 관계에서 보면 2003. 3.자 매매계약 당시 **적극재산(공동담보)의 가액은 6,000만원**(X부동산 시가 1억-피담보채권액 4,000만원)이고 **소극재산의 가액은 1억 1,500만원**(7,000만원+4,500만원)이므로 소극재산이 적극재산을 초과한 상태이었다.[3)]

결국, 2003. 3.자 매매계약은 이미 채무초과상태에 있는 A가 자신의 유일한 재산인 X부동산을 대물변제한 행위로써 甲과 乙과의 관계에서 **사해행위에 해당하며**, 이러한 사해행위는 **'일부 사해행위'**로써 그 범위는 일반채권자의 공동담보의 목적이 되는 채무자 A의 책임재산의 범위인 **6천만 원이** 된다.

Ⅱ. 원상회복의 방법과 범위(20) - 설문 2.

1. 원상회복의 방법

(1) 원 칙

원상회복은 원칙적으로 그 목적물의 반환을 청구하여야 한다.

(2) 예 외

ⅰ) 원물반환이 불가능하거나, ⅱ) 현저히 곤란한 경우에는 예외적으로 원물반환에 갈음하여 가액반환이 허용된다.

---

3) "사해행위취소의 요건으로서의 무자력이란 채무자의 변제자력이 없음을 뜻하는 것이고 특히 임의 변제를 기대할 수 없는 경우에는 강제집행을 통한 변제가 고려되어야 하므로, 소극재산이든 적극재산이든 위와 같은 목적에 부합할 수 있는 재산인지 여부가 변제자력 유무 판단의 중요한 고려요소가 되어야 하는데, 채무자의 소극재산은 실질적으로 변제의무를 지는 채무를 기준으로 하여야 할 것이므로 처분행위 당시에 가집행선고 있는 판결상의 채무가 존재하고 있었다고 하더라도 그것이 나중에 상급심의 판결에 의하여 감액된 경우에는 그 감액된 판결상의 채무만이 소극재산이라 할 것이고, 한편 채무자의 적극재산을 산정함에 있어서는 다른 특별한 사정이 없는 한 실질적으로 재산적 가치가 없어 채권의 공동담보로서의 역할을 할 수 없는 재산은 제외하여야 할 것이고, 특히 그 재산이 채권인 경우에는 그것이 용이하게 변제를 받을 수 있는 것인지 여부를 합리적으로 판정하여 그것이 긍정되는 경우에 한하여 적극재산에 포함시켜야 한다"(대판 2006.2.10, 2004다2564).

저당권이 설정되어 있는 부동산에 관하여 사해행위가 이루어진 경우에 그 사해행위는 부동산의 가액에서 저당권의 피담보채권액을 공제한 잔액의 범위 내에서만 성립한다고 보아야 하므로, **사해행위 후 변제 등에 의하여 저당권설정등기가 말소된 경우, 사해행위를 취소하여 그 부동산의 자체의 회복을 명하는 것은 당초 일반채권자들의 공동담보로 되어 있지 아니하던 부분까지 회복을 명하는 것이 되어 공평에 반하는 결과가 되므로,** 그 부동산의 가액에서 저당권의 피담보채무액을 공제한 잔액의 한도에서 사해행위를 취소하고 그 가액의 배상을 구할 수 있을 뿐이고, 그와 같은 가액 산정은 사실심 변론종결시를 기준으로 하여야 한다(대판 1999.9.7, 98다41490).

따라서, 사안의 경우 역시 가액의 배상을 구하여야 한다.

2. 취소(원상회복)의 범위

사해행위 취소의 범위는 다른 채권자가 배당요구를 할 것이 명백하거나 목적물이 불가분인 경우와 같이 특별한 사정이 없는 한 취소채권자의 채권액을 한도로 한다(대판1997.9.9, 97다10864).[4] 다만 사해행위 이후 사실심 변론종결시까지 발생한 이자나 지연손해금이 포함된다(대판 2003.7.11, 2003다19572).

그렇다면, 사해행위 취소 범위는 사해행위가 성립한 범위(부동산의 가액에서 저당권의 피담보채권액을 공제한 잔액의 범위)내에서 다시 각 취소채권자의 채권액을 한도로 하여 취소할 수 있다.[5]

이 사안의 경우에 보면, 사해행위가 성립한 범위인 6,000만원(=X부동산의 시가 1억 원-피담보채권 4,000만원) 내에서 다시 ⅰ) 甲은 일반채권액 7,000만원(=피담보채권액 1억 2,000만원-Y부동산 시가 5,000만원)을 한도로 ⅱ) 乙은 일반채권액 4,500만원을 한도로 취소할 수 있는바, **결국 甲은 6,000만원까지, 乙은 4,500만원까지** 가액반환을 구할 수 있다.

이 때 법원은 수익자가 반환하여야 할 가액을 채권자의 채권액에 비례하여 채권자별로 안분한 범위 내에서 반환을 명할 것이 아니라, 수익자가 반환하여야 할 가액 범위 내에서 각 채권자의 피보전채권액 전액의 반환을 명하여야 한다(대판 2008.4.24. 2007다84352).[6] 물론 예를 들어 乙이 먼저 채권자취소의 소를 제기하여 4,500만 원의 가액반환을 받았다면 甲은 1,500만 원만 가액반환을 받을 수 있을 것이다(대판 2003.7.11. 2003다19558).[7]

---

4) 그러나 위 예외들은 사실상 원물반환의 경우에만 해당된다. 왜냐하면 가액반환을 하는 경우 채권자가 지급받은 가액배상금에 대해 다른 채권자들이 배당요구를 할 수 없으므로(현행법상 위 지급받은 가액배상금을 분배하는 방법이나 절차 등에 관한 아무런 규정이 없다), 이때에는 취소채권자는 자신의 채권액을 초과하여 가액배상을 구할 수 없기 때문이다(대판 2008.11.13. 2006다1442).

5) ★ 좀 더 구체적으로 살펴자면, 가액상환에서 가액은 '사해행위가 성립하는 범위 내'에서 사실심변론종결시를 기준으로 하여 산정되는바(대판 2001.12.27, 2001다33734), 이 때 가액배상은 ⅰ) 채권자의 피보전채권액(甲은 7천만 원, 乙은 4천 5백만 원), ⅱ) 목적물의 공동담보가액(=사해행위의 범위 6천만 원), ⅲ) 수익자·전득자가 취득한 이익(수익자 丙은 1억원의 X부동산을 취득하고 4천만 원을 변제하였으므로 이익은 6천만 원) 중 가장 적은 금액을 한도로 이루어진다. 그래서 사해행위의 취소와 원상회복이 병합하여 청구되는 일반적인 경우 실무는 사해행위의 취소범위에 앞서 원상회복방법에 관하여 살펴 본 다음 사해행위취소범위와 가액배상의 범위를 동일한 기준 하에 한꺼번에 판단함으로써 사해행위취소범위와 가액배상의 범위를 일치시키고 있다[사법연수원, 요건사실론(2014년), p.135].

6) "여러 명의 채권자가 사해행위취소 및 원상회복청구의 소를 제기하여 여러 개의 소송이 계속중인 경우에는 각 소송에서 채권자의 청구에 따라 사해행위의 취소 및 원상회복을 명하는 판결을 선고하여야 하고, 수익자(전득자를 포함한다)가 가액배상을 하여야 할 경우에도 수익자가 반환하여야 할 가액을 채권자의 채권액에 비례하여 채권자별로 안분한 범위 내에서 반환을 명할 것이 아니라, 수익자가 반환하여야 할 가액 범위 내에서 각 채권자의 피보전채권액 전액의 반환을 명하여야 한다"

7) "어느 한 채권자가 동일한 사해행위에 관하여 채권자취소 및 원상회복청구를 하여 승소판결을 받아 그 판결이 확정되었다는 것만으로 그 후에 제기된 다른 채권자의 동일한 청구가 권리보호의 이익이 없어지게 되는 것은 아니고, 그에 기하여 재산이나 가액의 회복을 마친 경우에 비로소 다른 채권자의 채권자취소 및 원상회복청구는 그와 중첩되는 범위 내에서 권리보호의 이익이 없게 된다"

Ⅲ. 2003.3.자 매매계약이 있기 전에 X부동산에 관하여 C명의의 피담보채권 3,000만 원의 선순위 근저당권이 설정되어 있었던 경우 丙이 반환하여야 하는 가액배상액(10)-설문 3.

1. 사해행위의 목적인 부동산에 수개의 저당권이 설정되어 있다가 사해행위 후 그 중 일부 저당권만이 말소된 경우

사해행위의 목적인 부동산에 수개의 저당권이 설정되어 있다가 사해행위 후 그 중 일부 저당권만이 말소된 경우에도 사해행위의 취소에 따른 원상회복은 가액배상의 방법에 의할 수밖에 없을 것이고, 그 경우 배상하여야 할 가액은 사해행위 취소시인 사실심 변론종결시를 기준으로 하여 그 부동산의 가액에서 말소된 저당권의 피담보채권액과 말소되지 아니한 저당권의 피담보채권액을 모두 공제하여 산정하여야 한다(대판 1998.2.13, 97다6711). 이는 담보목적물의 가액에서 말소된 저당권의 피담보채권액 외에도 말소되지 아니한 저당권의 피담보채권액까지 제하고 남은 부분이 공동담보로 제공된 것이고, 공동담보의 범위 내에서만 사해행위가 성립하기 때문이다.

[비교판례] 그러나 수익자에 의해 일부 저당권이 말소된 경우가 아니라 '근저당권의 피담보채무액이 일부 대위변제된 경우'는 그 대위변제에 의하여 근저당권이 말소되거나 근저당권의 피담보채무액이 감소하여 확정되는 등의 사정이 없는 한, (계속적 거래가 가능하므로 그 근저당권으로 부담하는 잠재적인 채무는 여전히 채권최고액 전액이라고 할 수밖에 없으므로) 대위변제에 의하여 피담보채무가 종국적으로 감소하였다고 할 수도 없으므로 가액반환이 아니라 원물반환에 의하여야 한다(대판 2002.12.6. 2002다39715).

2. 사안의 경우

따라서, 甲은 사해행위가 성립한 범위인 3,000만원(X부동산의 시가 1억 원 - 제1저당권 피담보채권 3,000만원 - 제2저당권 피담보채권 4,000만원) 내에서 그 일반채권인 7,000만원을 한도로 반환청구를 할 수 있는바, 결국 丙은 甲에게 3,000만원을 가액배상하여야 한다.

기출해설

2018년 2차 법전협모의 제2문

甲과 乙은 X 건물을 1/2 지분씩 공유하고 있는데, 2017. 6. 5. X 건물의 각 지분에 관하여 근저당권자 A 은행, 채무자 甲·乙, 채권최고액 2억 원으로 하여 근저당권을 각 설정하였고, 2017. 8. 5. 丙에게 X 건물을 보증금 4천만 원, 월차임 140만 원에 임대하였다. 丙은 사업자등록을 마치고 임대차계약서에 확정일자를 받은 후 2017. 9월 초부터 X 건물에서 제과점 영업을 시작하였다. 또한 2017. 10. X 건물에 관한 甲의 지분에, 甲의 채권자 戊 명의의 청구금액 5천만 원의 가압류 등기가 경료되었다. 한편 채무초과 상태였던 甲은 2018. 3. 11. 乙의 남편인 丁(피고)에게 유일한 재산인 X건물의 1/2지분을 매도하는 계약을 체결하고 2018. 3. 17. 丁 앞으로 지분이전등기를 마쳤다. 매매계약 당시 X 건물 1/2 지분의 시가는 1억 7천만 원이었다. 丁은 위 매매계약 후인 2018. 3. 12.에 근저당채무 잔액인 1억 5천만 원을 모두 변제하고 근저당권설정등기를 말소하였다. 한편 己는 甲에 대해 2018. 1. 10.을 변제기로 하는 1억 원의 대여금 채권을 가지고 있다.

1. 己는 甲이 丁에게 X 건물의 지분을 매도한 것이 사해행위에 해당한다는 이유로, 2018. 4. 16. 매매계약의 취소 및 원상회복을 구하는 소를 제기하였다. 己의 청구에 대하여 법원은 어떤 판단을 해야 하는가? (丁이 매수한 지분의 변론종결시 시가는 1억 7천만 원) (30점)

사례B-36 가액반환시 임차보증금, 저당권의 피담보채무, 가압류 채권액의 공제여부★

Ⅰ. 문제 1.의 해결 - 사해행위의 성부 및 원상회복 방법(30)

1. 문제점

사안의 경우 甲이 유일한 재산인 X 건물의 1/2지분을 처분한 것을 사해행위로 볼 수 있는지 '책임재산'의 범위와 관련하여 丙의 임대차보증금, A의 피담보채권액, 戊의 가압류 채권액의 각 공제여부가 문제된다. 만약 사해행위에 해당한다면 원상회복의 방법으로서 원물반환이 불가능한지, 가액반환을 해야 한다면 그 구체적인 행사방법은 어떠한지 검토하도록 한다.

2. 채권자취소소송의 적법요건

채권자취소소송은 ① '상대적 무효설'에 따르면 수익자 丁만이 피고가 되며(피고적격), 채무자 甲은 피고적격이 없다. ② 채권자 甲이 취소원인을 안 날로부터 1년, 법률행위 있은 날로부터 5년 내에 제기하여야 하고(제소기간), ③ 채무자 甲과 수익자 丁사이의 매매계약위만이 취소의 대상이 된다(대상적격). 따라서 2018. 1. 10.을 변제기로 하는 채권을 가진 己가 丁을 상대로 2018. 4. 16. 甲과 丁의 지분매매계약의 취소 및 원상회복을 구하는 소를 제기한 것은 적법하다(제406조).

3. 채권자취소소송의 본안요건

(1) 채권자취소권의 요건

채권자취소권의 요건으로서 ① 객관적 요건으로는 ⅰ) (금전)채권이 사해행위 이전에 발생하여야 하고(피보전채권), ⅱ) 채권자를 해하는 재산권을 목적으로 하는 법률행위가 있어야 하며(사해행위), ② 주관적 요건으로는 채무자 및 수익자(또는 전득자)의 사해의사가 있어야 한다(제406조).

(2) 사안의 경우

1) 일반론

① ⅰ) 甲은 2018. 3. 11. X건물의 공유자인 乙의 남편 丁과 X건물의 1/2지분에 대한 매도계약을 체결하였고, 己는 그 이전에 이미 변제기가 2018. 1. 10.인 1억 원의 대여금 채권을 가지고 있었다. ⅱ) 判例는 채무자가 유일한 재산인 부동산을 매각하여 소비하기 쉬운 금전으로 바꾸는 행위는 '정당한 변제를 위한 상당한 매각이 아닌 한' 원칙적으로 사해행위에 해당하고(대판 1966.10.4, 66다1535 ; 대판 2015.10.29. 2013다83992), ② 이 경우 채무자의 사해의사는 추정된다는 입장이다(대판 1999.4.9, 99다2515). 한편, 채권자취소소송을 제기하는 경우에는 채권자가 채무자의 악의만 입증하면 수익자의 악의가 추정되므로 丁의 악의도 추정된다(대판 1997.5.23, 95다51908 ; 1회,2회,5회 선택형).

2) '이미' 담보물권 등이 설정되어 있는 재산의 처분행위와 사해행위성

가) 문제점

그러나 '甲의 공유지분 매각행위'가 사해행위에 해당하기 위해서는 단순히 소비하기 쉬운 금전으로 바뀌었다는 점만으로는 부족하고, 만약 甲의 공유지분에 관해 우선변제권이 있는 채권이 공유지분 가액인 1억 7천만 원을 초과하고 있다면 매각당시 '책임재산'이 없어 사해행위가 될 수 없다(대판 2001.10.9, 2000다42618 참고).[1]

나) A의 근저당권에 의해 담보된 피담보채권의 공제

判例는 "공동저당권이 설정되어 있는 수 개의 부동산 중 일부가 양도된 경우에 있어서의 그 피담보채권액은 특별한 사정이 없는 한 제368조의 규정 취지에 비추어 공동저당권의 목적으로 된 각 부동산의 가액에 비례하여 공동저당권의 피담보채권액을 안분한 금액이라고 보아야 한다"(대판 2003.11.13. 2003다39989)고 한다. 한편 근저당권의 경우 공제되는 피담보채권액의 기준은 채권최고액이 아니라 실제로 이미 발생하여 있는 채권금액이다(대판 2001.10.9, 2000다42618 : 1회,3회 선택형).

사안의 경우 丁이 전액 변제하여 소멸시킨 근저당권의 피담보채무액은 1억 5천만 원이고 甲의 지분은 1/2이므로 안분액인 7,500만 원을 공제하여야 한다.

다) 丙에 대한 임대차보증금 반환채무의 공제

① 공제 여부 : 채무자가 양도한 목적물에 담보권이 설정되어 있는 경우라면 그 목적물 중에서 일반채권자들의 공동담보에 제공되는 '책임재산'은 피담보채권액을 공제한 나머지 부분만이라 할 것이므로, 사해행위 이전인 2017. 8. 5.에 사업자등록을 마치고 확정일자도 받음으로써 우선변제권을 취득한(상가임대차보호법 제5조) 丙의 임차보증금은 공제되어야 한다.

② 공제 범위 : 判例는 "건물의 공유자가 공동으로 건물을 임대하고 임차보증금을 수령한 경우 특별한 사정이 없는 한 그 임대는 각자 공유지분을 임대한 것이 아니라 임대목적물을 다수의 당사자로서 공동으로 임대한 것이고 임차보증금 반환채무는 성질상 불가분채무에 해당한다. 임차인이 공유자 전원으로부터 상가건물을 임차하고 상가건물 임대차보호법 제3조 제1항에서 정한 대항요건을 갖추어 임차보증금에 관하여 우선변제를 받을 수 있는 권리를 가진 경우에, 상가건물의 공유자 중 1인인

---

1) "채무자가 양도한 목적물에 담보권이 설정되어 있는 경우라면 그 목적물 중에서 일반채권자들의 공동담보에 제공되는 책임재산은 피담보채권액을 공제한 나머지 부분만이라 할 것이고, 그 피담보채권이 목적물의 가격을 초과하고 있는 때에는 당해 목적물의 양도는 사해행위에 해당한다고 할 수 없다"

채무자가 처분한 지분 중에 일반채권자들의 공동담보에 제공되는 책임재산은 우선변제권이 있는 임차보증금 반환채권 '전액'을 공제한 나머지 부분이다"(대판 2017.5.30. 2017다205073)라고 판시하였다.

사안의 경우 甲과 乙은 공동임대인으로서 甲과 乙이 부담하는 임대차보증금반환채무는 불가분채무이므로 2천 만 원이 아닌 4천만 원 전액을 공제하여야 한다.

라) 戊의 가압류청구금액의 공제

"사해행위 당시 어느 부동산이 가압류되어 있다는 사정은 채권자 평등의 원칙상 채권자의 공동담보로서 그 부동산의 가치에 아무런 영향을 미치지 아니하므로, 가압류가 된 여부나 그 청구채권액의 다과에 관계없이 그 부동산 전부에 대하여 사해행위가 성립하고, 따라서 사해행위 후 수익자 또는 전득자가 그 가압류 청구채권을 변제하거나 채권액 상당을 해방공탁하여 가압류를 해제시키거나 또는 그 집행을 취소시켰다 하더라도, 법원이 사해행위를 취소하면서 원상회복으로 원물반환 대신 가액배상을 명하여야 하거나, 다른 사정으로 가액배상을 명하는 경우에도 그 변제액을 공제할 것은 아니다"(대판 2003.2.11. 2002다37474). 따라서 戊의 가압류청구금액 5천만 원은 공제되지 않는다.

마) 소 결

X건물에 대한 채무자 甲의 1/2 공유지분 매도당시 甲의 '책임재산은 5천 5백만 원' 인바(=매도 당시 1/2 공유지분의 시가 1억 7천만 원 - A의 채권액 7천 5백만 원 - 丙의 채권액 4천만 원), '일반채권자들의 공동담보의 목적이 되는 채무자의 일반재산'(=책임재산)이 존재하므로 甲의 공유지분 매각행위는 '5천 5백만 원 범위에서 일부 사해행위' 가 된다.

4. 원상회복의 방법

(1) '저당권부 부동산이 사해행위로 양도' 된 후 수익자의 변제에 의하여 저당권이 소멸한 경우

원상회복은 원칙적으로 그 '목적물의 반환'(원물반환)을 청구하여야 한다. 그러나 ⅰ) 원물반환이 불가능하거나, ⅱ) 현저히 곤란한 경우에는 예외적으로 가액반환이 허용된다. 判例는 사안과 같이 저당권부 부동산이 사해행위로 양도된 후 수익자(양수인)의 변제에 의하여 저당권이 소멸한 경우 "사해행위를 취소하여 그 부동산의 자체의 회복을 명하는 것은(말소되었던 저당권까지 회복되는 것은 아님 ; 저자주) 당초 일반채권자들의 공동담보로 되어 있지 아니하던 부분까지 회복을 명하는 것이 되어 공평에 반하는 결과가 되므로, 그 부동산의 가액에서 저당권의 피담보채무액을 공제한 잔액의 한도에서 사해행위를 취소하고 그 가액의 배상을 구할 수 있을 뿐"(대판 1999.9.7, 98다41490)이라고 한다.

(2) 사안의 경우

사해행위 후인 2018. 3. 12.에 수익자 丁이 근저당권의 피담보채무 잔액을 모두 변제하고 근저당권 설정등기를 말소하였으므로 원물반환은 불가능하고 가액반환을 하여야 한다.

5. 가액반환의 방법

(1) 가액반환을 판단하는 기준과 범위

가액상환에서 가액은 '사해행위가 성립하는 범위 내'에서 '사실심변론종결시' (사해행위시가 아님)를 기준으로 하여 산정된다(대판 2001.12.27, 2001다33734 : 6회 선택형). 가액배상은 ㉠ 채권자의 피보전채권액(사해행위 당시를 기준으로 하되 사실심변론종결시까지의 이자나 지연손해금은 포함)과 ㉡ 목적물의 공동담보가액(책임재산=사해행위의 범위) 중 적은 금액을 한도로 이루어진다.[2)]

사안의 경우 '채권자 己의 甲에 대한 피보전채권액'은 대여금채권 1억 원 및 사실심변론종결시까지의 이자 등의 합산액이며, 앞서 검토한 바와 같이 '채무자 甲의 공동담보가액(책임재산)'은 5천 5백만 원인바, 가액반환의 범위는 적은 범위인 5천 5백만 원이 된다.

(2) 직접청구 가부 및 지체책임

사해행위취소로 가액반환을 하는 경우 취소채권자는 직접 자기에게 가액배상금을 지급할 것을 청구할 수 있으며(대판 1998.5.15. 97다58316), 가액배상의무는 사해행위의 취소를 명하는 판결이 확정된 때에 비로소 발생하므로 그 판결이 확정된 다음날부터 이행지체 책임을 지게 되고, 따라서 소송촉진 등에 관한 특례법 소정의 이율은 적용되지 않고 민법 소정의 법정이율이 적용된다(대판 2009.1.15. 2007다61618).

6. 사안의 해결

법원은 甲과 丁 사이에 체결된 X건물 공유지분 1/2 매매계약을 5천 5백만 원 범위 내에서 취소하고, 피고 丁은 원고 己에게 5천 5백만 원 및 이에 대한 판결확정일 다음날부터 다 갚는 날까지 연 5%의 비율에 의한 지연손해금을 지급하도록 명하여야 한다.

2) 사해행위의 취소와 원상회복이 병합하여 청구되는 일반적인 경우 실무는 사해행위의 취소범위에 앞서 원상회복방법에 관하여 살펴 본 다음 사해행위취소범위와 가액배상의 범위를 동일한 기준 하에 한꺼번에 판단함으로써 사해행위취소범위와 가액배상 범위를 일치시키고 있다[사법연수원, 요건사실론(2012년), p.133].

기출해설 2022년 변호사시험 제1문

【기초적 사실관계】
대부업자 甲은 2013. 5. 21. 乙에게 2억 원을 변제기 2014. 5. 20.로 정하여 대여하였다. [※ 추가적 사실관계는 각각 별개임]

【추가된 사실관계 3】
乙은 2015. 8. 14. 그의 유일한 재산인 시가 1억 원 상당의 X토지를 친구 丙에게 대금 5천만 원에 매도하는 매매예약을 체결하고 2015. 8. 20. 소유권이전등기청구권 보전을 위한 가등기를 마쳐 주었다. 그 후 2015. 10. 20. 위 매매예약과 동일한 매매를 원인으로 가등기에 기한 본등기를 마쳐 주었다. 丙은 매매예약 당시부터 乙이 채무초과라는 사실을 잘 알고 있었다. 한편 甲은 2019. 9. 15. 乙과 丙의 위와 같은 사해행위 사실을 비로소 알게 되었다.

3. 甲은 2019. 10. 1. 丙을 상대로 매매예약 취소 및 가등기 말소, 본등기의 원인인 법률행위 취소 및 본등기 말소 청구의 소를 제기하였다. 소송계속 중인 2019. 11. 1. 丙은 위 사해행위 사실을 알고 있는 丁에게 X토지를 매도하고 같은 날 丁에게 소유권이전등기를 마쳐 주었다. 2020. 9. 1. 이를 알게 된 甲은 2020. 10. 1. 丁을 상대로 사해행위취소 및 원상회복으로 X토지에 관하여 丁 명의 등기의 말소를 구하는 별소를 제기하였다. **甲의 丁을 피고로 한 소 제기는 적법한가? (피보전채권의 소멸시효완성 여부는 고려하지 말 것) (15점)**

【추가된 사실관계 4】
乙은 2018. 5. 1. 채무초과 상태에서 丙에게 자신의 Y토지를 매도하고 같은 날 소유권이전등기를 마쳐 주었다. Y토지에는 2013. 2. 1. 근저당권자 丁, 채권최고액 5천만 원의 근저당권설정등기, 2018. 3. 1. 乙의 채권자 戊, 청구금액 3천만 원의 가압류등기가 각 마쳐져 있었다. 丙이 Y토지의 소유권을 이전받은 후에 丁에 대한 피담보채무 전액 5천만 원과 戊의 가압류 청구금액 3천만 원을 각 변제함으로써 丁 명의의 근저당권설정등기와 戊 명의의 가압류등기가 모두 말소되었다. 한편 2019. 1. 1. 이를 알게 된 甲은 2019. 3. 1. 丙을 상대로 乙과 丙 간의 위 매매계약을 사해행위로 전부 취소하고 원상회복으로 Y토지에 관하여 丙 명의로 된 소유권이전등기의 말소를 구하는 소를 제기하였다.

4. 丙은 위 소송에서 ① 자신이 사해행위 사실에 대해 선의이고, ② 설령 위 매매계약이 사해행위로서 취소된다 하더라도 甲이 매매계약의 전부취소 및 원물반환을 구하는 것은 부당하다는 취지로 항변하였으나, 甲은 변론종결 시까지 종전의 청구취지를 그대로 유지하였다. 법원의 심리 결과, 甲의 주장사실 중 수익자인 丙의 악의 여부를 제외한 사해행위의 실체적 요건이 모두 인정되었고, 丙의 악의 여부는 증명되지 않았으며, 사해행위 당시와 사실심 변론종결 당시 Y토지의 가액은 1억 원임이 확인된 경우, **법원은 어떠한 판단을 하여야 하는지 결론(소 각하/청구 기각/청구 인용/청구 일부 인용, 일부 인용 시 인용 범위를 특정할 것)과 논거를 기재하시오. (대여금채권의 이자 내지 지연손해금은 고려하지 말 것) (25점)**

사례B-37 채권자취소권의 제소기간, 가액반환의 범위

Ⅲ. 문제 3.의 경우(15)

1. 문제점

사해행위 취소소송이 적법하기 위해서는 '상대적 무효설'에 따를 때 악의인 수익자 혹은 전득자만이 피고가 되며, 채무자는 피고적격이 없다. 사안에서 丁은 전득자로서 수익자인 丙의 사해행위 사실을 알고 있었으므로 피고적격은 충족하였고, 대상적격의 문제도 없으므로 제소기간의 준수여부를 검토하여야 한다.

특히 사안에서 채권자 甲이 수익자 丙에 대한 사해행위취소소송과는 별도로 전득자 丁에 대하여 채권자취소권을 행사하여 원상회복을 구하는 경우, 제406조 2항에서 정한 기간 안에 전득자에 대한 관계에 있어서 채무자와 수익자 사이의 사해행위 취소를 청구해야 하는지 여부가 문제된다.

2. 제소기간

(1) 사해행위인 매매예약을 원인으로 가등기가 마쳐진 뒤 본등기가 경료된 경우 제소기간

채권자취소의 소는 채권자가 취소원인을 안 날로부터 1년, 법률행위 있은 날로부터 5년 내에 제기하여야 한다(제406조 2항). 이 기간은 제척기간이자 제소기간이다. 사안과 같이 사해행위인 매매예약을 원인으로 가등기가 마쳐진 뒤 본계약인 매매계약을 원인으로 가등기에 기한 본등기가 마쳐진 경우, 判例는 "가등기의 등기원인인 법률행위와 본등기의 등기원인인 법률행위가 명백히 다른 것이 아닌 한, 가등기 및 본등기의 원인행위에 대한 사해행위 취소 등 청구의 제척기간의 기산일은 '가등기'의 원인행위(즉 본등기의 원인행위인 '매매계약'이 아닌 가등기의 원인행위인 '매매예약')가 사해행위임을 안 때이다"(대판 2006.12.21, 2004다24960)[즉, 사안에서 사해행위 요건의 구비여부는 가등기의 원인인 매매예약당시를 기준으로 판단하여야 한다(대판 2014.3.27. 2013다1518 : 4회,8회 선택형)]고 판시하였다.

(2) 사안의 경우

수익자 丙에 대한 소제기는 丙의 사해행위를 안 2019.9.15.부터 1년 이내인 2019.10.1.에 제기되었고 이는 사해행위인 매매예약이 있은 2015.8.14.로부터 5년 내이므로 丙에 대한 소제기는 제소기간을 준수하였다. 그러나 丁에 대한 소제기는 2019.9.15.부터 1년이 경과하였고 2015.8.14.로부터도 5년이 지난 2020.10.1.에 제기되었으므로 제소기간도과여부가 문제된다.

3. 수익자를 상대로 사해행위 취소의 소를 제기한 다음 기간이 지난 뒤 전득자에 대한 소를 제기한 경우 [3회,11회 사례형]

丙에 대한 소와 丁에 대한 소는 별개이기 때문에 丙에 대한 소제기가 적법했더라도 丁에 대한 소제기는 별도로 제척기간을 준수해야 한다(대판 2005.6.9. 2004다17535 : 3회 선택형). 그런데 이 경우에도 취소의 대상은 丙과 丁 사이의 전득행위가 아니라(대판2006.7.4, 2004다61280) 乙과 丙의 사해행위이므로(대판 2004.8.30., 2004다21923), 수익자 丙을 피고로 소를 제기하는 경우와 마찬가지로 채권자 甲이 채무자 乙의 행위가 사해행위임을 안 날로부터 1년, 채무자 乙의 사해행위가 있은 날로부터 5년 내에 채무자 乙과 수익자 丙사이의 사해행위취소를 청구하는 소를 제기하여야 한다.

그러나 甲은 乙·丙 사이 사해행위인 매매예약을 안 날(2019. 9. 15.)로부터 1년이 경과하고, 사해행위인 매매예약체결일(2015. 8. 14.)로부터 5년도 경과한, 2020. 10. 1.에야 비로소 전득자 丁을 상대로 사해행위 취소 소 제기하였으므로 제척기간이 경과하였다.

4. 사안의 해결

甲의 丁을 피고로 한 소 제기는 부적법하다.

Ⅳ. 문제 4.의 경우(25)

1. 문제점

수익자인 丙의 악의 여부가 증명되지 않은 경우 채권자취소권의 성립을 인정할 수 있는지, 근저당권 및 가압류가 설정된 부동산이 사해행위로 양도된 후 근저당권과 가압류가 말소된 경우 원상회복의 방법과 범위가 문제된다.

2. 채권자취소소송의 적법요건

사안에서 사해행위 취소소송이 적법하기 위한 요건을 검토하자면 ① 거래안전에 따른 '상대적 무효설'에 따를 때 수익자 丙만이 피고가 되며(피고적격), 채무자 乙은 피고적격이 없다. ② 아울러 채권자 甲이 취소원인을 안 2019. 1. 1.로부터 2달이 지난 3. 1. 소를 제기하였으며(제406조 2항 : 제소기간). ③ 채무자 乙과 수익자 丙과의 매매계약이 취소의 대상이 되므로(대상적격) 甲의 丙에 대한 채권자취소소송 및 원상회복의 소는 적법하다.

3. 채권자취소소송의 본안요건

(1) 사해행위취소의 성립요건(보, 사, 사)…흠결시 청구기각

채권자취소권의 요건으로서 ① 객관적 요건으로는 ⅰ) (금전)채권이 사해행위 이전에 발생하여야 하고(피보전채권), ⅱ) 채권자를 해하는 재산권을 목적으로 하는 법률행위가 있어야 하며(사해행위), ② 주관적 요건으로는 채무자 및 수익자(또는 전득자)의 사해의사가 있어야 한다(제406조).

(2) 사해의사

"사해행위취소소송에 있어서 채무자의 악의의 점에 대하여는 그 취소를 주장하는 채권자에게 입증책임이 있으나 수익자 또는 전득자가 악의라는 점에 관하여는 입증책임이 채권자에게 있는 것이 아니고 수익자 또는 전득자 자신에게 선의라는 사실을 입증할 책임이 있다"(대판 1997.5.23, 95다51908 ; 1회,2회,5회 선택형).

(3) 사안의 경우

사안에서는 수익자인 丙의 악의 여부를 제외한 사해행위의 실체적 요건이 모두 인정되었으므로, 丙의 악의 여부가 증명되지 않았더라도 이는 증명책임 있는 丙의 불이익으로 돌아가 丙의 사해의사가 인정된다.

4. 원상회복의 방법과 범위

(1) 가액반환을 하여야 하는 경우

원상회복은 원칙적으로 그 '목적물의 반환'(원물반환)을 청구하여야 하나, i) 원물반환이 불가능하거나, ii) 현저히 곤란한 경우에는 예외적으로 원물반환에 갈음하여 가액반환이 허용된다. 그런데 判例는 "사해행위를 취소하여 그 부동산의 자체의 회복을 명하는 것은(말소되었던 저당권까지 회복되는 것은 아님 ; 저자주) 당초 일반채권자들의 공동담보로 되어 있지 아니하던 부분까지 회복을 명하는 것이 되어 공평에 반하는 결과가 되므로, 그 부동산의 가액에서 저당권의 피담보채무액을 공제한 잔액의 한도에서 사해행위를 취소하고 그 가액의 배상을 구할 수 있을 뿐"(대판 1999.9.7, 98다41490)이라고 하였다. 사안의 경우 丙이 Y토지의 소유권을 이전받은 후에 丁에 대한 피담보채무 전액 5천만 원과 戊의 가압류 청구금액 3천만 원을 각 변제함으로써 丁 명의의 근저당권설정등기와 戊 명의의 가압류등기가 모두 말소되었으므로, 가액반환에 의한 원상회복이 이루어져야 한다.

(2) 甲이 매매계약의 전부취소 및 원물반환을 구하는 것은 부당하다는 丙항변의 타당성

"사해행위인 계약 전부의 취소와 부동산 자체의 반환을 구하는 청구취지 속에는 위와 같이 일부취소를 하여야 할 경우 그 일부취소와 가액배상을 구하는 취지도 포함되어 있다고 볼 수 있으므로 청구취지의 변경이 없더라도 바로 가액반환을 명할 수 있다"(대판 2002.11.8. 2002다41589).
따라서 甲이 변론종결 시까지 원물반환을 구하는 종전의 청구취지를 그대로 유지하였다 하더라도 법원은 가액반환을 선고할 수 있다.

(3) 가액반환을 판단하는 기준과 범위

가액상환에서 가액은 '사해행위가 성립하는 범위 내'에서 **'사실심변론종결시'**(사해행위시가 아님)를 기준으로 하여 산정된다(대판 2001.12.27, 2001다33734 : 6회 선택형). 가액배상은 ㉠ **채권자의 피보전채권액**(사해행위 당시를 기준으로 하되 사실심변론종결시까지의 이자나 지연손해금은 포함)과 ㉡ **목적물의 공동담보가액**(책임재산 = 사해행위의 범위) 중 적은 금액을 한도로 이루어진다.[1] 사안에서 甲의 피보전채권액은 2억 원이지만(설문에서 대여금채권의 이자 내지 지연손해금은 고려하지 말 것), Y토지의 사해행위 당시 시가는 1억 원이므로, Y토지의 가액 1억 원 전부가 공동담보의 가액인지 문제된다.

(4) 공동담보의 가액(책임재산의 범위)

1) '이미' 담보물권이 설정되어 있는 재산의 처분행위(피담보채권액을 공제한 나머지)

"채무자가 양도한 목적물에 담보권이 설정되어 있는 경우라면 그 목적물 중에서 일반채권자들의 공동담보에 제공되는 책임재산은 피담보채권액을 공제한 나머지 부분만이라 할 것이고, 그 피담보채권이 목적물의 가격을 초과하고 있는 때에는 당해 목적물의 양도는 사해행위에 해당한다고 할 수 없는바, 여기서 피담보채권액이라 함은 근저당권의 경우에 채권최고액이 아니라 실제로 이미 발생하여 있는 채권금액이다"(대판 2001.10.9, 2000다42618 : 1회,3회,11회 선택형). **[2회 · 8회 · 11회 사례형]**

---

1) 사해행위의 취소와 원상회복이 병합하여 청구되는 일반적인 경우 실무는 사해행위의 취소범위에 앞서 원상회복방법에 관하여 살펴 본 다음 사해행위취소범위와 가액배상의 범위를 동일한 기준 하에 한꺼번에 판단함으로써 사해행위취소범위와 가액배상범위를 일치시키고 있다[사법연수원, 요건사실론].

2) 선행하는 가압류등기가 있는 경우(피보전채권액 비공제)

"사해행위 당시 부동산이 가압류되어 있다는 사정은 채권자 평등의 원칙상 채권자의 공동담보로서 그 부동산의 가치에 아무런 영향을 미치지 아니하므로, 가압류가 된 여부나 그 청구채권액의 다과에 관계없이 그 부동산 전부에 대하여 사해행위가 성립하고, 따라서 사해행위 후 수익자 또는 전득자가 그 가압류 청구채권을 변제하거나 채권액 상당을 해방공탁하여 가압류를 해제시키거나 또는 그 집행을 취소시켰다 하더라도, 법원이 사해행위를 취소하면서 원상회복으로 원물반환 대신 가액배상을 명하여야 하거나, 다른 사정으로 가액배상을 명하는 경우에도 그 변제액을 공제할 것은 아니다"(대판 2003.2.11, 2002다37474).

3) 사안의 경우

Y토지의 시가 1억 원 중 선순위 저당권의 피담보채권액인 5천만 원을 공제한 나머지 5천만 원만이 甲 등의 일반채권자를 위한 책임재산에 해당한다. 그러나 Y토지의 시가 1억 원에서 甲 등의 일반채권자를 위한 책임재산을 확정함에 있어 가압류 채권액 3천만 원은 공제되지 않는다.

5. 사안의 해결

법원은 "1. 乙과 丙 사이에 Y토지에 관하여 2018. 5. 1. 체결된 매매계약은 50,000,000원 한도에서 취소한다. 2. 丙은 甲에게 50,000,000원 및 이에 대한 이 판결 확정일 다음날부터 다 갚는 날까지 연 5%의 비율에 의한 금원을 지급하라."라는 일부 인용판결을 하여야 한다.

기출해설

2020년 3차 법전협모의 제2문

ㅇ 甲은 2015. 2. 1. 자기소유의 X부동산에 관하여 채권자 乙에게 채권최고액 2억 5,000만 원의 1순위 근저당권 설정등기를 경료해 주었다.

ㅇ 甲은 2015. 8. 1. 자신의 유일한 재산인 시가 5억 원의 X부동산을 丙에게 2억 원에 매도하고, 같은 날 丙 명의로 소유권이전등기까지 마쳤다. 丙은 2016. 4. 2. X부동산에 설정되어 있던 근저당권의 피담보채무 전액 2억 원을 乙에게 변제하고 근저당권을 말소하였다.

ㅇ 甲에 대하여 5,000만 원의 대여금채권을 가지는 채권자인 丁은 2017. 1.경 甲의 乙에 대한 근저당권설정 사실을 알게 되었고, 2017. 2. 2. 乙을 상대로 사해행위취소 및 원상회복 청구의 소를 제기하였다. 이후 2017. 10.경 丁은 승소확정판결을 받았다.

ㅇ 甲에 대한 채권자 戊(총 채권액 7억 원)는 2018. 2.경 甲이 X부동산을 丙에게 매도한 사실을 알게 되었고, 2018. 3. 1. 丙을 상대로 '1. 피고와 소외 甲 사이에 X부동산에 관하여 2015. 8. 1.에 체결된 매매계약을 취소한다. 2. 피고는 원고에게 5억 원 및 이에 대하여 매매계약일부터 다 갚는 날까지 연 5%의 비율에 의한 돈을 지급하라.' 라는 소를 제기하였다.

ㅇ 丙은 ① 2015. 8. 1. 매매계약은 사해행위가 아니고, ② 설령 사해행위이더라도 자신은 5억 원을 반환할 의무가 없으며, ③ 가액반환의무에 대한 지연손해금의 발생시점은 소장부본 송달 다음날이라고 주장하였다.

ㅇ 법원의 심리결과, 甲은 2015. 1. 1.부터 변론종결시까지 계속 채무초과상태이고, 변론종결당시 X부동산의 시가는 5억 원으로 동일하며, 乙의 피담보채권액은 2억 원으로 근저당권 설정 당시부터 丙이 변제할 때까지 변동이 없다고 밝혀졌다.

3. 丙에 대한 戊의 청구에 대한 결론[각하, 전부인용, 일부인용(일부 인용되는 경우 그 구체적인 금액 또는 내용을 기재할 것), 기각]을 그 논거와 함께 서술하시오. (20점)

사례B-38 다른 채권자에 의해 선순위담보권 설정이 사해행위를 이유로 취소된 경우★

Ⅲ. 제2문의 3.의 경우

1. 문제점

다른 채권자 丁에 의해 乙의 담보권 설정이 사해행위를 이유로 이미 취소된 경우 당해 X부동산 매각행위의 사해행위성 판단기준이 문제되며, 원상회복의 구체적인 방법과 범위가 문제된다.

2. 채권자취소권의 적법요건(피, 제, 대)

채권자취소권의 적법요건을 살피건대, ⅰ) '상대적 무효설'에 따르면 악의인 수익자(전득자)만이 피고가 되어야 하는바, 戊는 수익자인 丙을 상대로 사해행위취소소송을 제기하였고, ⅱ) 제소기간도 사해행위를 알게 된 날(2018. 2.경)로부터 1년, 사해행위가 있은 날(2015. 8. 1.)로부터 5년 이내에 소를 제기(2018. 3. 1.)하였음이 역수상 명백하며, ⅲ) 채무자 甲과 수익자 丙의 매매계약을 취소하므로 대상적격도 갖추었다. 따라서 적법요건은 충족된 것으로 보인다.

[주의] ❋ **각 채권자가 동시 또는 이시에 채권자취소 및 원상회복소송을 제기한 경우**
채권자취소소송의 소송물은 채권자 자신이 각자 가지는 '채권자취소권' 그 자체이므로 戊의 丙에 대한 사해행위취소소송의 제기는 전소인 丁의 채권자취소소송의 기판력에 저촉되지 않고(대판 2005.3.25. 2004다10985), 채권자 丁이 아직 가액의 회복을 마치지 아니하였으므로 권리보호의 이익도 있다(대판 2003.7.11. 2003다19558)는 쟁점은 본 사안에서 검토하지 않는 것이 타당하다.
왜냐하면 당해 쟁점이 문제되기 위해서는 **전소 취소소송과 후소의 취소소송의 '대상적격'이 동일할 때**이므로 사안과 같이 전소 취소소송은 '甲과 乙의 근저당권설정계약'을 대상으로 하였고, 후소 취소소송은 '甲과 丙의 매매계약'을 대상으로 하였기 때문에 기판력 및 권리보호의 이익은 문제되지 않는다.

3. 채권자취소권의 본안요건

(1) 문제점(보, 사, 사)

채권자취소권의 적법요건을 살피건대, ⅰ) 戊는 甲과 丙 사이의 매매계약 체결 당시 이미 甲에 대한 채권을 취득하고 있었고(피보전채권), ⅲ) 判例가 판시하는 바와 같이 채무자가 유일한 재산인 부동산을 매각하여 소비하기 쉬운 금전으로 바꾸는 경우에는 채무자의 사해의 의사는 추정되는 것이고, 수익자의 악의도 추정된다(대판 1997.5.9. 96다2606 등). 문제는 ⅱ) 甲의 X부동산 매각행위가 '사해행위'에 해당하는지 여부이다(제406조).

(2) 다른 채권자에 의해 선순위담보권 설정이 사해행위를 이유로 취소된 경우 당해 부동산 매각행위의 사해행위성 판단기준

1) 유일한 부동산을 매각한 행위

判例의 판시와 같이 "채무자가 유일한 재산인 부동산을 매각하여 **'소비하기 쉬운 금전으로 바꾸는 행위'**는 그 매각이 일부 채권자에 대한 **'정당한 변제에 충당'**하기 위하여 **'상당한 매각'**으로 이루어졌다던가 하는 특별한 사정이 없는 한 항상 채권자에 대하여 사해행위가 된다"(대판 1966.10.4, 66다1535).

2) 이미 담보물권이 설정되어 있는 재산의 처분행위의 사해행위성 판단기준

가) 문제점

그러나 사안과 같이 담보권이 설정된 부동산처분행위가 사해행위가 되기 위해서는 단순히 금전으로 바뀌었다는 것으로는 부족하다. 왜냐하면 만약 사해행위 당시 우선변제권이 있는 채권이 부동산 가액을 초과하고 있다면 매각당시 **'책임재산'**이 없어 사해행위가 될 수 없기 때문이다.[1]
문제는 사안의 경우 戊의 채권자취소소송 전에 甲의 다른 채권자 丁이 이미 '甲과 乙 사이에 체결된 저당권설정계약의 취소'를 구하여 승소확정판결을 받았다는 점이다.

나) 판 례

判例는 다른 금전채권자 丁에 의해 위 저당권설정계약이 사해행위로 취소되었다고 하더라도 이는 **'상대적 무효'**로서 당해 사해행위 취소판결의 효력은 '해당 부동산의 소유권을 이전받은 丙'에게는 미치지 아니하므로, 甲의 X부동산 매각행위의 사해행위성을 검토할 때 **乙의 저당권은 여전히 존속하고 있다고 보아야** 한다고 판시하고 있다(대판 2018.6.28. 2018다214319).[2)3)]

1) **[관련판례]** 判例는 "채무자가 양도한 목적물에 담보권이 설정되어 있는 경우라면 그 목적물 중에서 일반채권자들의 공동담보에 제공되는 책임재산은 피담보채권액을 공제한 나머지 부분만이라 할 것이고, 그 피담보채권이 목적물의 가격을 초과하고 있는 때에는 당해 목적물의 양도는 사해행위에 해당한다고 할 수 없는바, 여기서 피담보채권액이라 함은 근저당권의 경우에 채권최고액이 아니라 실제로 이미 발생하여 있는 채권금액이다"(대판 2001.10.9, 2000다42618)라고 한다.

[비교판례] * **戊가 乙에 대한 저당권설정행위가 사해행위라고 주장하면서 丙과의 매매계약을 사해행위임을 이유로 취소하는 경우**

'선순위담보권'이 존재하는 상태에서 '후순위담보권 설정' 행위를 하는 경우, 선순위담보권 설정 자체가 사해행위로 되어 취소의 대상이 되는 때에는 그 후순위담보권 설정행위가 사해행위가 되는지를 판단함에 있어서는 선순위담보권의 피담보채권액을 담보물의 가액에서 공제할 것이 아니다(대판 2007.7.26. 2007다23081). 마찬가지 법리로 '선순위담보권'이 존재하는 상태에서 '제3자에게 양도' 행위를 하는 경우 그 선순위 담보권을 설정한 원인행위가 사해행위로 인정될 경우에는 그 담보권의 피담보채무는 '후행 양도행위'가 사해행위에 해당하는지 여부를 판단함에 있어 공제대상인 피담보채무 금액에 포함되어서는 아니된다(대판 2013.5.9. 2011다75232).

[판례해설] 만약 위 사례에서 戊가 乙명의의 저당권설정행위가 사해행위라고 주장하고 그것이 받아들여진다면 戊가 甲과 丙 사이의 매매계약이 사해행위임을 이유로 취소할 때 乙명의의 피담보채무액을 공제해서는 안된다는 것이 위 대판 2013.5.9. 2011다75232의 입장이다.

(3) 사안의 경우

채무자가 양도한 목적물에 담보권이 설정되어 있는 경우라면 그 목적물 중에서 **일반채권자들의 공동담보에 제공되는 책임재산은 피담보채권액을 공제한 나머지 부분**이므로(대판 2001.10.9. 2000다42618), 사안에서 甲의 매매계약 당시 X부동산의 시가는 5억 원인데, 이미 乙을 위해 피담보채권액 2억원의 우선변제권이 확보되어 있었으므로 일반채권자를 위한 책임재산은 3억 원이다. 따라서 일반채권자에게 돌아갈 몫이 존재하는 상태에서 甲이 X부동산의 매각하여 소비하기 쉬운 금전으로 바꾼 행위는 사해행위가 된다.

4. 원상회복의 방법과 범위

(1) 원상회복의 방법(원물반환인지 가액반환인지 여부)

① 원상회복은 원칙적으로 그 목적물의 반환을 청구하여야 한다.

② 그러나 i) 원물반환이 불가능하거나, ii) 현저히 곤란한 경우에는 예외적으로 가액반환이 허용되는바, 사안과 같이 **저당권부 부동산이 사해행위로 양도된 후 수익자의 변제에 의하여 저당권이 소멸한 경우 判例는 "사해행위를 취소하여 그 부동산의 자체의 회복을 명하는 것은**(말소되었던 저당권까지 회복되는 것은 아님) **당초 일반채권자들의 공동담보로 되어 있지 아니하던 부분까지 회복을 명하는 것이 되어 공평에 반하는 결과가** 되므로, 그 부동산의 가액에서 저당권의 피담보채무액을 공제한 잔액의 한도에서 사해행위를 취소하고 그 가액의 배상을 구할 수 있을 뿐이다"(대판 1999.9.7. 98다41490)라고 한다.

---

2) **[판시원문]** "사해행위의 취소는 취소소송의 당사자 사이에서 상대적으로 취소의 효력이 있는 것으로 당사자 이외의 제3자는 다른 특별한 사정이 없는 이상 취소로 인하여 그 법률관계에 영향을 받지 아니한다(상대적 효력설). 저당권설정행위 등이 사해행위에 해당하여 채권자가 저당권설정자를 상대로 제기한 사해행위 취소소송에서 채권자의 청구를 인용하는 판결이 선고되었다고 하더라도 이러한 사해행위 취소판결의 효력은 해당 부동산의 소유권을 이전받은 자에게 미치지 아니하므로, 저당권이 설정되어 있는 부동산이 사해행위로 양도된 경우 부동산의 가액에서 저당권의 피담보채무액을 공제한 잔액의 한도에서 그 양도행위를 사해행위로 취소하고 가액의 배상을 구할 수 있다는 법리(대판 1998.2.13. 97다6711, 대판 2016.1.14. 2015다235353)는 저당권설정행위 등이 사해행위로 인정되어 취소된 때에도 마찬가지로 적용된다"(대판 2018.6.28. 2018다214319).

3) **[사실관계]** 채무자 甲소유의 X부동산에 관하여 乙명의의 근저당권이 설정되어 있었는데, 피고 丙이 甲으로부터 재산분할협의를 원인으로(사해행위) X부동산의 소유권을 취득한 다음 이를 丁에게 매도하였고, 이러한 매도과정에서 변제를 이유로 乙명의의 근저당권이 말소되었다. 그런데 이미 '甲의 다른 채권자 B'가 乙명의의 저당권설정행위가 사해행위에 해당한다고 주장하여 그 취소 및 가액배상을 청구하여 승소판결을 받았지만(判例에 따르면 저당권설정해위가 사해행위에 해당하는 경우 변제 등으로 저당권등기가 말소되더라도 그 취소 및 가액배상을 구할 수 있다) 위 승소판결의 효력은 '상대적'이므로 '甲의 채권자 A'가 채무자 甲과 피고 丙 사이의 재산분할협의를 사해행위로 삼아 그 취소를 구하는 이 사건에서는 乙의 저당권이 존재하는 것으로 보고 부동산 가액에서 그 저당권의 피담보채무액을 공제한 잔액의 한도에서 재산분할협의를 취소하고 가액배상을 명해야 한다고 본 것이다.

(2) 가액반환을 판단하는 기준과 범위

① 가액상환에서 가액은 '사해행위가 성립하는 범위 내'에서 **'사실심변론종결시'**(사해행위시가 아님)를 기준으로 하여 산정된다(대판 2001.12.27, 2001다33734 : 6회 선택형). 가액배상은 ㉠ **채권자의 피보전채권액**(사해행위 당시를 기준으로 하되 사실심변론종결시까지의 이자나 지연손해금은 포함)과 ㉡ **목적물의 공동담보가액**(책임재산=사해행위의 범위) 중 적은 금액을 한도로 이루어진다.

② 그리고 가액반환을 하는 경우 채권자가 지급받은 가액배상금에 대해 다른 채권자들이 배당요구를 할 수 없으므로(현행법상 위 지급받은 가액배상금을 분배하는 방법이나 절차 등에 관한 아무런 규정이 없다), 취소채권자는 자신의 채권액을 초과하여 가액배상을 구할 수 없다(대판 2008.11.13, 2006다1442 : 3회 선택형). **[09행정]**

(3) 가액반환을 행사하는 방법

① 사해행위취소로 가액반환을 하는 경우 취소채권자는 직접 자기에게 가액배상금을 지급할 것을 청구할 수 있다(대판 1998.5.15. 97다58316 ; "가액배상의 경우 그 이행의 상대방은 채권자이어야 한다"는 대판 2008.4.24. 2007다84352판결도 있다).

② 그리고 "가액배상의무는 사해행위의 취소를 명하는 판결이 확정된 때에 비로소 발생하므로 그 **'판결이 확정된 다음날'** 부터 이행지체 책임을 지게 되고, 따라서 **소송촉진 등에 관한 특례법 소정의 이율은 적용되지 않고 민법 소정의 법정이율이 적용된다**"(대판 2009.1.15. 2007다61618).

(4) 사안의 경우

判例에 따르면 저당권부 X부동산이 사해행위로 양도된 후 수익자 丙의 변제에 의하여 乙의 저당권이 소멸한 경우이므로 원고 戊는 피고 丙에게 **'가액반환'** 을 구할 수밖에 없다. 이 때 ㉠ **'戊의 피보전채권액'** 은 '7억원 및 사실심 변론종결시까지의 이자 등을 합한 금액'이고, ㉡ **'목적물의 공동담보가액'** 은 '사실심 변론종결 당시 X부동산의 시가인 5억 원에서 乙의 피담보채권액인 2억 원을 공제한 3억 원'[4]이므로 결국 戊는 丙에게 甲과의 매매계약을 3억 원의 한도에서 '취소'하고 3억 원 및 이에 대한 판결확정일 다음날부터의 '가액배상'을 구할 수 있다.[5]

5. 사안의 해결

법원은 "1. 丙과 甲 사이에 X부동산에 관하여 2015. 8. 1.에 체결된 매매계약을 300,000,000원의 범위 내에서 취소한다. 2. 丙은 戊에게 300,000,000원 및 이에 대하여 판결 확정 다음날부터 다 갚는 날까지 연 5%의 비율에 의한 돈을 지급하라."는 **일부인용판결**을 하여야 한다.

---

4) [관련판례] 사해행위시와 사실심변론종결시 피담보채무액의 변동이 있는 경우 공제되어야 할 피담보채무액의 산정과 관련하여 判例는 사해행위 이후에 피담보채권액이 늘었으면 '채권최고액의 한도 내에서' 이를 모두 공제하여야 하고, 피담보채권액이 줄었으면 '사해행위 당시의 피담보채권액'을 공제해야 한다고 한다(대판 2005.10.14. 2003다60891)

5) 사해행위의 취소와 원상회복이 병합하여 청구되는 일반적인 경우 실무는 사해행위의 취소범위에 앞서 원상회복방법에 관하여 살펴 본 다음 사해행위취소범위와 가액배상의 범위를 동일한 기준 하에 한꺼번에 판단함으로써 사해행위취소범위와 가액배상 범위를 일치시키고 있다[사법연수원, 요건사실론(2012년), p.133].

기출해설

2013년 변호사시험 제1문

【추가적 사실관계】

A 주식회사 대표이사 B는 이 사건 매매계약의 중도금을 지급하기 위하여 C에게 돈을 빌려줄 것을 부탁하였고, 이에 C는 연대보증인 2인을 구해 오면 1억 원을 빌려주겠다고 하였다.

B는 우선 당시 A 주식회사의 이사로 있던 D에게 위와 같은 사정을 설명하고 연대보증을 허락받았고, 다른 한 명의 연대보증인은 연대보증의 의미나 효과에 대해서 전혀 알지 못하는 등록된 지적장애인인 자신의 조카 E(남, 38세)에게 부탁하였다. C는 B, D, E를 직접 만나서 2009. 3. 1.경 D와 E의 연대보증 아래 A 주식회사에게 1억 원을 변제기 2010. 3. 1. 이율 월 2%로 정하여 대여하였고, 계약 체결 당시 B는 E가 조카여서 연대보증을 해 주는 것이라 설명하여, C는 E의 지적장애 상태를 알지 못한 채 위 계약을 체결하였다.

A 주식회사 대표이사 B는 위 차용금 채무의 변제기가 다가오자 C를 찾아가 몇 개월만 더 변제기를 연장해 달라고 부탁하여, 2010. 2. 1. C와 사이에서 위 채무의 변제기를 2010. 10. 1.까지 연장하기로 합의하였다.

한편, D는 2010. 1. 10. A 주식회사의 이사직을 사임한 후 퇴직하였고, 그 직후인 2010. 1. 12. C에게 A 주식회사 이사직을 사임하였으므로 위 연대보증계약을 해지한다고 내용증명우편으로 통보하여, 위 통보가 2010. 1. 18. C에게 도달되었다.

1. D의 소송대리인 D1은 'D는 회사의 이사 지위에서 부득이하게 연대보증을 선 것이어서 이사 사임 직후 위 연대보증계약을 해지한 이상 연대보증채무를 부담하는 것은 부당하며, 나아가 연대보증인의 동의 없이 주채무의 기한을 연장한 이상 그 후에 확정된 대출금 채무를 연대보증인에게 청구하는 것은 부당하다'는 취지로 주장하였다. 위 각 주장이 받아들여질 수 있는지 여부를 논거와 함께 서술하시오(보증인 보호를 위한 특별법은 고려하지 말 것). (10점)

사례B-39 사정변경의 원칙, 주채무의 이행기연장과 보증채무

Ⅰ. 설문 1.의 경우(10)

1. 결 론

D의 소송대리인 D1의 각 주장은 이유 없다.

2. 논 거

(1) 사정변경을 이유로 한 해지권 인정여부 및 해지할 수 있는 보증계약의 범위

判例는 회사의 이사의 지위에서 '부득이'하게 회사의 채무에 대해 연대보증채무를 부담했던 자는 이사의 지위에서 물러나면 연대보증계약을 해지할 수 있다는 입장이다(대판 1998.6.26. 98다11826). 그러나 **사정변경을 이유로 보증계약을 해지할 수 있는 것은 포괄근보증이나 한정근보증과 같이 채무액이 불확정적이고 계속적인 거래로 인한 채무에 대하여 보증한 경우에 한하고,** 회사의 이사로 재직하면서 보증 당시 그 채무가 특정되어 있는 **확정채무에 대하여 보증을 한 후 이사직을 사임하였다 하더라도 사정변경을 이유로 보증계약을 해지할 수 없고**(대판 1994.12.27. 94다46008 : 2회 사례형), 이러한 경우 그 책임의 범위를 재직 중 발생한 채무만으로 제한할 수도 없다고 한다(대판 1997.2.14. 95다31645).[1]

따라서 사안의 경우 원금이 1억 원인 확정채무에 대하여 보증을 한 D는 A주식회사의 이사직 사임이라는 '사정변경'을 이유로 연대보증계약을 해지할 수 없다.

(2) 주채무의 이행기 연장이 보증인에게 미치는지 여부

보증인의 부담이 주채무의 목적이나 형태보다 중한 때에는 주채무의 한도로 감축한다(제430조). 그러나 判例가 판시하는 바와 같이 보증계약체결 후 채권자가 보증인의 승낙 없이 주채무자에게 **'변제기를 연장'** 해 준 경우에 그것이 반드시 보증인의 책임을 가중하는 것은 아니므로 '원칙적'으로 보증인에게도 그 효력이 미치며(대판 1996.2.23, 95다49141 : 6회 선택형),

따라서 채무가 **특정되어 있는 확정채무에 대한 물상보증인이나 연대보증인은 그 채무의 이행기가 연장되고 그가 거기에 동의한 바 없더라도 물상보증인으로서의 책임이나 연대보증인으로서의 채무에 영향을 받지 않는다**(대판 2002.6.14. 2002다14853 : 2회 선택형).[2]

그러므로 사안의 경우 D는 변제기 연장 후에 확정된 대출금 채무에 대해 연대보증채무를 진다.

---

1) "보증인이 회사의 이사라는 지위에 있었고 은행대출규정상 어쩔 수 없이 회사의 채무에 대하여 연대보증을 하였다는 이유로 그 보증인의 책임을 보증인이 이사로 재직 중에 있을 때 생긴 채무만으로 제한할 수 있는 경우는 포괄근보증이나 한정근보증과 같이 채무액이 불확정적이고 계속적인 거래로 인한 채무에 대하여 보증한 경우에 한하고, 회사의 이사로 재직하면서 보증 당시 이미 그 채무가 특정되어 있는 확정채무에 대하여는 보증을 한 후 이사직을 사임하였다 하더라도 사정변경을 이유로 그 책임이 제한되는 것은 아니다"

2) [관련판례] 그렇지만 당사자 사이에 보증인의 동의를 얻어 피보증채무의 이행기가 연장된 경우에 한하여 피보증채무를 계속하여 보증하겠다는 취지의 특별한 약정이 있다면 그 약정에 따라야 한다(대판 2007.6.14. 2005다9326 등). 이 경우에 보증채무를 존속시키기 위하여 필요한 이행기 연장에 대한 보증인의 동의는 이행기가 연장된 주채무에 대하여 보증채무를 변제하겠다는 의사를 의미하며, 위와 같은 의사가 담겨져 있는 이상 그 동의는 이행기가 연장되기 전뿐 아니라 이행기가 연장된 후에도 가능하고 묵시적 의사표시의 방법으로도 할 수 있다고 봄이 상당하다(대판 2012.8.30. 2009다90924).

기출해설 2016년 3차 법전협모의 제1문

【공통된 사실관계】

乙은 홍삼판매 대리점을 개업하기로 하고 2010. 3. 10. 공급업자인 甲으로부터 홍삼제품을 외상으로 구입하는 계약을 체결하면서 2011. 3. 10. 대금 1억 9,000만 원을 지급하기로 하고 이를 위반할 경우 월 1%의 지연배상금을 지급하기로 약정하였다. 그런데 당시 甲이 乙의 대금지급능력에 의문을 표시하자 2010. 3. 15. 乙의 친구 丙이 甲과 사이에 특별한 지연배상금의 약정 없이 매매대금 원금에 관하여 연대보증계약을 체결하였다.

【추가된 사실관계 2】

甲은 약정에 따라 물품을 乙에게 인도하고 2011. 2. 5. 乙에 대한 위 물품대금채권을 A에게 양도하였고 같은 해 2. 10.자 확정일자 있는 증서로 乙에게 통지하여 그 통지서가 같은 해 2. 15. 도달하였다. 한편 甲의 채권자 B는 甲의 乙에 대한 위 물품대금채권에 관하여 압류 및 전부명령을 신청하여 2011. 2. 11.자 압류 및 전부명령이 같은 해 2. 15. 乙에게 도달하였고 그 후 전부명령이 확정되었다 이에 A와 B는 2011. 6. 10. 丙을 상대로 각 양수금 및 전부금 1억9,000만 원과 그에 대한 월 1%의 지연배상금 지급을 각각 청구하였다. 이에 丙은 ① A의 청구와 관련하여 자신은 甲의 A에 대한 채권양도사실을 전혀 일지 못하였으므로 A의 양수금 청구는 기각되어야 하며, ② B의 청구와 관련해서도 압류 및 전부명령의 결정일자가 A에 대한 채권양도 통지서의 확정일자보다 늦으므로 B의 양수금청구 역시 기각되어야 한다고 항변하였다. ③ 나아가 丙은 설령 A 또는 B의 각 양수금 및 전부금 청구가 인정되더라도 乙의 물품대금채무에 대해서는 월 1%의 지연배상금이 약정되었지만 자신의 연대보증채무에 대해서는 별도의 지연배상금을 약정한 바 없으므로 이를 지급할 의무가 없다고 주장하였다.

3. 丙의 위 주장은 정당한가? (보증인 보호를 위한 특별법은 적용되지 않는다고 가정한다)(25점)

사례B-40 채권의 이중양도와 보증채무의 부종성, 독립성

Ⅲ. 설문 3.의 경우(25)

1. 문제점

A의 청구에 대한 항변과 관련하여 주채무자 乙에 대한 통지 외에 보증채무자 丙에게 통지가 필요한지, B의 청구에 대한 항변과 관련하여 채권자 B와 채권양수인 A의 우열, 그리고 지연배상금에 대한 항변과 관련하여 丙의 연대보증채무의 지연배상금 범위가 각 문제된다.

2. ① A의 청구에 대한 항변(보증채무의 부종성, 민법 제450조 1항의 대항요건)

채권양도는 채권의 '동일성'이 유지되므로 보증채권 등 그 채권에 종된 권리도 당연히 이전된다. 또한 判例가 판시하는 바와 같이 보증채무는 주채무에 대한 부종성 또는 수반성이 있어서 주채무자에 대한 채권이 이전되면 당사자 사이에 별도의 특약이 없는 한 보증인에 대한 채권도 함께 이전하고, 이 경우 채권양도의 대항요건도 주채권의 이전에 관하여 구비하면 족하고, **별도로 보증채권에 관하여 대항요건을 갖출 필요는 없다**(대판 2002.9.10, 2002다21509 : 3회,4회,8회 선택형).

사안의 경우, 甲은 A에게 채권을 양도하고 주채무자 乙에게 통지하였으므로 보증인 丙에게 통지요건 갖추지 않아도 丙에게 대항 가능하다. 따라서 丙의 ① 항변은 타당하지 않다.

3. ② B의 청구에 대한 항변(채권의 이중양도, 민법 제450조 2항의 대항요건)

(1) 채권양도의 대항요건

채무자에게 양도 '통지'하지 않으면 채무자 기타 제3자에게 대항하지 못하고(제450조 1항), 통지는 확정일자 있는 증서로 해야 제3자에게 대항가능하다(제450조 2항). 사안의 경우, A와 B 모두 확정일자 있는 증서에 의한 대항력을 갖춘 경우이므로, 동일한 채권에 대해 양립할 수 없는 법률상의 지위를 취득한 자 상호 간의 우열 기준이 문제된다.

(2) 이중양도의 우열기준

확정일자설과 도달시설이 있으나, 判例는 채권양수인과 동일채권에 대하여 가압류명령을 집행한 자 사이의 우열은 확정일자 있는 채권양도통지와 가압류결정정본의 제3채무자(채권양도의 경우 채무자)에 대한 도달의 선후에 의하여 결정하여야 한다고 보아 **도달시를 기준으로 우열을 결정한다**(대판 1994.4.26, 전합93다24223). 민법 제450조 1항이 원칙규정이고 2항은 1항의 실효성을 살리기 위한 부수적 규정이라는 점을 고려할 때 채무자의 인식, 즉 확정일자 있는 통지가 도달한 일자에 중점을 두는 것이 본조의 취지에 합당한 해석이라고 보여 진다.

(3) 두 개의 통지가 같은 날짜에 도달한 경우의 법리

1) 동시도달의 추정

사안의 경우 A에 대한 채권양도의 통지는 2011. 2. 15.에 乙에게 도달되었고, B의 신청에 의한 압류 및 전부명령도 같은 날 乙에게 도달되었다. 도달시설을 따르는 判例는 **두 개의 통지가 같은 날짜에 도달한 경우에 동시도달로 추정한다**(대판 1994.4.26, 전합93다24223 : 6회 선택형).

2) 각 채권 양수인과 채무자와의 관계

이 경우 判例는 "제1 · 2 양수인 모두 채무자에 대해 완전한 대항력을 갖추었으므로 양수인 각자는 채무자에게 그 채권 전액에 대해 이행청구를 하고 그 변제를 받을 수 있다"(대판 1994.4.26, 전합93다24223)고 판시하여 **전액청구를 긍정**하였다. 한편 "다른 채권자가 그 송달의 선후에 관하여 다시 문제를 제기하는 경우에는 제3채무자는 이중지급의 위험이 있을 수 있으므로, 동시에 송달된 경우에도 제3채무자는 송달의 선후가 불명한 경우에 준하여 채권자를 알 수 없다는 이유로 **변제공탁**을 할 수 있다"(대판 1994.4.26, 전합93다24223)고 한다.

3) 각 채권 양수인 상호간의 관계

判例는 "확정일자 있는 통지가 동시에 도달한 경우에 양수채권액과 가압류 또는 압류된 채권액의 합계액이 제3채무자에 대한 채권액을 **'초과'** 할 때에는, 그들 상호 간에는 법률상의 지위가 대등하므로 **'공평의 원칙'**상 각 채권액에 안분하여 이를 내부적으로 다시 정산할 의무가 있다"고 하여 **양수채권액 안분설**의 입장이다.

(4) 사안의 경우

채권의 이중양도에서 확정일자있는 통지가 같은 날 도달시 동시 도달로 추정하고, 이 경우 각 채권 양수인에게 채권 전액에 대한 청구가 긍정되므로, 주채무자 乙에게 동시 도달로 추정되는 B의 전부금 1억 9000만 원과 지연배상금 지급 청구는 가능하고, 이는 보증채무자인 丙에게도 주장할 수 있으므로 丙의 ② 항변은 타당하지 않다.

4. ③ 지연배상금에 대한 항변(보증채무의 독립성)

보증채무는 채권자와 보증인 사이의 보증계약에 의하여 성립하며, 주채무와는 별개의 독립한 채무이다. 따라서 소멸시효기간은 따로 결정되며, 보증채무에 관해 따로 위약금 기타 손해배상액을 예정할 수 있고(제429조 2항), 보증채무 자체의 이행지체로 인한 지연손해금은 보증한도액과는 별도로 부담하며 주채무에 관하여 약정된 연체이율이 당연히 여기에 적용되는 것은 아니다(대판 2003.6.13, 2001다29803). 또한 判例는 "성질에 따라 보증인에 대한 채권이 민사채권인 경우에는 10년, 상사채권인 경우에는 5년의 소멸시효기간이 적용된다"(대판 2014.6.12. 2011다76105)고 한다.
사안의 경우, 丙의 연대보증채무 지연배상금의 특별약정은 없으므로 법정이율을 따르는데, 보증이 상행위라 함은 보증이 보증인에 있어서 상행위인 경우뿐 아니라 채권자에 있어서 상행위성을 가진 경우를 포함한다(대판 1959.8.27. 4291민상407). 따라서 채권자 甲이 상인이므로, 연대보증채무도 상사채무이라고 보는 것이 타당하므로 지연이자율은 연 6%이다(상법 제54조). 결국 丙에 대해 월 1%의 지연배상금 지급을 청구한 A와 B의 주장은 부당하나, 자신의 연대보증채무에 대해서는 별도의 지연배상금을 약정한 바 없으므로 이를 지급할 의무가 없다는 丙의 ③ 주장 역시 타당하지 않다.

5. 사안의 해결

丙의 주장은 ①②③ 모두 타당하지 않다.

기출해설 2011년 법무사시험 제1문 변형

인력경비용역업체인 甲법인은 2005. 1. 1. 의류제조업체 乙법인과 乙소유 창고에 대하여 2006. 1. 1.까지 방범 및 방재업무의 제공을 내용으로 하는 경비용역계약을 체결하였다. 그런데 乙의 前종업원 丙은 2005. 5. 1. 위 창고에 침입하여 의류제품 등 합계 1억 원 어치를 절취하여 갔다(단, 甲에게는 과실이 있으나 乙은 과실이 없다고 전제할 것). 그 후 丙은 절도죄로 징역 6월을 선고받았다.

설문 1. (20점) ※ 아래의 각 문항은 전혀 별개의 사안임

가. 甲과 丙이 각각 乙에 대하여 부담하게 될 책임의 법적 성격 및 양 책임간의 관계에 대하여 간략히 설명하시오.

나. 丙이 자신의 乙에 대한 미수령퇴직금 5천만 원으로 자신의 乙에 대한 위 설문 1. 가.의 채무와 상계할 수 있는가? 만약 상계할 수 있다면 丙이 상계한 경우 乙이 甲에 대하여 청구할 수 있는 액수와 그 근거를 설명하시오.

설문 2. (25점)

가. 만일 乙이 자신의 前종업원이라는 이유로 丙의 손해배상채무를 면제한 경우 乙이 甲에 대하여 청구할 수 있는 액수와 그 근거를 설명하시오.

나. 위 설문 2. 가.의 경우 甲과 丙의 고의·과실, 위법성의 정도, 인과관계 등을 고려한 부담부분이 甲 30% : 丙 70%라고 할 때 甲이 8천만 원을 배상한 경우 丙에게 구상할 수 있는 액수와 그 근거를 설명하시오.

설문 3. (15점) 만일 위 사고에서 乙의 과실이 40%로 인정되는데 乙이 일부청구로 甲과 丙을 상대로 7천만 원을 청구한 경우 인용될 액수와 그 근거를 설명하시오.

설문 4. (15점) 만일 위 사고에서 乙의 과실이 20% 인정되는데 甲법인의 담당 직원 A의 감시가 소홀한 책임과 丙의 책임이 20%와 80%(즉, A : 丙 = 2 : 8) 라고 할 때, 甲법인이 손해배상으로 乙에게 1천만 원을 변제하는 경우 甲은 丙에게 얼마만큼 구상할 수 있는지 액수와 그 근거를 설명하시오. (단, 설문 2. 3.과 중복된 내용은 서술하지 말 것)

사례B-41 부진정연대채무 일반★

Ⅰ. 설문 1.의 경우(20)

1. 설문 1. 가.의 경우

(1) 甲과 丙이 부담할 책임의 법적성격

甲법인은 乙법인과 경비용역계약을 체결하였으나, 甲의 과실로 인하여 乙에게 1억 원 상당의 손해를 발생시켰으므로 채무불이행 또는 불법행위에 따른 손해배상책임을 진다(제390조, 제750조). 또한 丙은 乙소유 의류제품 등 1억 원 어치를 절취하였으므로 불법행위에 따른 손해배상책임을 진다(제750조).

(2) 양 책임간의 관계

判例는 "채무자가 부담하는 채무불이행으로 인한 손해배상채무와 제3자가 부담하는 불법행위로 인한 손해배상채무의 원인이 '동일한 사실관계'에 기한 경우에는 하나의 동일한 급부에 관하여 수인의 채무자가 각자 독립해서 그 전부를 급부하여야 할 의무를 부담하는 경우로서 부진정연대채무관계에 있다"(대판 2006.9.8, 2004다55230)고 판시하고 있다.

사안에서 甲과 丙사이에는 주관적 공동관계가 없이 서로 별개의 원인으로 채무가 발생하였고 乙의 손해배상에 대한 동일한 경제적 목적을 가지고 있으며 일방의 채무가 소멸할 경우 타방의 채무도 소멸하는 관계에 있으므로 부진정연대채무를 진다고 봄이 타당하다.

2. 설문 1. 나. 의 경우

(1) 乙이 甲에 대하여 청구할 수 있는 액수

만약 丙이 상계할 수 있다면 乙은 甲에 대하여 5천만 원을 청구할 수 있다.

(2) 상계가부

근로자의 임금채권의 경우에 압류가능한 부분(퇴직금 그 밖에 이와 비슷한 성질을 가진 급여채권의 2분의 1에 해당하는 금액 ; 민사집행법 제246조 1항 5호)에 대해서도 임금 전액지급의 원칙(근로기준법 제42조) 때문에 사용자가 근로자의 급료나 퇴직금 등 임금채권을 수동채권으로 하여 사용자의 근로자에 대한 다른 채권으로 상계할 수 없다. 그러나 반대로 근로자는 퇴직금 등을 자동채권으로 한 상계가 가능하나,[1] 사안에서 丙은 절도범으로서 고의의 불법행위책임을 지는 채무자이므로 상계가 허용되지 않는다(제496조).

(3) 부진정연대채무자 중 1인이 한 상계의 효력

1) 판 례

종래 判例의 기본적 입장은 상계의 상대적 효력만 인정하였으나, 최근 전원합의체 판결을 통해 "부진정연대채무자 중 1인이 자신의 채권자에 대한 반대채권으로 상계를 한 경우에도 채권은 변제, 대물변제, 또는 공탁이 행하여진 경우와 동일하게 현실적으로 만족을 얻어 그 목적을 달성하는 것이므로, 그 상계로 인한 채무소멸의 효력은 소멸한 채무 전액에 관하여 다른 부진정연대채무자에 대하여도 미친다고 보아야 한다. 이는 부진정연대채무자 중 1인이 채권자와 상계계약을 체결한 경우에도 마찬가지이다. 나아가 이러한 법리는 채권자가 상계 내지 상계계약이 이루어질 당시 다른 부진정연대채무자의 존재를 알았는지 여부에 의하여 좌우되지 아니한다"(대판 2010.9.16, 전합2008다97218 ; 1회,2회,4회,5회,7회 선택형)고 하여 상계의 절대적 효력을 인정하였다.

2) 검토 및 사안의 경우

부진정연대채무가 인정되는 취지 등에 비추어 채권자(주로 불법행위 피해자)의 보호를 위해서 상계의 상대적 효력만을 인정해야 한다는 견해(판례의 반대견해)도 타당한 측면이 있다. 그러나 채무자 중의 1인이 상계를 하게 되면 채권자의 수동채권과 아울러 채무자의 자동채권도 소멸하는데, 그러한 채권의 상실을 현실적인 출연이 아니라고 볼 수는 없고, 이는 채권의 만족을 가져오는 사유이다. 따라서 절대적 효력설 및 최근 判例의 태도가 타당하다(제418조 1항의 유추적용). 그러나 부진

1) i) 근로자의 동의를 얻은 경우(대판 2001.10.23, 2001다25184), ii) 계산의 착오 등으로 임금을 초과 지급한 경우(대판 1995.12.21, 전합94다26721), iii) 사용자가 근로자에게 이미 퇴직금 명목의 금원을 지급하였으나 그것이 퇴직금 지급으로서의 효력이 없어 사용자가 같은 금원 상당의 부당이득반환채권을 갖게 된 경우(대판 2010.5.20, 전합2007다90760)에는 예외적으로 사용자가 근로자의 급료나 퇴직금 등 임금채권을 수동채권으로 하여 사용자의 근로자에 대한 다른 채권으로 상계할 수 있다.

정연대채무자 사이에는 고유한 의미의 부담부분이 존재하지 않으므로 이를 전제로 한 제418조 2항은 유추적용되지 않는다(대판 1994.5.27, 93다21521). 사안에서 丙이 5천만 원을 상계하였으므로 이는 甲에게도 효력이 미치므로 乙은 甲에게 나머지 5천만 원을 청구할 수 있다.

Ⅱ. 설문 2.의 경우(25)

1. 설문 2.가. 의 경우

(1) 乙이 甲에 대하여 청구할 수 있는 액수

乙은 甲에 대하여 1억 원을 청구할 수 있다.

(2) 근 거(부진정연대채무자 중 1인에 대하여 한 면제의 효력)

1) 판 례

"부진정연대채무자 상호간에 있어서 채권의 목적을 달성시키는 변제와 같은 사유는 채무자 전원에 대하여 절대적 효력을 발생하지만 그 밖의 사유는 상대적 효력을 발생하는 데에 그치는 것이므로 피해자가 채무자 중의 1인에 대하여 손해배상에 관한 권리를 포기하거나 채무를 면제하는 의사표시를 하였다 하더라도 다른 채무자에 대하여 그 효력이 미친다고 볼 수는 없다 할 것이고, 이러한 법리는 채무자들 사이의 내부관계에 있어 1인이 피해자로부터 합의에 의하여 손해배상채무의 일부를 면제받고도 사후에 면제받은 채무액을 자신의 출재로 변제한 다른 채무자에 대하여 다시 그 부담부분에 따라 구상의무를 부담하게 된다 하여 달리 볼 것은 아니다"(대판 2006.1.27. 2005다19378 : 2회,5회,8회 선택형).

2) 검토 및 사안의 경우

광범위한 절대적 효력이 인정되는 연대채무와 달리 채권을 만족시키는 사유인 변제, 대물변제, 공탁, 상계에 있어서만 절대적 효력이 인정된다. 따라서 부진정연대채무관계에 있어서 채무자 중 1인에게 한 면제의 효력은 제419조가 유추적용되지 않아서 상대적 효력이 미친다고 봄이 타당하다. 그러므로 乙이 丙에 대하여 한 면제의 효력은 甲에 대해서는 효력이 없으므로 乙은 甲에게 1억 원을 청구할 수 있다.

2. 설문 2. 나. 의 경우

(1) 甲이 丙에게 구상할 수 있는 액수

甲은 丙에게 5천만 원을 구상할 수 있다.

(2) 근거(부진정연대채무자 상호간에 구상권 인정 여부 및 요건)

1) 구상권 인정여부

判例는 이제까지 대체로 구상을 인정하지 않고(대판 1975.12.23, 75다1193), 공동불법행위의 경우에만 형평의 관점에서 공동불법행위자 간에 그 '과실의 비율'에 따른 부담부분이 있는 것으로 보아 구상을 인정해 왔다(대판 1997.12.12, 96다50896). 그런데 최근에는 일반적으로 구상을 인정하려는 듯한 태도를 보인다. 즉 "부진정연대채무의 관계에 있는 복수의 책임주체 내부관계에 있어서는 형평의 원칙상 일정한 부담부분이 있을 수 있으며, 그 부담부분은 각자의 고의 및 과실의 정도에 따라 정하여지는 것으로서,

부진정연대채무자 중 1인이 자기의 부담부분 이상을 변제하여 공동의 면책을 얻게 하였을 때에는 다른 부진정연대채무자에게 그 부담부분의 비율에 따라 구상권을 행사할 수 있다"(대판 2006.1.27, 2005다19378 : A의 경비용역계약상 채무불이행으로 인한 손해배상채무와 B의 절도라는 불법행위로 인한 손해배상채무는 부진정연대의 관계에 있고, A의 부담부분을 20%, B의 부담부분을 80%로 인정한 사안)고 판시하고 있다.

2) 구상권의 행사요건

判例가 판시하는 바와 같이 연대채무와는 달리 자기 부담부분을 넘은 면책행위를 해야 구상권을 행사할 수 있다(대판 1997.12.12, 96다50896 : 1회,5회 선택형).

3) 검토 및 사안의 경우

부진정연대채무에서는 주관적 공동관계가 없어 서로 독립적 채무를 부담하므로 자신의 부담을 초과해서 변제한 경우에는 자신의 부담을 초과한 부분에 대해서 구상을 할 수 있다고 봄이 타당하다. 또한 사안에서 면제는 상대적 효력만 있으므로 丙은 甲에게 면제의 효력을 주장할 수 없다. 따라서 甲은 자신의 부담부분인 3천만 원(=1억×0.3)을 초과하여 8천만 원을 배상하였으므로 자신의 부담을 초과하는 5천만 원을 丙에게 구상할 수 있다.

Ⅲ. 설문 3.의 경우(15)

1. 乙의 청구 중 인용될 액수

乙의 청구 중 인용될 액수는 6천만 원이다.

2. 근 거

(1) 고의의 불법행위자 丙의 과실상계

判例에 따르면 사안에서 피해자의 부주의(감시를 소홀히 한 과실)를 이용하여 고의로 불법행위를 저지른 자가 피해자의 부주의를 이유로 자신의 책임을 감하여 달라고 주장하는 것은 신의칙상 허용될 수 없다(대판 2000.1.21, 99다50538). 그러나 원칙적으로 고의가 인정되는 경우에도 과실상계가 가능하므로 설문에서 丙은 乙의 부주의를 이용한 것으로는 볼 수 없어 乙의 40% 과실에 대해서는 과실상계를 주장할 수 있다(제396조, 제763조).

(2) 일부청구와 과실상계

피해자가 일부청구를 하는 경우에 과실상계를 어떻게 할 것인가에 관하여, ① 청구 부분에 한하여 과실상계 비율을 정한다는 '안분설'이 있으나, ② 일부청구를 하는 당사자의 통상적 의사에 비추어 볼 때 判例가 판시하는 바와 같이, (청구부분에 비례하여 과실상계비율을 정하지 않고) 손해의 전액에서 과실비율에 의한 감액을 하고 그 잔액이 청구액을 초과하지 않을 경우에는 그 잔액을 인용하고, 잔액이 청구액을 초과할 경우에는 청구의 전액을 인용하는 '외측설'이 타당하다(대판 1976.6.22. 75다819 ; 대판 2008.12.24. 2008다51649 ; 대판 1991.1.25, 90다6491 ; 2회,6회 선택형).

[관련판례] * 금전채권 전액중의 일부청구에 대한 피고의 상계항변과 청구인용범위

判例는 과실상계(원고의 과실참작)의 경우뿐만 아니라 피고의 반대채권으로 상계를 하는 경우에도 외측설을 취한다(대판 1984.3.27. 83다323).[2] 예컨대, 甲은 乙에게 과실로 인한 손해배상으로 3천만 원을 청구하는 소를 제기하였고, 이에 乙은 甲에 대하여 가지는 5천만 원의 대여금채권으로 상계한다는 항변

을 하였다. 만약 법원이 심리결과 수동채권인 甲의 손해배상채권액은 5천만 원, 자동채권인 乙의 대여금채권액은 1천만 원이라는 심증을 형성하였다면 외측설에 따르면 수동채권(=소구채권)의 전액 5천만 원에서 자동채권 1천만 원을 상계하면 잔액이 4천만 원이 되므로, 이는 청구액 3천만 원을 초과하는 금액이므로 법원은 청구전액인 3천만 원을 인용하는 판결을 하면 된다.

3) 사안의 경우

사안에서 乙의 과실 40%를 과실상계하면 6천만 원인데(=1억 - 1억×0.4), 7천만 원을 청구하고 있으므로 외측설에 따르면 6천만 원만 인용될 것이다.

Ⅳ. 설문 4.의 경우(15)

1. 甲의 丙에 대한 구상권 인정여부 및 인용될 액수

甲은 자신의 부담부분(1,600만원)에 미달한 1,000만원을 변제한 경우이므로 다른 부진정연대채무자 丙에게 구상권을 행사할 수 없다.

2. 근 거

(1) 판 례

"피용자와 제3자가 공동불법행위로 피해자에게 손해를 가하여 그 손해배상채무를 부담하는 경우에 피용자와 제3자는 공동불법행위자로서 서로 부진정연대관계에 있고, 한편 **사용자의 손해배상책임은 피용자의 배상책임에 대한 대체적 책임이어서 사용자도 제3자와 부진정연대관계에 있다**고 보아야 하므로, **사용자가 피용자와 제3자의 책임비율에 의하여 정해진 피용자의 부담부분을 초과하여 피해자에게 손해를 배상한 경우에는 사용자는 제3자에 대하여도 구상권을 행사할 수 있으며, 그 구상의 범위는 제3자의 부담부분에 국한된다**고 보는 것이 타당하다"(대판 1992.6.23. 전합91다33070 : 1회,4회 선택형).

(2) 사안의 경우

사안에서 A와 丙에 대한 乙의 과실비율은 20%이며, 甲법인은 A의 사용자로서 사용자책임을 부담한다(제756조). 그렇다면 사안은 丙의 고의와 A의 과실이 경합한 공동불법행위(제760조 제1항)로서 피해자 乙의 과실비율이 20%이므로 과실상계 규정(제396조)에 따라 甲, A, 丙은 총 8,000만 원의 손해배상채무에 대해 부진정연대채무관계에 있다. 이 때 내부적 부담부분은 가해자인 A와 丙의 책임비율에 따라 각 1,600만 원(8,000×2/10), 6,400만 원(8,000×8/10), 이고, **甲은 A의 사용자이므로 피용자 A와 동일하게 1,600만원이다**. 따라서 앞서 설문 3.의 경우에서 살핀바와 같이 부진정연대채무자는 **연대채무와는 달리 자기 부담부분을 넘은 면책행위를 해야** 구상권을 행사할 수 있다(대판 1997.12.12, 96다50896 : 1회,5회 선택형). 따라서 사안과 같이 甲의 부담부분(1,600만원)에 미달한 1,000만원을 변제한 경우에는 다른 부진정연대채무자 丙에게 구상권을 행사할 수 없다(대판 1997.12.12, 96다50896참고).

---

2) "원고가 피고에게 합계금 5,151,900원의 금전채권중 그 일부인 금 3,500,000원을 소송상 청구하는 경우에 이를 피고의 반대채권으로써 상계함에 있어서는 위 금전채권 전액에서 상계를 하고 그 잔액이 청구액을 초과하지 아니할 경우에는 그 잔액을 인용할 것이고 그 잔액이 청구액을 초과할 경우에는 청구의 전액을 인용하는 것으로 해석하는 것이 일부 청구를 하는 당사자의 통상적인 의사이고 원고의 청구액을 기초로 하여 피고의 반대채권으로 상계하여 그 잔액만을 인용한 원심판결은 상계에 관한 법리를 오해한 위법이 있다 할 것이다"

기출해설

2016년 변호사시험 제1문

甲은행은 2009. 12. 1. 乙에게 1억 원을 이자 월 1%(매월 말일 지급), 변제기 2010. 10. 31.로 정하여 대여하였고, 丙은 같은 날 乙의 甲은행에 대한 위 차용금 채무를 연대보증하였다.
甲은행은 2013. 5. 1. 乙에 대한 위 대여금 및 이에 대한 이자, 지연손해금(이하 '대여금 등'이라 한다) 채권을 丁에게 양도하였으나, 乙에게 위 채권양도 사실을 통지하지 않았다. 甲은행은 위 채권양도에도 불구하고, 2013. 12. 20. 乙을 상대로 위 대여금 등 채무의 이행을 구하는 소(이하 '전소'라 한다)를 제기하였는데, 전소에서 乙은 위 대여금 등 채권이 丁에게 양도되었으므로 甲은행의 청구는 기각되어야 한다고 주장하였고, 전소 법원은 이러한 주장을 받아들여 2015. 11. 30. 甲은행의 청구를 기각하였다. **1. 甲은행의 청구에 대한 전소 법원의 판단 근거를 설명하시오. (10점)**

사례B-42 채권양도의 대항요건으로서 채무자의 승낙

Ⅰ. 설문 1.의 경우(10)

1. 甲은행의 청구원인

甲은 소비대차계약상 채권자의 지위에서 채무자인 乙에게 '대여금 등'의 지급을 구하고 있다(제598조).

2. 乙의 항변

(1) 채권양도의 채무자에 대한 대항요건으로서 승낙

"채권양도는 처분행위로서 양도계약만으로써 채권 자체가 동일성을 유지하면서 양도인으로부터 양수인에게 바로 이전하지만"(대판 1999.4.15. 97도666), 양도인이 채무자에게 통지하거나 채무자가 승낙하지 아니하면 채무자에게 대항하지 못한다(제450조 1항). 여기에서 **'승낙'은 채무자가 채권양도의 사실을 인식하고 있음을 표시하는 행위로서 관념의 통지에 해당하고, 승낙의 상대방은 민법의 규정이 없으나 양도인 또는 양수인 어느 쪽에 대하여 하더라도 상관없다**(대판 1986.2.25. 85다카1529 : 6회 선택형).

(2) 사안의 경우

甲은행의 청구에 대한 '전소'에서 乙은 **'대여금 등' 채권이 丁에게 양도되었다고 주장함으로써 채무자의 지위에서 채권양도를 '묵시적으로 승낙'하였다고 볼 것이므로**(제450조 1항), 이로써 '대여금 등' 채권은 양도인 甲으로부터 양수인 丁에게로 확정적으로 이전된다. 따라서 양도인 甲은행은 이미 양도한 채권에 기하여 채무자 乙에게 지급청구를 할 수 없다.

3. 이행의 소에서 이행청구권이 부존재한 경우 : 전소 법원의 판단근거

이행의 소에서는 **자기에게 이행청구권이 있음을 주장하는 자가 원고적격**을 가지며, 그로부터 이행의무자로 주장된 자가 피고적격을 갖는다. 따라서 원고가 실제로 이행청구권자이며 피고가 이행의무자인지 여부는 본안에서 판단될 문제로서 본안심리 끝에 **실제 이행청구권자나 의무자가 아님이 판명되면 '청구기각'의 판결을 할 것이고**, 당사자적격의 흠이라 하여 소를 각하해서는 안된다.
사안의 경우 甲은행은 '대여금 등'의 채권에 대한 이행청구권이 없으므로, 甲은행의 청구에 대하여 법원이 '청구기각'의 판결을 한 것이다.

기출해설

2012년 변호사시험 제1문

甲은 2009. 3. 1. 乙로부터 서울 강남구 소재 대한빌딩 중 1, 2층을 임대보증금 1억 원, 월 차임 400만 원, 임대차기간 2년으로 약정하여 임차하였다. 甲은 乙에게 위 임대보증금 1억 원을 지급한 후 위 건물에서 '육고기뷔페'라는 상호로 음식점을 경영하고 있다. 甲은 도축업자인 丙에게서 돼지고기를 구입하여 왔는데, '육고기뷔페'의 경영 악화로 적자가 계속되어 丙에게 돼지고기 구입대금을 제때에 지급하지 못하여 2010. 12.경에는 丙에 대한 외상대금이 1억 원을 넘게 되었다. 이에 丙이 甲에게 위 외상대금을 갚을 것을 여러 차례 독촉하자 甲은 부득이 乙에 대한 위 임대보증금반환채권을 丙에게 2011. 1. 17. 양도하게 되었고, 甲은 2011. 1. 20. 乙에게 내용증명 우편으로 위 채권양도 사실을 통지하여 다음날 乙이 위 내용증명 우편을 직접 수령하였다. 한편, 甲에 대하여 3,000만 원의 대여금채권을 가지고 있는 A는 위 채권을 보전하기 위하여 甲의 乙에 대한 위 임대보증금반환채권에 대하여 채권자를 A로, 채무자를 甲으로, 제3채무자를 乙로 하여 법원에 채권가압류신청을 하였고 위 신청에 대한 가압류결정이 고지되어 가압류결정 정본이 2011. 1. 22. 제3채무자인 乙에게 송달되었다. 甲과 乙은 2011. 2. 28. 위 임대차기간을 2년 연장하기로 합의(묵시의 갱신은 문제되지 아니하는 것을 전제로 함.)하였다. 임대차기간이 연장된 것을 전혀 모르는 丙이 乙에게 임대보증금의 지급을 요구하자 乙은 위 임대차기간이 연장되었음을 이유로 丙에게 임대보증금의 반환을 거절하였다.

1. 乙이 甲과의 위 임대차기간 연장 합의를 이유로 丙에게 임대보증금의 지급을 거절한 것에 관하여 丙은 乙에 대하여 어떠한 법률상 주장을 할 수 있는가? (10점)
2. 丙은 변호사 丁을 찾아가서 임대보증금의 반환을 받는 방법에 대해 자문하였다. 현재 乙은 甲에게서 임대목적물을 인도받지 않았기 때문에 임대보증금을 반환할 수 없다는 입장이고, 甲 역시 자신이 점유 중인 임대목적물을 임의로 乙에게 인도할 생각이 전혀 없다. 변호사 丁으로서는 丙이 실질적으로 위 임대보증금을 반환받을 수 있도록 하려면 누구를 상대로 어떤 소송을 제기해야 한다고 답변하는 것이 적절한가? (이 경우 공동소송의 요건은 충족된 것으로 봄.)(30점)
5. 위 임대보증금반환청구권과 관련하여 A가 받은 채권가압류결정과 丙이 받은 채권양도 중 어느 것이 우선하는가? (10점)

사례B-43 임차보증금반환채권양도와 채무자의 항변, 채권자대위소송과 양수금청구소송, 가압류와 채권양도의 경합★

Ⅰ. 丙의 乙에 대한 법률상 주장(10) - 설문 1.

1. 문제점

채권의 양도에 의해 양도인에 대한 채무자의 지위가 달라질 것은 아니므로, 채무자는 그 '통지를 받은 때까지' 양도인에 대하여 생긴 사유로써 양수인에게 대항할 수 있다(제451조 제2항). 다만, 대항사유 자체는 통지 뒤에 생겼더라도 그 '사유 발생의 기초가 되는 법률관계'가 통지 전에 이미 존재하였다면 이는 '계약 자체에 처음부터 내재하는 고유한 위험'이라고 볼 수 있으므로 그 대항사유로써 양수인에게 대항할 수 있는바, 사안에서 채권양도 통지 후 양도인(임차인)과 채무자(임대인) 사이의 임대차계약의 합의갱신이 여기에 해당하는지 문제된다.

[주의] 乙의 주장의 취지는 임대차계약의 당사자인 甲과 乙의 합의로 임대차계약은 종료되지 않고 갱신되었으므로 임대차보증금반환채권은 발생하지 않았으며, 이는 제451조 2항에 기해 양수인인 丙에 대해 주장할 수 있다는 것이므로 이에 대해 검토하기로 한다. 그러나 **임대차종료 전에 임대차보증금반환채권을 양도할 수 있느냐**(장래채권의 양도)**의 문제는 丙의 乙에 대한 주장이 아니라 乙의 丙에 대한 주장이 될 수 있으므로 검토할 필요가 없다.**

2. 판 례

判例는 "임대인이 임대차보증금반환청구채권의 양도통지를 받은 후에는 임대인과 임차인 사이에 임대차계약의 갱신이나 계약기간 연장에 관하여 명시적 또는 묵시적 합의가 있더라도 그 **합의의 효과는 보증금반환채권의 양수인에 대하여는 미칠 수 없다**"(대판 1989.4.25, 88다카4253,4260 : 4회,8회 선택형)고 한다.

3. 사안의 경우

사안에서 임대차계약의 합의갱신(2011.2.28.)은 채권양도 통지(2011.1.21.) 후에 발생한 '새로운' 계약이라고 볼 수 있으므로, 계약 자체에 처음부터 내재하는 고유한 위험이라고 볼 수 없다. 따라서 양수인 丙은 채무자 乙에 대하여 양도인 甲과의 임대차계약의 연장의 효과가 자신에게는 미치지 않는다고 주장할 수 있다.

Ⅱ. 丙이 채권의 만족을 얻을 수 있는 소송(30) - 설문 2.

1. 문제점

양수인 丙의 청구에 대해 乙은 민법 제451조 2항에 기해 동시이행항변권을 행사하고 있고, 그렇다고 **임대인의 지위가 아닌 단순히 임차보증금반환 채권자의 지위에 불과한 丙이 임차인 甲을 상대로 직접 임대목적물의 인도를 청구할 수도 없다.**[1] 따라서 丙이 채권의 만족을 얻을 수 있는 효과적인 방법으로 乙을 '대위'하여 甲에게 건물인도청구를 한 후 乙에 대해 건물인도를 받음과 동시에 자신에게 임차보증금을 지급할 것을 청구할 수 있는지 문제된다(제404조).

[주의] 사안에서 **丙은 乙을 대위하여 甲과 乙 사이의 임대차 계약을 해지할 필요가 없다.** 왜냐하면 설문 1.에서 검토한 바와 같이 乙은 甲과의 임대차기간 연장 합의를 이유로 丙에게 대항할 수 없기 때문이다.[2]

---

1) 양수인이 임차인을 상대로 직접 인도청구를 할 수 있는지에 대하여 ① 임차보증금반환채권을 양도한 임차인은 양수인에 대해 채권양도의 원인행위에 기한 신의칙상 부수의무로서 임대차계약이 종료하면 임대인에게 임차목적물을 곧바로 인도할 의무를 부담한다는 견해도 있으나, ② 임차인은 임대인에 대하여만 이러한 의무를 부담하고 있다고 보아야 하며, 신의칙으로부터 이러한 의무를 끌어내는 것은 권리행사 · 의무부담의 관계를 어지럽히는 문제점이 있으므로 이를 부정하는 것이 타당하다(양창수, '임차보증금반환채권의 양도와 임대차 계약의 묵시적 갱신', 민법연구 제2권, p.323이하 참고).

2) 양창수, '임차보증금반환채권의 양도와 임대차 계약의 묵시적 갱신', 민법연구 제2권, p.307이하 참고. 아래 본문에서 살펴 볼 88다카4253,4260 판례 또한 동일한 입장이다.

2. 甲에 대한 소송(채권자대위권에 의한 임차목적물인도청구권 행사 가부)

(1) 요 건(보, 필, 불, 대)

채권자대위권의 요건으로는 ⅰ) 피보전채권의 존재, ⅱ) 채권보전의 필요성, ⅲ) 채무자의 권리불행사, ⅳ) 피대위권리의 존재를 요구한다(제404조). 사안에서 다른 요건은 모두 충족하였으나, ⅱ) 채권보전의 필요성과 관련하여 채무자 乙의 무자력 유무가 문제된다.

(2) 채무자 乙의 무자력 필요여부

① 피보전채권이 금전채권인 경우 원칙적으로 채무자가 무자력이어야 한다. ② 그러나 ⅰ) 피보전채권과 피대위권리가 밀접하게 관련되어 있어서 ⅱ) 채권자대위권을 행사하지 않으면 피보전채권을 유효적절하게 행사할 수 없는 경우에는 무자력을 요하지 않는다.

사안과 유사한 사안에서 判例도 "임차보증금반환채권을 양수한 채권자가 그 이행을 청구하기 위하여 임차인의 가옥인도가 선 이행되어야 할 필요가 있어서 그 인도를 구하는 경우에는 그 채권의 보전과 채무자인 임대인의 자력유무는 관계가 없는 일이므로 무자력을 요건으로 한다고 할 수 없다"(대판 1989.4.25, 88다카4253,4260)고 한다.

(3) 사안의 경우

乙이 무자력이 아니더라도 丙은 乙에 대해 갖고 있는 보증금반환채권을 보전하기 위해 乙을 대위하여 甲에게 임차목적물의 인도를 청구할 수 있다.

3. 乙에 대한 소송(양수금 청구 행사가부)

(1) 요 건

양수인이 채무자에게 양수금을 청구하기 위해서는 ⅰ) 양수채권의 발생원인사실, ⅱ) 양수채권의 취득원인사실, ⅲ) 채무자에 대한 대항요건을 갖춘 사실을 증명해야 한다. 사안에서, ⅰ) 甲은 乙에 대하여 임대차보증금반환청구권이 존재하고, ⅱ) 甲과 丙은 2011. 1. 17. 채권양도계약을 체결하였으며, ⅲ) 양도인 甲이 채무자 乙에게 내용증명 우편으로 채권양도사실을 통지하여 乙에게 2011. 1. 21. 송달되어 대항요건도 갖추었다.

(2) 乙의 동시이행항변권 인정 여부

判例에 따르면 "임대차계약의 기간이 만료된 경우에 임차인이 임차목적물을 인도할 의무와 임대인이 보증금중 연체차임등 당해 임대차에 관하여 인도시까지 생긴 모든 채무를 청산한 나머지를 반환할 의무는 동시이행의 관계가 있다"(대판 1977.09.28. 전합77다1241). 또한 "임차인의 임차보증금반환청구채권이 전부된 경우에도 채권의 동일성은 그대로 유지되는 것이어서 동시이행관계도 당연히 그대로 존속한다"(대판 1989.10.27. 89다카4298).

따라서 사안에서 甲의 임차보증금반환청구권이 丙에게 양도되었더라도, 乙은 양도인 甲이 임대목적물을 반환할 때까지 양수인 丙의 임차보증금반환청구에 대해서 그 이행을 거절할 수 있다(제451조 2항). 이 때 동시이행항변권 자체는 임대차가 종료한 때, 즉 위 채권양도 통지 뒤에 생긴 것이지만, 그 발생의 기초가 되는 법률관계인 임대차계약은 통지 전에 이미 존재하고 있었기 때문이다.

3. 소 결

변호사 丁은 丙에게 "甲과 乙을 공동피고로 하여 통상의 공동소송의 형태로 우선 甲에게는 乙을 '대위'하여 건물을 乙에게 인도할 것을 청구하고, 乙에게는 건물을 甲에게서 인도받음과 동시에 자신에게 임차보증금을 반환할 것을 청구할 수 있다"고 답변하는 것이 적절하다.

Ⅴ. 채권양수인 A와 丙의 우열(10) - 설문 5.

1. 채권양도의 제3자에 대한 대항요건

민법은 지명채권양도의 대항요건과 관련하여 채무자 이외의 제3자에 대한 관계에서는 확정일자 있는 증서에 의한 통지 또는 승낙을 요구하고 있다(제450조 2항). 여기서 확정일자란 증서에 대하여 그 작성한 일자에 관한 완전한 증거가 될 수 있는 것으로 법률상 인정되는 일자를 말하는 것이다(민법부칙 제3조 참조)(대판 1988.4.12. 87다카2429).

그러므로 사안에서 내용증명우편의 일자 및 가압류결정정본은 이에 해당한다. 따라서 A와 丙은 채무자 및 제3자에 대한 대항요건을 모두 갖추었다. 다만 문제는 양자 간의 우열을 무엇을 기준으로 결정할 것인지 여부이다.

2. A와 丙 사이의 우열관계(대항요건의 경합시 우열의 결정기준)

(1) 판 례

判例는 채권양수인과 동일채권에 대하여 가압류명령을 집행한 자 사이의 우열은 확정일자 있는 채권양도통지와 가압류결정정본의 제3채무자(채권양도의 경우 채무자)에 대한 도달의 선후에 의하여 결정하여야 한다고 보아 **도달시를 기준으로 우열을 결정**한다(대판 1994.4.26. 전합93다24223 : 1회 선택형).[3)]

(2) 사안의 경우

① 확정일자의 선후에 따라 우열을 결정하자는 견해(확정일자설)도 있으나, ② 민법 제450조 제1항이 원칙규정이고 제2항은 제1항의 실효성을 살리기 위한 부수적 규정이라는 점을 고려할 때 채무자의 인식, 즉 확정일자 있는 통지가 도달한 일자에 중점을 두는 것이 본조의 취지에 합당한 해석이라고 보여 진다(도달시설). 사안의 경우 丙이 보낸 내용증명 우편은 2011. 1. 21.에 乙에게 송달되었고 A가 신청한 가압류결정 정본은 2011. 1. 22. 乙에게 송달된바 **丙이 우선한다.**

3) "채권이 이중으로 양도된 경우의 양수인 상호 간의 우열은 통지 또는 승낙에 붙여진 확정일자의 선후에 의하여 결정할 것이 아니라, 채권양도에 대한 채무자의 인식, 즉 확정일자 있는 양도통지가 채무자에게 도달한 일시 또는 확정일자 있는 승낙일시의 선후에 의하여 결정하여야 한다"

기출해설 **2015년 3차 법전협모의 제1문 변형**

【공통된 사실관계】
甲은 2015.2.1. 乙과의 사이에 甲소유의 X토지를 3억 원에 매도하기로 하는 계약을 체결하고, 계약금 3천만 원은 이 계약 당일 지급받았으며, 중도금 1억 원은 2015.2.28.까지, 잔금 1억 7천만 원은 2015.3.31. 소유권이전에 필요한 서류의 교부와 동시에 각 지급하기로 약정하였다.
(아래 각 문항의 추가된 사실관계 및 문제의 제시는 상호 무관함)

【추가된 사실관계 1】 甲은 乙과의 매매계약 이후 丙에게 2015.2.10. 위 중도금 및 잔금채권을 양도하였고, 이 사실을 당일 乙에게 통지하였으며, 丙은 2015.4.25. 乙을 상대로 양수금 2억 7천만 원의 지급을 청구하는 소를 제기하였다.

1. 위 소송에서 乙이 甲과의 매매계약이 ① "통정허위표시로 무효이다" 또는 ② "채권양도통지 이후 甲의 채무불이행에 따라 해제되었다"는 사유를 들어서 청구기각을 구하는 경우, 乙의 위 각 주장에 대하여 丙의 예상되는 항변을 고려하여 법원은 어떻게 판단하여야 할 것인가? (단, 甲과 乙의 매매계약은 통정허위표시이며, 채권양도통지 이후 甲의 채무불이행에 따라 해제된 것은 사실이라고 전제한다). (20점)

【추가된 사실관계 2】 甲은 乙과의 매매계약 이후 2015. 2. 10. 위 중도금 및 잔금채권을 양도하였고, 乙은 당일 甲에게 이의를 유보하지 않은 채 이를 승낙하였는데, 丙이 2015. 6. 1. 乙을 상대로 양수금 2억 7천만 원의 지급을 청구하는 소를 제기하였다.

**2. 위 소송에서 乙이 ① 甲으로부터 아직 소유권이전등기를 넘겨받지 않았으므로 丙의 청구에 응할 수 없으며, ② 그렇지 않더라도 乙 자신은 A의 甲에 대한 1억 원의 대여금채권(변제기는 2015. 1. 28.)에 대하여 압류 및 전부명령을 받아 두었으므로(그 명령은 2015. 4. 10. 甲에게 송달되고, 같은 달 20. 확정되었음), 그 전부금채권을 자동채권으로 하여 丙의 위 양수금채권과 상계한다고 항변하였다. (단, 丙은 채권양수시 이러한 내용에 대해 알고 있었으며, 乙은 중도금 및 잔금채무를 이행하지 않고 있다고 전제한다)
丙의 양수금청구에 대하여 법원은 어떻게 판단하여야 할 것인가? (30점)**

사례B-44 통지의 효력과 제108조 2항 · 제548조 1항 단서, 승낙의 효력과 동이항 · 상계항변★

Ⅰ. 설문 1.의 경우(20)

1. 문제점

사안에서 ⅰ) 甲이 乙에게 채권이 있고, ⅱ) 甲의 채권을 丙이 양수하였으며, ⅲ) 이러한 양도사실이 乙에게 통지되어 채권양도의 대항요건이 갖추어졌다는 것을 이유로 丙은 乙에게 양수금청구를 할 수 있을 것이나(제450조 1항), **반대로 乙은 양도통지를 받을 때까지 甲에 대하여 발생한 사유로서 丙에게 항변할 수 있다(제451조 2항).** 이때 乙이 ① 통정허위표시로서 매매계약이 무효라고 주장할 경우 丙이 민법 제108조 2항의 선의의 제3자에 해당하는지, ② 통지 이후 甲의 채무불이행으로 해제되었다고 주장할 경우, 통지 이후 발생한 양도인과의 '계약해제'를 이유로 양수인에게 항변가 능한지, 丙이 제548조 1항의 제3자에 해당하는지 여부를 검토한다.

2. 통정허위표시라는 주장에 대한 판단… 乙의 ①주장

(1) 민법 제108조 2항의 의미

허위표시의 무효는 선의의 제3자에게 대항하지 못한다(제108조 2항). 判例는 이때 '제3자'란 당사자와 그의 포괄승계인 이외의 자로서 '허위표시에 의하여 외형상 형성된 법률관계를 토대로 ⅰ) 실질적으로 ⅱ) 새로운 ⅲ) 법률상 이해관계를 맺은 자'로 한정된다고 한다(대판 2004.5.28. 2003다70041).

아울러 제3자는 선의로 추정되므로 제3자가 악의라는 사실은 그것을 주장하는 자가 입증해야 한다(대판 1970.9.29, 70다466 : 1회 선택형).

(2) 사안의 경우

채권양수인 丙은 선의로 추정되며, 양도인 甲에게 매매대금채권이 있다는 것을 토대로 실질적으로 새로운 법률상 이해관계를 맺은 제3자이므로 乙은 丙에게 계약이 무효임을 대항할 수 없다(대판 2011.4.28. 2010다10035).[1]

3. 채권양도 통지 이후 甲의 채무불이행에 따라 해제되었다는 주장에 대한 판단… 乙의 ② 주장

(1) 통지 이후 발생한 양도인과의 '계약해제'를 이유로 양수인에게 대항가능한지

채무자 乙이 통지 이후 양도인 甲에게 발생한 사유를 양수인 丙에게 주장할 수 있는지 문제되는바(제451조 2항), 判例는 "채권양도의 기초가 되는 계약이 일방의 채무불이행으로 해제될 수 있다는 것은 계약 자체에 내재하는 고유한 위험이고, 그 해제권 발생의 기초가 되는 계약은 통지 전에 이미 성립하였기 때문에 이는 제451조 2항의 양도통지를 받기 전에 생긴 사유에 해당한다"(대판 2003.1.24, 2000다22850 참고)고 하여 긍정한다.

생각건대, 대항사유 자체는 통지 뒤에 생겼더라도 그 '사유 발생의 기초가 되는 법률관계'가 통지 전에 이미 존재하였다면 이는 '계약 자체에 처음부터 내재하는 고유한 위험'이라고 볼 수 있으므로 그 대항사유로써 양수인에게 대항할 수 있다고 보아야 한다. 따라서 乙은 丙에게 甲의 채무불이행을 원인으로 한 해제를 주장할 수 있다.

(2) 丙이 민법 제548조 1항 단서의 제3자인지 여부

계약해제로 인한 원상회복의무는 제3자의 권리를 해하지 못한다(제548조 1항 단서). 判例는 제3자의 범위와 관련하여 "그 해제된 계약으로부터 생긴 법률효과를 기초로 하여 '해제 전'에 새로운 이해관계를 가졌을 뿐 아니라 등기·인도 등으로 완전한 권리를 취득한 자"(대판 2002.10.11, 2002다33502)를 말한다고 한다. 한편, 判例는 "채권양수인이 취득한 권리는 채권에 불과하고 대세적 효력을 갖는 권리가 아니어서 채권양수인은 제3자에 해당하지 않는다"(대판 2003.1.24. 2000다22850 : 3회 선택형)고 한다.

생각건대, 계약이 해제되어 채권이 소급적으로 소멸될 수 있다는 것은 채권 그 자체가 갖는 고유한 위험이므로 채권양수인은 이로 인한 위험을 스스로 부담함이 상당하다. 따라서 乙은 丙에 대하여 계약의 해제를 주장하여 채무이행을 거절할 수 있다.

---

1) "채권양수인이 채권양도인으로부터 지명채권을 양도받았음을 이유로 채무자에 대하여 그 채권을 행사하기 위하여는 지명채권 양도에 관한 합의 이외에 양도받은 당해 채권에 관하여 민법 제450조 소정의 대항요건을 갖추어야 하는 것이고, 이러한 법리는 채권양도인과 채무자 사이의 법률행위가 허위표시인 경우에도 마찬가지로 적용된다"

[쟁점정리] 제108조 2항 등의 제3자는 '무효'(또는 취소)인 의사표시를 바탕으로 새로운 이해관계를 가지면 되나, 제548조 1항 단서의 제3자는 '완전히 유효'한 계약을 바탕으로 새로운 이해관계를 가져야 하므로 거래당사자와 제3자와의 이익형량 차원에서 제3자는 등기, 인도 등으로 완전한 권리를 취득한 자이어야 한다(대판 2003.1.24, 2000다22850). 따라서 가장채권의 양수인, 가장채권의 (가)압류권자는 제108조 2항에 의해 보호를 받을 수 있으나(대판 2004.5.28, 2003다70041), 채권의 양수인, 채권의 (가)압류권자는 제548조 1항 단서에 의해 보호를 받을 수 없다(대판 2000.4.11, 99다51685 : 1회 선택형).

4. 사안의 해결

① 乙이 통정허위표시로 인한 무효를 주장하는 경우, 丙은 민법 제108조 2항의 선의의 제3자에 해당하므로 乙의 주장은 받아들여지지 않을 것이고, ② 乙이 계약이 해제되었음을 주장하는 경우 丙은 민법 제548조 1항 단서의 제3자에 해당하지 아니하므로 乙의 주장은 받아들여져 법원은 丙의 양수금지급청구를 기각할 것이다.

Ⅱ. 설문 2.의 경우(30)

1. 문제점

채무자 乙이 채권양도에 대하여 이의를 유보하지 않은 승낙을 하였으므로 乙은 채권양도인 甲에 대하여 주장할 수 있는 사유를 양수인 丙에게 주장할 수 없다(제451조 1항 본문). 이때 乙의 동시이행의 항변과 상계항변이 받아들여질지 여부를 검토한다.

2. 이의를 보류하지 않은 승낙의 효력

채무자가 이의를 보류하지 않은 승낙을 한 경우에는 채무자는 양도인에게 대항할 수 있는 사유로 양수인에게 대항할 수 없다(제451조 1항 본문). 이는 '채무자의 승낙에 공신력'을 주어 양수인의 신뢰를 보호하고 채권양도의 안전을 보장하기 위한 것으로 判例에 따르면 양수인이 악의 또는 중과실이 아니어야 보호받는다고 한다(대판 2002.3.29, 2000다13887).

한편 여기서 '양도인에게 대항할 수 있는 사유'란, 채권의 성립·존속·행사를 저지·배척하는 사유는 물론, 변제 등에 의한 채무소멸의 사유, 나아가 불법목적에 의하여 발생된 채권의 항변사유(제103조 위반으로 무효라는 항변)도 포함한다(대판 1962.4.4, 4294민상1296).

3. 채무자 乙의 양수인 丙에 대한 동시이행 항변 가부… 乙의 ①주장

(1) 乙이 동시이행의 항변권을 가지는지 여부

乙이 甲으로부터 아직 소유권이전등기를 넘겨받지 않았다는 주장은 동시이행의 항변에 해당하는바, 判例가 판시하는 바와 같이 "매수인 乙이 선이행하여야 할 중도금 지급(2015.2.28.)을 하지 아니한 채 잔대금지급기일(2015.3.31.)을 경과한 경우에는 매수인 乙의 ⅰ) 중도금 및 ⅱ) 이에 대한 지급일 다음날부터 잔대금지급일까지의 지연손해금과 ⅲ) 잔대금의 지급채무는 매도인 甲의 소유권이전등기의무와 동시이행관계에 있다"(대판 1991.3.27, 90다19930 : 1회,3회 선택형).

(2) 승낙이후에 동시이행의 항변사유가 발생한 경우

사안에서 채권양도시 甲이 丙에게 계약 내용을 알렸으므로 丙은 채권발생의 원인이 되는 매매계약의 존재를 알고 있었다고 봄이 상당하다. 그리고 동시이행항변권은 계약 자체에 내재하는 고유한 위험이고, 채권양도는 채권의 '동일성'이 유지되므로 그 채권에 종된 권리인 동시이행항변권 등도 당연히 이전된다. 따라서 비록 승낙(2015.2.10.) 이후에 동시이행의 항변 사유가 발생(2015.3.31.)하였다 하더라도 채무자 乙은 '악의'의 양수인 丙에게 동시이행항변권으로 대항할 수 있다(아래 상계항변 관련 99다18039참고)

4. 채무자 乙의 양수인 丙에 대한 상계항변 가부… 乙의 ②주장

(1) 동시이행의 항변권이 붙어 있는 채권을 '수동채권'으로 하는 상계가부

동시이행의 항변권이 붙어 있는 채권은 이를 '자동채권'으로 하여 상계하지 못한다. 이를 허용하면 상대방은 이유 없이 동시이행의 항변권을 잃기 때문이다(대판 2002.8.23. 2002다25242 : 1회 선택형). 따라서 수동채권은 가능하다.

(2) 승낙 후에 취득한 채권을 '자동채권'으로 하는 상계가부

判例는 "채권양도에 있어서 채무자가 이의를 보류하지 아니하고 승낙을 하였더라도 양수인이 악의 또는 중과실의 경우에 해당하는 한, 채무자의 승낙 당시까지 양도인에 대하여 생긴 사유로써 양수인에게 대항할 수 있다고 할 것인데, 승낙 당시 이미 상계를 할 수 있는 원인이 있었던 경우에는 아직 상계적상에 있지 아니하였다 하더라도 그 후에 상계적상이 생기면 채무자는 양수인에 대하여 상계로 대항할 수 있다"(대판 1999.8.20, 99다18039)고 판시하고 있으나,[2] **승낙(통지) 후에 채무자가 반대채권을 취득하였다면, 양수인에 대하여 상계를 가지고 대항할 수 없음은 당연하다**(대판 1984.911, 83다카2288). 이는 양수인이 악의이더라도 마찬가지이다.

전부명령이 있는 때에는 압류된 채권은 지급에 갈음하여 압류채권자에게 이전된다(민사집행법 제229조 3항). 다만 사안에서는 2015. 4. 10. 전부명령이 제3채무자 甲에게 송달되고, 같은 달 20. 확정되었으므로 乙의 자동채권인 전부금채권이 수동채권인 양수금채권과 관련한 乙의 이의를 보류하지 않은 승낙을 한 시점(2015. 2. 10.)이후에 발생하였다. 따라서 乙은 이러한 전부금채권을 자동채권으로 채권양수인 丙에게 상계의 항변을 할 수 없다.

> [비교판례] 그러나 주의할 것은 **채무자의 채권양도인에 대한 자동채권이 발생하는 기초가 되는 원인이 양도 전에 이미 성립하여 존재하고 자동채권이 수동채권인 양도채권과 동시이행의 관계에 있는 경우에는**, 예외적으로 **'양도통지가 채무자에게 도달하여 채권양도의 대항요건이 갖추어진 후에 자동채권이 발생하였다고 하더라도'** 채무자는 동시이행의 항변권을 주장할 수 있고, 따라서 그 채권에 의한 상계로 양수인에게 대항할 수 있다는 점이다(대판 2015.4.9. 2014다80945).
> 다만 사안의 경우는 자동채권(A의 甲에 대한 채권)과 수동채권(甲의 乙에 대한 채권)이 동시이행의 관계에 있다고 볼 수 없으므로 해당 판례는 당해 사안에 적용될 여지가 없다.

5. 사안의 해결

법원은 乙에 대하여 甲의 X토지에 대한 소유권이전등기의무의 이행과 상환으로 丙에게 양수금 전액을 지급하라고 판결하여야 한다.

---

2) 判例사안은 자동채권의 변제기가 수동채권의 변제기보다 앞선 사안이어서 정확히 어떠한 입장인지는 분명하지 않다. 다만 채권압류명령을 받은 제3채무자가 압류채무자에게 반대채권을 가지고 있는 경우, 상계로써 압류채권자에게 대항하기 위한 요건(제498조)과 관련하여 최근 전원합의체 판결로 제한설(변제기선도래설)의 입장을 분명히 하였다(대판 2012.2.16, 전합2011다45521)

기출해설 2015년 1차 법전협모의 제2문

【기초적 사실관계】

甲은 자기 소유의 X토지를 2013.10.1. 乙에게 2억 원에 매도하는 계약을 체결하면서, 계약금 2천만 원은 계약체결일에 지급받고, 중도금 8천만 원은 2013.12.1.에, 잔금 1억 원은 2014.2.1.에 乙로부터 각각 지급받기로 하였다. 한편 甲은 乙로부터 중도금을 지급받으면 바로 X토지의 소유권이전등기를 마쳐주기로 하였다. 甲은 乙로부터 계약금 및 중도금을 모두 지급받고, 2013.12.10. X토지에 관하여 乙 명의의 소유권이전등기를 마쳐주었다. 그런데 2014.2.1.이 경과하여도 乙은 甲에게 매매잔금을 지급하지 않았다. 한편 2013.5.2. 丙은 자신이 제조한 물품을 甲에게 1억 원에 공급하기로 하는 물품공급계약을 체결하면서 2014.5.2. 물품공급과 상환으로 그 대금 1억 원을 지급받기로 하였다. 2014.5.2. 丙은 물품을 甲에게 공급하였다.

아래 1, 2, 3, 4는 별개이므로 독립적으로 판단하시오.

2. 丙으로부터 물품대금의 지급독촉을 받은 甲은 2014.11.1. 丙에게 乙에 대한 매매잔금 등에 대한 채권을 양도하면서 채권양도계약서를 작성하였는데, 그 계약서에는 甲이 丙에게 채권양도의 통지를 위임한다는 취지의 내용이 포함되어 있었다. 그리고 2014.11.10. 丙은 자신의 이름으로 내용증명우편을 통하여 위와 같은 채권양도의 사실이 있음을 乙에게 통지하였고, 이 통지는 2014.11.5. 乙에게 도달하였다. 丙의 통지에는 위 채권양도계약서가 첨부되어 있었다. 그런데 甲과 乙은 위 X토지 매매계약 체결 당시 매매계약에 기하여 발생하는 채권의 양도를 금지하는 약정을 하였다. 2015.1.10. 丙은 乙을 상대로 양수금의 지급을 구하는 소를 제기하였다. 이에 乙은 ① 甲과의 사이에 채권양도의 금지특약이 있었으며, 또한 ② 채권양도가 인정되더라도 채권양도의 통지가 적법하게 이루어지지 않았음을 주장하면서 丙의 청구를 거절하였다. 乙의 주장이 타당한지 검토하시오. (15점)

3. 丙에 대한 물품대금채무를 변제하지 못하고 있던 甲은 2014.10.1. 乙에 대한 매매잔금 등에 대한 채권을 丙에게 양도하였다. 그리고 乙은 2014.10.5. 이 채권양도에 대하여 이의를 보류하지 않은 승낙을 하였다. 그런데 乙은 甲에 대하여 1억 원의 대여금채권을 가지고 있었는데, 이 채권의 변제기는 2014.9.20. 이었다. 2015.1.10. 丙은 乙을 상대로 양수금의 지급을 청구하였는데, 乙은 甲에 대한 대여금채권을 가지고 상계를 주장하였다. 乙의 주장이 타당한지 검토하시오. (15점)

사례B-45 양도금지특약, 양수인 명의의 채권양도통지, 이의보류 없는 승낙과 상계항변★

Ⅱ. 설문 2.의 경우(15)

1. 양도금지특약이 있는 채권의 양도와 그 효력… 乙의 ①주장

(1) 채권양도의 자유와 제한

지명채권은 원칙적으로 자유로운 양도가 인정되나(제449조 1항 본문), 성질(제449조 1항 단서)이나 특약(제449조 2항 본문) 또는 법률에 의해 양도가 제한되는 경우가 있다. 사안의 경우 乙은 양도금지의 특약을 주장하고 있으므로 이에 대한 검토가 필요하다.

(2) 제449조 2항의 선의의 제3자의 범위

제449조 2항 단서의 선의의 제3자의 범위에 관하여 判例는 **선의의 양수인이 보호받기 위해서는 선의이며, 중과실이 없어야 한다고 하며,** 양수인의 악의 또는 중과실에 대한 증명책임은 채권양도금지특약으로 채권양수인에게 대항하려는 자(채무자)가 부담한다고 한다(대판 1999.12.28, 99다8834 : 3회,5회 선택형). 따라서 乙이 丙에게 악의 또는 중대한 과실이 있다는 점에 대해 증명하지 못하는 한 丙은 선의의 제3자로서 채권양수인에 해당한다. 이러한 경우 乙은 양도금지특약으로 丙의 양수금 청구에 대항할 수 없다.

2. 채권양수인 명의로 한 채권양도 통지의 효력… 乙의 ②주장

(1) 채권양도 통지의 당사자

통지는 '양도인'이 채무자에 대해 해야 하고, 양수인에 의한 통지는 그 효력이 생기지 않는다. 따라서 양수인은 양도인을 대위하여도 통지하지 못하나(제404조 참조), **양도인으로부터 통지의 대리권을 수여받아 양수인이 대리행위로서 통지하는 것은 무방하다**(아래 2003다43490).

다만 判例는 양수인이 양도인으로부터 위임을 받아 양도인의 대리인임을 표시하지 아니하고 양수인 자기 명의로 양도통지를 하였으나, i) 채권양도통지서 자체에 양수받은 채권의 내용이 기재되어 있고, ii) 채권양도양수계약서가 위 통지서에 별도의 문서로 첨부되어 있으며, iii) 채무자로서는 양수인에게 채권양도통지 권한이 위임되었는지 여부를 용이하게 알 수 있었다는 사정 등을 종합하여 제115조 단서에 의한 묵시적 현명이 있었다고 보아 "채권양수인 명의의 채권양도 통지가 유효하다"고 판단하였다(대판 2004.2.14, 2003다43490).

(2) 사안의 경우

채권양도계약서에 채권양도통지의 위임취지가 기재되어 있고, 丙의 통지에 위 채권양도계약서가 첨부되어 있다는 점에서 乙로서는 丙에게 채권양도통지권한이 위임되었는지 여부를 용이하게 알 수 있었다는 사정이 있는 점에서 채권양도통지를 **제115조 단서에 의해 유효**하다고 보아야 한다.

3. 사안의 해결

乙이 주장한 양도금지의 특약은 丙의 악의 또는 중대한 과실을 증명하지 못하는 한 제449조 2항 단서에 의해 丙에게 대항할 수 없고, 채권양도의 대항요건으로서의 통지도 제115조 단서의 묵시적 현명으로 적법하여 乙의 주장은 타당하지 않다.

Ⅲ. 설문 3.의 경우(15)

1. 채권양도의 이의를 보류하지 않은 승낙

(1) 제451조 1항의 의미 및 보호되는 양수인의 범위

채무자가 이의를 보류하지 않은 승낙을 한 경우에는 채무자는 양도인에게 대항할 수 있는 사유로 양수인에게 대항할 수 없는바(제451조 1항 본문), **'채무자의 승낙에 공신력'**을 주어 양수인의 신뢰를 보호하고 채권양도의 안전을 보장하기 위한 것으로 보호받는 **양수인은 '악의 또는 중과실'이 아니어야** 한다(대판 2002.3.29. 2000다13887).

(2) 배제되는 항변사유의 내용

여기서 '양도인에게 대항할 수 있는 사유'란 채권의 성립·존속·행사를 저지·배척하는 사유는 물론, 변제 등에 의한 채무소멸의 사유, 나아가 불법목적에 의하여 발생된 채권의 항변사유(제103조 위반으로 무효라는 항변)도 포함한다(대판 1962.4.4, 4294민상1296).

2. 승낙 당시에 이미 상계적상 상태에 있었던 경우

判例는 "채권양도에 있어서 채무자가 양도인에게 이의를 보류하지 아니하고 승낙을 하였다는 사정이 없거나 또는 **이의를 보류하지 아니하고 승낙을 하였더라도 양수인이 악의 또는 중과실의 경우에 해당하는 한**, 채무자의 승낙 당시까지 양도인에 대하여 생긴 사유로써 양수인에게 대항할 수 있다고 할 것인데, 승낙 당시 이미 상계를 할 수 있는 원인이 있었던 경우에는 아직 상계적상에 있지 아니하였다 하더라도 그 후에 상계적상이 생기면 채무자는 양수인에 대하여 상계로 대항할 수 있다"(대판 1999.8.20, 99다18039)고 판시하였다.

사안의 경우 乙의 甲에 대한 자동채권은 이의를 보류하지 않은 승낙을 할 당시(2014. 10. 5.) 이미 변제기가 도래하여(2014. 9. 20.) **상계적상 상태에 있다고 할 수 있으나, 丙을 악의 또는 중과실로 볼 만한 사정이 없다는 점에서 상계를 허용할 수 없다.**

3. 사안의 해결

丙은 甲으로부터 채권을 양수하고, 대항요건으로서 乙로부터 이의를 보류하지 않은 승낙을 얻은 점에서, 채무자 乙은 자신의 양도인 甲에 대한 채권을 이유로 양수인 丙에게 상계를 주장할 수 없다.

기출해설 2017년 1차 법전협모의 제1문

【공통된 사실관계】
甲은 2016. 8.경 인테리어 시공업자인 乙과 카페의 인테리어 공사에 관하여 공사대금 5,000만 원으로 하는 도급계약을 체결하였다. 乙은 약정기한인 2016. 10. 20. 위 인테리어 공사를 완료하고 甲에게카페를 인도하였다(아래 각 추가된 사실관계 및 설문은 서로 별개이다).

【추가된 사실관계】
甲이 공사대금 5,000만 원의 지급을 차일피일 미루자 乙은 甲에게 인테리어 공사대금의 일부라도 빨리 지급하라는 독촉을 하였고, 乙은 2016. 10. 25. 甲으로부터 공사대금 5,000만 원 중 500만 원을 일부변제 받았다. 甲이 공사대금 잔액의 지급을 지체하자 돈이 급한 乙은 2016. 10. 28. 위 공사대금채권 중 2,500만 원을 丙에게 양도하고, 甲에게 확정일자부 채권양도통지를 하였고 甲은 이 통지를 2016. 10. 31. 수령하였다. 그런데 乙은 2016. 11. 1. 다시 丁에게 위 공사대금 5,000만 원을 양도하였고, 甲은 같은 날 乙과 丁에게 확정일자부 증서로 위 채권양도에 관하여 이의없이 승낙하였다. 한편, 丁은 甲이 乙에게 이미 500만 원을 변제한 사실 및 乙이 공사대금채권 중 일부를 丙에게 양도한 사실을 전혀 알지 못하였고 알지 못한데 중과실도 없었다. 丁은 甲이 채권양도에 이의없이 승낙하였으므로 위 공사대금채권 5,000만 원을 자신에게 변제하여야 한다고 주장한다.

1. 丁의 주장에 대한 판단과 그 이유를 서술하시오(25점)

사례B-46 채권의 이중양도와(제450조 2항) 이의를 보류하지 않은 승낙의 효력(제451조 1항)[1]

Ⅰ. 설문 1.의 경우(25)

1. 결 론

甲은 丙에게 2,500만 원, 丁에게 2,500만원을 지급하여야 하므로 5,000만 원을 자신에게 변제하여야 한다는 丁의 주장은 타당하지 않다.

2. 논 거(丁이 甲에게 5,000만원 청구 가능한지 여부)

(1) 문제점

乙은 甲에게 5,000만 원 상당의 공사대금채권을 갖고 있는 상황[2]에서 500만 원을 변제받은 후 위 채권을 각각 丙과 丁에게 이중으로 양도하였는바, ① 채권의 이중양도시 우열기준(제450조 2항), ② 채무자가 이의 유보없이 승낙한 경우 '선행하는 채권양도가 있었다는 사실' 및 '일부변제 사실'로써 후순위 양수인에게 대항할 수 있는지 제451조 1항의 해석과 관련하여 문제된다.

---

1) ★ 2018년 2차 법전협 모의고사 제2문에서도 동일한 쟁점이 출제되었다.

2) 乙은 甲과 2016. 8.경 카페 인테리어공사 도급계약을 공사대금 5,000만원으로 하는 계약을 체결하고(제664조), 약정기한인 2016. 10. 20.경 공사를 완료하고 甲에게 카페를 인도하였으므로 그 시점에서 乙에게 5,000만원의 공사대금채권이 발생하였다(제665조 1항 본문).

(2) 채권의 이중양도와 우열판단기준

채권이 이중양도되고 각각 확정일자 있는 통지 또는 승낙으로 대항요건을 갖춘 경우 判例는 **'도달시'를 기준으로 우열을 결정한다**(대판 1994.4.26, 전합93다24223 : 1회 선택형).

이에 따르면 乙이 丙에게 한 위 5,000만 원 중 2,500만 원의 채권양도에 관하여 확정일자부 채권양도통지가 2016. 10. 31. 甲에게 도달하였고, 乙이 丁에게 한 위 5,000만 원 전액의 채권양도에 관하여 2016. 11. 1. 甲이 乙과 丁에게 확정일자부 증서로 이의 없이 승낙하였으므로 丙의 채권이 우선된다. 따라서 5,000만 원 중 먼저 2,500만 원은 丙에게 확정적으로 귀속되고, 나머지 2,500만 원이 丁에게 귀속된다.

(3) 이의를 보류하지 않은 승낙의 효력

1) 甲이 2,500만 원은 丙에게 귀속되었다고 丁에게 항변할 수 있는지 여부

채무자가 이의를 보류하지 않은 승낙을 한 경우에는 채무자는 양도인에게 대항할 수 있는 사유로 양수인에게 대항할 수 없는바(**제451조 1항 본문**), 이와 관련하여 判例는 민법은 채권의 귀속을 오로지 **제450조 2항**에 의해 확정일자 있는 증서에 의한 통지 또는 승낙의 유무와 그 선후로써만 결정하도록 규정하고 있으므로 제451조 1항의 '양도인에게 대항할 수 있는 사유'란 채권의 성립·존속·행사를 저지·배척하는 사유를 가리킬 뿐이고 **채권의 귀속**(채권이 이미 타인에게 양도되었다는 사실)**은 이에 포함되지 아니한다고** 판시하였다(대판 1994.4.29. 93다35551).

그러므로 앞서 살핀바와 같이 乙의 공사대금채권 5,000만 원 중 2,5000만 원은 丙에게 확정적으로 귀속되었고, 이러한 **'채권의 귀속'은 이의유보 없이도 甲은 이를 丁에게 대항할 수 있다**. 따라서 甲은 丁에게 5,000만 원 전액이 아닌 2,500만 원을 지급할 의무가 있다.

2) 甲이 500만 원은 이미 乙에게 변제되었다고 丁에게 항변할 수 있는지 여부

제451조 1항 취지는 **'채무자의 승낙에 공신력'**을 주어 양수인의 신뢰를 보호하고 채권양도의 안전을 보장하기 위한 것으로 보호받는 **양수인은 '악의 또는 중과실'이 아니어야 한다**(대판 2002.3.29. 2000다13887).

그러므로 사안에서 甲은 乙에게 공사대금 중 500만원을 변제하였으나 이의를 보류하지 않고 丁에게 승낙하였고, 丁은 甲의 변제사실에 대해 전혀 알지 못하였고 이에 대해 중과실도 없었으므로 **甲은 위 변제로 丁에게 대항할 수 없다**. 따라서 甲은 丁에게 2,500만 원 전부를 지급할 의무가 있다.

기출해설

2017년 3차 법전협모의 제2문

【추가된 사실관계】 甲은 2011. 12. 1. B에게 자신의 X 건물 중 2층 부분을 대금 1억 원에 매도하는 계약을 체결하였고, B는 그 매매대금을 분납하기로 하였다. 이후 甲은 자금이 필요하여 2012. 7. 5. C로부터 1억 원을 빌렸다.

3. 甲은 2012. 1. 10. 戊에게 B에 대한 1억원의 매매대금채권을 양도하였고, B는 같은 날 아무런 이의를 유보하지 않은 채 위 채권양도에 대한 승낙을 하였다. 그 후 B가 戊에게 매매대금을 지급하지 않자 戊는 B를 상대로 양수금 청구의 소를 제기하였다. 이에 대하여 B는 甲으로부터 아직 X 건물의 소유권이전에 필요한 서류를 교부받지 못하였으므로 戊에 대하여 대금을 지급할 수 없다고 항변하였다. 다만 戊는 채권양도를 받을 당시 X 건물의 소유권 이전에 필요한 서류를 제공하지 않은 사정을 알고 있었다. **이 경우 양수금 청구에 대하여 법원은 어떠한 판결을 선고하여야 하는가? (20점)**

4. 甲은 2012. 11. 30. 戊에게 B에 대한 채권을 양도하였고, 다음날 확정일자 있는 증서에 의한 통지가 B에게 도달하였다. 한편 甲은 2012. 12. 20. C의 독촉에 못 이겨 위 B에 대한 채권을 다시 양도하였고, 확정일자 있는 증서에 의한 통지가 다음날 B에게 도달하였다. 그런데 2013. 2. 15. 甲과 戊 사이에 이루어진 채권양도계약이 합의 해지되었고, 이 사실을 戊가 B에게 통지하였다. 그 후 甲은 2013. 5. 15. D로부터 1억 원을 빌리면서 위 B에 대한 채권을 양도함과 동시에 확정일자 있는 증서로 B에게 통지하였고, B는 D에게 매매대금채권 1억 원을 변제하였다. **이 경우 C는 D에게 부당이득반환을 청구할 수 있는가? (15점)**

사례B-47 이의를 보류하지 않은 승낙, 채권의 이중양도와 채권양도계약의 합의해지★

Ⅲ. 이의를 보류하지 않은 승낙과 악의의 양수인(20) - 설문 3.

1. 결 론

법원은 B의 동시이행의 항변권 행사를 인정하여 B는 소유권이전등기에 필요한 서류의 교부와 동시에 戊에게 양수금을 지급하라는 상환이행판결을 하여야 한다.

2. 논 거

(1) B의 동시이행의 항변권 인정 여부

判例는 매도인의 '소유권이전등기의무 및 인도의무'와 매수인의 '잔대금 지급의무'는 동시이행의 관계에 있는 것이 원칙이라고 한다(대판 1991.9.10, 91다6368). 사안의 경우 B는 甲으로부터 아직 X 건물의 소유권이전에 필요한 서류를 교부받지 못하였으므로 甲에 대하여 대금을 지급할 수 없다고 항변할 수 있다. 또한 동시이행관계는 쌍무계약의 당사자 사이에 한하여 인정되는 것은 아니며, 채권이 양도되거나 채무가 인수되더라도 동일성이 인정되는 한 동시이행관계는 존속한다. 그러나 사안의 경우 B는 아무런 이의를 유보하지 않은 채 위 채권양도에 대한 승낙을 하였으므로 양수인 戊에게 동시이행의 항변권을 행사할 수 있는지가 문제된다.

(2) B가 동시이행의 항변권을 양수인 戊에게 행사할 수 있는지 여부

1) 이의를 보류하지 않은 승낙 및 배제되는 항변사유의 내용

채무자가 이의를 보류하지 않은 승낙을 한 경우에는 채무자는 양도인에게 대항할 수 있는 사유로 양수인에게 대항할 수 없다(제451조 1항 본문). 여기서 '양도인에게 대항할 수 있는 사유'란 채권의 **성립·존속·행사를 저지·배척하는 사유는 물론, 변제 등에 의한 채무소멸의 사유,** 나아가 불법목적에 의하여 발생된 채권의 항변사유(제103조 위반으로 무효라는 항변)도 포함한다(대판 1962.4.4, 4294민상1296).

2) 양수인이 보호받기 위한 요건

채무자가 이의를 보류하지 않은 승낙을 하는 경우에는 양수인은 보통 아무런 항변이 존재하지 않는다고 신뢰하는 것이 보통이므로, **'채무자의 승낙에 공신력'**을 주어 양수인의 신뢰를 보호하고 채권양도의 안전을 보장하기 위한 것이다(대판 2002.3.29, 2000다13887). 따라서 본 규정의 취지상 악의의 양수인 등은 보호할 필요가 없다(통설). 이때 양수인이 보호받기 위해서, 判例는 **양수인이 악의 또는 중과실이 아니어야** 한다고 한다(대판 2002.3.29, 2000다13887).

3) 사안의 경우

戊는 채권양도를 받을 당시 甲이 B에게 X 건물의 소유권 이전에 필요한 서류를 제공하지 않은 사정을 알고 있었으므로 악의의 양수인에 해당한다. 따라서 B는 이의를 보류하지 않은 승낙을 하였더라도 戊를 상대로 동시이행의 항변권을 행사할 수 있다.

Ⅳ. 채권의 이중양도와 채권양도계약의 합의해지(15) - 설문 4.

1. 결 론

확정일자 있는 증서에 의한 통지가 먼저 도달한 제1양수인 戊가 제2양수인 C보다 우선하며, 제1차 양도계약이 유효하게 합의해지되었더라도 C가 당연히 채권을 취득하는 것은 아니므로 C는 D에게 부당이득반환청구를 할 수 없다.

2. 논 거

(1) 채권의 이중양도 - 제1양수인 戊와 제2양수인 C의 관계

1) 제1양수인, 제2양수인 모두 확정일자 있는 증서에 의한 대항력을 갖춘 경우

3자에 대한 대항요건으로 확정일자를 추가적으로 요구(제450조 2항)하는 취지는 예컨대 채권의 이중양도에서 누구를 채권자로 할 것인지를 정하는 **'채권귀속의 기준'**에 관한 것이다. 그런데 제1양수인, 제2양수인 모두 확정일자 있는 증서에 의한 대항력을 갖춘 경우 判例가 판시하는 바와 같이 채권양도통지의 제3채무자에 대한 도달의 선후에 의하여 결정하여야 한다고 보아 **도달시를 기준으로 우열을 결정하는 것이 타당하다**(대판 1994.4.26, 전합93다24223).

2) 지명채권양도의 법적성격

지명채권의 양도란 채권의 귀속주체가 법률행위에 의하여 변경되는 것으로서 **'준물권행위 내지 처분행위'** 의 성질을 가지므로(대판 2011.3.24. 2010다100711), 그것이 유효하기 위하여는 양도인이 그 채권을 처분할 수 있는 권한을 가지고 있어야 한다. 따라서 "양도인이 지명채권을 제1양수인에게 1차로 양도한 다음 제1양수인이 확정일자 있는 증서에 의한 대항요건을 갖추었다면 채권이 제1양수인에게 이전하고 양도인은 채권에 대한 처분권한을 상실하므로, 그 후 양도인이 동일한 채권을 제2양수인에게 양도하였더라도 제2양수인은 채권을 취득할 수 없다"(대판 2016.7.14. 2015다46119)

3) 사안의 경우(戊와 C의 우열관계)

제1양수인 戊에 대한 확정일자 있는 증서에 의한 통지는 2012. 12. 1. B에게 도달하였고, 제2양수인 C에 대한 확정일자 있는 증서에 의한 통지는 2012. 12. 21. B에게 도달하였다. 따라서 戊가 C보다 우선하며, 戊가 유효하게 채권을 취득한다. 따라서 C에 대한 채권양도는 무효이다.

(2) 채권양도계약의 합의해지에 따른 효력

1) 채권이 다시 양도인 甲에게 귀속되는지 여부

判例는 지명채권의 양도통지를 한 후 양도계약이 '해제'된 경우, 채권양도인이 해제를 이유로 다시 원래의 채무자에 대하여 양도채권으로 대항하려면, i) 채권양도인이 채권양수인의 동의를 받아 양도통지를 철회하거나(제452조 2항 참조 : 대판 1978.6.13, 78다468), ii) 채권양수인이 채무자에게 위와 같은 해제 사실을 통지하여야 한다고 한다(대판 1993.8.27, 93다17379 : 2회,4회,6회 선택형). 사안의 경우 2013. 2. 15. 甲과 戊 사이에 이루어진 채권양도계약이 합의해지되었고, 이 사실을 채권양수인 戊가 채무자 B에게 통지하였으므로 채권은 다시 양도인 甲에게 귀속되었다.

2) 처분권한 없이 한 제2차 양도계약이 유효하게 되는지 여부

"제2차 양도계약 후 양도인과 제1양수인이 제1차 양도계약을 합의해지한 다음 제1양수인이 그 사실을 채무자에게 통지함으로써 채권이 다시 양도인에게 귀속하게 되었더라도 양도인이 처분권한 없이 한 제2차 양도계약이 채권양도로서 유효하게 될 수는 없으므로, 그로 인하여 제2양수인이 당연히 채권을 취득하게 된다고 볼 수는 없다"(대판 2016.7.14. 2015다46119).

따라서 사안의 경우 채권이 다시 양도인 甲에게 귀속되었더라도 甲의 C에 대한 채권양도가 유효해지지 않는다.

3) 사안의 경우(C의 D에 대한 부당이득반환청구)

2013. 2. 15. 甲과 戊 사이에 이루어진 채권양도계약이 합의해지되었고, 이 사실을 戊가 B에게 통지하였으므로 채권은 甲에게 귀속되고, 甲은 '처분권자'로서 2013. 5. 15. D에게 위 B에 대한 채권을 양도함과 동시에 확정일자 있는 증서로 B에게 통지하였으므로, B가 D에게 매매대금채권 1억원을 변제한 것은 유효하다. 따라서 C는 D에게 부당이득반환을 청구할 수 없다.

기출해설 2013년 3차 법전협모의 제2문

【공통된 사실관계】

1. 甲은 그 소유의 X토지 위에 상가건물을 건축하여 분양하기로 하고, 2009. 7. 30. 乙건설 주식회사(이하 '乙'이라 함)와 丙건설 주식회사(이하 '丙'이라 함) 사이에 甲이 乙과 丙에게 공동으로 상가건물 건축공사를 발주하고 공사대금은 20억 원, 준공일은 2010. 9. 30.로 정하여 도급하는 내용의 건축공사도급계약을 체결하였다.
2. 乙과 丙은 공동으로 공사를 수급하여 이행하는 조합을 결성하되(이하 '이 사건 조합'이라 함) 乙이 공사의 시행을 비롯한 조합의 모든 업무를 관장하기로 하였다. 丙은 자기 소유의 중기를 출자하고 실제 공사에는 관여하지 않았다.
3. 甲은 위 공사대금 가운데 2009. 8. 30. 공사 착수에 따라 8억 원을, 2010. 1. 31. 기초공사 완료에 따라 8억 원을 지급하였다.
4. 乙은 공사기간 동안 乙명의로 자재업체인 丁과 자재공급계약을 맺고(이하 '이 사건 자재공급계약'이라 함) 공사에 필요한 자재의 납품을 받았다. 丁은 약정된 대로 자재를 2010. 2. 28. 모두 乙에게 인도하였고, 위 자재는 이 사건 신축공사에 모두 이용되어 건물에 부합되었다. 丁은 자재대금 가운데 4억 원을 아직 지급받지 못하였다.
5. 乙은 2010. 9. 30. 상가건물을 완성하여 甲에게 인도하였고, 甲은 같은 날 위 상가건물에 대하여 본인 명의의 소유권보존등기를 경료하였다.
6. 乙은 그 무렵 국내 건설경기 악화로 도산하였다.

【추가된 사실관계】

1. 丙은 2010. 10. 1. 이 사건 조합에서 탈퇴되었다.
2. 乙은 다른 하도급업체인 戊에게 공사 잔대금 중 2억 원의 채권을 양도하였고 그 양도통지가 2010. 10. 15. 甲에게 송달되었다. 위 양도통지는 확정일자 있는 증서에 의한 것이 아니었지만, 甲은 2010. 10. 30. 戊에게 2억 원을 지급하였다.
3. 丁은 미지급 자재대금채권을 집행채권으로, 乙을 채무자로, 甲을 제3채무자로 하여 乙의 甲에 대한 공사 잔대금채권 4억 원에 대하여 압류 및 전부명령을 받았고 그 명령이 2010. 12. 15. 乙과 甲에게 송달되었다.
4. 丁은 2011. 1. 1. 甲에 대하여 전부금 청구소송를 제기하였다.

4. 甲은 공사 잔대금채권 중 2억 원은 戊에게 이미 변제함으로써 소멸하였다고 주장하였다. 甲주장의 타당성을 검토하시오. (15점)

사례B-48 압류 · 전부명령(제2양도) 송달 이전에 제3채무자가 (제1양도)양수인에게 변제한 경우

Ⅳ. 설문 4.의 경우(15)

1. 결 론

甲의 주장은 타당하다.

2. 논 거

(1) 제1양도, 제2양도 중 하나만이 확정일자 있는 증서에 의한 대항력을 갖춘 경우

지명채권 양도의 통지나 승낙은 확정일자 있는 증서에 의하지 아니하면 채무자 이외의 제3자에게 대항하지 못한다(제450조 2항).

즉, 확정일자 있는 통지 · 승낙을 갖춘 양수인만이 채무자 및 다른 이중 양수인과의 관계에서 채권자임을 주장할 수 있다. 따라서 확정일자 있는 증서에 의한 통지가 그 일자 및 도달시기에 있어서 단순통지된 양도보다 늦은 경우도 마찬가지이다(대판 1972.1.31, 71다2697).

(2) 압류·전부명령(제2양도) 송달 이전에 제3채무자가 (제1양도)채권양수인에게 변제한 경우

1) 판 례

判例는 **"제450조 2항이 정하는 지명채권 양도의 제3자에 대한 대항요건은 양도된 채권이 존속하는 동안에 그 채권에 관하여 양수인의 지위와 양립할 수 없는 법률상의 지위를 취득한 제3자가 있는 경우에 적용되므로"**(대판 2017.1.25, 2014다52933), "양도된 채권이 이미 변제 등으로 소멸한 경우에는, 그 후에 그 채권에 관한 채권압류 및 추심명령이 송달되더라도 그 채권압류 및 추심명령은 존재하지 아니하는 채권에 대한 것으로서 무효이고, 위와 같은 대항요건의 문제는 발생될 여지가 없다"(대판 2003.10.24, 2003다37426 : 3회 선택형)고 한다.

2) 검토 및 사안의 경우

제450조에서 '대항하지 못한다'는 것은 채권이 존재하고 그 채권 위에 양립할 수 없는 권리가 존재하는 경우를 전제로 하는 것이다. 따라서 채무자가 이미 양수인에게 변제한 후에는(단순한 통지에 의한 경우에도), 제2양수인이 확정일자 있는 증서에 의한 통지를 이유로 그 변제를 청구하더라도 대항력의 문제는 발생할 여지가 없고, 이미 한 변제는 유효하다.

따라서 甲이 확정일자 있는 증서에 의하지 아니한 2010. 10. 15. 양도통지를 받고 戊에게 2010. 10. 30. 이를 변제하였더라도 그 변제로 채권은 소멸하게 되며, 그 후에 2010. 12. 15. 乙과 甲에게 송달된 丁의 압류 및 전부명령은 乙에게 존재하지 않는 채권에 대한 것으로서 효력이 없다고 보아야 한다. 따라서 甲의 주장은 타당하다.

기출해설

2014년 변호사시험 제1문

A가 B에 대하여 가지는 1억 원의 대여금 채권을 A가 C에게 2012. 2. 9.에 채권양도하고 A가 2012. 4. 9. B에게 내용증명 우편으로 채권양도통지를 하여 2012. 4. 11.에 위 내용증명 우편이 B에게 송달되었다. 위 대여금 채권에 대하여 A의 채권자인 D가 제주지방법원에 채권가압류신청을 하여 위 법원이 2012. 3. 15. 채권자 D, 채무자 A, 제3채무자 B, 청구금액 5천만 원으로 된 채권가압류 결정을 발한 다음 위 결정이 2012. 3. 17.에 B에게 송달되었다. C는 위 양수금 채권 1억 원(지연손해금은 청구하지 아니한다)의 지급을 구하는 소송을 B를 상대로 2013. 1. 3.에 제기하였다. C가 위 양수금 청구 소송을 제기하기 전인 2012. 4. 2. 제주지방법원에서 채권자 D는 청구채권 원금 5천만 원과 이자 및 지연손해금 800만 원 등 합계 5,800만 원으로 하여 위 채권가압류결정에 기하여 본압류로 전이하는 채권압류 및 전부명령을 발령받아 그 결정은 2012. 4. 4.에 D, A, B에게 각 동시에 송달되었고, 위 채권압류 및 전부명령이 2012. 4. 12.에 확정되었다.

2. 위 양수금 소송은 2013. 6. 10.에 변론종결되었고, D가 법원으로부터 받은 위 압류 및 전부명령은 유효하다. 위 양수금 소송에서 법원은 어떤 판결 주문(소송비용부담과 가집행 관련 주문은 제외한다)으로 선고하여야 하는지와 그 근거를 서술하시오. (15점)

사례B-49 채권의 이중양도, 채권양도와 전부명령의 우열관계

Ⅱ. 설문 2.의 경우(15)

1. 결 론

법원은 "피고 B는 원고 C에게 42,000,000원을 지급하라. 원고의 나머지 청구는 기각한다."라는 판결 주문을 선고해야 한다(일부인용).

2. 근 거

(1) 채권양도의 제3자에 대한 대항요건

채권에 관하여 양수인의 지위와 양립할 수 없는 법률상의 지위를 취득한 제3자에 대항하기 위해서는 확정일자 있는 증서에 의한 통지・승낙을 요한다(제450조 2항). 이때 '확정일자 있는 증서'란 민법부칙 제3조 소정의 증서를 말하며, 내용증명 우편이나 압류・전부명령이 기재된 서면은 확정일자 있는 증서에 해당한다.

(2) 대항요건의 경합시 우열의 결정기준(채권양도와 전부명령의 우열관계)

判例는 채권양수인과 동일채권에 대하여 가압류명령을 집행한 자 사이의 우열은 확정일자 있는 채권양도통지와 **'가압류결정정본'** 의 제3채무자(채권양도의 경우 채무자)에 대한 도달의 선후에 의하여 결정하여야 한다고 보아 **도달시를 기준으로 우열을 결정한다**(대판 1994.4.26. 전합93다24223).

(3) 전부명령 받은 부분(5800만원)에 대한 법원의 판단

1) 전부명령[1)]의 효력발생시기와 그 효과

전부명령은 확정되어야 효력이 발생하는바(민사집행법 제229조 7항), 전부명령에 대해서는 제3채무자뿐만 아니라 채무자도 즉시항고를 제기할 수 있으므로(동법 제229조 6항), 제3채무자뿐만 아니라 채무자에게도 송달(동법 제229조 4항, 제227조 2항)되지 않으면 확정되지 않는다(이점이 추심명령과 다른 점이다). "전부명령이 확정되면 피압류채권은 제3채무자에게 송달된 때에 소급하여 집행채권의 범위 안에서 당연히 전부채권자에게 이전하고 동시에 집행채권 소멸의 효력이 발생한다"(대판 1998.8.21. 98다15439). 사안에서 D가 발령받은 채권압류 및 전부명령이 2012. 4. 12.에 확정되면, D, A, B 모두에게 송달된 2012. 4. 4.로 소급하여 A의 B에 대한 대여금 채권 중 5,800만원의 범위 안에서 D에게 이전하는 효력이 발생한다.

2) 사안의 경우

① C는 B를 채무자로 하고 A를 채권자로 하는 1억원의 채권을 양수하였고, 양도인 A가 B에게 내용증명 우편으로 채권양도통지를 하여 2012. 4. 11. 송달되었다. 따라서 **C는 2012. 4. 11.에 제3자에 대한 대항요건을 갖추었다**(제450조 2항). ② 한편, 전부명령의 경우 채권의 우열을 판단하는 대항력은 전부명령이라는 집행절차의 취지상 전부명령에 선행하는 가압류 및 압류의 효력을 기준으로 하는 判例(대판 1994.4.26. 전합93다24223)[2)]의 태도가 타당하다. 따라서 이러한 判例에 따르면 **D는 가압류결정정본이 B에게 송달된 2012. 3. 7.에 제3자에 대한 대항요건을 갖추었다**(제450조 2항). 따라서 전부명령 받은 부분(5800만원)에 대해서는 전부채권자 D가 채권양수인 C에 우선한다. 따라서 이 범위에서 C의 청구는 기각될 것이다.

(4) 전부명령 받은 이외의 부분(4,200만원)에 대한 법원의 판단

1억원 채권 중 5,800만원 범위 이외의 부분은 채권을 양수받은 C의 채권에 속하므로, 법원은 이 부분에 대한 청구는 인용하게 될 것이다.

---

1) ★ 전부명령이란 압류된 금천채권을 집행채권의 변제에 갈음하여 권면액으로 압류채권자에게 이전시키는 집행법원의 결정이다. 전부명령이 있게 되면 압류된 채권은 집행채권액과 집행비용을 한도로 하여 동일성을 가진 채로 채무자로부터 집행채권자에게 이전하고(권리이전효), 집행채권은 전부된 채권의 권면액의 범위 내에서 당연히 소멸한다(변제효). 이러한 전부명령의 효력에 따라 '지명채권의 양도'와 같은 효과가 발생하나, 그 이전은 집행행위에 기초한 것이므로 채권양도의 대항요건에 관한 민법규정은 적용되지 않는다. 전부금청구의 요건사실은 ⅰ) 피전부채권의 존재, ⅱ) 전부명령, ⅲ) 제3채무자에 대한 송달·전부명령의 확정 사실이다.

2) **[관련판례]** ① "가압류가 본압류로 이행되어 강제집행이 이루어진 경우에는 가압류집행은 본집행에 포섭됨으로써 당초부터 본집행이 있었던 것과 같은 효력이 있게 된다"(대판 2010.10.14. 2010다48455) ② "채권가압류의 처분금지의 효력은 본안소송에서 가압류채권자가 승소하여 채무명의를 얻는 등으로 피보전권리의 존재가 확정되는 것을 조건으로 하여 발생하는 것이므로 채권가압류결정의 채권자가 본안소송에서 승소하는 등으로 채무명의를 취득하는 경우에는 가압류에 의하여 권리가 제한된 상태의 채권을 양수받는 양수인에 대한 채권양도는 무효가 된다"(대판 2002.4.26. 2001다59033 : 가압류가 선행하고 그 후에 채권양도의 대항력이 생긴 사안)라고 판시하여 가압류의 처분금지효에 따라 채권양도가 무효가 되는 것이므로 전부명령과 채권양도가 경합하는 경우에는 선행하는 가압류 송달시를 기준으로 판단하고 있다.

기출해설

2013년 사법시험 제1문

○ 甲은 2008. 5. 1. 乙 소유의 X토지 위에 건물을 지어 식당을 운영할 목적으로 乙과 X토지에 관하여 임대차보증금 3억 원, 차임 월 200만 원, 기간 2011. 4. 30.까지로 한 임대차계약을 맺고 같은 날 위 보증금을 지급하고 X토지를 인도받았다. 그 뒤 甲은 3억 원을 들여 X토지 위에 Y건물을 완공하였고 2008. 7. 1. 자신의 이름으로 소유권보존등기를 마치고 그 곳에서 식당업을 시작하였다.

○ 위 임대차계약의 계약서에는 "甲은 이 계약에 의하여 갖게 되는 일체의 권리와 의무를 제3자에게 양도할 수 없다."는 내용이 들어있다.

○ 甲은 2008. 7. 1. 丙과 丁에게서 각 2억 원(합계 4억 원)을 빌리면서 그 채무 담보를 위하여 乙에 대한 임대차보증금 반환채권을 丙·丁에게 양도하면서 채권양도서류와 함께 임대차계약서 원본을 교부하고(丙·丁은 위 계약서를 충분하게 검토하였다.), 甲을 대리하여 채권양도를 통지할 권한도 丙·丁에게 위임하였다. 丙·丁은 2008. 7. 3. 甲을 대리하여 乙에게 내용증명 우편으로 위와 같은 채권양도를 통지하면서 임대차계약서 사본을 함께 보냈고, 이는 2008. 7. 5. 乙에게 도달하였다.

○ 甲은 2011. 4. 30. 후에도 X토지에서 영업을 계속하였고, 乙도 아무런 이의를 하지 않았다. 甲은 영업 부진을 이유로 같은 해 5월에 100만 원, 7월과 10월에 각 50만 원, 11월과 12월에 각 100만 원의 차임 지급을 연체하였고, 2012. 1. 1. 식당을 폐쇄하고 이후 차임을 전혀 지급하지 않았다. 그러자 乙은 2012. 1. 30. 甲을 상대로 'Y건물의 철거'와 'X토지의 반환'을 각 청구하는 소송을 제기하였다.

○ 丙·丁이 2012. 3. 1. 乙에게 임대차보증금의 반환을 요구하자, 乙은 임대차보증금 반환채권의 양도가 무효라는 이유로 지급을 거절하였다가, 2012. 3. 10. 임대차보증금 반환채권의 양도를 승인한다고 丙·丁에게 전화로 통지하였다. 乙은 아직 임대차보증금을 지급하지 않았다.

○ 甲의 채권자인 戊는 2012. 6. 20. 위 임대차보증금 반환채권에 대한 압류 · 전부명령을 받았고 위 명령은 2012. 6. 25. 甲과 乙에게 송달되었다.

※ 위 사안을 토대로 다음의 질문에 대하여 각기 결론과 논거를 쓰시오.

1. 甲의 丙 · 丁에 대한 2008. 7. 1.의 채권양도는 유효한가? (20점)

2. 乙은 부당이득을 근거로 甲의 식당 폐쇄일부터 X토지의 인도 완료일까지의 차임 상당액을 위 임대차보증금에서 공제할 수 있는가? (20점)

3. 임대차보증금은 戊와 丙 · 丁 중에서 누구에게 지급되어야 하는가? (10점)

사례B-50 임대차보증금반환채권(장래채권, 양도금지특약, 임차인 채무 공제, 이중양도)★

Ⅰ. 설문 1.의 경우(20)

1. 결 론

甲의 丙과 丁에 대한 2008. 7. 1. 채권양도는 원칙적으로 乙이 무효라고 주장할 수 있었으나, 2012. 3. 10. 乙의 승인시부터 유효하게 된다.

2. 논 거

(1) 문제점

채권양도가 유효하기 위해서는 채권자의 ⅰ) 채권이 성립하였을 것, ⅱ) 채권이 양수되었을 것, ⅲ) 채권양도의 대항요건을 갖추었을 것을 요한다.

사안에서 ⅰ) 甲은 乙에게 3억 원의 임대차보증금반환채권이 있으며, ⅲ) 채권양도 통지는 양도인이 하여야 하지만 양도인의 이름으로 **'대리통지'는 가능**하므로 대항요건도 갖추었다(대판 2004.2.14, 2003다43490). ⅱ) 요건과 관련해서 이하에서 검토하기로 한다.

(2) 甲의 임대차보증금반환채권의 양도 가부

1) 판 례

임대차보증금반환채권은 임대차기간이 종료해야 비로소 발생하며 그 액수도 임차목적물을 반환할 때까지의 임대차와 관련된 모든 손해를 공제한 것이 되므로 과연 '장래'에 발생할 임대차보증금반환채권을 '현재' 양도할 수 있는지가 문제된다(제449조 1항 단서). 이에 대해 判例는 "장래의 채권도 양도 당시 ⅰ) **기본적 채권관계가 어느 정도 확정되어 있어 그 권리의 특정이 가능하고**, ⅱ) 가**까운 장래에 발생할 것임이 상당한 정도** 기대되는 경우에는 이를 양도할 수 있다"(대판 1996.7.30, 95다7932)고 한다.

2) 검토 및 사안의 경우

'가까운 장래'나 '상당한 발생가능성'을 요구하는 것은 지나치게 그 기준이 모호하여 법적 안정성을 해할 수 있으나, 判例에 따르더라도 임대차보증금반환채권은 임대차계약의 종료시에 임차목적물을 반환할 때까지 임대차에 관해 생긴 임대인의 손해를 공제하고 발생하므로 그 발생의 기초가 특정되어 있고, 임차보증금의 수액이 불확정하다는 사정은 그 양수인이 이를 감수했다고 보아야 할 것이므로 임대차보증금반환채권은 자유롭게 양도할 수 있다고 할 것이다.

(3) 양도금지의 특약과 丙, 丁의 임대차보증금반환채권의 취득 여부

1) 판 례

지명채권은 당사자의 의사에 의하여 양도성이 제한하거나 배제될 수 있다(제449조 2항). 사안에서 임차인 甲은 乙과 '이 계약에 의하여 갖게 되는 일체의 권리와 의무를 제3자에게 양도할 수 없다'고 약정한 이상 원칙적으로 이에 위반한 甲의 임대차보증금의 양도행위는 효력이 없다(물권적 효력설 : 대판 2000.4.7, 99다52817[1]). 다만 제449조 2항 단서에서 양도금지특약에 위반하여 채권이 양도된 경우에 선의의 제3자에 대하여서는 대항할 수 없도록 하고 있으므로, 사안에서 丙과 丁이 여기서 말하는 선의의 제3자에 해당하는지 문제된다. 이에 대해 **判例는 제한설의 입장에 따라 선의의 양수인이 보호받기 위해서는 선의이며, 중과실이 없어야 한다고 한다**(대판 1999.12.28, 99다8834 : 3회,5회 선택형).

2) 검토 및 사안의 경우

채권의 양도성은 법률상 대원칙이며, 양도금지특약은 예외적으로 양도성을 제한하는 것이므로 제한적으로 해석할 필요가 있다는 점에서 判例의 태도는 타당하다. 사안에서 丙과 丁은 甲으로부터 채권양도서류와 함께 임대차계약서 원본을 교부받아 이를 충분하게 검토하였으므로, 채권양도금지특약에 대해 악의이거나 최소한 중과실은 있다. 따라서 원칙적으로 乙은 丙과 丁에게 양도금지특약으로 대항할 수 있다.

(4) 양도금지특약에 위반된 양도에 대하여 채무자 乙이 사후에 승낙한 경우(무효행위의 추인)

判例에 따르면 양도금지특약에 위반한 채권의 양도는 원래 무효이지만 **채무자의 '승낙'으로 '추인'이 되므로 '장래에 향하여' 채권양도의 효력이 발생한다(제139조 참조)**(대판 2000.4.7, 99다52817). 즉, 이러한 사후승낙은 양도금지특약에 대한 물권적 효과설에 따르면 무효행위의 추인이고, 무효행위의 추인은 새로운 법률행위로 보므로(제139조 단서) 소급효가 발생하지 않는다.

따라서 **甲의 丙과 丁에 대한 2008. 7. 1. 채권양도는 원칙적으로 乙이 무효라고 주장할 수 있었으나, 2012. 3. 10. 乙의 승인시부터 유효하게 된다.**

Ⅱ. 설문 2.의 경우(20)

1. 결 론

임대인 乙은 부당이득을 근거로 2012. 1. 30.부터 X토지의 인도완료일까지의 차임상당액을 임대차보증금에서 공제할 수 있다. 그러나 식당폐쇄일인 2012. 1. 1.부터 2012. 1. 29.까지는 묵시의 갱신으로 인하여 임대차계약이 유효하게 존속하므로, 차임채권으로서 당연히 공제되나, 이는 부당이득을 근거로 한 채권은 아니다.

2. 논 거

(1) 乙의 부당이득반환청구권 성립여부

1) 문제점

부당이득이 성립하기 위해서는 ⅰ) 법률상 원인이 없을 것, ⅱ) 타인의 재산 또는 노무에 의하여 이익을 얻었을 것, ⅲ) 타인에게 손해를 가했을 것, ⅳ) 수익과 손실 사이에 인과관계가 있을 것을 요한다(제741조). 사안에서는 ⅰ) 법률상 원인 유무 및 ⅱ) 이익취득여부가 문제된다.

---

1) 즉, 채권의 양도성을 배제하는 특약을 한 경우에 통설은 양도금지의 특약에 관하여 직접적인 법형성력을 인정하여 채권의 양도성을 물권적으로 박탈하는 효력을 인정한다(물권적 효력설). 判例도 "당사자의 양도금지의 의사표시로써 채권은 양도성을 상실하며"라는 표현을 쓰고 있는데, 이는 '물권적 효력설'을 취하고 있는 것으로 평가된다(서민, 양도금지특약이 있는 채권의 양도에 대한 사후승낙의 효력, 민사判例연구 제23권, p.310).

2) 법률상 원인 유무

① 식당폐쇄일인 2012. 1. 1.부터 1. 29.까지는 묵시의 갱신(제639조)으로 인하여 임대차관계가 유효하게 존속하므로 甲의 점유는 법률상 원인이 있다. ② 그러나 2012. 1. 30. 乙이 甲을 상대로 'Y건물 철거'와 'X토지 반환'을 청구하는 소송을 제기한 것은 차임연체로 인한 임대차계약해지(제640조, 제641조)의 의사표시로 해석할 수 있는바, 제641조의 해지는 제635조 해지통고와는 달리 즉시 해지의 효력이 발생한다. 따라서 2012. 1. 30.부터 X토지 인도완료일까지의 甲의 점유는 법률상 원인이 없다.

3) 이익의 취득

判例는 **'실질적 이득론'**에 근거하여 ① 타인소유의 '건물'을 법률상 원인 없이 점유하고 있는 경우에는 이를 사용 · 수익하지 못하였다면 실질적인 이익을 얻었다고 볼 수 없다(대판 1992.4.14, 91다45202,45219)고 하나, ② 타인소유의 '토지'를 법률상 원인 없이 점유하고 있는 경우, 건물을 사용·수익하지 않더라도 '부지'에 관한 부당이득은 성립한다고 한다(대판 1998.5.8, 98다2389 : 1회 선택형).[2)]
설문에서 甲은 Y건물을 지어 소유권을 원시취득한 자로서, 비록 2012. 1. 1.부터는 식당을 폐쇄하고 사용·수익하지 않았더라도 건물의 존재자체로 X토지를 점유하고 있으므로 차임상당액의 이익의 취득이 인정된다.

(2) 임대차보증금에서 공제가부

1) 부당이득반환채권 등을 보증금에서 공제할 수 있는지 여부

判例가 판시하는 바와 같이 임대차보증금은 임대차계약이 종료된 후 임차인이 목적물을 인도할 때까지 발생하는 차임 및 기타 임차인의 채무를 담보하는 것으로서 그 **피담보채무액은 임대차관계의 종료 후 목적물이 반환될 때에 특별한 사정이 없는 한 별도의 의사표시 없이 임대차보증금에서 당연히 공제된다**(대판 2007.8.23, 2007다21856,21863). 이 때 임대차계약에 기한 차임채권 뿐만 아니라, 부당이득반환채권 및 손해배상채권 등 임차인이 임대인에 대하여 부담하는 임대차에 관한 모든 채권이 공제의 대상이 된다.

2) 보증금반환채권이 양도된 경우 양도 통지 후에 생긴 임차인의 채무도 공제 대상에 포함되는지 여부

判例(대판 1988.1.19, 87다카1315)[3)]가 판시하는 바와 같이 임대인(채무자)과 양수인의 이익형량을 고려할 때 임대차보증금반환채권의 양수인은 그 채권이 불확정한 채권이라는 사정을 감수하고 양수받은 것이라는 점(임차인의 채무는 보증금에서 공제되는 것이 처음부터 예정되어 있다)에서 비록 양도 통지 후에 생긴 임차인의 채무라 하더라도 임차보증금에서 공제할 수 있다고 해석하는 것이 타당하다(제451조 2항 참조).

---

2) "타인 소유의 토지 위에 권한 없이 건물을 소유하고 있는 자는 그 자체로써 특별한 사정이 없는 한 법률상 원인 없이 타인의 재산으로 인하여 토지의 차임에 상당하는 이익을 얻고 이로 인하여 타인에게 동액 상당의 손해를 주고 있다고 보아야 한다"

3) 임차보증금이 전부명령에 의해 타인에게 이전된 때에도 임차인의 임대차상의 채무가 공제된다. 임차인의 채무는 보증금에서 공제되는 것이 처음부터 예정되어 있었기 때문이다(대판 1988.1.19, 87다카1315). 마찬가지로 차임채권에 관하여 압류 및 추심명령이 있는 경우에도 임대차종료시까지 추심되지 않은 차임은 보증금에서 당연히 공제된다(대판 2004.12.23, 2004다56554).

Ⅲ. 설문 3.의 경우(10)

1. 결 론

임대차보증금은 戊에게 지급되어야 한다.

2. 논 거

(1) 채권양도의 제3자에 대한 대항요건

채권에 관하여 양수인의 지위와 양립할 수 없는 법률상의 지위를 취득한 제3자에 대항하기 위해서는 확정일자 있는 증서에 의한 통지·승낙을 요한다(제450조 2항). 이는 거래안전보호를 위한 것으로 강행규정이다. 이 때 '확정일자 있는 증서' 란 민법부칙 제3조 소정의 증서를 말하며, 압류·전부명령이 기재된 서면은 확정일자 있는 증서에 해당한다.

(2) 채권의 이중양도와 제3자간의 우열의 기준

1) 제1양도, 제2양도 중 하나만이 확정일자 있는 증서에 의한 대항력을 갖춘 경우

확정일자 있는 통지·승낙을 갖춘 양수인만이 채무자 및 다른 이중 양수인과의 관계에서 채권자임을 주장할 수 있다(제450조 2항). 따라서 확정일자 있는 증서에 의한 통지가 그 일자 및 도달시기에 있어서 단순통지된 양도보다 늦은 경우도 마찬가지이다(대판 1972.1.31, 71다2697).

2) 사안의 경우

설문에서 甲의 丙과 丁에 대한 2008. 7. 1. 채권양도는 2012. 3. 10. 乙의 승인시부터 유효하게 되며, 乙의 승인은 채권양도의 대항요건으로서 '승낙'에 해당하므로 대항요건도 구비하였다. 그러나 乙의 승낙은 '전화로' 통지한 것이므로 확정일자 있는 증서에 의한 승낙에 해당하지 않아 채무자 이외의 제3자에게 대항할 수 없다. 반면에 戊는 임대차보증금 반환채권에 대한 압류·전부명령을 받았으며 이 명령이 2012. 6. 25. 乙에게 송달되었으므로, 확정일자 있는 증서에 의한 통지로서 대항요건을 구비하였다. 비록 戊의 확정일자 있는 증서에 의한 통지일자가 乙의 승낙시기보다 늦은 경우라도 확정일자를 구비한 戊가 우선한다. 따라서 임대차보증금은 戊에게 지급되어야 한다.

기출해설 2009년 법원행정고시 제1문

甲은 2007. 3. 1. 피고로부터 X건물을 임대차보증금 5,000만 원, 월차임 100만 원, 기간 2년으로 정하여 임차하면서, 위 임대차보증금 전액을 지급할 여력이 없어서 피고의 연대보증 아래 乙로부터 1,000만 원을 차용하고(이자 월 2%, 변제기 2008. 3. 1.) 여기에 자신의 돈을 합하여 5,000만 원을 피고에게 임대차보증금으로 지급하였다. 이때 甲과 피고는, 甲이 위 차용금을 변제하지 못하여 피고가 연대보증책임을 이행하여야 할 경우를 대비하여 甲이 위 차용금을 변제하지 못하면 위 임대차보증금에서 이를 공제하기로 약정하였다.

甲은 X건물을 인도받아 식당을 운영하여 오다가 2007. 6. 1. 자신의 채권자인 원고에게 위 임대차보증금반환채권 중 4,000만 원을 양도하였는데, 피고는 같은 날 甲과 원고에게 위 임대차보증금반환채권의 양도에 대하여 별다른 이의를 보류하지 아니한 채 이를 승낙하여 주었다.

그런데 甲이 2007. 10. 1.부터 영업부진을 이유로 월차임을 지급하지 않음에 따라 피고는 2008. 1. 25.경 甲에게 차임연체를 이유로 임대차계약을 해지한다는 뜻을 통고하였고, 甲은 이를 2008. 1. 31. 수령하고서도 영업을 계속하다가 2008. 2. 29. 피고에게 X건물을 인도하여 주었다.

원고가 피고를 상대로 자신이 甲으로부터 양수한 임대차보증금 4,000만 원의 반환을 구하는 소를 제기하자, 피고는 甲이 乙에게 위 차용금을 변제하지 아니하여 자신이 2008. 3. 1. 乙에게 위 차용금 채무 원리금으로 1,100만 원을 변제하였다고 주장하며 이를 위 공제 약정에 따라 임대차보증금에서 공제하여야 한다고 다투었다. 심리결과 피고의 위 변제 주장이 모두 사실로 인정되었다.

1. 피고가 甲과 원고에게 위 임대차보증금반환채권의 양도에 대하여 한 승낙의 법적 성질 및 효과, 피고의 위 '공제 주장'의 법적 성질을 간략히 논하고, 위 '공제 주장'이 받아들여지기 위하여 피고가 추가로 주장, 입증하여야 하는 사항은 무엇인지 설명하시오. (60점)

2. 피고는 이에 더하여 2007. 10. 1.부터 X건물 인도시까지 지급받지 못한 연체차임 및 부당이득 상당액도 위 임대차보증금에서 공제하여야 한다고 주장한다. 임대차보증금의 법적 성질과 담보적 효력을 논하고, 위 연체차임 공제 주장과 상계의 차이점을 설명하시오. (40점)

사례B-51 임대차보증금반환채권의 양도와 담보적 효력

Ⅰ. 설문 1.의 경우(60)

1. 임대차보증금반환채권의 양도에 대하여 피고(임대인)가 한 승낙의 법적성질 및 효과

(1) 승낙의 법적성질

지명채권의 양도는 양도인이 채무자에게 통지하거나 채무자가 승낙하지 아니하면 채무자 기타 제3자에게 대항하지 못한다(제450조 1항). 여기서의 승낙은 채권양도의 사실을 알고 있음을 알리는 '관념의 통지'로, 계약의 성립을 위한 승낙에서와 달리 채무자가 채권양도를 알았다거나 기껏해야 양해한다는 의미를 가질 뿐이다. 그리고 통지에서와 달리 이의를 유보할 수 있을 뿐만 아니라 조건을 붙여서 할 수도 있다(대판 2011.6.30, 2011다8614 등). 또한 채무자가 양수인 또는 양도인 어느 쪽에 대해 하더라도 무방하다(대판 1986.2.25, 85다카1529).

(2) 이의를 보류하지 않은 승낙의 효과

사안에서 피고는 2007. 6. 1. 甲과 원고에게 위 임대차보증금반환채권의 양도에 대하여 별다른 이의를 보류하지 아니한 채 이를 승낙하여 준바, 채무자가 이의를 보류하지 않은 승낙을 한 경우에는 채무자는 양도인에게 대항할 수 있는 사유로 양수인에게 대항할 수 없다(제451조 1항 본문). 채무자가 이의를 보류하지 않은 승낙을 하는 경우에는 양수인은 보통 아무런 항변이 존재하지 않는다고 신뢰하는 것이 보통이므로, '채무자의 승낙에 공신력'을 주어 양수인의 신뢰를 보호하고 채권양도의 안전을 보장하기 위한 것이다(대판 2002.3.29, 2000다13887).

2. 피고(임대인)의 '공제 주장'의 법적 성질

(1) 임대차관계에서 발생한 채무에 대한 공제 주장의 법적 성질

보증금이란 부동산임대차, 특히 건물임대차에 있어서 임차인의 채무를 담보하기 위하여 임차인 또는 제3자가 임대인에게 교부하는 금전 기타의 유가물을 말하는 것으로, 차임·손해배상금·소송비용(대판 2012.9.27. 2012다49490) 등 임차인이 '임차목적물을 인도할 때까지' 임대인에 대하여 부담하는 임대차에 관한 모든 채무를 담보한다.

(2) 임대차보증금반환채권의 양도에 대해 이의보류 없는 승낙을 한 임대인이 그 전에 임차인과 한 특약에 의한 항변사유로 양수인에게 대항할 수 있는지 여부

1) 판 례

判例는 임차보증금반환채권의 성질 자체에 존재하는 항변사유는 채무자가 이의보류를 하고 승낙하였는지와 무관하게 양수인에게 항변할 수 있으나, 특약에 의한 항변사유는 이의보류를 하지 않은 승낙을 하면 양수인에게 항변할 수 없다고 한다(대판 2002.12.10, 2002다52657).[1]

---

1) "ⅰ) 임대차보증금반환 채권을 양도함에 있어서 임대인이 아무런 이의를 보류하지 아니한 채 채권양도를 승낙하였어도 임차 목적물을 개축하는 등으로 인하여 임차인이 부담할 원상복구비용 상당의 손해배상액은 반환할 임대차보증금에서 당연히 공제할 수 있다 할 것이나, ⅱ) 임대인과 임차인 사이에서 장래 임대목적물 반환시 위 원상복구비용의 보증금 명목으로 지급하기로 약정한 금액은, 임대차관계에서 당연히 발생하는 임차인의 채무가 아니라 임대인과 임차인 사이의 약정에 기하여 비로소 발생하는

2) 검 토

임대차보증금의 담보적 효력은 임대차관계에서 발생한 채무에 미치는 것이므로, 그것과 별도의 약정에 의해 발생한 채무에 대해서는 임대인과 임차인 사이에서만 상대적으로 효력이 미친다. 따라서 이 경우 임대차보증금반환채권의 양도에 대해 이의보류 없는 승낙을 한 채무자(임대인)로서는 제451조 1항에 의해 채권양수인에게 대항할 수 없으므로, 임대인은 임차보증금반환채권의 양수인에 대해 임대차관계와 별도의 약정에 의해 발생한 임차인의 채무를 갖고 공제주장을 할 수는 없다.

3. 피고의 '공제 주장'이 받아들여지기 위하여 피고가 추가로 주장, 입증하여야 하는 사항

(1) 제451조 1항에 따라 양수인이 보호받기 위한 요건

앞서 검토 한 본 규정의 취지상 악의의 양수인 등은 보호할 필요가 없다(통설). 이때 양수인이 보호받기 위해서, 判例에 따르면 **양수인이 악의 또는 중과실이 아니어야 보호받는다고** 한다(대판 2002.3.29, 2000다13887).

(2) 사안의 경우

만약 원고가 甲의 피고에 대한 구상채무를 위 임대차보증금에서 공제하기로 한 약정을 알고 있었거나 알지 못한데 중과실이 있는 경우라면, 피고는 원고에게 이러한 공제 약정을 들어 대항할 수 있을 것이다. 따라서 **피고의 위 공제약정에 따른 '공제 주장'이 받아들여지기 위해서는 이러한 약정의 존재에 대한 원고의 악의 또는 중과실 여부까지 피고가 추가로 주장 · 입장하여야** 한다.

Ⅱ. 설문 2.의 경우(40)

1. 임대차보증금의 법적성질과 담보적 효력

(1) 임대차보증금의 법적성질

判例는 "보증금반환채권은 임대인의 채권이 발생하는 것을 해제조건으로 하는 것"이라는 표현을 쓴 경우도 있으나(대판 1988.1.19, 87다카1315), 실질은 **"임대차 '종료 후'에 임대인에게 '인도할 때' 체불임료 등 모든 피담보채무를 공제한 잔액이 있을 것을 조건으로 하여 그 잔액에 관한 임차인의 보증금반환청구권이 발생한다"**(同 判例)고 하며, 보증금에서 채무 등을 공제하려면 임대인이 공제 주장을 하고, 다만 그 발생한 채권이 소멸하였는지(반대채권의 부존재)는 임차인이 주장 · 입증할 것이라고 한다(대판 1995.7.25, 95다14664 등). 이는 **정지조건설 중 절충설의 입장**을 취하고 있는 것으로 파악된다.

검토하건대, 보증금의 유동적 성질 및 담보적인 기능을 고려해 볼 때 보증금의 '발생'은 임대차 종료시에, '확정'은 반환시로 보는 절충설이 타당하다.

채무에 불과하므로, 반환할 임대차보증금에서 당연히 공제할 수 있는 것은 아니라 할 것이어서, 임대차보증금 반환 채권을 양도하기 전에 임차인과 사이에 이와 같은 약정을 한 임대인이 이와 같은 약정에 기한 원상복구비용의 보증금 청구 채권이 존재한다는 이의를 보류하지 아니한 채 채권양도를 승낙하였다면 민법 제451조 1항이 적용되어 그 원상복구비용의 보증금 청구 채권으로 채권양수인에게 대항할 수 없다"

(2) 임대차보증금의 담보적 효력

보증금이란 부동산임대차, 특히 건물임대차에 있어서 임차인의 채무를 담보하기 위하여 임차인 또는 제3자가 임대인에게 교부하는 금전 기타의 유가물을 말하는 것으로, 차임·손해배상금·소송비용(대판 2012.9.27. 2012다49490) 등 임차인이 '임차목적물을 인도할 때까지' 임대인에 대하여 부담하는 임대차에 관한 모든 채무를 담보한다(아래 2005다8323).

[관련판례] "ⅰ) 임대차계약에 있어 임대차보증금은 임대차계약 종료 후 목적물을 임대인에게 인도할 때까지 발생하는, 임대차에 따른 임차인의 모든 채무를 담보하는 것으로서, 그 피담보채무 상당액은 임대차관계의 종료 후 목적물이 반환될 때에, 특별한 사정이 없는 한, 별도의 의사표시 없이 보증금에서 당연히 공제되는 것이므로, 임대인은 임대차보증금에서 그 피담보채무를 공제한 나머지만을 임차인에게 반환할 의무가 있다. ⅱ) 임대차계약의 경우 임대차보증금에서 그 피담보채무 등을 공제하려면 임대인으로서는 그 피담보채무인 연체차임, 연체관리비 등을 임대차보증금에서 공제하여야 한다는 주장을 하여야 하고 나아가 그 임대차보증금에서 공제될 차임채권, 관리비채권 등의 발생원인에 관하여 주장·입증을 하여야 하는 것이며, 다만 그 발생한 채권이 변제 등의 이유로 소멸하였는지에 관하여는 임차인이 주장·입증책임을 부담한다"(대판 2005.9.28, 2005다8323).

2. 피고의 연체차임 등에 대한 공제주장의 타당성 및 상계와의 차이점

(1) 임대차보증금반환채권이 양도된 경우 '양도 통지 후에 생긴 임차인의 채무'도 공제 대상에 포함되는지 여부

1) 판 례

判例는 "임차보증금을 피전부채권으로 하여 전부명령이 있을 경우에도 제3채무자인 임대인은 임차인에게 대항할 수 있는 사유로서 전부채권자에게 대항할 수 있는 것이어서 건물임대차보증금의 반환채권에 대한 전부명령의 효력이 그 송달에 의하여 발생한다고 하여도 위 보증금반환채권은 임대인의 채권이 발생하는 것을 해제조건으로 하는 것이므로 임대인의 채권을 공제한 잔액에 관하여서만 전부명령이 유효하다"(대판 1988.1.19, 87다카1315)고 한다.

[관련판례] 判例는 "차임채권에 관하여 압류 및 추심명령이 있었다 하더라도, 당해 임대차계약이 종료되어 목적물이 반환될 때에는 그 때까지 추심되지 아니한 채 잔존하는 차임채권 상당액도 임대보증금에서 당연히 공제된다"고 한다(대판 2004.12.23, 2004다56554).

2) 검 토

임대인(채무자)과 양수인의 이익형량을 고려할 때 임대차보증금반환채권의 양수인은 그 채권이 불확정한 채권이라는 사정을 감수하고 양수받은 것이라는 점(임차인의 채무는 보증금에서 공제되는 것이 처음부터 예정되어 있다)에서 비록 양도 통지 후에 생긴 임차인의 채무라 하더라도 임차보증금에서 공제할 수 있다고 해석하는 것이 타당하다(제451조 2항 참조).

3) 사안의 경우

2007. 10. 1.부터 X건물 인도시까지 지급받지 못한 연체차임 및 부당이득 상당액도 위 임대차보증금에서 공제되어야 한다는 피고(임대인)의 주장은, 임대차보증금의 법적 성질 및 그 담보적 효력에 비추어 볼 때 타당하다.

(2) 피고의 연체차임 공제 주장과 상계의 차이점

1) 대상 및 요건의 차이

① 상계가 유효하기 위해서는 양 채권이 상계적상에 있어야 하는바, i) 채권이 대립하고 있을 것, ii) 대립하는 채권이 동일한 종류일 것, iii) 적어도 자동채권의 변제기가 도래할 것, iv) 상계가 허용되지 않는 채권이 아닐 것을 요한다. v) 이러한 상계적상은 원칙적으로 상계의 의사표시가 행하여지는 당시에 현존하여야 한다(제492조)(대, 동, 변, 허, 현). ② 그러나 임차인의 연체차임을 임대차보증금에서 공제한다는 주장은 이러한 상계적상을 요건으로 하지 않는다. 다만, 임대인의 공제주장은 보증금반환채권과 동종의 채권이기만 하면 되는 것이 아니라 임대차관계에서 발생하는 임차인의 채무만을 대상으로 한다.

2) 주장여부의 차이

① **상계에는 의사표시가 필요하다**(대판 2000.9.8, 99다6524). 상계적상이 존재하고 상계자가 상대방에게 상계의 의사표시를 하였을 때 상계의 효과가 발생한다. ② 그러나 임대차계약에 있어 임대차보증금은 임대차계약 종료 후 목적물을 임대인에게 인도할 때까지 발생하는, 임대차에 따른 임차인의 모든 채무를 담보하는 것으로서, 그 피담보채무 상당액은 **임대차관계의 종료 후 목적물이 반환될 때에, 특별한 사정이 없는 한, 별도의 의사표시 없이 보증금에서 당연히 공제된다**(대판 2005.9.28, 2005다8323).

3) 담보력의 차이

① 상계는 선순위 압류권자나 채권양수인에 대한 관계에서는 양도인에게 대항할 수 있는 사유로만 대항할 수 있거나, 자동채권의 이행기가 먼저 또는 동시에 도래하여야 한다는 등의 요건을 갖출 때에만 대항할 수 있다(아래 99다18039 ; 전합2011다45521참고). 즉, 상계를 통한 기대권(우선변제적 기능)은 일정부분 제한된다. ② 그러나 임대인은 임대차보증금반환채권을 압류한 자나 양수한 자라 하더라도 연체차임 등으로 공제를 주장할 수 있다. 判例가 임대차보증금의 담보적 효력을 강하게 인정하고 있기 때문이다.

[참고판례] ㉠ "채권양도에 있어서 채무자가 양도인에게 이의를 보류하지 아니하고 승낙을 하였다는 사정이 없거나 또는 이의를 보류하지 아니하고 승낙을 하였더라도 양수인이 악의 또는 중과실의 경우에 해당하는 한, 채무자의 승낙 당시까지 양도인에 대하여 생긴 사유로써 양수인에게 대항할 수 있다고 할 것인데, 승낙 당시 이미 상계를 할 수 있는 원인이 있었던 경우에는 아직 상계적상에 있지 아니하였다 하더라도 그 후에 상계적상이 생기면 채무자는 양수인에 대하여 상계로 대항할 수 있다"(대판 1999.8.20, 99다18039). ㉡ "민법 제498조 규정의 취지, 상계제도의 목적 및 기능, 채무자의 채권이 압류된 경우 관련 당사자들의 이익상황 등에 비추어 보면, 채권압류명령 또는 채권가압류명령을 받은 제3채무자가 압류채무자에 대한 반대채권을 가지고 있는 경우에 상계로써 압류채권자에게 대항하기 위하여는, 압류의 효력 발생 당시에 대립하는 양 채권이 상계적상에 있거나, 그 당시 반대채권(자동채권)의 변제기가 도래하지 아니한 경우에는 그것이 피압류채권(수동채권)의 변제기와 동시에 또는 그보다 먼저 도래하여야 한다"(대판 2012.2.16, 전합2011다45521).

기출해설 2012년 변호사시험 제2문

【공통된 사실관계】

甲과 乙은 2010. 3. 1. 甲이 乙에게 나대지인 X 토지를 매매대금 3억 원에 매도하되, 계약금 3,000만 원은 계약 당일 지급받고, 중도금 1억 원은 2010. 3. 31.까지 지급받되 미지급 시 그 다음날부터 월 1%의 비율에 의한 지연손해금을 가산하여 지급받으며, 잔대금 1억 7,000만 원은 2010. 9. 30. 소유권이전등기에 필요한 서류의 교부와 동시에 지급받기로 하는 내용의 매매계약(이하 '이 사건 매매계약'이라 한다.)을 체결하고, 그에 따라 같은 날 乙로부터 계약금 3,000만 원을 지급받았다.

【추가된 사실관계】

ㅇ 甲은 2010. 3. 10. 丙에게 이 사건 매매계약의 내용을 설명하면서 위 중도금 1억 원 및 그에 대한 지연손해금 채권을 양도하였고, 乙은 같은 날 위 채권양도에 대하여 이의를 유보하지 아니한 채 승낙을 하였다.

ㅇ 한편 乙은 丁에 대한 서울고등법원 2009나22967호 약정금 청구사건의 집행력 있는 조정조서 정본에 기초하여 2010. 4. 20. 서울중앙지방법원 2010타채5036호로 丁의 甲에 대한 1억 5,000만 원의 대여금 채권(변제기는 2010. 2. 28.임)에 대하여 채권압류 및 전부명령을 받았고, 그 명령은 2010. 5. 20. 甲에게 송달되어 그 무렵 확정되었다.

ㅇ 戊는 乙에 대한 5억 원의 대여금 채권을 보전하기 위하여 2010. 7. 15. 乙의 甲에 대한 X 토지에 관한 위 매매를 원인으로 한 소유권이전등기청구권을 가압류하였고, 그 가압류 결정은 2010. 7. 22. 甲에게 송달되었다.

【소송의 경과】

ㅇ 甲과 丙은 2011. 2. 10. 乙을 상대로, '乙은 甲에게 위 잔대금 1억 7,000만 원 및 이에 대한 이 사건 소장부본 송달일 다음날부터 다 갚는 날까지 연 20%의 비율에 의한 소송촉진 등에 관한 특례법에 정해진 지연손해금을, 乙은 丙에게 위 양수금 1억 원 및 이에 대한 2010. 4. 1.부터 이 사건 소장부본 송달일까지는 월 1%의 비율에 의한 약정 지연손해금을, 그 다음날부터 다 갚는 날까지는 연 20%의 비율에 의한 위 특례법상의 지연손해금을 각 지급하라'는 내용의 소를 제기하였다.

ㅇ 그러자 乙은 제1차 변론기일(2011. 6. 20.)에서, 甲으로부터 X 토지에 관한 소유권이전등기를 넘겨받기 전에는 丙의 청구에 응할 의무가 없고, 가사 그렇지 않다 하더라도 乙은 위 전부명령에 의하여 甲에 대하여 1억 5,000만 원의 채권을 취득하였으므로 이를 자동채권으로 하여 丙의 위 양수금 채권과 대등액에서 상계하면 丙의 채권은 소멸하였다고 주장하였다.

ㅇ 이에 대하여 丙은, 중도금의 지급은 잔대금의 지급의무와는 달리 선이행 의무이고, 또한 乙이 위 채권양도에 관하여 이의 유보 없는 승낙을 하였기 때문에 甲에 대한 동시이행의 항변권을 원용할 수 없을 뿐 아니라, 甲에 대한 위 전부금 채권으로 丙의 위 양수금 채권과는 상계할 수 없다고 주장하였다.

ㅇ 乙은 다시, 丙이 이 사건 매매계약의 내용을 알고 있었고, 乙로서는 위 채권양도 당시에는 전부금 채권을 취득하지 아니하였기 때문에 이의 유보 없는 승낙을 하였으나, 그 후 취득한 전부금 채권의 변제기가 수동채권의 변제기보다 먼저 도래할 뿐만 아니라, 현재 양 채권 모두 변제기가 도래하여 상계적상에 있으므로 상계할 수 있다고 반박하였다.

ㅇ 그 후 乙은 甲에게 잔대금 1억 7,000만 원을 지급할 테니 X 토지에 관한 소유권이전등기절차를 이행해 달라고 요구하였으나 甲이 이를 거절하자, 2011. 7. 25. 甲을 피공탁자로 하여 위 잔대금 1억 7,000만 원을 변제공탁한 다음, 같은 날 甲을 상대로 X 토지에 관하여 위 매매를 원인으로 한 소유권이전등기절차의 이행을 구하는 반소를 제기하였다.
ㅇ 甲은 제2차 변론기일(2011. 8. 1.)에서, 戊가 乙의 甲에 대한 위 소유권이전등기청구권에 관하여 가압류하였으므로 乙의 반소청구에 응할 수 없다고 주장하는 한편, 乙에 대한 잔대금지급 청구의 소를 취하하였고, 乙은 甲의 소취하에 대하여 동의하였다.
ㅇ 심리 결과, 위 사실관계의 내용 및 당사자의 주장사실은 모두 사실로 입증되었고, 이 사건과 관련하여 위에서 주장된 내용 이외에는 특별한 주장과 입증이 없는 상태에서 2011. 8. 1. 변론이 종결되고, 2011. 8. 16.이 판결 선고기일로 지정되었다.

소송의 경과에서 제기된 당사자들의 주장 내용을 토대로, 丙의 乙에 대한 청구 및 乙의 甲에 대한 반소청구에 대한 각 결론[청구전부인용, 청구일부인용(일부 인용되는 경우 그 구체적인 금액 또는 내용을 기재할 것), 청구기각]을 그 논거와 함께 서술하시오. (50점)

사례B-52 채권양도와 채무자의 항변(동이항 · 상계), 소유권이전등기청구권의 가압류★

Ⅰ. 丙의 乙에 대한 청구(40)

1. 결 론[1)]

丙의 乙에 대한 청구는 1억 600만 원의 범위에서 일부인용되어야 한다(乙은 甲으로부터 X토지에 대한 2010. 3. 1. 매매를 원인으로 한 소유권이전등기절차의 이행을 받음과 동시에 丙에게 106,000,000원을 지급하라).

2. 논 거

(1) 丙의 乙에 대한 양수금청구

1) 지명채권양도를 원인으로 하는 채권양수금 청구의 요건사실

丙은 乙에게 채권양수를 받은 매매계약에 따른 중도금채권 1억 원과 이에 대한 지연손해금을 청구하고 있는바, 채권양수인이 채무자에게 양수금을 청구하기 위해서는 ⅰ) 양수채권의 발생원인사실, ⅱ) 양수채권의 취득원인사실, ⅲ) 채무자에 대한 대항요건을 갖춘 사실을 증명해야 한다.

2) 사안의 경우

ⅰ) 2010.3.10 채권이 양도될 당시 중도금채권과 지연손해금채권은 아직 발생하지 않았으나, 判例에 따르면 장래의 채권도 양도 당시 기본적 채권관계가 어느 정도 확정되어 있어 그 권리의 특정

---

1) ★ 단순이행청구의 경우에 상환이행판결을 하는 것은 원고의 신청범위를 일탈하는 것이 아니므로 처분권주의에 반하지 않는다. 즉 원고가 단순이행청구를 하고 있는데 피고의 동시이행의 항변이나 유치권의 항변이 있고 심리결과 항변이 이유 있을 때(항변이 없는데 판단하면 변론주의 위반이다), 원고가 반대의 의사표시를 하지 않는 한 원고청구기각이 아니라, 원고의 채무이행과 상환으로 피고의 채무이행을 명하는 판결을 하여야 한다(대판 1979.10.10. 79다1508). 그러나 원고가 자신의 반대급부의무가 없다고 분명히 주장하면서 단순이행청구를 한 경우에는 상환이행판결을 할 수 없다(대판 1980.2.26. 80다56).

이 가능하고, 가까운 장래에 발생할 것임이 상당한 정도 기대되는 경우에는 이를 양도할 수 있다(대판 1996.7.30. 95다7932)고 하므로 甲의 丙에 대한 채권양도는 유효하며, 2011. 8. 1. 변론종결 당시 이미 중도금 채권 및 지연손해금채권은 발생하고 있다. 그 외에 ii) 2010. 3. 10. 채권양도계약의 체결사실, iii) 같은 날 채무자 乙의 이의를 유보하지 않은 승낙이 있었으므로 丙의 乙에 대한 양수금청구는 요건사실을 구비하였다.

(2) 乙의 항변 등[2)3)]

1) 동시이행의 항변

가) 乙의 동시이행 항변의 정당성

乙은 양수인 丙의 청구에 대해 자신의 의무는 양도인 甲의 소유권이전의무와 동시이행관계에 있다고 주장하고 있는바, 判例는 "매수인이 선이행하여야 할 중도금지급을 하지 아니한 채 잔대금지급일을 경과한 경우에는 **매수인의 중도금 및 이에 대한 지급일 다음날부터 잔대금지급일까지의 지연손해금과 잔대금의 지급채무는 매도인의 소유권이전등기의무와 특별한 사정이 없는 한 동시이행관계에 있다**"(대판 1991.3.27. 90다19930 : 1회,3회 선택형)고 한다.

따라서 사안과 같이 잔대금지급기일이 도래하여 甲에게 소유권이전의무가 발생한 경우에는, **채권양도는 채권의 동일성이 유지되므로** 원칙적으로 채무자 乙은 양도인 甲에 대한 동시이행항변사유로 양수인 丙에게 항변이 가능하다.[4)]

나) 丙의 재항변(乙의 이의유보 없는 승낙으로 인해 동시이행항변권을 주장할 수 없는지 여부)

그러나 채무자가 이의를 보류하지 않은 승낙을 한 경우에는 채무자는 양도인에게 대항할 수 있는 사유로 양수인에게 대항할 수 없다(제451조 1항 본문). 여기서 '양도인에게 대항할 수 있는 사유'란 채권의 성립・존속・행사를 저지・배척하는 사유는 물론, 변제 등에 의한 채무소멸의 사유 등을 의미한다(대판 2002.3.29. 2000다13887). 따라서 사안에서 동시이행항변권은 채권의 행사를 저지하는 사유이므로, 채무자 乙이 이의를 보류하지 않은 승낙을 하였기 때문에 甲에 대한 동시이행의 항변권을 원용할 수 없다는 丙의 주장은 정당하다.

다) 乙의 재재항변(丙의 악의로 인해 동시이행항변권을 주장할 수 있는지 여부)

제451조 1항의 취지가 '채무자의 승낙에 공신력'을 주어 양수인의 신뢰를 보호하고 채권양도의 안전을 보장하기 위한 것이므로(대판 2002.3.29. 2000다13887). 악의의 양수인 등은 보호할 필요가 없다(통설). 특히 **判例는 양수인이 악의 또는 중과실이 아니어야 보호받는다**고 한다(대판 2002.3.29. 2000다13887). **사안의 경우 丙은 이 사건 매매계약의 내용을 알고 있었으므로, 乙의 동시이행항변권을 알았다고 보여진다. 결국 채무자 乙은 양도인 甲에 대한 동시이행항변사유로 양수인 丙에게 항변이 가능하다.**

---

2) 乙의 주장 중에는 항변에 해당하지 않고 '항변유사주장'에 불과한 것도 있을 수 있기 때문에 '항변 등'이라고 표현한다.

3) ★ 민법 제451조 1항과 관련하여 ① 채무자가 양도인에 대한 사유로 양수인에게 항변하면, ② 양수인으로서는 채무자가 이의를 보류하지 않은 승낙을 하였다는 점을 주장・입증하여 재항변할 수 있고, ③ 채무자는 양도인에 대한 항변사유의 존재를 양수인이 이미 알았거나 중대한 과실로 몰랐다는 점을 들어 재재항변할 수 있다.

4) ★ 구체적으로 사안에서 중도금은 1억 원이고, 이에 대한 지급일 다음날인 2010. 4. 1.부터 잔대금지급일인 2010. 9. 30.까지 총 6개월 동안의 월 1%의 지연손해금 합계액은 6백만 원(1억 원×0.01×6)이다. 따라서 乙의 1억 6백만 원 지급의무와 甲의 소유권이전등기의무가 동시이행의 관계에 있다.

2) 상계항변

가) 乙의 상계항변의 정당성

상계가 유효하기 위해서는 양 채권이 상계적상에 있어야 하는바, ⅰ) 채권이 대립하고 있을 것, ⅱ) 대립하는 채권이 동일한 종류일 것, ⅲ) 적어도 자동채권의 변제기가 도래할 것, ⅳ) 상계가 허용되지 않는 채권이 아닐 것을 요한다. ⅳ) 이러한 상계적상은 원칙적으로 상계의 의사표시가 행하여지는 당시에 현존하여야 한다(제492조).

사안에서는 이러한 요건을 모두 충족하는바, 乙은 변제기(2010.2.28.)에 도달한 甲에 대한 1억 5,000만 원의 전부금채권을 자동채권으로 역시 변제기(2010.3.31.)에 도달한 丙의 양수금채권과 대등액에서 상계할 수 있다.

나) 丙의 재항변(乙의 이의유보 없는 승낙으로 인해 상계할 수 없는지 여부)

앞서 검토한 바와 같이 채무자 乙이 이의를 보류하지 않은 승낙을 하였기 때문에 제451조 1항에 따라 甲에 대한 위 전부금채권으로 丙의 위 양수금채권과는 상계할 수 없다는 丙의 주장은 정당하다.

다) 乙의 재재항변(丙의 악의 및 변제기 선도래 주장의 타당성)

a. 丙이 악의라는 주장의 타당성

앞서 검토한 바와 같이 민법 제451조 제1항의 취지상 악의 또는 중과실의 양수인은 보호될 수 없다. 그러나 사안에서 **丙이 비록 이 사건 매매계약의 내용을 알고 있었다고 하더라도 甲에게 丁에 대한 채무가 있어 이것을 전부명령 받은 乙이 상계권를 행사할 것을 알았다고는 볼 수 없다**. 왜냐하면 2010. 3. 10. 乙이 이의를 유보하지 않은 승낙을 할 당시에는 확정된 전부명령이 없어 채무자 乙이 양도인 甲에게 반대채권을 가지고 있음을 알 수 없었기 때문이다. 따라서 丙이 이 사건 매매계약의 내용에 대해 악의이므로 이의를 유보하지 않은 승낙을 하더라도 상계할 수 있다는 乙의 항변은 타당하지 않다.

b. 변제기 선도래 주장의 타당성

통지나 승낙이 있은 후에 채무자가 반대채권을 취득하였다면, 양수인에 대하여 상계를 가지고 대항할 수 없음은 당연하다(대판 1984.9.11. 83다카2288 참고). 따라서 사안의 경우 비록 자동채권의 변제기(2010.2.28.)가 수동채권의 변제기(2010.3.31.)보다 먼저 도래하지만 자동채권의 전부명령의 효력은 2010. 5. 20에 발생하였고, 이는 乙이 이의를 유보하지 않은 승낙(2010.3.10.)이 있은 후이다.[5] 따라서 상계항변에 대한 乙의 주장은 받아들여질 수 없다.

> [심화] 判例는 "이의를 보류하지 아니하고 승낙을 하였더라도 양수인이 악의 또는 중과실의 경우에 해당하는 한, 채무자의 승낙 당시까지 양도인에 대하여 생긴 사유로써 양수인에게 대항할 수 있다고 할 것인데, **승낙 당시 이미 상계를 할 수 있는 원인이 있었던 경우에는 아직 상계적상에 있지 아니하였다 하더라도 그 후에 상계적상이 생기면 채무자는 양수인에 대하여 상계로 대항할 수 있다**"(대판 1999.8.20. 99다18039)고 한다. 검토하건대, 반대채권(자동채권)의 변제기가 양도채권(수동채권)의 변제기보다 나중에

5) 전부명령은 채무자와 제3채무자에게 송달하여야 한다(민사집행법 제229조 4항, 제227조 2항). 전부명령은 확정되어야 효력이 발생하는데(민사집행법 제229조 7항), 전부명령에 대해서는 제3채무자뿐만 아니라 채무자도 즉시항고를 제기할 수 있으므로(민사집행법 제229조 6항), 제3채무자뿐만 아니라 채무자에게도 송달되지 않으면 확정되지 않는다. 따라서 채무자 및 제3채무자에 대한 송달이 전부명령의 효력발생요건에 해당한다.

도래하는 경우에는 채무자의 상계항변이 허용되지 않는다고 할 것이다(변제기 선도래설, 제한설). 그러나 이러한 논의는 통지나 승낙으로 대항요건이 갖추어지기 이전에 상계를 할 수 있었던 원인이 있었던 경우를 전제한다.

Ⅱ. 乙의 甲에 대한 반소청구(10)

1. 결 론

가압류를 해제할 것을 조건으로 乙의 청구를 일부인용해야 한다(甲은 X 토지에 대한 가압류를 해제받음과 동시에 乙에게 위 토지에 대한 2010. 3. 1. 매매를 원인으로 한 소유권이전등기절차를 이행하라).

2. 논 거

(1) 본소취하시 반소청구의 적법성(반소의 적법여부)

判例는 **"반소가 적법하게 제기된 이상 그 후 본소가 취하되더라도 반소의 소송계속에는 아무런 영향이 없다"**(대판 1970.9.22. 69다446)고 한다. 검토하건데, 본소의 계속은 반소제기의 요건이고 그 존속요건은 아니므로 반소제기 후에 본소가 각하 또는 취하되어도 예비적 반소가 아닌 한 반소에 영향이 없다고 보는 것이 타당하다. 따라서 乙의 甲에 대한 반소제기 후에 甲이 본소를 적법하게 취하하였다고 하더라도 乙의 반소는 적법하다.

(2) 가압류된 채권에 대한 이행청구가부(반소의 본안판단)

채권(소유권이전등기청구권)**에 대한 가압류가 있더라도 이는 채무자**(乙)**가 제3채무자**(甲)**로부터 현실로 급부를 추심하는 것만을 금지하는 것**이므로 채무자(乙)는 제3채무자(甲)를 상대로 그 이행을 구하는 소송을 제기할 수 있고 법원은 가압류가 되어 있음을 이유로 이를 배척할 수는 없는 것이지만, 소유권이전등기를 명하는 판결은 의사의 진술을 명하는 판결로서 이것이 확정되면 채무자(乙)는 일방적으로 이전등기를 신청할 수 있고 제3채무자(甲)는 이를 저지할 방법이 없게 되므로 위와 같이 볼 수는 없고 이와 같은 경우에는 **가압류의 해제를 조건으로 하지 않는 한 법원은 이를 인용하여서는 안 되는 것이다**(대판 1999.2.9. 98다42615).[6]

---

6) "소유권이전등기청구권에 대한 압류나 가압류는 채권에 대한 것이지 등기청구권의 목적물인 부동산에 대한 것이 아니고, 채무자와 제3채무자에게 그 결정을 송달하는 외에 현행법상 등기부에 이를 공시하는 방법이 없는 것으로서, 당해 채권자와 채무자 및 제3채무자 사이에만 효력이 있을 뿐 압류나 가압류와 관계가 없는 제3자에 대하여는 압류나 가압류의 처분금지적 효력을 주장할 수 없게 되므로, 소유권이전등기청구권의 압류나 가압류는 청구권의 목적물인 부동산 자체의 처분을 금지하는 대물적 효력은 없고, 또한 채권에 대한 가압류가 있더라도 이는 채무자가 제3채무자로부터 현실로 급부를 추심하는 것만을 금지하는 것이므로 채무자는 제3채무자를 상대로 그 이행을 구하는 소송을 제기할 수 있고 법원은 가압류가 되어 있음을 이유로 이를 배척할 수는 없는 것이지만, 소유권이전등기를 명하는 판결은 의사의 진술을 명하는 판결로서 이것이 확정되면 채무자는 일방적으로 이전등기를 신청할 수 있고 제3채무자는 이를 저지할 방법이 없게 되므로 위와 같이 볼 수는 없고 이와 같은 경우에는 가압류의 해제를 조건으로 하지 않는 한 법원은 이를 인용하여서는 안되는 것이며, 가처분이 있는 경우도 이와 마찬가지로 그 가처분의 해제를 조건으로 하여야만 소유권이전등기절차의 이행을 명할 수 있다"

2009년 사법시험 제2문

甲은 乙에 대하여 3,000만원의 차용금채무를 부담하고 있으며, 그 변제기가 2008.10.30.이다. 이를 토대로 아래 각 문항에 대하여 답하시오(아래 각 문항은 별개의 사안임).

1. 甲은 2008.6.30. 乙에게 4,000만원 상당의 물품을 공급하고 乙에 대하여 물품대금채권을 취득하였는데 그 변제기가 2008.9.30.이다. 이에 甲은 쌍방의 채무가 변제기에 도달하면 위 물품대금채권과 乙에 대한 차용금채무를 상계하기로 마음먹고 乙과 서로 상의한 결과, 2008.8.10. 상계의 편의를 위하여 甲, 乙 쌍방의 채권을 제3자에게 양도하는 것을 금지하는 내용의 양도금지특약을 체결하였다. 그 후 乙의 채권자인 丙은 乙의 甲에 대한 대여금채권에 대하여 압류 및 전부명령을 발령받았고, 그 명령이 2008.9.1. 甲에게 송달되자 甲을 상대로 전부금 청구의 소를 제기하였다. **그 소송에서 甲이 양도금지특약의 항변과 상계항변을 할 경우 甲의 항변은 타당한가? (30점)**

2. 甲의 친구 丙은 甲의 부탁으로 乙의 대여금채권을 피담보채권으로 하여 자신의 부동산에 저당권을 설정해 주었다. 그 후 乙은 2008.7.5. 丁에게 위 대여금채권을 양도하고 저당권도 이전하여 주었다. 그런데 채권양도 사실을 알지 못했던 甲이 위 차용금채무의 변제기인 2008.10.30. 乙에게 채무 전액인 3,000만원을 변제하여 주었다. 그 후 甲의 변제에 대해 선의이고 중과실이 없는 丁이 2008.11.5. 甲에게 채권양도 사실을 알리면서 채권양도에 대한 승낙을 요구하였고, 甲은 승낙의 의미를 알지 못한 나머지 아무런 이의를 유보하지 아니한 채 丁에게 채권양도에 대한 승낙을 하여 주었다. **丁이 甲에게 수차례 변제를 요구하였으나 거절당하자 丁은 丙의 부동산에 대한 저당권을 실행하고자 한다. 가능한가? (20점)**

사례B-53 채권양도금지특약 · 상계항변(제498조), 이의를 보류하지 않은 승낙★

Ⅰ. 설문 1.의 경우(30)

1. 甲의 양도금지특약 항변의 타당성(14)

(1) 甲과 乙의 양도금지특약의 효력

지명채권은 원칙적으로 자유롭게 양도할 수 있으나(제449조 1항), 당사자의 의사에 의하여 양도성이 제한하거나 배제될 수 있다(제449조 2항).

사안과 같이 채권의 양도성을 배제하는 특약을 한 경우, 乙의 甲에 대한 대여금채권의 양도행위는 원칙적으로 효력이 없다(물권적 효력설 : 대판 2000.4.7, 99다52817[1]). 다만 제449조 2항 단서에서 양도금지특약에 위반하여 채권이 양도된 경우에 선의의 제3자에 대하여서는 대항할 수 없도록 규정하고 있고, 이에 대하여 判例는 제한설의 입장에 따라 선의의 양수인이 보호받기 위해서는 선의이며, 중과실이 없어야 한다고 한다(대판 1999.12.28, 99다8834 : 3회,5회 선택형). 그런데 사안에서 丙은 乙의 대여금

1) 즉, 채권의 양도성을 배제하는 특약을 한 경우에 통설은 양도금지의 특약에 관하여 직접적인 법형성력을 인정하여 채권의 양도성을 물권적으로 박탈하는 효력을 인정한다(물권적 효력설). 判例도 "당사자의 양도금지의 의사표시로써 채권은 양도성을 상실하며"라는 표현을 쓰고 있는데, 이는 '물권적 효력설'을 취하고 있는 것으로 평가된다(서민, 양도금지특약이 있는 채권의 양도에 대한 사후승낙의 효력, 민사判例연구 제23권, p.310).

채권에 대하여 압류 및 전부명령을 발령받았는바, 양도금지특약이 이에 미치는 영향이 문제된다.

(2) 양도금지특약이 압류 및 전부 명령에 미치는 영향

1) 판 례

判例는 "당사자 사이에 양도금지의 특약이 있는 채권이라도 압류 및 전부명령에 따라 이전될 수 있고, 양도금지의 특약이 있는 사실에 관하여 압류채권자가 선의인가 악의인가는 전부명령의 효력에 영향이 없다"(대판 2002.8.27, 2001다71699)고 한다.

2) 검토 및 사안의 경우

사인 간의 합의에 의하여 압류금지재산을 작출하는 것은 허용되지 않기 때문에 判例의 태도는 타당하며, 이에 따르면 甲과 乙 사이의 양도금지특약은 丙이 발령받은 압류 및 전부명령에 아무런 영향을 미치지 않는다. 따라서 丙에 대한 甲의 양도금지특약의 항변은 타당하지 않다.

2. 甲의 상계항변의 타당성(14)

(1) 甲의 상계항변이 제498조에 해당하는지 여부

상계가 유효하기 위한 요건과 관련하여 甲이 상계하고자 하는 자동채권은 乙에 대한 4천만 원 상당의 물품대금채권이고, 상계를 당하는 수동채권은 乙의 甲에 대한 3천만 원의 차용금채권이므로 물품대금채권과 차용금채권은 서로 대립하고 둘 다 금전채권으로서 채권의 목적이 동종이고 성질상 상계가 가능하다는 것은 명백하다(제492조). 다만 제498조는 수동채권이 지급금지채권인 경우 상계에 제한을 가하고 있는바, 압류 전에 자동채권을 취득하기만 하면 변제기가 압류 이후에 도래하더라도 상계가 가능한지 문제된다. 이는 '상계에 대한 기대권'과 '압류의 실효성'간의 이익형량의 문제이다.

(2) 판 례

현재 확립된 判例는 "압류 또는 가압류의 효력발생 당시에 제3채무자가 채무자에 대해 갖는 자동채권의 변제기가 아직 도래하지 않았더라도 압류채권자가 그 이행을 청구할 수 있는 때, 즉 피압류채권인 수동채권의 변제기가 도래한 때에 자동채권의 변제기가 동시에 도래하거나 또는 그 전에 도래한 때에는 제3채무자의 상계에 관한 기대는 보호되어야 한다는 점에서 상계할 수 있다"(대판 1987.7.7, 86다카2762 등)고 한다. 최근에는 전원합의체 판결로 이를 확인하였다(대판 2012.2.16, 전합2011다45521).

(3) 검토 및 사안의 경우

변제기선도래설(제한설)이 제3채무자와 압류채권자의 이해를 공정히 조절하는 것으로 타당하다. 사안의 경우 甲의 乙에 대한 자동채권의 변제기는 2008.9.30.이고, 수동채권의 변제기는 2008.10.30.이므로 압류채권자 丙이 그 이행을 청구할 수 있는 때(2008.10.30.) 이미 제3채무자 甲의 채무자 乙에 대한 자동채권의 변제기(2008.9.30.)가 도래해 있는 경우이므로 변제기선도래설(제한설)에 의할 때 甲의 상계항변은 인용될 수 있다.

3. 사안의 해결(2)

① 甲과 乙 사이의 양도금지특약은 丙이 발령받은 압류 및 전부명령에 아무런 영향을 미치지 않으므로 丙에 대한 甲의 양도금지특약의 항변은 타당하지 않다. ② 또한 甲의 상계항변은 제498조의 해석과 관련한 '변제기선도래설'(제한설)에 따르면 압류채권자 丙이 이행청구를 할 수 있는 때(2008.10.30.) 甲의 乙에 대한 자동채권의 변제기(2008.9.30.)가 이미 도래한 경우이므로 甲의 상계

항변은 인용될 수 있다.

Ⅱ. 설문 2.의 경우(20)

1. 문제점(2)

丁의 丙소유 부동산에 대한 저당권 실행이 가능하기 위해서는 丁이 적법 · 유효한 채권의 양수인으로 물상보증인 丙에게 대항할 수 있어야 하는바, 먼저 ① 양수인 丁의 채무자 甲에 대한 통지 및 甲의 승낙의 효력(제450조 1항)과 함께 ② 채무자 甲의 이의를 보류하지 않은 승낙의 효력이 문제된다(제451조 1항 본문).

2. 丁의 丙소유 부동산에 대한 저당권 실행 가부(16)

(1) 지명채권양도의 대항요건

지명채권양도는 불요식계약이지만 대항요건으로 채무자에 대한 통지 또는 채무자의 승낙이 요구된다. 즉, 양도인의 채무자에 대한 통지 또는 채무자의 승낙이 없으면 양수인은 지명채권의 양수를 채무자 또는 제3자에게 대항할 수 없다(제450조 1항).

(2) 丁의 甲에 대한 통지 및 甲의 승낙의 효력

1) 丁의 甲에 대한 통지의 효력

채권을 양도하였다는 사실은 양도인 乙이 채무자 甲에게 통지하여야 한다. 다만 양수인이 양도인의 사자 또는 대리인으로서 통지할 수는 있으나(대판 1994.12.27, 94다19242), 특히 양수인이 양도인을 대리하여 채권양도 통지를 하는 경우 대리의 방식을 갖추어야 한다.[2] 그러나 설문에서 **양수인 丁의 채무자 甲에 대한 채권양도 사실의 통지는** 이러한 방식을 갖추지 않았으므로 **유효한 통지라고 볼 수 없다.** 따라서 채무자 甲의 양도인 乙에 대한 3,000만원의 변제는 유효하고 채권은 소멸한다.

2) 甲의 승낙의 효력

채권양도에 대한 승낙은 채무자가 양도인 또는 양수인에게 한다. 여기서의 승낙은 채권양도의 사실을 알고 있음을 알리는 **'관념의 통지'**로, 계약의 성립을 위한 승낙에서와 달리 채무자가 채권양도를 알았다는 의미를 가질 뿐이다. 따라서 사안과 같이 **채무자 甲이 승낙의 의미를 알지 못한 채 승낙을 하더라도 유효한 승낙이 될 수 있다.**

(3) 채무자 甲의 이의를 보류하지 않은 승낙의 효력

1) 의의 및 양수인이 보호받기 위한 요건

채무자가 이의를 보류하지 않은 승낙을 한 경우에는 채무자는 양도인에게 대항할 수 있는 사유로 양수인에게 대항할 수 없다(제451조 1항 본문). 채무자가 이의를 보류하지 않은 승낙을 하는 경우

2) "채권양도통지 권한을 위임받은 양수인이 양도인을 대리하여 채권양도통지를 함에 있어서는 민법 제114조 제1항의 규정에 따라 양도인 본인과 대리인을 표시하여야 하는 것이므로, 양수인이 서면으로 채권양도통지를 함에 있어 대리관계의 현명을 하지 아니한 채 양수인 명의로 된 채권양도통지서를 채무자에게 발송하여 도달되었다 하더라도 이는 효력이 없다고 할 것이다. 다만, 대리에 있어 본인을 위한 것임을 표시하는 이른바 현명은 반드시 명시적으로만 할 필요는 없고 묵시적으로도 할 수 있는 것이고, 나아가 채권양도통지를 함에 있어 현명을 하지 아니한 경우라도 채권양도통지를 둘러싼 여러 사정에 비추어 양수인이 대리인으로서 통지한 것임을 상대방이 알았거나 알 수 있었을 때에는 민법 제115조 단서의 규정에 의하여 유효하다고 보아야 할 것이다"(대판 2004.2.13, 2003다43490).

에는 양수인은 보통 아무런 항변이 존재하지 않는다고 신뢰하는 것이 보통이므로, **'채무자의 승낙에 공신력'**을 주어 양수인의 신뢰를 보호하고 채권양도의 안전을 보장하기 위한 것이다(대판 2002.3.29, 2000다13887). 본 규정의 취지상 악의의 양수인 등은 보호할 필요가 없다(통설). 이때 양수인이 보호받기 위해서, 判例는 **양수인이 악의 또는 중과실이 아니어야** 한다고 한다(대판 2002.3.29, 2000다13887).

2) 배제되는 항변사유의 내용

여기서 **'양도인에게 대항할 수 있는 사유'**란 채권의 성립·존속·행사를 저지·배척하는 사유는 물론, 변제 등에 의한 채무소멸의 사유, 나아가 불법목적에 의하여 발생된 채권의 항변사유(제103조 위반으로 무효라는 항변)**도 포함한다**(대판 1962.4.4, 4294민상1296).

3) 사안의 경우

사안에서 ⅰ) 채무자 甲은 이의를 유보하지 않는 승낙을 하였고, ⅱ) 양수인 丁은 선의이며 중과실이 없다고 보여지므로 甲은 丁에 대해서 변제로 인한 **'채권소멸'의 항변을 할 수 없다**. 그러나 이의를 보류하지 않은 승낙을 하기 전에 이미 물상보증인 丙이 이해관계를 가지고 있었고, 저당권의 소멸에 따라 丙이 받게 될 이익을 박탈할 수 없으므로 丁은 丙에 대하여는 대항할 수 없다. 따라서 甲이 채무의 이행을 거절하지 못하는 것은 별론으로 하고 **'저당권이 부활'한다고 볼 수 없다.** 결국 丁의 저당권 실행청구는 소멸된 저당권에 기한 것으로서 인정될 수 없다. 만약 이를 인정한다면 무효인 저당권이전등기에 '공신력'을 인정하는 결과가 된다는 측면에서도 그러하다.[3)]

3. 사안의 해결(2)

양수인 丁은 물상보증인 丙에게 제451조 1항을 근거로 저당권의 '부활'을 주장할 수 없다. 따라서 丁은 丙소유 부동산에 대해 저당권을 실행할 수 없다.

---

3) 다만, 통설에 따르더라도 채무자의 승낙이 등기유용의 합의에 기한 것인 때에는, 이해관계 있는 제3자가 없는 한 저당권은 부활한다.

기출해설 2019년 변호사시험 제2문

【기초적 사실관계】
甲은 2018. 3. 1. 乙에 대해 1억 원의 대여금채권을 가지고 있다.
[※ 추가적 사실관계는 각각 별개임] [※ 제시된 일자는 공휴일이 아닌 것으로 간주함]

【추가적 사실관계 2】
丙은 2018. 8. 1. 乙로부터 기계를 1억 원에 매수하는 계약을 체결하면서 乙로부터 2018. 8. 5.까지 기계를 인도받기로 하였다. 계약당일 乙과 丙은 기계매수대금 지급에 갈음하여 乙이 甲에게 부담하는 위 채무 전액을 丙이 면책적으로 인수하는 약정을 체결하였으나, 甲의 승낙은 받지 않았다. 이후 이러한 사실을 알게 된 甲은 丙이 乙보다 경제적 자력이 낫다고 판단하여, 2018. 12. 1. 丙에게 乙이 부담하던 위 채무 전액의 이행을 청구하였다. 한편 乙은 현재까지 丙에게 기계를 인도하지 않고 있다. 이에 대해 丙은 ① 乙과 丙 사이의 채무인수계약에 대해 甲의 승낙이 없었기 때문에 甲은 丙에게 채무의 이행을 청구할 권리가 없고, ② 丙은 乙로부터 기계를 인도받기로 하여 동시이행항변권을 행사할 수 있는데, 아직 기계를 인도받지 못한 상황에서는 甲의 이행청구에 응할 수 없다고 항변한다.

2. 甲의 청구는 정당한 것인지에 대해 설명하시오. (15점)

사례B-54 면책적 채무인수인과 원인된 법률관계에 기한 항변(채무인수의 무인성)

Ⅱ. 문제 2.의 경우(15)

1. 결 론

甲의 청구는 정당하다.

2. 논 거

(1) 면책적 채무인수의 요건 : ① 주장에 대한 검토

1) 채권자의 묵시적 승낙

'채무자와 인수인 사이의 채무인수계약'의 경우에는 '채권자의 승낙'이 있어야 효력이 발생하는데(제454조), 채무자의 변경에 의한 책임재산의 감소를 막기 위한 취지이다. 이러한 승낙은 묵시적으로도 가능한바, 채권자가 직접 채무인수인에 대하여 인수채무금의 지급을 청구하였다면 그 지급청구로써 묵시적으로 채무인수를 승낙한 것으로 보아야 한다(대판 1989.11.14. 88다카29962).

2) 사안의 경우

채권자 甲은 면책적 채무인수 약정 사실을 알게 된 후 인수인인 丙에게 채무 전액의 이행을 청구하였는바, 이는 묵시적으로 위 인수약정을 승낙한 것이다. 따라서 丙의 ① 주장과 달리, 甲은 새로운 채무자 丙에게 정당하게 채무이행을 청구할 수 있다.

(2) 丙의 동시이행항변 가부 : ② 주장에 대한 검토

1) 채무인수의 무인성

채무인수는 '채무의 동일성'을 유지하면서 채무를 인수인에게 이전시키는 계약이므로, 인수인은 '전채무자의 대항할 수 있는 사유'로 채권자에게 대항할 수 있다(제458조). 그러나 채무인수는 채무의 이전 자체를 목적으로 하는 계약으로서, 채무인수를 하게 된 원인된 법률관계와는 구별되는 '독자성'을 가지며, 또 양자는 그 당사자가 다른 별개의 법률행위이므로, 채무인수는 원인된 법률관계로부터 영향을 받지 않는 '무인성'을 가진다고 본다. 따라서 인수인은 '원인된 법률관계에 기한 사유'로 채권자에게 대항할 수 없다.[1)]

2) 사안의 경우

채무인수인 丙은 전채무자 乙에게 가진 동시이행의 항변권(원인된 법률관계에 따른 항변)으로 채권자 甲에게 대항할 수 없다. 따라서 丙의 ② 주장은 타당하지 않다.

> [주의] 그러나 주의할 것은 전채무자 乙이 채권자 甲에게 대항할 수 있는 사유로는 채무인수인 丙이 甲에게 대항할 수 있다는 점이다(제458조)(채무인수의 동일성).

---

1) 매수인이 매수대금지급에 갈음하여 별도의 채무를 면책적으로 인수하기로 한 경우, 특별한 사정이 없는 한, 매수인은 매도인에 대한 관계에서는 채무인수로써 대금지급의무를 다한 것이 된다(일종의 대물변제). 즉, 인수한 채무를 이행할 의무는 매매대금지급의무와 별도의 의무로서 매도인의 소유권이전의무와 동시이행관계에 있는 매수인의 의무라 할 수 없다. 나아가 동시이행항변권은 원칙적으로 계약 상대방에 대하여 행사할 수 있는 것으로, 계약 당사자 이외의 제3자에 대하여 행사할 수는 없다.

기출해설

2015년 법무사시험 제1문

乙은 건물 소유를 목적으로 甲으로부터 X토지를 임차한 후 그 지상에 Y건물을 신축하였다.

※ 아래 각 문항은 별개의 사안임

설문 2. 乙이 Y건물의 소유권보존등기를 미루고 있는 동안에, 甲은 丁에게 X토지를 매도하고 그 소유권이전등기까지 마쳐주었다. 甲과 丁은 위 매매계약의 체결과정에서 乙의 반대에도 불구하고 X토지에 관한 甲의 임차보증금반환채무를 丁이 인수하는 한편으로, 그 채무액을 매매대금에서 공제하기로 합의하였다.

가. 사정이 위와 같다면, X토지의 임대차가 기간만료로 종료한 경우 乙은 직접 丁을 상대로 위 임차보증금반환채무의 이행을 청구할 수 있는가? **그 결론과 그에 따른 논거를 설명하시오. (30점)**

나. 丁이 X토지에 설정된 A은행의 근저당권 피담보채무도 함께 인수하면서 그 채무액도 매매대금에서 공제하기로 합의하였는데, 그럼에도 丁이 인수한 피담보채무의 이자를 납부하지 않는 경우에, 甲은 위 이자 미납을 이유로 매매계약을 해제할 수 있는가? **그 결론과 그에 따른 논거를 설명하시오. (20점)**

사례B-55 임대차보증금반환채무의 이행인수, 인수채무 불이행의 효과★

Ⅱ. 설문 2. 가.의 경우(30)

1. 결 론

乙은 직접 丁을 상대로 위 임차보증금반환채무의 이행을 청구할 수 없다.

2. 논 거

(1) 丁의 임대인의 지위 승계 여부

민법 제622조 제1항은 건물을 소유하는 토지임차인의 보호를 위하여 건물의 등기로써 토지임대차등기에 갈음하는 효력을 부여하는 것일 뿐이므로, 임차인이 그 지상건물을 등기하기 전에 제3자가 그 토지에 관하여 물권취득의 등기를 한 때에는 임차인이 그 지상건물을 등기하더라도 그 제3자에 대하여 임대차의 효력이 생기지 않는다(대판 2003.2.28, 2000다65082).

사안의 경우 토지임차인 乙은 Y건물의 소유권보존등기를 경료하지 않아 차지권의 대항력을 취득하지 못하였으므로 X토지의 신 소유자인 丁은 임대차 계약상의 임대인의 지위를 승계하지 않는다. 만약 그 후 乙이 건물의 소유권보존등기를 경료하였더라도 마찬가지이다. 따라서 丁은 乙에 대하여 임대차 계약상의 보증금반환채무를 부담하지 않는다.

(2) 甲의 임차보증금반환채무를 丁이 인수하고 그 채무액을 매매대금에서 공제하기로 한 합의

1) 채무인수인지 이행인수인지 여부

判例는 "부동산의 매수인이 매매 목적물에 관한 임대차보증금 반환채무 등을 인수하는 한편, 그 채무액을 매매대금에서 공제하기로 약정한 경우, 그 인수는 특별한 사정이 없는 이상 매도인을 면책시키는 면책적 채무인수가 아니라 이행인수로 보아야 하고, **면책적 채무인수로 보기 위하여는 이에 대한 채권자 즉, 임차인의 승낙이 있어야** 한다"(대판 2001.4.27. 2000다69026)고 한다. 또한 "채무자와 인수인 사이의 계약에 의한 (면책적)채무인수에 대하여 채권자는 명시적인 방법뿐만 아니라 묵시적인 방법으로도 승낙을 할 수 있는 것인데, **채권자가 직접 채무인수인에 대하여 인수채무금의 지급을 청구하였다면 그 지급청구로써 묵시적으로 채무인수를 승낙한 것으로 보아야** 한다(대판 1989.11.14, 88다카29962). 그러나 **채권자가 일단 승낙을 거절하면 그 이후에는 채권자가 다시 승낙하여도 채무인수로서 효력이 생기지 않는다**"(대판 1998.11.24, 98다33765)고 한다.

2) 사안의 경우

判例의 기준은 당사자의 의사를 충실히 반영하였다는 점에서 타당하며, 이에 의할 때 甲과 丁간의 합의는 채권자 乙로 하여금 丁에 대한 채권을 직접 취득케 할 의사가 있었다고 보기는 힘들며, 채권자인 임차인 乙의 반대가 있으므로 법률행위의 해석상 특별한 사정이 없으면 면책적 또는 병존적 채무인수가 아니라 이행인수라 할 것이다. 그리고 乙이 이미 위 보증금반환채무 인수에 대하여 반대함으로써 승낙을 거절한 이상 그 뒤 乙이 丁에게 직접 위 보증금반환채무의 지급을 청구함으로써 묵시적으로 채무인수를 승낙한 것으로 간주되는 행위가 있다 하더라도 그로써 다시 면책적 채무인수의 효과가 생길 수도 없다.

(3) 이행인수의 경우 채권자가 직접 인수인에 대하여 채무이행을 청구할 수 있는지 여부

인수인은 채무자와의 관계에서 이행의무를 부담하며 채권자에게 직접 채무를 부담하지는 않는다. **따라서 채권자도 인수인에게 이행을 청구할 권리는 없다**(인수인은 채권자에 대한 관계에서 채무자의 이행보조자로 다루어진다). 다만 判例가 판시하는 바와 같이 **채무자의 인수인에 대한 청구권은 그 성질상 재산권의 일종으로서 일신전속적 권리라고 할 수는 없으므로, 채권자는 채권자대위권에 의하여 채무자의 인수인에 대한 청구권을 대위행사할 수 있다**(대판 2009.6.11, 2008다75072).

따라서 사안에서 X토지의 임대차가 기간만료로 종료한 경우 乙은 이행인수인에 지나지 않는 丁을 상대로 직접 위 임차보증금반환채무의 이행을 청구할 수 없다. 즉, 乙은 원래의 임대인 甲을 상대로 보증금반환청구를 하여야 하고, 이 경우 이를 보전하기 위하여 丁을 상대로 채권자대위권을 행사하는 것은 가능하다.

Ⅲ. 설문 2. 나.의 경우(20)

1. 결 론

甲은 위 이자 미납을 이유로 매매계약을 해제할 수 없다.

2. 논 거

(1) 부동산의 매수인이 매매대금의 지급에 갈음하여 그 부동산에 대한 매도인의 채무를 인수한 경우

1) 丁의 법적지위

사안의 경우 [설문 2-가]에서와 마찬가지로 丁의 채무인수에 대해 채권자 A은행이 승낙하였다는 사정이 제시되지 않은바, 원칙적으로 丁은 X토지에 설정된 A은행의 근저당권 피담보채무에 대한 이행인수인에 해당한다.

2) 매수인 丁의 의무

判例에 따르면 "특별한 사정이 없는 한 매수인은 인수한 채무를 현실적으로 변제할 의무는 없고, **매수인이 매매대금에서 그 채무액을 공제한 나머지를 지급함으로써 잔금지급의무를 다한 것**으로 보아야 하고, 또한 이 약정의 내용은 매도인과 매수인과의 계약으로 매수인이 매도인의 채무를 변제하기로 하는 것으로서 매수인은 제3자의 지위에서 매도인에 대하여만 그의 채무를 변제할 의무를 부담함에 그친다"고 한다(대판 2002.5.10, 2000다18578).[1] 그리고 매수인은 인수채무의 이행시기 등에 관하여 다른 약정이 없는 한, 그 인수채무가 가지는 본래의 내용에 따라 이행하면 족하다고 한다(대판 1998.10.27, 98다25184).

3) 매수인이 인수채무를 불이행한 경우의 효과 - 매도인의 해제 가부

전술한 바와 같이 判例에 따르면 매수인은 매매대금에서 인수채무액을 공제한 나머지를 지급함으로써 잔금지급의무를 다한 것으로 보아야 하므로, 매수인이 인수채무를 변제하지 않았다고 하여도 매도인이 계약을 해제할 수는 없다(대판 1993.6.29, 93다19108). **이는 인수한 피담보채무의 이자를 지급하지 아니한 경우에도 같다**(대판 1998.10.27, 98다25184). 다만 "매수인이 인수채무를 이행하지 아니함으로써 **매매대금의 일부를 지급하지 아니한 것과 동일하다고 평가할 수 있는 '특별한 사유'가 있을 때에 한하여** 매도인의 계약해제권이 발생한다"고 한다(대판 1993.2.12, 92다23193). 특별한 사유에 대해 判例는 "매수인이 인수채무를 이행하지 않음에 따라 ⅰ) 매매목적물인 부동산이나 공동담보로 제공된 다른 부동산에 설정된 담보권의 실행으로 임의경매절차가 개시되었다거나 개시될 염려가 있고, ⅱ) 또한 매도인 측이 이를 막기 위하여 부득이 피담보채무를 **변제할 필요성**이 있는 경우"라고 한다(대판 1998.10.27, 98다25184).[2]

다만 구체적 사안에서 대체로 判例는 '매도인이 자기의 出捐으로 매수인이 인수한 채무를 대신 **변제한 경우**'에만 계약해제권의 발생을 인정하는 입장을 취하고 있다.[3]

---

1) **[판례평석]** 이에 대해 매수인이 장차 그 인수채무를 변제하지 않는 것을 해제조건으로 하여, 매수인이 매매대금에서 그 채무액을 공제한 나머지를 지급함으로써 잔대금 지급의무를 다한 것으로 된다고 해석함이 타당하다는 유력한 견해도 있다[김창종, '이행인수의 법률관계', 이철원 교수 정년기념논문집, p.393].

2) **[관련판례]** 따라서 "매수인이 비록 매매대금의 일부 지급에 갈음하여 인수한 피담보채무인 대출금채무의 이자를 지급하지 아니하였을 뿐만 아니라 그 채무인수 자체에 관하여 매도인과 사이에 다툼이 있었다고 하더라도, 그로 인하여 매매목적물인 부동산이나 공동담보로 제공된 다른 부동산에 설정된 근저당권의 실행으로 임의경매절차가 개시되었다거나 개시될 염려가 있다고 볼 만한 사정이 없고, 더욱이 위 매매목적 부동산에 관하여 매수인 명의의 소유권이전등기가 이미 경료된데다가 그 경제적 가치가 위 대출금채무를 담보하기에 충분한 이상 매도인으로서는 임의경매를 막기 위하여 부득이 위 대출금채무의 이자를 변제할 만한 실제적인 필요성이 있었다고도 보기 어려우므로, 그러한 사유만으로 매도인이 위 매매계약을 해제할 수는 없다"(대판 1998.10.27, 98다25184)고 한다.

3) **[판례평석]** 이에 대해 매매대금을 지급하는 방법의 일환으로 인수채무액 만큼 매매대금에서 공제하는 것이므로, 그 인수채무를 변제기에 이행하지 않으면 결국 이는 매매대금을 지급하지 않은 것(이행지체)과 동일하게 보아야 하므로(즉 해제조건의 성취), 제544조의 규정에 따라 해제할 수 있다고 해야지 判例처럼 매도인이 그 채무를 직접 자신의 출연으로 변제한 경우에만 그 매매계약을 해제할 수 있다고 하는 것은 매도인에게 일방적으로 불리한 해석이라는 비판이 유력하다[김창종, '이행인수의 법률관계', 이철원 교수 정년기념논문집, p.394].

(2) 사안의 경우

甲과 丁사이에는 위 매매계약 체결과정에서 A은행의 근저당권 피담보채무를 丁이 인수하는 한편, 그 채무액을 매매대금에서 공제하기로 하는 이행인수의 합의를 하였다는 점에서, **丁은 위 인수채무금을 제외한 나머지 매매대금만 지급하면 위 매매계약에 따른 매매대금 지급의무를 다한 것이 된다. 그런데 甲이 위 이행인수 합의 후 바로 丁에게 X토지에 대한 소유권이전등기를 마쳐주었다는 점에서,** 丁은 위 인수채무금을 제외한 나머지 매매대금은 모두 지급하였거나 또는 더 이상 지급할 것이 없는 것으로 보인다. 따라서 비록 그 뒤 丁이 위 인수채무금의 이자를 납부하지 않았더라도 그것만으로는 丁이 위 매매대금의 일부를 지급하지 않은 것과 동일하다고 평가할 수 있는 특별한 사유가 있다고 볼 수 없으므로, 甲은 위 이자 미납을 이유로 위 매매계약을 해제할 수 없다.

유사기출

이행인수와 동시이행항변권 [2016년 사법시험 제1문]

甲은 2015. 3. 25. 乙로부터 乙소유의 X토지와 그 지상 Y건물을 10억 원에 매수하면서, 乙에게 계약 당일에 계약금 1억 원, 2015. 4. 25. 중도금 4억 원, 2015. 5. 25. 잔금 5억 원을 지급하기로 약정하였다. ※ 아래 각 문항은 별개의 사안임.

4. 甲은 위 매매계약에서 잔금 5억 원 중 4억 원에 대하여는 乙이 A에게 부담하고 있던 X토지에 경료된 저당권의 피담보채무(변제기 2016. 7. 25.)를 인수하기로 하고, 잔금에서 위 4억 원의 피담보채무를 공제한 1억 원을 잔금지급기일에 지급하기로 약정하였다. 甲은 2015. 5. 25. 1억 원을 乙에게 지급하고, 2015. 6. 30. 乙을 상대로 소유권이전등기를 구하는 소를 제기하였다. **甲의 청구가 타당한지 여부를 논하시오. (20점)**

Ⅳ. 문제 4.의 경우(20)

1. 문제점

甲의 청구가 타당한지는 甲이 잔금에서 인수한 4억 원의 피담보채무를 공제한 나머지 1억 원을 잔금지급기일에 지급한 것으로 매매계약상의 잔금지급의무를 이행을 다한 것으로 볼 것인지의 문제이다.

2. 甲과 乙 사이의 저당권의 피담보채무 인수 약정의 법적성질

(1) 이행인수

"**부동산의 매수인이 매매목적물에 관한 채무**(피담보채무, 임대보증금반환채무 등)**를 인수하는 한편 그 채무액을 매매대금에서 공제하기로 약정한 경우, 그 인수는 특별한 사정이 없는 한 매도인을 면책시키는 채무인수가 아니라 이행인수로 보아야 하고,** 면책적 채무인수로 보기 위하여는 이에 대한 채권자의 승낙이 있어야 한다"(대판 1995.8.11, 94다58599 : 4회 선택형). 判例는 이 경우 채권자의 묵시적인 승낙을 인정할 경험칙 내지 거래의 관행은 없다고 한다(대판 1990.1.25. 88다카29467).

사안의 경우, A의 승낙이 있었다거나, 당사자 사이에 A에게 직접 채권을 취득시킬 의사가 있었다고는 볼 수 없으므로 면책적 채무인수라거나, 병존적 채무인수라고 볼 수는 없고 甲과 乙 사이에 이행인수 약정이 있었던 것으로 볼 것이다.

(2) 매수인 甲의 의무

判例에 따르면 "특별한 사정이 없는 한 매수인은 인수한 채무를 현실적으로 변제할 의무는 없고, 매수인이 매매대금에서 그 채무액을 공제한 나머지를 지급함으로써 잔금지급의무를 다한 것으로 보아야 하고, 또한 이 약정의 내용은 매도인과 매수인과의 계약으로 매수인이 매도인의 채무를 변제하기로 하는 것으로서 매수인은 제3자의 지위에서 매도인에 대하여만 그의 채무를 변제할 의무를 부담함에 그친다"고 한다(대판 2002.5.10, 2000다18578 : 4회 선택형).

사안의 경우, 인수채무는 본래의 변제기인 2016. 7. 25.에 이행하면 되는 것이고, 매수인 甲이 5억 원 중 인수한 채무 4억 원을 공제한 나머지 1억 원을 잔금지급기일인 2015. 5. 25. 에 지급한 이상 잔금지급의무를 다한 것이 된다.

3. 소 결

甲이 乙에 대하여 잔금지급의무를 다한 이상, 2015. 6. 30. 甲이 乙을 상대로 한 소유권이전등기 청구는 타당하다.

유사기출

이행인수와 동시이행항변권, 계약해제 [2020년 1차 법전협 모의 제2문]

2020. 1. 23. B로부터 C가 Y 토지를 매매대금 10억 원(계약금 1억 원, 중도금 4억 원, 잔금 5억 원)에 매수하기로 하였다. 계약금은 계약 당일 C가 B에게 지급하였고, 2020. 4. 6. 지급하기로 한 중도금 4억 원에 대해서는 C가 Y 토지에 관한 각 근저당권의 확정된 피담보채무의 합계인 4억 원을 인수하는 것으로 갈음하였고, 2020. 6. 7. 잔금 5억 원의 지급과 Y부동산에 대한 소유권이전등기는 동시에 이행하기로 약정하였다. 그러나 매수인 C가 근저당권의 피담보채무의 변제기가 도래하였음에도 불구하고 이를 변제하지 않아 Y부동산에 관하여 근저당권의 실행으로 임의경매절차가 개시되고 B가 경매절차의 진행을 막기 위하여 C가 인수한 확정된 피담보채무 4억 원을 변제하여 A은행의 각 근저당권을 말소하였다.

2. 2020. 6. 7. C가 B에게 잔금 5억 원을 지급하면서 Y부동산에 관한 등기의 이전을 청구한 경우, B가 취할 수 있는 법적 항변이나 조치를 구체적으로 검토하시오. (15점)

Ⅱ. 문제 2.의 경우(15)

1. 문제점

2. B와 C사이의 저당권의 피담보채무 인수 약정의 법적성질

判例가 판시하는 바와 같이 "부동산의 매수인이 매매목적물에 관한 채무(피담보채무, 임대보증금반환채무 등)를 인수하는 한편 그 채무액을 매매대금에서 공제하기로 약정한 경우, 그 인수는 특별한 사정이 없는 한 매도인을 면책시키는 채무인수가 아니라 이행인수로 보아야 하고, 면책적 채무인수로 보기 위하여는 이에 대한 채권자의 승낙이 있어야 한다"(대판 1995.8.11, 94다58599 : 4회 선택형).

따라서 B와 C사이에 중도금 4억 원에 갈음하여 C가 B의 피담보채무 4억 원을 인수한 약정은 이행인수에 해당한다.

3. 매도인 B가 동시이행항변권을 행사할 수 있는지 여부

判例가 판시하는 바와 같이 "부동산매매계약과 함께 이행인수계약이 이루어진 경우, 매수인이 인수한 채무는 매매대금지급채무에 갈음한 것으로서 매도인이 매수인의 인수채무불이행으로 말미암아 또는 임의로 인수채무를 대신 변제하였다면, 그로 인한 손해배상채무 또는 구상채무는 인수채무의 변형으로서 매매대금지급채무에 갈음한 것의 변형이므로 매수인의 손해배상채무 또는 구상채무와 매도인의 소유권이전등기의무는 대가적 의미가 있어 이행상 견련관계에 있으므로, 따라서 양자는 동시이행의 관계에 있다"(대판 2004.7.9, 2004다13083 : 4회 선택형).

따라서 B는 C에게 손해배상채무(4억 원)와 잔금(5억 원) 전부의 지급과 소유권이전등기를 동시이행할 것을 항변할 수 있다(상환청구).

4. 매도인 B가 C의 이행인수채무 불이행을 이유로 매매계약을 해제할 수 있는지 여부

(1) 판 례

① 매수인은 매매대금에서 인수채무액을 공제한 나머지를 지급함으로써 잔금지급의무를 다한 것으로 보아야 하므로, 매수인이 인수채무를 변제하지 않았다고 하여도 매도인이 계약을 해제할 수는 없다(대판 1993.6.29, 93다19108). 다만 "매수인이 인수채무를 이행하지 아니함으로써 매매대금의 일부를 지급하지 아니한 것과 동일하다고 평가할 수 있는 '특별한 사유'가 있을 때에 한하여 매도인의 계약해제권이 발생한다"고 한다(대판 1993.2.12, 92다23193).

② 이 때 특별한 사유에 대해 判例는 "매수인이 인수채무를 이행하지 않음에 따라 ⅰ) 매매목적물인 부동산이나 공동담보로 제공된 다른 부동산에 설정된 담보권의 실행으로 임의경매절차가 개시되었다거나 개시될 염려가 있고, ⅱ) 또한 매도인 측이 이를 막기 위하여 부득이 피담보채무를 변제할 필요성이 있는 경우"라고 한다(대판 1998.10.27, 98다25184). 다만 구체적 사안에서 대체로 判例는 '매도인이 자기의 出捐으로 매수인이 인수한 채무를 대신 변제한 경우'에만 계약해제권의 발생을 인정하는 입장을 취하고 있다.

(2) 사안의 경우

따라서 C는 이행인수채무를 이행하지 아니함으로써 매매대금의 일부를 지급하지 아니한 것과 동일하다고 평가할 수 있는 '특별한 사유'가 존재하므로 B는 동시이행항변권을 행사하는 외에 매매계약을 채무불이행을 이유로 해제할 수 있다. 다만, 이 경우 해제권은 매수인의 대금채무 지체를 이유로 한 해제권의 성격을 갖기 때문에 해제권이 발생하기 위해서는 제544조의 요건이 충족되어야 한다. 따라서 매도인 B는 자기의 반대채무(소유권이전등기의무 등)의 이행 또는 이행제공을 하여야 한다(대판 1993.2.12, 92다23193).

5. 사안의 해결

B는 C에게 손해배상채무와 잔금 합계 9억 원 지급과 소유권이전등기가 동시이행관계에 있음을 항변할 수 있고, C의 근저당권 피담보채무 미지급을 이유로 매매계약을 해제할 수도 있다. 다만, 해제하기 위해서는 B는 자기의 반대채무(소유권이전등기의무 등)의 이행 또는 이행제공을 하여야 한다.

기출해설

2015년 3차 법전협모의 제1문

X토지를 소유하고 있는 乙에 대한 1억 원의 대여금채권자 A은행은 乙이 변제기(2013.1.31.) 후에도 이를 갚지 않자 X토지의 가압류를 신청하였고, 2013.3.20. 가압류기입등기가 마쳐졌다.
乙은 2014.4.1. 丙과 체결한 X토지 매매계약에서 X토지 전체가액을 3억 원으로 하고, ① 가압류에 의하여 보전되는 A은행의 채권액 1억 원은 3억 원에서 공제하고 이 금액을 丙이 늦어도 2014.5.1.까지 A은행에게 지급하고, ② 나머지 2억 원 중에서 丙은 乙에게 계약금 2천만 원을 계약 당일, 중도금 8천만 원을 2014.5.1. 각각 지급하고, ③ 잔금 1억 원을 2014.9.1. 소유권이전등기 서류의 교부와 상환으로 지급하기로 하였다.
丙은 계약금과 중도금을 각 지급기일에 乙에게 지급하였다. 乙은 2014.5.1. 丙으로부터 중도금 8천만 원을 지급받으면서 2014.5.10.까지 A은행에게 1억 원을 지급할 것을 촉구하였다. 하지만 丙은 A은행에게 1억 원을 지급하지 못하였다.
A은행이 2014.5.20. 위 가압류를 본압류로 전이하여 신청한 강제경매절차에서 X토지를 매수한 丁은 2014.8.13. 매각대금을 납입하고, 2014.8.20. 丁의 소유권이전등기가 마쳐졌다.
乙은 2014.10.1. 丙을 상대로 매매잔금 1억 원 및 그에 대한 지연손해금 지급청구의 소를 제기하였다. 이 소송에서 丙은 소유권이전등기의무의 이행불능을 이유로 계약해제를 주장하였고, 乙은 A은행에게 1억 원을 지급하지 않음으로써 X토지의 소유권이전등기의무의 이행불능을 야기한 丙은 계약을 해제할 수 없고, 乙에게 잔금지급의무를 부담한다고 주장하였다.

1. 乙과 丙의 각 주장의 타당성을 검토하라. (30점)

사례B-56 이행인수와 면책적 · 중첩적 채무인수, 채권자 위험부담주의[1] 등★

Ⅰ. 설문 1.의 경우(30)

1. 문제점

X토지의 매도인 乙과 매수인 丙 사이에서, 乙이 A은행에 대하여 부담하는 채무의 이행을 丙이 매매대금의 지급에 갈음하여 하기로 한 약정의 의미가 문제되고, 丙이 그에 따른 의무를 이행하지 아니하여 매도인 乙의 소유권이전등기의무가 후발적으로 이행불능이 된 경우, 매수인 丙이 매매대금의 지급의무를 부담하는지 및 매수인 丙이 계약의 해제를 주장할 수 있는지 문제된다.

2. 乙과 丙 사이 약정의 의미

(1) 판 례

"부동산을 매수하는 사람이 근저당채무 등 그 부동산에 결부된 부담을 인수하고 그 채무액만큼 매매대금을 공제하기로 약정하는 경우에, ① **'채권자의 승낙'이 없는 한 면책적 채무인수라고 볼 수는 없으나**, ② 나아가서 그러한 약정이 이행인수에 불과한지 아니면 병존적 채무인수 즉 제3자를 위한 계약인지를 구별함에 있어서 그 판별 기준은, 계약 당사자에게 제3자 또는 채권자가 계약 당사자 일방 또는 채무인수인에 대하여 **직접 채권을 취득하게 할 의사가 있는지 여부에 달려 있고**, 구체적으로는 인수의 대상으로 된 채무의 책임을 구성하는 권리관계도 함께 양도된 경우이거나 채무인수인이 그 채무부담에 상응하는 대가를 얻을 때에는 특별한 사정이 없는 한 원칙적으로 이행인수가 아닌 병존적 채무인수로 보아야 할 것이다"(대판 2010.2.11. 2009다73905 등)

(2) 사안의 경우

사안의 경우 ① 가압류채권자 A의 승낙을 얻은 사정이 없으므로 면책적 채무인수가 아니고, ② 인수의 대상으로 된 채무의 책임을 구성하는 권리관계가 함께 丙에게 양도된 것도 아니고 丙이 그 채무부담에 상응하는 대가를 얻은 사정도 없으므로 병존적 채무인수로 볼 수도 없다. 따라서 **사안은 丙이 乙의 A에 대한 채무를 '이행인수'한 것이다.**

3. 乙의 丙에 대한 매매잔금 등의 지급청구의 타당성

(1) 이행불능에 대한 책임 소재

乙의 채권자인 A은행이 신청한 강제경매절차에서 丁이 X토지를 경락받아 2014.8.13.에 매각대금을 납입하여 확정적으로 소유권을 취득하였다고 할 것인바(제187조), 乙의 丙에 대한 X토지의 소유권이전의무는 사회통념상 불능이 되어 후발적으로 이행불능이 되었다. **이행불능이 된 사정에 대한 책임여하에 따라서 이행불능(제390조)의 규정 또는 대가위험부담(제537조 이하)의 규정이 적용될** 것이다.

(2) 매도인 乙의 귀책사유의 존부

1) 판 례

判例에 의하면 이행인수에서 매수인은 매매대금에서 인수채무액을 공제한 나머지를 지급함으로

1) ★ 2018년 1차 법전협 모의고사 제2문에서도 동일한 쟁점이 출제되었다.

써 잔금지급의무를 다한 것으로 보아야 함이 원칙이나, "부동산 매수인이 매매목적물에 설정된 근저당권의 피담보채무에 관하여 그 이행을 인수한 경우, 채권자에 대한 관계에서는 매도인이 여전히 채무를 부담한다고 하더라도, **매도인과 매수인 사이에서는 매수인에게 위 피담보채무를 변제할 책임이 있으므로, 매수인이 그 변제를 게을리 하여 근저당권이 실행됨으로써 매도인이 매매목적물에 관한 소유권을 상실하였다면,** 특별한 사정이 없는 한 이는 매수인에게 책임 있는 사유로 인하여 소유권이전등기의무가 이행불능으로 된 경우에 해당하고, 거기에 **매도인의 과실이 있다고 할 수는 없다**"(대판 2008.8.21. 2007다8464)고 하였다.

2) 사안의 경우

이행불능이 된 것은 매수인 丙이 이행인수에 의하여 부담한 A은행에 대한 변제의무를 이행하지 아니한 것이므로 매도인 乙의 과실이 인정되지 아니한다.

(3) 매수인 丙의 책임 있는 사유로 인한 이행불능인지 여부

1) 판 례

判例는 매수인이 매매목적물에 설정된 저당권의 피담보채무를 '이행인수'한 경우, 매수인이 그 담보채무를 불이행하여 저당권실행의 경매로 인해 매도인이 소유권을 상실한 때에는 민법 제538조 1항 1문의 채권자(매수인)에게 책임있는 사유에 해당한다고 한다(대판 2009.5.14, 2009다5193).

[심화] 따라서 이때에는 채무자위험부담에 대한 예외로서 채권자(매수인)가 위험을 부담하게 되어 매도인은 소유권이전의무를 면하고 매수인에 대해 인수채무액을 제외한 나머지 매매대금을 청구할 수 있게 된다(제538조 1항 1문). 다만 그 경매절차에서 저당권자 기타 채권자들이 배당하고 남은 금액을 매도인이 소유자로서 배당을 받아 이익을 얻은 때에는 이를 매수인에게 반환하거나 매수인의 매매대금채무액에서 공제하여야 할 것이다(제538조 2항).

2) 사안의 경우

검토하건데, 이행인수인인 매수인 丙이 A은행에게 금 1억 원의 변제를 하지 아니한 결과 丁이 강제경매절차에서 X토지를 경락받아 소유권이전등기를 마쳤으므로 매수인 丙의 책임 있는 사유에 의한 이행불능이라 할 것이다. 따라서 제538조 1항에 의하여 丙은 매매대급지급의무를 부담한다. 결국 丙은 제538조 1항에 의하여 乙에게 매매대금 중 기지급분인 1억 원(계약금 2천만 원, 중도금 8천만 원)을 제외한 나머지 잔대금 및 그에 대한 지연손해금을 지급할 의무를 부담한다.

4. 丙의 계약해제 주장의 타당성

"이행불능을 이유로 계약을 해제하기 위해서는 그 이행불능이 채무자의 귀책사유에 의한 경우여야만 한다 할 것이므로(제546조), 매도인의 매매목적물에 관한 소유권이전의무가 이행불능이 되었다고 할지라도, 그 이행불능이 매수인의 귀책사유에 의한 경우에는 매수인은 그 이행불능을 이유로 계약을 해제할 수 없다"(대판 2002.4.26. 2000다50497).

따라서 사안의 경우 X토지에 대한 소유권이전의무의 이행불능에 대하여 매도인 乙의 귀책사유는 인정되지 않으므로 매수인 丙은 이행불능을 이유로 매매계약을 해제할 수 없다.

5. 사안의 해결

乙의 매매잔대금 및 지연손해금의 지급청구는 타당하나, 丙의 계약해제의 주장은 타당하지 않다.

【기초된 사실관계】 직장에서 퇴근하던 A는 졸음운전을 하던 B의 자가용에 치여 즉사하였다. 그 후 A의 사망당시 가족관계등록부상 유일한 상속인이었던 A의 母인 E는 B로부터 1억 2,000만원의 배상(E자신의 위자료 2,000만원 + 위 사고로 A가 입은 재산적·정신적 손해 1억)을 받으면서 추가적인 손해배상청구는 하지 않기로 합의하였다. 그러나 A가 실제로 입은 재산적·정신적 손해는 1억 5,000만원이었다. 한편 사망하기 전 A는 편모 E의 반대로 결혼을 할 수 없어 혼인신고를 하지는 않았던 C와의 사이에서 D를 출산한 상태였다(A의 사망당시 D는 만 21세).

【소송의 경과】 그 후 D는 검사를 상대로 인지청구의 소를 제기하여 D의 승소로 확정되었으며, 이에 따라 D는 A의 B에 대한 손해배상청구권을 자신이 단독으로 상속하였음을 이유로 B를 상대로 A가 입은 재산적·정신적 손해 합계 1억 5,000만원의 지급을 구하는 소를 제기하였다.

이 경우 D의 청구의 결론[청구인용, 청구일부인용(구체적인 인용범위 포함), 청구기각] 및 그에 이르게 된 D와 B가 주장할 수 있는 모든 법적수단과 그 타당성 여부를 논하시오. (단, D의 고유한 손해배상청구권과 손해배상금에 대한 지연손해금은 논외로 한다).

사례B-57 채권의 준점유자에 대한 변제와 인지의 소급효[1]

Ⅰ. 결 론

B와 E 사이의 위 손해배상액 합의의 효력(5,000만원 면제부분)은 제860조 단서에 따라 정당한 상속인 D에게도 미치고, B가 E에게 1억원을 변제한 것은 제470조에 의해 유효하다. 따라서 법원은 A의 상속인 D의 B에 대한 청구에 대해 기각하여야 한다.

Ⅱ. A의 B에 대한 손해배상청구권

1. 즉사자 A의 권리주체성

즉사의 경우에도 치명상을 입은 때와 사망한 때와의 사이에는 이론상 또는 실제상 시간적 간격이 존재한다고 할 수 있기 때문에, 통설 · 判例와 같이 즉사의 경우에도 피해자는 치명상을 입음과 동시에 손해배상청구권을 취득한다고 보아야 한다(시간적 간격설).

2. A의 B에 대한 손해배상청구권의 발생

(1) 자동차배상보장법 제3조에 의한 손해배상청구권(운, 인, 다, 사, 면)

자동차배상보장법의 손해배상책임이 인정되기 위해서는 ⅰ) 자기를 위하여 자동차를 운행하는 자(운행자)가 ⅱ) 그 운행으로 인하여, ⅲ) 다른 사람을, ⅳ) 사망하게 하거나 부상하게 하고, ⅴ) 면책사유가 없을 것을 요한다(동법 제3조).

(2) 사안의 경우

B는 자가용을 가지고 운행하던 중 사고가 났으므로 운행을 지배하고 운행이익을 향수하는 '운행

1) ★ 민법의 맥 핵심사례 B-14 ; 대판 1995.1.24, 93다32200 判例변형(채권의 준점유자에 대한 변제는 2015년 2차 법전협모의 제1문)

자'이며, A는 운행자와 과실 있는 운전자 이외의 자이므로 타인에 해당하며, 면책사유도 인정하기 어렵다. 따라서 A는 B에 대하여 자동차배상보장법 제3조에 의한 손해배상청구권을 취득한다.

3. A의 B에 대한 손해배상청구권의 내용

(1) 재산상 손해배상청구권

甲의 재산상 손해에는 적극적 손해와 함께 소극적 손해, 즉 일실이익이 인정된다. 아울러 일실이익의 경우 생계비는 당연 공제되나 判例는 부양가족의 생계비는 공제하지 않는다(대판 1969.7.22, 69다504).

(2) 위자료청구권

즉사의 경우에도 소위 시간적 간격설에 따를 때 순간적이나마 피해자로서 정신적 고통을 느끼는 순간이 있다고 보아, 즉사자도 정신적 손해배상청구권을 갖는다고 본다(대판 1973.9.25, 73다1100).

4. 상속성 여부

① 재산상 손해배상청구권은 당연히 상속되나, ② 정신상 손해배상청구권의 경우 ⅰ) 일신전속권이라는 이유로 부정하는 견해도 있으나, ⅱ) 경험칙상 사망자는 자신이 살았더라면 위자료청구권을 행사했을 것이기 때문에, 判例와 같이 "정신적 손해에 대한 배상(위자료)청구권은 피해자가 이를 포기하거나 면제했다고 볼 수 있는 특별한 사정이 없는 한 생전에 청구의 의사를 표시할 필요없이 원칙적으로 상속되는 것"(대판 1966.10.18. 66다1335)이라고 보아야 한다.

Ⅲ. 인지된 D가 상속인의 지위에서 손해배상청구권을 행사할 수 있는지 여부

1. 문제점

강제인지의 경우에는 인지판결이 확정된 때에 그 효력이 생기며, 그 효력은 출생시에 소급한다. 그러므로 A의 혼외자 D는 출생한 때로부터 상속권을 갖는다(제860조 본문). 그러나 인지의 소급효는 제3자가 이미 취득한 권리를 해하지 못하므로(제860조 단서), 만일 후순위상속인인 E가 제860조 단서의 제3자에 해당되어 그의 상속권이 보호된다면 D의 상속권은 보호받지 못하게 된다. 따라서 후순위상속인인 E가 제860조 단서의 제3자에 해당되는지 문제된다.

2. 판 례

"혼인 외의 출생자가 父의 사망 후에 인지의 소에 의하여 출생자로 인지받은 후 피인지자보다 후순위상속인인 피상속인의 직계존속 또는 형제자매 등은 피인지자의 출현과 함께 자신이 취득한 상속권을 소급적으로 잃게 되는 것으로 보아야 하고, 그것에 민법 제860조 단서의 규정에 따라 인지의 소급효 제한에 의하여 보호받게 되는 제3자의 기득권에 포함된다고 볼 수 없다"(대판 1993.3.12, 92다48512).

3. 검토 및 사안의 경우

후순위상속인이 취득한 상속권을 제860조 단서에 따라 보호하게 되면 상속개시 후 인지판결의 확정에 의하여 선순위 상속인이 된 자는 상속권이 없게 되는 바, 이는 제1014조에 따라 상속개시 후 인지판결의 확정에 의하여 공동상속인이 된 자도 보호되는 것과 비교해 볼 때 불공평한 결과를 발생하므로 判例의 태도가 타당하다. 따라서 사안의 경우 사후인지에 의하여 E는 소급하여 상속권을 상실하며, D가 단독상속인이 되었으므로 D는 B에 대하여 A의 손해배상청구권을 행사할 수 있다.

Ⅳ. B가 D에 대하여 대항할 수 있는 법적 수단

1. 손해배상액 합의의 항변(5,000만원 면제 부분)

(1) 문제점

원칙적으로 정당한 상속인 아닌 E가 A의 B에 대한 손해배상청구권에 관하여 B와 한 위 손해배상액 합의는 정당한 상속인인 D에게 그 효력이 미치지 않는다. 그러나 예외적으로 B가 제860조 단서의 제3자가 되어 보호받는 것은 아닌지 문제된다.

(2) B가 제860조 단서의 제3자에 해당하는지 여부

判例에 따르면 "B는 상속재산인 위 망인(A)의 손해배상채권의 처분에 의하여 '의무를 면제'받은 자이지 제860조 단서에 의해 보호되는 '권리를 취득한 자'로 볼 수 없다"(대판 1993.3.12, 92다48512)고 한다.

(3) 검토 및 사안의 경우

대법원의 위와 같은 해석은 제860조 단서의 문언의 형식적 의미에만 집착한 것으로서 타당하지 않다고 생각한다. 왜냐하면 제860조 단서에서 말하는 '제3자가 취득한 권리'는 실질적으로 파악하여 제3자가 의무를 면한 경우까지 포함한다고 해석하는 것이 그 입법취지에 부합하기 때문이다. **따라서 B와 E 사이의 위 손해배상액 합의의 효력은 제860조 단서에 따라 정당한 상속인 D에게도 미친다.**

[관련판례] B와 E 사이의 위 손해배상액 합의가 '제470조의 유추적용'에 의하여 유효가 될 수는 없는지도 문제될 수 있으나, 민법 제470조는 채권의 준점유자에 대한 선의·무과실의 '변제'의 효력을 인정한 것에 불과하기 때문에 나아가 위 조항을 근거로 채권의 준점유자와의 '손해배상액 합의'의 효력까지 인정할 수는 없다. 判例도 "변제수령행위가 아닌 손해배상채권의 포기에 관하여는 채권의 준점유자에 대한 변제의 법리가 준용될 수 없다"고 판시하고 있다(대판 1995.3.17, 93다32996).

2. 변제의 항변(1억원 변제 부분)

(1) 문제점

채권의 준점유자에 대한 변제는 변제자가 선의이며 과실없는 때에 한하여 효력이 있다(제470조). 사안에서 B는 E에게 손해배상금 1억 5,000만원 중에서 1억원을 변제하였는데 이러한 변제가 채권의 준점유자에 대한 변제에 해당하여 유효하다는 주장을 D에게 할 수 있는지 문제된다.

(2) 표현상속인 E에 대한 변제가 유효한지 여부

判例는 "표현상속인에 대한 채무자의 변제는 특별한 사정이 없는 한, 채무자가 표현상속인이 정당한 권리자라고 믿은 데에 과실이 있다 할 수 없으므로, 채권의 준점유자에 대한 변제로서 적법한 것이다"(대판 1995.1.24, 93다32200)라고 판시하고 있다.

(3) 검토 및 사안의 경우

ⅰ) E는 표현상속인으로서 '채권의 준점유자'에 해당하며 ⅱ) 위 변제 당시 아직 D가 인지되지 않아 A의 가족관계등록부에는 그 母인 E만이 기재되어 있었기 때문에, B는 E가 A의 정당한 상속인이라고 믿었고 그와 같이 믿은 데에 대하여 과실이 있다고 보기도 어렵다. **따라서 B가 E에게 1억원을 변제한 것은 채권자 아닌 자에 대한 변제임에도 불구하고 제470조에 의해 유효하다.**

기출해설

2007년 법원행정고시 제2문

컴퓨터 도매업을 운영하는 甲은 2005.10.5. 컴퓨터 소매업자인 乙에게 컴퓨터 30대를 대금 3,000만원에 매도하는 계약을 체결하고 매매대금 지급은 물건인도와 동시에 하되, 매매대금지급 지체시에는 매수인이 물건을 인도받은 다음날부터 매매대금에 대한 법정지연손해금을 가산 지급하기로 약정하였는데, 甲이 2005.10.31. 위 컴퓨터 30대를 모두 인도하여 주었음에도 불구하고 당일 乙로부터 대금 중 1,000만원을 지급받았을 뿐 나머지 2,000만원을 지급받지 못하고 있다.
또한 甲은 2006.1.1. 乙에게 1억원을 변제기 2006.3.31. 이자 월 2%로 정하여 대여하였는데, 乙은 위 대여금에 대한 변제기까지의 이자만 지급하였을 뿐 원금과 변제기 이후의 지연손해금을 지급하지 않고 있다. 甲이 위 대여금과 매매대금(지연손해금을 포함)을 지급하라고 요청하자 乙은 2006.10.31. 甲에게 채무의 변제를 위하여 7,000만원을 지급하였다.

이 때 ① 乙이 위 매매대금채무의 변제에 충당할 것을 지정한 경우와, ② 위 지급 당시나 그 후에 甲과 乙 사이에 위 금원이 어느 채무의 변제에 충당되는지에 관한 합의나 지정행위는 없었던 경우로 나누어 乙이 지급한 7,000만원은 甲의 위 각 채권에 어떻게 충당되고 그 결과는 어떻게 되는지를 계산근거와 함께 설명하시오. (50점)

사례B-58 **변제충당★**

Ⅰ. 논점의 정리(4)

선결적으로 甲이 乙에 대하여 가지는 컴퓨터 매매와 관련한 채권 및 금전대여와 관련한 채권의 채권액을 확정할 필요가 있다. 이에 따라 만약 甲의 두 개의 채권에 대한 乙의 변제액이 그 채권 전부에 만족을 주기 어려울 때에 해당한다면 '변제충당'이 문제되는 사안이므로(제476조 1항), ① 변제자 乙이 특정채무인 매매대금채무의 변제에 충당할 것을 지정한 것이 유효한 지정권의 행사인지 그렇다면 그에 따른 변제충당의 결과는 어떠한지 검토하고, ② 그러한 지정위가 없었다면 법정변제충당의 방법에 따라 검토하기로 한다(제477조).

Ⅱ. 甲의 각 채권액의 확정 및 변제충당 적용 여부(18)

1. 지연손해금의 확정

(1) 문제점

사안에서 甲의 각 채권액을 확정하기 위해서는 乙이 매매대금채무와 대여금채무 모두 이행을 지체하고 있는바, 이러한 금전채무 불이행에 따른 지연손해금은 어떤 기준에 의해 확정되어야 하는지를 살펴볼 필요가 있다.

(2) 지연이자율의 결정

금전채무 불이행의 경우에 손해배상액은 실제 손해액수와 상관없이 법정이율에 의하여 산정된다(제397조 1항 본문). 그러나 법령의 제한에 위반되지 아니한 약정이율이 있으면 그 약정이율에 의한다(동조 단서). 즉, "소비대차에서 '변제기 후의 이자약정이 없는 경우' 특별한 의사표시가 없는 한 변제기가 지난 후에도 당초의 '약정이자'를 지급하기로 한 것으로 보는 것이 '당사자의 의사'이므로"(대판 1981.9.8, 80다2649) 변제기가 경과하여 채무불이행이 성립한 이후에는 **약정이자의 이율은 지연배상금(지연이자) 산정을 위한 이율로 적용된다.**

2. 매매대금채권액의 확정

甲과 乙은 매매대금지급 지체시에는 乙이 물건을 인도받은 다음날부터 매매대금에 대한 법정지연손해금을 가산 지급하기로 약정하였는바, 사안에서 적용될 법정이율은 상사채권이므로 연6%(상사채권)이고 변제충당시(2006.10.31.)에는 변제기(2005.10.31.)로부터 1년이 경과한 후이므로 지연손해금은 총120만원(2,000만원×0.06)이다. 따라서 **변제충당시 매매대금채권액은 원금 2,000만원과 지연손해금 120만원이다.**

3. 대여금채권액의 확정

甲과 乙 사이에는 이자약정만 있고 지연손해약정이 없는바, **약정이율(월 2%)이 법정이율(연5%)보다 높은 경우이므로 그 약정이율에 의하면 된다.** 대여금채권의 경우 변제충당시(2006.10.31.)는 변제기(2006.3.31.)로부터 7개월이 경과한 후이므로, 지연손해금은 총 1,400만원(=1억×0.02×7)이다. 따라서 **변제충당시 매매대금채권액은 원금 1억원과 지연손해금 1,400만원이다.**

4. 변제충당이 적용되는 경우인지 여부

'변제충당'이란 ① 동일한 채권자에 대하여 같은 종류를 목적으로 한 '수개의 채무'를 지는 경우(제476조 1항), 또는 ② 1개의 채무의 변제로서 수개의 급부를 해야 할 경우(제478조)에 변제의 제공이 그 채무 전부를 소멸하게 하지 못하는 때에, 그 중 어느 채무의 변제에 충당할 것인가를 정하는 것이다. 따라서 乙**의 2006.10.31.자 변제는 전 채무 1억 3,520만원(=1억원+1,400만원+2,000만원+120만원)에 미달한 7,000만원의 변제이므로 변제충당의 문제가 발생한다(제476조 1항).**

Ⅲ. 甲의 매매대금채권액과 대여금채권액의 변제충당(28)

1. 변제충당의 순서

변제충당의 순서는 ① 일차적으로 당사자 사이의 자유로운 합의에 의하여 정할 수 있으나(합의충당), ② 당사자 사이의 계약이 없는 경우에는 당사자 일방의 지정에 의하여(지정충당)(제476조 2항), ③ 그리고 당사자 일방의 지정도 없는 경우에는 법정충당(제477조)에 의하여 결정된다.

2. 乙이 매매대금채무의 변제에 충당할 것을 지정한 경우

(1) 지정충당의 지정권자

1차적 지정권자는 '변제자'이다. 즉, 변제자는 변제를 할 때 변제수령자에 대한 의사표시로 변제에 충당할 채무를 지정할 수 있다(제476조 1항 및 3항, 제478조). 변제자의 충당지정에 대하여는 변제수령자의 동의는 필요하지 않으며, 수령자가 변제자의 지정에 대하여 이의를 제출하지도 못한다. 따라서 변제자 乙은 변제수령자인 甲에 대한 의사표시로 변제에 충당할 채무를 지정할 수 있다.

(2) 지정충당의 제한

1) 비용, 이자 및 원본

채무자가 1개 또는 수개의 채무의 비용 및 이자를 지급할 경우에 변제자가 그 전부를 소멸하게 하지 못한 급여를 한 때에는 (총)비용, (총)이자(지연이자도 포함된다), (총)원본의 순서로 변제에 충당하여야 한다(제479조 1항)[이 때 비용이나 이자가 이행기에 있는지 여부는 문제되지 않는다(대판 1967.10.6, 67다1587)]. 이에 반하는 **변제자 일방의 지정충당이 있더라도 인정되지 않는다**(대판 1990.11.9, 90다카7262).

2) 비용 상호간, 이자 상호간, 원본 상호간

이를 허용하지 않는다면 지정충당의 의미가 사실상 없어지기 때문에 비용 상호간, 이자 상호간, 원본 상호 간에는 지정의 효력이 미친다고 봄이 타당하다(제479조 2항 참조).

(3) 사안의 경우

乙이 매매대금채무의 변제에 충당할 것을 지정한 경우 7천만원의 범위에서 ① 매매대금채무의 지연이자 120만원⇒ ② 대여금채무의 지연이자 1,400만원⇒ ③ 매매대금채무의 원금 2,000만원⇒ ④ 대여금채무의 원금 1억원의 순서로 충당이 이루어진다. 그 결과 **대여금채무의 원금 6,520만원이 잔존한다.**

3. 법정충당이 적용되는 경우

(1) 법정충당

1) 법정충당이 적용되는 경우

변제자에 의한 지정도 변제수령자에 의한 지정도 없는 경우 또는 변제수령자가 지정하였으나 변제자가 즉시 이의를 제기한 경우에 비용, 이자, 원본 사이에는 다음과 같은 법정순서에 따라 변제에 충당된다(제477조, 제479조 2항).

2) 법정충당의 순서

① 채무 중에 이행기가 도래한 것과 도래하지 않은 것이 있으면 먼저 이행기가 도래한 채무의 변제에 충당한다. ② 채무의 전부의 이행기가 도래하였거나 또는 도래하지 않은 때에는 먼저 채무자에게 변제이익이 많은 채무의 변제에 충당한다. 이 경우 무이자채무보다는 이자부채무가, **저이율의 채무보다는 고이율의 채무가 더 변제이익이 많다.** ③ 채무자에 대해 변제이익이 같으면 이행기가 먼저 도래한 채무나 또는 먼저 도래할 채무의 변제에 충당한다. ④ 이상의 기준에 의해 변제충당의 선후가 정해지지 않을 경우 각 채무는 그 채무액에 비례하여 충당한다.

(2) 사안의 경우

매매대금채무의 변제기는 2005.10.31.이고 대여금채무의 변제기는 2006.3.31.인바, 모두 변제기에 도래하였고, **이율을 비교하면 이율이 높은 대여금채무가 우선한다.**

따라서 비용, 이자 및 지연손해, 원본의 순서대로 충당하고 대여금채무를 우선해야 하므로, 7,000만원의 범위에서 ① 대여금채무의 지연이자 1,400만원⇒ ② 매매대금채무의 지연이자 120만원⇒ ③ 대여금채무의 원금 1억원⇒ ④ 매매대금채무의 원금 2,000만원의 순서로 충당해야 하는바, 결국 **대여금채무의 원금 4,520만원과 매매대금채무 원금 2,000만원이 잔존한다.**

기출해설

2009년 사법시험 제3문

【공통되는 사실관계】
甲은 A로부터 1억 5,000만 원을 차용하면서 이를 담보하기 위하여 자기 소유의 대지와 그 지상주택, 그리고 친구인 乙, 丙 소유의 각 아파트에 대하여 공동저당권을 설정하였다.
그 후 甲은 B로부터 5,000만 원을 차용하면서 자기 소유의 대지와 그 지상주택에 2순위 저당권을 설정하여 준 다음, 위 주택을 철거하고 그 자리에 2층 상가를 신축하였는데 신축 상가에 대해서 A나 B에게 저당권을 설정하여 주지는 않았다.

1. 甲이 변제기에 위 A에 대한 차용금을 변제하지 못하자, A는 먼저 甲 소유의 대지와 丙 소유의 아파트에 대하여 저당권에 기한 경매를 신청하였고, 그 결과 A는 자신의 채권원리금 전액을 배당받았다. 이에 乙은 A에 대한 피담보채권이 모두 변제되어 소멸하였다는 이유로 자기 소유의 아파트에 설정된 A명의의 저당권설정등기의 말소등기를 청구할 수 있는가? (20점)

사례B-59 변제자대위

Ⅰ. 설문 1.의 경우(20)

1. 문제점

물상보증인 乙소유 아파트에 설정된 채권자 A명의 저당권설정등기말소청구의 인용 여부는 A의 피담보채권이 소멸됨으로 '저당권의 부종성'(제369조)에 의해 A의 저당권이 종국적으로 소멸되었는지와 관련된다. 그러나 이는 저당권의 실행으로 자신의 아파트의 소유권을 잃은 물상보증인 丙의 乙소유 아파트에 대한 권리의 존부 및 내용에 따라 달라진다. 특히 사안에서는 丙의 채무자 甲에 대한 구상권(제370조, 제341조, 제441조)과 이의 확보를 위한 법정대위권(제482조 1항, 동조 2항 4호)이 문제된다.

2. 乙의 A명의 저당권설정등기의 말소청구 가부

(1) 丙의 구상권

저당권의 실행으로 인하여 물상보증인 丙은 목적물인 아파트의 소유권을 잃었으므로, 채무자 甲에 대하여 구상금채권을 갖는다(제370조, 제341조, 제441조).

(2) 丙의 변제자대위권

1) 변제자대위의 성립요건

i) 변제 기타로 채권자에게 만족을 줄 것(면책행위), ii) 변제자가 채무자에 대해 구상권을 가질 것, iii) 채권자의 승낙(임의대위)이 있거나 변제할 정당한 이익(법정대위)이 있을 것을 요한다.

2) 사안의 경우

설문에서 물상보증인 丙은 i) 자기소유의 아파트에 대한 담보권 실행으로 채권자 A에게 만족을 주었으며, ii) 채무자 甲에 대해 구상권을 가지고, iii) 채무자 甲 대신 변제하지 않으면 채권자

A로부터 자기가 집행을 받게 되는 '변제함에 법률상 이해관계를 가지는 자'이다. 따라서 丙의 甲에 대한 구상권의 범위 내에서 채권자 A가 갖고 있던 채권 및 그 저당권은 채권양도의 대항요건이나 등기 없이 당연히 丙에게 이전한다(제482조 1항).

(3) 물상보증인 乙의 채권자 A명의 저당권설정등기의 말소청구 가부

물상보증인 乙소유 아파트에 설정된 채권자 A명의의 저당권은 변제자대위를 통해 丙의 甲에 대한 구상권의 범위 내에서 등기 없이 당연히 丙에게 이전하고, 물상보증인이 수인인 경우에는 제3취득자가 수인인 경우와 마찬가지로 각 담보부동산의 가액에 비례하여 다른 물상보증인에 대하여 채권자를 대위한다(제482조 2항 4호).

따라서 물상보증인 乙은 피담보채권의 소멸을 이유로 자기 소유 아파트에 설정된 채권자 A명의의 저당권설정등기의 말소를 청구할 수 없다. 判例도 마찬가지 취지이다(대판 2001.6.1, 2001다21854).[1]

3. 사안의 해결

사안에서 물상보증인 丙은 자신의 아파트에 설정된 A의 저당권이 실행됨으로써 주채무자 甲에게 구상권(제370조, 제341조, 제441조) 및 변제자대위권(제482조)을 행사할 수 있다. 그러므로 丙이 채권자 A를 대위하는데 이 경우 대위의 부기등기 없이 당연히 대위하므로 乙은 피담보채권의 소멸을 이유로 A명의의 저당권설정등기말소청구를 할 수 없다(제482조 1항, 동조 2항 4호).

---

1) "공동저당의 목적인 채무자 소유의 부동산과 물상보증인 소유의 부동산에 각각 채권자를 달리하는 후순위 저당권이 설정되어 있는 경우, 물상보증인 소유의 부동산에 대하여 먼저 경매가 이루어져 그 경매대금의 교부에 의하여 1번 저당권자가 변제를 받은 때에는 물상보증인은 채무자에 대하여 구상권을 취득함과 동시에 민법 제481조, 제482조의 규정에 의한 변제자대위에 의하여 채무자 소유의 부동산에 대한 1번 저당권을 취득하고, 이러한 경우 물상보증인 소유의 부동산에 대한 후순위저당권자는 물상보증인에게 이전한 1번 저당권으로 우선하여 변제를 받을 수 있으며, 이러한 법리는 수인의 물상보증인이 제공한 부동산 중 일부에 대하여 경매가 실행된 경우에도 마찬가지로 적용되어야 하므로(이 경우 물상보증인들 사이의 변제자대위의 관계는 민법 제482조 제2항 제4호, 제3호에 의하여 규율될 것이다), 자기 소유의 부동산이 먼저 경매되어 1번 저당권자에게 대위변제를 한 물상보증인은 다른 물상보증인의 부동산에 대한 1번 저당권을 대위취득하고, 그 물상보증인 소유 부동산의 후순위 저당권자는 1번 저당권에 대하여 물상대위를 할 수 있으므로 물상보증인이 대위취득한 선순위 저당권설정등기에 대하여는 말소등기가 경료될 것이 아니라 물상보증인 앞으로 대위에 의한 저당권이전의 부기등기가 경료되어야 하고, 아직 경매되지 아니한 공동저당물의 소유자로서는 1번 저당권자에 대한 피담보채무가 소멸하였다는 사정만으로 말소등기를 청구할 수 없다"(대판 2001.6.1, 2001다21854).
즉, 공동저당의 목적부동산 중 일부에 대하여 경매가 실행된 경우 물상보증인의 변제자대위와 그 후순위저당권자의 물상대위에 관한 법리 및 물상보증인이 대위취득한 다른 물상보증인 소유의 부동산에 대한 선순위저당권설정등기에 대하여 그 피담보채무가 소멸하였다는 이유로 말소청구를 할 수 있는지에 대하여 이를 부정한다.

기출해설

2014년 변호사시험 제2문

【공통된 사실관계】 의류도매업자 甲은 2007. 1. 5. 乙에게 의류 1,000벌을 1억 원에 매도하였다. 乙은 2007. 3. 5.까지 의류대금을 지급하기로 약속하고, 甲에게서 의류 1,000벌을 인수하였다. 당시 甲이 乙의 대금지급능력에 대하여 의문을 표시하자, 乙의 친구 丙은 2007. 3. 7. 乙의 甲에 대한 의류대금채무를 연대보증하였고, 乙의 다른 친구 丁은 2007. 3. 10. 자기 소유 X 주택에 채권최고액을 1억 2,000만 원으로 하는 근저당권을 甲에게 설정해 주었다. 그 주택에는 戊가 거주하고 있었는데, 戊는 丁과 임차보증금 8,000만 원으로 하는 임대차계약을 체결하고 2007. 3. 10. 전입신고를 하고, 같은 날 임대차계약서에 확정일자를 받았다(이하 각 설문은 서로 독립적이다).

【추가되는 사실관계】 2008. 3. 10. 丁은 X 주택을 A에게 2억 5,000만 원에 매도하고 소유권이전등기를 경료하여 주었다. 이때 丁은 A와의 사이에 戊의 보증금은 2009. 3. 9. 丁이 책임지고 반환하고, 甲 명의의 근저당권등기도 책임지고 말소하기로 약정하였다. 乙이 채무를 이행하지 못하자 甲은 X 주택에 설정된 근저당권을 실행하였고, X 주택은 1억 5,000만 원에 B에게 매각되었다. 戊는 배당요구의 종기까지 배당을 요구하지 않았다. 매각대금 중 1억 원은 2008. 10. 1. 甲에게 배당되었고, 잔액 5,000만 원은 A에게 배당되었다.

1. A는 2009. 4. 10. 丙을 상대로 구상금청구소송을 제기하여 대위변제금 1억 원과 면책일인 2008. 10. 1. 이후부터 다 갚는 날까지 위 1억 원에 대한 연 5%의 이자(민법 제425조 제2항의 법정이자)의 지급을 구하였다. 이 소송에서 丙은 ① 물상보증을 선 자는 A가 아니라 丁이며 A는 제3취득자에 불과하므로 보증인인 자신에게 구상할 수 없으며 ② 가사 A에게 구상권이 있더라도 보증인인 자신이 전액 구상의무를 부담할 이유가 없을 뿐 아니라 면책일 이후의 법정이자도 지급할 이유가 없다고 다투었다. **이 사건 소의 결론[각하, 청구기각, 청구일부인용(일부인용의 경우 그 구체적인 금액과 내용을 기재할 것), 청구전부인용]을 그 논거와 함께 설명하시오. (20점)**

사례B-60 구상권과 변제자 대위, 제364조의 제3취득자

Ⅰ. 설문 1.의 경우(20)

1. 결 론

법원은 '丙은 A에게 5천만 원만을 지급하라'는 일부인용판결을 해야한다. 즉, A는 丙에게 丙의 부담부분인 5천만 원(=1억×1/2)을 구상할 수 있고, 이 때 면책일인 2008. 10. 1. 이후부터 다 갚는 날까지 위 5천만 원에 대한 이자나 손해배상은 구상의 범위에 포함되지 않는다(제444조 1항).

2. 논 거

(1) 물상보증인으로부터의 제3취득자 A의 연대보증인 丙에 대한 구상권 인정여부

1) 판 례

제3취득자가 채무를 대신 변제한 경우에는 채무자에 대하여 구상권이 발생한다. 判例도 '물상보증의 목적인 부동산의 제3취득자는 물상보증인과 유사한 지위에 있으므로, 물상보증의 목적물인 저당부동산의 제3취득자가 채무를 변제하거나 저당권의 실행으로 저당물의 소유권을 잃은 때에는 물상보증인의 구상권에 관한 제370조, 제341조의 규정을 유추적용하여 보증채무에 관한 규정에 의하여 채무자에 대한 구상권이 있다'라고 한다(대판 1997.7.25, 97다8403).

2) 사안의 경우

사안에서 제3취득자 A는 丁으로부터 X주택의 소유권을 이전받을 때 甲에 대한 피담보채무나 戊에 대한 보증금반환채무는 인수하지 않았으므로 채무자로 지위가 변경되지 않았다. 따라서 이러한 제3취득자 A에 대해 물적 유한책임만을 부담하는 물상보증인과 유사한 지위에 있다고 보아 물상보증인의 구상권에 관한 규정을 유추적용하는 判例의 입장은 타당하다. 判例의 견해를 따를 때 제3취득자 A는 보증채무에 관한 규정에 따라 보증인 丙에 대해 구상하는 것이 가능하다.

(2) 물상보증인으로부터의 제3취득자 A의 연대보증인 丙에 대한 구상권 인정범위

1) 물상보증인과 연대보증인 사이의 구상범위

물상보증인의 구상권에 대하여는 보증채무에 관한 규정이 준용된다(제370조, 제341조). 다만 물상보증인과 연대보증인 사이의 구상범위에 관하여는 **제448조 2항, 제425조 2항이 유추적용되지 않고, 그들 사이에 계약관계가 없으면 구상관계는 제444조에 따라 처리되어야 한다.**[1)2)3)] 왜냐하면 물상보증인과 연대보증인 사이에 다른 계약이 없다면 물상보증인은 구상채무가 아닌 구상책임만 부담한다고 해야 할 것이기 때문이다.

2) 사안의 경우

이렇게 보는 경우 제444조 1항이 적용되어 물상보증인으로부터의 제3취득자 A는 '변제 기타 출재를 한 당시 연대보증인 丙이 이익을 받는 한도'내에서 구상을 청구할 수 있으며, 면책된 날 이후의 이자나 손해배상은 구상의 범위에 포함되지 않는다. 따라서 A는 丙에게 丙의 부담부분인 5천만 원(=1억×1/2)[4)]을 구상할 수 있고, 이 때 면책일인 2008. 10. 1. 이후부터 다 갚는 날까지 위 5천만 원에 대한 이자나 손해배상은 구상의 범위에 포함되지 않는다(제444조 1항).

---

1) 지원림, 민법강의(12판), 4-296

2) 왜냐하면 첫째 제370조에 의해 준용되는 제341조는 주채무자에 대한 구상권에 관하여 보증채무에 관한 규정을 준용하도록 하고 있다. 따라서 제341조에 의해 준용되는 법률규정은 제441조 내지 제447조이고, 제448조는 물상보증인의 다른 연대보증인에 대한 구상에 준용되지 않는다. 둘째, 물론 제448조 2항, 제425조 2항의 유추적용을 고려할 수도 있겠지만, 성질상 그것은 타당하지 않다고 할 것이다. 가령 연대보증인이 채권자를 만족시킨 후 물상보증인에게 구상할 경우에, 물상보증인과 연대보증인 사이에 다른 계약이 없다면 물상보증인은 구상채무가 아닌 구상책임만을 부담한다고 해야 할 것이다. 이를 부정하면 채권자와의 관계에서는 책임만을 부담하던 물상보증인이 연대보증인에 대해서는 채무를 부담하는 불이익을 입게 될 것이기 때문이다. 구상에 있어서도 물상보증인은 구상채무 없이 구상책임만을 부담한다고 하기 위해서는 제448조 2항, 제425조 2항의 유추적용을 배제해야 할 것이다[지원림, 제철웅, 민법연습(3판), p.667~668]

3) 저가로 환가됨으로써 입은 손해 1억 원(만약 X주택의 시가가 2억 5천만 원이라면 - 경락대금 1억 5천)에 대해서도 물상보증인으로부터의 A는 연대보증인 丙에게 그 부담부분에 따라 5천만 원(1억×1/2)을 구상할 수 있는지의 문제가 있다. 대판 1990.11.13. 90다카26065는 연대채무자 A, B 중 A의 부탁 없이 B의 부탁으로 A, B 양자를 위한 물상보증인이 된 C가 근저당권의 실행으로 부동산의 소유권을 상실하게 된 사안에서, A에 대해서는 A가 환가로 인한 변제 당시에 이익을 받은 한도 내, 즉 A가 부담하는 채무가 소멸된 한도에서 물상보증인에게 이를 구상하여 줄 의무가 있다고 판단함으로써, C의 부동산이 저가매각됨으로써 입은 손해를 A가 배상하여야 하는 것은 아니라고 한 원심판결을지지하였다. 判例가 계약관계 없는 연대채무자와 물상보증인의 관계에서 이렇게 판단한다면, 계약관계 없는 연대보증인과 물상보증인의 관계에서도 마찬가지로 다른 연대보증인이 얻은 이익의 한도에서 구상할 수 있고, 물상보증인이 입은 손해는 구상권의 범위에서 제외하는 것이 타당할 것이다[지원림, 제철웅, 민법연습(3판), p.668참고]

4) 제482조 2항 5호에 따르면, 물상보증인과 보증인 사이의 변제자대위에서 각자의 부담부분을 인원수에 비례하여 구분하고, 그 한도에서 채권자를 대위한다. 따라서 제428조 2항의 제3취득자에 관하여 채무자로부터의 제3취득자와 물상보증인으로부터의 제3취득자를 구분하지 하여 물상보증인으로부터의 제3취득자를 물상보증인과 동일하게 파악하는 제한설에 따르면 설문에서 물상보증인으로부터의 제3취득자 A, 연대보증인 丙은 1/2씩 주채무를 부담한다고 할 것이다[지원림, 제철웅, 민법연습(3판), p.667 참고]

기출해설

2018년 1차 법전협모의 제2문

【공통된 기초사실】
A 은행은 1997. 10. 20. B 주식회사(이하 'B 회사' 라고 한다)에 다가구주택 건축 자금으로 6억 원을 대출하면서, 이행기를 '주택이 완공되어 분양이 완료된 때' 로 정하였다. B 회사는 위 대출금 채무를 담보하기 위하여 C에게 연대보증채무를 부담해줄 것을 부탁하였고, 이에 C는 같은 날 A 은행에 대하여 연대보증채무를 부담하기로 약정하였다. 그러나 A 은행이 담보가 부족하다고 하여 B 회사는 D에게 부탁하여 D 소유의 Y 토지(시가 3억 원 상당)와 B 회사 소유의 위 X 토지(시가 6억 원 상당)에 대하여 A 은행 명의의 근저당권을 설정해주었다. B 회사는 계획대로 다가구주택을 건축하여 1998. 10. 20. 9세대 전부 분양을 완료하였고, A 은행은 이 사실을 1999. 2. 15. 알게 되었다.

2. B 회사는 2000. 6. 15. X 토지를 E에게 매도하고 같은 해 2000. 8. 15. 소유권이전등기를 넘겨주었다. B 회사로부터 대출원리금 채무를 변제받지 못한 A 은행이 X 토지에 대하여 경매를 신청하려 하자, 2000. 10. 15. E가 B 회사의 대출원리금 채무를 모두 변제하였다. 2001. 2. 15. E는 C에 대하여 보증채무 이행청구의 소를 제기하고, D를 상대로 근저당권에 기한 경매신청을 하였다. E의 C와 D에 대한 청구 및 신청은 각 인용될 수 있는가? (20점)

사례B-61 변제자대위에서 제3취득자, 보증인, 물상보증인의 관계★

Ⅱ. 문제 2.의 경우(20)

1. 문제점

E의 C와 D에 대한 권리가 인정되기 위해서는, 제3취득자 E의 변제가 유효하여야 하고, 이로써 발생한 '구상권'을 확보하기 위한 '변제자대위권'이 인정되어야 한다. 따라서 제3취득자 E의 대위변제의 유효성과 변제자대위에서 제3취득자 E, 연대보증인 C, 물상보증인 D의 관계가 문제된다.

2. E의 변제로 인한 구상권 및 변제자대위권 인정여부

(1) 제3취득자의 변제

채무의 변제는 제3자도 할 수 있다(제469조 1항 본문). 특히 저당물의 제3취득자인 E는 변제하지 않으면 채권자로부터 집행을 받거나, 자기의 권리를 잃게 되는 지위에 있는 자로서 '법률상의 이해관계' 를 가지는 자이므로 '이해관계 있는 제3자' 로서 채무자의 의사에 반해서도 변제를 할 수 있다(제469조 2항, 제364조).

(2) 구상권의 법적근거

① 채무자로부터 저당목적물을 취득할 때에 제3취득자가 채무인수 또는 이행인수까지 한 경우에는, 제3취득자는 채무자에 대하여 면책의무를 지고 있으므로, 제3취득자가 변제하더라도 구상권은 발생하지 않는다. ② 한편 채무자로부터 저당목적물을 취득할 때에 채무인수 또는 이행인수를 하지 않은 경우에는, 제3취득자의 변제가 채무자의 부탁을 받은 때에는 제688조(위임사무처리비용의

상환청구권)규정에 따라, 채무자의 부탁을 받지 않은 때에는 **제576조 2항**(저당권, 전세권의 행사와 매도인의 담보책임)규정에 따라 각각 구상권을 취득한다.

사안의 경우 E는 채무자 B로부터 X토지를 매수하면서 채무인수 또는 이행인수를 한 사정이 보이지 않으므로 B에 대하여 구상권을 취득한다.

[비교쟁점] ✻ **물상보증인으로부터 저당목적물을 취득한 경우 담보물의 제3취득자의 구상권 법적근거**[1)]
① 제3취득자가 담보부동산에 설정된 근저당권의 피담보채무의 이행을 인수한 경우, 그것은 결국 자기의 채무를 변제하는 것이 되어 채무자에 대한 구상권이 발생하지 않을 뿐 아니라, 그 이행인수는 매매당사자 사이의 내부적인 계약에 불과하여 이로써 물상보증인의 책임이 소멸하는 것은 아니므로, 따라서 담보부동산에 대한 담보권이 실행된 경우에도 제3취득자가 아닌 원래의 물상보증인이 채무자에 대해 구상권을 가진다(대판 1997.5.30, 97다1556). ② 이에 대해 제3취득자가 피담보채무를 공제하지 않고 매매대금 전부를 지급한 경우에는, 그 후 담보권실행으로 목적물의 소유권을 잃은 때에는 제3취득자는 물상보증인과 유사한 지위에 있으므로, 이러한 제3취득자에게도 **물상보증인의 구상권에 관한 규정이 유추적용된다**(대판 1997.7.25, 97다8403 ; 대판 2014. 12.24. 2012다49285).

(2) 변제자대위권의 인정여부 및 효과

1) 인정여부

변제자대위권이 인정되기 위해서는 ⅰ) 변제 기타로 채권자에게 만족을 줄 것(면책행위), ⅱ) 변제자가 채무자에 대해 구상권을 가질 것, ⅲ) 채권자의 승낙이 있거나 변제할 정당한 이익이 있을 것이 요구된다(제480조, 제481조). 사안의 경우 ⅰ) 제3취득자 E는 대출원리금을 모두 변제하여, ⅱ) B에 대해 구상권을 가지고, ⅲ) 변제하지 않으면 채권자로부터 집행을 받게 되는 지위에 있으므로 '변제할 정당한 이익'이 있는 자이다(제481조).

2) 효 과

따라서 E는 **'법정대위자'**로써 구상할 수 있는 범위 내에서 종래 채권자 A은행이 갖고 있던 **'대출원리금채권 및 근저당권'**을 채권양도의 대항요건 및 근저당권 이전의 부기등기의 경료 여부와 관계없이 **법률상 당연히 취득한다(제482조 1항)**. 따라서 E는 이러한 '변제자대위권'에 기해 C에게 보증채무 이행청구의 소를 제기하고, D를 상대로 근저당권에 기한 경매신청을 한 것이다.

3. 변제자대위에서 제3취득자, 보증인, 물상보증인의 관계(법정대위자 상호간의 관계)

(1) 채무자로부터의 제3취득자 E의 보증인 C에 대한 변제자대위(부정)

보증인은 '미리' 전세권이나 저당권의 등기에 대위를 부기하면 담보목적물의 제3취득자에 대하여 채권자를 대위할 수 있으나(제482조 2항 1호), **채무자로부터의 제3취득자는 보증인에 대하여 채권자를 대위하지 못한다(제482조 2항 2호)**. 따라서 E의 C에 대한 청구는 기각된다.

[주의] **제482조 2항에서 말하는 제3취득자(제3자)는 물상보증인 소유 아닌 채무자 소유의 담보재산에 소유권 등을 취득한 제3자만을 의미한다**(제한설). 채무자는 종국적인 책임을 지는 자이기 때문에 '채무자로부터의 제3취득자'는 이를 감수하고서 소유권을 취득하였다고 봄이 상당하지만, 물상보증인은 자기 손실의 전부 또는 일부를 채무자, 다른 보증인(물상보증인)에게 전가할 수 있는 지위에 있었기 때문에 '물상보증인으로부터의 제3취득자'에게도 그 정도의 지위를 인정하는 것이 타당하기 때문이다.

---

1) 이상태, '저당부동산을 취득한 제3취득자의 지위에 관한 연구', 일감법학(제1권), p.162~163 참고

(2) 채무자로부터의 제3취득자 E의 물상보증인 D에 대한 변제자대위(부정)

물상보증인의 채무자에 대한 구상권에 보증인의 구상권 규정을 준용하는 점과(제370조, 제341조), 물상보증인과 보증인 간에는 법정대위에 있어서 대등한 지위가 인정되는 점(제482조 2항 5호) 등을 고려할 때 제482조 2항 1호 및 2호의 '보증인'에는 '물상보증인'도 포함된다. 따라서 **채무자로부터의 제3취득자는 물상보증인에 대하여 채권자를 대위할 수 없다**(대판 2014.12.18. 전합2011다50233).

채무자 B로부터 저당부동산을 취득한 E는 채무를 변제했더라도 물상보증인 D에 대하여는 채권자를 대위할 수 없으므로 E의 D에 대한 신청 역시 인용될 수 없다**(제482조 2항 2호 유추적용)**.

[쟁점정리] ❋ **물상보증인과 채무자로부터 담보목적물을 취득한 제3자와의 관계**

判例는 " ㉠ 물상보증인이 채무를 변제하거나 담보권의 실행으로 소유권을 잃은 때에는 보증채무를 이행한 보증인과 마찬가지로 **채무자로부터 담보부동산을 취득한 제3자에 대하여 구상권의 범위 내에서 출재한 전액에 관하여 채권자를 대위할** 수 있는 반면(제482조 2항 1호 유추), ㉡ 채무자로부터 담보부동산을 취득한 제3자는 채무를 변제하거나 담보권의 실행으로 소유권을 잃더라도 **물상보증인에 대하여 채권자를 대위할 수 없다**"(제482조 2항 2호 유추)(대판 2014.12.18. 전합2011다50233)[2]고 한다.

4. 사안의 해결

채무자로부터의 담보물의 제3취득자 E는 보증인 C 및 물상보증인 D에 대해 '변제자대위권'을 행사할 수 없어 C와 D에 대한 청구 및 신청은 모두 기각되어야 한다.

---

2) "이와 달리 담보부동산을 매수한 제3취득자는 물상보증인에 대하여 각 부동산의 가액에 비례하여 채권자를 대위할 수 있다고 한 대법원 1974. 12. 10. 선고 74다1419 판결은 이 판결의 견해에 배치되는 범위 내에서 이를 변경하기로 한다"

기출해설 **2015년 3차 법전협모의 제2문**

甲은 乙로부터 2억 원을 차용하면서 그 담보로 자기 소유의 X토지(시가 3억 원) 위에 1번 저당권을 설정해 주는 한편, 丙이 乙에게 위 차용금에 대하여 보증채무를 부담하게 되었다. 그 후 甲은 丁으로부터 2억 원을 차용하면서 그 담보로 X토지 위에 2번 저당권을 설정해 주었다. 甲의 차용금상환지연에 따라 乙이 X토지에 대한 저당권을 실행하려고 하자, 이를 피하기 위하여 丁은 乙에게 甲의 차용 원리금 전액을 대신 변제하였다.

3. 丁이 甲과 丙에 대하여 어떠한 권리를 갖는지 그 논거와 함께 설명하라. (20점)

사례B-62 후순위근저당권자의 보증인에 대한 변제자대위★

Ⅲ. 설문 3.의 경우(20)

1. 후순위저당권자 丁이 채무자 甲에 대하여 갖는 권리

(1) 구상권

사안의 경우 후순위저당권자 丁은 채무자 甲의 부탁없이 선순위저당권자 乙의 저당권실행을 피하기 위하여 乙에게 차용원리금 전액을 변제하였으므로 사무관리비용의 상환청구권(제739조)에 기해 구상권을 갖는다. 참고로 判例는 '후순위 근저당권자'는 제364조의 제3취득자에 포함되지 않는다고 한다. 따라서 제469조에 따른 (이해관계 있는) 제3자의 변제로서 피담보채무 전액을 변제해야만 저당권말소를 구할 수 있다고 한다(대판 2006.1.26, 2005다17341 : 3회 선택형).

[심화] 제3자가 채권자에게 채무를 변제하면 구상권을 갖는다. 이 때 제3자가 채무자의 부탁으로 채무자를 위하여 변제하는 경우의 위임사무처리비용의 상환청구권(제688조), 부탁 없이 변제한 자는 ⅰ) 제3자가 사무관리에 의하여 채무자를 위하여 변제하는 경우의 사무관리비용의 상환청구권(제739조), ⅱ) 사무관리의 요건이 충족되지 않으면 부당이득법에 따른 반환청구권(제748조)(보증채무에 관한 제444조도 같은 취지의 것이다) 등을 모두 포함한다.

(2) 변제자대위권

사안의 경우 丁은 ⅰ) 乙에게 甲의 차용원리금 전액을 변제하였고, ⅱ) 채무자 甲에 대하여 구상권을 가지고, ⅲ) 甲소유 X토지의 후순위저당권자로서 甲에 대한 자신의 권리를 상실할 위험이 있는 자로서(대판 2002.12.6. 2001다2846), 변제할 정당한 이익이 있는 자에 해당한다. 따라서 丁의 구상권의 범위 내에서 선순위저당권자인 채권자 乙이 갖고 있던 채권 및 그 저당권은 채권양도의 대항요건이나 등기 없이 당연히 丁에게 이전한다(제482조 1항).

[변제자대위의 요건] ⅰ) 변제 기타로 채권자에게 만족을 줄 것, ⅱ) 변제자가 채무자에 대해 구상권을 가질 것, ⅲ) 채권자의 승낙이 있거나 변제할 정당한 이익이 있을 것을 요한다. 변제할 정당한 이익이 있는 자란 "변제하지 않으면 채권자로부터 집행을 받거나, 자기의 권리를 잃게 되는 지위에 있는 자로서 '법률상의 이해관계'를 가지는 자를 말한다"(대판 1990.4.10, 89다카24834).

(3) 구상권과 변제자대위권

구상권과 변제자 대위권은 내용이 다른 별개의 권리이므로 변제한 丁은 고유의 구상권을 행사하든 대위하여 채권자의 권리를 행사하든 자유이며(대판 1997.5.30, 97다1556), 丁이 그 중 어느 한 권리의 행사에 의하여 목적을 달성하면 다른 권리도 소멸한다.

2. 후순위저당권자 丁이 보증인 丙에 대하여 갖는 권리

(1) 문제점

법정대위자 상호간의 관계에 있어 제3취득자는 보증인에 대하여 채권자를 대위하지 못한다(제482조 2항 2호). 사안의 경우 후순위근저당권자인 丁이 동조의 '제3취득자'에 해당하는지 문제된다.

(2) 판 례

"저당부동산에 대하여 후순위 근저당권을 취득한 제3자는 제364조에서 정한 저당권소멸청구권을 행사할 수 있는 제3취득자에 해당하지 아니하고(대판 2006.1.26. 2005다17341), 달리 선순위 근저당권의 실행으로부터 그의 이익을 보호하는 규정이 없으므로 **변제자대위와 관련해서 후순위 근저당권자보다 보증인을 더 보호할 이유가 없으며**, 나아가 선순위 근저당권의 피담보채무에 대하여 직접 보증책임을 지는 보증인과 달리 선순위 근저당권의 피담보채무에 대한 직접 변제책임을 지지 않는 **후순위 근저당권자는 보증인에 대하여 채권자를 대위할 수 있다고 봄이 타당하므로, 민법 제482조 제2항 '제2호의 제3취득자'에 후순위 근저당권자는 포함되지 아니한다**"(대판 2013.2.15. 2012다48855 : 3회 선택형).

[관련판례] "후순위 근저당권자는 통상 자신의 이익을 위하여 선순위 근저당권의 담보가치를 초과하는 담보가치만을 파악하여 담보권을 취득한 자에 불과하므로 **변제자대위와 관련해서 후순위 근저당권자를 보증인보다 더 보호할 이유도 없다**. 이러한 사정들과 민법 제482조 제2항 제1호와 제2호가 상호작용하에 법정대위자 중 보증인과 제3취득자의 이해관계를 조절하는 규정인 점 등을 종합하여 보면, **보증인은 미리 저당권의 등기에 그 대위를 부기하지 않고서도 저당물에 후순위 근저당권을 취득한 제3자에 대하여 채권자를 대위할 수 있다고 할 것이므로 민법 제482조 제2항 '제1호의 제3자'에 후순위 근저당권자는 포함되지 않는다**"(대판 2013.2.15. 2012다48855).

(3) 사안의 경우

후순위저당권자 丁은 민법 제482조 2항 2호의 제3취득자에 해당하지 아니하므로, 보증인 丙에 대하여 변제자대위를 통하여 권리를 행사할 수 있다. 따라서 본래 乙이 丙에 대해 갖는 보증계약상 권리로서 2억 원의 변제를 할 것을 주장할 수 있다.

3. 사안의 해결

丁은 甲에 대하여 2억 원의 구상권과 변제자대위권을 행사할 수 있으며, 丙에 대하여 변제자대위를 통하여 2억 원의 변제를 구할 수 있다.

기출해설

2018년 2차 법전협모의 제2문

【기초적 사실관계】
건축업자 甲은 2010. 3. 1. 시멘트판매업자 乙로부터 향후 10년 간 시멘트를 공급받고 그 대금은 매월 말일 일괄하여 정산하되 기한을 넘기는 경우에는 월 2%의 지연손해금을 지급하기로 하는 내용의 계약을 체결하였다. 위 계약 당시 보증보험회사 丙은, 甲이 乙에 대해 위 기간 동안 부담하게 될 대금채무에 관하여 총 1억 원을 한도로 乙과 서면에 의한 연대보증계약을 체결하였다. 이후 乙은 甲의 요청에 따라 현재까지 甲에게 시멘트를 공급해 오고 있다. ※ 아래 각 문제는 서로 독립적임.

【추가된 사실관계】
위와 같이 丙이 연대보증계약을 체결한 것과 별도로, 丁은 甲이 乙에 대해 부담하게 될 시멘트대금채무에 관하여 자기 소유 X 부동산(시가 3억 원. 변동 없음)에 대하여 乙에게 채권최고액 1억 5천만 원, 채무자 甲으로 정한 근저당권 설정등기를 경료해 주었다. 또한 戊는 위 시멘트대금채무에 관하여 자기 소유 Y 부동산(시가 1억 5천만 원. 변동 없음)에 대하여 乙에게 채권최고액 1억 5천만 원, 채무자 甲으로 정한 근저당권 설정등기를 경료해 주었다.

2. 甲의 그 동안 밀린 시멘트대금 및 지연손해금은 총 9천만 원이다. Y 부동산이 경매절차에서 매각되어 乙이 위 9천만 원을 전액 변제받았다면, 戊는 丙, 丁에게 어떠한 청구를 할 수 있는가? (10점) (9천만 원 이외에 법정 이자 기타 일체의 부수채무는 고려하지 말 것)

3. 만약, Y 부동산이 경매절차에서 매각된 이후 X 부동산에 대위의 부기등기가 이루어지지 않은 상태에서 丁이 X 부동산을 己에게 매도하고 소유권이전등기를 경료해 주었다면, 戊는 己에 대하여 어떠한 청구를 할 수 있는가? (10점)

사례B-63 물상보증인, 보증인, 제3취득자 사이의 구상권 및 변제자대위권

Ⅱ. 물상보증인 戊의 연대보증인 丙, 물상보증인 丁에 대한 권리(10) - 문제 2.의 경우

1. 구상권

물상보증인 戊 소유의 Y부동산이 경매절차에서 매각되어 채권자 乙이 채권액 9천만 원 전액 변제받은 경우, 물상보증인 戊는 주채무자인 甲에게 구상권을 가지며(제370조, 제341조), 연대보증인 丙에게도 구상권을 가진다(명시적인 대법원 판례는 없음).[1] 다만 채무는 없고 책임만 있는 물상보증인 丁에게는 구상권을 가지지 않는다.

1) 이와 관련한 학설로는 ① 민법 제448조를 유추적용해야 한다는 견해(제444조를 유추적용하자는 견해와 제425조 2항을 유추적용하자는 견해로 나뉜다)와 ② 제482조 2항 5호에 따라 부담부분을 초과해서 출연한 경우에 한하여 구상권을 행사할 수 있다는 견해로 나뉜다(상세한 내용은 2014년 변호사시험 제2문 해설 참고).

2. 변제자대위권

(1) 인정여부 및 효과

ⅰ) 물상보증인 戊는 채무액 전액을 모두 변제하여, ⅱ) 甲에 대해 구상권을 가지고(연대보증인 丙에 대한 구상권은 주채무자에 대한 구상권의 범위보다 적기 때문에 논의의 실익이 적다), ⅲ) 변제하지 않으면 채권자로부터 집행을 받게 되는 지위에 있으므로 '변제할 정당한 이익'이 있는 자이다(제481조).

따라서 戊는 **'법정대위자'** 로써 구상할 수 있는 범위 내에서 종래 채권자 乙이 甲에게 갖고 있던 **'매매대금채권 및 근저당권'** 을 채권양도의 대항요건이나 근저당권 이전의 부기등기의 경료 여부와 관계없이 **법률상 당연히 취득한다(제482조 1항).**

(2) 물상보증인과 보증인 상호간의 변제자대위권

1) 민법규정

보증인과 물상보증인 상호 간에 있어서는 그 인원수에 비례하여 채권자를 대위한다. 이 때 물상보증인이 수인인 경우는 보증인의 부담부분을 제외하고 그 잔액에 대하여 각 재산의 가액에 비례하여 대위의 범위가 정해진다(제482조 2항 5호).

2) 사안의 경우

丙, 丁, 戊 간의 부담부분에서 보증인 丙은 인원수에 비례하여 총 9천만 원의 채무 중 3천만 원을 부담하고, 丁과 戊는 위 9천만 원에서 丙이 부담하는 3천만 원을 제외한 6천만 원에 대하여 X부동산(3억 원)과 Y부동산(1억 5천만 원)의 가액에 비례하여 각 4천만 원(=6천만 원×2/3)과 2천만 원(=6천만 원×1/3)을 부담한다. 따라서 戊는 '자신의 부담부분을 넘는 출제'에 대하여 丙에게는 3천만 원의 범위에서 甲의 연대보증채권을 대위행사할 수 있고, 丁에게는 4천만 원의 범위에서 甲의 근저당권을 대위행사할 수 있다.

> [관련판례] **보증인과 물상보증인이 여럿 있는 경우 어느 누구라도 각자의 부담부분**(여러 보증인과 물상보증인 사이에서는 그 중 어느 1인에 의하여 주채무 전액이 상환되었을 것을 전제로 하여 그 주채무 전액에 민법 제482조 제2항 제5호에서 정한 대위비율을 곱하여 산정한 금액이 각자가 대위관계에서 분담하여야 할 부담 부분이다) **을 넘는 대위변제 등을 하지 않으면 다른 보증인과 물상보증인을 상대로 채권자의 권리를 대위할 수 없다**(대판 2010.6.10, 2007다61113,61120).

3. 사안의 해결

① 물상보증인 戊는 연대보증인 丙에게 구상권을 행사할 수 있고, 그 외 변제자대위에 따라 3천만 원의 연대보증채무의 이행을 청구할 수 있다. ② 그리고 물상보증인 丁에게는 구상권을 행사할 수 없으나, 변제자대위에 따라 4천만 원의 범위 내에서 근저당권자로서 권리를 행사할 수 있다.

Ⅲ. 물상보증인 戊의 물상보증인으로부터의 제3취득자 己에 대한 권리(10) - 문제 3.의 경우

1. 문제점

'물상보증인이 수인'인 때에는 보증인의 부담부분을 제외하고 그 잔액에 대하여 '각 재산의 가액에 비례'하여 대위하는데, **'이 경우에' 그 재산이 부동산인 때에는 '제482조 2항 1호' 의 규정을 준용한다(제482조 2항 5호 단서).** 다만, 제5호 단서 후문의 '이 경우'의 해석과 관련하여 그 의미가 문제된다.

2. 판 례

"민법 제482조 제2항 제5호 단서에서 대위의 부기등기에 관한 제1호의 규정을 준용하도록 규정한 취지는 자기의 재산을 타인의 채무의 담보로 제공한 **'물상보증인이 수인'** 일 때 그중 일부의 물상보증인이 채무의 변제로 다른 물상보증인에 대하여 채권자를 대위하게 될 경우에 미리 대위의 부기등기를 하여 두지 아니하면 채무를 변제한 뒤에 그 저당물을 취득한 제3취득자에 대하여 채권자를 대위할 수 없도록 하려는 것이라고 해석되므로 자신들 소유의 부동산을 채무자의 채무의 담보로 제공한 **물상보증인들이 채무를 변제한 뒤 다른 물상보증인 소유부동산에 설정된 근저당권설정등기에 관하여 대위의 부기등기를 하여 두지 아니하고 있는 동안에 제3취득자가 위 부동산을 취득하였다면, 대위변제한 물상보증인들은 제3취득자에 대하여 채권자를 대위할 수 없다**"(대판 1990.11.9, 90다카10305).

3. 검토 및 사안의 경우

보증인의 경우는 제482조 2항 1호에 의해 규율되므로, 제482조 2항 5호 단서의 '이 경우'란 '5호 본문'의 보증인이 아니라 '5호 단서'의 물상보증인이 수인일 때 그 중 일부의 물상보증인이 다른 물상보증인에 대하여 대위할 경우에 미리 대위의 부기등기를 하여야만 그 저당물을 취득한 제3취득자에 대하여 대위를 할 수 있다는 의미로 해석하는 判例의 입장이 타당하다.

따라서 물상보증인 戊가 다른 물상보증인 丁소유 X부동산에 관하여 대위의 부기등기를 하고 있지 않는 동안에 제3취득자 己가 소유권을 취득하였으므로, 己에 대해서는 변제자대위권을 행사할 수 없다.

▌유사기출 [2016년 2차 법전협모의 제1문]

사실관계 | 사무용품 도매상을 개업하려는 乙은 개업자금을 조달하기 위하여 지인 甲으로부터 2004. 4. 1. 1억 원을 이자 월 1%(매월말일지급), 변제기 2005. 3. 31.로 정하여 차용하였다. 乙의 甲에 대한 대여금채무에 관하여는 乙의 부탁을 받은 丙이 甲에게 연대보증채무를 부담하는 한편 丁 역시 乙의 부탁으로 자신의 소유인 X토지 위에 채권자 甲, 채무자 乙, 채권최고액 1억5천만 원으로 하는 근저당권을 설정해주었다. 이후 乙이 변제기를 지나도록 위 대여금채무를 이행하지 못하자 甲은 2006. 1. 31. X토지에 대한 근저당권을 실행하려고 하였다. 이에 丁이 甲에게 같은 날 채무원리금 1억 2,200만 원 전액을 지급하였다. **1. 丁의 乙, 丙에 대한 법률관계는? (25점) ※ 시효는 논외로 할 것**

사안의 해결 | ① 丁은 채무자 乙에 대하여는 1억 2천 2백만 원 및 면책된 날 이후의 법정이자를 청구할 수 있고(제370조, 제341조, 제441조, 제425조 2항), 그리고 법정대위권도 행사할 수 있다(제481조, 제482조 1항) ② 丁은 연대보증인 丙에 대하여는 6천 1백만 원을 구상할 수 있고, 이 때 면책일 이후부터 다 갚는 날까지 위 6,100만 원에 대한 이자나 손해배상은 구상의 범위에 포함되지 않는다(제444조 1항 : 학설대립 있음). 그리고 법정대위권도 행사할 수 있다(제482조 2항 5호).

기출해설

2020년 3차 법전협모의 제1문

【공통된 사실관계】

甲과 乙은 공유하고 있던 X건물에 관하여 2018. 1. 10. 丙과 임대차계약을 체결하면서, 보증금을 3억 원, 임대기간을 2020. 1. 9.까지로 약정하였다. 甲 · 乙과 丙은 임대기간이 만료되는 즉시 임대목적물의 반환과 상환하여 보증금을 반환하기로 하고, 만일 甲과 乙이 보증금반환채무를 이행하지 않는 경우 월 1%의 지연손해금을 丙에게 지급하기로 하였다. 그런데 甲과 乙의 신용상태가 2019. 9.말경 심각하게 악화되자 丙은 甲과 乙에게 보증금 반환을 확보하기 위하여 담보 제공을 요구하였고, 이에 A, B, C가 위 보증금반환채무를 담보하기 위하여 丙과 연대보증계약을 체결하는 한편 B 소유인 시가 2억 원인 Z토지에 관하여 丙 명의의 근저당권을 설정해주었다. 한편 丙은 위 임대차계약에 관하여 자세하게 설명하면서 2019. 11. 15. 보증금반환채권을 丁에게 양도하였고 이에 대하여 같은 날 甲과 乙은 이의 없이 승낙하였다. 임대차계약기간이 만료되었지만 甲과 乙은 보증금을 반환하지 않고 있고, 이에 따라 丙은 X건물을 인도하지 않고 있다.

【추가된 사실관계】

A가 2020. 2. 10. 丁에게 연대보증채무를 이행한 후 2020. 3. 9. B와 C를 상대로 각각 "구상금 1억 원 및 이에 대한 2020. 1. 10.부터 다 갚는 날까지 월 1%의 비율로 계산된 지연손해금을 지급하라."는 내용의 소를 제기하였고, 위 소장은 2020. 3. 20. B와 C에게 송달되었다. 이에 대하여 C는 "B가 보증인과 물상보증인의 지위를 겸하는 지위에 있으므로 자신은 B에 비하여 1/2의 금액만 지급하면 되므로 A의 청구액 전부를 지급할 의무가 없다."고 항변하였고, 나아가 B와 C는 ① "甲과 乙로부터 부탁받지 않은 공동보증인으로서 구상채무는 그 이익을 받은 한도에 불과하므로 이자나 지연손해금을 지급할 의무가 없다.", ② "설령 지연손해금을 지급하더라도 2020. 1. 10.부터 A가 청구한 월 1%로 계산된 돈을 지급할 의무는 없다."고 항변하였다.

2. A의 청구에 대한 결론(소 각하, 청구 전부인용, 일부인용, 기각, 일부인용의 경우 구체적인 금액과 내용을 기재)을 그 근거와 함께 서술하시오. (25점)

사례B-64 보증인과 물상보증인을 겸유하는 자의 구상의무(제482조 2항 5호의 해석)

Ⅱ. 문제 2.의 경우

1. 문제점

보증인과 물상보증인의 지위를 겸유하는 자의 법적지위와 연대보증인의 구상권의 범위가 문제된다.

2. A의 B, C에 대한 청구 타당성

(1) 연대보증인의 다른 연대보증인에 대한 구상권 행사

채무를 변제한 연대보증인은 다른 연대보증인에 대하여 그 '부담부분의 한도'에서 구상권이 있다(제425조 1항, 제448조 2항). 다만, 연대보증인이 다른 연대보증인에 대하여 구상권을 행사하기 위해서는 **'자기의 부담부분을 넘는 변제'**를 해야 한다(제448조 2항).

(2) 사안의 경우

사안에서 연대보증인 A는 연대보증채무 전액 3억 원을 변제한 것으로 보이고, 부담비율에 관하여 당사자 사이의 특약이 있다는 점을 발견할 수 없으므로 A, B, C 사이의 부담비율은 균등한 것으로 추정된다. 따라서 A는 B와 C에게 각 1억 원을 구상할 수 있다.

3. C의 항변 타당성

C는 "B가 보증인과 물상보증인의 지위를 겸하는 지위에 있으므로 자신은 B에 비하여 1/2의 금액만 지급하면 되므로 A의 청구액 전부를 지급할 의무가 없다."고 항변하고 있다.

㉠ 그러나 보증인과 물상보증인의 지위를 겸하고 있는 경우 그 자의 지위를 어떻게 파악할 것인지에 관한 논의는 **'구상권' 범위가 아닌 구상권 확보를 위한 '변제자대위'의 분담액과 관련한 제482조 2항 5호**의 해석과 관련한 논의이다.

㉡ 또한 A의 청구를 '변제자대위권'으로 선해하더라도 보증인과 물상보증인의 지위를 겸하는 자는 채권자에 대한 관계에서 채권확보의 확실성을 높여주는 것일 뿐, 다른 담보제공자에 대한 관계에서 두 몫의 부담을 지겠다는 취지는 아님이 분명하다(단일자격설). 그리고 보증인 겸 물상보증인은 그의 총재산을 일반담보로 제공하는 외에 그 중 일부의 특정재산을 특별담보로 제공한 것이라고 볼 것이므로 다른 담보제공자에 대한 관계에서 변제자대위의 분담비율을 정할 때에는 보증인으로 보는 것이 합리적이다(보증인설).

따라서 判例의 입장인 단일자격설(아래 2007다61113,61120)에 따르면 사안에서 B를 보증인 1인으로 보든 물상보증인 1인으로 보든 변제자대위의 분담비율은 1:1:1이 되고 그 분담액은 A, B, C 각 1억 원이 되므로 결과는 동일하다.

[보증인과 물상보증인의 지위를 겸하는 자가 포함되어 있는 경우 제482조 2항 5호의 해석] 이에 대하여 1인설(단일자격설, 이는 다시 보증인설, 물상보증인설, 선택설로 나뉜다)과 2인설 등 견해가 나뉘는데, 대법원은 "제5호 본문에 관한 이러한 규정 취지는 동일한 채무에 대하여 보증인 또는 물상보증인이 여럿 있고, 이 중에서 보증인과 물상보증인의 지위를 겸하는 자가 포함되어 있는 경우에도 동일하게 참작되어야 하므로, 위와 같은 경우 제482조 제2항 제4호, 제5호 전문에 의한 대위비율은 보증인

과 물상보증인의 지위를 겸하는 자도 1인으로 보아 산정함이 상당하다"고 판시하였다(대판 2010.6.10, 2007다61113,61120 ; 당해 판결은 물상보증인 1명, 연대보증인 겸 물상보증인 3명인 사안에서 중첩적 지위를 가진 3명을 각 연대보증인 1인으로 보아 변제자대위의 분담비율을 1:1:1:1로 산정하였다).

4. B, C의 항변 타당성

(1) ①항변

B와 C는 ① "甲과 乙로부터 부탁받지 않은 공동보증인으로서 구상채무는 그 이익을 받은 한도에 불과하므로 이자나 지연손해금을 지급할 의무가 없다."고 항변하고 있으나, 사안의 경우 A, B, C는 '연대보증'을 하였으므로 주채무자의 부탁을 받고 연대보증을 하였는지와 상관없이(제444조가 아닌 제448조에 따라) A는 다른 연대보증인에 대해 **'면책한 원금과 면책된 날 이후의 법정이자와 피할 수 없는 비용 기타 손해배상'**을 청구할 수 있다(제425조 2항, 제448조 2항).

(2) ②항변

B와 C는 "설령 지연손해금을 지급하더라도 2020. 1. 10.부터 A가 청구한 월 1%로 계산된 돈을 지급할 의무는 없다."고 항변하고 있는바, 사안의 **구상금채무는 '기한의 정함이 없는 채무'**이므로 **'이행청구를 받은 다음날'인 2020. 3. 21.**(소장부본 송달일 다음날)**부터 연 5%의 지연이자가 발생한다**(제387조 2항). 즉, 주채무와 보증채무 및 구상금채무는 각 별개채무이므로 사안에서 주채무에 관한 월 1%의 지연이율이 사안의 구상금채무에는 적용되지 않으며, 또한 A가 소송촉진법상의 연 12%를 주장하고 있지도 않으므로 **'처분권주의'** 원칙상 결국 연 5%의 지연이율이 적용되어야 한다.

5. A의 청구에 대한 결론

법원은 "피고 B, C는 원고 A에게 각각 1억 원 및 이에 대한 2020. 3. 21.부터 다 갚는 날까지 연 5%의 비율로 계산한 돈을 각 지급하라."는 취지로 판결이 선고되어야 한다(청구의 일부인용).

> [주의] 사안에서 연대보증채무(보증금반환채무)의 이행기는 2020. 1. 10.이나 임차인이 임대목적물을 반환하여 보증금반환채무가 이행지체가 발생했다는 사정이 명확하지 않다(동시이행항변권의 소멸). 또한 설령 보증금반환채무의 이행지체(지연이자)가 발생했다고 하더라도 A는 구상금채권 자체에서 발생한 지연이자만을 주장했을 뿐, 보증금반환채무에서 이미 발생한 지연이자 부분의 구상금은 주장한 것으로 볼 수 없다(채점기준표 참고). 따라서 법원은 '처분권주의'에 따라 보증금반환채무의 이행기인 2020. 1. 10.부터 A가 연대보증채무를 이행한 2020. 2. 10. 前인 2. 9.까지의 지연손해금 부분에 대한 구상금 및 면책일 이후의 법정이자 부분에 대해서는 판단할 필요가 없다.

기출해설 2021년 2차 법전협모의 제2문

【기초적 사실관계】

甲은 2016. 3. 6. 乙과 4년간의 여신거래약정을 체결하면서 현재 및 장래에 발생할 채권을 담보하기 위해 채무자 乙 소유의 X 부동산에 채권최고액 12억 원의 근저당권을 설정하였고 丙과 丁이 연대보증하였다. 甲은 변제기가 도래하자 확정된 피담보채권액 10억 원을 변제할 것을 보증인들에게 요청하였고 이에 丙은 3억 원을, 丁은 2억 원을 甲에게 지급하였다. 그 후 丙과 丁은 근저당권 일부이전의 부기등기를 마쳤다. 일부만 변제받은 甲은 乙이 잔존채무(5억 원)를 변제하지 않자 X 부동산에 대해 근저당권에 기한 경매신청을 하였다(이하 경매비용 및 이자 등은 고려하지 않음).
(※아래 각 문항의 기재 사실은 별도의 제시가 없는 한 상호 무관함)

1. 위 경매를 통해 A가 8억 원에 X 부동산을 매수하였다. 8억 원의 매각대금은 누구에게 얼마씩 배당될 것인지 구체적으로 서술하시오. (15점)

【추가된 사실관계】

丙은 대위변제한 3억 원에 상응하는 비율로 甲으로부터 근저당권의 일부를 이전받으면서, '丙이 배당·회수금으로부터 甲보다 먼저 충당받기로 하는 특약(우선회수특약)'을 甲과 체결하였다. 한편 戊는 丙의 乙에 대한 구상채권을 보증하였다. 이에 따라 戊가 丙에게 보증채무를 이행한 후, 변제자대위에 기하여 丙으로부터 근저당권을 이전받았다. 위 경매에서 B가 5억 원에 X 부동산을 매수하였다. 그 5억 원은 모두 甲에 대한 채무변제에 충당되었다.

2. 戊는 ① 甲을 상대로는 우선회수특약을 근거로 3억 원의 부당이득반환을, ② 丙을 상대로는 戊가 변제자대위로 취득한 권리에 관한 보존의무위반을 이유로 3억 원의 손해배상을 청구하였다. 戊의 甲과 丙에 대한 청구가 타당한지 판단하시오. (20점)

사례B-65 일부변제자대위권과 저당권의 우열(제483조), 우선회수특약과 변제자대위

Ⅰ. 문제 1.의 경우(15)

1. 쟁점의 정리

8억 원의 경락대금 배당금액은 '일부 대위변제자'인 丙, 丁과 저당권자인 甲과의 관계에서 누구에게 우선변제권이 있는지 제483조의 '변제한 가액에 비례하여'의 의미와 관련하여 문제된다.

2. 丙과 丁의 구상권 및 변제자대위권 인정여부

변제할 정당한 이익이 있는 자는 변제로 당연히 채권자를 대위하는바(제481조), 여기서 '변제할 정당한 이익이 있는 자'란 변제하지 않으면 채권자로부터 집행을 받거나, 자기의 권리를 잃게 되는 지위에 있는 자로서 '법률상의 이해관계'를 가지는 자를 말한다(대판 1990.4.10, 89다카24834).

따라서 연대보증인인 丙과 丁은 주채무자 乙에 대해 각각 3억 원과 2억 원의 구상권을 취득(제441조 내지 제444조)하며 이러한 구상권 확보를 위해 채권자 甲의 채권 및 담보에 관한 권리를 당연히 대위행사할 수 있다(제481조, 제482조 1항)(대결 2012.7.16. 2009마461).

3. 일부대위변제자와 저당권자간의 우열

민법 제483조 1항은 "채권의 일부에 대하여 대위변제가 있는 때에는 대위자는 그 변제한 가액에 비례하여 채권자와 함께 그 권리를 행사한다"고 규정되어 있으나, 判例는 "이 경우에도 채권자는 일부 대위변제자에 대하여 우선변제권을 가지고 있다"(대판 1988.9.27, 88다카1797)고 판시하여 채권자 우선설의 입장이다. 검토하건데, 대위변제제도는 구상권을 보호하려는 것뿐이므로 채권자를 해하면서까지 변제자를 보호할 필요가 없고, 그 일부대위의 효력이 채권자가 갖는 담보물권의 불가분성을 해칠 수도 없으므로 判例의 입장이 타당하다.

따라서 채권자 甲은 매각대금 8억 원에서 변제받지 못한 잔존 피담보채권액 5억 원 전부를 丙과 丁보다 우선하여 변제받을 수 있다.

4. 일부대위변제자간의 배당

判例가 판시하는 바와 같이 "채권의 일부에 대하여 대위변제가 있는 때에는 대위자는 민법 제483조 1항에 의하여 그 변제한 가액에 비례하여 채권자의 권리를 행사할 수 있으므로, 수인이 시기를 달리하여 채권의 일부씩을 대위변제하고 근저당권 일부이전의 부기등기를 각 경료한 경우 그들은 각 일부 대위자로서 그 변제한 가액에 비례하여 근저당권을 준공유하고 있다고 보아야 하고, 그 근저당권을 실행하여 배당함에 있어서는 다른 특별한 사정이 없는 한 각 변제채권액에 비례하여 안분배당을 하여야 한다"(대판 2001.1.19. 2000다37319).

따라서 丙과 丁은 甲이 우선배당받고 남은 3억 원에 대하여 3 : 2의 비율로 배당을 받게 된다.

5. 사안의 해결

甲은 5억 원, 丙은 1억 8천만 원, 丁은 1억 2천만 원을 각 배당받는다.

Ⅱ. 문제 2의 경우(20)

1. 쟁점의 정리

① 戊의 甲에 대한 부당이득반환청구는 甲과 丙의 '우선회수특약'이 丙의 구상보증채무자 戊의 변제자대위권의 객체(제482조 1항)가 되는지 여부가 문제되고, ② 戊의 丙에 대한 손해배상청구는 우선회수특약에 따른 의무위반(제484조, 제485조)에 대해 손해배상책임이 인정될 수 있는지가 문제된다.

2. 甲에 대한 부당이득반환청구(①청구에 관하여)

민법 제483조 1항의 해석에 대해 앞서 살펴본 '채권자우선설'을 따르더라도, 判例가 판시하는 바와 같이 "일부 대위변제자와 채권자 사이에 변제의 순위에 관하여 따로 약정(이하 '우선회수특약'이라 한다)을 하였다면 우선회수특약에 따라 변제의 순위가 정해진다. 그런데 변제로 채권자를 대위하는 경우에 '채권 및 그 담보에 관한 권리'가 변제자에게 이전될 뿐 계약당사자의 지위가 이전되는 것은 아니다. 그리고 변제로 채권자를 대위하는 사람이 구상권 범위에서 행사할 수 있는 '채권 및 그 담보에 관한 권리'에는 채권자와 채무자 사이에 채무의 이행을 확보하기 위한 특약이 있는 경우에 특약에 기하여 채권자가 가지는 권리도 포함되나, 채권자와 일부 대위변제자 사이의 약정에 지나지 아니하는 '우선회수특약'이 '채권 및 그 담보에 관한 권리'에 포함된다고 보기는 어렵다. 이러한 사정들을 고려하면, 일부 대위변제자의 채무자에 대한 구상채권에 대하여 보증한 사람이 자신의 보증채무를 변제함으로써 일부 대위변제자를 다시 대위하게 되었다 하더라도, 그것만으로 채권자의 채무자에 대한 권리가 아니라 채권자와 일부 대위변제자 사이의 약정에 해당하는 '우선회수특약'에 따른 권리까지 당연히 대위하거나 이전받게 된다고 볼 수는 없다"(대판 2017.7.18. 2015다206973).

따라서 사안에서 乙의 丙에 대한 구상채무에 대해 보증한 보증인 戊는, 丙에게 3억 원을 변제하여 乙에 대한 구상권을 취득하더라도, 채권자 甲과 일부대위변제자 丙간의 우선회수특약을 변제자대위할 수는 없다. 따라서 甲은 戊보다 우선하여 변제받을 법률상 원인이 인정되므로 戊는 甲에 대해 부당이득반환청구를 할 수 없다.

3. 乙에 대한 손해배상청구(②청구에 관하여)

채권자와 일부 대위변제자 사이의 '우선회수특약'이 변제자대위권의 객체에 포함될 수 없다고 하더라도, 이는 判例가 판시하는 바와 같이 "일부 대위변제자는 자신을 다시 대위하는 보증채무 변제자를 위하여 민법 제484조 및 제485조에 따라 채권 및 그 담보권 행사에 협조하고 이에 관한 권리를 보존할 의무를 진다는 사정 등에 비추어 보면, **일부 대위변제자로서는 특별한 사정이 없는 한 보증채무 변제자가 대위로 이전받은 담보에 관한 권리 행사 등과 관련하여 채권자 등을 상대로 '우선회수특약'에 따른 권리를 주장할 수 있도록 권리의 승계 등에 관한 절차를 해 주어야 할 의무를 지고, 이를 위반함으로 인해 보증채무 변제자가 채권자 등에 대하여 권리를 주장할 수 없게 되어 손해를 입은 경우에는 그에 대한 손해배상책임을 진다**"(대판 2017.7.18. 2015다206973).

따라서 사안에서 丙은 戊에 대해 우선회수특약에 기한 의무를 이행하지 않았고, 이로써 戊는 3억 원의 구상채권에 대해 甲보다 우선하여 변제를 받을 수 없게 되었으므로, 戊는 丙에 대해 3억 원의 손해배상을 청구할 수 있다.

4. 사안의 해결

戊의 甲에 대한 부당이득반환청구는 타당하지 않고, 乙에 대한 손해배상청구는 타당하다.

Ⅱ. 설문 2.의 경우(40)

1. 결 론

기출해설

2014년 1차 법전협모의 제2문

【추가된 사실관계】

1. 甲은 2012.2.2. 丙에게 Y토지를 금 3억 원에 매도하는 매매계약을 체결하고, 같은 날 계약금으로 금 3천만 원을 지급받으면서, 중도금 1억 7천만 원은 2012.2.24.에 잔금 1억 원은 2012.3.16.에 각 지급받기로 약정하였다.
2. Y토지에는 丁 명의의 저당권설정등기가 경료되어 있었는데, 甲과 丙은 잔대금지급기일까지 위 저당권설정등기를 말소하여 주기로 약정하였다.
3. 甲은 2012.2.24.에 丙으로부터 위 중도금 1억 7천만 원을 지급받았고, 그 다음날 위 매매계약상 선이행특약에 따라 丙 앞으로 Y토지에 관한 소유권이전등기를 마쳐주었다.
4. 한편, 甲의 채권자 戊는 2012.2.25. 甲이 丙에 대하여 가지는 위 잔대금채권 1억 원을 가압류하였고, 같은 달 27. 위 가압류결정이 丙에게 송달되었다.

【소의 제기】

甲은 2013.3.25. 丙을 상대로 Y토지의 매매잔대금 1억 원의 지급을 구하는 소송을 제기하였다.

【소송의 결과】

1. 변론기일에서,

ㅇ 甲과 丙은 위 사실관계를 모두 인정하면서도 다음과 같은 주장을 하였다.

ㅇ 丙은 甲의 저당권설정등기의 말소의무 및 Y토지의 인도의무와 丙의 매매잔대금 1억 원의 지급의무가 동시이행관계에 있다고 주장하였다.

ㅇ또한 丙은 甲에 대하여 가지고 있는 2012.2.28. 변제기가 도래한 금 5천만 원의 채권을 자동채권, 잔대금채권을 수동채권으로 하여 대등액에서 상계한다고 항변하였다.

ㅇ 甲은 丙의 상계항변에 대하여, 위 잔대금채권을 수동채권으로 상계하는 것은 甲의 동시이행항변권을 침해하게 되어 허용되지 않을 뿐만 아니라 이미 잔대금채권이 가압류된 이상 지급금지채권으로서 민법 제498조에 따라 상계가 허용되지 않는다고 주장하였다.

2. 심리결과, 甲과 丙의 위 주장사실은 모두 사실로 인정되었고 위 소송의 소장부본은 2013.3.29. 丙에게 송달되었으며, 변론종결일은 2013.9.11.이고 판결선고일은 2013.9.25.이다.

2. 甲의 청구에 대한 법원의 판단[각하, 인용(전부인용 또는 일부인용, 기각)]과 그 논거를 서술하시오. (40점)

사례B-66 동시이행의 항변권이 부착되거나 가압류된 수동채권의 상계★

Ⅱ. 설문 2.의 경우(40)

1. 결 론

법원은 '피고는 원고로부터 Y토지에 관한 저당권설정등기의 말소등기절차의 이행 및 부동산의 인도를 받음과 동시에 원고에게 50,000,000을 지급하라'는 내용의 상환이행판결을 선고해야 한다.

2. 논 거

(1) 가압류채무자 甲이 제3채무자 丙에게 이행을 구하는 소송을 제기할 수 있는지 여부

判例가 판시하는 바와 같이 "채권에 대한 가압류가 있더라도 이는 가압류채무자가 제3채무자로부터 현실로 급부를 추심하는 것만을 금지하는 것이므로 가압류채무자는 제3채무자를 상대로 그 이행을 구하는 소송을 제기할 수 있다"(대판 2000.4.11. 99다23888). 따라서 甲은 가압류채무자의 지위에 있으나, 제3채무자 丙에 대해 매매잔대금지급을 구하는 소송을 제기할 수 있다.

(2) 丙의 동시이행 항변의 타당성

判例가 판시하는 바와 같이 "근저당권설정등기 있는 부동산의 매매계약에 있어서는 매도인의 소유권이전등기 의무와 아울러 근저당권설정등기의 말소의무도 매수인의 대금지급의무와 동시이행관계에 있다"(대판 1979.11.13, 79다1562). 따라서 丙의 매매잔대금 1억 원의 지급의무와 甲의 저당권설정등기의 말소의무 및 Y토지의 인도의무는 동시이행관계에 있다(제536조).

(3) 丙의 상계항변의 타당성

1) 상계의 요건

상계가 유효하기 위해서는 양 채권이 상계적상에 있어야 하는바, i) 채권이 대립하고 있을 것, ii) 대립하는 채권이 동일한 종류일 것, iii) 적어도 자동채권의 변제기가 도래할 것, iv) 상계가 허용되지 않는 채권이 아닐 것을 요한다. v) 이러한 상계적상은 원칙적으로 상계의 의사표시가 행하여지는 당시에 현존하여야 한다(제492조). 사안의 경우 iv)의 요건과 관련하여 문제된다.

2) 동시이행항변권 붙어있는 잔대금채권을 수동채권으로 하는 상계가부

동시이행의 항변권이 붙어 있는 채권은 이를 '자동채권'으로 하여 상계하지 못한다. 이를 허용하면 상대방은 이유 없이 동시이행의 항변권을 잃기 때문이다(대판 2002.8.23. 2002다25242 : 1회 선택형).
따라서 상계권자 스스로 수동채권에 붙은 동시이행항변권을 포기하고 상계하는 것은 가능하다.
사안의 경우 丙은 잔대금지급의무 5천만 원 한도에서 동시이행항변권을 포기하고 상계를 주장하는 것으로 보인다.

3) 지급금지채권을 수동채권으로 하는 상계가부

가) 제498조의 적용대상인지 여부

제498조는 (가)압류된 채권과 같이 지급을 금지하는 명령을 받은 제3채무자는 그 후에 취득한 채무자에 대한 채권에 의한 상계로 그 명령을 신청한 **'채권자'에게 대항하지 못한다**는 규정이므로 사안과 같이 戊가 가압류만 한 상태에서 **제3채무자의 '채무자'에 대한 상계항변**의 경우에는 적용되지 않는다.

나) 가압류된 채권을 수동채권으로 한 제3채무자의 채무자에 대한 상계항변

(가)압류의 처분금지적 효력(민사집행법 제227조 1항)은 절대적인 것은 아니고, 채무자의 처분행위 또는 제3채무자의 변제로서 처분 또는 변제 '전'에 집행 절차에 참가한 압류채권자나 배당요구채권자에게 대항하지 못한다는 의미에서 상대적 효력만을 가지는 것이라고 본다(대판 2003.5.30. 2001다10748 : 개별상대효설). 따라서 예컨대 가압류된 채권의 제3채무자가 집행채무자에게 변제를 하더라도 그 변제는 집행채무자 사이에서는 유효하다고 본다. 물론 그 후 집행채권자가 추심·전부명령을 받아 제

3채무자에게 이행을 청구하면 결국 제3채무자는 기존의 변제의 유효성을 집행채권자에게 주장할 수 없어(상대적 무효) '이중지급의 위험'을 부담한다(이에 대한 제3채무자의 구제수단이 집행공탁제도).

다) 사안의 경우

이러한 가압류의 '상대적 처분금지효'에 따르면 제3채무자 丙이 대여금채권을 자동채권으로 하고 가압류된 잔대금채권을 수동채권으로 하여 '상계'하는 것은 집행채무자 甲에 대한 관계에서는 유효하다.

✻ 가압류명령 · 추심명령 · 전부명령의 비교
채권자 A가 채무자 B의 제3채무자 C에 대한 채권에 대하여 각각 가압류명령 · 추심명령 · 전부명령을 받아 확정된 후, B가 C에 대해 채무이행의 소를 제기한 경우의 법률관계

① **[가압류명령 : 소제기 적법]** 가압류된 금전채권에 대한 이행청구도 소의 이익이 있다. 즉, "채권가압류가 된 경우, 제3채무자는 채무자에 대하여 채무의 지급을 하여서는 안되고, 채무자는 추심, 양도 등의 처분행위를 하여서는 안되지만, 이는 이와 같은 변제나 처분행위를 하였을 때에 이를 가압류채권자에게 대항할 수 없다는 것이며, 채무자가 제3채무자를 상대로 이행의 소를 제기하여 채무명의를 얻더라도 이에 기하여 **제3채무자에 대하여 강제집행을 할 수는 없다고 볼 수 있을 뿐이고 그 채무명의(집행권원)를 얻는 것까지 금하는 것은 아니라고 할 것이다**"(대판 1989.11.24. 88다카25038 ; 대판 2002.4.26. 2001다59033[1])(4회, 6회 선택형)고 판시하고 있다(**원고전부승소**). 이때 제3채무자의 구제수단으로 민사집행법(제248조 1항 및 제291조) 규정에 따른 집행공탁제도가 있다(대판 1994.12.13, 전합93다951[2] 참고)(6회 선택형).

② **[추심명령[3] : 원고적격이 없으므로 부적법각하]** 추심명령이 있는 때 압류채권자는 대위절차 없이 압류채권을 추심할 수 있다(민사집행법 제229조 2항). 따라서 判例는 "채권에 대한 압류 및 추심명령이 있으면 제3채무자에 대한 이행의 소는 추심채권자만이 제기할 수 있고 채무자는 피압류채권에 대한 이행소송을 제기할 당사자적격을 상실한다"(대판 2000.4.11. 99다23888)고 판시하였다. 즉, 금전채권이 압류·추심된 경우에는 **갈음형 제3자 소송담당**이 인정되므로 제3채무자(C)에 대한 이행의 소는 추심채권자(A)만이 제기할 수 있고, 집행채무자(B)는 피압류채권에 대한 이행의 소를 제기할 당사자적격을 상실하게 되므로(6회 선택형), 이는 **소각하의 '본안전 항변'** 사유이다(4회 선택형).

③ **[전부명령[4] : 소제기는 적법하나 청구기각]** 전부명령이 있는 때 압류된 채권은 지급에 갈음하여 압류채권자에게 이전된다(민사집행법 제229조 3항). 따라서 전부채권자(A)는 추심채권과는 달리 자신의 권리를 행사하는 것이므로 **갈음형 제3자 소송담당이 아니어서**, 전부채무자(B)의 소송수행권은 유지된다. 그리고 이행의 소는 주장자체로 원고적격을 가지기 때문에 전부채무자(B)의 제3체무자(C)에 대한 **소제기는 적법하다**. 다만, 전부채무자(B)의 제3채무자(C)에 대한 이행청구소송은 **실체법상의 이행청구권이 상실되었으므로**(집행채권이 B에게서 A로 이전됨), **이는 본안에서 기각되어야할 '본안에 관한 항변'** 사유에 해당한다(4회 선택형).

---

1) "왜냐하면 채무자로서는 제3채무자에 대한 그의 채권이 가압류되어 있다 하더라도 채무명의를 취득할 필요가 있고 또는 시효를 중단할 필요도 있는 경우도 있을 것이며, 또한 소송 계속 중에 가압류가 행하여진 경우에 이를 이유로 청구가 배척된다면 장차 가압류가 취소된 후 다시 소를 제기하여야 하는 불편함이 있는 데 반하여 제3채무자로서는 이행을 명하는 판결이 있더라도 장차 집행단계에서 이를 저지하면 될 것이기 때문이다. 채권가압류의 처분금지의 효력은 본안소송에서 가압류채권자가 승소하여 채무명의를 얻는 등으로 피보전권리의 존재가 확정되는 것을 조건으로 하여 발생하는 것이므로, 채권가압류결정의 채권자가 본안소송에서 승소하는 등으로 채무 명의를 취득하는 경우에는 가압류에 의하여 권리가 제한된 상태의 채권을 양수받는 양수인에 대한 채권양도는 무효가 된다"(同 判例)

2) "ⅰ) 채권의 가압류는 제3채무자에 대하여 채무자에게 지급하는 것을 금지하는 데 그칠 뿐 채무 그 자체를 면하게 하는 것이 아니고, 가압류가 있다 하여도 그 채권의 이행기가 도래한 때에는 제3채무자는 그 지체책임을 면할 수 없다고 보아야 할 것이다. ⅱ) 이 경우 가압류에 불구하고 제3채무자가 채무자에게 변제를 한 때에는 나중에 채권자에게 이중으로 변제하여야 할 위험을

기출해설

2013년 3차 법전협모의 제2문

【공통된 사실관계】

1. 甲은 그 소유의 X토지 위에 상가건물을 건축하여 분양하기로 하고, 2009. 7. 30. 乙건설 주식회사(이하 '乙'이라 함)와 丙건설 주식회사(이하 '丙'이라 함) 사이에 甲이 乙과 丙에게 공동으로 상가건물 건축공사를 발주하고 공사대금은 20억 원, 준공일은 2010. 9. 30.로 정하여 도급하는 내용의 건축공사도급계약을 체결하였다.
2. 乙과 丙은 공동으로 공사를 수급하여 이행하는 조합을 결성하되(이하 '이 사건 조합'이라 함) 乙이 공사의 시행을 비롯한 조합의 모든 업무를 관장하기로 하였다. 丙은 자기 소유의 중기를 출자하고 실제 공사에는 관여하지 않았다.
3. 甲은 위 공사대금 가운데 2009. 8. 30. 공사 착수에 따라 8억 원을, 2010. 1. 31. 기초공사 완료에 따라 8억 원을 지급하였다.
4. 乙은 공사기간 동안 乙명의로 자재업체인 丁과 자재공급계약을 맺고(이하 '이 사건 자재공급계약'이라 함) 공사에 필요한 자재의 납품을 받았다. 丁은 약정된 대로 자재를 2010. 2. 28. 모두 乙에게 인도하였고, 위 자재는 이 사건 신축공사에 모두 이용되어 건물에 부합되었다. 丁은 자재대금 가운데 4억 원을 아직 지급받지 못하였다.
5. 乙은 2010. 9. 30. 상가건물을 완성하여 甲에게 인도하였고, 甲은 같은 날 위 상가건물에 대하여 본인 명의의 소유권보존등기를 경료하였다. 乙은 그 무렵 국내 건설경기 악화로 도산하였다.

【추가된 사실관계】

1. 丙은 2010. 10. 1. 이 사건 조합에서 탈퇴하였다.
2. 丁은 그 미지급 자재대금을 피보전채권으로, 乙을 채무자로, 甲을 제3채무자로 하여 乙의 甲에 대한 공사 잔대금채권 4억 원에 대하여 2010. 11. 1. 가압류결정을 받았고, 가압류결정은 2010. 11. 10. 제3채무자인 甲에게 송달되었다.
3. 甲은 乙로부터 위 건물을 인도받은 이후 그 골조공사에 중요한 하자가 있어 乙에게 하자의 보수를 청구하였으나, 乙은 이미 도산하여 보수 공사를 하지 못하였다. 甲은 2010. 12. 1. 1억원을 지출하여 그 하자를 보수하였다.
4. 丁은 위 가압류에 기한 압류 및 전부명령을 받았고 그 명령이 2010. 12. 15. 乙과 甲게게 송달되었다. 丁은 2011. 11. 1. 甲에 대하여 전부금 청구소송을 제기하였다.

3. 위 전부금 청구소송에서 甲은 위 건물의 하자보수를 위해 1억 원을 지출하였으므로 乙에게 동액 상당의 손해배상청구권을 가진다고 주장하였다. 그리고 그 손해배상청구권과 공사 잔대금채권을 상계한다고 주장하였다. 甲 주장의 타당성을 검토하시오. (30점)

부담하게 되므로 제3채무자로서는 민법 제487조의 규정에 의하여 공탁을 함으로써(실무상 가압류의 경우는 현행 민사집행법상의 집행공탁으로 사실상 통일 ; 저자 주)이중변제의 위험에서 벗어나고 이행지체의 책임도 면할 수 있다고 보아야 할 것이다"

3) 압류 및 '추심명령'의 효력발생시기는 제3채무자에 대한 송달일이고(민사집행법 제227조 3항, 제229조 4항), 제3채무자에게 송달된 이상 채무자에게 송달되지 않았다 하더라도 효력발생에는 아무런 영향이 없다.

4) 압류 및 '전부명령'의 효력발생시기는 추심명령의 경우와 달리 채무자와 제3채무자에게 모두 송달되어야 하고, 그 후 즉시항고가 제기되지 않거나 즉시항고가 기각되는 등으로 전부명령이 확정됨으로써 비로소 효력이 발생하며, 확정된 전부명령의 효력발생시기는 제3채무자에 대한 송달일로 소급한다(민사집행법 제227조 2항, 제229조 4항 및 7항 제231조).

사례B-67 압류효력발생 후 취득한 자동채권으로 압류채권자에 대한 상계항변(제498조)

Ⅲ. 설문 3.의 경우(30)

1. 결 론

甲의 손해배상청구권이라는 자동채권이 가압류 후에 발생하였다 하더라도 도급인의 하자보수청구권 또는 손해배상청구권은 수급인의 보수지급청구권과 동시이행관계에 있으므로(제667조 3항), 甲은 손해배상청구권을 자동채권으로 하여 상계할 수 있다(제492조, 제498조 참조).

2. 논 거

(1) 문제점

상계가 유효하기 위해서는 양 채권이 상계적상에 있어야 하는바, ⅰ) 채권이 대립하고 있을 것, ⅱ) 대립하는 채권이 동일한 종류일 것, ⅲ) 적어도 자동채권의 변제기가 도래할 것, ⅳ) 상계가 허용되지 않는 채권이 아닐 것을 요한다. ⅴ) 이러한 상계적상은 원칙적으로 상계의 의사표시가 행하여지는 당시에 현존하여야 한다(제492조). 사안에서는 특히 ⅳ) 요건과 관련하여 제498조가 문제된다.

(2) 甲의 손해배상청구권 발생(자동채권)

1) 내 용

① 도급인은 하자의 보수에 갈음하여 또는 보수와 함께 손해배상을 청구할 수 있다(제667조 2항). 수급인의 과실은 요구되지 않는다. ② 다만 중요한 하자가 아님에도 그 보수에 과다한 비용을 요할 때에는 하자의 보수를 청구할 수 없고 하자로 인한 손해배상만을 청구할 수 있을 뿐이다(제667조 1항 단서).

2) 손해배상의 범위

① ⅰ) 하자의 보수에 갈음하는 손해배상의 경우에 그 범위는 '실제로 보수에 필요한 비용'이다. ⅱ) 하자보수를 청구할 수 없는 경우(중요한 하자가 아님에도 그 보수에 과다한 비용을 요할 때)에는 判例는 하자보수에 갈음하는 손해배상(보수에 필요한 비용)을 청구할 수는 없고, 하자로 인하여 입은 손해배상(교환가치의 차액, 즉 가치감소액)만을 청구할 수 있다고 한다. ② 설문은 **'골조공사에 중요한 하자'** 가 있는 경우이므로, 甲이 실제로 보수에 지출한 비용 1억 원이 손해배상에 해당한다.

3) 동시이행

도급인의 손해배상청구와 수급인의 보수청구 사이에는 동시이행의 항변권이 준용되며(제667조 3항), 이 경우 채무이행을 제공할 때까지 그 '손해배상의 액에 상응하는 보수의 액'에 관하여만 자기의 채무이행을 거절할 수 있을 뿐, 그 나머지 액의 보수에 관하여는 지급을 거절할 수 없다(대판 1996.6.11, 95다12798).

(3) 상계금지요건에 해당하는지 여부

1) 동시이행의 항변권이 붙은 채권을 자동채권으로 하는 상계금지

동시이행의 항변권이 붙어 있는 채권은 이를 '자동채권'으로 하여 상계하지 못한다. 이를 허용하면 상대방은 이유 없이 동시이행의 항변권을 잃기 때문이다(대판 2002.8.23. 2002다25242 : 1회 선택형). 다만 자동채권과 수동채권이 서로 동시이행관계에 있는 경우에는 **'양 채무를 현실적으로 이행하여야 할 필요성이 없는 한'** 동시이행의 항변권이 붙어 있는 채권을 자동채권으로 하는 상계도 허용된다(대판 2006.7.28. 2004다54633). 상계를 허용함으로써 오히려 당사자 사이의 채무 변제를 용이하게 처리할 수 있기 때문이다.

그래서 **금전채무 상호 간에 동시이행관계가 있는 경우에는 일반적으로 상계가 허용되며**, 判例는 도급인이 손해배상청구권을 자동채권으로 하고 그와 동시이행관계에 있는 수급인의 공사대금채권(제667조 3항)을 수동채권으로 하여 상계할 수 있음을 전제로 한다(대판 1996.7.12. 96다7250,7267).

2) 지급금지채권을 수동채권으로 하는 상계에서 자동채권이 수동채권과 동시이행 관계에 있는 경우

가) 문제점

지급을 금지하는 명령을 받은 제3채무자는 그 후에 취득한 채권에 의한 상계로 그 명령을 신청한 채권자에게 대항하지 못하는바(제498조), 설문에서와 같이 수동채권인 공사잔대금채권에 대해 가압류명령(2010.11.10.)을 받은 후 취득한 자동채권인 손해배상채권(2010.12.1.)으로 상계할 수 있는지 문제된다.

나) 판 례

判例는 그 채권이 (가)압류의 효력발생[(가)압류 명령이 제3채무자에게 송달된 때] 이후에 발생한 것이더라도 그 기초가 되는 원인이 가압류 이전에 이미 성립하여 존재하고 있는 경우에는, 본조 소정의 '가압류 이후에 취득한 채권'에 해당하지 않아 상계할 수 있다고 한다. 즉 **동시이행관계에 있는 반대채권의 성립이 압류명령 송달 후라고 하더라도 이 경우에는 상계가 허용된다**(대판 2001.3.27, 2000다43819).[1)]

다) 검토 및 사안의 경우

동시이행관계인 경우에는 처음부터 채권발생의 기초관계가 존재하고 있어 상계를 할 수 있다는 기대가 존재하는 것이므로 제3채무자의 이러한 상계에 대한 기대 또는 신뢰는 존중되어야 할 것이기 때문에 판례의 태도는 타당하다. 사안의 경우 앞서 살폈듯이, 甲의 손해배상청구권은 수급인 乙의 보수청구권과 동시이행관계에 있으므로 乙의 보수청구권을 가압류한 丁에 대해 甲은 손해배상청구권이 가압류결정 송달 이후에 발생한 경우에도 상계를 주장할 수 있다.

---

1) **[관련판례]** 判例는 공사도급계약의 도급인이 자신 소유의 토지에 근저당권을 설정하여 수급인으로 하여금 공사에 필요한 자금을 대출받도록 한 사안에서, "수급인의 근저당권 말소의무는 도급인의 공사대금채무와 이행상 견련관계가 인정되어 서로 동시이행관계에 있고, 나아가 도급인이 대출금 등을 대위변제함으로써 수급인이 지게 된 구상금채무도 근저당권 말소의무의 변형물로서 도급인의 공사대금채무와 동시이행관계에 있다"고 보면서 "금전채권에 대한 압류 및 전부명령이 있는 때에는 압류된 채권은 동일성을 유지한 채로 압류채무자로부터 압류채권자에게 이전되고, 제3채무자는 채권이 압류되기 전에 압류채무자에게 대항할 수 있는 사유로써 압류채권자에게 대항할 수 있는 것이므로, 제3채무자의 압류채무자에 대한 자동채권이 수동채권인 피압류채권과 동시이행의 관계에 있는 경우에는, 압류명령이 제3채무자에게 송달되어 압류의 효력이 생긴 후에 자동채권이 발생하였다고 하더라도 제3채무자는 동시이행의 항변권을 주장할 수 있다. 이 경우에 자동채권이 발생한 기초가 되는 원인은 수동채권이 압류되기 전에 이미 성립하여 존재하고 있었던 것이므로, 그 자동채권은 민법 제498조의 '지급을 금지하는 명령을 받은 제3채무자가 그 후에 취득한 채권'에 해당하지 않는다고 봄이 상당하고, 제3채무자는 그 자동채권에 의한 상계로 압류채권자에게 대항할 수 있다"(대판 2010.3.25. 2007다35152)고 판시하였다.

기출해설

2020년 변호사시험 제2문

【기초적 사실관계】 甲은 乙로부터 X건물을 대금 1억 원에 매수하였다.

【추가적 사실관계】
매매 당시 乙은 甲으로부터 위 매매대금을 지급받음과 동시에 甲에게 X건물에 관하여 설정되어 있던 저당권설정등기(저당권자 C)를 말소해 주기로 약정하였다. 乙의 채권자 丙은 乙의 甲에 대한 위 매매대금 채권에 관하여 압류 및 추심명령을 받았고 위 명령이 甲에게 송달되었다. 甲의 대금지급의무와 乙의 소유권이전등기의무가 이행되지 않고 있던 중 C의 저당권에 기한 경매절차가 개시되었다. 甲은 C에게 위 저당권의 피담보채무액 5,000만 원을 대위변제하여 위 저당권을 말소시켰고, 乙은 甲에게 소유권이전등기를 마쳐 주고 X건물을 인도하였다. 이후 丙은 甲을 상대로 추심금 1억 원의 지급을 구하는 소를 제기하였다.

3. 甲은 위 소에서 대위변제로 발생한 구상금 채권 5,000만 원으로 乙의 매매대금 채권과 대등액에서 상계한다고 주장하였다. 甲의 상계 항변은 이유 있는가? (25점)

사례B-68 압류효력발생 후 취득한 자동채권으로 압류채권자에 대한 상계항변(제498조)[1] ★

Ⅲ. 설문 3.의 경우(25)

1. 문제점

채권압류명령을 받은 제3채무자(甲)가 압류채무자(乙)에게 반대채권을 가지고 있는 경우, 상계로써 압류채권자(丙)에게 대항하기 위한 요건이 문제된다.

2. 상계의 요건(대, 동, 변, 허, 현)

상계가 유효하기 위해서는 양 채권이 상계적상에 있어야 하는바, ⅰ) 채권이 대립하고 있을 것, ⅱ) 대립하는 채권이 동일한 종류일 것, ⅲ) 적어도 자동채권의 변제기가 도래할 것, ⅳ) 상계가 허용되지 않는 채권이 아닐 것을 요한다. ⅴ) 이러한 상계적상은 원칙적으로 상계의 의사표시가 행하여지는 당시에 현존하여야 한다(제492조).

사안의 경우 ⅳ)요건과 관련하여 지급을 금지하는 명령을 받은 제3채무자는 그 후에 취득한 채권에 의한 상계로 그 명령을 신청한 채권자에게 대항하지 못하는데(제498조), 甲이 매매대금채권과 상계하고자 하는 구상금채권은 丙이 대금채권에 대해 압류 및 추심명령을 받은 이후에 발생한 것이어서 이에 대한 검토가 필요하다.

3. 압류의 효력발생 前 '취득'한 자동채권으로 제3채무자의 압류채권자에 대한 상계항변

判例는 "㉠ 압류의 효력 발생 당시에 대립하는 양 채권이 상계적상에 있거나, ㉡ 그 당시에 제3채무자가 채무자에 대해 갖는 자동채권의 변제기가 아직 도래하지 않았더라도 압류채권자가 그 이행을 청구할 수 있는 때, 즉 피압류채권인 수동채권의 변제기가 도래한 때에 자동채권의 변제기

1) ★ 2018년 2차 법전협모의 제1문에서도 동일한 쟁점이 출제되었다.

가 동시에 도래하거나 또는 그 전에 도래한 때에는 **제3채무자의 상계에 관한 기대는 보호되어야 한다는 점에서 상계할 수 있다**"(대판 2012.2.16, 전합2011다45521)[2]고 한다.

4. 압류의 효력발생 後 '취득'한 자동채권으로 제3채무자의 압류채권자에 대한 상계항변

그러나 判例는 **그 채권이 (가)압류의 효력발생** [(가)압류 명령이 제3채무자에게 송달된 때] **이후에 발생한 것이더라도 그 기초가 되는 원인이 가압류 이전에 이미 성립하여 존재하고 있는 경우에는, 본조 소정의 '가압류 이후에 취득한 채권'에 해당하지 않아 상계할 수 있다**고 한다(대판 2001.3.27, 2000다43819 : 8회 선택형). **즉 동시이행관계에 있는 반대채권의 성립이 압류명령 송달 후라고 하더라도 이 경우에는 상계가 허용된다.** 동시이행관계인 경우에는 처음부터 채권발생의 기초관계가 존재하고 있어 상계를 할 수 있다는 기대가 존재하는 것이므로 제3채무자의 이러한 '상계에 대한 기대 또는 신뢰'는 존중되어야 할 것이기 때문이다.

5. 사안의 경우

甲은 비록 丙의 압류 및 추심명령 송달 이후에 자동채권인 대위변제에 따른 구상금채권을 취득하였지만, 甲의 매매대금지급의무와 乙의 저당권등기말소의무는 서로 동시이행관계에 있고, **甲의 대위변제로 인해 乙이 부담하는 구상채무는 저당권등기말소의무의 변형물이므로 甲의 매매대금지급의무와 여전히 서로 동시이행 관계에 있다.** 따라서 甲은 구상금채권을 자동채권으로 하여 乙의 매매대금채권에 대한 추심권자인 丙에게 상계로 대항할 수 있다.

> ✻ **제3채무자의 압류채무자에 대한 채권**(소유권이전등기청구권, 구상금채권)**이 피압류채권**(매매대금채권) **과 동시이행관계에 있는 경우**
>
> "금전채권에 대한 가압류로부터 본압류로 전이하는 압류 및 추심명령이 있는 때에는 제3채무자는 채권이 가압류되기 전에 압류채무자에게 대항할 수 있는 사유로써 압류채권자에게 대항할 수 있으므로, 제3채무자의 압류채무자에 대한 자동채권(구상금채권)이 수동채권인 피압류채권(매매대금채권)과 동시이행의 관계에 있는 경우에는, 그 가압류명령이 제3채무자에게 송달되어 가압류의 효력이 생긴 후에 자동채권(구상금채권)이 발생하였다고 하더라도 제3채무자는 동시이행의 항변권을 주장할 수 있고, 따라서 그 상계로써 압류채권자에게 대항할 수 있다. **이 경우에 자동채권 발생의 기초가 되는 원인은 수동채권이 가압류되기 전에 이미 성립하여 존재하고 있었으므로,** 그 자동채권은 제498조 소정의 '지급을 금지하는 명령을 받은 제3채무자가 그 후에 취득한 채권'에 해당하지 아니한다" (대판 2001.3.27, 2000다43819).
>
> [사실관계] 부동산 매수인의 매매잔대금 지급의무와 매도인의 가압류등기말소의무가 동시이행관계에 있었는데, 위 가압류에 기한 강제경매절차가 진행되자 매수인이 그 채권액을 변제공탁한 것이다. 이 경우 매도인은 매수인에 대해 대위변제로 인한 구상채무를 부담하게 되고, 이 구상채무는 가압류등기말소의무의 변형으로서 종전의 매수인의 잔대금지급의무와 동시이행의 관계를 유지하므로, 매수인(제3채무자)의 위 구상금채권이 가압류 이후에 발생한 것이더라도 그 기초가 되는 원인은 가압류 이전에 성립하고 있었다는 이유로, 매수인은 매매잔대금채무를 구상금채권과 상계할 수 있다고 본 것이다.

---

2) [학설] ① 압류시에 상대방 채무의 변제기가 도래하여 상계적상에 있는 경우에 한하여 상계를 허용할 것이라는 상계적상설(과거 判例 : 대판 1973.11.13, 전합72다518), ② 압류전에 자동채권이 취득된 것이면 압류시의 상계적상여부, 양채권의 변제기 도래의 선후에 불구하고 상계를 긍정하는 무제한설, ③ 압류 당시 양채권이 모두 그 변제기에 도달하지 않은 경우에도, 자동채권의 변제기가 수동채권의 그것과 동시에 혹은 그보다 먼저 도달하는 경우에는 상계를 인정하는 변제기선도래설(제한설, 다수설)이 있다.

유사기출

■ 압류효력발생 후 취득한 자동채권으로 압류채권자에 대한 상계항변(제498조)
[2017년 2차 법전협모의 제2문]

甲은 2016. 2. 5. 상가를 신축하면서 공사대금 10억 원, 완공일 2017. 2. 5.로 정하여 수급인 乙과 도급계약을 체결하였다. 甲은 乙의 공사자금 조달을 위하여 甲 소유의 상가 부지를 담보로 제공하기로 하였고, 이에 丙 은행은 위 부지에 근저당권을 설정 받아 5억 원을 乙에게 대출하였다. 乙은 2016. 12. 31. 자금사정이 곤란하게 되어 공사를 중단하였다. 이에 甲은 도급계약을 적법하게 해제하고 자신의 비용으로 상가건물을 완공하였다. 그런데 乙의 대여금채권자 丁이 2016. 9. 15. 3억 원의 대여금채권을 피보전채권으로 하여 乙의 甲에 대한 공사대금채권에 대하여 가압류를 하였고, 丁은 같은 해 12. 23. 乙에 대한 대여금청구소송의 승소 확정판결에 기하여 위 채권에 대한 압류 및 전부명령을 신청하였고, 위 명령은 2017. 1. 5. 확정되었다. 乙이 대출금 이자의 지급을 지체하자, 丙 은행은 2016. 12. 5. 甲에게 乙의 대출원리금이 완납되지 아니하면 저당권을 실행할 것이라고 통지하였다. 이에 甲은 2017. 2. 5. 대출원리금을 변제하고 위 근저당권등기를 말소하였다. 丁은 甲에게 3억 원의 전부금을 청구하였고, 이에 대하여 甲은 乙에 대한 구상금채권으로 상계항변을 하였다. **1. 甲의 상계항변은 타당한가? 그 논거를 들어 서술하시오. (25점)**

Ⅰ. 문제 1.의 경우(25)

1. 문제점 / 2. 상계의 성립요건(제492조, 제498조)

3. 甲의 구상금채권과 乙의 공사대금채권이 동시이행의 관계에 있는지 여부

判例는 공사도급계약의 도급인이 자신 소유의 토지에 근저당권을 설정하여 수급인으로 하여금 공사에 필요한 자금을 대출받도록 한 사안에서, "수급인의 근저당권 말소의무는 도급인의 공사대금채무와 이행상 견련관계가 인정되어 서로 동시이행관계에 있고, 나아가 도급인이 대출금 등을 대위변제함으로써 수급인이 지게 된 구상금채무도 근저당권 말소의무의 변형물로서 도급인의 공사대금채무와 동시이행관계에 있다"고 판시하고 있다(대판 2010.3.25. 2007다35152)

4. 甲의 구상금채권이 제498조에 의해 상계가 금지되는 채권인지 여부

判例는 "금전채권에 대한 압류 및 전부명령이 있는 때에는 압류된 채권은 동일성을 유지한 채로 압류채무자로부터 압류채권자에게 이전되고, 제3채무자는 채권이 압류되기 전에 압류채무자에게 대항할 수 있는 사유로써 압류채권자에게 대항할 수 있는 것이므로, 제3채무자의 압류채무자에 대한 자동채권이 수동채권인 피압류채권과 동시이행의 관계에 있는 경우에는, 압류명령이 제3채무자에게 송달되어 압류의 효력이 생긴 후에 자동채권이 발생하였다고 하더라도 제3채무자는 동시이행의 항변권을 주장할 수 있다. 이 경우에 자동채권이 발생한 기초가 되는 원인은 수동채권이 압류되기 전에 이미 성립하여 존재하고 있었던 것이므로, 그 자동채권은 민법 제498조의 '지급을 금지하는 명령을 받은 제3채무자가 그 후에 취득한 채권'에 해당하지 않는다고 봄이 상당하고, 제3채무자는 그 자동채권에 의한 상계로 압류채권자에게 대항할 수 있다"(대판 2010.3.25. 2007다35152)고 판시하였다.

5. 사안의 해결

압류효력발생 후에 제3채무자 甲이 자동채권을 취득하였다고 하더라도, 자동채권인 甲의 구상금채권이 수동채권인 乙의 공사대금채권(피압류채권)과 동시이행의 관계에 있고, 자동채권 발생의 기초가 되는 원인은 수동채권이 압류되기 전에 이미 존재하고 있었으므로 甲은 구상금채권을 자동채권으로 하여 압류채권자 丁에게 상계를 주장할 수 있다. 따라서 甲의 상계항변은 타당하다.

기출해설

2014년 법원행정고시 제2문

○ 甲은 2010. 1. 8. 乙에게 X대지를 10억 원에 매도하면서 계약금 1억 원은 계약 당일 지급 받고 잔금 9억 원은 2010. 3. 31.까지 지급받기로 하되, X대지에 관하여 마쳐진 아래의 2010. 1. 4.자 丙 명의의 가압류기입등기를 甲이 잔금 수령과 동시에 말소하여 주기로 약정한 다음 2010. 1. 10. 乙의 요청에 따라 乙 명의로 그 소유권이전등기를 이전하여 주었다. 그런데 乙은 위 잔금 지급기일이 경과하도록 매매잔대금 9억 원 중 3억 원을 지급하지 아니하였다.

○ 한편 丙은 2010. 1. 3. 서울중앙지방법원에 甲에 대한 정산금 채권 중 1억 원 부분을 보전하기 위하여 甲 소유의 X대지에 대한 가압류신청을 하여, 2010. 1. 4. 가압류결정이 내려지고 그 기입등기가 마쳐졌으며, 丙은 다시 같은 법원에 위 정산금 채권 중 2억 원 부분을 보전하기 위하여 채무자는 甲, 제3채무자는 乙, 피압류채권은 甲이 2010. 1. 8. X대지를 매도함에 따라 乙에 대하여 갖는 매매잔대금(이하 '이 사건 매매잔대금'이라고 한다) 채권 중 2억 원 부분으로 된 가압류신청을 하여, 2010. 1. 19. 가압류(이하 '이 사건 채권가압류'라고 한다) 결정을 받았고, 이 결정은 2010. 1. 22. 제3채무자인 乙에게 송달되었다.

○ 그 후 丙은 甲을 상대로 같은 법원에 위 각 가압류결정의 본안소송인 정산금 청구소송(이하 '이 사건 본안소송' 이라고 한다)을 제기하여 2012. 1. 29. '甲은 丙에게 3억 5,000만원을 지급하라' 는 판결이 선고되었고, 2013. 2. 3. 항소심인 서울고등법원에서 '甲은 丙에게 3억 원을 지급하라' 는 일부 승소 판결을 받아 그대로 확정되었다.

○ 丙은 이 사건 본안소송의 집행력 있는 가집행선고부 제1심판결 정본에 기하여 서울중앙지방법원에 이 사건 채권가압류로부터 본압류로 전이하는 압류 및 전부명령을 신청하여, 2012. 8. 20. 이 사건 매매잔대금채권 중 2억 원 부분에 대한 압류 및 전부명령을 받았고, 이 명령은 2012. 8. 31. 제 3채무자인 乙에게 송달되어 그 무렵 확정되었다.

○ 丙은 이 사건 본안소송의 판결이 서울고등법원에서 위와 같이 확정되자 다시 그 집행력 있는 판결 정본에 기하여 X대지에 관하여 가압류권자로서 2013. 4. 25. 서울중앙지방법원에 강제경매신청을 하여 그 경매절차가 개시되었는데, 乙은 위와 같이 먼저 이루어진 가압류기입등기에 기한 압류에 의하여 강제경매절차가 개시됨에 따라 그 소유권을 상실할 위험이 발생하자 X대지의 제3취득자로서 집행채무자인 甲을 대위하여 2013. 8. 31. 서울중앙지방법원에 丙을 피공탁자로 하여 위 강제경매의 집행채권액 1억 원을 변제하기 위하여 위 1억 원을 공탁하였다.(집행비용은 없는 것으로 봄)

○ 丙은 2013. 10. 3. 乙을 상대로 위 채권압류 및 전부명령에 터 잡아 "피고 乙은 원고 丙에 게 2억 원 및 이에 대하여 이 사건 소장 부본 송달인 다음날부터 다 갚는 날까지 소송촉진 등에 관한 특례법이 정한 연 20%의 비율에 의한 금원을 지급하라"는 이 사건 소를 제기하였다.

○ 위 소송과정에서 피고 乙은, ① 乙이 위와 같이 대위변제함으로써 취득하게 된 위 1억원의 구상금채권(이하 '이 사건 구상금채권' 이라고 한다)을 자동채권으로 하여 원고 丙의 피고 乙에 대한 2억 원의 전부금 채권과 상계한다고 주장하였고, 이에 대하여 원고 丙은, 피고 乙은 위 구상금채권을 자동채권으로 하여 상계할 수 없으며, 만에 하나 상계할 수 있다고 가정하더라도, ② 위 매매잔대금채권 3억 원 중 원고 丙에게 전부되고 남은 1억 원의 채권은 여전히 甲에게 남아 있으므로, 원래의 채권자인 甲에게 남아 있는 채권에 먼저 상계되어야 하고, 그렇지 않더라고 원고 丙과 甲의 채권액 비율에 따라 안분하여 상계되어야 한다고 주장하였다.

(소장부본 송달일은 2013. 11. 3, 변론종결일은 2014. 5. 7, 판결 선고일은 2014. 5. 21.이다)

1. 丙의 청구에 대하여 예상되는 결론(소각하, 청구인용, 청구일부인용, 청구기각, 다만 청구일부 인용의 경우에는 인용범위 적시)을 기재하시오. (20점)

2. 乙의 ① 주장에 대하여 그 당부 및 논거를 기재하시오. (50점)[1]

3. 丙의 ② 주장에 대하여 그 당부 및 논거를 기재하시오. (30점)[2]

사례B-69 소송촉진법, 채권의 일부전부명령과 제498조★

Ⅰ. 설문 1.의 경우(20)

1. 결 론

피고 乙의 상계항변이 인용되는바, 丙의 청구는 2억 원의 전부금 채권액 중 구상금채권과 상계한 나머지 1억 원 및 이에 대하여 소장 부본 송달일 다음날부터 판결 선고일까지 연 5%의 비율, 판결 선고일 다음날로부터 다 갚는 날까지 소송촉진 등에 관한 특례법이 정한 연 20%의 비율에 의한 금원의 부분에서 한해 일부인용된다.

"1. 피고 乙은 원고 丙에게 금 100,000,000원 및 이에 대한 2013. 11. 4.부터 2014. 5. 21.까지는 연 5%, 2014. 5. 22.부터 다 갚는 날까지 연 20%의 각 비율에 의한 금원을 지급하라. 2. 원고의 나머지 청구를 기각한다."

2. 논 거

(1) 문제점

소송촉진 등에 관한 특례법(이하 '소송촉진법'라 함)이 정한 법정이율이 적용되는 시기와 관련하여 乙의 상계항변이 인용되는 지에 따라 동법 제3조 1항이 적용되는지 아니면 동조 2항이 적용되는지가 결정된다.

(2) 소송촉진법이 정한 법정이율의 적용 시기

소송촉진법 제3조 1항 및 동법 시행령에 따르면 금전채무 이행판결 선고 시, 금전채무불이행에 따른 손해배상액을 산정의 기준이 되는 법정이율은 소장이 채무자에게 송달된 날의 다음 날부터는 연 15%의 비율에 따른다. 다만, 채무자에게 그 이행의무가 있음을 선언하는 사실심판결이 선고되기 전까지 채무자가 그 이행의무의 존재여부나 범위를 항쟁하는 것이 타당한 범위에서 제1항을 적용하지 아니한다(동법 제3조 2항). 따라서 乙의 상계항변이 인정되지 아니하는 경우에는 소장 부본 송달일 다음날부터 연 20% 비율에 의해 지연손해금이 산정되나, 상계항변이 인용되는 경우에는 판결 선고일까지는 민법에서 정한 법정이율 5%, 판결 선고일 다음날부터 소송촉진법에 의해 연 20%에 의해 지연손해금이 산정된다.[3]

---

1) ★ 2017년 3차 법전협모의 제1문, 2017년 2차 법전협모의 제2문, 2018년 2차 법전협모의 제2문에서도 동일한 쟁점이 출제되었다.

2) ★ 2017년 3차 법전협모의고사 제1문에서도 동일한 쟁점이 출제되었다.

(3) 사안의 해결

뒤의 〈설문 2.〉에서 살핀바와 같이, 乙의 구상금 채권에 기한 항변이 인용되는바 피고의 항쟁이 타당한 것으로 인정된다. 이에 따라 소송촉진법 제3조 2항이 적용되어 丙의 청구는 전부금 1억 원 부분 및 이에 대하여 소장 부본 송달일 다음날(2013. 11. 4.)부터 판결 선고일(2014. 5. 21.)까지는 민법이 정한 법정이율 연 5%, 판결 선고일 다음날(2014. 5. 22.)부터 다 갚는 날까지는 소송촉진법에서 정한 연 20%에 의한 금원의 범위에서 인용되고 나머지 청구는 기각된다.

Ⅱ. 설문 2.의 경우(50)

1. 乙의 ① 주장의 당부

乙의 구상금 채권을 자동채권으로 하여 丙의 전부금 청구에 대해 상계항변할 수 있다. 따라서 乙의 ① 주장은 타당하다.

2. 논 거

(1) 문제점

제498조에 따르면 지급을 금지하는 명령을 받은 제3채무자는 그 후에 취득한 채권에 의한 상계로 그 명령을 신청한 채권자에게 대항하지 못하는데, 사안의 경우 乙의 상계항변의 자동채권인 甲에 대한 구상금 채권(2013. 8. 31.)이 丙의 가압류 결정이 제3채무자 乙에게 송달(2010. 1. 22.)된 이후 발생하였다는 점에서 상계가 제한되는지가 문제된다.

(2) 상계의 요건(대, 동, 변, 허, 현)

상계가 유효하기 위해서는 양 채권이 상계적상에 있어야 하는바, ⅰ) 채권이 대립하고 있을 것, ⅱ) 대립하는 채권이 동일한 종류일 것, ⅲ) 적어도 자동채권의 변제기가 도래할 것, ⅳ) 상계가 허용되지 않는 채권이 아닐 것을 요한다. ⅴ) 이러한 상계적상은 원칙적으로 상계의 의사표시가 행하여지는 당시에 현존하여야 한다(제492조).

사안의 경우, 자동채권인 구상금 채권과 수동채권인 전부금 채권 모두 금전채권으로 양자가 대립하고 있고 있으며 자동채권의 변제기는 이미 도래하였다. 다만, 요건 ⅳ)와 관련하여 수동채권이 피압류채권이라는 점에서 제498조에 의해 상계가 제한되는지가 문제된다.

(3) 지급금지채권(압류 또는 가압류된 채권)을 수동채권으로 하는 상계 허용여부

1) 원 칙

지급을 금지하는 명령을 받은 제3채무자는 그 후에 취득한 채권에 의한 상계로 그 명령을 신청한

---

3) [참고법령] 〈소송촉진 등에 관한 특례법 제3조 제1항 본문의 법정이율에 관한 규정〉 전부개정 2019.5.21.
「소송촉진 등에 관한 특례법」 제3조 제1항 본문에서 '대통령령으로 정하는 이율'이란 연 100분의 12를 말한다.
부칙 〈제29768호,2019.5.21〉
제1조(시행일) 이 슈은 2019년 6월 1일부터 시행한다.
제2조(경과조치) ①항 이 슈 시행 당시 법원에 계속 중인 사건으로서 제1심의 변론이 종결된 사건에 대한 법정이율은 이 슈의 개정규정에도 불구하고 종전의 규정에 따른다. ②항 이 슈 시행 당시 법원에 계속 중인 사건으로서 제1심의 변론이 종결되지 아니한 사건에 대한 법정이율은 2019년 5월 31일까지 발생한 분에 대해서는 종전의 규정에 따르고, 2019년 6월 1일 이후 발생하는 분에 대해서는 이 슈의 개정규정에 따른다.

채권자에게 대항하지 못한다(제498조). 본조는 압류의 효력을 유지하여 채무자의 재산으로부터 만족을 얻으려는 집행채권자를 보호하려는 데에 그 취지가 있다.

2) 예 외

判例는 그 채권이 (가)압류의 효력발생[(가)압류 명령이 제3채무자에게 송달된 때] 이후에 발생한 것이더라도 **그 기초가 되는 원인이 가압류 이전에 이미 성립하여 존재하고 있는 경우에는**, 본조 소정의 '가압류 이후에 취득한 채권'에 해당하지 않아 상계할 수 있다고 한다(대판 2001.3.27, 2000다43819). 즉, **동시이행관계에 있는 반대채권의 성립이 압류명령 송달 후라고 하더라도 이 경우에는 상계가 허용된다.**

> [위 2000다 43819 사실관계] 부동산 매수인의 매매잔대금 지급의무와 매도인의 가압류등기말소의무가 동시이행관계에 있었는데, 위 가압류에 기한 강제경매절차가 진행되자 매수인이 그 채권액을 변제공탁한 것이다. 이 경우 매도인은 매수인에 대해 대위변제로 인한 구상채무를 부담하게 되고, 이 구상채무는 가압류등기말소의무의 변형으로서 종전의 매수인의 잔대금지급의무와 동시이행의 관계를 유지하므로, 매수인(제3채무자)의 위 구상금채권이 가압류 이후에 발생한 것이더라도 그 기초가 되는 원인은 가압류 이전에 성립하고 있었다는 이유로, 매수인은 매매잔대금채무를 구상금채권과 상계할 수 있다고 본 것이다.

3) 검토 및 사안의 경우

검토하건대 **동시이행관계인 경우에는 처음부터 채권발생의 기초관계가 존재하고 있어 상계를 할 수 있다는 기대가 존재하는 것**이므로 제3채무자의 이러한 상계에 대한 기대 또는 신뢰는 존중되어야 할 것이기 때문에 判例의 태도는 타당하다.

사안의 경우 甲의 가압류등기 말소의무와 乙의 잔대금지급의무는 동시이행관계에 있었던 바, 乙의 구상금 채권이 채권가압류결정이 乙에게 송달된 2010. 1. 22. 이후에야 비로소 발생하였다고 하더라도 甲의 구상금 채무는 가압류등기말소의무의 변형으로서 여전히 乙의 잔대금지급의무와 동시이행관계에 있다. 따라서 乙은 압류채권자 丙에게 동시이행의 항변권을 주장할 수 있고, 상계적상이 현존하고 있으므로 구상금 채권을 자동채권으로 하여 丙 전부금 청구에 대해 상계항변할 수 있다. 따라서 乙의 주장 ①은 타당하다.

Ⅲ. 설문 3.의 경우(30)

1. 丙의 ② 주장의 당부

금전채권의 일부가 피압류채권으로서 전부된 경우 각기 독립된 분할채권관계가 성립한다. 따라서 제3채무자 乙로서는 압류채권자 혹은 압류채무자 중 어느 누구라도 상계의 상대방으로 지정하여 상계 항변할 수 있으므로 丙의 주장 ②는 타당하지 않다.

2. 논 거

(1) 문제점

사안과 같이 가분적인 금전채권의 일부에 대한 전부명령이 있는 경우, 압류채무자에 대한 반대채권을 가지고 있는 제3채무자가 위 채권에 대해 상계하고자하는 경우 상계의 방법이 문제된다.

[심화] ✻ 수동채권이 모두 압류·전부, 압류·추심된 경우 상계 의사표시의 상대방

① 압류·전부된 경우 : 전부명령이 확정되면 제3채무자에게 송달된 시점으로 소급하여 압류된 채권이 집행채권액과 집행비용을 한도로 하여 동일성을 유지한 채로 채무자로부터 집행채권자에게 이전하므로, '전부채권자'에 대하여 상계의 의사표시를 하여야 한다.

② 압류·추심된 경우 : 추심명령이 제3채무자에게 송달되면 추심채권자는 채무자에 갈음하여 자기 명의로 채권의 추심에 필요한 일체의 권한을 재판상 또는 재판 외에서 행사할 수 있는 권한을 갖게 되지만, 추심채권 자체는 여전히 채무자에게 귀속하므로 '추심채권자뿐만 아니라 채무자에 대하여도' 상계의 의사표시를 할 수 있다고 해석된다.

(2) 채권의 일부전부의 경우, 제3채무자의 압류채무자에 대한 채권을 자동채권으로 하는 상계의 방법

1) 판 례

"가분적인 금전채권의 일부에 대한 전부명령이 확정되면 특별한 사정이 없는 한 전부명령이 제3채무자에 송달된 때에 소급하여 **전부된 채권 부분과 전부되지 않은 채권 부분에 대하여 각기 독립한 분할채권이 성립하게** 되므로, 그 채권에 대하여 압류채무자에 대한 반대채권으로 상계하고자 하는 **제3채무자로서는 전부채권자 혹은 압류채무자 중 어느 누구도 상계의 상대방으로 지정하여 상계하거나 상계로 대항할 수 있고**, 그러한 제3채무자의 상계 의사표시를 수령한 전부채권자는 압류채무자에 잔존한 채권 부분이 먼저 상계되어야 한다거나 각 분할채권액의 채권 총액에 대한 비율에 따라 상계되어야 한다는 이의를 할 수 없다"(대판 2010.3.25. 2007다35152, 일부양도의 경우 아래 2000다50596 참고)

[관련판례] "**채권의 일부양도가 이루어지면** 특별한 사정이 없는 한 **각 분할된 부분에 대하여 독립한 분할채권이 성립하므로**, 그 채권에 대하여 양도인에 대한 반대채권으로 상계하고자 하는 채무자로서는 **양도인을 비롯한 각 분할채권자 중 어느 누구도 상계의 상대방으로 지정하여 상계할 수 있고**, 그러한 채무자의 상계 의사표시를 수령한 분할채권자는 제3자에 대한 대항요건을 갖춘 양수인이라 하더라도 양도인 또는 다른 양수인에 귀속된 부분에 대하여 먼저 상계되어야 한다거나 각 분할채권액의 채권 총액에 대한 비율에 따라 상계되어야 한다는 이의를 할 수 없다"(대판 2002.2.8, 2000다50596 : 1회,4회 선택형).

☞ 甲건설은 乙교회에 대해 공사잔대금채권 6억원이 있고, 乙은 위 공사의 하자로 인해 甲에 대해 1억원의 손해배상채권이 있는데, 甲은 乙에 대한 위 채권 중 3억원의 채권을 丙에게 양도하였다. 여기서 乙이 甲에 대한 1억원의 채권을 가지고 상계하는 경우, 먼저 甲에 대해 상계하여야 하는가? 또 丙에 대해 상계할 때에는 그 비율(즉, 3억원 × 1억/ 6억= 5,000만원)에 따라 상계할 수 있는가? 判例는 위와 같은 이유로 乙은 甲에 대한 1억원의 채권 전부를 丙이 乙에 대해 가지는 양수금채권(3억원)과 상계할 수 있는 것으로 보았다.

2) 검토 및 사안의 경우

검토하건대 수동채권의 일부에 전부명령이 있었다는 사정만으로 상계권자의 지위가 불리해지는 것은 타당하지 않으므로 判例의 태도는 타당하다. 사안의 경우 甲의 乙에 대한 매매잔대금 채권 중 일부에 전부명령이 확정되어 乙에게 송달된 순간 각기 독립한 분할채권이 성립하였다. 따라서 제3채무자 乙은 압류채무자 甲뿐만 아니라 전부채권자 丙을 상대로도 상계항변을 할 수 있고, 분할된 채권액의 비율에 따라 상계되는 채권도 안분되어야 한다는 이의를 할 수 없다. 따라서 위와 같은 丙의 주장 ②는 타당하지 않다.

기출해설 2016년 2차 법전협모의 제2문

【공통된 사실관계】 甲은 자기소유 X건물을 乙에게 임대기간 2013. 2. 1 .부터 2015. 1. 31 까지, 임대보증금 1억 원 월차임 200만 원으로 정하여 임대하였다. 乙은 甲으로부터 X건물을 인도받고 甲에게 임대보증금 1억 원을 지급한 후, 甲에 대한 임대보증금반환채권을 담보하기 위해 X건물에 관하여 전세금 1억 원, 전세기간 2013. 2. 1.부터 2015. 1. 31.까지로 정한 전세권설정등기를 경료받았다. 甲과 乙사이의 전세권설정계약은 갱신되지 않고, 2015. 1. 31. 종료되었다.

【추가된 사실관계 1】 乙의 채권자 丙은 위와 같은 사실을 모르는 상태에서 위 전세권에 대하여 2014. 10. 8. 전세권근저당권(채권최고액 2억 원, 실제 피담보채권액 1억2천만 원)을 취득하였다. 2015. 1. 20. 乙은 전세기간 만료 후 발생할 甲에 대한 전세금반환채권 1억 원을 丁에게 양도하는 내용의 계약을 체결하고 2015. 2. 10. 그와 같은 취지를 확정일자부 서면을 통해 甲에게 통지하여 같은 날 도달하였다. 전세기간종료 후 丙은 위 전세금반환채권에 대하여 물상대위권에 기초해 압류 및 추심명령을 받았다(압류 및 추심명령은 2015. 10. 1. 甲에게 송달되었다).
이에 丙이 甲에게 전세금반환청구를 하고 있다. 다음 질문에 답하시오(질문들은 서로 독립적임).

4. 甲은 "乙에 대한 대여금 채권 4,000만 원(대여일 2013. 3. 1. 변제기 2015. 2. 8)을 자동채권으로 하여 이미 2015. 9. 8. 丁에게 상계의 의사표시를 하였다. 또한 乙에 대한 대여금채권 1,000만원(대여일 2013. 3. 1. 변제기2015. 5. 1.)을 자동채권으로 하여 자금 상계한다. 따라서 그에 상응하는 전세금반채권은 소멸하였다."고 항변한다. 甲의 항변은 받아들여 질 수 있는가? (이자나 지연손해금 등은 고려하지 말 것) (15점)

【추가된 사실관계 2】
乙의 채권자 A는 일반채권자로서 乙의 전세금반환채권에 대하여 압류 및 추심명령을 받았다(압류 및 추심명령은 2015. 8. 1. 甲에게 송달되었다). A가 추심권자로서 甲에게 전세금반환청구를 하고 있다.

5. 甲은 "乙에 대한 ① 대여금채권 4,000만 원(대여일 2013. 3. 1. 변제기 2015. 5. 1)과 ② 대여금채권 5,000만 원(대여일 2013. 3. 1. 변제기 2015. 9. 3)을 각 자동채권으로하여 상계한다."고 항변한다. 甲의 항변은 받아들여질 수 있는가? (이자나 지연손해금 등은 고려하지 말 것) (15점)

사례B-70 전세권설정자의 상계, 지급금지채권을 수동채권으로 하는 상계★

Ⅳ. 설문 4.의 경우[1](15)

1. 결 론

甲의 상계항변은 모두 받아들여질 수 없다.

2. 논 거(전세권저당권자가 전세금반환채권에 대하여 물상대위권을 행사한 경우, 전세권설정자가 전세권자에 대한 반대채권으로 상계를 주장할 수 있는지 여부)

(1) 원 칙

"전세권저당권자가 전세금반환채권에 대하여 물상대위권을 행사한 경우, 종전 저당권의 효력은 물상대위의 목적이 된 전세금반환채권에 존속하여 저당권자가 그 전세금반환채권으로부터 다른 일반채권자보다 우선변제를 받을 권리가 있으므로, 설령 전세금반환채권이 압류된 때(사안에서는 채권압류 및 추심명령이 제3채무자 乙에게 송달된 2015. 10. 1.)에 전세권설정자가 전세권자에 대하여 반대채권을 가지고 있고 그 '반대채권'과 전세금반환채권이 상계적상에 있다고 하더라도 그러한 사정만으로 전세권설정자가 전세권저당권자에게 상계로써 대항할 수는 없다"(대판 2014.10.27. 2013다91672).

(2) 예 외

"그러나 전세금반환채권은 전세권이 성립하였을 때부터 이미 그 발생이 예정되어 있다고 볼 수 있으므로, **전세권저당권이 설정된 때**(사안에서는 전세권저당권설정등기가 경료된 2014. 10. 8.)**에 이미 전세권설정자가 전세권자에 대하여 반대채권**(사안에서는 전세권설정자 甲의 전세권자 乙에 대한 2013. 3. 1.자 4천만 원 및 1천만 원의 대여금채권)**을 가지고 있고 그 반대채권의 변제기가 장래 발생할 전세금반환채권의 변제기와 동시에 또는 그보다 먼저 도래하는 경우와 같이 전세권설정자에게 합리적 기대 이익을 인정할 수 있는 경우**에는 특별한 사정이 없는 한 전세권설정자는 그 반대채권을 자동채권으로 하여 전세금반환채권과 상계함으로써 전세권저당권자에게 대항할 수 있다"(대판 2014.10.27. 2013다91672 : 5회,7회 선택형).[2]

(3) 검토 및 사안의 경우

저당권에는 우선변제권이 있고 물상대위권은 이에 기초한 것이므로 이를 해치는 결과를 가져오는 상계는 원칙적으로 허용되지 않지만, 상계에 관한 기대이익을 인정할 수 있는 경우, 즉 저당권을 설정하기 전(물상대위권에 기해 압류를 한 시점이 아님)에 이미 상계에 관한 요건을 구비한 경우(변제기 선도래설 또는 제한설)에는 상계가 허용된다고 봄이 타당하다. 따라서 判例의 태도는 타당하다. 사안의 경우 전세권저당권이 설정된 때인 2014. 10. 8.에 이미 甲이 乙에 대하여 4천만 원 및 1천만 원의 대여금채권을 가지고 있었으나, 각 대여금채권의 변제기가 전세금반환채권의 변제기인 2015. 1. 31. 보다 늦게 도래하므로 전세권설정자 甲에게 상계에 대한 합리적 기대를 인정할 수 없다. 따라서 甲의 상계항변은 받아들여질 수 없다.

---

1) ★ 2018년 3차 법전협모의 제2문에서도 동일한 쟁점이 출제되었다.

2) 대판 2008.3.13. 2006다29372, 29389 판결은 임대차보증금반환채권의 담보를 목적으로 전세권이 설정된 것임을 저당권자가 몰랐던 사안에서 임대차계약에 의하여 발생한 연체차임, 관리비, 손해배상 등의 채권을 자동채권으로 하여 전세금반환채권과 상계할 수 없다고 한 것으로, 이 사건과는 그 사안을 달리하여 원용하기에 적절하지 않다

Ⅴ. 설문 5.의 경우(15)

1. 결 론

甲의 상계항변 중 ① 4천만 원의 대여금채권을 자동채권으로 한 부분은 받아들여질 수 있으나, ② 5천만 원의 대여금채권을 자동채권으로 한 부분은 받아들여질 수 없다.

2. 논 거

(1) 지급금지채권을 수동채권으로 하는 상계

1) 문제점

乙의 甲에 대한 압류 및 추심명령은 2015. 8. 1. 甲에게 송달됨으로써 효력을 발생하여 지급금지채권이 되었는바, 민법 제498조의 반대해석상 지급금지명령을 받기 전인 2013. 3. 1.에 제3채무자 甲이 채무자 乙에 대해 반대채권을 가지고 있는 경우에는 상계가 허용될 수 있다. 다만 이 경우 **자동채권도 그 명령을 받기 전에 이행기가 도래해 있어야 하는지가** 문제된다.

2) 판 례

"㉠ 압류의 효력 발생 당시에 대립하는 양 채권이 상계적상에 있거나, ㉡ 그 당시에 제3채무자가 채무자에 대해 갖는 자동채권의 변제기가 아직 도래하지 않았더라도 압류채권자가 그 이행을 청구할 수 있는 때, 즉 피압류채권인 수동채권의 변제기가 도래한 때에 자동채권의 변제기가 동시에 도래하거나 또는 그 전에 도래한 때에는 **제3채무자의 상계에 관한 기대는** 보호되어야 한다는 점에서 상계할 수 있다"(대판 2012.2.16, 전합2011다45521 : 3회,4회,5회,9회 선택형).

3) 검 토

제3채무자가 상계를 통해 달성하고자 하는 우선변제적 효과에 대한 합리적 기대와 압류채권자의 집행에 대한 정당한 기대를 적절히 조화한다는 측면에서 지급금지명령이 송달될 당시에 자동채권의 변제기가 도래하지 않았다 하더라도 장차 자동채권의 변제기가 수동채권의 변제기보다 먼저 또는 동시에 도달하는 것을 한계로 하여 제3채무자의 상계를 인정하는 것이 타당하다.

(2) 사안의 경우

1) ① 채권의 경우

압류의 효력 발생시기인 2015. 8. 1. 당시 甲은 乙에 대하여 4천만 원의 자동채권을 가지고 있었고(2013. 3. 1), 이미 상계적상이 존재하기 때문에(자동채권의 변제기는 2015. 5. 1.이고 수동채권의 변제기는 2015. 1. 31.이므로 상계적상일은 2015. 5. 1.이다), 4천만 원의 대여금채권(①채권)을 자동채권으로 한 甲의 상계항변은 받아들여질 수 있다.

2) ② 채권의 경우

압류의 효력 발생시기인 2015. 8. 1.에 5천만 원의 자동채권은 존재하나, 아직 상계적상이 존재하지 않고(자동채권의 변제기는 2015. 9. 3. 이고 수동채권의 변제기는 2015. 1. 31.이므로 상계적상일은 2015. 9. 3.), 자동채권의 변제기가 수동채권보다 나중에 도래하기 때문에, 5천만 원의 대여금채권(②채권)을 자동채권으로 한 甲의 상계항변은 받아들여질 수 없다.

최신판례 미기출 핵심사례

가. 甲은 2021. 4. 15. 자동차정비업을 하는 乙에게 자동차부품 7,000만 원 상당을 판매하고 같은 날 위 부품을 인도하였다(부품대금채권은 기한의 정함이 없는 채권임). 그 후 甲은 乙에 대한 위 매매대금채권을 상인 A에게 양도하고 내용증명우편을 통해 乙에게 통지하였고, 이는 乙에게 2021. 8. 15. 송달되었다.

나. A는 2022. 1. 18. 乙을 상대로 위 납품대금 7,000만 원 및 이에 대하여 2021. 4. 16.부터 이 사건 소장부본 송달일까지 연 6%의, 그 다음날부터 완제일까지 연 12%의 각 비율에 의한 금원을 지급하라는 소를 서울중앙지방법원에 제기하였다.

다. 이에 대하여 乙은 2022. 3. 28. 위 법원에 접수된 준비서면에서 다음과 같이 주장하였고, 그 준비서면은 2022. 3. 31. 甲에게 송달되었다.

(1) 甲에 대하여 공정증서에 기한 2,500만 원의 약속어음금 채권을 가지고 있던 丙이 위 채권을 집행채권으로 하여, 2021. 6. 15. 채무자를 甲, 제3채무자를 乙로 하여 위 납품대금채권 중 2,500만 원에 대하여 압류 및 추심명령을 받았고, 위 명령은 乙에게 2021. 6. 30. 송달되었다. 그러나 甲에게는 위 압류 및 추심명령이 송달불능 되었다고 들었다.

(2) 甲의 또 다른 채권자 丁은 甲에 대한 4,500만 원의 채권을 피보전채권으로 하여 2021. 7. 8. 채무자를 甲, 제3채무자를 乙로 하여 위 납품대금채권 중 4,500만 원에 대하여 채권가압류신청을 하였고, 그 가압류결정이 2021. 7. 27. 乙에게 송달되었으므로 甲의 청구에 응할 수 없다.

(3) 만일 책임이 있더라도, 乙은 2019. 10. 16. A에게 금 2,000만 원을 이자 월 1%(매월 15일 지급), 변제기 2020. 10. 15.로 정하여 대여하였는데, 2020. 10. 15.까지의 약정이자만을 지급받았을 뿐 그 이후 원금 및 지연이자를 변제받지 못하였으므로 위 채권을 자동채권으로 하여 위 납품대금채권과 대등액에서 상계한다.

심리결과 甲, 乙의 위 각 주장사실은 증거에 의하여 모두 사실로 인정되었다.

乙에 대한 소장부본 송달일은 2022. 2. 8. 변론종결일은 2022. 5. 17. 판결선고일은 2022. 5. 31.이다.

위와 같은 사안에서 법원은 어떠한 판결을 하여야 하는가? 결론과 그에 따른 논거를 서술하시오. (각하, 인용, 기각을 명시하고, 일부인용인 경우 인용되는 부분을 특정할 것) (30점)

사례B-71 가압류 및 추심명령과 채권양도, 채권양도와 상계적상일[1)]

Ⅰ. 결 론(5)

원고 A의 피고 乙에 대한 이 사건 소와 관련하여,

① 2,500만원 및 이에 대한 2021. 7. 1.부터 지연이자 부분에 대해서는 당사자적격이 없음을 이유로 소각하 판결을 해야 한다.

② 丁의 채권가압류는 A의 청구에 대한 인용판결을 하는 데 있어 아무런 영향을 미치지 못한다.

③ 乙의 상계항변에 대해서는 2,200만원 부분에 한해 이유 있음을 판결 이유에서 밝혀야 한다.

④ 따라서, 현재 甲의 청구가 인용될 수 있는 금액은 2,300만원이다.

⑤ 법원은 이 금액 (2,300만원)에 대하여 2022. 2. 9.부터 판결 선고일인 2022. 5. 31.까지는 상법상 연 6%의 비율의, 판결선고일 다음날인 2022. 6. 1.부터 다 갚는 날 까지는 소촉법상 연 12%의 각 비율에 의한 금원의 지급을 명하여야 한다.

⑥ 甲의 나머지 청구는 청구기각한다.

Ⅱ. 논 거(25)[2)]

1. 乙의 본안 전 항변…설문 상황 다.(1)의 경우(6)

(1) 추심명령의 효력발생시기

추심명령이 있게 되면 추심채권자는 대위절차 없이 압류채권을 직접 추심할 수 있는 권능을 갖게 되는데(민사집행법 제229조 2항), **압류 및 추심명령의 효력 발생시기**는 제3채무자에 대한 송달일이고(민사집행법 제227조 3항, 제229조 4항), 제3채무자에게 송달된 이상 **채무자에게 송달되지 않았다 하더라도 효력발생에는 아무런 영향이 없다.** 따라서 사안의 경우 압류 및 추심명령이 압류채무자 甲에게 송달되지 아니하였더라도 2021. 6. 30. 乙에게 송달됨으로써 법적 효과가 발생하였다.

(2) 제3자에 의해 압류·추심명령을 받은 채권이 양도된 경우

判例가 판시하는 바와 같이 압류·추심명령이 내려진 경우에는 압류 및 추심명령이 제3채무자(양도대상인 채권의 채무자)에게 송달된 때를 기준으로 추심명령과 채권양도의 우열이 결정되므로, **채권의 양수인은 추심명령의 제한을 받는다.** 일반적으로 채권에 대한 압류·추심명령이 있으면 제3채무자에 대한 이행의 소는 추심채권자만이 제기할 수 있고 채무자는 피압류채권에 대한 이행의 소를 제기할 당사자적격을 상실하므로, 금전채권이 가압류된 후 그 채권의 양도가 이루어지고 채권양수인이 양수금 이행청구를 하였는데 위 가압류를 본압류로 전이하는 채권압류 및 추심명령이 있게 되면 **위 양수금 청구의 소는 당사자적격의 흠결로 부적법 '각하' 된다**(대판 2000.4.11. 99다23888).

따라서 사안에서 2021. 6. 30.부터 甲은 당사자적격을 상실한바, **법원은 납품대금채권 2500만원 부분과 이에 관하여 2021. 6. 30. 이후에 발생한 지연손해금의 지급을 구하는 甲의 청구를 당사자적격흠결을 이유로 각하하여야 한다.**

---

1) ★ 대판 2022.6.30. 2022다200089, 2011년 법원행정고시 변형

2) ★ 설문상황 다.(1),(2)는 대판 2000.4.11, 99다23888판시 사안이다.

2. 乙의 본안의 항변…설문 상황 다.(2) 경우(6)

(1) 제3자에 의해 가압류된 채권의 양도가능성

判例가 판시하는 바와 같이 가압류된 채권도 이를 양도하는 데 아무런 제한이 없다 할 것이나, 다만 가압류된 채권을 양수받은 양수인은 그러한 **가압류에 의하여 권리가 제한된 상태의 채권을 양수받는다**고 보아야 할 것이다(대판 2002.4.26, 2001다59033)

[관련판례] 또한 "채권가압류의 처분금지의 효력은 본안소송에서 가압류채권자가 승소하여 채무명의를 얻는 등으로 피보전권리의 존재가 확정되는 것을 조건으로 하여 발생하는 것이므로 채권가압류결정의 채권자가 본안소송에서 승소하는 등으로 채무명의를 취득하는 경우에는 가압류에 의하여 권리가 제한된 상태의 채권을 양수받는 양수인에 대한 채권양도는 무효가 된다"(대판 2002.4.26, 2001다59033)

(2) 가압류 상태에서 양수인의 이행청구 가부

"일반적으로 채권에 대한 가압류가 있더라도 이는 채무자가 제3채무자로부터 현실로 급부를 추심하는 것만을 금지하는 것일 뿐 채무자는 제3채무자를 상대로 그 이행을 구하는 소송을 제기할 수 있고, 법원은 가압류가 되어 있음을 이유로 이를 배척할 수는 없는 것이 원칙"(대판 2002.4.26, 2001다59033)[3]이므로, 가압류된 금전채권의 양수인이 양수금의 이행을 청구한 경우 **가압류가 되어 있다는 이유로 배척되지는 않는다. [1회 기록형]**

따라서 사안의 경우 채권양도인 甲의 부품대금채권에 대한 가압류결정이 있더라도 채권양수인 A는 여전히 위 채권을 재판상 청구할 수 있는 바, 법원은 甲의 채권 중 4500만원 및 이로부터 발생한 지연손해금에 대하여 본안판단하여야 한다.

3. 乙의 본안의 항변…설문 상황 다.(3)의 경우(13)

(1) 상계항변의 타당성(=대, 동, 변, 허, 현)

상계가 유효하기 위해서는 양 채권이 상계적상에 있어야 하는바, i) 채권이 대립하고 있을 것, ii) 대립하는 채권이 동일한 종류일 것, iii) 적어도 자동채권의 변제기가 도래할 것, iv) 상계가 허용되지 않는 채권이 아닐 것을 요한다. v) 이러한 상계적상은 원칙적으로 상계의 의사표시가 행하여지는 당시에 현존하여야 한다(제492조).

사안의 경우, 자동채권인 대여금반환채권과 수동채권인 부품대금채권 모두 금전채권으로 양자가 대립하고 있으며 자동채권의 변제기(2020. 10. 15.)와 수동채권의 이행기(2021. 4. 15.)[4] 모두 도래하였고, 이러한 상계적상은 상계의 의사표시(乙의 준비서면 도달일인 2022. 3. 31.)가 행하여지는 당시에 현존하고 있었으므로 乙의 상계항변은 타당하다(제492조).

---

3) "왜냐하면 채무자로서는 제3채무자에 대한 그의 채권이 가압류되어 있다 하더라도 채무명의를 취득할 필요가 있고 또는 시효를 중단할 필요도 있는 경우도 있을 것이며, 또한 소송 계속 중에 가압류가 행하여진 경우에 이를 이유로 청구가 배척된다면 장차 가압류가 취소된 후 다시 소를 제기하여야 하는 불편함이 있는 데 반하여 제3채무자로서는 이행을 명하는 판결이 있더라도 장차 집행단계에서 이를 저지하면 될 것이기 때문이다. 채권가압류의 처분금지의 효력은 본안소송에서 가압류채권자가 승소하여 채무명의를 얻는 등으로 피보전권리의 존재가 확정되는 것을 조건으로 하여 발생하는 것이므로, 채권가압류결정의 채권자가 본안소송에서 승소하는 등으로 채무 명의를 취득하는 경우에는 가압류에 의하여 권리가 제한된 상태의 채권을 양수받는 양수인에 대한 채권양도는 무효가 된다"(同 判例)

4) 여기서 이행기라 함은 채권의 이행 청구가 가능한 시기로서, 사안과 같이 이행기의 정함이 없는 채권의 경우 채권의 성립과 동시에 이행기가 도래한다고 본다.

[주의] 자동채권은 가압류결정의 효력의 발생시점(2021. 7. 27.)보다 앞선 2019. 10. 16.에 발생하였고, 가압류결정의 효력이 발생할 당시 자동채권과 수동채권의 변제기가 모두 도래하여 상계적상에 있으므로 제498조에 의해 상계가 제한되는 경우에 해당하지 않는다. 그러나 이는 가압류채권자 丁에 대한 상계항변의 경우 문제될 뿐이지 채권양수인 A에 대한 상계항변의 경우에는 문제되지 않는다(제498조 참조).

(2) 잔존 채권액 … 채권이 양도된 경우와 상계적상일

상계의 의사표시는 각채무가 상계할 수 있는 때에 대등액에 관하여 소멸한 것으로 본다(제493조 2항). 원칙적으로 사안과 같이 자동채권과 수동채권의 변제기 모두 도래한 후 상계의 의사표시가 있는 경우에는 두 채권의 변제기 모두가 도래한 시점이 상계적상시점이 된다. 그러나 **채권이 양도**(또는 전부)**된 경우**와 관련해서는 **'채권이 양도된 후 양수인이 양수금채권을 자동채권으로 하여 상계하거나 채무자가 양수인에 대한 채권을 자동채권으로 하여 상계하는 경우'** 에는 상계의 요건 중 '채권의 대립성' 때문에 최소한 채권양도의 대항요건이 갖추어진 이후에야 비로소 상계가 가능하다(따라서 그 이전에 자동채권과 수동채권의 변제기가 모두 도래한 경우에도 상계적상일은 양 채권의 변제기가 도래한 날이 아니라 채권양도의 대항요건이 갖추어진 날이 된다). 이와 관련하여 최근 判例도 채권양수인이 양수채권을 자동채권으로 하여 그 채무자가 채권양수인에 대해 가지고 있던 기존 채권과 상계한 경우, 채권양수인은 채권양도의 대항요건이 갖추어진 때 비로소 자동채권을 행사할 수 있으므로 채권양도 전에 이미 양 채권의 변제기가 도래하였다고 하더라도 **상계의 효력은 변제기로 소급하는 것이 아니라 채권양도의 대항요건이 갖추어진 시점으로 소급한다**고 한다(대판 2022.6.30. 2022다200089).

[비교판례] 그러나 '양수금 청구에 대하여 **채무자가 양도인에 대한 채권을 자동채권으로 하여 상계하는 경우'** (제451조 2항 참조)에는 그렇지 않다. 이 경우에는 채권양도로 인하여 채무자의 법적 지위가 달라져서는 안 된다는 법 원리에 따라 자동채권과 수동채권의 변제기가 모두 도래한 뒤 채권양도의 대항요건이 갖추어졌다면 양 채권의 변제기가 모두 도래한 날이 상계적상일이 된다(물론 대항요건을 갖추기 전에 채무자가 자동채권을 취득한 것을 전제로 한다). 이와 관련하여 判例는 채무자가 채권양도 통지를 받은 경우 채무자는 그때까지 양도인에 대하여 생긴 사유로써 양수인에게 대항할 수 있고(제451조 2항), 당시 이미 상계할 수 있는 원인이 있었던 경우에는 아직 상계적상에 있지 않더라도 그 후에 상계적상에 이르면 채무자는 양수인에 대하여 상계로 대항할 수 있다고 한다(대판 2019.6.27. 2017다222962).

따라서 사안의 경우 자동채권과 수동채권의 변제기가 모두 도래한 **2021. 4. 15.이 아니라 2021. 8. 15.이 상계적상시점**이 된다. 자동채권인 대여금반환채권은 그 변제기가 2020. 10. 15.이므로 2021. 8. 15.에는 이로부터 200만원의 지연손해금이 발생하였다(2천만 원× 0.01 × 10개월=200만 원) 따라서 자동채권액은 2200만원으로 수동채권(4,500만원)과 대등액 범위에서 소멸하므로 상계적상시(2021. 8. 15.)를 기준으로 수동채권의 잔존액은 2,300만원이다. 다만, 2,300만 원은 이행기의 정함이 없는 채권이므로 그 이행청구가 있는 다음날(2022. 2. 9.)부터는 지연손해금이 발생한다.

(3) 소송촉진 등에 관한 특례법[5]상(이하 '소송촉진법') 법정이율 적용시점

소송촉진법 제3조 1항 및 동법 시행령에 따르면 금전채무 이행판결 선고 시, 금전채무불이행에 따른 손해배상액을 산정의 기준이 되는 법정이율은 소장이 채무자에게 송달된 날의 다음 날부터는 연 12%의 비율에 따른다. 다만, 채무자에게 그 이행의무가 있음을 선언하는 사실심판결이 선고되기 전까지 채무자가 그 이행의 존재여부나 범위를 항쟁하는 것이 타당한 범위에서 제1항을 적용하지 아니한다(동법 제3조 2항). 따라서 사안의 경우 채무자 乙의 **'채무의 이행의무의 범위에 대한 항쟁'**, 즉 상계항변이 타당한바 소송촉진법 제3조 2항이 적용되어 판결 선고일 다음날부터 소송촉진법상 법정이율이 적용된다(대판 1987.5.26. 86다카1876).[6]

5. 사안의 해결

(1) 압류 및 추심명령을 받은 2500만원 부분에 대한 판단

압류 및 추심명령의 효력은 2021. 6. 30.에 발생하였으므로, 위 2500만원 부분 및 이로부터 **2021. 6. 30. 이후에 발생한 지연손해금에 관한 甲의 청구는 당사자적격 흠결을 이유로 각하되어야** 한다. 또한, 위 채권은 이행기의 정함이 없는 채권이기 때문에 그 이행의 청구가 있는 다음날(2022.2.9.)에야 비로소 이행지체책임이 발생하므로 **2021. 4. 15.부터 2021. 6. 30. 까지는 지연손해금이 발생하지 않고 이에 대한 甲의 청구는** 기각된다. 2021. 7. 1.부터 2022. 2. 8.에도 지연손해금은 발생하지 않으나 '소송요건의 선순위성'을 고려하면 이 부분에 대한 甲의 청구는 각하되어야 한다.

(2) 가압류결정을 받은 4500만원 부분에 대한 판단

乙의 상계항변으로 인해 위 채권 중 2,300만원 상당의 부분만 잔존하였다. 다만, 위 채권은 이행기의 정함이 없는 채권이므로 그 이행 청구가 있는 다음날(2022. 2. 9.)부터 지연손해금이 발생한다. 또한 부품대금채무는 상인 乙이 상행위로 인해 부담하는 채무이므로 상사이율(연 6%)이 적용된다. 결론적으로 乙은 A에게 부품대금채권 잔존액 2300만원 및 이에 대해 2022. 2. 9.부터 2022. 5. 31.까지 연 6% 비율, 2022. 6. 1.부터 다 갚는 날까지 연 12% 비율에 의한 금원을 가산하여 지급하여야 한다. 甲의 나머지 청구는 기각된다.

---

5) [참고법령] 〈소송촉진 등에 관한 특례법 제3조 제1항 본문의 법정이율에 관한 규정〉 전부개정 2019.5.21.
「소송촉진 등에 관한 특례법」 제3조 제1항 본문에서 '대통령령으로 정하는 이율'이란 연 100분의 12를 말한다.
부칙 〈제29768호,2019.5.21〉
제1조(시행일) 이 슈은 2019년 6월 1일부터 시행한다.
제2조(경과조치) ①항 이 슈 시행 당시 법원에 계속 중인 사건으로서 제1심의 변론이 종결된 사건에 대한 법정이율은 이 슈의 개정규정에도 불구하고 종전의 규정에 따른다. ②항 이 슈 시행 당시 법원에 계속 중인 사건으로서 제1심의 변론이 종결되지 아니한 사건에 대한 법정이율은 2019년 5월 31일까지 발생한 분에 대해서는 종전의 규정에 따르고, 2019년 6월 1일 이후 발생하는 분에 대해서는 이 슈의 개정규정에 따른다.

6) " '채무자가 이행의 존부나 범위에 관하여 항쟁함이 타당하다'고 인정되는 때라 함은 그 이행의 존부나 범위에 관하여 항쟁하는 채무자의 주장에 상당한 근거가 있는 것으로 인정되는 때를 가리키는 것이다"

기출해설

2020년 2차 법전협모의 제2문 유사

甲은 2015. 11. 19. 乙의 丙에 대한 부당이득반환채권(2013. 12. 27.발생)에 대하여 채권압류 및 추심명령을 받았고, 이 사건 추심명령이 2015. 11. 23. 丙에게 송달되었다. 이에 甲이 丙에게 적법하게 추심금(부당이득반환채권)을 청구하자 丙은 다음과 같은 항변을 하였다. **丙의 ①②③④ 항변이 타당한지 법적근거와 함께 검토하라. 단, 이하의 사실관계는 증명이 된 것으로 전제한다.** (30점)

丙은 乙의 다른 채권자 A에 대한 금전채무에 대해 연대보증인과 물상보증인의 지위를 겸하는 자로서, ① 2013. 4. 19. 乙의 A에 대한 채무의 이행기가 도래함으로써 乙의 부탁을 받은 연대보증인과 물상보증인의 지위에서 乙에게 사전구상권을 취득하였다(이에 대해 乙은 제443조의 담보제공청구권의 행사를 고려 중이다). ② 나아가 2015. 5. 6.에는 자신의 부동산에 설정된 A명의의 근저당권 피담보채무를 면책적으로 인수하였으므로 물상보증인 지위에서 乙에게 사후구상권도 취득하였고, ③ 2016. 9. 29. A에게 채무의 일부를 변제함으로써 이에 대한 사후구상권도 취득하였다. 그리고 이러한 사후구상권의 취득으로 인하여 기존의 사전구상권이 소멸하는 것도 아니다. ④ 따라서 乙에 대한 사전·사후구상권으로 乙의 이 사건 부당이득반환채권(추심금)과 상계한다고 항변하였다.

사례B-72 압류채권자에 대한 사전(제441조) · 사후구상권(제341조)을 자동채권으로 한 상계항변 가부(제498조)[1] ★

Ⅰ. 丙 항변의 타당성과 법적근거(30)

1. 사전구상권 취득 여부

(1) 수탁연대보증인 지위에서의 사전구상권 취득여부와 주채무자의 항변

사후구상이 원칙이지만, 예외적으로 주채무의 이행기가 도래한 경우에, '수탁보증인'이 미리, 즉 사전(변제 기타 출재 전)에 구상할 수 있다(제442조 1항 4호). 다만 사전구상에 응한 주채무자는 자기를 면책하게 하거나 자기에게 담보를 제공할 것을 보증인에게 청구(담보제공청구권)할 수 있고, 아니면 배상할 금액을 공탁하거나 '담보를 제공'하거나 보증인을 면책하게 함으로써 사전구상의무를 면할 수 있다(제443조).

(2) 수탁물상보증인 지위에서의 사전구상권 취득여부

判例가 판시하는 바와 같이 "민법 제341조(제370조)는 타인의 채무를 담보하기 위한 저당권설정자가 그 채무를 변제하거나 저당권의 실행으로 인하여 저당물의 소유권을 잃은 때에 채무자에 대하여 구상권을 취득한다고 규정하여 물상보증인의 구상권 발생 요건을 보증인의 경우와 달리 규정하고 있는 점, 물상보증인은 담보물로서 물적 유한책임만을 부담할 뿐 채권자에 대하여 채무를 부담하는 것이 아닌 점 등을 종합하면, 원칙적으로 수탁보증인의 사전구상권에 관한 민법 제442조는 물상보증인에게 적용되지 아니하고 물상보증인은 사전구상권을 행사할 수 없다"(대판 2009.7.23, 2009다19802,19819).

---

1) ★ 민법의 맥 판례연구 B-10A ; 대판 2019.2.14. 2017다274703 사실관계 ; 2020년 2차 법전협 모의고사 제2문에서도 동일한 쟁점이 출제되었다.

2. 면책적 채무인수를 통한 사후구상권 취득여부

判例가 판시하는 바와 같이 "구상권 취득의 요건인 '채무의 변제'라 함은 채무의 내용인 급부가 실현되고 이로써 채권이 그 목적을 달성하여 소멸하는 것을 의미하므로, 기존 채무가 동일성을 유지하면서 인수 당시의 상태로 종래의 채무자로부터 인수인에게 이전할 뿐 기존 채무를 소멸시키는 효력이 없는 면책적 채무인수는 설령 이로 인하여 기존 채무자가 채무를 면한다고 하더라도 이를 가리켜 채무가 변제된 경우에 해당한다고 할 수 없다"(대판 2019.2.14. 2017다274703).

따라서 사안에서 채무인수의 대가로 기존 채무자 乙이 물상보증인 丙에게 어떤 급부를 하기로 약정하였다는 등의 사정이 없는 한 물상보증인 丙이 기존 채무자 乙의 채무를 면책적으로 인수하였다는 것만으로 물상보증인 丙이 기존 채무자 乙에 대하여 구상권 등의 권리를 가진다고 할 수 없다.

3. 일부변제를 통한 사후구상권 취득여부 및 사전구상권과의 관계

사안의 경우 丙은 수탁연대보증인 또는 수탁물상보증인의 지위에서 2016. 9. 29. A에게 채무를 일부 변제하였으므로 乙에게 사후구상권을 취득한다(제441조, 제341조, 제370조). 아울러 判例가 판시하는 바와 같이 "수탁보증인의 사전구상권과 사후구상권은 종국적 목적과 사회적 효용을 같이 하는 공통성을 가지고 있으나, 이는 발생원인을 달리하고 법적 성질도 달리하는 별개의 독립된 권리이므로, 사후구상권이 발생한 이후에도 사전구상권은 소멸하지 아니하고 병존하며, 다만 목적달성으로 일방이 소멸하면 타방도 소멸하는 관계에 있을 뿐이다"(대판 2019.2.14. 2017다274703).

4. 주채무자 乙에 대한 사전·사후구상권으로 추심금채권과 상계할 수 있는지 여부

(1) 주채무자 乙에 대한 '사후구상권'을 자동채권으로 하는 상계가 허용되는지 여부

지급을 금지하는 명령(압류 또는 가압류된 채권)을 받은 제3채무자는 그 후에 취득한 채권에 의한 상계로 그 명령을 신청한 채권자에게 대항하지 못하는바(제498조), 사안에서 丙은 2016. 9. 29.에 사후구상권을 취득하였고, 이는 압류의 효력발생일(2015.11.23.) 이후에 취득한 채권이므로 다른 '특별한 사정이 없는 한' 사후구상권을 자동채권으로 압류채권자인 甲에게 상계로 대항할 수 없다.

> [특별한 사정] 그러나 判例는 그 채권이 (가)압류의 효력발생[(가)압류 명령이 제3채무자에게 송달된 때] 이후에 발생한 것이더라도 그 기초가 되는 원인이 가압류 이전에 이미 성립하여 존재하고 있는 경우에는, 본조 소정의 '가압류 이후에 취득한 채권'에 해당하지 않아 상계할 수 있다고 한다(대판 2001.3.27, 2000다43819 : 8회 선택형)
> 즉 동시이행관계에 있는 반대채권의 성립이 압류명령 송달 후라고 하더라도 이 경우에는 상계가 허용된다. 동시이행관계인 경우에는 처음부터 채권발생의 기초관계가 존재하고 있어 상계를 할 수 있다는 기대가 존재하는 것이므로 제3채무자의 이러한 상계에 대한 기대 또는 신뢰는 존중되어야 할 것이기 때문이다.

(2) 주채무자 乙에 대한 '사전구상권'을 자동채권으로 하는 상계가 허용되는지 여부

1) 원 칙

判例가 판시하는 바와 같이 "항변권이 붙어 있는 채권을 자동채권으로 하여 다른 채무(수동채권)와의 상계를 허용한다면 상계자 일방의 의사표시에 의하여 상대방의 항변권 행사의 기회를 상실시키는 결과가 되므로 그러한 상계는 허용될 수 없고, 특히 수탁보증인이 주채무자에 대하여 가지는 **민법 제442조의 사전구상권에는 민법 제443조의 담보제공청구권이 항변권으로 부착되어 있는 만큼 이를 자동채권으로 하는 상계는 원칙적으로 허용될 수 없다**"(대판 2019.2.14. 2017다274703).

2) 예 외

判例에 따르면 "채권압류명령을 받은 제3채무자가 압류채무자에 대한 반대채권을 가지고 있는 경우에 상계로써 압류채권자에게 대항하기 위하여는, ㉠ 압류의 효력 발생 당시에 대립하는 양 채권이 상계적상에 있거나, ㉡ 그 당시 반대채권(자동채권)의 변제기가 도래하지 아니한 경우에는 그것이 피압류채권(수동채권)의 변제기와 동시에 또는 그보다 먼저 도래하여야 한다"고 한다. 이러한 법리는 채권압류명령을 받은 제3채무자이자 보증채무자인 사람이 압류 이후 보증채무를 변제함으로써 담보제공청구의 항변권을 소멸시킨 다음, 압류채무자에 대하여 압류 이전에 취득한 사전구상권으로 피압류채권과 상계하려는 경우에도 적용된다고 봄이 타당하다(대판 2019.2.14. 2017다274703).

[심화] "결국 제3채무자가 압류채무자에 대한 사전구상권을 가지고 있는 경우에 상계로써 압류채권자에게 대항하기 위해서는, ㉠ 압류의 효력 발생 당시 사전구상권에 부착된 담보제공청구의 항변권이 소멸하여 사전구상권과 피압류채권이 상계적상에 있거나, ㉡ 압류 당시 여전히 사전구상권에 담보제공청구의 항변권이 부착되어 있는 경우에는 제3채무자의 면책행위 등으로 인해 위 항변권을 소멸시켜 사전구상권을 통한 상계가 가능하게 된 때가 피압류채권의 변제기보다 먼저 도래하여야 한다"(대판 2019.2.14. 2017다274703).

3) 사안의 경우

연대보증인 丙이 피담보채무를 일부변제 하여 주채무자 乙을 면책케 한 2016. 9. 29에 비로소 乙의 담보제공청구의 항변권은 그 부분에 한하여 소멸한다(제443조). 따라서 ㉠ 압류의 효력 발생일인 2015. 11. 23. 당시에는 사전구상권에 부착된 담보제공청구의 항변권이 소멸하지 않았다. ㉡ 그리고 사안의 경우 피압류채권인 부당이득금반환채권은 변제기의 정함이 없는 채권이므로, 성립함과 동시에 변제기에 도달하는바(대판 2019.2.14. 2017다274703), 그 변제기는 2013. 12. 27.이라 할 것이다. 그런데 丙이 乙의 담보제공청구 항변권을 소멸시켜 상계가 가능하게 된 시점은 2016. 9. 29.이므로 피압류채권의 변제기보다 나중에 도래한다. 결국 丙의 상계항변은 부당하다.

Ⅱ. 사안의 해결

① 물상보증인의 지위에서 사전구상권을 취득하였다는 항변은 부당하나, 연대보증인의 지위에서 사전구상권을 취득하였다는 항변은 타당하다. ② 채무의 면책적 인수로 사후구상권을 취득하였다는 항변은 부당하나, ③ 일부변제로 사후구상권을 취득하였다는 항변은 타당하고, 이로써 기존의 사전구상권이 소멸하지 않는다는 항변도 타당하다. ④ 그러나 乙에 대한 사후구상권은 압류의 효력발생일 이후에 취득한 채권이므로, 그리고 사전구상권은 담보제공청구의 항변권이 소멸된 시점이 피압류채권의 변제기보다 나중에 도래했기 때문에 이를 자동채권으로 하는 丙의 상계항변은 타당하지 않다.

유사기출

압류채권자에 대한 사전(제441조) · 사후구상권(제341조)을 자동채권으로 한 상계항변 가부(제498조)
[2023년 변호사시험 제2문]

A는 2022. 4. 1. 甲에게 1억 원을 변제기 2022. 4. 30.로 정하여 대여하였고, 甲의 부탁을 받은 乙은 같은 날 A와 사이에 甲의 A에 대한 위 대여금채무를 위한 보증계약을 체결하였다.
한편 乙은 2022. 5. 2. 甲에게 乙 소유의 X토지를 1억 원에 매도하면서 X토지의 인도 및 소유권이전등기 소요서류의 교부는 2022. 7. 1. 이행하기로 하였고, 대금은 계약 당일 전액 수령하였다. 그런데 甲은 2022. 5. 30. 乙에게 착오를 이유로 위 매매계약을 취소하였고, 위 취소의 의사표시는 2022. 5. 31. 乙에게 도달하여 매매계약은 적법하게 취소되었다.
위 상태에서 甲에 대한 1억 원의 대여금 채권자 丙은 2022. 6. 2. 관할 법원에 甲을 채무자, 乙을 제3채무자로 하여 甲의 乙에 대한 위 부당이득반환채권에 대해 압류 및 추심명령을 신청하였고, 법원은 2022. 6. 10. 압류 및 추심명령을 발령하였다. 위 압류 및 추심명령은 2022. 6. 20. 甲과 乙에게 송달되었고, 丙은 2022. 6. 21. 乙을 상대로 위 추심명령에 따른 추심금청구의 소를 제기하였다. 한편 乙은 2022. 7. 20. A에게 甲의 A에 대한 2022. 4. 1.자 대여금채무 전액을 변제하였다.
2. 丙의 乙에 대한 위 추심금청구 소송에서, 乙은 甲에 대한 사전구상권과 사후구상권을 자동채권으로, 甲의 乙에 대한 부당이득반환채권을 수동채권으로 하여 상계하였다. 乙의 각 상계 주장은 타당한가? (이자나 지연손해배상 기타 부수 청구는 고려하지 말 것) (30점)

Ⅱ. 제2문의 2.의 경우(30)

1. 문제점

민법 제498조에 따르면 (甲의 乙에 대한 부당이득반환채권에 대해) 압류 및 추심명령으로 인해 지급을 금지하는 명령을 받은 제3채무자 乙은 그(압류 및 추심명령이 乙에게 송달된 2022. 6. 20.)후 취득한 채무자 甲에 대한 사전구상권과 사후구상권을 자동채권으로 한 상계로 그 명령을 신청한 채권자 丙에게 대항하지 못한다. 따라서 乙의 각 상계 주장이 타당하기 위해서는 위 제498조에 따라 상계가 허용되지 않는 채권은 아닌지 문제된다.

2. 수탁보증인 乙의 주채무자 甲에 대한 사전구상권을 자동채권으로 하는 상계의 항변

(1) 사전구상권 인정여부 및 사후구상권과 병존하는지 여부

수탁보증인 乙은 주채무의 이행기가 도래한 경우 등에 사전에 구상할 수 있다(제442조 1항 4호). 判例는 "수탁보증인의 사전구상권과 사후구상권은 '별개의 독립된 권리'이다. 따라서 사후구상권이 발생한 이후에도 사전구상권은 소멸하지 아니하고 병존하며, 다만 목적달성으로 일방이 소멸하면 타방도 소멸하는 관계에 있을 뿐이다"(대판 2019.2.14. 2017다274703)라고 판시하여 사후구상권이 발생하여도 여전히 사전구상권이 병존하는 것으로 볼 수 있다. 이에 따르면 사안에서 甲의 주채무 이행기인 2022. 4. 30.이 도래함으로써 乙은 사전구상권을 취득하였고(제442조 1항 4호), 이는 乙이 A에게 2022. 7. 20. 주채무 1억 원을 모두 변제하여 사후구상권이 발생(제441조)하여도 병존한다.

(2) 주채무자 甲에 대한 '사전구상권'을 자동채권으로 하는 乙의 상계가 허용되는지 여부

1) 원 칙

2) 예 외

3) 사안의 경우

보증인 乙이 주채무를 전부변제하여 주채무자 甲을 면책케 한 2022. 7. 20.에 비로소 甲의 담보제공청구의 항변권은 소멸한다(제443조). 따라서 ㉠ 압류의 효력 발생일인 2022. 6. 20. 당시에는 사전구상권에 부착된 담보제공청구의 항변권이 소멸하지 않았으므로 이때 상계적상 상태가 아니었다. ㉡ 그리고 피압류채권인 부당이득금반환채권(수동채권)의 변제기는 매매계약을 착오를 이유로 취소한 2022. 5. 31.이라 할 것인데, 乙이 甲의 담보제공청구 항변권을 소멸시켜 상계가 가능하게 된 시점은 2022. 7. 20.이므로 피압류채권의 변제기보다 나중에 도래하였다. 결국 乙의 사전구상권을 자동채권으로 하는 상계는 丙에 대한 관계에서 허용되지 않는다.

3. 수탁보증인 乙의 주채무자 甲에 대한 사후구상권을 자동채권으로 하는 상계의 항변

지급을 금지하는 명령(압류 또는 가압류된 채권)을 받은 제3채무자는 그 후에 취득한 채권에 의한 상계로 그 명령을 신청한 채권자에게 대항하지 못하는바(제498조), 사안에서 乙은 2022. 7. 20.에 사후구상권을 취득하였고, 이는 압류의 효력발생일(2022.6.20.) 이후에 취득한 채권이므로 다른 '특별한 사정이 없는 한' 사후구상권을 자동채권으로 압류채권자인 丙에게 상계로 대항할 수 없다.

4. 사안의 해결

乙의 각 상계 주장은 타당하지 않다.

기출해설

2014년 법원행정고시 제2문

甲은 자신의 X토지 위에 Y주택을 소유하고 있다가 乙로부터 2억 원을 차용하면서 2016. 3. 10. X토지와 Y주택에 乙명의의 공동저당권을 설정해주었다. 그 후 甲은 2017. 2.경 Y주택을 헐고 그 위치에 Z건물을 신축하기 시작하여 같은 해 10.경 완공하였다. 그런데 甲이 乙에 대한 채무를 변제하지 않아 乙이 2018. 1. 20. X토지에 대해서만 경매를 신청하고 그 경매절차에서 丙이 매수하고 매각대금을 완납하였다. 丙은 甲을 상대로 Z건물의 철거소송을 제기하였고, 甲은 법정지상권의 취득을 근거로 항변하였다.

甲과 丙의 화해로 甲이 Z건물을 X토지 위에 유지할 수 있게 되었다. 丙은 丁은행으로부터 3억 원을 차용하면서, 2018. 2. 1. 丙 소유 X토지와 甲에게 부탁하여 甲 소유 Z건물에 관하여 丁명의의 공동근저당권이 설정되었다. 그 후 甲은 A로부터 1억 5,000만 원을 차용하면서 Z건물에 관하여 2018. 3. 10. A 명의의 제2순위 근저당권을 설정해 주었다.

2. 丁은행은 丙이 채무를 변제하지 않음을 이유로 Z건물에 대한 경매를 신청하였고 경매절차가 진행되어 매각대금으로부터 2018. 5. 2. 丙의 위 채무가 전액 변제되었다. 이에 A가 甲 소유의 부동산에 대한 후순위저당권자로서 甲에게 이전된 근저당권으로부터 우선하여 변제받을 수 있다고 주장하며 丁 은행을 상대로 근저당권설정등기의 이전을 구하였다. 이 경우 丙이 甲에 대한 대여금채권(변제기 2018. 4. 19.)을 자동채권으로 하여 甲의 구상금채권과 상계할 수 있는지를 근거와 함께 서술하시오. (20점)

사례B-73 물상보증인의 구상금채권을 수동채권으로 한 채무자의 상계★

Ⅱ. 문제 2.의 경우(20)

1. 결 론

丙은 甲에 대한 대여금채권을 자동채권으로 하여 甲의 구상금채권과 상계할 수 없다.

2. 근 거

(1) 문제점

공동저당에 제공된 채무자 소유의 부동산과 물상보증인 소유의 부동산 가운데 물상보증인 소유의 부동산이 먼저 경매되어 매각대금에서 선순위공동저당권자가 변제를 받은 경우, 채무자가 물상보증인에 대한 반대채권으로 물상보증인의 구상금 채권과 상계함으로써 물상보증인 소유의 부동산에 대한 후순위저당권자에게 대항할 수 있는지 여부가 문제된다.

(2) 상계의 요건(대, 동, 변, 허, 현)

丙의 甲에 대한 대여금채권과 甲의 丙에 대한구상금채권은 대립하는 금전채권이고, 丙의 채무가 전액 변제된 시점인 2018. 5. 2.보다 자동채권인 대여금채권의 변제기가 2018. 4. 19.로 먼저 도달하는바, 2018. 4. 19.이후 丙은 원칙적으로 甲에 대해 상계권을 행사할 수 있다(제492조).[1] 다만 후술하는 바와 같이 수동채권인 물상보증인 甲의 구상금채권은 후순위저당권자 A가 갖는 물상대위권의 기초가 되므로 상계를 허용할 경우 후순위저당권자 A의 권리가 침해될 수 있어 이에 대해 검토하기로 한다.

(3) 물상보증인 甲의 구상금채권

공동저당에 제공된 채무자 丙 소유의 X토지와 물상보증인 甲 소유의 Z건물 중에서 "물상보증인 소유의 부동산이 먼저 경매되면 물상보증인은 채무자에 대하여 구상권을 취득함과 동시에 '변제자대위'에 의하여 채무자 소유의 부동산에 대한 선순위공동저당권을 대위취득하고 물상보증인 소유 부동산의 후순위저당권자는 이에 대하여 다시 '물상대위'를 하게 된다"(대판 1994.5.10, 93다25417 : 1회,3회,6회 선택형).[2] 따라서 물상보증인 甲은 채무자 丙에 대하여 구상금채권을 취득한다.

(4) 물상보증인 甲의 구상금채권을 수동채권으로 한 채무자 丙의 상계로 후순위저당권자 A에게 대항할 수 있는지 여부

1) 판 례

判例는 물상보증인 소유 부동산의 후순위저당권자가 물상대위를 하는 경우, "**채무자는 물상보증인에 대한 반대채권이 있더라도 특별한 사정이 없는 한 물상보증인의 구상금 채권과 상계함으로써 물상보증인 소유의 부동산에 대한 후순위저당권자에게 대항할 수 없다.** 왜냐하면 채무자는 선순위공동저당권자가 물상보증인 소유의 부동산에 대해 먼저 경매를 신청한 경우에 비로소 상계할 것을 기대할 수 있는데, **이처럼 우연한 사정에 의하여 좌우되는 상계에 대한 기대**가 물상보증인 소유의 부동산에 대한 후순위저당권자가 가지는 법적 지위에 우선할 수 없기 때문이다"(대판 2017.4.26. 2014다221777,221784)라고 판시하고 있다.[3]

2) 사안의 경우

채무자 丙은 물상보증인 甲에 대하여 반대채권이 있더라도 甲 소유의 부동산에 대한 후순위저당권자 A에게 대항할 수 없기 때문에 甲의 구상금채권과 상계할 수 없다.

---

1) 상계가 유효하기 위해서는 양 채권이 상계적상에 있어야 하는바, i) 채권이 대립하고 있을 것, ii) 대립하는 채권이 동일한 종류일 것, iii) 적어도 자동채권의 변제기가 도래할 것, iv) 상계가 허용되지 않는 채권이 아닐 것을 요한다. v) 이러한 상계적상은 원칙적으로 상계의 의사표시가 행하여지는 당시에 현존하여야 한다(제492조).

2) 그 이유는 채무자 소유 부동산과 물상보증인 소유 부동산에 공동저당권이 설정된 경우, 물상보증인은 변제자대위를 통해 최종적인 책임을 채무자에게 전가할 수 있는 기대를 갖게 되는데, 이러한 기대가 그 뒤 채무자 소유 부동산에 후순위 저당권이 설정되었다고 하여 침해되어서는 안 되기 때문이다.

3) [사실관계] 甲 소유의 부동산과 채무자인 乙 소유의 부동산을 공동저당의 목적으로 하여 丙 은행 앞으로 선순위근저당권이 설정된 후 甲 소유의 부동산에 관하여 丁 앞으로 후순위근저당권이 설정되었는데, 甲 소유의 부동산에 관하여 먼저 경매절차가 진행되어 丙 은행이 채권 전액을 회수하였고, 이에 丁이 甲 소유의 부동산에 대한 후순위저당권자로서 물상보증인에게 이전된 근저당권으로부터 우선하여 변제를 받을 수 있다고 주장하며 丙 은행 등을 상대로 근저당권설정등기의 이전을 구하자, 甲이 乙에 대해 취득한 구상금 채권이 상계로 소멸하였다고 주장하며 乙이 丙 은행을 상대로 근저당권설정등기의 말소를 구하는 독립당사자 참가신청을 한 사안에서, 乙의 말소등기청구는 등기의 이전을 구하는 丁의 청구와 동일한 권리관계에 관하여 주장 자체로 양립되지 않는 관계에 있지 않으므로 민사소송법 제79조 제1항 전단에 따른 권리주장참가의 요건을 갖추지 못하였고, 丁과 丙 은행이 소송을 통하여 乙의 권리를 침해할 의사가 있다고 객관적으로 인정하기도 어려우므로 민사소송법 제79조 제1항 후단에 따른 사해방지참가의 요건을 갖추었다고 볼 수도 없다는 이유로 乙의 독립당사자 참가신청을 각하한 사례.

기출해설

2014년 변호사시험 제2문

의류도매업자 甲은 2007. 1. 5. 乙에게 의류 1,000벌을 1억 원에 매도하였다. 乙은 2007. 3. 5.까지 의류대금을 지급하기로 약속하고, 甲에게서 의류 1,000벌을 인수하였다.

1. 乙은 甲에게 (1) 2006. 5. 6. 8,000만 원을 이자 월 1%(매월 5. 지급), 변제기 2006. 8. 5.로 정하여 대여하고, (2) 2007. 1. 6. 다시 5,000만 원을 이자 월 2%(매월 5. 지급), 변제기 2007. 2. 5.로 정하여 대여하였는데, 甲이 위 각 대여금에 대한 원금 및 이자 등을 전혀 변제하지 않자, 2007. 7. 10. 소를 제기하여 위 대여금 합계 1억 3,000만 원 및 그중 8,000만 원에 대하여는 2006. 5. 6.부터 다 갚는 날까지 월 1%, 5,000만 원에 대하여는 2007. 1. 6.부터 다 갚는 날까지 월 2%의 각 비율에 의한 이자 및 지연손해금의 지급을 구하였다.
   이에 대하여 甲은 2007. 8. 6. 乙이 출석한 변론기일에서 乙에 대한 의류대금 1억 원 및 이에 대한 그 변제기 다음 날인 2007. 3. 6.부터 다 갚는 날까지 연 5%의 비율에 의한 지연손해금 채권을 자동채권으로 하여 乙의 위 각 채권과 상계한다고 항변하였다.
   乙의 청구에 대한 결론[각하, 청구기각, 청구일부인용(일부인용의 경우 그 구체적인 금액과 내용을 기재할 것), 청구전부인용]을 그 논거와 함께 서술하라. (20점)

사례B-74 상계충당, 금전채권의 변제기 이후 지연손해금 산정기준★

Ⅰ. 설문 1.의 경우(20)

1. 결 론

법원은 "피고는 원고에게 40,000,000원 및 이에 대한 2007. 3. 6.부터 다 갚는 날까지는 월 1%의 각 비율에 의한 돈을 지급하라. 2. 원고의 나머지 청구는 기각한다."는 '일부 인용판결'을 해야 한다.

2. 근 거[1)]

(1) 乙의 채권액 산정

1) 판 례

금전채무 불이행의 경우에 손해배상액은 실제 손해액수와 상관없이 법정이율에 의하여 산정된다(제397조 1항 본문). 그러나 법령의 제한에 위반되지 아니한 약정이율이 있으면 그 약정이율에 의한다(동조 단서). 즉, 이자약정만 있고 지연손해약정이 없는 경우 判例에 따르면 "소비대차에서 변제기 후의 이자약정이 없는 경우 특별한 의사표시가 없는 한 변제기가 지난 후에도 당초의 약정이자를 지급하기로 한 것으로 보는 것이 당사자의 의사이다"(대판 1981.9.8, 80다2649). 다만 判例는 '약정이율'이 법정이율보다 낮은 경우에는 '지연손해금'은 약정이율이 아니라 법정이율에 의하여 정해야 한다고 한다(대판 2009.12.24, 2009다85342 : 8회 선택형).

---

1) [문제점] 乙의 청구에 대한 결론을 내리기 위하여는 선결적으로 乙의 채권액이 얼마나 되는지 정하여야 하는데 본 사안의 경우와 같이 변제기까지의 약정이율은 존재하나 변제기 도과후 지연손해금율 약정은 없는 경우 과연 어떻게 지연손해금을 정할지가 문제된다(제397조). 한편 甲의 상계항변과 관련하여서는 상계가 가능한지 여부를 검토한 후 가능하다면 어떻게 상계가 되는지 그 효과에 대하여도 검토한다.

2) 사안의 경우

사안의 경우 월 1% 내지 월 2%의 이율은 법정이율인 연 5%보다 높으므로 8,000만 원 채권의 경우 2006. 8. 5. 이후에도 월 1%의 지연손해금이, 5,000만 원 채권의 경우 변제기인 2007. 2. 5. 이후에도 월 2%의 지연손해금이 甲이 각 대여금을 모두 갚는 날까지 발생할 것이다. 그러므로 乙의 청구는 원칙적으로는 타당하다.

(2) 甲의 상계 항변

1) 상계가 가능한지 여부

상계의 요건을 검토하건대(제492조), 사안의 경우 甲이 상계하고자 하는 자동채권은 乙에 대한 의류대금 1억 원 및 이에 대한 그 변제기 다음 날인 2007. 3. 6.부터 다 갚는 날까지 연 5%의 비율에 의한 지연손해금 채권이고 상계를 당하는 수동채권은 乙의 甲에 대한 대여금 1억 3,000만 원, 이자 및 지연손해금이므로 의류대금채권과 대여금채권은 서로 대립하고 둘 다 금전채권으로서 채권의 목적이 동종이고 성질상 상계가 가능하다는 것은 명백하다. 그리고 적어도 자동채권의 변제기가 도래하여야 하는바 甲의 채권의 변제기는 2007. 3. 5.로서 이행기에 있으므로 이 요건도 충족하였다. 마지막으로 채무의 성질에 의해 상계가 금지되는 특별한 사정도 보이지 않는다. 따라서 甲은 乙에 대해 상계를 주장할 수 있다.

2) 상계의 효과

가) 상계의 소급효(상계충당)

상계의 의사표시가 있으면 각 채무가 '상계할 수 있었던 때'에 소멸한 것으로 본다(제493조 2항). 따라서 상계적상 이후에는 이자는 발생하지 않고 이행지체도 소멸한다. **자동채권과 수동채권의 변제기가 모두 도래한 후에 상계의 의사표시를 한 경우**에 상계적상일은 양 채권의 변제기가 모두 도래한 때이다. 물론 그 이전에 이미 이행기가 도래한 채무에 대해서는 상계적상시까지 지체책임이 발생한다. 그리고 상계자에게 상계적상에 있는 수동채권이 수개이고 자동채권으로 그 수개의 수동채권을 모두 소멸시킬 수 없는 경우에는 변제의 충당에 관한 규정이 준용된다(제499조).

나) 사안의 경우

乙의 甲에 대한 8,000만 원 채권 및 5,000만 원의 채권 모두 변제기가 甲의 자동채권의 변제기인 2007. 3. 5. 이전에 도래하였으므로 결국 양 채권의 변제기가 모두 도래한 것이 되어 상계적상일은 2007. 3. 5. 이 된다. 따라서 그 때까지의 甲의 자동채권 1억 원과 乙의 수동채권 1억 4000만 원 (8,000만원 + 월 이자 및 변제기 이후 지연손해금 80만원×10개월 + 5,000만원 + 월 이자 및 변제기 이후 지연손해금 100만원×2개월)사이에 상계가 이루어지게 될 것이다.

문제는 위와 같이 수동채권의 액수가 더 커서 수동채권이 모두 소멸되지 않는 경우에는 변제충당의 규정이 적용되는바 본 사안에서는 합의 및 지정이 모두 없어 법정충당에 의해 결정된다(제477조, 제479조). 먼저 비용, 이자, 원본의 순서로 변제에 충당되어야 하므로 양 수동채권의 이자 전액인 1,000만 원이 먼저 충당될 것이고 원본끼리의 경우에는 제477조 상의 법정순서에 따라 변제에 충당되는 바 채권전액의 이행기가 도래한 경우에는 채무자에게 변제이익이 많은 채무의 변제에 먼저 충당되므로(제477조 2호) 월 이율이 더 높은 5,000만 원의 채권이 먼저 소멸하고 나머지 8,000만 원의 채권은 그 중 4,000만 원만 소멸할 것이다. 결국 甲은 乙에게 상계의 효과로 8,000만 원에 대한 채권액 중 원금 4,000만 원만 변제하면 될 것이다.

제3편

민 법 기 출 의 맥

채권각론

기출해설

2021년 변호사시험 제2문

【사실관계】 甲은 여행 중개 플랫폼을 통하여 리조트의 숙박과 렌터카 서비스가 포함된 여행패키지 계약을 A와 체결하고 대금을 완납하였다. [※ 아래 각 문항은 별개임]

1. A는 甲에게 여행패키지 계약을 광고하는 이메일을 송부하였는데, 광고 이메일에는 '승마체험 무료제공' 이벤트가 여행패키지 계약에 포함된 것으로 설명되어 있었다. 甲은 승마체험 무료제공 이벤트가 포함된 점에 매료되어 승마를 꼭 체험하리라 다짐하면서 광고와 연결된 여행 중개 플랫폼에서 여행패키지 계약 신청서를 작성한 후 제출하여 A와 계약을 체결하였다. 그런데 甲이 리조트 숙박 중 승마체험을 신청하였더니 광고와는 달리 무료가 아니라 1시간당 5만 원의 요금을 추가로 납부하여야 체험할 수 있다는 것이었다. 甲이 다시 인터넷을 통해 계약체결 화면에 있는 내용과 계약체결 후 받은 확인서를 자세히 살펴보았는데, 승마체험 무료제공 이벤트가 여행패키지 계약에 포함된다는 내용은 기재되어 있지 않았다.
甲이 A와 체결한 여행패키지 계약에 광고의 내용인 승마체험 무료제공 이벤트가 포함된 것으로 볼 수 있는지에 관하여 甲과 A가 주장할 수 있는 논거를 제시하시오. (15점)

사례C-01 **청약과 청약의 유인**

Ⅰ. 제2문의 3.의 1.의 경우(15)

1. 문제점

'승마체험 무료제공 이벤트'가 여행패키지 계약의 '청약'에 해당하여 이에 대한 계약이 체결된 것인지 아니면 단순한 '청약의 유인'에 불과하여 이에 대한 계약이 체결된 것으로 볼 수 없는지 문제된다.

2. 청약과 청약의 유인

① **'청약'**은 일방이 타방에게 일정한 내용의 계약을 체결할 것을 제의하는 상대방 있는 의사표시이다. 이러한 청약은 그에 대응하는 승낙만 있으면 곧 계약이 성립하는 **'확정적 의사표시'**이므로 타인으로 하여금 자기에게 청약을 하게 하려는 **'청약의 유인'과는 구별**된다.
② 예를 들어 判例가 판시하는 바와 같이 **'광고'의 경우 일반적으로 청약의 유인에 불과**하나, 그 내용이 명확하고 광고주가 계약에 구속되려는 의사가 명백하다면 청약으로 보아야 할 것이다(대판 2018.2.13. 2017다275447). 그리고 광고 이후의 거래과정에서 상대방이 광고의 내용을 전제로 청약을 한 경우에는 광고의 내용이 청약에 포함될 것이다(분양광고가 분양광고 당시에 청약의 유인에 불과하였다고 하더라도 그 후의 사정을 고려하여 광고의 내용이 계약의 내용으로 될 수 있다 ; 대판 2007.6.1. 2005다5812,5829,5836).

3. 사안의 해결

사안의 경우 ① 甲은 승마체험 무료제공 이벤트가 광고 내용이 명확하고 광고주 A가 계약에 구속되려는 의사가 명백함을 주장하여 '청약'이라고 주장할 수 있다. 그렇다면 이에 甲이 승낙을 함으로써 여행계약이 체결되었으므로 A는 승마체험 무료제공 의무를 부담한다고 주장할 수 있다. ② 이에 반해 A는 이는 '광고'로서 '청약의 유인'에 불과하므로 승마체험 무료제공 의무를 부담하지 않는다고 주장할 수 있다.

기출해설 2014년 3차 법전협모의 제2문

【공통된 사실관계】 A는 2013.10.1. 자신이 소유하는 X주택을 B에게 1억 원에 팔기로 계약을 체결하고, 계약 당시 B로부터 계약금 1,000만 원을 받았다. 그리고 2013.11.1. X주택의 소유권이전등기에 필요한 서류를 B에게 교부함과 동시에 잔금 9,000만 원을 받기로 하였다.

2. B는 A에게 잔금지급기일은 연장하여 줄 것을 요청하였고, 이에 따라 A는 잔금기일을 2014.8.1.까지 연기하여 주었는데 그 사이에 X주택이 강제수용되어 그 보상금은 1억 5,000만 원으로 정해졌다. A와 B사이의 법률관계를 설명하라. (20점)

사례C-02 대가위험부담(제537조)과 대상청구권

Ⅱ. 설문 2.의 경우(20)

1. 문제점

X주택이 매매계약 성립 이후 수용되었으므로 A의 B에 대한 X주택이전의무는 사회통념상 이행불능이 되었다. 이때 A의 이행불능으로 인한 손해배상책임(제390조)이 성립하는지, B가 위험부담 법리에 의한 계약의 실효를 주장하여 계약금의 부당이득반환을 구할 수 있을지, 매매대금보다 다액인 수용보상금에 대하여 대상청구권을 행사할 수 있을 것인지와 그 범위가 문제된다.

2. A에게 이행불능을 원인으로 한 채무불이행책임이 성립하는지 여부

이행불능이 성립하기 위해서는 i) 채권관계 성립 이후에 이행이 불능으로 되었을 것, ii) 채무자의 귀책사유가 있을 것, iii) 위법할 것을 요한다. 사안에서 X주택 소유권이전의무가 불능이 되었으나 이는 강제수용으로 인한 것이고 A의 귀책사유가 없으므로[1] 이행불능으로 인한 채무불이행책임(제390조)은 성립하지 아니한다.

3. 대가위험부담

(1) 문제점

A의 소유권이전의무는 X주택이 수용됨으로서 당사자 쌍방의 귀책사유 없이 불능이 된바, 이는 쌍무계약에서의 '대가위험부담'의 문제로서, 민법은 채무자위험부담주의를 원칙으로 하면서도(제537조), 예외적으로 소위 채권자위험부담주의를 규정하고 있다(제538조).

(2) 사안의 경우

불능에 대하여 매수인 B의 책임이 있다고 볼 수 없고, 매도인 A의 이행의 제공도 없어 수령지체에 빠진 사정도 없으므로 원칙규정인 제537조 채무자위험부담주의가 적용되어 B의 대금지급의무는 소멸한다. 따라서 주된 계약인 X주택 매매계약은 토지수용 당시로서 실효되고 종된 계약인

1) 만약 협의수용인 경우라면 주택 소유자 A는 그 협의매수의 제의에 반드시 응하여야 할 의무가 있는 것은 아니므로, 주택에 관한 소유권이전등기의무의 이행불능에 대하여 귀책사유가 없다고 단정할 수 없다(대판 1996.6.25. 95다6601).

계약금약정 또한 효력을 잃게 되므로 이미 교부한 계약금은 부당이득반환하여야 한다. 따라서 B는 A에 대하여 계약금 1,000만 원을 부당이득반환으로 청구할 수 있다(제741조)(대판 2009.5.28, 2008다98655,98662).[2] 반환의 범위는 A가 선의이므로 현존이익이 되며(제748조 1항), 금전상 이익이므로 현존은 추정되고(대판 2009.5.28. 2007다20440), 소비 등으로 현존하지 않는다는 입증책임은 A가 진다.

4. 대상청구권 행사 가부

(1) 인정 여부

사안의 경우 B는 A에 대해 X주택 소유권이전청구권이 있었으나, 후발적으로 급부불능이 되었으며, 이로 인하여 채무자 A가 토지수용보상금(代償)을 취득하게 되었다. "민법은 이행불능의 효과로서 채권자의 전보배상청구권과 계약해제권 외에 별도로 대상청구권을 규정하고 있지 않으나 **해석상 이를 부정할 이유가 없다**"(대판 1992.5.12, 92다4581).

(2) 행사방법

대상청구권의 행사는 ① 채권자 B가 채무자 A에 대하여 그가 지급받은 보상금의 반환을 구하거나, ② A로부터 보상청구권을 양도받아 보상금을 지급받는 식으로 행사하여야 한다.

(3) 대상청구권의 범위가 채권자가 급부불능으로 인하여 받은 손해의 한도로 제한되는지 여부

최근 대법원은 매매의 목적물이 화재로 소실됨에 따른 화재보험금에 대해 매수인의 대상청구권을 인정하면서 화재보험금 전부에 대해 대상청구권을 행사할 수 있는 것이지 **'매매대금 상당액의 한도 내로 그 범위가 제한된다고 할 수 없다'** 고 판시하여 **무제한설에 가까운 입장**(매수인의 손해는 화재로 소실될 당시의 목적물의 시가상당액이다)을 밝혔다(대판 2016.10.27. 2013다7769 : 9회 선택형).
따라서 사안에서 B는 수용보상금(1억 5,000만 원) 전부에 대해서 대상청구권을 행사할 수 있다.

5. 사안의 해결 - B의 반대급부(대가위험부담과의 관계)

대상청구권의 행사 여부는 B의 자유이다. ① B가 **대상청구권을 행사하지 않는다면** 제537조가 적용되어 매매계약이 소급적으로 실효가 되므로 B는 A에게 이미 지급한 계약금 1,000만원을 부당이득으로서 반환청구할 수 있을 뿐이다. ② 반면 B가 **대상청구권을 행사한다면** B는 자신의 반대급부인 잔금 9,000만 원을 지급해야 하며, 결국 무제한설에 따르면 **B는 제537조를 선택하는 것보다 실질적으로 5,000만 원의 이익이 생긴다.**

2) "민법 제537조는 채무자위험부담주의를 채택하고 있는바, 쌍무계약에서 당사자 쌍방의 귀책사유 없이 채무가 이행불능된 경우 채무자는 급부의무를 면함과 더불어 반대급부도 청구하지 못하므로, 쌍방 급부가 없었던 경우에는 계약관계는 소멸하고 이미 이행한 급부는 법률상 원인 없는 급부가 되어 부당이득의 법리에 따라 반환청구할 수 있다"

기출해설

2014년 3차 법전협모의 제2문

B는 2014.2.1. H에게 자신 소유의 X주택을 1억 5,000만 원에 팔기로 계약을 체결하고, 계약금 1,500만 원을 지급받았다. 또한 중도금 3,500만 원은 2014.3.1.에 잔금 중 5,000만 원은 2014.8.1.에 X주택의 인도 및 그 소유권이전등기에 필요한 서류를 넘겨주면서 지급받기로 하였다. 그리고 나머지 5,000만 원은 H가 그 지급에 갈음하여 X주택에 관한 근저당권의 피담보채무인 B의 I은행에 대한 대출금채무의 이행을 인수하기로 하였다. H는 위 약정에 따라 중도금 3,500만 원은 지급하였으나, 대출 원리금을 전혀 지급하지 못하였다. 결국 I은행이 2014.6.1. 근저당권실행을 위한 경매를 신청하였고, 그 경매절차에서 2014.9.1. J가 X주택을 8,000만 원에 매수하여 매각대금을 납입하였다.

H는 2014.10.1. B를 상대로 계약금과 중도금의 반환을 구하는 소를 제기하였다. 이에 대하여 B는 계약금과 중도금의 반환을 거절하며 오히려 H에 대하여 1억 원의 지급을 구하는 반소를 제기하였다. 위 소송 과정에서 H는 설사 자신에게 1억 원의 지급의무가 있다고 하더라도 위 경매에서의 매각대금은 그로부터 공제되어야 한다고 주장하였다.

5. H와 B의 청구에 대한 결론을 그 논거와 함께 서술하시오. (10점)
※ 경매비용이나 이자, 지연손해금의 문제는 고려하지 않는다.

사례C-03 이행인수, 대가위험부담(제538조 1항 1문, 제538조 2항)[1] ★

Ⅰ. 설문 1.의 경우(10)

1. 결 론

H의 본소청구는 기각되고, B의 반소청구는 일부인용(2,000만 원)되어야 한다.

2. 논 거

(1) 문제점

I은행의 근저당권 실행에 의하여 J가 X주택을 낙찰받았으므로 B의 H에 대한 소유권이전의무는 사회통념상 이행불능이 되었다. 이때 위험부담의 법리와 관련하여 채무자위험부담에 대한 예외로서 B에게 잔금지급청구권이 존속하는지 여부가 문제된다(제538조 1항 1문). 또한 B가 채무를 면함으로서 얻은 이익이 있어 이를 공제할 것인지 문제된다(제538조 2항).

(2) 이행인수 약정이 있었으나 저당권실행의 경매로 매도인이 소유권을 상실한 경우

1) H에게 이행불능에 대한 귀책사유가 있는지 여부

이행인수 약정이 있는 경우, 判例에 따르면 "특별한 사정이 없는 한 매수인은 인수한 채무를 현실적으로 변제할 의무는 없고, 매수인이 매매대금에서 그 채무액을 공제한 나머지를 지급함으로써 잔금지급의무를 다한 것으로 보아야 한다"고 한다(대판 2002.5.10, 2000다18578 : 4회 선택형).[2]

1) ★ 2015년 3차 법전협 모의고사 제2문, 2018년 2차 법전협 모의고사 제1문에서도 동일한 쟁점이 출제되었다.
2) [판례평석] 이에 대해 매수인이 장차 그 인수채무를 변제하지 않는 것을 해제조건으로 하여, 매수인이 매매대금에서 그 채무액을

그러나 "매수인이 매매목적물에 관한 근저당권의 피담보채무에 관하여 그 이행을 인수한 경우, 채권자에 대한 관계에서는 매도인이 여전히 채무를 부담한다고 하더라도, 매도인과 매수인 사이에서는 매수인에게 위 피담보채무를 변제할 책임이 있다고 할 것이므로, 매수인이 그 변제를 게을리 하여 근저당권이 실행됨으로써 매도인이 매매목적물에 관한 소유권을 상실하였다면, 특별한 사정이 없는 한, 이는 매수인에게 책임 있는 사유로 인하여 소유권이전등기의무가 이행불능으로 된 경우에 해당하고, 거기에 매도인의 과실이 있다고 할 수는 없다"(대판 2009.5.14, 2009다5193).

따라서 사안의 경우 H가 이행인수 약정을 이행하지 않아 저당권에 기한 경매가 실행되었으므로 H에게 이행불능에 대한 귀책사유가 있다.

2) 채권자위험부담주의(제538조)

민법은 채무자위험부담주의를 원칙으로 하고 있지만(제537조), 그 예외로서 쌍무계약의 당사자 일방의 채무가 채권자의 책임 있는 사유로이행할 수 없게 된 때에는 채무자는 상대방의 이행을 청구할 수 있다(제538조 1항 1문). 이때 '채권자의 책임 있는 사유'란 "채권자의 어떤 작위나 부작위가 채무자의 이행의 실현을 방해하고 그 작위나 부작위는 채권자가 이를 피할 수 있었다는 점에서 신의칙상 비난받을 수 있는 경우를 의미한다"(대판 2004.3.12, 2001다79013). 이 경우 채무자는 자기의 채무를 면함으로써 이익을 얻은 때에는 이를 채권자에게 상환하여야 한다(제538조 2항).

(3) 사안의 경우

H에게 귀책사유가 있으므로 H가 위험을 부담하게 되어 B는 소유권이전의무를 면하고 계약금과 중도금을 반환할 필요가 없음을 물론, 나머지 매매대금을 청구할 수 있게 된다(제538조 1항 1문). 다만 그 경매절차에서 B가 X주택 소유권이전의무를 면함으로써 얻은 이익인 경매대금 8,000만 원은(왜냐하면 경매대금 8천만 원에서 먼저 근저당권자인 I은행에 5천만 원이 배당됨으로써 B는 I은행에 대한 5천만 원의 채무소멸의 이익을 얻고, 남은 3천만 원은 B에게 배당되는 결과 B가 3천만 원의 이익도 얻기 때문이다) H에게 상환되어야 하므로(제538조 2항), H의 본소청구는 전부기각되고 B의 반소청구는 2,000만 원에 한하여 일부 인용될 것이다.

공제한 나머지를 지급함으로써 잔대금 지급의무를 다한 것으로 된다고 해석함이 타당하다는 유력한 견해도 있다[김창종, '이행인수의 법률관계', 이철원 교수 정년기념논문집, p.393].

중요판례 미기출 핵심사례

【공통되는 사실관계】

乙은 1997.10.17. 甲으로부터 甲소유의 X토지를 대금 13억원에 매수하되, 계약금 1억 3,000만원은 계약 당일에, 1차 중도금 3억원은 1997.11.10.에, 2차 중도금 2억원은 1998.1.15.에, 잔금 6억 7,000만원은 1998.4.20.에 소유권이전등기에 필요한 서류를 교부받는 것과 상환으로 각 지급하기로 하는 매매계약을 체결하였다. 그리고 乙은 계약 당일에 계약금 1억 3,000만원을, 1997.11.10.에 1차 중도금 3억원을 지급하였다. 그러나 乙이 매매계약에 따라 선이행의무가 있는 2차 중도금 2억원의 지급일이 되었어도 이행을 지체하자 甲은 1998.2.28.까지 2차 중도금을 지급할 것을 최고하였다. 그러나 乙은 계약당시 합의되지 않은 조건을 들먹이며 그 조건의 성취가 불가능하다는 등의 이유로 甲에게 매매계약의 실효를 주장하면서 계약금과 1차 중도금 합계 금 4억 3,000만원의 반환을 요구하였다. 이에 甲은 중도금의 지급을 거듭 최고하고, 乙은 기지급금의 반환을 거듭 요구하였다.

그러던 중 잔금지급일인 1998.4.20.을 도과한 후인 1998.5.20. 甲은 다시 한 번 서면으로 중도금 및 이에 대한 지연손해금, 잔금의 지급을 최고하였으나(당시 甲은 소유권이전등기에 필요한 서류를 전혀 준비해 두고 있지 않았다) 乙은 아무런 응답도 없었다. 그러던 중 X부동산이 2001.4.13. 한국토지공사에 의해 적법하게 강제수용되어 甲은 수용보상금으로 5억원을 지급받았다.

【소송의 경과】

이에 乙은 자신의 여러 차례에 걸친 계약금과 1차 중도금의 반환 요구에 대하여 甲이 아무런 대응을 하지 아니하고 이 사건 매매계약도 해제하지 아니하여 당해 매매계약이 유효인 상태에서 당사자 쌍방의 책임 없는 사유로 甲의 소유권이전등기의무가 이행불능되었으므로 민법 제537조에 따라 채무자인 甲은 자신에게 2차 중도금과 잔금의 이행을 청구할 수 없고, 오히려 甲이 이미 수령한 계약금과 1차 중도금을 자신에게 반환하여야 한다고 주장하면서 甲을 상대로 자신이 지급한 계약금 및 1차 중도금 합계 4억 3000만원 상당액을 부당이득으로 반환할 것을 구하는 소를 제기하였다. 그러나 소송 중 甲은 오히려 乙의 책임있는 사유로 자신의 소유권이전등기의무가 이행불능된 것이므로 민법 제538조 1항 1문에 따라 乙의 나머지 대금지급의무는 여전히 존재한다고 주장하며 반소청구로 乙을 상대로 2차 중도금 및 잔금 합계 8억원 7,000만원 상당액을 구하였고, 설령 乙의 책임없는 사유로 자신의 소유권이전등기의무가 이행불능된 것이라고 하더라도 乙은 이미 수령지체 중이었으므로 민법 제538조 1항 2문에 따라 乙의 나머지 대금지급의무는 여전히 존재한다고 주장하며 8억 7,000만원 상당액의 이행을 청구하였다.

소송의 경과에서 제기된 당사자들의 주장 내용을 토대로, 乙의 甲에 대한 청구 및 甲의 乙에 대한 각 반소청구에 대한 각 결론[청구인용, 청구기각]을 그 논거와 함께 서술하시오. (25점)

사례C-04 수령지체와 대가위험부담[1]★

Ⅰ. 결 론

법원은 乙의 甲에 대한 청구는 인용하고, 甲의 乙에 대한 반소청구는 기각하여야 한다.

Ⅱ. 甲의 소유권이전등기의무의 존속 여부

甲은 乙과 특정물인 X토지에 관한 매매계약을 체결함으로써 X토지에 대한 소유권이전등기의무를 부담한다. 이때 특정물채무에 있어서 급부(물건)의 위험은 매매계약시부터 채권자(매수인)에게 이전된다. 따라서 매매계약 체결 후 X토지는 한국토지공사에 수용되어 급부불능이 되었으므로 甲의 소유권이전등기의무는 소멸하였다.

Ⅲ. 乙의 대금지급의무의 존속 여부

1. 문제점

甲의 소유권이전등기의무가 소멸한 것은 '甲의 귀책사유 없이' 그렇게 된 것이 당사자의 주장내용에 비추어 분명한바, 乙의 대금지급의무의 존속 여부는 매매계약이라는 쌍무계약에서 '대가위험부담'이 문제되는 경우이다. 그런데 당사자의 주장내용에 비추어 볼 때 사안의 경우가 채무자위험부담주의(제537조)에 따라 규율될 수 있는지 아니면 채권자에게 대가위험이 이전되었다고 볼 수 있는지(제538조) 문제된다.

2. 甲의 소유권이전의무가 乙의 책임 있는 사유로 이행불능된 것인지 여부(제538조 1항 1문)

(1) 제538조 1항 1문의 채권자에게 '책임 있는 사유'의 의미

제538조 1항 1문의 채권자에게 '책임 있는 사유'란 判例가 판시하는 바와 같이 "채권자의 어떤 작위나 부작위가 채무자의 이행의 실현을 방해하고 그 작위나 부작위는 채권자가 이를 피할 수 있었다는 점에서 신의칙상 비난받을 수 있는 경우를 의미한다"(대판 2004.3.12, 2001다79013).

(2) 乙의 이행거절이 반대채권자로서의 책임 있는 사유에 해당하는지 여부

甲의 소유권이전의무가 이행불능된 것은 이 사건 토지가 수용되었기 때문이지, 乙의 이행거절과는 직접적인 관계가 없다고 할 것이다. 결국 乙의 책임 있는 사유로 甲의 소유권이전의무가 이행불능되었다고 볼 수 없다.

3. 甲의 소유권이전의무가 乙의 '수령지체' 중에 당사자 쌍방의 '책임 없는' 사유로 이행불능된 것인지 여부(제538조 1항 2문)

(1) 문제점

쌍무계약에서 채권자의 자기 채무에 대한 이행거절은 동시에 채무자의 채무에 대한 영구적 불수령(채권자지체)을 의미할 수도 있다. 그런데 이런 경우 변제제공의 효과(지체책임 면책, 공탁, 동시이행의 항변 저지

1) ★ 민법의 맥 핵심사례 C-01유사 : 대판 2004.3.12, 2001다79013 判例변형

등)가 발생하기 위해서는 채무자의 구두제공조차 필요하지 않은데(대판 1995.4.28, 94다16083), 채권자지체의 성립에서도 마찬가지인가 하는 점이 문제된다. 즉 진지하고 종국적인 수령거절이 있으면 제400조의 '이행의 제공'으로도 볼 수 있지 않는지 문제된다(만약 이를 인정한다면 제538조 1항 2문이 적용될 수 있다).

(2) 판 례

判例는 채권자가 미리 수령을 확고하게 거절한 경우에는 채무자는 '구두제공조차' 하지 않더라도 채무불이행책임을 면하나(제460조 · 제461조), 대가위험을 상대방에게 이전시키기 위해서는(제538조 1항 후문) 채무자의 변제제공(현실제공이나 구두제공)이 필요하다고 한다(대판 2004.3.12, 2001다79013 : 3회 선택형).[2][3]

(3) 사안의 경우

따라서 비록 乙이 소유권이전등기에 필요한 서류에 대한 수령거절의 의사가 확고하였으나 토지가 수용된 날인 2001.4.13. 이전에 甲이 소유권이전의무의 이행에 관한 현실제공 또는 구두제공을 하지 않았기 때문에, 이 사건 토지의 수용으로 인한 대가위험은 乙에게 이전되지 않고 여전히 甲이 부담하게 된다. 따라서 甲의 소유권이전의무가 乙의 수령지체 중에 당사자 쌍방의 귀책사유 없이 이행불능 되었다고 볼 수 없다. 그러므로 **X토지의 수용으로 인한 대가위험은 乙에게 이전되지 않고 여전히 甲이 부담한다.**

4. 소 결

결국 제537조의 채무자위험부담주의에 의해 甲은 乙에 대하여 매매대금의 지급을 청구하지 못하고, 甲은 乙로부터 받은 계약금 및 1차 중도금 합계 4억 3,000만원을 부당이득으로 반환하여야 한다. 이 경우 당해 토지가 수용된 날인 2001.4.13.부터는 甲을 악의의 수익자로 볼 수 있을 것이다(제749조 1항).[4]

---

2) ★ "민법 제400조 소정의 채권자지체가 성립하기 위해서는 민법 제460조 소정의 채무자의 변제 제공이 있어야 하고, 변제제공은 원칙적으로 현실 제공으로 하여야 하며 다만, 채권자가 미리 변제받기를 거절하거나 채무의 이행에 채권자의 행위를 요하는 경우에는 구두의 제공으로 하더라도 무방하고, 채권자가 변제를 받지 아니할 의사가 확고한 경우(이른바, 채권자의 영구적 불수령)에는 구두의 제공을 한다는 것조차 무의미하므로 그러한 경우에는 구두의 제공조차 필요 없다고 할 것이지만, 그러한 구두의 제공조차 필요 없는 경우라고 하더라도, 이는 그로써 채무자가 채무불이행책임을 면한다는 것에 불과하고, 민법 제538조 1항 2문 소정의 '채권자의 수령지체 중에 당사자 쌍방의 책임 없는 사유로 이행할 수 없게 된 때'에 해당하기 위해서는 현실제공이나 구두 제공이 필요하다. 다만, 그 제공의 정도는 그 시기와 구체적인 상황에 따라 신의성실의 원칙에 어긋나지 않게 합리적으로 정하여야 한다. 이 사건에서 원고의 수령거절의 의사가 확고하여 이른바, 채권자의 영구적 불수령에 해당한다고 하더라도, 채무자인 피고는 원고를 수령지체에 빠지게 하기 위하여 소유권이전등기에 필요한 서류 등을 준비하여 두고 원고에게 그 서류들을 수령하여 갈 것을 최고하는 구두 제공을 하였어야 한다"(대판 2004.3.12, 2001다79013).

3) **[판례평석]** 만일 이행제공을 하지 않더라도 대가위험이 이전된다고 해석하면, 대가위험의 이전이라는 매우 중대한 효과가 '채권자가 변제를 받지 아니할 의사가 확고한 경우'라는 불명확한 요건에 좌우되게 되어 법적 안정성을 해칠 우려가 있다(노재호, 민법교안 8판, p.1056). 또한, 제460조의 변제제공은 변제자의 지체책임을 면하게 하는 것임에 반해, 채권자지체(제400조)는 채권자에게 일정한 불이익을 부과하는 것이므로 양자의 처리를 동일하게 할 필요가 없고 후자의 경우 최소한 구두제공을 하게 하는 것이 공평하므로 判例의 태도가 타당하다(지원림 · 제철웅, 민법연습 2판, p.533).

4) 甲은 乙에게 이행한 것이 없으므로 어떠한 권리도 가지지 않는다. 또한 이 사건 매매가 토지수용으로 인하여 실효되기 전에 있었던 乙의 이행거절을 이유로 甲이 乙에게 손해배상을 청구할 수 있는지 문제되는데, 乙의 채무불이행과 무관한 사정으로 이 사건 매매가 실효된 이상 이를 부정하는 것이 타당하다.

기출해설

2012년 사법시험 제1문

【공통되는 사실관계】

甲은 2010. 3. 5. 乙로부터 그 소유인 X토지를 매수하는 내용의 매매계약을 체결하였고 토지를 인도받았으나 아직 매매대금은 완불되지 아니한 상태이다. 甲은 2010. 4. 5. 건축업자인 丙과 도급계약을 체결하였다. 이 도급계약의 내용은 丙이 X토지 지상에 단층 주택을 건축하되, 건축주 명의와 보존등기 명의는 甲으로 하고, 공사대금은 丙의 완공된 건물 인도와 동시에 지급하기로 하는 것이었다. **(아래의 각 문항은 독립된 사항임)**

2. 丙은 신축공사를 완료한 후 甲에게 공사가 완료되었음을 알리고 공사대금을 지급할 것과 신축건물을 인수받아 갈 것을 통고하였다. 甲은 공사대금을 마련하지 못하여 공사대금의 지급을 지체하고 있다. 그 사이에 토지매도인인 乙은 甲으로부터 토지대금을 받지 못하자 위 X토지 매매계약을 적법하게 해제한 후 X토지를 C에게 양도하고 C명의로 소유권이전등기를 마쳤다. C는 자신이 토지소유자임을 내세워 X토지 위의 건물을 임의로 철거하였다. **丙이 C에 대하여 건물철거를 이유로 손해배상을 청구할 수 있는지 여부와 그 근거를 설명하시오. (30점)**

사례C-05 수급인의 보수지급청구권과 대가위험부담(제538조 1항 2문)

Ⅱ. 丙이 C에게 손해배상을 청구할 수 있는 법적근거(30) - 설문 2.

1. 문제점

건물에 대한 소유권은 도급인 甲에게 원시적으로 귀속된다.[1)2)] 그러므로 우선 C의 임의철거에 대한 甲의 권리를 검토하고 수급인 丙이 이를 대위행사할 수 있는지 본다. 이와 관련해서는 피보전채권으로서 丙의 甲에 대한 공사대금청구권의 운명이 문제되는데, 건물인도의무의 이행불능으로 채무자위험부담주의(제537조)에 따라 공사대금청구권이 소멸하는지 아니면 대가위험이 甲에게 이전하는지 검토해야 한다. 나아가 丙의 보수채권이 소멸하지 않는다면 제3자의 채권침해를 원인으로 한 손해배상청구도 검토한다.

---

1) 判例는 '특약이 없는 한' 자기의 노력과 재료를 들여 건물을 건축한 사람은 그 건물의 소유권을 원시적으로 취득한다(대판 1990.2.13, 89다카11401)고 보아 수급인이 재료의 전부 또는 주요부분을 제공하는 제작물 공급계약의 경우에는 '수급인'에게 소유권이 귀속한다고 본다. 다만 특약의 범위를 넓게 인정하여 구체적인 사안에서는 도급인이 신축 건물의 소유권을 원시취득한다고 판단한 경우가 적지 않다. 사안의 경우 도급인 귀속설에 의할 때, 사안에서는 도급인인 甲이 건물의 소유권을 원시취득한다. 그러나 判例에 따르더라도 사안과 같이 도급인명의로 건축허가를 받고 또 그 명의로 건물에 대한 소유권보존등기를 하기로 한 경우에는 완성된 건축물의 소유권을 원시적으로 도급인에게 귀속시키기로 하는 '묵시적 합의'가 있는 것으로 본다(대판 1997.5.30, 97다8601).

2) ★ 설문에서 원고와 피고를 지정하고 있으므로 이에 기초하여 논점을 파악해야 한다. 丙은 건물신축의 수급인으로서 토지소유자인 C와는 계약관계가 없다. 부당이득도 문제되지 않으므로 '직접' 청구할 수 있는 권리로서 불법행위로 인한 손해배상청구권을 검토하여야 하나, 丙의 공사대금채권이 소멸되지 않았으므로 제3자의 채권침해에 해당하지 않는다. 따라서 결국 채권자대위권이 문제된다. 그렇다면 피대위권리로서 '甲의 C에 대한 권리(제750조)'를 검토하고 피보전권리로서 '丙의 甲에 대한 공사대금청구권'의 존부를 검토하여야 하며 피보전권리의 존부와 관련하여 대가위험의 이전(제538조 1항 2문)이 쟁점이 된다.

2. C의 임의철거의 적법여부

C는 乙로부터 X토지를 양수하여 소유권이전등기를 경료 했으므로 X토지의 소유권을 적법하게 취득한다. 그리고 건물 소유자 甲은 X토지에 대한 소유권을 취득한 적이 없으므로 토지소유권자 변동에 따른 건물을 위한 **관습법상 법정지상권을 취득하는 것도 아니다.** 그러므로 C는 소유권에 기한 방해배제청구(제214조)로서 건물 소유자 甲에 대하여 건물의 철거를 구할 수 있다. 이에 甲은 C의 청구에 대해 대항할 수 있는 아무런 권원이 없다. 설령 丙이 건물에 대해 유치권을 취득했다 하더라도 토지 소유자인 C에 대해서 이를 가지고 대항할 수는 없다.

그러나 C가 철거를 구할 권리가 있다고 하더라도 법적 절차를 따르지 않고 甲소유의 건물을 임의로 철거한 것은 甲의 소유권을 침해하는 위법한 행위이다.

3. 甲의 C에 대한 권리

C의 임의철거가 위법하므로 甲은 C에 대해 불법행위를 원인으로 손해배상청구를 할 수 있다(제750조). **다만 이 때 손해배상의 범위는 당해 건물의 교환가치가 아니다.** 어차피 건물은 적법한 절차에 따라 철거되어야 할 운명이기 때문이다. 즉 손해배상의 범위는 적법하게 철거될 때까지 토지를 무담점유하면서 건물을 사실상 사용할 수 있는 이익과 폐자재를 회수할 수 있는 이익에 그친다. 判例 또한 유사한 사안에서 같은 태도이다(대판 1993.3.26, 91다14116).[3)]

4. 丙의 甲에 대한 공사대금청구권의 존부

(1) 채무자위험부담주의와 그 예외

쌍무계약의 당사자 일방의 채무가 당사자쌍방의 책임없는 사유로 이행할 수 없게 된 때에는 채무자는 상대방의 이행을 청구하지 못한다(제537조). 다만 채권자의 책임있는 사유로 이행할 수 없게 되었거나 채권자의 수령지체 중에 당사자쌍방의 책임없는 사유로 이행할 수 없게 된 때에는 채무자는 상대방의 이행을 청구할 수 있다(제538조 1항).

(2) 사안의 경우

사안에서 丙은 신축공사를 완료한 후 甲에게 신축건물을 인수받아 갈 것을 통고하였는바, 이로써 丙은 자기 의무의 이행 제공을 하였다고 볼 수 있다. 그런데 甲이 공사대금을 마련하지 못하여 수령할 수 없었다면, 이는 **甲의 수령지체**로 판단할 수 있다(제400조). 그리고 그 와중에 **C가 건물을 임의로 철거한 것은 甲과 丙 쌍방에 책임없는 사유이다.**

결국 채권자 甲의 수령지체 중 쌍방의 책임없는 사유로 丙의 건물인도채무가 불능이 되었으므로 대가위험이 이전되어 甲은 건물을 받을 수 없음에도 불구하고 丙에게 보수지급채무를 부담한다 **(제538조 1항 2문).** 즉 **丙은 여전히 甲에게 공사대금청구권을 가진다**(대판 1993.3. 26, 91다14116).[4)] 다만 나중에 丙이 C로부터 손해배상을 받은 범위 내에서는 甲에게 공사비를 청구할 수 없다(제538조 2항).

---

3) "기성부분의 소유자인 수급인이 제3자의 불법행위로 기성부분에 대한 소유권을 상실하기는 하였으나 부지 소유자에게 대항할 권원이 없어서 조만간 손해배상 없이 이를 자진철거하거나 강제로 철거당할 운명이었다면 불법철거로 인한 손해는 기성부분의 교환가격이나 투자비용이라고 할 수 없고, 기성부분이 적법히 철거될 때까지 당분간 부지를 불법점유한 채 기성부분을 사실상 사용할 수 있는 이익, 철거 후 기성부분의 폐자재를 회수할 수 있는 이익의 침해로 인한 손해에 한정된다"

4) "수급인이 도급인에게 공사금을 지급하고 기성부분을 인도받아 가라고 최고하였다면 수급인은 이로써 자기 의무의 이행 제공을 하였다고 볼 수 있는데 도급인이 아무런 이유 없이 수령을 거절하던 중 쌍방이 책임질 수 없는 제3자의 행위로 기성부분이 철거되었다면 도급인의 수급인에 대한 공사대금지급채무는 여전히 남아 있다"

5. 丙의 채권자대위권 행사 가부

丙은 甲에 대한 공사대금청구권을 피보전채권으로 하여 甲을 대위하여 C에 대한 손해배상청구권을 행사할 수 있다(제404조). 다만 피보전채권이 금전채권이기 때문에 대위행사가 가능하기 위해서는 원칙적으로 甲이 무자력이어서 채권보전의 필요성이 인정되어야 할 것이나, i) 피보전채권과 피대위권리가 밀접하게 관련되어 있어서 ii) 채권자대위권을 행사하지 않으면 피보전채권을 유효적절하게 행사할 수 없는 경우에는 무자력을 요하지 않는바, 사안의 경우 이에 해당한다고 볼 수 있다.

6. 제3자의 채권침해를 원인으로 한 손해배상청구 가부

이 사건 철거행위가 제3자의 채권침해에 해당하기 위해서는 앞서 검토한 사안에서 丙의 甲에 대한 공사대금채권이 소멸되었다고 인정된 후에야 검토할 여지가 있는바, 사안과 같이 **丙이 여전히 甲에게 공사대금채권이 있는 한 제3자의 채권침해는 문제되지 않는다**(대판 1993.3.26, 91다14116).[5]

5) "이 사건 철거행위가 제3자의 채권침해에 해당하는지 여부는, 원고의 피고 청한건설에 대한 이 사건 기성부분의 인도의무가 채무자위험부담주의에 따라 원고의 위험부담으로 소멸되었고, 따라서 같은 피고의 원고에 대한 이 사건 공사대금채무도 더불어 소멸되었다고 인정된 후에야 거론할 수 있으므로……(중략), 피고 청한건설의 원고에 대한 이 사건 공사대금지급채무는 아직도 남아 있고, 따라서 피고 서은수가 위 채권을 침해한 것으로 보아야한다는 논지는 받아들일 수 없다"

기출해설

2016년 사법시험 제1문

【공통되는 사실관계】
甲은 2015. 3. 25. 乙로부터 乙소유의 X토지와 그 지상 Y건물을 10억 원에 매수하면서, 乙에게 계약 당일에 계약금 1억 원, 2015. 4. 25. 중도금 4억 원, 2015. 5. 25. 잔금 5억 원을 지급하기로 약정하였다.

3. 위 매매계약에서 중도금과 잔금은 乙에 대한 대여금채권을 가지고 있는 戊에게 甲이 직접 지급하기로 약정하였다. 甲은 戊의 청구에 따라 중도금을 지급하였으나, 乙은 위와 같은 매매계약 사실을 알지 못하는 己와 또 다른 매매계약을 체결하고 己에게 소유권이전등기까지 경료하여 주었다. 이에 甲은 乙의 소유권이전등기의무가 이행불능되었음을 이유로 위 계약을 해제하고, 원상회복 또는 부당이득반환으로서 乙에 대하여는 계약금 1억 원의 반환을, 戊에 대하여는 중도금 4억 원의 반환을 구한다. 甲의 계약해제가 「민법」 제541조에도 불구하고 적법한지 여부와 甲의 乙 및 戊에 대한 금원청구의 당부를 논하시오. (30점)

사례C-06 제3자를 위한 계약과 제541조의 적용

Ⅲ. 설문 3.의 경우(30)

1. 계약해제의 적법 여부

(1) 매수인 甲이 중도금과 잔금을 매도인 乙의 채권자 戊에게 직접 지급하기로 한 약정

判例는 "부동산을 매매하면서 매도인과 매수인 사이에 중도금 및 잔금은 매도인의 채권자에게 직접 지급하기로 약정한 경우, 그 약정은 매도인의 채권자로 하여금 매수인에 대하여 그 중도금 및 잔금에 대한 직접청구권을 행사할 권리를 취득케 하는 **제3자를 위한 계약**에 해당하고 동시에 매수인이 매도인의 그 제3자에 대한 채무를 인수하는 병존적 채무인수에도 해당한다"(대판 1997.10.24, 97다28698)고 한다.

검토하건대, 제3자를 위한 계약인지는 제3자인 戊가 단순한 급부수령권한만을 가지는 것인지 아니면 甲에게 직접 권리를 취득하는지에 따라 달라지는데(**제539조**), 사안의 경우에 甲이 乙에 대한 대여금채권자인 戊에게 직접 지급하기로 약정하였고, 甲이 戊의 청구(수익의 의사표시)에 따라 지급하였다는 점에서 戊가 청구권도 가진다고 보인다. 따라서 제3자를 위한 계약이다.

(2) 甲의 乙에 대한 이행불능을 이유로 한 해제권의 발생여부

1) 제541조의 의미

제3자의 권리는 제3자가 낙약자에 대하여 계약의 이익을 받을 의사를 표시한 때 생기고(제539조 2항), 이 때 수익자는 계약상의 권리를 확정적으로 취득하므로 제3자가 수익의 의사표시를 한 후에는 계약의 당사자인 요약자와 낙약자가 수익자의 권리를 변경하거나 소멸시키지 못한다(제541조). 그러나 **제541조는 요약자나 낙약자가 계약당사자의 지위에서 취소권이나 해제권 등을 행사하는 것과는 관계가 없다.**

[관련판례] 제3자의 권리가 생긴 후에 '요약자'가 계약을 해제하기 위해서는 수익자의 동의가 필요한지와 관련해서 判例는 계약상의 이행불능 또는 이행지체가 있을 때에는 당사자는 수익자가 수익의 의사표시를 한 후라도 '제3자의 동의 없이' 계약당사자로서 계약을 해제할 수 있다고 한다(대판 1970.2.24, 69다1410,1411 : 3회,6회 선택형).

2) 사안의 경우

乙은 己와 또 다른 매매계약을 체결하고 己에게 소유권이전등기까지 경료하여 주었으며(이중매매 사안), 己는 甲과 乙 간에 매매계약 사실을 알지 못하였다는 점에서 己 명의의 등기가 제103조 위반으로 무효라고 볼 수도 없다. 따라서 乙의 제1매수인 甲에 대한 채무는 이행불능이 된다. 따라서 **제541조에도 불구하고 낙약자 甲이 요약자 乙을 상대로 '이행불능'을 이유로 매매계약을 해제한 것**은 적법하다(**제546조**).

2. 甲의 乙에 대한 계약금반환 청구 당부

계약이 해제되면 당사자는 상호 원상회복의무가 있으므로(**제548조 1항 본문**), 이행받은 것은 모두 반환하여야 한다. 따라서 낙약자 甲의 요약자 乙에 대한 계약금 1억 원의 반환청구는 타당하다.

3. 甲의 戊에 대한 중도금반환 청구 당부

사안과 같이 낙약자 甲이 수익자 戊에게 이미 이행한 것이 '**금전의 지급**'인 경우, 判例는 "**제3자를 위한 계약관계에서 낙약자와 요약자 사이의 법률관계**(이른바 기본관계)**를 이루는 계약이 해제된 경우, 그 계약관계의 청산은 계약의 당사자인 낙약자와 요약자 사이에 이루어져야** 하므로, 특별한 사정이 없는 한, 낙약자가 이미 제3자에게 급부한 것이 있더라도 낙약자는 계약해제에 기한 원상회복 또는 부당이득을 원인으로 제3자를 상대로 그 반환을 구할 수 없다"(대판 2005.7.22, 2005다7566,7573 ; 기본관계가 무효 또는 취소된 경우에도 마찬가지이다. 대판 2010.8.19. 2010다31860,31877 참고)(6회,8회 선택형)고 한다.[1]

검토하건대, **계약관계의 청산은 계약의 당사자**(수익자는 제3자를 위한 계약의 당사자가 아니다) **사이에서 이루어져야 하며**, 낙약자가 수익자에게 급부하더라도 이는 실질적으로 요약자에 대한 급부로 보아야 한다(**단축급부**). 따라서 낙약자 甲의 수익자 戊에 대한 중도금 4억 원의 반환청구는 부당하다.

[비교] ✻ **금전지급** VS **물건의 인도**
이미 이행한 것이 동산 또는 부동산의 소유권 이전이면 '물권행위의 유인성'에 의하여 소유권변동이 소급적으로 무효가 되므로 낙약자가 소유권을 회복한다. 따라서 낙약자는 수익자에게 직접 그 반환 또는 말소등기를 할 수 있다.

[비교] ✻ **제3자를 위한 계약의 수익자** VS **채권양도에서의 양수인**
예를 들어 A가 B에게 상가를 분양하고 B가 상가를 명도받은 후 A가 그 대금채권을 C에게 양도하여 양수인 C가 B로부터 분양대금의 '일부'를 받았으나, A와 B의 분양계약이 A의 이행불능을 이유로 해제된 경우, C는 ㉠ 해제에 따른 제548조 1항 단서의 제3자로서 보호받을 수 없고, ㉡ 제451조 2항의 반대해석에 따라 보호받을 수도 없고(해제는 채권양도 통지이후에 발생하였으나, 해제권 발생의 기초가 되는 계약은 통지 전에 이미 성립하였기 때문에 이는 제451조 2항의 양도통지를 받기 전에 생긴 사유에 해당한다), ㉢ A의 B에 대한 해제에 따른 동시이행항변권(제549조)을 원용할 수도 없어 자신이 받은 분양대금을 B에게 원상회복으로 반환해야 한다(대판 2003.1.24, 2000다22850 : 3회,6회 선택형).

---

1) [판례검토] 제3자를 위한 계약에 따른 낙약자의 수익자에 대한 급부는, 낙약자의 요약자에 대한 급부, 요약자의 수익자에 대한 급부의 단축급부의 실질을 갖는다. 즉 낙약자가 수익자에게 급부하더라도 이는 실질적으로 요약자에 대한 급부로 보아야 한다. 따라서 기본관계가 해제되는 경우 그 청산은 낙약자와 요약자 사이에 이루어져야 하므로 判例의 태도는 타당하다.

기출해설

최신판례 미기출 핵심사례

甲은 乙에게 X부동산을 1억원에 매도하고 대금으로 8,000만원을 수령하였다. 한편 甲으로부터 X부동산을 매수한 乙은 다시 丙에게 X부동산을 1억 5,000만원에 매도하였다. 乙과 丙은 甲에게 X부동산의 소유권이전등기를 乙이 아닌 丙에게 해 줄 것을 부탁하고, 甲의 승낙을 얻었다.

丙이 乙의 지시에 의하여 甲에게 2,000만원을 지급하고, 乙에게 나머지 대금 1억 3,000만원을 지급한 뒤, 甲이 丙에게 소유권이전등기를 마쳐주었으나, **乙과 丙사이의 매매계약이 사기를 이유로 취소된 경우 甲, 乙, 丙의 민사적 법률관계는? (20점) (위 사안을 乙과 甲이 丙을 수익자로 하는 제3자를 위한 계약을 한 경우로 볼 것, 금전에 대해서도 제3자를 위한 계약으로 볼 것)**

사례C-07 제3자를 위한 계약에 따른 효과[1] ★

Ⅰ. 甲과 丙 사이의 법률관계

1. 丙 등기의 효력

요약자 乙과 수익자 丙의 대가관계는 제3자를 위한 계약의 내용이 아니므로 계약의 성립이나 효력에 영향이 없다(대판 2003.12.11. 2003다49771). 따라서 대가관계가 무효 · 취소 · 해제된 경우 제3자를 위한 계약에는 영향이 없고, 요약자는 수익자에게 부당이득반환청구를 할 수 있을 뿐이다. 따라서 丙 명의의 소유권이전등기는 유효하므로 甲은 丙을 상대로 말소등기청구를 할 수 없다.

2. 丙이 甲에게 이미 지급한 2,000만원의 반환을 청구할 수 있는지 여부

(1) 판 례

判例는 낙약자가 수익자에게 이미 이행한 것이 '금전의 지급'인 경우, "제3자를 위한 계약관계에서 낙약자와 요약자 사이의 법률관계(이른바 기본관계)를 이루는 계약이 해제된 경우, 그 계약관계의 청산은 계약의 당사자인 낙약자와 요약자 사이에 이루어져야 하므로, 특별한 사정이 없는 한, 낙약자가 이미 제3자에게 급부한 것이 있더라도 낙약자는 계약해제에 기한 원상회복 또는 부당이득을 원인으로 제3자를 상대로 그 반환을 구할 수 없다"(대판 2005.7.22. 2005다7566,7573)고 판시하였다.

(2) 검토 및 사안의 경우

제3자를 위한 계약에 따른 낙약자의 수익자에 대한 급부는, 낙약자의 요약자에 대한 급부, 요약자의 수익자에 대한 급부의 '단축급부'의 실질을 갖는다.
즉, 丙이 甲에게 직접 대금을 지급한 것은 乙에 대한 채무의 이행으로서 한 것이기 때문에 乙과 丙 사이의 계약이 취소된 경우 부당이득의 반환은 乙과 丙 사이에서 이루어져야 한다. 따라서 丙은 위 2,000만원도 계약상대방인 乙에게 부당이득으로 반환청구하여야 한다. 즉 丙은 1억 5,000만원 전부에 관하여 계약상대방인 乙에게 부당이득을 이유로 그 반환을 청구하여야 한다.

---

1) ★ 민법의 맥 핵심사례 C-02

Ⅱ. 甲과 乙 사이의 법률관계

대가관계인 乙과 丙 사이의 매매계약이 취소되었다는 사정만으로 丙의 甲에 대한 수익자로서의 권리에 영향을 미치지 않기 때문에, 丙의 등기는 유효하고 甲과 乙 사이의 매매계약에는 영향이 없다(대판 2003.12.11. 2003다49771).[2)]

Ⅲ. 乙과 丙 사이의 법률관계

丙의 수익자로서의 권리는 대가관계인 乙과 丙 사이의 매매계약이 그 법률상 원인이 되었는바, 그것이 취소되었기 때문에 丙의 甲에 대한 소유권이전등기청구권은 乙과의 관계에서는 법률상 원인이 없게 되었다. 따라서 乙은 부당이득을 원인으로 丙으로부터 그 청구권을 양도받은 후 甲에게 직접 그 청구권을 행사할 수 있을 것이다. 그러나 사안의 경우 丙앞으로 소유권이전등기가 되었기 때문에 乙은 丙을 상대로 부당이득을 원인으로 소유권이전등기를 청구하여야 한다.

2) "丙과 甲이 상가에 관한 분양계약을 체결하여 수익의 의사표시를 한 이상 요약자인 乙과 수익자인 丙 사이의 대가관계에 불과한 위 교환계약이 해제되었다는 사정만으로는 丙의 甲에 대한 분양계약상의 권리가 당연히 소멸하거나 甲이 乙과의 교환계약에 따라 乙에게 직접 상가의 소유권을 이전할 의무가 부활한다고는 볼 수 없다"

최신판례 미기출 핵심사례

甲은 2018. 5. 10. 乙에게 그 소유의 X토지를 매매대금 5억 원(계약금 5,000만 원, 중도금 2억 원, 잔금 2억 5,000만 원)에 매도하고, 그 무렵 乙로부터 계약금 5,000만 원을 지급받았다. 乙은 2018. 10. 20. 丙에게 이 사건 X토지를 매매대금 6억 원(계약금 6,000만 원, 중도금 2억 4,000만 원, 잔금 3억 원)에 매도하고, 계약금 및 중도금 합계 3억 원을 지급받았다.

이후 乙은 丙으로부터 잔금지급과 상환으로 소유권이전등기를 해달라는 요청을 받고, 丙에게 잔금 중 2억 원은 甲의 계좌로 송금하고, 나머지 1억 원은 자기에게 직접 교부하면 소유권이전등기를 해주겠다고 답하였고, 이에 따라 丙이 2019. 2. 15. 甲의 계좌로 2억 원을 송금한 후 이체확인증과 수표 1억 원 상당을 가져오자 이 사건 X토지를 甲으로부터 직접 丙 앞으로 소유권이전등기를 마쳐 주었다(단, 2억 원의 대금지급과 관련해서는 乙과 丙이 甲을 수익자로 하는 제3자를 위한 계약이 체결되었으며, 등기이전과 관련해서는 甲과 乙이 丙을 수익자로 하는 제3자를 위한 계약이 체결된 것으로 전제할 것)

그러나 그 후 乙은 甲에게 잔금 2억 5천만 원을 지급하지 못함에 따라 甲은 적법·유효하게 乙과의 매매계약을 해제하였으며 이에 甲은 丙을 상대로 X토지에 관한 소유권이전등기의 말소등기를 청구하였다(이하 'A소송'이라 한다).

1. A소송의 법원은 위 甲의 청구에 대하여 어떻게 판단하여야 하는가? (각하, 인용, 기각을 명시하고, 일부인용인 경우 인용되는 부분을 특정할 것) (10점)

사례C-08 제3자를 위한 계약과 제548조 1항 단서[1] ★

Ⅰ. 문제 1.의 경우(10)

1. 낙약자 甲이 요약자 乙과의 해제를 이유로 丙에게 대항할 수 있는지 여부

사안에서 '등기이전'과 관련해서는 甲과 乙이 丙을 수익자로 하는 제3자를 위한 계약이 체결되었으므로, 요약자 乙과 낙약자 甲의 관계인 **기본관계(보상관계)는 제3자를 위한 계약의 내용**을 이루므로 기본관계의 하자나 흠결은 계약의 효력에 영향을 미치고, 결국 낙약자 甲은 기본관계상의 항변으로 수익자 丙에게 대항할 수 있다(제542조). 따라서 낙약자 甲은 요약자 乙과의 해제를 이유로 丙에게 원칙적으로 원상회복을 청구할 수 있다(제548조 1항 본문).

[비교] 요약자와 수익자의 관계를 '대가관계'라 한다. 이러한 제3자를 위한 계약의 체결 원인이 된 요약자와 제3자(수익자) 사이의 법률관계(이른바 대가관계)의 효력(무효, 취소, 해제)은 제3자를 위한 계약 자체는 물론 그에 기한 요약자와 낙약자 사이의 법률관계(이른바 기본관계)의 성립이나 효력에 영향을 미치지 아니한다(다만 요약자는 수익자에게 부당이득반환청구를 할 수 있을 뿐이다).

1) ★ 대판 2021.8.19. 2018다244976

2. 丙이 제548조 1항 단서의 제3자에 해당하는지 여부

㉠ 기존에 判例는 **제3자를 위한 계약이 '대금지급' 과 관련한 경우**는 **"제3자를 위한 계약에서의 제3자가 계약해제시 보호되는 민법 제548조 제1항 단서의 제3자에 해당하지 않음은 물론"**(대판 2005.7.22. 2005다7566)이라는 입장이었고, 통설도 수익의 의사표시를 한 것만으로는 실질적으로 새로운 이해관계를 맺은 것으로 볼 수 없다는 입장이었다.

㉡ 그러나 **제3자를 위한 계약이 '물건의 인도' 와 관련한 경우에는** 최근 判例는 "제3자를 위한 계약에서도 낙약자와 요약자 사이의 법률관계(기본관계)에 기초하여 수익자가 요약자와 원인관계(대가관계)를 맺음으로써 해제 전에 새로운 이해관계를 갖고 그에 따라 등기, 인도 등을 마쳐 권리를 취득하였다면, 수익자는 제548조 1항 단서에서 말하는 계약해제의 소급효가 제한되는 **제3자에 해당한다"**(대판 2021.8.19. 2018다244976)[2]고 판시하고 있다.[3]

이러한 최근 判例에 따르면 丙은 제548조 1항 단서에 의하여 보호되는 제3자이므로 A소송의 법원은 甲의 丙에 대한 등기말소청구에 대해 기각판결을 하여야 한다(제214조 참조).

[심화] 주의할 것은, 당해 제542조의 낙약자의 '항변' 은 요약자와 낙약자 사이의 계약(제539조의 제3자를 위한 계약)에서 기인하는 것에 한한다는 점이다. 따라서 그 계약 이외의 원인에 의하여 낙약자가 요약자에게만 대항할 수 있는 항변으로는 제3자에게 대항하지 못한다. 예컨대 **낙약자는 요약자에 대한 반대채권을 가지고 제3자의 자신에 대한 급부청구권과 상계하지는 못한다**('채권양도'의 방식에서는 채권은 동일성을 유지하면서 양수인에게 이전하므로, 채무자는 종전의 채권자에 대한 채권으로써 양수인에 대한 채무와 상계할 수 있고, 이 점은 제3자를 위한 계약의 경우와는 다르다). 또 수익의 의사표시로써 제3자의 권리가 확정된 이후에는, 그 후 요약자와 낙약자 사이의 계약에 의해 생긴 사유를 가지고 제3자에게 대항하지 못한다(제541조).

---

2) **[사실관계]** 원고(낙약자)가 제3자를 위한 계약인 이 사건 함포납품계약에 따라 피고 승계인수인(수익자; 담당관서 방위사업청)에 함포를 인도한 다음 위 계약이 요약자의 대금미지급을 이유로 해제되었다고 주장하면서 방위사업청을 상대로 인도한 함포의 반환을 구한 사건에서, 방위사업청이 민법 제548조 제1항 단서에 따라 계약해제의 소급효가 제한되는 제3자에 해당하므로 원고가 소유권에 기한 물권적 청구권을 행사하여 인도한 함포의 반환을 구할 수 없다고 판단하여 상고기각한 사례

3) **[판례평석]** 결론적으로 대상판결은 일응의 인상과 달리 종래 판결과 모순되지 않는다. 원칙적으로 수익자는 계약당사자가 아니므로 해제 시에도 원상회복과 부당이득반환청구의 직접적 상대방이 되지 않는다. 따라서 특별한 이유가 없는 한 제3자에 해당하는지조차 판단할 이유가 없다(종래 판결의 태도). 수익자라는 이유만으로 곧바로 제3자가 되는 것도 아니지만, 제3자에 해당하지 않는다고 하더라도 원상회복으로서 부당이득반환의 직접 의무가 없기 때문이다. 다만 채무자가 원상회복의 일환으로 물권적 청구권을 행사하면 수익자가 그 상대방이 될 가능성은 있다. 이때 수익자가 제3자에 해당하는지 판단할 필요가 있고, 만일 제3자가 아니라면 물권적 청구권에 의한 반환 가능성도 열려 있다고 할 것이다(황승종 변호사, 법조신문 21년 10월 25일자).

기출해설 2016년 변호사시험 제2문

【기초적 사실관계】
甲은 2015. 1. 20. 乙에게 甲 소유의 Y 토지(이하 '이 사건 토지'라 한다)를 매도하기로 하는 매매계약(이하 '이 사건 계약'이라 한다)을 체결하였다. 이 사건 계약의 내용은 다음과 같다. "매매대금을 5억 원으로 하되, 계약금 5,000만 원은 계약 당일 지급하고, 중도금 2억 원은 2015. 4. 15.에 지급하고, 잔금 2억 5,000만 원은 2015. 8. 10. 소유권이전등기서류를 교부받음과 동시에 지급하기로 한다."

【변경된 사실관계】
乙은 계약금 마련에 곤란을 겪다 계약체결 당일 계약금 중 2,000만 원만을 지급하고 나머지 계약금을 지급하지 못하고 있었다. 이런 상태에서 甲이 丙의 매수 제안을 받게 되자 甲은 2015. 4. 15. 乙에게 2,000만 원의 배액인 4,000만 원을 제공하면서 내용증명우편을 통해 계약해제의 의사표시를 하였고, 위 내용증명우편은 2015. 4. 17. 乙에게 도달하였다.
이에 대하여 乙은 자신이 계약금의 일부를 지급하지 못한 것은 잘못이나, 그렇다고 하더라도 甲이 계약해제를 위해 지급할 금원은 4,000만 원이 아닌 계약금의 배액인 1억 원이므로 계약은 여전히 유효하다고 주장한다.

2. 이 경우 甲의 계약해제는 적법한 것인지에 대한 결론과 그 논거를 서술하시오. (10점)

사례C-09 계약금이 일부만 지급된 경우의 제565조에 따른 계약해제[1)]

Ⅰ. 설문 2.의 경우(10)

1. 결 론

乙은 甲에게 계약금 5,000만 원을 지급하기로 약정하였음에도 불구하고 그 일부인 2,000만 원만을 지급하였다. 따라서 계약금의 잔금인 3,000만 원을 지급하지 않는 한 계약금계약은 성립하지 않고, 甲은 Y토지 매매계약을 임의로 해약금에 기하여 해제할 수 없다(제565조). 설령 가능하다고 하더라도 약정된 계약금 5천만 원의 두배를 지급하지 않는 한(사안에서는 추가적으로 3천만원) 甲의 계약해제는 적법할 수 없다.

2. 논 거

(1) 문제점(제565조 1항에 의한 계약해제권)

甲은 乙에게 지급받은 계약금의 배액인 4천만 원을 제공하면서 해제의 의사표시를 하였으므로 제565조 1항에 의한 계약해제권의 행사로서 적법한지 문제된다.

(2) 계약금계약의 성립여부

계약금계약은 요물계약으로서 약정한 계약금이 현실적으로 교부되어야 성립한다. 사안에서 甲과 乙은

1) ★ 2017년 1차 법전협 모의고사 제2문도 동일한 쟁점으로 출제되었다.

계약금을 5천만 원으로 약정하였으나 매매계약 당시에는 계약금 2천만 원만 교부되었으므로 아직 계약금계약이 성립하지 않았다.

(3) 매매계약이 적법하게 해제되었는지 여부

계약금이 교부된 경우 다른 약정이 없는 한 당사자 일방이 실행에 착수할 때까지 교부자는 이를 포기하고 수령자는 그 배액을 상환하여 매매계약을 해제할 수 있다(제565조 1항). 그러나 이는 계약금계약이 유효하게 성립되었음을 전제로 하는 것이다. 따라서 사안의 경우 계약금계약이 성립되지도 않은 상태에서 甲이 乙에게 수령한 2천만 원의 배액인 4천만 원을 제공했다고 하더라도 매매계약은 해제되지 않는다.

判例도 교부자가 계약금의 잔금 또는 전부를 지급하지 아니하는 한 계약금계약은 성립하지 아니하므로 당사자가 임의로 주계약을 해제할 수는 없다고 한다(대판 2008.3.13, 2007다73611 : 8회 선택형).[2] 아울러 "계약금의 일부만 지급된 경우 매도인(수령자)이 매매계약을 해제할 수 있다고 하더라도 해약금의 기준이 되는 금원은 '실제 교부받은 계약금'이 아니라 '약정 계약금'이다"(대판 2015.4.23. 2014다231378).

---

2) "계약이 일단 성립한 후에는 당사자의 일방이 이를 마음대로 해제할 수 없는 것이 원칙이고, 다만 주된 계약과 더불어 계약금계약을 한 경우에는 민법 제565조 1항의 규정에 따라 임의 해제를 할 수 있기는 하나, 계약금계약은 금전 기타 유가물의 교부를 요건으로 하므로 단지 계약금을 지급하기로 약정만 한 단계에서는 아직 계약금으로서의 효력, 즉 위 민법 규정에 의해 계약해제를 할 수 있는 권리는 발생하지 않는다고 할 것이다. 따라서 당사자가 계약금의 일부만을 먼저 지급하고 잔액은 나중에 지급하기로 약정하거나 계약금 전부를 나중에 지급하기로 약정한 경우, 교부자가 계약금의 잔금이나 전부를 약정대로 지급하지 않으면 상대방은 계약금 지급의무의 이행을 청구하거나 채무불이행을 이유로 계약금약정을 해제할 수 있고, 나아가 위 약정이 없었더라면 주계약을 체결하지 않았을 것이라는 사정이 인정된다면 주계약도 해제할 수도 있을 것이나, 교부자가 계약금의 잔금 또는 전부를 지급하지 아니하는 한 계약금계약은 성립하지 아니하므로 당사자가 임의로 주계약을 해제할 수는 없다 할 것이다"

2012년 사시, 2017년 변시

【제1문 : 2012년 사법시험 제2문】
甲은 「국토의 계획 및 이용에 관한 법률」에 따른 '토지거래계약에 관한 허가'(아래에서는 '거래허가'라고 약칭함) 대상인 자신 소유의 X토지를 乙에게 2억 원에 매도하면서 계약금을 2천만 원, 잔금을 1억 8천만 원으로 약정하였다. 위 매매계약 당시 甲은 계약금 중 1천만 원을 받으면서 나머지 계약금의 지급을 1주일간 유예해 주었다.

1. 위 매매계약이 있은 다음 날 X토지가 거래허가 대상에서 제외되고 거래가격이 4억 원으로 급등하자, 甲은 乙에게 2천만 원을 제공하면서 위 매매계약의 해제를 통고하였다. 그러나 乙은 甲의 통고를 무시하고 즉시 나머지 계약금 1천만 원을 甲의 계좌로 송금하였다.
甲, 乙 사이의 법률관계를 논하라. (40점)

【제2문 : 2017년 변호사시험 제1문】
甲은 경기도 가평군 소재 X토지의 소유권자인데, X토지는 「국토의 계획 및 이용에 관한 법률」에 따른 토지거래허가구역으로 지정되어 있다. 甲은 2010. 10. 10. 乙과 X토지에 관하여 매매대금을 1억 원으로 하는 부동산매매계약을 체결하고 계약 당일 계약금으로 1,000만 원을 받았으며, 나머지 잔금은 토지거래허가를 받은 날로부터 1개월 이내에 지급하기로 약정하였다. 그런데, 甲은 X토지의 급격한 지가상승이 예상되자 토지거래허가를 위한 협력의무를 이행하지 않았으며, 이에 따라 乙은 甲을 피고로 X토지에 관한 토지거래허가 협력의무의 이행을 구하는 소를 제기하여 1심에서 승소하였고, 위 판결에 대하여 甲이 항소하였다.
甲은 위 항소심 재판 도중에 「민법」 제565조 제1항에 따라 X토지에 관한 계약금 1,000만 원의 배액인 2,000만 원을 적법하게 공탁한 다음, 乙에게 위 매매계약을 해제한다는 내용증명우편을 보냈다. 이에 대하여 乙은 이미 X토지에 관하여 토지거래허가 협력의무의 이행을 구하는 소를 제기하여 1심에서 승소하였고, 이는 위 매매계약에 대한 이행의 착수가 있었다고 할 것이므로, 「민법」 제565조에 따른 해제는 할 수 없다고 주장하고 있다.

2. 甲과 乙의 주장은 타당한가? (15점)

사례C-10 토지거래허가와 계약금이 일부만 지급된 경우의 제565조에 따른 계약해제★

Ⅰ. 제1문의 경우(40)

1. 토지매매계약의 효력

判例가 판시하는 바와 같이 토지거래허가를 받아야 하는 매매계약의 효력은, 토지거래허가를 받기 전에는 무효이나 허가를 받으면 계약 성립시에 소급하여 유효하게 되는 유동적 무효라는 것이 무효이나(대판 1991.12.24, 전합90다12243), 그 후에 토지거래허가구역 지정이 해제되면 매매계약은 확정적으로 유효하게 된다(대판 1999.6.17. 전합98다40459).

사안에서 甲과 乙의 매매계약은 당초 유동적 무효의 상태였으나 X토지가 거래허가 대상에서 제외됨에 따라 확정적으로 유효하게 되었다.

2. 甲의 해제통고가 적법한지 여부

(1) 제565조 1항에 의한 계약해제권

甲이 乙에게 2천만 원을 제공하면서 해제를 통고하였으므로 제565조 1항에 의한 계약해제권의 행사로서 적법한지 문제된다.

1) 계약금계약의 성립여부

계약금계약은 요물계약[1]으로서 약정한 계약금이 현실적으로 교부되어야 성립한다. 사안에서 甲과 乙은 계약금을 2천만원으로 약정하였으나 매매계약 당시에는 계약금 1천만원만 교부되었으므로 아직 계약금계약이 성립하지 않았다.

2) 계약이 해제되었는지 여부

계약금이 교부된 경우 다른 약정이 없는 한 당사자 일방이 실행에 착수할 때까지 교부자는 이를 포기하고 수령자는 그 배액을 상환하여 매매계약을 해제할 수 있다(제565조 1항). 그러나 이는 계약금계약이 유효하게 성립되었음을 전제로 하는 것이다. 따라서 사안의 경우 계약금계약이 성립되지도 않은 상태에서 甲이 乙에게 수령한 1천만원의 배액인 2천만원을 제공했다고 하더라도 매매계약은 해제되지 않는다. **判例도 교부자가 계약금의 잔금 또는 전부를 지급하지 아니하는 한 계약금계약은 성립하지 아니하므로 당사자가 임의로 주계약을 해제할 수는 없다**고 한다(대판 2008.3.13, 2007다73611 : 8회 선택형).[2]

(2) 사정변경의 원칙을 이유로 한 계약해제권

최근 判例 중에는 "**사정변경으로 인한 계약해제는 계약준수 원칙의 예외로서 인정된다**"고 판시한 판결이 있으나, 토지는 다른 부동산과 마찬가지로 항상 가격변동을 수반하므로 특정원인에 의한 2배 정도의 가격상승을 현저한 사정변경이라고 볼 수는 없으므로 이를 이유로 계약을 해제할 수도 없다.

3. 甲이 계약을 해제할 수 있는 방법

사안에서 乙이 甲에게 나머지 계약금 1천만원을 송금함으로써 비로소 계약금계약이 성립되었다. 따라서 매도인 甲이 계약을 임의로 해제하고자 한다면, 제565조 1항에 따라 **당사자 일방이 이행에 착수하기 전 계약금의 배액인 4천만 원을 상환하고 계약을 해제할 수 있을 것이다.**

---

1) 주의할 것은 계약금계약이 요물계약일 뿐 매매계약이 요물계약인 것은 아니므로 매매계약을 할 때 계약금을 교부하여야 매매계약이 성립한다는 의미는 아니다. 따라서 계약금이 교부되지 않으면 계약금계약으로서의 효력의 하나인 해약금으로서의 효력을 인정할 수 없다는 것일 뿐, 매매계약 자체가 구속력이 없는 것은 아니므로 계약금이 교부되지 않았다고 해서 임의로 매매계약을 해제할 수 있는 것은 아니다.

2) "계약이 일단 성립한 후에는 당사자의 일방이 이를 마음대로 해제할 수 없는 것이 원칙이고, 다만 주된 계약과 더불어 계약금계약을 한 경우에는 민법 제565조 1항의 규정에 따라 임의 해제를 할 수 있기는 하나, 계약금계약은 금전 기타 유가물의 교부를 요건으로 하므로 단지 계약금을 지급하기로 약정만 한 단계에서는 아직 계약금으로서의 효력, 즉 위 민법 규정에 의해 계약해제를 할 수 있는 권리는 발생하지 않는다고 할 것이다. 따라서 당사자가 계약금의 일부만을 먼저 지급하고 잔액은 나중에 지급하기로 약정하거나 계약금 전부를 나중에 지급하기로 약정한 경우, 교부자가 계약금의 잔금이나 전부를 약정대로 지급하지 않으면 상대방은 계약금 지급의무의 이행을 청구하거나 채무불이행을 이유로 계약금약정을 해제할 수 있고, 나아가 위 약정이 없었더라면 주계약을 체결하지 않았을 것이라는 사정이 인정된다면 주계약도 해제할 수도 있을 것이나, 교부자가 계약금의 잔금 또는 전부를 지급하지 아니하는 한 계약금계약은 성립하지 아니하므로 당사자가 임의로 주계약을 해제할 수는 없다 할 것이다"

사례C-11 토지거래허가와 계약금에 기한 해제

Ⅱ. 제2문의 경우(15)

1. 계약금에 기한 해제권 행사의 요건

계약금을 받은 매도인은 유동적 무효인 상태에서도 제565조에 따라 계약금의 배액을 상환하고 적법하게 계약을 해제할 수 있으나(9회 선택형), 계약금에 기한 해제권을 행사하기 위해서는 ⅰ) 계약금이 전부 교부되어야 하고(대판 2008.3.13, 2007다73611), ⅱ) 제565조의 해약권을 배제하는 다른 약정이 없어야 하며(대판 2009.4.23, 2008다50615), ⅲ) 당사자 일방이 이행에 착수할 때까지 ⅳ) 교부자는 계약금을 포기하고 수령자는 그 배액을 상환하여 매매계약을 해제할 수 있다(제565조 1항).

사안의 경우 계약 당일 계약금 1,000만 원은 전부 교부되었고, 제565조의 해약권을 배제하는 다른 약정이 없으므로 요건 ⅰ)과 ⅱ)는 갖추었다고 볼 수 있다. 나머지 요건의 구비 여부를 살펴본다.

2. 계약금 수령자 甲의 해제방법(요건 ⅳ)의 구비여부 검토)

'교부자'가 해제의 의사표시를 하는 경우에는 당연히 계약금 포기의 효력이 생기지만, **'수령자'**가 해제의 의사표시를 하는 경우에는 반드시 계약금을 **'현실로 제공'**하여야 한다(대판 1966.7.5, 66다736). 이 경우 그 배액의 이행의 제공으로 족하고, 상대방이 이를 수령하지 않는다고 하여 공탁까지 할 필요는 없다(대판 1981.10.27, 80다2784). 다만 매도인이 계약을 해제하기 위하여 계약금의 배액을 공탁하는 경우에는 공탁원인사실에 계약해제의 의사가 포함되어 있다고 할 것이므로, 상대방에게 공탁통지가 도달한 때에 계약해제 의사표시가 있었다고 보는 것이 타당하다(대판 1993.1.19, 92다31323).

사안의 경우 甲은 계약금 1,000만원의 배액인 2,000만원을 적법하게 공탁한 다음, 乙에게 매매계약을 해제한다는 내용증명우편을 보냈으므로, 요건 ⅳ)는 구비되었다.

3. 매수인 乙의 이행착수가 있었는지 여부(요건 ⅲ)의 구비여부 검토)

判例는 "토지거래계약에 관한 허가구역으로 지정된 구역안의 토지에 관하여 매매계약이 체결된 유동적 무효상태인 매매계약의 경우, 매수인 乙이 매도인의 의무이행을 촉구하였거나 매도인 甲이 토지거래허가를 위한 **협력의무** 이행을 거절함에 대하여 의무이행을 구하는 소송을 제기하여 1심에서 **승소판결을 받은 것만으로는 매수인이 그 계약의 이행에 착수하였다고 할 수 없고,** 또한 매도인이 계약금의 배액을 상환하고 매매계약을 해제하는 것을 신의칙에 반하는 것이라고 할 수 없다" (대판 1997.6.27. 97다9369)고 한다. 따라서 요건 ⅲ)도 구비되었다.

> [참고판례] "허가구역으로 지정된 구역 안에 위치한 토지에 관하여 매매계약이 체결된 경우 당사자는 그 매매계약이 효력이 있는 것으로 완성될 수 있도록 서로 협력할 의무가 있지만, 이러한 의무는 그 매매계약의 효력으로서 발생하는 매도인의 재산권이전의무나 매수인의 대금지급의무와는 달리 신의칙상의 의무에 해당하는 것이어서 당사자 쌍방이 위 협력의무에 기초해 토지거래허가신청을 하고 이에 따라 **관할관청으로부터 그 허가를 받았다 하더라도, 아직 그 단계에서는 당사자 쌍방 모두 매매계약의 효력으로서 발생하는 의무를 이행하였거나 이행에 착수하였다고 할 수 없다**"(대판 2009.4.23, 2008다62427 : 5회 선택형)

4. 결 론

제565조에 기한 해제의 요건은 갖추었으므로, 甲의 해제는 타당하고 乙의 주장은 부당하다.

기출해설

2011년 사시, 2016년 법행

【제1문 : 2011년 사법시험 제2문】

甲은 2010.5.12. 乙에게 자기 소유의 X토지를 10억 원에 매도하면서 계약 당일 계약금으로 1억 원, 2010.6.12. 중도금 4억 원, 2010.7.12. 잔금 5억 원을 지급받고, 잔금 수령과 동시에 소유권이전등기에 필요한 서류를 교부하여 주기로 하였다. 아울러 乙이 각 기일에 대금을 지급하지 못하는 경우에는 甲이 계약금을 몰취하기로 약정하였다. 甲은 위 계약 당일 계약금 1억 원을 수령하였으나 2010.5.말경 주변 지역의 개발호재로 X토지의 가격이 상승하자 乙에게 대금의 인상을 요청하였다. 그러나 乙은 이를 거절하고 바로 2010.6.2. 중도금 4억 원을 甲의 계좌로 송금하였다.

1. 甲은 2010.6.10. 乙에게 계약금의 배액인 2억 원을 지급하면서 위 계약의 해제를 통보하였다. 위와 같은 계약해제는 적법한가? (20점)

【제2문 : 2016년 법원행정고시 제2문】

甲은 2014. 9. 25. 乙에게 자신 소유인 A 주택을 8억 원에 매도하면서, 계약금 8,000만 원은 당일에, 중도금 4억 2,000만 원은 2014. 10. 25.에 잔금 3억 원은 2014. 11. 25.에 지급받기로 하고, 주택의 인도 및 소유권이전등기절차는 위 잔대금의 지급과 동시에 이행하기로 하였다. 또한 乙의 채무불이행이 있으면 계약금은 甲에게 몰취되고, 甲의 채무불이행이 있으면 甲은 乙에게 계약금의 배액을 상환하며, 甲은 A 주택을 현재 점유 · 사용하고 있는 丙을(임대차계약, 보증금 3억, 차임 월 200만 원, 임대차기간 2012. 9. 30.부터 2014. 9. 30.까지, 2012. 10. 2. 주민등록 완료) 퇴거시킨 후에 乙에게 인도하기로 약정하였고, 이후 乙은 계약당일 甲에게 계약금 8,000만 원을 지급하였다.

2. 위 기본 사안에 추가하여, 매매계약이 체결된 이후 A 주택이 소재하는 D 시에는 혁신형 산업단지가 들어설 것이 유력하다는 뉴스가 2014. 9. 27. 언론에 공표되자 A 주택의 가격은 10억 원으로 급등하였다. 위 뉴스를 접한 乙은 큰 폭의 가격상승이 예상되는 A 주택을 반드시 취득해야겠다는 생각으로 우선 2014. 10. 5. 甲을 상대로 A 주택에 관한 소유권이전등기청구의 소를 관할법원에 제기하였다. 이에 甲은 2014. 10.15. 乙에게 계약금의 배액인 1억 6천만 원을 같은 달 20일까지 수령할 것과 그 기간을 넘기면 공탁하겠다는 통지를 하면서 乙과의 위 매매계약을 해제한다는 의사표시를 하여 같은 달 17일에 도달하게 하였다.

乙은 자신은 이미 소송도 제기했고, 매도인의 일방적 해제는 부당하다며 같은 달 20일 甲에게 중도금 4억 2천만 원을 제공하였으나, 甲이 수령거절하는 바람에 당일 관할공탁소에 甲을 피공탁자로 하는 변제공탁을 하였다. 甲 또한 2014. 10. 20. 乙을 만난 자리에서 乙에게 1억 5천만 원을 제공하였으나 乙이 강하게 항의하면서 수령을 거절하기에 그 다음 날인 21일에 관할공탁소에 위 1억 6천만 원을 변제공탁하였다.

이 경우 甲의 계약해제는 인정될 수 있는지 논하시오. (40점)

사례C-12 계약금에 기한 해제(이행기 전 이행의 착수가 가능한 경우)[1]★

Ⅰ. 제1문의 경우(20)

1. 사정변경의 원칙을 이유로 한 계약해제권

최근 判例 중에는 "사정변경으로 인한 계약해제는 계약준수 원칙의 예외로서 인정된다"(대판 2007.3.29, 2004다31302)고 판시한 판결이 있으나, 토지는 다른 부동산과 마찬가지로 항상 가격변동을 수반하므로 특정원인에 의한 가격상승을 현저한 사정변경이라고 볼 수는 없으므로 이를 이유로 계약을 해제할 수는 없다. 그리고 무엇보다 甲이 乙에게 2억 원을 제공하면서 해제를 통고한 것으로 보아 이는 제565조 1항에 의한 계약해제권의 행사라고 봄이 상당하다.

2. 甲의 해약금계약에 따른 해제권 행사의 적법 여부

(1) 위약금 약정이 계약금의 해약금 성질을 배제하는지 여부

甲과 乙사이에서 교부된 계약금은 해약금으로 추정되는바(제565조 1항), 이러한 계약금이 '위약시 계약금 몰수, 배액 상환이라는 특약'에 의해 위약금으로 인정되는 경우 判例는 이 특약을 제565조 1항의 '다른 약정'에 해당하여 해약금의 성질을 배제하는 것이 아니라, 위약금과 해약금이 병존하는 것으로 보았다(대판 1992.5.12, 91다2151 : 3회 선택형).

사안에서 甲과 乙사이의 위약금 약정이 있더라도 계약금의 해약금 추정을 번복시키지 못하므로 甲의 해제는 다른 요건을 갖추는 한 적법할 것인바 이를 검토한다.

(2) 해약금에 기한 해제권 행사 가부

1) 문제점

계약금에 기한 해제권을 행사하기 위해서는 ⅰ) 계약금이 전부 교부되어야 하고(대판 2008.3.13, 2007다73611), ⅱ) 제565조의 해약권을 배제하는 다른 약정이 없어야 하며(대판 2009.4.23, 2008다50615), ⅲ) 당사자 일방이 이행에 착수할 때까지 ⅳ) 교부자는 계약금을 포기하고 수령자는 그 배액을 상환하여 매매계약을 해제할 수 있다(제565조 1항). 사안의 경우 ⅲ)요건과 관련하여 乙의 중도금 지급기일 전의 이행이 '이행의 착수'에 해당하여 甲의 해제가 효력이 없는 것은 아닌지 문제된다.

2) 이행기 전의 이행에 착수가 허용되는지 여부

判例는 "이행기의 약정이 있는 경우라 하더라도 당사자가 채무의 이행기 전에는 착수하지 아니하기로 하는 특약을 하는 등 '특별한 사정이 없는 한' 이행기 전에 이행에 착수할 수 있다"고 판시하면서, "매매계약의 체결 이후 시가 상승이 예상되자 매도인이 매매대금의 증액요청을 하였고, 매수인은 이에 대하여 확답하지 않고 중도금을 이행기 전에 제공한 경우, 시가 상승만으로 매매계약의 기초적 사실관계가 변경되었다고 볼 수 없고, 이행기 전의 이행의 착수가 허용되어서는 안 될 만한 불가피한 사정이 있는 것도 아니므로 그 이후 매도인이 계약금의 배액을 제공하여 해제권을 행사할 수는 없다"(대판 2006.2.10, 2004다11599 : 2회 선택형)고 한다.

---

1) ★ 2017년 법무사시험 제2문도 동일한 쟁점으로 출제되었다.

3) 사안의 경우

乙의 중도금 지급기일 전의 2010.6.2.의 이행은 '이행기 전 이행의 착수'로 특별한 사정이 없는 한 적법한 바, 사안에서 甲이 대금의 인상을 요청한 것만으로는 이행기 전의 이행의 착수가 허용되지 않는 특별한 사정이라고 볼 수 없어 비록 甲이 계약금의 배액인 2억 원을 지급하면서 해제통보를 했더라도 甲의 해제는 부적법하다.

사례C-13 계약금에 기한 해제(이행기 전 이행의 착수가 불가능한 경우)

Ⅱ. 제2문의 경우(40)

1. 결 론

甲의 계약해제는 제565조 1항에 따른 것으로 인정될 수 있다.

2. 논 거

(1) 위약금 약정이 계약금의 해약금 성질을 배제하는지 여부

甲과 乙사이에서 교부된 계약금은 해약금으로 추정되는바(제565조 1항), 이러한 계약금이 '위약시 **계약금 몰수, 배액 상환이라는 특약**'에 의해 위약금으로 인정되는 경우 判例는 이 특약을 제565조 1항의 '다른 약정'에 해당하여 해약금의 성질을 배제하는 것이 아니라, **위약금과 해약금이 병존**하는 것으로 보았다(대판 1992.5.12, 91다2151 : 3회 선택형).

사안에서 甲과 乙사이의 위약금 약정이 있더라도 계약금의 해약금 추정을 번복시키지 못하므로 甲의 해제는 다른 요건을 갖추는 한 적법할 것인바 이를 검토한다.

(2) 甲의 계약금을 이유로 한 해제 인정여부

1) 문제점(계약금을 이유로 한 해제의 요건)

계약금에 기한 해제권을 행사하기 위해서는 ⅰ) 계약금이 전부 교부되어야 하고(대판 2008.3.13, 2007다73611), ⅱ) 제565조의 해약권을 배제하는 다른 약정이 없어야 하며(대판 2009.4.23, 2008다50615), ⅲ) 당사자 일방이 이행에 착수할 때까지 ⅳ) 교부자는 계약금을 포기하고 수령자는 그 배액을 상환하여 매매계약을 해제할 수 있다(제565조 1항).

사안의 경우 甲은 해제를 주장하는바 계약금을 이유로 한 해제의 요건과 관련하여 계약금 배액의 현실제공 및 乙의 (재)항변 사유로서 해제의 의사표시 전 이행의 착수와 관련하여 '이행기 전 이행의 착수' 인정여부가 문제된다.

2) 이행에 착수할 때까지

가) 의 미

判例는 ① **중도금의 제공**은 급부의 일부를 실현하는 것으로서 이행의 착수에 해당한다고 하며(대판 1993.7.27, 93다11968), ② 매도인이 매수인에 대하여 매매계약의 이행을 최고하고 매매잔대금의 지급을 구하는 소를 제기한 것만으로는 이행에 착수하였다고 볼 수 없다(대판 2008.10.23, 2007다72274,72281)고 판시하였다.

나) 이행기 전의 이행의 착수 인정여부

判例는 "이행기의 약정이 있는 경우라 하더라도 당사자가 채무의 이행기 전에는 착수하지 아니하기로 하는 특약을 하는 등 **'특별한 사정이 없는 한' 이행기 전에 이행에 착수할 수 있다**"(대판 2006.2.10, 2004다11599 : 2회 선택형)고 판시하여 원칙적으로 가능하다는 입장이다.

여기서 **특별한 사정**이란 예컨대 **중도금지급기일이 매도인을 위하여서도 기한의 이익이 있는** 때를 말한다. 즉, 判例에 따르면 "**민법 제565조에 의하여 계약을 해제한다는 의사표시를 하고 일정한 기한까지 해약금의 수령을 최고하며 기한을 넘기면 공탁하겠다고 통지**를 한 이상 중도금 지급기일은 매도인을 위하여서도 기한의 이익이 있다고 보는 것이 옳고, 따라서 이 경우에는 **매수인이 이행기 전에 이행에 착수할 수 없는 특별한 사정이 있는 경우에 해당**하여 매수인은 매도인의 의사에 반하여 이행할 수 없다고 보는 것이 옳으며, 매수인이 이행기 전에, 더욱이 매도인이 정한 해약금 수령기한 이전에 일방적으로 이행에 착수하였다고 하여도 매도인의 계약해제권 행사에 영향을 미칠 수 없다"(대판 1993.1.19. 92다31323).

3) 수령자는 그 배액을 상환하여

判例에 따르면 '교부자'가 해제의 의사표시를 하는 경우에는 당연히 계약금 포기의 효력이 생기지만, **'수령자'가 해제의 의사표시를 하는 경우에는 반드시 계약금을 '현실로 제공'하여야** 한다(대판 1966.7.5, 66다736). **이 경우 그 배액의 이행의 제공으로 족하고, 상대방이 이를 수령하지 않는다고 하여 공탁까지 할 필요는 없다**(대판 1981.10.27, 80다2784).

4) 사안의 경우

ⅰ) 乙이 2014. 10. 5. 甲을 상대로 A 주택 소유권이전등기청구의 소를 제기한 것만으로는 이행의 착수로 볼 수 없다. ⅱ) 甲이 2014. 10. 15. 乙에게 계약금 배액의 수령할 것과 기한 도과시 이를 공탁할 것을 통지한 것[2]이 계약금 해제의 요건으로서 '계약금 배액의 현실제공'으로 볼 수 없으므로 이 통지만으로 계약금을 이유로 한 해제의 효과가 발생하지 않는다. ⅲ) 다만, 이로써 매도인 甲 역시 중도금 지급기일에 대해 기한의 이익을 가지므로 매수인 乙이 이행기 전에 이행에 착수할 수 없는 특별한 사정이 인정된다. 따라서 乙이 중도금 지급기일 도래 전인 2014. 10. 20.에 甲을 피공탁자로 하여 중도금 상당액을 변제공탁하였더라도 이는 甲의 계약금을 이유로 한 해제에 영향을 미칠 수 없다. ⅳ) 甲이 2014. 10. 21.에 계약금 배액을 변제공탁함으로써 계약금 배액의 현실제공 및 해제의 의사표시가 인정되므로 이때 제565조 1항의 해제의 효과가 발생한다(대판 1993.1.19., 92다31323).[3]

---

2) ★ 원심(서울고등법원 1992.6.16. 선고 91나48500 판결)에서는 이를 계약금 배액의 제공으로 보지 않았다. 대법원(대판 1993.1.19. 92다31323)은 이에 관해 의문을 제기하면서도 부적법한 해약금의 제공이라는 전제하고 판시하였다.

3) ★ "매도인이 제565조에 의하여 계약을 해제하고자 하는 경우에는 계약금의 배액을 제공하고 하여야 할 것이나, 이 해약금의 제공이 적법하지 못하다면 해제권을 보유하고 있는 기간 안에 적법한 제공을 한 때에 계약이 해제된다고 볼 것이고, 또 매도인이 계약을 해제하기 위하여 계약금의 배액을 공탁하는 경우에는 그 공탁원인사실에 계약해제의 의사가 포함되어 있다고 할 것이므로, 상대방에게 그 공탁통지가 도달한 때에는 계약해제 의사표시가 있었다고 보는 것이 옳을 것이다"

기출해설 2021년 1차 법전협모의 제2문

甲은 2021. 1. 1. 乙 소유의 X토지를 10억 원에 매수하는 계약을 체결하였다. 약정에 따라 계약금 2억 원은 계약 당일에, 중도금 4억 원은 같은 해 2월 1일, 잔금 4억 원은 같은 해 3월 1일 각각 지급하기로 약정하였다. 다만 甲은 계약 당일 1억 원만 乙의 계좌에 입금하고 나머지 계약금 1억 원은 1월 4일 입금하기로 합의하였다.

계약 다음날 乙은 X토지 인근지역의 개발정보를 접하고 甲에게 매매대금 인상을 위한 재협상을 요구하였다. 甲이 거절하자, 乙은 甲에게 수령한 계약금 1억 원의 배액인 2억 원을 제공하며 계약의 해제를 통지하였다. 甲이 그 수령을 거절하고, 2021. 1. 4. 나머지 계약금 1억 원을 乙의 계좌에 입금하자, 乙은 그 다음날 다시 해제의 의사표시를 하면서 계약금의 배액인 4억 원을 2021. 1. 17.에 반환하겠다고 통지하였다. 그러자 甲은 2021. 1. 15. 중도금 4억 원을 乙의 계좌에 입금하였다. 그러자 乙은 2021. 1. 17. 약정한 계약금의 배액인 4억 원 및 중도금 4억 원의 반환을 위한 이행의 제공을 하면서 해제의 의사표시를 하였다.

1. 乙에 의한 계약의 해제 여부를 판단하시오. (20점)

사례C-14 일부지급된 계약금에 기한 해제, 이행기 전 이행의 착수가 불가능한 경우★

Ⅰ. 문제 1.의 경우(20)

1. 쟁점의 정리

매도인이 계약금의 일부로서 지급받은 금원의 배액을 상환하는 것으로 매매계약을 해제할 수 있는지 여부가 문제된다(제565조).

2. 계약금을 이유로 한 해제의 요건

계약금에 기한 해제권을 행사하기 위해서는 i) 계약금이 전부 교부되어야 하고(대판 2008.3.13, 2007다73611), ii) 제565조의 해약권을 배제하는 다른 약정이 없어야 하며(대판 2009.4.23, 2008다50615), iii) 당사자 일방이 이행에 착수할 때까지 iv) 교부자는 계약금을 포기하고 수령자는 그 배액을 상환하여 매매계약을 해제할 수 있다(제565조 1항).

사안의 경우 乙에 의한 해제의 여부를 판단하기 위해서는, 甲이 계약금 2억 원 중 1억 원만 지급한 상태에서 乙이 해제의 의사표시를 하였으므로 'i'요건의 충족여부가 문제되고, 또한 甲이 나머지 계약금 1억 원과 중도금까지 지급하였으므로 'iii'요건이 충족되었는지를 검토하여야 한다.

3. 乙이 2억 원을 제공하며 한 해제의 의사표시의 효력

判例는 매도인이 '계약금 일부만 지급된 경우 지급받은 금원의 배액을 상환하고 매매계약을 해제할 수 있다'고 주장한 사안에서, '실제 교부받은 계약금'의 배액만을 상환하여 매매계약을 해제할 수 있다면 이는 당사자가 일정한 금액을 계약금으로 정한 의사에 반하게 될 뿐 아니라, 교부받은 금원이 소액일 경우에는 사실상 계약을 자유로이 해제할 수 있어 계약의 구속력이 약화되는 결과가 되어 부당하기 때문에, 계약금 일부만 지급된 경우 수령자가 매매계약을 해제할 수 있다고 하더라도 해약금의 기준이 되는 금원은 '실제 교부받은 계약금'이 아니라 '약정 계약금'이라고 봄이 타당하므로, 매도인이 계약금의 일부로서 지급받은 금원의 배액을 상환하는 것으로는 매매계약을 해제할 수 없다(대판 2015.4.23. 2014다231378)고 판시하였다.

따라서 사안의 경우 乙이 甲으로부터 수령한 계약금의 일부인 1억 원의 배액인 2억 원을 제공하며 한 해제의 의사표시는 효력이 없다.

4. 甲이 중도금지급기일 전 중도금을 지급한 것이 이행의 착수에 해당하는지 여부

判例는 "이행기의 약정이 있는 경우라 하더라도 당사자가 채무의 이행기 전에는 착수하지 아니하기로 하는 특약을 하는 등 '특별한 사정이 없는 한' 이행기 전에 이행에 착수할 수 있다"(대판 2006.2.10, 2004다11599)고 판시하였는바, 여기서 특별한 사정이란 예컨대 중도금지급기일이 매도인을 위하여서도 기한의 이익이 있는 때를 말한다. 즉, 判例에 따르면 "매도인이 제565조에 의하여 계약금의 배액을 제공하고 계약을 해제하고자 하는 경우에 이 해약금의 제공이 적법하지 못하였다면 해제권을 보유하고 있는 기간 안에 적법한 제공을 한 때에 계약이 해제된다고 볼 것이고, 매도인이 매수인에게 계약을 해제하겠다는 의사표시를 하고 일정한 기한까지 해약금의 수령을 최고하였다면, 중도금 등 지급기일은 매도인을 위하여서도 기한의 이익이 있는 것이므로 매수인은 매도인의 의사에 반하여 이행할 수 없다"(대판 1997.6.27, 97다9369)고 한다.

따라서 사안의 경우 乙이 2021. 1. 5. 계약금의 배액인 4억 원을 반환하겠다고 통지한 이상, 이행기 전에 이행에 착수할 수 없는 특별한 사정이 인정되므로 甲이 중도금지급기일 전인 2021. 1. 15.에 계약금 잔액과 중도금 전액을 지급하였다 하더라도 이로써 계약금해제를 배제하는 이행의 착수가 있었다고 볼 수 없다.

5. 사안의 해결

乙에 의한 계약의 해제는 적법, 유효하다.

2014년 법전협, 2012년 법전협

【제1문 : 2014년 3차 법전협모의 제1문】

甲은 자신이 소유하는 완구제조 공장건물과 부지 및 그 공장 내 기계들을 일괄매도 하고자 하였다. 마침 식기류 유통업을 하다가 새로운 사업가능성을 모색하던 乙이 정보를 입수하고 甲과 계약교섭 끝에 다음과 같은 내용의 계약을 체결하였다.

"매매대금은 5억 5천만 원으로 하되, 계약금 5천만 원을 계약 당일 지급하고, 중도금 1억 원은 계약체결 20일 후 지급하며, 잔금 4억 원은 계약체결 40일 후 건물, 부지의 소유권이전등기 및 기계들의 인도와 상환으로 지급한다."

1. 乙은 甲에게 계약금 5천만 원을 지급하였으나 그 이후 주변에서 완구제조업의 전망이 좋지 않다는 이야기를 듣고 중도금 지급을 미루어 오다가 잔금 지급기일에 이르게 되었다. 甲이 乙을 상대로 계약을 해제하려면 구체적으로 어떤 조치를 취하여야 하는가? (10점)

【제2문 : 2012년 2차 법전협모의 제2문】

甲은 자신 소유인 Y 주택에 대하여는 2011. 9. 20. 자신의 친구인 丁에게 당시의 시가인 2억 원에 매각하기로 하는 계약을 체결하면서, 계약 당일 1,500만 원을 계약금으로 수령하였고, 2011. 10. 25. 잔금의 지급과 동시에 소유권이전등기서류를 교부하기로 약정하였다.

4. 丁이 2011. 10. 25. 甲에게 매수자금을 마련하지 못하였으니 먼저 Y 주택에 대한 소유권이전등기를 넘겨주면 이를 담보로 대출을 받아 1주일 내에 잔금을 모두 지급하겠다고 하였다. 그런데 丁이 甲으로부터 등기서류를 교부받아 자신의 명의로 소유권이전등기를 경료하였고, 甲이 2주일 내에 잔금 1억 8,500만 원을 지급할 것을 최고하였음에도 丁이 지급하지 않고 있다면, 甲은 丁의 채무불이행을 원인으로 위 매매계약을 해제하고 丁명의의 소유권이전등기말소를 청구할 수 있는가? 甲이 2011. 11. 15. 위 매매계약을 해제하였음에도 丁이 등기부상의 소유권이 자신에게 있다는 이유로 2011. 11. 17. Y 주택을 戊에게 매각하고 소유권이전등기를 경료하였다면, 甲은 위 매매계약의 해제에 근거하여 戊를 상대로 소유권이전등기말소를 청구할 수 있는가? (20점)

사례C-15 제565조 및 제544조에 의한 해제

Ⅰ. 제1문의 경우(10)

1. 민법 제565조에 의한 해제

계약금이 교부된 때에는 민법은 당사자 간에 다른 약정이 없는 한, 당사자의 일방이 이행에 착수할 때까지 교부자는 이를 포기하고 수령자는 그 배액을 상환하여 계약을 해제할 수 있는 '약정해제권'을 보유한 것으로 추정한다(제565조 1항). 判例는 **'중도금의 제공'**은 급부의 일부를 실현하는 것으로서 이행의 착수에 해당한다고 하는바(대판 1993.7.27, 93다11968), 사안에서 아직 이행에 착수한 사정(중도금 지급 사실)이 없으므로 甲은 乙이 중도금과 잔금을 지급하기 전 실제로 교부받은 계약금의 배액인 1억 원을 지급하고 계약해제의 의사표시를 함으로써 계약을 해제할 수 있다.

2. 민법 제544조에 의한 해제

(1) 문제점(이행지체로 인한 해제의 요건)

이행지체로 인한 해제는 i) 채무자가 채무의 이행을 지체할 것, ii) 채무자에게 상당한 기간을 정하여 이행을 최고할 것, iii) 채무자가 상당기간 내에 이행 또는 이행의 제공을 하지 않을 것이 요구된다(제544조). 사안에서 乙은 중도금 지급을 미루어 오다가 잔금 지급기일에 이르게 된 경우이므로 특히 i) 요건이 문제된다.

(2) 이행지체의 성립여부[1]

매수인이 선이행하여야 할 중도금 지급을 하지 아니한 채 잔대금지급기일을 경과한 경우에는 매수인의 ㉠ 중도금 및 ㉡ 이에 대한 **지급일 다음날부터 잔대금지급일까지의 지연손해금**과 ㉢ 잔대금의 지급채무는 매도인의 소유권이전등기의무와 '특별한 사정'이 없는 한 동시이행관계에 있다. 따라서 매수인은 잔금지급일 이후부터는 중도금을 지급하지 아니한 데 따른 이행지체의 책임을 부담하지 않는다(대판 1991.3.27, 90다19930 : 1회,3회 선택형).

사안의 경우 乙의 중도금 및 이에 대한 지연손해금과 잔금지급의무와 甲의 소유권이전의무는 동시이행관계에 있으므로 乙은 동시이행항변권을 행사할 수 있다. 따라서 乙에게 동시이행항변권이 인정되는 이상 이행지체는 성립하지 않으므로 甲은 이행의 제공을 통해 동시이행항변권을 소멸시킴으로써 乙을 이행지체에 빠뜨려야 한다.

3. 사안의 해결

甲은 계약금의 2배인 1억 원을 교부하여 계약을 해제할 수 있으며(제565조), 기계에 대한 이행제공을 통해 乙을 이행지체에 빠트린 뒤 상당한 기간을 정하여 최고를 하여 그 기간 내 乙이 이행을 제공하지 않는 경우에 해제의 의사표시를 함으로써 계약을 해제할 수 있다(제544조).

사례C-16 이행지체를 원인으로 한 계약해제, 해제의 제3자 보호

Ⅱ. 제2문의 경우(20)

1. 이행지체를 이유로 한 계약해제 가부

이행지체로 인한 해제는 i) 채무자가 채무의 이행을 지체할 것, ii) 채무자에게 상당한 기간을 정하여 이행을 최고할 것, iii) 채무자가 상당기간 내에 이행 또는 이행의 제공을 하지 않을 것이 요구된다(제544조). 사안에서는 특히 丁이 이행지체에 빠졌느냐와 관련하여 i) 丁의 잔금지급의무는 2011. 10. 25.부터 1주일 내이므로 이행기가 도래하였고, ii) 금전채무이므로 그 이행이 가능함에도 불구하고 이행을 지체하였으며, iii) 채무불이행에 과실 없음을 항변하지 못하고(제398조 2항), iv) 동시이행항변권 등 위법성조각사유도 보이지 않는다.

따라서 사안에서 甲이 丁의 채무불이행을 원인으로 한 위 매매계약의 해제는 적법하다.

---

1) 이행지체가 성립하기 위해서는 i) 채무가 이행기에 있고, ii) 그 이행이 가능함에도 불구하고 이행을 지체할 것, iii) 채무자의 귀책사유가 있을 것, iv) 위법할 것을 요한다. 따라서 동시이행항변권이 존재하는 경우 위법성이 인정되지 않으므로 이행지체는 성립하지 않는다(당연효, 존재효).

2. 계약해제에 따른 원상회복청구

계약을 해제하면 계약은 소급하여 그 효력을 잃는바, 이미 이행된 급부는 서로 원상회복을 하여야 한다(제548조 1항 본문). 이와 관련하여 判例는 "우리의 법제가 물권행위의 독자성과 무인성을 인정하고 있지 않는 점과 제548조 1항 단서가 거래안전을 위한 특별규정이란 점을 생각할 때 계약이 해제되면 그 계약의 이행으로 변동이 생겼던 물권은 당연히 그 계약이 없었던 원상태로 복귀한다 할 것이다"(대판 1977.5.24, 75다1394)라고 판시하여 직접효과설, 그 중에서도 물권적 효과설을 취하고 있다. 따라서 사안에서 甲이 위 매매계약을 해제하면, Y주택의 소유권은 당연히 甲에게 복귀되므로 甲은 丁명의의 소유권이전등기말소를 청구할 수 있다.

3. 戊가 민법 제548조 1항 단서의 제3자인지 여부

(1) 해제의 의사표시 전

계약해제로 인한 원상회복의무는 제3자의 권리를 해하지 못한다(제548조 1항 단서). 이때 제3자의 범위와 관련하여 判例는 "그 해제된 계약으로부터 생긴 법률효과를 기초로 하여 '해제 전'에 새로운 이해관계를 가졌을 뿐 아니라 등기·인도 등으로 완전한 권리를 취득한 자"를 말한다고 한다(대판 2002.10.11, 2002다33502).

(2) 해제의 의사표시 후

判例는 '해제의 의사표시가 있은 후라도 그 등기 등을 말소하지 않은 동안' 새로운 권리를 취득하게 된 '선의'의 제3자도 포함된다고 한다(대판 1985.4.9, 84다카130,131 : 3회 선택형). 이 경우 제3자가 악의라는 사실의 주장, 증명책임은 계약해제를 주장하는 자에게 있다고 한다(대판 2005.6.9, 2005다6341). 해제를 한 후에도 그 해제의 사실을 모른 제3자는 보호할 필요가 있는 점에서 判例의 태도는 타당하다.

따라서 사안에서 戊는 甲이 계약을 해제하였으나 丁명의의 소유권이전등기가 말소되기 전에 丁으로부터 Y 주택을 매수하여 소유권이전등기를 한 자이므로, 만일 戊가 선의라면 甲은 위 매매계약의 해제에 근거하여 戊를 상대로 소유권이전등기말소를 청구할 수 없다.

기출해설 2018년 1차 법전협모의 제2문

【공통된 기초사실】

甲은 2017. 1. 21. A 은행으로부터 1억 원을 이자율 월 1%, 변제기 2017. 4. 20.로 각 정하여 대출받으면서 A 은행을 위하여 X 대지 및 그 지상 Y 주택(이하 X 대지와 Y 주택을 합하여 '이 사건 부동산'이라고 한다)에 채권최고액 1억 2,000만 원인 공동근저당권을 설정하였다. 그러나 甲은 A 은행에 위 대출계약에 따른 이자 등 일체의 금원을 지급하지 않았고, A 은행도 甲에게 어떠한 청구도 한 사실이 없다.

한편, B 공인중개사의 중개로 甲은 2017. 8. 1. 乙에게 이 사건 부동산을 매매대금 합계 4억원(X 대지 대금 3억 원, Y 주택 대금 1억 원)으로 정하여 매도하는 계약을 체결하였다. 이 계약에 따르면, 乙은 계약금 4,000만 원은 계약 당일 지급하고, 중도금 1억 6,000만 원은 2017. 9. 20. Y 주택의 인수와 동시에 지급하며, 잔금 2억 원은 2017. 10. 20. 10:00 B 공인중개사 사무실에서 이 사건 부동산에 관한 소유권이전등기 소요서류의 수령과 동시에 지급하되, 잔금지급일 현재 위 근저당권에 의하여 담보되는 甲의 A 은행에 대한 대출원리금 채무 전액을 매매잔대금에서 공제한 나머지 금액을 지급하기로 하였다. 위 매매계약에 따라, 甲은 乙로부터 계약 당일 계약금 4,000만 원을 수령하였고, 2017. 9. 20. 중도금 1억 6,000만 원을 수령함과 동시에 乙에게 Y 주택을 인도하였다.

【추가된 사실관계】

위 매매계약에 따라, 甲은 잔금지급일인 2017. 10. 20. 이 사건 부동산에 관한 소유권이전등기 소요서류 일체를 가지고 B 공인중개사 사무실에 갔으나, 乙은 B 사무실에 나타나지 않은 채 단지 전화로 잔금지급일을 한 달 정도 미루어 줄 것을 요청하였다. 甲은 乙의 이러한 요청을 거절하면서 1주일 뒤인 2017. 10. 27.까지 잔금을 지급하지 않으면 별도의 조치 없이 위 매매계약은 효력을 상실한다는 뜻을 밝히면서 소유권이전등기 소요서류 일체를 그대로 B 사무실에 맡겨 두었다. 그러나 乙은 2017. 10. 27.까지 잔금을 지급하지 않았다.

1. 위 매매계약의 잔금지급일인 2017. 10. 20. 현재 대출계약에 따른 甲의 A 은행에 대한 대출원리금 총액 및 산출근거는? (이자에 대한 지연손해금은 고려하지 않음) (10점)

2. 위 매매계약은 적법하게 해제되었는가? (15점)

사례C-17 약정이자율과 지연손해금, 정지조건부 해제

Ⅰ. 문제 1.의 경우(10)

1. 약정이자액 및 산출근거

甲과 A 사이에는 월 1%의 이자약정이 있으므로 대출원금의 1%인 100만 원씩 2017. 1. 21.부터 2017. 4. 20.까지 3개월 간 총 300만 원의 이자액이 인정된다.

2. 지연이자액 및 산출근거

(1) 별도의 약정이율이 있는 경우

금전채무에 대해서 약정이율을 정한 것이 있는 때에는 그 약정이율이 법령의 제한에 위반되지 않는 한 채무불이행시에 지연배상금 산정의 기준이 된다(제397조 1항 단서).[1] 다만 判例는 **'약정이율' 이 법정이율보다 낮은 경우에는 '지연손해금' 은 약정이율이 아니라 법정이율에 의하여 정해야 한다고** 판시하였는바(대판 2009.12.24, 2009다85342), 이는 금전채무불이행에 관한 당사자 사이에 별도의 약정(지연손해금률)이 없는 경우 최소한 법정이율은 지급받도록 하는 것이 본조의 취지이기 때문이다.

(2) 사안의 경우

甲과 A 사이의 월 1%의 이자약정은 연 12%에 해당하므로 법정이율인 연 5%(제379조)보다 높다. 따라서 지연손해금율에 대한 약정이 없더라도 대출원금의 1%인 100만 원씩 변제기가 지난2017. 4. 21.부터 2017. 10. 20.현재까지 6개월 간 총 600만 원의 지연손해액이 인정된다.

3. 대출원리금의 총액

대출원금 1억 원에 이자 300만 원과 지연손해금 600만 원을 합하여 총 1억 900만 원이 대출원리금의 총액이다.

Ⅱ. 문제 2.의 경우(15)

1. 문제점 : 이행지체로 인한 해제

제544조 해제의 요건은 ⅰ) 채무자가 채무의 이행을 지체한 사실, ⅱ) 채무자에게 상당한 기간을 정하여 이행을 최고한 사실, ⅲ) 채무자가 상당기간 내에 이행 또는 이행의 제공을 하지 않은 사실, ⅳ) 채권자가 해제의 의사표시를 한 사실이 주장·증명되어야 한다.

사안에서 甲은 1주일이라는 기간을 정하여 해제의 의사표시를 하였고 乙은 그 기간 내 이를 이행하지 않았으므로, 매매계약이 적법하게 해제되었다고 보기 위해서는 乙에게 지체책임이 인정되고 甲이 해제권 행사에 붙인 조건이 유효하여야 한다(제544조).

2. 乙이 이행을 지체하였는지 여부

(1) 이행지체의 요건

이행지체가 성립하기 위해서는 ⅰ) 채무가 이행기에 있고, ⅱ) 그 이행이 가능함에도 불구하고 이행을 지체할 것, ⅲ) 채무자의 귀책사유가 있을 것, ⅳ) 위법할 것을 요한다.

사안의 경우 乙의 잔금지급의무는 금전채무이므로 이행불능이 있을 수 없고 금전채무의 채무자는 채무불이행이 자신에게 책임 없는 사유로 인한 것임을 증명하더라도 책임을 면할 수 없으므로 귀책여부도 불문한다(제397조 2항 후단). 다만 乙의 잔금지급의무는 甲의 소유권이전의무와 동시이행관계에 있으므로 지체책임발생여부가 문제된다.

(2) 매수인의 잔대금 지급준비가 되어 있지 않은 경우, 매도인이 하여야 할 이행제공의 정도

判例는 동시이행관계인 경우 해제권을 취득하기 위한 이행의 제공(즉 해제권의 발생요건으로 상대방을

---

1) 즉, "소비대차에서 '변제기 후의 이자약정이 없는 경우' 특별한 의사표시가 없는 한 변제기가 지난 후에도 당초의 '약정이자'를 지급하기로 한 것으로 보는 것이 '당사자의 의사'이므로"(대판 1981.9.8, 80다2649), 변제기가 경과하여 채무불이행이 성립한 이후에는 약정이자의 이율은 지연배상금(지연이자) 산정을 위한 이율로 적용된다.

이행지체에 빠지게 하기 위한 이행의 제공)은 한 번의 제공으로 족하고 계속적 제공을 할 필요는 없다고 한다. 다만 "상대방의 행위를 필요로 할 때에는 언제든지 현실로 이행을 할 수 있는 준비를 완료하고 그 뜻을 상대방에게 통지하여 그 수령을 최고하여야만 상대방으로 하여금 이행지체에 빠지게 할 수 있고, 단순히 이행의 준비태세를 갖추고 있는 것만으로는 부족하다"(대판 1987.1.20. 85다카2197 등). 즉, 이 경우 이행의 제공은 원칙적으로 완전한 것이어야 한다. 다만 매수인이 잔대금의 지급 준비가 되어 있지 아니하여 등기서류의 수령 준비를 하지 않은 경우 등에는 매도인도 그에 상응한 이행의 준비를 하면 족하다고 한다(대판 2012.11.29. 2012다65867).

(3) 사안의 경우

甲은 소유권이전등기의 소요서류 일체를 B 공인중개사 사무실에 맡겨 두었으므로 '이행의 제공'을 하였다. 따라서 乙은 이행을 지체한 상태이다.

3. 해제권 행사에 조건을 붙일 수 있는지 여부

(1) 해제권 행사의 방법

해제의 의사표시에는 조건을 붙이지 못한다. 해제는 단독행위이므로 조건을 붙이면 상대방을 일방적으로 불리한 지위에 놓이게 할 염려가 있기 때문이다.

따라서 조건을 붙이더라도 문제가 없는 경우에는 허용된다. 예컨대 최고를 하면서 최고기간 내에 이행하지 않으면 당연히 해제된 것으로 본다고 한 것은, 최고기간 내의 불이행을 정지조건으로 하여 해제의 의사표시를 한 것으로 볼 수 있지만, 이 경우는 상대방을 특별히 불리하게 하는 것이 아니므로 유효하다는 것이 判例이다(대판 1981.4.14, 80다2381 : 이는 실권조항과 비슷하나, 약관은 합의에 의하여 약정한 것인 데 비하여 정지조건부 해제는 일방적으로 최고를 하면서 덧붙인 것인 점에서 차이가 있다). 그 결과 채무이행 없이 그 기간이 경과하면 해제의 의사표시 없이 곧바로 해제의 효과가 발생하게 된다.

(2) 사안의 경우

甲이 2017. 10. 27.까지 이를 이행하지 않으면 별도의 조치 없이 해제한다고 한 의사표시는 乙에게 특별히 불리하지 않으므로 정지조건부 해제의 의사표시로서 유효하다. 따라서 乙이 2017. 10. 27.까지 잔금을 지급하지 않은 이상 위 매매계약은 적법하게 해제되었다.

기출해설

2013년 법원행정고시 제1문

○ 乙은 2013. 4. 17. 甲에게 乙 소유의 서울특별시 구로구 오류동 158-23 대지 500㎡(이하 'X 토지'라고 한다)를 금 10억 원에 매도하면서, 계약금 1억 원은 계약 당일 지급받고, 중도금 4억 원은 2013. 5. 17. 지급받고, 잔금 5억 원은 2013. 6. 17. 지급받기로 하였다. 위 매매계약에는 ① 乙이 중도금을 지급받은 즉시 X 토지를 甲에게 인도하고, ② 잔금의 지급은 평화공인중개사 사무소에서 X 토지에 관한 소유권이전등기에 필요한 서류의 제공과 상환하며, ③ 매수인이 잔대금 지급기일까지 그 대금을 지급하지 못하면 위 매매계약이 최고 없이 자동으로 해제된다는 내용의 약정이 포함되어 있었다.

○ 甲은 위 매매계약에 따라 계약금과 중도금을 제 때 모두 지급하였고, 중도금 지급일에 X 토지를 인도받아 건축자재의 야적장으로 사용하여 왔다. 乙은 잔금 지급일인 2013. 6. 17. 별다른 준비 없이 평화공인중개사 사무소에 나갔으나 甲은 아무런 통보 없이 나타나지 않았다. 이에 乙은 2013. 6. 25. 甲에게 '자동해제약정에 따라 위 매매계약을 해제한다'는 내용증명을 발송하였다. 2013. 6. 26. 위 내용증명을 수령한 甲이 부랴부랴 '갑작스러운 자금사정의 악화로 잔금을 전액 마련할 수 없게 되었으니 위 잔금의 지급을 한 달 가량 연기하여 달라'고 부탁하였으나, 乙은 이를 거절하였다.

○ 甲은 2013. 7. 1. 乙에게, '곧 잔금이 마련되니 매매계약을 그대로 유지하여 달라. 2013. 7. 17. 잔금을 평화공인중개사 사무소에서 모두 지급하겠다'고 간청하므로, 乙은 한번만 더 甲의 편의를 보아주기로 하고 이를 승낙하였다. 乙은 2013. 7. 17. 약속장소인 평화공인중개사 사무소에 가서 甲을 만나 소유권이전등기에 필요한 서류를 건네주었다. 그런데 甲은 갑자기 乙에게, 'X 토지를 시세보다 너무 비싸게 샀으니 가격을 깎아달라'고 주장하다가 乙과의 말다툼 끝에 그대로 나가버렸다.

○ 乙은 2013. 7. 25. 甲에게 '2013. 8. 7.까지 매매잔금을 지급하지 않으면 매매계약을 해제하겠다'는 내용증명을 발송하였으며, 이에 甲이 아무런 응답이 없자 결국 2013. 8. 10. 그동안 공인중개사 사무소에 맡겨두었던 소유권이전등기에 필요한 서류를 회수한 후 2013. 8. 11. 甲에게 매매계약을 해제한다는 내용증명을 발송하였고, 甲은 같은 날 위 내용증명을 수령하였다.

○ 乙은 2013. 9. 5. 甲을 상대로 그의 귀책사유로 위 매매계약이 해제되었음을 이유로 "甲은 乙에게 X 토지를 인도하고, X 토지를 점유·사용하기 시작한 2013. 5. 17.부터 인도완료일까지 월 200만 원의 비율에 의한 금원을 지급하라."는 취지의 소를 제기하였다.

○ 소송과정에서, 乙은 ① 2013. 6. 26.자로 위 매매계약이 해제되었거나, 또는 ② 2013. 8. 11.자로 위 매매계약이 해제되었다고 주장하였다. 이에 대하여 甲은 계약해제를 부인하면서, 공인중개사 사무소에서 소유권이전등기에 필요한 서류를 회수하였으므로 해제통고는 부적법하고, 이미 지급한 계약금 및 중도금과 이에 대한 법정이자를 지급받지 못하였으므로 이를 지급받을 때까지는 乙의 청구에 응할 수 없다고 주장하였다. 한편, 법원의 감정결과 X 토지의 월 차임 상당액은 180만 원임이 밝혀졌고, 쌍방 더 이상의 주장 · 증명은 없었다.

1. 乙의 청구에 대하여 예상되는 결론(소각하, 청구인용, 청구 일부인용, 청구기각, 다만 청구 일부인용의 경우 인용범위 적시)을 기재하시오. (50점)

2. 乙의 위 밑줄 부분 각 주장에 대하여 그 당부 및 논거를 서술하시오. (30점)

3. 甲의 위 밑줄 부분 주장에 대하여 그 당부 및 논거를 서술하시오. (20점)

사례C-18 원상회복의무와 동이항, 실권조항, 해제권 취득을 위한 이행제공의 정도★

Ⅰ. 설문 1.의 경우(50)

1. 결 론

乙의 청구는 甲에게 계약금과 중도금을 이를 수령한 날로부터의 이자를 가산하여 상환하는 조건으로 인용되며, 인정되는 월 차임 상당액은 180만원이다(청구일부인용의 상환이행판결).

2. 논 거

(1) 문제점

뒤의 '설문 2.'에서 검토하듯이 2013. 8. 11.자에는 계약이 적법하게 해제되었다. 이에 따라 乙은 계약해제를 주장하여 X토지의 원상회복 및 사용이익의 반환을 구하고 있는 바, 이때 甲의 동시이행항변이 타당한지, 그에 따르는 乙의 청구의 인용범위가 문제된다.

(2) 계약해제의 효과

계약이 해제된 경우 해제의 '소급효'로 인해 계약의 당사자는 원상회복의무로서 자신이 수령한 것을 이익의 현존 여부, 선·악을 불문하고 받은 급부 전체를 상대방에게 반환하여야 한다(제548조 1항). 이때 금전의 경우에는 받은 날로부터 이자를 가산하여 반환하여야 하며(동조 2항), 물건의 경우에는 사용이익을 가산하여 반환하여야 한다(동조 2항의 유추해석). 이러한 계약 당사자들의 원상회복의무는 동시이행관계에 있다(제549조).

사안의 경우 甲은 X토지의 반환의무 및 토지 인도일(2013. 5. 17.)로부터의 사용이익으로서 월 차임 상당액을 반환할 의무가 있다. 乙은 계약금 1억 원 및 중도금 4억 원을 반환하여야 하며 계약금 부분은 2013. 4. 17.부터, 중도금 부분은 2013. 5. 17.부터 법정이율 5%에 따른 이자를 가산하여 반환하여야 한다. 위 원상회복의무는 동시이행관계에 있다. **따라서 甲의 동시이행항변은 타당하다.**

(3) 乙의 청구의 인용범위

원고 단순이행청구에 대한 피고의 동시이행항변이 이유 있는 경우, 원고가 반대의 의사표시를 하지 않는 한 청구기각이 아니라 원고의 채무이행과 상환으로 피고의 채무이행을 명하는 판결(상환이행판결)을 하여야하며, 이는 '처분권주의'에 반하지 않는다(대판 1979.10.10. 79다1508 참고).

따라서 사안의 경우 甲의 동시이행항변이 이유 있는바, 법원은 원고가 반대의 의사표시를 하지 않는 한 "피고 甲은 원고 乙로부터 계약금 100,000,000원 및 중도금 400,000,000원과 계약금 부분에 대해서는 2013. 4. 17.부터, 중도금 부분에 대해서는 2013. 5. 17.부터 연 5% 비율에 의한 금원을 지급받음과 동시에, 원고 乙에게 X토지를 인도하고 2013. 5. 17.부터 토지 인도일까지 월 1,800,000원의 비율에 의한 금원을 지급하라."라는 **일부인용취지의 상환이행판결**을 하여야 한다.

Ⅱ. 설문 2.의 경우(30)

1. 결 론

2013. 6. 26.자에는 계약이 해제되지 않았으나 2013. 8. 11.자에는 계약이 적법하게 해제된바, 乙의 주장 ①은 타당하지 않으나, 주장 ②는 타당하다.

2. 논 거

(1) 문제점

사안의 매매계약 내용 ③과 같은 자동해제 약정 즉 '실권조항'이 있는 경우, 이러한 실권조항의 해석과 관련하여 언제 위 매매계약이 해제되었는지가 문제된다.

(2) 잔대금지급채무의 불이행을 조건으로 한 실권조항의 해석(동시이행관계이므로 이행제공해야 자동해제 : 제한해석)

判例는 쌍방의 채무가 동시이행관계인 경우 이행의 제공을 하여 상대방을 이행지체에 빠뜨려야 자동해제가 된다고 한다(대판 1998.6.12, 98다505 : 2회,5회 선택형). **다만 동시이행의 경우에도** (매수인이 수회에 걸친 채무불이행에 대하여 책임을 느끼고 잔금 지급기일의 연기를 요청하면서 새로운 약정기일까지는 반드시 계약을 이행할 것을 확약하고) **'불이행시 계약이 자동적으로 해제되는 것을 감수하겠다'는 등의 별도의 특약이** 있는 때에는 특약에 따라 이행의 제공 없이도 자동해제될 수 있다고 한다(대판 1996.3.8, 95다55467).

[비교판례] ✽ **중도금지급채무의 불이행을 조건으로 한 실권조항(선이행의무이므로 자동해제)**
判例는 "매매계약에 있어서 매수인이 '중도금'을 약정한 일자에 지급하지 아니하면 그 계약을 무효로 한다고 하는 특약이 있는 경우 매수인이 약정한대로 중도금을 지급하지 아니하면(해제의 의사표시를 요하지 않고) 그 불이행 자체로써 계약은 그 일자에 자동적으로 해제된 것이라고 보아야 한다"(대판 1991.8.13, 91다13717 : 7회 선택형)고 한다. 즉 중도금의 지급은 선이행의무이므로 그 불이행시 즉시 조건이 성취되어 해제의 효력이 발생한다. 따라서 "매도인이 그 후에 중도금의 지급을 최고하였다 하더라도, 이는 은혜적으로 한번 지급의무를 이행할 기회를 준 것에 지나지 아니한다"(대판 1980.2.12, 79다2035)고 한다.

(3) 사안의 해결

1) 2013. 6. 26.자로 계약이 해제되었다는 乙의 주장 당부

사안의 경우 甲의 잔금지급의무와 乙의 소유권이전등기의무는 동시이행관계에 있기 때문에, 잔금지급채무 불이행을 조건으로 하는 사안의 실권조항에 따라 계약이 해제되기 위해서는 乙이 소유권이전등기의무의 이행제공을 함으로써 甲을 이행지체에 빠뜨려야한다. 하지만 乙은 잔금지급기일인 2013. 6. 17.에 **별다른 준비 없이 평화공인중개사 사무소에 나갔는데 이것만으로는 적법한 이행제공이 있었다고 보기 어렵다.** 判例에 따르면 甲의 잔금지급채무가 불이행되었더라도 실권조항에 의해 위 매매계약이 해제된다고 볼 수 없고, 따라서 2013. 6. 26.자로 실권조항에 의해 위 계약이 해제되었다는 乙의 주장은 타당치 않다.

2) 2013. 8. 11.자로 계약이 해제되었다는 乙의 주장 당부

사안의 경우 甲은 잔금 지급기일의 연기를 간청하면서 2013. 7. 17.을 새로운 잔금기일로 약정하기는 하였으나 새로운 잔금 지급기일에도 지급의무를 불이행한 경우 계약이 자동적으로 해제되는 것을 감수하는 내용의 약정을 하였다고 보기는 어렵다. 따라서 새로운 잔금 지급기일 2013. 7. 17.에 甲이 잔금지급의무를 불이행하였더라도 실권조항에 의해 계약이 해제되는 것은 아니다. 다만, 乙이 새로운 잔금 지급기일 2013. 7. 17.에 甲에게 등기서류를 건네주었는데도 불구하고 甲이 잔금을 지급하지 않고 그대로 나감으로써 i) 甲은 잔금지급의무의 이행지체에 빠지게 되었고, ii) 乙은 상당한 기간을 정하여 잔금지급의무 이행을 최고하였고, iii) 이 기간 동안에도 甲은 잔금을 지급하지 아니하였다. 또한, 乙은 그 기간 동안 등기서류를 공인중개사 사무소에 맡겨두었다는 점에서 2013. 8. 7.이 도과함으로써 乙에게 **제544조의 이행지체에 따른 계약해제권이 발생하였다고 봄이 타당하다**. 이에 따라 2013. 8. 11. 乙의 계약해제의 의사표시가 甲에게 도달함으로써 계약은 적법하게 해제되었다. 따라서 2013. 8. 11.자로 계약이 해제되었다는 乙의 주장 ②는 타당하다.

Ⅲ. 설문 3.의 경우(20)

1. 결 론

2013. 8. 7.이 도과함으로써 乙에게 제544조의 해제권이 발생한 이상 이후 등기서류 회수하였는지 여부와는 관계없이 해제권을 행사할 수 있는바 甲의 주장은 타당하지 않다.

2. 논 거

(1) 문제점

사안의 경우 乙이 2013. 8. 7.에 이미 제544조의 해제권을 취득하였음에도 2013. 8. 10.에 등기서류를 회수하였음을 이유로 해제의 부적법을 주장하는 것이 타당한지가 문제된다.

(2) 동시이행관계에서의 해제권 취득 및 행사조건

1) 해제권 행사요건으로서 '상당한 기간 내'에 이행제공의 정도

"쌍무계약의 일방당사자가 **이행기에 한 번 이행제공을 하여서 상대방을 이행지체에 빠지게 한 경우**, 신의성실의 원칙상 이행을 최고하는 일방당사자로서는 그 **채무이행의 제공을 계속할 필요는 없다 하더**라도 상대방이 최고기간 내에 이행 또는 이행제공을 하면 계약해제권은 소멸되므로 **상대방의 이행을 수령하고 자신의 채무를 이행할 수 있는 정도의 준비가 되어 있으면 된다**"(대판 1982.6.22, 81다카1283,1284).

2) 최고기간 경과 후 이행제공의 정도

최고기간 경과 후 해제권이 발생한 이후에는 그러한 이행의 제공이나 준비상태가 필요 없다.

(3) 사안의 해결

사안의 경우 乙이 새로운 잔금 지급기일 2013. 7. 17.에 甲에게 이행의 제공을 함으로써 i) 甲은 잔금지급의무의 이행지체에 빠지게 되었고, ii) 乙은 상당한 기간을 정하여 잔금지급의무 이행을 최고하였고, iii) 이 기간 동안에도 甲은 잔금을 지급하지 아니하였다. 또한, 乙은 그 기간 동안 등기서류를 공인중개사 사무소에 맡겨두었다는 점에서 이행의 준비상태가 유지되었다고 볼 수 있다. 따라서 2013. 8. 7.이 도과함으로써 乙에게 제544조의 이행지체에 따른 계약해제권이 발생하였다고 봄이 타당하다. 2013. 8. 7. 乙에게 계약해제권이 발생한 이상 이후에 등기서류를 회수하였는지는 해제권 행사에 영향을 미치지 아니한다. 따라서 甲의 주장은 타당하지 않다.

기출해설 2011년 법원행정고시 제3문 변형

乙은 2009. 3. 10. 토지거래허가구역 내에 있는 그 소유 A토지에 관하여 甲과 다음과 같은 매매계약을 체결하였다.

가. 매매대금은 6억 원으로 한다.

나. 계약 체결 현장에서 계약금 6천만 원을 지급하고, 중도금 1억 4천만 원은 2009. 4. 10.에 A토지의 인도와 동시에, 잔금 4억 원은 2009. 5. 10.에 등기서류 교부와 동시에 각 지급하기로 한다.

다. 계약체결 즉시 쌍방은 토지거래허가신청절차에 적극 협력하여 신속히 토지거래허가를 받을 수 있도록 한다.

라. 계약 해제시에 乙은 원상회복할 금전에 가산할 이자에 관하여 월 0.2%의 약정이자와 월 2%의 지연이자를 부담한다.

그 후 乙은 위와 같이 계약금을 받은 상태에서 甲과 함께 토지거래허가신청절차를 진행하였는데, 각종 서류 준비 등에 예상보다 시간이 걸려 중도금 지급기일인 2009. 4. 10.까지 토지거래허가신청을 하지 못하였으나 4. 10. A토지는 甲에게 인도하였다. 그러나 甲은 토지거래허가를 받기 전까지는 중도금을 지급할 수 없다면서 2009. 4. 10. 중도금 지급을 거절하였고, 乙은 2009. 4. 20. 甲에게 내용증명우편을 보내 2009. 4. 30.까지 중도금을 지급할 것을 최고하면서, 만약 그 때까지 甲이 중도금을 지급하지 않을 경우 이행지체를 원인으로 위 매매계약을 해제하겠다고 통고하였다. 그러나 甲은 토지거래허가를 받을 수 있는지부터 확인해야 한다면서 2009. 4. 30.에도 중도금을 지급하지 않았고, 乙은 2009. 5. 4. 결국 甲에게 중도금 지급 이행지체를 원인으로 매매계약을 해제한다고 통고하였다.

甲은 乙로부터 해제통고를 받자 乙을 만나, 중도금을 곧 지급하겠으니 해제를 번복하여 달라, 토지거래허가신청절차를 계속 진행하여 달라고 설득하였으나 乙로부터 명확한 대답을 듣지 못하던 중, 2009. 6. 30. A토지가 토지거래허가구역 지정에서 해제되었다. 그러자 乙은 2009. 7. 1. A토지를 丙에게 시가 6억 3천만 원에 매도하고 2009. 7. 15. 丙 앞으로 소유권이전등기까지 마쳐 주었다.

그 사실을 알게 된 甲은 乙을 상대로 소를 제기하여, 위 매매계약이 乙의 귀책사유로 이행불능이 되었음을 들어 위 매매계약에 관하여 2010. 3. 10. 乙에게 해제의 의사표시를 하여 당일 乙에게 도달하였고, 甲은 乙에게 계약해제를 이유로 ① 계약금 6천만 원 및 2009. 3. 10.부터 연 5%의 비율에 의한 이자, 2010. 3. 10.부터 다 갚는 날까지 월 2%의 비율에 의한 지연손해금의 지급을 청구하고, ② 계약금 상당의 손해배상금 6천만 원 및 소장부본 송달일 다음날부터 다 갚는 날까지 소송촉진 등에 관한 특례법상 연 20%의 지연손해금의 지급을 청구하였다(단, 甲은 A토지를 반환하고 있지 않고 이에 대해 乙은 동시이행의 항변권을 행사하고 있지 않다). 위 소송은 2011. 10. 4. 변론이 종결되었고, 2011. 10. 18. 판결이 선고되었다. (A토지의 시가는 2009. 3. 10. 당시 6억 원, 2009. 7. 15. 당시 6억 3천만 원, 변론종결일인 2011. 10. 4. 당시 7억 원이다.)

당해 매매계약이 언제 적법하게 해제되었는지 검토하고, 乙의 항변을 고려하여 甲 청구에 대한 법원의 판단을 논하시오. (50점)

사례C-19 토지거래허가구역내 토지거래의 효과(유동적 무효, 원상회복청구, 손해배상청구)★

Ⅰ. 이 사건 매매계약이 언제 적법하게 해제되었는지 여부

1. 乙의 이행지체를 원인으로 한 계약해제의 유효성

(1) 토지거래허가를 전제로 한 계약의 효력

국토의 계획 및 이용에 관한 법률상 토지거래 허가규정은 효력규정이나, 허가를 전제로 한 토지거래의 경우에는 투기거래에 대한 위험이 없다 할 것이므로 "허가가 있기 전에는 채권계약 자체도 무효이지만 **허가를 받을 것을 전제로 한 계약은 유동적 무효**로 보아 허가가 있으면 소급적으로 유효한 계약이 된다"(대판 1991.12.24, 전합90다12243).

(2) 유동적 무효 상태에서의 채무불이행을 이유로 한 해제 가부

허가받기 전의 유동적 무효상태에서는 **채권적 효력도 전혀 발생하지 아니하여** 계약의 이행청구를 할 수 없어 매수인의 대금지급의무나 매도인의 소유권이전등기의무가 없다(대판 1991.12.24, 전합90다12243). 따라서 **허가를 받기 전의 상태에서 상대방의 거래계약상 채무불이행을 이유로 거래계약을 해제하거나 그로 인한 손해배상을 청구할 수도 없다**(대판 1997.7.25, 97다4357 : 2회,5회 선택형)

(3) 사안의 경우

甲과 乙은 토지거래허가구역 내의 A토지에 관해 토지거래허가를 전제로 하여 매매계약을 체결한 바, 乙이 이행지체를 원인으로 한 계약해제의 의사표시를 한 시점을 기준으로 보았을 때 토지거래허가(내지 토지거래허가구역 지정해제)가 이루어지지 않은 바, 위 계약은 유동적 무효상태에 있다. 따라서 甲에게는 그 계약의 내용에 따라 중도금을 지급할 의무가 발생하지 않았으므로 중도금 지급을 지체하더라도 이행지체 책임을 지지 않으며 이를 이유로 한 계약의 해제도 인정되지 않는다. 즉, 이행지체를 원인으로 한 乙의 계약해제 의사표시로는 계약해제로서 효과가 발생하지 않는다.

2. 甲의 이행불능을 원인으로 한 계약해제의 유효성

(1) 토지거래허가구역 지정해제의 법적 효과

判例에 따르면 "토지거래허가구역 지정기간 중에 허가구역 안의 토지에 대하여 토지거래허가를 받지 아니하고 토지거래계약을 체결한 후 허가구역 지정해제 등이 된 때에는 그 토지거래계약이 **허가구역 지정이 해제되기 전에** (처음부터 허가를 잠탈하거나 배제하여) **확정적으로 무효로 된 경우를 제외하**고는, 더 이상 관할 행정청으로부터 토지거래허가를 받을 필요가 없이 **확정적으로 유효**로 되어 거래 당사자는 그 계약에 기하여 바로 토지의 소유권 등 권리의 이전 또는 설정에 관한 이행청구를 할 수 있다"(대판 1999.6.17, 전합98다40459).

사안의 경우 2009. 6. 30. 토지거래허가구역 지정이 해제됨으로써 甲과 乙 사이의 계약은 사후적으로 확정적으로 유효가 되었다. 따라서 이후 계약당사자의 채무불이행이 있는 경우 이에 따른 해제도 가능한 바, 乙의 이행불능을 원인으로 한 계약해제의 의사표시가 유효한지가 문제된다.

(2) 甲의 이행불능을 원인으로 한 계약해제의 의사표시 유효성

判例가 판시하는 바와 같이 부동산을 이중매도하고 매도인이 그 중 1인에게 먼저 소유권명의를 이전하여 준 경우에는, **유효한 명의신탁관계처럼 소유권의 회복이 가능하여 다른 1인에게 이전등기해 줄 수 있는 특별한 사정이 없는 한**(대판 2010.4.29, 2009다99129), 다른 1인에 대한 소유권이전등기의무는 이행불능상태에 있다 할 것이다(대판 1965.7.27, 65다947). 아울러 이행불능의 경우에는 계약을 해제하기 위해 최고할 필요가 없고(제546조), 동시이행관계에 있다고 하더라도 이행의 제공을 할 필요도 없다(대판 2003.1.24, 2000다22850).

(3) 사안의 경우

ⅰ) 乙이 丙에게 A토지를 이중매도하고 소유권이전등기를 마쳐줌으로써 2009. 7. 15. 甲과 乙사이의 계약은 이행불능이 되었으며, ⅱ) 이에 따른 甲의 계약해제의 의사표시가 있는바 위 계약은 **2010. 3. 10. 제546조에 따라 적법, 유효하게 해제되었다.** 이때, 계약의 이행불능에 대한 乙의 귀책사유가 인정되는바, 이를 이유로 한 해제에 대한 (재)항변은 불가능하다.

Ⅱ. 甲의 청구에 대한 법원의 판단

1. 甲의 계약금반환청구(원상회복청구)에 대한 판단

(1) 원상회복의무로서 '금전'의 반환

계약이 해제된 경우 해제의 소급효로 인해 계약의 당사자는 원상회복의무로서 자신이 수령한 것을 이익의 현존 여부, 선·악을 불문하고 받은 급부 전체를 상대방에게 반환하여야 한다(제548조 1항). 또한, 금전을 수령한 자는 그 '수령한 날'부터 이자를 가산하여 반환하여야 한다(제548조 2항).

(2) 계약해제시 반환할 금전에 가산할 이자 및 지연이자에 관하여 당사자 사이에 약정이 있는 경우

① **제548조 2항에서 가산되는 이자는 원상회복의 범위에 속하는 것으로서 일종의 부당이득반환의 성질을 가지는 것이고 반환의무의 이행지체로 인한 지연손해금이 아니다.** 따라서 '금전채무불이행'으로 인한 손해배상액 산정의 특별규정인 소송촉진 등에 관한 특례법은 적용되지 않는다(대판 2003.7.22, 2001다76298). **또한 당사자 사이에 그 이자에 관하여 특별한 약정이 있으면 그 약정이율이 우선 적용되고** 약정이율이 없으면 민사 또는 상사 법정이율이 적용된다(대판 2013.4.26, 2011다50509).

② **반면 원상회복의무가 이행지체에 빠진 이후의 기간에** 대해서는 부당이득반환의무로서의 이자가 아니라 반환채무에 대한 지연손해금이 발생하게 되므로 거기에는 지연손해금률이 적용되어야 한다. **그 지연손해금률에 관하여도 당사자 사이에 별도의 약정이 있으면 그에 따라야 할 것이고, 설사 그것이 법정이율보다 낮다 하더라도 마찬가지이다**(대판 2013.4.26, 2011다50509 : 6회 선택형).

[비교판례] "계약해제시 반환할 금전에 가산할 이자에 관하여 당사자 사이에 약정이 있는 경우에는 특별한 사정이 없는 한 이행지체로 인한 지연손해금도 그 약정이율에 의하기로 하였다고 보는 것이 당사자의 의사에 부합한다. 다만 **그 약정이율이 법정이율보다 낮은 경우에는 약정이율에 의하지 아니하고 법정이율에 의한 지연손해금을 청구할 수 있다고** 봄이 타당하다"(대판 2013.4.26, 2011다50509 : 6회 선택형).

(3) 甲의 원상회복의무와의 관계

2010. 3. 10.자 甲의 해제는 적법, 유효하므로 甲도 乙에게서 받은 A토지를 원상회복으로 반환하여야 한다(제548조 1항). 이러한 甲의 원상회복의무는 乙의 원상회복의무와 동시이행의 관계에 있는바(제549조), 동시이행의 항변권을 가지는 채무자는 자신의 채무를 이행하지 않는 것이 정당한 것으로 인정되기 때문에, 비록 이행기에 이행을 하지 않더라도 이행지체가 되지 않는다(제390조 단서). 이러한 **이행지체책임의 면책의 효력은 그 항변권을 행사·원용하지 않아도 발생한다**(대판 2010.10.14, 2010다47438).

(4) 소 결

乙은 甲에게 계약금 6천만 원 및 이에 대해 계약금을 받은 날인 2009. 3. 10.부터 다 갚는 날까지 **약정이율 월 0.2%**를 가산한 금원을 지급하여야 한다**(제548조 2항)**. 그러나 甲이 A토지 반환의 원상회복의무를 이행하지 않는 한**(제549조)**, **'동시이행항변권의 존재효'** 에 따라 월 2%의 지연손해금은 발생하지 않는다.

2. 甲의 손해배상청구에 대한 판단

(1) 원칙적 손해배상의 범위

① 계약해제의 효과는 손해배상의 청구에 영향을 미치지 않는다(제551조). 여기에서 말하는 손해배상은 채무불이행으로 인한 손해배상이므로 채무자의 고의 또는 과실을 요하고(대판 2016.4.15. 2015다59115), 그 범위도 원칙적으로 '이행이익' 의 배상이다(통설 및 判例). 즉 해제로 인하여 기이행된 급부를 반환함으로써 이루어지는 원상회복만으로 계약이 해제될 때까지 당사자 일방이 입은 손해가 제거되는 것은 아니므로, 실질적 공평의 관점에서 법이 해제와 손해배상의 양립을 인정하는 것이다. 따라서 이 때 **이행이익 상당액이란 원상회복을 통해 전보되지 못한 추가적인 손해를 의미한다.**

② 또한, 채무불이행으로 이한 손해배상이므로 그 구체적 범위는 제393조에 의해 결정되고 원칙적으로 통상의 손해를 그 한도로 한다. 부동산 이중매매로 인해 매도인의 이행이 불가능하게 된 경우에는, **이행불능 당시의 부동산 시가상당액이 통상손해에 해당한다**(대판 1967.11.21, 67다2158 등 ; 지연이자 상당액을 포함하며 이중매매로 인한 이행불능의 경우와 같이 이미 매수인이 매매대금을 지급하였다면 이행불능 당시의 시가 상당액에서 매매대금을 공제한 금액).

(2) 계약금 약정이 손해배상의 예정인지 여부

사안의 경우 계약금 약정을 손해배상액의 예정으로 볼 수 있는지가 문제되는바, **위약시에는 교부자는 그것을 몰수당하고 교부받은 자는 그 배액을 상환한다' 는 특약이 있는 경우,** 判例는 **"특별한 사정이 없는 한 그 계약금은 민법 제565조가 규정하는 해약금으로서의 성질과 아울러 제398조 1항의 손해배상액의 예정의 성질도 가진다"**고 판시하였다(대판 1992.5.12, 91다2151 : 3회 선택형).

(3) 소 결

사안의 경우, 甲이 乙에게 계약금을 지급하였으나 별도의 위약금 특약이 존재하지 않는바, 위 계약금을 손해배상의 예정으로 볼 수 없다. 그러므로 乙의 손해배상의 범위는 제393조 1항에 따라 甲이 입은 통상손해를 한도로 함이 원칙이다. 乙이 丙에게 A토지 소유권이전등기를 마쳐준 2009. 7. 15. 당시 A토지의 시가 6억 3천만 원에서 매매대금 6억 원을 공제한 3천만 원이 甲의 통상손해에 해당한다. 따라서 乙은 甲에게 손해배상금으로 3천만 원만 지급하면 된다(제551조). 乙의 손해배상의무와 甲의 원상회복의무도 判例(대판 1992.4.28, 91다29972 : 8회 선택형)에 따르면 동시이행 관계에 있으므로 '동시이행항변권의 존재효'에 따라 지연손해금은 발생하지 않기 때문이다.

3. 사안의 해결

乙은 甲에게 ① 계약금 6천만 원 및 2009. 3. 10.부터 다 갚는 날까지 월 0.2% 비율에 의한 이자(제548조 2항)와 ② 손해배상금 3천만 원을 지급하여야 한다(제551조). 따라서 甲의 청구에 대해 법원은 일부인용판결을 선고해야 한다. 다만, '동시이행항변권의 행사효' 에 따라 乙이 동시이행의 항변권을 행사하지 않는 한, 법원은 상환급부판결이 아닌 단순이행판결을 해야 한다.

기출해설

2014년 2차 법전협모의 제1문

甲은 2013.10.1. 자신이 소유하고 있는 X주택을 乙에게 1억 원에 팔기로 하는 내용의 계약을 체결하였다. 계약 당시 乙은 甲에게 계약금으로 1,000만 원을 지급하였고, 중도금 4,000만 원은 2013.11.1. X주택 인도 및 소유권이전등기에 필요한 서류를 받으면서 지급하기로 하고, 잔금 5,000만 원은 乙이 X주택을 Y은행에 담보로 제공하고서 금전을 대출받아 2013.12.1. 지급하기로 하였다. 甲은 2013.10.15. 乙에 대한 4,000만 원의 중도금채권을 丙에게 양도하고 이를 乙에게 통지하였고, 乙은 2013.11.1. 丙에게 4,000만 원을 지급하였다. 甲은 2013.11.1. 乙에게 X주택을 인도하고 소유권이전등기에 필요한 서류를 넘겨주었다. 乙은 즉시 X주택에 대한 소유권이전등기를 한 뒤 Y은행에 저당권을 설정하여 주고 5,000만 원을 대출받았으나 다른 급한 용도가 생겨 대출금으로 잔금을 지급하지 않고 다른 용도로 사용하였다.
甲은 2013.12.15. 乙에 대하여 같은 달 31.까지 잔금을 지급할 것을 최고하였으나 乙은 결국 잔금을 지급하지 못하였다. 甲은 2014.1.10. 乙에 대하여 계약을 해제한다고 통지하면서 乙 명의의 소유권이전등기를 말소하여 줄 것을 요구하였다. **※ 질문 1. 2는 서로 별개로 판단할 것**

1. 乙은 자신이 X주택의 소유자로 등기되어 있는 것을 이용하여 2014.1.30. X주택을 丁에게 1억 2,000만 원에 팔고 그 소유권이전등기를 마쳐주었다. 乙은 2014.2.15. 丙에 대하여 4,000만 원의 반환을 구하는 소를 제기하였고, 甲은 그 무렵 丁에 대하여 X주택의 소유권이전등기의 말소를 구하는 소를 제기하였다. 丙에 대한 乙의 청구 및 丁에 대한 甲의 청구에 대한 결론을 포함하여 甲과 乙 사이의 법률관계를 설명하시오. (35점)

2. 乙은 2013.11.5. 戊와 사이에 X주택에 대하여 임대차 기간 2년, 보증금 6,000만 원으로 하는 임대차계약을 체결하였다. 戊가 2013.11.8. X주택을 인도받고 그 주민등록을 마쳤다면, X주택의 매매계약을 해제한 甲은 戊에게 X주택의 인도를 청구할 수 있는가? (15점)

사례C-20 **제548조 1항 단서의 제3자**(채권의 양수인, 해제 후 선의의 제3자, 대항력 있는 임차인)★

Ⅰ. 설문 1.의 경우(35)

1. 이행지체를 이유로 한 계약해제 가부

이행지체로 인한 해제는 i) 채무자가 채무의 이행을 지체할 것, ii) 채무자에게 상당한 기간을 정하여 이행을 최고할 것, iii) 채무자가 상당기간 내에 이행 또는 이행의 제공을 하지 않을 것이 요구된다(제544조).

사안에서는 i) 잔금지급의무의 이행기는 2013.12.1.이며, 채무자 乙은 이행이 가능함에도 이행을 하지 않았으며, 금전채무불이행의 경우 과실 없음을 요하지 않으므로(제397조 제2항) 이행지체가 인정된다. ii) 채권자 甲은 약 2주를 정하여 잔금지급을 최고하였으나 iii) 乙은 기간 내 이행을 하지 않았으며, 이에 甲은 해제의 의사표시를 하였다. 따라서 매매계약은 적법하게 해제되었다.

2. 해제의 효과

(1) 소급효 및 물권의 복귀 여부

계약을 해제하면 계약은 소급하여 그 효력을 잃는바, 이미 이행된 급부는 서로 원상회복을 하여야 한다(제548조 1항 본문). 이와 관련하여 判例는 "우리의 법제가 물권행위의 독자성과 무인성을 인정하고 있지 않는 점과 제548조 1항 단서가 거래안전을 위한 특별규정이란 점을 생각할 때 계약이 해제되면 그 계약의 이행으로 변동이 생겼던 물권은 당연히 그 계약이 없었던 원상태로 복귀한다 할 것이다"(대판 1977.5.24, 75다1394)라고 판시하여 직접효과설, 그 중에서도 물권적 효과설을 취하고 있다.

(2) 제548조 제1항 단서에 의해 보호되는 제3자

계약해제로 인한 원상회복의무는 제3자의 권리를 해하지 못한다(제548조 1항 단서). 이때 제3자의 범위와 관련하여 判例는 "그 해제된 계약으로부터 생긴 법률효과를 기초로 하여 '해제 전'에 새로운 이해관계를 가졌을 뿐 아니라 등기·인도 등으로 완전한 권리를 취득한 자"를 말한다고 하며(대판 2002.10.11, 2002다33502), 아울러 '해제의 의사표시가 있은 후라도 그 등기 등을 말소하지 않은 동안' 새로운 권리를 취득하게 된 '선의'의 제3자도 포함된다고 한다(대판 1985.4.9, 84다카130,131 : 3회 선택형).

3. 사안의 경우

(1) 丙에 대한 乙의 중도금반환청구

1) 乙의 원상회복청구권

乙은 甲과의 매매계약이 해제되었음을 이유로 원상회복청구로서 丙에게 그가 받은 중도금 및 그 받은 날부터 이자의 반환을 청구할 수 있다(제548조 1항 본문, 제548조 2항).

2) 丙의 항변 여하

가) 민법 제548조 1항 단서에 의한 항변

判例는 채권의 양수인이 취득한 권리는 채권에 불과하고 대세적 효력을 갖는 권리가 아니어서 (대항요건을 갖추었더라도) 채권의 양수인은 제3자에 해당하지 않는다고 한다(대판 2003.1.24, 2000다22850 ; 대판 2000.8.22, 2000다23433 : 3회 선택형). 따라서 단순한 금전채권양수인인 丙은 민법 제548조 제1항 단서의 제3자에 해당함을 이유로 중도금에 대한 원상회복을 거절할 수 없다.

나) 민법 제451조 제2항에 의한 항변

判例는 대금채권이 양도되어 양도통지를 받은 후에 채권양도의 기초가 되는 계약이 채권양도인의 채무불이행으로 해제된 경우, "양도인의 채무불이행 및 그에 따른 채무자의 해제권 행사라는 사정이 양도 통지이후에 발생하였다 하더라도 채권양도의 기초가 되는 계약이 일방의 채무불이행으로 해제될 수 있다는 것은 계약 자체에 내재하는 고유한 위험이고, 그 해제권 발생의 기초가 되는 계약은 통지 전에 이미 성립하였기 때문에 이는 제451조 2항의 양도통지를 받기 전에 생긴 사유에 해당한다. 따라서 채무자는 해제로써 양수인에게 대항할 수 있으므로 채무자가 양수인에게 이미 지급한 급부가 있다면 원상회복으로 반환을 청구할 수 있다"(대판 2003.1.24, 2000다22850 참고 : 6회 선택형)고 하였다. 따라서 丙은 제451조 2항을 들어 乙에게 중도금 반환을 거절할 수 없다.

다) 동시이행의 항변

해제로 인한 각 상대방의 원상회복의무 상호 간에는 동시이행의 관계에 있다(제549조, 제536조). 다만 계약 해제로 인하여 소멸될 채권의 양수인도 자신의 원상회복의무에 대해 동시이행의 항변을 할 수 있는지 문제되는바, 判例는 위 사안과 동일한 사안에서 **"丙은 매매계약상의 매도인의 지위를 양도받은 것이 아니라 매매대금 채권을 양도받았을 뿐"**이라는 점을 들어 乙이 매매계약 해제로 인하여 지게 되는 토지인도의무와 사이에 동시이행관계가 없다고 하여 丙의 동시이행항변권을 부인하고 있다(대판 2003.1.24, 2000다22850).[1]

3) 소 결

丙의 항변이 모두 이유 없으므로 乙의 청구는 인용된다.

(2) 丁에 대한 甲의 말소등기청구 등

1) 丁에 대한 甲의 말소등기청구

丁은 매매계약 해제 후 원상회복등기가 이루어지기 전에 乙로부터 목적물을 양수하여 X주택에 대한 소유권을 취득한 자에 해당하는바, 보호되는 제3자에는 " '해제의 의사표시가 있은 후라도 그 등기 등을 말소하지 않은 동안' 새로운 권리를 취득하게 된 **'선의'의 제3자도 포함된다"**(대판 1985.4.9, 84다카130,131 : 3회 선택형)는 判例에 따르면 **丁이 선의일 경우 甲의 말소등기청구는 기각된다.** 아울러 判例는 제3자가 악의라는 사실의 주장, 증명책임은 계약해제를 주장하는 자에게 있다고 한다(대판 2005.6.9, 2005다6341).

2) 甲과 乙의 법률관계(원상회복의 동시이행)

① 丁이 보호되는 제3자에 해당하는 경우 X주택의 원물반환은 불가능하므로 乙은 해제 당시의 X주택의 시가에 해당하는 가액배상의무를 부담한다. 가액산정의 기준시점과 관련하여 判例는 "매도인으로부터 매매 목적물의 소유권을 이전받은 매수인이 매도인의 계약해제 이전에 제3자에게 목적물을 처분하여 계약해제에 따른 원물반환이 불가능하게 된 경우에 매수인은 원상회복의무로서 가액을 반환하여야 하며, **이때에 반환할 금액은 특별한 사정이 없는 한 그 처분 당시의 목적물의 대가 또는 그 시가 상당액과 처분으로 얻은 이익에 대하여 그 이득일부터의 법정이자를 가산한 금액"**이라고 한다(대판 2013.12.12. 2013다14675). ② 반대로 甲은 乙로부터 이미 수령한 계약금 1천만 원 및 이를 받은 날로부터 이자를 붙여 반환하여야 하며(제548조 2항), ③ 乙의 가액배상의 원상회복의무와 甲의 계약금반환의 원상회복의무는 동시이행관계에 있다(제549조).

[심화] 丁이 제548조 1항 단서에 의해 보호되지 않는 경우라도 해제의 효과로 Y에게 대항할 수 없으므로, 저당권을 부담한 甲은 乙에게 손해배상을 청구할 수 있다(제551조). 이 때 甲의 계약금반환의 원상회복의무와 乙의 원상회복의무 및 손해배상의무는 동시이행관계에 있다(대판 1996.7.26. 95다25138).

---

1) **[판례평석]** 즉, 判例는 매매대금채권의 '일부'가 양도되어 그 양수인이 대금을 수령한 후 매매계약이 해제된 경우 그 양수인의 대금반환의무는 매수인의 목적물반환의무와 동시이행관계에 있지 않다고 한다. 그러나 이러한 判例의 태도에 대해 반대하는 견해도 있다(양창수, '분양대금채권의 일부 양도와 계약해제후의 동시이행관계', 법률신문 2003.5.12.자 p.13~14). 즉, 동시이행관계에 있는 채권 중 한 쪽의 채권이 양도된 경우에도 동시이행관계는 그대로 유지된다고 본다. 判例 또한 임대차보증금반환채권이 전부된 경우, 임차인은 임대인이 전부채권자에게 전부금(임차보증금)을 지급할 때까지 임대인에 대하여 임차목적물의 인도를 거절할 수 있는 동시이행의 항변권이 있다고 판시한 바 있다고 한다(대판 2002.7.26, 2001다68839). 그리고 이러한 법리는 채권의 일부 양도가 있었다고 하여 달라지는 것은 아니라고 한다.

Ⅱ. 설문 2.의 경우(15)

1. 주택임대차보호법상 대항력의 구비여부

임차인이 대항력 있는 임차권을 취득하기 위해서는 임대인이 소유자이거나 또는 소유권을 갖고 있지는 않더라도 적어도 적법하게 임대차계약을 체결할 수 있는 권한(적법한 임대 권한)을 갖고 있어야 한다(대판 1995.10.12, 95다22283 등). 이러한 적법한 권한을 가진 임대인과의 임대차계약을 기초로 임차인이 ⅰ) 주택의 인도와 ⅱ) 주민등록을 갖추어야 한다(주택임대차보호법 제3조 1항 2문). 사안과 같이 乙이 소유권을 소급적으로 상실한 경우라도 소유권의 구비는 임대차계약의 성립요건이 아니므로, 戊가 2013.11.8.에 X주택을 인도받은 뒤 주민등록을 마친 이상 戊는 대항력을 취득한다.

2. 戊가 민법 제548조 제1항 단서의 제3자에 해당하는지 여부

(1) 판 례

判例는 "소유권을 취득하였다가 계약해제로 인하여 소유권을 상실하게 된 임대인으로부터 그 계약이 해제되기 전에 주택을 임차 받아 주택의 인도와 주민등록을 마침으로써 주택 임대차보호법 제3조 1항에 의한 대항요건을 갖춘 임차인은, **제548조 1항 단서의 규정에 따라 계약해제로 인하여 권리를 침해받지 않는 제3자에 해당**하므로, 임대인의 임대권원의 바탕이 되는 계약의 해제에도 불구하고 자신의 임차권을 새로운 소유자에게 대항할 수 있고, 이 경우 **계약해제로 소유권을 회복한 제3자는 주택 임대차보호법 제3조 4항에 따라 임대인의 지위를 승계한다**"(대판 2003.8.22. 2003다12717)고 하였다.

[비교판례] ✽ 미등기매수인으로부터 대항력 있는 임차권을 취득한 자

判例는 '주택을 인도받은 미등기매수인'과 임대차계약을 체결하고 그 주택을 인도받아 전입신고를 마친자는 제548조 1항 단서의 제3자에 해당한다고 한다(대판 2008.4.10. 2007다38908,38915 : 10회 선택형). 그러나 미등기매수인의 '임대권한이 처음부터 제한되어 있는 경우'에는 제3자는 보호되지 않는다(대판 1995.12.12. 95다32037)[2)3)]

(2) 사안의 경우

戊는 甲과 乙의 매매계약이 해제되기 전(2014.1.10.) X주택을 임차하고 주택임대차보호법상 대항요건을 갖춘 임차인으로서 제548조 제1항 단서의 제3자에 해당한다. 따라서 甲은 계약해제의 효과를 戊에게 주장할 수 없어 임대인의 지위를 승계하게 되므로 戊에게 X주택의 인도를 청구할 수 없다.

---

2) "주택 매매계약에 부수하여 매매대금 수령 이전에 매수인에게 임대 권한을 부여한 경우, 이는 매매계약의 해제를 해제조건으로 한 것이고, 매도인으로부터 매매계약의 해제를 해제조건부로 전세 권한을 부여받은 매수인이 주택을 임대한 후 매도인과 매수인 사이의 매매계약이 해제됨으로써 해제조건이 성취되어 그 때부터 매수인이 주택을 전세 놓을 권한을 상실하게 되었다면, 임차인은 전세계약을 체결할 권한이 없는 자와 사이에 전세계약을 체결한 임차인과 마찬가지로 매도인에 대한 관계에서 그 주택에 대한 사용수익권을 주장할 수 없게 되어 매도인의 명도 청구에 대항할 수 없게 되는바, 이러한 법리는 임차인이 그 주택에 입주하고 주민등록까지 마쳐 주택 임대차보호법상의 대항요건을 구비하였거나 전세계약서에 확정일자를 부여받았다고 하더라도 마찬가지이다"

3) **[판례평석]** 위 2007다38908,38915판시내용에 따르면 목적물을 인도받은 미등기매수인에게 '대항력 있는 임차권'을 설정할 수 있는 권한까지 있다는 취지라고 보이나, 이는 미등기매수인이 목적물을 인도받았다고 하여 곧바로 그 목적물에 관한 '처분권'까지 갖는 것은 아니므로, 채권적인 임대차계약을 체결할 수 있는 것은 별론으로 하고, 나아가 처분행위의 성격을 갖는 대항력 있는 임차권 설정행위까지 할 수 있다는 점에 대하여는 의문이 있다[노재호, 민법교안(8판), p.798]. 따라서 원칙적으로 95다32037판결의 태도가 타당하다.

甲은 2017. 4. 21. A 은행으로부터 1억 원을 이자율 월 1%, 변제기 2018. 4. 20.로 하여 대출받으면서 甲 소유의 X 건물에 채권최고액 1억 2,000만 원으로 하여 근저당권을 설정해주었다. 그 후 甲은 2017. 12. 10. 乙에게 X 건물을 3억 원에 매도하는 계약을 체결하였다. 이 계약에 따르면, 乙은 계약금 3,000만 원은 계약 당일 지급하고, 중도금 1억 2,000만 원은 2018. 1. 10. X 건물의 인도와 동시에 지급하며, 잔금 1억 5,000만 원은 2018. 3. 10. X 건물에 관한 소유권이전등기에 필요한 서류의 수령과 동시에 지급하되, 위 근저당권에 의하여 담보되는 甲의 A 은행에 대한 대출원리금 채무 전액을 乙이 갚기로 하고 나머지 금액을 甲에게 지급하기로 하였다. 위 매매계약에 따라 甲은 乙로부터 계약 당일 계약금 3,000만 원을 수령하였고, 2018. 1. 10. 중도금 1억 2,000만 원을 수령함과 동시에 乙에게 X 건물을 인도하였다.
한편, 甲으로부터 X 건물을 인도받은 乙은 2018. 1. 15. 무인 세탁소를 운영하고자 하는 丙과의 사이에 2018. 2. 1.부터 12개월 간, 보증금 1억 원, 월 차임 100만 원(이 금액은 당시의 차임 시세액으로서 이후 변동이 없다)으로 정하여 임대차계약을 체결하였다. X 건물을 인도받은 丙은 2018. 2. 15. 철제샤시, 방화 셔터 등 1,000만 원의 유익비를 지출하고 사업자등록을 하지 않은 채 기계들을 들여놓고 운영하기 시작하였다. 유익비에 대하여는 공사가 완료되는 대로 乙이 丙에게 지급하기로 약정하였다. ※ 아래 각 문제는 서로 독립적임.

1. 乙은 2018. 3. 10. 甲이 X 건물의 소유권이전등기에 필요한 서류들을 제공하였음에도 불구하고 잔금을 지급하지 않았다. 이에 甲은 몇 차례 기한을 연장해 주며 독촉을 하였지만 乙이 계속하여 잔금지급을 하지 않자 2018. 6. 1. 매매계약을 해제하고 丙을 상대로 X 건물의 인도 청구의 소를 제기하였다. 이에 대하여 丙은 甲이 해제로 자신에게 대항할 수 없으며, 설령 인도하더라도 보증금을 돌려주면 인도하겠다고 항변하였다. **이 경우 법원의 결론(인용, 기각, 일부 인용, 각하)을 근거와 함께 설명하시오. (25점)**

사례C-21 제548조 1항 단서의 제3자(미등기 매수인으로부터의 임차인)

Ⅰ. 문제 1.의 경우(25)

1. 문제점

丙의 항변 중 ① 甲의 해제로 자신에게 대항할 수 없다는 주장에 대하여는 ⅰ) 甲의 해제권행사가 적법한지, ⅱ) 乙에게 X건물을 임대할 권한이 있는지, 있다면 丙에게 대항력이 인정되는지, ⅲ) 丙이 해제의 소급효로부터 보호되는 제548조 1항 단서의 제3자에 해당하는지가 문제되고, ② 설령 인도하더라도 보증금을 돌려주면 인도하겠다는 주장에 대해서는, 丙에게 동시이행항변권이나 유치권이 인정되는지 여부가 문제된다.

2. 해제로 자신에게 대항할 수 없다는 주장의 당부

(1) 甲의 해제권행사가 적법한지여부

1) 이행지체로 인한 해제의 요건

당사자일방이 그 채무를 이행하지 아니하는 때에는 상대방은 상당한 기간을 정하여 그 이행을 최고하고 그 기간내에 이행하지 아니한 때에는 계약을 해제할 수 있다(제544조 본문). 특히 이행지체와 관련하여, 확정기한부 채무의 경우에도 쌍무계약에 의한 채무의 이행에서는 당사자 간에 동시이행의 항변권이 인정되므로(제536조), 상대방으로부터 이행의 제공을 받으면서 자기의 채무를 이행하지 않는 경우에 이행지체가 된다.

2) 사안의 경우

사안에서 甲은 이행기인 2018. 3. 10.에 X 건물의 소유권이전등기에 필요한 서류들을 제공함으로써 乙을 이행지체에 빠지게 하였으며, 몇 차례 기한을 연장해 주며 독촉을 함으로써 상당한 기간을 정하여 그 이행을 최고하였음에도 乙은 잔금지급의무를 이행하지 않았으므로 甲의 2018. 6. 1.자 매매계약 해제는 적법하다.

(2) 甲의 해제권행사의 효력

1) 계약의 소급적 실효와 甲의 제213조 본문에 기한 인도청구권

甲의 해제권행사는 적법하므로 甲과 乙 간의 매매계약은 소급적으로 실효된다(대판 1980.8.26. 79다1257). 사안의 경우 乙에게 등기가 이전된 적이 없으므로 甲의 소유권은 그대로 유지된다. 따라서 甲은 소유자로서 그 소유에 속한 물건을 점유한 자에 대하여 반환을 청구할 수 있다(제213조 본문).

2) 丙이 제548조 1항 단서에 의해 보호되는지 여부

해제의 소급효로부터 보호받는 제548조 1항 단서의 제3자는 '완전히 유효'한 계약을 바탕으로 새로운 이해관계를 가져야 하므로 거래당사자와 제3자와의 이익형량 차원에서 제3자는 등기, 인도 등으로 완전한 권리를 취득한 자이어야 한다(대판 2003.1.24, 2000다22850). 이와 관련하여 判例는 **'주택을 인도받은 미등기매수인' 과 임대차계약을 체결하고 그 주택을 인도받아 전입신고를 마친자는 제3자에 해당**한다고 한다(대판 2008.4.10, 2007다38908,38915). 그러나 사안의 경우 丙은 상가임대차보호법 상의 대항요건을 갖추지 못했으므로(동법 제3조 1항), 제548조 1항 단서에 의해서도 보호받을 수 없다.

3. 보증금을 돌려주면 인도하겠다는 항변의 당부

(1) 동시이행의 항변권

甲은 丙과의 임대차계약의 당사자가 아니고 상가건물임대차보호법상으로도 임대인 乙로부터 임대인의 지위가 승계되지 않았으므로 丙은 甲에 대하여 보증금반환을 청구할 수 없다. 즉, 丙은 甲에 대하여 보증금의 반환과 X건물 인도의 동시이행의 항변을 할 수 없다(제536조).

(2) 유치권

判例는 임차보증금반환청구권은 '임대차 목적물에 관하여 생긴 채권'이라 할 수 없다고 하여 채권과 목적물과의 견련관계를 부정하였다(대판 1994.10.14, 93다62119). 따라서 丙은 甲에 대하여 임차보증금반환청구권을 피담보채권으로 하여 X 건물에 유치권을 행사할 수 없다(제320조).

4. 결 론

丙의 모든 항변은 이유가 없으므로 법원은 甲의 청구를 인용해야 한다.

기출해설

2009년 법무사시험 제1문

甲은 2007. 5. 18. 건설회사인 乙로부터 이 사건 아파트를 분양대금 6억 원에 분양받아 계약금 6,000만 원을 지급하고, 중도금 3억 4,000만 원은 중도금 무이자 대출약정을 통해 乙 회사의 연대보증 아래 A 은행으로부터 대출받아 乙 회사에 납부하였다. 분양계약 당시 甲과 乙 회사는 ① 수분양자는 입주 전까지 대출금을 상환하거나 분양받은 아파트를 담보로 하는 담보대출로 전환하여야만 입주할 수 있으며, ② 중도금 무이자 대출을 받은 수분양자가 이를 변제하거나 담보대출로 전환하지 아니하여 대출금융기관이 乙 회사에 대위변제를 요구할 경우, 乙 회사는 분양계약을 해지할 수 있다는 내용의 약정을 하였다.

甲은 2008. 3. 11. 위 대출금채무를 상환하거나 이를 담보대출로 전환하지도 아니한 상태에서 乙 회사에 분양대금 중 잔금 2억 원을 지급하고 이 사건 아파트를 인도받은 다음, 같은 날 丙에게 이를 임대차보증금 3억 원, 기간 2년으로 정하여 임대하였다. 丙은 위 보증금을 지급하고 2008. 4. 2. 이 사건 아파트에 입주하는 한편 주민등록전입신고를 마치고 확정일자를 받았다. 그 후 乙 회사는 A 은행의 대출금 상환 요구에 따라 甲의 대출금을 대위변제하고 甲에게 이 사건 분양계약을 해제한다는 통고를 한 다음, 丙을 피고로 하여 소유권에 기한 방해배제청구로서 이 사건 아파트의 인도를 구하는 소송을 제기하였다.

1. 丙은 위 소송에서 자신은 민법 제548조 제1항 단서의 "제3자"에 해당하므로 이 사건 아파트를 점유할 정당한 권원이 있다고 다투었다. 위 해제통고에 의하여 이 사건 분양계약이 적법하게 해제되었다고 가정하여, 丙이 위 단서 조항의 "제3자"에 해당하는지 여부를 밝히고, 그 이유를 계약 해제의 효과와 위 단서 조항에서 규정하는 "제3자"의 의미를 중심으로 논하시오. (60점)

2. 만일 위 사안과 달리, 乙 회사가 잔금기일 전에 甲에게 이 사건 아파트에 관한 소유권이전등기를 마쳐 주었는데, 甲이 약정 잔금지급기일까지 잔금을 지급하지 아니하자 장차 이 사건 분양계약이 해제될 경우 乙 회사가 취득하게 될 甲에 대한 소유권이전등기 말소등기청구권을 보전하기 위하여 이 사건 아파트에 관하여 부동산 처분금지가처분신청을 하여 그 집행이 완료되었고, 그 후에 甲의 채권자인 丁이 이 사건 아파트에 관하여 부동산가압류를 집행한 경우라면, 잔금지체를 이유로 이 사건 분양계약을 적법하게 해제한 乙 회사에 대한 관계에서 丁이 민법 제548조 제1항 단서의 "제3자"에 해당하는지 여부를 밝히고 그 이유를 설명하시오. (40점)

사례C-22 **제548조 1항 단서의 제3자**(대항력 있는 임차인, 가압류채권자)★

Ⅰ. 설문 1.의 경우[1](60)

1. 丙이 제548조 1항 단서의 '제3자'에 해당하는지 여부

丙은 민법 제548조 1항 단서의 '제3자'에 해당한다.

1) ★ 2018년 1차 법전협 모의고사 제2문에서도 동일한 쟁점이 출제되었다.

2. 이 유

(1) 계약 해제의 효과

1) 소급효 및 물권의 복귀 여부

계약을 해제하면 계약은 소급하여 그 효력을 잃는바, 이미 이행된 급부는 서로 원상회복을 하여야 한다(제548조 1항 본문). 이와 관련하여 判例는 "우리의 법제가 물권행위의 독자성과 무인성을 인정하고 있지 않는 점과 제548조 1항 단서가 거래안전을 위한 특별규정이란 점을 생각할 때 계약이 해제되면 그 계약의 이행으로 변동이 생겼던 물권은 당연히 그 계약이 없었던 원상태로 복귀한다 할 것이다"(대판 1977.5.24, 75다1394)라고 판시하여 직접효과설, 그 중에서도 물권적 효과설을 취하고 있다.

2) 사안의 경우

사안의 경우 이 사건 분양계약이 적법하게 해제된 이상 이 사건 분양계약은 소급적으로 소멸하고, 乙 회사는 甲에게 이미 지급받은 계약금 및 중도금 4억 원을 이를 수령한 날로부터 법정 이자를 가산하여 반환하여야 한다(제548조 1항 본문). 반면, 해제 당시까지 甲은 이 사건 아파트에 대한 소유권이전등기를 경료 받지 못하였으므로, 여전히 乙 회사는 이 사건 아파트의 소유자이며 甲에 대한 소유권이전의무를 부담하지 않는다.

(2) 제548조 제1항 단서에 의해 보호되는 제3자

1) 판 례

계약해제로 인한 원상회복의무는 제3자의 권리를 해하지 못한다(제548조 1항 단서). 이때 제3자의 범위와 관련하여 判例는 "그 해제된 계약으로부터 생긴 법률효과를 기초로 하여 '해제 전'에 새로운 이해관계를 가졌을 뿐 아니라 등기·인도 등으로 완전한 권리를 취득한 자"를 말한다고 한다(대판 2002.10.11, 2002다33502).

2) 사안의 경우

가) 주택의 소유자는 아니지만 적법한 임대권한을 가진 사람과 임대차계약을 체결한 경우에도 주택임대차보호법이 적용되는지 여부

"주택임대차보호법이 적용되는 임대차로서는 반드시 임차인과 주택의 소유자인 임대인 사이에 임대차계약이 체결된 경우에 한정된다고 할 수는 없고, 주택의 소유자는 아니지만 주택에 관하여 적법하게 임대차계약을 체결할 수 있는 권한(적법한 임대권한)을 가진 임대인과 임대차계약이 체결된 경우도 포함된다"(대판 2008.4.10, 2007다38908,38915).

나) 주택 매매계약 해제 전, 미등기 매수인으로부터 주택을 임대받아 주택임대차보호법상 대항요건을 갖춘 임차인이 해제 후 주택의 소유자에게 임차권으로 대항할 수 있는지 여부

"매매계약의 이행으로 매매목적물을 인도받은 매수인은 그 물건을 사용·수익할 수 있는 지위에서 그 물건을 타인에게 적법하게 임대할 수 있으며, 이러한 지위에 있는 매수인으로부터 매매계약이 해제되기 전에 매매목적물인 주택을 임차하여 주택의 인도와 주민등록을 마침으로써 주택임대차보호법 제3조 제1항에 의한 대항요건을 갖춘 임차인은 민법 제548조 제1항 단서에 따라 계약해제로 인하여 권리를 침해받지 않는 제3자에 해당하므로 임대인의 임대권원의 바탕이 되는 계약의 해제에도 불구하고 자신의 임차권을 새로운 소유자에게 대항할 수 있다"(대판 2008.4.10, 2007다38908,38915[2] : 1회 선택형).[3]

[비교판례] 그러나 미등기매수인의 임대권한이 처음부터 제한되어 있는 경우에는 제3자는 보호되지 않는다. 즉 "주택 매매계약에 부수하여 매매대금 수령 이전에 매수인에게 임대 권한을 부여한 경우, 이는 매매계약의 해제를 해제조건으로 한 것이고, 매도인으로부터 매매계약의 해제를 해제조건부로 전세 권한을 부여받은 매수인이 주택을 임대한 후 매도인과 매수인 사이의 매매계약이 해제됨으로써 해제조건이 성취되어 그 때부터 매수인이 주택을 전세 놓을 권한을 상실하게 되었다면, 임차인은 전세계약을 체결할 권한이 없는 자와 사이에 전세계약을 체결한 임차인과 마찬가지로 매도인에 대한 관계에서 그 주택에 대한 사용수익권을 주장할 수 없게 되어 매도인의 인도 청구에 대항할 수 없게 되는바, 이러한 법리는 임차인이 그 주택에 입주하고 주민등록까지 마쳐 주택 임대차보호법상의 대항요건을 구비하였거나 전세계약서에 확정일자를 부여받았다고 하더라도 마찬가지이다"(대판 1995.12.12, 95다32037). 이 때 임차인은 매수인(임대인)의 보증금반환과 동시이행으로 매도인에게 목적물인도를 하겠다는 동시이행의 항변을 행사할 수 없다(대판 1990.12.7, 90다카24939).

다) 사안의 해결

사안의 경우 甲이 입주 전까지 대출금을 상환 또는 아파트 담보대출로 전환한 경우에만 아파트에 입주할 수 있다는 내용의 약정이 존재하였고 甲이 아파트 입주를 위해 요구되는 의무를 다하지 못하였다고 하더라도, 甲이 乙 회사로부터 이 사건 아파트를 정상적으로 인도받은 이상 甲은 분양계약의 이행으로 이 사건 아파트를 인도 받은 매수인에 해당한다.

따라서 甲은 이 사건 아파트를 타인에게 적법하게 임대할 수 있는 권한을 가지는 바, 甲으로부터 분양계약이 해제되기 전에 이 사건 아파트를 임차하여 주택임대차보호법상 대항요건을 갖춘 丙은 등기된 임차권과 같은 대항력을 가지므로 위 분양계약 해제 효과로부터 보호 받는 제548조 1항 단서의 '제3자'에 해당한다. 따라서 丙은 그 임차권을 가지고 乙 회사의 이 사건 아파트 인도 청구에 대항할 수 있다.

Ⅱ. 설문 2.의 경우(40)

1. 丁이 제548조 1항 단서의 '제3자'에 해당하는지 여부

丁은 민법 제548조 1항 단서의 '제3자'에 해당하지 않는다.

2. 이 유

(1) 부동산 처분금지가처분등기 기입 후 가압류가 집행된 상태에서 가처분채권자(매도인)가 부동산 매매계약을 해제한 경우, 가압류채권자(매수인의 채권자)의 제548조 1항 단서 '제3자' 해당여부

判例는 매수인이 소유권이전등기를 받은 후 매수인의 금전채권자가 그 부동산을 (가)압류한 경우에는

2) [사실관계] 아파트 수분양자가 분양자로부터 열쇠를 교부받아 임차인을 입주케 하고 임차인이 주택임대차보호법상 대항력을 갖춘 후 다른 사정으로 분양계약이 해제되어 임대인인 수분양자가 주택의 소유권을 취득하지 못한 사안에서, 임차인은 아파트 소유자인 분양자에 대하여 임차권으로 대항할 수 있다고 본 사례이다.

3) [판례평석] 위 2007다38908,38915판시내용에 따르면 목적물을 인도받은 미등기매수인에게 '대항력 있는 임차권'을 설정할 수 있는 권한까지 있다는 취지라고 보이나, 이는 미등기매수인이 목적물을 인도받았다고 하여 곧바로 그 목적물에 관한 '처분권'까지 갖는 것은 아니므로, 채권적인 임대차계약을 체결할 수 있는 것은 별론으로 하고, 나아가 처분행위의 성격을 갖는 대항력 있는 임차권 설정행위까지 할 수 있다는 점에 대하여는 의문이 있다[노재호, 민법교안(8판), p.798]. 따라서 원칙적으로 95다32037판결의 태도가 타당하다. 그런데 2007다38908,38915입장을 따르더라도 이러한 경우에 제3자의 임차권의 연원인 임대인의 임대권한은 매도인에 대해서만 주장할 수 있는 채권적인 것이고, 따라서 제3자의 보호범위도 매도인에 대한 관계에 한정되어야 할 것이다. 가령 대위소송을 제기한 매도인의 채권자나 제3취득자에 대한 관계에서는 보호되지 않는다[지원림, 민법강의(13판), 5-98].

계약이 해제되더라도 채권자는 **보호받는 제3자에 해당**한다고 한다(대판 2000.1.14, 99다40937).[4] 그러나 "부동산에 대하여 가압류등기가 된 경우에, 그 가압류채무자(현 소유자인 매수인)의 전 소유자(매도인)가 위의 가압류 집행에 앞서 같은 부동산에 대하여 소유권이전등기의 말소청구권을 보전하기 위한 처분금지가처분등기를 경료한 다음, 채무자(매수인)를 상대로 매매계약의 해제를 주장하면서 소유권이전등기 말소소송을 제기한 결과 승소판결을 받아 확정되기에 이르렀다면, **위와 같은 가압류는 결국 말소될 수밖에 없고**, 따라서 이러한 경우 가압류채권자(매수인의 채권자)는 제548조 제1항 단서에서 말하는 제3자로 볼 수 없다"(대판 2005.1.14. 2003다33004)[5]고 한다.

[비교판례] ✻ **계약상의 채권을 (가)압류한 채권자**(소극)

매수인의 매도인에 대한 소유권이전등기청구권(채권)을 양수받은 자나 소유권이전등기청구권을 압류하거나 가압류한 자도 마찬가지로 매매계약이 해제되면 보호받지 못한다(대판 2000.4.11, 99다51685).

(2) 검토 및 사안의 경우

생각건대, 부동산 처분금지가처분의 집행이 완료된 후 가처분채권자가 본안소송에서 승소 확정판결을 받으면 가처분채권자는 가처분등기에 위반되는 등기의 말소를 단독으로 구할 수 있다는 점(대판 1992.2.14. 91다12349) 및 **동일한 부동산에 대한 가압류와 가처분의 효력 순위는 그 집행 순서에 따라 정해진다는 점**을 고려했을 때, 부동산 가압류의 집행에 앞서 처분금지가처분등기를 마친 가처분채권자(전 소유자)가 가처분채무자(현 소유자)를 상대로 매매계약 해제를 주장하여 소유권이전등기 말소청구소송에서 승소 확정판결을 받은 경우, 위 가압류 등기는 말소될 운명에 있으므로 위와 같은 가압류채권자는 제548조 1항 단서의 "제3자"에 해당하지 않는다고 봄이 타당하다.

사안의 경우 丁의 이 사건 아파트에 관한 가압류집행이 있기 전에 이미 乙 회사가 이 사건 분양계약 해제된 경우 취득하게 될 甲에 대한 소유권이전등기 말소청구권을 피보전권리로 하여 이 사건 아파트에 대해 처분금지가처분을 신청하여 그 집행을 완료한바, 비록 설문에서는 乙 회사가 甲을 상대로 한 본안소송에서 승소 확정판결을 받았다는 사정은 제시되지 않았으나 이 사건 분양계약이 적법하게 해제되었다는 점에서 甲을 상대로 한 이 사건 아파트 소유권이전등기 말소청구소송에서는 乙이 승소할 수밖에 없는 지위에 있다는 점을 고려하면, 丁의 가압류등기는 乙 회사에 의해 언제라도 말소될 수 있는 것이므로 乙 회사에 대한 관계에서 丁은 이 사건 아파트에 관하여 완전한 권리를 취득한 자라고 보기 어려우므로 제548조 1항 단서의 "제3자"에 해당하지 않는다.

---

4) "해제된 계약에 의하여 채무자의 책임재산이 된 계약의 목적물을 가압류한 가압류채권자는 그 가압류에 의하여 당해 목적물에 대하여 잠정적으로 그 권리행사만을 제한하는 것이나 종국적으로는 이를 환가하여 그 대금으로 피보전채권의 만족을 얻을 수 있는 권리를 취득하는 것이므로, 그 권리를 보전하기 위하여서는 제548조 1항 단서에서 말하는 제3자에는 위 가압류채권자도 포함된다"

5) [사실관계] 判例는 매도인이 乙이 잔금기일 전에 매수인 甲에게 이 사건 아파트에 관한 소유권이전등기를 마쳐 주었는데, 매수인 甲이 약정 잔금지급기일까지 잔금을 지급하지 아니하자 장차 이 사건 분양계약이 해제될 경우 乙이 취득하게 될 甲에 대한 소유권이전등기 말소등기청구권을 보전하기 위하여 이 사건 아파트에 관하여 부동산 처분금지가처분신청을 하여 그 집행이 완료되었고, 그 후에 매수인 甲의 채권자인 丁이 이 사건 아파트에 관하여 부동산가압류를 집행한 경우라면, 잔금지체를 이유로 이 사건 분양계약을 적법하게 해제한 매도인 乙에 대한 관계에서 丁은 제548조 제1항 단서의 제3자에 해당하지 않는다고 한다.

기출해설

2016년 사법시험 제1문

【공통되는 사실관계】
甲은 2015. 3. 25. 乙로부터 乙소유의 X토지와 그 지상 Y건물을 10억 원에 매수하면서, 乙에게 계약 당일에 계약금 1억 원, 2015. 4. 25. 중도금 4억 원, 2015. 5. 25. 잔금 5억 원을 지급하기로 약정하였다.

1. 甲은 乙에게 대금을 완납하고 위 각 부동산을 인도받은 後, 丙에게 위 각 부동산을 매도하고 X토지에 관하여는 丙 명의로 소유권이전등기를 경료해 주었다. 한편 Y건물은 무허가 미등기건물이어서 甲은 무허가건물관리대장상의 소유자 명의를 丙으로 변경해 주었다. 그런데 甲과 乙 사이의 매매와 관련하여 乙에게 부과된 양도소득세 부담에 관하여 분쟁이 생기자, 乙은 甲과의 매매계약을 해제하기로 합의하였다. 乙은 丙을 상대로 Y건물에 대한 계약해제를 주장할 수 있는가? (30점)

사례C-23 **합의해제와 제548조 1항 단서의 제3자**(무허가건물관리대장에 소유자로 등재된 자)

Ⅰ. 설문 1.의 경우(30)

1. 문제점

제548조 1항 단서가 합의해제에도 적용되는지 여부와 丙이 Y건물에 대해 제548조 1항 단서에 의해 보호되는 제3자인지 여부가 문제된다.

2. 합의해제의 효력

(1) 합의해제 당사자인 甲과 乙간의 효력

합의해제가 이루어진 경우, 判例에 따르면 당사자 간에는 당초 계약의 효과가 소급적으로 소멸하며, 계약이므로 단독행위로서의 해제를 전제로 하는 민법 제543조의 이하의 규정은 원칙적으로 적용되지 않는다(대판 1979.10.30. 79다1455). 따라서 1차적으로는 해제계약의 내용에 의해 효력이 정해지고, 그 합의에 특별한 약정이 없는 경우에는 부당이득반환규정(제741조 이하)에 의해 반환범위가 정해진다.

사안의 경우, 합의해제에 의하여 X토지와 그 지상 Y건물의 매매계약의 효과는 소급적으로 소멸하며, 설문에서는 甲과 乙 사이에 원상회복과 관련하여 별도의 약정이 나타나 있지 않으므로 구체적 범위는 당사자 간에는 부당이득법리가 적용된다.

(2) 제3자 丙에 대한 효력

1) 제548조 1항 단서 유추적용 가부

계약의 효력은 원칙적으로 당사자 간에만 미치므로 완전한 권리를 취득한 제3자의 권리관계에는 영향을 미치지 못한다. 즉 **제548조 1항 단서 규정은 합의해제의 경우에도 유추적용된다**(대판 1991.4.12, 91다2601 : 4회 선택형).

2) 제3자의 범위

第548조 1항 단서의 제3자는 '완전히 유효'한 계약을 바탕으로 새로운 이해관계를 가지는 자이므로 해제 당사자와의 이익형량상 判例는 "그 해제된 계약으로부터 생긴 법률효과를 기초로 하여 '해제 전'에 새로운 이해관계를 가졌을 뿐 아니라 등기 · 인도 등으로 완전한 권리를 취득한 자"(대판 2002.10.11. 2002다33502)일 것을 요구한다.

따라서 이런 입장에 따르면 "무허가건물관리대장은 무허가건물에 관한 관리의 편의를 위하여 작성된 것일 뿐 그에 관한 권리관계를 공시할 목적으로 작성된 것이 아니므로 **무허가건물관리대장에 소유자로 등재되었다는 사실만으로는 무허가건물에 관한 소유권 기타의 권리를 취득하는 효력이 없어 제548조 1항 단서에 의해 보호되는 제3자에 해당하지 않는다**"(대판 2014.2.13. 2011다64782).

3) 사안의 경우

丙은 해제된 계약인 甲과 乙 간의 Y건물 매매계약으로부터 생긴 법률효과를 기초로 하여 계약해제 전에 甲으로부터 Y건물을 매수한 바, 이는 **새로운 이해관계**에 해당한다. 그러나 丙은 Y건물에 관해서는 무허가건물관리대장상의 소유자 명의 변경을 마쳤을 뿐이므로 등기를 통해 **완전한 권리를 취득한 자라고 볼 수는 없다**. 따라서 Y건물에 관하여는 丙은 보호되는 제3자가 아니다.

3. 소 결

乙은 丙에 대하여 Y건물에 대한 계약해제를 주장할 수 있으므로 계약의 소급적 소멸의 효과를 주장하여 소유권에 기하여 丙에게 건물에 대한 인도청구(제213조) 등을 할 수 있을 것이다. 이 경우 丙이 완전한 권리를 취득하지 못한 이상 이러한 乙의 주장을 신의칙에 위반되는 것이라고 볼 수도 없다.

중요판례 미기출 핵심사례

건축업자 A가 X토지를 매수하고 소유권이전등기를 받기 전에 토지소유자인 매도인 B의 승낙을 받아 그 X토지에 대규모로 견고하게 Y건물을 신축하고 이를 제3자 C에게 분양(양도)하여 소유권이전등기를 해 준 상태에서 매도인 B가 건축업자 A의 채무불이행을 이유로 토지매매계약을 적법하게 해제한 경우, **B가 C에게 건물철거 및 토지인도를 청구할 수 있는가? (15점)**

사례C-24 토지매매가 해제된 경우 건물에 대한 이해관계인과 제548조 1항 단서의 제3자[1] ★

Ⅰ. 문제 1.의 경우(15)

1. 문제점

설문에서 B는 A의 채무불이행을 이유로 토지매매계약을 적법하게 해제하였으므로 B와 A간의 X토지 매매계약은 소급적으로 실효되었다(대판 1980.8.26. 79다1257). 사안의 경우 A에게 X토지 등기가 이전된 적이 없으므로 B의 X토지에 대한 소유권은 그대로 유지된다. 따라서 B는 X토지의 소유자로서 원칙적으로 그 토지를 점유하고 있는 건물 소유자 C를 상대로 건물철거 및 토지인도를 청구할 수 있는바(제213조 본문), C가 X토지를 점유할 정당한 권리가 있는지 문제된다(제213조 단서).

2. C가 제548조 1항 단서의 제3자에 해당하는지 여부

(1) 판 례

"계약당사자의 일방이 계약을 해제하여도 제3자의 권리를 침해할 수 없지만, 이때 제3자는 계약의 목적물에 관하여 권리를 취득하고 또 이를 가지고 계약당사자에게 대항할 수 있는 자를 말하므로, 토지를 매도하였다가 대금지급을 받지 못하여 그 매매계약을 해제한 경우에 있어 그 토지 위에 신축된 건물의 매수인은 위 계약해제로 권리를 침해당하지 않을 제3자에 해당하지 아니한다"(대판 1991.5.28, 90다카16761 : 2회 선택형).

(2) 검토 및 사안의 경우

우리 법제상 토지와 건물은 별개의 물건이기 때문에 토지매매가 해제된 경우 건물에 관한 이해관계인은 원칙적으로 매매목적물인 토지 자체에 이해관계를 가진 것이 없으므로 判例의 태도가 타당하다(통설). 다만 C에게 X토지에 대한 이해관계, 즉 토지이용권인 관습법상의 법정지상권 등이 인정된다면 제3자에 해당될 여지가 있는바, 이하에서 검토하기로 한다.

3. C가 관습법상 법정지상권을 취득하는지 여부

(1) 판 례

"토지의 매매에 수반하여 토지소유자가 매수인으로부터 토지대금을 다 받기 전에 그 토지위에 건물을 신

---

1) ★ 민법의 맥 판례연구 C-04

축할 수 있도록 토지사용을 승락하였다 하더라도 특별한 사정이 없는 한 매매당사자 사이에 그 토지에 관한 지상권 설정의 합의까지도 있었던 것이라고 할 수 없다 할 것이므로 그 매매계약이 적법하게 해제된 경우에는 그 토지를 신축건물의 부지로 점유할 권원을 상실하게 되는 것이고 또 당초에 건물과 그 대지가 동일인의 소유였다가 경매 등의 사유로 소유자를 달리하게 되는 경우가 아닌 이상 관습에 의한 법정지상권도 성립되지 아니한다"(대판 1988.6.28, 87다카12895).

(2) 검토 및 사안의 경우

만약 A가 관습법상 법정지상권을 취득한다면 C는 이를 승계취득할 수 있는 지위에 있게 된다. 그런데 A는 Y건물의 소유권만 취득하였을 뿐 X토지의 소유권을 취득한 바 없으므로, 토지와 건물이 동일인의 소유에 속하는 것을 요건으로 하는 관습법상 법정지상권은 인정될 수 없다.

4. 사안의 해결

B가 C에게 건물철거 및 토지인도를 청구하는 경우 원칙적으로 C는 B에게 대항할 권원은 없다(제213조 단서). 다만 사안에서 B가 A의 건축에 대한 동의를 함으로써 C가 이를 신뢰하고 Y건물을 매수하였다는 점(금반언 관련), Y건물은 대규모의 견고한 건물로 철거하기에는 사회경제적 손실이 크다는 점(권리남용 관련)에서 B가 건물철거 등을 구하는 것은 신의성실의 원칙에 반하여 허용될 수 없을 가능성이 있다(대판 1993.7.27, 93다20986,20993).[2]

※ 보 론

만약 위 사안에서 X토지의 매수인 A가 B의 선이행으로 'X토지에 대한 소유권이전등기를 경료받은 후' Y건물을 신축하여 건물의 소유권만을 C에게 이전한 경우라면, C는 X토지에 관하여 관습법상 법정지상권을 취득하기 때문에[3] 나중에 토지 매매가 해제되는 경우에도 C는 제548조 1항 단서에 의해 보호된다.

2) "B가 그 소유의 토지에 관하여 A로 하여금 건물을 신축하는데 사용하도록 승낙하였고, A가 이에 따라 건물을 신축하여 C 등에게 분양하였다면 B는 위 건물을 신축하게 한 원인을 제공하였다 할 것이므로 이를 신뢰하고 136세대에 이르는 규모로 견고하게 신축한 건물 중 각 부분을 분양받은 C 등에게 위 토지에 대한 A와의 매매계약이 해제되었음을 이유로 그 철거를 요구하는 것은 비록 그것이 위 토지에 대한 소유권에 기한 것이라 하더라도 신의성실의 원칙에 비추어 용인될 수 없다"

3) 지원림, 민법강의(13판), 3-243a ; 본서의 '관습법상 법정지상권' 참고

기출해설

2024년 변호사시험 제2문

甲은 1998. 1. 5. X토지에 관하여 매매를 원인으로 한 소유권이전등기를 마쳤다. 甲은 2012. 4. 20. 丁과 혼인하였다. 甲과 丁은 2020. 3. 8. "甲이 사망할 경우 甲의 모든 재산을 아내인 丁에게 준다." 라는 내용의 증여계약서를 작성하였다. **甲은 위와 같은 증여계약을 체결한 후 마음이 변하여 위 계약을 일방적으로 해제 또는 철회하고자 한다. 甲은 위 계약을 해제 또는 철회할 수 있는가? (10점)**

사례C-25 사인증여계약의 해제와 철회

Ⅰ. 설문 2.의 경우(10)

1. 甲의 사인증여계약 해제 가부

(1) 서면으로 표시된 증여계약의 해제의 제한

민법은 증여의 의사가 서면으로 표시되지 아니한 경우에는 각 당사자는 이를 해제할 수 있다고 규정하고 있다(제555조). 이는 증여자가 경솔하게 증여하는 것을 방지하고 증여의사를 명확하게 하여 분쟁이 생기는 것을 방지하기 위한 것이다(대판 1988.9.27. 86다카2634).

(2) 사안의 경우

甲과 丁간의 사인증여계약은 수증자인 丁에게 증여의사가 표시된 증여계약서인 서면으로 표시되었다. 따라서 제555조에 따라 甲은 이 사건 증여계약을 해제할 수 없다.

2. 甲의 사인증여계약 철회 가부

(1) 유증의 철회의 규정이 사인증여계약의 철회에 준용되는지 여부

유증은 유언자가 유언으로 자기의 재산을 수증자에게 사후에 무상으로 증여하는 단독행위이다. 유증은 단독행위라는 점에서 계약인 사인증여와는 구별되지만, 사인행위라는 점에서 사인증여와 유사하므로 유증에 관한 규정이 사인증여에도 준용된다(제562조). 이와 관련하여 判例는 "민법 제1108조 1항은 유증자는 유증의 효력이 발생하기 전에 언제든지 유언 또는 생전행위로써 유증 전부나 일부를 철회할 수 있다고 정하고 있는바, 이러한 사정을 고려하면 특별한 사정이 없는 한 **유증의 철회에 관한 민법 제1108조 제1항은 사인증여에 준용된다**"(대판 2022.7.28. 2017다245330)고 한다.[1]

(2) 사안의 경우

甲은 자신이 사망할 경우 모든 재산을 아내 丁에게 준다는 사인증여계약을 丁과 체결한 바, 제1108조, 제562조에 비추어 언제든지 이 사건 사인증여계약의 전부나 일부를 철회할 수 있다.

3. 사안의 해결

甲은 이 사건 사인증여계약을 해제할 수는 없으나, 유증의 철회 규정을 준용하여 사인증여계약을 철회할 수 있다.

---

1) 사인증여는 증여자의 사망으로 인하여 효력이 발생하는 무상행위로 실제적 기능이 유증과 다르지 않으므로, 증여자의 사망 후 재산처분에 관하여 유증과 같이 증여자의 최종적인 의사를 존중할 필요가 있다.

2012년 3차 법전협모의 제1문

【공통된 사실관계】

甲은 2008. 5. 10. 乙에게 그 소유의 토지 및 그 지상 상가건물(이하 '이 사건 대지 및 건물'이라 한다)을 매매대금 5억 원(계약금 5,000만 원, 중도금 2억 원, 잔금 2억 5,000만 원)에 매도하고, 그 무렵 乙로부터 계약금 5,000만 원을 지급받았다. 乙은 2008. 10. 20. 丙에게 이 사건 대지 및 건물을 매매대금 6억 원(계약금 6,000만 원, 중도금 2억 4,000만 원, 잔금 3억 원)에 매도하고, 계약금 및 중도금 합계 3억 원을 지급받았다.

이후 乙은 丙으로부터 잔금지급과 상환으로 소유권이전등기를 해달라는 요청을 받고, 丙에게 잔금 중 2억 5,000만 원은 甲의 계좌로 송금하고, 나머지 5,000만 원은 자기에게 직접 교부하면 소유권이전등기를 해주겠다고 답하였고, 이에 따라 丙이 2009. 2. 15. 甲의 계좌로 2억 5,000만 원을 송금한 후 이체확인증과 수표 5,000만 원 상당을 가져오자 이 사건 대지 및 건물에 관하여 甲으로부터 직접 丙앞으로 소유권이전등기를 마쳐주었다.

이후 丙이 2009. 9. 1. 丁에게 이 사건 대지 및 건물 전부를 월차임 1,200만 원, 차임지급시기 매월 말, 임대기간 3년으로 정하여 임대하였다. 丁은 같은 날 이를 인도받고 사업자등록까지 마쳤다.

이를 알게 된 甲이 2011. 5. 10. 丙을 상대로 이 사건 대지 및 건물의 소유권이전등기의 말소등기를, 丁을 상대로 이 사건 대지 및 건물의 인도를, 丙, 丁을 상대로 연대하여 2009. 9. 1.부터 이 사건 대지 및 건물의 인도시까지 월 1,200만 원의 비율에 의한 부당이득금의 반환을 구하는 소를 병합하여 제기하여, 그 무렵 소장이 丙, 丁에게 송달되었다(이하 'A소송'이라 한다).

A소송의 제1심 계속 중 乙이 丙을 위하여 보조참가를 하였다. (아래 각 설문은 독립적이며 상호 무관함)

【추가된 사실관계】

乙은 A소송에서 甲이 주장하는 등기서류의 위조사실 및 매매계약의 해제사실을 적극적으로 다투었으나 받아들여지지 아니하였고, 丙, 丁은 제1심에서 패소판결을 선고받았다. 乙이 항소를 제기하였으나 丙이 즉각 항소를 취하하여 위 A소송에 대한 판결이 확정되었다. 이에 따라 丙명의의 소유권이전등기도 말소되었다.

그 후 丙이 乙을 상대로, 乙과의 매매계약의 해제를 원인으로 하여 6억 원을 반환하고, 전매차익 1억 원 상당의 손해배상을 구하는 소를 제기하였다(이하 'B소송'이라 한다). B소송에서 乙은, 계약이 해제되지 아니하였을 뿐 아니라, 가사 계약이 해제되었다 하더라도 丙으로부터 받은 돈은 3억 5,000만 원뿐이고, 손해배상청구에도 응할 수 없다고 다투었다. 심리한 결과 X 토지의 당초 乙과의 매매계약상 이행기의 시가는 6억 원, A소송 패소확정시의 시가는 7억 원, B소송 사실심변론종결시의 시가는 6억 5,000만 원이었다.

5. B소송의 법원은 위 청구에 대하여 어떻게 판단하여야 하는가? (A소송의 법원이 인정한 사실을 전제로 판단하며, 각하, 인용, 기각을 명시하고, 일부인용인 경우 인용되는 부분을 특정할 것)(30점)

사례C-26 타인권리매매에 따른 담보책임, 해제에 따른 원상회복과 손해배상의 범위★

Ⅴ. 설문 5.의 경우(30)

1. 결 론

법원은 丙의 청구를 전부 인용하여야 한다.

2. 논 거

(1) 해제에 따른 원상회복으로 6억 원의 반환청구에 관하여(매매계약의 해제 및 원상회복의 범위)

1) 타인권리매매로 인한 해제

제569조는 원시적·주관적 불능에 해당하는 타인 권리의 매매도 유효함을 전제로 매도인에게 권리 취득 및 이전 의무를 부과하고 있다(대판 1993.9.10, 93다20283). 그러나 그 권리를 취득하여 매수인에게 이전할 수 없는 경우 매수인은 계약을 해제할 수 있다(제570조).

2) 해제로 인한 원상회복의무와 지시삼각관계(제3자를 위한 계약)에서의 반환청구권자

계약이 해제된 경우 해제의 소급효로 인해 계약의 당사자는 원상회복의무로서 자신이 수령한 것을 이익의 현존 여부, 선·악을 불문하고 받은 급부 전체를 상대방에게 반환하여야 한다(제548조 1항). 사안의 경우 甲이 乙에게 부동산을 매도하고 乙이 이를 丙에게 매도한 후 丙이 매매대금을 '乙의 지시에 따라' 직접 甲에게 지급하였는데, **乙과 丙의 계약이 해제된 경우 丙은 甲에게 매매대금을 부당이득으로 반환청구할 수 없고, 乙에게 계약해제에 따른 원상회복을 청구해야** 한다(대판 2003.12.26. 2001다46730).[1)]

왜냐하면, 丙이 甲에 대하여 직접 부당이득반환청구를 할 수 있다고 보면, 자기 책임하에 체결된 계약에 따른 위험부담을 제3자 甲에게 전가시키는 것이 되어 계약법의 기본원리에 반하는 결과를 초래할 뿐만 아니라 수익자인 제3자 甲이 계약 상대방 乙에 대하여 가지는 항변권 등을 침해하게 되어 부당하기 때문이다.[2)]

3) 사안의 경우

丙은 乙에게 지급한 3억 5천만 원과 甲에게 지급한 2억 5천만 원, 총 6억원 및 각 받은 날로부터 반환시까지의 법정이자를 乙에게 원상회복으로 청구할 수 있다.

---

1) "계약의 일방 당사자가 계약 상대방의 지시 등으로 급부과정을 단축하여 계약 상대방과 또 다른 계약관계를 맺고 있는 제3자에게 직접 급부한 경우, 그 급부로써 급부를 한 계약 당사자의 상대방에 대한 급부가 이루어질 뿐 아니라 그 상대방의 제3자에 대한 급부로도 이루어지는 것이므로 계약의 일방 당사자는 제3자를 상대로 법률상 원인 없이 급부를 수령하였다는 이유로 부당이득반환청구를 할 수 없다"

2) ★ 이는 전용물소권을 부정하는 것과 같은 이치이다. 乙과 丙 사이의 매매계약이 무효·취소된 경우에도 丙은 乙에게 부당이득반환을 청구할 수 있을 뿐이다(대판 2008.9.11, 2006다46278)

(2) 1억 원의 손해배상청구에 관하여(손해배상청구 가능여부 및 범위)

1) 담보책임으로 인한 손해배상청구 가부

타인권리매매로 인한 담보책임의 경우 **악의의 매수인은 손해배상청구권이 없다**(제570조 단서). 사안에서 매수인 丙은 대지와 건물을 乙이 미등기전매하는 것으로 알고 매수하였으므로, 乙에게 담보책임으로 인한 손해배상을 청구할 수 없다.

2) 채무불이행으로 인한 손해배상청구 가부

"타인의 권리를 매매의 목적으로 한 경우에 있어서 그 권리를 취득하여 매수인에게 이전하여야 할 매도인의 의무가 **매도인의 귀책사유로 인하여 이행불능이 되었다면** 매수인이 매도인의 담보책임에 관한 **제570조 단서의 규정에 의해 손해배상을 청구할 수 없다 하더라도** 채무불이행 일반의 규정(제546조, 제390조)에 좇아서 계약을 해제하고 손해배상을 청구할 수 있다"(대판 1993.11.23, 93다37328).

[제570조와 이행불능의 경합실익] 악의의 매수인(채권자)은 비록 타인권리의 매매에 관한 담보책임의 내용으로 매도인에게 손해배상을 청구할 수는 없지만(제570조 단서), 매도인(채무자)의 귀책사유가 있는 경우 채무불이행(이행불능)을 이유로 손해배상은 청구할 수 있는 실익이 있다.

3) 손해배상의 범위 및 판단시기

判例가 판시하는 바와 같이 "매도인이 매수인에 대하여 배상하여야 할 손해액은 원칙적으로 매도인이 매매의 목적이 된 권리(의 일부)를 취득하여 매수인에게 이전할 수 없게 된 때의 **이행불능이 된 권리의 시가, 즉 이행이익 상당액**"(대판 1993.1.19, 92다37727)이며, "부동산을 매수하고 소유권이전등기까지 넘겨받았지만 진정한 소유자가 제기한 등기말소청구소송에서 매도인과 매수인 앞으로 된 소유권이전등기의 말소를 명한 판결이 확정됨으로써 매도인의 소유권이전의무가 이행불능된 경우, 그 **손해배상액 산정의 기준시점은 위 판결이 확정된 때**이다"(대판 1993.4.9, 92다25946).

4) 사안의 경우

사안에서 이행불능의 시기는 소송의 패소확정시이므로 손해배상액은 패소확정시의 시가인 7억 원을 기준으로 하여 구체적으로 매매대금 6억 원과의 차액(전매차익)인 1억 원이 될 것이다.

기출해설 2014년 3차 법전협모의 제2문

【공통된 사실관계】

A는 2013.10.1. 자신이 소유하는 X주택을 B에게 1억 원에 팔기로 계약을 체결하고, 계약 당시 B로부터 계약금 1,000만 원을 받았다. 그리고 2013.11.1. X주택의 소유권이전등기에 필요한 서류를 B에게 교부함과 동시에 잔금 9,000만 원을 받기로 하였다.

【추가된 사실관계】

B는 2013.10.15. X주택을 C에게 1억 3,000만 원에 팔기로 계약을 체결하였다. 계약 당시 B는 C로부터 계약금 1,300만 원을 받았다. 또한 B는 2013.11.1. X주택을 C에게 인도하기로 하고, 잔금 1억 1,700만 원은 2013.12.1. X주택의 소유권이전등기에 필요한 서류를 교부함과 동시에 받기로 하였다. B는 X주택이 현재 A의 소유인데 자신이 A로부터 이를 샀으므로 곧 소유자가 될 것이라는 점을 설명하였고, C는 잔금지급기일에 원만히 소유권을 넘겨주기만 하면 충분하다고 하였다.
B는 2013.11.1. A로부터 X주택을 인도받아 이를 C에게 인도하여 주었다. C는 잔금지급기일에 B에게 잔금을 지급하지 못하였는데, B에게 잔금지급기일을 2014.1.31.까지 연장하여 줄 것을 요청하여 승낙을 받았다. 한편 B 역시 A에게 잔금을 지급하지 못하였다. A는 2013.12.15. B에게 소유권이전등기에 필요한 서류를 제공하면서 같은 해 12.31.까지 잔금을 지급할 것을 최고하였다.

1. B는 A에게 잔금지급기일을 연장하여 줄 것을 요청하였으나 A는 이를 거절하고, 2014.1.10. 위 최고기간 내에 잔금을 지급하지 않았으므로 B와의 매매계약을 해제한다고 통지하였다. A는 2014.1.20. D에게 X주택을 매도하고 다음날 소유권이전등기를 마쳐주었다. C는 B에 대하여 어떠한 권리를 행사할 수 있는가? (20점)

사례C-27 타인권리매매와 담보책임, 이행불능책임

Ⅰ. 설문 1.의 경우(20)

1. 제570조 담보책임을 묻는 방법

(1) 담보책임의 요건과 효과

① 타인권리매매에 따른 담보책임이 성립하기 위해서는 ⅰ) 타인권리매매일 것, ⅱ) 권리의 취득·이전이 불가능할 것을 요하며, ⅲ) 매도인의 귀책사유는 요건이 아니다(제570조). ② 그에 따른 효과는 ⅰ) 매수인은 그의 선·악을 불문하고 계약을 해제할 수 있고(제570조 본문), ⅱ) 선의의 매도인은 매수인이 선의인 경우에는 그 손해를 배상하고, 매수인이 악의인 경우에는 손해배상 없이 계약을 해제할 수 있다(제571조).

(2) 사안의 경우

B와 C 사이의 A소유 X부동산에 대한 매매계약은 타인권리매매로서 유효하고(제569조), 매도인 B의 X부동산에 대한 소유권취득 및 이전이 불가능해졌으며, 매도인 B의 귀책사유는 불문하므로 C는 B에게 제570조 담보책임을 물을 수 있고, 이 경우 B의 설명을 통해 타인권리매매사실을 알고 있던 악의의 C는 B와의 계약을 해제할 수는 있으나 손해배상을 청구할 수는 없다(제570조 단서).

2. 제390조 이행불능에 의한 채무불이행책임을 묻는 방법

(1) 담보책임과 채무불이행책임과의 경합 여부

"타인의 권리를 매매의 목적으로 한 경우에 있어서 그 권리를 취득하여 매수인에게 이전하여야 할 매도인의 의무가 **매도인의 귀책사유로 인하여 이행불능이 되었다면** 매수인이 매도인의 담보책임에 관한 **제570조 단서의 규정에 의해 손해배상을 청구할 수 없다 하더라도** 채무불이행 일반의 규정(제546조, 제390조)에 좇아서 계약을 해제하고 손해배상을 청구할 수 있다"(대판 1993.11.23, 93다37328).

[제570조와 이행불능의 경합실익] 악의의 매수인(채권자)은 비록 타인권리의 매매에 관한 담보책임의 내용으로 매도인에게 손해배상을 청구할 수는 없지만(제570조 단서), 매도인(채무자)의 귀책사유가 있는 경우 채무불이행(이행불능)을 이유로 손해배상은 청구할 수 있는 실익이 있다.

(2) 이행불능의 요건과 효과

① 채무불이행으로서의 이행불능이 성립하기 위해서는 ⅰ) 채권관계 성립 이후에 이행이 불능으로 되었을 것, ⅱ) 채무자의 귀책사유가 있을 것, ⅲ) 위법할 것을 요한다. ② 이행불능의 효과로는 ⅰ) 손해배상청구권(전보배상), ⅱ) 계약해제권(제546조), ⅲ) 대상청구권 등이 발생한다.

(3) 사안의 경우

만일 B가 C에게서 받은 잔금으로 A에게 잔금을 지급할 의사를 가지고 있었다 하더라도 A에 대한 잔금지급의무는 계약당사자인 B의 채무이므로 소유권이전이 불가능하게 된 것에 대해 B의 과실을 인정할 수 있다. 따라서 C는 B에 대하여 이행불능을 이유로 계약을 해제하고(**제546조**), 원상회복을 이유로 이미 지급한 계약금 1,300만 원과 이를 지불한 2013 .10. 15.부터의 법정이자 상당액을 받을 수 있으나(**제548조 2항**), C 또한 X주택과 이를 인도받은 2013. 11. 1.부터의 사용이익 상당액을 B에게 원상회복하여야 하고(**제548조 2항의 유추해석**) 이는 동시이행관계에 있다(**제549조**). 또한 C는 계약해제와 아울러 D에게 소유권이전등기가 경료된 때의 시가와 매매대금 1억 3,000만 원의 차액을 손해배상으로 청구하거나(제551조), 계약을 해제하지 않고 D에게 소유권이전등기가 된 때 시가상당액을 전보배상으로 청구할 수 있다(제390조).

3. 사안의 해결

C는 제570조의 담보책임에 의한 해제권을 행사하거나, 이행불능에 의한 제546조의 해제권을 행사하면서 원상회복과 함께 손해배상을 구하거나(제551조), 계약을 해제하지 않고 제390조의 전보배상청구권을 선택적으로 행사할 수 있다.

※ 보론 : 착오취소(제109조), 사기취소(제110조)를 물을 수 있는지 여부

C가 A 소유 X주택을 취득할 수 있으리라 신뢰하고 B와 매매계약을 체결한 점에 관하여 착오취소나 사기취소가 가능할지 여부에 대하여, 제570조 담보책임 규정은 착오취소의 특별규정으로 이에 우선하여 적용된다고 봄이 타당하다는 점(서울고법 1980.10.31, 80나2589), 사기취소의 요건으로 기망이 인정되어야 할 것인데, 사안에서 B가 제반사정을 C에게 충분히 설명한 사실에 미루어 착오취소와 사기취소에 관한 규정은 본 사안에 적용할 수 없다 할 것이다.

A는 1990. 8. 20. 자기 소유의 토지에 중금속 등 오염을 유발할 수 있는 폐기물을 임의로 매립하여 2필지의 동일한 면적으로 구성된 X대지를 조성한 다음 이러한 사정을 모르는 B에게 그 대지를 시가 1억원(폐기물이 매립된 X토지의 실제가치는 5천만 원 상당)에 매도하고 매매대금을 지급받은 뒤 1990. 9. 20. X대지를 인도하고 소유권이전등기를 마쳐 주었다. 이에 B가 X대지에 거주하고 생활하던 중 2000. 8. 30. X대지에 폐기물이 불법적으로 매립된 사실을 발견하였다(이후 X대지의 시가변동은 없다고 전제한다).

1. 2000. 10. 20. 현재 B가 A에 대해 손해배상을 청구하려고 한다. 그에 대한 법적근거 및 손해배상의 범위, 그리고 인용가부를 A가 항변가능한 사유들과 함께 순차적으로 판단하라. (단, 불법행위 책임은 논외로 하고, 폐기물처리비용은 약 2억 원이 소요된다고 가정한다) (25점)[1]

2. 만약 B가 X대지를 1993. 9. 20. C에게 1억원에 팔고 소유권이전등기를 마쳐준 후 C가 X대지에 거주하고 생활하던 중 2000. 7. 30. X대지에 폐기물이 불법적으로 매립된 사실을 발견한 경우, 2000. 10. 20. 현재 C가 A에 대해 폐기물처리비용 약 2억원에 대해 불법행위를 이유로 손해배상을 청구한다면 인용가능한가? (15점)[2]

사례C-28 하자담보책임과 불완전이행책임의 경합, 소멸시효와 제척기간의 경합★

Ⅰ. 문제 1.의 경우(25)

1. 문제점

2000. 10. 20. 현재 B의 A에 대한 손해배상청구권의 법적근거로는 하자담보책임(제580조 1항, 제575조 1항) 및 채무불이행책임(제390조)이 문제되고, 손해배상의 범위와 관련해서는 특히 매매대금을 초과하는 폐기물처리비용(2억 원)을 청구할 수 있느냐가 문제된다. 그리고 인용가부와 관련해서는 특히 하자담보책임으로 인한 손해배상청구권의 경우 제척기간 도과 여부(제582조) 및 소멸시효의 완성여부(제162조 1항)가 검토되어야 할 것이다.

2. 하자담보책임으로 인한 손해배상청구권

(1) 손해배상청구권의 발생

제580조의 하자담보책임이 성립하기 위해서는 i) 매매계약의 유효한 성립, ii) 매매목적물의 하자, iii) 매수인의 선의·무과실을 요한다.

사안에서 토지에 중금속 등 오염을 유발할 수 있는 폐기물이 매립되어 있는 것은 토지로서 통상적으로 갖추어야 할 성질, 상태를 갖추고 있지 못한 것이므로, A와 B 사이의 매매 목적인 토지에는 '하자'가 있다.[3] 그리고 매수인인 B가 이를 알았거나 알 수 있었다고 보이지도 아니한다. 따라

1) ★ 대판 2011.10.13, 2011다10266 판례 사안

2) ★ 대판 2016.5.19. 전합2009다66549판례 사안

서 매도인 A는 B에 대하여 하자담보책임으로 인한 손해배상의무를 부담한다(제580조 1항, 제575조 1항).

(2) 손해배상의 범위

견해의 대립이 있지만, 담보책임은 무과실책임이기 때문에 '신뢰이익' 상당의 손해(매매대금 1억 - 폐기물이 불법으로 매립된 토지의 가액 5천 = 5천만 원)에 국한된다고 해석하는 것이 타당하다.

[관련판례] 특정물매매에 관한 하자담보책임(제580조)에 기한 손해배상의 범위에 대해서는 判例의 입장이 분명하지 않으나, 하자담보책임으로 인한 확대손해는 분명히 채무불이행책임으로 다루고 있다. 즉 "매매목적물의 하자로 인하여 확대손해 내지 2차 손해가 발생하였다는 이유로 매도인에게 그 확대손해에 대한 배상책임을 지우기 위하여는 채무의 내용으로 된 하자 없는 목적물을 인도하지 못한 의무위반사실 외에 그러한 의무위반에 대하여 매도인에게 귀책사유가 인정될 수 있어야만 한다"(대판 1997.5.7, 96다39455 : 6회,9회 선택형)고 한다.

3. 채무불이행책임으로 인한 손해배상청구권[4]

(1) 손해배상청구권의 발생(이, 불, 귀, 위)

불완전이행이 성립하기 위해서는 ⅰ) 이행행위의 존재, ⅱ) 이행행위가 불완전할 것, ⅲ) 채무자의 귀책사유가 있을 것, ⅳ) 위법할 것을 요한다.

사안에서 하자 있는 토지를 인도한 것은 채무 내용에 좇은 이행을 한 것으로 볼 수 없고(제462조, 특정물도그마의 부정), 이에 관하여 A의 귀책사유(고의)가 있기 때문에, 매도인 A는 B에 대하여 불완전이행으로 인한 손해배상의무를 부담한다(제390조).

(2) 손해배상의 범위

폐기물이 매립된 토지를 인도한 것과 상당인과관계 있는 손해를 말한다. 구체적으로 폐기물을 제거하고 토지를 정상적인 토지로 복구하는 데 드는 비용(2억 원)이 될 것이다. 한편, 위 손해배상액이 매매대금을 초과한다는 사정은 채권자의 손해배상청구권 행사에 아무런 장애가 되지 않는다(대판 2004.7.22, 2002다51586 참고).[5]

(3) 위 두 손해배상청구권의 관계

담보책임은 채무불이행책임과는 그 요건과 효과가 다른 별개의 제도로서 매수인을 보호하기 위한 또 하나의 구제수단으로 보아야 할 것이다. 따라서 양 책임은 중첩적으로 병존한다고 할 것이다.

---

3) 하자의 개념에 대해서는 ① 매매의 목적물이 통상적으로 갖추어야 할 성질 또는 상태에 미달한 경우를 의미한다는 객관적 하자설(다수설)과 ② 매매의 목적물이 당사자 사이에 합의된 성질 또는 상태에 미달한 경우를 의미한다는 주관적 하자설이 대립하고 있다. ③ 한편 判例는 양 학설 중 어느 학설을 따르고 있는지는 분명하지 않다. 그러나 사안의 경우는 어느 견해에 따르든 하자가 있다고 판단된다.

4) 채권자 B는 채무자 A를 상대로 불완전급부의 追完, 즉 폐기물을 제거하여 정상적인 토지로 복구할 것을 청구할 수 있는가? 우리 민법은 명문의 규정을 두고 있지 않지만, 통설은 추완이 가능하고 또 추완으로써 완전급부를 하는 것이 제반 사정에 비추어 적법한 채무 이행이 되는 경우에는 채권자에게 추완청구권을 인정하고 있다. 그리고 이러한 경우에는 채무자에게도 추완권이 인정된다고 한다. 사안의 경우, 분명하지 않지만 만일 채무자 A가 스스로 법령에 의하여 요구되는 정도와 방법에 부합하도록 폐기물을 처리하여 매매 목적인 토지를 정상적으로 복구할 수 있다면, B는 A를 상대로 그것을 청구할 수 있고, A가 그것을 원한다면 B는 이에 응하여야 한다.

5) 2002다51586판결에서는 매매대금이 약 87억원이었는데 폐기물처리비용은 약 163억원에 이르렀다.

判例도 "매도인이 성토작업을 기화로 다량의 폐기물을 은밀히 매립하고 그 위에 토사를 덮은 다음 도시계획사업을 시행하는 공공사업시행자와 사이에서 정상적인 토지임을 전제로 협의취득절차를 진행하여 이를 매도함으로써 매수자로 하여금 그 토지의 폐기물처리비용 상당의 손해를 입게 하였다면 매도인은 이른바 불완전이행으로서 **채무불이행으로 인한 손해배상책임을 부담하고, 이는 하자 있는 토지의 매매로 인한 민법 제580조 소정의 하자담보책임과 경합적으로 인정된**다고 할 것이다"(대판 2004.7.22, 2002다51586)고 판시하여 **매매의 목적인 '특정물'에 원시적인 하자가 있는 경우에도 불완전급부로 인한 채무불이행책임이 성립할 수 있음을** 명확히 하였다.[6]

[제580조와 불완전이행의 경합실익] 하자확대손해(사안의 경우 폐기물처리비용 상당의 손해)의 경우 제580조 하자담보책임을 통해서는 손해배상을 받을 수 없으나(대판 1997.5.7, 96다39455), 채무불이행책임(불완전이행)을 통해서는 손해배상을 받을 수 있는 실익이 있다.

4. 권리행사 기간

(1) 소멸시효와 제척기간의 중첩적용 가부

하자담보책임으로 인한 손해배상청구권은 매수인이 하자를 안 날로부터 6월 내에 행사해야 한다(제582조). 이때 '하자를 안 날'이란 그 결과가 하자로 인한 것임을 알았을 때를 말한다(대판 2003.6.27, 2003다20190). 한편 **최근 判例에 따르면 하자담보책임에 기한 매수인의 손해배상청구권은 매수인이 그 사실을 안 때부터 6월의 제척기간(제582조)에 걸리는 동시에 매수인이 매매의 목적물을 인도받은 때부터 10년의 소멸시효(제162조 1항)에도 걸린**다고 한다(대판 2011.10.13, 2011다10266).[7]

생각건대 제척기간과 소멸시효는 제도의 취지가 서로 다르기 때문에 하나의 권리에 대하여 제척기간과 소멸시효가 중첩적으로 적용될 수 있으므로 判例의 태도는 타당하다.

(2) 사안의 경우

① 사안에서 B는 매매목적물인 X대지에 대한 하자를 2000. 8. 30.에 알았다고 볼 수 있다. 따라서 2000. 10. 20. 현재 제척기간(6개월)은 도과되지 않았지만 매수인 B가 X대지를 인도받은 날인 1990. 9. 20.부터는 10년의 소멸시효가 완성되었다. 따라서 B의 하자담보책임에 기한 손해배상청구권은 이미 소멸시효가 완성되었다. ② 아울러 채무불이행에 기한 손해배상청구권 역시 채무불이행시(1990. 9. 20.)로부터 10년의 소멸시효에 걸린다고 볼 수 있으므로 이 또한 소멸시효가 완성되었다고 보아야 한다(제162조 1항). 결국 2000. 10. 20. 현재 B가 A에 대해 손해배상을 청구하더라도 인용되지 않는다.

---

6) 다만 채무불이행책임이 경합하여 매수인이 채무불이행책임을 물을 경우 '하자 자체에 의한 손해 또는 그러한 불완전한 반대급부로서 현실적으로 지급된 대가'는 이중배상금지의 원칙에 따라 불완전이행에 따른 손해배상범위에 흡수시켜 처리해야 한다(양창수, 민법주해, 제9권, p.296 참고). 判例도 수출면제품에 이를 세탁하면 심하게 줄어드는 등의 하자가 있었던 사안에서 "원심이 원고의 주장과 같이 피고의 채무불이행을 원인으로한 손해배상책임을 인정하고 있는 이상 구태여 피고의 하자담보책임의 성립 여부를 따져볼 필요는 없다"(대판 1992.4.28. 91다29972)고 한다.

7) ★ **[사실관계]** 甲이 乙 등에게서 부동산을 매수하여 소유권이전등기를 마쳤는데 위 부동산을 순차 매수한 丙이 부동산 지하에 매립되어 있는 폐기물을 처리한 후 甲을 상대로 처리비용 상당의 손해배상청구소송을 제기하였고, 甲이 丙에게 위 판결에 따라 손해배상금을 지급한 후 乙 등을 상대로 하자담보책임에 기한 손해배상으로서 丙에게 기지급한 돈의 배상을 구한 사안에서, 甲의 하자담보에 기한 손해배상청구권은 甲이 乙 등에게서 부동산을 인도받았을 것으로 보이는 소유권이전등기일로부터 소멸시효가 진행하는데, 甲이 그로부터 10년이 경과한 후 소를 제기하였으므로, 甲의 하자담보책임에 기한 손해배상청구권은 이미 소멸시효 완성으로 소멸되었다고 한 사례이다.

Ⅱ. 문제 2.의 경우(15)

1. A가 X토지에 폐기물을 불법으로 매립한 후 토지를 전전 취득한 현재의 토지 소유자 C에 대한 위법행위로서 '폐기물처리비용' 상당의 손해배상책임을 지는지 여부

(1) 판례의 태도

① 토양이 오염되고 폐기물이 매립된 토지의 매수인이 그 정화·처리비용을 실제 지출하거나 지출하게 된 것을 제750조가 규정하는 '손해'로 평가할 수 있는지 여부는 그 토지의 거래 상대방과 사이에서 논의될 수 있을 뿐이라는 判例의 반대견해도 있으나, ② 다수의견은 "다른 특별한 사정이 없는 한 이는 거래의 상대방 및 토지를 전전 취득한 현재의 토지 소유자에 대한 위법행위로서 불법행위가 성립할 수 있고, 위법행위로 인하여 오염토양 정화비용 또는 폐기물 처리비용의 지출이라는 손해의 결과가 현실적으로 발생하였으므로, 토양오염을 유발하거나 폐기물을 매립한 종전 토지 소유자는 오염토양 정화비용 또는 폐기물 처리비용 상당의 손해에 대하여 불법행위자로서 손해배상책임을 진다"(대판 2016.5.19. 전합2009다66549)고 판시한 바 있다.

(2) 검토 및 사안의 경우

헌법 제35조 제1항, 구 환경정책기본법, 구 토양환경보전법 및 구 폐기물관리법의 취지와 아울러 토양오염원인자의 피해배상의무 및 오염토양 정화의무, 폐기물 처리의무 등에 관한 관련 규정들과 법리에 비추어 보면, 토지소유자에게는 토양오염물질을 토양에 누출·유출하거나 투기·방치함으로써 토양오염을 유발하였음에도 오염토양을 정화하지 않은 상태에서 오염토양이 포함된 토지를 거래에 제공함으로써 유통되게 하지 않도록 할 일반적인 의무가 있다고 보는 것이 타당하다(전합2009다66549판시내용). 그러므로 A는 거래상대방이 아닌 전전 매수인 C에게도 폐기물매립에 따른 불법행위책임을 진다(제750조).

2. C의 A에 대한 불법행위를 이유로 한 손해배상청구권의 소멸시효가 완성 여부

(1) 제766조의 불법행위를 한 날의 의미

불법행위로 인한 손해배상의 청구권은 피해자나 그 법정대리인이 그 손해 및 가해자를 안 날로부터 3년간 이를 행사하지 아니하면 시효로 인하여 소멸한다. 불법행위를 한 날로부터 10년을 경과한 때에도 같다(제766조). 사안의 경우 특히 후자가 문제되는바, '불법행위를 한 날'은 가해행위가 있었던 날이 아니라 현실적으로 손해의 결과가 발생한 날을 의미한다. 한편 손해의 결과발생이 현실적인 것으로 되었다면, 피해자가 손해의 결과발생을 알았거나 예상할 수 있는가 여부에 관계없이, 가해행위로 인한 손해가 현실적인 것으로 되었다고 볼 수 있는 때로부터 '소멸시효'는 진행한다(대판 2005.5.13, 2004다71881).

(2) 사안의 경우

C의 이 사건 오염토양 등에 대한 폐기물처리비용 지출이라는 '손해가 현실화' 된 것은 A가 불법적으로 폐기물을 매립한 1990. 8. 20.이 아니라 C가 폐기물매립 사실을 알게 된 2000. 7. 30.부터이므로 2000. 10. 20. 현재 소멸시효가 완성하지 않았다. 따라서 C의 A에 대한 폐기물처리비용 2억 원에 대한 손해배상청구권은 인용가능하다.

기출해설

2019년 1차 법전협모의 제2문

甲은 2009. 4. 5. X토지를 乙에게 1억 원에 매도하기로 하였고, 乙은 2009. 10. 5. 매매대금을 모두 甲에게 지급하고, 같은 날 甲으로부터 소유권이전등기를 경료받았다. 乙은 2018. 4. 5. X토지를 丙에게 2억 원에 매도하기로 하였고, 丙은 2018. 10. 5. 매매대금을 모두 乙에게 지급하고, 같은 날 乙로부터 소유권이전등기를 경료받았다. 丙은 위 토지 위에 건물을 신축하기 위하여 지반평탄화 작업을 하던 중 폐기물이 다량 매립된 것을 확인하여 2018. 11. 5. 이 사실을 乙에게 통보하였고 乙은 비로소 이 사실을 알게 되었다. 乙은 2019. 3. 5. 丙에게 폐기물처리비용으로 1억 원을 지급하고, 乙은 2019. 6. 5. 甲에게 1억 원 상당의 하자담보책임에 기한 손해배상의 소를 제기하였다. 이에 대하여 甲은 ① X토지의 매도 당시 폐기물 매립 사실을 몰랐으므로 하자담보책임이 성립하지 않으며, ② 6개월의 제척기간이 경과하였고, ③ 10년의 소멸시효기간이 경과하였다고 항변하였다.

1. 甲의 항변의 당부를 근거와 함께 서술하시오 (15점).

사례C-29 하자담보책임의 성립요건과 행사기간(소멸시효와 제척기간의 경합)

1. 하자담보책임의 성립 여부…甲의 ①항변

특정물하자담보책임이 성립하기 위해서는 ⅰ) 매매계약이 유효하게 성립되고, ⅱ) 매매계약 성립 당시 매매목적물에 하자가 존재하며, ⅲ) 매수인은 그 하자에 대해 선의이며 무과실이어야 한다(제580조). 그러나 하자담보책임 자체는 무과실책임이므로(대판 1995.6.30, 94다23920) 매도인인 甲이 X토지의 매도 당시 폐기물 매립 사실을 몰랐다 하더라도 담보책임이 배제되지 않는다. 따라서 甲의 ①항변은 이유없다.

2. 하자담보책임의 제척기간 도과 여부…甲의 ②항변

매수인은 사실을 안 날로부터 6개월 내에 하자담보에 기한 손해배상을 청구하여야 한다(제582조). 乙은 위 토지에 폐기물이 다량 매립된 사실을 2018. 11. 5. 丙으로부터 통지받아 알게 되었고, 그로부터 6개월이 지난 2019. 6. 5.에 소를 제기하였다. 判例는 하자담보책임에 따른 권리의 제척기간은 재판 외 행사기간이라고 하지만(대판 2000.6.9, 2000다15371), 사안의 경우 소송제기 전에 乙이 甲에게 하자담보책임에 따른 권리행사를 하였다는 사실은 없으므로, 제척기간이 경과하였다는 甲의 ②항변은 이유있다.

3. 하자담보책임의 소멸시효기간 도과 여부…甲의 ③항변

判例에 따르면 하자담보책임에 기한 매수인의 손해배상청구권은 매수인이 그 사실을 안 때부터 6월의 제척기간(제582조)에 걸리는 동시에 매수인이 매매의 '목적물을 인도받은 때'부터 10년의 소멸시효(제162조 1항)에도 걸린다고 한다(대판 2011.10.13, 2011다10266). 나아가 判例는 인도일이 불명인 경우에는 부동산을 인도받았을 것으로 보이는 소유권이전등기일로부터 소멸시효가 진행한다고 보는데(대판 2011.10.13, 2011다10266), 사안의 경우 인도일이 불명이므로 소유권이전등기일인 2009. 10. 5.로부터 10년이 경과한 2019. 10. 5.에야 소멸시효가 완성된다. 따라서 乙이 소를 제기한 2019. 6. 5.에 이미 소멸시효가 완성되었다는 甲의 ③항변은 이유없다.

기출해설 **2019년 2차 법전협모의 제2문**

【기초적 사실관계】
甲이 스키장 인근에 신축하여 소유하고 있는 3층 건물 중 1층과 2층을 乙이 임차하여 펜션으로 운영하고 있었다. 2018. 1. 20. 밤 펜션에 딸린 1층 주방에서 원인을 알 수 없는 화재가 발생하여, 2층과 3층으로 옮겨 붙었고 결국 위 건물 전부가 소실되고 말았다. 이에 甲은 乙을 상대로 건물 전부의 소실을 이유로 임대차계약상 의무불이행으로 인한 재산상 손해배상을 청구하였다. 乙은 위 건물 중 임차목적물인 1층과 2층 펜션에 대해서는 임대차계약상 관리, 보존의무의 위반을 인정하지만, 3층 부분에 대해서는 그러한 계약상의 의무가 없으므로 배상책임을 지지 않는다고 항변하였다. 법원의 심리결과 화재발생의 원인이 밝혀지지 않았다.

1. 甲의 청구에 대한 법원의 판단(각하, 기각, 전부 인용, 일부 인용)을 근거와 함께 기술하시오. (10점)

사례C-30 임차인의 보존의무위반으로 인한 임차목적물 외의 부분에 대한 손해배상

Ⅰ. 문제 1.의 경우

1. 법원의 판단

1층과 2층 부분은 乙의 손해배상책임이 인정되나, 3층 부분은 부정되므로 법원은 일부 인용판결을 선고하여야 한다.

2. 임차인의 임차목적물 보존의무위반으로 인한 손해배상

임차인은 임차건물의 보존에 관하여 선량한 관리자의 주의의무를 다하여야 하고(제374조), 임차인의 임차물반환채무가 이행불능이 된 경우, 임차인이 그 이행불능으로 인한 손해배상책임을 면하려면 그 이행불능이 임차인의 귀책사유로 말미암은 것이 아님을 입증할 책임이 있다(대판 2006.1.13. 2005다51013,51020). 따라서 임차건물이 화재로 소훼된 경우에 있어서 **그 화재의 발생원인이 불명인 때에도 임차인이 그 책임을 면하려면 그 임차건물의 보존에 관하여 선량한 관리자의 주의의무를 다하였음을 입증하여야** 한다(대판 2001.1.19. 2000다57351 : 9회 선택형).

사안의 경우 화재의 원인이 밝혀지지 않았으나 乙이 위 건물 중 임차목적물인 1층과 2층 펜션에 대해서는 임대차계약상 관리, 보존의무의 위반을 인정한 이상, 乙에게는 임차목적물의 보존의무위반으로 인한 손해배상책임이 인정된다.

3. 임차목적물 외의 부분에 대한 손해배상

(1) 판 례

"임차 건물 부분에서 화재가 발생하여 임차 건물 부분이 아닌 건물 부분(이하 '임차 외 건물 부분'이라 한다)까지 불에 타 그로 인해 임대인에게 재산상 손해가 발생한 경우에는 **'임차 외 건물 부분이 구조상 불가분의 일체를 이루는 관계에 있는 부분이라 하더라도'**, 그 부분에 발생한 손해에 대하여 임대인이 임차인을 상대로 채무불이행을 원인으로 하는 배상을 구하려면, ㉠ 임차인이 보존·관리의무를 위반하여 화재가 발생한 원인을 제공하는 등 화재 발생과 관련된 **'임차인의 계약상 의무 위반'** 이 있었고, ㉡ 그러한 의무 위반과 임차 외 건물 부분의 손해 사이에 **'상당인과관계'** 가 있으며, ㉢ 임차 외 건물 부분의 손해가 의무 위반에 따라 민법 제393조에 의하여 배상하여야 할 '손해의 범위 내' 에 있다는 점에 대하여 **'임대인' 이 주장·증명하여야 한다**"(대판 2017.5.18. 전합2012다86895,86901[1] : 8회,9회 선택형).

(2) 검토 및 사안의 경우

종전 판례는 화재 원인이 불명인 경우 등에 있어서 '불법행위 책임'을 물을 수 없는 임대인이 임차 부분과 임차 외 부분이 구조상 불가분의 일체에 있으면 채무불이행 책임을 통해서 손해의 전보를 꾀할 수 있다는 점에서 **합리적 사유 없이 임대인에게만 유리하였으므로** 변경된 判例가 타당하다. 사안의 경우 **법원의 심리결과 화재의 원인이 밝혀지지 않았고**, 위 ㉡㉢ 등에 대한 **임대인의 주장·증명이 없으므로** 임차목적물이 아닌 3층 부분에 대해서는 乙에게 손해배상책임이 인정되지 않는다.

▌유사기출 [2017년 사법시험 제3문]

사실관계 | 건물주 甲은 2016. 10. 24. 자기 건물의 1층 부분 X에 대하여 계약기간을 2년, 차임을 월 100만 원으로 하여 乙과 임대차계약을 체결하고 계약 당일 X를 乙에게 인도하였다.

2. 2016. 12. 24. 가스레인지에 곰국을 끓이던 乙은 이성친구 A의 전화를 받고 급히 나가느라고 가스레인지 불을 끄는 것을 잊어버렸다. 이 때문에 가스레인지가 과열되어 화재가 일어나 X는 물론 甲으로부터 丁이 임차한 같은 건물 2층 부분 Y마저 소실되었다. 甲과 乙의 법률관계를 설명하시오. (「실화책임에 관한 법률」은 고려하지 않음) (30점)

사안의 해결 | ① 임차물이 멸실된 경우 그 원인이 임대인에게 있다면 임대인의 사용·수익케 할 의무의 이행불능으로 인한 당연종료사유에 해당하나(대판 1996.3.8. 95다15087), 사안과 같이 임차인 乙의 과실로 인한 경우라면 목적물반환의무(제654조, 제615조)의 이행불능으로서 임대인 甲에게 해지권(제546조, 제550조)과 손해배상청구권(제551조, 제390조)이 발생한다. 이 때 甲은 **임차목적물 X에 대해서는** 임차 부분의 시가 상당액 및 사용이익에 대해서 '통상손해' 로 배상을 청구할 수 있으나, **丁이 임차한 Y부분에 대해서는** 임대인 甲이 ⅰ) 乙의 계약상 의무위반, ⅱ) 상당인과관계 등을 주장·증명하여야 채무불이행으로 인한 손해배상책임을 물을 수 있다(대판 2017.5.18. 전합2012다86895,86901). ② 또한 甲은 乙에게 채무불이행으로 인한 손해배상청구권(제390조)과 중복되지 않는 범위에서 소유권침해를 원인으로 한 불법행위에 기한 손해배상청구권(제750조)을 행사할 수도 있다.

---

1) **[종래판례]** "이와 달리 위와 같은 임대인의 주장·증명이 없는 경우에도 임차인이 임차 건물의 보존에 관하여 선량한 관리자의 주의의무를 다하였음을 증명하지 못하는 이상 '임차 외 건물 부분에 대해서까지 채무불이행에 따른 손해배상책임을 지게 된다'고 판단한 종래의 대법원판결들은 이 판결의 견해에 배치되는 범위 내에서 이를 모두 변경하기로 한다"

기출해설

2015년 법무사시험 제1문

乙은 건물 소유를 목적으로 甲으로부터 X토지를 임차한 후 그 지상에 Y건물을 신축하였다.

※ 아래 각 문항은 별개의 사안임

설문 1. 乙이 Y건물의 소유권보존등기를 미루고 있는 동안에, 甲은 丙에게 X토지를 매도하고 그 소유권이전등기까지 마쳐주었다. 甲과 丙은 위 매매계약의 체결과정에서 乙과는 한마디 상의도 없이 임차보증금반환채무를 포함한 X토지에 관한 甲의 임대인 지위도 丙이 모두 인수하는 것으로 합의하였다. 이 경우 乙은 丙을 상대로 X토지에 관한 임차권을 주장할 수 있는가? **그 결론과 그에 따른 논거를 설명하시오. (20점)**

설문 3. 乙이 Y건물의 소유권보존등기를 마친 후 B은행 앞으로 설정하여 준 근저당권이 실행되어 그 경매절차에서 戊가 위 건물의 소유권을 취득하였다. 이 경우 甲은 乙과의 임대차를 해지하고 戊를 상대로 Y건물의 철거 및 X토지의 반환을 구할 수 있는가? **그 결론과 그에 따른 논거를 설명하시오. (30점)**

사례C-31 토지임대차의 대항력(제622조) · 임차권의 무단양도와 배신행위론★

Ⅰ. 설문 1.의 경우(20)

1. 결 론

乙은 丙을 상대로 X토지에 관한 임차권을 주장할 수 있다.

2. 논 거

(1) 문제점

임차목적물인 토지의 소유권이 甲에게서 丙으로 변동되었으므로 乙의 임차권 주장과 관련하여 丙이 임대인 지위를 승계하는지 여부가 문제된다.

(2) 乙이 민법 제622조 1항의 대항력을 취득했는지 여부

건물의 소유를 목적으로 한 토지임대차는 임대차의 등기가 없더라도 임차인이 임차토지 위에 건축한 건물에 대해 등기를 한 때에는 그 때부터 제3자에 대하여 토지임차권의 대항력이 생긴다(제622조 제1항). 제622조 1항은 대항력의 구체적인 효과에 관하여 아무런 언급이 없으나, 통설은 주택임대차보호법 제3조 4항을 유추적용하여 임차토지의 양수인은 임대인의 지위를 승계한 것으로 본다고 해석하고 있고 判例도 같은 취지이다(대판 1996.6.14. 96다14517).[1)]

1) 건물소유를 목적으로 한 토지임차권이 제622조 1항에 의하여 대항력을 갖춘 경우 임차토지를 취득한 양수인은 임대차계약의 임대인의 지위를 승계한다고 보고, 그 임대차계약이 종료한 때에 임차인은 그 건물에 관하여 '토지양수인'에게 지상물매수청구권을 행사할 수 있다고 보았다.

사안의 경우 乙은 건물 소유를 목적으로 X토지를 임차한 후 그 지상에 Y건물을 신축하였으나 그 소유권보존등기를 하지 않았으므로 민법 제622조 제1항의 토지임차권의 대항력을 취득하지 못하였다. 물론 대항력을 취득하지 않더라도 토지임대인에 대하여 임차권을 주장하는 데에는 아무런 문제가 없으나, 임차권은 임차인이 임대인에 대해서만 주장할 수 있는 채권이므로 丙이 임대인지위를 승계하지 않는 한, 乙은 원칙적으로 丙에게 임차권을 주장할 수 없다.

(3) 민법상 대항력 없는 임대차에 있어서 임대인 지위의 양도(甲과 丙 사이의 임대차계약 인수의 효력)

임차목적물의 양수인이 임대인의 지위를 승계하기로 특약한 경우 이는 계약인수로 볼 수 있으나 일반적인 계약인수에서는 3면계약으로 이루어지거나 원계약당사자의 2인의 합의와 나머지 당사자가 동의 내지 승낙이 필요한 것과 달리(대판 1987.9.8, 85다카733), 임대인의 지위승계는 임대인과 신소유자간의 계약만으로도 할 수 있고, 다만 이 경우 임차인은 신의칙상 이에 대해 이의를 제기하여 그 승계를 거부하거나 임대인과의 임대차를 해지할 수 있다는 것이 判例이다(대결 1998.9.2. 98마100).[2)]

(4) 사안의 경우

乙은 제622조 1항의 토지임차권의 대항력을 취득하지 못하였으므로 丙에게 임차권을 주장할 수 없는 것이 원칙이다. 그러나 임대인 甲과 신 소유자 丙은 위 매매계약 체결과정에서 임차보증금반환채무를 포함한 X토지에 관한 甲의 임대인 지위도 丙이 모두 인수하는 것으로 합의하였고, 비록 임차인 乙과 한마디 상의도 없이 이러한 합의를 하였더라도 임대인 지위양도의 계약에는 '임차인의 동의가 필요 없으므로' 甲과 丙사이의 임대인 지위양도의 합의는 유효하다. 따라서 X토지의 신 소유자 丙은 위 임대인 지위 양도의 합의에 따라 임대인의 지위를 승계하게 되므로, 비록 乙이 토지임차권의 대항력을 갖추지 못했더라도 임대인의 지위를 승계한 신 소유자 丙을 상대로 X토지에 관한 임차권을 주장하는 데에는 아무런 문제가 없다. 다만, 이 경우 乙이 이러한 임대차관계 승계의 효과를 원하지 않는다면 즉시 이의를 제기함으로써 임대차계약을 해지할 수 있고, 만약 乙이 해지권을 행사하게 되면 乙은 종전 임대인인 甲에게 임대차 종료에 따른 보증금반환청구를 하여야 한다.[3)]

---

2) (민법상 대항력 없는) "임대차계약에 있어 임대인의 지위의 양도가 있는 경우 임대인의 의무의 이전을 수반하는 것이지만 임대인의 의무는 임대인이 누구인가에 의하여 이행방법이 특별히 달라지는 것은 아니고, 목적물의 소유자의 지위에서 거의 완전히 이행할 수 있으며, 임차인의 입장에서 보아도 신 소유자에게 그 의무의 승계를 인정하는 것이 오히려 임차인에게 훨씬 유리할 수도 있으므로 임대인과 신 소유자와의 계약만으로써 그 지위의 양도를 할 수 있다고 할 것이나(즉, 임차인의 동의는 요구되지 않는다), 이 경우에 임차인이 원하지 아니하면 임대차의 승계를 임차인에게 강요할 수는 없는 것이어서 스스로 임대차를 종료시킬 수 있어야 한다는 공평의 원칙 및 신의성실의 원칙에 따라 임차인이 곧 이의를 제기함으로써 승계되는 임대차관계의 구속을 면할 수 있고, 임대인과의 임대차관계도 해지할 수 있다고 보아야 한다"

3) 대항력 없는 임대차에서 임대인과 신 소유자 사이의 약정에 의하여 임대인의 지위양도가 이루어진 경우 임차인은 임대인의 지위를 승계한 신 소유자에게 임차권을 주장할 수 있다는 법리는 임차인이 대항력을 갖춘 후 임차주택의 소유권이 양수인에게 이전된 다음 임차인이 그 대항요건을 상실한 경우에도 그대로 적용된다. 즉, "주택의 임차인이 제3자에 대하여 대항력을 구비한 후에 임대주택의 소유권이 양도된 경우에는 그 양수인이 임대인의 지위를 승계하게 되므로, 임대인의 임차보증금반환채무도 양수인에게 이전되는 것이고, 이와 같이 양수인이 임차보증금반환채무를 부담하게 된 이후에 임차인이 주민등록을 다른 곳으로 옮겼다 하여 이미 발생한 임차보증금반환채무가 소멸하는 것은 아니다"(대판 1993.12.7, 93다36615).

Ⅳ. 설문 3.의 경우(30)

1. 결 론

甲은 乙과의 임대차계약을 해지하고 戊를 상대로 Y건물의 철거 및 X토지의 반환을 구할 수 없다.

2. 논 거

(1) 문제점

우선, 임차인 乙의 대항력 있는 임차권 취득여부가 문제된다. Y건물을 경락받은 戊가 乙의 대항력 있는 임차권을 양수받았는지 및 그 대항력으로 임대인 甲에게 대항할 수 있는지와 관련하여 제622조 규정의 취지가 문제된다. 甲의 제629조 2항에 따른 임대차 계약의 해지에 관해서는 임차권 양도에 관한 '배신행위론'이 문제된다.

(2) 乙이 대항력 있는 임차권을 취득하였는지 여부

건물의 소유를 목적으로 한 토지임대차는 임대차의 등기가 없더라도 임차인이 임차토지 위에 건축한 건물에 대해 등기를 한 때에는 그 때부터 제3자에 대하여 토지임차권의 대항력이 생긴다(제622조 제1항). 제622조 1항은 대항력의 구체적인 효과에 관하여 아무런 언급이 없으나, 통설은 주택임대차보호법 제3조 4항을 유추적용하여 임차토지의 양수인은 임대인의 지위를 승계한 것으로 본다고 해석하고 있고 判例도 같은 취지이다(대판 1996.6.14. 96다14517).[4] 따라서 사안의 경우 乙이 Y건물의 소유권보존등기를 마침으로써 乙의 X토지 임차권의 대항력이 발생한다.

(3) 戊가 대항력 있는 임차권의 양수인으로서 임대인에게 대항할 수 있는지 여부

1) 戊가 乙의 X토지 임차권을 양수받았는지 여부

"건물의 소유를 목적으로 하여 토지를 임차한 사람이 그 토지 위에 소유하는 건물에 저당권을 설정한 때에는 민법 **제358조 본문(유추적용)에 따라서 저당권의 효력이 건물뿐만 아니라 건물의 소유를 목적으로 한 토지의 임차권에도 미친다**고 보아야 할 것이므로, 건물에 대한 저당권이 실행되어 경락인이 건물의 소유권을 취득한 때에는 특별한 다른 사정이 없는 한 건물의 소유를 목적으로 한 토지의 임차권도 건물의 소유권과 함께 경락인에게 이전된다"(대판 1993.4.13, 92다24950). 사안의 경우 乙의 X토지 임차권에도 B은행의 근저당권의 효력이 미치는바, 근저당권의 실행에 따른 경매의 경락인 戊는 Y건물의 소유권뿐만 아니라 X토지의 임차권도 아울러 취득한다.

2) 戊가 대항력 있는 임차권의 양수인으로 임대인에게 대항할 수 있는지 여부

"위의 경우에도 민법 제629조가 적용되기 때문에 토지의 임대인에 대한 관계에서는 그의 동의가 없는 한 경락인은 그 임차권의 취득을 대항할 수 없다고 할 것인바, 민법 제622조 제1항은 건물의 소유를 목적으로 한 토지임대차는 이를 등기하지 아니한 경우에도 임차인이 그 지상건물을 등기한 때에는 토지에 관하여 권리를 취득한 제3자에 대하여 임대차의 효력을 주장할 수 있음을 규정한 취지임에 불과할 뿐, **건물의 소유권과 함께 건물의 소유를 목적으로 한 토지의 임차권을 취득한 사람**

---

4) 건물소유를 목적으로 한 토지임차권이 제622조 1항에 의하여 대항력을 갖춘 경우 임차토지를 취득한 양수인은 임대차계약의 임대인의 지위를 승계한다고 보고, 그 임대차계약이 종료한 때에 임차인은 그 건물에 관하여 '토지양수인'에게 지상물매수청구권을 행사할 수 있다고 보았다.

이 토지의 임대인에 대한 관계에서 그의 동의가 없이도 임차권의 취득을 대항할 수 있는 것까지 규정한 것이라고는 볼 수 없다"(대판 1993.4.13, 92다24950).

사안의 경우 戊가 대항력 있는 임차권을 양수하였지만 제622조의 취지상 이 경우에도 제629조가 적용되므로, 임대인 甲의 동의가 없는 한 임차권의 양수인 戊는 임대인 甲에게 그 임차권의 취득을 가지고 대항할 수 없다.

(4) 甲의 임대차 계약 해지, Y건물 철거청구 및 X토지 인도청구 가부

1) 판 례

"임차인의 변경이 당사자의 개인적인 신뢰를 기초로 하는 계속적 법률관계인 임대차를 더 이상 지속시키기 어려울 정도로 **당사자 간의 신뢰관계를 파괴하는 임대인에 대한 배신행위가 아니라고 인정되는 '특별한 사정'이 있는 때에는 임대인은 자신의 동의 없이 임차권이 이전되었다는 것만을 이유로 민법 제629조 제2항에 따라서 임대차계약을 해지할 수 없고,** 그와 같은 특별한 사정이 있는 때에 한하여 경락인은 임대인의 동의가 없더라도 임차권의 이전을 임대인에게 대항할 수 있다고 봄이 상당한 바, **위와 같은 특별한 사정이 있는 점은 경락인이 주장·입증하여야 한다**"(대판 1993.4.13, 92다24950). 그러나 당해 判例 사안에서는 경락인 戊의 입증이 없었으므로 결국 임대인 甲이 경락인 戊에게 건물 철거 등을 주장할 수 있다고 보았다.

> [특별한 사정] **判例가 인정하는 특별한 사정은** ㉠ 토지임대차에서 건물에서 동거하면서 가구점을 함께 경영하는 임차인의 처가 임차권을 양수한 경우(대판 1993.4.27, 92다45308)[5], ㉡ 건물소유권을 취득한 경락인이 건물소유를 위한 토지임차권을 취득하는 경우[(대판 1993.4.13, 92다24950 ; 그러나 判例 사안에서는 임차권의 양수인의 입증이 없었으므로 임대인이 경락인에게 건물 철거를 주장할 수 있다고 보았다]가 있다.

2) 사안의 경우

대지임차권이 있는 건물을 '경락'받은 것은 민법 제629조 소정의 임차권의 '양도'에 해당하지 않으므로, 임대인의 동의를 요하지 않는다고 보는 것이 타당하다.[6] 아울러 대지임차권이 있는 건물을 목적으로 하는 **저당권의 실행에 의해 임차권이 건물에 수반하여 경락인에게 이전되는 것은 임대인과 임차인의 신뢰관계를 파괴할 정도의 배신행위에 해당한다고 보기는 어렵다**(본래 임대인은 임대차가 만료하면 임차인의 건물매수청구에 따라 건물을 매수하여야 할 지위에 있었는데, 경락이라는 우연한 사정에 의해 건물의 철거를 구할 수 있다고 하는 것은 타당하지 않은 점에서도 그러하다).[7] 한편 본 사안에서 戊가 임차권의 취득을 주장한 것에는 위와 같은 배신행위에 해당하지 않는다는 점에 관한 주장도 포함된 것으로 볼 수 있는 점에서, 判例의 결론은 구체적 타당성을 결여한 것이라고 보인다. 따라서 甲은 乙과의 임대차계약을 해지하고 戊를 상대로 Y건물의 철거 및 X토지의 반환을 구할 수 없다.

---

5) [사실관계] "피고는 위 이귀안과 이 사건 건물에서 동거하면서 함께 상호가 동양가구인 가구점을 경영해 오다가 1988.11.11. 그와 협의이혼을 하면서 그 위자료 명목으로 당시 미등기이던 이 사건 건물을 양도받기로 하고 그때부터는 혼자서 위 가구점을 경영해 왔으며, 1992.3.7. 위 이귀안과 다시 혼인하고 위 건물에서 동거하고 있는 사실이 엿보이는 바, 사정이 이와 같다면 피고는 본래의 임차인인 위 이귀안과 동일한 사업을 수행하면서 그 형식적인 사업주체의 인격만 변경된 것 뿐이고, 더구나 피고는 위 이귀안과 부부간으로서 한 세대를 구성하고 이 사건 건물에서 동거하면서 함께 가구점을 경영해 오고 있었던 터이었고, 그후 다시 위 이귀안과 혼인하여 같은 건물에 동거하고 있는 바여서, 실질적으로 임대인인 원고의 인적 신뢰나 경제적 이익을 해치는 것도 아니고, 이와 같은 경우에는 임대차관계를 계속시키기 어려운 배신적 행위라고 인정할 수 없는 특별한 사정이 있는 경우에 해당한다고 봄이 상당하므로, 원고에게는 계약해지권이 발생하지 아니하고 피고는 위 임차권의 양수나 이에 터잡은 사용 · 수익을 임대인인 원고에게 주장할 수 있다"

6) 김상용, '부동산임차권의 무단양도제한의 완화', 사법행정(93.7), p.48

7) 윤인태, '임차지상의 건물을 경락받은 자에 대한 임대차계약의 해지', 부산판례연구회 판례연구(Ⅴ), p.170 이하

기출해설 2017년 변호사시험 제2문

【기초적 사실관계】
甲은 2012. 1. 30. 乙에게 X주택을 임대차보증금 1억 원, 임대차기간 2012. 2. 1.부터 2014. 1. 31.까지, 월 차임 100만 원으로 정하여 임대하였다. 乙은 2012. 2. 1. 임대차보증금 1억 원을 지급함과 동시에 X주택을 인도받고 같은 날 전입신고를 마쳤다. 乙은 X주택에 계속하여 거주하고 있다.

【추가적 사실관계】
甲의 채권자 A는 2012. 1. 10. X주택에 관하여 제1순위로 근저당권설정등기를 마쳤고, 다른 채권자 B는 2012. 2. 2. 오후 제2순위로 근저당권설정등기를 마쳤다. A는 2015. 12. 1. 甲으로부터 채무를 모두 변제받았는데 그 명의의 근저당권설정등기는 말소되지 아니하였다. 한편, B는 甲이 채무를 변제하지 아니하자 2016. 1.경 근저당권 실행을 위한 경매신청을 하였고, 위 경매절차에서 丙은 2016. 5. 1. 매각대금을 완납하고 같은 날 소유권이전등기를 마쳤다.

1. 丙은 2016. 6. 1. 乙을 상대로 X주택의 인도를 구하는 소를 제기하였고, 이에 대하여 피고(乙)는 ① 자신은 대항력이 있고, ② 현재 임대차관계가 존속하고 있다고 다투었으며, ③ 예비적으로 보증금반환채권과 동시이행의 항변을 하였다. 법원은 어떠한 판단을 하여야 하는지 1) 결론(소 각하/청구기각/청구인용/청구일부인용-일부인용의 경우에는 인용범위를 특정할 것)과 2) 논거를 기재하시오. (20점)

사례C-32 주택임대차보호법상 대항력 있는 임차권과 저당권의 우열 판단

Ⅰ. 대항력 있는 임차권과 저당권의 우열 판단(20) - 설문 1.

1. 결 론

법원은 丙의 청구를 기각하여야 한다.

2. 논 거

(1) 문제점

소유권에 기한 부동산(토지)인도청구의 요건사실은 ⅰ) 원고의 목적물 소유, ⅱ) 피고의 목적물 점유이다(**제213조 본문**). 사안의 경우 ⅰ) 丙은 근저당권 실행 경매를 통하여 X주택을 매수한 소유자이고(민사집행법 제135조), ⅱ) 乙은 X건물을 점유하고 있으므로, 乙에게 **제213조 단서**의 점유할 권리의 항변사유가 없는 한 丙의 X주택의 인도청구는 인용된다. 사안의 경우 乙의 항변사유로서 임차주택의 대항력 행사 여부가 문제된다.

(2) 乙의 주위적 항변 ①에 대하여

1) 저당권과 용익권(대항력을 갖춘 임차권)의 우열관계

경매를 통해 매각부동산 위의 모든 저당권은 매각으로 소멸하기 때문에(민사집행법 제91조), 저당권 이전에 성립된 용익권인지 여부는 경매를 신청하는 저당권자를 기준으로 하는 것이 아니라, **최선순위저당권을 기준**으로 하여 결정된다. 그러나 사안과 같이 제1순위 근저당권은 이미 소멸한 상태에서 제2순위 근저당권자 B가 근저당권 실행을 위한 경매신청을 하였고, 위 경매절차에서 丙이 X주택의 소유권을 취득하였으므로 그 우열은 **乙과 B를 기준으로 판단해야** 한다.

2) 사안의 경우

X주택에 관하여 ㉠ **A는** 2012. 1. 10. 제1순위로 근저당권설정등기를 마쳤으나, A는 2015. 12. 1. 甲으로부터 채무를 모두 변제받았으므로 그 명의의 근저당권설정등기는 말소되지 아니하여도 저당권의 부종성으로 인해 A의 제1순위 근저당권은 소멸한다(**제369조**). ㉡ **乙은** 2012. 2. 1. X주택을 인도받고 같은 날 전입신고를 마쳤으므로 다음 날인 2012. 2. 2. 오전 0시에 대항력을 취득했다(**주택임대차보호법 제3조 1항**)(주택임대차보호법 제3조의 임차인이 주택의 인도와 주민등록을 마친 때에는 그 '익일부터' 제3자에 대하여 효력이 생긴다고 함은 익일 오전 영시부터 대항력이 생긴다는 취지이다 : 대판 1999.5.25. 99다9981). ㉢ **그 후 B는** 2012. 2. 2. 오후 2순위로 근저당권설정등기를 마쳤으므로, 乙은 자신의 임차권보다 후순위권리자인 B에게는 대항력을 주장하여 자신의 임차권의 효력을 주장할 수 있다. 따라서 그 주택이 경매되어 매각대금이 완납되어도 임차권은 소멸하지 않고(**민사집행법 제91조 3항**), 임차인 乙은 매각받은 자 丙에게 임차권을 주장할 수 있다. 그러므로 乙의 항변 ①은 타당하다.

(3) 乙의 항변 ②에 대하여

갱신거절 통지 등이 없이 임대차기간이 만료된 2014. 1. 31. 이후 임차인 乙이 계속 거주한 사안의 경우 甲과 乙의 임대차계약은 묵시적으로 갱신된 것이다(**주택임대차보호법 제6조 1항**). 判例는 대항력과 우선변제권을 갖춘 임대차계약이 갱신된 경우에도 종전 보증금의 범위 내에서는 최초 임대차계약에 의한 대항력과 우선변제권이 그대로 유지된다(대판 2012.7.12. 2010다42990)고 보고 있다. 따라서 B의 임차권의 대항력은 2014. 2. 1. 이후에도 그대로 유지된다. 따라서 乙의 항변 ②는 타당하다.

(4) 乙의 항변 ③에 대하여

대항력이 인정되지 않는 경우에 X주택의 인도와 보증금반환채권은 동시이행관계에 있긴 하지만, 사안의 경우 피고 乙의 주위적 주장인 항변 ①과 ②가 인정되므로 대항력이 인정되지 않는 경우에 관한 乙의 예비적 주장인 항변 ③에 대해 법원은 판단할 필요가 없다.

기출해설

2019년 3차 법전협모의 제2문

【공통된 사실관계】

甲은 2017. 4. 21. A 은행으로부터 1억 원을 이자율 월 1%, 변제기 2018. 4. 20.로 하여 대출받으면서 甲 소유의 X 건물에 채권최고액 1억 2,000만 원으로 하여 근저당권을 설정해주었다. 그 후 甲은 2017. 12. 10. 乙에게 X 건물을 3억 원에 매도하는 계약을 체결하였다. 이 계약에 따르면, 乙은 계약금 3,000만 원은 계약 당일 지급하고, 중도금 1억 2,000만 원은 2018. 1. 10. X 건물의 인도와 동시에 지급하며, 잔금 1억 5,000만 원은 2018. 3. 10. X 건물에 관한 소유권이전등기에 필요한 서류의 수령과 동시에 지급하되, 위 근저당권에 의하여 담보되는 甲의 A 은행에 대한 대출원리금 채무 전액을 乙이 갚기로 하고 나머지 금액을 甲에게 지급하기로 하였다. 위 매매계약에 따라 甲은 乙로부터 계약 당일 계약금 3,000만 원을 수령하였고, 2018. 1. 10. 중도금 1억 2,000만 원을 수령함과 동시에 乙에게 X 건물을 인도하였다.

한편, 甲으로부터 X 건물을 인도받은 乙은 2018. 1. 15. 무인 세탁소를 운영하고자 하는 丙과의 사이에 2018. 2. 1.부터 12개월 간, 보증금 1억 원, 월 차임 100만 원(이 금액은 당시의 차임 시세액으로서 이후 변동이 없다)으로 정하여 임대차계약을 체결하였다. X 건물을 인도받은 丙은 2018. 2. 15. 철제새시, 방화 셔터 등 1,000만 원의 유익비를 지출하고 사업자등록을 하지 않은 채 기계들을 들여놓고 운영하기 시작하였다. 유익비에 대하여는 공사가 완료되는 대로 乙이 丙에게 지급하기로 약정하였다. **※ 아래 각 문제는 서로 독립적임.**

【추가적 사실관계】

2018. 4. 2. 丙은 임대차보증금과 월 차임은 그대로 유지하되, 임대차기간을 2021. 1. 31.까지로 연장하기로 乙과 약정하고 같은 날 사업자등록을 하였다. 한편 乙은 A 은행에 대하여 갚기로 한 대출원리금 채무 전액을 제외한 나머지 금액의 지급과 함께 소유권이전등기는 넘겨받았지만 A 은행에 대한 채무를 변제하지 못하였다. 이에 A 은행은 2018. 6. 22. X 건물에 관한 근저당권 실행을 위한 경매신청을 하였고, 그 다음 날 경매개시결정 기입등기가 이루어졌다. 이후 경매절차에서 戊는 2018. 8. 25. 매각대금을 완납하였고, 2018. 8. 28. 소유권이전등기가 마쳐졌다. 戊가 丙을 상대로 X 건물의 인도를 구하였으나, 丙은 이를 거절하고 차임도 지급하지 않은 채 X 건물을 계속하여 점유하면서 보존을 위하여 사용하여 왔다.

3. 戊는 2019. 6. 25. 丙을 상대로 X 건물의 인도 및 2018. 8. 26.부터 X 건물의 인도완료일까지 월 임료 100만원 상당의 부당이득반환을 구하는 소를 제기하였다. 이에 대해 丙은 1) 주위적으로 2021. 1. 31.까지 임대차관계가 존속한다고 다투었고, 2) 예비적으로 자신이 X 건물에 들인 비용을 반환받을 때까지 인도할 수 없다고 유치권의 항변을 하였다. 이에 대하여 戊는 丙의 주장을 모두 부인하면서 설령 유익비가 인정된다고 하더라도 丙이 지급해야 할 점유기간 동안의 임료상당의 금액과 상계하겠다고 주장하였다. 법원의 심리 결과 1,000만 원 상당의 유익비가 존재하고 있다는 점이 인정되었다. **丙과 戊의 항변과 재항변에 대한 법적 타당성 여부를 검토하시오.** (25점)

사례C-33 임차권과 저당권의 우열, 압류의 처분금지효와 유치권, 상대방이 제3자에 대하여 가지는 채권을 수동채권으로 한 상계가부★

Ⅲ. 문제 3.의 경우(25)

1. 문제점

① 丙의 주위적 항변에 대해서는 임차권과 저당권의 우열, ② 丙의 예비적 항변에 대해서는 압류의 처분금지효와 유치권의 관계, ③ 戊의 재항변에 대해서는 戊가 丙에 대해 가지는 임료상당의 부당이득반환채권과 丙의 乙에 대한 유익비상환청구권이 상계적상에 있는지 문제된다.

2. 丙의 주위적 항변에 대하여(丙의 대항력 및 임대차관계 존속 여부)

지상권·지역권·전세권 및 등기된 임차권은 저당권·압류채권·가압류채권에 대항할 수 없는 경우에는 매각으로 소멸된다(민사집행법 제91조 3항). 즉 **임차권의 대항력이 저당권보다 먼저 갖춰진 경우 임차권은 존속하는데**, 사안에서 A은행의 근저당권은 2017. 4. 21. 설정되었고, 丙의 대항력은 사업자등록을 한 다음날인 2018. 4. 3.이므로(상가건물임대차보호법 제3조 1항), X건물의 근저당권실행으로 임차권은 소멸한다. 따라서 丙은 戊에게 2021. 1. 31.까지 임대차관계가 존속한다고 항변할 수 없다.

3. 丙의 예비적 항변에 대하여(丙의 유치권 주장 여부)

(1) 유치권의 성립여부

유치권은 ⅰ) 타인의 물건 또는 유가증권(목적물)을 ⅱ) 적법하게 점유하고 있으며(재항변 사유), ⅲ) 그 목적물에 관하여 생긴 채권(채권과 목적물과의 견련관계)이 ⅳ) 변제기에 있을 때 ⅴ) 유치권 배제특약이 없는 경우(재항변 사유)에 성립한다(제320조)(**변, 특, 타, 목, 적**)

사안의 경우 丙은 2018. 2. 15. 철제새시, 방화 셔터 등 1,000만 원의 유익비를 지출하였고 유익비에 대하여는 공사가 완료되는 대로 乙이 丙에게 지급하기로 약정하였다. 따라서 戊의 인도청구가 있은 2019. 6. 25. 현재 丙의 유익비상환청구권은 이미 변제기에 도달하였다고 보는 것이 타당하다.[1] 또한 임차인의 유익비상환청구권은 임차목적물에 관하여 생긴 채권으로 유치권의 피담보채권이 될 수 있고, 丙의 점유는 불법행위로 개시된 점유가 아니므로 丙은 적법하게 유치권을 취득하였다.

(2) 유치권의 소멸

1) 압류의 처분금지효와 유치권의 관계

압류의 효력이 발생하기 전에 유치권 성립에 필요한 요건을 모두 갖춘 경우에는 '유치권'은 소멸하

---

1) 임차인이 유익비를 지출한 경우에는 임대인은 임대차종료시에 그 가액의 증가가 현존한때에 한하여 임차인의 지출한 금액이나 그 증가액을 상환하여야 한다(제626조 2항). 그런데 비용상환청구권에 관한 규정은 임의규정이므로 당사자의 특약이 우선한다. 따라서 사안의 경우 丙의 乙에 대한 유익비상환청구권의 변제기도래시점은, 경매절차에서 戊가 매각대금을 완납함으로써 丙의 상가임대차가 소멸한 2018. 8. 25.이 아니라, 2018. 2. 15. 이후 공사가 완료되었을 시점이 된다. 다만 대규모공사가 아니고 유익비 지출 후 가게를 운영했으며, 2018. 4. 2. 임대차계약을 연장한 점에 비추어 戊의 인도청구가 있은 2019. 6. 25. 이전에 변제기가 도래하였다고 봄이 타당하다.

지 않고 인수되는 것이 원칙이나(민사집행법 제91조 5항 ; 인수주의), '저당권'은 소멸한다(민사집행법 제91조 2항 ; 소제주의). 따라서 判例에 따르면 이미 저당권이 설정된 물건이라도 저당권실행의 경매개시되기 전에 목적물을 인도받아 취득한 경우, 유치권자는 경매의 매수인에게 대항할 수 있다고 한다(대판 2009.1.15, 2008다70763[2] : 5회 선택형). 다만 判例는 선행하는 저당권이 있는 상황에서 나중에 '상사유치권'이 성립한 경우 민사집행법 제91조 5항(인수주의)의 적용을 부정한다. 즉, 상사유치권자는 선행저당권자 또는 선행저당권에 기한 임의경매절차에서 부동산을 매수한 매수인에게 대항할 수 없다(대판 2013.2.28. 2010다57350)(8회 선택형).

2) 사안의 경우

사안에서 乙과 丙이 상인임을 인정할 만한 사정은 없고, 2018. 6. 23. 경매개시결정 기입등기가 이루어짐으로써 압류의 효력이 발생하였으며, 丙의 유치권취득시점은 乙과 丙의 특약으로 인해 공사가 완료되었을 2018. 2. 15. 경으로 이에 앞선다.[3] 따라서 비록 A은행의 근저당권이 丙의 유치권취득시점보다 앞선 2017. 4. 21.에 설정되었다 하더라도 判例의 법리에 따르면 丙은 유치권 주장이 가능하므로 X 건물의 인도를 거절할 수 있다.

4. 戊의 재항변에 대하여(상계 주장의 당부)

(1) 문제점

상계가 유효하기 위해서는 양 채권이 상계적상에 있어야 하는바, ⅰ) 채권이 대립하고 있을 것, ⅱ) 대립하는 채권이 동일한 종류일 것, ⅲ) 적어도 자동채권의 변제기가 도래할 것, ⅳ) 상계가 허용되지 않는 채권이 아닐 것을 요한다. ⅴ) 이러한 상계적상은 원칙적으로 상계의 의사표시가 행하여지는 당시에 현존하여야 한다(제492조)(대, 동, 변, 허, 현). 사안에서는 특히 ⅰ) 요건이 문제된다.

(2) 戊가 丙에 대하여 자동채권을 가지고 있는지 여부(戊의 丙에 대한 부당이득반환청구권)

유치권은 채권담보를 위하여 목적물을 점유하는 권리이므로, 유치권자는 원칙적으로 유치물을 사용·대여·담보제공을 할 수 없지만, 예외적으로 보존에 필요한 경우와 채무자의 승낙이 있는 경우에는 유치물을 사용할 수 있다(제324조 2항). 그러나 민법은 유치권자에게 보존에 필요한 사용을 허용하고 있을 뿐 그에 따른 이익까지 보장하고 있지는 않기 때문에, 이 경우 **유치권자가 보존에 필요한 범위 내의 사용이 적법하더라도 사용이익에 대해서는 부당이득이 성립한다**(대판 1963.7.11, 63다235). 따라서 戊는 丙에 대하여 차임 상당의 부당이득반환청구권을 행사할 수 있는바, 법원의 심리 결과 丙에게는 1,000만 원 상당의 유익비가 존재하고 있다는 점이 인정되었으므로 戊의 상계 재항변이 받아들여진다면 丙의 유치권은 피담보채권이 소멸되어 부종성에 따라 함께 소멸된다.

---

2) "부동산 경매절차에서의 매수인은 민사집행법 제91조 제5항에 따라 유치권자에게 그 유치권으로 담보하는 채권을 변제할 책임이 있는 것이 원칙이나, 채무자 소유의 건물 등 부동산에 경매개시결정의 기입등기가 경료되어 압류의 효력이 발생한 후에 채무자가 위 부동산에 관한 공사대금 채권자에게 그 점유를 이전함으로써 그로 하여금 유치권을 취득하게 한 경우, 그와 같은 점유의 이전은 목적물의 교환가치를 감소시킬 우려가 있는 처분행위에 해당하여 민사집행법 제92조 제1항, 제83조 제4항에 따른 압류의 처분금지효에 저촉되므로 점유자로서는 위 유치권을 내세워 그 부동산에 관한 경매절차의 매수인에게 대항할 수 없다. 그러나 이러한 법리는 경매로 인한 압류의 효력이 발생하기 전에 유치권을 취득한 경우에는 적용되지 아니하고, 유치권 취득시기가 근저당권설정 후라거나 유치권 취득 전에 설정된 근저당권에 기하여 경매절차가 개시되었다고 하여 달리 볼 것은 아니다"

3) 제626조 2항처럼 戊가 매각대금을 완납함으로써 丙의 상가임대차가 소멸한 2018. 8. 25.에 유익비상환청구권의 변제기가 도래하한 것으로 해석하면 압류의 효력이 발생한 2018. 6. 23.보다 이후가 되어 유치권으로 대항할 수 없다.

(3) 丙이 戊에 대하여 수동채권을 가지고 있는지 여부(丙의 乙에 대한 유익비상환청구권)

1) 丙이 戊에 대하여 채권을 가지고 있는지 여부

丙의 유익비상환청구권은 戊가 아닌 乙에 대한 권리이다. 또한, 경매의 경우 민사집행법상 경락인은 유치권자에게 유치권으로 담보하는 채권을 **'변제할 책임이 있다'**고 규정되어 있으나(동법 제91조 5항) 이는 부동산상의 부담을 승계한다는 취지로서 인적 채무까지 인수한다는 취지는 아니므로, 유치권자는 경락인에 대하여 그 피담보채권의 변제가 있을 때까지 유치목적물인 부동산의 인도를 거절할 수 있을 뿐이고 그 **피담보채권의 변제를 청구할 수는 없다**(대판 1996.8.23, 95다8713). 따라서 丙은 戊에 대하여 채권을 가지고 있지 않다.

2) 상대방이 제3자에 대하여 가지는 채권을 수동채권으로 하여 상계할 수 있는지 여부

判例가 판시하는 바와 같이 "수동채권으로 될 수 있는 채권은 상대방이 상계자에 대하여 가지는 채권이어야 하고, 상대방이 제3자에 대하여 가지는 채권과는 상계할 수 없다고 보아야 한다. 그렇지 않고 만약 상대방이 제3자에 대하여 가지는 채권을 수동채권으로 하여 상계할 수 있다고 한다면, 이는 **상계의 당사자가 아닌 상대방과 제3자 사이의 채권채무관계에서 상대방이 제3자에게서 채무의 본지에 따른 현실급부를 받을 이익을 침해하게 될 뿐 아니라, 상대방의 채권자들 사이에서 상계자만 독점적인 만족을 얻게 되는 불합리한 결과를 초래**하게 되므로, 상계의 담보적 기능과 관련하여 법적으로 보호받을 수 있는 **당사자의 합리적 기대**가 이러한 경우에까지 미친다고 볼 수는 없다"(대판 2011.4.28, 2010다101394 : 1회,8회 선택형).

3) 사안의 경우

상계자 戊는 피상계자 丙에 대해 자동채권으로 부당이득반환청구권을 가지고 있으나, 피상계자 丙의 제3자 乙에 대한 유익비상환청구권을 수동채권으로 하여 상계함으로써 丙의 유치권을 소멸시킬 수는 없다.

5. 결 론

丙의 주위적 항변은 이유가 없고, 예비적 항변은 이유가 있다. 그리고 戊의 재항변은 이유가 없다.

기출해설

2010년 법무사시험 제1문

甲은 2008. 10. 1. 乙 소유의 X 주택에 관하여 乙과 임차기간 2년으로 정하여 임대차계약을 체결하고 2008. 10. 10. 입주 및 전입신고를 마쳤는데, 위 주택에는 2008. 8. 1. A 은행 명의로 제1순위 근저당권설정등기가 마쳐져 있었다. 乙은 2009. 10. 15. B로부터 돈을 차용하면서 같은 날 B에게 제2순위 근저당권설정등기를 마쳐주었다. 그 후 乙이 차용한 돈을 갚지 않자 B는 X 주택에 관하여 경매신청을 하였고 2010. 6. 11. 丙이 매각허가결정을 받았다. 丙은 매각대금 납부기일인 2010. 6. 25. 매각대금을 납부하고 2010. 7. 5. 그 명의로 소유권이전등기를 마친 후 甲을 상대로 X 주택의 인도를 청구하였다.

1. 甲은 丙에게 임차권으로 대항할 수 있는지 여부 및 그 이유를 기재하시오. (50점)

2. 위의 사례에서 X 주택이 위와 같이 경매절차에 의하여 매각되지 않고, 乙과 丙이 2010. 6. 1. 매매계약을 체결하고 제1순위 및 제2순위 근저당권설정등기가 그대로 존속한 채로 2010. 6. 4. 丙이 그 명의의 소유권이전등기를 마쳤다. 甲은 약정 임대차기간이 끝날 무렵인 2010. 9. 15. 乙과 丙에게 임차보증금을 돌려줄 것을 요구하였으나 乙과 丙은 서로 책임을 미루며 반환을 거부하였고, 그 후 甲은 직장을 옮기면서 2010. 10. 29. 다른 곳으로 이사하고 주민등록도 신주소지로 이전하였다. 甲은 丙에게 임차권으로 대항할 수 있는지 여부 및 그 이유를 기재하시오. (50점)

사례C-34 주택임대차보호법상 대항력, 저당권과 임차권의 우열, 임대인지위의 승계

Ⅰ. 설문 1.의 경우(50)

1. 결 론

甲은 丙에게 임차권으로 대항할 수 없다.

2. 이 유

(1) 甲의 임차권 대항력 발생시점

1) 주택임대차보호법상 대항력 발생요건 및 발생시점

주택임대차보호법상 대항력이 발생하기 위해서는 적법한 임대차계약을 전제로 ⅰ) 주택의 인도와 ⅱ) 주민등록을 갖추어야 한다(동법 제3조 1항 1문). 임차인이 주택의 인도와 주민등록을 마친 때에는 그 '다음 날'부터 제3자에 대하여 효력이 생긴다(동법 3조 1항 1문). 즉, 그 다음 날 오전 0시부터 대항력을 취득한다(대판 1999.5.25, 99다9981).

2) 사안의 경우

사안의 경우 甲은 2008. 10. 10. X주택의 인도와 주민등록을 갖추었으므로, 甲의 X주택 임차권의 대항력은 2008. 10. 11. 오전 0시에 발생한다. 따라서 이 시점 이후에 X주택을 양수한 양수인은 임대인 乙의 지위를 승계함이 원칙이다(동법 제3조 4항). 다만, 사안과 같이 임차인의 대항력이 주택에 대한 선순위 근저당권과 후순위 근저당권 사이에 발생한 경우, 후순위 근저당권 실행에 의한 경매의 경락인에게 임차인이 그 임차권의 효력을 주장할 수 있는지가 문제된다.

(2) X주택 경락인 丙에 대한 임차인 甲의 대항가부

1) 판 례

"후순위 저당권의 실행으로 목적부동산이 경락된 경우에는 민사소송법 제728조, 제608조 제2항의 규정에 의하여 선순위 저당권까지도 당연히 소멸하는 것이므로, 이 경우 비록 후순위 저당권자에게는 대항할 수 있는 임차권이라 하더라도 소멸된 선순위 저당권보다 뒤에 등기되었거나 대항력을 갖춘 임차권은 함께 소멸하는 것이고, 따라서 그 경락인은 주택임대차보호법 제3조에서 말하는 임차주택의 양수인 중에 포함된다고 할 수 없을 것이므로 경락인에 대하여 그 임차권의 효력을 주장할 수 없다"(대판 1999.4.23 98다32939).

2) 사안의 경우

사안의 경우 甲은 X주택에 관하여 A의 근저당권(2008. 8. 1.)과 B의 근저당권(2009. 10. 15.) 사이에 대항력을 취득하였다. 비록 甲의 대항력보다 뒤에 설정된 B의 근저당권 실행에 의해 경매가 이루어졌더라도 X주택 경락으로 A의 선순위 근저당권도 당연히 소멸되는 이상, 甲의 대항력 있는 임차권도 함께 소멸하며 甲은 X주택의 경락인 丙에게 그 임차권을 가지고 대항할 수 없다.

Ⅱ. 설문 2.의 경우(50)

1. 결 론

甲은 丙에게 임차권으로 대항할 수 있다.

2. 이 유

(1) 양수인 丙에 대한 대항력을 甲이 갖추었는지 여부(주택임차권 대항력의 존속요건)

1) 판 례

"주택임대차보호법 제3조 제1항에서 주택임차인에게 주택의 인도와 주민등록을 요건으로 명시하여 등기된 물권에 버금가는 강력한 대항력을 부여하고 있는 취지에 비추어볼 때 달리 공시방법이 없는 주택임대차에서는 주택의 인도 및 주민등록이라는 대항요건은 그 대항력 취득시에만 구비하면 족한 것이 아니고, 그 대항력을 유지하기 위하여서도 계속 존속하고 있어야 한다"(대판 1987.2.24, 86다카1695).

2) 사안의 경우

사안의 경우 甲은 임차기간 2년이 지난 2010. 10. 29.에야 X주택에서 다른 곳으로 이사 및 주민등록 이전을 하였으므로, 임대차 기간 중에는 X주택에 대한 대항요건이 존속하고 있었다고 봄이 상당하다. 따라서 丙이 X주택을 乙로부터 양수할 당시 甲의 X주택 임차권 대항력이 인정되는바, 원칙적으로 丙은 乙의 임대인 지위를 승계하고(동법 제3조 4항), 임대차보증금반환채무를 면책적으로 인수한다(대판 1996.2.27, 95다35616). 다만, A의 선순위 근저당권이 X 주택 양도 당시 이미 설정되었다는 점 및 甲의 주민등록 이탈이 丙의 임대인 지위 승계 및 임대차보증금반환채무에 영향을 미치는 지가 문제된다.

(2) 대항력 있는 임차인보다 우선하는 권리자가 있는 임차 주택이 양도된 경우, 양수인의 임대인 지위 승계여부

1) 판 례

"주택임대차보호법 제3조 제1항 및 제2항에 의하면, 임차인이 주택의 양수인에 대하여 대항력이 있는 임차인인 이상 양수인에게 임대인으로서의 지위가 당연히 승계된다 할 것이고, 그 주택에 대하여 임차인에 우선하는 다른 권리자가 있다고 하여 양수인의 임대인으로서의 지위의 승계에 임차인의 동의가 필요한 것은 아니다"(대판 1996.2.27, 95다35616).

2) 사안의 경우

사안의 경우, 甲이 임차권의 대항력을 취득한 후 경매절차가 아닌 매매에 의해 X주택이 乙로부터 丙에게 양도되었으므로, A 및 B의 근저당권의 존재와 관계없이 丙은 乙의 임대인 지위를 법정승계하고 임대차보증금반환채무를 면책적으로 인수한다.

(3) 주택 양수인이 임대인 지위를 승계한 이후 임차인이 주민등록을 옮긴 경우, 양수인의 임대차보증금반환채무 소멸여부

1) 판 례

"주택의 임차인이 제3자에 대하여 대항력을 구비한 후에 임대주택의 소유권이 양도된 경우에는 그 양수인이 임대인의 지위를 승계하게 되므로, 임대인의 임차보증금반환채무도 양수인에게 이전되는 것이고, 이와 같이 양수인이 임차보증금반환채무를 부담하게 된 이후에 임차인이 주민등록을 다른 곳으로 옮겼다 하여 이미 발생한 임차보증금반환채무가 소멸하는 것은 아니다"(대판 1993.12.7, 93다36615).

2) 사안의 경우

사안의 경우 丙이 X주택을 양수할 당시, 甲의 대항요건이 존속하고 있었던바 丙은 乙의 임대인 지위를 승계하고 그 임대차보증금반환채무를 면책적으로 인수하였다. 따라서 이미 丙이 임대차보증금반환채무를 부담하게 된 이후, 2010. 10. 29. 甲이 주민등록을 다른 곳으로 옮겼다 하더라도, 이러한 사정만으로는 丙의 임대차보증금반환채무가 소멸된다고 볼 수 없으며, 甲은 여전히 丙에게 임차권으로 대항할 수 있다.

기출해설

2014년 3차 법전협모의 제2문

【추가된 사실관계】
B는 A와의 약정에 따라 X주택을 인도받고 잔금을 지급하면서 소유권이전등기를 마쳤다. 그 후 B는 2013.12.15. E와의 사이에 X주택에 관하여 임대기간 2년, 보증금 7,000만 원으로 하는 임대차계약을 체결하였다. E는 2013.12.22. X주택을 인도받고 주민등록을 마쳤으며, 2013.12.27.에는 그 임대차계약서에 확정일자를 받았다. 한편 B는2013.12.23. F로부터 5,000만 원을 빌리면서 그 담보로 X주택에 관하여 채권최고액 7,000만 원으로 하는 근저당권설정계약을 체결하고 같은 해 12.26. F에 대하여 1번 근저당권설정등기를 마쳐주었다.
B가 F에 대하여 5,000만 원을 변제하지 않자 F는 X주택에 관한 근저당권 실행을 위해 경매를 신청하였고, 그 경매절차에서 G가 X주택을 매수하여 매각대금을 납입하고 소유권이전등기도 마쳤다.

3. 경매절차에서 X주택이 8,000만 원으로 매각되었고, E는 그 보증금 전액에 대하여 배당요구를 하였다. 이때 E와 F는 위 매각대금으로부터 각각 얼마를 배당받을 수 있는가? (10점)
※ E는 주택임대차보호법상 소액임차인이 아니라고 가정하고, 경매비용이나 이자, 지연손해금의 문제는 고려하지 않는다.

4. E가 위 경매절차에서 보증금을 일부만 변제받았다면, G가 E에게 소유권에 기하여 X주택의 인도청구를 할 수 있는가? (5점)

사례C-35 주택임대차보호법상 대항력 · 우선변제권, 보증금의 일부만 변제받은 경우

Ⅲ. 설문 3.의 경우(10)

1. 결 론

매각대금 8,000만 원 중에서 먼저 F에게 5,000만 원을 배당하고, 나머지 3,000만 원은 E에게 배당해야 한다.

2. 논 거

(1) 임차인 E의 대항력 발생시점

주택임대차보호법상 대항력이 발생하기 위해서는 적법한 임대차계약을 전제로 ⅰ) 주택의 인도와 ⅱ) 주민등록을 갖추어야 한다(동법 제3조 1항 1문). 임차인이 주택의 인도와 주민등록을 마친 때에는 그 '다음 날'부터 제3자에 대하여 효력이 생긴다(동법 3조 1항 1문). 즉, 그 다음 날 오전 0시부터 대항력을 취득한다(대판 1999.5.25, 99다9981). 사안에서 E의 대항력은 2013. 12. 23. 0시에 발생한다.

(2) E의 우선변제권 발생요건과 취득시기

주택임대차의 '대항력'(주택의 인도와 전입신고)과 임대차계약증서상의 '확정일자'를 갖춘 임차인은 민사집행법에 의한 경매 또는 국세징수법에 의한 공매시 임차주택(대지를 포함)의 환가대금에서 후순위권리자나 기타 채권자보다 우선하여 보증금을 변제받을 권리가 있다(동법 제3조의2 2항).

사안에서 E의 대항력은 2013. 12. 23. 0시에 발생하나, 확정일자와 대항력을 모두 갖추게 된 시기는 2013. 12. 27.이다. 한편 E는 경매절차에서 배당요구를 하였으므로 우선변제권을 행사할 수 있다(민사집행법 제148조).

(3) E와 F의 배당 순위

주임법상 우선변제권 있는 임대차보증금반환채권과 저당권의 우열은 '저당권의 설정등기일'과 '임차인의 우선변제권 발생일'의 선후를 따져 정한다. F의 저당권 설정등기일은 2013. 12. 26.이고 E는 2013. 12. 27. 우선변제권을 취득하였으므로 경락대금 8,000만 원 중 F가 우선하여 5,000만 원 전액을 배당받고, E는 나머지 3,000만 원을 받게 된다.

Ⅳ. 설문 4.의 경우(5)

1. 결 론

G는 E에게 소유권에 기한 X주택 인도청구를 할 수 있으나, E는 잔여 임차보증금을 반환받을 때까지 임차권을 주장하여 그 반환을 거부할 수 있다(제213조 단서).

2. 논 거

앞서 살핀바와 같이 E의 임차권의 대항력은 2013. 12. 23. 0시에 발생하고, 이는 저당권자 F의 저당권설정등기일인 2013. 12. 26.보다 앞선다. 다만 E의 확정일자가 저당권설정등기일 보다 늦어 후순위로 임차보증금 일부에 대해서만 배당을 받았다.

이와 같이 주택임대차보호법상의 최우선순위 대항력과 우선변제권의 두 권리를 겸유하고 있는 임차인이 먼저 우선변제권을 행사하였는데 보증금 전액을 배당받지 못한 경우 임차권은 소멸하지 않고(동법 제3조의 5 단서), 임차권자는 새로운 매수인에게 임차보증금을 반환받을 때까지 임대차관계의 존속을 주장할 수 있다(대판 2006.2.10. 2005다21166).[1] 따라서 E는 G에 대하여 임차권으로 대항할 수 있다.

[참고] 그러나 주택임대차보호법 제3조의5 단서에서 말하는 '경락에 의하여 소멸하지 아니하는 임차권'의 내용에 대항력뿐만 아니라, 우선변제권도 당연히 포함되는 것으로 볼 수 없다. 따라서 그 후 임차주택에 관해 경료된 근저당권설정등기에 기한 경매절차에서 우선변제를 받을 권리는 없다(대판 2006.2.10. 2005다21166).

1) "주택임대차보호법상의 대항력과 우선변제권의 두 가지 권리를 함께 가지고 있는 임차인이 우선변제권을 선택하여 제1경매절차에서 보증금 전액에 대하여 배당요구를 하였으나 보증금 전액을 배당받을 수 없었던 때에는 경락인에게 대항하여 이를 반환받을 때까지 임대차관계의 존속을 주장할 수 있을 뿐이고, 임차인의 우선변제권은 경락으로 인하여 소멸하는 것이므로 제2경매절차에서 우선변제권에 의한 배당을 받을 수 없다. 즉, 주택임대차보호법 제3조의5 단서에서 말하는 경락에 의하여 소멸하지 아니하는 임차권의 내용에 대항력뿐만 아니라, 우선변제권도 당연히 포함되는 것으로 볼 수 없다"

기출해설 2015년 2차 법전협모의 제2문

【기초적 사실관계】
甲 소유의 X토지 위에 있는 甲 소유의 주거용 건물 Y에 대하여 甲의 채권자 A의 신청에 기한 강제경매절차가 진행되었고, 2010.1.24. 매수인 乙이 Y건물의 소유권을 취득하였다. 그 후 乙은 Y건물에 대하여 임차인 B와 존속기간은 2년(2010.5.1.부터 2012.4.30.까지), 임차보증금은 1억 3천만 원으로 하는 임대차계약을 체결하였다. B는 임대차기간의 개시일에 주민등록을 이전하고 임대차계약증서상에 확정일자를 갖추어 건물의 해당부분에 입주하였다.

【변경된 사실관계】
2012.8.11. 乙은 C에 대한 채무 1억 원을 담보하기 위하여 C 앞으로 Y건물 위에 저당권을 설정하였다. 그 후 C가 신청한 경매절차에서 Y건물이 D에게 2억 원에 매각되고 2014.1.10. 매각대금의 완납으로 D가 그 소유권을 취득하였다. 한편 2013.10.3. 丁은 乙의 동의를 얻어 B로부터 임차권을 양수하고 입주하면서 같은 날 주민등록의 이전과 임대차계약서상의 확정일자를 갖추었다.

3. 丁이 Y건물의 매각대금에 관하여 가지는 권리를 배당관계와 연계하여 설명하시오. (집행비용 등을 고려하지 않음) (15점)

사례C-36 대항력 있는 임차권이 갱신된 후의 임차권 양수인과 기존 저당권자의 우열관계

Ⅲ. 설문 3.의 경우(15)

1. 임차권 양도인 B의 대항력 및 보증금의 우선변제적 효력 유지여부

(1) B의 임차권의 대항력 및 우선변제권의 취득시기

임차인이 주택의 인도와 주민등록을 마친 때에는 그 '다음 날'부터 제3자에 대하여 효력이 생긴다(주택임대차보호법 제3조 1항 1문). 즉 그 다음 날 오전 0시부터 대항력을 취득한다(대판 1999.5.25, 99다9981). 나아가 **주택임대차의 '대항력'**(주택의 인도와 전입신고)**과 임대차계약증서상의 '확정일자'를 갖춘 임차인은** 민사집행법에 의한 경매시 임차주택(대지를 포함)의 **환가대금에서 후순위권리자나 기타 채권자보다 우선하여 보증금을 변제받을 권리가 있다**(동법 제3조의2 2항).

따라서 사안에서 B는 2010. 5. 1. 대항력과 확정일자를 갖추었으므로, 그 다음날인 2010. 5. 2.부터 우선변제권을 취득하게 된다.

(2) 임대차의 묵시적 갱신과 대항력 및 우선변제권 유지 여부

1) 묵시적 갱신의 여부

사안에서 임대차 종료일인 2012. 4. 30.일부터 6월 전부터 1월 전까지의 기간에 임대인 乙이 임차인 B에게 갱신거절 통지 등을 한 바 없고, 임차인 B 역시 임대차종료일 1월 전까지 갱신거절통지를 한 바가 없으므로, 종전 임대차 계약은 2012. 5. 1. 이후부터 2년까지 존속기간이 연장된 채로 존속하게 된다(주택임대차보호법 제6조 1항, 2항).

2) 대항력 및 우선변제권의 유지 가부

判例는 "대항력과 우선변제권을 갖춘 임대차계약이 갱신된 경우에도 종전 보증금의 범위 내에서는 최초 임대차계약에 의한 대항력과 우선변제권이 그대로 유지된다"(대판 2012.7.12. 2010다42990 ; 대판 2012.7.26. 2012다45689)고 판시하고 있다.

사안의 경우 묵시적 갱신이 된 경우에 해당하는바, 이 경우 判例에 따르면 최초 임대차계약에 의한 대항력과 우선변제권이 그대로 유지되어, B는 2012. 5. 1. 이후에도 여전히 우선변제권을 행사할 수 있다.

2. 임차권 양수인 丁의 대항력 및 우선변제권의 대위행사 가부

(1) 판 례

"주택임대차보호법 제3조 제1항에 의한 대항력을 갖춘 주택임차인이 임대인의 동의를 얻어 적법하게 임차권을 양도하거나 전대한 경우, 양수인이나 전차인에게 점유가 승계되고 전입신고가 이루어졌다면 **원래의 임차인이 갖는 임차권의 대항력은 소멸되지 아니하고 동일성을 유지한 채로 존속한다**고 보아야 한다. 이러한 경우 **임차권 양수인은 원래의 임차인이 가지는 우선변제권을 행사할 수 있고,** 전차인은 원래의 임차인이 가지는 우선변제권을 대위 행사할 수 있다"(대판 2010.6.10. 2009다101275).

(2) 사안의 경우

사안에서 丁의 경우에는 B로부터 임차권을 양수하여 실제로 거주하기 시작한 날은 2013. 10. 3.이어서, C의 저당권등기일자인 2012. 8. 11.보다 이후이지만, 임대인 乙의 동의를 얻어 임차권을 적법하게 양수하였고, 인도 즉 입주를 하면서 주민등록의 이전 및 임대차계약서상의 확정일자까지 갖추었는바, 이 경우 원래의 임차인인 B가 가지는 대항력 및 우선변제권은 존속한다. 따라서 **전임차인인 B가 우선변제권을 가지게 된 시점, 즉 2010. 5. 2.에 발생한 우선변제권은 丁에게도 유지된다.**

3. 사안의 해결(배당액의 결정)

사안에서 Y건물의 매각대금 2억 원에 대한 배당절차에서 임차권양도인 B의 권리를 행사하는 丁이 제1순위가 되어 임대차보증금 상당액 1억 3천만 원을 제1순위로 배당받게 되고, C가 그 잔액인 7천만 원을 2순위로 배당받게 된다.

기출해설

2014년 변호사시험 제2문

【공통된 사실관계】 의류도매업자 甲은 2007. 1. 5. 乙에게 의류 1,000벌을 1억 원에 매도하였다. 乙은 2007. 3. 5.까지 의류대금을 지급하기로 약속하고, 甲에게서 의류 1,000벌을 인수하였다. 당시 甲이 乙의 대금지급능력에 대하여 의문을 표시하자, 乙의 친구 丙은 2007. 3. 7. 乙의 甲에 대한 의류대금채무를 연대보증하였고, 乙의 다른 친구 丁은 2007. 3. 10. 자기 소유 X 주택에 채권최고액을 1억 2,000만 원으로 하는 근저당권을 甲에게 설정해 주었다. 그 주택에는 戊가 거주하고 있었는데, 戊는 丁과 임차보증금 8,000만 원으로 하는 임대차계약을 체결하고 2007. 3. 10. 전입신고를 하고, 같은 날 임대차계약서에 확정일자를 받았다(이하 각 설문은 서로 독립적이다).

【추가되는 사실관계】 2008. 3. 10. 丁은 X 주택을 A에게 2억 5,000만 원에 매도하고 소유권이전등기를 경료하여 주었다. 이때 丁은 A와의 사이에 戊의 보증금은 2009. 3. 9. 丁이 책임지고 반환하고, 甲 명의의 근저당권등기도 책임지고 말소하기로 약정하였다. 乙이 채무를 이행하지 못하자 甲은 X 주택에 설정된 근저당권을 실행하였고, X 주택은 1억 5,000만 원에 B에게 매각되었다. 戊는 배당요구의 종기까지 배당을 요구하지 않았다. 매각대금 중 1억 원은 2008. 10. 1. 甲에게 배당되었고, 잔액 5,000만 원은 A에게 배당되었다.

2. 戊는 A와 丁을 피고로 해서 각각 8,000만 원의 X 주택에 관한 임대차보증금반환청구소송을 제기하였다. A는 ① 丁이 보증금을 반환하기로 약정하였기 때문에 丁에게서 반환받든지, ② 배당절차에서 배당을 요구하지 않았으니 B에게 보증금의 반환을 청구하여야지 자신에게 그 지급을 청구해서는 안 된다고 다투었고, 丁은 ① 보증금은 A 또는 B가 지급할 문제이지 자신이 지급할 것은 아니라고 다투었다. 戊의 위 각 소의 결론[각하, 청구기각, 청구일부인용(일부인용의 경우 그 구체적인 금액과 내용을 기재할 것), 청구전부인용]을 그 논거와 함께 설명하시오. (20점)

사례C-37 주택임대차보호법상의 대항력, 임대인 지위 승계, 저당권과의 우열관계★

Ⅱ. 설문 2.의 경우(20)

1. 결 론

① 보증금반환채무는 임대인 지위의 승계인인 A에게 있으므로 戊의 A에 대한 청구는 '전부 인용' 될 것이나, ② 丁은 더 이상 보증금반환채무를 지지 않으므로 戊의 丁에 대한 청구는 이유 없음으로 '기각' 될 것이다.

2. 논 거

(1) 임차목적물이 '양도' 된 경우 양수인 A에게 임대인의 지위 승계 여부[1)]

1) 원칙적으로 부동산 양도인과 양수인 사이에 보증금 인수계약이 없는 한 임차인은 양수인에 대해 보증금의 반환을 청구할 수 없고, 양도인인 임대인에 대해서만 청구할 수 있다. 사안의 경우 A는 丁으로부터 부동산을 이전받을 때 戊에 대한 보증금채무를 인수하지 않았으므로 원칙적으로 자신에게 보증금 반환의무가 없다는 A의 주장은 타당해 보인다. 그러나 주택 임대차보호법 제3조 4항이 적용되어 A에게 보증금 반환의무가 발생하는 경우인지를 추가적으로 검토하여야 한다.

1) 주택 임대차보호법 제3조 4항의 의미

주택임대차보호법은 임차주택의 양수인 기타 임대할 권리를 승계한 자(상속·경매 등으로 임차물의 소유권을 취득한 자)는 **'임대인의 지위'를 승계**한 것으로 본다(동법 제3조 4항). 이 경우 임대차에 종된 계약인 보증금계약 등도 임대차관계에 수반하여 이전되어(제100조 2항 유추적용), 그 결과 判例에 따르면 양수인이 임대차보증금반환채무를 면책적으로 인수하고, 양도인은 임대차관계에서 탈퇴하여 임차인에 대한 임대차보증금반환채무를 면하게 된다고 한다(대판 1987.3.10. 86다카1114).

2) 사안의 경우

X주택은 戊가 거주하고 있으므로 주택 임대차보호법 제3조 4항이 적용되는 주거용 건물이므로(동법 제2조) 임차주택의 양수인 A는 임대인의 지위를 승계한 것으로 보아 보증금 반환채무를 면책적으로 인수하고 종전의 임대인이었던 양도인 丁은 임대차관계에서 탈퇴하였으므로 더 이상 보증금 반환의무를 지지 않는다. 주택임대차보호법 제3조 4항의 **임대인 지위 승계규정은 임차인 보호를 위한 '법정승계' 사유로** (임차목적물)양수인의 동의 등 당사자의 합의와 상관없이 인정되는 강행규정이므로(동법 제10조), 사안에서 '丁이 戊의 보증금을 반환한다'는 특약은 임차인에게 불리하여 그 효력이 없다. 따라서 자신에게 보증금 반환채무가 없다는 A의 주장은 이유 없으나, 자신에게는 더 이상 보증금 반환의무가 없다는 丁의 주장은 원칙적으로 타당하다.

(2) 임차목적물이 '경락'된 경우 경락인 B가 보증금반환채무를 승계하는지 여부

1) 대항력을 갖춘 임차인과 저당권의 우열관계

적법한 임대차계약을 전제로 ⅰ) 건물의 인도와 ⅱ) 주민등록이나 전입신고를 마친 때에 대항력이 생기는데(주택 임대차보호법 제3조), (근)저당권자 등과의 관계에서는 임차권 대항력의 선후를 기준으로 우열이 정해진다. 특히 저당권은 경매를 통한 매각으로 모두 소멸하므로 **최선순위 담보물권과 임차권 대항력의 선후를 기준**으로 우열이 정해진다(대판 1999.4.23, 98다32939). 아울러 우선변제권 있는 임차인이라도 경매법원이 이를 알 수 없기 때문에 반드시 배당요구를 하여야만 배당을 받을 수 있다.

[관련쟁점] 만약 최선순위 담보물권자나 (가)압류권자보다 먼저 임차인이 대항력을 취득한 경우라면 매각대금이 완납되어도 임차권은 소멸하지 않고(민사집행법 제91조), 임차인은 매각 받은 자에게 임차권을 주장할 수 있으며, 임대차계약을 해지하지 않고도 배당요구를 할 수 있다. 그러나 반대로 최선순위 담보물권자나 (가)압류권자보다 나중에 대항력을 취득한 경우에는 매각대금이 완납되면 임차권은 소멸하고, 임차인은 경매절차에서 배당을 받는 수밖에 없다.

2) 사안의 경우

戊는 2007. 3. 10. 전입신고를 하고, 같은 날 임대차계약서에 확정일자를 받았는바, 대항력은 주택의 인도와 주민등록을 마친 다음 날로부터 제3자에 대하여 효력이 생기므로(주택임대차보호법 제3조 1항), 결국 戊는 2007. 3. 11. 오전 0시에 대항력을 취득하였다(대판 1999.5.25, 99다9981). 이는 근저당권 설정일인 2007. 3. 10. 보다 나중에 대항력을 취득한 것이 되므로 매각대금이 완납된 때 戊의 임차권은 소멸하였고 배당요구의 종기까지 배당을 요구하지 않았으므로 더 이상 배당을 받을 수도 없다. 따라서 여전히 戊에 대한 임대차보증금 반환채무는 A에게 남아있다고 봄이 타당하다.

기출해설

2015년 1차 법전협모의 제2문

【추가된 사실관계 2】
A는 2012.8.20. 상가건물에 대한 소유권보존등기를 경료하고, 2012.9.5. 甲은행으로부터 1억 원을 빌리면서 甲은행에 채권최고액을 1억 3천만 원으로 하는 근저당권을 설정해 주었다. 그리고 A는 임대기간 2012.10.1.부터 2014.9.30.까지, 임대보증금 1억 원, 월차임 100만 원으로 하여 E에게 상가건물을 임대하였다. E는 2012.10.1. 관할세무서에 식당영업을 위한 사업자등록 신청을 하고 식당영업을 개시하였다. 그 후 2014.5.20. E의 채권자 F가 E를 채무자, A를 제3채무자로 하여 1억 원의 임대보증금반환채권을 가압류하였다. 그 후 A는 2014.6.20. G에게 위 상가건물을 양도하고 소유권이전등기를 마쳤다(2012.10.1. 당시 당해 지역의 상가건물임대차보호법의 적용을 받는 임대보증금의 범위는 3억 원이다.)

【추가된 사실관계 1의 소송의 경과】
3. 위 상가건물의 임대기간이 종료한 후 E는 A에게 임대보증금반환청구의 소를 제기하였다. 그 소송에서 A는 E가 자기에게 청구하는 것은 부당하며 건물양수인 G에게 청구하여야 한다고 주장하였다. 이에 대하여 E는 F의 가압류가 A를 제3채무자로 삼아 집행된 이상 임대보증금반환채무의 채무자는 A라고 항변하였다. A와 E의 주장 중 어떠한 주장이 타당한가? (15점)

사례C-38 임대인의 지위승계시 채권가압류의 제3채무자 지위도 승계하는지 여부★

Ⅲ. 설문 3.의 경우(15)

1. 문제점

A와 E 사이의 상가임대차계약의 상가임대차보호법 적용여부에 따른 G의 임대인의 지위승계와 채권가압류의 제3채무자의 지위도 함께 승계하는지가 문제 된다.

2. 상가임대차보호법(이하 '동법')의 적용가부

사안의 A와 E 사이의 임대차계약상의 임차보증금은 2012.10.1. 당시 당해 지역의 동법적용을 받는 임차보증금의 범위인 3억 원 이하였으므로 동법의 적용 대상이 된다(동법 제2조, 동법 시행령 제2조 2항, 3항).

3. 임대인의 지위승계 및 제3채무자의 지위승계 여부

(1) 임대인의 지위승계 여부

E가 2012.10.1. 관할세무서에 식당영업을 위한 사업자등록신청을 하고, 식당영업을 개시하였다는 점에서 대항력을 갖추었고(동법 제3조 제1항), 2014.6.20. G에게 위 상가건물을 양도하고 소유권이전등기를 마친 점에서 임대인의 지위를 승계하며(동법 제3조 2항), 이 경우 임대차에 종된 계약인 보증금계약 등도 임대차관계에 수반하여 이전되어(제100조 2항 유추적용), 그 결과 判例에 따르면 양수인이 임대차보증금반환채무를 '면책적으로 인수'(병존적 인수 아님)하고, 양도인은 임대차관계에

서 탈퇴하여 임차인에 대한 임대차보증금반환채무를 면하게 된다고 한다(대판 1987.3.10. 86다카1114). 따라서 임차인 E가 임대차승계에 대한 이의를 제기하거나, 임대차계약의 해지를 주장하는 등의 특별한 사정이 없는 한 임대차보증금의 반환의무는 면책적으로 G가 인수한다.

(2) 채권가압류의 제3채무자의 지위까지 승계하는지 여부

1) 문제점

위의 법리는 **임차인의 임대차보증금반환채권이 가압류된 상태에서 임대주택이 양도된 경우에도 그대로 적용**되므로 이 경우 양수인은 임대차보증금반환채무를 면책적으로 인수하게 되는데, 나아가 **채권가압류의 제3채무자의 지위까지 승계하는지** 문제된다.

2) 판 례

判例는 전원합의체 판결을 통해 "ⅰ) 임대주택의 양도로 임대인의 지위가 일체로 양수인에게 이전된다면 채권가압류의 제3채무자의 지위도 임대인의 지위와 함께 이전된다고 볼 수밖에 없다는 점과 ⅱ) 만약 이를 부정하면 가압류권자는 장차 본집행절차에서 주택의 매각대금으로부터 우선변제를 받을 수 있는 권리를 상실하는 중대한 불이익을 입게 된다는 점 등에서 **양수인은 채권가압류의 제3채무자의 지위도 승계하고, 가압류권자 또한 임대주택의 양도인이 아니라 양수인에 대하여만 위 가압류의 효력을 주장할 수 있다고 보아야 한다**"(대판 2013.1.17. 전합2011다49523 : 6회 선택형)고 판시하였다.

3) 검토 및 사안의 경우

검토하건대, 승계를 인정하면 경매에 의하여 소유권을 취득한 양수인은 예상하지 못한 손해를 입을 수도 있으나(전합판결의 반대의견), 이는 민법상 다른 구제수단들(제470조)을 통해 해결가능하다.[1] 그러나 승계를 부정하면 가압류가 효력을 상실하게 되어 가압류권자가 피해를 입게 되므로 이를 긍정하는 위 判例의 다수의견이 타당하다. 사안의 경우 G는 F에 대한 관계에서 채권가압류의 제3채무자의 지위를 승계하고 F는 G에 대하여만 가압류의 효력을 주장할 수 있다.

4. 사안의 해결

상가임대차보호법상의 대항력을 갖추었으므로 G에게 임대인의 지위가 승계되고, **임대차보증금의 반환의무와 채권가압류의 제3채무자의 지위를 면책적으로 인수하는 점에서 A의 주장이 타당하다.**

---

1) 만약 제3채무자의 지위가 양수인에게 승계된다고 하면 양수인은 임대차보증금을 임차인에게 반환해서는 안되며, 가압류권자가 나중에 집행권원을 취득하면 그에게 반환하여야 한다. 따라서 임차인이 임대차보증금반환채권이 가압류된 사실을 숨기고 양수인으로부터 임대차보증금을 반환받아 간 경우에 양수인은 이중변제의 위험을 부담하게 된다. 다만 양수인이 임대차보증금반환채권이 가압류된 사실을 모르고 과실 없이 임차인에게 변제할 경우에 그것에 채권의 준점유자에 대한 변제 효과를 인정하여 선의·무과실의 양수인을 보호하는 것을 생각해 볼 수는 있을 것이다.

기출해설

2018년 변호사시험 제2문

【기초적 사실관계】 甲은 X건물을 신축한 후 소유권보존등기를 마치고, 2016. 9. 25. 부동산중개업소를 운영하려는 乙에게 임대하였다(보증금 1억 원, 월차임 300만 원은 매월 말일 지급). 乙은 2016. 10. 1. 사업자등록을 마치고 영업을 시작하였는데, 처음 몇 달간은 차임을 제때 지급하였으나, 2017년 1월부터 차임을 연체하기 시작하였다. **※ 추가적 사실관계는 각각 별개**

【추가적 사실관계】 2017. 7. 1. 甲은 X건물을 丙에게 매도하고 같은 날 소유권이전등기를 경료해 주었는데, 丙이 X건물을 매수한 후에도 차임연체는 계속되었다. 이에 2017. 11. 2. 丙은 乙에게 차임연체를 이유로 임대차계약의 해지를 통지하면서 X건물의 반환을 청구하였고, 乙이 같은 달 30. X건물을 인도하자 연체된 차임액 3,300만 원을 공제한 6,700만 원을 乙에게 지급하였다. 그러자 乙은 丙이 甲과 X건물에 대한 매매계약을 체결할 당시 연체차임채권을 양수한 바 없어 丙이 소유권을 취득한 후에 연체한 1,500만 원만 보증금에서 공제할 수 있다고 주장하면서, 이를 초과하여 공제한 1,800만 원을 반환할 것을 청구하는 소를 제기하였다. 丙은 甲과 X건물에 대한 매매계약을 체결할 당시 연체차임에 관한 합의를 한 바 없었다.

1. 乙의 丙에 대한 보증금반환청구는 인용될 수 있는가? (15점)

【추가적 사실관계】 甲의 채권자 丁은 2016. 11. 20. 甲의 乙에 대한 차임채권에 대하여 채권압류 및 추심명령을 받았고, 다음 날 위 명령이 乙에게 송달되었다. 이에 乙은 2016년 11월분과 12월분 차임을 추심채권자 丁에게 지급하였다. 한편, 2017. 9. 10. 甲은 乙에 대하여 차임연체를 이유로 임대차계약을 해지한다고 통지하였고, 2017. 9. 30. 乙이 甲에게 X건물을 인도하자 甲은 보증금에서 연체차임 2,700만 원을 공제한 잔액을 乙에게 반환하였다. 그러자 乙은 甲의 차임채권에 대한 丁의 채권압류 및 추심명령이 송달된 이후에는 甲에게 차임을 지급하는 것이 금지되므로 보증금에서 이를 공제할 수 없다고 주장하면서, 甲을 상대로 공제한 보증금 2,700만 원의 반환을 청구하는 소를 제기하였다.

2. 乙의 甲에 대한 보증금반환청구는 인용될 수 있는가? (10점)

사례C-39 이미 발생한 연체차임 채권이 대항력을 갖춘 임차목적물양도의 경우 보증금에서 공제되는지 여부, 차임채권이 압류된 경우 보증금의 담보적 효력의 범위

Ⅰ. 설문 1.의 경우(15)

1. 결 론

乙의 丙에 대한 보증금반환청구는 인용될 수 없다.

2. 논 거

(1) 丙이 乙에게 임차보증금 반환채무를 부담하는지 여부

상가건물의 임대차는 그 등기가 없는 경우에도 ⅰ) 임차인이 건물의 인도와 ⅱ) 사업자등록을 신청하면 그 다음날부터 제3자에 대하여 효력이 생긴다(상가임대차보호법 제3조 1항). 그리고 임차 건물의 새로운 소유자는 종전 소유자의 임대인으로서의 지위를 승계한다(동법 제3조 2항).

사안의 경우 임차인 乙은 2016. 10. 1. 사업자등록을 마치고 영업을 시작하였으므로 대항요건을 갖추었고, 丙은 임차 건물의 양수인으로서 임대인의 지위를 승계한다. 따라서 **양수인 丙은 임대차보증금 반환채무를 '면책적으로 인수'하고, 양도인 甲은 임대차관계에서 탈퇴**하여 임차인에 대한 임대차보증금 반환채무를 면한다(대판 1987.3.10. 86다카1114).

(2) 연체차임을 임차보증금에서 공제할 수 있는지 여부

"임대차보증금은 임대차계약이 종료된 후 임차인이 목적물을 인도할 때까지 발생하는 차임 및 기타 임차인의 채무를 담보하는 것으로서 그 **피담보채무액은 임대차관계의 종료 후 목적물이 반환될 때에 특별한 사정이 없는 한 별도의 의사표시 없이 임대차보증금에서 당연히 공제된다**"(대판 2007.8.23, 2007다21856,21863).

(3) 대항력을 갖춘 임차목적물양도의 경우 보증금에서 공제되는 연체차임의 범위(보증금의 담보적 효력의 범위)

"대항력을 갖춘 임차인이 있는 상가건물의 양수인이 임대인의 지위를 승계하면(계약인수), 양수인은 임차인에게 임대보증금반환의무를 부담하고 임차인은 양수인에게 차임지급의무를 부담한다. 그러나 **임차건물의 소유권이 이전되기 전에 '이미 발생한 연체 차임이나 관리비' 등은 별도의 채권양도절차가 없는 한 원칙적으로 양수인에게 이전되지 않고 구임대인만이 임차인에게 청구할 수 있다.**

그러나 **임차건물의 양수인이 건물 소유권을 취득한 후 임대차관계가 종료되어 임차인에게 임대차보증금을 반환해야 하는 경우에 임대인의 지위를 승계하기 전까지 발생한 연체차임이나 관리비 등이 있으면 이는 특별한 사정이 없는 한 임대차보증금에서 당연히 공제된다.** 일반적으로 임차건물의 양도 시에 연체차임이나 관리비 등이 남아있더라도 나중에 임대차관계가 종료되는 경우 임대차보증금에서 이를 공제하겠다는 것이 당사자들의 의사나 거래관념에 부합하기 때문이다"(대판 2017.3.22. 2016다218874)

> [비교판례] '계약인수'에서 이미 발생한 채무의 승계에 관하여 判例는 "계약당사자 중 일방이 상대방 및 제3자와 3면 계약을 체결하거나 상대방의 승낙을 얻어 계약상 당사자로서의 지위를 포괄적으로 제3자에게 이전하는 경우 이를 양수한 제3자는 **양도인의 계약상 지위를 승계함으로써 종래 계약에서 이미 발생한 채권·채무도 모두 이전받게 된다**"(대판 2011.6.23. 전합2007다63089[1])고 한다.

(4) 사안의 경우

丙은 甲과 X건물에 대한 매매계약을 체결할 당시 연체차임에 관한 합의를 하지 않았으므로, 丙이 임대인의 지위를 승계하기 전인 2017. 1월부터 6월까지 연체차임 1,800만 원은 丙에게 이전되지 않는다. 그러나 사안의 경우 乙의 차임연체를 이유로 한 丙의 적법한 해지 통지로 인해 임대차관계는 종료되었으므로 연체차임은 보증금에서 당연히 공제되고 이미 공제된 보증금에 대한 반환청구는 인용될 수 없다.

---

1) **[판례평석]** 일반적으로는 判例의 태도가 타당하나, 특히 계속적 계약관계(위 2016다218874판례와 같은 임대차계약)에서 계약인수 이전에 이미 발생하였으나 탈퇴 당사자가 이행하지 않고 있는 채무(가령, 미이행된 임료채무) 및 그로 인한 손해배상채무는 일반적으로 여전히 탈퇴당사자가 부담하며, 계약인수인에게 승계되지 않는다고 보는 것이 타당하다는 견해가 있다[지원림, 민법강의(13판), 4-321 ; 양창수 · 권영준 공저, 권리의 변동과 구제(민법 II), p.218]

Ⅱ. 설문 2.의 경우(10)

1. 결 론

乙의 甲에 대한 보증금반환청구는 인용될 수 없다.

2. 논 거

(1) 차임채권에 관한 압류·추심명령과 보증금의 담보적 효력

"부동산 임대차에 있어서 수수된 보증금은 차임채무, 목적물의 멸실 · 훼손 등으로 인한 손해배상채무 등 임대차에 따른 임차인의 모든 채무를 담보하는 것으로서 그 피담보채무 상당액은 임대차관계의 종료 후 목적물이 반환될 때에 특별한 사정이 없는 한 별도의 의사표시 없이 보증금에서 당연히 공제되는 것이므로, **임대보증금이 수수된 임대차계약에서 차임채권에 관하여 압류 및 추심명령이 있었다 하더라도, 당해 임대차계약이 종료되어 목적물이 반환될 때에는 그 때까지 추심되지 아니한 채 잔존하는 차임채권 상당액도 임대보증금에서 당연히 공제된다**"(대판 2004.12.23, 2004다56554).[2)]

(2) 사안의 경우

丙의 乙에 대한 차임채권에 대한 압류 및 추심명령으로 인해 제3채무자인 乙이 압류채권자인 丁에게 차임을 지급해야 하는 것과는 별개로, **임차인의 채무는 보증금에서 공제되는 것이 처음부터 예정되어 있었기 때문에** 2017년 1월부터 동년 9월까지의 연체차임 2,700만 원은 보증금에서 당연 공제된다. 따라서 이미 공제된 보증금에 대한 반환청구는 인용될 수 없다.

---

2) 임차보증금이 전부명령에 의해 타인에게 이전된 때에도 임차인의 임대차상의 채무가 공제된다(대판 1988.1.19, 87다카1315).

기출해설

2024년 변호사시험 제2문

【기초적 사실관계】
甲은 2018. 4. 1. 乙에게 甲 소유의 X건물을 보증금 2억 원(월 차임 없음), 임대차기간 2018. 5. 1.부터 2023. 4. 30.까지로 정하여 임대하였고, 乙은 2018. 5. 1. 甲에게 보증금 전액을 지급하고 X건물을 인도받아 사용하기 시작하였다.
[※ 이하의 추가적 사실관계 1, 2는 각각 독립적인 별개의 사실관계임]

【추가적 사실관계 1】
甲과 乙은 위 임대차계약 당시 "임차인은 임대인의 동의 없이는 X건물에 관한 임차권의 양도 또는 담보제공을 하지 못한다."라고 약정(이하 '금지약정'이라고 한다)하였다. 한편 乙은 2022. 4. 30. 丙으로부터 2억 원을 대여기간 1년으로 정하여 차용하면서 그 채무의 담보를 위하여 丙에게 위 임대차계약에 기한 임대차보증금반환채권을 양도하였고, 甲에게 양도사실을 내용증명우편으로 통지하였다.
乙은 위 임대차계약의 종료에 따라 甲에게 X건물을 인도하였고, 丙은 2023. 5. 1. 甲을 상대로 양수금 2억 원의 지급을 구하는 소를 제기하였다.
이에 대하여 甲은 아래 ①, ②를 주장하면서 다투었다.

① 乙과 맺은 임대차계약의 '금지약정'에 따르면 乙은 丙에게 보증금반환채권을 양도할 수 없으므로, 丙에게 보증금을 반환할 의무가 없다. ② 만약 그렇지 않더라도 乙이 丙에게 2억 원의 대여금 중 1억 5천만 원을 이미 상환하였으므로, 보증금에서 이를 공제하고 남은 금액만을 반환하면 된다.

1. 丙의 甲에 대한 양수금 청구에 관하여 법원은 어떠한 판단을 하여야 하는지 1) 결론(소 각하/청구 기각/청구 인용/청구 일부 인용 - 일부 인용의 경우 인용 범위를 특정할 것)과 2) 논거를 서술하시오(甲이 ②에서 주장한 乙의 대여금 상환은 사실로 확인되었으며, 차용금채무 및 보증금반환채무의 지연이자는 고려하지 말 것). (15점)

사례C-40 임차권의 양도금지, 담보 목적의 채권양도에서 피담보채무의 변제의 효과

Ⅰ. 설문 1.의 경우 (15)

1. 문제점

乙이 丙에게 양도한 임대차보증금반환채권과 관련하여, 임차인 乙과 임대인 甲 사이에 임차권의 양도금지특약의 효력이 임대차보증금반환채권 양도에 미치는지 여부, 담보 목적 채권양도에서 피담보채무가 일부변제된 경우 채무자인 甲이 변제의 효력을 주장할 수 있는지 문제된다.

2. 甲과 乙의 임차권 양도금지특약의 효력

임차권과 임대차보증금 반환채권은 전혀 별개의 권리이므로 '임차인은 임대인의 동의 없이는 임차권을 양도 또는 담보제공 하지 못한다.'는 약정을 하였다면, 그 약정의 취지는 임차권의 양도를 금지한 것으로 볼 것이지 임대차계약에 기한 임대차 보증금 반환채권의 양도를 금지하는 것으로 볼 수 없다(대판 2011.4.28. 2011다1200 등).

즉 甲과 乙이 2018. 4. 1. 맺었던 임대차 계약에서의 금지약정은 임대차 보증금 반환채권의 양도를 금지한 것이 아니므로 임차인 乙은 언제든지 甲에 대한 임대차보증금 반환 채권을 양도할 수 있다. 따라서 甲의 ①의 주장은 타당하지 않다.

3. 甲이 丙에게 乙의 대여금채무 일부 변제의 효력을 주장할 수 있는지 여부

(1) 판 례

判例는 **담보목적의 채권양도**(채권의 양도담보)와 관련하여 "채권양도가 다른 채무의 담보조로 이루어졌으며 또한 그 채무가 변제되었다고 하더라도, **이는 채권양도인과 양수인 간의 문제일 뿐이고,** 양도채권의 채무자는 채권양도 · 양수인 간의 채무소멸 여하에 관계없이 양도된 채무를 양수인에게 변제하여야 하는 것이므로, 설령 그 피담보채무가 변제로 소멸되었다고 하더라도 양도채권의 채무자로서는 이를 이유로 채권양수인의 양수금청구를 거절할 수 없다"(대판 1999.11.26. 99다23093)[1]고 한다.

(2) 사안의 경우

乙이 丙에 대한 대여금채무의 담보를 목적으로 이 사건 임차보증금반환채권을 양도하였고 대여금채무액 2억 원 중 1억 5천만 원이 변제되었다고 하더라도, 이는 채권의 양도인과 양수인인 乙과 丙 사이의 문제일 뿐이고, 채무자인 甲의 입장에서 이를 이유로 丙의 양수금청구를 거절할 수 없다. 따라서 甲의 ② 주장도 타당하지 않다.

4. 사안의 해결

甲의 모든 주장은 타당하지 않으므로, 법원은 丙의 甲에 대한 양수금청구를 인용하여야 한다.

1) ★ 즉, 채권양도의 유인성은 채권양도계약을 중심으로 하여 그 당사자(양도인과 양수인) 사이에서 발생하는 문제이다. 즉 양수인과 채무자와의 관계에서는 그 직접적인 적용이 없다. 채권은 그 동일성을 유지하면서 양수인에게 이전하는 것이므로, 채무자는 양도인(채권자)에 대해 가지는 그 채권에 관한 항변사유로써 양수인에게 대항할 수 있을 뿐이다(제451조 참조).

기출해설

2024년 변호사시험 제2문

【기초적 사실관계】
甲은 2018. 4. 1. 乙에게 甲 소유의 X건물을 보증금 2억 원(월 차임 없음), 임대차기간 2018. 5. 1.부터 2023. 4. 30.까지로 정하여 임대하였고, 乙은 2018. 5. 1. 甲에게 보증금 전액을 지급하고 X건물을 인도받아 사용하기 시작하였다.
[※ 이하의 추가적 사실관계 1, 2는 각각 독립적인 별개의 사실관계임]

【추가적 사실관계 2】
甲은 乙과 위 임대차계약을 체결하기 전인 2018. 3. 1. 乙에게 1억 원을 이자 없이 변제기 2021. 4. 30., 지연손해금 월 1%로 정하여 대여하였다. 甲은 위 대여금의 변제기로부터 2년 가까이 지났음에도 乙로부터 대여금과 지연손해금을 한 푼도 지급받지 못하자, 위 임대차계약이 종료되기 전인 2023. 1. 31. '甲이 乙에게 갖는 대여금채권을 자동채권으로 하여 乙의 甲에 대한 보증금반환채권을 대등액에서 상계하겠다'는 취지의 이메일을 乙에게 발송하였고, 乙은 같은 날 그 이메일을 확인하였다. 한편 乙은 2023. 4. 5. 丁에게 甲에 대한 위 보증금반환채권 전부를 양도하였고 이를 甲에게 내용증명우편으로 통지하였다. 乙은 2023. 4. 30. 위 임대차계약의 종료에 따라 甲에게 X건물을 인도하였다. 丁은 2023. 5. 1. 甲을 상대로 양수금 2억 원의 지급을 구하는 소를 제기하였다. 甲이 위와 같이 상계한 사실을 주장하자, 丁은 '甲의 상계는 임대차 기간 중에 한 것으로서 효력이 없다'고 반박하였다.

2. 丁의 甲에 대한 양수금 청구에 관하여 법원은 어떠한 판단을 하여야 하는지 1) 결론(소 각하/청구 기각/청구 인용/청구 일부 인용 - 일부 인용의 경우 인용 범위를 특정할 것)과 2) 논거를 서술하시오(보증금반환채무의 지연이자는 고려하지 말 것). (20점)

사례C-41 임차보증금반환채무의 기한의 이익의 포기, 상계적상의 시기

Ⅰ. 설문 2.의 경우(20)

1. 문제점

상계가 유효하기 위한 요건(제492조)과 관련하여, 甲의 자동채권인 대여금채권의 자동채권의 변제기는 도래하였으나, 수동채권의 변제기는 도래하지 않은 경우, 甲이 수동채권의 기한의 이익을 포기하고 상계의 의사표시를 할 수 있는지, 상계적상시는 언제인지 문제된다.

2. 甲이 기한의 이익을 포기하고 상계의 의사표시를 할 수 있는지 여부

(1) 판 례

수동채권은 채무자가 기한의 이익을 포기할 수 있으므로(제153조 2항), 이행기 도래 전이라도 이를 포기하고 상계할 수 있다. 判例에 따르면 "임대인의 임대차보증금반환채무는 장래에 실현되거나 도래할 것이 확실한 임대차계약의 종료시점에 이행기에 도달하는 것이 원칙이나, 임대인은 임대차계약 존속 중 기한의 이익을 포기하고 임대차보증금반환채권을 수동채권으로 하여 상계할 수 있고,

임대차 존속 중 임대인이 상계의 의사표시를 한 경우 임대차보증금반환채무에 관한 '기한의 이익'을 포기한 것으로 볼 수 있다"(대판 2017.3.15. 2015다252501)

(2) 사안의 경우

甲의 자동채권인 乙에 대한 대여금채권의 변제기는 2021. 4. 30.으로 현재 변제기 도래하였고, 수동채권인 임대차보증금반환채권은 임대차계약이 종료하는 2023. 4. 30.에 발생한다. 임대인 甲은 이 사건 임대차계약 존속 중 기한의 이익을 포기하고 임대차보증금반환채권을 수동채권으로 하여 상계할 수 있고, 이 경우 임대차보증금반환채무에 관한 기한의 이익을 포기한 것이 된다.

3. 상계적상일의 확정과 상계되는 액수

(1) 자동채권의 변제기가 도래한 후 수동채권의 변제기가 도래하기 전에 상계의 의사표시를 한 경우

상계의 의사표시가 있으면 '각 채무가 상계할 수 있는 때'에 소멸한 것으로 본다(제493조 2항). 判例에 따르면 '각 채무가 상계할 수 있는 때'란 ㉠ 양 채권이 모두 변제기가 도래한 경우와 ㉡ 수동채권의 변제기가 도래하지 아니하였다고 하더라도 기한의 이익을 포기할 수 있는 경우를 포함한다(대판 2011.7.28. 2010다70018)고 하는바, 특히 ㉡의 경우와 관련하여 **자동채권의 변제기가 도래한 후 수동채권의 변제기가 도래하기 전에 상계의 의사표시를 한 경우에 상계적상일은** 자동채권의 변제기가 도래한 때 또는 상계의 의사표시를 한 때 중 의사표시를 한 자의 의사해석의 문제이다.[1)]

[주의] 사안은 '채무자'가 상계를 한 사안으로 '채권양수인'이 상계를 한 경우 상계적상일과 관련한 대판 2022.6.30. 2022다20089사안은 아님을 주의해야 한다.

(2) 사안의 경우

사안에서 甲이 수동채권의 기한의 이익을 포기한 시점은 상계의 의사표시를 한 때인 2023. 1. 31.로 보아야 하며 그 시점을 상계의 효력이 발생하는 상계적상일로 보아야 할 것이다. 왜냐하면 **상계권자의 기한의 이익 포기 시점과 무관하게 자동채권의 변제기를 상계적상일로 보게 되면** 상계에 의해 수동채권의 기한의 이익을 포기함과 동시에 자동채권의 지연손해금을 포기하는 것이 되므로 이는 **지나치게 상계권자에게 불리한 해석**이 되기 때문이다.[2)]

따라서 사안의 경우에 甲의 상계 통지가 乙에게 도달한 2023. 1. 31.이 상계적상일이므로 2023. 1. 31.로 소급하여 자동채권의 원리금 합산액인 1억 2100만 원 범위(2021. 5. 1.~ 2023. 1. 31.까지 발생한 21개월분 지연손해금 2100만 원 및 원금 1억 원)에서 임대차보증금 반환채권은 소멸하게 되며 이에 양도된 임대차보증금 반환채권의 잔액은 7900만 원이 된다.

4. 사안의 해결

법원은 丁의 청구에 대하여 7900만 원 범위에서 일부인용한다는 판결을 하여야 한다.

---

1) 자동채권에 변제기 정함이 있는 경우에는 수동채권의 기한 도래 또는 기한이익을 상실해야 상계가 가능하다. 즉 자동채권의 변제기만 도래한 상태에서 상계를 한 경우, ㉠ 수동채권의 변제기가 이미 도래한 경우 상계 가능하고, 이때는 늦게 변제기가 도래한 시점이 기준시가 되고, ㉡ 수동채권의 변제기가 아직 도래하지 않은 경우라도 상계항변하고자 하는 자가 수동채권의 기한의 이익을 포기할 수 있고, 상계의 의사표시에 기한 이익 포기의 의사표시도 포함되어 있다고 보기 때문에 수동채권의 변제기가 도래하기 전이라도 자동채권의 변제기만 도래하면 상계를 하는 것이 가능하다. 이 경우 상계 적성시는 '다른 의사표시가 없는 한 자동채권의 이행기'가 된다. 다만 상계하면서 기한의 이익을 포기하는 시기를 지정하는 것도 가능하다고 볼 것이므로 그 경우에는 그 지정된 시기를 기준으로 할 것이다(민법주해 XI 채권(4), p.397).

2) 연세대 로스쿨, 서종희 교수, 법률신문 해설(https://www.lawtimes.co.kr/news/195536)

기출해설

최신판례 미기출 핵심사례

ㅇ 甲과 乙은 2011. 3. 1. 甲소유의 X주택에 관하여 기간 20년, 보증금 1억 원, 차임 월 200만 원(매월 1일 지급)의 임대차계약을 체결하였다.

ㅇ 乙은 임대차계약을 체결한 후 상습적으로 차임을 연체함으로써 2017. 3. 현재 그 금액이 3,000만 원에 이르렀다. 이에 甲은 2017. 3. 27. 민법 제640조에 따라 임대차계약을 해지한다는 의사표시가 담긴 내용증명우편을 발송하였고, 이 우편은 당일 乙에게 도달하였다. 그러자 甲은 민법 제495조에 따라 보증금에서 연체차임을 상계한 후 7,000만 원을 공탁하고서 乙에게 X주택의 반환을 청구하였고, 乙은 2014. 3. 27. 이전에 연체한 2,000만 원(이는 사실이라고 전제한다)은 상계적상의 상태에 있지 않았으므로 9,000만 원을 반환해야 한다고 주장하였다. **(이하 지연손해금은 고려하지 않음)**

1. 甲이 乙에게 반환해야 하는 보증금은 얼마인지 검토하시오(지연손해금은 고려하지 않음) (30점)[1]

2. ① 만약 2017. 3. 27. 乙이 甲에게 적법하게 유익비상환채권 3,000만 원을 보유하고 있는 경우라면 민법 495조에 따라 연체차임을 유익비에서 상계할 수 있는가?[2] (5점) ② 아울러 만약 2017. 3. 27. 소멸시효가 완성되지 않은 3,000만 원의 연체차임이 있다면 甲은 임대차계약을 해지하지 않고 임대차 존속 중 보증금반환채권을 수동채권으로 연체차임채권과 상계할 수 있는가?[3] (5점) ③ 한편, 2011. 4. 1. 임대차 시작 한달 만에 甲과 乙은 임대차 계약을 적법 유효하게 합의해지하였으나, 임차인 乙은 보증금을 받지 못하자 동시이행항변권을 근거로 X주택을 계속 사용하고 있다. 이 경우 보증금반환채권에 대한 소멸시효가 진행되는지, 만약 임차권등기명령을 받은 경우라면 어떻게 되는지 검토하시오.[4] (10점)

사례C-42 시효완성된 연체차임과 보증금반환채무의 상계 또는 공제(제495조) 등

Ⅰ. 문제 1.의 경우 : 甲이 乙에게 반환해야 하는 보증금(30)

1. 문제점

먼저 임대인 甲의 제640조에 따른 임대차계약의 해지가 적법ㆍ유효한지 살펴보고, 유효하다면 임대차계약 종료일인 2017. 3. 27.로 부터 3년 전인 2014. 3. 27. 이전까지 발생한 연체차임채권의 소멸시효가 완성되었는지, 소멸시효가 완성되었다면 제495조에 따라 이를 자동채권으로 하여 임대차보증금반환 채무와 '상계'가 가능한지, 상계가 불가능하다면 임대차보증금에서 '공제'는 가능한지가 문제된다.

---

1) ★ 2020년 기록형 쟁점 ; 2017년 법무행정 2차 ; 대판 2016.11.25. 2016다211309판시내용

2) ★ 대판 2021.2.10. 2017다258787판시내용, 2022년 변호사시험 제2문에 동일한 쟁점이 출제되었다.

3) ★ 대판 2017.3.15. 2015다252501판시내용

4) ★ 대판 2020.7.9. 2016다244224,244231 ; 대판 2019.5.16. 2017다226629판시내용

2. 甲의 해지통고가 적법·유효한지 여부

임대차의 경우 임차인의 차임연체액이 2기의 차임액에 달하는 때에 임대인은 계약을 해지할 수 있다(제640조). 사안에서 임차인 乙은 월차임 200만 원의 15배에 해당하는 3,000만 원의 차임을 연체하였고, 설령 차임의 일부가 소멸시효가 완성되었다고 하더라도 乙이 2014. 3. 27. 이후에 연체한 1,000만 원은 스스로 인정하고 있으므로 결국 2017. 3. 27. 甲의 임대차계약의 해지통고로 인해 임대차계약은 적법하게 종료되었다.

3. 2014. 3. 27. 이전까지 발생한 연체차임채권의 소멸시효 완성여부

(1) 차임채권의 소멸시효 기산점

"소멸시효는 법률행위에 의하여 이를 배제, 연장 또는 가중할 수 없다(제184조 2항). 그러므로 임대차 존속 중 차임을 연체하더라도 이는 임대차 종료 후 목적물 인도시에 임대차보증금에서 일괄 공제하는 방식에 의하여 정산하기로 약정한 경우와 같은 특별한 사정이 없는 한 차임채권의 소멸시효는 임대차계약에서 정한 지급기일부터 진행한다"(대판 2016.11.25. 2016다211309)(제166조 1항).

(2) 차임채권의 소멸시효기간

월차임 지급채권은 1년 이내의 기간으로 정한 금전의 지급을 목적으로 한 채권에 해당하여 3년의 단기소멸시효가 적용된다(제163조 1호).

(3) 사안의 경우

사안에서 차임채권의 소멸시효 기간점은 2011. 4. 1.부터 매월 1일이다(제166조 1항). 따라서 2017. 3. 27. 현재로부터 3년 전인 2014. 3. 27. 이전에 발생한 연체차임은 소멸시효가 완성되었다.

4. 임대차 존속 중 시효완성된 차임채권을 보증금반환채무와 '상계'할 수 있는지 여부

(1) 제495조의 적용 여부

"민법 제495조는 당사자 쌍방의 채권이 상계적상에 있었던 경우에 당사자들은 채권·채무관계가 이미 정산되어 소멸하였다고 생각하는 것이 일반적이라는 점을 고려하여 당사자들의 신뢰를 보호하기 위한 것이다. 다만 이는 '자동채권의 소멸시효 완성 전에 양 채권이 상계적상에 이르렀을 것'을 요건으로 하는데, 임대인의 임대차보증금 반환채무는 임대차계약이 종료된 때에 비로소 이행기에 도달하므로, 임대차 존속 중 차임채권의 소멸시효가 완성된 경우에는 소멸시효 완성 전에 임대인이 임대차보증금 반환채무에 관한 기한의 이익을 실제로 포기하였다는 등의 특별한 사정이 없는 한 양 채권이 상계할 수 있는 상태에 있었다고 할 수 없다. 그러므로 그 이후에 임대인이 이미 소멸시효가 완성된 차임채권을 자동채권으로 삼아 임대차보증금 반환채무와 상계하는 것은 민법 제495조에 의하더라도 인정될 수 없다"(대판 2016.11.25. 2016다211309).

(2) 사안의 경우

甲의 차임채권은 乙의 보증금반환채권과 대립하는 금전채권으로 3,000만원의 연체차임채권은 변제기에 도달하였고 상계가 금지되는 채권도 아니다. 그러나 乙의 보증금반환채권(수동채권)은 임대차계약 해지시인 2017. 3. 27.에 이행기가 도래하였고, 당시 2,000만 원의 연체차임채권(자동채권)은 이미 시효가 완성되었다. 즉, 자동채권의 소멸시효 완성 전에 양채권은 상계적상에 있지 않으므로 乙의 항변은 원칙적으로 타당하다.

5. 임대차 존속 중 시효완성된 차임채권을 임대차보증금에서 '공제'할 수 있는지 여부

(1) 차임채권의 소멸시효와 보증금의 담보적 효력

"임대차보증금은 차임의 미지급, 목적물의 멸실이나 훼손 등 임대차 관계에서 발생할 수 있는 임차인의 모든 채무를 담보하는 것이므로, **차임의 지급이 연체되면 장차 임대차 관계가 종료되었을 때 임대차보증금으로 충당될 것으로 생각하는 것이 당사자의 일반적인 의사**이다. 이는 차임채권의 변제기가 따로 정해져 있어 임대차 존속 중 소멸시효가 진행되고 있는데도 임대인이 임대차보증금에서 연체차임을 충당하여 공제하겠다는 의사표시를 하지 않고 있었던 경우에도 마찬가지이다. 더욱이 임대차보증금의 액수가 차임에 비해 상당히 큰 금액인 경우가 많은 우리 사회의 실정에 비추어 보면, **차임 지급채무가 상당기간 연체되고 있음에도, 임대인이 임대차계약을 해지하지 아니하**고 임차인도 연체차임에 대한 담보가 충분하다는 것에 의지하여 임대차관계를 지속하는 경우에는, **임대인과 임차인 모두 차임채권이 소멸시효와 상관없이 임대차보증금에 의하여 담보되는 것으로 신뢰하고, 나아가 장차 임대차보증금에서 충당 공제되는 것을 용인하겠다는 묵시적 의사를 가지고 있는 것이 일반적**이다"(대판 2016.11.25. 2016다211309).

(2) 제495조의 유추적용 가부

"임대차 존속 중 차임이 연체되고 있음에도 임대차보증금에서 연체차임을 충당하지 않고 있었던 임대인의 신뢰와 차임연체 상태에서 임대차관계를 지속해 온 임차인의 **묵시적 의사를 감안하면 연체차임은 민법 제495조의 유추적용에 의하여 임대차보증금에서 공제할 수는 있다**"(同 판례).

6. 사안의 해결

2014. 3. 27. 이전에 연체한 2,000만 원은 상계적상에 있지 않았다는 乙의 항변은 타당하나, 乙의 상습적인 차임연체에도 임대차 존속 중에 보증금에서 이를 충당하지 않은 甲의 신뢰와 임대차관계를 지속해 온 乙의 묵시적 의사를 고려할 때, 시효가 완성된 연체차임에 대한 보증금과의 '상계'는 인정되지 않더라도(제495조) 보증금에서의 '공제'는 인정된다(제495조 유추적용). 따라서 甲이 乙에게 반환해야 하는 보증금은 2014. 3. 27. 이후에 발생한 차임채권 1,000만 원을 '상계'하고, 2014. 3. 27. 이전에 시효완성된 2,000만 원의 연체차임을 '공제'한 7,000만 원이다.

Ⅱ. 문제 2.의 경우(20)

① 甲이 이미 소멸시효가 완성된 차임채권을 자동채권으로 유익비상환채권과 상계할 수 있는지

임차인이 유익비를 지출한 경우에는 임대인은 임대차 종료 시에 그 가액의 증가가 현존한 때에 한하여 임차인의 지출한 금액이나 그 증가액을 상환하여야 하므로(제626조 2항), **임차인의 유익비상환채권은 임대차계약이 종료한 때에 비로소 발생**한다고 보아야 한다. 따라서 **임대차 존속 중 임대인의 채권의 소멸시효가 완성된 경우에는 차임채권과 임차인의 유익비상환채권이 상계할 수 있는 상태에 있었다고 할 수 없으므로**, 그 이후에 임대인이 이미 소멸시효가 완성된 채권을 자동채권으로 삼아 임차인의 유익비상환채권과 상계하는 것은 **제495조에 의하더라도 인정될 수 없다**(대판 2021.2.10. 2017다258787)

한편 임차보증금에는 연체차임에 대한 담보적 기능이 인정되므로 제495조의 유추적용이 인정되지만(대판 2016.11.25. 2016다211309), 유익비상환청구권에는 그러한 담보적 기능이 인정되지 않으므로 제495조를 유추적용하여 '공제'할 수도 없다고 보여진다.

② 甲의 보증반환채무에 대한 기한의 이익포기

부동산 임대차에서 수수된 임대차보증금은 차임채무, 목적물의 멸실·훼손 등으로 인한 손해배상채무 등 임대차에 따른 임차인의 모든 채무를 담보하는 것이고, 특별한 사정이 없는 한, 임대인의 임대차보증금반환채무는 장래에 실현되거나 도래할 것이 확실한 임대차계약의 종료시점에 이행기에 도달한다. 그리고 **임대인으로서는 임대차보증금 없이도 부동산 임대차계약을 유지할 수 있으므로, 임대차계약이 존속 중이라도 임대차보증금반환채무에 관한 기한의 이익을 포기하고 임차인의 임대차보증금반환채권을 수동채권으로 하여 상계할 수 있고, 임대차 존속 중에 그와 같은 상계의 의사표시를 한 경우에는 임대차보증금반환채무에 관한 기한의 이익을 포기한 것으로 볼 수 있다**(대판 2017.3.15. 2015다252501).

따라서 임대인 甲은 임대차 존속 중에 스스로 1억 원의 보증금반환채무(수동채권)에 대한 기한의 이익을 포기하고 이행기에 도달한 연체차임 3천만 원(자동채권)과 상계할 수 있다(제492조).

[관련판례] ※ **차임 등을 보증금에서 공제할 수 있는지 여부**
충당 여부는 '임대인'의 자유이므로 보증금으로 연체차임 등에 충당하지 않고 차임을 청구할 수도 있다(대판 2005.5.12. 2005다459,466). 즉, **임대차계약 종료 전**에는 연체차임이 공제 등의 별도의 의사표시 없이 임대차보증금에서 당연히 공제되는 것은 아니다(대판 2013.2.28. 2011다49608,49615). 그리고 원칙적으로 임대차계약이 종료되었다 하더라도 목적물이 명도되지 않았다면 '임차인'은 임대차보증금이 있음을 이유로 연체차임의 지급을 거절할 수 없다(대판 2007.8.23. 2007다21856,21863).

③ 보증금반환채권의 소멸시효 진행

(1) 동시이행항변권이 붙어 있는 보증금반환채권의 소멸시효 진행

1) 동시이행항변권이 붙어 있는 채권의 소멸시효 기산점

소멸시효는 '권리를 행사할 수 있는 때'로부터 진행한다(제166조 1항). 이 때 '권리를 행사할 수 있는 때'란 권리를 행사하는 데 있어 **'법률상의 장애'가 없음을** 말한다(이행기의 미도래·정지조건의 불성취 등). 따라서 동시이행의 항변권이 붙어 있는 채권의 경우에 이행기 도래 후에 반대급부를 제공하면 언제라도 권리를 행사할 수 있으므로 이행기부터 소멸시효가 진행한다(대판 1991.3.22. 90다9797 : 4회,5회,6회,9회 선택형).

2) 임차목적물을 계속 점유하는 경우

임대차가 종료함에 따라 발생한 임차인의 목적물반환의무와 임대인의 보증금반환의무는 동시이행관계에 있다. 임차인이 임대차 종료 후 동시이행항변권을 근거로 임차목적물을 계속 점유하는 것은 임대인에 대한 보증금반환채권에 기초한 권능을 행사한 것으로서 보증금을 반환받으려는 계속적인 권리행사의 모습이 분명하게 표시되었다고 볼 수 있다.

따라서 임대차 종료 후 임차인이 보증금을 반환받기 위해 목적물을 점유하는 경우 보증금반환채권에 대한 권리를 행사하는 것으로 보아야 하고, 임차인이 임대인에 대하여 직접적인 이행청구를 하지 않았다고 해서 권리의 불행사라는 상태가 계속되고 있다고 볼 수 없다(대판 2020.7.9. 2016다244224,244231).

(2) 임차권등기명령의 경우

주택 임대차보호법 제3조의3 규정에 의한 임차권등기는 임차인으로 하여금 기왕의 대항력이나 우선변제권을 유지하도록 해 주는 담보적 기능만을 주목적으로 하는 점 등에 비추어 볼 때, 임대인의 임대차보증금의 반환의무가 임차인의 임차권등기 말소의무보다 먼저 이행되어야 할 의무이다(대판 2005.6.9, 2005다4529 : 2회,4회,8회 선택형).

[비교쟁점] 이와 달리 전세권설정자의 전세금반환의무와 전세권자의 전세권등기말소의무는 동시이행의 관계에 있다(제317조 : 2회 선택형). 이와 동일하게 일반적인 임차권등기가 마쳐진 경우에도 임대인의 보증금반환의무와 임차인의 임차권등기말소의무는 동시이행의 관계에 있다.

즉, 임차권등기명령에 따른 **임차권등기는 본래의 담보적 기능을 넘어서 채무자의 일반재산에 대한 강제집행을 보전하기 위한 처분의 성질을 가진다고 볼 수는 없다.** 그렇다면 임차권등기명령에 따른 임차권등기에는 민법 제168조 제2호에서 정하는 소멸시효 중단사유인 압류 또는 가압류, 가처분에 준하는 효력이 있다고 볼 수 없다"(대판 2019.5.16. 2017다226629).

[관련판례] 저당권이 설정되어 있더라도 저당권의 피담보채권이 시효중단되는 것은 아니다. 마찬가지로 채권자가 담보목적의 가등기를 취득한 후 그 목적토지를 인도받아 점유하더라도 담보가등기의 피담보채권의 소멸시효가 중단되는 것은 아니다(대판 2007.3.15, 2006다12701).

(3) 소 결

임차인 乙이 보증금을 받지 못하자 동시이행항변권을 근거로 X주택을 계속 사용하고 있는 경우에는 **보증금반환채권의 소멸시효**가 진행되지 않는다. 그러나 임차권등기명령의 경우에는 시효중단사유인 '제168조 2호'에 해당하지 않아 10년이 지나면 소멸시효가 완성된다(제162조 1항).

기출해설

2022년 변호사시험 제2문

甲은 2001. 6. 15. 乙에게 甲 소유인 X토지를 임대차보증금 5억 원, 임대차기간 2001. 7. 1.부터 2021. 7. 1.까지로 정하여 임대하였고, 乙은 2001. 7. 1. 甲에게 보증금 5억 원을 지급하고 X토지를 인도받았다.

위 임대차계약에서 甲과 乙은 X토지에 관한 세금은 乙이 부담하되 甲이 이를 대신 납부하고, 甲이 납부한 금액만큼 乙이 甲에게 구상금을 지급하기로 약정하였다. 甲이 2001. 7. 1.부터 2011. 6. 30.까지 납부한 세금은 총 3천만 원이고, 2011. 7. 1.부터 임대차 종료일까지 납부한 세금은 총 7천만 원이다. 甲은 2011. 6. 30. 乙에게 그때까지 납부한 3천만 원의 세금에 대한 구상금 지급을 최고하였다.

한편 乙은 2005. 8.경 X토지의 형질을 임야에서 공장용지로 변경하였고, 이를 위하여 1억 원을 지출하였다. 위 임대차 종료 당시 X토지는 형질변경으로 인하여 2억 원 상당의 가치가 증가하여 현존하고 있다.

임대차계약이 2021. 7. 1. 기간만료로 종료한 후 乙은 甲으로부터 보증금을 반환받고, X토지를 甲에게 인도하였다. 乙은 甲에게 위 형질변경으로 발생한 가치의 증가분 2억 원을 유익비로 청구하였으나 이를 지급받지 못하자 2021. 9. 1. 법원에 甲을 상대로 유익비 2억 원의 지급을 구하는 소를 제기하였다. 이에 甲은 乙의 유익비는 지출비용 1억 원이라고 주장하고, 乙에 대한 1억 원의 구상금채권을 자동채권으로 하여 乙의 甲에 대한 위 유익비상환채권과 상계한다고 항변하였다. 그러나 乙은 구상금채권액 1억 원 중 3천만 원은 소멸시효가 완성되어 채무가 존재하지 않는다고 재항변하였다. 이에 대해 甲은 2011. 6. 30.자 최고로 인하여 소멸시효는 중단되었고, 설령 소멸시효가 완성했다하더라도 위 구상금채권 전액을 자동채권으로 삼아 乙의 유익비상환채권과 상계할 것을 합리적으로 기대하는 이익이 시효 완성 전에 있었기 때문에 전액으로 상계할 수 있다고 주장하였다.

이에 관하여 법원은 어떠한 판단을 하여야 하는지, 1) 결론(소 각하/청구 기각/청구 인용/청구 일부 인용 - 일부 인용의 경우 인용 범위를 특정할 것)과 2) 논거를 기술하시오. (甲의 구상금과 乙의 유익비에 대한 이자 또는 지연손해금 및 조세채권의 시효와 부과제척기간에 관하여는 고려하지 말 것) (30점)

사례C-43 유익비상환청구권과 제495조

Ⅰ. 문제 1.의 경우(30)

1. 결 론

법원은 甲은 乙에게 유익비 3천만 원을 지급하라는 일부 인용 판결을 해야 한다.

2. 논 거

(1) 문제점

임차인 乙의 유익비상환채권의 인정범위, 임대인 甲의 구상금채권의 소멸시효중단 여부 및 임대인이 임대차 존속 중 이미 소멸시효가 완성된 구상금채권을 자동채권으로 삼아 임차인의 유익비상환채권과 상계할 수 있는지 여부가 문제된다.

(2) 임차인 乙의 유익비상환청구(객, 구, 현)[1]

1) 유익비상환청구권의 효과

임차인은 '임대차계약이 종료한 때' 임대인에게 유익비의 상환을 청구할 수 있다(제626조 2항). 그리고 만일 유익비를 상환 받지 못한 채 임대인에게 임차목적물을 인도한 때에는 원칙적으로 그로부터 6월 내에 임대인에게 그 상환을 청구해야 한다(제654조, 제617조). 임차인은 그가 **지출한 금액과 현존하는 증가된 가액 중 임대인이 선택한 것**을 임대인에게 청구할 수 있다(선택채권).

2) 사안의 경우

임대차계약이 2021. 7. 1. 기간만료로 종료한 후 乙은 X토지를 甲에게 인도하였고 그로부터 6월 이내인 2021. 9. 1.에 법원에 甲을 상대로 유익비 2억 원의 지급을 구하는 소를 제기하였는바, 이러한 乙의 유익비상환청구권 행사는 적법하다.

한편, 임차인 乙이 X토지의 형질변경을 위하여 1억 원을 지출하였고 그로 인해 임대차 종료 당시 X토지는 2억 원 상당의 가치가 증가하여 현존하고 있는데, 甲이 乙의 유익비는 지출비용 1억 원이라고 주장하고 있으므로 임대인의 유익비상환금액은 1억 원으로 정해진다.

(3) 임대인 甲의 구상금채권

1) 임대인 甲의 상계항변(대, 동, 변, 허, 현)[2]

甲의 구상금채권 1억 원과 乙의 유익비상환채권 1억 원은 모두 금전채권으로서 甲과 乙 사이에 대립하여 존재하는 동종채권이고, 구상금채권은 일종의 부당이득반환채권이므로 기한의 정함 없는 채권으로서 성립과 동시에 변제기가 도래한 것이고, 유익비상환채권은 임대차 종료 시에 변제기가 도래했으므로 양 채권 모두 변제기가 도래하였다. 또한 별다른 상계금지사유 없으므로 甲의 상계항변은 일응 타당하다(제492조).

2) 임차인 乙의 시효완성의 재항변

구상금 채권은 기한의 정함이 없어 발생한 때부터 소멸시효 진행하고, 일반채권과 같이 10년의 소멸시효기간 적용된다(제62조 1항)(대판 1979.5.15, 78다528). 따라서 甲이 2001. 7. 1.부터 2011. 6. 30.까지 납부한 세금 총 3천만 원에 대한 구상금채권은 2021. 6. 30. 24:00에 소멸시효완성으로 소멸하였다.

3) 임대인 甲의 시효중단의 재재항변

甲은 2011.6.30.자 최고로 인하여 소멸시효는 중단되었다고 주장하나, 최고의 경우 6월 내 재판상 청구 등 후속조치 없으면 시효중단사유가 될 수 없다(민법 제174조). 따라서 후속조치를 하지 않은 甲의 시효중단의 재재항변은 타당하지 않다.

---

1) ⅰ) 유익비란 임차인의 편의를 위해 지출한 것으로는 부족하고 임차목적물의 객관적 가치를 증대시킬 수 있는 것이어야 한다. ⅱ) 임차인이 지출한 결과가 임차목적물의 구성부분으로 되어 임차물에 부합하여야 유익비상환의 대상이 되고, 비용지출의 결과물이 독립성이 있어서 그 소유권이 임차인에게 귀속되는 경우에는 부속물매수청구의 대상이 된다. ⅲ) 가액의 증가가 현존해야 하나, ⅳ) 유익비의 지출에 임대인의 동의가 있을 것을 요하지는 않는다(제626조 2항).

2) 상계가 유효하기 위해서는 양 채권이 상계적상에 있어야 하는바, ⅰ) 채권이 대립하고 있을 것, ⅱ) 대립하는 채권이 동일한 종류일 것, ⅲ) 적어도 자동채권의 변제기가 도래할 것, ⅳ) 상계가 허용되지 않는 채권이 아닐 것을 요한다. ⅴ) 이러한 상계적상은 원칙적으로 상계의 의사표시가 행하여지는 당시에 현존하여야 한다(제492조).

4) 임대인 甲의 제495조적용의 재재항변

가) 임대인이 임대차 존속 중 이미 소멸시효가 완성된 구상금채권을 자동채권으로 삼아 임차인의 유익비 상환채권과 상계할 수 있는지 여부(소극)

민법 제495조는 "소멸시효가 완성된 채권이 그 완성 전에 상계할 수 있었던 것이면 그 채권자는 상계할 수 있다."라고 규정하고 있다. 이는 당사자 쌍방의 채권이 상계적상에 있었던 경우에 당사자들은 채권·채무관계가 이미 정산되어 소멸하였다고 생각하는 것이 일반적이라는 점을 고려하여 당사자들의 신뢰를 보호하기 위한 것이다. 다만 이는 '자동채권의 소멸시효 완성 전에 양 채권이 상계적상에 이르렀을 것'을 요건으로 한다(대판 2016.11.25. 2016다211309),

그런데, "민법 제626조 제2항은 임차인이 유익비를 지출한 경우에는 임대인은 임대차 종료 시에 그 가액의 증가가 현존한 때에 한하여 임차인의 지출한 금액이나 그 증가액을 상환하여야 한다고 규정하고 있으므로, 임차인의 유익비상환채권은 임대차계약이 종료한 때에 비로소 발생한다고 보아야 한다. 따라서 임대차 존속 중 임대인의 구상금채권의 소멸시효가 완성된 경우에는 위 구상금채권과 임차인의 유익비상환채권이 상계할 수 있는 상태에 있었다고 할 수 없으므로, 그 이후에 임대인이 이미 소멸시효가 완성된 구상금채권을 자동채권으로 삼아 임차인의 유익비상환채권과 상계하는 것은 민법 제495조에 의하더라도 인정될 수 없다"(대판 2021.2.10. 2017다258787).

나) 사안의 경우

수동채권인 유익비상환채권은 2021. 7. 1. 변제기가 도래하므로, 2001. 7. 1.부터 2011. 6. 30.까지 발생한 구상금채권 3천만 원은 2021. 6. 30.에 10년의 소멸시효가 완성하여 유익비상환채권과 상계할 수 있는 자동채권에 해당하지 않는다. 따라서 소멸시효가 완성했다하더라도 위 구상금채권 전액을 자동채권으로 삼아 乙의 유익비상환채권과 상계할 수 있다는 甲의 재재항변은 타당하지 않다.

甲은 자기 토지에 주택을 신축하고, 아직 보존등기를 하기 전에 그 주택의 일부를 乙에게 임대해 주었다(乙은 미등기 다세대주택의 소액임차인). 이에 乙은 그 주택에 입주하여 전입신고를 하고 임대차계약서에 확정일자를 받았다. 그 후 이 미등기주택의 대지에 대해 甲의 채권자 A가 근저당권을 설정받았다.

1. 그 후 이 근저당권에 기한 경매절차에서 대지의 환가대금에 대해 乙이 우선변제를 받을 수 있는가? (10점)
2. 만약 토지에 대한 A의 저당권설정 후에 비로소 주택이 신축된 경우라면 어떠한가? (5점)

사례C-44 미등기주택 '대지'의 환가대금에 대한 소액임차인의 우선변제권 인정여부[1] ★

Ⅰ. 대지에 대한 저당권설정 당시 이미 그 지상건물(미등기주택)이 존재한 경우 - 문제 1.

1. 종전 판례의 태도

우선변제권의 요건으로서 주택임대차보호법 제8조 1항 2문에서 '주택'에 대한 경매신청의 등기 전에 (소액)임차인이 대항력을 갖추어야 한다고 규정하고 있는데, 미등기주택의 경우에는 이 요건을 충족할 수 없다는 이유로, 그 대지의 환가대금에 대하여는 저당권자에 우선하여 변제받을 수 없는 것으로 보았다.

2. 변경된 판례의 태도

우선 미등기주택에도 주택임대차보호법이 적용되고, 또 그 대지에도 주택임차권의 효력이 미치며, 한편 동법 제8조 1항 2문은 경매신청인을 보호하기 위한 것이 아니라 소액보증금을 배당받을 목적으로 배당절차에 임박하여 가장임차인을 급조하는 등의 폐단을 방지하자는 데에 그 취지가 있는 것이어서, 따라서 미등기주택의 경우에는 '대지에 대한 경매신청의 등기 전'에 임차인이 대항요건을 갖추면 그 입법취지는 달성된다고 보았다. 따라서 이러한 한도에서는 대지에 대한 저당권자가 그 지상의 미등기주택 (소액)임차인의 대지에 대한 우선변제권의 부담을 안을 수 밖에 없다고 보았다 (대판 2007.6.21, 전합2004다26133).

3. 검토 및 사안의 경우

생각건대, 주택임대차보호법에서 동법의 적용대상을 등기한 주택으로 한정하고 있지 않고, 동법 제8조 1항의 취지가 대지에 대한 부담의 내용을 알 수 있기 위한 것, 즉 대지에 대한 경매신청인의 보호를 위한 것은 아니라는 점, 무엇보다 미등기주택 임차인의 경우 등기된 주택의 임차인보다 더 어려운 빈곤층이 많아 그 보호의 필요성이 크고, 그에 비해 근저당권을 설정할 당시부터 비록 미등기이지만 주택이 존재한다는 사실을 알고서도 금원을 대여하여 대지에만 근저당권을 설정받은 담보권자는 상대적으로 보호의 필요성이 작기 때문에 변경된 判例는 타당하다.

따라서 사안의 주택임차인 乙은 대지의 환가대금에 대해 우선변제를 받을 수 있다.

---

1) ★ 민법의 맥 판례연구 C-09 : 2016년 법무사 제1문에서도 동일한 쟁점이 출제되었다.

[관련판례] "이러한 법리는 여러 필지의 임차주택 대지 중 일부가 타인에게 양도되어 일부 대지만이 경매되는 경우에도 같다. 그리고 임차인이 대항력과 확정일자를 갖춘 후에 임대차계약이 갱신되더라도 대항력과 확정일자를 갖춘 때를 기준으로 종전 임대차 내용에 따른 우선변제권을 행사할 수 있다"(대판 2012.7.26. 2012다45689).

Ⅱ. 대지에 대한 저당권설정 후에 비로소 그 지상건물(미등기주택)이 신축된 경우 - 문제 2.

"주택임대차보호법 제3조의2 제2항 및 제8조 제3항의 각 규정과 같은 법의 입법 취지 및 통상적으로 건물의 임대차에는 당연히 그 부지 부분의 이용을 수반하는 것인 점 등을 종합하여 보면, 대지에 관한 저당권의 실행으로 경매가 진행된 경우에도 그 지상 건물의 소액임차인은 대지의 환가대금 중에서 소액보증금을 우선변제받을 수 있다고 할 것이나, 이와 같은 법리는 대지에 관한 저당권 설정 당시에 이미 그 지상 건물이 존재하는 경우에만 적용될 수 있는 것이고, 저당권 설정 후에 비로소 건물이 신축된 경우에까지 공시방법이 불완전한 소액임차인에게 우선변제권을 인정한다면 저당권자가 예측할 수 없는 손해를 입게 되는 범위가 지나치게 확대되어 부당하므로, 이러한 경우에는 소액임차인은 '대지'의 환가대금에 대하여 우선변제를 받을 수 없다. 물론 '신축건물'의 환가대금에서는 확정일자를 갖춘 임차인이 신축건물에 대한 후순위권리자보다 우선하여 변제받을 권리가 있다"(대판 2010.6.10, 2009다101275).

기출해설

2017년 변호사시험 제2문

【기초적 사실관계】
甲은 2012. 1. 30. 乙에게 X주택을 임대차보증금 1억 원, 임대차기간 2012. 2. 1.부터 2014. 1. 31.까지, 월 차임 100만 원으로 정하여 임대하였다. 乙은 2012. 2. 1. 임대차보증금 1억 원을 지급함과 동시에 X주택을 인도받고 같은 날 전입신고를 마쳤다. 乙은 X주택에 계속하여 거주하고 있다.
【추가적 사실관계】
乙은 2014. 10. 1. X주택의 화장실을 개량하는 데 400만 원을 지출하였고, 그 현존가치도 400만 원임이 인정된다. 甲과 乙이 위 임대차계약을 체결할 때 "임차인은 임대인의 승인하에 개축 또는 변조할 수 있으나 부동산의 반환기일 전에 임차인의 부담으로 원상복구한다."라고 약정하였다. 乙은 2016. 2. 20. 甲에게 임대차계약을 해지하겠다는 통지를 하였고, 위 통지는 2016. 2. 25. 甲에게 도달하였다. 乙은 2016. 3. 1.부터 차임과 차임 상당의 부당이득금을 지급하지 않고 있다.

2. 甲은 2016. 6. 1. 乙을 상대로 '피고는 원고에게 X주택을 인도하라' 라는 소를 제기하였고, 이에 대하여 乙은 보증금과 화장실개량에 따른 유익비를 지급받을 때까지는 인도청구에 응할 수 없다고 동시이행의 항변을 하였다. 이에 대하여 甲은 연체차임과 부당이득금의 공제 및 유익비 포기특약의 주장을 하였다. 법원은 어떠한 판단을 하여야 하는지 1) 결론(소 각하/청구기각/청구인용/청구일부인용-일부인용의 경우에는 인용범위를 특정할 것)과 2) 논거를 기재하시오(변론종결일 2016. 11. 30.). (15점)

사례C-45 주택임대차의 묵시의 갱신과 해지통고, 보증금반환과 부당이득 공제 및 유익비 포기특약

Ⅱ. 문제 2.의 경우(15)

1. 결 론

법원은 "피고(乙)는 원고(甲)로부터 100,000,000원에서 2016. 3. 1.부터 X주택을 인도하는 날까지 월 1,000,000원의 비율로 계산한 금액을 공제한 나머지 금원을 지급받음과 동시에 원고(甲)에게 X주택을 인도하라"는 내용의 상환이행판결(청구일부인용판결)을 선고하여야 한다.

2. 논 거

(1) 묵시의 갱신과 임대차계약의 해지통고의 적법여부

1) 두 차례에 걸친 묵시의 갱신인정여부

임대인 甲은 임대차기간이 끝나기 6개월 전부터 1개월 전까지의 기간에 임차인에게 갱신거절의 통지 등을 하지 않았고, 임차인 乙도 임대차기간이 끝나기 1개월 전까지 통지하지 아니한 채 임대차기간이 만료된 2014. 1. 31. 이후 계속 거주하여 甲과 乙의 임대차계약은 묵시적으로 갱신되었다(주택임대차보호법 제6조 1항). 한편, 묵시적 갱신에 의해 성립한 임대차는 그 존속기간을 2년으로 보므로(주택임대차보호법 제6조 2항) 한 차례 갱신된 甲과 乙의 임대차계약은 2016. 1. 31. 다시 만료되고 乙이 계속 거주함으로써 2016. 2. 1. 재갱신되었다.

2) 乙의 임대차계약해지통고의 적법여부

주택임대차의 묵시적 갱신의 경우 임차인은 언제든지 임대인에게 계약해지를 통지할 수 있고(주택임대차보호법 제6조의2 1항), 임대인이 그 통지를 받은 날부터 3개월이 지나면 그 효력이 발생한다(주택임대차보호법 제6조의2 2항). 따라서 임차인 乙의 해지통지는 2016. 2. 25. 甲에게 도달했으므로 甲과 乙의 임대차계약은 2016. 5. 25. 종료된다.

(2) 甲의 乙에 대한 X주택 인도청구의 적법여부

甲의 乙에 대한 X주택 인도청구는 2016. 6. 1.에 행해졌고, 甲과 乙의 임대차계약은 2016. 5. 25.에 종료되었으므로 甲의 청구는 적법하다(제213조 본문, 제654조, 제615조). 따라서 피고 乙의 보증금반환청구와 유익비상환청구의 항변과 이에 대한 원고 甲의 연체차임과 부당이득금의 공제 및 유익비 포기특약의 재항변의 당부를 검토한다.

(3) 乙의 보증금반환채권에 기한 동시이행항변권 및 甲의 연체차임 등 공제 주장의 재항변

1) 乙의 보증금반환채권에 기한 동시이행항변권

判例가 판시하는 바와 같이 "임대차계약이 만료된 경우에 임차인이 임차물을 인도할 의무와 임대인이 보증금 중 연체차임 등 당해 임대차에 관하여 위 '인도시까지' 생긴 모든 채무를 청산한 나머지를 반환할 의무 사이에는 동시이행 관계에 있다"(대판 1977.9.28, 전합77다1241).

2) 甲의 연체차임과 부당이득금의 공제의 재항변

乙은 2016. 3. 1.부터 차임과 차임 상당의 부당이득금을 지급하지 않았고 甲과 乙의 임대차계약은 2016. 5. 25. 종료되었으므로 甲은 2016. 3. 1.부터 2016. 5. 25.까지의 연체차임과 2016. 5. 26.부터 임차목적물을 반환받을 때까지의 차임 상당의 부당이득금을 임대차보증금 1억 원에서 공제할 것을 주장할 수 있다. 判例에 따르면 목적물이 반환될 때에 별도의 의사표시 없이 임대차보증금에서 '당연히 공제'된다(대판 2007.8.23, 2007다21856,21863).

(4) 乙의 유익비상환채권에 기한 동시이행항변권 및 甲의 유익비 포기특약의 재항변

1) 乙의 유익비상환채권에 기한 동시이행항변권

임차인이 유익비를 지출한 경우에는 임대인은 임대차 종료시에 그 가액의 증가가 현존한 때에 한하여 임차인의 지출한 금액이나 그 증가액을 상환하여야 한다(제626조 2항). 유익비상환청구권은 임대차 종료시에 발생하므로 차기의 차임지급과의 동시이행의 문제는 발생하지는 않지만, 임대인의 임차목적물 인도청구에 대해서는 유익비상환청구권으로 동시이행항변권을 행사할 수 있다. 사안의 경우 乙이 X주택의 화장실을 개량하는데 지출한 400만원은 유익비이고 그 현존가치도 400만 원임이 인정되므로 원칙적으로 乙의 甲에 대한 유익비상환청구는 인정된다.

2) 甲의 유익비 포기특약의 재항변

비용상환청구권에 관한 규정은 임의규정이므로(제652조 참조) 당사자 사이의 특약으로 임대인의 비용상환의무를 면제하거나 제한할 수 있고, 사안에서 임차인 乙이 임대차관계 종료시에는 건물을 원상으로 복구하여 임대인 甲에게 인도하기로 약정한 것은 건물에 지출한 각종 유익비 또는 필요비의 상환청구권을 미리 포기하기로 한 취지의 특약이라고 볼 수 있다(대판 1975.4.22. 73다2010). 따라서 유익비 상환청구권이 없는 임차인 乙의 동시이행의 항변은 부당하다.

기출해설 2014년 1차 법전협모의 제1문

【기초적 사실관계】 甲은 자신의 소유인 A토지 지상에 B건물을 신축하였으나 아직 자신의 명의로 등기를 마치지는 않고 있던 중 위 토지와 건물을 乙과 丙에게 매도하였다. A토지에 대하여는 乙과 丙이 각 1/2씩 지분소유권이전등기를 경료하였고 B건물에 대하여는 乙과 丙이 아직 등기를 경료하지 못하였으나 이를 인도받아 이곳에서 거주하고 있다.

【변경된 사실관계】

乙과 丙은 B건물에 관하여 소유권보존등기를 경료한 후 이를 戊에게 임대하였다. 戊는 그 건물을 카페로 운영하기 위하여 인테리어업자 己에게 공사비 1억 원에 B건물의 내부수리공사를 맡겼다.

8. 위 공사 결과 ㉮는 B건물에 부합되었고 ㉯는 B건물에 부속되었는데, ㉮에 소요된 공사비는 6천만 원이고 그에 따른 B건물 자체의 가치증가액은 현재 5천만 원이며, ㉯에 소요된 공사비는 4천만 원이고, 부속물의 현재 가액은 3천만 원이다. 그리고 위 임대차의 보증금은 2억 원이다. 戊가 己에게 공사비를 전부 지급한 후 임대차가 적법하게 종료된 경우 B건물의 반환을 둘러싼 乙, 丙과 戊 사이의 법률관계를 구체적으로 설명하시오. (15점)

사례C-46 임대차와 유익비상환청구권[1] · 부속물매수청구권

Ⅷ. 설문 8.의 경우(15)

1. 결 론

乙과 丙은 소유권에 기한 반한청구권과 임대차종료에 기한 반환청구권을 행사할 수 있으며(제213조, 제654조, 제615조), 戊는 이에 대해 보증금반환청구권에 기한 동시이행항변 및 유익비반환청구권(제626조 2항)에 기한 유치권·동시이행항변권을 행사할 수 있다. 그러나 부속물매수청구권을 행사할 수는 없다.

2. 논 거

(1) 乙과 丙의 청구권

乙과 丙은 B 건물의 소유자로서 소유권에 기한 반환청구권을 갖으며(제213조), 임대차계약의 당사자로서 임대차종료에 따른 목적물 반환청구권을 갖는다(제654조. 제615조).

(2) 戊의 항변

1) 보증금반환청구권에 기한 항변

가) 보증금반환청구권의 발생

임대차 '종료 후'에 임대인에게 '인도할 때' 체불임료 등 모든 피담보채무를 공제한 잔액이 있을 것을 조건으로 하여 그 잔액에 관한 임차인의 보증금반환청구권이 발생한다"(대판 1988.1.19., 87다카1315). 사안에서 임대차계약이 종료되었으므로 戊에게 임대차보증금반환청구권이 발생하였다.

---

1) ★ 2012년 3차 법전협모의 제1문에서도 동일한 쟁점이 출제되었다.

나) 유치권 또는 동시이행항변권 주장가부

① 判例는 보증금반환청구권은 임차물에 관하여 생긴 채권이라고 할 수 없다는 이유로 유치권의 성립을 부정하고 있으나(대판 1976.4.27, 75다1241), ② "임대차계약이 만료된 경우에 임차인이 임차물을 인도할 의무와 임대인이 보증금 중 연체차임 등 당해 임대차에 관하여 위 '인도시까지' 생긴 모든 채무를 청산한 나머지를 반환할 의무 사이에는 동시이행 관계에 있다"고 한다"(대판 1977.9.28, 전합77다1241).

2) 부합물 ㉮ - 유익비상환청구권에 기한 항변

가) 발생요건(객, 구, 현)

ⅰ) 유익비란 임차인의 편의를 위해 지출한 것으로는 부족하고 임차목적물의 객관적 가치를 증대시킬 수 있는 것이어야 한다. ⅱ) 임차인이 지출한 결과가 임차목적물의 구성부분으로 되어 임차물에 부합하여야 유익비상환의 대상이 되고, 비용지출의 결과물이 독립성이 있어서 그 소유권이 임차인에게 귀속되는 경우에는 부속물매수청구의 대상이 된다. ⅲ) 가액의 증가가 현존해야 하나, ⅳ) 유익비의 지출에 임대인의 동의가 있을 것을 요하지는 않는다(제626조 2항).

나) 사안의 경우

사안에서 ㉮는 B 건물에 부합되어 구성부분이 되었고(제256조 본문), 이는 B건물 자체의 가치를 증대시킨 것이라고 전제되어 있으며, 가액의 증가가 현존하므로 유익비상환청구권이 발생하였다. 다만 이 때 임차인은 그가 지출한 금액과 현존하는 증가된 가액 중 임대인이 선택한 것을 임대인에게 청구할 수 있는바(선택채권), 가치증가액이 5천만 원으로 지출한 금액인 6천만 원보다 적기 때문에 가치증가액을 선택할 것으로 보인다.

다) 유치권 또는 동시이행항변권 주장가부

① 유익비상환청구권은 건물 자체에 관하여 발생한 것이므로 戊는 이를 피담보채권으로 하여 유치권을 주장할 수 있으나(제320조), 유익비의 상환에 관하여 법원이 임대인에게 상당한 상환기간을 허여한 때에는(제626조 2항 2문), 그 기간에는 유치권이 인정되지 않는다. ② 그리고 건물의 반환과 유익비의 상환은 동시이행관계에 있으므로 戊는 동시이행항변권을 주장할 수도 있다(제536조).

3) 부속물 ㉯ - 부속물매수청구권에 기한 항변

가) 발생요건(건, 편, 독, 동, 종)

건물 임차인이 부속물매수청구권(제646조)을 행사할 수 있기 위해서는 ⅰ) 건물 기타 공작물의 임대차일 것, ⅱ) 임차인이 임차목적물의 사용의 편익을 위하여 부속시킨 것일 것, ⅲ) 부속물이 독립성을 가질 것, ⅳ) 임대인의 동의를 얻거나 임대인으로부터 매수하여 부속시킨 것일 것, ⅴ) 임대차가 종료하였을 것을 요한다.

나) 사안의 경우

사안에서 ⅱ) 오로지 임차인 까페운영의 특수목적에 사용하기 위하여 부속된 때에는 매수청구의 대상이 될 수 없고(대판 1993.2.26, 92다41627). ⅳ) 임대인 乙과 丙이 ㉯의 부속에 대해 동의를 하였다거나 乙과 丙으로부터 ㉯를 매수하였다고 볼 사정이 보이지 않으므로 戊는 부속물매수청구권을 행사할 수 없다. 따라서 동시이행항변권 및 유치권의 행사문제도 발생하지 않는다.

기출해설

중요판례 미기출 핵심사례

甲은 乙에게 5억원을 빌리면서 자신의 X토지에 저당권을 설정해 주었다. 그 후 甲은 Y상가건물을 신축하였다.
이에 丙은 Y상가건물을 2001. 6. 1. 甲으로부터 보증금 2,000만원 월차임 100만원에 2년간 임차하기로 약정하면서, "임차인은 임대인의 승인 하에 임차건물을 개축, 변조할 수 있으나 임차물 반환 시 임차인은 이를 원상복구하여 반환한다"는 특약을 두었다. 약정기일인 2001. 7. 16.에 甲은 丙의 보증금을 수령하면서 Y건물을 인도하였으나 甲이 인도해 주기로 한 부대시설인 창고는 인도하지 않았다.
그 후 丙은 Y건물에서 음식점을 경영하다가 임대인 甲의 동의하에 위 건물에 1개 층을 더 증축하게 되었는데, 증축된 부분은 지붕·경계벽·독립된 계단 내지 엘리베이터실을 갖추고 있었고, 丙은 이를 성인오락실의 용도로 사용하였다. 이에는 비용이 총 1,000만원이 들었다. 아울러 건물에의 출입로 확장·정비에도 50만원이 소요되었다. 그러나 2001. 11. 16.이 되어도 甲이 창고를 인도하지 않자 丙은 甲에게 차임을 80만원으로 감액할 것을 청구하였다. 그 후 2002. 4. 17. 丙은 영업적자로 180만원의 차임지급을 연체한 상태였다. ***상가건물임대차보호법은 논외로 한다.**

1. 만약 甲이 임대차 계약을 해지하고 丙에 대하여 Y건물의 반환을 청구하였다면, 이 경우 丙이 甲에게 주장할 수 있는 권리는 어떤 것이 있는지 검토하시오. (50점)

사례C-47 건물임대차에서의 부속물매수청구권과 보증금반환청구권★

Ⅰ. 甲의 임대차계약 해지의 적법 · 유효 여부(8)[1]

1. 문제점

건물 기타 공작물의 임대차에서 임차인의 차임연체액이 2기의 차임액에 달하는 때에는 임대인은 계약을 해지할 수 있다(제640조). 丙은 甲이 부대시설인 창고를 인도하지 않자 甲에게 80만원으로 차임의 감액청구를 하였는바, 이러한 청구가 적법하다면 丙은 2기분의 차임을 연체한 것이 될 것이므로 이를 살펴볼 필요가 있다.

2. 丙의 차임감액청구의 적부

(1) 임차인의 차임감액청구권이 인정되기 위한 요건

ⅰ) 임차물의 일부의 사용 · 수익불능이 있고, ⅱ) 사용 · 수익불능에 임차인의 귀책사유가 없어야 하며, ⅲ) 잔존부분만으로도 임차의 목적달성이 가능해야 한다(제627조).

1) [문제점] 임대인 甲의 해지권 행사에 따른 임차건물반환에 대해 丙이 행사할 수 있는 권리와 관련해서는 월차임이 100만원이므로 연체차임이 2기에 이르지 않았다고 주장할 수 있는지 문제되는 바(제640조), 이는 丙의 차임감액청구의 유효 여부와 관련된다(제627조). 그러나 甲의 해지가 적법 · 유효한 경우에는 丙의 보증금반환청구권의 인정 여부와 실효성확보수단으로서의 동시이행의 항변권(제536조)이나 유치권(제320조)의 인정 여부를 검토해야 한다. 마지막으로 丙의 임차건물에 투자한 자본의 회수 방안으로서 부속물매수청구권(제646조) 및 비용상환청구권(제626조 2항)의 인정 여부가 문제되는바, 사안의 경우 1개 층을 증축한 부분과 건물에의 출입로 확장 · 정비 부분이 '독립성'을 갖추었는지, 또 당사자의 '원상복구특약'은 어떤 영향을 미치는지 등이 문제된다.

(2) 사안의 경우

ⅰ) 부대시설인 창고를 甲이 인도하지 않아 丙은 임차건물의 일부를 사용·수익할 수 없는 상태이며, ⅱ) 이러한 상태에 대하여 丙에게는 책임이 없다. ⅲ) 그리고 창고를 인도받지 못함으로 인하여 丙이 임차목적을 달성할 수 없다고 보기는 어려우므로 丙의 차임감액청구는 제627조에 근거한 적법한 권리행사라고 하겠다. 아울러 감액청구권은 형성권이므로 丙이 청구하면 임대인 甲의 승낙을 기다릴 것 없이 차임이 감액되는바, 이에 대하여 甲이 이의를 제기하였다는 사정도 보이지 않으므로 丙은 2001. 11. 16. 이후부터는 甲에게 80만원의 차임만을 매월 지급하면 족하다.

3. 소 결

丙은 2001. 11. 16. 이후부터 甲에게 매월 80만원의 차임을 지급할 의무를 부담하는데 2002. 4. 17. 당시에 丙의 연체차임액이 180만원이므로 丙은 甲에 대하여 2기분 이상의 차임을 연체하고 있는 것이다. 따라서 甲이 이를 이유로 임대차계약을 해지한 것은 적법하며, 해지의 의사표시가 있는 후 그 즉시 임대차는 종료하게 된다(제640조).

Ⅱ. 임대차 해지에 따른 임차인 丙이 임대인 甲에게 주장할 수 있는 권리 여하(42)

1. 丙의 보증금반환청구권(15/42)

(1) 보증금반환청구권의 법적 성질과 발생시기

1) 학설 및 판례

보증금의 법적 성질을 어떻게 파악하느냐에 따라 보증금반환채무의 발생시기, 증명책임 등이 달라질 수 있는바, 判例는 **"임대차 '종료 후'에 임대인에게 '인도할 때' 체불임료 등 모든 피담보채무를 공제한 잔액이 있을 것을 조건으로 하여 그 잔액에 관한 임차인의 보증금반환청구권이 발생한다"**(대판 1988.1.19, 87다카1315)고 하며, 보증금에서 채무 등을 공제하려면 임대인이 공제 주장을 하고, 다만 그 발생한 채권이 소멸하였는지(반대채권의 부존재)는 임차인이 주장·입증할 것이라고 한다(대판 1995.7.25, 95다14664 등).

2) 검토 및 사안의 경우

보증금의 유동적 성질 및 담보적인 기능을 고려해 볼 때 보증금의 '발생'은 임대차 종료시에, '확정'은 반환시로 보는 判例의 입장이 타당하다. 따라서 결과적으로 **丙은 甲에 대하여 2,000만원의 보증금 중 연체차임 180만원과 '인도시' 까지의 지연손해금 등을 제외한 금액에 대해 반환받을 수 있다.**

(2) 임대차보증금반환채권에 기한 동시이행항변권 및 유치권 행사 가부

1) 동시이행항변권의 행사 가부

甲의 보증금반환의무와 丙의 목적물반환의무는 엄밀히 말하면 보증금계약상의 의무와 임대차계약상의 의무로서 동일한 쌍무계약에 기하여 발생한 대립하는 채무는 아니다. 그러나 보증금계약은 임대차와 불가분의 관계로 부종하므로 양채무를 분리하여 취급함은 부당하다. 判例도 "임대차계약이 만료된 경우에 임차인이 임차물을 인도할 의무와 임대인이 보증금 중 연체차임 등 당해 임대차에 관하여 위 **'인도시까지'** 생긴 모든 채무를 청산한 나머지를 반환할 의무 사이에는 동시이행 관계에 있다"고 한다(대판 1977.9.28, 전합77다1241).

사안의 경우 丙은 甲이 연체차임 등을 제외한 보증금을 반환할 때까지 동시이행의 항변권을 행사하여 甲의 임차건물명도청구를 거절할 수 있다(제536조).

2) 유치권 행사 가부

임대인 甲의 임차물명도청구에 대하여 임차인 丙이 보증금반환청구권을 '임차물에 대하여 생긴 채권'으로 보아 제320조의 유치권을 행사할 수 있는지에 대해 判例(대판 1976.5.11, 75다1305)는 부정하는 입장이다. 검토하건대 이 경우 대세권인 유치권을 인정한다면 임대차가 종료한 후에 목적물을 양도받은 당해 임차권과는 아무런 관련이 없는 양수인에게도 대항할 수 있게 되므로 제3자에게 불측의 손해를 주는 결과가 발생하게 된다. 따라서 丙에게 보증금반환청구권을 근거로 임차목적물의 유치권을 인정할 수는 없다.

2. 丙의 비용상환청구권 행사 가부(12/42)

(1) 유익비상환청구권의 성립요건(객, 구, 현)

i) 임차목적물의 객관적 가치를 증가시키기 위하여 지출한 비용일 것, ii) 임차인이 지출한 결과가 임차목적물의 구성부분으로 될 것, iii) 가액의 증가가 현존할 것을 요하나, iv) 유익비의 지출에 임대인의 동의가 있을 것을 요하지는 않는다(제626조 2항).

(2) 사안의 경우

丙이 임대인의 동의하에 1개 층을 더 증축한 부분은 뒤에서 검토하는 바와 같이 부합되지 않고 독립성이 인정되어 건물의 구성부분으로 보기는 어렵다. 그러나 건물에의 출입로 확장·정비비용은 건물에 직접 지출한 비용은 아니나 이로 인하여 임대차 종료시에 임차건물의 객관적 가치가 증가되었다면 이러한 비용은 유익비상환청구의 대상이 된다. 다만 甲, 丙 간의 특약으로 이러한 청구권을 포기한 것인지 검토해야 한다.

(3) 甲·丙 간 원상회복 특약의 효력

判例는 이러한 원상회복약정을 미리 유익비상환청구권을 포기하는 취지의 약정이라고 하면서 그 효력을 인정하고 있다(대판 1995.6.30, 95다12927). 제626조는 강행규정이 아니며(제652조 참조) 임차인 보호도 당사자의 의사 범위 내에서 고려되어야 한다는 점에서 判例의 태도는 타당하다. 따라서 丙은 임대차 계약시 甲에 대한 비용상환청구권을 포기한 것으로 보는 것이 타당하다. 결국 출입로 확장·정비비용이 제626조 2항의 유익비상환청구의 요건을 충족하여도 甲에 대하여 그 비용을 청구할 수 없다.

3. 丙의 부속물매수청구권 행사 가부(15/42)

(1) 부속물매수청구권의 성립요건

1) 일반적 성립요건(건, 편, 독, 동, 종)

i) 건물 기타 공작물의 임대차일 것, ii) 임차인이 임차목적물의 사용의 편익을 위하여 부속시킨 것일 것, iii) 부속물이 독립성을 가질 것, iv) 임대인의 동의를 얻거나 임대인으로부터 매수하여 부속시킨 것일 것, v) 임대차가 종료하였을 것을 요한다(제646조).

2) 채무불이행으로 인한 해지로 임대차가 종료된 경우

判例는 성실한 임차인만이 보호되어야 한다는 점에서 부정하고 있으나(대판 1990.1.23, 88다카7245,7252), 제646조가 제643조와 달리 임대차의 종료원인을 제한하고 있지 않다는 점에서 매수청구권을 인정함이 타당하다.

3) 독립성 여부

부속물매수청구권을 행사하려면 부속물이 독립성을 가져야 하므로, 증축된 부분이 기존 건물에 부합되는지 여부가 문제된다(제256조). 判例에 따르면 "건물이 증축된 경우에 증축부분의 기존건물에 부합 여부는 증축부분이 기존건물에 부착된 ⅰ) 물리적 구조뿐만 아니라, ⅱ) 그 용도와 기능의 면에서 기존건물과 독립한 경제적 효용을 가지고 거래상 별개의 소유권의 객체가 될 수 있는지의 여부 및 ⅲ) 증축하여 이를 소유하는 자의 의사 등을 종합하여 판단하여야 한다"고 한다(대판 1994.6.10, 94다11606).

(2) 사안의 경우

비록 당해 임대차의 종료가 丙의 채무불이행으로 인한 경우이나 제646조의 규정 및 취지상 丙의 부속물매수청구권을 긍정함이 타당하고, 사안의 경우 증축된 1개 층은 상가건물의 사용의 편익을 위해 부속시켰다 볼 수 있고, 물리적 구조 및 용도와 기능면에서 기존 임대차 건물과는 독립성을 갖추었다. 따라서 증축된 1개 층은 부속물매수청구권의 대상이 된다. 그러나 甲, 丙 간의 특약으로 이러한 청구권을 포기한 것인지 검토해야 한다.

(3) 甲·丙 간 원상회복 특약의 효력

부속물매수청구권을 규정한 제646조는 강행규정으로서 이에 위반하는 약정으로 임차인에게 불리한 것은 무효가 된다(제652조). 따라서 甲과 丙 간의 원상복구의 약정은 임차인 丙에게 불리한 약정으로 제646조에 반하여 무효이므로 丙의 권리에 영향을 미치지 못한다. 아울러 임차인 丙이 부속물매수청구권을 행사하면 이는 형성권으로서 임차인의 의사표시만으로 매매계약이 성립한다.

(4) 부속물매매대금채권에 기한 동시이행항변권 및 유치권 행사 가부

1) 동시이행항변권의 행사 가부

判例는 임대인이 부속물매매대금을 지급하지 않는다면 임차인은 부속물은 물론 임차목적물 전부의 인도를 거절할 수 있다고 한다. 현실적으로 부속물의 인도와 임차목적물의 인도를 분리하기 어려운 경우가 많기 때문이 타당하다고 생각된다. 따라서 丙은 甲이 증축된 1개 층에 대한 매매대금을 지급하지 않는 한 甲의 Y건물의 전부에 대한 명도청구에 대하여 동시이행의 항변권을 행사하여 이를 거절할 수 있다.

2) 유치권의 인정 여부

判例는 부속물매수청구권에 관한 것은 아니지만 제643조의 지상물매수청구권에 관하여 토지임차인의 유치권을 부정한 바 있다. 유치권이 성립하기 위하여는 '그 물건에 관하여 생긴 채권'이라야 하는데 부속물은 임차물과 독립성이 인정되고, 임차인의 매매대금채권은 동시이행의 항변권에 의하여 보호되므로 判例의 태도가 타당하다. 따라서 丙은 부속물매매대금채권의 담보를 위해 임차건물에 유치권을 행사하지는 못한다.

유사기출

건물임대차에서의 부속물매수청구권 [2014년 사법시험 제2문]

자기 소유 A건물에서 찜질방을 운영해 오던 甲은 노후시설을 보수하여 임대할 목적으로 2009. 5. 8.에 찜질방 전면 보수공사를 완료하였다. 甲은 2009. 6. 1.에 乙과 보증금 5억 원, 차임 월 2,000만 원으로 2014. 5. 31.까지의 임대차계약을 체결하여 乙이 찜질방을 운영하게 되었다.

2. 乙은 甲과 임대차계약을 체결하면서 자신이 원하는 형태로 유리 출입문과 철제 새시 및 방화셔터 등 여러 시설을 추가로 설치하고, 임대차 기간이 만료되면 원상복구하기로 하였다. 임대차 기간이 만료되어 甲이 乙에게 찜질방의 인도를 청구하는 경우, 추가로 설치된 시설과 관련하여 乙은 어떠한 청구를 할 수 있는가? (16점)

1. 추가로 설치된 시설과 관련한 乙의 청구 여하

(1) 유리 출입문, 철제 새시, 방화셔터 등의 부합 내지 부속 여부

1) 부속물매수청구권의 행사요건(제646조)

어느 물건이 부동산에 결합된 정도를 크게 세 가지로 나누어 본다면, ① **훼손하지 아니하면 분리할 수 없을 정도로 부동산의 '구성부분'이 되어 완전히 독립성을 잃은 경우**(강한 부합 : 예컨대 건물의 벽을 이루는 벽돌, 벽면에 부착된 창틀, 화장실, 목욕탕 등처럼 건물의 구성부분이 되는 경우) ② **분리에 과다한 비용을 요하거나 분리하게 되면 경제적 가치를 심히 감소시키는 경우이나 결합한 물건이 분리되더라도 '독립된 경제적 가치'를 가지는 상태**(약한 부합 또는 부속 : 예컨대 건물의 유리출입문, 샤시, 난방시설, 전기·가스시설 등처럼 어느 정도의 독립성을 가지고 있는 경우. 이를 '부속'이라고 한다) ③ **건물에 비치된 가구와 같이 언제든지 떼어 가쓸 수 있어 건물과 완전히 독립된 물건인 경우**로 분류할 수 있는데, 이 중 ①의 경우에는 언제나 부동산과 하나의 물건이 되고 ③의 경우에는 언제나 부동산과 별개의 독립한 물건이 되며 ②의 경우에는 아래에서 보는 바와 같이 그것이 타인의 권원에 의하여 부속된 것인지 여부에 따라 달라진다. 즉 타인의 권원에 의하여 부속된 때에는 부동산과 별개의 물건으로 남지만 그 외의 경우에는 부동산과 하나의 물건으로 되어 부동산의 소유자가 그 소유권을 취득한다.

2) 사안의 경우

i) 甲과 乙 간에는 A건물에 대한 임대차계약이 체결되었고, ii) 임차인 乙이 임차건물의 편익을 위하여 설치하였으며, iii) 유리 출입문, 철제 새시, 방화셔터는 분리되더라도 독립된 경제적 가치를 가지는 경우로서 '부속물'에 해당하고, iv) 이에 대한 임대인 甲의 동의도 있으며, v) 그리고 임대차계약이 기간만료로 종료하였으므로 원칙적으로 부속물매수청구권이 인정될 것으로 판단된다.

(2) 부속물매수청구권 포기특약의 유효성(무효, 제652조)

2. 사안의 해결(부속물매수청구권 행사의 효과)

임차인 乙이 부속물매수청구권을 행사하면 이는 형성권으로서 임차인의 의사표시만으로 매매계약이 성립한다. 그러므로 乙은 추가로 설치된 시설과 관련하여 甲에게 부속물매수청구권을 행사하여 설치시설에 대한 매매대금 청구권을 행사할 수 있다(제646조). 그리고 이에 대해 甲이 매매대금을 지급하지 않는 한 判例가 판시하는 바와 같이 乙은 동시이행의 항변권을 행사하여 '부속물의 인도' 및 '임차목적물의 인도'도 거절할 수 있다(대판 1981.11.10. 81다378 참고). 그러나 부속물매수대금채권은 임차물 자체에 관하여 생긴 채권이 아니므로 유치권을 행사할 수는 없다(대판 1977.12.13, 77다115).

기출해설

2021년 변호사시험 제2문

【사실관계】

甲은 건물을 신축하기 위하여 乙과 乙 소유의 X토지에 관하여 토지임대차계약(임대차기간 2016. 6. 1.부터 2021. 5. 31.까지 5년, 임대차보증금 7억 원, 월 차임 2,000만 원)을 체결하고, 2017. 8. 22. X토지 위에 Y건물을 신축하여 소유권보존등기를 마쳤다.

甲은 Y건물에서 창고를 운영하려는 丙과 건물임대차계약(임대차기간 2017. 10. 1.부터 2020. 9. 30.까지 3년, 임대차보증금 1억 원, 월 차임 500만 원)을 체결하였다.

[※ 아래 각 문항은 별개이며, 「상가건물 임대차보호법」은 적용되지 않는 것을 전제로 함]

1. 甲이 乙에게 5기의 차임 지급을 연체하자 乙은 2020. 9. 30. 甲과의 토지임대차계약을 적법하게 해지하였다.

1) 乙은 甲을 상대로 Y건물의 철거 및 X토지의 인도를 청구하였다. 이에 甲은 「민법」 제643조, 제283조를 근거로 Y건물에 대한 매수청구권을 행사하였다.

2) 乙은 丙을 상대로 Y건물에서의 퇴거 및 2020. 10. 1.부터 X토지가 인도될 때까지 월 2,000만 원의 비율로 계산한 부당이득의 반환을 청구하였다. 이에 丙은 자신은 Y건물의 임차인에 불과하므로 X토지의 차임을 지급할 의무가 없다고 주장하였다.

乙의 청구 및 이에 대한 甲, 丙의 각 주장은 타당한가? (20점)

2. 甲은 2020. 4.경 丙에게 Y건물에 대한 임대차계약의 연장 여부를 물었으나 丙은 더 이상 연장하지 않겠다고 하였다. 丙은 코로나 여파로 영업이 되지 않던 중이라 임대차계약기간이 만료한 2020. 9. 30. 창고에 있던 물건을 빼놓은 채 창고 문을 열쇠로 잠가두었다. 丙은 2020. 10. 1. 甲에게 Y건물의 임대차계약기간 만료를 이유로 1억 원의 임대차보증금을 반환하라고 청구하였다. 이에 甲은 1) 丙이 임대차계약이 종료되었음에도 불구하고 2021. 1. 1. 현재까지 Y건물을 인도하지 않고 있으므로 부당이득 또는 불법점유에 따른 손해배상을 이유로 임대차보증금에서 3개월분의 차임을 공제하고, 2) 丙으로부터 Y건물을 인도받음과 동시에 공제된 임대차보증금 8,500만 원을 지급하겠다고 주장한다. **丙의 청구 및 이에 대한 甲의 주장은 타당한가? (20점)**

사례C-48 지상물매수청구권, 퇴거청구, 임대차종료 후 임차인의 계속 점유

Ⅰ. 제2문의 1.의 1.의 경우(20)

1. 결 론

乙의 甲에 대한 청구(제213조 본문, 제214조)는 甲의 건물매수청구권 행사가 부정(제643조, 제283조)되므로 타당하고, 乙의 丙에 대한 퇴거청구(제214조)도 타당하다. 그러나 丙에 대한 부당이득 반환청구(제741조)는 부당하다.

2. 논 거

(1) 乙의 甲에 대한 Y건물 철거 및 X토지 인도청구

1) 乙의 주장

乙은 X토지의 소유자이고 X토지를 '점유' 하는 자는 지상물인 Y건물의 점유자인 丙이 아니라 Y건물의 소유자인 甲이다(대판 1994.12.9. 94다27809 등). 따라서 乙은 甲과의 임대차계약이 적법하게 해지되었음을 이유로 Y건물의 철거 및 X토지의 인도를 청구할 수 있다(제213조 본문, 제214조).

2) 甲의 항변

甲이 제213조 단서의 점유할 권리로 지상물매수청구권(제643조, 제283조)을 행사할 수 있기 위해서는 ⅰ) 건물 기타 공작물의 소유 등을 목적으로 한 '토지임대차'일 것, ⅱ) 임대차기간의 만료로 임차권이 소멸하고 임대인의 갱신거절이 있을 것, ⅲ) 임대차기간의 만료시 임차인 소유의 지상건물 등이 현존할 것을 요한다(토, 끼거절, 현존).

사안의 경우 ⅱ) 요건과 관련하여 乙은 甲이 5기의 차임 지급을 연체하여 채무불이행으로 인한 해지를 하였는바 제643조의 법문상 '기간만료' 에 해당되지 않으므로 甲의 건물매수청구권 행사는 부당하다(대판 2003.4.22.2003다7685).

(2) 乙의 丙에 대한 Y건물에서의 퇴거청구 및 부당이득반환청구

1) Y건물에서의 퇴거청구

앞서 검토한 바와 같이 乙의 甲에 대한 Y건물철거는 타당하나, 건물소유자가 아닌 건물임차인 丙이 Y건물을 점유하고 있다면 토지소유자 乙은 그 건물 점유를 제거하지 아니하는 한 Y건물 철거 등을 실행할 수 없다(건물철거의 대체집행시 건물퇴거도 건물소유자의 수인의무에 포함되나 건물소유자 아닌 제3자는 수인의무를 부담하지 않기 때문이다).

따라서 X토지의 소유권은 위와 같은 점유에 의하여 그 원만한 실현을 방해당하고 있다고 할 것이므로, 토지소유자 乙은 자신의 토지소유권에 기한 방해배제로서 건물점유자 丙에 대하여 '건물에서의 퇴거'를 청구할 수 있다(제214조). 그리고 건물점유자 丙이 설령 대항력을 갖춘 임차권자이더라도 이는 Y건물에 관한 것이고 X토지를 목적으로 하는 것이 아니므로 이로써 X토지의 소유권을 제약할 수는 없다(대판 2010.8.19, 2010다43801 : 3회 선택형).

2) 부당이득반환청구

判例가 판시하는 바와 같이 "건물소유자와 건물부지 토지소유자들과의 토지에 관한 임대차계약이 토지임대인측의 해지통고에 의하여 이미 종료됨으로써 건물소유자가 토지에 관한 사용·수익의 권한을 잃게 되었다 하여도 건물소유자는 의연 토지소유자들과의 관계에 있어서는 토지 위에 있는 건물의 소유자인 관계로 전체 부지의 불법점유자라 할 것이고, 따라서 건물부지부분에 관한 차임상당액의 부당이득 전부에 관한 반환의무를 부담하게 되는 것이며, 건물 일부를 점유하고 있는 건물임차인이 그 한도 내에서 토지소유자들에 대하여 부지점유자로서 부당이득반환의무를 진다고 볼 수 없다" (대판 1994.12.9. 94다27809).

사안의 경우 X토지의 점유자는 건물의 소유자인 甲이고 임차인인 丙이 아니므로 乙의 丙에 대한 부당이득반환청구는 부당하고, 丙의 항변이 타당하다.

Ⅱ. 제2문의 1.의 2.의 경우(20)

1. 결 론

丙의 임대차보증금 반환청구는 타당하고, 甲의 주장들 중 3개월분 차임공제 주장은 부당하나, Y건물 인도와 동시에 보증금을 지급하겠다는 주장은 이유 있다.

2. 논 거

(1) 丙의 甲에 대한 보증금반환청구와 甲의 동시이행의 항변권

"임대차계약이 만료된 경우에 임차인이 임차물을 인도할 의무와 임대인이 보증금 중 연체차임 등 당해 임대차에 관하여 위 '인도시까지' 생긴 모든 채무를 청산한 나머지를 반환할 의무 사이에는 동시이행 관계에 있다"(대판 1977.9.28, 전합77다1241).

따라서 사안의 경우 甲과 丙 사이의 Y건물에 관한 임대차계약은 기간의 만료로 적법하게 종료되었으므로, 丙은 甲에게 임대차보증금반환을 청구할 수 있고, 이는 丙의 Y건물의 인도의무와 동시이행의 관계에 있다.

(2) 甲의 부당이득반환 또는 불법점유에 따른 손해배상 채무의 공제항변

1) 丙의 부당이득반환채무

동시이행항변권과 같은 인도거절권능은 점유를 정당화시켜줄 뿐 점유에 따른 사용이익의 보유를 정당화시켜주지는 않으므로 점유·사용에 따른 부당이득은 성립한다(제741조). 다만, "법률상 원인 없이 이득하였음을 이유로 하는 부당이득반환에 있어서 이득이라 함은, '**실질적인 이익**'을 가리키는 것이므로 **법률상 원인 없이 건물을 점유하고 있더라도** 이를 사용·수익하지 못하였다면 실질적인 이익을 얻었다고 볼 수 없다"(대판 1992.4.14, 91다45202,45219).

사안의 경우 비록 丙이 법률상 원인 없이 건물을 계속 점유하고 있었으나 본래의 임대차계약 목적대로 사용·수익하고 있지는 않았으므로 **현실적으로 취한 이익이 없다. 따라서 丙은 甲에 대하여 부당이득으로 반환할 것이 없다.**

> [비교판례] 그러나 "타인 소유의 토지 위에 권한 없이 건물을 소유하고 있는 자는 그 자체로써 특별한 사정이 없는 한 법률상 원인 없이 타인의 재산으로 인하여 토지의 차임에 상당하는 이익을 얻고 이로 인하여 타인에게 동액 상당의 손해를 주고 있다고 보아야 한다"(대판 1998.5.8, 98다2389). 따라서 '토지임대차'의 경우 건물을 사용·수익하지 않더라도 '부지'에 관한 부당이득은 성립한다.

2) 丙의 불법점유에 따른 손해배상채무

임대차 종료 후 임차인의 임차목적물 명도의무와 임대인의 연체임료 기타 손해배상금을 공제하고 남은 임차보증금 반환의무와는 동시이행의 관계에 있으므로, **동시이행항변권이라는 인도거절권능이 있는 이상 임차인의 점유는 위법성이 없어** 불법행위를 구성하지 않는다(대판 1998.7.10, 98다15545).

사안의 경우 丙의 점유는 동시이행의 항변권으로 위법성이 조각되므로 불법행위가 성립하지 아니한다.

> [비교판례] 그러나 "임차인이 그러한 동시이행항변권을 상실하였는데도 목적물의 반환을 계속 거부하면서 점유하고 있다면, 달리 점유에 관한 적법한 권원이 인정될 수 있는 특별한 사정이 없는 한 이러한 점유는 적어도 과실에 의한 점유로서 불법행위를 구성한다"(대판 2020.5.14. 2019다252042).

【기초적 사실관계】

乙은 토지를 임차한 후 그 지상에 건물을 신축할 생각으로 2004. 3. 1. 甲으로부터 그 소유의 X토지를 보증금 1억원, 임대차 기간 2004. 3. 1.부터 2008. 3. 1. 까지 차임 월 200만원으로 정하여 임차하였다. 이때 乙과 甲은 "임대차 기간이 만료한 때에는 지상건물을 철거한 후 대지를 임대인에게 인도한다"는 특약을 맺었다. 乙은 위 토지 위에 Y건물을 신축하고 2005. 2. 1. 자신의 명의로 건물에 대한 소유권보존등기를 마쳤다.

【소송의 경과】

- ㅇ 그러던 중 甲은 급히 자금이 필요하게 되어 2007. 8. 1. 친구인 丙에게 위 토지를 매도하였고 그 다음날 丙 앞으로 소유권이전등기가 경료되었다.
- ㅇ 2008. 3. 1. 임대차기간이 만료되자(묵시적 갱신은 고려하지 않는다) 丙은 乙에게 건물을 철거하고 토지를 자신에게 인도할 것을 구하는 소를 2009. 3. 1. 제기하였다. 소송 중 2009. 5. 1. 제1차 변론기일에서 乙은 구두로 丙에게 지상물매수청구권을 행사한다고 주장한 다음 丙에 대하여 위 건물에 대한 매매대금 5,000만원을 구하는 한편 丙을 상대로 "매매대금 5,000만원과 이에 대한 2009. 5. 2.부터 다 갚는 날까지 연5%의 비율에 의한 지연손해금" 및 "임대차보증금 1억원"을 지급할 것을 구하는 반소를 제기하였다.
- ㅇ 이에 대해 丙은 위 지상건물 철거 특약이 있으므로 위 매수청구권은 행사할 수 없다고 주장하였고 임대차보증금반환청구에 대해 임대차기간 종료 후에도 토지를 인도해 주지 않았으므로 토지의 점유로 인한 부당이득상당액으로 2008. 3. 1.부터 위 토지의 인도완료일까지 월 200만원의 비율에 의한 금원을 공제할 것을 주장하였다. 이에 대해 乙은 제2차 변론기일에서 음식점 영업을 계속하다가 2008. 7. 1. 부터는 아예 음식점 문을 닫은 채 영업을 중단하고 있다고 주장하며 따라서 2008. 7. 1.부터는 부당이득이 발생하지 아니하였다고 다투었다.
- ㅇ 그러자 丙은 제3차 변론기일에서 위 매수청구권 불가 주장을 철회하는 한편, 청구취지 및 원인 변경서를 제출하여 위 지상물매수청구권 행사에 따라 乙은 丙에게 위 건물의 소유권을 이전하고 이를 인도하여 줄 의무가 있다고 주장하며 위 본소의 청구취지를 교환적으로 "乙은 丙에게 위 지상물매수청구권의 행사에 따라 성립한 매매계약을 원인으로 위 건물에 관한 인도 및 소유권이전등기절차를 이행하고, 이 사건 토지의 점유로 인한 차임상당 부당이득으로 2008. 3. 1.부터 丙에게 위 건물을 인도하는 날까지 월 200만원의 비율에 의한 금원을 지급하라."는 내용으로 변경하였다.
- ㅇ 쌍방은 乙의 丙에 대한 위 소유권이전등기절차 이행의무 및 건물 인도의무와 丙의 乙에 대한 매매대금지급의무는 서로 동시이행의 관계에 있다고 주장하였다.
- ㅇ 법원의 심리 결과 임대차종료일까지 체납된 차임은 없이 모두 지불되어있으며, 2009. 5. 1. 당시 위 건물의 시가는 4,000만원이고, 2008. 3. 1.부터 이 사건 변론종결일인 현재까지 이 사건 토지에 대한 월 차임은 월 200만원인 것이 밝혀졌으며 향후 차임이 변경될 만한 특이점은 없었다.

1. 소송의 경과에서 제기된 당사자들의 주장 내용을 토대로 하여 丙의 乙에 대한 청구 및 乙의 丙에 대한 반소청구에 대한 각 결론[소각하, 청구전부인용, 청구일부인용(일부인용되는 경우 그 구체적인 금액 또는 내용을 기재할 것), 청구기각]을 그 논거와 함께 서술하시오. (50점)

사례C-49 토지임대차에서의 지상물매수청구권과 보증금반환청구권★

Ⅰ. 제1문의 경우(50)

1. 결 론(3)

법원은 丙의 乙에 대한 청구에 대해 피고 乙은 원고 丙에게 위 건물에 관한 인도 및 소유권이전등기절차를 **매매대금 4,000만원과 보증금 1억원 중 2008. 3. 1.부터 위 건물을 인도하는 날까지 월 200만원의 차임을 공제한 잔액을 지급받음과 상환으로** 이행하라는 취지의 판결을 하여야 하고(청구일부인용), 한편 乙의 丙에 대한 반소청구에 대해서도 동일한 취지의 판결을 하여야 한다.[1]

2. 丙의 임대인지위 승계 여부(13)

(1) 문제점

설문에서는 임대차 종료 후의 임대인과 임차인의 권리의무가 문제되고 있는데, 논의의 전제로 丙이 甲의 임대인 지위를 승계하였는지를 검토하여야 한다.

(2) 乙의 토지임차권의 대항력

임차권에 대항력이 있으면 乙은 2007. 8. 2. 토지의 소유권을 취득한 丙에게도 임대차관계의 존속을 주장할 수 있을 것이다. 설문상 乙의 임차권이 등기되었다는 사정은 보이지 않는데, 건물 소유를 목적으로 한 토지임대차는 임차권을 등기하지 않더라도 그 지상건물을 등기한 때에 제3자에 대하여 임대차의 효력을 주장할 수 있게 된다(민법 제622조 1항). 乙의 경우 음식점 건물을 소유할 목적으로 甲으로부터 토지를 임차하였고, 그 후 지상에 건물을 신축하여 2005. 2. 1. 자신의 명의로 보전등기까지 마쳤으므로, 이로써 이 사건 토지에 관한 대항력 있는 임차권을 취득하였다.

(3) 임대차관계의 승계

1) 대항력 취득의 효과

제622조 1항은 대항력의 구체적인 효과에 관하여는 아무런 언급이 없으나, 통설은 **주택임대차보호법 제3조 4항을 유추적용하여 임차토지의 양수인은 임대인의 지위를 승계한 것으로 본다**고 해석하고 있다. 따라서 乙의 토지임차권에 대항력이 있으므로 乙이 대항력을 취득한 이후인 2007. 8. 2. 위 토지의 소유권을 취득한 丙은 종전의 甲의 임대인 지위를 그대로 승계한다(주택임대차보호법 제3조 4항 유추적용).

2) 乙의 이의권 내지 해지권

아울러 토지 양수인이 임대인의 지위를 승계하는 것을 임차인이 원하지 않을 때에는 임차인이 곧 이의를 제기함으로써 승계되는 임대차관계의 구속을 면할 수 있다는 것이 判例의 태도이나(대판 2002.9.4, 2001다64615),[2] 사안의 경우 이러한 사정은 보이지 않고 乙은 丙의 토지 소유권 취득 이후

---

1) 본소와 반소는 소송경제와 재판의 통일을 위하여 원칙적으로 병합심리하고 한 개의 판결에서 모두 판단한다. 한 개의 전부판결을 하는 경우에도 주문은 본소와 반소에 대해 각각 따로 내야 한다.

2) 아울러 判例는 임대인이 임차보증금 5억원의 임대차를 양도한 사안에서 "임대인의 의무는 임대인이 누구인가에 의하여 이행방법이 특별히 달라지는 것은 아니고 신소유자에게 그 의무의 승계를 인정하는 것이 오히려 임차인에게 훨씬 유리할 수도 있으므로

에도 계속하여 이 토지를 사용하여 왔으므로 임대차관계의 승계에 지장이 없고, 임대차관계가 종료한 경우 丙이 임대인으로서의 권리 의무를 가지게 된다.

3. 지상물매수청구 관련(20)

(1) 건물철거청구를 매매대금지급과 상환으로 건물을 인도하라는 상환이행청구로의 소변경이 허용되는지 여부(5/20)

1) 소변경의 요건

소의 변경이 적법하기 위해서는 ⅰ) 신·구청구가 동종의 소송절차에 의하여 심리될 수 있어야 하고, ⅱ) 모든 청구에 대하여 당해 법원에 관할권이 있을 것이 요구되고, ⅲ) 사실심에 계속되고 변론종결 전일 것, ⅳ) 청구기초의 동일성이 있을 것, ⅴ) 신청구의 심리를 위해 소송절차를 현저히 지연시키지 않을 것을 그 요건으로 한다(민사소송법 제262조).

2) 사안의 경우

사안의 경우 다른 요건은 모두 구비되어 있다고 보여지나, 건물철거청구를 매매대금지급과 상환으로 건물을 인도하라는 상환이행청구 사이에 **'청구기초의 동일성'**이 있는지 문제된다. 생각건대 양 청구는 임대차기간 만료라는 사실자료를 공통으로 하고 있으며, 분쟁의 해결방법만 달리하는 경우로서 청구기초의 동일성이 있다고 본다. 따라서 丙의 소변경은 적법하다.

(2) 지상물매수청구권의 발생(7/20)

1) 지상물매수청구권 행사의 요건

토지 임차인이 지상물매수청구권(제643조)을 행사할 수 있기 위해서는 ⅰ) 건물 기타 공작물의 소유 등을 목적으로 한 '토지임대차'일 것, ⅱ) 임대차기간의 만료로 임차권이 소멸하고 임대인의 갱신거절이 있을 것, ⅲ) 임대차기간의 만료시 임차인 소유의 지상건물 등이 현존할 것을 요한다.

2) 사안의 경우

乙과 丙 사이의 토지임대차계약이 기간만료로 종료하였고 乙이 신축한 건물이 현존함은 명백하다. 또한 지상물매수청구권은 그 행사 전에 임대차계약 갱신청구권을 먼저 행사해야 하지만, **임대인에 의한 해지통고(제635조)와 같이 임대인의 갱신 거부의사가 명확한 경우 굳이 임차인의 갱신청구를 요하지 않는다**는 것이 判例(대판 1995.7.11, 전합94다34265)의 태도이므로 이에 따르면 사안과 같이 임대인 丙이 먼저 건물철거 및 토지의 인도를 요구하여 임대차계약의 갱신 의사가 없음을 명백히 한 이상, 乙이 임대차계약 갱신청구를 한 바 없더라도 지상물매수청구권을 곧바로 행사할 수 있다.

(3) 지상건물 철거 특약의 효력(4/20)

1) 판 례

判例는 "민법 제643조의 규정은 강행규정으로서 임차인에게 불리한 것은 효력이 없다고 판시하고 있지만, 당해 계약의 조건 자체, 계약체결의 경위 및 제반 사정을 종합적으로 고려하여 실질적으

임대인과 신소유자와의 계약만으로써 그 지위의 양도를 할 수 있다 할 것이나, 임차인이 원하지 아니하면 임대차의 승계를 임차인에게 강요할 수는 없는 것이어서 임차인은 '공평의 원칙' 및 '신의성실의 원칙'에 따라 임대차관계를 해지할 수 있다"(대결 1998.9.2, 98마100)고 판시하고 있다.

로 임차인에게 불리하다고 볼 수 없는 특별한 사정이 있다면 지상물매수청구권의 포기 특약도 유효하다"고 한다(대판 1997.4.8, 96다45443).

2) 사안의 경우

그러나 사안의 경우는 **지상물매수청구권을 포기하는 대신 차임을 현저하게 감면받았다는 등 특약의 유효성을 인정할 특별한 사정을 찾아볼 수 없고,** 임차인 보호를 위한 제643조의 취지를 고려할 때에 건물철거특약은 무효라 할 것이다. 따라서 위 특약이 있다 해도 乙이 건물매수청구권을 행사하는 데 지장이 없다.

(4) 지상물매수청구권 행사의 효과(4/20)

1) 건물에 관한 매매계약의 성립

지상물매수청구권은 형성권이므로 乙의 의사표시가 丙에게 도달하면 乙과 丙 사이에 위 건물에 관한 매매계약이 성립한다. 이때의 **매매대금은 지상물매수청구권 행사 당시(2009. 5. 1.)의 건물의 시가 상당액인 4,000만원이다.**

2) 동시이행의 관계

매도인 乙은 매수인 丙에게 건물에 대한 소유권이전등기 및 인도의무가 있고, 丙은 乙에게 매매대금지급의무가 있으며 위 각 의무는 서로 동시이행의 관계에 있다(대판 1991.4.9, 91다3260). 따라서 사안에서 乙과 丙은 자신의 의무에 대한 이행 또는 이행의 제공을 하고 있지 않으므로 **서로 지체책임을 지지 않는다.**

4. 보증금반환청구 관련(14)

(1) 丙의 보증금반환채무의 승계 여부

앞서 검토한 바와 같이 乙의 **임차권은 대항력을 갖추었으므로 임차인 乙과 토지 양수인 丙 사이에는 종전의 임대차관계가 승계되며, 임대차에 종된 계약인 보증금계약도 임대차관계에 수반하여 이전된다**(민법 제100조 2항 유추적용). 따라서 임대차가 종료되었으므로 丙은 보증금 1억원 중 연체차임 등 당해 임대차에 관하여 '인도시까지' 생긴 모든 채무를 청산한 나머지를 반환해야 할 의무가 있다. 다만 공제의 대상이 되는 채무는 뒤에서 검토하기로 한다.

(2) 동시이행항변권 행사 가부

判例에 따르면 "임대차계약이 만료된 경우에 임차인이 임차물을 인도할 의무와 임대인이 보증금 중 연체차임 등 당해 임대차에 관하여 위 인도시까지 생긴 모든 채무를 청산한 나머지를 반환할 의무 사이에는 동시이행 관계에 있다"(대판 1977.9.28, 전합77다1241). 따라서 보증금에 대한 지연손해금은 당연히 발생하지 않는다.

(3) 丙의 토지 사용이익 반환청구 및 보증금반환의 공제항변

1) 丙의 토지사용이익 반환청구

가) 판 례

判例는 타인 소유의 토지 위에 권원 없이 건물을 소유하고 있는 자는 **'그 자체로서'** 특별한 사정이 없는 한 법률상 원인 없이 타인의 재산으로 인하여 토지의 차임 상당의 이익을 얻고 이로 인하여 타인에게 동액 상당의 손해를 주고 있다고 보아야 한다고 판시하고 있다(대판 1995.9.15, 94다61144).[3]

나) 사안의 경우

乙이 건물매수청구권을 적법하게 행사한 경우에도 丙에게 건물의 소유권이전등기가 마쳐질 때까지는 乙이 여전히 건물의 소유권자이다. 따라서 토지임대차가 종료한 2008. 3. 1. 이후에는 乙이 음식점 영업을 하여 영업이익을 얻고 있는 동안은 물론이고 **'영업을 중단한 2008. 7. 1. 이후에도 건물의 존재 자체'**로 토지 사용의 이익을 얻고 있으며, 그로 인해 丙은 토지 차임 상당의 손해를 입고 있는 것으로 볼 수 있다. 따라서 토지소유자인 丙은 건물소유자 乙에게 2008. 3. 1.부터 乙이 건물을 인도할 때까지 토지 차임 상당액 월 200만원을 부당이득으로 반환 청구할 수 있다.

2) 丙의 보증금반환의무에서 공제의 항변

위에서 살펴본 丙의 乙에 대한 부당이득채권은 임대인 丙의 1억원의 보증금반환의무에서 공제의 대상이 된다. 다만 공제의 대상이 되는 채권의 '발생'을 주장하는 자 즉, 임대인 丙이 이를 주장·증명하여야 하는바(대판 2005.9.28, 2005다8323),[4] 사안에서 丙은 이를 주장하고 또 증명하였으므로 특별히 문제는 없다.

3) 주의할 것은 사안과 달리 '건물임대차'에서 판례는, 임대차 종료 후 임차인이 임차목적물인 건물을 계속 점유한 경우 '실질적 이득'이 있었느냐를 기준으로 부당이득의 범위를 정하고 있다(대판 1984.5.15, 84다카108 등).

4) "임대차계약의 경우 임대차보증금에서 그 피담보채무 등을 공제하려면 임대인으로서는 그 피담보채무인 연체차임, 연체관리비 등을 임대차보증금에서 공제하여야 한다는 주장을 하여야 하고 나아가 그 임대차보증금에서 공제될 차임채권, 관리비채권 등의 발생원인에 관하여 주장·입증을 하여야 하는 것이며, 다만 그 발생한 채권이 변제 등의 이유로 소멸하였는지에 관하여는 임차인이 주장·입증책임을 부담한다"(대판 2005.9.28, 2005다8323).

기출해설 2015년 3차 법전협모의 제2문

【기초적 사실관계】

甲은 2005.4.1. 乙과 乙소유의 X토지에 관하여 임대차기간은 2005.4.1.부터 2015.3.31.까지, 월 차임은 2백만 원으로 정하여 건물소유 목적의 임대차계약을 체결하고, 乙로부터 X토지를 인도받았다. 甲은 X토지 위에 Y건물 신축 후 2005.10.10. 자기명의로 소유권보존등기를 마쳤다.

한편 乙에 대한 1억 원의 대여금채권자 A은행은 乙이 변제기(2013.1.31.) 후에도 이를 갚지 않자 X토지의 가압류를 신청하였고, 2013.3.20. 가압류기입등기가 마쳐졌다.

乙은 2014.4.1. 丙과 체결한 X토지 매매계약에서 X토지 전체가액을 3억 원으로 하고, ① 가압류에 의하여 보전되는 A은행의 채권액 1억 원은 3억 원에서 공제하고 이 금액을 丙이 늦어도 2014.5.1.까지 A은행에게 지급하고, ② 나머지 2억 원 중에서 丙은 乙에게 계약금 2천만 원을 계약 당일, 중도금 8천만 원을 2014.5.1. 각각 지급하고, ③ 잔금 1억 원을 2014.9.1. 소유권이전등기 서류의 교부와 상환으로 지급하기로 하였다.

丙은 계약금과 중도금을 각 지급기일에 乙에게 지급하였다. 乙은 2014.5.1. 丙으로부터 중도금 8천만 원을 지급받으면서 2014.5.10.까지 A은행에게 1억 원을 지급할 것을 촉구하였다. 하지만 丙은 A은행에게 1억 원을 지급하지 못하였다.

A은행이 2014.5.20. 위 가압류를 본압류로 전이하여 신청한 강제경매절차에서 X토지를 매수한 丁은 2014.8.13. 매각대금을 납입하고, 2014.8.20. 丁의 소유권이전등기가 마쳐졌다.

乙은 2014.10.1. 丙을 상대로 매매잔금 1억 원 및 그에 대한 지연손해금 지급청구의 소를 제기하였다. 이 소송에서 丙은 소유권이전등기의무의 이행불능을 이유로 계약해제를 주장하였고, 乙은 A은행에게 1억 원을 지급하지 않음으로써 X토지의 소유권이전등기의무의 이행불능을 야기한 丙은 계약을 해제할 수 없고, 乙에게 잔금지급의무를 부담한다고 주장하였다.

【추가된 사실관계】

丁은 2015.4.1. 甲에게 Y건물의 철거와 X토지의 인도를 요구하였다. 甲은 같은 날 丁에게 X토지에 관한 임대차계약의 갱신을 청구하면서 丁의 요구를 거절하였다. 丁은 2015.5.15. 甲을 상대로 Y건물의 철거 및 X토지의 인도를 구하는 소를 제기하였다. 이 소송에서 甲은 丁이 甲의 임대차갱신요구를 거절하였으므로 丁에게 Y건물의 매수를 청구한다는 항변을 하였다.

이에 법원은 丁에게 Y건물의 철거 및 X토지의 인도 청구를 유지할 것인지 아니면 대금지급과 상환으로 Y건물의 인도를 구할 의사가 있는지를 석명하였다.

丁은 ① X토지의 임대차계약은 甲과 乙 사이에 체결된 것으로 자신은 임대차계약의 당사자가 아니므로 지상물매수청구권의 상대방이 될 수 없고, ② 설령 자신이 임대차계약의 당사자가 된다고 하더라도 甲과 乙이 계약체결 당시 임대차기간이 만료되면 甲은 X토지를 계약 당시의 원상으로 회복하여 乙에게 반환하여야 한다고 약정한 사실이 있으므로 甲은 Y건물매수청구의 항변은 이유 없다고 주장하면서 Y건물의 철거 및 X토지의 인도 청구를 유지하였다.

2. 丁의 Y건물 철거 및 X토지 인도 청구에 대한 판단을 논거를 들어 설명하라. (30점)

사례C-50 토지소유자 변동과 지상물매수청구권, 원상회복특약

Ⅱ. 설문 2.의 경우(30)

1. 토지임대차에서 임대차기간 중 토지소유자의 변동과 甲의 토지임차권의 대항력 존부

甲은 임대차기간 중에 X토지 위에 Y건물을 신축하였고 그에 관하여 보존등기를 경료하므로, X토지의 임대차에 관하여 대항력을 갖추었다(제622조 1항). 제622조 1항은 대항력의 구체적인 효과에 관하여는 아무런 언급이 없으나, 통설은 **주택 임대차보호법 제3조 4항을 유추적용하여 임차토지의 양수인은 임대인의 지위를 승계한 것으로 본다.** 따라서 이 경우 임차인 甲과 새로운 토지의 소유자 丁과의 사이에서 임대차는 존속한다.

2. 토지임대차의 종료와 임대인 甲의 지상물매수청구권

(1) 지상물매수청구권의 행사

1) 요 건

토지 임차인이 지상물매수청구권(제643조)을 행사할 수 있기 위해서는 i) 건물 기타 공작물의 소유 등을 목적으로 한 '토지임대차'일 것, ii) 임대차기간의 만료로 임차권이 소멸하고 임대인의 갱신거절이 있을 것, iii) 임대차기간의 만료시 임차인 소유의 지상건물 등이 현존할 것을 요한다.

2) 청구의 상대방 … 丁의 ① 재항변

앞서 검토한 바와 같이 丁은 甲이 대항력을 취득한 이후인 2014. 8. 13. 매각대금을 완납하여 乙로부터 위 토지의 소유권을 취득하였으므로, 종전에 乙이 가지고 있던 토지 임대인의 지위를 그대로 승계한다. 따라서 甲과 丁 사이에 임대차관계가 존속하므로, 甲은 丁에 대하여 지상물매수청구권을 행사할 수 있다(대판 1996.6.14. 96다14517).

(2) 원상회복특약의 효력 유무 … 丁의 ② 재항변

1) 강행규정성 및 관련판례

지상물매수청구권을 규정한 제643조는 강행규정으로서 이에 위반하는 약정으로 임차인에게 불리한 것은 무효가 된다(제652조). 다만 임대차계약의 전체과정을 살펴보아 **'지상물매수청구권을 포기하는 대신 임대차계약의 보증금 및 차임을 파격적으로 저렴하게 하는 등'** 특약의 내용이 임차인에게 불리하지 않은 것이라면 그 특약을 무효로 볼 것은 아니다(대판 1997.4.8, 96다45443).

2) 사안의 경우

사안의 경우 甲과 乙이 계약체결 당시 임대차기간이 만료되면 甲은 X토지를 계약 당시의 원상으로 회복하여 乙에게 반환하여야 한다는 약정(원상회복특약)은 지상물매수청구권 포기의 특약이라고 할 수 있으나, 사안에서는 임차인에게 불리하다고 볼 수 없는 특별한 사정이 존재하지 아니하므로 지상물매수청구권의 포기특약은 효력이 없다. 따라서 甲은 원상회복의 약정이 있다 하여도 이는 강행법규에 반하여 무효이므로 지상물매수청구권 등을 행사할 수 있다.

(3) 소 결

甲과 신소유자 丁 사이에 임대차관계가 존속하므로, 甲은 임대차 기간만료시 丁을 상대로 갱신청구권을 행사할 수 있다. 丁이 건물철거 및 토지인도를 구하는 소를 제기하여 이를 거절하였으므로 甲은 丁에 대하여 지상물매수청구권을 행사할 수 있다. 지상물매수청구권은 '형성권'으로서, 임차인 甲의 행사만으로 지상물에 관해 임대인 丁과 임차인 甲 사이에 시가에 의한 매매 유사의 법률관계가 성립한다(대판 1991.4.9, 91다3260).

3. 사안의 해결(법원의 석명권 행사와 판단)

(1) 건물철거 및 대지인도청구에 '건물대금지급과 상환으로 건물을 인도하라는 청구가 포함되어 있는지 여부'

임대인의 건물철거청구 소송 중에 임차인의 매수청구권 행사시, 判例는 "토지임대차 종료시 임대인의 건물철거와 그 부지인도 청구에는 건물매수대금 지급과 동시에 건물인도를 구하는 청구가 포함되어 있다고 볼 수 없다. 따라서 임차인의 지상물매수청구권 행사의 항변이 받아들여지면 (교환적 · 예비적) **청구취지의 변경이 없는 한 임대인의 지상물철거 및 토지인도청구는** 기각하여야 할 것이나, 법원으로서는 **'석명권'**을 적절히 행사하여 임대인으로 하여금 건물철거청구를 건물소유권이전등기·건물인도청구(대지와 건물부지가 일치할 경우 건물인도청구 이외에 별도의 대지인도청구는 불필요하다)로 변경하게 한 후 매매대금과의 상환이행을 명하는 판결을 하여야 하며, 이와 같은 **석명권 행사 없이 그냥 기각하면 위법하다**(대판 1995.7.11, 전합94다34265 ; 적극적 석명의무 긍정)(1회,3회,7회 선택형).

(2) 사안의 경우

判例에 따르면 丁에 대하여 법원이 석명권을 행사한 것은 적법하다. 건물철거 및 대지인도청구에 '건물대금지급과 상환으로 건물을 인도하라는 청구'가 포함되어 있다고 볼 수 없고, 양 청구의 청구취지가 완전하게 다르고, 청구원인도 다르므로 소변경을 요하는 사항이라 볼 수 있으며, 丁이 Y건물 철거 및 X토지 인도청구를 유지한 사안에서는 소변경이 이루어지지 아니하였으므로, 丁의 청구는 기각될 것이다.

기출해설 2017년 1차 법전협모의 제2문

【공통된 사실관계】

X토지 및 그 토지위에 등기되지 않은 무허가 Y건물을 소유하고 있는 甲은 목재상을 하는 乙이 목재 보관에 사용할 목적으로 Y건물을 매수하려는 의사를 표시하자 2015. 5. 10. 乙에게 Y건물을 매도함과 동시에 X토지를 3년의 기간으로 정하여 임대하였다. 乙은 甲에게 Y건물의 매매대금을 모두 지급한 후 Y건물을 명도받아 목재를 보관하고 있으며 여전히 Y건물은 미등기무허가상태이다.

그 후 甲의 채권자에 의해 X토지에 대한 저당권이 실행되어 2016. 10. 15. 丙이 매각대금을 완납하고 소유권이전등기를 마쳤다.

【추가된 사실관계】

丙은 乙에 대하여 X토지의 소유권에 기하여 Y건물의 철거 X토지의 인도 및 2016. 10. 15부터 X토지의 인도완료일까지 토지임대료 상당의 부당이득반환을 청구하였다. 乙은 제1회 변론기일에서 丙의 청구에 대하여 기각을 구하면서 Y건물에 대한 매수청구권(이하 '매수정구권')이라 함을 행사하였다. 丙은 제2회 변론기일에서 "① Y건물은 미등기무허가이므로 乙은 매수청구권을 행사하지 못한다. ② Y건물은 乙이 건축한 것이 아니고 甲으로부터 매수한 것이므로 매수청구권을 행사할 수 없다. ③ 丙은 토지임대인이 아니므로 자신을 상대로 매수청구권을 행사하는 것은 부당하다. ④ 마지막으로 부당이득반환청구에 관련하여서는 가사 乙의 매수청구권행사가 적법하다고하여도 乙은 토지임대료 상당액을 부당이득금으로 반환해야 한다."고 주장하였다.

1. 丙의 청구에 대한 판단(각하, 기각, 인용, 일부인용 중 택일)과 그 논거를 丙의 주장을 중심으로 서술하시오. (25점)

사례C-51 토지소유자 변동과 지상물매수청구권, 부당이득반환청구권

Ⅰ. 문제 1.의 경우(25)

1. 丙의 청구에 대한 판단

丙의 X토지 소유권에 근거한 Y건물의 철거(제214조), X토지의 인도(제213조)청구는 인용판결을 하고, 토지 임대료 상당의 부당이득반환청구(제741조)도 인용판결을 해야 한다.

2. 논 거

(1) 문제점

원고 丙은 경매에 의해 매각대금 완납하고 소유권을 취득한 자이다(제187조, 민사집행법 제135조). 한편 피고 乙은 '미등기 무허가건물의 매수인' 이나 判例는 미등기건물을 양수하여 건물에 관한 '법률상, 사실상의 처분권' 을 보유하게 된 양수인은 건물부지 역시 아울러 점유하고 있다고 보므로(대판 2010.1.28. 2009다61193) 乙은 건물철거 및 토지 인도청구의 상대방은 된다.

결국 피고 乙에게 제213조 단서의 정당한 권원으로 '건물매수청구권'이 인정되는지, 부당이득반환 의무가 있는지 丙의 주장을 중심으로 검토하도록 한다.

(2) Y건물 철거 및 X토지 인도청구에 대하여

1) 미등기무허가 건물이어서 매수청구 못한다는 주장…丙의 ①주장

判例는 행정관청의 허가를 받은 적법한 건물이 아니더라도 종전 임차인으로부터 미등기 무허가 건물을 매수하여 점유하고 있는 임차인은 등기명의가 없어 소유권을 취득하지 못하였다 하더라도 매수청구권을 행사할 수 있는 지위에 있다(대판 2013.11.28. 2013다48364 : 7회,9회 선택형)고 한 바, 丙의 ①주장은 이유 없다.

2) 乙이 건축한 것이 아니고 甲으로부터 매수한 것이라 매수청구 못한다는 주장…丙의 ②주장

지상물매수청구권은 지상물소유자에 한하여 행사할 수 있다(대판 1993.7.27, 93다6386). 다만 判例는 건물 소유를 목적으로 하는 '토지 임대인의 동의를 얻어' 토지임차인으로부터 임차권을 양수한 자가 토지 위에 종전 임차인이 신축한 미등기 무허가 건물을 매수한 때에도, 그 점유 중인 건물에 대해 '법률상 또는 사실상의 처분권'을 갖고 있으므로 이러한 토지임차권 양수인은 임대인에게 그 건물의 매수를 청구할 수 있다(대판 2013.11.28. 2013다48364 : 7회,9회 선택형)고 한 바, 判例의 취지에 비추어 丙의 ②주장도 이유 없다.

3) 丙이 토지 임대인이 아니므로 매수청구 못한다는 주장…丙의 ③주장

지상물매수청구권의 상대방은 원칙적으로 '임차권 소멸 당시의 토지소유자인 임대인'이다. 다만 사안과 같이 임대기간 중 임차목적물이 양도된 경우에는 임차권에 대항력이 있는지 여부(제622조 1항)에 따라 달라진다. 즉, ㉠ '토지임차권이 대항력이 있는 경우'에는 새로운 소유자가 임대인의 지위를 승계하기 때문에 임차인은 새로운 소유자에게 지상물매수를 청구할 수 있다(대판 1996.6.14. 96다14517). ㉡ 그러나 '토지임차권이 대항력이 없는 경우'에는 임대인의 지위를 승계하지 않기 때문에 양수인에게 청구할 수 없고, 전 임대인 또한 이제 토지의 소유자가 아니므로 전 임대인에게도 청구할 수 없다.

사안의 경우 乙은 건물 등기를 하지 않았으므로 제622조에 기한 대항력을 인정받을 수 없고 따로 임차권을 등기한 사정도 보이지 않으므로 X토지에 대해 대항력 없는 임차권자이다. 따라서 乙은 丙을 상대로는 건물매수청구권을 행사할 수 없어 丙의 ③주장은 타당하다.

4) 소 결

乙은 丙에게 대항할 수 없으므로 지상물매수청구를 할 수 없고, 다른 토지 점유의 정당한 권원도 인정될 사정이 보이지 않으므로 丙의 토지인도 및 건물 철거 청구는 인용되어야 한다.

(3) 가사 지상물매수청구권 행사가 적법하여도 부당이득반환 의무가 있다는 주장…丙의 ④주장

乙에게는 건물매수청구권 자체가 인정되지도 않을 뿐만 아니라, 설령 지상물매수청구권이 인정되어 토지 소유자로부터 매매대금을 지급받을 때까지 지상건물 등의 인도를 거부할 수 있다고 하더라도(동시이행의 항변권), 判例에 따르면 그로 인한 부지의 임료상당액은 부당이득으로서 반환하여야 하며, 이 경우 실제 건물을 사용·수익하지 않고 있다 하더라도 부지의 차임에 상당하는 부당이득반환의무는 진다(대판 1995.9.15. 94다61144).

따라서 乙은 丙이 X토지의 소유권을 취득한 날로부터 토지의 인도시까지 임료 상당의 부당이득반환의무를 부담하므로 丙의 ④주장은 타당하다.

기출해설

2012년 사법시험 제1문

【공통되는 사실관계】

甲은 2010. 3. 5. 乙로부터 그 소유인 X토지를 매수하는 내용의 매매계약을 체결하였고 토지를 인도받았으나 아직 매매대금은 완불되지 아니한 상태이다. 甲은 2010. 4. 5. 건축업자인 丙과 도급계약을 체결하였다. 이 도급계약의 내용은 丙이 X토지 지상에 단층 주택을 건축하되, 건축주 명의와 보존등기 명의는 甲으로 하고, 공사대금은 丙의 완공된 건물 인도와 동시에 지급하기로 하는 것이었다. **(아래의 각 문항은 독립된 사항임)**

1. 위 건물의 기둥과 외벽, 지붕공사가 완료되었으나 실내 인테리어 공사만 남은 상태에서, 甲은 자금이 부족하여 위 건물을 A에게 대금 7천만 원에 양도하고 대금을 모두 지급받은 후 건축주 명의를 甲에서 A로 변경하였다. A는 甲으로부터 위 도급계약상 甲의 지위를 인수하고 이에 대하여 丙의 동의를 받았다. 丙이 건물공사를 완료하였지만 아직 A에게 이를 인도하지 아니한 상태에서 甲의 채권자 B가 이 건물을 무단으로 점유하여 사용하고 있다. **이 경우 A가 B로부터 위 신축건물을 인도받을 수 있는 방법을 제시하라. (40점)**

사례C-52 신축건물의 소유권 귀속, 계약인수와 도급계약

Ⅰ. A가 B로부터 신축건물을 인도받을 수 있는 방법(40) - 설문 1.

1. 문제점

A가 B로부터 위 신축건물을 인도받을 수 있는 방법과 관련하여 ① **소유권에 기한 반환청구권**을 생각해 볼 수 있는데(제213조), 이를 위해 사안에서는 우선적으로 당해 건물이 독립된 소유권의 객체가 될 수 있는지가 문제되고, 독립된 소유권의 객체라면 소유권을 원시취득하는 자가 누구인지 검토해야 한다. ② 만약 甲이 소유권을 원시취득할 경우, A가 건물을 반환받는 방법으로서 **채권자대위권**의 행사 가부가 문제된다(제404조).

2. 소유권에 기한 건물인도청구권의 행사 가부

(1) 신축건물이 독립된 소유권의 객체인지 여부

判例에 의하면, 건물이 토지의 부합물이 되지 않고 독립된 소유권의 객체가 되기 위해서는 최소한 기둥, 지붕, 그리고 주벽이 갖춰져야 한다(대판 2002.4.26, 2000다16350). 사안의 경우 당해 건물의 기둥과 외벽, 지붕공사가 완료되었고 실내 인테리어 공사만 남은 상태이므로 건물은 토지에 부합되지 않고 독립된 소유권의 객체가 된다.

(2) 신축건물의 소유권자의 확정

1) 판 례

'특약이 없는 한' 자기의 노력과 재료를 들여 건물을 건축한 사람은 그 건물의 소유권을 원시적으로 취득한다(대판 1990.2.13, 89다카11401 : 3회 선택형)고 보아 수급인이 재료의 전부 또는 주요부분을 제공하는 제작물 공급계약의 경우에는 '수급인'에게 소유권이 귀속한다고 본다. 다만 判例는 앞서 본 바와 같이 **특약의 범위를 넓게 인정하여 구체적인 사안에서는 도급인이 신축 건물의 소유권을 원시취득** 한다고 판단한 경우가 적지 않다.

2) 사안의 경우

도급인 귀속설에 의할 때, 사안에서는 도급인인 甲이 건물의 소유권을 원시취득한다. 그러나 **判例에 따르더라도** 사안과 같이 도급인명의로 건축허가를 받고 또 그 명의로 건물에 대한 소유권보존등기를 하기로 한 경우에는 완성된 건축물의 소유권을 원시적으로 도급인에게 귀속시키기로 하는 **'묵시적 합의'**가 있는 것으로 본다(대판 1997.5.30, 97다8601 : 2회,5회 선택형).

(3) A의 소유권 취득 여부

1) 매매로 취득했는지 여부

甲은 대금 7천만원에 건물을 A에게 양도하였는바, 이는 매매계약을 체결한 것으로 보인다. 그러나 甲이 소유권을 원시취득했더라도(제187조 본문), 그것을 이전하기 위해서는 등기를 해야 하는 바(제187조), **형식주의 하에서 미등기건물이라 해도 인도만으로 소유권이 이전될 수는 없다. 건축주 명의를 변경했더라도 마찬가지이다.** 그러므로 A가 매매로써 소유권을 취득하지는 못했다.

2) 계약인수로 취득했는지 여부

A가 甲으로부터 도급계약상의 甲의 지위를 인수하고 이에 대해 丙의 동의를 얻은 것은 도급계약에 대해 계약인수가 이루어진 것으로 볼 수 있다. 다만 이 경우에도 **계약인수 이전에 이미 甲은 당해 건물의 소유권을 취득한 상태였으므로 그 이후 계약인수가 이루어졌다하더라도 등기 없이** A가 소유권을 승계취득한다거나 처음부터 A가 원시취득한다고 볼 수 없다.

(4) 소 결

결국 건물이 독립된 소유권의 객체가 됨과 동시에 甲이 소유권을 원시취득하고, A는 당해 건물의 소유권을 취득하지 못하였으므로 B에게 직접 건물 소유권에 기한 인도청구를 할 수 없다(제213조 참조).

3. A의 채권자대위권에 기한 건물인도청구 가부

(1) 채권자대위권의 행사요건(보, 필, 불, 대)

채권자대위권의 요건으로는 ⅰ) 피보전채권의 존재, ⅱ) 채권보전의 필요성, ⅲ) 채무자의 권리불행사, ⅳ) 피대위권리의 존재를 요구한다(제404조).

(2) 피보전권리와 피대위권리

사안에서 **피보전권리는** ① 매매에 따른 A의 甲에 대한 건물소유권이전등기 및 인도청구권과 ② 도급계약에 따른 A의 丙에 대한 건물인도청구권이다. 그리고 **피대위권리는** ① 전자의 경우에는 甲의 무단점유자 B에 대한 소유권에 기한 반환청구권(제213조) 및 간접점유권에 기한 반환청구권이고(제207조, 제204조), ② 후자의 경우에는 丙의 무단점유자 B에 대한 점유권에 기한 반환청구권이 될 것이다(제204조).

(3) 채권보전의 필요성

피보전채권이 금전채권인 경우에는 채무자가 무자력이어야 채권보전의 필요성이 인정되지만 **특정채권이라면 채무자의 무자력을 요하지 않는다.** A의 소유권이전등기 및 인도청구권은 특정채권이고 그 적절한 이행을 위해서는 甲의 권리를 대위행사할 필요성이 인정되므로 보전의 필요성은 인정된다.

(4) 소 결

그 외 다른 요건은 문제되지 않으므로 甲 또는 丙이 B에 대해 반환청구권을 행사하지 않고 있다면 A는 甲 또는 丙을 대위하여 B에 대하여 반환청구를 할 수 있다. 그리고 判例에 따르면 부동산의 인도가 그 목적이므로 A는 불법점유자 B에 대하여 직접 자기에게로 건물을 인도할 것을 청구할 수도 있다(대판 1980.7.8. 79다1928).[1)2)]

---

1) "원고가 미등기 건물을 매수하였으나 소유권이전등기를 하지 못한 경우에는 위 건물의 소유권을 원시취득한 매도인을 대위하여 불법점유자에 대하여 인도청구를 할 수 있고 이때 원고는 불법점유자에 대하여 직접 자기에게 인도할 것을 청구할 수도 있다"

2) **[비교판례]** 반면에 임대차보증금채권을 양수한 채권자가 그 이행을 임대인에게 청구하기 위해서는 임차인의 건물 인도가 선이행되어야 할 필요가 있는데, 임대인이 임차인에 대하여 인도 청구를 해태하고 있다면, 양수 채권자인 원고로서는 임대인을 대위하여 임차인으로 하여금 '임대인'에게 그 건물을 인도할 것을 청구할 수 있다(대판 1989.4.25. 88다카4253,4260).

기출해설 2021년 3차 법전협모의 제2문

【공통되는 사실관계】
甲은 건설업자 乙에게 건축공사를 의뢰하면서, 착공일 2020. 3. 10. 준공[1] 예정일 2020. 9. 1.로 정하여 도급계약을 체결하였다. 이 도급계약에는 공사대금채권을 제3자에게 양도하지 못한다는 특약이 명시되어 있었고, 공사대금 3억 원은 계약 당일 계약금으로 3,000만 원, 지하실, 1층, 2층, 3층, 4층의 각 골조공사 완성 후 각 1,000만 원씩, 공사 완료 후 잔금 2억 2,000만 원을 지급하기로 하였다. 한편, 乙은 건축공사와 관련하여 丙은행으로부터 5,000만 원의 대출을 받았고, 乙의 부탁을 받은 丁은 이 대출금채무에 대해 연대보증하였다.
이후 乙은 4층까지의 골조공사를 완성하였고, 甲으로부터 계약금 3,000만 원과 골조 공사에 대한 대금 5,000만 원을 지급받았다. ※추가된 사실관계는 각각 별개임.

【추가적 사실관계 1.】
乙은 계속 공사를 진행하다가 자금이 부족하여 완공하지 못하였고, 이에 甲은 최고 등의 적법한 절차를 거쳐 2020. 8.경 계약을 해제하였다. 이후 乙은 2020. 10. 19. 甲을 상대로 공사를 중단할 때까지 자신이 지출한 2억 8,000만 원의 공사비 중 이미 지급받은 8,000만 원을 제외한 2억 원을 지급할 것을 청구하는 소를 제기하였다.
이 소송에서 甲은 乙의 귀책사유로 도급계약이 해제되었으므로 자신은 더 이상 공사대금 지급의무가 없고, 가사 공사대금을 지급해야 한다고 하더라도 전체 공사대금에서 기성고 비율을 적용한 금액만을 지급할 의무가 있을 뿐이라고 주장하였다. 감정 결과 공사 중단 당시 기성고 비율은 70%임이 확인되었다.

2. 법원은 어떠한 판단을 하여야 하는지, 1) 결론(소각하/청구기각/청구전부인용/청구일부인용 - 일부 인용의 경우 인용범위를 특정할 것)과 2) 논거를 기재하시오. (지연손해금은 고려하지 말 것) (15점)

사례C-53 건축도급계약이 수급인의 채무불이행으로 인하여 중도에 해제된 경우의 효과

Ⅰ. 문제 2.의 경우(15)

1. 결 론

법원은 "피고는 원고에게 130,000,000원을 지급하라"는 내용의 청구 일부인용판결을 선고해야 한다.

2. 논 거

(1) 수급인 乙의 채무불이행으로 인한 도급인 甲의 해제권

건축도급계약의 경우 '건물 등이 완성된 후' 에는 채무불이행을 원인으로 해서도 도급계약을 해제할 수 없으나, 아직 공사가 '완성되기 전'이라면 일반원칙에 따라 도급인 甲은 수급인 乙의 채무불

1) '완공'은 현장에서 건설된 모든 공사가 끝난 걸 의미하지만 '준공'은 건물이 잘 지어졌는지 준공 검사 등의 행정 절차까지도 모두 마친 상태가 되는 것을 말한다.

이행을 이유로 도급계약을 해제할 수 있다(대판 1993.11.23, 93다25080 등).

따라서 사안의 경우 약정된 공사기한인 2020. 9. 1.인데, 2020. 8.경 기성고 비율이 70%에 불과하고 수급인 乙의 자금부족으로 공사가 중단되었으므로 약정된 공사기한 내의 공사완공이 불가능하고 甲은 최고 등의 적법한 절차를 거쳤으므로 위 도급계약은 2020. 8.경 적법하게 해제되었다.

[관련판례] "공사도급계약에 있어서 수급인의 공사중단이나 공사지연으로 인하여 **약정된 공사기한 내의 공사완공이 불가능하다는 것이 명백**하여진 경우에는 도급인은 그 공사기한이 도래하기 전이라도 계약을 해제할 수 있지만, 그에 앞서 수급인에 대하여 위 **공사기한으로부터 상당한 기간 내에 완공할 것을 최고**하여야 하고, 다만 예외적으로 수급인이 미리 이행하지 아니할 의사를 표시한 때에는 위와 같은 최고 없이도 계약을 해제할 수 있다"(대판 1996.10.25. 96다21393,21409)

[비교판례] 완성된 목적물이 '건물 기타 토지의 공작물'인 경우에는 아무리 중대한 하자가 있더라도 담보책임을 이유로 해제할 수 없다(제668조 단서). 이는 강행규정이며(대판 2004.1.27. 2001다24891), 따라서 도급인은 하자의 보수나 손해배상을 청구하는 것으로 만족할 수밖에 없다. 해제를 인정하면 수급인은 타인의 토지에 건축한 공작물을 철거하여야 하고 또 보수를 전혀 받지 못하는 점에서 수급인이 지나친 손실을 입게 되고, 또 건물의 철거에 따른 사회경제적인 손실도 크기 때문이다. 따라서 **'건물 등이 완성된 후' 에는 채무불이행을 원인으로 해서도 도급계약을 해제할 수 없으나**, '건물 등이 완성되기 전' 에는 채무불이행을 이유로 도급계약을 해제할 수 있다(대판 1993.11.23, 93다25080 등).

(2) 건축공사도급계약 해제의 효과

1) 소급효의 제한

判例는 '건축공사도급계약'에 있어서 수급인의 '채무불이행'을 이유로 계약을 해제한 경우에 i) **공사가 상당한 정도로 진척되어 그 원상회복이 중대한 사회적·경제적 손실을 초래하게 되고**, ii) **완성된 부분이 도급인에게 이익이 되는 때에는 도급계약은 미완성부분에 대해서만 실효**된다고 하여 계약해제의 효과를 장래에 향해서만 소멸시키고 있다(대판 1993.11.23, 93다25080).

따라서 사안의 경우 수급인 乙은 지하실부터 4층까지의 골조공사를 완성하였으므로 i) 해제의 소급효를 인정하면 그 원상회복이 중대한 사회적·경제적 손실을 초래하고, ii) 완성된 부분이 도급인 甲에게도 이익이 된다고 할 수 있으므로 도급계약은 미완성부분에 대해서만 실효된다.

2) 도급계약이 미완성부분에 대하여만 실효되는 경우 도급인 甲의 보수지급의무

따라서 수급인 乙은 해제한 때의 상태 그대로 그 건물을 도급인 甲에게 인도하고 도급인 甲은 그 건물의 완성도 등을 참작하여 '인도받은 건물에 상당한 보수'를 지급하여야 할 의무가 있다. 이 때 상당한 보수는 判例에 따르면 당사자 사이에 약정한 총 공사비를 기준으로 하여 그 금액에서 수급인이 공사를 중단할 당시의 **'공사기성고 비율에 의한 금액' 이 되는 것이지 수급인이 실제로 지출한 비용을 기준으로 할 것은 아니다**(대판 1986.9.9, 85다카175 ; 1992.3.31, 91다42630 : 3회,10회 선택형).

따라서 사안의 경우 도급인 甲이 지급해야 할 공사대금은 수급인 乙이 실제 지출한 금액인 2억 8천만 원이 아니라 기성고 비율을 적용한 금액이 기준이 되므로, 도급계약상 공사대금 3억 원의 70%에 해당하는 2억 1천만 원에서 이미 지급한 8천만 원을 제외한 1억 3천만 원이다.

기출해설 2017년 3차 법전협모의 제1문

【기초적 사실관계】
소프트웨어 개발 전문가인 甲은 乙 회사로부터 특정 프로그램 개발을 수급하면서 그 보수를 10억 원으로 정하였다. 그 후 甲은 개발을 40% 마친 단계에서 위 약정에 따른 검수 확인을 위해 소프트웨어를 乙 회사에 인도하고 乙 회사에 그때까지의 개발 진행에 따른 보수 4억 원의 지급을 요구하였다.

【변경된 사실관계】
乙 회사는 중간 단계의 공정에 따른 소프트웨어 테스트 결과 중대한 결함이 있음을 발견하였고 하자보수 비용이 1억 원 상당임을 확인하였다. 乙 회사는 甲에게 하자보수를 청구하면서, 하자보수를 마칠 때까지 4억 원의 대금을 지급할 수 없음을 주장하였다. 이에 대하여 甲은 자신에게는 과실이 없으며, 또한 하자보수 1억 원의 비용에 상응하는 부분을 제외한 3억 원에 대해서는 대금을 지급하여야 한다고 주장하였다. 그러나 乙 회사는 하자보수비용이 현재 드러난 것은 1억 원이지만 다른 하자가 발견되거나 하자보수비용이 더 확대될 수 있다고 하면서 대금 지급을 거절하였다.

2. 甲의 각 주장은 타당한가? (10점)

사례C-54 수급인의 담보책임

Ⅰ. 설문 2.의 경우(10)

1. 결 론

수급인인 甲은 무과실의 항변을 할 수 없으며, 甲의 하자보수의무와 동시이행관계에 있는 乙 회사의 대금지급채무는 하자가 있는 부분에 한정되지 않으므로 甲의 3억 원에 대한 청구 또한 타당하지 않다.

2. 논 거

(1) 甲의 무과실의 항변이 타당한지 여부

수급인의 하자담보책임은 귀책사유를 요건으로 하지 않는 무과실 책임이다(다수설·判例 대판 1990.3.9. 88다카31886 등). 따라서 수급인 甲은 자신에게는 과실이 없음을 이유로 항변할 수 없다.

(2) 하자보수 1억 원의 비용을 제외한 3억 원에 대한 대금지급 청구가 타당한지 여부

1) 도급인의 하자보수청구권과 동시이행관계에 있는 수급인의 보수지급청구권의 범위

하자보수를 끝낼 때까지 도급인은 보수지급을 거절할 수 있다. 즉 하자보수와 보수지급은 동시이행관계이다. 이에 判例는 "기성고에 따라 공사대금을 분할하여 지급하기로 약정한 경우라도 특별한 사정이 없는 한 하자보수의무와 동시이행관계에 있는 공사대금지급채무는 당해 하자가 발생한 부분의 기성공사대금에 한정되는 것은 아니라고 할 것이다. 왜냐하면, 이와 달리 본다면 도급인이 하자발생사실을 모른 채 하자가 발생한 부분에 해당하는 기성공사의 대금을 지급하고 난 후 뒤늦게 하자를 발견한 경우에는 동시이행의 항변권을 행사하지 못하게 되어 공평에 반하기 때문이다"(대판 2001.9.18, 2001다9304)고 하면서도, "**미지급 공사대금에 비해 하자보수비 등이 매우 적은 편이고 하자보수공사가 완성되어도 공사대금이 지급될지 여부가 불확실한 경우**, 도급인이 하자보수청구권을 행사하여 동시이행의 항변을 할 수 있는 기성공사대금의 범위는 **하자 및 손해에 상응하는 금액으로 한정하는** 것이 공평과 신의칙에 부합한다"(대판 2001.9.18, 2001다9304)고 판시하였다.

[비교판례] 도급인의 손해배상청구와 수급인의 보수청구 사이에는 동시이행의 항변권이 준용되며(제667조 3항), 이 경우 채무이행을 제공할 때까지 그 '**손해배상의 액에 상응하는 보수의 액**'에 관하여만 자기의 채무이행을 거절할 수 있을 뿐, 그 나머지 액의 보수에 관하여는 지급을 거절할 수 없다(대판 1996.6.11, 95다12798).

2) 사안의 경우

하자보수비(1억 원)가 미지급보수액(4억 원)에 비해 매우 적은 편이라고 할 수 없고, 다른 하자가 발견되거나 하자보수비용이 더 확대될 수 있어 기성보수액을 지급하고 난 후 뒤늦게 하자를 발견한 경우에는 동시이행의 항변권을 행사하지 못하게 되어 공평에 반할 수 있으므로, 하자보수 1억 원의 비용을 제외한 3억 원에 대해 대금지급을 청구하는 甲의 주장은 타당하지 않다.

기출해설

2024년 변호사시험 제1문

【기초적 사실관계】
甲은 乙로부터 전기자동차 50대를 공급받기로 하는 도급계약을 체결하였다. 乙은 위 자동차 제작을 위해 丙으로부터 전자브레이크 및 모터를 납품받기로 하는 계약을 체결하였다. 甲은 乙로부터 전기자동차 30대를 인도받았는데, 위 자동차 중 15대의 자동차에서 고주파 소음이 발생하였다. 甲과 乙은 공동으로 하자 원인을 규명하기 위해 A회사에 조사를 의뢰하였고 '丙으로부터 제공받은 전자브레이크 내부의 금속 부품이 파열되었기 때문'이라는 보고서가 제출되었다. 위 전자브레이크는 丙의 하도급 업체인 丁이 제조한 것이었다.
甲은 위 고주파 소음의 원인을 찾기 위한 비용 및 수리 비용으로 13억 원을 지출하였다면서 乙을 상대로 채무의 불완전이행을 원인으로 한 손해배상으로 총 13억 원의 지급을 구하는 소(이하 '이 사건 소송'이라 한다)를 제기하였다.
이 사건 소송에서 丁의 과실로 전자브레이크 내부의 금속 부품이 파열되었고, 乙은 丙이 丁으로부터 전자브레이크를 제공받는다는 점을 인지한 상태에서 丙과 계약을 체결한 사실이 인정되었다. 또한 전자브레이크에 발생한 하자는 甲이 乙에게 지시(설계)한 내용에 기인한 것일 가능성이 매우 높다는 보고서가 추가로 제출되었다.

1. 이 사건 소송에서 乙은 ① 丙과 丁이 乙의 지시 또는 감독 아래 업무를 수행하였다거나, 乙에 대하여 종속적인 지위에 있지 아니하므로, 전자브레이크 제작 과정에 丙 또는 丁의 고의·과실이 있다고 하더라도 乙은 이에 대한 책임이 없고, ② 전자브레이크에 발생한 하자는 도급인인 甲의 지시에 기인하여 발생한 것이므로 「민법」 제669조에 따라 손해배상책임을 부담하지 않는다고 주장하였다. 乙의 위 각 주장의 당부를 판단하고 근거를 서술하시오. (20점)

사례C-55 (복)이행보조자의 과실, 수급인의 담보책임과 불완전이행에 따른 손해배상책임

Ⅰ. 설문 1.의 해결(20)

1. 문제점(乙의 불완전이행에 따른 손해배상책임이 인정되는지 여부)

甲은 乙에게 불완전이행에 따른 손해배상을 청구하고 있는바, 불완전이행이 성립하기 위해서는 i) 이행행위의 존재, ii) 이행행위가 불완전할 것, iii) 채무자의 귀책사유가 있을 것, iv) 위법할 것을 요한다(민법 제390조 ; 이하 법명은 생략). 사안의 경우 乙이 이 사건 도급계약에 따라 甲에게 공급한 전기자동차 15대에 고주파 소음이 발생하는 하자가 존재하므로, 乙의 이행행위는 불완전하고, 이는 이 사건 도급계약에서 요구되는 전기자동차의 품질에 미치지 못하는 것으로 위법하다고 평가된다.
이하에서는 ① 丙은 乙의 이행보조자로서, 丁은 乙의 복이행보조자로서 乙의 과실(귀책사유)이 인정될 수 있는지 여부, ② 수급인의 담보책임을 규정한 제669조가 적용되어 乙의 손해배상책임이 부정되는지 검토한다.

2. 丙은 乙의 이행보조자에, 丁은 乙의 복이행보조자에 해당하는지 여부

(1) 이행보조자, 복이행보조자의 의의 및 요건

㉠ 이행보조자의 채무이행에 있어서 이행보조자의 고의나 과실은 채무자의 고의나 과실로 본다(제391조). 여기서 '피용자'라 함은 "ⅰ) 채무자의 의사관여 아래서 ⅱ) 채무자가 하여야 할 이행행위에 속하는 활동을 하는 사람"을 말하며 채무자의 의사관여 아래 그 채무의 이행행위에 속하는 활동을 하는 사람이면 족하고, 반드시 채무자의 지시·감독을 받는 관계에 있어야 하는 것은 아니므로, 채무자에 대하여 종속적인가 독립적인 지위에 있는가는 문제되지 않는다(대판 1999.4.13. 98다51077).

㉡ 判例에 따르면 이행보조자가 채무 이행을 위하여 다시 타인을 사용하는 경우, 즉 복이행보조자(간접적 이행보조자)의 경우에도 '채무자'가 이를 승낙하였거나 적어도 묵시적으로 동의한 경우에는 채무자의 복이행보조자(간접적 이행보조자)의 고의·과실에 관하여 제391조에 의하여 책임을 부담한다고 한다(대판 2011.5.26. 2011다1330)

(2) 사안의 경우

㉠ 乙은 이 사건 도급계약에 따라 甲에게 전기자동차 50대를 공급하기 위하여 丙으로부터 전자브레이크 및 모터를 납부받기로 하는 계약을 체결, 乙의 의사관여 아래 乙의 전기자동차 공급이라는 이행행위에 속하는 전기자동차 부품을 납품하는 활동을 하는 丙은 乙의 이행보조자이다.

㉡ 丁은 乙의 이행보조자인 丙으로부터 이 사건 전자브레이크를 제조한 자로서, 乙은 丙이 丁으로부터 전자브레이크를 제공받는다는 점을 인지한 상태이므로 乙의 묵시적 동의가 인정되어 丁은 乙의 복이행보조자가 된다. (복)이행보조자는 채무자에 대하여 종속적인가 독립적인 지위에 있는가는 문제되지 않으므로, 乙의 ①주장은 타당하지 않고, 丙과 丁의 과실은 乙의 과실로 인정된다(제391조).

3. 제669조가 乙의 불완전이행에 따른 손해배상책임(채무불이행책임)에 적용되는지 여부

(1) 수급인의 담보책임 제한사유로서 제669조가 채무자의 채무불이행책임에 적용되는지 여부

수급인의 하자담보책임과 채무불이행책임은 경합적으로 인정되고, 민법 제669조 본문은 완성된 목적물의 하자가 도급인이 제공한 재료의 성질 또는 도급인의 지시에 기인한 때에는 수급인의 하자담보책임에 관한 규정이 적용되지 않는다고 정하고 있다. 그러나 이는 수급인의 하자담보책임이 아니라 민법 제390조에 따른 채무불이행책임에는 적용되지 않는다(대판 2020.1.30. 2019다268252).

(2) 사안의 경우

甲은 불완전이행에 따른 손해배상청구권을 청구원인으로 乙에게 이 사건 손해배상을 청구하고 있다. 따라서 이 사건 전자브레이크에 발생한 하자가 甲이 乙에게 지시한 내용에 기인한 것일 가능성이 높다고 하더라도, 제669조가 적용되지 않아 乙은 손해배상책임을 부담한다. 따라서 乙의 ②주장은 타당하지 않다.

4. 사안의 해결

乙의 ①②모든 주장은 타당하지 않다.

2014년 법무사시험 제1문

甲은 乙에게(주방 1, 거실 1, 방 3, 욕실 2 등으로 구성된) 연면적 100㎡의 단층주택 신축공사를 1억 원에 도급주었는데, 건축주 명의와 보존등기 명의는 甲으로 하기로 하였다. 乙은 자신의 노력과 비용으로 위 신축공사를 약정된 준공기일에 맞추어 완료한 후, 甲에게 공사완공과 동시에 지급하기로 한 공사잔대금 1,000만 원을 지급하고 신축된 건물을 인도받아 갈 것을 통보하였다.

※ 아래 각 문항은 별개의 사안임

1. 신축된 주택을 둘러본 甲은 당초 계약서에 첨부된 설계도면과 달리 욕실 2개 중 1개(안방과 연결된 5㎡짜리)가 미시공된 점을 발견하고, 乙에게 그 보완공사를 요구하였다. 그러나 乙은 공사대금의 증액을 요구하면서 甲의 거듭된 보완공사 요청에 응하지 않고 있다. 이 경우 甲은 乙을 상대로 위 욕실 미시공 내지 그 보완공사 불이행을 이유로 도급계약상에 약정된 완공지연 지체상금의 지급을 청구할 수 있는가? 나아가 이 경우 甲은 민법 제668조 또는 제673조에 따른 법정해제권을 행사하여 위 도급계약을 실효시킬 수 있는가? **그 결론과 논거를 간략하게 설명하시오** (30점)

2. 신축된 주택에 천장 누수, 벽체 균열, 창틀 비틀림, 욕실타일 들뜸, 옥상 물탱크 파손 등 총 보수비용 합계 1,200만 원 상당의 하자가 발견되어, 甲이 거듭 그 하자보수를 청구하면서 乙에게 그 하자보수와 상환으로 잔대금을 지급할 의사를 밝혔다. 그러나 乙은 공사의 완공과 동시에 지급받기로 한 공사잔대금 1,000만 원을 선지급받기 전까지는 甲의 청구에 응할 수 없다고 하였다. 이에 甲은 다른 업체에 하자보수를 맡기겠다며 乙에게 주택의 인도를 청구하였다. 그러자 乙은 미지급된 공사잔대금 채권에 기한 유치권을 행사한다고 하면서 주택의 인도를 거부하였다. 乙의 유치권 행사 주장은 타당한가? **그 결론과 논거를 간략하게 설명하시오.** (40점)

3. 乙은 주택의 거실과 현관 내부벽면 일부에 대리석 판석재를 부착하는 석공사를 시행함에 있어, 계약서에 첨부된 시방서상으로는 모르타르를 사용하는 습식공법으로 시공하기로 약정하였음에도 실제로는 강력 에폭시 접착제를 사용하는 반건식공법으로 임의로 변경시공하였다. 반건식공법에 따른 위 석공사의 시공결과 습식공법으로 시공하였을 경우와 비교하여 그 벽면 사용상의 기능과 역할이나 외부충격으로 인한 피해 등에 별다른 차이는 없다. 한편 양 시공방식에 따라 그 시공된 부분이 주택 전체의 매매가에 미치는 차이 내지 그 교환가치의 실제 차액을 산출하는 것은 현실적으로 불가능한데, 다만 乙은 반건식공법으로 시공함으로써 그 시공비용을 10만 원 절약할 수 있었을 뿐이다. 습식공법으로 위 석공사를 다시 하기 위해서는 반건식공법으로 이미 시공된 벽면의 대리석을 완전히 철거한 다음 새로운 석재로 전면 재시공해야 하고, 그 재시공에 소요되는 비용이 500만 원이라고 할 때, 甲은 乙에 대하여 하자담보책임을 물어 위 재시공비용 500만 원이나 혹은 乙이 절약한 시공비용 10만 원을 손해배상으로 청구할 수 있는가? **그 결론과 논거를 간략하게 설명하시오.** (30점)

사례C-56 수급인의 담보책임★

Ⅰ. 설문 1.의 경우(30)

1. 결 론

甲은 乙을 상대로 완공지연에 따른 지체상금의 지급을 청구할 수 없다.
甲은 제668조 내지 제673조에 따른 법정해제권을 행사하여 위 도급계약을 실효시킬 수 없다.

2. 논 거

(1) 문제점

사안에서 욕실 중 1개가 미시공된 점을 판단함에 있어 공사가 미완성되었다고 볼 것인지 아니면 공사는 완성되었고 목적물에 하자가 있다고 볼 것인지에 따라 약정에 따른 지체상금 지급 청구가부 및 제668조 또는 제673조에 따른 도급계약 해제가부가 결정된다.

(2) 건물신축도급계약상 지체상금약정에 있어서 '공사완성'의 판단기준

1) 판 례

判例는 "**건물신축공사의 미완성과 하자를 구별하는 기준**은 공사가 도중에 중단되어 예정된 최후의 공정을 종료하지 못한 경우에는 공사가 미완성된 것으로 볼 것이지만, 그것이 당초 예정된 최후의 공정까지 일응 종료하고 그 주요구조부분이 약정된 대로 시공되어 사회통념상 건물로서 완성되고 다만 그것이 불완전하여 보수를 하여야 할 경우에는 공사가 완성되었으나 목적물에 하자가 있는 것에 지나지 않는다고 해석함이 상당하고, 개별적 사건에 있어서 예정된 최후의 공정이 일응 종료하였는지 여부는 수급인의 주장에 구애됨이 없이 당해 건물신축도급계약의 구체적 내용과 신의성실의 원칙에 비추어 객관적으로 판단할 수밖에 없고, **이와 같은 기준**은 건물신축도급계약의 수급인이 건물의 준공이라는 일의 완성을 지체한 데 대한 **손해배상액의 예정으로서의 성질을 가지는 지체상금에 관한 약정에 있어서도 그대로 적용된다**"(대판 1994.9.30, 94다32986).

2) 사안의 경우

사안의 경우 수급인 乙이 단층주택의 신축공사를 **약정된 준공기일에 맞추어 완료한** 뒤 도급인 甲에게 공사잔대금 지급과 함께 신축된 건물을 인도받아 갈 것을 통보하였다는 점 및 **미시공된 욕실 부분의 면적이 주택 전체에서 차지하는 비율이 100분의 5에 불과하다는 점**을 미루어 보아 위 주택의 신축공사는 당초 예정된 최후의 공정까지 종료하고 그 주요 구조 부분이 약정된 대로 시공됨으로써 완성되었다고 봄이 상당하다. 따라서 완성된 주택에 대하여 욕실의 미시공이라는 하자가 있음을 이유로 甲이 乙에 대하여 하자의 보수 또는 이로 인한 손해의 배상을 구할 수는 있다 할지라도, 약정 준공기일까지 공사가 완성되지 아니하였음을 전제로 한 지체상금을 구하는 것은 허용되지 않는다고 보아야 한다. 따라서 甲은 乙을 상대로 위 욕실 미시공 내지 그 보완공사 불이행을 이유로 도급계약상 약정된 완공지연 지체상금의 지급을 청구할 수 없다.

(3) 제668조 또는 제673조에 따른 甲의 도급계약 해제 가부

1) 제668조의 담보책임에 따른 법정해제권

완성된 목적물이 '건물 기타 토지의 공작물' 인 경우에는 아무리 중대한 하자가 있더라도 담보책임을 이유로 해제할 수 없다(제668조 단서). 이는 강행규정이며(대판 2004.1.27. 2001다24891), 따라서 도급인은 하자의 보수나 손해배상을 청구하는 것으로 만족할 수밖에 없다. 해제를 인정하면 수급인은 타인의 토지에 건축한 공작물을 철거하여야 하고 또 보수를 전혀 받지 못하는 점에서 수급인이 지나친 손실을 입게 되고, 또 건물의 철거에 따른 사회경제적인 손실도 크기 때문이다.

사안의 경우 단층주택의 신축공사가 완성된 이상 아무리 중대한 하자가 있어도 도급계약을 해제할 수 없다. 따라서 甲은 제668조에 의한 법정해제권으로 위 도급계약을 해제할 수 없다.

2) 제673조의 도급인의 임의해제권

수급인이 일을 완성하기 전에는 도급인은 손해[손해배상에는 ⅰ) 수급인이 이미 지출한 비용과 ⅱ) 일을 완성하였더라면 얻었을 이익(총제작비—이미 지출한 비용—추후 소요될 비용)이 포함(대판 2002.5.10, 2000다37296,37302)]를 배상하고 계약을 해제할 수 있다(제673조).

사안의 경우 욕실 부분의 미시공에도 불구하고 위 단층주택은 최후의 공정이 종료되고 그 주요구조부분이 시공되어 사회통념상 완성된 건물에 해당하기 때문에 위 주택의 신축공사는 완성되었다고 봄이 타당하다. 따라서 乙의 일이 완성되었기 때문에 더 이상 甲은 제673조의 법정해제권을 행사하여 위 도급계약을 해제할 수 없다.

Ⅱ. 설문 2.의 경우(40)

1. 결 론

乙의 미지급된 공사잔대금 채권에 기한 유치권 행사의 주장은 타당하지 않다.

2. 논 거

(1) 문제점

유치권은 ⅰ) 타인의 물건 또는 유가증권(목적물)을 ⅱ) 적법하게 점유하고 있으며(재항변 사유), ⅲ) 그 목적물에 관하여 생긴 채권이 ⅳ) 변제기에 있을 때 ⅴ) 유치권 배제특약이 없는 경우(재항변 사유)에 성립한다(제320조). (변, 특, 타, 목, 적)

사안의 경우 유치권의 성립요건 중 ⅰ), ⅳ)와 관련하여 신축된 주택의 소유자가 누구인지 , 유치권자의 피담보채권이 채무자의 유치권자에 대한 채권과 동시이행관계에 있는 경우에도 유치권을 행사할 수 있는가 각각 문제된다.

(2) 건물 건축도급계약에 의해 신축된 건물의 소유권자

判例는 "일반적으로 자기의 노력과 재료를 들여 건물을 건축한 사람은 그 건물의 소유권을 원시취득하는 것이고, 다만 도급계약에 있어서는 수급인이 자기의 노력과 재료를 들여 건물을 완성하더라도 도급인과 수급인 사이에 도급인 명의로 건축허가를 받아 소유권보존등기를 하기로 하는 등 완성된 건물의 소유권을 도급인에게 귀속시키기로 '합의' 한 것으로 보여질 경우에는 그 건물의 소유권은 도급인에게 원시적으로 귀속된다"(대판 1994.9.30, 94다32986)고 판시하였다.

사안의 경우 甲과 乙 사이에 건축주 명의 및 보존등기 명의를 甲으로 하는 합의가 있었다는 점에서 완성된 주택의 소유권을 甲에게 귀속시키기로 합의하였다고 판단된다. 따라서 위 주택의 소유권은 甲에게 원시적으로 귀속되는데 이는 乙의 입장에서 타인의 물건으로서 원칙적으로 유치권의 목적물이 된다.

(3) 乙의 유치권 행사 가부

1) 판 례

"수급인의 공사대금채권이 도급인의 하자보수청구권 내지 하자보수에 갈음한 손해배상채권 등과 동시이행의 관계에 있는 점 및 피담보채권의 변제기 도래를 유치권의 성립요건으로 규정한 취지 등에 비추어 보면, 건물신축 도급계약에서 수급인이 공사를 완성하였더라도, 신축된 건물에 하자가 있고 그 하자 및 손해에 상응하는 금액이 공사잔대금액 이상이어서, 도급인이 수급인에 대한 하자보수청구권 내지 하자보수에 갈음한 손해배상채권 등에 기하여 수급인의 공사잔대금 채권 전부에 대하여 동시이행의 항변을 한 때에는, 공사잔대금 채권의 변제기가 도래하지 아니한 경우와 마찬가지로 수급인은 도급인에 대하여 하자보수의무나 하자보수에 갈음한 손해배상의무 등에 관한 이행의 제공을 하지 아니한 이상 공사잔대금 채권에 기한 유치권을 행사할 수 없다"(대판 2014.1.16. 2013다30653 : 6회 선택형).

2) 사안의 경우

사안의 경우 완성된 주택에 하자가 있고 이에 상응하는 하자보수비용이 1200만원으로 공사잔대금 1000만원을 초과하는 상태에서, 도급인 甲은 하자보수청구권에 기하여 수급인 乙의 공사잔대금 채권 전부에 대해 동시이행항변을 하고 있는바, 이는 정당하다(대판 1996.6.11, 95다12798). 따라서 이 경우는 乙의 공사잔대금 채권의 변제기가 도래하지 아니한 경우와 마찬가지로, 乙이 甲에게 하자보수 내지 하자보수에 갈음한 손해배상의무의 이행제공을 하지 아니한 이상 乙은 위 공사대금 채권에 기한 유치권을 甲에게 행사할 수 없다.

Ⅲ. 설문 3.의 경우(30)

1. 결 론

甲은 乙에게 하자로 인하여 입은 손해배상으로서 乙이 절약한 시공비용 10만원만을 청구할 수 있다.

2. 논거

(1) 甲의 乙에 대한 '하자보수에 갈음한 손해배상' 500만 원의 청구가부

1) 민법규정

완성된 목적물 또는 완성전의 성취된 부분에 하자가 있는 때에는 도급인은 수급인에 대하여 상당한 기간을 정하여 그 하자의 보수를 청구(제667조 1항 본문)할 수 있을 뿐만 아니라 하자의 보수에 갈음하여 또는 보수와 함께 손해배상을 청구할 수 있다(동조 2항). 이 때 하자의 보수에 갈음하는 손해배상의 경우에 그 범위는 '실제로 보수에 필요한 비용'이다. 그러나 하자가 중요하지 않고 동시에 그 보수에 과다한 비용을 요할 때에는 하자의 보수 또는 하자보수에 갈음하는 손해배상을 청구할 수 없고 '하자로 인한 손해배상'만을 청구할 수 있다(동조 1항 단서)(대판 1998.3.13. 97다54376).

2) 사안의 경우

사안의 경우 반건식공법에 따라 시공된 벽면의 대리석을 철거하고 새로 재시공할 때 소요되는 비용 즉, 재시공비용 500만원은 하자보수에 갈음하는 손해배상에 해당한다. 하지만 반건식공법에 따른 시공결과는 습식공법의 경우와 벽면의 용도기능 및 외부충격으로 인한 피해 등의 측면에서 큰 차이가 없는 반면 이를 재시공하기 위한 비용은 500만원으로서 과다한 측면이 있다. 따라서 **이 경우 하자가 중요하지 않은 반면 그 보수에는 과다한 비용이 필요**하므로 甲은 하자보수에 갈음하는 손해배상으로서 재시공비용 500만원의 지급을 乙에게 청구할 수 없다.

(2) 甲의 乙에 대한 '하자로 인한 손해배상' 10만 원의 청구가부

1) 판 례

"제667조 1항 단서에 따라 하자가 중요하지 아니하면서 동시에 보수에 과다한 비용을 요할 때에는 하자의 보수나 하자의 보수에 갈음하는 손해배상을 청구할 수는 없고 **하자로 인하여 입은 손해의 배상만을 청구할 수 있고,** 이 경우 하자로 인하여 입은 통상의 손해는 도급인이 하자 없이 시공하였을 경우의 목적물의 교환가치와 하자가 있는 현재의 상태대로의 교환가치와의 차액이 될 것이므로, **교환가치의 차액을 산출하기가 현실적으로 불가능한 경우의 통상의 손해는 하자 없이 시공하였을 경우의 시공비용과 하자 있는 상태대로의 시공비용의 차액이다**"(대판 1998.3.13. 97다54376).

2) 사안의 경우

사안의 경우 도급인 甲은 수급인 乙에게 하자로 인한 손해배상만을 청구할 수 있다. 이 때 하자로 인한 통상의 손해를 산정함에 있어 양 시공방식에 따른 주택의 교환가치 차액을 산출하는 것이 현실적으로 불가능하기 때문에 양 시공방식의 시공비용 차액 10만원을 하자로 인한 통상의 손해로 봄이 상당하다. 따라서 甲은 乙에게 하자로 인한 손해배상으로서 시공비용 차액 10만원의 지급을 청구할 수 있다.

기출해설

2021년 1차 법전협모의 제1문

【기초적 사실관계】

甲은 자기 소유 X토지가 있는 지역이 곧 상업지역으로 전환되어 용적률이 대폭 상향 조정된다는 정보를 입수하였다. 이에 甲, 乙, 丙은 공동으로 낡은 건물을 재건축하여 판매하는 사업을 진행하기로 하면서 먼저 X토지 위의 낡은 건물을 고층으로 재건축하는 공동사업을 진행하기로 합의하였다. 甲, 乙, 丙 사이의 합의에 따라 甲은 시가 50억 원 상당의 X토지를 출연하고, 乙과 丙은 재건축에 필요한 소요자금으로 각각 50억 원씩 출연하기로 합의하였다. 위 약정에 따라 甲은 X토지를 출자하고 乙은 50억 원을 출자하였으나 丙은 자금 부족으로 25억 원만을 출자하였다.

甲, 乙, 丙은 건축업을 영위하는 A회사와 공사계약을 체결하고 공사대금은 100억 원, 공사기간 1년, 공사대금지급방법은 기성고에 따라 매 2개월마다 10억 원씩 5회 지급하고 나머지 공사대금 50억 원은 공사완료 후 즉시 지급하기로 약정하였다.

위 건물 신축 공사계약에 따라 甲, 乙, 丙은 공동명의로 건축허가를 받아 A회사가 공사를 개시하고 10개월 동안 기성고에 따라 50억 원의 공사비가 지급되었다.

(※아래 각 문항의 기재 사실은 별도의 제시가 없는 한 상호 무관함)

【추가적 사실관계 1.】

모든 공정이 종료되고 그 주요 구조 부분이 약정된 대로 시공되어 건물로서 완성되었으나 건물의 일부에 하자가 발생하였다. 그런데 하자는 중요하지 않아 하자로 인한 건물의 교환가치 감소액은 3억 원이지만 하자를 보수하는 데에 드는 비용은 45억 원이다. A회사는 건물에 하자가 남아 있는 상태에서 甲, 乙, 丙에게 공사대금의 잔금 50억 원의 지급을 청구하였다.

이에 대하여 甲, 乙, 丙은 ① 위 하자 보수가 끝나지 않아 공사대금청구권은 발생하지 않았고, ② 설사 공사대금청구권이 발생했더라도 하자의 보수가 완료될 때까지는 잔금을 지급할 수 없으며, ③ 하자를 이유로 계약을 해제하겠다, ④ 하자 보수에 드는 45억 원의 비용을 손해배상채권으로 하여 공사대금과 상계하겠다고 각각 주장하였다.

1. 甲, 乙, 丙의 주장이 타당한지 검토하시오. (30점)

【추가적 사실관계 1.】

건물신축공사 완료 후 A회사는 甲만을 상대로 미지급 공사대금 50억 원의 지급을 구하는 소를 제기하였다. 이에 대하여 甲은 청구금액의 3분의 1에 대해서만 책임이 있다고 항변하였다.

2. A회사의 청구가 타당한지 甲의 항변을 고려하여 판단하시오. (20점)

사례C-57 건물신축 도급계약상 하자, 조합원 개인에 대한 조합채무의 청구

Ⅰ. 문제 1.의 경우(30)

1. 쟁점의 정리

도급계약상 공사대금지급청구권의 행사가능성과 동시이행항변권의 기초가 되는 하자보수청구권의 발생 여부, 건물신축 도급계약상 하자로 인한 계약해제청구권의 행사요건과 하자가 중요하지 않고 과다한 비용을 요하는 경우 손해배상의 범위가 문제된다.

2. 공사대금지급청구권이 발생하지 않았다는 항변(①의 항변)

수급인이 건물을 완공하면 도급인에게 보수지급의무가 발생하는바(제665조 1항), 判例는 "공사가 도중에 중단되어 예정된 최후의 공정을 종료하지 못한 경우는 공사의 미완성이고, 그것이 당초 예정된 최후의 공정까지 일단 종료하고 그 주요구조부분이 약정된 대로 시공되어 사회통념상 건물로서 완성되고, 다만 그것이 불완전하여 보수를 하여야 할 경우에는 공사가 완성되었으나 하자가 있는 것으로 볼 것"(대판 1994.9.30, 94다32986)이라고 판시하였다.

사안의 경우 모든 공정이 종료되고 그 주요 구조 부분이 약정된 대로 시공되어 건물로서 완성되었으나 건물의 일부에 하자가 발생하였을 뿐이므로 A는 미지급된 공사대금 전부(50억 원)의 지급을 청구할 수 있다. 따라서 甲, 乙, 丙은 A의 하자보수가 끝나지 않았다는 이유로 대금지급을 거절할 수 없다.

＊ '공사가 완성되었으나 하자가 있는 것' VS '미완성된 것'

① **[구별실익]** 실무상 '공사가 완성되었으나 하자가 있는 것'인지 아니면 '미완성된 것'인지 여부가 중요하다. 즉 해제권 발생여부 외에도 건물공사가 미완성인 때에는 채무불이행의 문제로 되며 수급인은 원칙적으로 공사금의 지급을 청구할 수 없는 데 반해(보수 후불의 원칙), 완성된 목적물인 건물에 하자가 있는 경우에는 수급인은 도급인에게 공사금의 지급을 청구할 수 있으나, 도급인은 수급인의 하자담보책임을 물어 동시이행의 항변권을 행사함으로써 수급인의 하자부분의 보수 또는 그에 갈음하는 손해배상의 제공이 있을 때까지 공사금의 지급을 거절할 수 있을 뿐이다.

② **[구별기준]** 양자를 구별하는 기준은, "공사가 도중에 중단되어 예정된 최후의 공정을 종료하지 못한 경우는 공사의 미완성이고, 그것이 당초 예정된 최후의 공정까지 일단 종료하고 그 주요구조부분이 약정된 대로 시공되어 사회통념상 건물로서 완성되고, 다만 그것이 불완전하여 보수를 하여야 할 경우에는 공사가 완성되었으나 하자가 있는 것으로 볼 것이고, 개별적 사건에 있어서 최후의 공정이 일단 종료하였는지는 건물신축도급계약의 구체적 내용과 신의성실의 원칙에 비추어 객관적으로 판단하여야 한다"(대판 1994.9.30, 94다32986).
"이러한 기준은 공사 도급계약의 수급인이 공사의 준공이라는 일의 완성을 지체한 데 대한 손해배상액의 예정으로서의 성질을 가지는 지체상금에 관한 약정에 있어서도 그대로 적용된다. 다만 당사자 사이에 건축공사의 완공 후 부실공사와 하자보수를 둘러싼 분쟁이 일어날 소지가 많음이 예상됨에 따라 그러한 분쟁을 사전에 방지할 의도로 통상의 건축공사 도급계약과는 달리 도급인의 준공검사 통과를 대금지급의 요건으로 삼음과 동시에 하자보수 공사 후 다시 합격을 받을 때까지 지체상금까지 부담하게 함으로써 공사의 완전한 이행을 담보하기 위해 지체상금의 종기를 도급인의 준공검사 통과일로 정하였다고 볼 만한 특별한 사정이 있다면 그에 따라야 한다"(대판 2010.1.14, 2009다7212,7229). **[14법무]**

3. 하자보수청구권에 기한 동시이행항변(②의 항변)

완성된 목적물 또는 완성전의 성취된 부분에 하자가 있는 때에는 도급인은 수급인에 대하여 상당한 기간을 정하여 그 하자의 보수를 청구할 수 있고(제667조 1항 본문), 하자보수를 끝낼 때까지 도급인은 보수지급을 거절할 수 있다(대판 2001.9.18, 2001다9304). 즉 하자보수와 보수지급은 동시이행 관계이다. 그러나 하자가 중요하지 않고 그 보수에 과다한 비용을 요할 때에는 하자의 보수를 청구할 수 없고 하자로 인한 손해배상만을 청구할 수 있다(제667조 1항 단서).

사안의 경우 건물가치의 감소액은 3억 원으로 하자는 근소한데 반하여, 그 하자의 보수에 드는 비용은 45억 원이 소요되고, 공사대금 100억 원과 비교하여도 그 비용이 과다함이 인정되므로, 甲, 乙, 丙에게 하자보수청구권은 발생하지 않고 따라서 공사대금지급에 대해 동시이행의 항변을 할 수 없다.

4. 건물신축 도급계약상 하자로 인한 계약해제주장(③의 항변)

완성된 목적물이 '건물 기타 토지의 공작물'인 경우에는 아무리 중대한 하자가 있더라도 담보책임을 이유로 해제할 수 없고(제668조 단서), 이는 강행규정이다(대판 2004.1.27. 2001다24891).

따라서 완성된 건물의 하자를 이유로 한 甲, 乙, 丙의 해제주장은 타당하지 않다.

5. 하자가 중요하지 않고 과다한 비용을 요하는 경우 손해배상의 범위(④의 항변)

하자보수를 청구할 수 없는 경우, 즉 "하자가 중요하지 아니하면서 동시에 그 보수에 과다한 비용을 요하는 경우에는 도급인은 하자보수나 하자보수에 갈음하는 손해배상을 청구할 수 없고 그 하자로 인하여 입은 손해의 배상만을 청구할 수 있는데, 이러한 경우 그 하자로 인하여 입은 통상의 손해는 특별한 사정이 없는 한 수급인이 하자 없이 시공하였을 경우의 목적물의 교환가치와 하자가 있는 현재 상태대로의 교환가치와의 차액"이다(대판 1998.3.13. 95다30345).

따라서 甲, 乙, 丙의 상계항변은 건물의 교환가치 감소액인 3억 원의 범위에서만 인용될 것이다.

＊ 도급계약에서 하자담보책임에 따른 손해배상청구권

① **[보수에 필요한 비용 : 제667조 1항 본문, 제667조 2항]** 하자의 보수에 갈음하는 손해배상의 경우에 그 범위는 '실제로 보수에 필요한 비용'이다. 判例는 "완성된 건물 등에 중대한 하자가 있고 이로 인하여 무너질 위험성이 있어서 보수가 불가능하고 다시 건축할 수밖에 없는 경우에는, 건물 등을 철거하고 다시 건축하는 데 드는 비용 상당액을 하자로 인한 손해배상으로 청구할 수 있다"(대판 2016.8.18. 2014다31691,31707 : 10회 선택형)고 한다.

② **[가치감소액 : 제667조 1항 단서]** 그러나 하자보수를 청구할 수 없는 경우(중요한 하자가 아님에도 그 보수에 과다한 비용을 요할 때)에는 判例는 하자보수에 갈음하는 손해배상(보수에 필요한 비용)을 청구할 수는 없고, 하자로 인하여 입은 손해배상(교환가치의 차액, 즉 가치감소액)만을 청구할 수 있다고 한다. 다만 교환가치의 차액을 산출하기가 현실적으로 불가능한 사정이 있는 때에는 하자 없이 시공하였을 경우의 시공비용과 하자 있는 상태대로의 시공비용의 차액을 통상손해로 본다(대판 1998.3.13, 97다54376). **[14법무]**

③ **[하자확대손해]** 한편 '하자로 인한 확대손해'는 손해배상의 범위에 포함되지 않는다는 것이 判例의 태도이다(대판 2004.8.20, 2001다70337참고). 따라서 확대손해에 대한 배상을 청구하기 위해서는 수급인의 귀책사유를 전제로 한 채무불이행책임을 청구원인으로 하여야 한다. 그리고 하자확대손해로 인한 수급인의 손해배상채무도 도급인의 공사대금채무와 동시이행관계에 있다(대판 2005.11.10, 2004다37676 : 8회 선택형). **[09입법]**

6. 사안의 해결

甲, 乙, 丙의 주장 ①, ②, ③ 은 모두 이유없고, 상계에 대한 주장 ④는 3억 원의 범위 내에서 이유있다.

Ⅱ. 문제 2.의 경우(20)

1. 쟁점의 정리

甲, 乙, 丙 공동사업의 법적 성질과 조합원 개인에 대한 조합채무의 청구방법이 문제된다.

2. 甲, 乙, 丙 공동사업의 법적 성질

민법상의 조합계약은 2인 이상이 상호 출자(금전 기타 재산 또는 노무)하여 공동으로 사업을 경영할 것을 약정하는 계약(민법 제703조)으로서 **'특정한 사업' 을 '공동 경영' 하는 약정에 한하여 이를 조합계약이라고 할 수 있고, 공동의 목적달성이라는 정도만으로는 조합의 성립요건을 갖추었다고 할 수 없다**(대판 2010.2.11. 2009다79729).

사안의 경우 甲, 乙, 丙은 재건축사업을 진행하기로 하면서 甲은 X토지를 출연하고, 乙과 丙은 각각 50억 원씩 출연하기로 합의하였는바, 이는 조합계약에 해당한다.

3. 조합원 개인에 대한 조합채무의 청구방법

조합채무는 각 조합원의 채무이기도 하므로, 각 조합원은 손실분담의 비율로 **각자의 개인재산으로 책임**을 진다(대판 1992.11.27. 92다30405). 다만 조합채권자는 그 채권발생당시에 조합원의 손실부담의 비율을 알지 못하는 경우가 많으므로 **이 경우 각 조합원**에게 **균분**하여 그 권리를 행사할 수 있다(민법 제712조). 한편, 조합원 중에 **변제할 자력 없는 자가 있는 때에는 그 변제할 수 없는 부분은 다른 조합원**이 **균분**하여 변제할 책임이 있다(민법 제714조). 判例는 이 경우 **'분할채무'** 의 법리를 적용한다(대판 1985.11.12. 85다카1499).[1] 그러나 조합채무가 조합원 전원을 위하여 상행위가 되는 행위로 인하여 부담하게 된 것이라면 상법 제57조 제1항을 적용하여 조합원들의 **'연대책임'** 을 인정한다(대판 2015.3.26. 2012다25432).[2]

사안의 경우 甲, 乙, 丙은 건축업을 영위하는 A회사와 공사계약을 체결하였는바, 이는 상행위에 해당하므로 甲, 乙, 丙은 A회사에 대한 공사대금채무에 대해 연대책임을 진다(상법 제57조 1항).

4. 사안의 해결

건물신축공사를 완료한 A회사는 甲만을 상대로 미지급 공사대금 50억 원의 지급을 청구할 수 있고, 이에 대해 청구금액의 3분의 1에 대해서만 책임이 있다는 甲의 항변은 타당하지 않다.

---

1) 조합채권자가 조합재산에 대하여 책임을 묻는 것이 아니라 조합원 개인재산에 대하여 책임을 묻는 경우에는 개별 조합원 각자를 상대로 이행의 소를 제기하여 집행권원을 얻어(분할채무) 집행을 할 수 있으며, 이 경우에는 필수적 공동소송은 아니다. 判例도 "조합의 채권자가 조합원에 대하여 조합재산에 의한 공동책임을 묻는 것이 아니라 각 조합원의 개인적 책임에 기하여 당해 채권을 행사하는 경우에는 조합원 각자를 상대로 하여 그 이행의 소를 제기할 수 있다"(대판 1991.11.22, 91다30705)고 판시하고 있다.

2) "공동이행방식의 공동수급체는 민법상 조합의 성질을 가지는데, 조합의 채무는 조합원의 채무로서 특별한 사정이 없는 한 조합채권자는 각 조합원에 대하여 지분의 비율에 따라 또는 균일적으로 권리를 행사할 수 있지만, 조합채무가 조합원 전원을 위하여 상행위가 되는 행위로 인하여 부담하게 된 것이라면 상법 제57조 제1항을 적용하여 조합원들의 연대책임을 인정함이 상당하므로, 공동수급체의 구성원들이 상인인 경우 공사도급계약에 따라 도급인에게 하자보수를 이행할 의무는 구성원 전원의 상행위에 의하여 부담한 채무로서 공동수급체의 구성원들은 연대하여 도급인에게 하자보수를 이행할 의무가 있다"

기출해설

2009년 사법시험 제2문

甲, 乙, 丙 세 사람은 각자 재산을 출연하여 자동차정비업소를 공동으로 경영하기로 하는 조합을 결성하였다. 이를 토대로 아래 각 문항에 대하여 답하시오.

1. 업무집행자인 甲이 丁으로부터 조합운영자금 6,000만원을 차용하였다. 이 경우 甲, 乙, 丙은 丁에게 어떠한 책임을 지는가? (30점)
2. 丁은 甲에 대하여 조합 채권과는 별도로 개인적으로 1억 원의 대여금채권을 가지고 있다. 그런데 甲은 조합에 대한 지분 이외에는 다른 재산이 없다. 이 경우 丁은 어떠한 방법으로 개인적인 채권을 회수할 수 있는가? (20점)

사례C-58 조합채무와 조합원 개인의 채무[1]★

Ⅰ. 논점의 정리(6)

조합재산이 조합원 개인의 재산과 구별되는 것과 같이, '조합채무'도 '조합원 개인의 채무'와는 구별된다. 따라서 이러한 구별을 기초로 설문 1.은 조합채무에 대한 조합채권자의 조합재산에 대한 강제집행 및 조합원 개인재산에 대한 강제집행이 문제되는 사안이고, 설문 2.는 조합원 개인의 채무에 대한 채권자의 조합원의 합유지분에 대한 압류가부 및 조합원의 조합탈퇴권의 대위행사 가부와 함께 조합재산에 대한 강제집행이 문제되는 사안이다.

Ⅱ. 조합채무(조합운영자금 6천만 원)에 대한 조합원의 책임(24)… 설문 1.의 경우

1. 甲의 6천만 원 차용행위의 법적 성격 및 유효성 여부

甲은 업무집행조합원으로서 통상사무는 업무집행조합원 각자가 단독으로 할 수 있다(제706조 3항). 따라서 조합운영자금 6천만 원 차용행위는 일반적으로 당해 조합의 통상사무로 판단되므로, 甲이 6천만 원을 차용하는 행위는 적법·유효한 행위로 당해 조합은 丁에게 6천만 원의 조합채무를 진다.

2. 조합채무에 대한 책임 일반

조합재산은 조합원의 합유로 하므로(제704조) 조합의 채무도 전 조합원에게 합유적으로 귀속되며(준합유), 조합재산으로 그에 대하여 책임을 진다. 다른 한편 조합채무는 각 조합원의 채무이기도 하므로, 각 조합원은 손실분담의 비율로 각자의 개인재산으로 책임을 진다. 따라서 사안에서 조합운영자금 6천만 원은 조합의 채무로서 조합의 채권자 丁은 채권 전액에 관하여 전 조합원을 상대로 하여 조합재산을 집행할 수 있고, 각 조합원이 분담하는 금액에 관하여 각 조합원의 개인재산을 집행할 수도 있다. 이하에서 검토하기로 한다.

---

1) ★ 민법의 맥 판례연구 C-11

3. 조합채권자 丁의 조합재산에 대한 강제집행

조합의 채권자 丁은 채권 전액에 관하여 조합재산으로부터 변제를 청구할 수 있고 조합재산에 대해 강제집행할 수 있다. 다만 조합채권자 丁이 조합재산에 대해 강제집행을 하기 위해서는 조합원 전원에 대한 집행권원이 필요하므로 조합원 전원을 상대로 채권 전액에 대한 이행의 소를 제기하여 판결을 받는 등의 집행권원을 얻어야 한다.

[관련판례] "민법상 조합에서 조합의 채권자가 조합재산에 대하여 강제집행을 하려면 조합원 전원에 대한 집행권원을 필요로 하고, 조합재산에 대한 강제집행의 보전을 위한 가압류의 경우에도 마찬가지로 조합원 전원에 대한 가압류명령이 있어야 할 것이므로, 조합원 중 1인만을 가압류채무자로 한 가압류명령으로써 조합재산에 가압류집행을 할 수는 없다"(대판 2015.10.29. 2012다21560 : 6회 선택형)

4. 조합채권자 丁의 조합원 개인재산에 강제집행

조합채권자 丁은 조합원 전원에 대한 집행권원을 가지고 조합원 개인의 재산에 대해서도 강제집행을 할 수 있다(통설). 다만 이 경우에는 그 조합원이 부담하는 책임액의 범위 내에서만 집행할 수 있다고 해석한다. 왜냐하면 조합의 채무에 대해서는 조합원은 원칙적으로 **'분할채무'**를 지는 것으로 보기 때문이다.[2)3)] 이 때 조합채무의 부담비율에 대해서는 조합원은 손실부담의 비율(원칙적으로 지분의 비율)에 따라 책임을 지는 것이 원칙이며, 채권자가 부담비율을 알지 못하는 경우 균등하게 부담한다(제712조).

그러나 사안에서 명확하지는 않으나 조합채무(조합운영자금 6천만 원의 차용)가 특히 조합원 전원을 위하여 상행위가 되는 행위로 인하여 부담하게 된 것이라면 그 채무에 관하여 상법 제57조 1항을 적용하여 조합원들의 **'연대채무'**를 인정할 것이다(대판 1992.11.27, 92다30405 : 6회 선택형).

Ⅲ. 丁의 甲에 대한 1억 원의 대여금채권 회수방법(16)… 설문 2.의 경우

1. 甲의 합유지분에 대한 권리행사

(1) 甲의 합유지분에 대한 압류 가부

조합원 개인에 대한 채권자는 조합원 개인에 대한 집행권원을 얻어 조합원 개인재산에 대해 압류 및 집행할 수 있는데, 이 경우 **조합재산에 대해서는 그 조합원의 합유지분에 대해서만 압류할 수 있다.** 조합원의 합유지분에 대한 압류가 있는 경우에는 그 지분에 기한 장래의 이익배당 및 지분을 반환받을 권리에 대해서만 효력을 가질 뿐이다(**제714조**).[4)]

---

2) "조합의 채무는 각 조합원의 채무로서 그 채무가 불가분의 채무이거나 연대의 특약이 없는 한 조합채권자는 각 조합원에 대하여 지분의 비율에 따라 또는 균일적으로 변제의 청구를 할 수 있을 뿐이지 달리 그 금원 전부나 연대의 지급을 구할 수는 없는 것이다"(대판 1985.11.12, 85다카1499).

3) 조합채권자가 조합재산에 대하여 책임을 묻는 것이 아니라 조합원 개인재산에 대하여 책임을 묻는 경우에는 개별 조합원 각자를 상대로 이행의 소를 제기하여 집행권원을 얻어(분할채무) 집행을 할 수 있으며, 이 경우에는 필수적 공동소송은 아니다. 判例도 "조합의 채권자가 조합원에 대하여 조합재산에 의한 공동책임을 묻는 것이 아니라 각 조합원의 개인적 책임에 기하여 당해 채권을 행사하는 경우에는 조합원 각자를 상대로 하여 그 이행의 소를 제기할 수 있다"(대판 1991.11.22, 91다30705)고 판시하고 있다.

4) "여기에서의 조합원의 지분이란 전체로서의 조합재산에 대한 조합원 지분을 의미하는 것이고, 이와 달리 조합재산을 구성하는 개개의 재산에 대한 합유지분에 대하여는 압류 기타 강제집행의 대상으로 삼을 수 없다"(대결 2007.11.30, 2005마1130).

(2) 甲의 조합탈퇴권의 대위행사 가부

민법상 조합원은 조합의 존속기간이 정해져 있는 경우 등을 제외하고는 원칙적으로 언제든지 조합에서 탈퇴할 수 있고(제716조), 조합원이 탈퇴하면 그 당시의 조합재산 상태에 따라 다른 조합원과 사이에 지분의 계산을 하여 **지분환급청구권**을 가지게 된다(제719조). 이와 관련하여 최근 判例에 따르면 조합원이 조합을 탈퇴할 권리는 그 성질상 조합계약의 해지권으로서 그의 일반재산을 구성하는 재산권의 일종이라 할 것이고 일신전속적 권리라고는 할 수 없다고 한다. 따라서 만약 丁이 甲의 합유지분을 압류하였다면 특별한 사유가 있지 않은 한, **채권자대위권에 의하여 채무자 甲의 조합 탈퇴의 의사표시를 대위행사함으로써 지분환급청구권을 대위행사할 수 있다**(대결 2007.11.30, 2005마1130).

2. 조합재산에 대한 강제집행 가부

조합원 개인에 대한 채권자가 조합재산에 대해 집행하는 것은 채무자의 재산이 아닌 재산을 집행하는 것이므로 허용되지 않는다고 보는 것이 타당하다. 判例도 "민법상 조합의 채권은 조합원 전원에게 합유적으로 귀속하는 것이어서 특별한 사정이 없는 한 조합원 중 1인에 대한 채권으로써 그 조합원 개인을 집행채무자로 하여 조합의 채권에 대하여 강제집행을 할 수 없다"(대판 2001.2.23, 2000다68924)고 판시하고 있다. 따라서 **丁은 甲에 대한 1억 원의 대여금채권을 이유로 조합재산에 대해 강제집행할 수는 없다.**

Ⅳ. 사안의 해결(4)

1. 설문 1.의 甲, 乙, 丙의 조합채무 6천만 원은 전조합원에게 합유적으로 귀속한다. 한편 각 조합원도 그에 대하여 책임을 져야 한다. 양 책임은 병존적이라고 보아야 할 것이다. 한편 채권자 丁이 조합원 甲, 乙, 丙에게 변제를 청구하는 경우에 우선 원칙적으로 각 조합원은 손실분담의 비율로 조합채무에 대하여 분할채무를 지지만(제408조), 조합채권자가 그 비율을 알지 못하는 경우에는 각 조합원에게 균등하게 분할액(2,000만원)을 청구할 수 있다(제712조).
2. 설문 2.에서 丁은 조합원 개인인 甲의 채권자로서 甲의 조합지분에 대한 압류 및 甲의 조합 탈퇴의 의사표시를 대위행사함으로써 지분환급청구권을 대위행사할 수 있다(제404조). 그러나 별도로 조합재산 전체에 대한 강제집행은 할 수 없다.

기출해설

2013년 3차 법전협모의 제2문

1. 甲은 그 소유의 X토지 위에 상가건물을 건축하여 분양하기로 하고, 2009. 7. 30. 乙건설 주식회사(이하 '乙'이라 함)와 丙건설 주식회사(이하 '丙'이라 함) 사이에 甲이 乙과 丙에게 공동으로 상가건물 건축공사를 발주하고 공사대금은 20억 원, 준공일은 2010. 9. 30.로 정하여 도급하는 내용의 건축공사도급계약을 체결하였다.
2. 乙과 丙은 공동으로 공사를 수급하여 이행하는 조합을 결성하되(이하 '이 사건 조합'이라 함) 乙이 공사의 시행을 비롯한 조합의 모든 업무를 관장하기로 하였다. 丙은 자기 소유의 중기를 출자하고 실제 공사에는 관여하지 않았다.
3. 甲은 위 공사대금 가운데 2009. 8. 30. 공사 착수에 따라 8억 원을, 2010. 1. 31. 기초공사 완료에 따라 8억 원을 지급하였다.
4. 乙은 공사기간 동안 乙명의로 자재업체인 丁과 자재공급계약을 맺고(이하 '이 사건 자재공급계약'이라 함) 공사에 필요한 자재의 납품을 받았다. 丁은 약정된 대로 자재를 2010. 2. 28. 모두 乙에게 인도하였고, 위 자재는 이 사건 신축공사에 모두 이용되어 건물에 부합되었다. 丁은 자재대금 가운데 4억 원을 아직 지급받지 못하였다.
5. 乙은 2010. 9. 30. 상가건물을 완성하여 甲에게 인도하였고, 甲은 같은 날 위 상가건물에 대하여 본인 명의의 소유권보존등기를 경료하였다.
6. 乙은 그 무렵 국내 건설경기 악화로 도산하였다.

1. 丁은 丙에 대하여 미지급 자재대금 4억 원을 지급할 것을 청구하였다. 丙은 이 사건 자재공급계약이 乙의 단독 명의로 체결된 것이므로, 丙은 자재대금채무에 대하여 아무런 책임이 없다고 주장하였다. 이에 대해 丁은 乙 명의로 체결한 자재공급계약의 효력이 丙에게 미친다고 주장하였다. 각 주장의 타당성과 丁이 丙에게 4억 원의 지급을 청구할 수 있는지 검토하시오. (35점)

사례C-59 상행위에 따른 조합원의 연대책임

Ⅰ. 설문 1.의 경우(35)

1. 결 론

丁은 丙에게 4억 원의 지급을 청구할 수 있다.

2. 논 거

(1) 乙과 丙의 법적 지위

判例는 "공동이행방식의 공동수급체는 기본적으로 민법상의 조합의 성질을 가지고 있다"(대판 2013.3.28. 2011다97898)고 한다. 사안에서 乙과 丙은 공동으로 甲으로부터 상가건물 신축공사를 수급하여 이행하는 조합을 결성하고, 乙이 공사의 시행을 비롯한 조합의 모든 업무를 관장하기로 하였으며, 丙은 자기 소유의 중기를 출자하였다. 따라서 乙은 乙이 조합의 모든 업무를 관장하기로 하였으므로, 민법상 조합의 업무집행조합원, 丙은 시공에 관여하지 않더라도 중기를 출자하였으므로, 조합원에 해당한다고 볼 수 있다. 그러므로 乙은 업무집행조합원으로서 대리권을 가진다(제709조).

(2) 丙의 책임

1) 乙 단독 명의의 대리행위와 현명주의

조합이 제3자와 거래하는 경우에는 전 조합원의 이름으로 하여야 하는 것이 원칙이나, 전 조합원의 이름을 모두 현명할 필요는 없고, 조합의 이름을 드는 것으로 충분하다. 사안의 자재공급계약은 乙의 단독 명의로 체결된 바, 위와 같은 방식으로도 현명이 된 것으로 볼 수 있는지 문제될 수 있다.

이에 대해 判例는 "상법 제48조가 '상행위의 대리인이 본인을 위한 것임을 표시하지 아니하여도 그 행위는 본인에 대하여 효력이 있다. 그러나 상대방이 본인을 위한 것임을 알지 못한 때에는 대리인에 대하여도 이행의 청구를 할 수 있다'고 한다. 따라서 **조합대리에 있어서도 그 법률행위가 조합에게 상행위가 되는 경우에는 조합을 위한 것임을 표시하지 않았다고 하더라도** 그 법률행위의 효력은 본인인 조합원 전원에게 미친다고 보아야 할 것이다"(대판 2009.1.30. 2008다79340)라고 한다.

2) 자재공급계약의 법적성질

이 사건 자재공급계약은 이 사건 공사를 이행하기 위하여 丁과 체결한 것으로서 상법 제47조 제1항의 **'보조적 상행위'**에 해당한다. 그렇다면 乙이 丁으로부터 이 사건 건축공사에 필요한 자재를 공급받음에 있어 丁에 대하여 조합을 위한 것임을 표시하지 아니하였다고 하더라도 상법 제48조에 따라 그 자재공급계약의 효력은 본인인 조합원 전원에게 미친다고 할 것이다. 따라서 丙은 조합원으로서 乙과 丁 사이의 자재공급계약에 따른 채무를 부담한다고 보아야 할 것이다.

3) 상행위로 인한 조합채무에 대한 연대책임

"조합의 채무는 조합원의 채무로서 특별한 사정이 없는 한 조합채권자는 각 조합원에 대하여 지분의 비율에 따라 또는 균일적으로 변제의 청구를 할 수 있을 뿐이나(제712조 참조), 조합채무가 특히 조합원 전원을 위하여 상행위가 되는 행위로 인하여 부담하게 된 것이라면 상법 제57조 제1항을 적용하여 조합원들의 연대책임을 인정함이 상당하다"(대판 1998.3.13. 97다6919).

따라서 자재공급계약에 따른 미지급 자재대금은 업무집행조합원인 乙이 조합원 전원을 위하여 상행위가 되는 행위로서 부담하게 된 채무이므로, 조합원인 丙은 위 채무에 대하여 연대책임을 진다.

기출해설

2015년 사법시험 제2문

甲은 명예퇴직금을 투자하여 乙과 공동으로 소규모 건설업을 시작하였다. 甲과 乙은 X주택을 지어 달라는 丙의 주문을 받아 X주택을 완공하여, 2013. 9. 3. 丙에게 인도하였다. X주택을 丙에게 인도한 직후 甲과 乙은 이익배분에 관한 다툼으로 동업관계를 청산하였다. 그런데 丙은 2015. 6. 5. 누수를 이유로 甲에게 지붕의 수리를 청구하였고, 甲과 乙은 이에 대하여 乙이 지붕의 수리를 맡기로 합의하였고, 乙은 그가 잘 아는 丁에게 지붕수리를 맡겼다. 丁은 지붕을 수리하던 중 발을 헛디뎌 지붕 밑으로 떨어졌는데, 이로 인하여 때마침 방에서 공부하던 丙이 크게 다쳤다.

丙은 누구를 상대로 어떠한 권리를 행사할 수 있는가? (「민법」 이외의 법률은 고려하지 말 것) (40점)

사례C-60 업무집행을 위임받은 동업자 중 1인이 업무집행 과정에서 타인에게 손해를 가한 경우, 다른 동업자의 책임[1)]

Ⅰ. 논점의 정리(3)

丁의 과실에 따른 丙의 신체침해에 대한 권리와 관련하여 선결적으로 甲과 乙의 동업관계(유지) 및 丙의 지붕수리 청구의 법적성질을 검토한 후, 만약 乙의 지붕수리가 조합채무에 따른 수급인의 하자보수채무라면 ① 乙의 불완전이행으로 인한 확대손해배상책임(제390조), 제756조의 사용자책임, 제757조 단서의 도급인의 불법행위책임을 살펴보고, ② 다른 동업자 甲의 제756조의 사용자책임, ③ 丁의 일반불법행위책임을 순차적으로 검토해 보기로 한다.

Ⅱ. 丙의 甲, 乙, 丁에 대한 권리여하(35)

1. 丙의 지붕수리 청구의 법적성질

甲은 명예퇴직금을 투자하여 乙과 공동으로 소규모 건설업을 경영할 것을 약정하였으므로 이는 '조합계약'이다(제703조).[2)] 또한 丙은 2013. 9. 3. X주택을 인도받은 후 2015. 6. 5. 지붕수리를 청구한바, 이는 甲, 乙조합과의 도급계약에 기한 하자담보책임으로 하자보수청구에 해당한다(제667조 1항).[3)]

2. 甲과 乙의 조합관계의 소멸여부

사안의 경우 공사도급계약에 따라 도급인 丙에게 하자보수를 이행할 의무는 조합의 현존사무로서 조합채무이다. 따라서 아직 청산이 완료되지 않았으며[4)] 이러한 조합의 채무(하자보수채무)는 조

---

1) ★ 이는 대판 1998.4.28. 97다55164 사실관계를 변형한 것으로 이 판결의 사안은, 甲과 乙이 동업으로 도급받은 연립주택의 건축공사를 완성한 뒤 하자보수보증기간 내로 동업관계가 끝나지 않은 상태에서 하자보수 문제가 생겨 을이 그 공사를 맡아서 하기로 합의하고, 이에 따라 乙이 丁을 고용하여 공사를 하다가 乙의 과실로 丁이 다치는 사고가 발생하자, 丁이 甲을 상대로 손해배상을 청구한 것인데, 대법원은 甲의 사용자책임을 인정하였다.

2) 민법상의 조합계약은 2인 이상이 상호 출자(금전 기타 재산 또는 노무)하여 공동으로 사업을 경영할 것을 약정하는 계약(제703조)으로서 '특정한 사업'을 '공동 경영'하는 약정에 한하여 이를 조합계약이라고 할 수 있고, 공동의 목적달성이라는 정도만으로는 조합의 성립요건을 갖추었다고 할 수 없다(대판 2010.2.11. 2009다79729).

3) 이러한 건물 기타 공작물의 수급인은 목적물의 하자에 대하여 인도 후 원칙적으로 5년간, 목적물의 하자로 목적물이 멸실 또는 훼손된 때에는 그 멸실 또는 훼손된 날로부터 1년간 담보책임이 있으므로(제671조) 丙의 조합에 대한 담보책임 추궁은 정당하다.

합원 甲과 乙의 채무이나[5] 乙이 하자보수를 맡기로 합의한바, 乙은 이러한 조합채무에 대해 업무집행조합원으로서 조합과의 관계에서 수임인의 지위에 있게 되고(제704조), 그 업무집행의 대리권이 있는 것으로 법률상 추정된다(제709조).

3. 甲과 乙의 丙에 대한 손해배상책임

(1) 乙의 丙에 대한 손해배상책임

1) 불완전이행으로 인한 확대손해배상책임[6]

가) 불완전이행책임의 요건

불완전이행이 성립하기 위해서는 ⅰ) 이행행위의 존재, ⅱ) 이행행위가 불완전할 것, ⅲ) 채무자의 귀책사유가 있을 것, ⅳ) 위법할 것을 요한다(제390조). 사안에서는 특히 ⅲ)의 요건이 문제되는바, 丁의 과실을 乙의 과실로 볼 수 있는지, 즉 丁이 乙의 이행보조자인지 문제된다.

나) 사안의 경우(丁이 乙의 이행보조자인지 여부)

判例는 "채무자의 의사관여 아래 그 채무의 이행행위에 속하는 활동을 하는 사람이면 족하고, 반드시 채무자의 지시·감독을 받는 관계에 있어야 하는 것은 아니므로, 채무자에 대하여 **종속적인가 독립적인 지위에 있는가는 문제되지 않는다**"(대판 1999.4.13, 98다51077,51084)고 한다.

사안의 경우, 丁은 비록 乙과 잘 아는 사이였지만 하도급계약을 맺었다고 볼 수 있고, 乙의 지시·감독을 받는 관계가 아니라고 하여도 이는 조합의 잔존채무의 이행을 위한 것으로 **丁은 乙의 하자보수채무에 대해 이행보조자**이다. 따라서 乙은 丙의 신체침해(확대손해)에 대해 불완전이행책임을 져야 할 것으로 보인다(제390조). 즉, 이러한 丙의 신체침해는 하자보수의 불완전이행에 따른 '특별손해'라고 볼 수 있으나, 채무자측에 예견가능성이 있다고 판단되기 때문이다(제393조 2항).

2) 제756조의 사용자책임

가) 사용자책임의 요건

제756조의 사용자 책임이 성립하기 위해서는 ⅰ) 피용자의 가해행위가 불법행위의 일반적 성립요건을 갖출 것, ⅱ) 타인을 사용하여 어느 사무에 종사하게 할 것(사용관계의 존재), ⅲ) 피용자가 사무집행에 관하여 제3자에게 손해를 주었을 것(가해행위의 사무집행관련성), ⅳ) 사용자의 선임·감독상의 주의의무 결여가 있을 것이 필요하다. 사안에서는 특히 ⅱ)의 요건이 문제되는바, 丁이 乙의 '피용자'인지 문제된다.

---

4) ★ 청산이 완료된 때에 조합은 소멸하는데, 청산이 끝난 후에도 각 조합원은 그의 개인재산으로써 조합채권자에 대해 책임을 부담하게 된다(제712조). 아울러 청산인의 직무 및 권한에 관하여는 법인의 청산인에 관한 제87조를 준용한다(제724조 1항). 따라서 청산인의 직무는 '현존사무의 종결, 채권의 추심 및 채무의 변제, 잔여재산을 인도'하는 것이며(제87조 1항), 이 직무를 행하기 위해 필요한 모든 행위를 할 권한이 있다(제87조 2항). 위 사례의 기초가 된 대판 1998.4.28. 97다55164 사실관계에서도 甲은 '甲과 乙의 동업관계는 X주택 준공 직후에 甲이 乙을 상대로 인도청구소송을 제기하면서 이미 청산되어 종료하였다'고 주장하였으나, 원심 및 대법원은 乙이 한 하자보수공사는 동업관계의 업무집행행위라고 판단하였다.

5) 따라서 특별한 사정이 없는 한 조합채권자 丙은 각 조합원 甲과 乙에 대하여 지분의 비율에 따라 또는 균일적으로 권리(하자담보책임)를 행사할 수 있다(제712조).

6) ★ 사안의 경우 도급계약의 목적물인 'X주택의 하자자체로 인한 확대손해(도급인 丙의 신체침해)'는 특별히 문제되지 않는다. 설령 문제된다고 하더라도 '하자로 인한 확대손해'는 제667조의 수급인의 담보책임의 내용으로서 손해배상의 범위에 포함되지 않는다는 것이 통설 및 判例의 태도이다(대판 2004.8.20, 2001다70337참고). 즉, 하자확대손해에 대한 배상을 청구하기 위해서는 수급인의 귀책사유를 전제로 한 채무불이행책임을 청구원인으로 하여야 한다.

나) 사안의 경우(丁이 乙의 피용자인지 여부)

제756조의 사용자책임이 성립하려면 사용자가 피용자를 실질적으로 지휘, 감독하는 관계에 있어야 하는데, 독립적인 지위에서 일의 완성의무를 지는 수급인은 원칙적으로 제756조의 피용자라고 할 수 없다.[7] 따라서 丁의 불법행위책임(제750조)에 대해 乙은 사용자책임을 지지 않는다.

3) 제757조 단서의 도급인의 불법행위책임

앞서 살펴본 바와 같이 원칙적으로 도급인은 수급인이 그 일에 관하여 제3자에게 가한 손해를 배상할 책임이 없다(제757조 본문). 그러나 도급 또는 지시에 관하여 도급인에게 중대한 과실이 있는 때에는 그러하지 아니하다(제757조 단서).[8] 사안의 경우 하도급인 乙은 도급 또는 지시에 관하여 중대한 과실이 있다고 볼 수 없어 乙은 제757조 단서에 따른 불법행위책임도 지지 않는다.

(2) 甲의 丙에 대한 손해배상책임

1) 판 례

대법원은 "동업관계에 있는 자들이 공동으로 처리하여야 할 업무를 동업자 중 1인에게 그 업무집행을 위임하여 그로 하여금 처리하도록 한 경우, 다른 동업자는 그 업무집행자의 동업자인 동시에 사용자의 지위에 있다 할 것이므로, 업무집행 과정에서 발생한 사고에 대하여 사용자로서의 손해배상책임이 있다"(대판 1998.4.28. 97다55164)고 하여 사용자책임 법리에 의하여 다른 조합원의 손해배상책임을 인정하고 있다. 이 경우 각 조합원의 손해배상채무는 부진정연대채무 관계에 있다.

2) 검토 및 사안의 경우

조합의 업무집행조합원이 대외적으로 한 법률행위에 대하여 그 법률효과가 조합원들에게 귀속하는 이유는 대리관계에 있기 때문인바(제709조 참조), 불법행위는 법률행위가 아니어서 대리관계가 성립할 여지가 없으므로 조합관계에 있어서 업무집행조합원이 대외적으로 한 불법행위의 법률효과가 조합관계에 있다는 이유만으로 바로 다른 조합원들에게 귀속한다고 볼 수는 없고, 사용자책임이나 공동불법행위 등 다른 책임요건이 구비되어야만 그 법률효과인 손해배상채무가 조합원들에게 귀속하고 그 채무도 조합채무가 된다.[9] 사안의 경우 甲이 乙의 불법행위책임에 대해 사용자책임을 지기 위해서는 乙에게 불법행위책임이 성립되어야 하는바, 앞서 검토한 바와 같이 乙은 불법행위책임을 지지 않으므로 결국 甲은 사용자책임을 진다고 할 수 없다.

4. 丁의 丙에 대한 손해배상책임

丁은 위법한 과실행위로 인해 타인 丙에게 신체상해의 손해를 가하였으므로 일반불법행위책임이 성립한다(제750조).

Ⅲ. 사안의 해결(2)

7) 다만 도급인이 수급인의 일의 진행 및 방법에 관하여 구체적인 지휘감독권을 보유한 경우에는 도급인과 수급인의 관계는 실질적으로 사용자 및 피용자의 관계와 다를 바 없으므로, 수급인이 고용한 제3자의 불법행위로 인한 손해에 대하여 도급인은 제756조에 의한 사용자책임을 면할 수 없다(대판 1987.10.28, 87다카1185).

8) [학설] 일반적으로 수급인이 독립적으로 사무를 처리하는 때에는 도급인은 제757조 단서에 의해 책임을 지나, 도급인과 수급인 사이에 사실상의 지휘감독관계가 있으면 제757조의 적용은 배제되고 제756조의 사용자책임이 적용된다고 한다(곽윤직 등). 따라서 이때에는 도급인에게 중과실이 없더라도 제756조에 따라 책임을 지게 된다.

9) 이하 김창보, 위 전개논문, p.186

기출해설 2017년 2차 법전협모의 제1문

【공통된 사실관계】 甲과 乙의 운전 미숙으로 인하여 개인 택시기사 甲이 운전한 택시와 乙이 운전한 자신의 자동차가 충돌하여 택시 승객 丙이 상해를 입었다. 甲, 乙, 丙 3인은 丙에 대한 손해배상책임에 관하여 甲이 8,000만 원, 乙이 2,000만 원을 각각 별개의 채무로 하여 丙에게 지급하기로 하는 합의서를 작성하였다. 1. **丙은 甲에 대하여 1억 원의 손해배상을 청구할 수 있는가? (10점)**

사례C-61 공동불법행위와 화해계약

Ⅰ. 설문 1.의 경우(10)

1. 결 론

화해의 효력으로 인하여 丙은 甲에 대하여 1억 원의 손해배상을 청구할 수 없다(제732조).

2. 논 거

(1) 甲과 乙의 채무의 법적 성질

1) 공동불법행위 성부

判例가 판시하는 바와 같이 "공동불법행위가 성립하려면 행위자 사이에 의사의 공통이나 행위공동의 인식이 필요한 것은 아니지만 객관적으로 보아 피해자에 대한 권리침해가 공동으로 행하여지고 그 행위가 손해발생에 대하여 **'공통의 원인'**이 되었다고 인정되는 경우라야 한다"(대판 1989.5.23, 87다카2723 : 09 · 14 · 15 · 16행정). 따라서 사안의 경우 甲과 乙의 운전 미숙으로 인하여 발생한 자동차사고가 丙이 입은 손해의 공통원인이 되어 행위의 객관적 공동성이 인정되므로 甲과 乙은 丙에 대해 협의의 공동불법행위책임을 지게 된다(제760조 1항).

2) 채무의 법적성질(부진정연대채무)

제760조는 공동불법행위자는 연대하여 그 손해를 배상할 책임이 있다고 규정한다. 그런데 통설과 判例는 이 연대를 '부진정연대채무'로 본다(대판 1982.4.27. 80다2555). 따라서 甲과 乙은 丙에 대해 각자 1억 원 채무 전부를 책임진다.

(2) 화해계약의 성부

화해계약이 성립하기 위해서는 당사자 사이의 분쟁이 존재할 것, 당사자의 상호양보가 있을 것, 분쟁을 종지시키려는 당사자 간의 합의가 있을 것을 요한다(제731조). 사안의 경우 丙은 甲, 乙과 각각 甲은 8,000만 원에 대하여만 乙은 2,000만 원에 대하여만 채무를 부담하기로 하는 합의서를 작성하였으므로 화해계약이 성립하였다.

(3) 화해계약의 효력(창설적 효력)

화해에 의하여 생기는 효과는 창설적이다. 따라서 당사자는 화해계약의 내용에 따라 의무를 부담하고 권리를 취득하며, 종전의 법률관계를 주장하지 못한다(제732조). 사안의 경우 甲의 1억 원의 채무에 대해 丙은 8,000만 원으로 양보하는 화해계약을 체결하였으므로, 더 이상 甲에 대해 1억 원의 손해배상을 청구할 수 없고 8,000만 원만 청구하여야 한다.

기출해설 2017년 2차 법전협모의 제1문

【공통된 사실관계】
甲과 乙의 운전 미숙으로 인하여 개인 택시기사 甲이 운전한 택시와 乙이 운전한 자신의 자동차가 충돌하여 택시 승객 丙이 상해를 입었다. 甲, 乙, 丙 3인은 丙에 대한 손해배상책임에 관하여 甲이 8,000만 원, 乙이 2,000만 원을 각각 별개의 채무로 하여 丙에게 지급하기로 하는 합의서를 작성하였다.

【추가된 사실관계】
(위 설문 1과는 별개임) 甲은 위 합의에도 불구하고 乙의 채무 2,000만 원을 포함하여 1억 원의 손해배상금 전부를 丙에게 지급하였다. 그 후 甲은 자신이 배상한 1억 원 중 2,000만 원에 대하여 丙을 상대로 부당이득반환청구소송을 제기하였다. 이에 丙은 ① "甲이 乙을 대신하여 배상한 2,000만 원은 제3자 변제로서 유효하므로 甲의 청구에 응할 수 없다", ② "甲이 乙을 대신하여 배상한 2,000만 원은 도의관념에 적합한 비채변제이므로 甲의 청구에 응할 수 없다"고 항변하였다. 위 부당이득반환청구소송에서 甲이 변제한 1억 원 중 2,000만 원은 자기 채무가 아님을 알면서 변제하였음이 밝혀졌다.

2. 丙의 항변이 정당한지 여부를 논거를 들어 서술하시오. (20점)

사례C-62 제3자변제와 도의관념에 적합한 비채변제

Ⅱ. 설문 2.의 경우(20)

1. 丙의 ① 제3자의 변제 항변의 타당성

(1) 제3자 변제의 유효성

채무의 변제는 제3자도 할 수 있다(제469조 1항 본문). 이 경우 제3자가 '자기 이름으로' 그러나 '타인(채무자)의 채무'를 이행하려는 의사로 급부를 하여야 제3자의 변제로 된다.

사안의 경우 甲, 乙, 丙 사이에는 화해계약이 체결된 것으로 보이는바(제731조), 이로 인해 甲이 8천만 원, 乙이 2천만 원을 각각 별개의 채무로 부담하게 되었다. 그런데 甲은 자기 이름으로 타인인 乙의 부담부분인 2천만 원에 대해 이를 이행하려는 의사로써 자신의 부담부분을 넘는 1억 원 전부를 변제하였으므로 甲의 2천만 원 변제부분은 '제3자의 변제'에 해당한다.

(2) 제3자 변제의 제한

제3자의 변제가 유효한 때에는 채권은 소멸한다. 그러나 ㉠ '채무의 성질' 또는 '당사자의 의사표시'에 의한 제한이 있거나(제469조 1항 단서), ㉡ '이해관계 없는 제3자가 채무자의 의사에 반하여 변제하는 경우'는 유효한 변제를 할 수 없다(제469조 2항). 이 경우 수령자는 여전히 채권을 가지게 되므로 변제자는 수령자에게 부당이득반환을 청구할 수 있다.

사안의 경우 ㉠ 금전채무의 성질상 제3자의 변제가 허용되며, 丙과 乙 사이에 제3자 변제를 금지하는 의사표시를 한 것이 없고, ㉡ 화해계약으로 甲과 乙은 각자 독립된 채무를 지게 되므로 甲의 2,000만 원 변제는 **'이해관계 없는 제3자에 의한 변제'** 에 해당하기는 하나, 제3자의 변제는 그 자체가 채무자를 위하여 유익한 것이므로, **반증이 없는 한 채무자에게 유익하고 또한 그 의사에 반하지 아니한 것으로 인정하여야** 할 것이다(대판 1961.11.9, 4293민상729).

나아가 甲은 자신이 변제한 1억 원 중 2,000만 원은 자기 채무가 아님을 알면서 변제하였으므로 '악의의 비채변제'에도 해당하여 결국 반환청구를 할 수 없다(제742조). 따라서 丙의 ① 항변은 이유 있다.

2. 丙의 ② 도의관념에 적합한 비채변제 항변의 타당성

(1) 도의관념에 적합한 변제

채무가 없음에도 불구하고 채무자로서 변제하였다면 당연히 부당이득반환채권을 갖는다(제741조). 그러나 채무 없는 자가 착오로 인하여 변제한 경우에 그 변제가 도의관념에 적합한 때(제744조)에는 그 반환을 청구하지 못한다.

(2) 사안의 경우

甲은 자신이 변제한 1억 원 중 2,000만 원은 자기 채무가 아님을 알면서 변제하였다. 따라서 타인의 채무를 자신의 채무로 착오한 바가 없으므로 도의관념에 적합한 변제가 아니다. 따라서 丙의 ② 항변은 이유 없다.

3. 사안의 해결

丙이 甲의 변제가 ① 제3자의 변제로서 유효하다는 항변은 타당하나(제469조 1항 본문), ② 도의관념에 적합한 비채변제라는 항변은 이유 없다(제744조, 제742조).

기출해설 2015년 변호사시험 제1문

A는 2013. 4. 10. 등산용품점을 운영하고자 하는 F에게 자기 소유의 상가인 X건물을 임대차보증금 1억 원, 기간 2013. 4. 10.부터 2014. 4. 9.까지로 하여 임대하였다. X건물을 인도받은 F는 X건물에서 등산용품점을 운영하던 중 2013. 5. 30. X건물에 3,000만 원의 유익비를 지출하였다. 한편, F는 위 등산용품점의 영업과 관련하여 사업자등록을 신청한 사실은 없다.
A는 경제적 형편이 곤란해지자, 2013. 10. 5. G에게 X건물을 매도하고, 2013. 11. 5. X건물에 관하여 G 앞으로 소유권이전등기를 마쳐주었다.
위 임대차가 2014. 4. 9. 기간만료로 종료된 후, F는 G를 상대로 법원에 3,000만 원 상당의 유익비 상환 또는 부당이득반환을 구하는 소를 제기하였다. 위 임대차 종료 당시 X건물은 F가 지출한 비용만큼 가치가 증가하여 현존하고 있었다.

이 경우 법원은 어떠한 판단을 하여야 하며, 그 이유는 무엇인가? (15점)

사례C-63 임차인의 유익비상환청구와 부당이득반환청구(전용물소권)[1] ★

Ⅰ. 법원의 판단(1)

법원은 F의 G에 대한 유익비상환청구 또는 부당이득반환청구를 모두 기각하여야 한다.

Ⅱ. 이 유(14)

1. 상가건물 임차인 F의 대항력 취득 여부

임차인 F는 임차권과 관련하여 등기한 바 없으므로 민법상 대항력 취득할 수 없다(제621조). 또한 상가건물에 적용되는 상가임대차보호법상 대항력을 취득하기 위해서는 적법한 임대차계약을 전제로 건물의 인도와 사업자등록을 신청해야 하는 바(상가임대차보호법 제3조), F는 X건물을 인도받았으나 사업자 등록을 신청한 사실이 없으므로 동법상 대항력도 갖추지 못하였다.
따라서 A가 G에게 임대차 목적물인 X건물의 소유권을 이전하더라도 G가 임대인의 지위를 승계한 것으로 볼 수 없고(상가임대차보호법 제3조 2항), A가 여전히 임대인의 지위를 가진다.

2. F가 G에게 유익비상환청구권을 행사할 수 있는지 여부

(1) 판 례

"점유자가 유익비를 지출할 당시 계약관계 등 적법한 점유의 권원을 가진 경우에 그 지출비용의 상환에 관하여는 그 계약관계를 규율하는 법조항이나 법리 등이 적용되는 것이어서, 점유자는 그 계약관계 등의 상대방에 대하여 해당 법조항이나 법리에 따른 비용상환청구권을 행사할 수 있을 뿐 계약관계 등의 상대방이 아닌 점유회복 당시의 소유자에 대하여 제203조 2항에 따른 지출비용의 상환을 구할 수는 없다"(대판 2003.7.25, 2001다64752).

---

1) ★ 2019년 3차 법전협모의 제2문에서도 동일한 쟁점이 출제되었다.

(2) 검토 및 사안의 경우

임대차 계약 기간 중 임대차 목적물의 소유자가 변경된 경우에도 만약 임차권이 대항력을 갖추고 있다면 새로운 소유자가 임대인의 지위를 승계하기 때문에 임차인은 새로운 소유자에게 제626조 2항에 따른 비용상환을 청구할 수 있다. 그러나 사안의 F와 같이 임차권이 대항력이 없는 경우에도 종전의 소유자(임대인) A에게 제626조 2항에 따른 비용상환을 청구할 수 있으므로 새로운 소유자 G에게는 제203조 2항에 따른 비용상환을 청구할 수 없다. 왜냐하면 제626조 2항은 제203조 2항의 특별조항이기 때문에 특별조항의 적용이 있다면 일반조항은 적용될 수 없기 때문이다.

3. F가 G에게 전용물소권으로 부당이득반환청구권을 행사할 수 있는지 여부

(1) 판 례(계, 일, 항)

判例가 판시하는 바와 같이 "계약상의 급부가 계약의 상대방뿐만 아니라 제3자의 이익으로 된 경우에 급부를 한 계약당사자가 계약상대방에 대하여 계약상의 반대급부를 청구할 수 있는 이외에 그 제3자에 대하여 직접 부당이득반환청구를 할 수 없다. 왜냐하면 이를 인정하면 i) 자기 책임하에 체결된 계약에 따른 위험부담을 제3자에게 전가시키는 것이 되어 계약법의 기본원리에 반하는 결과를 초래할 뿐만 아니라, ii) 채권자인 계약당사자가 채무자인 계약 상대방의 일반채권자에 비하여 우대 받는 결과가 되어 일반채권자의 이익을 해치게 되고, iii) 수익자인 제3자가 계약 상대방에 대하여 가지는 항변권 등을 침해하게 되어 부당하기 때문이다"(대판 2002.8.23, 99다66564,66571 : 7회 선택형).

(2) 검토 및 사안의 경우

'전용물소권'(轉用物訴權)이란 계약상의 급부(유익비 지출)가 계약의 상대방(A)에 대해서뿐만 아니라 제3자의 이익(G)이 된 경우에 급부를 행한 계약당사자(F)가 그 제3자(G)에 대해서 부당이득의 반환을 청구하는 권리이다. 그러나 계약상의 채권을 실현하기 위하여 부당이득반환청구권을 전용하는 것은 부당이득규정의 보충성에 비추어 부당하므로 判例의 태도가 타당하다.

기출해설

2019년 2차 법전협모의 제2문

甲과 乙은 X토지를 공유하고 있다. 甲의 지분은 1/4이었고, 乙의 지분은 3/4이다. 甲은 2017. 3. 1. 乙의 동의 없이 丙과 X토지의 옹벽설치공사를 공사대금 2억 원, 공사기간 2017. 3. 1.부터 같은 해 5. 1.까지, 공사대금은 공사완료일에 지급하기로 하는 도급계약을 체결하였다. 丙은 2017. 5. 1. 위 공사를 마쳤으나 甲은 丙에게 공사대금 중 1억 원을 지급하지 못했다. 丙은 공사대금을 모두 지급받지 못하였지만 乙이 당장 토지를 인도하라는 요구를 하는 바람에 乙에게 X토지를 인도해주었다. 위 공사로 X토지의 가치는 종전보다 2억 원 증가하였다.

丙은 자력이 있는 乙을 상대로 ① 乙의 지분비율에 따른 공사대금의 지급청구, ② 유익비상환청구, ③ 부당이득반환청구를 하였다. **丙의 각 청구에 대한 법원의 결론(각하, 기각, 전부 인용, 일부 인용)과 그 결론에 이르게 된 근거를 설명하시오. (20점)**

사례C-64 수급인의 유익비상환청구와 부당이득반환청구(전용물소권)★

Ⅰ. 결 론

丙의 모든 청구는 기각되어야 한다.

Ⅱ. 근 거

1. 乙의 지분비율에 따른 공사대금의 지급청구

① 도급계약의 당사자는 甲과 丙이므로 丙은 乙이 아닌 甲에 대해서만 공사대금을 청구할 수 있다(제664조). ② 한편, 공유자는 그 지분의 비율로 **'공유물의 관리비용'** 기타 의무를 부담하는바(제266조 1항), 옹벽설치공사는 X토지의 이용가치를 높이는 것으로 甲이 丙과 공사계약을 체결한 것은 공유물의 관리행위에 해당한다. 그러나 判例가 판시하는 바와 같이 **제266조 1항은 공유자들 사이의 내부적인 부담관계를 정한 것에 지나지 않고**, 제3자에 대한 대외적인 관계에까지 적용되는 것은 아니다(대판 1991.4.12, 90다20220 : 1회 선택형).[1] 따라서 丙이 위 규정을 근거로 공사대금의 지급을 구할 수는 없다.

[주의] 공유물의 관리행위는 공유자의 지분의 과반수로써 결정할 수 있는 것이므로(제265조), 1/4 지분권자인 甲이 단독으로 맺은 공사계약은 다른 공유자에 대해서 효력이 없다. 그러나 이는 공유자 甲과 乙 사이의 내부관계의 문제이고, 丙과 乙 사이에 문제되는 쟁점은 아니다.

2. 유익비상환청구

제203조에 의해 비용상환을 청구할 수 있는 자는 ⅰ) 타인의 소유물을 권원없이 점유하는 자여야 하며, ⅱ) 그 비용지출과정을 주도하고 관리한 자일 것을 요한다. 그런데 判例가 판시하는 바와 같이 "유효한 도급계약에 기하여 수급인이 도급인으로부터 제3자 소유 물건의 점유를 이전받아

---

1) 예컨대 과반수지분권자가 자신이 공사비를 주기로 하고 제3자와 공사계약을 맺은 때(관리행위로 적법)에는 그만이 공사비를 부담하고, 그가 공사비를 지출한 때에 다른 공유자에게 그 지분비율에 따라 그 상환을 청구할 수 있을 뿐이다

이를 수리한 결과 그 물건의 가치가 증가한 경우, 도급인이 그 물건을 간접점유하면서 궁극적으로 자신의 계산으로 비용지출과정을 관리한 것이므로, 도급인만이 소유자에 대한 관계에 있어서 제203조에 의한 비용상환청구권을 행사할 수 있는 비용지출자라고 할 것이고, 수급인은 그러한 비용지출자에 해당하지 않는다"(대판 2002.8.23, 99다66564 : 7회 선택형).

따라서 비용지출자는 수급인인 丙이 아니라 도급인인 甲이므로, 甲만이 乙에 대하여 비용상환청구권을 행사할 수 있다. 그러므로 丙이 제203조를 근거로 乙에게 유익비상환을 청구할 수 없다.

3. 부당이득반환청구(전용물소권[2]의 허용여부)

判例가 판시하는 바와 같이 "계약상의 급부가 계약의 상대방뿐만 아니라 제3자의 이익으로 된 경우에 급부를 한 계약당사자가 계약상대방에 대하여 계약상의 반대급부를 청구할 수 있는 이외에 그 제3자에 대하여 직접 부당이득반환청구를 할 수 없다. 왜냐하면 이를 인정하면 ⅰ) 자기 책임하에 체결된 계약에 따른 위험부담을 제3자에게 전가시키는 것이 되어 계약법의 기본원리에 반하는 결과를 초래할 뿐만 아니라, ⅱ) 채권자인 계약당사자가 채무자인 계약 상대방의 일반채권자에 비하여 우대 받는 결과가 되어 일반채권자의 이익을 해치게 되고, ⅲ) 수익자인 제3자가 계약 상대방에 대하여 가지는 항변권 등을 침해하게 되어 부당하기 때문이다"(대판 2002.8.23, 99다66564,66571 : 7회 선택형).

따라서 丙은 乙에게 부당이득반환을 청구할 수 없다.

2) '전용물소권'이란 계약상의 급부가 계약의 상대방에 대해서뿐만 아니라 제3자의 이익이 된 경우에 급부를 행한 계약당사자가 그 제3자에 대해서 부당이득의 반환을 청구하는 권리이다.

기출해설

2011년 사법시험 제2문

甲종중은 2000.10.경 그 명의로 등기되어 있던 시가 8억 원 상당의 X건물을 종원 乙에게 명의신탁하고 관리를 맡겼다가, 2007.6.경 위 명의신탁을 해지하였다. 그러나 甲종중은 X건물에 관한 소유명의를 회복하지 않고 있었다. 丙은 2007.10.경 X건물을 취득하기 위하여 소유관계를 확인하는 과정에서 X건물이 甲종중 소유이고, 乙에 대한 명의신탁이 해지되었다는 사실을 알고는 甲종중과의 협의매수를 시도하였으나 실패하였다. 이후 丙은 다시 乙에게 접근하여 "등기명의인이 매도하는 것은 아무런 문제가 없다"는 취지로 적극 설득하여 결국 2008.5.경 乙로부터 X건물을 5억 원에 매수하고 대금 전액을 지급한 후 丙 명의의 소유권이전등기를 경료하였다.

2. 한편, 丙은 2008.6.경 丁에게 X건물에 대한 리모델링공사를 2억 원에 도급하였다. 丁은 약정기한인 2008.11.경 위 공사를 완료하였으나 丙의 파산으로 공사대금을 지급받지 못하여 현재 X건물을 점유하고 있다. 위 공사로 인한 X건물의 가치는 1억 5천만 원 상당 증가하였다. 丁과 甲종중 사이의 법률관계를 논하시오. (40점)

사례C-65 전용물소권, 제203조(유익비상환청구권), 유치권

설문 2. (40)

Ⅰ. 논점의 정리(3)

1. 甲은 X건물에 대한 소유명의를 회복할 자로 丁에 대하여 X건물 인도청구를 할 수 있는 법적 근거가 문제되고 이에 대해 丁이 丙과의 도급계약(제664조)자체 또는 유치권(제320조)에 기하여 대항할 수 있는지 문제된다.
2. 또한 丁이 계약의 당사자가 아닌 甲에게 ⅰ) 도급계약, ⅱ) 점유자(제203조 2항), ⅲ) 부당이득 등에 기해 공사대금 상당의 금전의 지급을 구할 수 있는지 문제된다.

Ⅱ. 甲의 丁에 대한 X건물 인도청구의 법적 근거와 丁의 대항가부(15)

1. 甲의 소유권에 기한 인도청구 가부

甲은 등기를 경료하기 전까지는 대외적 소유자가 아니어서 소유권에 기한 X건물의 인도청구(제213조)는 불가하다. 다만 채권자대위권(제404조)을 행사하여 乙을 대위하여 丁을 상대로 직접 X건물의 반환을 청구할 수 있다.

2. 丁의 점유할 권리 여하

(1) 도급계약 자체에 기하여 건물인도를 거절할 수 있는지 여부

계약의 당사자는 丙과 丁일 뿐만 아니라, '도급계약'은 공사에 필요한 합리적인 기간 내에서만 목적물을 일정 부분 점유할 수 있을 뿐 공사완료 이후까지도 위 건물의 점유를 그 계약 자체에 의해 정당화할 수 있는 성격의 계약은 아니기 때문에 이를 이유로 건물인도를 거절할 수 없다. 다만 丁은 丙에 대해서는 동시이행 항변권을 행사할 수 있다(제665조).

(2) 유치권을 주장하여 건물인도를 거절할 수 있는지 여부

1) 유치권의 성립요건(변, 특, 타, 목, 적)

유치권은 i) 타인의 물건 또는 유가증권(목적물)을 ii) 적법하게 점유하고 있으며(재항변 사유), iii) 그 목적물에 관하여 생긴 채권이 iv) 변제기에 있을 때 v) 유치권 배제특약이 없는 경우(재항변 사유)에 성립한다(제320조).

사안에서 丁의 공사대금채권은 리모델링공사 완료로 2008.11.경 변제기가 도래하였고, 공사대금채권이 건물에 관해 생긴 채권이라는 사실은 당연히 인정할 수 있다. 다만 丁의 점유가 甲과의 관계에서 불법행위로 인한 경우는 아닌지 문제된다(제320조 2항).

2) 丁의 점유가 적법한지 여부

점유가 불법행위로 인한 경우에는 유치권이 성립하지 않는다(제320조 2항). 권원이 없음을 과실로 알지 못하고 비용을 지출한 점유자가 유치권을 가지느냐와 관련하여 判例는 점유개시시 뿐만 아니라 비용지출 당시에 점유자가 **중대한 과실**이 있는 경우에는 유치권이 배척된다고 한다(대판 2011.12.13. 2009다5162 ; 대판 1966.6.7. 66다600,601).

丁의 X건물의 점유는 丙과의 적법한 도급계약에 기하여 시작된 것이고, 丙에게 권원(소유권)이 없음을 모르는데 중과실이 있다고 보기도 어려우므로 불법행위로 인한 점유라고 할 수 없다. 따라서 丁은 유치권을 취득하므로 甲의 건물인도 청구에 대항할 수 있다(제213조 단서).

Ⅲ. 丁이 공사대금액 또는 객관적 가치의 증가액 상당을 甲에게 요구할 수 있는지 여부 (20)

1. 도급계약에 기하여 공사대금을 청구할 수 있는지 여부

위 도급계약의 당사자는 丙이지 甲은 아니다. 따라서 丁은 甲에게 도급계약에 따라 공사대금 2억원을 청구할 수 없다.

2. 제203조 2항에 기한 비용상환의 일환으로 공사대금을 청구할 수 있는지 여부

丁는 유치권자로서 甲의 건물인도에 대해 거절할 수 있지만(제213조 단서), 위 항변사유를 주장하지 않고 스스로 건물을 반환하는 것은 무방하다. 다만, 丁자신이 위 건물의 비용(유익비)을 지출한 자임을 이유로 甲에게 제203조 2항의 유익비 상환을 청구하는 방법으로 공사대금을 지급받을 수는 없다. 왜냐하면 비용상환청구는 비용지출자만이 가지는 권리이므로 **도급인인 丙이 위 X건물을 간접점유하면서 궁극적으로 자신의 계산으로 비용지출과정을 관리한 것이고, 丁은 丙에게 보수채권을 가지는 이상 비용지출자는 丁이 아닌 丙이기 때문이다**(대판 2002.8.23. 99다66564 : 7회 선택형).[1)]

---

1) "유효한 도급계약에 기하여 수급인이 도급인으로부터 제3자 소유 물건의 점유를 이전받아 이를 수리한 결과 그 물건의 가치가 증가한 경우, 도급인이 그 물건을 간접점유하면서 궁극적으로 자신의 계산으로 비용지출과정을 관리한 것이므로, 도급인만이 소유자에 대한 관계에 있어서 민법 제203조에 의한 비용상환청구권을 행사할 수 있는 비용지출자라고 할 것이고, 수급인은 그러한 비용지출자에 해당하지 않는다고 보아야 한다"(대판 2002.8.23. 99다66564,66571).

3. 부당이득반환의 일환으로 객관적 가치의 증가액 상당을 청구할 수 있는지 여부

丁의 리모델링공사로 건물의 가치가 증가하여 甲이 1억 5천만 원 상당의 이득을 얻었으므로, 丁이 도급계약의 당사자가 아닌 제3자인 甲에게 부당이득반환을 청구할 수 있는지 문제된다(이른바 轉用物訴權의 문제).

그러나 丁의 甲에 대한 부당이득반환청구를 인정한다면, 判例가 판시하는 바와 같이 i) 자기책임하에 체결된 계약에 따른 위험부담을 제3자에게 전가시키는 것이 되어 계약법의 기본원리에 반하는 결과를 초래할 뿐만 아니라, ii) 甲이 丙에게 가지는 항변권 행사의 기회를 박탈하고, iii) 丙이 무자력일 경우 도급계약 당사자인 丁이 아니라, 제3자인 甲이 丙의 무자력 위험을 부담하게 된다는 점에서 부당하다(대판 2002.8.23, 99다66564,66571 : 7회 선택형).[2] 따라서 丁은 甲에게 건물 가치 증가를 이유로 부당이득반환을 구할 수 없다.

4. 丙의 甲에 대한 권리를 대위하는 방식으로 공사대금을 청구할 수 있는지 여부

사안에서 파산으로 인해 丙이 무자력이므로, 丁은 丙에 대한 공사대금채권을 피보전채권(2억 원)으로 丁이 丙을 대위하여 甲에게 피대위권리인 丙의 甲에 대한 비용상환청구권(1억5천만 원 상당)을 직접 자신에게 지급할 것을 요구한 후, 丙에 대해서 갖고 있는 위 공사대금채권(2억 원)과 대등액에서 상계함으로써 일부분에 대해(1억5천만 원 상당) 우선변제 받는 효과를 누릴 수 있다(제404조).

Ⅳ. 사안의 해결(2)

1. 甲은 소유권에 기해 X건물의 인도를 청구할 수 없고(제213조), 乙을 대위하여 이를 행사할 수 있으나(제404조) 丁은 유치권(제320조)을 행사함으로 그 인도를 거절할 수 있다.
2. 丁은 i) 도급계약, ii) 점유자(제203조 2항), iii) 부당이득 등에 기해 공사대금 상당의 금전의 지급을 구할 수 없으나, 丙의 비용상환청구권을 대위행사하여 1억5천만 원 상당을 사실상 우선변제 받을 수 있다.

---

2) "계약상의 급부가 계약의 상대방뿐만 아니라 제3자의 이익으로 된 경우에 급부를 한 계약당사자가 계약 상대방에 대하여 계약상의 반대급부를 청구할 수 있는 이외에 그 제3자에 대하여 직접 부당이득반환청구를 할 수 있다고 보면, i) 자기 책임하에 체결된 계약에 따른 위험부담을 제3자에게 전가시키는 것이 되어 계약법의 기본원리에 반하는 결과를 초래할 뿐만 아니라, ii) 채권자인 계약당사자가 채무자인 계약 상대방의 일반채권자에 비하여 우대받는 결과가 되어 일반채권자의 이익을 해치게 되고, iii) 수익자인 제3자가 계약 상대방에 대하여 가지는 항변권 등을 침해하게 되어 부당하므로, 위와 같은 경우 계약상의 급부를 한 계약당사자는 이익의 귀속 주체인 제3자에 대하여 직접 부당이득반환을 청구할 수는 없다고 보아야 한다"

기출해설

2018년 변호사시험 제1문

【기초적 사실관계】 甲은 乙회사의 자금지출담당 사원으로, 乙회사가 거래처 丁에게 물품대금으로 지급할 회삿돈 2억 원을 보관하던 중 이를 횡령하여 자신의 처인 丙에게 퇴직금 중간정산금이라고 하면서 위 금원의 보관을 위해 丙의 예금계좌로 1억 원을 송금하였다. 송금 받은 당일 丙은 甲의 지시에 따라 다시 甲의 계좌로 위 1억 원을 송금하였다. 또한 甲이 위와 같이 횡령한 돈 중 나머지 1억 원으로 자신에게 돈을 빌려준 戊에게 변제하려 하자 戊는 자신이 물품대금채무를 부담하고 있는 A에게 대신 지급해 달라고 하여 甲은 A의 계좌로 1억 원을 송금하였다. 한편 甲은 위 횡령한 2억 원을 은폐할 목적으로 권한 없이 무단으로 대출관계 서류를 위조하여 乙회사의 명의로 B은행으로부터 2억 원을 대출받아 그 대출금을 편취하였다. 甲은 이후 위 2억 원의 횡령금을 변제하는 방편으로서 그 편취한 대출금으로 乙회사의 채권자인 거래처 丁에게 변제하여 乙회사의 물품대금채무를 소멸시켰다.

1. 乙회사가 丙, 戊에게 각각 1억 원에 대하여 부당이득에 기한 반환청구를 할 수 있는가? (20점)

2. B은행이 乙회사에게 2억 원에 대하여 대출약정에 기한 청구 및 부당이득에 기한 반환청구를 할 수 있는지 여부를 그 논거와 함께 각 검토하시오. (20점)

사례C-66 단축된 급부(또는 무권대리)와 횡령한 금전에 의한 변제의 경우 부당이득[1] ★

Ⅰ. 설문 1.의 경우(20)

1. 결 론

乙회사는 丙과 戊에게 부당이득에 기한 반환청구를 할 수 없다.

2. 논 거

(1) 부당이득반환청구권의 성립요건

부당이득이 성립하기 위해서는 ⅰ) 법률상 원인없이, ⅱ) 타인의 재산 또는 노무로 인하여 이익을 얻고, ⅲ) 그러한 이익으로 인하여 타인에게 손해를 가하고, ⅳ) 이익과 손해 사이에 인과관계가 있을 것을 요한다(제741조).

(2) 乙의 丙에 대한 부당이득반환청구 가부

判例가 판시하는 바와 같이 부당이득반환에 있어서 이득이라 함은 실질적 이익을 가리키는 것이므로(대판 1984.5.15, 84다카108), 사안의 경우 丙이 남편인 甲으로부터 퇴직금 중간정산금이라며 그 보관을 의뢰 받고 자신의 계좌로 돈을 송금 받은 당일 丙이 甲의 지시에 따라 다시 甲의 계좌로 1억 원을 송금한 경위에 비추어 볼 때 **丙은 이익의 실질적인 귀속자라고 볼 수 없다**(대판 2011.9.8, 2010다37325참고).

---

1) ★ 횡령한 금전에 의한 변제의 경우 부당이득 쟁점은 2012년 3차 법전협모의 제2문, 2017년 1차 법전협모의 제2문, 2014년 사법시험 제1문에서도 동일하게 문제되었다.

[주의] 설문에서 丙은 甲의 지시에 따라 횡령금의 보관을 위해 송금을 받았을 뿐이다. 따라서 부당이득반환청구의 요건사실 중 '이익의 취득' 단계에서 요건사실이 부정되므로, 횡령금으로 변제를 받은 경우 수령자의 중과실여부에 따라 부당이득반환청구를 인정하는 2003다8862판결의 법리를 적용하여서는 안 된다. 이는 乙의 戊에 대한 부당이득반환청구 가부에서 판단할 문제이다.

(3) 乙의 戊에 대한 부당이득반환청구 가부

1) 戊에게 이익의 취득이 있었는지 여부 - 단축된 급부

判例가 판시하는 바와 같이 "계약의 일방 당사자가 계약 상대방의 지시 등으로 급부과정을 단축하여 계약 상대방과 또 다른 계약관계를 맺고 있는 제3자에게 직접 급부한 경우, 그 급부로써 급부를 한 계약 당사자의 상대방에 대한 급부가 이루어질 뿐 아니라 그 상대방의 제3자에 대한 급부로도 이루어지는 것이다"(대판 2008.9.11, 2006다46278). 따라서 사안의 경우 戊가 甲에게 1억 원을 자신의 채권자 A에게 대신 지급해 달라고 하여, 甲이 A의 계좌로 1억 원을 송금한 것은, 이른바 삼각관계에서의 급부가 이루어진 것이므로, 실질적 이익을 戊가 취득하였다고 볼 수 있다.

2) 인과관계의 인정여부

사안의 경우 甲의 무단이체로 인해 乙회사가 손해를 입었으며, 戊는 채권자 A에 대한 채무가 소멸하는 이익 이익을 얻은 점은 인정된다. 아울러 判例가 판시하는 같이 "**채무자가 피해자로부터 횡령한 금전을 그대로 채권자에 대한 채무변제에 사용하는 경우 피해자의 손실과 채권자의 이득 사이에 인과관계가 있음이 명백하다**"(대판 2003.6.13, 2003다8862)

3) 법률상 원인이 흠결되었는지 여부 - 횡령한 금전에 의한 채무변제

가) 판 례

대법원은 "부당이득제도는 이득자의 재산상 이득이 법률상 원인을 결여하는 경우에 공평·정의의 이념에 근거하여 이득자에게 그 반환의무를 부담시키는 것인바, 채무자가 횡령한 금전으로 자신의 채권자에 대한 채무를 변제하는 경우 **채권자가 그 변제를 수령함에 있어 악의 또는 중대한 과실이 있는 경우에는 채권자의 금전 취득은 피해자에 대한 관계에 있어서 법률상 원인을 결여한 것**으로 봄이 상당하다"(대판 2003.6.13, 2003다8862 : 1회,3회,7회,9회 선택형)고 하였다. 이와 같은 법리는 채무자가 편취한 금원을 자신의 채권자에 대한 채무변제에 직접 사용하지 아니하고 자신의 채권자의 다른 채권자에 대한 채무를 대신 변제하는 데 사용한 경우에도 마찬가지이다(대판 2008.3.13, 2006다53733,53740).

나) 검토 및 사안의 경우

判例의 태도는 3자 이상의 이익조정과 관련한 다른 민법규정(제465조 1항, 제745조 1항, 제747조 2항)과 균형을 이룬다는 점에서 공평에 바탕을 둔 것으로서 적절하다고 생각된다. 따라서 사안의 경우 甲이 횡령한 乙회사의 자금 2억 원 중 1억 원을 자신의 채권자 戊의 다른 채권자 A에게 송금할 당시, 그 돈이 횡령한 것이라는 사실에 대하여 채권자 **戊에게 악의 또는 중대한 과실이 있다는 사정은 없으므로**, 戊의 이득은 법률상 원인이 인정되어 乙은 戊에게 1억 원에 대하여 부당이득에 기한 반환청구를 할 수 없다.

Ⅱ. 설문 2.의 경우(20)

1. 결 론

B은행은 乙회사에 대하여 대출약정에 기한 청구를 할 수 없고, 부당이득에 기한 반환청구도 할 수 없다.

2. 논 거

(1) 대출약정에 기한 청구가부

1) 유권대리 성립여부

甲은 乙회사의 대표기관도 아니고, 권한 없이 무단으로 대출관계 서류를 위조하는 등 乙회사로부터 대출에 관한 대리권을 수여받은 사실도 없으므로, 乙회사가 추인하지 않는 한 위 대출행위는 무권대리 행위로서 무효이다(제130조).

2) 표현대리 성립여부

乙회사가 사원 甲에게 대리권을 수여했음을 표시한 사정은 보이지 않고(제125조), 자금지출담당 사원에 불과한 甲에게 회사의 자금차입행위에 대한 기본대리권이 있다고 보기도 어려우므로(제126조) 표현대리가 성립한다고 할 수도 없다.

(2) 부당이득에 기한 반환청구가부

1) 판 례

判例는 "경리업무 담당자가 회사자금의 횡령 사실을 은폐할 목적으로 권한 없이 회사 명의로 은행과 대출계약을 체결하여 그 대출금을 편취한 후 이를 회사 또는 그 회사의 채권자인 거래처의 예금계좌에 송금하여 횡령금 상당액을 변제한 경우, 위 송금 당시 이러한 사정에 대하여 회사의 악의 또는 중과실이 없는 한 위 회사가 금전취득 또는 채무소멸의 이익을 얻은 것은 편취행위의 피해자인 은행에 대한 관계에서 법률상 원인이 있다"(대판 2008.3.13. 2006다53733,53740)고 판시하였다.

2) 사안의 경우

甲이 乙회사의 명의로 B은행으로부터 대출받아 乙회사의 물품대금채무를 소멸시켰으나, 乙회사는 이러한 사실에 대하여 악의 또는 중대한 과실이 있다는 사정이 보이지 않으므로, 乙 회사가 채무소멸의 이익을 얻은 것은 편취행위의 피해자인 B은행에 대한 관계에서 법률상 원인이 있다. 따라서 B은행의 乙회사에 대한 부당이득에 기한 반환청구는 인정되지 아니한다.

기출해설

2014년 사법시험 제1문

소규모 무역업을 영위하는 A회사는 B금고를 주거래 은행으로 거래하고 있다. A회사의 대표이사 甲은 A회사의 여직원 乙에게 B금고와의 입출금업무에 관해 1일 거래한도 1,000만 원 이하의 입출금 업무처리 위임장을 작성·교부하여 주었다. 乙은 B금고에 위 위임장을 제시하고 업무를 계속 처리하였는데, 乙과 B금고는 거래가 지속되면서 위 위임장을 별도로 제시하거나 확인하지 않고 업무를 처리해 오고 있었다.

한편 乙과 사실혼관계에 있는 C회사의 경리직원인 丙은 주식투자에 실패하여 5억여 원의 빚을 지게 되어 수차에 걸쳐 C회사가 D회사에 지급하여야 하는 결제금을 유용하여 오다가, 결국 이러한 사실이 발각될 상황에 처하게 되었다. 이에 丙은 乙에게 자신의 사정을 고백하면서 도와 달라고 하였고, 이에 乙은 B금고의 A회사 계좌에서 수개월 동안 1일 400~500만 원씩을 수차례 인출하여 丙에게 주었는바, 그 총액은 5,000만 원에 달한다. 丙은 월 250만 원 정도의 급여를 받는 乙로부터 수차에 걸쳐 乙의 월급의 몇 배나 되는 금액을 매월 2~3회에 걸쳐 건네 받으면서, 이를 의아하게 생각하였으나 그에 관한 상세한 사정은 묻지 아니하였다.

丙은 乙로부터 받은 위 돈을 C회사의 계좌에 입금한 후 C회사의 채권자인 D회사의 계좌로 위 유용한 금액 상당을 이체하였다.

2. A회사는 C회사에 대해, 乙의 위 무단인출로 인한 손해의 배상을 청구할 수 있는가? (40점)

사례C-67 사용자책임(공동불법행위책임)

설문 2. (40)

Ⅰ. 문제점(4)

乙의 무단 인출에 따른 A회사의 C회사에 대한 손해배상청구권과 관련해서는 丙이 C회사의 경리직원인 점에서 법인의 불법행위책임(제35조 1항 1문)은 문제되지 않고 사용자책임이 문제된다(제756조).

Ⅱ. C회사의 사용자책임 성부(36)

1. 문제점(사용자책임이 성립하기 위한 요건)

사용자책임이 성립하기 위해서는 ⅰ) 피용자의 가해행위가 불법행위의 일반적 성립요건을 갖출 것, ⅱ) 타인을 사용하여 어느 사무에 종사하게 할 것(사용관계의 존재), ⅲ) 피용자가 사무집행에 관하여 제3자에게 손해를 주었을 것(가해행위의 사무집행관련성), ⅳ) 사용자의 선임・감독상의 주의의무 결여가 있을 것이 필요하다(제756조).

사안에서는 특히 ⅰ) 피용자 丙의 행위가 불법행위의 성립요건을 갖추었는지 문제되는바, 이는 乙의 위 무단인출에 따른 A회사의 손해발생과 丙의 D회사에 대한 계좌이체 사이에 직접적인 인과관계가 없다는 점에서 乙과의 공동불법행위책임의 성립여부가 문제된다.[1] 아울러 ⅲ) 丙이 C의 사무집행에 관하여 A회사에 손해를 주었는지도 검토를 요한다.

2. 丙의 불법행위책임 성립여부

(1) 공동불법행위책임

丙은 乙의 횡령행위에 가공을 하고 있어 공동불법행위책임(제760조)이 문제될 수 있다. 공동불법행위란 ① 수인이 공동의 불법행위로 타인에게 손해를 가한 경우(제760조 1항), ② 공동 아닌 수인의 행위 중 어느 자의 행위가 그 손해를 가한 것인지 알 수 없는 경우(제760조 2항), ③ 교사·방조의 경우(제760조 3항)를 의미한다.

(2) 사안의 경우

제760조의 입법취지가 피해자의 보호와 입증 곤란의 해결에 있다는 점을 생각할 때 제1항의 '공동'의 의미에 대해서는 判例와 같이 객관적 공동설을 취하는 것이 타당하다. 즉, "민법상 공동불법행위는 객관적으로 관련공동성이 있는 수인의 행위로 타인에게 손해를 가하면 성립하고, 행위자 상호간에 공모는 물론 의사의 공통이나 공동의 인식을 필요로 하는 것이 아니다" 또한 최근 판시 내용과 같이 "그러한 공동의 행위는 불법행위 자체를 공동으로 하거나 교사·방조하는 경우는 물론 **횡령행위로 인한 장물을 취득하는 등 피해의 발생에 공동으로 관련되어 있어도 인정될 수 있다**"(대판 2013.4.11. 2012다44969).

3. 丙이 C회사의 사무집행에 관하여 A회사에게 손해를 주었는지 여부

(1) 판단기준

'사무집행에 관하여'란 피용자의 불법행위가 **'외형상'** 객관적으로 사용자의 사업활동 내지 사무집행 행위 또는 그와 관련된 것이면 족하다. 그러나, 거래상대방이 피용자의 행위가 사무집행에 해당하지 않음을 **'알았거나'** **'중과실'**로 알지 못한 경우에는 사용자책임을 물을 수 없다(대판 2003.1.10, 2000다34426). 이러한 경우까지 제3자를 보호하는 것은 신뢰보호의 원칙에 반하기 때문이다.

(2) 사안의 경우

경리직원 丙이 乙로부터 금원을 받아 C의 채권자 D에게 결제금을 지급한 것은 사무집행의 외형을 가지는 행위로 볼 수 있으며, 이에 대해 A회사의 악의나 중과실이 있다고 볼 만한 사정은 없다. 따라서 사무집행관련성도 인정된다.

4. 소 결

A회사는 C회사에 대해 사용자책임을 근거로 乙의 무단인출로 인한 손해배상을 청구할 수 있다(제756조).

---

1) ★ 공동불법행위책임을 검토해야 하는지 자체가 논란의 여지가 있는 부분으로 판단된다. 다만, A의 예금을 불법적으로 인출한 자는 乙인바, 丙은 이러한 乙의 불법인출에 직접적으로 관여된 행위를 하지 않았고, 乙이 제공한 금원의 출처에 대해 의아하게 생각하였을 뿐 그 횡령 사실을 안 것도 아니었다. 그럼에도 불구하고 丙이 乙의 불법인출행위에 공동불법행위자로서 책임이 있다면, 丙의 채무변제행위가 A의 손해발생과 직접적인 인과관계는 없다고 하더라도 불법행위책임을 져야 한다(제760조 1항). 즉, 丙의 일반불법행위책임(제750조)으로는 A의 손해발생에 인과관계가 있다고 하기에는 곤란한 점이 있다. 아울러 배점기준이 20점이라는 점도 공동불법행위책임을 고려할 만한 요소이기도 하다.

기출해설

2024년 변호사시험 제1문

【기초적 사실관계】

甲은 골프장 회원권 분양 및 골프장 운영을 영업으로 하고 있고, 乙에게 골프장 회원권 분양과 관련하여 甲의 상호를 사용하여 영업을 하도록 허락하였다. 乙은 甲이 보유하는 골프장 회원권을 시세보다 저렴하게 구입하여 주겠다고 홍보하여 2018. 5. 8. 丙과 사이에 회원권에 관한 매매계약을 체결하고 같은 날 매매대금으로 2억 원 전액을 지급받았다. 그러나 시간이 지나도 골프장 회원권에 대한 명의개서 절차가 이루어지지 않자 丙은 甲이 운영하는 골프장을 찾아가 항의하였다.

[※ 이하의 추가적 사실관계들은 각각 독립적인 별개의 사실관계이고, 질문도 별개임]

1. 다음과 같은 사실 또는 사정을 고려할 때 甲의 변호사의 입장에서 甲의 민법상 사용자책임을 부정할 수 있는 논거를 제시하시오. (10점)

< 다 음 >

丙이 乙을 사기 혐의로 수사기관에 고소하여 乙에 대한 수사가 진행된 결과, 아래와 같은 사실이 밝혀졌다.

① 甲과 乙 사이에는 직접적인 고용관계는 존재하지 아니하고, 乙은 甲으로부터 수수료를 받고 회원권을 중개·알선하였다.

② 甲은 乙 등 甲의 상호를 사용하여 회원권 판매업을 영위하는 사람들을 대상으로 직무 교육을 실시하는 대신 甲이 운영하는 골프장을 홍보하는 팸플릿과 회원권 매매시 주의사항이 기재된 안내문을 매년 제공하였다.

③ 丙은 위 골프장 회원권 외에도 다수의 골프장 회원권을 보유하면서, 여러 차례 회원권 매매계약을 체결한 경험이 있다.

④ 보통의 회원권 매매계약서에는 회원권의 종류가 특정되어 있고 위약금 약정이 존재하지 않으나, 乙이 丙에게 교부한 매매계약서에는 회원권 종류가 특정되어 있지 않고 이례적으로 고율의 위약금 약정이 존재하였다. 또 丙이 매매대금으로 지급한 2억 원은 당시 시세보다 40% 가량 저렴한 가격이었으며, 丙은 회원권에 대한 명의개서 전에 매매대금 전액을 乙의 개인계좌로 지급하였고 甲에게 회원권 매매에 관한 사항을 확인한 적은 없었다.

⑤ 乙은 수사과정에서 비자금 조성을 위해 저렴하게 회원권을 판매하였고, 그러한 사정을 丙에게 고지하였다고 진술하였다.

丙은 위 수사가 진행되는 도중 甲을 찾아가 乙의 행위에 대하여 甲이 민법상 사용자책임을 부담하여야 한다고 주장하면서 손해를 배상하지 않을 경우 甲을 상대로 손해배상을 구하는 소를 제기할 예정이라고 하였다.

사례C-68 사용자책임의 사무집행관련성

Ⅰ. 논점의 정리

甲에게 민법 제756조(이하 법명은 생략)의 사용자 책임을 지는지와 관련하여 ⅰ) 乙은 비자금 조성을 위해 고의로 저렴하게 회원권을 판매하여 위법하게 丙으로부터 대금을 지급받고도 회원권 명의개서 절차를 이행하여 주지 않아 손해를 입히고, 乙의 위법행위와 丙의 손해 사이에는 인과관계 인정되므로 불법행위의 일반적 성립요건 갖추었으나(제750조), ⅱ) 타인을 사용하여 어느 사무에 종사하게 할 것(사용관계의 존재), ⅲ) 피용자가 사무집행에 관하여 제3자에게 손해를 주었을 것(가해행위의 사무집행관련성), ⅳ) 사용자의 선임·감독상의 주의의무 결여가 있을 것이라는 요건에 대한 검토가 필요하다

Ⅱ. 甲에게 제756조의 사용자책임 인정되는지 여부

1. 甲과 乙 사이의 사용관계의 존재하는지 여부

(1) 판 례

'사용관계'란 고용계약에 기초한 고용관계나 근로계약관계보다 넓은 개념으로서(대판 1979.7.10. 79다644), 반드시 **유효한 고용관계에 한하지 않고** 사실상 어떤 사람이 다른 사람을 위하여 그 지휘·감독 아래 그 의사에 따라 사무를 집행하는 관계에 있으면 족하다(대판 2003.12.26. 2003다49542). 명의를 대여하여 타인으로 하여금 영업을 하게 한 경우에는, '실제적으로 지휘·감독하였느냐'의 여부에 관계없이 당위적 측면에서 '객관적·규범적으로 보아 지휘·감독해야 할 지위에 있었느냐'에 따라 '명의대여자'에 대해서도 사용자책임이 인정된다(대판 2001.8.21. 2001다3658).

(2) 사안의 경우

甲은 乙에게 골프장 회원권 분양과 관련하여 자신의 상호를 사용하여 영업을 하도록 허락하였고, 甲과 乙 사이에 직접적인 고용관계가 있지 않다고 하더라도, 乙은 甲으로부터 수수료를 받고 회원권을 중개·알선하였으므로, **객관적·규범적으로 보아 甲은 乙을 지휘·감독하여야 할 지위에 있었다고 보아 사용관계 존재한다고** 봄이 타당하다. 따라서 사용관계가 인정되지 않는다는 것은 甲의 민법상 사용자책임을 부정할 수 있는 논거가 될 수 없다.

2. 사무집행관련성 인정여부

(1) 의의 및 판단기준

'사무집행에 관하여'란 본래의 사무집행 그 자체 또는 사무집행을 '위하여' 보다는 넓은 개념으로서, 사무집행과 관련성이 있는 것을 말한다. 判例는 '사무집행에 관하여'라는 뜻은, 피용자의 불법**행위가 외형상 객관적으로 사용자의 사업활동 내지 사무집행 행위 또는 그와 관련된 것이라고 보여질 때에는 '주관적 사정을 고려함이 없이'** 이를 사무집행에 관하여 한 행위로 보는 것을 말한다고 한다.[1)]

---

1) 여기에서 외형상 객관적으로 사용자의 사무집행에 관련된 것인지 여부는 ⅰ) 피용자의 본래 직무와 불법행위와의 관련 정도 및 ⅱ) 사용자에게 손해발생에 대한 위험창출과 방지조치 결여의 책임이 어느 정도 있는지를 고려하여 판단하여야 한다(대판 1988.11.22. 86다카1923이 이 점에 대해 처음으로 판시한 이래 같은 취지의 판결이 반복되고 있다). '거래적 불법행위'에서 사무집행관련성은 제3자의 신뢰를 보호하는 기능을 담당하므로 기본적으로 외형이론이 타당하다.

(2) 외형이론의 제한

피용자의 불법행위가 외관상 사무집행의 범위 내에 속하는 것으로 보이는 경우에도 **거래상대방이 피용자의 행위가 실질적으로 사무집행에 해당하지 않음을 '알았거나' '중과실'로 알지 못한 경우에는 사용자책임을 물을 수 없다**(대판 2003.1.10. 2000다34426). 이런 경우까지 제3자를 보호하는 것은 신뢰보호의 원칙에 반하기 때문이다.[2)]

(3) 사안의 경우

① 乙의 비자금 조성이라는 개인적 · 주관적 사정의 고려 없이, 乙의 골프장 회원권 매매계약 체결 행위는 외형상 객관적으로 甲의 골프장 운영 사무와 관련되므로 원칙적으로 사무집행관련성이 인정되어 보인다. ② 그러나 丙은 이 사건 회원권 매매계약 외에도 여러 차례 회원권 매매계약을 체결한 경험이 있다는 점, 보통의 회원권 매매계약서와는 달리 乙이 丙에게 교부한 매매계약서에는 회원권 종류가 특정되지 않고 고율의 위약금 약정이 존재한다는 점, 丙은 乙의 개인계좌로 시세보다 40% 저렴한 대금인 2억원을 지급한 점, 甲에게 회원권 매매에 관한 사항을 확인한 점이 없다는 점에 비추어 丙이 조금만 주의를 기울였더라도 乙의 행위가 그 직무권한 내에서 적법하게 행하여진 것이 아니라는 사정을 알 수 있었음에도 거래상 일반적으로 요구되는 주의의무를 현저히 위반한 때에 해당하는 **중과실이 인정**된다고 봄이 타당하다. 따라서 이 경우 丙은 乙의 회원권 매매계약 체결행위가 실질적으로 甲의 사무집행에 해당하지 않음을 최소한 '중과실'로 알지 못한 경우에 해당, 사무집행관련성이 부정되므로 사용자책임을 물을 수 없다.

사무집행관련성이 인정되지 않는다는 점은 甲의 변호사가 甲의 사용자책임을 부정할 수 있는 논거로 제시할 수 있다.

3. 甲이 선임·감독상의 주의의무를 다하였는지 여부

사용자는 피용자의 선임 및 사무감독에 상당한 주의를 한 때 또는 상당한 주의를 하였더라도 손해가 발생하였을 경우에는 면책된다(제756조 1항 단서). 甲은 乙 등 甲의 상호를 사용하여 회원권 판매업을 영위하는 사람들을 대상으로 직무교육을 실시하는 대신 甲이 운영하는 골프장을 홍보하는 팸플릿과 회원권 매매시 주의사항이 기재된 안내문을 매년 제공하였다.

단순한 홍보 팸플릿의 제공 및 회원권 매매시 주의사항이 기재된 안내문 제공은 甲이 피용자의 선임 및 사무감독에 상당한 주의를 한 경우 또는 상당한 주의를 하였더라도 손해가 발생하였을 경우라고 할 수 없으므로, 이 경우 甲의 사용자책임을 부정하는 논거로 사용할 수 없다.

4. 사안의 해결

甲의 변호사는 사무집행관련성에 관하여 丙의 중과실을 입증함으로써 사무집행관련성이 부정됨을 논거로 甲의 사용자책임을 부정할 수 있다.

---

2) 이 때 중대한 과실이라 함은 "거래의 상대방이 조금만 주의를 기울였더라면 피용자의 행위가 그 직무권한 내에서 적법하게 행하여진 것이 아니라는 사정을 알 수 있었음에도 만연히 이를 직무권한 내의 행위라고 믿음으로써 일반인에게 요구되는 주의의무에 현저히 위반하는 것으로 거의 고의에 가까운 정도의 주의를 결여하고, 공평의 관점에서 상대방을 구태여 보호할 필요가 없다고 봄이 상당하다고 인정되는 상태를 말한다"(대판 2003.1.10. 2000다34426 등).

기출해설

2007년 사법시험 제2문

A는 자신의 아들 B(10세)를 C학교법인이 운영하는 사립초등학교에 보내고 있었다. 어느 날 B가 학교에서 체육수업을 받다가 교사 D의 주의·감독이 소홀한 틈을 타 학교를 벗어나 인근의 공터에서 놀고 있었다. 때마침 위 공터와 인접한 건물의 소유자인 E가 자신의 영업을 위하여 건물 외벽에 설치한 간판이 떨어지면서 B의 머리에 부딪쳐 B가 사망하였다.

1. 이 경우 A는 C에게 손해배상을 청구할 수 있는지, 있다면 그 근거를 논하시오. (16점)

2. 이 경우 A는 E에게 손해배상을 청구할 수 있는지, 있다면 그 근거를 논하시오. (20점)

3. 만약 A가 E에게 손해배상을 청구할 수 있다면, 그 경우 E가 B와 D의 과실을 이유로 A에게 과실상계 주장을 할 수 있는지의 여부를 논하시오. (24점)

사례C-69 안전배려의무, 사용자책임, 공작물책임, 과실상계(피해자측 과실이론)★

Ⅰ. 문제 1.의 해결(16)

1. 문제점

설문 1.의 경우 A의 C에 대한 손해배상청구권과 관련해서는 ① 채무불이행(불완전이행)책임(제390조)과 ② 사용자책임(제756조)이 문제된다. 특히 B의 사망이라는 결과에 대해 C가 손해배상책임이 있는지가 핵심이다.

2. A의 C에 대한 손해배상청구권 여하[1)]

(1) 채무불이행(불완전이행)으로 인한 손해배상청구 가부

1) 계약의 당사자 및 내용

A는 자신의 아들 B를 '대리'하여 C와 '초등교육계약'을 체결하였다기보다는 제913조를 근거로 A가 당사자가 되어 C와 '초등교육계약'을 체결하였다고 보는 것이 타당하다.[2)]

2) 채무불이행 책임의 성립여부

① 교사인 D는 C학교법인이 자신의 '의사관여' 아래 '초등교육계약'의 이행을 위하여 사용하는 이행보조자로 볼 수 있다(제391조). ② 또한 설문의 내용상 초등학교 교사인 D는 수업시간 중 학생이 학교를 이탈하지 않도록 '지도·감독해야 할 의무' 위반과 함께 학교이탈에 따른 안전사고발생을 미연에 방지하여야 할 '안전배려의무'를 위반하여 불완전이행에 해당할 여지가 있다. ③ 그런데 사안에서 C가 배상책임을 져야 하는 손해는 기껏해야 교육을 받지 못한 데 대한 것 등에 지나지 않는다고 보아야 하고, D의 의무위반과 B의 사망사이에는 인과관계가 인정될 수 없어서 B의 사망에 대한 책임을 지울 수 없다고 봄이 타당하다.[3)]

---

1) 이하 하윤수, '학교사고로 인한 손해배상책임', 경성법학(제4호); 심병연, '학교사고와 손해배상', 判例연구(1999년) 참고

2) 송덕수, 고시계 채점평선, p.161 ; 백태승, '49회 사법시험 2차 모범답안 및 강평', 2007년 8월호 고시계

(2) 사용자책임으로 인한 손해배상청구 가부[4)]

1) 문제점

사용자책임(제756조)이 성립하기 위해서는 i) 피용자의 가해행위가 불법행위의 일반적 성립요건을 갖출 것, ii) 타인을 사용하여 어느 사무에 종사하게 할 것(사용관계의 존재), iii) 가해행위에 사무집행관련성이 있을 것, iv) 선임 · 감독상의 주의의무를 결여하였을 것 등을 요하는 바, 사안에서 사용자 책임의 다른 요건은 특별히 문제되지 않으나, C의 피용자인 교사 D가 학생 B에 대한 '보호 · 감독의무'를 위반했는지 여부 및 B의 '사망'과 인과관계가 있는지 여부가 문제된다.

2) 피용자 교사 D의 학생 B에 대한 보호·감독의무의 위반여부 및 인과관계

判例는 교사의 보호 · 감독의무 위반을 원인으로 한 불법행위책임에 대하여 i) 사고가 학교에서의 교육활동 및 이와 밀접 불가분의 관계에 있는 생활관계 내에서 발생하였을 것, ii) 사고에 대한 예측가능성이 있었을 것 등을 요건으로 그 책임을 인정하고 있다(대판 1997.6.27, 97다15258).[5)]

그러나 사안의 경우 앞서 검토한 바와 같이 이러한 D의 보호·감독의무 위반과 B의 '사망' 사이에는 인과관계가 있다고 할 수 없으므로 C에게 사용자책임을 물을 수 없다.

3. 사안의 해결

설문 1.에서 C는 A에게 '초등교육계약'의 불완전이행 또는 기타의 행위의무 위반으로 이유로 한 채무불이행책임(제390조, 제391조)과 사용자책임(제756조)을 질 여지가 있으나, 손해배상의 범위는 B의 사망에까지 미치지 않고, 기껏해야 B가 교육을 받지 못한 데 대한 것 등에 지나지 않는다.

Ⅱ. 문제 2.의 해결(20)

1. 문제점

A, B와 E간에는 계약관계가 없으므로 불법행위로 인한 손해배상청구권이 문제된다. 선결적으로 E의 B에 대한 공작물 책임(제758조)을 검토한 후, B의 상속인으로서의 권리와 고유의 권리로서 위자료 청구권(제752조)을 검토한다.

2. A의 E에 대한 손해배상청구권 여하

(1) E의 B에 대한 공작물 책임 성부

1) 성립요건

---

3) 즉, 비록 학생 B는 체육수업 중간에 학교를 벗어나긴 했으나, i) 당해 사망 사고가 학교 밖에서 발생한 사고라는 점, ii) 당해 사망 사고는 학교생활에서 통상 발생할 수 있다고 하는 것이 예측되거나 또는 예측가능성(사고발생의 구체적 위험성)이 있는 경우가 아니기 때문이다(송덕수, 고시계 채점평선, p.161 참고).

4) 제755조에 의한 C의 감독자책임은 문제되지 않는다. 왜냐하면 동조는 피감독자가 가해행위를 한 경우에 관한 것이기 때문이다.

5) "초등학교의 교장이나 교사는 학생을 보호 · 감독할 의무를 지는 것이나 이러한 학생에 대한 보호 · 감독의무는 학교 내에서의 학생의 모든 생활관계에 미치는 것은 아니고 학교에서의 교육활동 및 이에 밀접불가분의 관계에 있는 생활관계에 한하며, 그 의무의 범위 내의 생활관계라고 하더라도 사고가 학교생활에서 통상 발생할 수 있다고 하는 것이 예측되거나 또는 예측가능성(사고발생의 구체적 위험성)이 있는 경우에만 교장이나 교사는 보호 · 감독의무위반에 대한 책임을 진다고 할 것이고, 그 예측가능성에 대하여는 교육활동의 때, 장소, 가해자의 분별능력, 가해자의 성행, 가해자와 피해자의 관계, 기타 여러 사정을 고려하여 판단할 필요가 있다"

공작물책임이 성립하기 위해서는 ⅰ) 공작물에 의해, ⅱ) 그 설치·보존상의 하자로, ⅲ) 타인에게 손해를 가하였어야 한다(제758조 1항). 여기서 ⅰ) 공작물이란 인공적 작업에 의하여 제작된 물건으로서 당해 간판은 이에 해당된다. ⅱ) 그리고 공작물의 설치·보존상의 하자란 공작물이 현실적으로 설치되어 사용되고 있는 상황에서 그 공작물에 통상 요구되는 '안전성'을 결여한 것을 말하는 것으로(대판 1992.10.27, 92다21050), 주위에 있는 다른 건물에는 아무 이상이 없는데 유독 당해 건물 외벽에 설치한 간판이 떨어진 경우에는 공작물의 하자가 추정된다(대판 1974.11.26, 74다246). ⅲ) 마지막으로 타인 B에게 사망이라는 손해가 발생하였다. 따라서 **E는 B에 대해 공작물책임을 진다(제758조 1항).**

2) 공작물책임의 효과

위 요건을 갖추면 점유자가 손해배상책임을 지고(제758조 1항 본문), 점유자가 면책된 때에는 소유자가 그 책임을 진다(제758조 1항 단서). 따라서 E는 당해 건물의 소유자로서 귀책사유와 상관없이 공작물책임을 진다. 이 경우 B의 재산상 손해에는 적극적 손해와 함께 특히 소극적 손해, 즉 일실이익이 인정된다. 아울러 정신적 손해와 관련하여 설령 B가 즉사한 경우에도 치명상을 입은 시점과 사망사이에는 시간적 간격이 있기 때문에 B의 정신적 손해를 인정할 수 있다(시간적 간격설).

(2) A의 E에 대한 손해배상청구권의 근거

1) B의 상속인으로서의 권리

재산상 손해는 당연히 상속성이 인정되나, 정신적 손해에 대해서는 ① 피해자의 일신전속권이기 때문에 상속의 대상이 될 수 없다는 부정설도 있으나, ② 경험칙상 사망자는 자신이 살았더라면 위자료청구권을 행사했을 것이기 때문에, 다른 특별한 사정이 없는 한 사망자의 정신적 손해배상청구권도 그것이 행사된 경우에 준해서 상속의 대상이 된다는 判例의 입장이 타당하다(대판 1966.10.18, 66다1335). 따라서 A는 B의 상속인으로서 E에 대하여 손해배상을 청구할 수 있다.

2) 고유의 권리로서 위자료 청구권 인정여부

사안의 경우 E는 제758조의 불법행위책임을 지기 때문에 A는 피해자인 E의 직계존속으로서 정신적 고통에 관한 입증의 필요 없이 위자료를 청구할 수 있다(제752조).

3. 사안의 해결(2)

설문 2.에서 E는 B에 대해 공작물책임을 진다(제758조 1항). 따라서 A는 B의 상속인으로 B의 재산상·정신상 손해배상청구권을 상속하고, 고유의 권리로서 E에게 위자료 청구권을 행사할 수 있다(제752조).

Ⅲ. 문제 3.의 해결(20)

1. 문제점

설문 3.의 경우 B의 과실과 관련해서는 과실상계에 있어 '과실'의 의미와 '책임능력'이 요구되는지가 문제되고, D의 과실과 관련해서는 과실상계의 경우 계약에 의한 감독의무자의 과실이 참작되는지 소위 '피해자측 과실이론'의 적용범위가 문제된다(제396조, 제763조).

2. B와 D의 과실을 이유로 E가 A에게 과실상계할 수 있는지 여부

(1) B의 과실을 이유로 과실상계 할 수 있는지 여부

1) B에게 과실상계에서의 과실이 있었는지 여부

과실상계의 과실은 타인에 대한 의무의 존재를 전제로 하는 것이 아니라, 피해자가 자기 자신에게 손해가 발생하지 않도록 주의해야 할 의무에 지나지 않으므로, 통상의 과실보다 정도가 완화되는 **"신의칙상 공동생활상 요구되는 약한 부주의"**를 의미하거나(대판 2000.8.22, 2000다29028 등), 법적인 주의의무를 전제로 하지 않는 "신의칙상 요구되는 결과회피의무"를 의미한다(대판 1999.9.21, 99다31667 등). 사안의 경우 초등학생 B의 경우 학교 수업시간에 보호자의 감독 없이 공터에서 놀았다는 점에서 신의칙상 공동생활상 요구되는 약한 부주의가 있다고 하겠다.

2) B에게 책임능력이 필요한지 여부

判例는 책임능력까지는 필요치 않고 '사리변식능력'만 있으면 족하다고 한다. 즉, 判例는 책임능력을 12세 또는 15세 전후로 보는데 비해, 이질설의 입장에서 사리변식능력은 8세 전후로 보고 있다. 사안의 경우 10살인 B의 경우는 일반적으로 사리변식능력은 있다고 보인다.

3) 소 결

E는 A의 손해배상청구에 대하여 B의 과실을 이유로 과실상계할 수 있다.

(2) D의 과실을 이유로 과실상계 할 수 있는지 여부

1) 피해자측 과실이론

피해자와 '신분상 및 생활관계상 일체'를 이루는 관계에 있는 자의 과실을 피해자의 과실로 보아 손해배상액을 산정함에 있어서 참작하자는 이론으로, 손해의 공평한 분담을 실현하기 위해 인정된다(대판 1993.11.23, 93다25127 등).

2) 제3자의 범위 및 사안의 경우

判例에 따르면 피해자가 미성년자인 경우 그 감독의무자에게 과실이 있으면 이를 참작하며[6], 피해자(특히 幼兒)의 법정감독의무자인 친권자 등을 대신하여 감독의무를 부담하는 대리감독자에게 보호감독상의 과실이 있는 경우에도 과실상계를 인정하고 있다(대판 1973.9.25, 72다2502 ; 대판 1972.1.31, 71다2356). 그러나 피해자측 과실이론은 자기책임원칙상 그 적용을 엄격히 하는 방향으로 제도를 운영하는 것이 타당하므로 **E는 피해자 B와 '신분상 및 생활관계상 일체성'이 없는 대리감독자 D의 부주의를 B측의 과실상계의 사유로 항변할 수는 없다.**

3. 사안의 해결

E는 B의 과실을 들어 A의 손해배상청구에 대하여 과실상계를 할 수 있지만, D의 과실을 들어서는 과실상계할 수 없다.

---

6) 사리변식능력이 없는 미성년자인 경우 그 감독의무자에게 과실이 있으면 이를 참작한다(대판 1967.5.23, 66다1617). 그리고 사리변식능력이 있는 미성년자인 경우(단, 책임능력은 없는 경우)에 피해자 자신의 과실이 인정되더라도 감독의무자의 과실이 중첩적으로 참작될 수 있다고 한다(대판 1967.4.18, 67다238).

기출해설

2014년 사법시험 제2문

자기 소유 A건물에서 찜질방을 운영해 오던 甲은 노후시설을 보수하여 임대할 목적으로 2009. 5. 8.에 찜질방 전면 보수공사를 완료하였다. 甲은 2009. 6. 1.에 乙과 보증금 5억 원, 차임 월 2,000만 원으로 2014. 5. 31.까지의 임대차계약을 체결하여 乙이 찜질방을 운영하게 되었다.

1. 甲이 새로 보수한 시설의 천정이 붕괴하는 사고가 2009. 8. 1.에 발생하였다.

(1) 이 사고로 찜질방 안에서 자던 이용객 丙이 즉사하였다. 丙의 유일한 혈육인 어머니 丁은 甲과 乙을 상대로 어떠한 청구를 할 수 있는가? (30점)

(2) 이 사고로 중상을 입은 乙은 甲에게 손해배상을 청구할 수 있는가? (14점)

사례C-70 보호의무 위반, 공작물책임, 상속인의 (피상속인 가해자에 대한)**구제수단**

Ⅰ. 설문 1-(1).의 경우(30)

1. 문제점

丁의 甲, 乙에 대한 권리의 내용으로서 ① 丙의 甲, 乙에 대한 권리를 상속받은 것과 ② 丁의 고유한 권리를 고려해 볼 수 있다. ① 丙의 경우 먼저 즉사에 따르는 권리주체성 여부를 검토하고, 인정된다면 찜질방 이용계약에 따른 乙에 대한 불완전이행책임(제390조)이 문제되고, 다음으로 甲과 乙에 대한 공작물책임(제758조)이 문제된다. ② 丁의 고유한 권리침해로는 子의 사망에 따른 위자료청구권(제752조)이 문제된다.

2. 丙의 권리와 그에 대한 丁의 상속여부

(1) 즉사자 丙의 권리주체성

즉사의 경우에도 치명상을 입은 때와 사망한 때와의 사이에는 이론상 또는 실제상 시간적 간격이 존재한다고 할 수 있기 때문에, 判例와 같이 즉사의 경우에도 피해자는 치명상을 입음과 동시에 손해배상청구권을 취득한다고 보아야 한다(시간적 간격설). 따라서 丙에게 甲과 乙에 대한 손해배상청구권이 발생한 뒤에 丙이 사망한 것이므로 이하에서 丙의 청구권의 내용에 대해서 살핀다.

(2) 丙의 乙에 대한 보호의무 위반을 이유로 한 불완전이행책임 추궁

1) 문제점

丙과 乙간에는 찜질방 이용계약이 체결되었고, 이는 일시 임대차계약에 준하는 성질을 갖는 무명계약에 해당한다. 사안의 경우 乙의 불완전이행책임이 문제되는바, 이러한 책임이 성립하기 위해서는 ⅰ) 이행행위의 존재, ⅱ) 이행행위가 불완전할 것, ⅲ) 채무자의 귀책사유가 있을 것, ⅳ) 위법할 것을 요한다(제390조).

2) 판 례

判例에 따르면 일반적인 임대차계약과 달리(대판 1999.7.9, 99다10004)[1] 공중접객업인 숙박업을 경영하는 자는 고객의 안전을 배려하여야 할 '보호의무'를 부담하며 이러한 의무는 숙박계약의 특수성을 고려한 '신의칙상의 부수의무'로서 이를 위반한 경우 불완전이행으로 인한 채무불이행책임을 부담한다(대판 2000.11.24., 2000다38718,38725). 다만 구체적으로 찜질방 영업자의 '불법행위책임'과 관련하여 判例는 찜질방 내 시설 이용에 따른 안전 내지 건강의 배려의무는 위 시설 자체에 안전상 하자가 있다거나 이용객이 시설 내에서 비정상적인 행태를 보임에도 장시간 이를 방치하였다는 등 특별한 사정이 없는 한 주의문의 게시로써 이용객의 안전에 대해 법령상 요구되는 일반적인 주의의무를 준수한 것으로 보아야 한다고 보아 불법행위책임을 부정한바 있다(대판 2010.2.11. 2009다79316 ; 술에 취한 상태에서 찜질방에 입장하여 구내식당에서 술을 마신 이용객이 찜질실에서 잠을 자다가 사망한 사안).

3) 사안의 경우

사안에서는 특히 찜질방 운영자인 乙의 귀책사유가 문제되는바, 찜질방 천정이 붕괴된 것으로 보아 시설 자체에 안전상 하자가 있다고 볼 수 있으나 이는 임대인 甲이 그 소유 건물의 노후시설을 보수하는 과정에서 생긴 하자이므로 이를 임차인 乙의 과실로 보기는 어렵다. 따라서 乙은 丙에게 채무불이행책임(불완전이행책임)을 진다고 할 수 없다.

(3) 丙의 甲 또는 乙에 대한 공작물책임 추궁

1) 요 건

ⅰ) 인공적 작업에 의해 제작된 물건인 '공작물'의(대판 1998.3.13, 97다34112참고) ⅱ) 설치 또는 보존의 하자로 인해 ⅲ) 타인에게 손해를 가한 때에는, 1차적으로 그 공작물의 점유자가 손해배상책임을 지되 그가 손해의 방지에 필요한 주의를 다한 경우에는 면책되고, 이때에는 2차적으로 소유자가 배상책임을 진다(제758조). 특히 判例에 따르면 간접점유의 경우에는 직접점유자가 1차적인 배상책임을 지고, 그가 손해의 방지에 필요한 주의를 다한 때에 비로소 간접점유자가 그 배상책임을 진다(대판 1981.7.28, 81다209 : 4회 선택형).

2) 사안의 경우

ⅰ) 찜질방의 천정은 인공적 작업에 의하여 제작된 물건으로서 공작물에 해당하고, ⅱ) 천장이 붕괴된 것으로 보아 그 공작물에 통상 요구되는 안정성이 결여되어 있어 설치 또는 보존의 하자가 있다고 보여지며(대판 1992.10.27, 92다21050), ⅲ) 이러한 하자와 丙의 사망 사이에는 인과관계도 존재한다. 그러나 앞서 살핀바와 같이 천정의 하자와 관련하여 乙에게 귀책사유가 있다고 보기 어려우므로 甲이 간접점유자이자 소유자로서 丙에 대해서 공작물책임을 부담한다(제758조 1항 단서).

(4) 丙의 손해배상청구권의 내용

① 甲의 재산상 손해에는 적극적 손해와 함께 소극적 손해, 즉 일실이익이 인정된다. ② 아울러 앞서 살펴본 시간적 간격설에 따를 때 즉사자도 정신적 손해배상청구권을 갖는다(대판 1973.9.25, 73다1100).

(5) 丙의 손해배상청구권의 상속성 여부

① 재산상 손해배상청구권은 당연히 상속되나, ② 정신상 손해배상청구권이 상속되느냐와 관련하여 判例와 같이 "정신적 손해에 대한 배상(위자료)청구권은 피해자가 이를 포기하거나 면제했다

1) "통상의 임대차관계에 있어서 임대인의 임차인에 대한 의무는 특별한 사정이 없는 한 단순히 임차인에게 임대목적물을 제공하여 임차인으로 하여금 이를 사용·수익하게 함에 그치는 것이고, 더 나아가 임차인의 안전을 배려하여 주거나 도난을 방지하는 등의 보호의무까지 부담한다고 볼 수 없다"

고 볼 수 있는 특별한 사정이 없는 한 생전에 청구의 의사를 표시할 필요없이 원칙적으로 상속되는 것이라고 해석함이 상당하다"(대판 1966.10.18, 66다1335).

2. 丁의 고유한 권리

① 사안에서 丁이 자기의 자력 또는 근로에 의하여 생활을 유지할 수 없다는 등의 다른 특별한 사정이 없는 한 丁에게는 부양청구권 상실로 인한 손해배상청구권은 인정되기 어렵다(제974조 1호, 제975조 참조).[2] ② 그러나 甲은 제758조의 불법행위책임을 진다고 할 수 있으므로 정은 피해자인 丙의 직계존속으로서 정신적 고통에 관한 입증의 필요 없이 위자료를 청구할 수 있다(제752조). 그리고 이는 丙으로부터 상속받은 권리와는 독립한 별개의 권리로서 경합한다.

Ⅱ. 설문 1-(2).의 경우(14)

1. 乙의 상해에 대한 甲의 계약책임

(1) 임차목적물 하자로 인한 확대손해에 따른 담보책임

임대차는 유상계약이므로 매매에 관한 규정이 준용되어(제567조), 임대인은 매도인과 동일한 담보책임을 부담한다. 사안에서 임차인 乙이 입은 신체상해의 손해는 임차목적물인 A건물의 하자에 기인한 것이지만(제580조), 이는 '하자로 인한 확대손해'에 해당하므로 통설 및 判例와 같이 담보책임에 따른 손해배상으로 전보될 것은 아니라고 보는 것이 타당하다(대판 2004.8.20, 2001다70337).

(2) 보호의무 위반을 이유로 한 불완전이행책임

判例가 판시하는 바와 같이 "통상의 임대차관계에 있어서 임대인의 임차인에 대한 의무는 특별한 사정이 없는 한 단순히 임차인에게 임대목적물을 제공하여 임차인으로 하여금 이를 사용·수익하게 함에 그치는 것이고, 더 나아가 임차인의 안전을 배려하여 주거나 도난을 방지하는 등의 보호의무까지 부담한다고 볼 수 없다"(대판 1999.7.9, 99다10004)고 보는 것이 타당하다. 따라서 乙은 사용, 수익에 따른 채무불이행이 아닌(제623조) 신체상해에 대해서는 甲에게 채무불이행책임(불완전이행책임)을 물을 수 없다.

2. 乙의 상해에 대한 甲의 공작물책임

앞서 검토한 바와 같이 ⅰ) 찜질방의 천정은 인공적 작업에 의하여 제작된 물건으로서 공작물에 해당하고, ⅱ) 천장이 붕괴된 것으로 보아 그 공작물에 통상 요구되는 안정성이 결여되어 있어 설치 또는 보존의 하자가 있다고 보여지며(대판 1992.10.27, 92다21050), ⅲ) 이러한 하자와 乙의 상해 사이에는 인과관계도 존재한다.

무엇보다 사안과 같이 점유자가 피해자인 경우 判例는 점유자인 임차인이 연탄가스에 중독된 사안에서, 소유자가 배상책임을 지고, 공작물의 보존에 관해 피해자에게 과실이 있다고 하더라도 과실상계의 사유가 될 뿐이라고 한다(대판 1993.2.9, 92다31668 ; 대판 1993.11.9, 93다40560). 그러므로 乙은 임차인으로서 A건물의 점유자이지만, 甲에 대하여 공작물책임을 물을 수 있다(제758조 1항 단서).

---

2) 설령 丁이 피부양자의 요건을 갖추었다고 하더라도 피해자 丙의 상속인 丁은 피해자의 일실이익에 대한 손해배상청구권을 상속받아 스스로를 부양할 수 있으므로 가해자에 대하여 직접 부양청구권 침해에 대한 손해배상을 청구할 수 없다. 왜냐하면 判例에 따르면 피해자의 일실이익에서 생계비는 당연 공제되나 부양가족의 생계비는 공제하지 않기 때문이다(대판 1969.7.22, 69다504).

기출해설

2019년 2차 법전협모의 제2문

【계속된 사실관계】
甲은 불타 없어진 건물을 재축하여 2018. 7.부터 펜션으로 직접 운영하여 왔다. 丙은 스키를 타기 위해 甲이 운영하는 펜션 201호를 계약하고 2018. 12. 17. 투숙하였다. 甲은 펜션 재축시 가스보일러 신제품을 직접 구입하여 시공을 하였으나, 201호 보일러 배관과 배기가스 연통이음새의 내연실리콘마감을 하지 않은 등 마감처리를 잘못하였다. 이로 인해 마감이 불량한 연통이 이탈되어 보일러 배관과 연통의 이음새가 벌어짐으로써 가스가 누출되었고 잠자던 丙이 일산화탄소가스에 중독되어 사망하였다.

2. 丙의 유족은 甲을 상대로 망인 丙의 손해배상청구권을 행사하고자 한다. 甲의 丙에 대한 손해배상책임의 성립 여부에 관하여 근거를 들어 설명하시오. (15점)

3. 丙의 유족으로는 친모인 丁과 사실혼배우자 戊가 있다. 丁, 戊가 甲을 상대로 채무불이행 또는 불법행위를 이유로 위자료를 청구하고자 할 경우 인용될 수 있는지, 丙의 甲에 대한 위자료청구권이 丁, 戊에게 상속되는지 각각 근거를 들어 설명하시오. (15점)

사례C-71 **보호의무 위반, 공작물책임, 유족의 위자료청구권 및 상속여부**

Ⅱ. 문제 2.의 경우(15)

1. 문제점

甲은 丙에게 ① 숙박계약상 채무자로서 채무불이행책임이 인정되는지, ② 공작물점유자로서 공작물책임이 인정되는지, ③ 화재발생의 원인이 된 하자있는 시공행위로 인해 일반불법행위책임이 인정되는지 여부가 문제된다.

2. 채무불이행책임의 성립 여부

(1) 판 례

"공중접객업인 숙박업을 경영하는 자는 고객의 안전을 배려하여야 할 '보호의무'를 부담하며 이러한 의무는 숙박계약의 특수성을 고려한 '신의칙상의 부수의무'로서 이를 위반한 경우 불완전이행으로 인한 채무불이행책임을 부담한다. 이 경우 피해자로서는 구체적 보호의무의 존재와 그 위반 사실을 주장·입증하여야 하며 숙박업자로서는 통상의 채무불이행에 있어서와 마찬가지로 그 채무불이행에 관하여 자기에게 과실이 없음을 주장·입증하지 못하는 한 그 책임을 면할 수는 없다"(대판 2000.11.24, 2000다38718,38725).

(2) 사안의 경우

사안에서 甲이 펜션 재축시 가스보일러를 설치하는 과정에서 시공상 마감을 제대로 하지 아니한 결과 丙이 일산화탄소 중독으로 사망하였으므로, 甲은 丙의 생명 · 신체에 대한 보호의무를 위반한 것이라 할 수 있다. 따라서 甲은 불완전이행으로 인한 손해배상책임을 부담한다.

3. 공작물책임의 성립 여부

(1) 판 례

공작물의 설치 또는 보존의 하자로 인하여 타인에게 손해를 가한 때에는 공작물점유자가 손해를 배상할 책임이 있다(제758조). 공작물의 설치·보존상의 하자라 함은, **공작물이 현실적으로 설치되어 사용되고 있는 상황에서 그 공작물에 통상 요구되는 '안전성을 결여한 것'**[1]을 말한다 [대판 1992.10.27, 92다21050 : 하자의 존재에 대한 증명책임은 피해자에게 있다(대판 1982.8.24, 82다카348)].

判例는 이를 토대로 하자의 기준에 관해 안전성의 구비 여부는 그 공작물의 설치·보존자가 그 공작물의 위험성에 비례하여 **사회통념상 요구되는 정도의 방호조치의무**를 다하였는지를 기준으로 삼아야 한다는 입장이다(대판 1997.10.10, 97다27022).

(2) 사안의 경우

사안에서 甲은 공작물인 펜션의 점유자인데 펜션의 설치상의 하자, 즉 보일러 설치시 마감을 잘못하여 丙을 사망에 이르게 하였다. 따라서 甲은 공작물 점유자로서 손해배상책임을 부담한다. 설령 甲이 공작물점유자로서 손해의 방지에 필요한 주의를 다하였다고 하더라도 공작물의 소유자로서 무과실의 책임을 진다(제758조 1항).

4. 일반불법행위책임의 성립

(1) 판 례

"민법 제758조는 공작물의 설치·보존의 하자로 인하여 타인에게 손해를 가한 경우 그 점유자 또는 소유자에게 일반 불법행위와 달리 이른바 위험책임의 법리에 따라 책임을 가중시킨 규정일 뿐이고, 그 공작물 시공자가 그 시공상의 고의·과실로 인하여 피해자에게 가한 손해를 민법 제750조에 의하여 직접 책임을 부담하게 되는 것을 배제하는 취지의 규정은 아니다"(대판 1996.11.22. 96다39219).

(2) 사안의 경우

과실로 인한 위법행위로 타인에게 손해를 가한 자는 그 손해를 배상할 책임이 있다(제750조). 사안의 경우 甲은 펜션의 보일러설치과정에서 숙박을 하는 고객의 생명과 신체에 위해가 발생하지 않도록 안전하게 설치할 주의의무가 있음에도 불구하고 이를 위반한 과실로 丙을 사망에 이르게 하였으므로, 일반불법행위책임이 성립한다.

5. 사안의 해결

甲은 丙에 대하여 ① 숙박계약상 불완전이행으로 인한 채무불이행책임(제390조), ② 공작물책임(제758조), ③ 일반불법행위책임(제750조)에 기하여 손해배상청구권을 가진다.

---

1) [관련판례] "여기에서 안전성을 갖추지 못한 상태, 즉 타인에게 위해를 끼칠 위험성이 있는 상태라 함은 해당 공작물을 구성하는 물적 시설 그 자체에 물리적·외형적 결함이 있거나 필요한 물적 시설이 갖추어져 있지 않아 이용자에게 위해를 끼칠 위험성이 있는 경우뿐만 아니라, 그 공작물을 본래의 목적 등으로 이용하는 과정에서 일정한 한도를 초과하여 제3자에게 사회통념상 참을 한도를 넘는 피해를 입히는 경우까지 포함된다"(대판 2019.11.28. 2016다233538,2016다233545).

Ⅲ. 문제 3.의 경우(15)

1. 문제점

① 숙박계약의 당사자가 아닌 丁과 戊에게 채무불이행에 기한 위자료청구권이 인정되는지, ② 丁과 戊에게 제752조에 따라 불법행위에 기한 위자료청구권이 인정되는지, ③ 丙의 甲에 대한 위자료청구권을 丁과 戊가 상속받을 수 있는지 문제된다.

2. 丁과 戊의 고유한 위자료청구권

(1) 채무불이행에 기한 위자료청구권

判例는 "숙박계약의 당사자가 아닌 그 투숙객의 근친자가 그 사고로 인하여 정신적 고통을 받았다 하더라도 숙박업자의 그 망인에 대한 숙박계약상의 채무불이행을 이유로 위자료를 청구할 수는 없다"(대판 2000.11.24, 2000다38718,38725)고 하여, 채무불이행으로 인한 유족의 위자료청구권 인정 여부에 대해서는 계약의 당사자가 아니라는 이유로 **제752조의 유추적용을 부정한다.**

사안의 경우 **丁과 戊는 甲과의 숙박계약 당사자가 아니므로 甲에게 숙박계약상의 채무불이행을 이유로 한 위자료를 청구할 수는 없다.**

[쟁점정리] 채무불이행에서는 위자료에 관한 규정이 없다. 따라서 불법행위시 위자료배상에 관한 규정인 제751조와 제752조를 채무불이행의 경우에도 유추적용할 수 있는지 문제되는바, ① 학설은 대체로 채무불이행과 불법행위는 동일한 제도적 기능을 가지고 있어서 정신적 손해에 대하여 양자를 달리 취급하여야 할 이유가 없기 때문에 이를 긍정한다. ② 判例의 경우 **제751조에 대하여는 사실상 유추적용을 인정하면서** 침해법익이 재산적인 것인 경우, 그로 인한 정신적 고통은 일반적으로 그 재산적인 것에 대한 손해배상이 이루어짐으로써 회복된다고 보며, 그렇지 않은 경우는 피해자에게만 있는 특별한 사정으로서, 이때는 채무자의 예견가능성을 전제로 하여 정신적 고통에 대한 손해배상책임이 인정된다고 한다(제393조 2항). 반면에 **채무불이행으로 인한 유족의 위자료청구권 인정 여부에 대해서는 계약의 당사자가 아니라는 이유로 제752조의 유추적용을 부정한다**(대판 2000.11.24, 2000다38718).

(2) 불법행위에 기한 위자료청구권

생명침해의 경우에 제752조에 열거된 친족(직계존속, 직계비속, 배우자)은 정신상 고통에 대한 입증이 없이도 본조에 의해 위자료 청구권을 가진다(대판 1967.9.5, 67다1307). 따라서 丙의 친모인 丁은 제752조에 의해 위자료청구권이 인정된다.

한편, **判例는 제752조가 규정하는 친족관계에는 사실상의 친족관계가 있는 경우도 포함하는** 것으로 보므로(대판 1962.4.26. 62다72 ; 대판 1966.6.28. 66다493 ; 대판 1975.12.23. 75다413 : 당해 판례들은 사실혼 배우자의 子와 관련한 제752조 사안이다), 丙의 사실혼배우자인 戊에게도 제752조에 의한 위자료청구권이 인정된다.

[비교] 생명침해의 경우에 제752조에 열거된 자가 아닌 자도 정신상 고통에 관한 입증을 함으로써 일반규정인 제750조 및 제751조에 의해 위자료를 청구할 수 있는데, 判例는 그러한 경우로서 피해자의 며느리·시어머니·누나에게 위자료청구권을 인정한다(대판 1967.9.5. 67다1307).

3. 丙의 위자료청구권의 상속 및 상속인

(1) 丙의 위자료청구권

判例는 즉사의 경우에도 소위 시간적 간격설에 따를 때 순간적이나마 피해자로서 정신적 고통을 느끼는 순간이 있다고 보아, 즉사자도 정신적 손해배상청구권을 갖는다고 본다(대판 1973.9.25, 73다1100). 따라서 丙에게도 甲에 대한 위자료청구권이 인정된다.

(2) 위자료청구권의 상속여부

判例는 "정신적 고통에 대한 피해자의 위자료 청구권도 재산상의 손해배상 청구권과 구별하여 취급할 근거는 없는 바이므로 그 위자료 청구권이 일신 전속권이라 할 수 없고 피해자의 사망으로 인하여 상속된다"(대판 1969.4.15. 69다268)고 판시하였다.

따라서 丙의 유족은 甲에 대한 丙의 위자료청구권을 상속받아 행사할 수 있다.

(3) 丙의 상속인이 되는 자

민법 제1003조의 배우자는 법률상의 배우자만을 의미하므로 사실혼의 배우자 戊은 상속권 없다(대판 1999.5.11, 99두1540 등). 따라서 丙의 친모인 丁만이 상속권 가진다.

4. 고유의 손해배상청구권과 상속받은 손해배상청구권의 관계

判例는 "피해자의 재산상속인이 민법 제752조 소정의 유족인 경우라 하여도 그 유족이 민법 제752조 소정 고유의 위자료 청구권과 피해자로부터 상속받은 위자료 청구권을 함께 행사할 수 있다"(대판 1969.4.15. 69다268)고 판시하였다. 따라서 丙의 친모인 丁은 자신의 고유한 위자료청구권과 상속받은 丙의 위자료청구권을 함께 행사할 수 있다.

5. 사안의 해결

丁과 戊는 甲에게 채무불이행에 따른 위자료청구권은 행사할 수 없으나, 제752조에 따른 위자료청구권은 행사할 수 있고, 특히 丁은 이와 함께 丙의 甲에 대한 위자료청구권을 상속받아 중첩적으로 행사할 수도 있다.

기출해설

2016년 1차 법전협모의 제1문

【공통된 사실관계】 甲은 乙이 운전하던 A회사의 택시를 타고 가던 중, 乙이 丙이 운전하던 자동차와 추돌히는 바람에 중상을 입고 병원에 입원하여 치료를 받고 있다. 이 사고에 대한 乙의 과실은 40%, 丙의 과실은 60%로 확정되었다. 甲은 불법행위를 이유로 치료비 1,500만 원 일실수익 3,000만 원 위자료 1,500만 원 합계 6,000만 원의 손해배상청구소송을 제기하였다.

(아래 각 지문은 독립적이다. 자동치손해배상보장법은 고려하지 말 것)

1. 甲이 A회사를 상대로 손해배상을 청구하자 A회사에서는 ① 乙은 무효인 고용계약에 기하여 택시를 운전하고 있었으므로 자신의 피용자가 아니며, ② 甲은 乙의 택시에 호의동승한 것에 지나지 않으므로 책임이 없고, 설혹 책임이 있더라도 ③ 乙에게 과실 40%만 있으므로 사고 전액에 대하여 책임이 없다고 주장한다. 甲의 A회사에 대한 청구의 근거와 A회사의 주장이 정당한지를 검토하시오. (30점)

2. 甲이 丙을 상대로 손해배상을 청구하자 丙은 ① A회사에서 이미 3,000만 원을 甲에게 손해배상금으로 지급하였고, ② 乙에게 甲이 3,000만 원에 대한 손해배상책임에 대한 면제를 하였으므로 자신은 책임이 없다고 주장한다. 甲의 丙에 대한 청구의 근거와 丙의 주장이 정당한지를 검토하시오. (10점)

3. 甲이 상해보험을 가입한 보험회사 丁이 甲에게 6,000만 원 전액을 보험금으로 지급하였다면, 丁이 丙에게 구상할 수 있는 금액은? (10점)

사례C-72 사용자책임과 공불책, 부진정연대채무의 절대효 · 수인의 구상의무자의 관계

Ⅰ. 설문 1.의 경우(30)

1. 결 론

甲의 A회사에 대한 청구는 민법 제756조의 사용자책임에 근거한 것이고, A회사의 주장은 모두 정당하지 않다.

2. 논 거

(1) A회사의 사용자책임 성립여부 - A회사의 ①주장의 정당성

1) 甲의 A회사에 대한 청구의 근거

甲은 A회사와의 고용계약에 기초하여 택시를 운전한 乙의 과실로 손해를 입었는바, 甲이 A회사에 대하여 청구한 손해배상청구는 민법 제756조의 사용자책임에 근거한 것이다.[1)]

2) 사용자책임의 성립요건

제756조의 사용자 책임이 성립하기 위해서는 ⅰ) 피용자의 가해행위가 불법행위의 일반적 성립요

1) 자동차손해배보장법이 민법에 우선하여 적용되지만, 자동차손해배상보장상의 손해배상책임이 인정되지 않는 경우에는 민법상의 불법행위책임이 인정될 수 있다(대판 2001.6.29, 2001다23201). 그러나 설문에서 '자동치손해배상보장법은 고려하지 말 것'이라고 하므로 민법상 불법행위책임만 고려한다.

건을 갖출 것, ii) 타인을 사용하여 어느 사무에 종사하게 할 것(사용관계의 존재), iii) 피용자가 사무집행에 관하여 제3자에게 손해를 주었을 것(가해행위의 사무집행관련성), iv) 사용자의 선임 · 감독상의 주의의무 결여가 있을 것이 필요하다. 사안의 경우 특히 乙은 무효인 고용계약에 기하여 A회사의 택시를 운전한 자로서 사용관계의 존재가 부정되는 것은 아닌지 문제된다.

3) 사용관계 및 사무집행 관련성의 유무

① '사용관계'란 고용계약에 기초한 고용관계나 근로계약관계보다 넓은 개념으로서(대판 1979.7.10, 79다644), 반드시 유효한 고용관계에 한하지 않고 사실상 어떤 사람이 다른 사람을 위하여 그 **지휘·감독 아래** 그 의사에 따라 사무를 집행하는 관계에 있으면 족하며(대판 2003.12.26, 2003다49542), ② '사무집행에 관하여'란 피용자의 불법행위가 외형상 객관적으로 사용자의 사업 활동 내지 사무집행행위 또는 그와 관련된 것이라고 보여질 때에는 주관적 사정을 고려함이 없이 이를 사무집행에 관하여 한 행위로 본다는 것이다(**외형이론**).

4) 사안의 경우

i) 乙의 과실에 의한 가해행위와 丙의 과실에 의한 가해행위가 결합하여 甲에게 중상을 입혔으므로 피용자 乙은 제760조 1항의 협의의 공동불법행위책임(제760조 1항)을 진다. ii) 乙이 A회사와의 무효인 고용계약에 기초하여 택시를 운전하였더라도 사용관계는 인정된다. iii) '택시회사'에 고용되어 '택시 운전'을 하였다는 것은 외형상 객관적으로 사무집행관련성이 인정된다. 따라서 A회사의 사용자책임이 인정되므로 A회사의 ①주장은 정당하지 않다.

(2) 호의동승으로 인한 면책 인정 여부 - A회사의 ②주장의 정당성

1) 호의동승[2]인지 여부

사안의 경우 호의동승 관계인지 분명하지는 않으나 甲이 일반적인 택시 이용객이라면 이를 운행요금을 지불하였을 것이므로 호의동승이라고 볼 수는 없을 것이지만 이 부분에 대한 사실관계가 불분명하고 A회사가 호의동승에 지나지 않는다고 주장하고 있으므로 이에 따라 책임이 감경되거나 면책될 수 있는지 살핀다.

2) 책임의 감경 내지 면책 인정여부

判例는 사고 차량에 단순히 호의로 동승하였다는 사실만 가지고 바로 이를 배상액 경감사유로 삼을 수 있는 것은 아니다(대판 1996.3.22, 95다24302 등 : 3회 선택형)고 한다. 다만 예외적으로 **운행의 목적, 호의동승자와 운행자와의 인적관계, 피해자가 차량에 동승한 경위 특히 동승요구의 목적과 적극성 등의 제반사정에** 비추어 가해자에게 일반의 교통사고와 같은 책임을 지우는 것이 신의칙이나 형평의 원칙에 비추어 매우 불합리한 것으로 인정되는 경우에는 그 배상액을 감경할 사유로 삼을 수도 있다(대판 1987.12.22, 86다카2994)고 한다.

그러나 사안의 경우 설령 호의동승으로 본다고 하더라도 원칙적으로는 그것만을 이유로 하여서는 책임이 면책되거나 감경된다고 볼 수 없고, 형평의 원칙상 책임을 제한 또는 감경할 사정도 보이지 않으므로 A회사의 ②주장은 정당하지 않다.

---

2) 호의동승이란 차량의 운행자로서 아무 대가를 받은 바 없이 오직 동승자의 편의와 이익을 위하여 동승을 제공하고, 동승자로서도 그 자신의 편의와 이익을 위해서 그 제공을 받은 경우를 뜻한다(대판 1987.12.22, 86다카2994). 判例는 무상동승의 경우도 넓은 의미의 호의동승으로 보고 있다.

(3) 공동불법행위에서의 손해배상의 범위 - A회사의 ③주장의 정당성

공동불법행위자인 乙과 丙은 부진정연대채무를 지며, 乙의 사용자인 A회사도 전체적으로 부진정연대채무관계에 있게 된다. 이 경우 피해자에 대하여 과실 비율별로 각자 책임을 지는 것인지 문제되나, 공동불법행위로 인한 손해배상책임의 범위는 피해자에 대한 관계에서 **가해자들 전원의 행위를 '전체적'으로 함께 평가하여 정하여야 하고,** 그 손해배상액에 대하여는 가해자 각자가 그 금액의 전부에 대한 책임을 부담한다(대판 1998.10.20, 98다31691 : 5회 선택형).[3]

따라서 사안의 경우 乙의 과실이 40%에 불과하더라도 乙과 A회사의 책임범위가 40%로 제한되는 것은 아니다. 그러므로 A회사의 ③주장은 부당하다.

Ⅱ. 설문 2.의 경우(10)

1. 결 론

甲은 丙에 대하여 민법 제760조에 근거하여 손해배상을 청구할 수 있고, 丙의 ①주장은 정당하나, ②주장은 정당하지 않다.

2. 논 거

(1) 甲의 丙에 대한 청구의 근거 - 공동불법행위책임(제760조 1항)

수인이 공동의 불법행위로 타인에게 손해를 가한 때에는 연대하여 그 손해를 배상할 책임이 있다(제760조 1항). 여기서 '공동'의 의미와 관련해서는 피해자구제를 위해 넓게 보는 것이 타당한바, 判例와 같이 "공동불법행위가 성립하려면 행위자 사이에 의사의 공통이나 행위공동의 인식이 필요한 것은 아니지만 **객관적으로** 보아 피해자에 대한 권리침해가 공동으로 행하여지고 그 행위가 손해발생에 대하여 **'공통의 원인'**이 되었다고 인정되는 경우라야 한다"(대판 1989.5.23, 87다카2723).

사안의 경우 乙과 丙의 상호과실에 의한 자동차 사고는 甲의 중상에 대해 공통의 원인이 되어 행위의 객관적 관련성이 인정되므로 乙과 丙은 甲에게 협의의 공동불법행위책임을 진다. 이렇게 공동불법행위책임이 성립하는 경우 제760조 1항의 '연대하여'란 **부진정연대채무관계**를 의미한다.

(2) 부진정연대채무자 있어서의 일부변제의 절대효 인정여부

부진정연대채무자 중 1인의 변제는 채권의 만족을 가져오므로 절대적 효력이 인정된다. 따라서 A측이 변제한 3,000만 원 채무 전액이 丙의 채무를 소멸시킨다. 따라서 丙의 ①주장은 타당하다.

(3) 부진정연대채무에 있어서의 면제의 절대효 인정여부

부진정연대채무에 있어서는 연대채무와 달리 채권을 만족시키는 사유인 변제, 대물변제, 공탁에 있어서만 절대적 효력이 인정된다. 따라서 피해자가 부진정연대채무자 중 1인에 대하여 손해배상에 관한 권리를 포기하거나 채무를 면제하는 의사표시를 하였다 하더라도 다른 채무자에 대하여 그 효력이 미친다고 볼 수는 없다(대판 1997.12.12, 96다50896). 그러므로 甲이 乙에게 3,000만 원의 채무를 면제하여 주었더라도 이는 乙에게만 효력이 있고 丙에게는 효력이 없으므로(상대효), 丙의 ②주장은 부당하다.

---

3) "따라서 가해자의 1인이 다른 가해자에 비하여 불법행위에 가공한 정도가 경미하다고 하더라도 피해자에 대한 관계에서 그 가해자의 책임 범위를 위와 같이 정하여진 손해배상액의 일부로 제한하여 인정할 수 없다"

Ⅲ. 설문 3.의 경우(10)

1. 결 론

丁은 丙에 대하여 6,000만 원 전액을 구상할 수 있다.

2. 논 거

(1) 丁의 보험금지급채무와 乙, 丙의 채무와의 관계 - 부진정연대채무관계

보험회사 丁은 甲에게 보험계약상의 보험금지급채무를 지고, 乙과 丙은 甲에게 불법행위손해배상책임을 진다. 이 때 乙과 丙은 부진정연대채무관계에 있고, 또한 乙과 丙은 丁과 주관적 공동관계는 없으나 동일한 경제적 목적을 가지는 급부에 관하여 각자 독립하여 전부의 급부를 하여야 할 채무를 부담하므로(각자의 채무의 발생원인이나 액수가 동일하여야 하는 것은 아니다). 부진정연대채무관계에 있다(대판 2006.9.8, 2004다552300).

(2) 부진정연대채무자 상호간에 구상권 인정여부 및 범위

1) 구상권 인정여부

判例가 판시하는 바와 같이 "공동의 불법행위로 피해자에게 가한 손해를 연대하여 배상할 책임이 있는 공동불법행위자 중의 1인과 체결한 보험계약에 따라 보험자가 피해자에게 그 손해배상금을 보험금액으로 모두 지급함으로써 공동불법행위자들이 공동면책된 경우에, 보험금액을 지급한 보험자는 상법 제682조 소정의 보험자대위에 의하여 그 공동불법행위자가 공동면책됨으로써 다른 공동불법행위자의 부담부분에 대하여 행사할 수 있는 구상권을 취득한다"(대판 1994.1.11. 93다32958)

2) 구상권 행사의 구체적 범위

判例가 판시하는 바와 같이 "공동불법행위자 중 1인에 대하여 구상의무를 부담하는 다른 공동불법행위자가 수인인 경우에는 특별한 사정이 없는 이상 그들의 구상권자에 대한 채무는 각자의 부담 부분에 따른 분할채무로 봄이 상당하지만, 구상권자인 공동불법행위자측에 과실이 없는 경우, 즉 내부적인 부담 부분이 전혀 없는 경우에는 이와 달리 그에 대한 수인의 구상의무 사이의 관계를 부진정연대관계로 봄이 상당하다"(대판 2005.10.13, 2003다24147 : 2회,6회,7회 선택형).

사안의 경우 피해자 甲을 위한 보험회사 丁은 乙과 丙간의 내부관계에서는 부담부분이 0이라고 보아야 한다. 따라서 내부적 부담부분이 없는 丁에 대한 乙과 丙의 구상채무는 여전히 부진정연대관계이므로 丁은 丙에 대하여 6,000만 원 전액을 구상할 수 있다.

[판례정리] * **부진정연대채무자 수인의 구상의무자간 상호관계**

① [원칙적 분할채무] 공동불법행위자 중 1인에 대하여 구상의무를 부담하는 다른 공동불법행위자가 수인인 경우에는 특별한 사정이 없는 이상 그들의 구상권자에 대한 채무는 각자의 부담 부분에 따른 '분할채무'로 본다(대판 2002.9.27, 2002다15917 : 5회 선택형, 14행정). 따라서 각자의 내부적 부담부분의 범위 내에서만 구상의무를 부담한다. ② [예외적 부진정연대채무] 그러나 구상권자인 공동불법행위자측에 과실이 없는 경우(운전자에게 과실이 없는 경우에도 자배법상 운행자책임이 성립할 수 있다), 즉 내부적인 부담 부분이 전혀 없는 경우에는 이와 달리 그에 대한 수인의 구상의무 사이의 관계를 '부진정연대관계'로 봄이 상당하다고 한다(대판 2005.10.13, 2003다24147 : 2회,6회,7회 선택형).

기출해설

2013년 2차 법전협모의 제1문

【공통된 사실관계】

대형유통업체인 주식회사 A(이하 A회사라 한다)에서 수주 및 발주 업무를 담당하고 있는 특판과장 甲은 2010. 2.경 거래처인 주식회사 B(이하 B회사라 한다)의 대표이사이자 친한 친구인 乙로부터 회전다리미판이라는 아이디어 상품 개발사업과 관련된 투자자 물색을 요청받고는 업무상 알고 지내던 丙을 乙에게 소개시켜 주었으나 丙은 투자를 선뜻 결정하지 못한 채 망설였다.

그러자 甲과 乙은 丙을 기망하여 투자를 받기로 공모하고서 2010. 3.경 甲이 업무상 보관하고 있던 A회사 대표이사의 인감을 이용해 'A회사는 B회사로부터 회전다리미판을 독점적으로 공급받아 이를 홈쇼핑이나 대형마트에서 판매한다'는 내용의 독점판매계약서를 위조한 후 2010. 3. 15. 다시 丙을 만나서 그에게 위 독점판매계약서를 보여주며 'B회사가 이미 물건개발을 끝냈지만 아쉽게도 자금이 부족하여 양산을 못하고 있는 사정인데 만약 丙이 2억 원을 투자해준다면 즉시 생산이 가능해진다. 그렇게 되면 B회사가 회전다리미판을 독점적으로 납품함에 따른 영업이익으로부터 丙은 이익을 얻을 수 있을 것이다'라고 거짓말을 하였다.

이에 속은 丙이 투자에 긍정적 반응을 보이자 다음 날인 2010. 3. 16. 甲과 乙은 수신인이 B회사로 되어 있는 A회사 명의의 허위의 발주서(회전다리미판 9,000개를 개당 30,000원의 가격으로 6개월 뒤인 2010. 9. 16. A회사에 납품하라는 내용)를 작성하여 다시 A회사 대표이사의 인감을 날인한 후 이를 팩스로 丙에게 송부하였으며, 이를 본 丙은 더욱 甲과 乙의 말을 신뢰하게 되어 위 독점판매계약서 및 발주서의 진위 여부, B회사의 제품생산능력 및 자금사정 등을 제대로 확인해 보지 않은 채 같은 날 甲과 乙을 만나서 투자약정을 하였다. 그 내용은 丙이 B회사에 2억원을 대여해주고 위 발주서의 납품일인 2010. 9. 16.로부터 1개월 내에 2억 원의 원금과 함께 회전다리미판 개당 3,000원의 판매수익을 지급받는다는 것이었다. 이 약정 후 丙은 즉시 B회사의 은행계좌로 2억 원을 송금해 주었다.

2억 원을 송금받은 B회사는 그제야 회전다리미판 개발을 시작하였지만 그 개발에 실패하였고, 2010. 7. 경 결국 부도가 나고 말았다. 그 와중에도 乙은 丙으로부터 받은 2억 원을 온전히 회전다리미판 개발에 사용하지 않았고 그 상당부분을 甲과 함께 유흥비로 탕진하거나 甲의 주식투자 손실을 보전해 주는 용도로 소비해버렸다.

위 발주서에 적힌 납품기일이 지났음에도 B회사로부터 아무런 연락이 없자, 丙은 甲과 乙에게 연락하였으나 모두 조금 더 기다려 달라는 말만 되풀이 하였다. 이에 의심을 품은 丙은 이리저리 수소문한 끝에 그간의 모든 사정과 자신이 甲과 乙에게 속았다는 사실을 알게 되었다. 이에 丙은 2010. 12. 11. 甲, 乙 그리고 A회사를 상대로 소를 제기하였다. 그리고 그 소송에서 변론에 현출된 제반사정을 고려한 결과 丙의 손해에 대한 甲과 乙의 기여도는 동일한 것(5:5)으로 인정되었으며 피해자 丙의 과실 또한 40%로 인정되었다.

※ 아래 각 문제에 대해 답을 할 때에 편의상 지연손해금은 고려에서 제외하시오.

1. 위 소송에서 丙이 甲, 乙, A회사에 대하여 종국적으로 행사가능한 손해배상청구권의 구체적 범위와 서로간의 관계는 어떠한지 각 피고에 대한 청구권의 근거와 함께 검토해 보시오. (25점)

2. 만약 A회사가 丙에 대해 이미 변제기가 도래한 1억 원의 대여금채권을 가지고 있다면 A회사는 이를 자동채권으로 하여 丙이 자신에 대해 가진 손해배상채권과 상계함을 주장할 수 있는지 검토해 보시오. (10점)

3. 위 제2문에 대한 답변과 상관없이 만약 A회사의 위 상계주장이 허용되는 것이라고 가정한다면 A회사는 甲과 乙에게 이를 이유로 구상할 수 있는지, 또 이것이 가능하다면 그 범위는 어떻게 되는지 검토해 보시오. (15점)

사례C-73 공동불법행위와 사용자책임 및 과실상계, 제496조, 부진정연대채무와 구상권[1] ★

Ⅰ. 설문 1.의 경우(25)

1. 丙의 甲, 乙, A에 대한 손해배상청구권의 근거

(1) 甲, 乙에 대한 손해배상청구권의 근거

甲과 乙은 각각 '고의'의 '위법행위'로 丙에게 2억 원 상당의 '손해'를 발생시킨바, 이들은 각각 민법 제750조의 불법행위책임을 진다.

(2) A회사에 대한 손해배상청구권의 근거

1) 상법 제210조의 적용여부

주식회사의 대표기관이 아닌 피용자의 사무집행과 관련하여 타인에게 손해를 가한 때에는 상법 제210조가 아닌 민법 제756조가 적용되어야 하는바(법조경합), 甲은 대표기관이 아닌 A회사의 수주 및 발주 업무를 담당하고 있는 특판과장이므로 민법 제756조가 문제된다.

2) 민법 제756조의 적용여부

가) 요 건

민법 제756조의 사용자 책임이 성립하기 위해서는 ⅰ) 피용자의 가해행위가 불법행위의 일반적 성립요건을 갖출 것, ⅱ) 타인을 사용하여 어느 사무에 종사하게 할 것(사용관계의 존재), ⅲ) 피용자가 사무집행에 관하여 제3자에게 손해를 주었을 것(가해행위의 사무집행관련성), ⅳ) 사용자의 선임·감독상의 주의의무 결여가 있을 것이 필요하다.

나) 사안의 경우

ⅰ) 甲의 가해행위는 불법행위의 일반적 성립요건을 갖추었다고 판단되며(제750조), ⅱ) 甲은 A회사에 고용된 특판과장으로서 A회사와 甲사이에는 실질적으로 지휘·감독하는 사용관계가 있으며, ⅳ) 判例에 따르면 사용자 A의 선임·감독상의 주의의무 결여는 사실상 인정된다.
문제는 ⅲ) 가해행위의 사무집행 관련성인바, '사무집행에 관하여'라는 뜻은, 피용자의 불법행위가 외형상 객관적으로 사용자의 사업활동 내지 사무집행 행위 또는 그와 관련된 것이라고 보여질 때에는 주관적 사정을 고려함이 없이 이를 사무집행에 관하여 한 행위로 보는 것을 말한다(외형이론). 다만, 피용자의 불법행위가 외관상 사무집행의 범위 내에 속하는 것으로 보이는 경우에도 **거래상대방이 피용자의 행위가 사무집행에 해당하지 않음을 '알았거나' '중과실'로 알지 못한 경우에는 사용자책임을 물을 수 없다**고 한다(대판 2003.1.10, 2000다34426). 이러한 경우까지 제3자를 보호하는 것은 신뢰보호의

---

1) ★ 부진정연대채무자 수인의 구상의무자간 상호관계 쟁점은 2017년 변호사시험 제2문에서도 동일하게 문제되었다.

원칙에 반하기 때문이다. 사안의 경우 피해자 丙의 과실이 40% 정도 인정되었으므로 피용자 甲의 행위가 사무집행에 해당하지 않음을 모르는데 경과실이 있는 것에 불과하다. 따라서 A는 甲에 대해 제756조에 따른 사용자책임을 지고, 다만 과실상계가 문제될 뿐이다.

2. 손해배상의 구체적 범위

(1) 협의의 공동불법행위 성립 여부(제760조 1항)

1) 제760조의 '공동'의 의미

수인이 공동의 불법행위로 타인에게 손해를 가한 때에는 연대하여 그 손해를 배상할 책임이 있다(제760조 1항). 여기서 '공동'의 의미와 관련해서는 피해자구제를 위해 넓게 보는 것이 타당한바, 判例와 같이 "공동불법행위가 성립하려면 행위자 사이에 의사의 공통이나 행위공동의 인식이 필요한 것은 아니지만 객관적으로 보아 피해자에 대한 권리침해가 공동으로 행하여지고 그 행위가 손해 발생에 대하여 '공통의 원인'이 되었다고 인정되는 경우라야 한다"(대판 1989.5.23, 87다카2723).

2) 甲과 乙의 경우

사안과 같이 가해자인 甲과 乙의 '공모'가 있는 경우에는 어느 견해에 의하든 민법 제760조 1항의 공동불법행위에 해당한다.

3) 甲과 A의 경우

원칙적으로 사용자는 제756조 사용자책임을 부담하고 공동불법행위책임을 부담하지 않지만, 사용자가 피용자의 행위에 일반적 과실이 있고, 그것이 피용자의 불법행위와 인과관계가 인정되는 경우에는 피용자와 공동불법행위가 성립한다(대판 1962.11.15, 62다596 참고).

사안에서 피용자 甲은 상당기간 A회사의 대표이사의 인감을 무단으로 이용하였으나 사용자인 A회사는 이를 제대로 감독하지 못한 과실이 있고, 이것이 甲의 불법행위와 인과관계가 인정된다면 甲과 A는 민법 제760조 1항에 따른 공동불법행위책임을 질 수도 있다.

4) 甲, 乙, A 상호간의 관계

사용자책임이 성립하는 경우 사용자는 피용자와 공동불법행위책임을 지는지와 상관없이 부진정연대채무를 지며, 피용자와 공동불법행위관계에 있는 자와도 부진정연대책임을 진다(대판 1992.6.23. 91다33070 : 1회,4회 선택형).

(2) 손해배상책임의 구체적인 범위

1) 공동불법행위의 손해배상책임

공동불법행위로 인한 손해배상책임의 범위는 피해자에 대한 관계에서 가해자들 전원의 행위를 '전체적'으로 함께 평가하여 정하여야 하고, 그 손해배상액에 대하여는 가해자 각자가 그 금액의 전부에 대한 책임을 부담한다(대판 1998.10.20, 98다31691 : 5회 선택형).

2) 공동불법행위에서의 과실상계

가) 판 례

"피해자의 부주의를 이용하여 고의로 불법행위를 저지른 자가 바로 그 피해자의 부주의를 이유로 자신의 책임을 감하여 달라고 주장하는 것은 허용될 수 없으나, 이는 그러한 사유가 있는 자에게 과실상계의 주장을 허용하는 것이 신의칙에 반하기 때문이므로, 불법행위자 중의 일부에게 그러한 사유가 있다고 하여 그러한 사유가 없는 다른 불법행위자까지도 과실상계의 주장을 할 수 없다고 해석할 것은 아니다"(대판 2007.6.14, 2005다32999 : 1회,3회,6회 선택형).

[비교판례] 통상 공동불법행위의 경우 과실상계를 함에 있어서는 피해자에 대한 공동불법행위자 전원의 과실과 피해자의 공동불법행위자 전원에 대한 과실을 '전체적'으로 평가하여야 하고 공동불법행위자 간의 과실의 경중이나 구상권 행사의 가능 여부 등은 고려할 여지가 없다(대판 1991.5.10, 90다14423 : 5회, 6회 선택형).

나) 사안의 경우

① 甲과 乙은 丙의 부주의를 이용하여 고의로 불법행위를 저지를 자이므로 **과실상계를 주장할 수 없어 각각 손해 전액인 2억 원에 대한 손해배상책임**을 진다. ② 그러나 A회사는 甲을 제대로 감독하지 않은 것은 고의가 아닌 과실에 의한 것으므로 丙에 대해 과실상계를 주장할 수 있고, 피해자 丙의 과실은 40%이므로 1억 2천만 원의 손해배상책임을 부담한다고 할 것이다(제763조, 제396조). 따라서 A회사는 1억 2천만 원의 범위에서, 甲과 乙은 2억 원의 범위내에서 모두 丙에 대하여 부진정연대채무관계에 있다.

Ⅱ. 설문 2.의 경우(10)

1. 민법 제496조의 적용여부에 대한 판례의 태도

채무가 고의의 불법행위로 인한 것인 때에는 그 채무자는 상계로 채권자에게 대항하지 못한다(제496조). 고의에 의한 불법행위의 발생을 방지함과 아울러 고의의 불법행위로 인한 피해자에게 현실의 변제를 받게 하려는 데 있다(대판 2002.1.25. 2001다52506 : 따라서 피해자가 손해배상채권을 '자동채권'으로 하여 상계하는 것은 무방하다). 그러나 判例에 따르면 **피용자의 고의의 불법행위로 인해 사용자책임이 성립하는 경우**, 사용자는 자신의 고의의 불법행위가 아니라는 이유로 제496조의 적용을 면할 수는 없다고 한다(대판 2006.10.26, 2004다63019 : 1회 선택형).

2. 검토 및 사안의 경우

사용자가 부담하는 손해배상채무는 피용자의 배상책임에 대한 대체적 책임으로 현실적인 변제를 강제할 필요가 있고, 그럼으로써 불법행위의 유발을 방지할 수 있다는 측면을 고려한 것으로 타당하다.

A회사가 丙에 대해 이미 변제기가 도래한 1억원의 대여금채권(자동채권)을 가지고 있다고 하더라도 A회사는 이를 자동채권으로 하여 丙이 자신에 대해 가지는 손해배상채권(수동채권)과 상계할 수 없다(제496조).

Ⅲ. 설문 3.의 경우(15)

1. A의 상계가 다른 부진정연대채무자 甲, 乙에게 절대적 효력을 미치는지 여부

判例가 판시하는 바와 같이 "부진정연대채무자 중 1인이 자신의 채권자에 대한 반대채권으로 상계를 한 경우에도 채권은 변제, 대물변제, 또는 공탁이 행하여진 경우와 동일하게 **현실적으로 만족**

을 얻어 그 목적을 달성하는 것이므로, 그 상계로 인한 채무소멸의 효력은 소멸한 채무 전액에 관하여 다른 부진정연대채무자에 대하여도 미친다고 보아야 한다"(대판 2010.9.16, 전합2008다97218 ; 1회,2회,4회,5회,7회 선택형)(제418조 1항의 유추적용).[2]

그러므로 A의 상계를 통해 A는 2천만 원, 甲과 乙은 각각 1억 원의 손해배상채무를 진다.

2. A의 甲과 乙에 대한 구상권 행사가부 및 범위

(1) 구상권의 인정 여부

① A회사의 甲에 대한 구상권의 법적근거는 제756조 3항이나, ② 문제는 부진정연대채무관계에 있는 A회사의 乙에 대한 구상권의 법적근거인바, 判例는 "부진정연대채무의 관계에 있는 복수의 책임주체 내부관계에 있어서는 '형평의 원칙' 상 일정한 부담부분이 있을 수 있으며, 그 부담부분은 각자의 고의 및 과실의 정도에 따라 정하여지는 것으로서, 부진정연대채무자 중 1인이 자기의 부담부분 이상을 변제하여 공동의 면책을 얻게 하였을 때에는 다른 부진정연대채무자에게 그 부담부분의 비율에 따라 구상권을 행사할 수 있다"(대판 2006.1.27, 2005다19378)고 판시하고 있다.

(2) 구상권의 행사요건 및 수인의 구상의무자간 상호관계

判例는 ① 연대채무와는 달리 자기 부담부분을 넘은(초과) 면책행위를 해야 구상권을 행사할 수 있다고 한다(대판 1997.12.12, 96다50896 : 1회,5회 선택형). ② 또한 공동불법행위자 중 1인에 대하여 구상의무를 부담하는 다른 공동불법행위자가 수인인 경우에는 특별한 사정이 없는 이상 그들의 구상권자에 대한 채무는 각자의 부담 부분에 따른 '분할채무'로 본다(대판 2002.9.27, 2002다15917 : 5회 선택형). 따라서 각자의 내부적 부담부분의 범위 내에서만 구상의무를 부담한다.

다만 A와 甲은 책임공동관계에 있다고 할 수 있는바, 즉 甲과 A는 구상권자에 대한 관계에서는 하나의 책임주체로 평가되는 것이 마땅하다. 따라서 A가 손해배상채무를 이행하면 A는 甲에게는 원칙적으로 그 전액을, 乙에게는 甲이 구상할 수 있는 범위에서 각 구상할 수 있고, 乙이 손해배상채무를 이행하면 乙은 甲에게 구상할 수 있는 범위에서 A에게도 구상할 수 있다(대판 1992.6.23. 전합91다33070 : 1회,4회 선택형).[3]

(3) 사안의 경우

사안에서 甲과 乙의 기여도가 5 : 5이고, A와 甲은 책임공동관계이므로, 丙의 손해배상채권액 2억 원 중 A와 甲의 부담부분은 1억 원, 乙의 부담부분도 1억 원이라고 보는 것이 타당하다.

따라서 A는 상계를 통해 자신의 출제로 丙에게 1억원을 변제한 것과 마찬가지이나, 이는 자신의 부담부분에 해당하는 금액이므로 乙에게 구상할 수는 없다. 다만 甲에게는 1억 원 전액을 구상할 수 있다. 물론 判例가 판시하는 바와 같이 손해의 공평·타당한 분담이라는 견지에서 구상권을 제한하거나 배제할 수는 있으나(대판 1987.9.8, 86다카1045), 설문에서 특별히 그러한 사유는 보이지 않는다.

---

2) [비교판례] 그러나 부진정연대채무자 사이에는 고유한 의미의 부담부분이 존재하지 않으므로 이를 전제로 한 제418조 2항은 유추적용되지 않는다(대판 1994.5.27, 93다21521).

3) "피용자와 제3자가 공동불법행위로 피해자에게 손해를 가하여 그 손해배상채무를 부담하는 경우에 피용자와 제3자는 공동불법행위자로서 서로 부진정연대관계에 있고, 한편 사용자의 손해배상책임은 피용자의 배상책임에 대한 대체적 책임이어서 사용자도 제3자와 부진정연대관계에 있다고 보아야 하므로, 사용자가 피용자와 제3자의 책임비율에 의하여 정해진 피용자의 부담부분을 초과하여 피해자에게 손해를 배상한 경우에는 사용자는 제3자에 대하여도 구상권을 행사할 수 있으며, 그 구상의 범위는 제3자의 부담부분에 국한된다고 보는 것이 타당하다"

기출해설 2015년 2차 법전협모의 제1문

【기초적 사실관계】 일과를 마치고 술 한 잔을 하기 위하여 친구 丙을 경운기 적재함에 태우고 읍내로 나가던 甲은 사거리 교차로(甲이 진행하던 도로의 폭은 왕복 2차선, 교차하는 도로는 왕복 4차선임)로 진입하였으나, 좌측대로에서 교차로 방향으로 달려오는 차량들을 피하기 위하여 교차로에서 멈추었다. 한편 그 소유 승용차를 운행하면서 황색 경보등과 도로 우측에 설치된 일시정지 표지판을 무시하고 과속으로 교차로에 진입한 乙은 甲이 운행하던 경운기를 미처 발견하지 못하고 경운기와 충돌하였다. 이 사고로 경운기 수리비 5000만 원, 甲과 丙의 치료비와 일실이익 등으로 각 1,000만 원, 乙의 승용차 수리비 300만 원, 치료비 및 일실이익 등으로 500만 원의 손해가 발생하였다. 甲과 乙의 사고에 대한 과실비율은 3 : 7이며, 경운기 적재함에 승차한 丙의 과실도 10%로 인정되었다. 한편 경운기는 甲과 丁의 동업약정에 따라 각각 지분을 출자하여 공동경영하기로 하여 설립한 A조합의 소유인데, A조합의 실제운영은 丁이 책임을 지고 甲은 丁의 지시에 따라 경운기 등을 사용하여 조합의 농업일에 필요한 노무를 제공하는 관계에 있었다.

※ 문제를 해결함에 있어서 자동차손해보장법 관련사항 및 지연이자 부분은 고려하지 않음

1. 丙은 甲, 乙, 丁에게 손해배상을 청구할 수 있는가? 그 可否와 판단의 근거 및 만약 손해배상청구가 가능한 경우라면 그 구체적 금액을 함께 서술하시오. (20점)
2. 만약 乙이 丙에게 600만 원을 지급하였다면 甲에게 얼마를 구상할 수 있는가? (10점)
3. 乙이 자신이 입은 손해에 대하여 甲으로부터 200만 원을 받고 더 이상의 손해배상을 일절 청구하지 않기로 甲과 합의하였다면 乙은 丁에게 손해배상청구를 할 수 있는가? 그 可否와 판단의 근거 및 만약 손해배상청구가 가능한 경우하면 그 구체적인 금액을 함께 서술하시오. (10점)
4. 丙이 가입한 손해보험의 보험자인 B가 이미 丙의 손해액 전부를 지급해 주었는데, 이 사실에 대해 별다른 주의를 기울이지 않았던 甲도 丙에게 손해배상을 해주었다. 그러자 B는 丙에게 甲으로부터 받은 손해배상액을 부당이득으로 반환하라는 청구를 하였다. B의 청구의 인용여부를 판단하시오. (10점)

사례C-74 공동불법행위와 사용자책임, 구상권과 부진정연대채무[1] ★

Ⅰ. 설문 1.의 경우(20)

1. 문제점

설문에서 甲과 乙에 대한 손해배상의 청구에 대해 공동불법행위책임의 성립과 손해배상액의 범위가 문제되고, 丁에 대해 사용자책임의 성립을 인정할 수 있는지가 검토되어야 한다.

2. 甲과 乙에 대한 청구

(1) 청구의 근거

1) ★ 공동불법행위책임과 운행자책임 쟁점은 2017년 변호사시험 제2문에서도 동일하게 문제되었다.

1) 공동불법행위책임의 요건

별도의 계약관계가 존재하지 않는 점에서 불법행위의 성립이 문제되는데, 공동불법행위자의 책임(제760조 1항)은 ⅰ) 각 가해행위의 독립성, ⅱ) 행위의 공동성을 요건으로 한다. 사안에서 甲과 乙의 불법행위책임의 성립은 특별히 문제되지 않고 행위의 공동성에 대한 검토가 필요하다.

2) 행위의 공동성(공동의 의미)

제760조의 입법취지가 피해자의 보호와 입증 곤란의 해결에 있다는 점을 생각할 때 判例와 같이 "공동불법행위자 상호 간에 의사의 공동이나 공동의 인식이 필요하지 아니하고 '객관적으로 각 행위에 관련공동성'이 있으면 족하다"(대판 2006.1.26, 2005다47014 등).[2)]

사안에서 甲과 乙은 교통사고로 인해 丙에게 가해행위를 한 점에서 행위의 공동성이 인정되어 공동불법행위책임이 인정된다. 따라서 부진정연대책임을 부담한다.

(2) 청구의 범위

1) 손해배상의 평가방법

공동불법행위로 인한 손해배상책임의 범위는 피해자에 대한 관계에서 가해자들 전원의 행위를 '전체적'으로 함께 평가하여 정하여야 하고, 그 손해배상액에 대하여는 가해자 각자가 그 금액의 전부에 대한 책임을 부담한다. 따라서 가해자의 1인이 다른 가해자에 비하여 불법행위에 가공한 정도가 경미하다고 하더라도 피해자에 대한 관계에서 그 가해자의 책임 범위를 위와 같이 정하여진 손해배상액의 일부로 제한하여 인정할 수 없다(대판 1998.10.20, 98다31691 : 5회 선택형).

따라서 甲과 乙의 사고에 대한 과실비율이 7 : 3이라도 丙의 치료비 1,000만 원에 대하여 각 1,000만 원 전액의 책임을 부담한다.

2) 호의동승으로 인해 손해가 발생한 경우 배상액 감경 인정 여부(목, 인, 경)

判例는 사고 차량에 단순히 호의로 동승하였다는 사실만 가지고 바로 이를 배상액 경감사유로 삼을 수 있는 것은 아니다(대판 1996.3.22, 95다24302 등 : 3회 선택형)고 한다.

다만 예외적으로 운행의 목적, 호의동승자와 운행자와의 인적관계, 피해자가 차량에 동승한 경위 특히 동승요구의 목적과 적극성 등의 제반사정에 비추어 가해자에게 일반의 교통사고와 같은 책임을 지우는 것이 신의칙이나 형평의 원칙에 비추어 매우 불합리한 것으로 인정되는 경우에는 그 배상액을 감경할 사유로 삼을 수도 있다(대판 1987.12.22, 86다카2994)고 하는데, 사안에서는 이러한 사유가 보이지 않으므로 丙이 甲의 경운기에 동승한 사정만을 이유로 배상액의 감경을 인정할 수 없다.

3) 과실상계(제763조, 제396조)

가) 공동불법행위책임에서의 과실상계 평가방법 : 원칙적 전체적 평가설

통상 공동불법행위의 경우 과실상계를 함에 있어서는 피해자에 대한 공동불법행위자 전원의 과실과 피해자의 공동불법행위자 전원에 대한 과실을 '전체적'으로 평가하여야 하고 공동불법행위자 간의 과실의 경중이나 구상권 행사의 가능 여부 등은 고려할 여지가 없다(대판 1991.5.10, 90다14423 : 5회, 6회 선택형). 따라서 甲과 乙에 대한 丙의 과실을 모두 고려하여 참작하여야 하는데 경운기

2) "공동불법행위가 성립하려면 행위자 사이에 의사의 공통이나 행위공동의 인식이 필요한 것은 아니지만 객관적으로 보아 피해자에 대한 권리침해가 공동으로 행하여지고 그 행위가 손해발생에 대하여 '공통의 원인'이 되었다고 인정되는 경우라야 한다"(대판 1989.5.23, 87다카2723)

적재함에 승차한 丙의 과실 10% 이외에 경운기 운행자인 甲의 과실을 丙의 과실로 볼 수 있는지 문제된다.

나) 피해자측 과실이론

判例는 피해자와 '신분상 및 생활관계상 일체'를 이루는 관계에 있는 자의 과실을 피해자의 과실로 보아 손해배상액을 산정함에 있어서 참작하고 있는바, 손해의 공평한 부담을 실현하기 위해 인정된다(대판 1993.11.23, 93다25127 등). 그러나 甲과 丙은 단순한 친구에 불과하므로 신분상 내지 생활관계상 일체를 이루는 관계에 있는 자라고 보기는 어렵고, 불필요한 구상관계의 순환방지가 필요한 경우도 아니므로 甲의 과실을 丙의 과실로 보아 손해배상액의 감경을 주장할 수는 없다.

(3) 사안의 경우

丙의 손해는 1,000만 원이고, 그에 대한 丙의 과실로 인한 부분 즉, 100만 원을 과실상계하여 甲과 乙은 丙에 대해 각 900만 원씩의 부진정연대책임을 부담한다.

3. 丁에 대한 청구

(1) 丁의 사용자책임(제756조)

1) 요 건

제756조의 사용자 책임이 성립하기 위해서는 ⅰ) 피용자의 가해행위가 불법행위의 일반적 성립요건을 갖출 것, ⅱ) 타인을 사용하여 어느 사무에 종사하게 할 것(사용관계의 존재), ⅲ) 피용자가 사무집행에 관하여 제3자에게 손해를 주었을 것(가해행위의 사무집행관련성), ⅳ) 사용자의 선임·감독상의 주의의무 결여가 있을 것이 필요하다. 사안의 경우 사용관계의 존재와 가해행위의 사무집행관련성에 대한 판단이 문제된다.

2) 타인을 사용하여 어느 사무에 종사하게 할 것(사용관계의 존재) : 동업관계의 경우

업무집행을 위임받은 동업자 중 1인이 업무집행 과정에서 타인에게 손해를 가한 경우, 다른 동업자의 책임과 관련하여 判例는 "다른 동업자는 그 **업무집행자의 동업자인 동시에 사용자의 지위에 있다 할 것이므로,** 업무집행 과정에서 발생한 사고에 대하여 사용자로서의 손해배상책임이 있다"(대판 1998.4.28. 97다55164)고 한다.

따라서 甲과의 동업약정에 따라 A조합을 설립하고, 그 실제운영은 丁이 책임을 지고, 甲은 丁의 지시에 따라 경운기 등을 사용하여 조합의 농업일에 필요한 노무를 제공하는 관계에 있으므로 丁과 甲사이의 사용관계가 인정된다.

3) 피용자가 사무집행에 관하여 제3자에게 손해를 주었을 것(가해행위의 사무집행관련성)

判例는 '사무집행에 관하여'의 의미와 관련하여 **거래상대방이 피용자의 행위가 사무집행에 해당하지 않음을 '알았거나' '중과실'로 알지 못한 경우에는 사용자책임을 물을 수 없다**고 한다(대판 2003.1.10, 2000다34426). 이러한 경우까지 제3자를 보호하는 것은 신뢰보호의 원칙에 반하기 때문이다.

사안에서 甲은 일과를 마치고 술 한 잔을 하기 위하여 친구 丙을 경운기 적재함에 태우고 읍내로 나가던 중에 사고가 발생하였고, **丙이 친구이므로 직무집행과 무관함을 알았다고 볼 수 있는 점에 비추어 객관적으로 보아 직무집행관련성이** 부정된다고 봄이 타당하다.

(2) 사안의 경우

甲과의 사용관계는 존재하나 가해행위의 사무집행관련성이 부정되므로 사용자책임은 성립하지 않는다. 따라서 丙은 丁에 대해서는 책임을 물을 수 없다.

Ⅱ. 설문 2.의 경우(10)

1. 문제점

乙과 甲은 공동불법행위자인바, 判例는 이들 간의 관계를 부진정연대채무라고 본다. 내부적인 구상권의 행사와 관련하여 구상권의 행사가 가능한지 여부와 그 행사요건에 대한 검토가 필요하다.

2. 공동불법행위자들 사이에서의 구상권 인정여부 및 인정요건

判例는 공동불법행위의 경우에는 형평의 관점에서 공동불법행위자 간에 그 '과실의 비율'에 따른 부담부분이 있는 것으로 보아 구상권을 인정한다(대판 1997.12.12, 96다50896). 또한 연대채무와는 달리 **자기 부담부분을 넘은(초과) 면책행위를 해야 구상권을 행사할 수 있다**고 한다(대판 1997.12.12, 96다50896 : 1회,5회 선택형).

3. 사안의 해결

설문에서 乙이 丙에게 900만 원의 채무 중 600만 원을 변제하였는바, 내부적 부담부분은 甲은 900만 원의 3/10, 乙은 900만 원의 7/10 이므로 각각 270만 원, 630만 원이고, 乙은 자신의 부담부분 이상을 변제하지 못하였으므로, 甲에게 구상권을 행사할 수 없다.

Ⅲ. 설문 3.의 경우(10)

1. 문제점

먼저 丁의 乙에 대한 사용자책임이 성립하는지 여부를 검토하고, 그렇다면 甲과 丁은 부진정연대채무관계에 놓이게 되므로 면제의 경우 절대효가 있는지, 甲의 200만 원 변제와 법률관계가 어떠한지에 대한 검토가 필요하다.

2. 丁의 사용자책임의 성립여부

제756조의 사용자 책임이 성립하는지와 관련하여 ⅰ) 甲의 가해행위가 불법행위의 일반적 성립요건을 갖추고 있으며 ⅱ) 丁은 乙의 사용자지위에 있고(사용관계의 존재), ⅲ) 乙은 **甲이 일과를 마치고 술 한잔 하기위해 나가는 사정에 대한 인식이 없고, 외관상 객관적으로 A조합의 농업일에 필요한 노무를 제공하는 것으로 볼 수 있으므로** 乙에 대해서는 직무집행관련성이 인정되고(가해행위의 사무집행관련성), ⅳ) 丁의 선임·감독상의 주의의무 결여가 있다고 볼 것이다. 따라서 甲과 丁은 부진정연대채무의 관계에 있다.

3. 부진정연대채무자 1인에게 생긴 사유의 효력

(1) 면제의 경우 절대효의 인정여부

判例가 판시하는 바와 같이 "**부진정연대채무자 상호간에 있어서 채권의 목적을 달성시키는 변제와 같은**

사유는 채무자 전원에 대하여 절대적 효력을 발생하지만 그 밖의 사유는 상대적 효력을 발생하는 데에 그치는 것이므로 피해자가 채무자 중의 1인에 대하여 손해배상에 관한 권리를 포기하거나 채무를 면제하는 의사표시를 하였다 하더라도 다른 채무자에 대하여 그 효력이 미친다고 볼 수는 없다" (대판 2006.1.27. 2005다19378 : 2회,5회,8회 선택형). 따라서 200만 원 이외의 부분을 甲에 대한 관계에서 면제하였다고 하더라도 丁에 대한 관계에서 절대효가 미친다고 볼 수 없다.

(2) 甲의 200만 원 변제와 절대효

甲과 丁이 乙에게 부담하는 손해배상액은 乙이 입은 손해액, 승용차 수리비 300만 원과 치료비 및 일실이익 등 500만 원을 합한 800만 원에서 乙의 과실로 인한 부분인 800만 원의 7/10 즉 560만 원을 제외한 240만 원이고, 甲의 200만 원 변제로 절대효가 미치므로, 丁은 40만 원에 대해서만 사용자책임을 부담한다.

Ⅳ. 설문 4.의 경우(10)

1. 문제점

B가 丙에게 부당이득반환을 청구할 수 있기 위해서는 법률상 원인 없이 B의 손실로 丙이 이득을 얻어야 한다(제741조).

특히 사안에서 'B의 손실'과 관련하여 丙의 甲에 대한 손해배상청구권이 보험자대위에 의해 B에게 이전되고, 만약 甲의 丙에 대한 변제가 채권의 준점유자에 대한 변제로 유효하면 B의 보험자대위권은 소멸하여 그에 상응하는 손실이 발생하고, 丙은 법률상 원인없이 이중변제를 받게 되는 결과가 되어 B는 丙에게 부당이득반환청구권을 행사할 수 있다(대판 1999.4.27. 98다61593)

2. B의 손실을 인정할 수 있는지 여부

(1) 丙의 甲에 대한 손해배상청구권이 B에게 보험자대위에 의해 이전되는지 여부

손해보험의 보험자가 보험금을 지급한 경우에 보험사고를 유발한 제3자에 대한 보험계약자 또는 피보험자의 권리를 취득하는 것을 '보험자대위'(상법 제682조)라 하는데, 설문에서 丙이 가입한 손해보험의 보험자 B가 이미 丙의 손해액전부를 지급해주었으므로, 甲에 대한 丙의 손해배상청구권은 당연히 B에게 이전된다. 따라서 丙은 원칙적으로 변제수령권이 없다.

(2) 채권의 준점유자에 대한 변제로서 유효 여부

丙은 원칙적으로 변제수령권이 없으나, 종래 손해배상청구권을 갖고 있던 자이기 때문에 '채권의 준점유자'에 해당한다. 그러나 채권의 준점유자에 대한 변제는 변제자가 선의이며 과실 없는 때에 한하여 효력이 있는바(제470조), 설문에서 甲은 B가 이미 丙에게 손해액의 전부를 지급하여 손해배상청구권을 취득하였음에도 별다른 주의를 기울이지 않고 丙에게 손해배상을 해준 점에서 변제에 과실이 있어 유효한 변제가 되지 않는다.

3. 사안의 해결

결국 丙에 대한 甲의 변제는 유효하지 않고, 따라서 여전히 甲은 B에 대해 손해배상의무를 부담하는 점에서 B의 손실을 인정할 수 없어 B의 丙에 대한 부당이득반환청구는 인용될 수 없다.

제4편

민 법 기 출 의 맥

물권법

【공통된 사실관계】

1998. 1. 20. 甲은 乙에게 변제기를 1년 후로 금 6,000만원을 대여하면서 위 대여금 채권을 담보하기 위하여 '乙 소유의 돈사에 있던 돼지 전부' 인 2,000마리의 소유권을 甲에게 양도하되 위 돼지는 점유개정의 방법으로 乙이 계속하여 무상으로 점유·관리·사육하기로 하는 내용의 계약을 체결하였다. 그리고 乙은 평소와 마찬가지로 위 돼지들을 사육·판매하였고 그 사이에 母豚(엄마돼지)이 仔豚(새끼돼지)들을 낳았다. 다만 1999. 1. 20.이 지나도록 乙은 甲에게 채무를 변제하지 못하고 있다(이하 동산·채권 등의 담보에 관한 법률은 논외로 한다).

그런데 乙에게 채권을 가지고 있는 丙이 1999. 5. 20. 위 乙을 상대로 집행력 있는 판결 정본에 기하여 위 돈사에 있던 乙관리의 새끼돼지에 대하여 압류집행을 하였다. 이 때 甲은 1999. 5. 30. 새끼돼지에 대한 소유권을 주장하며 丙을 상대로 제3자이의의 소를 제기하였다.

1. 설문에서 甲은 유효하게 양도담보권을 취득하였는가? 만약 甲과 乙사이 계약에서 '乙소유 돈사에 있던 돼지 2/3' 로 특정하였다면 어떠한가? (10점)

2. 설문에서 甲이 유효하게 양도담보권을 취득한다면 甲의 제3자이의의 소는 인용가능한가? (15점)

사례D-01 유동집합동산에 대한 양도담보[1]★

Ⅰ. 甲이 유효하게 양도담보권을 취득하는지 여부(10) - 설문 1.의 경우

1. 문제점

甲과 乙 사이에는 점유개정에 의한 동산양도담보설정계약이 체결된바, 설문 1.에서 甲의 양도담보권 취득이 유효한지와 관련해서는 사안과 같이 구성요소가 변동하는 집합동산에 대해 양도담보권을 설정하는 것이 '일물일권주의' 에 반하는 것이 아닌지 문제된다.

2. 유동집합동산[2]에 대한 양도담보의 유효성

(1) 판 례(다, 종, 장, 수)

判例는 일단의 증감 변동하는 동산(양만장의 뱀장어, 농장의 돼지, 제강회사가 제품생산에 필요하여 반입하는 원자재 등)을 '하나의 물건으로 보아' 이를 채권담보의 목적으로 삼으려는 이른바 유동집합물에 대한 양도담보설정계약체결도 가능하며, 이 경우 그 목적동산이 담보설정자의 다른 물건과 구별될 수 있도록 그 종류·장소 또는 수량지정 등의 방법에 의하여 특정되어 있으면 그 전부를 하나의 재산권으로 보아 이에 대해 유효한 담보권의 설정이 된 것으로 볼 수 있다고 한다(대판 1990.12.26, 88다카20224).

---

1) ★ 민법의 맥 핵심사례 D-01. 유사

2) '유동집합물의 양도담보' 또는 '내용이 증감변동하는 집합동산의 양도담보'란 양도담보설정자가 특정한 장소에 있는 동산 전부를 양도담보로 제공하되, ⅰ) 양도담보설정자는 통상의 영업 범위에서 그 안에 있는 개개의 동산을 처분할 수 있고, ⅱ) 양도담보설정자가 통상의 영업 범위에서 그 안으로 반입하는 개개의 동산에 관하여는 그때그때 별도의 약정이 없더라도 당연히 양도담보의 효력이 미치는 것을 내용으로 하는 양도담보를 말한다.

(2) 사안의 경우

① 사안의 경우 '乙 소유의 돈사에 있던 돼지 전부' 들을 양도담보의 객체로 하였으므로 종류 · 장소 또는 수량지정 등의 방법에 의하여 특정되었다고 할 것이다. 따라서 위 양도담보는 '일물일권주의'에 위반되지 않아 甲은 유효하게 양도담보권을 취득하였다. ② 그러나 '乙소유 돈사에 있던 돼지 2/3' 라고 한 기준만으로는 乙소유 돈사 안의 돼지 중 양도담보의 목적이 되는 것과 그렇지 않은 것을 구별할 수 없어 적법하게 특정된 것으로 볼 수 없다. 이러한 경우 甲과 乙 사이의 양도담보 설정계약은 '일물일권주의'에 위반되어 무효이므로 甲은 유효한 양도담보권을 취득하지 못한다.

Ⅱ. 甲의 제3자이의의 소의 인용여부(15) - 설문 2.의 경우

1. 문제점

제3자가 강제집행의 목적물에 대하여 소유권 등이 있다고 주장하는 때에는 채권자를 상대로 그 강제집행에 대한 이의의 소를 제기할 수 있는바(민사집행법 제48조), 양도담보권자 甲에게 새끼돼지에 대한 소유권이 있는지가 문제된다. 이를 위해 선결적으로 양도담보권 설정당시의 목적물인 母豚에 대한 소유권자를 확정할 필요가 있는바, 양도담보의 법적 성질에 따라 달라질 수 있다.

2. 양도담보권 설정당시의 목적물(어미돼지)에 대한 소유권자 확정 : 양도담보의 법적성질

(1) 판 례

判例는 동산양도담보의 경우 가등기담보 등에 관한 법률의 시행 전후를 불문하고 양도담보권자는 청산절차를 마치기 전이라 하더라도, 제3자에 대한 관계에서는 물건의 소유자임을 주장할 수 있다고 하여 신탁적 소유권이전설의 입장이다(대판 1994.8.26, 93다44739).

(2) 검토 및 사안의 경우

생각건대, 양도담보권자는 담보권 실행의 시기 및 방법의 자유로운 선택 등 합리적인 이유에서 '소유권이전'이라는 형식을 택한 것인바 명문의 규정 없이 함부로 이를 부정할 것은 아니다. 그렇다면 동산양도담보권자는 대외적관계에서 목적물의 소유권을 주장할 수 있다. 다만 대내외관계를 구별하는 判例에 의하면, 동산양도담보권자는 대내적 관계에서는 담보계약에 따른 권리만을 갖는다. 따라서 당해 사안에서 양도담보권 설정 당시의 돈사내의 돼지에 대한 소유권은 양도담보권자인 甲에게 있다.

3. 유동집합동산의 산출물(새끼돼지)에 대해 양도담보의 효력이 미치는지 여부

(1) 문제점

앞에서 살핀대로 유동집합동산에 대해서도 양도담보의 효력이 미친다고 할 때 신탁적 소유권이전설에 따라 양도담보권 설정 당시의 돈사내의 돼지에 대한 소유권은 양도담보권자인 甲에게 있다. 그러나 이 경우 집합동산의 산출물인 새끼돼지에 대해서도 양도담보의 효력이 미치는지는 별도의 검토를 요한다.

(2) 판 례

① **[특약이 없는 경우]** "점유개정에 의한 동산양도담보에 있어 목적물의 사용수익권은 특별한 사정이 없는 한 담보설정자에게 있으며, 천연과실의 수취권은 사용수익권자에게 있으므로 천연과실인 새끼돼지는 원물인 돼지의 사용수익권을 갖는 양도담보설정자에게 귀속한다(제102조 1항 참조)"(대판 1996.9.10, 96다25463)[3]는 判例와 ② **[특약이 있는 경우]** 이와는 반대되는 취지로 새끼돼지가 양도담보의 목적물에 포함된다는 判例가 있다(대판 2004.11.22, 2004다22858).[4]

(3) 검 토

양도담보에 있어 담보물의 사실적 이용은 담보제공자에게 계속적으로 보장되어 있다는 점과, 제102조 1항에 비추어 보더라도 천연과실의 수취권은 담보설정자에게 있다고 할 것이다. 그러나 설정당시의 목적물이 그 성질상 출하 등 처분을 예정하고 있다면 그 산출물인 천연과실이 목적물을 단계적으로 대체한다고 할 것이다. 따라서 구성요소가 변동하는 집합동산의 산출물에 대해서도 당연히 '양도담보의 효력'이 미친다고 보는 것이 당사자의 의사에 부합한다(법률행위의 보충적 해석).[5]

[관련판례] 최근에 거래계에서는 이러한 문제점을 인식하고 위와 같은 양도담보의 경우 계약서에 "양도담보설정자가 통상의 영업범위 내에서 새로이 취득한 돼지에 관하여는 당연히 양도담보의 효력이 미친다"는 명시적인 조항을 두는 경우가 대부분이다. 그렇다면 이 경우 담보설정 이후 모돈이 낳은 새끼돼지는 양도담보설정자가 통상의 영업범위 내에서 새로이 취득한 것에 해당하므로 당연히 양도담보의 목적물이 된다(대판 2004.11.12, 2004다22858 참고).

4. 사안의 해결

새끼돼지의 소유권은 甲에게 있고 甲이 제기한 제3자이의의 소는 인용가능하다(민사집행법 제48조).

---

3) **[판례평석]** 제1심에서부터 대법원에 이르기까지 당해 양도담보계약이 특정한 동산의 양도담보인 것을 당연한 전제로 삼고 있는 것처럼 보이나, 이 사건 양도담보의 경우에 당사자가 계약서에 명시적으로 위 양돈장에서 사육하고 있거나 사육하게 될 현재와 장래의 모든 돼지를 양도담보의 목적물로 한다는 취지를 명백하게 밝히지는 않았으나, 제반 사정을 고려하여 보면, 위 양도담보계약설정시 그 담보목적물이 된 돼지는 당시 위 양돈장에 존재하는 종돈, 모돈, 자돈 등 돼지의 종류를 구별하지 않은 모든 종류의 돼지였다고 보여지며, 위 돼지 사육의 성격상 그 사육되는 돼지는 시간이 흐름에 따라 처분, 사망, 구입, 새끼의 출산 등 여러가지 사정으로 인하여 당연히 변하는 것을 당연한 전제로 하고 있었다(김재협, '집합동산양도담보와 과실수취권', 법조 제46권 3호 p.162~164 ; 同旨 양창수, '내용이 변동하는 집합적 동산의 양도담보와 그 산출물에 대한 효력', 저스티스 제30권 1호, p.107~122).

4) **[사실관계]** 돈사에서 대량으로 사육되는 돼지를 집합물에 대한 양도담보의 목적물로 삼은 경우, 위 양도담보권의 효력은 양도담보설정자로부터 이를 양수한 양수인이 당초 양수한 돈사 내에 있던 돼지들 및 통상적인 양돈방식에 따라 그 돼지들을 사육·관리하면서 돼지를 출하하여 얻은 수익으로 새로 구입하거나 그 돼지와 교환한 돼지 또는 그 돼지로부터 출산시켜 얻은 새끼돼지에 한하여 미치는 것이지 양수인이 별도의 자금을 투입하여 반입한 돼지에까지는 미치지 않는다고 한 사례이다.

5) **[판례평석]** 위 대판 1996.9.10, 96다25463은 개별적 담보가 특정되어 설정된 경우에 설득력이 있지만 유동집합물로 보는 경우에는 타당성이 결여된 判例이다[김형배, 민법학강의(13판), p.404].

기출해설

2019년 2차 법전협모의 제2문

甲과 乙은 각각 1/4, 3/4의 지분으로 X토지를 공유하고 있다. A는 2003. 2. 1. 甲과 乙을 대리하여 X토지에 대해 丙과 매매계약을 체결하고, 丙으로부터 매매대금을 수령한 다음, 2003. 4. 1. 丙의 명의로 소유권(공유지분)이전등기를 마쳐주었다. 丙은 2004. 3. 1. X토지에 대해서 丁과 매매계약을 체결하였고, 2004. 4. 1. 丁에게 X토지의 인도 및 소유권이전등기를 마쳐주었다. 乙은 2015. 4. 1. 丙과 丁을 상대로 X토지에 관한 각 이전등기 전부의 말소를 구하는 소를 제기하였다. 변론절차에서 乙은 甲·乙이 A에게 대리권을 수여한 적이 없으므로 甲·乙과 丙 사이에 체결된 매매계약은 무효이며, A가 등기관련서류를 위조하여 마쳐진 丙과 丁명의의 등기도 무효라고 주장하였다.

1. 심리결과 A에게 甲과 乙을 대리할 수 있는 대리권이 있는지 여부가 증명되지 않았다. 법원은 乙의 丙과 丁에 대한 청구에 대하여 어떤 결론(각하, 기각, 전부 인용, 일부 인용)을 내려야 하는지와 그 결론에 이르게 된 논거를 설명하시오. (10점)

사례D-02 공유물의 보존행위, 대리권 존부에 대한 증명과 등기의 추정력[1] ★

Ⅰ. 문제 1.의 해결(10)

1. 결 론

乙의 丙과 丁에 대한 청구는 모두 기각되어야 한다.

2. 논 거

(1) 공유자 乙이 단독으로 X토지에 관한 등기전부의 말소를 청구할 수 있는지

判例가 판시하는 바와 같이 제3자 앞으로 원인 무효의 등기가 마쳐져 있는 경우, 지분권자는 공유물에 관한 보존행위(제265조 단서)로서 '자기의 지분에 관하여서는 물론 그 등기 전부'의 말소를 청구할 수 있다(대판 1993.5.11. 92다52870 : 8회 선택형).

따라서 사안의 경우 乙은 소유물방해배제청구권을 근거로 丙과 丁명의의 등기의 말소를 청구하고 있는바, 원칙적으로 X토지의 공유자인 乙은 단독으로 丙을 상대로 공유지분이전등기와 丁을 상대로 소유권이전등기의 말소를 청구할 수 있다.

(2) 대리권 존부에 대한 증명과 등기의 추정력

1) 원 칙

증명책임의 분배와 관련한 判例의 입장인 '법률요건분류설'에 따르면 계약의 일방당사자가 타방당사자와 직접 계약을 체결하지 않고 그 자의 대리인임을 자처하는 자와 계약을 체결한 경우 '계약의 유효성을 주장하는 일방당사자'가 '제3자에게 적법한 대리권 있음'을 주장 · 입증해야 하는 것이 원칙이다(대판 1994.2.22. 93다42047).

1) ★ 등기의 추정력 쟁점은 2013년 1차 법전협모의 제1문에서도 출제되었다.

[증명책임의 분배원칙] 증명책임의 분배와 관련하여 判例는 '법률요건분류설'의 입장인바, 각 당사자는 자기에게 유리한 법규의 요건사실에 관한 증명책임을 부담한다는 원칙하에, ① 권리주장자는 권리근거규정에 해당하는 요건사실을 증명해야 하고, ② 그 권리를 부인하는 상대방은 권리장애·권리소멸·권리행사저지규범에 해당하는 요건사실을 증명해야 한다고 한다.

2) 등기의 추정력 성질 및 범위

등기의 추정력의 성질과 관련하여 判例는 이전등기가 경료된 사건에서 "이전등기는 권리의 추정력이 있으므로 이를 다투는 측에서 무효사유를 주장 · 증명하지 않는 한 그 등기를 무효라고 판정할 수 없다"(대판 1979.6.26. 79다741, 대판 1992.10.27. 92다30047)고 하여 **법률상 추정**으로 본다. 이는 등기된 권리의 적법추정(대판 1967.10.23, 67다1778)뿐만 아니라 등기의 적법절차추정(대판 2002.2.5. 2001다72029 : 1회,7회 선택형), 등기원인의 적법추정(대판 1994.9.13, 94다10160 : 4회 선택형), 대리권의 적법추정(대판 1999.2.26, 98다56072 : 1회 선택형) 등의 효과로 나타난다. 즉, **등기의 추정력은 대리권 존재의 추정에까지 미치며 대리권 존재가 진위 불명인 경우에는 무권대리를 주장하는 측에서 무권대리의 입증책임을** 진다(그 결과 피고 명의 등기가 원인무효인 사실은 말소등기청구의 요건사실이 된다).

3) 사안의 경우

A에게 대리권이 없다면 甲·乙과 丙 사이에 체결된 매매계약은 무효이며 丙과 丁명의의 등기는 무효이다. 그런데 매매계약을 등기원인으로 하여 소유권이전등기가 마쳐졌다면 매매계약은 유효한 것으로 추정되며, A에게 대리권이 있었다는 점도 추정된다. 따라서 乙은 A에게 대리권이 없었다는 점을 입증해야 하는데, 심리결과 A에게 대리권이 없었다는 점이 입증되지 않았으므로 乙은 丙과 丁에게 등기의 말소를 청구할 수 없다.

기출해설

2013년 법원행정고시 제2문

X 토지에 관하여는 2009. 10. 1. 乙 앞으로 소유권이전등기가 마쳐져 있었다. 甲은 2011. 8. 7. 乙로부터 X 토지를 대금 1억 원에 매수하고 乙에게 계약금과 중도금을 지급하였으나, 乙이 X 토지 위의 근저당권설정등기를 말소하지 아니하자 乙에게 그 말소를 요구하면서 잔금을 지급하지 않고 있다. 그 후 X 토지에 관하여 2012. 4. 10. 丙 앞으로 2012. 3. 10. 매매를 원인으로 한 소유권이전등기가 마쳐졌다. 甲은 2012. 12. 5. 乙과 丙을 상대로 X 토지에 관하여, ① 乙에 대하여는 2011. 8. 7. 매매를 원인으로 한 소유권이전등기절차의 이행을 구하고, ② 丙에 대하여는 乙에 대한 위 소유권이전등기청구권을 보전하기 위하여 乙을 대위하여 丙 앞으로 마쳐진 위 소유권이전등기의 말소를 구하는 소를 제기하였고, 그 소장 부본은 2012. 12. 24. 乙과 丙에게 각 송달되었다. 乙은 답변서를 제출하지 않고 공시송달에 의하지 아니한 적법한 통지를 받고도 변론기일에 출석하지 아니하였다.

1. 변론기일에서, 甲은 丙 앞으로 마쳐진 위 소유권이전등기는 乙의 동생인 丁이 소유권이전등기에 필요한 서류를 위조하여 마친 것이어서 무효이므로 말소되어야 한다고 주장하였고, 이에 대하여 丙은 乙의 대리인인 丁으로부터 X 토지를 적법하게 매수하고 소유권이전등기를 마쳤으므로 甲의 청구에 응할 수 없다고 주장하였다. 위 소송 도중 丁이 乙의 동생인 사실은 밝혀졌으나, 丁이 乙로부터 X 토지의 매매에 관한 대리권을 수여받았는지 여부는 증명되지 않았다면, 甲의 丙에 대한 청구는 받아들여질 수 있는가? 결론과 그에 따른 논거를 기재하시오. (40점)

사례D-03 채권자대위소송의 피대위채권, 대리권 존부에 대한 증명과 등기의 추정력[1]★

Ⅰ. 결 론

甲의 丙에 대한 청구는 '기각'되어야 한다.

Ⅱ. 논 거

1. 문제점

甲의 채권자대위권 행사와 관련하여 채권자대위권의 요건 및 丁의 대리권 보유 여부가 진위불명인 것에 따른 입증책임의 문제와 관련하여 등기의 추정력이 문제된다.

2. 채권자대위권의 요건

(1) 채권자대위권의 요건(보, 필, 불, 대)

채권자대위권의 요건으로는 ⅰ) 피보전채권의 존재, ⅱ) 채권보전의 필요성, ⅲ) 채무자의 권리불행사, ⅳ) 피대위권리의 존재를 요구한다(제404조). 법정소송담당설에 의할 경우 ⅰ), ⅱ), ⅲ)은 당사자적격에 관계되는 소송요건사실로서 흠결시에는 부적법 각하, ⅳ)의 흠결의 경우는 본안판단으로서 청구기각판결을 하여야 한다고 한다.

---

1) ★ 등기의 추정력 쟁점은 2013년 1차 법전협모의 제1문에서도 출제되었다.

(2) 채권보전의 필요성

1) 판 례

① 피보전채권이 '금전채권'인 경우에는 원칙적으로 채무자가 '무자력'하여 그 일반재산이 감소되는 것을 방지할 필요가 있는 경우에 보전의 필요성이 인정된다(대판 1969.7.29. 69다835).[2] ② 하지만 채무자의 제3자에 대한 특정의 채권을 행사함으로써 채권자의 채무자에 대한 특정의 채권(등기청구권, 인도청구권, 물권적 청구권 등)을 보전할 수 있는 경우에는 ⅰ) 피보전채권과 피대위권리가 밀접하게 관련되어 있고, ⅱ) 채권자대위권을 행사하지 않으면 피보전채권을 유효·적절하게 행사할 수 없는 경우이므로 채무자의 무자력은 요구되지 않는다(대판 1992.10.27, 91다483).

2) 사안의 경우

甲은 乙에 대한 소유권이전등기청구권을 보전하기 위해 채권자대위권을 행사하는 바, 피보전채권이 특정채권으로서 이 경우 乙의 무자력이 요구되지 않는다. 따라서 甲의 청구는 채권자대위권 요건 중 ⅰ), ⅱ), ⅲ)을 충족하였다.

(3) 피대위권리

1) 문제점

사안의 경우, 피대위권리는 乙의 제214조에 의한 소유권이전등기말소청구권인바, 동 권리를 행사하기 위해서는 丙명의의 소유권이전등기가 원인무효이어야 한다. 하지만, 丁이 X토지 매매와 관련하여 乙을 대리할 권한이 있었는지가 진위불명이므로 증명책임의 문제가 발생하는데 丙에게 소유권이전등기가 경료되었다는 점에서 등기의 추정력이 문제된다.

2) 등기의 추정력 성질 및 범위

등기의 추정력의 성질과 관련하여 判例는 이전등기가 경료된 사건에서 "이전등기는 권리의 추정력이 있으므로 이를 다투는 측에서 무효사유를 주장·증명하지 않는 한 그 등기를 무효라고 판정할 수 없다"(대판 1979.6.26. 79다741, 대판 1992.10.27. 92다30047)고 하여 **법률상 추정**으로 본다. 이는 등기된 권리의 적법추정(대판 1967.10.23, 67다1778)뿐만 아니라 등기의 적법절차추정(대판 2002.2.5. 2001다72029 : 1회,7회 선택형), 등기원인의 적법추정(대판 1994.9.13, 94다10160 : 4회 선택형), 대리권의 적법추정(대판 1999.2.26, 98다56072 : 1회 선택형) 등의 효과로 나타난다. 즉, **등기의 추정력은 대리권 존재의 추정에까지 미치며 대리권 존재가 진위 불명인 경우에는 무권대리를 주장하는 측에서 무권대리의 입증책임을 진다.**

3) 사안의 경우

甲이 丙 명의 소유권이전등기말소청구를 함에 있어, 이미 丙 앞으로 X토지 소유권이전등기가 경료되었기 때문에 '등기의 추정력'으로 인해 甲에게 丙등기 무효사유(丁의 대리권 부존재)에 대한 입증책임이 전환되었다. 따라서 丁의 대리권 부존재 사실이 증명되지 않은 이상 피대위권리의 존재가 인정되지 않으므로 甲의 청구는 '기각'되어야 한다.

---

2) 그러나 ⅰ) 피보전채권과 피대위권리가 밀접하게 관련되어 있어서 ⅱ) 채권자대위권을 행사하지 않으면 피보전채권을 유효적절하게 행사할 수 없는 경우에는 무자력을 요하지 않는다.

기출해설 최신판례 미기출 핵심사례

Y토지는 丁이 농지개혁법에 의하여 적법하게 분배받아 상환을 완료한 뒤 1962년 1월 3일 소유권보존등기를 경료하였다. 한편, 1983년 1월 3일 Y토지의 주변토지가 분할되는 과정에서 등기공무원의 잘못으로 Y토지에 대해 丁명의로 다시 이중으로 소유권보존등기가 경료되었고, 그 후 1983년 4월 3일 丁의 사망에 따라 1962년의 丁명의의 선행보존등기에 관해서는 1983년 5월 3일 진정한 상속인 K명의로 상속을 원인으로 하는 이전등기가 경료되고, 1983년의 丁명의의 후행보존등기에 관해서는 1983년 6월 3일 상속인 아닌 M명의로 상속을 원인으로 하는 이전등기가 경료되었다. 이에 2012년 1월 3일 현재 K는 Y토지에 K와 M 명의의 복수의 등기기록이 있음을 알고 M을 상대로 丁명의의 후행 보존등기 자체가 무효임을 이유로 하여 M명의의 소유권이전등기의 말소를 청구하고 있다.

1. K가 제기한 소가 적법한지 검토하고, 적법하다면 M의 예상가능한 항변을 중심으로 K의 청구가 인용가능한지 검토하시오. (단, Y토지는 1983년경부터 M이 계속 사용·수익하고 있다). (25점)

사례D-04 상속회복청구의 소, 무효인 이중보존등기에 기초한 등기부 · 점유취득시효[1]★

Ⅰ. 문제 1.의 경우(25)

1. K가 제기한 소가 적법한지 여부

(1) 문제점

상속회복청구권은 상속인 또는 그 법정대리인이 침해를 안 날부터 3년, 상속권의 침해행위가 있은 날부터 10년이 경과하면 소멸한다(제999조 2항). 따라서 만약 사안에서 K가 제기한 소가 상속회복청구권에 해당한다면 M은 상속을 원인으로 이전등기를 마친지 10년이 경과하였으므로, K가 제기한 소는 제척기간의 도과로 적법하지 않다.

(2) 판 례

判例에 따르면 "원고가 선행 보존등기에 터 잡은 소유권이전등기(丁명의)로부터 상속을 원인으로 소유권이전등기를 한 진정상속인이고, 피고가 후행 보존등기(丁명의)로부터 상속을 원인으로 소유권이전등기를 한 참칭상속인이라 하더라도, 원고가 피고를 상대로 '피고 명의의 소유권이전등기가 참칭상속인에 의한 것이어서 무효임' 을 이유로 하지 않고 '후행 보존등기 자체가 무효임' 을 이유로 하여 피고 명의의 소유권이전등기의 말소를 청구하는 경우에는 이는 상속회복청구의 소에 해당하지 않는다"고 한다(대판 2011.7.14, 2010다107064).

[기판력 쟁점] "원고의 피상속인이 후행 보존등기가 중복등기에 해당하여 무효임을 주장하지 않고, 자신이 진정한 상속인이고 후행 보존등기로부터 상속을 원인으로 이루어진 소유권이전등기의 명의인은 진정한 상속인이 아니므로 그 소유권이전등기는 무효이고 그에 이어 이루어진 소유권이전등기도 무효라고 주장하여 소유권말소등기의 소를 제기하였다가 그 소가 상속회복청구의 소에 해당하고 제척기간이 경과하였다는 이유로 패소 판결이 확정되었다고 하더라도, 후행 보존등기가 중복

1) ★ 대판 2011.7.14, 2010다107064 사실관계

등기에 해당하여 무효라는 이유로 말소등기를 구하는 원고의 후소는 패소 판결이 **확정된 전소와 청구원인을 달리하는 것이어서 전소의 기판력에 저촉되지 않는다**"(대판 2011.7.14, 2010다107064).

(3) 검토 및 사안의 경우

선행 보존등기로부터 소유권이전등기를 한 소유자의 상속인이 후행 보존등기나 그에 기하여 순차로 이루어진 소유권이전등기 등의 후속등기가 모두 무효라는 이유로 등기의 말소를 구하는 소는, 후행 보존등기로부터 이루어진 소유권이전등기가 참칭상속인에 의한 것이어서 무효이고 따라서 후속등기도 무효임을 이유로 하는 것이 아니라 후행 보존등기 자체가 무효임을 이유로 하는 것이므로 상속회복청구의 소에 해당하지 않는다. 따라서 상속회복청구권의 제척기간이 적용되지 않으므로 K가 제기한 소는 적법하다.

2. K가 제기한 소의 인용여부

(1) 丁명의 이중보존등기의 효력

등기부는 '1부동산 1등기용지주의'에 따라 편성되어 있다(부동산 등기법 제15조). 따라서 동일부동산에 관하여 이미 보존등기가 되어 있는 경우, 그 유효·무효를 가릴 것 없이 그와 저촉되는 등기는 신청되어질 수 없다.

그러나 절차상의 잘못으로 다시 제2의 보존등기가 경료된 경우 그 효력이 문제되는바, **등기명의인이 동일인인 경우 判例는 일관하여 절차법설**에 따르고 있는바(대판 1981.11.18, 81다1340 등), 이는 동일인 명의의 보존등기 사이에는 실체적 권리관계에 부합하는지 여부를 가릴 필요가 없기 때문에 타당하다고 판단된다. 따라서 **丁명의 이중보존등기는 1962년 1월 3일에 먼저 경료된 소유권보존등기가** 유효하다.

[비교판례] ＊ **등기명의인이 동일인이 아닌 경우**

判例는 입장의 변천이 있었으나 전원합의체 판결을 통해서 "먼저 이루어진 소유권보존등기가 **'원인무효가 되지 아니하는 한'** 뒤에 된 보존등기는 비록 그 부동산의 매수인에 의하여 이루어진 경우에도 1부동산 1등기용지주의를 취하고 있는 부동산 등기법 아래에서는 무효"라고 판시하여(대판 1990.11.27, 전합87다카2961 : 5회,7회 선택형), **절차법설에 가까운 절충설의 입장**이 계속 유지되고 있다.

(2) 무효인 이중보존등기에 기초한 등기부취득시효를 이유로 한 소유권 인정여부

1) 문제점

부동산의 소유자로 등기한 자가 10년간 소유의 의사로 평온·공연하게 선의이며 과실 없이 그 부동산을 점유한 때에는 소유권을 취득한다(제245조 2항). 여기서 소유자로 '등기' 한 자라 함은 적법 유효한 등기를 마친 자일 필요는 없고, 원칙적으로 무효의 등기를 마친 자라도 상관없다는 것이 통설과 判例(대판 1994.2.8, 93다23367)이다. 다만 무효인 이중보존등기에 터잡은 등기부취득시효의 경우에도 그러한지 문제된다.

2) 판 례

부동산에 관하여 등기명의인을 달리하여 소유권보존등기가 이중으로 경료된 경우, 먼저 이루어진 소유권보존등기가 원인무효가 아니어서 뒤에 된 소유권보존등기가 무효로 되는 때에는, 뒤에 된 소유권보존등기나 이에 터잡은 소유권이전등기를 근거로 하여서는 등기부취득시효를 주장할 수 없다고 한다(대판 1996.10.17, 전합96다12511). 즉, 제245조 2항의 요건과 관련해서 그 등기는 부동산 등기법 제15조가 규정한 1부동산 1등기용지주의에 위배되지 아니하는 등기를 의미한다는 것이다.[2)]

3) 검토 및 사안의 경우

1부동산 1등기용지주의에 위배되는 등기를 기초로 등기부취득시효를 인정한다면 등기부의 공시기능에 혼란을 초래할 우려가 있고, 중복등기가 양산될 위험 등이 있으므로 부정하는 것이 타당하다. 따라서 무효인 丁의 후행보존등기를 기초로 해서는 M에게 등기부취득시효가 인정되지 않는다.

(3) 무효인 중복등기에 기한 점유취득시효를 이유로 한 소유권 인정여부

1) 판 례

判例는 "후행 보존등기가 무효인 경우 후행 보존등기에 기하여 소유권이전등기를 마친 사람이 그 부동산을 20년간 소유의 의사로 평온·공연하게 점유하여 점유취득시효가 완성되었더라도, 후행 보존등기나 그에 기하여 이루어진 소유권이전등기가 실체관계에 부합한다는 이유로 유효로 될 수 없고, 선행 보존등기에 기한 소유권을 주장하여 후행 보존등기에 터잡아 이루어진 등기의 말소를 구하는 것이 실체적 권리 없는 말소청구에 해당한다고 볼 수 없다"(대판 2011.7.14, 2010다107064)고 한다.

2) 검토 및 사안의 경우

무효인 중복보존등기를 가진 점유취득시효 완성자는 나중에 별도로 점유취득시효 완성을 이유로 이전등기를 구할 수 있음(대판 2009.6.25, 2009다16186,16193)은 별론으로 하고, 점유취득시효 완성의 효과로써 등기는 유효한 등기이어야 하는바, 중복보존등기의 효력에 관하여 대법원의 태도인 절차법설에 가까운 절충설에 따르면 후행보존등기는 1부동산 1등기용지(기록)주의에 위반하여 무효인 등기이므로 무효인 중복보존등기에 기초한 점유취득시효는 인정될 수 없다.

따라서 M이 점유취득시효를 원인으로 K에게 소유권이전등기청구를 할 수 있는지는 별론으로 하더라도 K의 M에 대한 등기말소청구는 인용가능하다.

---

2) [학설] ① 중복등기로서 무효인 경우에는 별도의 합법적인 선행등기가 있기 때문에 권리추정력이 없거나 매우 적다고 보아야 하므로, 다른 원인무효의 등기와는 달리 취급해야 하고, 중복등기의 양산방지를 위해서 부정해야 한다는 부정설과 ② 통상의 무효인 등기와 무효인 이중보존등기를 구별할 합리적 이유가 없으며, 등기부취득시효제도의 취지에 비추어 긍정하는 것이 타당하다는 긍정설로 나뉜다.

기출해설 2017년 변호사시험 제1문

【변형된 사실관계】
甲은 2010. 10. 10. 乙과 토지거래허가구역으로 지정되어 있는 X토지에 관하여 매매대금을 1억 원으로 한 부동산매매계약을 체결하고 계약 당일 계약금으로 1,000만 원을 받았으며, 2011. 3. 15. 잔금 9,000만 원을 각 지급받았다. 한편, 乙은 위 토지에 대한 매매대금을 모두 지급하였으나, 토지거래허가를 받지 않은 상태에서 2012. 4. 8. 丙과 위 토지에 관하여 매매대금을 1억 2,000만 원으로 하는 매매계약을 체결하고, 당일 계약금으로 2,000만 원을, 같은 해 6. 20. 잔금 1억 원을 각 지급받았다. 甲, 乙, 丙은 위와 같이 X토지에 관하여 순차로 매매계약을 체결하면서, 최초 매도인 甲이 최종 매수인 丙에게 직접 토지거래허가 신청절차를 이행하고, 소유권이전등기를 마쳐주기로 3자 간 합의를 하였다. 甲은 위와 같은 3자 간 합의에 따라 관할관청으로부터 X토지의 매도인을 甲으로, 매수인을 丙으로 하는 토지거래허가를 받은 다음, X토지에 관하여 丙 명의의 소유권이전등기를 마쳐주었다.

2. X토지에 대하여 최초 매도인 甲으로부터 최종 매수인 丙 명의로 경료된 소유권이전등기는 유효한가? (15점)

사례D-05 토지거래허가와 중간생략등기★

Ⅱ. 丙 명의의 X토지에 대한 중간생략등기의 유효성(15) - 설문 2.

1. 이미 경료된 중간생략등기의 유효성

判例는 중간생략등기가 경료되어 버린 경우에는 합의가 없어도 유효하다고 보는데 반해(실체관계에 부합하는 등기 : 8회 선택형), 중간생략등기청구권에 대해서는 중간생략등기의 '합의'가 없는 한 이를 인정하지 아니하는 입장을 유지하고 있다(대판 1991.4.23, 91다5761 등 : 5회,9회 선택형). 다만 判例에 따르더라도 중간생략등기가 유효하기 위해서는 최초의 매도인과 중간자의 법률행위, 그리고 중간자와 최종매수인의 각각의 법률행위가 모두 유효함을 전제로 한다(실체관계에의 부합은 복수의 권리변동원인 전부에 인정되어야 한다).

2. 토지거래허가와 중간생략등기의 효력

(1) 문제점

X토지는 토지거래허가구역 내에 있는 것으로 매매계약에 대해 거래허가를 받아야 한다는 특수성이 있다(국토의 계획 및 이용에 관한 법률 제118조 1항, 6항). 즉 중간생략등기는 각각의 매매계약이 유효할 것을 전제로 하는바, ① 甲·乙, 乙·丙의 계약이 유효한지와 ② 甲과 丙이 자신들을 매매당사자로 하여 받은 거래허가가 적법해 중간생략등기가 유효한지 문제된다.

(2) 甲·乙, 乙·丙의 매매계약의 효력

1) 토지거래허가를 결한 매매계약의 효력 일반

허가를 전제로 한 토지거래의 경우에는 투기거래에 대한 위험이 없다 할 것이므로 "허가가 있기 전에는 채권계약 자체도 무효이지만 허가를 받을 것을 전제로 한 계약은 유동적 무효로 보아 허가가 있으면 소급적으로 유효한 계약이 된다"(대판 19991.12.24, 전합90다12243)고 보는 判例의 태도가 타당하다(유동적 무효설). 그러나 규제지역에서 토지거래허가를 받기 전의 거래계약이 처음부터 허가를 '배제' 하거나 '잠탈' 하는 내용의 계약일 경우 확정적 무효로서 유효로 될 여지가 없다(同 判例).

2) 사안의 경우

사안과 같이 허가받을 의사 없이 중간생략등기의 합의아래 전매차익을 얻을 목적으로 전전매매한 경우 甲·乙, 乙·丙의 매매계약은 모두 확정적으로 무효이다(대판 1996.6.28, 96다3982).

(3) 甲과 丙을 매매당사자로 한 토지거래허가와 소유권이전등기의 효력

1) 판 례

토지거래허가구역 내의 토지가 허가 없이 소유자인 최초 매도인으로부터 중간매수인을 거쳐 최종 매수인에게 순차 매도되었다면 각 매매계약의 당사자는 각각의 매매계약에 관하여 토지거래허가를 받아야 하며, 최종 매수인이 자신과 최초 매도인을 당사자로 하는 토지거래허가를 받았더라도 적법한 허가없이 경료된 등기로서 무효라고 한다(대판 1997.3.14, 96다3982).

2) 검 토

토지거래허가신청은 매매계약의 당사자가 해야 하는 것인데, 중간생략등기 합의가 있다고 하여 최초 매도인과 최종매수인 사이에 매매계약이 체결된 것이라고 할 수 없어, 이러한 등기는 실체관계에 부합하지 않는다.

(4) 사안의 해결

결국 甲·乙, 乙·丙 사이의 토지매매계약은 허가를 배제·잠탈하는 것을 내용으로 하여 확정적 무효가 되며, 그렇다고 중간생략등기의 합의에 의해 甲·丙 사이에 토지매매계약이 체결된 것으로 볼 수도 없다. 따라서 甲과 丙을 매매당사자로 하여 토지거래허가를 받을 수 없고, 설사 이러한 허가를 받아 등기를 경료했더라도 이는 적법한 허가없이 경료된 등기로서 무효라고 해야 한다.

기출해설

2013년 변호사시험 제2문

A는 X 부동산을 戊에게 매도하고 인도하였으며, 戊는 X 부동산을 다시 己에게 매도하고 인도하였다. A, 戊, 己 전원은 X 부동산의 소유권이전등기를 A의 명의에서 바로 己의 명의로 하기로 합의하였다. 그 후 A와 戊는 둘 사이의 매매대금을 인상하기로 약정하였다.

1. **己가 戊의 A에 대한 소유권이전등기청구권을 대위행사하였다. 이 경우에 戊의 A에 대한 소유권이전등기청구권은 A, 戊, 己 3인의 합의에 의하여 이미 소멸하였다는 이유로 A가 己의 청구를 거절할 수 있는가? (15점)**
2. **己가 A에게 소유권이전등기의 이행을 청구할 당시 戊가 A에게 인상된 매매대금을 아직 지급하지 않았다면 A는 이를 이유로 己의 청구를 거절할 수 있는가? (15점)**

사례D-06 중간생략등기

Ⅰ. 설문 1.과 2.의 경우(30)

1. 중간생략등기의 합의에 의한 등기청구권

判例는 중간생략등기가 경료되어 버린 경우에는 합의가 없어도 유효하다고 보는데 반해(실체관계에 부합하는 등기 : 8회 선택형), **중간생략등기청구권에 대해서는 중간생략등기의 '합의'가 없는 한 이를 인정하지 아니하는 입장을 유지하고 있다**(대판 1991.4.23, 91다5761 등 : 5회,9회 선택형).

사안은 A, 戊, 己 전원이 중간생략등기의 합의를 하였으므로 判例에 따르면 己는 직접 A에게 소유권이전등기청구권을 행사할 수 있다.

2. 중간생략등기청구권이 인정되는 경우 최초매도인과 중간자와의 관계

(1) 중간자의 최초매도인에 대한 소유권이전등기청구권…설문 1.의 경우

1) 판 례

判例가 판시하는 바와 같이 "중간생략등기의 합의가 있었다 하더라도 이러한 합의는 중간등기를 생략하여도 당사자 사이에 이의가 없겠고 또 그 등기의 효력에 영향을 미치지 않겠다는 의미가 있을 뿐이지 그러한 합의가 있었다 하여 중간매수인의 소유권이전등기청구권이 소멸된다거나 첫 매도인의 그 매수인에 대한 소유권이전등기의무가 소멸되는 것은 아니다"(대판 1991.12.13. 91다18316).

2) 사안의 경우

따라서 3자 사이에 중간생략등기에 관한 합의가 있었다고 하더라도, 己는 戊에 대한 매매계약에 따른 소유권이전등기청구권을 피보전채권으로 하여 戊의 A에 대한 소유권이전등기청구권을 대위행사할 수 있다(제404조). 그러므로 A는 戊의 A에 대한 소유권이전등기청구권이 A. 戊, 己 3인의 합의에 의하여 이미 소멸하였다는 이유로 己의 청구를 거절할 수 없다.

(2) 최초매도인의 중간자에 대한 매매대금청구권…설문 2.의 경우

1) 판 례

判例가 판시하는 바와 같이 "중간생략등기의 합의가 있었다 하여 최초의 매도인이 자신이 당사자가 된 매매계약상의 매수인인 중간자에 대하여 갖고 있는 매매대금청구권의 행사가 제한되는 것은 아니므로 **중간생략등기의 합의가 있은 후에 최초 매도인과 중간 매수인 간에 매매대금을 인상하는 약정이 체결된 경우**, 최초 매도인은 인상된 매매대금이 지급되지 않았음을 이유로 최종 매수인 명의로의 소유권이전등기의무의 이행을 거절할 수 있다"(대판 2005.4.29, 2003다66431). 최초매도인은 중간자에게 소유권이전등기를 경료해 줄 의무에 대해 인상된 매매대금의 지급을 구하는 내용의 동시이행의 항변권을 보유하고 있다고 보아야 할 것이기 때문이다.

2) 사안의 경우

따라서 최초 매도인 A와 중간 매수인 戊, 중간 매수인 戊와 최종 매수인 己 사이에 순차로 매매계약이 체결되고 이들 간에 중간생략등기의 합의가 있은 후에 최초 매도인 A와 중간 매수인 戊간에 매매대금을 인상하는 약정이 체결된 경우, 최초 매도인 A는 인상된 매매대금이 지급되지 않았음을 이유로 최종 매수인 己 명의로의 소유권이전등기의무의 이행을 거절할 수 있다.

기출해설

2023년 변호사시험 제2문

〈 기초적 사실관계 〉

甲(남편)과 乙(부인)은 2020. 1.경 혼인신고를 마친 부부이다.

乙은 2022. 4. 1. 甲을 대리하여 丙으로부터 丙 소유의 X토지를 매매대금 3억 원에 매수하면서, 잔금 지급과 토지인도 및 소유권이전등기 소요서류의 교부는 2022. 6. 30. 동시에 이행하기로 약정하였다(이하 '제1매매계약'이라 한다).

이후 乙은 2022. 8. 1. 甲을 대리하여 丁에게 X토지를 매매대금 3억 5,000만 원에 매도하면서, 잔금 지급과 토지인도 및 소유권이전등기 소요서류의 교부는 2022. 10. 31. 동시에 이행하기로 약정하였다(이하 '제2매매계약'이라 한다).

〈 추가적 사실관계 1 〉

제1, 2매매계약은 적법하게 체결되었고 그 이행기도 모두 경과하였으나, 위 각 매매계약에 따른 잔금 지급과 소유권이전등기는 이루어지지 않고 있었다. 그러던 중 甲, 丙, 丁 3인은 '丙은 甲을 거치지 아니하고 곧바로 丁에게 X토지에 관한 소유권이전등기를 마쳐 주기로 한다'는 내용의 합의서를 작성하였다. 그러나 위 합의에도 불구하고 丙이 소유권이전등기를 계속 미루자 丁은 丙을 상대로 X토지에 관하여 직접 소유권이전등기를 구하는 소를 제기하였다. 위 소송에서 丙은 '위 합의서 작성 이후 甲과 사이에 제1매매계약에 따른 미지급 잔대금 2억 원을 2억 3,000만 원으로 증액하기로 약정하였으므로, 위 2억 3,000만 원을 지급받을 때까지는 丁의 청구에 응할 수 없다'고 항변하였다.

1. 법원은 어떠한 판단을 하여야 하는지 ① 결론(소 각하/청구 기각/청구 인용/청구 일부 인용 - 일부 인용의 경우 인용 범위를 특정할 것)과 ② 논거를 서술하시오. (10점)

사례D-07 중간생략등기

Ⅱ-1. 제2문의 3. 문제 1.(10)

1. 결 론

법원은 '피고 丙은 甲으로부터 2억 3천만 원을 지급받음과 동시에 丁에게 X토지에 관한 소유권이전등기절차를 이행하라'는 판결을 선고해야 한다(상환급부판결, 청구일부인용).

2. 논 거

(1) 丁이 丙에게 중간생략등기청구권이 있는지 여부

判例는 중간생략등기가 경료되어 버린 경우에는 합의가 없어도 유효하다고 보는데 반해(실체관계에 부합하는 등기 : 8회,9회 선택형), 중간생략등기청구권에 대해서는 중간생략등기의 '합의'가 없는 한 이를 인정하지 아니하는 입장을 유지하고 있다(대판 2005.9.29. 2003다40651[1] 등 : 5회,9회 선택형). 검토하

1) "최종 양수인이 중간생략등기의 합의를 이유로 최초 양도인에게 직접 중간생략등기를 청구하기 위하여는 관계 당사자 전원의 의사합치가 필요하지만, 당사자 사이에 적법한 원인행위가 성립되어 일단 중간생략등기가 이루어진 이상 중간생략등기에 관한 합

건데, 거래안전 및 중간자의 권리보호를 함께 고려할 때 判例의 입장은 타당하다.

사안에서 甲, 丙, 丁 3인은 '丙은 甲을 거치지 아니하고 곧바로 丁에게 X토지에 관한 소유권이전등기를 마쳐 주기로 한다'는 내용의 중간생략등기의 합의를 한 바 있으므로 丁은 직접 丙에게 소유권이전등기를 청구할 수 있다.

(2) 丙이 甲에 대한 동시이행의 항변권으로 丁에게 대항할 수 있는지 여부

判例가 판시하는 바와 같이 중간생략등기의 합의가 있었다 하여 최초의 매도인이 자신이 당사자가 된 매매계약상의 매수인인 중간자에 대하여 갖고 있는 매매대금청구권의 행사가 제한되는 것은 아니므로 **중간생략등기의 합의가 있은 후에 최초 매도인과 중간 매수인 간에 매매대금을 인상하는 약정이 체결된 경우**, 최초 매도인은 인상된 매매대금이 지급되지 않았음을 이유로 최종 매수인 명의로의 소유권이전등기의무의 이행을 거절할 수 있다(대판 2005.4.29. 2003다66431 : 8회,9회 선택형). **[2회 사례형]** 최초매도인은 중간자에게 소유권이전등기를 경료해 줄 의무에 대해 인상된 매매대금의 지급을 구하는 내용의 **'동시이행의 항변권'**을 보유하고 있다고 보아야 할 것이기 때문이다. 따라서 사안에서 丙은 인상된 매매대금이 지급되지 않았음을 이유로 丁 명의로의 소유권이전등기의무를 거절할 수 있다.

의가 없었다는 이유만으로는 중간생략등기가 무효라고 할 수는 없다"

기출해설

2020년 변호사시험 제1문

【기초적 사실관계】
甲과 乙은 2018. 3. 1. 甲 소유의 고려청자 1점을 乙이 보관하기로 하는 계약을 체결하였고, 甲은 乙에게 위 고려청자를 인도하였다. [※ 아래 각 문제는 서로 독립적임]

2. 乙은 2018. 5. 1. 보관 중이던 위 고려청자를 甲의 허락 없이 丙에게 평온·공연하게 매각하여 인도하였는데, 丙은 당시 아무런 과실 없이 乙이 정당한 소유자라고 믿었다. 甲은 2019. 5. 3. 丙을 상대로 위 고려청자가 도품(盜品) 또는 유실물에 해당한다는 이유로 소유권에 기하여 위 고려청자에 관한 인도 청구의 소를 제기하였다. **위 소에서 법원은 어떠한 판결을 하여야 하는가? (소각하 / 청구기각 / 청구인용) (10점)**

사례D-08 선의취득과 도품·유실물에 관한 특칙

Ⅱ. 설문 2.의 경우(10)

1. 법원의 판결

법원은 甲의 丙에 대한 청구를 기각하여야 한다.

2. 甲의 丙에 대한 고려청자 인도청구 인용가부

(1) 선의취득이 성립하는지 여부(동, 무, 유, 승, 선)

사안의 경우 丙이 고려청자를 선의취득하는지 문제되는바, 선의취득이 성립하기 위해서는 ⅰ) 목적물이 동산이어야 하고, ⅱ) 처분자는 점유자이지만 무권리자이어야 하고, ⅲ) 유효한 거래행위에 의해 점유를 승계취득한 것이어야 하며, ⅳ) 선의취득자의 점유는 평온·공연·선의·무과실이어야 한다(제249조).

사안의 경우 丙은 처분권한이 없는 무권리자 乙에게서 동산인 고려청자를 평온·공연하게 매수하였고, 丙은 당시 아무런 과실 없이 乙이 정당한 소유자라고 믿었으므로 선의취득의 요건을 갖추었다.

(2) 도품 및 유실물에 관한 특칙이 적용되는지 여부

1) 적용요건

도품이나 유실물의 경우 선의취득의 요건을 갖추고 있더라도, 피해자 또는 유실자는 도난 또는 유실한 날로부터 2년 내에 점유자에 대하여 그 물건의 반환을 청구할 수 있는데(제250조), 이러한 특칙이 적용되기 위해서는 ⅰ) 제249조에 의한 선의취득의 요건이 구비되어야 하며, ⅱ) 도품 또는 유실물이어야 한다.

2) 점유를 수탁한 자(임치인 등), 점유보조자, 소지기관의 횡령

점유이탈의 의사는 '직접점유자'를 기준으로 결정하여 한다. 따라서 점유매개자(직접점유자)가 점유물을 횡령하거나 제3자에게 임의로 처분한 경우와 같은 '위탁물 횡령'의 경우에는 소유자인 '직접점유자'의 의사에 반한다고 하더라도 점유이탈물이 아니다.

判例도 "도품, 유실물이란 원권리자로부터 점유를 수탁한 사람이 적극적으로 제3자에게 부정처분한 경우와 같은 '위탁물 횡령'의 경우는 포함되지 아니하고 또한 점유보조자 내지 소지기관의 횡령처럼 형사법상 절도죄가 되는 경우도 형사법과 민사법의 경우를 동일시 해야 하는 것은 아닐 뿐만 아니라 진정한 권리자와 선의의 거래 상대방간의 이익형량의 필요성에 있어서 위탁물 횡령의 경우와 다를 바 없으므로 이 역시 제250조의 도품·유실물에 해당되지 않는다"(대판 1991.3.22, 91다70)고 한다.

(3) 사안의 경우

乙은 甲과 임치계약을 맺은 보관자로서 직접점유자 乙이 소유자 甲의 동산을 무단으로 처분한 행위는 '점유이탈물인 도품'이라고 할 수 없다. 따라서 甲은 丙에게 도품 및 유실물에 관한 특칙을 주장할 수 없다.

기출해설

2017년 2차 법전협모의 제1문

甲은 2016. 5. 1. 자신의 X 기계를 乙에게 소유권유보부매매로 하여 乙이 경영하는 공장에 위 X 기계를 설치해 주었다. 그런데 乙이 위 X 기계에 대한 대금을 지급하기로 한 약속을 지키지 못하자, 甲은 乙에 대하여 2016. 9. 10. 위 매매계약을 해제하였다. 그런데 위 X 기계가 설치된 乙 소유의 공장대지 및 건물에 대하여 丙이 저당권을 취득하고, 丙의 저당권 실행을 위한 경매절차에서 위 공장대지 및 건물과 더불어 「공장 및 광업재단 저당법」에 따라 저당목적물로 경매목록에 기재되어 있던 위 X 기계를 丁이 매수하였다. 이에 대하여 甲이 丁을 상대로 위 X 기계에 대한 소유권 확인의 소를 제기하였고, 丙을 상대로 자신의 기계가 경매되었다고 주장하며 별소로 X 기계의 매각대금 상당액인 1억 원의 부당이득반환 청구의 소를 제기하였다.

※ 「공장 및 광업재단 저당법」에 의하면, 공장의 소유자가 공장에 속하는 토지에 설정한 저당권의 효력은 건물을 제외한 그 토지에 부가되어 이와 일체를 이루는 물건과 그 토지에 설치된 기계, 기구 기타의 공장의 공용물에 미친다.

1. 甲의 丙, 丁에 대한 청구에 관하여 그 이유를 들어 당부를 판단하시오(부합은 고려하지 말 것). **(20점)**

사례D-09 **타인의 동산을 경락인이 선의취득한 경우 부당이득**

Ⅰ. 설문 1.의 경우(20)

1. 甲의 丁에 대한 소유권확인의 소

(1) 문제점

제3자 甲소유 X기계에 대한 공장저당권의 효력이 미쳐 경락인 丁이 X기계의 소유권을 취득할 수 있는지, 아니라면 경매절차에서의 선의취득을 통해 소유권을 취득할 수 있는지 문제된다.

(2) 경매절차를 통한 승계취득 여부

判例가 판시하는 바와 같이 공장저당법의 규정에 의하여 저당권의 목적이 되는 것으로 **목록에 기재되어 있는 동산이라고 하더라도 그것이 저당권설정자가 아닌 '제3자의 소유인 경우' 에는 위 저당권의 효력이 미칠 수 없다**(대판 2003.9.26. 2003다29036).

사안의 경우 X기계는 소유권유보부매매의 대상으로 제3자 甲소유이고(정지조건부소유권이전설 : 대판 1996.6.28, 96다14807) 게다가 사후에 해제되었으며, 비록 경매목록에 기재되어 있다고 하더라도 공장저당권의 효력이 미치지 않으므로 원칙적으로 경락인 丁은 X기계의 소유권을 취득할 수 없다.

(3) 경매절차에서의 선의취득의 여부

1) 선의취득의 성립요건(동, 무, 유, 승, 선)

선의취득이 성립하기 위해서는 ⅰ) 목적물이 동산이어야 하고, ⅱ) 처분자는 점유자이지만 무권리자이어야 하고, ⅲ) 유효한 거래행위에 의해 점유를 승계취득한 것이어야 하며, ⅳ) 선의취득자의 점유는 평온 · 공연 · 선의 · 무과실이어야 한다(제249조). 점유자는 평온 · 공연 · 선의로 추정되나(제197조 1항), 判例에 의하면 무과실은 추정되지 않고 양수인이 이를 입증하여야 한다고 한다(대판 1968.9.3, 68다169).

사안의 경우 X기계는 동산이고, 乙은 소유권유보부매매로 X기계를 매수하였으나 대금을 지급하지 못하여 계약이 해제되었으므로 무권리자로서 점유 중이다. 따라서 iii)과 iv)요건을 갖추었는지 여부가 문제된다.

2) 저당권실행 경매로 인한 선의취득 가부

判例가 판시하는 바와 같이 '경매절차'도 거래행위에 해당하여, "집행채무자의 소유가 아닌 경우에도 강제집행절차에서 그 동산을 경락받아 경락대금을 납부하고 이를 인도받은 경락인은 그 소유권을 선의취득한다"(대판 1997.6.27. 96다51332).

3) 사안의 경우

丁은 丙의 저당권 실행을 위한 경매절차에서 위 공장대지 및 건물과 더불어 「공장 및 광업재단 저당법」에 따라 저당목적물로 경매목록에 기재되어 있던 위 X기계를 매수하였으므로 乙이 무권리자임을 알지 못한데 '과실'이 있다고도 볼 수 없다. 따라서 丁은 X 기계를 선의취득하고 따라서 甲의 丁에 대한 소유권확인의 소는 이유가 없으므로 기각되어야 한다.

2. 甲의 丙에 대한 부당이득반환 청구의 소

(1) 문제점

부당이득이 성립하기 위해서는 i) 법률상 원인없이, ii) 타인의 재산 또는 노무로 인하여 이익을 얻고, iii) 그러한 이익으로 인하여 타인에게 손해를 가하고, iv) 이익과 손해 사이에 인과관계가 있을 것을 요한다(제741조). 사안의 경우 丙이 이득을 얻고, 이로 인해 甲이 손해를 입었는지 문제된다.

(2) 타인의 동산을 경락인이 선의취득한 경우 부당이득 성립여부

判例가 판시하는 바와 같이 "**채무자 이외의 자(甲)의 소유에 속하는 동산(X기계)에 대한 경매절차에서 그 동산(X기계)의 매각대금은 채무자(乙)의 것이 아니어서 채권자(丙)가 이를 배당을 받았다고 하더라도 채권은 소멸하지 않고 계속 존속하**므로, 배당을 받은 채권자(丙)는 이로 인하여 법률상 원인 없는 이득을 얻고 소유자(甲)는 경매에 의하여 소유권을 상실하는 손해를 입게 되었다고 할 것이니, 그 동산(X기계)의 소유자(甲)는 배당을 받은 채권자(丙)에 대하여 부당이득으로서 배당받은 금원의 반환을 청구할 수 있다"(대판 1998.6.12, 98다6800[1] ; 대판 2003.7.25. 2002다39616).

따라서 甲은 丙에 대하여 부당이득으로서 배당받은 1억 원의 반환을 청구할 수 있다.

3. 사안의 해결

X 기계는 丁이 선의취득하였으므로 甲의 丁에 대한 소유권확인의 소는 기각되어야 하나, 丙은 법률상 원인 없이 1억 원의 이득을 얻었으므로 甲의 丙에 대한 부당이득반환청구의 소는 인용되어야 한다.

1) "이러한 이치는 제3자 소유의 기계·기구가 그의 동의 없이 공장저당법 제4조, 제5조의 규정에 의한 저당권의 목적이 되어 같은 법 제7조의 목록에 기재되는 바람에 공장에 속하는 토지 또는 건물과 함께 일괄 경매되어 경락되고 채권자가 그 기계·기구의 경락대금을 배당받은 경우에도 경락인이 그 기계·기구의 소유권을 선의취득하였다면 마찬가지라고 보아야 한다"

기출해설

중요판례 미기출 핵심사례

甲회사는 乙과의 사이에 甲이 생산하는 철강의 판매대리점계약을 체결하면서, 乙이 甲으로부터 공급받은 철강의 대금을 완납할 때까지 그 소유권은 甲에게 속한다고 약정하였다. 그리고 이때 乙이 공급받은 철강을 가공한 경우에도 대금을 완납할 때까지는 그것은 甲의 소유에 속하는 것으로 특약을 하였다. 乙은 공급받은 철강의 일부는 자신의 점포에 보관하고, 나머지는 丙과의 사이에 乙이 제3자로부터 주문 받은대로 철강을 가공할 것을 내용으로 하는 임가공계약을 체결하였다. 이에 따라 丙은 그 철강들을 가공하였다. 그 후 乙은 자신의 丁에 대한 차용금채무의 담보를 위하여 자신의 점포에 있거나 丙이 보관중인 철강 전부를 丁에게 양도하는 동산양도담보계약(특정집합동산에 관한 양도담보계약임)을 체결하였다.

그리고 丙은 乙의 요청에 좇아 丁을 위하여 철강을 보관한다는 보관증을 작성하여 丁에게 교부하였다. 그런데 乙은 甲에 대한 철강대금채무를 모두 각 이행기일이 지나도록 이행하지 못하고 있다.

1. 철강의 소유권은 누구에게 속하는가? (30점)

2. 설문 1.의 결론에 따라 위 당사자들 사이에 문제될 수 있는 민사적 법률관계를 논하시오. (20점)

사례D-10 소유권유보부매매, 목적물반환청구권의 양도 및 점유개정에 따른 선의취득[1]

Ⅰ. 철강의 소유권자(30) - 설문 1.의 경우

1. 철강에 관한 매수인 乙의 법적 지위

(1) 소유권유보부매매의 법적 성질

判例는 "목적물의 소유권을 이전한다는 당사자 사이의 물권적 합의는 매매계약을 체결하고 목적물을 인도한 때 이미 성립하지만 대금이 모두 지급되는 것을 정지조건으로 하므로"라고 판시함으로써 정지조건부소유권이전설을 따르고 있다(대판 1996.6.28, 96다14807). 검토하건대, 소유권 유보의 특약을 하는 당사자의 의사는 매매대금이 전부 지급될 때까지 '소유권'을 매도인에게 유보한다는데 있으므로, 이러한 당사자의 의사를 반영하는 정지조건부소유권이전설이 타당하다.

(2) 가공된 철강에 관한 소유권유보 특약의 효력

가공으로 인한 가액의 증가가 원재료의 가액보다 현저히 다액인 때에는 가공자의 소유로 한다(제259조 1항 단서). 그러나 가공에 관한 민법의 규정은 임의규정으로서 당사자들이 특약에 의하여 다르게 정할 수 있다.

(3) 사안의 경우

① 乙의 점포 안에 있는 철강에 관하여는 甲이 소유자이고, 乙은 장차 대금을 완납할 것을 조건으로 하여 소유권을 취득할 수 있는 기대권자에 불과하다. ② 丙이 가공하여 보관하고 있는 철강에 관하여는 甲과 乙 사이에 乙이 공급받은 철강을 가공한 경우에도 대금을 완납할 때까지는 그것은 여

1) ★ 민법의 맥 핵심사례 D-02

전히 甲의 소유에 속하는 것으로 하는 특약이 있었고(이른바, 연장된 소유권유보) 그 철강은 乙이 丙을 통하여 가공한 것이기 때문에 마찬가지로 甲이 소유자이고 乙은 기대권자에 불과하다.

2. 乙의 丁에 대한 양도담보권 설정의 효력

(1) 乙의 丁에 대한 양도담보설정행위의 효력

乙이 丁에게 이 사건 철강들에 관하여 양도담보를 설정하여 준 것은 무권리자의 처분행위로서 무효임이 원칙이다.[2] 따라서 丁에게 선의취득이 인정되는지 문제된다.

(2) 丁의 선의취득 가부[3]

1) 선의취득이 성립하기 위한 요건(동, 무, 유, 승, 선)

선의취득이 성립하기 위해서는 i) 목적물이 동산이어야 하고, ii) 처분자는 점유자이지만 무권리자이어야 하고, iii) 유효한 거래행위에 의해 점유를 승계취득한 것이어야 하며, iv) 선의취득자의 점유는 평온·공연·선의·무과실이어야 한다(제249조).

점유자는 평온·공연·선의로 추정되나(제197조 1항), 判例에 의하면 무과실은 추정되지 않고 양수인이 이를 입증하여야 한다고 한다(대판 1968.9.3. 68다169). 그러나 제200조(권리적법 추정)에 의해 양수인의 무과실도 추정된다고 보는 것이 타당하다(다수설).

2) 점유개정에 의한 선의취득의 인정 여부(乙이 점유하고 있는 철강)

가) 판 례

"동산의 선의취득에 필요한 점유의 취득은 현실적 인도가 있어야 하고 점유개정에 의한 점유취득만으로서는 그 요건을 충족할 수 없다"(대판 1964.5.5, 63다775)고 하여 **부정설**을 취한다.

나) 검토 및 사안의 경우

점유개정은 관념적 점유이전 중에서도 가장 불명확한 것으로, 외부에서는 거래행위의 존재를 인식할 수 없으므로 이를 인정하면 원권리자에게 너무 가혹하다는 점에서 부정설이 타당하다. 乙이 점유하고 있는 철강에 관하여는 점유개정에 의한 선의취득이 인정되지 않기 때문에 이에 대한 소유권자는 여전히 甲이다.

3) 반환청구권의 양도에 의한 선의취득의 인정 여부(丙이 점유하고 있는 철강)

가) 판 례

"양도인이 소유자로부터 보관을 위탁받은 동산을 제3자에게 보관시킨 경우에 양도인이 그 제3자에 대한 반환청구권을 양수인에게 양도하고 **지명채권 양도의 대항요건을 갖추었을** 때에는 동산의 선의취득에 필요한 점유의 취득 요건을 충족한다"(대판 1999.1.26, 97다48906)고 하여 **긍정설**을 취한다.

---

2) 다만 학설은 매수인의 목적물의 처분행위를 조건부 권리 자체의 양도로 보아 선의의[통상 소유권유보의 특약에 의하여 매수인의 처분이 금지되지만, 이러한 특약을 선의의 제3자에게 대항할 수 없다고 할 것이다(제449조 2항 참조). 매수인의 처분을 금지하는 특약이 없다면 양수인의 선·악을 가리지 않는다] 양수인은 조건부 권리를 취득하고(제149조), 대금의 완납에 의하여 양수인은 소유권을 취득한다고 한다[지원림, 민법강의(13판), 5-148].

3) 동산 양도담보권도 선의취득의 대상이 될 수 있다. 양도담보권을 신탁적 소유권으로 보면 소유권의 선의취득에 관한 제249조가, 담보물권으로 보면 질권의 선의취득에 관한 제343조가 적용된다. 이에 대해 통설과 判例는 동산양도담보의 법적성질에 대해서 신탁적 소유권이전설을 취하는 바, 동산 양도담보의 경우 양수인은 담보물권을 취득하는 것이 아니라 소유권을 취득한다고 보므로 제249조의 성립여부를 살펴본다.

나) 검토 및 사안의 경우

반환청구권의 양도에 관하여 대항요건(직접점유자에 대한 통지 또는 그의 승낙)이 갖추어지면 직접 점유자는 이제 양수인을 위하여 목적물을 점유하므로, 목적물이 양도인의 지배영역을 떠나 양수인의 지배영역으로 완전히 이전되었다고 평가할 수 있다는 점에서 긍정설이 타당하다.

거래행위가 양도담보설정인 경우에는 그 자체로써 채무자의 재산상태가 안 좋음을 암시하기 때문에 그와 거래하는 제3자는 목적물이 이미 다른 사람에게 (양도)담보로 제공된 것인지 더욱 주의할 필요가 있는 점 등을 고려할 때, 양수인의 무과실도 추정된다고 보는 견해에 따르더라도 丁이 乙과 이 사건 철강들에 관하여 양도담보설정계약을 할 당시 그것들이 사실은 乙의 소유에 속하지 않는다는 사정을 모른 데 과실이 없다고 보기 어렵다. 따라서 丙이 점유하고 있는 철강에 관하여는 丁의 무과실을 인정할 수 없기에, 丁은 철강 전부에 관하여 양도담보권을 선의취득하지 못한다. 따라서 철강 전부에 관하여 소유자는 여전히 甲이다.

Ⅱ. 소유권 확정에 따른 甲, 乙, 丙, 丁 사이의 법률관계(20) - 설문 2.의 경우

1. 甲의 소유권유보 실행에 따른 법률관계

(1) 소유권 유보의 실행

소유권유보부 매도인은 매수인이 이행기일에 매매대금채무를 이행하지 않으면 곧바로 매매계약을 해제하고(이는 실질적으로 담보권의 실행과 마찬가지이다), 매수인 또는 그로부터 목적물의 점유를 이전받은 사람을 상대로 소유권에 기하여 목적물의 인도를 청구할 수 있다. 다만 이미 받은 매매대금이 있으면 원칙적으로 매수인에게 이를 반환하여야 한다.

(2) 사안의 경우

甲은 乙이 철강대금채무의 이행을 지체하였으므로 곧바로 매매계약을 해제하고 乙 및 丙에 대하여 그들이 각 점유하고 있는 철강의 인도를 청구할 수 있다. 다만 丙은 乙에 대한 임가공료채권에 기하여 유치권을 주장하며 甲의 인도 청구에 대항할 수 있다(제320조).

2. 乙, 丙의 甲에 대한 권리

(1) 乙의 甲에 대한 유익비상환청구권

乙은 丙을 이용하여 甲소유의 철강을 가공하여 그 경제적 가치를 증가시켰으므로 甲에 대하여 유익비상환청구권을 갖는다. 甲은 그의 선택에 따라 乙의 지출금액 또는 증가액을 상환하면 된다(제203조 2항).

(2) 丙의 甲에 대한 직접청구

1) 제203조 2항에 기한 유익비상환청구권

丙은 유치권자로서 甲의 철강인도에 대해 거절할 수 있지만(제213조 단서), 위 항변사유를 주장하지 않고 스스로 철강을 반환하는 것은 무방하다. 다만, 丙자신이 위 철강의 비용(유익비)을 지출한 자임을 이유로 甲에게 제203조 2항의 유익비 상환을 청구하는 방법으로 임가공대금을 지급받을 수는 없다. 왜냐하면 비용상환청구는 비용지출자만이 가지는 권리이므로 乙이 궁극적으로 자신의 계산으로 비용지출과정을 관리한 것이고, 丙은 乙에게 임가공료채권을 가지는 이상 비용지출자는 丙이 아닌 乙이기 때문이다(대판 2002.8.23, 99다66564,66571 : 7회,8회,9회 선택형).

2) 부당이득반환의 일환으로 객관적 가치의 증가액 상당을 청구할 수 있는지 여부

丙이 甲소유의 철강을 가공하여 그 경제적 가치를 증가시켰으므로 임가공계약의 당사자가 아닌 제3자인 甲에게 부당이득반환을 청구할 수 있는지 문제된다(이른바 '轉用物訴權'의 문제).

그러나 丙의 甲에 대한 부당이득반환청구를 인정한다면, 判例가 판시하는 바와 같이 i) 자기책임하에 체결된 계약에 따른 위험부담을 제3자에게 전가시키는 것이 되어 **계약법의 기본원리에 반하는 결과**를 초래할 뿐만 아니라, ii) **甲이 乙에게 가지는 항변권 행사의 기회를 박탈하고**, iii) 乙이 무자력일 경우 계약 당사자인 丙이 아니라, **제3자인 甲이 乙의 무자력 위험을 부담하게 된다**는 점에서 부당하다(대판 2002.8.23, 99다66564,66571). 따라서 丙은 甲에게 철강의 가치 증가를 이유로 부당이득반환을 구할 수 없다.

(3) 丙의 甲에 대한 대위청구 가부

乙이 무자력이면 丙은 乙에 대한 임가공료채권을 피보전채권으로 하여 乙의 甲에 대한 유익비상환청구권을 대위행사할 수 있다(제404조).

3. 甲과 丁 사이의 법률관계

丁은 이 사건 철강들에 관하여 양도담보권을 선의취득하지 못하였기 때문에 乙에 대한 대여금채권을 보전하기 위하여 乙 및 丙이 점유하고 있는 철강들에 대하여 가압류 내지 강제집행을 할지 모른다. 이 경우 **甲은 소유자로서 제3자 이의의 소**를 제기하여 그 집행을 막을 수 있다.

종중 甲은 그 소유 X토지에 대하여 등기명의를 종중원 乙 앞으로 명의신탁하여 두었다. 甲 종중은 편의상 그렇게 하려고 했을 뿐 탈법의 목적은 없었다. 다만, 乙에 대한 다른 채권자들이 X토지에 대하여 (가)압류·가처분을 하거나 甲의 승낙없이 乙이 X토지를 임의로 처분할 위험에 대비하여 甲 명의로 소유권이전등기청구권 보전을 위한 가등기를 경료하였다. 그 후 X토지에 관하여 乙의 채권자 A의 신청에 의하여 가압류등기가 경료되자, 甲은 乙과의 명의신탁을 해지하고 이를 이유로 乙을 상대로 소송을 제기하여, X토지는 甲의 승소판결에 기초해 乙에게서 甲으로 소유권이전등기가 경료되었다. 그 후 甲은 다시 乙을 상대로 가등기에 기한 본등기의 이행을 구하는 소를 제기하였다.

이 경우 A와 乙의 예상되는 항변을 고려하여 甲의 청구에 대한 결론[청구인용, 청구기각]을 그 근거를 들어 서술하시오.

사례D-11 명의신탁해지, 가등기에 기한 본등기청구권과 혼동(채권과 물권 사이의 혼동 여부)[1] ★

Ⅰ. 결 론

법원은 甲의 乙에 대한 청구를 인용하여야 한다.

Ⅱ. 논 거(甲의 乙에 대한 가등기에 기한 본등기이행청구 가부)

1. 甲명의 가등기의 유효성 여부

(1) 甲과 乙사이 가등기 경료 약정이 통정허위표시로서 무효인지 여부

사안에서 가등기는 장래에 그 명의신탁 관계가 해소되었을 때 가등기에 기한 본등기를 경료함으로써 장차 가등기 경료 이후에 토지에 관하여 발생할지도 모르는 등기상의 부담에서 벗어나 甲이 완전한 소유권을 취득하기 위한 법적 장치로서 甲과 乙 사이의 별도의 약정에 의하여 경료된 것이라고 할 것이므로, 위 가등기를 경료하기로 하는 **甲과 乙 사이의 약정이 통정허위표시로서 무효라고 할 수는 없다**(대판 1995.12.26, 95다29888).

(2) 소유권이전등기청구권이 가등기의 대상이 될 수 있는지 여부

1) 가등기의 대상이 될 수 있는 청구권

가등기란 부동산물권 또는 임차권의 설정 · 이전 · 변경 또는 소멸의 청구권을 보전하려 할 때 또는 그 청구권이 시기부 · 조건부이거나 장래에 있어서 확정될 것인 때에 그 본등기의 순위보전을 위하여 하는 예비등기를 말한다(부동산 등기법 제88조). 이와 관련하여 判例는 물권적 청구권은 이에 해당하지 않아 가등기를 할 수 없다고 한다(대판 1982.11.23, 81다카1110). 즉, **가등기는 채권적 청구권을 보전하기 위하여 하는 것이다**(부동산 등기법 제88조 참조).

1) ★ 민법의 맥 핵심사례 D-03 : 2015년 법원행정고시 제2문에서도 동일한 쟁점이 출제되었다.

2) 사안의 경우

甲, 乙 사이의 명의신탁약정은 '부동산실명법 제8조 제1호'에 의해 동법의 적용이 없고, 判例가 판시하는 바와 같이 이는 '유효한 명의신탁'으로 내부적 소유권은 신탁자 甲에게 있으나 외부적 소유권은 수탁자 乙에게 있으며, 이는 '명의신탁해지 후 신탁자에게로 등기회복 前'에도 마찬가지이다(대판 1994.2.8, 92다31675 : 대내외관계 구별설).

따라서 ⅰ) 명의신탁자 甲은 대내관계에서는 소유권자이므로 甲이 乙에 대하여 가지는 권리는 소유권에 기초한 방해배제청구권으로서의 말소등기청구권(물권적 청구권)이다. 이러한 물권적 청구권의 보전을 위하여는 가등기를 할 수 없으나, ⅱ) 명의신탁자는 언제든 명의신탁을 해지하고 이를 원인으로 수탁자에게 소유명의 이전등기절차 이행을 청구할 수도 있는바, 이는 채권적 청구권으로서 가등기에 의하여 보전될 수 있다. 따라서 甲은 이러한 채권적 청구권 보전을 위하여는 정당한 가등기권리자가 된다.

2. 甲이 乙에 대해 가등기에 기한 본등기의 이행을 청구할 수 있는지 여부

(1) 가등기의 본등기 전의 효력 및 가등기에 기한 본등기청구권의 법적성질

실체법적 규정을 두지 아니한 부동산등기법의 해석으로서는 가등기는 본등기의 순위를 보전하는 효력을 가지는데 불과한 것이므로 가등기는 본등기가 없는 동안은 그 자체로써 아무런 실체법상의 효력이 없다(대판 2001.3.23. 2000다51285). 이와 같이 가등기가 순위보전의 효력만을 가질 뿐 실체법상의 효력을 가지는 것은 아니라고 해석한다면, 그 가등기에 기한 본등기청구권은 가등기의 원인인 '계약상의 채권'에 불과하다.

(2) 甲의 乙에 대한 가등기에 기한 본등기청구권이 혼동으로 소멸하였는지 여부

1) 특정물에 관한 채권을 가지는 자가 그 특정물의 소유권을 취득하는 경우에도 혼동의 법리가 적용되는지 여부

判例는 "동일한 물건에 관한 소유권과 다른 물권(제한물권)이 동일한 자에게 귀속되는 경우, 다른 물권은 혼동에 의하여 소멸하고(제191조 1항), 채권과 채무가 동일한 주체에 귀속되는 경우, 그 채권은 혼동에 의하여 소멸한다(제507조). 일반적으로 특정물에 관한 채권을 가지는 자가 그 특정물의 소유권을 취득하는 경우에 있어서 그 채권이 혼동으로 소멸하는 것과 같은 외관을 보이는 때가 많으나, 물권과 채권은 각기 그 소멸원인을 달리하는 것으로 채권은 채권과 채무가 동일한 주체에 귀속한 때에 한하여 혼동으로 소멸하는 것이 원칙이므로, 특정물에 관한 채권자가 특정물의 소유권을 취득하였다고 하더라도 그 특정물에 관한 채권이 혼동으로 소멸한다고 단정할 수는 없다"(대판 1995.12.26, 95다29888)고 한다.

2) 사안의 경우

甲이 가등기에 의해 보전하고자 하는 본등기청구권은 채권이므로 가등기권리자인 甲이 그 채무 자체를 승계하지 않는 한 소유권을 취득했다고 해서 그 채권이 당연히 소멸하는 것은 아니므로 甲의 가등기상의 권리가 혼동에 의해 소멸하는 것은 아니다.

(3) 가등기와 가등기에 기한 본등기 절차에 의하지 아니한 별도의 소유권이전등기 사이에 이해관계 있는 제3자의 등기가 경료된 경우 가등기에 기한 본등기청구권이 소멸하는지 여부[2)]

1) 판 례

判例는 가등기에 기하여 본등기가 된 때에는 본등기의 순위가 가등기한 때로 소급함으로써 가등기 후 본등기 전에 이루어진 중간처분이 본등기보다 후순위로 되어 실효되는 것이므로, 가등기에 기한 본등기청구와 단순한 소유권이전등기청구는 비록 그 등기원인이 동일하다고 하더라도 이는 서로 다른 청구로 보아야 하고, 따라서 가등기권자가 소유권이전등기를 받고 있다고 하더라도 가등기에 기한 본등기청구를 할 수 있다(대판 1994.4.26, 92다34100 등 참고)고 판시하고 있다.

2) 검토 및 사안의 경우

甲이 가등기에 기한 본등기 절차에 의하지 아니하고 별도로 가등기권자 甲 명의의 소유권이전등기가 경료되었다고 하여 가등기 권리자 甲과 의무자 乙 사이의 가등기 약정상의 채무의 이행이 종료되었다고 할 수는 없다. 따라서 특별한 사정이 없는 한, 가등기권자 甲은 가등기의무자 乙에 대하여 그 가등기에 기한 본등기 절차의 이행을 구할 수도 있다.

[비교판례] ✻ **만약 甲의 가등기 후 A의 가압류등기 등 제3자의 등기가 존재하지 않는다면 甲의 가등기에 기한 본등기청구권이 소멸하는지 여부(적극)**
判例는 "가등기권자가 별도의 소유권이전등기를 경료받았다 하더라도, 가등기 경료 이후에 가등기된 목적물에 관하여 제3자 앞으로 처분제한의 등기가 되어 있거나 중간처분의 등기가 되어 있지 않고 가등기와 소유권이전등기의 등기원인도 실질상 동일하다면, 가등기의 원인이 된 가등기의무자의 소유권이전등기의무는 그 내용에 좇은 의무이행이 완료되었다 할 것이어서 가등기에 의하여 보전될 소유권이전등기청구권은 소멸되었다고 보아야 하므로, 가등기권자는 가등기의무자에 대하여 더 이상 그 가등기에 기한 본등기절차의 이행을 구할 수 없는 것이다"(대판 2007.2.22, 2004다59546)라고 판시하고 있다.
이 경우 가등기에 기한 본등기청구권이 소멸한 것은 혼동에 의한 소멸이 아니라 등기의무자의 의무내용에 좇은 등기의무의 이행이 완료되었기 때문(채권목적 달성의 법리)임을 주의해야 한다.

---

2) 가등기 이후에 이해관계 있는 제3자의 등기가 없는 경우에는 가등기권리자, 가등기의무자 사이에 아무런 분쟁이 생길 여지가 없어, 가등기에 기한 본등기청구의 소멸 여부는 문제가 되지 아니한다. 이 경우 구태여 가등기에 기한 본등기청구를 한다면, 특별한 사정이 없는 한 별도의 소유권이전등기의 경료로써 소유권이전의 목적을 달성한 것이므로 가등기에 기한 본등기청구는 기각되어야 할 것이다(왜냐하면 채무의 본지에 따른 이행이 완료되었기 때문이다).

기출해설

2012년 2차 법전협모의 제1문

甲, 乙, 丙은 2011. 10. 10. 의류 수입.판매를 목적으로 하는 X조합을 만들기로 하였다. 이를 위하여 乙과 丙은 3억 원씩을 현금으로 출자하고, 甲은 시가 3억 원 상당의 평택시 청북면 어연리 A토지 220㎡ 및 그 지상의 창고건물(이하 'A토지' 및 '창고건물'이라 한다)을 출자하면서 甲, 乙, 丙명의로 합유등기를 마친 후, 의류회사 근무 경험이 있는 甲을 업무집행조합원으로 선임하였다.

한편 A토지상의 기존 창고건물이 낡아 의류창고 용도로 사용하기에 부적합하였기 때문에 甲, 乙, 丙은 A토지와 인접한 B토지를 매수하여 A, B토지상에 새로이 창고건물을 지어 사용하기로 하고, 甲이 B토지 소유자인 Y종중의 대표 己를 찾아가 그 토지를 자신들에게 팔 것을 제의하였다. 그 무렵 채무변제 독촉에 시달리던 己는 종중총회를 개최하지도 아니한 채 임의로 B부동산을 매도한다는 내용의 종중총회 회의록을 만들어 甲에게 제시하면서 Y종중을 대표하여 2011. 12. 20. 甲과 B토지를 대금 1억 원에 매도하기로 하는 매매계약을 체결하고 甲, 乙, 丙명의로 소유권이전등기를 넘겨주었다. 그리고 己는 그 매매대금을 자신의 채무변제에 사용하였다.

한편 甲이 현물 출자한 A토지와 창고건물은 甲이 부(父) 丁으로부터 2004. 6. 1. 상속을 받은 것인데, 丁이 1985. 8. 1. 창고건물을 신축할 당시 A토지와 인접한 戊소유의 C토지의 경계를 70㎡ 가량 침범하여(이하 경계를 침범한 위 70㎡부분을 '©부분 토지'라 한다) A토지와 ©부분 토지상에 창고건물을 지어 사용해 왔고, 이를 모르는 甲은 丁의 사망 후 이를 상속받아 같은 형태로 계속 점유해 온 것이었다. 새로이 창고건물을 지으려는 과정에서 甲과 戊가 기존 창고건물의 부지 중 70㎡가 戊소유 ©부분 토지 위에 있어 문제가 있음을 확인하였다.

2. 戊가 제기한 ©부분 토지 인도청구소송에서 상대방인 甲측이 자신들에게 소유권 이전등기청구권이 있음을 주장하면서 내세울 수 있는 항변사항으로 주장할 수 있는 요건사실에 대하여 논하고, 甲의 주장에 대하여 당신이 戊의 변호사라면 어떠한 반론을 제기하여 甲의 청구를 저지할 수 있는지 논하시오. (20점)

사례D-12 취득시효(경계침범 건축, 피상속인의 점유분리)

Ⅱ. 설문 2.의 경우(20)

1. 甲측의 항변사항

(1) 문제점

戊는 ⅰ) ©부분의 토지소유자이며 ⅱ) 甲측이 당해 토지를 점유하고 있으므로 원칙적으로 戊의 청구는 인용될 수 있다(제213조 본문). 그러나 '점유할 권리'가 있는 자는 소유권자의 소유물반환청구에 대하여 반환을 거부할 권리가 있는바(제213조 단서), 사안에서는 피고 甲측에게 점유취득시효완성에 따른 소유권이전등기청구권이 있는지 문제된다(제245조 1항).

(2) 부동산 점유취득시효의 요건사실

점유취득시효완성을 원인으로 한 소유권이전등기청구권을 행사하기 위한 요건사실은 '20년간 소유의 의사로 평온, 공연하게 점유한 사실'이다(제245조 1항). 그러나 **제197조 1항에 의해 당해 부동산을 '20년간 점유한 사실' 만 주장·증명하면 된다.**

(3) 사안의 경우

사안에서 甲 자신의 점유기간만(2004.6.1.~2011.10.10)으로는 20년의 기간을 충족시키지 못하나, 甲은 丁으로부터 점유를 상속받은 것이고(제193조), 丁은 1985. 8. 1.으로부터 점유를 시작하였으므로 2011. 10. 10.이 지난 현재 20년 이상 점유했다는 사실은 명백하다. 따라서 원칙적으로 甲측에서는 戊에게 점유취득시효완성에 따른 소유권이전등기청구권을 행사할 수 있다(제245조 1항).

2. 戊의 재항변사항(반론)

(1) 丁의 타주점유(경계침범 건축)

경계침범 건축과 관련하여 判例는 "침범 면적이 통상 있을 수 있는 시공상의 착오 정도를 넘어 상당한 정도에까지 이르는 경우에는 당해 건물의 건축주는 자신의 건물이 인접 토지를 침범하여 건축된다는 사실을 건축 당시에 알고 있었다고 보는 것이 상당하다고 할 것이고, 따라서 그 침범으로 인한 인접 토지의 점유는 권원의 성질상 소유의 의사가 있는 점유라고 할 수 없다"(대판 2000.12.8. 2000다42977)고 한다. 사안에서 丁소유 A토지의 면적이 220㎡이고 戊소유 ⓒ부분의 면적이 70㎡임을 고려할 때, 침범 면적이 통상 있을 수 있는 시공상의 착오 정도를 넘어 상당한 정도에까지 이르는 경우에 해당한다고 볼 수 있으므로 **戊는 丁의 점유가 타주점유라는 반론을 제기하여야** 한다.

(2) 甲의 타주점유(타주점유자인 피상속인 丁의 점유와 분리를 주장할 수 있는지 여부)

만약 甲측이 제199조에 의해 타주점유자인 丁의 점유와 분리를 주장하더라도 判例에 따를 때 "상속에 의하여 점유권을 취득한 상속인은 **새로운 권원에 의하여 자기 고유의 점유를 시작하지 않는 한** 피상속인의 점유의 성질과 하자를 떠나 자기의 점유만을 주장할 수 없다"(대판 1992.9.22, 92다22602). 설령 사안에서 점유의 분리를 긍정하더라도 상속인 甲의 점유기간만으로는 점유취득시효의 기간을 충족할 수 없다.

3. 사안의 해결

戊의 토지인도청구에 대해 甲측은 점유취득시효 완성의 항변을 할 수 있다. 이에 대해 戊는 丁의 점유는 타주점유이고, 상속인 甲의 점유는 피상속인 丁의 점유를 떠나 자신만의 점유를 주장할 수 없다고 반론하여 甲의 청구를 저지할 수 있다.

기출해설 2014년 2차 법전협모의 제2문

A는 1937.3.7.부터 X토지를 소유하고 경작하여 오다가 1961.5.2. 이 토지를 甲에게 매도하고 그 무렵 甲 명의로 소유권이전등기를 마쳐 주었다. 그런데 A는 그 이후에도 계속 X토지를 경작하였고, A가 1970.5.29. 사망한 이후에는 A의 단독상속인인 B가 이를 계속 경작하였다. B는 2002년 甲을 상대로 X토지에 대해 취득시효 완성을 원인으로 한 소유권이전등기절차의 이행을 구하는 소를 제기하였다.

1. B의 청구의 타당성을 검토하라. (20점)
2. 甲이 B의 청구에 대하여 소멸시효 항변을 한다면 받아들여질 것인가? (5점)

사례D-13 피상속인의 점유분리, 취득시효로 인한 이전등기청구권과 소멸시효

Ⅰ. 설문 1.의 경우(20)

1. 문제점(부동산 점유취득시효의 요건사실)

점유취득시효완성을 원인으로 한 소유권이전등기청구권을 행사하기 위한 요건사실은 '20년간 소유의 의사로 평온, 공연하게 점유한 사실'이다(제245조 1항). 그러나 **제197조 1항에 의해 당해 부동산을 '20년간 점유한 사실' 만 주장·증명하면 된다.** 사안에서는 피상속인 A의 점유가 타주점유에 해당하는지 여부와 단독상속인 B가 이러한 점유태양과 점유기간을 승계하는지 문제된다.

2. 시효기간의 경과

A가 1961.5.2. 甲에게 X토지를 매도한 이후에도 계속 X토지를 경작하고 점유하였으므로 이 시기를 취득시효의 원인이 되는 점유개시시기로 삼아야 한다.[1] 한편 A가 사망한 1970.5.29. 이후에도 B가 계속 이를 점유한 사실이 인정되고 점유권은 상속인에게 당연히 이전(제193조)되므로, 1961.5.2.부터 20년이 경과한 1981.5.2.에 취득시효완성에 필요한 기간이 완성된다. 한편 A의 점유개시시부터 X토지 소유권 변동이 없으므로 B는 취득시효를 주장하는 날로부터 20년의 기간을 역산하여 주장할 수 있다(대판 1993.11.26. 93다30013).[2]

3. 자주점유인지 여부

취득시효의 기초가 되는 점유는 자주점유인바, **'소유자가 할 수 있는 것과 같은 배타적 지배를 사실상 행사하려고 하는 의사'**를 말한다. 자주점유인지 여부는 점유취득의 원인이 된 객관적 사실, 즉 **'권원의 객관적 성질'**에 의하여 정해지는바, 判例는 특별한 사정이 없는 한 **부동산을 타인에게 매도하여**

---

1) 判例는 "자기 소유의 부동산을 점유하고 있는 상태에서 다른 사람 명의로 소유권이전등기가 된 경우 자기 소유 부동산을 점유하는 것은 취득시효의 기초로서의 점유라고 할 수 없고, 그 소유권의 변동이 있는 경우에 비로소 취득시효의 기초로서의 점유가 개시되는 것이므로, 취득시효의 기산점은 소유권의 변동일 즉 소유권이전등기가 경료된 날이다"(대판 1997.3.14, 96다55860)라고 하여, 대내외적으로 모두 자기 소유이었던 기간 동안의 점유는 취득시효의 기초로서 점유에 해당하지 않는다는 입장이다.

2) "취득시효를 주장하는 자는 소유자의 변동이 없는 토지에 관하여는 취득시효의 기산점을 임의로 선택할 수 있고, 취득시효를 주장하는 날로부터 역산하여 20년 이상의 점유사실이 인정되고 그 점유가 자주점유가 아닌 것으로 밝혀지지 않는 한 취득시효를 인정할 수 있다"

인도의무를 지는 매도인의 점유는 자주점유에서 타주점유로 전환된다고 본다(대판 1997.4.11, 97다5824). 따라서 A의 점유는 1961.5.2.부터 타주점유로 전환된다.

4. 상속인 B가 점유태양과 점유기간을 승계하는지 여부

(1) 상속인이 피상속인의 점유와 분리주장 가능한지 여부

타주점유로 전환됨에 따라 A의 취득시효완성은 부정된다. 다만 B가 현실적으로 점유를 시작한 1970.5.29.부터 상속을 새로운 권원으로 삼아 점유의 분리를 주장할 수 있는지 문제되는바(제199조), 判例[3]는 "상속에 의하여 점유권을 취득한 상속인은 새로운 권원에 의하여 자기 고유의 점유를 시작하지 않는 한 피상속인의 점유의 성질과 하자를 떠나 자기의 점유만을 주장할 수 없다"(대판 1992.9.22, 92다22602).

(2) 검토 및 사안의 경우

생각건대 상속인이 사실상의 지배를 취득하는 것은 상속인의 관념화된 점유가 구체화된 것에 불과하므로 예외적으로 새로운 권원에 의한 점유의 요건 등을 갖춘 경우를 제외하고는 제199조의 적용을 부정하는 것이 타당하다. A의 사망시점인 1970.5.29.부터 20년을 기산하여도 1990.5.29. 점유취득시효완성에 필요한 기간이 충족되나, 사안에서 B가 달리 새로운 권원이 있다는 특별한 사정이 없으므로 B는 A의 점유를 떠나 자기만의 점유를 주장할 수 없다. 따라서 자기만의 점유취득시효기간이 충족되었음을 주장할 수 없고 A의 점유태양(타주점유)도 승계하게 된다.

5. 사안의 해결

B는 20년 간 점유의 요건을 충족하였고, 제197조에 의해 평온·공연한 점유가 추정되나, 타주점유라는 A의 점유태양을 승계한 자이므로 X토지를 점유시효취득하지 못한다. 따라서 X토지에 대한 취득시효완성을 원인으로 하는 B의 甲에 대한 소유권이전등기청구는 타당하지 않다.

Ⅱ. 설문 2.의 경우(5)

1. 점유취득시효완성을 원인으로 하는 소유권이전등기청구권의 소멸시효

判例는 점유취득시효 완성을 원인으로 하는 소유권이전등기청구권을 채권적 청구권으로 보면서도, "ⅰ) 시효완성자의 목적물에 대한 점유가 계속되는 한 시효로 소멸하지 아니한다고 하며, ⅱ) 점유를 상실한 경우에는 그것을 시효이익의 포기로 볼 수 있는 것이 아닌 한, 그 상실한 때로부터 10년간 등기청구권을 행사하지 아니하면 소멸시효가 완성한다"(대판 1996.3.8, 95다34866 : 1회 선택형)고 한다.

2. 사안의 경우

甲이 B의 청구에 대해 소멸시효의 항변을 하는 경우, 점유취득시효기간이 완료한 1981.5.2. 이후로 B가 그 점유를 상실한 적은 없으므로 점유취득시효 완성으로 인한 등기청구권은 소멸시효가 진행하지 않아 甲의 항변은 타당하지 않다.

---

3) [학계 다수설] 상속에 의한 점유의 분리를 긍정하는 학계의 다수설적인 견해에 따르면 제199조를 둔 취지는 점유권이 승계되는 경우 승계인의 지위는 한편으로는 전주의 점유와 동일성을 가진 점유를 계속하는 것이고, 다른 한편으로는 자기 스스로 새로운 점유를 시작한 것이라고 볼 수 있기 때문이라고 한다. 따라서 이러한 사정은 특정승계의 경우뿐만 아니라 포괄승계의 경우에도 동일하다고 할 것이므로, 상속의 경우에도 점유의 분리, 병합에 관한 규정이 적용된다고 한다. 이러한 견해에 의하면 상속인이 '현실로 사실상의 지배'를 취득하면 그 때부터 하자 없는 점유를 취득한다고 한다.

기출해설

2013년 1차 법전협모의 제1문

甲은 1991. 1. 15. A로부터 그 소유의 X토지(300㎡)를 매수하였다. 그런데, 甲은 X토지에 연접한 乙 소유의 Y토지(20㎡)가 X토지에 포함되었다고 착각하고 1991. 1. 15.부터 X, Y토지 모두를 텃밭으로 계속하여 점유·사용해 오고 있다. 乙은 2012. 1. 3. Y토지를 丙에게 매도하였고, 매매대금은 2천만 원으로 정하였다. 이후 丙은 2012. 1. 10. Y토지에 대하여 소유권이전등기를 경료하였다.

1. 丙은 2013. 1. 29. 甲을 상대로 하여 Y토지를 인도하라는 내용의 소를 제기하였다. 甲은 자신이 1992. 1. 15.부터 20년 이상 점유하여 취득시효로 Y토지의 소유권을 취득하였다고 주장하였다. 이에 대하여 丙은 처음에는 甲이 1992. 1. 15.부터 Y토지를 점유한 점을 인정하였다가 이후 이를 번복하여 甲이 1991. 1. 15.부터 점유하였으므로 자신은 시효취득자에게 대항할 수 있는 제3자라고 주장한다. 증인 丁은 甲이 1991. 1. 15.부터 점유하였다고 증언하였고, 법원은 丁의 증언이 신빙성이 있다고 판단하였다. **丙의 청구에 대하여 법원은 어떻게 판단할 것인가? (30점)**

3. 위 사안과 달리, 乙이 2011. 1. 3. Y토지를 丙에게 매도하였고, 丙은 그 소유권이전등기청구권을 보전하기 위하여 Y토지에 2011. 1. 10. 자신 명의로 가등기를 경료하였으며, 2012. 1. 10. 가등기에 기한 본등기를 경료하였다고 가정한다. **이러한 상황에서 丙이 甲을 상대로 Y토지를 인도하라는 내용의 소를 제기한 경우, 이에 대한 결론과 그러한 결론에 이르게 된 논거를 서술하시오. (20점)**

사례D-14 취득시효의 기산점과 변론주의, 오상권원

Ⅰ. 설문 1.의 경우(30)

1. 취득시효의 기산점에 변론주의가 적용되는지 여부

(1) 문제점

判例는 취득시효기간 만료 전과 만료 후를 나누어 그 법률관계를 다르게 판단한다. 따라서 丙 청구의 인용여부는 丙이 Y토지에 대하여 소유권이전등기를 경료한 2012. 1. 10.이 甲의 Y토지에 대한 점유취득시효 완성 전인지 아니면 완성 후인지 여부와 관련되고, 따라서 만약 취득시효의 기산점 주장이 주요사실의 주장이라면 변론주의가 적용되어 법원은 당사자의 주장에 구속되어 판단해야 하나, 간접사실이라면 그렇지 않다.

[심화] ✻ **점유취득시효 완성 前과 後 소유자가 제3자에게 소유권을 이전한 경우**
判例는 취득시효기간 만료 전과 만료 후를 나누어 그 법률관계를 다르게 판단한다. 즉, ① **점유취득시효 완성 전 소유자가 제3자에게 소유권을 이전한 경우**, 제3자 앞으로의 소유권등기 자체가 곧 취득시효의 중단을 가져오는 사유인 '청구' 등으로 평가되지는 않으므로(제247조 2항 참고), 이 경우에는 취득시효기간 완성 후에 점유자는 소유권을 취득한 제3자를 상대로 취득시효를 원인으로 하여 소유권이전등기를 청구할 수 있다(대판 1977.8.23, 77다785). ② 그러나 **점유취득시효 완성 후 등기 전에 소유자가 제3자에게 소유권을 이전한 경우**, '이중양도의 법리'에 따라 제3자가 설령 악의라 하더라도 그 소유권이전등기가 당연무효가 아닌 한, 종전소유자의 소유권이전등기의무가 이행불능으로 되어 점유취득시효 완성자는 그 제3자에 대하여 시효취득을 주장할 수 없다(대판 2002.3.15. 2001다77352,77369등)

(2) 변론주의[1]의 대상이 되는 주요사실

1) 주요사실과 간접사실의 구별

주요사실과 간접사실의 구별기준에 대해서는 '법규기준설'이 判例의 입장인바, 이에 의하면 주요사실이란 권리의 발생·변경·소멸이라는 법률효과를 가져오는 법규의 직접요건사실을 말하고, 간접사실이란 주요사실의 존부를 경험칙에 의하여 추인하게 하는 사실을 말한다(대판 2004.5.14, 2003다57697).

2) 취득시효의 기산점이 주요사실인지 여부

判例는 "취득시효의 기산점은 법률효과의 판단에 관하여 직접 필요한 주요사실이 아니고 간접사실에 불과하여 법원으로서는 이에 관한 당사자의 주장에 구속되지 아니하고 소송자료에 의하여 진정한 점유의 시기를 인정하여야 하는 것"(대판 1994.4.15. 93다60120 : 1회 선택형)이라 하여 간접사실로 보고 있다.

[비교판례] ✻ **소멸시효의 기산점**
"주요사실과 특정시점에서 당해 권리를 행사할 수 있었던 사실은 소멸시효의 기산점에 관한 사실로서 '주요사실'이므로 당사자가 주장하지 않은 때를 기산점으로 하여 소멸시효의 완성을 인정하게 되면 변론주의 원칙에 위배된다"(대판 1995.8.25, 94다35886 : 1회 · 2회 선택형).

3) 검토 및 사안의 경우

만약 취득시효의 기산점을 당사자가 임의로 선택할 수 있도록 하고, 법원이 당사자의 주장에 구속되어야 한다면 제3자가 소유권을 취득한 이후에 점유기간이 완성된 것으로 기산점을 주장하는 것이 가능하게 되므로 '간접사실'로 보는 것이 타당하다.

따라서 간접사실에 대해서는 변론주의 원칙에 따른 자백의 구속력이 생기지 않으므로, 비록 丙이 처음에는 甲이 1992. 1. 15.부터 Y토지를 점유한 점을 인정하였다고 하더라도 이는 법원과 당사자인 甲과 丙을 구속할 수 없다. 따라서 丙은 처음의 주장을 사안과 같이 번복할 수 있다. 그렇다면 법원은 소송자료에 의하여 진정한 점유의 시기를 인정하여야 하는 것이므로, 사안의 경우 증인 丁은 甲이 1991. 1. 15.부터 점유하였다고 증언하였고, 법원은 丁의 증언이 신빙성이 있다고 판단하였으므로 기산점을 1991. 1. 15.이라고 판단할 수 있다.

2. 甲의 점유취득시효완성 여부

(1) 부동산 점유취득시효의 요건사실

점유취득시효완성을 원인으로 한 소유권이전등기청구권을 행사하기 위한 요건사실은 '20년간 소유의 의사로 평온, 공연하게 점유한 사실'이다(제245조 1항). 그러나 제197조 1항에 의해 당해 부동산을 '20년간 점유한 사실'만 주장 · 증명하면 된다.

(2) 사안의 경우

判例는 "매매대상 대지의 면적이 등기부상의 면적을 '상당히 초과'하는 경우에는 특별한 사정[그러한 특별한 사정이 있는 경우라면, 그 초과 부분에 관하여는 타인 권리의 매매가 성립한다(제569조)]이 없는 한, 그 초과

---

1) 변론주의란 소송자료, 즉 사실과 증거의 수집 · 제출의 책임을 당사자에게 맡기고 법원은 당사자가 수집 · 제출한 소송자료만을 재판의 기초로 삼아야 한다는 원칙을 말한다. 변론주의는 ① 주요사실의 주장책임, ② 자백의 구속력, ③ 증거제출책임을 그 내용으로 한다.

부분은 단순한 점용권의 매매로 보아야 하고 따라서 그 점유는 권원의 성질상 타주점유에 해당한다"(대판 1998.11.10, 98다32878 ; 2014.3.13. 2011다111459)고 한다.

그러나 사안에서는 매매대상 대지의 면적(320㎡)이 등기부상의 면적(300㎡)을 상당히 초과했다고 볼 수 없으므로 甲은 '착오'로 인접 부동산의 일부를 매수·취득한 부동산에 속하는 것으로 믿고 점유를 하여 왔다고 보아야 하므로 일부 초과된 부동산(20㎡)에 대한 점유 역시 소유의 의사에 기한 것이다. 그렇다면 앞서 살핀바와 같이 甲의 점유취득시효 기산점인 1991. 1. 15.부터 20년이 경과한 2011. 1. 15.에 점유취득시효가 완성되었다.

[상당히 초과 판단기준] 判例에 의하면 인도받은 대지의 면적이 등기부상의 면적의 2배에 달한 것에 관하여는 타주점유를 인정하였는데(대판 1997.1.24, 96다41335), 초과부분이 등기부상의 면적의 20% 또는 30%에 달한 사안에서는 매수인이 그 사정을 알았다고 보기 어렵다고 하여 자주점유를 인정한 것이 있다(대판 1998.11.10, 98다32878 ; 대판 1999.6.25, 99다5866,5873)

3. 사안의 해결(甲이 점유취득시효 완성 후 소유권을 취득한 丙에게 대항할 수 있는지 여부)

甲의 Y토지에 대한 부동산점유취득시효는 2011. 1. 15.에 완성되었으나, 그 후 취득시효 완성에 따른 등기를 하기 전인 2012. 1. 10.에 丙이 Y토지에 대한 소유권이전등기를 경료하였으므로, 判例가 판시하는 바와 같이 '이중양도의 법리'에 따라 丙이 설령 악의라 하더라도 그 소유권이전등기가 당연무효가 아닌 한, 乙의 소유권이전등기의무가 이행불능으로 되어 甲은 丙에게 시효취득을 주장할 수 없다(대판 2002.3.15. 2001다77352,77369등). 따라서 법원은 丙의 청구를 인용하여야 한다.

Ⅲ. 설문 3.의 경우(20)

1. 결 론

甲은 丙에게 취득시효 완성을 주장할 수 없어, 丙이 甲을 상대로 Y토지를 인도하라는 소는 인용가능하다.

2. 논 거

(1) 점유취득시효 완성 후 등기 전에 소유자가 제3자에게 소유권을 이전한 경우

시효완성 후 제3자가 등기를 갖춘 경우는 '이중양도의 법리'에 따라 제3자가 설령 악의라 하더라도 그 소유권이전등기가 **당연무효가 아닌 한**[제3자 명의의 등기가 통정허위표시, 반사회적 행위 등 무효인 법률행위에 터 잡은 경우에는 그 등기 또한 원인무효이기 때문에, 점유취득시효 완성자는 그 당시 소유자를 대위하여 위 제3자에게 그 등기의 말소를 구할 수 있다(대판 2002.3.15. 2001다77352,77369 등)], 종전소유자의 소유권이전등기의무가 이행불능으로 되어 점유취득시효 완성자는 그 제3자에 대하여 시효취득을 주장할 수 없다.

(2) 시효완성 前 가등기, 시효완성 後 본등기를 한 丙이 제3자에 해당하는지 여부

1) 점유자가 취득시효 완성을 주장할 수 없는 제3자

이 때 점유자가 취득시효 완성을 주장할 수 없는 제3자는 취득시효기간 만료 후에 새로운 이해관계를 가지게 된 제3자로서, 부동산에 관한 거래의 안전과 등기제도의 기능을 해하지 아니하기 위하여 보호할 가치가 있는 자에 국한되어야 한다.

2) 판 례

"토지에 관한 취득시효가 완성된 후 시효취득자가 그 등기를 하기 전에 소유자가 취득시효완성 전에 이미 설정되어 있던 가등기에 기하여 소유권이전의 본등기를 경료하였다면 그 가등기나 본등기를 무효로 볼 수 있는 경우가 아닌 한 시효취득자는 시효완성 후 부동산소유권을 취득한 본등기명의자에 대하여 시효취득을 주장할 수 없다"(대판 1992.9.25, 92다21258)

3) 사안의 경우

判例가 판시하는 바와 같이 "가등기는 그 성질상 본등기의 순위보전의 효력만이 있어 후일 본등기가 경료된 때에는 본등기의 순위가 가등기한 때로 소급하는 것뿐이지 본등기에 의한 물권변동의 효력이 가등기한 때로 소급하여 발생하는 것은 아니다"(대판 1992.9.25. 92다21258). 따라서 **Y토지에 대해 丙이 소유권을 취득한 시점은 가등기 시점인 2011. 1. 10.이 아니라, 본등기 시점인 2012. 1. 10.이므로,** 이는 취득시효 완성(2011.1.15.) 후 부동산소유권을 취득한 자에 해당한다.

기출해설

2017년 변호사시험 제2문

【기초적 사실관계】 나대지인 X토지에 관하여 1990. 4. 1. A 명의로 소유권이전등기가 마쳐졌다.

【추가적 사실관계】 甲은 1991. 2. 1. A의 무권대리인인 C로부터 X토지를 매수하고 같은 날 위 토지를 인도받아 현재까지 주차장 등으로 점유·사용하고 있다. 甲은 매수 당시에는 C가 A의 무권대리인이라는 사실을 몰랐으나 2000. 2. 1. 비로소 C가 무권대리인이었음을 알게 되었고, 위와 같은 사유로 소유권이전등기를 마치지 못하였다(위 매매계약은 표현대리에 해당하지 않았다). 한편, A는 외국에 거주하고 있던 관계로 甲의 점유사실을 모른 채 2012. 3. 10. 乙에게 X토지 중 1/3 지분을 매도하였다. 그런데 乙은 위와 같이 1/3 지분만을 매수하였음에도 2012. 3. 20. 관계서류를 위조하여 위 토지 중 2/3 지분에 관하여 소유권이전등기를 마쳤다.

2. 2017. 1. 10. 기준으로 甲이 A와 乙에게 각각 청구할 수 있는 권리는 무엇인지 그 논거와 함께 서술하시오. (20점)

사례D-15 부동산 점유취득시효 완성자의 등기청구(점유취득시효 완성 후 원소유자의 처분)★

Ⅱ. 설문 2.의 경우(부동산 점유취득시효 완성자의 등기청구)(20)

1. 논 거

(1) 부동산 점유취득시효의 요건사실

점유취득시효완성을 원인으로 한 소유권이전등기청구권을 행사하기 위한 요건사실은 '20년간 소유의 의사로 평온, 공연하게 점유한 사실'이다(제245조 1항). 그러나 제197조 1항에 의해 당해 부동산을 '20년간 점유한 사실' 만 주장 · 증명하면 된다.

1) 자주점유

실제로 매매계약이 있었던 이상 그 계약이 무효라 하더라도 매수인은 원칙적으로 자주점유자이다(대판 1994.12.27, 94다25513). 그러나 매수인인 처음부터 '무효임을 알고서' 점유한 경우에는 소유의 의사로 점유한 것으로 볼 수 없다(대판 2000.6.9. 99다36778). 사안의 경우 甲은 매수 당시에는 C가 A의 무권대리인이라는 사실을 몰랐으므로 자주점유의 요건은 갖추었다.

2) 20년간 점유한 사실

사안의 경우 甲은 1991. 2. 1.부터 X토지를 계속 점유하고 있으므로 2011. 2. 1. X토지에 대한 甲의 점유취득시효가 완성된다.

(2) A와 乙의 X토지 2/3 지분 등기의 효력

1) A와 乙의 X토지 1/3 지분 매매의 법률관계

判例가 판시하는 바와 같이 시효완성 후 제3자가 등기를 갖춘 경우는 '이중양도의 법리'에 따라 제3자가 설령 악의라 하더라도 그 소유권이전등기가 당연무효가 아닌 한, 종전소유자의 소유권이전등기의무가 이행불능으로 되어 점유취득시효 완성자는 그 제3자에 대하여 시효취득을 주장할 수 없다(대판 2002.3.15. 2001다77352,77369 등).

사안의 경우 X토지의 소유자 A가 甲의 점유사실을 모른 채 2012. 3. 10. 乙에게 X토지 중 1/3 지분을 매도하였는데 乙이 관계서류를 위조하여 2/3 지분에 관하여 소유권이전등기를 마친 사안의 경우 1/3 지분 매매와 1/3 지분등기는 유효하므로 이 1/3 지분에 대해서는 취득시효완성자 甲은 乙에게 시효취득을 주장할 수 없다.

2) 乙의 2/3 지분 등기 중 1/3 지분등기

乙은 1/3 지분만을 매수하였음에도 관계서류를 위조하여 위 토지 중 2/3 지분에 관하여 소유권이전등기를 마쳤다. 따라서 乙의 2/3 지분 등기 중 1/3 지분등기는 무효이다.

(3) 甲의 A에 대한 1/3 지분의 이전불능에 따른 권리구제방안

乙의 1/3 지분 매매와 1/3 지분등기는 유효하므로 甲의 A에 대한 취득시효완성에 따른 소유권이전등기청구권 중 1/3 지분은 이행불능에 빠지게 되었다. 이에 대한 구제책이 문제된다.

1) 甲의 A에 대한 손해배상청구권의 행사 가부

判例는 부동산 소유자와 시효완성자 사이에는 **'계약상의 채권·채무관계'** 가 성립하는 것은 아니므로, 그 부동산을 처분한 소유자에 대해서 **채무불이행 책임을 물을 수 없다**고 한다(대판 1995.7.11, 94다4509 : 3회 선택형). 다만, 등기명의인이 자신의 부동산에 대하여 **취득시효가 완성된 사실을 '알고도'** 제3자에게 처분하여 등기명의를 넘겨줌으로써 시효취득자에게 손해를 입혔다면 불법행위를 구성하며, 만약 부동산을 취득한 제3자가 부동산 소유자의 이러한 불법행위에 적극 가담하였다면 이는 사회질서에 반하는 행위로서 무효가 된다(대판 1994.4.12, 93다60779 : 1회 선택형).
그러나 사안에서 A가 甲의 점유사실을 몰랐으므로 불법행위에 따른 손해배상청구 역시 불가능하다.

2) 甲의 A에 대한 대상청구권의 행사 가부

判例는 **'취득시효'가 완성된 토지가 '협의수용'**됨으로써 취득시효 완성을 원인으로 하는 소유권이전등기의무가 이행불능이 된 경우에, 대상청구권을 행사하기 위한 요건으로 **"수용으로 인한 불능 전에 시효완성으로 인한 권리주장 또는 등기청구권의 행사가 있었어야 한다"**(대판 1996.12.10, 94다43825)**고 하여 제한적인 해석**을 하고 있다. 따라서 사안과 같이 이행불능 전에 그와 같은 권리의 주장이나 행사에 이르지 않았다면 甲은 A에 대하여 대상청구권을 행사할 수 없다.

(4) 甲의 乙에 대한 1/3 지분등기말소청구권의 대위행사가부

乙의 2/3 지분 등기 중 1/3 지분등기는 관계서류를 위조하여 무효이다. 점유취득시효완성을 원인으로 한 소유권이전등기청구는 시효완성 당시의 소유자 A를 상대로 하여야 하므로 시효완성 당시의 소유권보존등기 또는 이전등기(乙의 1/3 지분이전등기)가 무효라면 원칙적으로 그 등기명의인 乙은 시효취득을 원인으로 한 소유권이전등기청구의 상대방이 될 수 없고, 이 경우 시효취득자는 소유자 A를 대위하여 위 무효등기의 말소를 구하고 다시 위 소유자 A를 상대로 취득시효완성을 이유로 한 소유권이전등기를 구하여야 한다(대판 2005.5.26. 2002다43417).

2. 사안의 해결

甲은 X토지에 대한 점유취득시효완성을 원인으로 하는 소유권이전등기청구권을 피보전채권으로 하여 채권자대위권을 행사하여 A를 대위하여 乙을 상대로 X토지에 대한 乙명의의 무효인 1/3 지분이전등기의 말소를 청구할 수 있고, 그 후 甲은 A를 상대로 취득시효완성을 이유로 하여 X토지에 대한 2/3 지분이전등기를 청구할 수 있다.

기출해설

2016년 변호사시험 제1문

X 토지, Y 토지, Z 토지는 서로 인접한 토지인데, 甲과 그 형제들인 乙, 丙은 1975. 2. 1. 甲이 X 토지, 乙이 Y 토지, 丙이 Z 토지에 관하여 각 소유권이전등기를 마치고 이를 소유하고 있다.
A는 1985. 3. 1. 위 토지들에 대한 처분권한이 없음에도 그 권한이 있다고 주장하는 W의 말을 믿고, 그로부터 위 토지들을 매수하여 같은 날부터 점유·사용하기 시작하였다. A는 1995. 4. 1. 다시 위 토지들을 B에게 매도하였으며, B는 같은 날부터 위 토지들을 점유하였다. 그후 B는 2005. 7. 1. C에게 위 토지들을 매도하여 C가 같은 날부터 현재까지 위 토지들을 점유하고 있다.
한편, 甲은 2004. 4. 1. X 토지를 丁에게 매도하고 그 소유권이전등기를 마쳐 주었다. 乙은 2004. 5. 1. 戊로부터 1,000만 원을 차용하면서 Y 토지에 관하여 戊 앞으로 채권최고액 1,500만 원으로 된 근저당권설정등기를 마쳐 주었다. 丙은 2005. 5. 1. Z 토지를 己에게 증여하고 같은 날 己 명의로 소유권이전등기를 마쳐 주었다.

1. C는 점유취득시효의 완성을 이유로 X 토지, Y 토지, Z 토지에 관한 소유권이전등기를 마치고자 한다. 또한 Y 토지에 관한 戊 명의의 근저당권설정등기도 말소하고자 한다. C가 2015. 2. 15. 소를 제기할 경우, ① X 토지, ② Y 토지, ③ Z 토지에 관하여 1) C의 위 각 청구가 가능한지, 2) 만일 가능하다면 누구를 상대로 어떠한 소를 제기하여야 하는지와 각 근거를 설명하시오. (35점)

2. 丙이 취득시효완성 사실을 알고 Z 토지를 己에게 증여하였다면 C는 丙에 대하여 어떠한 청구를 할 수 있는지와 그 근거를 설명하시오. (5점)

**사례D-16 점유취득시효 완성 후 등기 전에 점유자가 제3자에게 점유를 이전한 경우
점유취득시효 완성 후 등기 전에 소유자가 권리를 행사한 경우★**

Ⅰ. 설문 1.의 경우(35)

1. 점유취득시효 완성 여부

(1) 점유취득시효의 요건

1) 요건사실

점유취득시효완성을 원인으로 한 소유권이전등기청구권을 행사하기 위한 요건사실은 '20년간 소유의 의사로 평온, 공연하게 점유한 사실'이다(제245조 1항). 그러나 제197조 1항에 의해 점유자는 소유의 의사로 평온, 공연하게 점유한 것으로 추정되는바, C는 X, Y, Z토지를 '20년간 점유한 사실'만 주장・증명하면 된다.

2) 20년간의 점유

점유자의 점유는 20년간 계속되어야 한다. 점유가 순차로 승계된 경우에 취득시효의 완성을 주장하는 자는 자기의 점유만을 주장하거나(점유의 분리) 또는 자기의 점유와 전점유자의 점유를 아울러 주장할 수 있는 선택권이 있으나(점유의 병합)(제199조 2항), 다만 判例에 따르면 그러한 경우에도

점유의 개시시기를 전점유자의 점유기간 중의 임의시점을 택하여 주장할 수 없다고 한다(대판 1992.12.11. 92다9968).

사안의 경우 소제기일인 2015. 2. 15. 현재를 기준으로 C는 B가 점유를 개시한 1995. 4. 1.을 점유개시의 시점으로 하여서는 20년의 점유를 주장할 수 없고, 다른 하자가 없는 한 A가 점유를 개시한 1985. 3. 1.을 점유개시의 시점으로 하여 2005. 3. 1. 24:00에 점유취득시효를 완성하였다고 주장할 수 있다.

3) 소유의 의사

전점유자의 점유를 아울러 주장하는 경우에는 그 하자도 승계한다(제199조 2항). 사안에서 **점유의 최초시 A의 점유가 타인권리매매에 따른 점유인바,** 자주점유의 추정이 번복되는 것은 아닌지 문제된다. 그러나 判例가 판시하는 바와 같이 **매도인이 권리를 취득하여 이전할 수 없다는 사정을 매수인이 '알고서' 점유하였다는 등의 다른 특별한 사정이 입증되지 않는 한,** 매수인의 점유가 소유의 의사가 있는 점유라는 추정이 깨어지는 것이라고 할 수 없다(대판 2000.3.16, 전합97다37661).

사안에서 A는 토지에 대한 처분권한이 있다고 주장하는 W의 말을 믿고 토지를 매수하였으므로, 매수인 A의 점유가 소유의 의사가 있는 점유라는 추정이 깨어지는 것이라고 할 수 없다.

(2) 소 결

결국 X, Y, Z토지에 대해 2005. 3. 1. 24:00에 B의 점유취득시효가 완성된바, C가 '점유승계의 효과'로서 전 점유자 B의 점유취득시효 완성으로 인한 소유권이전등기청구권까지 승계받았다는 것을 이유로 **직접 자기에게 소유권이전등기를 청구할 수 있는지** 문제되는바, 이는 아래에서 검토하기로 한다.

2. C의 청구가 가능한지 여부 및 청구의 상대방

(1) 점유취득시효 완성의 효과

1) 등기청구권의 발생

점유취득시효의 완성으로 인하여 바로 소유권을 취득하는 것이 아니라, 등기를 함으로써 소유권을 취득한다(제245조 1항). 점유취득시효가 완성되면 소유권이전등기청구권을 취득하며, 이는 채권적 청구권의 성격을 갖고 부동산에 대한 점유가 계속되고 있는 한 시효로 인하여 소멸하지는 않는다(대판 1995.2.10. 94다28468). **등기청구의 상대방은 '원칙적으로' 취득시효 완성 당시의 진정한 소유자**이다. 따라서 취득시효 기간의 만료 전에 제3자가 소유권을 취득한 경우에 완성자는 시효기간 만료당시의 소유자인 제3자에게 취득시효의 완성을 주장할 수 있다(대판 1989.4.11. 88다카5843).

2) 소유권 취득의 효과

점유취득시효 완성자는 등기를 함으로써 그 소유권을 **'원시취득'** 하고, 그 소유권취득의 효력은 점유를 개시한 때로 **'소급'** 하므로(제247조 1항), 취득시효 기간 중에 시효완성자가 한 처분행위는 처음부터 유효한 것이 되고, 반대로 취득시효 기간 중에 원소유자의 소유권에 가하여진 각종의 제한은 취득시효의 소급효로 인하여 소멸하게 된다. **다만 이러한 효과는 시효완성자 앞으로 소유권이전등기가 경료된 때 생기는 것이고,** 취득시효기간이 완성되었다고 하더라도 시효완성자 앞으로 등기를 마치지 아니한 이상 전 소유권에 붙어 있는 부담은 소멸되지 아니한다(대판 2004.9.24, 2004다31463).

한편 判例가 판시하는 바와 같이 **원소유자가 취득시효 완성 이후 그 등기가 있기 전에** 제3자가 등기를 갖춘 경우는 **'이중양도의 법리'**에 따라 제3자가 설령 악의라 하더라도 그 소유권이전등기가 **당연무**

효가 아닌 한, 종전소유자의 소유권이전등기의무가 이행불능으로 되어 점유취득시효 완성자는 그 제3자에 대하여 시효취득을 주장할 수 없다.

(2) 점유취득시효 완성 후 등기 전에 점유자가 제3자에게 점유를 이전한 경우

判例가 판시하는 바와 같이 "전 점유자의 점유를 승계한 자는 그 점유 자체와 하자만을 승계하는 것이지 그 점유로 인한 법률효과까지 승계하는 것은 아니므로 전 점유자의 취득시효 완성의 효과를 주장하여 직접 자기에게 소유권이전등기를 청구할 권원은 없다"(대판 1995.3.28, 전합93다47745). 따라서 C는 '원칙적으로' 전 점유자 B의 소유자에 대한 소유권이전등기청구권을 대위행사할 수 있을 뿐이다.

(3) 사안의 경우

1) X토지(취득시효기간 중에 소유자의 변동이 있는 경우)

점유취득시효 완성 전 X토지의 소유자 甲이 제3자 丁에게 소유권을 이전한바, 이때는 제3자 丁 앞으로의 소유권등기 자체가 곧 취득시효의 중단을 가져오는 사유인 '청구' 등으로 평가되지는 않는다(제247조 2항 참고)(대판 1977.8.23, 77다785).

따라서 C는 점유취득시효 완성 당시인 2005. 3. 1. 24:00를 기준으로 X토지의 소유자인 丁을 상대로 B를 대위하여 점유취득시효 완성을 이유로 소유권이전등기를 청구할 수 있다(제245조 1항).

2) Y토지(취득시효기간 중에 소유자의 변동이 없고 저당권이 설정된 경우)

C는 점유취득시효 완성 당시인 2005. 3. 1. 24:00를 기준으로 Y토지의 소유자인 乙을 상대로 B를 대위하거나, 기산점의 임의역산을 통해 직접 점유취득시효 완성을 이유로 소유권이전등기를 청구할 수 있고(대판 1998.5.12, 97다8496,8502)[1], 한편 이에 대한 소유권이전등기를 마친 후에 점유취득시효 기간 중인 2004. 5. 1.에 마쳐진 戊명의의 근저당권설정등기에 대해 소유권에 기한 말소등기청구를 행사할 수 있다(제214조).

3) Z토지(취득시효기간 완성 후에 소유자의 변동이 있는 경우)

B는 점유취득시효 완성 당시인 2005. 3. 1. 24:00를 기준으로 Z토지의 소유자인 丙을 상대로 점유취득시효 완성을 이유로 소유권이전등기를 청구할 수 있었으나(제245조 1항), 이는 채권적 청구권에 불과하므로 그 이후 2005. 5. 1. 소유권을 취득한 己에 대하여는 己명의의 소유권이전등기가 원인무효가 아닌 한 己에게 점유취득시효 완성을 이유로 소유권이전등기를 청구할 수는 없다. 따라서 C는 B를 대위할 피대위권리가 없다.

Ⅱ. 설문 2.의 경우(5)

1. C의 丙에 대한 청구 여하

C는 丙에 대해 불법행위에 기한 손해배상을 청구를 할 수 있으나(제750조), 判例에 따르면 채무불이행에 기한 손해배상청구나 대상청구권을 행사할 수는 없다.

---

1) "취득시효기간 중 계속해서 등기명의자가 동일한 경우에는 그 기산점을 어디에 두든지 간에 취득시효의 완성을 주장할 수 있는 시점에서 보아 그 기간이 경과한 사실만 확정되면 충분하므로, 전 점유자의 점유를 승계하여 자신의 점유기간을 통산하여 20년이 경과한 경우에 있어서도 전 점유자가 점유를 개시한 이후의 임의의 시점을 그 기산점으로 삼을 수 있다"

2. 근 거

(1) 불법행위에 기한 손해배상청구 가부

判例가 판시하는 바와 같이 등기명의인이 자신의 부동산에 대하여 **취득시효가 완성된 사실을 알고도** 제3자에게 처분하여 등기명의를 넘겨줌으로써 시효취득자에게 손해를 입혔다면 불법행위를 구성하는바(대판 1994.4.12, 93다60779), 사안의 경우 원소유자 丙이 취득시효완성 사실을 알고 己에게 증여를 하였으므로 그러한 처분행위는 불법행위가 되고, C는 丙에 대하여 불법행위에 기한 손해배상을 청구할 수 있다(제750조).

[참고판례] "취득시효가 완성된 후 점유자가 그 취득시효를 주장하거나 이로 인한 소유권이전등기를 청구하기 이전에는, 특별한 사정이 없는 한 등기명의인은 그 시효취득사실을 알 수 없으므로 이를 제3자에게 처분하였다고 하더라도 불법행위가 성립하지는 않는다"(대판 1995.7.11, 94다4509).

(2) 채무불이행에 기한 손해배상청구 가부

判例가 판시하는 바와 같이 부동산 소유자와 시효완성자 사이에는 **'계약상의 채권 · 채무관계'** 가 성립하는 것은 아니므로, 그 부동산을 처분한 소유자에 대해서 채무불이행 책임을 물을 수 없다(대판 1995.7.11, 94다4509). 따라서 C는 丙에 대해 채무불이행에 기한 손해배상청구를 할 수 없다.

(3) 대상청구권 행사 가부

사안의 경우 C는 己에게 Z토지를 증여한 것이므로 '대상'을 취득한 것이 없어 어느 견해에 의하든 대상청구권을 행사할 여지는 없다.

[참고판례] 判例는 **'취득시효' 가 완성된 토지가 '협의수용'** 됨으로써 취득시효 완성을 원인으로 하는 소유권이전등기의무가 이행불능이 된 경우에, 대상청구권을 행사하기 위한 요건으로 **"수용으로 인한 불능 전에 시효완성으로 인한 권리주장 또는 등기청구권의 행사가 있었어야 한다"**(대판 1996.12.10, 94다43825)고 하여 제한적인 해석을 하고 있다.

2015년 변호사시험 제2문

甲은 乙 명의로 소유권이전등기가 되어 있는 X토지를 1993. 3. 1.경부터 소유의 의사로 평온, 공연하게 점유하여 왔다. 위 X토지에 대한 점유취득시효는 2013. 3. 1.경 완성되었으나, 甲이 乙에게 취득시효 완성을 원인으로 한 소유권이전등기를 청구하지는 않았다. 한편, 점유취득시효가 완성되었다는 사실을 모르는 乙은 2013. 5. 1. A은행으로부터 8,000만 원을 대출받으면서 X토지에 채권최고액을 1억 원으로 하는 근저당권을 설정하였다.

1. **甲이 위 토지상에 설정되어 있는 근저당권을 말소하기 위하여 乙이 대출받은 8,000만 원을 A은행에 변제하였다. 이 경우 甲은 乙에게 8,000만 원 상당의 부당이득반환을 청구할 수 있는지 여부를 판단하시오. (15점)**
2. **甲이 2013. 10. 1. 乙에게 소유권이전등기청구소송을 제기하여 그 소장부본이 같은 해 10. 7. 乙에게 송달되었는데, 그후 乙이 위 토지를 丙에게 매도하고 소유권이전등기를 경료하였다. 이 경우 甲은 乙에게 불법행위로 인한 손해배상을 청구할 수 있는지 여부를 판단하시오. (20점)**

사례D-17 점유취득시효완성 후 소유자의 저당권설정과 부당이득반환청구권, 손해배상청구권

Ⅰ. 설문 1.의 경우(15)

1. 논 거

(1) 乙의 근저당권 설정의 유효성

甲이 점유취득시효를 완성하는 경우 甲은 乙에 대해 소유권이전등기를 청구할 수 있는 채권적 청구권을 가질 뿐, 그 자체로써 소유권을 취득할 수는 없다. 따라서 점유자가 원소유자에 대하여 점유로 인한 '취득시효기간이 만료되었음을 원인으로 소유권이전등기청구를 하는 등 그 권리행사를 하거나 원소유자가 취득시효완성 사실을 알고 점유자의 권리취득을 방해하려고 하는 등'의 특별한 사정이 없는 한 원소유자는 점유자 명의로 소유권이전등기가 마쳐지기까지는 소유자로서 그 토지에 관한 적법한 권리를 행사할 수 있다(대판 2006.5.12, 2005다75910). 따라서 甲이 소유권이전등기를 경료하기 전에 乙이 취득시효 완성 사실을 모르고 한 근저당권 설정 행위는 유효하다.

(2) 甲의 대위변제 가부

시효완성자가 그 피담보채무를 변제하는 경우 이는 '제3자의 채무변제'에 해당된다. 이해관계 있는 제3자는 채무자의 의사에 반하여서도 변제할 수 있는바(제469조 2항), 甲은 담보물에 대해 점유취득시효 완성한 자로 이해관계가 인정되어 乙의 채무를 대신 변제할 수 있다.

(3) 甲의 乙에 대한 부당이득반환청구 가부

判例는 "시효취득자가 원소유자에 의하여 그 토지에 설정된 근저당권의 피담보채무를 변제하는 것은 시효취득자가 용인하여야 할 그 토지상의 부담을 제거하여 완전한 소유권을 확보하기 위한 것으로서 그 자신의 이익을 위한 행위라 할 것이니, 위 변제액 상당에 대하여 원소유자에게 대위변제를 이유로 구상권을 행사하거나 부당이득을 이유로 그 반환청구권을 행사할 수는 없다"(대판 2006.5.12. 2005다75910 : 3회 선택형)고 한다.

생각건대 시효취득의 경우에는 원래의 소유자의 의사와는 관계없이 소유권이 시효취득자에게 무상으로 귀속되는 것이므로 이러한 경우에까지 원래의 소유자에게 피담보채무 상당의 상환의무를 인정하는 것은 형평이라는 관점에서 비추어 보아 부당하므로 判例의 태도가 타당하다. 따라서 甲은 乙의 채무를 대위변제한 경우에도 乙에게 구상권을 청구하거나 부당이득반환을 청구할 수 없다.

2. 결 론

甲은 乙에게 8,000만 원 상당의 부당이득반환을 청구할 수 없다.

Ⅱ. 설문 2.의 경우(20)

1. 논 거

(1) 乙과 丙 사이의 매매계약의 효력

1) 점유취득시효 완성 후 등기 전에 소유자가 제3자에게 소유권을 이전한 경우

시효완성 후 제3자가 등기를 갖춘 경우는 '이중양도의 법리'에 따라 제3자가 설령 악의라 하더라도 그 소유권이전등기가 당연무효가 아닌 한[제3자 명의의 등기가 통정허위표시, 반사회적 행위 등 무효인 법률행위에 터 잡은 경우에는 그 등기 또한 원인무효이기 때문에, 점유취득시효 완성자는 그 당시 소유자를 대위하여 위 제3자에게 그 등기의 말소를 구할 수 있다(대판 2002.3.15. 2001다77352,77369 등)], 종전소유자의 소유권이전등기의무가 이행불능으로 되어 점유취득시효 완성자는 그 제3자에 대하여 시효취득을 주장할 수 없다.

2) 사안의 경우

乙은 甲으로부터 소유권이전등기청구소송의 소장 부본을 송달받은 이후에 이를 처분하였으므로 점유취득시효 완성 사실을 알고 처분한 것이나, 丙이 이러한 사실을 알고 적극 가담하였다는 사정이 없으므로 이를 제103조 위반으로 무효라고 볼 수 없다. 따라서 등기를 먼저 이전 받은 丙이 '이중양도의 법리'에 따라 유효하게 소유권을 취득한다.

(2) 乙의 불법행위 책임 유무

1) 판 례

① 취득시효가 완성된 후 점유자가 그 취득시효를 주장하거나 이로 인한 소유권이전등기를 청구하기 이전에는, 특별한 사정이 없는 한 등기명의인은 그 시효취득사실을 알 수 없으므로 이를 제3자에게 처분하였다고 하더라도 불법행위가 성립하지는 않는다(대판 1995.7.11, 94다4509). ② 그러나 등기명의인이 자신의 부동산에 대하여 취득시효가 완성된 사실을 알고도 제3자에게 처분하여 등기명의를 넘겨줌으로써 시효취득자에게 손해를 입혔다면 불법행위를 구성하며, 만약 부동산을 취득한 제3자가 부동산 소유자의 이러한 불법행위에 적극 가담하였다면 이는 사회질서에 반하는 행위로서 무효가 된다(대판 1994.4.12, 93다60779 : 1회 선택형).[1]

---

1) [비교 판례] 부동산 소유자와 시효완성자 사이에는 '계약상의 채권·채무관계'가 성립하는 것은 아니므로 그 부동산을 처분한 소유자에 대해서 채무불이행 책임을 물을 수 없다(대판 1995.7.11. 94다4509).

2) 사안의 경우

사안에서 乙은 甲이 제기한 소유권이전등기청구소송의 소장부본을 송달받은 이후에 X토지의 소유권을 丙에게 이전하여, 甲에게 X토지의 소유권을 취득하지 못하는 손해를 입혔으므로 乙의 행위는 불법행위를 구성한다. 따라서 甲은 乙에게 불법행위로 인한 손해배상을 청구할 수 있다.

2. 결 론

甲은 乙에게 불법행위로 인한 손해배상을 청구할 수 있다.

기출해설

2012년 법무사시험 제2문

X토지는 A명의로 소유권이전등기가 마쳐진 토지인데, 甲은 乙, 丙과 함께 1991. 4. 1. X토지의 실질상 소유자 겸 A의 대리인이라 사칭하는 A의 삼촌 B와 X토지를 공동매수(甲, 乙, 丙의 지분을 각 1/3)하기로 하는 매매계약을 체결한 후 X토지를 인도받아 그 때부터 현재까지 甲이 X토지 전부를 점유, 사용하고 있다.

1. 위 사안에서 甲이 현재 시점에서 소유 명의자인 A를 상대로 X토지에 관하여 취득시효완성을 원인으로 소유권이전등기청구를 한다면, 甲의 청구가 받아들여질 수 있는지 여부와 만일 받아들여진다면 X토지 중 어느 범위에 관하여 소유권이전등기를 받을 수 있는지 여부 및 그 근거에 관하여 설명하시오. (40점)
2. 위 사안에서 만약 甲, 乙, 丙이 1995. 4.경 A를 상대로 X토지에 관하여 위 1991. 4. 1.의 매매를 원인으로 한 소유권이전등기청구소송을 제기하였으나 무권대리 또는 무권리자에 의한 매매라는 이유로 패소판결이 확정되었는데, 그 후에도 甲이 종전과 같이 X토지 전부를 계속하여 점유, 사용하면서 현재에 이르고 있다면, 甲의 X토지에 관한 취득시효완성을 원인으로 소유권이전등기청구는 받아들여질 수 있는지 여부와 그 근거에 관하여 설명하시오. (30점)
3. 위 사안에서 만약 A가 2012. 3. 1. 사망함에 따라 그의 아들 C가 2012. 4. 10. X토지에 관하여 협의분할에 의한 상속을 원인으로 소유권이전등기를 마쳤다면, 甲이 C를 상대로 X토지에 관하여 취득시효완성을 원인으로 소유권이전등기청구를 할 수 있는지 여부 및 그 근거에 관하여 설명하시오. (30점)

사례D-18 점유취득시효 완성 후 등기 전에 소유자가 제3자에게 소유권을 이전한 경우, 공유, 타주점유로의 전환, 상속

Ⅰ. 설문 1.의 경우(40)

1. 결 론

甲의 취득시효완성을 원인으로 한 소유권이전등기청구는 X토지 1/3 지분의 범위 내에서 받아들여질 수 있다(제245조 1항).

2. 甲의 취득시효완성을 원인으로 한 X토지 소유권이전등기청구 인정여부

점유취득시효완성을 원인으로 한 소유권이전등기청구권을 행사하기 위한 요건사실은 '20년간 소유의 의사로 평온, 공연하게 점유한 사실'이다(제245조 1항). 그러나 제197조 1항에 의해 당해 부동산을 '20년간 점유한 사실' 만 주장·증명하면 된다.

(1) 자주점유

실제로 매매계약이 있었던 이상 그 계약이 무효라 하더라도 매수인은 원칙적으로 자주점유자이다(대판 1994.12.27, 94다25513). 그러나 매수인인 처음부터 '무효임을 알고서' 점유한 경우에는 소유의 의사로 점유한 것으로 볼 수 없다(대판 2000.6.9. 99다36778).

사안의 경우 甲이 X토지의 실질상 소유자 및 A의 대리인이라 사칭하는 B로부터 X토지를 매수하였다는 점에서 위 매매계약은 무권리자에 의한 매매 또는 무권대리에 의한 매매라고 볼 수 있다. 하지만 점유개시 당시 甲이 이에 대해서 악의라고 볼 만한 정황이 보이지 않으므로 甲의 점유를 타주점유라고 볼 수 없다.

(2) 20년간 점유한 사실

사안의 경우 甲은 1991. 4. 1.부터 X토지를 계속 점유하고 있으므로 2011. 4. 1. X토지에 대한 甲의 점유취득시효가 완성된다. 따라서 甲은 A에게 점유취득시효완성에 따른 X토지 소유권이전등기를 청구할 수 있다. 다만, 사안에서 甲이 乙, 丙과 X토지를 공동으로 매수하였다는 점에서 甲이 받을 수 있는 취득시효완성을 원인으로 한 소유권이전등기의 범위가 문제된다.

3. 甲에게 인정되는 취득시효완성을 원인으로 한 소유권이전등기청구권의 범위

(1) 甲, 乙, 丙 사이의 법률관계

부동산의 공동매수인들이 전매차익을 얻으려는 '공동의 목적 달성'을 위하여 상호 협력한 것에 불과하고 이를 넘어 '공동사업을 경영할 목적'이 있었다고 인정되지 않는 경우 이들 사이의 법률관계는 공유관계에 불과할 뿐 민법상 조합관계에 있다고 볼 수 없다고 하였다(대판 2012.8.30. 2010다39918[1]).

사안의 경우 甲, 乙, 丙이 X토지를 공동으로 매수하였으나 이들 사이에 X토지를 매수하여 동업체의 재산으로 귀속시키기로 하는 명시적 또는 묵시적 합의가 있다고 볼 수 없으므로, 甲, 乙, 丙 사이의 법률관계는 공유관계로서 단순한 공동매수인에 해당한다.

(2) 공유자 중 한 사람이 공유 부동산 전부를 점유하고 있는 경우 자주점유의 인정범위

判例가 판시하는 바와 같이 "공유 부동산은 공유자 한 사람이 전부를 점유하고 있다고 하여도, 다른 특별한 사정이 없는 한 **권원의 성질상 다른 공유자의 지분비율의 범위 내에서는 타주점유라고 볼 수밖에 없다**"(대판 2010.2.25, 2009다98386).

따라서 사안의 경우 X토지에 대하여 甲, 乙, 丙은 공유지분을 각 1/3씩으로 하여 매매계약을 체결한바, 甲이 단독으로 X토지 전부를 점유하였더라도 이는 자신의 1/3 지분비율 내에서만 자주점유에 해당하고, 乙과 丙의 지분비율 범위 내에서는 타주점유에 해당한다. 따라서 甲은 X토지 1/3 지분에 대해서만 점유취득시효완성을 원인으로 한 소유권이전등기를 받을 수 있다.

---

1) "공동매수의 목적이 전매차익의 획득에 있을 경우 그것이 공동사업을 위하여 동업체에서 매수한 것이 되려면, 적어도 공동매수인들 사이에서 매수한 토지를 공유가 아닌 동업체의 재산으로 귀속시키고 공동매수인 전원의 의사에 기하여 전원의 계산으로 처분한 후 이익을 분배하기로 하는 명시적 또는 묵시적 의사의 합치가 있어야만 하고, 이와 달리 공동매수 후 매수인별로 토지에 관하여 공유에 기한 지분권을 가지고 각자 자유롭게 지분권을 처분하여 대가를 취득할 수 있도록 한 것이라면 이를 동업체에서 매수한 것으로 볼 수는 없다"

Ⅱ. 설문 2.의 경우(30)

1. 결 론

甲의 취득시효완성을 원인으로 한 소유권이전등기청구는 X토지 1/3 지분의 범위 내에서 받아들여질 수 있다(제245조 1항).

2. 논 거

(1) 문제점

사안과 같이 토지점유자가 시효기간 중에 토지소유자를 상대로 매매를 원인으로 한 소유권이전등기청구소송을 제기하였으나 패소판결이 확정된 경우, 토지점유자의 점유가 타주점유로 전환되는지가 문제된다.

(2) 점유자가 소유자를 상대로 매매를 원인으로 한 소유권이전등기청구소송을 제기하였다가 패소판결이 확정된 경우, 점유자의 점유가 타주점유로 전환되는지 여부

1) 판 례

점유자가 매매나 시효취득을 원인으로 소유권이전등기를 청구하였다가 패소 확정된 경우에도,[2] 점유자가 소유자에 대하여 어떤 의무가 있음이 확정되는 것은 아니므로 소제기시부터 악의의 점유자(제197조 2항)가 되는데 불과하고 타주점유로 전환되는 것은 아니다(대판 1981.3.24, 80다2226 : 3회 선택형).

[비교판례] "소유자가 점유자를 상대로 적극적으로 소유권을 주장하여 승소한 경우에는, 점유자가 소유자에 대해 등기말소 또는 인도 등의 의무를 부담하는 것으로 확정된 것이므로, 단순한 악의점유의 상태와는 달리 객관적으로 그와 같은 의무를 부담하는 점유자로 변한 것이어서, 점유자의 토지에 대한 점유는 소제기시부터 악의의 점유자가 됨(제197조 2항)과 동시에 패소판결 확정 후부터는 타주점유로 전환된다(대판 2000.12.8, 2000다14934,14941).

2) 사안의 경우

사안의 경우 甲, 乙, 丙이 시효기간 중인 1995. 4.경 A를 상대로 X토지에 관하여 매매를 원인으로 한 소유권이전등기청구소송을 제기하였다가 패소하고 그 판결이 확정되었으나, 이러한 사정만으로는 甲의 점유가 자주점유에서 타주점유로 전환된다고 볼 수 없다. 따라서 甲은 X토지(1/3 지분)에 대하여 취득시효완성을 원인으로 한 소유권이전등기청구를 할 수 있다.

Ⅲ. 설문 3.의 경우(30)

1. 결 론

甲은 C를 상대로 X토지 1/3 지분의 범위 내에서 취득시효완성을 원인으로 소유권이전등기청구를 할 수 있다(제245조 1항).

---

2) [민소법 쟁점] 또한 소유권이전등기청구사건에 있어서 등기원인을 달리하는 경우에는 그것이 단순히 공격방어방법의 차이에 불과한 것이 아니므로 매매를 등기원인으로 소유권이전등기를 구하는 전소 확정판결의 기판력이 취득시효완성을 청구원인으로 소유권이전등기를 구하는 후소에 미치지는 아니한다(대판 1991.1.15, 88다카19002 참고).

2. 논 거

(1) 문제점

부동산 점유취득시효가 완성된 뒤에 그 부동산 등기명의가 제3자에게 이전된 경우, 제3자에게 취득시효완성의 효과를 주장할 수 있는지가 문제된다. 나아가 사안과 같이 제3자가 부동산 소유자의 상속인인 경우에도 마찬가지인지가 문제된다.

(2) 점유취득시효 완성 후 등기 전에 소유자가 제3자에게 소유권을 이전한 경우

시효완성 후 제3자가 등기를 갖춘 경우는 **'이중양도의 법리'**에 따라 제3자가 설령 악의라 하더라도 그 소유권이전등기가 **당연무효가 아닌 한**[제3자 명의의 등기가 통정허위표시, 반사회적 행위 등 무효인 법률행위에 터 잡은 경우에는 그 등기 또한 원인무효이기 때문에, 점유취득시효 완성자는 그 당시 소유자를 대위하여 위 제3자에게 그 등기의 말소를 구할 수 있다(대판 2002.3.15. 2001다77352,77369 등)], 종전소유자의 소유권이전등기의무가 이행불능으로 되어 점유취득시효 완성자는 그 제3자에 대하여 시효취득을 주장할 수 없다.

(3) 취득시효 완성 후 상속인이 상속을 원인으로 소유권이전등기를 마친 경우 상속인에 대한 시효취득 주장가부

점유자가 취득시효 완성을 주장할 수 없는 제3자는 취득시효기간 만료 후에 새로운 이해관계를 가지게 된 제3자로서, 부동산에 관한 거래의 안전과 등기제도의 기능을 해하지 아니하기 위하여 보호할 가치가 있는 자에 국한되어야 한다. 따라서 判例가 판시하는 바와 같이 **취득시효 완성 후 상속한 경우**(대판 1995.5.9. 94다22484)**에는 소유자의 변경에 해당하지 않는다.**

(4) 사안의 경우

사안의 경우 甲의 X토지 점유취득시효는 1991. 4. 1.부터 20년이 경과된 2011. 4. 1. 완성된다. C는 甲의 시효완성 후인 2012. 4. 10. X토지에 대하여 상속을 원인으로 한 소유권이전등기를 경료하였다. 하지만 이러한 등기명의 이전은 시효취득 후 소유자의 변경에 해당하지 않으므로, 甲은 임의로 현재로부터 역산하여 20년이 경과된 시점을 기산점으로 정할 수 있고(대판 1998.5.12. 97다8496,5802 : 17사법), 이 경우 C가 시효기간 경과 당시 등기명의인이 된다. 따라서 甲은 C에게 취득시효완성을 원인으로 한 소유권이전등기청구를 할 수 있다.

기출해설

2019년 3차 법전협모의 제2문

甲 종중은 1995. 5. 15. 자신 소유의 X 토지를 종중의 대표자 丙에게 명의신탁하였다. 乙은 1995. 5. 25. X 토지를 점유하면서 위 토지를 야적장으로 이용하고 있었다. 乙의 점유 개시 당시의 상황은 명확하게 밝혀지지 않았다. 甲 종중은 2017. 1. 15. 명의신탁계약을 해지하고 丙으로부터 X 토지에 대한 소유권이전등기를 마쳤다. 甲 종중은 乙이 X 토지를 점유·사용하고 있는 사실을 확인하고, 2019. 8. 3. 乙을 상대로 X 토지의 인도를 구하는 소를 제기하였다. 이에 대하여 乙은 시효취득을 주장하며 甲의 청구에 대항하고 있다.

2. 甲의 청구에 대한 법원의 결론(인용, 기각, 일부 인용, 각하)을 근거와 함께 설명하시오. (15점)

사례D-19 명의신탁해지와 점유취득시효 완성 후의 권리변동

Ⅱ. 문제 2.의 경우(15)

1. 문제점

甲 종중의 청구에 대하여 ① 甲 종중이 乙을 상대로 X토지의 인도를 구할 권리(제213조 본문)가 있는지, ② 乙에게 취득시효완성을 원인으로 한 점유권원이 인정되는지(제213조 단서), ③ 乙의 시효취득이 인정된다면, 점유취득시효 완성 후 유효한 명의신탁을 해지한 甲 종중이 乙에 대항할 수 있는 제3자인지 여부가 문제된다.

2. 甲 종중이 X토지의 인도를 구할 권리가 있는지 여부

(1) 명의신탁의 유효여부

甲과 丙 사이의 명의신탁약정은 탈법의 목적이 없는 한 **'부동산실명법 제8조 제1호'** 에 의해 동법의 적용이 없고, 判例가 판시하는 바와 같이 이는 '유효한 명의신탁'으로 **내부적 소유권은 신탁자 甲에게 있으나 외부적 소유권은 수탁자 丙에게 있다**(대판 1994.2.8, 92다31675). 사안의 경우 甲 종중은 관리의 편의를 위해 丙에게 명의신탁을 한 것이므로 위 **명의신탁약정은 유효**하다.

(2) 甲의 인도청구 가부

이 경우 신탁자인 甲 종중은 특별한 사정이 없으면 언제든지 신탁을 해지하고 수탁자 丙에 대하여 소유권이전등기 및 목적물의 반환청구를 할 수 있다. 사안에서 甲 종중은 명의신탁약정을 해지하고 丙으로부터 X토지의 소유권이전등기를 경료하였으므로 위 토지의 소유권자로서 토지를 점유하고 있는 乙을 상대로 그 인도를 청구할 수 있다(제213조 본문).

3. 乙에게 민법 제213조 단서 소정의 '점유할 권리'가 인정되는지 여부

乙의 점유 개시 당시의 상황은 명확하게 밝혀지지 않았으나, 1995. 5. 15. 점유를 시작하여 20년 이상 소유의 의사로 평온, 공연하게 점유한 것으로 추정되므로(제197조 1항, 제198조), 2015. 5. 25. 乙은 점유취득시효가 완성되었다(제245조 1항).

4. 甲 종중이 乙에 대항할 수 있는 제3자인지 여부

(1) 취득시효 완성자가 새로운 소유자에게 취득시효로써 대항할 수 있는지 여부

시효완성 후 제3자가 등기를 갖춘 경우는 '이중양도의 법리'에 따라 제3자가 설령 악의라 하더라도 그 소유권이전등기가 당연무효가 아닌 한[제3자 명의의 등기가 통정허위표시, 반사회적 행위 등 무효인 법률행위에 터 잡은 경우에는 그 등기 또한 원인무효이기 때문에, 점유취득시효 완성자는 그 당시 소유자를 대위하여 위 제3자에게 그 등기의 말소를 구할 수 있다(대판 2002.3.15. 2001다77352,77369 등)], 종전소유자의 소유권이전등기의무가 이행불능으로 되어 점유취득시효 완성자는 그 제3자에 대하여 시효취득을 주장할 수 없다.

(2) 명의신탁의 경우에는 달리 볼 여지가 있는지 여부

"명의신탁된 부동산에 대하여 점유취득시효가 완성된 후 시효취득자가 그 소유권이전등기를 경료하기 전에 명의신탁이 해지되어 그 등기명의가 명의수탁자로부터 명의신탁자에게로 이전된 경우에는 그 부동산에 대한 내부적인 소유권의 변동은 없으나, 대외적으로는 그 소유권에 변동이 있을 뿐 아니라 그 등기명의에도 변동이 있고, 명의신탁 제도가 대외적 관계에서는 등기명의자만이 소유권자로 취급될 뿐이고 시효 완성 당시 시효취득자에게 져야 할 등기의무도 대외적으로는 명의신탁자에게 있지 아니하고 명의수탁자에게 있음에 불과하므로 대외적 등기명의자인 수탁자로부터 소유자로 취급되지 않던 명의신탁자에게 등기가 옮겨간 것도 점유시효취득자 등과의 관계와 같은 외부적 관계에서는 완전한 새로운 권리변동으로 보아야 하므로, 그 명의신탁자의 등기취득이 등기의무자의 배임행위에 적극 가담한 반사회적 행위에 근거한 등기이든가 또는 기타 다른 이유로 인한 원인무효의 등기인 경우는 별론으로 하고, 그 명의신탁자는 취득시효 완성 후에 소유권을 취득한 자에 해당하여 그에 대하여 취득시효를 주장할 수 없다"(대판 1995.12.8, 95다38493).[1)]

(3) 사안의 경우

사안의 경우에는 종중 명의신탁이므로, 조세포탈 등의 사정이 없는 한 유효하게 명의신탁 관계가 존재한다(부동산실명법 제8조). 따라서 甲 종중은 유효하게 丙과의 명의신탁계약을 해지할 수 있고, 대외적으로 X 토지의 소유권에 변동이 있으므로 乙은 점유취득시효의 완성을 새로운 소유자인 甲 종중에게 대항할 수 없다.

5. 결 론

甲의 청구는 인용된다.

---

1) "따라서 이 사건 신탁자인 종중의 등기취득이 등기의무자의 배임행위에 적극 가담한 반사회적인 행위에 근거한 등기이든가 또는 기타 다른 이유로 인한 원인무효의 등기인 경우는 별론으로 하고라도 단순히 그 등기가 명의수탁자에게서 명의신탁자에게로 옮겨진 등기이기 때문에 보호할 만한 실질적 거래행위가 없다는 이유만으로 시효취득자의 등기청구권에 우선 할 수 없다고 보는 것은 잘못된 법리이다"

기출해설 2012년 법원행정고시 제2문 변형

○ X 토지에 관하여 1963. 7. 5. A 명의의 소유권이전등기가 마쳐졌고, 1990. 6. 5. B 명의의 소유권이전등기가 마쳐졌으며, 2005. 5. 12. D 명의의 소유권이전등기가 마쳐졌고, 2010. 4. 6. 甲 명의의 소유권이전등기가 마쳐졌다. 한편 2010. 5. 3. 기존에 설정된 저당권에 기해 임의경매개시결정이 이루어져 그 결정이 점유자인 乙에게 송달되고 X토지는 압류되었다.

○ X 토지에 인접한 Y 토지의 소유자인 C는 1969. 4. 7. Y 토지 위에 건물을 신축하여 그 명의로 소유권보존등기를 마쳤는데, 위 건물 중 일부(이하 '이 사건 건물 부분'이라 한다)가 X 토지 200㎡ 중 20㎡(이하 '이 사건 토지 부분'이라 한다) 위에 건축되었다.

○ C가 2005. 8. 6. 사망하여, Y 토지 및 위 건물에 관하여 상속을 원인으로 하여 2005. 8. 16. 乙 명의의 소유권이전등기가 마쳐졌다. 乙은 C의 유품을 정리하는 과정에서 C와 D 사이의 X 토지에 관한 매매계약서를 발견하고, 2005. 11. 15. D를 상대로 X 토지에 관하여 매매를 원인으로 한 소유권이전등기를 청구하는 소를 제기하였으나, 2006. 1. 19. 패소판결을 선고받았고, 2006. 2. 15. 그 판결이 확정되었다.

○ 甲은 2010. 7. 2. 乙을 상대로 적법하게 '乙은 甲에게 이 사건 건물 부분을 철거하고, 이 사건 토지 부분을 인도하며, 이 사건 토지 부분에 관한 차임 상당 부당이득금으로 甲이 이 사건 토지 전부에 관한 소유권을 취득한 2010. 4. 6.부터 위 인도완료일까지 월 100만 원의 비율에 의한 금원을 지급하라'는 내용의 소를 제기하였다.

○ 이에 대하여 乙은 변론기일에서 甲의 청구를 모두 다투면서 '乙이 C의 점유를 승계하여, 이 사건 토지의 소유권이 A로부터 B로 변동된 1990. 6. 5.부터 20년 동안 이 사건 토지 부분을 점유하여 2010. 6. 5. 이 사건 토지 부분에 관한 점유취득시효가 완성되었으므로, 이 사건 토지 부분에 관한 점유는 적법하다'고 주장함과 아울러, 甲을 상대로 '甲은 乙에게 이 사건 토지 부분에 관하여 2010. 6. 5. 취득시효 완성을 원인으로 한 소유권이전등기절차를 이행하라'는 내용의 반소를 제기하였다.

○ 다시 甲은 변론기일에서 乙의 반소청구를 모두 다투면서 '乙이 D를 상대로 위와 같이 소유권이전등기청구소송을 제기하였다가 패소하여 그 판결이 확정되었으므로, 그때부터 乙의 점유는 타주점유가 된다. 취득시효 완성 전에 X 토지에 관하여 D 명의의 소유권이전등기 및 甲 명의의 소유권이전등기가 경료되었으므로 취득시효는 중단되었다. 그렇지 않더라도 취득시효 완성 전에 X토지에 압류가 되었으므로 취득시효는 중단되었다. 설령 취득시효가 완성되었다고 하더라도 乙은 취득시효 완성 전까지 발생한 차임 상당 부당이득을 甲에게 반환할 의무가 있다'고 주장하였다.

○ 법원의 감정 결과, 이 사건 토지 부분의 차임은 2010. 4. 6.부터 현재까지 월 50만 원인 것으로 나타났다.

1. 乙의 위 밑줄 부분 주장에 대하여 그 당부 및 논거를 서술하시오. (25점)

2. 甲의 위 밑줄 부분 주장에 대하여 그 당부 및 논거를 서술하시오. (25점)

사례D-20 경계침범 건축, 취득시효 기산점 및 기간, 타주점유 전환, 2차 취득시효 중단★

Ⅰ. 문제 1.의 경우(25)

1. 당 부

이 사건 토지부분에 대한 점유취득시효 완성여부 및 완성시점에 관한 乙의 주장은 타당하다.

2. 논 거

(1) 부동산 점유취득시효의 요건사실

점유취득시효완성을 원인으로 한 소유권이전등기청구권을 행사하기 위한 요건사실은 '20년간 소유의 의사로 평온, 공연하게 점유한 사실'이다(제245조 1항). 그러나 **제197조 1항에 의해 당해 부동산을 '20년간 점유한 사실' 만 주장·증명하면 된다.**

1) 1필의 '토지의 일부' 가 점유취득시효의 대상이 될 수 있는지 여부(구, 징, 계)

분필되지 않은 1필의 '토지의 일부'에 대해서도 判例가 판시하는 바와 같이 "ⅰ) 1필의 토지의 일부 부분이 다른 부분과 구분되어 ⅱ) 시효취득자의 점유에 속한다는 것을 인식하기에 족한 객관적인 징표(건물의 외벽, 담장 등)가 계속하여 존재하는 경우에는 그 일부 부분에 대한 시효취득을 인정할 수 있다"(대판 1993.12.14, 93다5581)고 한다.

이를 인정하더라도 (소유자를 대위하여) 분필등기 후 소유권이전등기를 마쳐야 소유권 취득의 효력이 생기므로(이러한 절차를 밟지 않은 채 단순히 그 부분의 비율에 상응하는 지분의 이전을 청구하지는 못한다) **'일물일권주의 원칙'** 에 반하지 않는다. 따라서 判例의 태도는 타당하다. 사안에서 이 사건 X토지의 20㎡는 이 사건 건물의 부지이므로, 다른 부분과는 명확히 구분되어 있고 이는 점유취득시효 기간 동안 계속되어 왔다. 따라서 이 사건 X토지의 20㎡는 점유취득시효의 대상이 될 수 있다.

2) 자주점유 여부(10/21)

가) 경계침범 건축이 자주점유 추정을 번복하는지 여부

경계침범 건축과 관련하여 判例는 **"침범 면적이 통상 있을 수 있는 시공상의 '착오' 정도를 넘어 상당한 정도에까지 이르는 경우에는** 당해 건물의 건축주는 자신의 건물이 인접 토지를 침범하여 건축된다는 사실을 건축 당시에 알고 있었다고 보는 것이 상당하고, 따라서 그 침범으로 인한 인접 토지의 점유는 권원의 성질상 소유의 의사가 있는 점유라고 할 수 없다"(대판 2000.12.8. 2000다42977)고 한다.

사안의 경우 점유자 소유 토지면적은 제시되어 있지 않으나, 경계 침범한 토지 면적은 200㎡ 중 일부인 20㎡로서 경험칙에 비춰보면 근소하다고 보여지므로 이 사건 토지부분이 타인의 소유라는 점에 대해 악의라고 볼 수 없어(착오) 이 사건 토지부분에 대한 C의 점유는 여전히 자주점유로 추정된다.

[오상권원의 경우] 判例는 "매매대상 대지의 면적이 등기부상의 면적을 '상당히 초과' 하는 경우에는 특별한 사정[그러한 특별한 사정이 있는 경우라면, 그 초과 부분에 관하여는 타인 권리의 매매가 성립한다(제569조)] 이 없는 한, 그 초과 부분은 단순한 점용권의 매매[1]로 보아야 하고 따라서 그 점유는 권원의 성질상 타주

---

1) 점용권의 매매란 점유하며 사용·수익하는 사실상의 권리(=점용권)를 매매의 목적으로 삼은 것을 말한다. 이러한 점용권은 불확실한 권리이지만 재산적 가치가 있는 것으로서 그것이 비록 불법점유에 기한 것이라도 매매의 목적이 될 수 있다. 점용권의 매도인은 매수인에게 점유를 이전해 주어 사용·수익할 수 있도록 해 주면 그것으로 의무를 다한 것이 된다. 매수인이 얼마 동안 점용

점유에 해당한다"(대판 1998.11.10, 98다32878 ; 2014.3.13. 2011다111459)고 한다.

나) 상속인의 점유

상속인의 점유는 피상속인의 점유와 내용상 동일하므로 상속인은 피상속인의 점유의 성질과 하자를 그대로 승계한다(제193조). 따라서 乙은 C의 점유를 승계하고 그 점유의 성질은 피상속인 C의 점유와 같이 자주점유로 추정된다.

[주의] "상속에 의하여 점유권을 취득한 상속인은 **새로운 권원에 의하여 자기 고유의 점유를 시작하지 않는 한** 피상속인의 점유의 성질과 하자를 떠나 자기의 점유만을 주장할 수 없다"(대판 1992.9.22, 92다22602)는 상속인이 피상속인의 점유와 분리주장 가능한지 여부와 관련한 判例는 피상속인의 점유가 타주점유 등 하자가 있거나 중간에 소유자가 바뀐 경우에 문제될 뿐이다.

3) 취득시효 기산점 및 기간

가) 판 례

判例는 취득시효기간 만료 전과 만료 후를 나누어 그 법률관계를 다르게 판단한다. 이러한 원칙을 견지하고자 "**시효기간 전·후에 등기명의자의 변동이 있는 경우에 당사자가 임의로 기산점을 정하지 못한다**"(대판 1989.4.25, 88다카3618)고 판시하고 있다. 그러나 취득시효 완성 후 소유자에 변동이 있어도 당초의 점유자가 계속 점유하고 있고 소유자가 변동된 시점을 새로운 기산점으로 삼아도 다시 취득시효의 점유기간이 완성되는 경우에는 "이 경우 시효취득을 주장하는 점유자는 **소유권 변동시를 새로운 취득시효의 기산점으로 삼아 취득시효의 완성을 주장할 수 있다**"(대판 1994.3.22, 전합93다46360)고 한다.

나) 사안의 경우

만약 이 경우 시효취득할 수 없다고 한다면 일단 취득시효기간이 경과한 후 제3자명의로 이전등기된 부동산은 새로운 권원에 의한 점유가 없는 한 영구히 시효취득의 대상이 아니게 되어 취득시효제도가 사실상 부인되는 결과가 초래되므로 判例의 태도는 타당하다.

사안의 경우 乙이 C의 점유를 승계하였는바 C가 건물을 신축함으로써 이 사건 토지부분을 최초로 점유한 1969. 4. 7.이 점유취득시효의 기산점이 됨이 원칙이다. 다만, 1차 취득시효가 완성된 1989. 4. 7. 이후에 X토지 소유자가 A에서 B로 변동된 바, 이 경우 소유권이 이전된 1990. 6. 5.를 새로운 기산점으로 삼아 점유취득시효 완성을 주장할 수 있다.

(2) 소 결

사안의 경우 C가 건물을 신축함으로써 1969. 4. 7.부터 이 사건 토지부분에 대한 점유가 인정된다. C의 점유는 평온·공연·자주점유로 추정되는바(제197조 1항), 1989. 4. 7. 1차 점유취득시효가 완성된다. 이후 1990. 6. 5. X 토지의 소유권이 B에게 이전됨으로써 **이중양도 법리**에 따라 B에 대해서 1차 점유취득시효 완성의 효과는 주장하지 못한다. 다만, 判例에 따르면 소유자 변동 시점을 새로이 기산점으로 삼아 2차 점유취득시효를 주장할 수 있는바 1990. 6. 5.로부터 20년이 경과된 2010. 6. 5.에 점유취득시효가 완성되었으므로 C의 점유를 승계한 乙은 이 당시 X 토지 소유자인 甲에게 점유취득시효완성의 효과를 주장할 수 있다. 따라서 乙의 밑줄 부분 주장은 타당하다.

의 이익을 누릴 수 있는지에 관한 위험은 특약이 없는 한 매수인이 이를 부담한다.

Ⅱ. 문제 2.의 경우(25)

1. 당 부

乙의 점유취득시효완성을 원인으로 한 소유권이전등기청구에 대한 甲의 타주점유의 항변 및 취득시효 중단의 항변은 타당하지 않고, 부당이득반환의무에 관한 주장역시 타당하지 않다.

2. 논 거

(1) 점유자가 소유자를 상대로 매매를 원인으로 한 소유권이전등기청구소송을 제기하였다가 패소판결이 확정된 경우, 타주점유로 전환되는지 여부

1) 판 례

점유자가 매매나 시효취득을 원인으로 소유권이전등기를 청구하였다가 패소 확정된 경우에도, 점유자가 소유자에 대하여 어떤 의무가 있음이 확정되는 것은 아니므로 소제기시부터 악의의 점유자(제197조 2항)가 되는데 불과하고 타주점유로 전환되는 것은 아니다(대판 1981.3.24, 80다2226 : 제3회 선택형).

[비교판례] "소유자가 점유자를 상대로 적극적으로 소유권을 주장하여 승소한 경우에는, 점유자가 소유자에 대해 등기말소 또는 인도 등의 의무를 부담하는 것으로 확정된 것이므로, 단순한 악의점유의 상태와는 달리 객관적으로 그와 같은 의무를 부담하는 점유자로 변한 것이어서, 점유자의 토지에 대한 점유는 소제기시부터 악의의 점유자가 됨(제197조 2항)과 동시에 패소판결 확정 후부터는 타주점유로 전환된다(대판 2000.12.8, 2000다14934,14941).

2) 사안의 경우

사안의 경우 乙이 2005. 11. 15.에 당시 X토지 소유자 D를 상대로 매매를 원인으로 한 소유권이전등기청구를 제기하여 패소확정판결을 받았더라도 제197조 2항에 따라 소제기 시점부터 악의의 점유자가 됨은 별론으로 하고, 기존의 이 사건 토지부분에 대한 자주점유가 타주점유로 전환되는 것은 아니다. 따라서 甲의 타주점유의 항변은 타당하지 않다.

(2) 2차 취득시효기간 중 등기부상 소유명의자가 변경된 경우 2차 취득시효 중단 여부

1) 판 례

종전 判例는 1차 점유취득시효 기간과 달리 2차 점유취득시효 기간 중에는 소유자의 변동이 없어야 한다고 하였으나(대판 1999.2.12, 98다40688), 전원합의체 판결로 견해를 변경하여 "ⅰ) 취득시효기간이 경과하기 전에 등기부상의 소유명의자가 변경된다고 하더라도 그 사유만으로는 점유자의 종래의 사실상태의 계속을 파괴한 것이라고 볼 수 없어 취득시효를 중단할 사유가 되지 못하므로(제247조 2항, 제168조 1호), 새로운 소유명의자는 취득시효 완성 당시 권리의무 변동의 당사자로서 취득시효 완성으로 인한 불이익을 받게 된다 할 것이어서 시효완성자는 그 소유명의자에게 시효취득을 주장할 수 있는바, ⅱ) 이러한 법리는 새로이 2차의 취득시효가 개시되어 그 취득시효기간이 경과하기 전에 등기부상의 소유명의자가 다시 변경된 경우에도 마찬가지로 적용된다"(대판 2009.7.16, 전합2007다15172,15189 : 1회 선택형)고 판시하고 있다.

2) 사안의 경우

사안의 경우 2차 취득시효 기간(1990. 6. 5. ~ 2010. 6. 5.) 진행 중인 2005. 5. 12. D로 그리고 2010. 4. 6.에 甲으로 이 사건 토지부분의 소유명의자가 변경되었지만 이는 1차 취득시효에서와 같이 시효중단사유에 해당하지 아니한다(제247조 2항). 따라서 甲의 시효중단의 항변은 타당하지 않다.

(3) 부동산 압류가 점유취득시효의 시효중단 사유가 되는지 여부

1) 판 례

"민법 제247조 제2항은 '소멸시효의 중단에 관한 규정은 점유로 인한 부동산소유권의 시효취득기간에 준용한다.'라고 규정하고, 민법 제168조 제2호는 소멸시효 중단사유로 '압류 또는 가압류, 가처분'을 규정하고 있다. **점유로 인한 부동산소유권의 시효취득에 있어 취득시효의 중단 사유는 종래의 점유상태의 계속을 파괴하는 것으로 인정될 수 있는 사유이어야 하는데**(대판 1997.4.25. 97다6186 등), 민법 제168조 제2호에서 정하는 '압류 또는 가압류'는 금전채권의 강제집행을 위한 수단이거나 그 보전수단에 불과하여 취득시효기간의 완성 전에 부동산에 압류 또는 가압류 조치가 이루어졌다고 하더라도 이로써 종래의 점유상태의 계속이 파괴되었다고는 할 수 없으므로 이는 취득시효의 중단사유가 될 수 없다"(대판 2019.4.3. 2018다296878).[2]

2) 사안의 경우

점유취득시효 완성 전인 2010. 5. 3. X토지가 압류되었다고 하더라도 이는 취득시효 중단사유인 '종래의 점유상태의 계속을 파괴'하는 것으로 인정될 수 없다. 따라서 甲의 시효중단의 항변은 타당하지 않다.

(4) 점유취득시효 완성자의 시효기간 중 점유부당이득반환의무 발생여부

1) 판 례

"부동산에 대한 취득시효가 완성되면 점유자는 소유명의자에 대하여 취득시효완성을 원인으로 한 **소유권이전등기절차의 이행을 청구할 수 있고 소유명의자는 이에 응할 의무가 있으므로** 점유자가 그 명의로 소유권이전등기를 경료하지 아니하여 아직 소유권을 취득하지 못하였다고 하더라도 소유명의자는 점유자에 대하여 점유로 인한 부당이득반환청구를 할 수 없다"(대판 1993.5.25. 92다51280)

2) 사안의 경우

취득시효를 인정하는 법률의 규정이 법률상의 원인이 되는 것으로서 원소유자에게 이러한 권리를 인정한다면 취득시효제도 그 자체의 목적에 어긋나기 때문에 判例의 태도는 타당하다. 따라서 취득시효완성자의 점유부당이득의무는 부정되고 甲의 주장은 타당하지 않다.

---

2) [사실관계] 원고가 점유취득시효에 따른 소유권취득을 이유로 취득시효 완성 전에 근저당권을 취득한 피고를 상대로 근저당권설정등기의 말소를 청구한 사건에서, 피고가 취득시효기간의 완성 전에 이 사건 부동산에 대한 임의경매개시결정이 이루어져 그 결정이 점유자인 원고에게 송달되고 부동산이 압류되었으므로 취득시효가 중단된다고 주장하자, 부동산에 대한 압류나 가압류는 취득시효의 중단사유가 될 수 없다는 이유로 피고의 위 주장을 배척하면서 원고의 청구를 인용한 원심을 수긍하여 상고기각한 사안

기출해설

최신판례 미기출 핵심사례

甲은 X토지를 적법하게 매수하여 1993. 1. 20. 소유권이전등기를 경료하고 점유를 시작하였다. 이후 甲은 乙에게 1994. 1. 20. 변제기를 1년 후로 정하고 6억 원을 빌리면서 당시 시가가 3억 원이었던 X토지에 대해 양도담보 약정을 맺고 당일 등기명의를 乙에게 이전해주었다. 다만 이후 甲은 약정이자는 모두 지급하였으나, 원금 6억 원 및 지연이자를 지급하지 않은 채 2014. 2. 20. 현재까지 X토지를 계속 점유하고 있었는바, 甲은 乙을 상대로 乙명의 등기의 말소를 청구하는 소를 제기하고 싶어한다.

1. 이 경우 법적으로 검토될 수 있는 청구원인을 검토하고 인용여부를 검토하시오. (25점)

사례D-21 자기소유 부동산에 대한 취득시효

Ⅰ. 문제 1.의 경우(25)

1. 문제점

소유권에 기한 소유권이전등기 말소청구의 요건사실은 ⅰ) 원고의 소유, ⅱ) 피고의 소유권이전등기 경료, ⅲ) 등기의 원인무효이다(제214조). 따라서 선결적으로 1994. 1. 20. 양도담보 약정에 따른 乙에게 등기명의를 이전한 것에 따른 소유권자를 확정하고, 만약 甲이 소유자라면 乙 명의 등기 말소청구권과 관련해서는 ① 점유취득시효를 원인으로 한 등기말소청구와 ② 피담보채권의 소멸시효를 원인으로 한 등기말소청구권이 문제된다.

2. 1994. 1. 20. 乙명의 등기에 따른 소유권자 확정

(1) 부동산 양도담보의 법적성질

양도담보의 경우, 동산에 관하여는 통설과 判例가 신탁적 소유권이전설을 취하므로 수탁자가 소유자가 되지만, 부동산에 관하여는 가등기담보법 제4조 2항과 관련하여 학설이 나뉜다.判例는 가담법 시행 이전에는 신탁적 소유권이전설의 입장이었으나, 가담법 시행 이후에 부동산양도담보의 경우는 신탁적 소유권이전설을 취한 것도 있으나(대판 1995.7.25. 94다46428), 대체로 담보물권설을 취하고 있는 것으로 보인다(대판 2001.1.5. 2000다47682 ; 대판 2022.4.14. 2021다263519 : 양도담보에 관한 판례 중 가담법의 적용대상이 되는 것 자체가 많지 않다).

한편 가담법이 적용되지 않는 부동산 양도담보권이 설정된 경우에 대법원은 일관하여 "담보목적의 범위 내에서 채권자에게 그 소유권이 이전된다"(대판 1996.6.28. 96다9218)고 판시하고 있다. 이는 대외적으로는 양도담보권자에게 그 소유권이 이전되지만, 대내적으로는 양도담보권자가 담보계약에 따른 권리만을 갖는다는 의미이다(신탁적 소유권이전설).

(2) 사안의 경우

가등기담보법 1조는 "이 법은 차용물의 반환에 관하여 차주가 차용물에 갈음하여 다른 재산권을 이전할 것을 예약함에 있어서 그 재산의 예약당시의 가액이 차용액 및 이에 붙인 이자의 합산액을 초과하는 경우와 이에 따른 담보계약과 그 담보의 목적으로 경료된 가등기 또는 소유권이전등기의 효력을 정함을 목적으로 한다"고 규정하고 있다. 따라서 사안의 경우 예약당시의 X토지의 가액이 3억이고, 차용액이 6억 원이므로 가등기담보법은 적용되지 않는다. 그러므로 '대외적'으로는 양도담보권자 乙에게 그 소유권이 이전되지만, '대내적'으로는 양도담보권자가 담보계약에 따른 권리만을 갖고 소유권은 양도담보설정자 甲에게 있다.

3. 점유취득시효완성을 원인으로 한 甲의 乙에 대한 등기말소청구권

(1) 요건 : 자기소유 부동산이 취득시효의 대상이 되는지 여부

1) 판 례

점유취득시효완성을 원인으로 한 소유권이전등기청구권을 행사하기 위한 요건사실은 '20년간 소유의 의사로 평온, 공연하게 점유한 사실'이다(제245조 1항). 그러나 **제197조 1항에 의해 당해 부동산을 '20년간 점유한 사실'만 주장·증명하면 된다.** 사안의 경우 甲은 1993. 1. 20.부터 2014. 2. 20. 현재까지 20년 넘게 X토지를 계속 점유하고 있으므로 이는 문제되지 않는다.

다만 사안에서는 자기소유 부동산이 취득시효의 대상이 되는지가 문제되는바, 判例는 **대내외적으로 모두 자기 소유이었던 기간 동안의 점유는 취득시효의 기초로서 점유에 해당하지 않는다는** 입장이다(대판 1997.3.14, 96다55860). 그러나 사안과 같이 '소유권의 관계적 귀속'이 인정되어 **대내적으로는 자기소유이지만, 대외적으로는 타인 소유이었던 기간 동안의 점유는 점유취득시효의 기초로서의 점유에 해당**한다고 본다(대판 2001.7.13, 2001다17572).

2) 사안의 경우

대내외적으로 甲소유인 동안의 점유(1993.1.20.~ 1994.1.19.)는 취득시효의 기초되는 점유라고 할 수 없다. 그러나 양도담보권자 乙은 담보목적의 범위 내에서 X토지의 소유권을 신탁적으로 취득할 뿐이고, 양도담보권설정자인 甲이 실질적 소유자로서 소유의 의사로 위 토지들을 점유·사용해 왔다고 할 것이므로 **대외적으로 乙소유인 동안의 점유(1994.1.20.부터)는 甲의 취득시효의 기초가 되는 점유가 될 수 있다.** 따라서 일단 2014. 1. 20. 되면 제245조 1항의 점유취득시효는 완성된다.

(2) 효과 : 취득시효 완성의 효과

1) 판 례

判例가 판시하는 바와 같이 "**부동산점유취득시효는 '원시취득'에 해당하므로 특별한 사정이 없는 한 원소유자의 소유권에 가하여진 각종 제한에 의하여 영향을 받지 아니하는 완전한 내용의 소유권을 취득하는 것이지만,** 진정한 권리자가 아니었던 채무자 또는 물상보증인이 채무담보의 목적으로 채권자에게 부동산에 관하여 저당권설정등기를 경료해 준 후 그 부동산을 시효취득하는 경우에는, 채무자 또는 물상보증인은 피담보채권의 변제의무 내지 책임이 있는 사람으로서 **이미 저당권의 존재를 용인하고 점유하여 온 것이므로, 저당목적물의 시효취득으로 저당권자의 권리는 소멸하지 않는다**"(대판 2015.2.26. 2014다21649)

2) 사안의 경우

이러한 법리는 부동산 양도담보의 경우에도 마찬가지이므로, 양도담보권설정자 甲이 양도담보부동산 X토지를 20년간 소유의 의사로 평온, 공연하게 점유하였다고 하더라도, **양도담보권자 乙을 상대로 피담보채권의 시효소멸을 주장하면서 담보 목적으로 경료된 소유권이전등기의 말소를 구하는 것은 별론으로 하고,** 점유취득시효를 원인으로 하여 담보 목적으로 경료된 소유권이전등기의 말소를 구할 수 없고, 이와 같은 효과가 있는 양도담보권설정자 甲 명의로의 소유권이전등기를 구할 수도 없다"(대판 2015.2.26. 2014다21649).

4. 소멸시효완성을 원인으로 한 甲의 乙에 대한 등기말소청구권

사안의 경우 원금의 변제기가 1995. 1. 20.이므로 다른 특별한 사정이 없는 한 **2005. 1. 20. 24:00에 소멸시효가 완성된다**(제166조 1항, 제162조 1항). '원금채권'(주된 권리)의 소멸시효가 완성되면 지연이자(종속된 권리)는 아직 소멸시효가 완성되지 않았더라도 제183조에 의해 소멸시효가 완성된다. 한편 **저당권이 설정되어 있더라도 저당권의 피담보채권이 시효중단되는 것은 아니다**(대판 2007.3.15, 2006다12701).

따라서 甲은 乙의 대여금 채권이 시효소멸하였음을 이유로 乙 명의 등기의 말소를 구할 수 있다(제214조).

5. 소 결

2014. 2. 20. 현재 甲은 취득시효 완성을 이유로는 乙명의 등기의 말소를 청구할 수 없으나, 乙의 대여금 채권이 시효소멸하였음을 이유로는 乙 명의 등기의 말소를 구할 수 있다(제214조).

기출해설

2024년 변호사시험 제2문

甲은 1998. 1. 5. X토지에 관하여 매매를 원인으로 한 소유권이전등기를 마쳤다. 甲은 2012. 4. 20. 丁과 혼인하였다. 乙은 2002. 2. 5. 甲 명의의 위임장 및 매매계약서 등을 위조하여 무단으로 X토지에 대한 소유권이전등기를 마쳤다. 그 후 丙은 2004. 5. 8. 乙로부터 X토지를 1억 원에 매수한 후 소유권이전등기를 마쳤다. 丙은 乙로부터 X토지를 매수할 당시 등기명의자인 乙이 무권리자임을 알지 못했고, 현재까지 소유의 의사로 평온, 공연하게 점유를 계속하여 왔다. 甲은 2020. 4. 23. X토지가 乙, 丙에게 차례로 이전된 사실을 알게 되었다.

甲은 丙의 등기부취득시효가 완성되어 X토지의 소유권을 반환받기 어렵다고 판단하고, 2024. 1. 3. 乙이 丙으로부터 받은 매매대금 1억 원에 대하여 부당이득반환을 청구하는 소를 제기하였다. 법원은 위 소송에서 어떠한 판단을 하여야 하는지 1) 결론(소 각하/청구 기각/청구 인용/청구 일부 인용 - 일부 인용의 경우 인용 범위를 특정할 것)과 2) 논거를 서술하시오. (15점)

사례D-22 무권리자의 처분행위와 등기부 취득시효 완성에 따른 부당이득반환청구★

Ⅰ. 결 론

법원은 甲의 청구를 기각하여야 한다.

Ⅱ. 논거

1. 문제점

부당이득반환청구의 요건사실은 ⅰ) 법률상 원인 없을 것, ⅱ) 타인의 재산 또는 노무로 이득을 얻고, ⅲ) 타인에게 손해를 입힐 것, ⅳ) 이득과 손해 사이에 인과관계가 있을 것이다(제741조). 사안의 경우 과연 丙의 등기부 취득시효 완성에 따라 甲이 소유권을 상실한 손해와 乙이 무권리자 처분행위를 하여 매매대금을 이득한 것 사이에 인과관계가 인정될 수 있는지 문제된다.

2. 乙의 매매대금 상당액 이득과 甲의 소유권 상실 사이에 인과관계 인정되는지 여부

(1) 판 례(손해와 이득 사이에 상당인과관계 결여)

判例에 따르면 "무권리자가 소유자 있는 부동산에 관하여 원인 없이 등기를 마치고 제3자에게 매도하여 등기를 마쳐준 후 제3자의 등기부취득시효가 완성된 경우, 원소유자가 무권리자를 상대로 하여 제3자로부터 받은 매매대금에 관한 부당이득반환을 구할 수는 없다"(대판 2022.12.29. 2019다272275). 왜냐하면 원소유자의 소유권 상실의 손해는 제245조 2항에 따른 물권변동의 효과일 뿐 무권리자와 제3자가 체결한 매매계약의 효력과는 직접 관계가 없기 때문이다.

(2) 사안의 경우

사안에서 乙이 얻은 매매대금 상당의 이익은 이 사건 매매계약의 효력에 따른 것이고 甲의 소유권 상실이라는 손해는 丙의 등기부 취득시효 완성에 따른 것으로 양자 사이에는 인과관계가 인정되지 않는다.

기출해설

최신판례 미기출 핵심사례

【기초적 사실관계】

○ A종중은 그 소유의 X토지를 종중원 甲에게 탈법의 목적없이 명의신탁하여 X토지는 甲명의로 등기되어 있었다. 아울러 A종중은 종중원 甲이 X토지를 잘 관리하겠다는 약속을 받았다.

○ 그러던 중 甲의 관리가 소홀한 틈을 타 1985. 1. 20. 乙이 등기에 필요한 서류를 위조하여 무효의 소유권이전등기를 한 다음, 이를 모르는 丙에게 X토지를 시가 3억 원에 매도하고 1986. 1. 20. X토지의 인도와 함께 소유권이전등기를 경료해 주었다.

1. 1996. 9. 20. A종중은 甲과의 명의신탁을 해지하고 甲을 대위하여 丙을 상대로 소유권이전등기 말소를 청구한바, A의 대위소송은 소송요건을 구비한 적법한 소인지 검토하시오. (15점)

【소송의 경과】

○ 그 후 A의 대위소송('이 사건 소')이 적법하여 본안 판단에서 A는 丙 명의 등기가 乙의 위조행위에서 비롯된 것으로 당해 등기가 원인무효임을 주장·증명하였으나, 이에 丙이 민법 제245조 2항의 등기부취득시효를 통해 유효한 소유권을 취득하고 있다고 항변하여 '이 사건 소'가 1997. 1. 20. A의 패소로 확정되었다. X토지의 객관적 시가는 1996년 1월 당시 3억 6천만 원, 1997년 1월 당시 5억 8천만 원이었다.

2. 이 경우 A가 다시 甲을 대위하여 乙에게 행사할 수 있는 구제수단을 채권자대위소송의 본안요건을 중심으로 각 당사자의 예상되는 주장과 항변을 고려하여 검토하시오. (단, 대위소송의 소송요건은 구비되었음을 전제하고, 현재는 1999. 9. 20.이며, 문제 1.에서 검토한 내용과 甲의 乙에 대한 부당이득반환청구권은 논외로 할 것) (35점)

사례D-23 등기부취득시효로 인해 소유권을 상실하게 된 원소유자의 구제수단[1] ★

Ⅰ. 설문 1.의 경우(15)

1. 채권자대위소송의 법적성질

① 고유의 대위권 행사로 보는 견해도 있으나(이 견해에 의하면 소송물은 채권자의 실체법상 대위권이 된다), ② 대위소송에서 채권자가 궁극적으로 다투려 하는 것은 채무자의 제3채무자에 대한 권리이며, 그 행사의 효과도 바로 채권자에게 귀속되지 않고 직접 채무자에게 귀속하여 총채권자를 위해 공동담보가 된다는 점을 고려해 보면, **소송물은 채무자의 권리이며 따라서 채무자와 병행하여 소송수행권이 인정된 '법정소송담당'으로 보아야 한다.**

判例도 "민법 제404조의 채권자대위권은 채권자가 자신의 채권을 보전하기 위하여 채무자의 권리를 자신의 이름으로 행사할 수 있는 권리"(대판 2001.12.27. 2000다73049)라고 보아 **법정소송담당설임**을 명확히 하였다.

---

1) ★ 민법의 맥 핵심사례 D-05 유사 : 대판 2012.5.17. 전합2010다28604 ; 대판 2008.6.12. 2007다36445

2. 채권자대위 소송의 소송요건(보, 필, 불, 대)

채권자대위권의 요건으로는 ⅰ) 피보전채권의 존재, ⅱ) 채권보전의 필요성, ⅲ) 채무자의 권리불행사, ⅳ) 피대위권리의 존재를 요구한다(제404조). 법정소송담당설에 의할 경우 ⅰ), ⅱ), ⅲ)은 '당사자적격'에 관계되는 소송요건사실로서 흠결시에는 부적법 각하, ⅳ)의 흠결의 경우는 본안판단으로서 청구기각판결을 하여야 한다. 사안의 경우 소송요건과 관련하여 ⅲ) 채무자의 권리불행사의 요건을 갖추었으나 ⅰ)와 ⅱ)의 요건을 갖추었는지 문제된다.

3. A의 甲에 대한 권리(피보전권리)

(1) 종중 명의신탁의 유효성

부동산실명법 제8조 제1호에 의하면, 종중 부동산의 명의신탁은 조세포탈 등 탈법의 목적이 없는 경우에는 위 법률의 대부분의 규정의 적용을 받지 않게 된다. 따라서 본 사안의 경우는 부동산실명법 제정 前의 명의신탁의 유효성에 관한 이론이 그대로 적용될 수 있는바, 통설과 判例는 명의신탁이 통정허위표시가 아님을 전제로 그 유효성을 인정하고 있고, 내부적 소유권은 신탁자에게 있으나 외부적 소유권은 수탁자에게 이전된다고 보고 있다(대판 1994.2.8, 92다31675).

(2) 명의신탁이 해지된 경우의 법률관계

다만 사안에서 1996. 9. 20. A종중은 甲과의 명의신탁을 적법하게 해지하였는바, 위 判例의 법리는 명의신탁이 해지된 경우에도 동일하게 적용된다(대내외관계 구별설). 따라서 명의신탁이 해지되더라도 대외관계에서는 여전히 소유권이 수탁자인 甲에게 있으며, 다만 대내관계에서 신탁자 A는 수탁자 甲에게 ⅰ) 신탁관계의 종료 자체를 원인으로 하는 소유권이전등기청구권(채권적 청구권), 또는 ⅱ) 명의신탁 해지로 인하여 복귀한 소유권에 기하여 소유권이전등기 또는 소유권이전등기말소를 청구할 수 있는 권리(물권적 청구권)를 가진다(대판 2002.5.10, 2000다55171).

(3) 피보전권리가 물권적 청구권인 경우

채권자대위권의 경우 피보전권리의 종류는 묻지 않으며, 금전채권 뿐만 아니라 특정채권도 인정되며, 채권적 청구권 뿐만 아니라 判例에 따르면 물권적 청구권도 포함된다(대판 2007.5.10, 2006다82700,82717).

4. 채권보전의 필요성

소유권이전등기청구권과 같은 특정의 청구권 보전을 위한 채권자대위권의 경우에는 채무자의 무자력은 요구되지 않는다(대판 1992.10.27, 91다483).[2)]

5. 소 결

A의 대위소송은 소송요건을 구비한 적법한 소이다(제404조).

---

2) 채무자의 제3자에 대한 특정의 청구권을 행사함으로써 채권자의 채무자에 대한 특정의 청구권을 보전할 수 있는 경우에는 피보전권리와 피대위권리가 그 이행에서 서로 관련되어 있어서 채권보전의 필요성은 충족되고 채무자의 무자력은 요구되지 않기 때문이다.

Ⅱ. 문제 2.의 경우(35)[3)]

1. 채권자대위소송의 본안요건(甲의 乙에 대한 권리, 피대위권리)

(1) 채무불이행을 원인으로 한 손해배상청구권

1) 판 례

최근 전원합의체 판결에 따르면 "채무불이행을 이유로 하는 손해배상청구권은 계약 또는 법률에 기하여 이미 성립하여 있는 채권관계에서 본래의 채권이 동일성을 유지하면서 그 내용이 확장되거나 변경된 것으로서 발생한다. 그러나 위와 같은 등기말소청구권 등의 물권적 청구권은 그 권리자인 소유자가 소유권을 상실하면 이제 그 발생의 기반이 아예 없게 되어 더 이상 그 존재 자체가 인정되지 아니하는 것이다"(대판 2012.5.17, 전합2010다28604)라고 판시하여 물권적 청구권의 이행불능으로 인한 전보배상청구권은 인정되지 않는다는 취지로 판시한바 있다.

2) 검토 및 사안의 경우

생각건대, 채무의 이행불능을 이유로 하는 손해배상채무(제390조) 등의 채무불이행책임은 물권적 청구권의 성질에 반하므로, 그 한도에서 민법 제390조는 물권적 청구권에 준용될 수 없다고 보는 것이 타당하다. 그러므로 사안에서 甲은 乙에게 위 말소등기절차 이행의무의 이행불능을 이유로 손해배상을 청구할 수 없다. 다만 물권적 청구권이 소멸한다고 하여 모든 법률관계가 종료되는 것은 아니다. 즉 물권적 청구권은 장래에 향하여 방해원인의 제거 자체를 목표로 하는바, 아래에서 검토하는 바와 같이 방해에 따른 사후적 교정은 손해배상 또는 부당이득에 의한다.

(2) 대상청구권의 인정여부

1) 판 례

判例는 물권적 청구권이 이행불능된 경우에도 대상청구권이 인정될 수 있음을 전제로, 甲의 乙에 대한 소유권이전등기 말소청구권이 일부불능이 된 것은 丙의 등기부취득시효가 완성되었기 때문인 반면 乙이 받은 매매대금은 乙과 丙사이의 매매계약에 의한 것이어서 '급부를 불가능하게 하는 사정'과 乙이 취득한 '대신하는 이익'사이에 상당인과관계가 존재한다고 할 수 없다는 이유로 甲의 청구를 기각하였다(대판 2003.11.14, 2003다35482).

2) 검토 및 사안의 경우

대상청구권은 채권적 청구권에 적용될 수 있으며, 물권적 청구권을 기초로 대상청구권이 인정된다고 볼 수는 없다. 그러므로 사안에서 甲은 乙에게 위 말소등기절차 이행의무의 이행불능을 이유로 대상청구권을 행사할 수 없다.

---

3) A는 대외관계에서는 처음부터 당해 토지에 대한 소유권이 없었으며, 甲과의 명의신탁을 적법하게 해지하더라도 대외관계에서는 소유권이 당연히 신탁자 A에게 복귀하지 않는다. 따라서 A는 대외적 소유권자였던 甲의 乙에 대한 권리를 대위행사할 수 있느냐가 문제된다(제404조).

(3) 불법행위를 원인으로 한 손해배상청구권

1) 소유권 상실로 인한 손해배상청구권의 인정 여부

가) 판 례

甲이 토지의 소유권을 상실하게 된 직접적인 원인은 乙이 丙에게 그 소유권이전등기를 해주었기 때문이 아니라, 甲이 10년간 소유권을 행사하지 않아 丙의 등기부취득시효가 완성되었기 때문이므로 乙의 위법행위와 甲의 소유권 상실 사이에 인과관계를 인정할 수 있는지 문제되는바, 判例는 "**무권리자의 위법한 등기 경료행위와 소유자의 소유권 상실 사이에는 상당인과관계가 있다고 할 것이다**"(대판 2008.6.12. 2007다36445)고 하여 이를 인정하고 있다.

나) 검토 및 사안의 경우

검토하건대, 무권리자의 위법한 등기 경료행위가 없었더라면 소유자의 소유권 상실이라는 결과가 당연히 발생하지 아니하였을 것이고 또한, 이러한 소유권 상실은 위법한 등기 경료행위 당시에 통상 예측할 수 있는 것이라 할 것이므로(위 2007다36445판시내용) 判例의 태도는 타당하다. 그러므로 사안에서 甲은 乙을 상대로 불법행위를 원인으로 한 손해배상을 청구할 수 있다.

2) 손해배상액의 기준시점

다만 **손해배상액**(부동산의 시가 상당액)**의 기준시점**은 소유권 상실의 결과가 '현실화된' 등기부취득시효 완성자를 상대로 한 말소등기청구소송에서 **패소 확정된 때**[4]라는 것이 判例의 기본적인 입장이다(대판 2005.9.15. 2005다29474참고).

따라서 丙의 등기부취득시효완성 당시인 1996년 1월 당시 3억 6천만 원이 아닌 패소판결 확정된 1997년 1월 당시 5억 8천만 원을 기준으로 할 것이다.

3) 과실상계 인정여부

앞서 검토한 바와 같이 甲이 토지의 소유권을 상실하게 된 직접적인 원인은 乙이 丙에게 그 소유권이전등기를 해주었기 때문이 아니라, 甲이 관리소홀로 10년간 소유권을 행사하지 않아 丙의 등기부취득시효가 완성되었기 때문인바, 乙의 손해배상액을 정함에 있어 甲의 위와 같은 과실을 참작하여야 하는지 문제된다(제763조, 제396조).

이에 대해 判例는 "**피해자의 부주의를 이용하여 고의로 불법행위를 저지른 자가 바로 그 피해자의 부주의를 이유로 자신의 책임을 감하여 달라고 주장하는 것은 다른 특별한 사정이 없는 한 허용될 수 없다**"(대판 2008.6.12. 2007다36445)고 판시하면서 설령 甲에게 토지에 관한 권리행사를 장기간 해태함으로써 丙의 등기부취득시효가 완성되도록 한 과실이 있다고 하더라도 이를 들어 **과실상계를 하는 것은 허용되지 않는다**고 하였다.[5]

---

4) [판례평석] 이에 대해 객관적으로 '소유권 상실의 결과가 발생한 등기부취득시효 완성시점'이 손해배상액 산정의 기준시점이라는 비판적인 견해도 있다(지원림, '물권적 방해배제청구의 이행불능과 전보배상', 법률신문 제4038호).

5) [판례평석] 이에 대해 甲이 장기간 권리를 행사하지 않아 丙의 등기부취득시효가 완성되도록 한 부주의는 乙의 위법행위가 종료한 뒤의 사정이므로, 乙이 위와 같은 甲의 부주의를 이용하여 고의로 불법행위를 저질렀다고 볼 수 없으므로 과실상계를 주장하는 것을 허용해야 한다는 비판적인 견해도 있다(노재호, 민법교안 10판, p.1389).

4) 손해배상청구권의 소멸시효 완성여부

가) 판 례

甲이 乙에 대하여 갖는 소유권 상실로 인한 손해배상청구권의 소멸시효(제766조)가 언제부터 진행하는지 문제되는바, 判例는 "무권리자가 위법한 방법으로 그의 명의로 부동산에 관한 소유권보존등기나 소유권이전등기를 마친 다음 제3자에게 이를 매도하여 제3자 명의로 소유권이전등기를 마쳐준 경우 제3자가 소유자의 등기말소 청구에 대하여 시효취득을 주장하는 때에는 제3자 명의의 등기의 말소 여부는 소송 등의 결과에 따라 결정되는 특별한 사정이 있으므로, **소유자의 소유권 상실이라는 손해는 소송 등의 결과가 나오기까지는 관념적이고 부동적인 상태에서 잠재적으로만 존재하고 있을 뿐 아직 현실화되었다고 볼 수 없고, 소유자가 제3자를 상대로 제기한 등기말소 청구 소송이 패소 확정될 때에 그 손해의 결과발생이 현실화된다고 볼 것이며**, 그 등기말소 청구 소송에서 제3자의 등기부 시효취득이 인정된 결과 소유자가 패소하였다고 하더라도 그 **등기부 취득시효 완성 당시에 이미 손해가 현실화되었다고 볼 것은 아니다**"(대판 2008.6.12. 2007다36445)고 판시하여 원소유자 甲이 등기부취득시효 완성자 丙을 상대로 제기한 소유권이전등기 말소등기 청구의 소에서 패소 확정된 때부터 10년의 소멸시효가 진행한다는 입장을 취하고 있다.[6]

나) 검토 및 사안의 경우

가해행위와 이로 인한 현실적인 손해의 발생 사이에 시간적 간격이 있는 불법행위에 기한 손해배상채권의 경우, **소멸시효의 기산점**이 되는 '불법행위를 한 날'(제766조 2항) 또는 '불법행위를 안 날'(제766조 1항)의 의미는 단지 관념적이고 부동적인 상태에서 잠재적으로만 존재하고 있는 손해가 그 후 현실화되었다고 볼 수 있는 때, 즉 **손해의 결과발생이 현실적인 것으로 되었다고 할 수 있을 때 또는 현실화된 것을 안 날을 의미**한다고 할 것인바(대판 2001.1.19. 2000다11836 ; 대판 1990.1.12. 88다카25168 등) 判例의 태도는 타당하다.

그러므로 사안에서 A의 패소 판결 확정시(1997. 1. 20.)가 가해자 乙이 불법행위를 한 날 또는 피해자 甲이 그 손해 및 가해자를 안 날이라고 볼 수 있는바, 1999. 9. 20. 현재 아직 10년 또는 3년이 지나지 않았으므로 甲의 乙에 대한 손해배상청구권은 소멸시효가 완성되지 않았다(제766조 1항, 2항).

2. 소 결

A는 甲을 대위하여 乙을 상대로 5억 8천만 원의 불법행위에 기한 손해배상을 청구할 수 있다(제404조, 제750조).

※ 보론 : 甲의 乙에 대한 부당이득반환청구권의 인정여부 및 인정범위

일반적으로 물권적 청구권의 이행불능으로 인하여 '대신하는 이익'이 존재하는 경우에는 그 '대신하는 이익'은 원래부터 물권자에게 귀속하기 때문에 만일 다른 사람이 그 '대신하는 이익'을 수령하였다면 부당이득이 성립한다(침해부당이득).

따라서 乙은 甲에게 받은 이익(매매대금 상당액)에 법정이자를 붙여 반환하고 손해가 있으면 이를 배상하여야 하는바(제748조 2항), 손해배상의 구체적 금액 및 소멸시효 완성여부는 앞서 검토한 불법행위 책임에서 살핀바와 같다.

---

6) **[판례평석]** 이에 대해 소멸시효 기산점은 제3자가 소유권을 취득한 시점(등기부취득시효 완성시점)이지 제3자에 대한 패소판결 확정시로 볼 수 없다는 비판적인 견해도 있다(윤진수, '소유물 반환의무 위반으로 인한 손해배상책임의 성질', 법률신문 제4055호)

기출해설 2013년 3차 법전협모의 제2문

【공통된 사실관계】

1. 甲은 그 소유의 X토지 위에 상가건물을 건축하여 분양하기로 하고, 2009. 7. 30. 乙건설 주식회사(이하 '乙'이라 함)와 丙건설 주식회사(이하 '丙'이라 함) 사이에 甲이 乙과 丙에게 공동으로 상가건물 건축공사를 발주하고 공사대금은 20억 원, 준공일은 2010. 9. 30.로 정하여 도급하는 내용의 건축공사도급계약을 체결하였다.
2. 乙과 丙은 공동으로 공사를 수급하여 이행하는 조합을 결성하되(이하 '이 사건 조합'이라 함) 乙이 공사의 시행을 비롯한 조합의 모든 업무를 관장하기로 하였다. 丙은 자기 소유의 중기를 출자하고 실제 공사에는 관여하지 않았다.
3. 甲은 위 공사대금 가운데 2009. 8. 30. 공사 착수에 따라 8억 원을, 2010. 1. 31. 기초공사 완료에 따라 8억 원을 지급하였다.
4. 乙은 공사기간 동안 乙명의로 자재업체인 丁과 자재공급계약을 맺고(이하 '이 사건 자재공급계약'이라 함) 공사에 필요한 자재의 납품을 받았다. 丁은 약정된 대로 자재를 2010. 2. 28. 모두 乙에게 인도하였고, 위 자재는 이 사건 신축공사에 모두 이용되어 건물에 부합되었다. 丁은 자재대금 가운데 4억 원을 아직 지급받지 못하였다.
5. 乙은 2010. 9. 30. 상가건물을 완성하여 甲에게 인도하였고, 甲은 같은 날 위 상가건물에 대하여 본인 명의의 소유권보존등기를 경료하였다.
6. 乙은 그 무렵 국내 건설경기 악화로 도산하였다.

2. 만약 이 사건 자재공급계약에 "자재공급대금을 모두 지급받을 때까지 인도한 자재의 소유권은 丁에게 있다. 丁은 乙에게 자재의 처분 권한을 부여하지 아니한다."는 특약이 포함되어 있었고, 甲은 이러한 특약내용을 알고 있었다고 가정한다면, 丁이 甲에 대하여 미지급 자재대금 4억 원 상당액을 부당이득으로 반환청구할 수 있을지 검토하시오. (20점)

사례D-24 소유권이 유보된 건축자재의 건물에의 부합과 부당이득[1]★

Ⅱ. 설문 2.의 경우(20)

1. 결 론

甲은 자재의 소유권이 유보된 사실에 대해 악의이므로, 그 자재의 소유권 귀속으로 인한 이익을 보유할 수 있는 법률상 원인이 없다(제741조). 따라서 丁은 甲에게 미지급 자재대금 상당액을 부당이득으로 반환청구할 수 있다(제261조).

2. 논 거

(1) 자재의 소유권자 확정

1) 부합되기 전 자재의 소유권자

1) ★ 2017년 1차 법전협모의 제2문에서도 동일한 쟁점이 문제되었다.

判例는 소유권유보부 매매계약의 법적성질과 관련하여 "목적물의 소유권을 이전한다는 당사자 사이의 물권적 합의는 매매계약을 체결하고 목적물을 인도한 때 이미 성립하지만 대금이 모두 지급되는 것을 정지조건으로 하므로"라고 판시함으로써 **정지조건부소유권이전설**의 입장이다(대판 1996.6.28, 96다14807). 검토하건대, 소유권 유보의 특약을 하는 당사자의 의사는 매매대금이 전부 지급될 때까지 '소유권'을 매도인에게 유보한다는데 있으므로, 이러한 **당사자의 의사를 반영하는** 정지조건부소유권이전설이 타당하다. 이러한 견해에 따르면 당해 자재가 상가건물에 부합되기 전 자재대금이 미납상태였으므로, **부합 전 자재에 대한 소유권자는 매도인 丁이다.**

2) 자재가 상가건물에 부합됨에 따른 소유권자

사안에서 당해 자재는 건물에 부합되었다고 하므로, 아마도 이러한 자재는 상가건물에 고착되어 분리가 어려운 상태일 것이므로 상가건물의 구성부분으로 부합되었다고 할 수 있다. 따라서 원칙적으로 자재에 대한 소유권은 상가건물(피부합물)의 소유권자인 甲에게 있다**(제256조 본문).**

(2) 丁의 부당이득반환청구의 당부

1) 문제점

부합한 물건의 소유권을 취득한 부동산소유자는 그 물건의 소유자에게 보상을 하여야 하는바(**제261조**), 어떤 요건하에서 이러한 보상청구권이 인정될 수 있는지 문제된다.

2) 판 례

判例는 제261조에 따른 보상청구가 인정되기 위해서는 제261조 자체의 요건만이 아니라, 부당이득 법리에 따른 판단에 의하여 부당이득의 요건이 모두 충족되었음이 인정되어야 한다고 보아 **"제3자가 도급계약에 의하여 제공된 자재의 소유권이 유보된 사실에 관하여 과실 없이 알지 못한 경우라면 선의취득의 경우와 마찬가지로 제3자가 그 자재의 귀속으로 인한 이익을 보유할 수 있는 법률상 원인이 있다고 봄이 상당하므로, 매도인으로서는 그에 관한 보상청구를 할 수 없다"**(대판 2009.9.24, 2009다15602 : 1회,4회,6회 선택형)[2]고 판시하고 있다.

3) 사안의 경우

첨부제도(제256조 내지 제260조)는 물권, 특히 소유권의 귀속만을 인정하는 규정이지 재산법적 이익의 귀속을 인정하는 규정은 아님에 반하여 선의취득규정의 경우에는 물권관계뿐만 아니라, 재산법적 이익의 귀속도 인정해 주는 규정이다. 따라서 선의취득은 첨부에 의한 소유권 귀속으로 이익의 반환 여부를 따지는 제261조에서도 유효한 기준으로 작용한다.[3]

따라서 선의취득법리가 유추적용된다고 본다면 자재의 부합 당시에 甲은 소유권 유보사실에 대해 악의였는바, 甲은 丁에게 **제261조에 기한 부당이득반환의무가 있다.**

---

2) [사실관계] 甲은 대금을 다 받을 때까지 철강제품의 소유권은 甲에게 있는 것으로 하여 (소유권유보부로) 乙과 철강제품 공급계약을 체결하고, 합계 1억 3천만 원 상당의 철강제품을 乙에게 공급하였으나 대금은 받지 못하였다. 한편 乙은 丙으로부터 건물의 증축 및 신축에 관해 도급을 받으면서, 丙 명의로 건축허가를 받아 甲으로부터 공급받은 위 철강제품 모두를 건물의 골조공사에 투입하고 공사를 진행하던 중, 기성고 80% 상태에서 공사를 중단하였다. 이에 丙이 잔여 공사를 진행하여 공사를 완료한 후 신축건물에 대해 丙 명의로 소유권보존등기를 마쳤다. 이에 甲은 丙을 상대로, 위 철강제품이 건물에 부합(제256조 본문)됨으로써 丙은 위 철강제품의 매매대금인 1억 3천만원 상당의 이익을 얻고 甲은 그 대금 상당의 손해를 입었다고 하여, 부당이득의 반환을 청구하였다(제261조).

3) 결국, 직접적인 급부관계에 있지 않은 자 사이에서 부당이득반환청구권을 직접 청구하는 사안에서, 부당이득반환의 청구를 받은 자가 계약관계(내지 급부)를 통하여 해당 물건의 소유권을 직접 취득하는 과정을 거치지 않았다면 선의취득 법리를 통한 종국적 이익의 귀속 여부를 판단할 필요가 있다(이병준, 소유권이 유보된 재료의 부합과 부당이득 삼각관계, 대법원판례해설 81호, p.123).

【기초된 사실관계】
甲은 자신 소유 Y토지 위에 연구시설인 X건물을 신축하면서 연구시설에 들어갈 특수 설비인 발전기설비, 냉난방설비 등을 렌탈 전문업체인 戊로부터 소유권유보부로 60개월 할부로 매수하여 이를 설치하여 건물을 완성했다. 위 물건들은 연구시설인 X건물에 있어 꼭 필요한 시설들이었다(단, 위 렌탈한 것 중 발전기설비는 분리하여 떼어 갈 수 있는 상태였으나, 냉난방설비는 훼손하지 않으면 분리할 수가 없는 X건물의 구성부분이 된 상태였다).

1. 이 경우 발전기설비와 냉난방설비에 대한 소유권자는 누구인가? 결론과 그에 따른 논거를 서술하시오.(20점)

【추가된 사실관계】
그 후 甲은 X건물을 채권자 A에게, Y토지는 채권자 B에게 저당권을 설정해 주었으며, 연구시설 중 발전기설비는 다른 채권자 丙에게 점유개정에 의한 양도담보로 제공하였다.
그러나 그 후 甲은 戊에게 렌탈료를 20개월 이후로 전혀 납부하지 못하고 있었고, A와 B에 대한 채무도 이행하지 못하고 있었다. 이에 A가 X건물 및 특수 설비 모두에 대해 저당권에 의한 (공)경매를 신청하여 C가 경락대금을 모두 완납한 상태였다. 그리고 C가 아직 X건물에 입주하지 않은 상태에서 甲이 丙에 대한 채무를 변제기에 이행하지 않자 丙은 여타의 사정을 알면서도 甲의 승낙을 받아 발전기설비를 분리, 반출한 후 선의 · 무과실의 丁에게 이를 매각하고 인도하였다.

2. 이 경우 발전기설비와 냉난방설비에 대한 소유권자는 누구인가? 결론과 그에 따른 논거를 서술하시오. (40점)

사례D-25 부합, 종물, 소유권유보부 매매와 동산양도담보 등[1]★

Ⅰ. 설문 1.의 경우(20)

1. 결 론

발전기설비는 戊 소유이고, 냉난방설비는 甲 소유이다.

2. 논 거

(1) 甲과 戊의 소유권유보부매매의 법적 성질

1) 판 례

"목적물의 소유권을 이전한다는 당사자 사이의 물권적 합의는 매매계약을 체결하고 목적물을 인도한 때 이미 성립하지만 대금이 모두 지급되는 것을 정지조건으로 하므로"라고 판시함으로써 정지조건부소유권이전설을 따르고 있다(대판 1996.6.28, 96다14807).[2]

---

1) ★ 민법의 맥 핵심사례 D-06. : 대판 2008.5.8, 2007다36933·36940 판례변형

2) "목적물의 소유권을 이전한다는 당사자 사이의 물권적 합의는 매매계약을 체결하고 목적물을 인도한 때 이미 성립하지만 대금이 모두 지급되는 것을 정지조건으로 하므로, 목적물이 매수인에게 인도되었다고 하더라도 특별한 사정이 없는 한 매도인은 대금이

2) 검토 및 사안의 경우

이에 대해 매매계약에 의해 소유권은 매수인에게 이전하고, 매도인은 잔존대금을 피담보채권으로 하는 '양도담보권'을 갖는다고 파악하는 견해(담보물권설)도 있으나, 소유권 유보의 특약을 하는 당사자의 의사는 매매대금이 전부 지급될 때까지 '소유권'을 매도인에게 유보한다는데 있으므로, 이러한 당사자의 의사를 반영하는 정지조건부소유권이전설이 타당하다.[3] 따라서 1차적으로 위 설비에 대한 소유권은 戊에게 속한다.

(2) 발전기설비와 냉난방설비의 X건물에의 부합 여부

1) 문제점

소유권유보부 매매의 법적성질을 정지조건부 소유권이전이라고 보는 견해에 따르면 목적물이 매수인에게 인도되었다고 하더라도 특별한 사정이 없는 한 매도인은 대금이 모두 지급될 때까지 매수인뿐만 아니라 제3자에 대하여도 유보된 목적물의 소유권을 주장할 수 있다(대판 1996.6.28, 96다14807). 그러나 사안의 목적물 중 특히 냉난방설비와 같이 훼손하지 아니하면 X건물과 쉽게 분리할 수 없는 경우에는 X건물이라는 부동산에 부합되어 X건물의 소유자 甲에게 '일단' 소유권이 귀속되는 것은 아닌지 문제된다(제256조).

2) 부동산에의 부합이 되기 위한 요건

① 피부합물은 부동산이어야 하고, ② 부합물은 제256조는 물건이라고만 규정하므로 부동산도 다른 부동산에 부합할 수 있다고 본다(대판 1962.1.13, 4292민상445). ③ 한편 부착·합체가 일정한 정도에 이르러야 하는바 i) 훼손하지 아니하면 분리할 수 없거나, ii) 분리에 과다한 비용을 요하는 경우는 물론 iii) 분리하게 되면 경제적 가치를 심히 감소시키는 경우도 포함된다(대판 1962.1.13, 4292민상445).

3) 효 과

가) 원 칙

부동산의 소유자는 원칙적으로 그의 부동산에 부합한 물건의 소유권을 취득한다(제256조 본문).

나) 예 외

그러나 예외적으로 부합한 물건이 타인의 '권원'에 의하여 '부속'된 것인 때에는, 그 부합물은 부동산의 소유자의 소유가 되지 않고 그것을 부속시킨 자의 소유로 된다(제256조 단서). 이와 같이 부합된 물건에 대하여 독립된 소유권이 인정되기 위해서는 그 전제로 먼저 그 물건의 '독립성'(분리에 과다한 비용을 요하거나 분리하게 되면 경제적 가치를 심히 감소시키는 경우이나 결합한 물건이 분리되더라도 독립된 경제적 가치를 가지는 상태)이 인정되어야 한다.[4]

모두 지급될 때까지 매수인뿐만 아니라 제3자에 대하여도 유보된 목적물의 소유권을 주장할 수 있고, 다만 대금이 모두 지급되었을 때에는 정지조건이 완성되어 별도의 의사표시 없이 목적물의 소유권이 매수인에게 이전 된다"

3) 다만 담보권으로서의 실질을 고려하여 형식적 소유권은 매도인에게 귀속시키되, 소유권의 내용과 효력은 가능한 한 담보목적에 제한하여 해석함이 타당하다.

4) 따라서 判例가 판시하는 바와 같이 "부동산에 부합된 물건이 사실상 분리복구가 불가능하여 거래상 독립한 권리의 객체성을 상실하고 그 부동산과 일체를 이루는 부동산의 구성부분이 된 경우에는, 타인이 권원에 의하여 이를 부합시킨 경우에도 그 물건의 소유권은 부동산의 소유자에게 귀속된다"(대판 2008.5.8, 2007다36933,36940).

4) 사안의 경우

乙가 甲에게 렌탈한 것 중 ① 발전기설비는 분리하여 떼어 갈 수 있는 상태이므로 독립한 소유권의 객체가 될 수 있으나, ② 냉난방설비는 훼손하지 않으면 분리할 수가 없는, 즉 건물의 구성부분으로 된 상태이므로 그 소유권은 소유권유보부 매매임에도 불구하고 부합의 법리에 의하여 X건물의 소유자 甲에게 일단 귀속하게 된다(제256조 본문).

Ⅱ. 설문 2.의 경우(40)

1. 결 론

냉난방설비는 저당권의 효력이 미치므로 경락인 C의 소유이고(제358조), 발전기설비는 저당권의 효력이 미치지 아니하여 결국 丁이 선의취득하게 된다(제249조).

2. 논 거

(1) A의 저당권의 효력이 미치는 범위

1) 문제점

저당권의 효력은 저당부동산에 부합된 물건과 종물에 미친다(제358조). 따라서 A의 저당권의 효력은 위 렌탈물 중 부합물인 냉난방설비에 대해서는 제358조에 의해서 당연히 미치지만, 독립된 소유권의 객체인 발전기설비에도 미치는지 문제된다. 이는 발전기설비가 종물에 해당하는지 여부가 관건인바, 특히 주물과 종물이 모두 동일한 소유자에게 속하여야 하는지가 문제된다.

2) 종물이 되기 위한 요건(상, 부, 동, 독)

종물의 요건은 ⅰ) 주물의 상용에 이바지할 것, ⅱ) 주물에 부속된 것일 것(장소적 밀접성), ⅲ) 주물로부터 독립된 물건일 것, ⅳ) 원칙적으로 주물·종물 모두 동일한 소유자에게 속할 것(제100조 1항)을 요한다.

3) 주물과 종물의 소유자가 다른 경우

제100조는 종물에 관하여 "자기 소유인 다른 물건"이라고 규정하고 있어 종물이 주물 소유자의 소유물인 것을 전제로 하고 있지만, 종물이 타인의 소유라고 하더라도 그 타인의 권리를 해하지 아니하는 범위에서 제100조가 적용될 수 있다(대판 2002.2.5, 2000다38527).

4) 사안의 경우

발전기설비는 ⅰ) 주물인 X건물에 있어 꼭 필요한 시설들이었고, ⅱ) 주물과 장소적 밀접성도 있으며, ⅲ) 앞서 검토한 바와 같이 주물에 부합되지 않은 독립된 물건이라고 할 수 있으나, ⅳ) 주물인 X건물의 소유자가 甲인 반면(제187조), 종물의 소유권은 매도인인 戊에게 유보되어 있어 문제된다. 종물이 타인의 소유라고 하더라도 그 타인의 권리를 해하지 아니하는 범위에서 제100조가 적용될 수 있으나, 사안의 경우 위 동산들이 종물이 된다면 A의 저당권의 효력이 미쳐 戊의 권리를 해할 수 있으므로 종물이 될 수 없다(대판 2008.5.8, 2007다36933·36940).[5]

---

5) "종물은 물건의 소유자가 그 물건의 상용에 공하기 위하여 자기 소유인 다른 물건을 이에 부속하게 한 것을 말하므로(제100조 1항) 주물과 다른 사람의 소유에 속하는 물건은 종물이 될 수 없다"

5) 소 결

A의 저당권의 효력은 위 렌탈물 중 부합물인 냉난방설비에 대해서는 제358조에 의해서 당연히 미치지만, 저당권의 설정 당시에 발전기설비는 戊의 것이지 설정자인 甲의 것이 아니므로 종물이 아니어서 제358조의 저당권의 효력이 미칠 수 없다.

(2) 경락인 C의 소유권 취득 범위

1) 문제점

乙가 렌탈한 시설들 중 X건물에 부합된 냉난방설비는 당연히 저당권의 효력이 미쳐서 A의 저당권에 기한 경매절차에서 경락대금을 완납한 때 C가 X건물 및 냉난방설비에 대한 소유권을 당연히 취득한다(제187조). 그러나 분리가 가능한 발전기설비는 종물이 아니어서 저당권에 의한 경매절차에서 당연히 소유권을 낙찰받을 수는 없다. 따라서 C의 발전기설비에 대한 소유권 취득방안으로 선의취득을 생각해 볼 수 있다.

2) 경매의 경우에도 선의취득이 인정되는지 여부

공경매이든 사경매이든 각각의 경매는 거래행위, 매매계약이라고 할 것이므로 경매의 경우에도 선의취득이 인정된다(대판 2008.5.8, 2007다36933 · 36940).

3) 사안의 경우

사안의 경우는 경락인 C가 아직 X건물에 입주하기 전에 발전기설비가 분리 · 반출되어 丁이 이를 점유하고 있으므로 설령 경매의 경우에도 선의취득이 인정된다고 하여도(즉 경매의 경우 경락인이 선의, 무과실이라 하더라도) **경락인 C는 발전기설비를 점유하고 있다고 볼 수 없어, 선의취득이 인정되지 않는다**(제249조)(대판 2008.5.8, 2007다36933 · 36940).[6]

(3) 丁이 발전기설비에 대한 소유권을 취득하는지 여부

1) 문제점

발전기설비를 경락인 C가 선의취득하지 않는다면, 양도담보권자 丙의 丁에 대한 처분행위의 효력을 검토해야 하는바, 선결적으로 동산양도담보의 법적 성격을 검토한다.

2) 동산양도담보의 법적 성격

判例는 동산양도담보의 경우 가등기담보 등에 관한 법률의 시행 전후를 불문하고 양도담보권자는 청산절차를 마치기 전이라 하더라도, 제3자에 대한 관계에서는 물건의 소유자임을 주장할 수 있다고 하여 신탁적 소유권이전설의 입장이다.

생각건대, 양도담보권자는 담보권 실행의 시기 및 방법의 자유로운 선택, 제3자에 의한 공취의 배제 등 합리적인 이유에서 '소유권이전'이라는 형식을 택한 것인바 명문의 규정 없이 함부로 이를 부정할 것은 아니다. 따라서 신탁적 소유권이전설이 타당하다.[7]

---

6) ★ "저당권의 실행으로 부동산이 경매된 경우에 그 부동산에 부합된 물건은 그것이 부합될 당시에 누구의 소유이었는지를 가릴 것 없이 그 부동산을 낙찰받은 사람이 소유권을 취득하지만, 그 부동산의 상용에 공하여진 물건일지라도 그 물건이 부동산의 소유자가 아닌 다른 사람의 소유인 때에는 이를 종물이라고 할 수 없으므로 부동산에 대한 저당권의 효력에 미칠 수 없어 부동산의 낙찰자가 당연히 그 소유권을 취득하는 것은 아니며, 나아가 부동산의 낙찰자가 그 물건을 선의취득하였다고 할 수 있으려면 그 물건이 경매의 목적물로 되었고 낙찰자가 선의이며 과실 없이 그 물건을 점유하는 등으로 선의취득의 요건을 구비하여야 한다"

7) 그렇다면 동산양도담보권자는 대외적 관계에서 목적물의 소유권을 주장할 수 있다. 다만 대내외관계를 구별하는 判例에 의하면,

3) 丁이 발전기설비를 선의취득하는지 여부

가) 문제점

동산양도담보 설정은 그 성질을 담보물권의 설정으로 보든 신탁적 소유권이전으로 보든 처분행위임이 분명하므로 그 동산에 대한 처분권한이 있는 자만이 동산양도담보권을 설정할 수 있는 것이다. 따라서 앞서 검토한 바와 같이 소유권유보부 매매의 법적 성질을 정지조건부 소유권이전이라고 보는 견해에 의하면 **발전기설비의 소유권은 戊에게 이미 유보된 상태이므로 甲의 丙에 대한 동산양도담보 설정행위는 무권리자의 처분이 된다.** 따라서, 丁의 소유권 취득 여부를 확정하기 위해서는 선결적으로 동산양도담보권자 丙이 선의취득의 요건을 충족하여 소유권을 취득하는지를 검토해 보아야 한다.[8] 이는 **소유권유보부 매매와 동산양도담보는 그 실질에 있어 같으므로 사안은 이중의 동산양도담보가 있는 것과 같다**(대판 2004.12.24, 2004다45943).[9]

나) '점유개정'에 의한 丙의 선의취득 여부

선의취득은 진정한 소유자를 희생하면서 거래의 안전을 도모하는 제도인바, 그것이 정당화되기 위해서는 비례의 원칙에 따라 양수인의 점유상태가 양도인의 점유를 완전히 배제할 수 있을 정도로 견고한 경우이어야 한다. 따라서 判例가 판시하는 바와 같이 **관념적인 점유의 이전에 불과한 점유개정의 경우에는 선의취득을 인정하여서는 안 된다**(대판 1964.5.5, 63다775). 그러나 점유개정에 의한 선의취득을 부정하더라도 나중에 **현실인도를 받을 때까지 선의·무과실이면 그 때 '현실인도에 의한 선의취득'이 인정될 수 있다.** 그러나 사안에서는 분리 · 반출시 현실인도가 있었지만 **丙은 악의이었으므로 선의취득이 인정될 수 없다(제249조). 따라서 丙의 丁에 대한 매각행위는 무권리자의 처분행위이다.**

다) '현실인도'에 의한 丁의 선의취득 여부

선의취득이 성립하기 위해서는 ⅰ) 목적물이 동산이어야 하고, ⅱ) 처분자는 점유자이지만 무권리자이어야 하고, ⅲ) 유효한 거래행위에 의해 점유를 승계취득한 것이어야 하며, ⅳ) 선의취득자의 점유는 평온 · 공연 · 선의 · 무과실이어야 한다(제249조). 사안의 경우 丁은 이러한 요건을 모두 갖춘 것으로 판단되므로 **발전기 설비를 선의취득한다.**[10]

양도담보설정자와의 대내적 관계에서는 담보계약에 따른 권리만을 갖는다.

8) 동산 양도담보권도 선의취득의 대상이 될 수 있다. 양도담보권을 신탁적 소유권으로 보면 소유권의 선의취득에 관한 제249조가, 담보물권으로 보면 질권의 선의취득에 관한 제343조가 적용된다.

9) "금전채무를 담보하기 위하여 채무자가 그 소유의 동산을 채권자에게 양도하되 점유개정의 방법으로 인도하고 채무자가 이를 계속 점유하기로 한 경우에는, 특별한 사정이 없는 한 동산의 소유권은 신탁적으로 이전됨에 불과하여 채권자와 채무자 사이의 대내적 관계에서 채무자는 의연히 소유권을 보유하나 대외적인 관계에 있어서 채무자는 동산의 소유권을 이미 채권자에게 양도한 무권리자가 되는 것이어서 채무자가 다시 다른 채권자와 사이에 양도담보설정계약을 체결하고 점유개정의 방법으로 인도를 하더라도 현실의 인도가 아닌 점유개정으로는 선의취득이 인정되지 아니하므로 나중에 설정계약을 체결한 채권자는 양도담보권을 취득할 수 없다"

10) 다만 소유권유보부 매매의 경우 제3자의 무과실을 판단할 때 그 목적물이 통상 소유권유보부매매의 대상이 되는지 여부가 중요하게 고려된다.

기출해설 2012년 3차 법전협모의 제1문

甲은 2008. 5. 10. 乙에게 그 소유의 토지 및 그 지상 상가건물(이하 '이 사건 대지 및 건물'이라 한다)을 매매대금 5억 원(계약금 5,000만 원, 중도금 2억 원, 잔금 2억 5,000만 원)에 매도하고, 그 무렵 乙로부터 계약금 5,000만 원을 지급받았다. 乙은 2008. 10. 20. 丙에게 이 사건 대지 및 건물을 매매대금 6억 원(계약금 6,000만 원, 중도금 2억 4,000만 원, 잔금 3억 원)에 매도하고, 계약금 및 중도금 합계 3억 원을 지급받았다.

이후 乙은 丙으로부터 잔금지급과 상환으로 소유권이전등기를 해달라는 요청을 받고, 丙에게 잔금 중 2억 5,000만 원은 甲의 계좌로 송금하고, 나머지 5,000만 원은 자기에게 직접 교부하면 소유권이전등기를 해주겠다고 답하였고, 이에 따라 丙이 2009. 2. 15. 甲의 계좌로 2억 5,000만 원을 송금한 후 이체확인증과 수표 5,000만 원 상당을 가져오자 이 사건 대지 및 건물에 관하여 甲으로부터 직접 丙앞으로 소유권이전등기를 마쳐주었다.

이후 丙이 2009. 9. 1. 丁에게 이 사건 대지 및 건물 전부를 월차임 1,200만 원, 차임지급시기 매월 말, 임대기간 3년으로 정하여 임대하였다. 丁은 같은 날 이를 인도받고 사업자등록까지 마쳤다.

이를 알게 된 甲이 2011. 5. 10. 丙을 상대로 이 사건 대지 및 건물의 소유권이전등기의 말소등기를, 丁을 상대로 이 사건 대지 및 건물의 인도를, 丙, 丁을 상대로 연대하여 2009. 9. 1.부터 이 사건 대지 및 건물의 인도시까지 월 1,200만 원의 비율에 의한 부당이득금의 반환을 구하는 소를 병합하여 제기하여, 그 무렵 소장이 丙, 丁에게 송달되었다(이하 'A소송'이라 한다).

A소송의 제1심 계속 중 乙이 丙을 위하여 보조참가를 하였다.

(아래 각 설문은 독립적이며 상호 무관함)

1. 제1심에서 甲은, ① 丙앞으로 된 소유권이전등기는 乙이 소요서류를 위조 내지 편취하여 마친 것으로 무효일 뿐 아니라, ② 甲과 乙사이에 아직 잔금이 변제되지 않아 甲이 잔금지급기일 이후 잔금지급을 최고하였으나 乙이 이에 응하지 아니하여 乙과 사이의 매매계약을 해제하였으므로, 어느 모로 보아도 丙, 丁의 등기 및 점유는 위법하다고 주장하였다.

   이에 대하여 丙은, ① 乙과 사이의 매매계약상 매매대금을 모두 지급한 후 소유권이전등기를 받았고, 甲과 乙사이의 내부사정에 관하여는 아는 바 없으며, 어차피 乙을 거쳐 자신에게 이전되어야 할 등기인 이상 甲이 대금을 받았는지 여부는 등기의 효력에 영향을 주지 아니하고, ② 자신은 이 사건 대지 및 건물을 직접 점유·사용하고 있지 아니할 뿐 아니라, 가사 乙이 소요서류를 위조 내지 편취하여 등기하였다 하더라도 그와 같은 사정을 알지도 못하였다고 주장하였다.

   또한 丁은, ① 등기부를 신뢰하여 丙으로부터 이 사건 대지 및 건물을 임차한 후 이를 인도받고 사업자등록까지 마쳐 대항력을 취득하였고, ② 甲과 乙사이의 내부사정은 알지도 못하였을 뿐 아니라, 丙에게 차임도 지급하고 있으므로, 甲의 청구에 응할 수 없다고 주장하였다.

   제1심 법원이 甲, 丙, 丁의 주장사실이 모두 인정되고 이 사건 대지 및 건물의 월차임은 1,200만 원 상당이라고 판단하였다면, 어떠한 판결을 하여야 하는가? (각하, 인용, 기각을 명시하고, 일부 인용인 경우 인용되는 부분을 특정할 것) (30점)

2. 丁이 임대차계약을 체결한 후 사업을 보다 효율적으로 수행하기 위하여 2009. 9. 15.부터 2개월간에 걸쳐 5,000만 원의 비용을 들여 출입구 강화유리문, 바닥타일, 내부기둥, 벽체, 배선, 배관 등의 내장공사를 마쳤고, 그 현존하는 가치증가액은 3,000만 원이었다. **丁은 위 사실에 기초하여 A소송에서 어떠한 주장을 할 수 있겠는가? (15점)**

사례D-26 선의점유자의 과실수취권, 임차인의 유익비상환청구권

Ⅰ. 설문 1.의 경우(30)

1. 결 론

甲의 丙에 대한 말소등기청구와 丁에 대한 인도청구는 전부인용되고, 丁에 대한 부당이득반환청구는 2011. 5. 10.부터 인도시까지의 부당이득에 대한 부분의 일부인용된다. 丁에 대한 나머지 청구와 丙에 대한 부당이득반환청구는 기각된다.

2. 논 거

(1) 丙에 대한 소유권이전등기의 말소등기청구

1) 청구원인

소유권에 기한 소유권이전등기 말소청구의 요건사실은 ⅰ) 원고의 소유, ⅱ) 피고의 소유권이전등기 경료, ⅲ) 등기의 원인무효이다(제214조).

사안의 경우 乙이 등기 소요서류를 위조 내지 편취하였고, 甲과 丙 사이에 어떠한 원인행위도 보이지 않으므로 丙 등기는 특별한 사정이 없는 한 원인무효의 등기이다.

2) 丙의 항변사항(실체관계에 부합하는 등기)[1)]

실체관계와 부합한다는 항변은 당사자 사이에 사실상 물권변동이 생긴 것과 같은 상태에 있는 것을 말하는바, 判例는 "위조 또는 절취된 등기관계서류에 의하여 경료된 이전등기는 그것이 실체관계에 부합하는 것이 아닌 한, 원인을 결여한 무효의 등기라고 할 것이고, 등기가 실체관계에 부합한다고 하는 것은 그 등기절차에 어떤 하자가 있다고 하더라도 진실한 권리관계와 합치한다는 것을 말하며, 그 **등기원인이 매매로서 매매대금이 전부 지급되지 아니하였다면**, 그 대금완불 전에 미리 소유권이전등기를 하기로 하는 특약이 없는 한, 그 **등기로써 실체관계에 부합한다고 할 수는 없다**"(대판 1994.6.28. 93다55777)고 판시하였다.

사안에서 丙은 乙에게 자신의 매매대금의무를 다하였지만 乙은 아직 甲에게 잔대금지급의무를 다하지 않았다. **丙의 등기가 실체관계에 부합하는 등기가 되기 위해서는 甲과 乙의 관계도 실체관계에 부합하는 법률관계에 있어야 하는데** 그러한 사정이 없으므로, 丙의 등기가 실체관계에 부합한다는 항변은 인정될 수 없다. 아울러 丙이 甲과 乙 사이의 사정을 몰랐다고 하더라도 등기에는 공신력이 인정되지 않으므로 등기의 효력에 영향을 주지 않는다.

3) 사안의 경우

丙명의 등기는 실체관계에 부합하는 등기가 아니므로 甲의 丙에 대한 말소등기청구권은 인용되어야 한다(제214조).

---

1) ★ 丙이 甲에게 지급한 2억 5,000만 원을 지급받을 때까지 말소등기에 응할 수 없다고 동시이행항변을 할 수 있는지 문제될 수 있으나, 丙은 계약당사자인 乙외에 甲에게 동시이행의 항변권을 행사할 수 없을 뿐만 아니라 무엇보다 설문에서 丙이 동시이행의 항변권을 행사했다는 사정도 보이지 않으므로 이를 검토할 필요는 없다(동시이행항변권의 행사효).

(2) 丁에 대한 대지 및 건물의 인도청구

1) 청구원인

소유권에 기한 부동산 인도청구의 요건사실은 ⅰ) 원고의 목적물 소유, ⅱ) 피고의 목적물 점유이다(제213조 본문). 丙의 등기는 원인무효이므로 소유권은 여전히 甲에게 있다. 따라서 甲은 원칙적으로 소유물반환청구권(제213조)를 행사하여 현재 점유자인 丁에게 물건의 반환을 청구할 수 있다.

2) 丁의 항변사항(대항력 있는 임차권)

甲의 소유물반환청구에 대해 점유자가 '점유할 권리'가 있는 때에는 그 물건의 반환을 거부할 수 있다(제213조 단서). 상가임대차보호법 제3조는 임차인의 건물의 인도와 사업자등록 신청 다음 날부터 제3자에게 대항력이 생긴다고 규정하고 있으므로 丁이 이에 해당하는지 문제된다. 그러나 **임차인이 대항력 있는 임차권을 취득하기 위해서는 임대인이 소유자이거나 또는 소유권을 갖고 있지는 않더라도 적어도 적법하게 임대차계약을 체결할 수 있는 권한을 갖고 있어야 한다.**[2)]

丁은 검토한 바와 같이 대지와 건물에 아무런 권한이 없는 丙과 상가건물 임대차계약을 하였으므로 건물에 대한 대항력을 취득할 수 없다. 대지 또한 특별히 丁에게 '점유할 권리'가 보이지 않는다.

3) 사안의 경우

丁은 대항력을 취득하지 못하여 '점유할 권리'가 없으므로 甲의 丁에 대한 인도청구는 인용되어야 한다(제213조).

(3) 丙과 丁에 대한 부당이득반환청구

1) 청구원인

부당이득이 성립하기 위해서는 ⅰ) 법률상 원인없이, ⅱ) 타인의 재산 또는 노무로 인하여 이익을 얻고, ⅲ) 그러한 이익으로 인하여 타인에게 손해를 가하고, ⅳ) 이익과 손해 사이에 인과관계가 있을 것을 요한다(제741조). 사안에서 甲은 乙, 丙, 丁에 의하여 손해가 발생하였고 丙, 丁은 대지 및 건물의 차임 상당의 수익을 얻었으며 수익과 손해사이에 인과관계도 인정되어 甲은 丙, 丁을 상대로 부당이득반환을 청구할 수 있다.

2) 원물반환의 경우 민법 제201조의 적용여부

判例는 점유를 전제로 한 부당이득에 있어서는 제201조 1항이 제748조 1항의 특칙으로 적용된다고 한다(점유부당이득론 ; 대판 2003.11.14, 2001다61869). 즉, 선의의 점유자는 점유물의 과실을 취득하는데(제201조 1항), 여기서 '선의' 란 과실수취권을 포함하는 본권(소유권 · 지상권 · 전세권 · 임차권)을 가지고 있다고 적극적으로 오신하는 점유자를 가리키며(대판 1992.12.24, 92다22114), 그와 같이 믿은 데에

---

2) ★ [관련판례] 判例도 ① 임차인이 주택 임대차보호법상의 대항력을 취득하기 위해서는 임차인과 주택의 소유자인 임대인 사이에 임대차계약이 체결된 경우에 한정된다고 할 수는 없고, 나아가 주택의 소유자는 아니지만 주택에 관하여 적법하게 임대차계약을 체결할 수 있는 권한(적법한 임대 권한)을 가진 임대인과 사이에 임대차계약이 체결된 경우도 포함된다고 하면서, 주택의 명의신탁자로서 사실상 이를 제3자에게 임대할 권한을 가지는 자로부터 임차를 하거나(대판 1995.10.12, 95다22283 ; 따라서 임차인은 등기부상 주택의 소유자인 명의수탁자에 대한 관계에서도 적법한 임대차임을 주장할 수 있다), ② 주택을 매수하고 소유권이전등기를 받기 전에 매매계약의 이행으로 매매목적물을 인도받아 그 물건을 사용 · 수익할 수 있는 지위에 있는 매수인으로부터 임차를 한 임차인(대판 2008.4.10, 2007다38908,38915)은 대항요건인 주택의 인도와 주민등록을 마치면 대항력이 인정된다고 한다[따라서 임대인의 임대권원의 바탕이 되는 계약의 해제에도 불구하고 자신의 임차권을 새로운 소유자에게 대항할 수 있다(제548조 1항 단서)].

정당한 이유가 있는 것(무과실)을 의미한다(대판 1996.1.26, 95다44290). 아울러 '과실'에는 물건의 사용이익이 포함된다. 다만 **선의 점유자라도 본권에 관한 소에서 패소판결을 받으면 소제기시부터 악의 점유자**가 되어 '과실'(사용이익)과 '이자'를 반환해야 한다(제201조 2항, 제748조 2항).[3)]

3) 사안의 경우

가) 丙에 대한 부당이득반환청구

① 丙은 甲으로부터 소유권이전등기를 경료받았기 때문에 본권(소유권)이 있다고 오신하는데 정당한 이유가 있다고 볼 수 있어 **소제기 전까지는** 선의의 점유자로 사용이익반환의무가 없으나(제201조 1항), ② **소제기일 이후에는** 악의점유자이기는 하나(제197조 2항) 丁과의 임대차계약이 불능[4)]이 되어 어떠한 이득을 얻었다고 할 수 없으므로 이 부분에 대한 부당이득반환청구는 부정되어야 한다.

나) 丁에 대한 부당이득반환청구

① 丁은 丙과의 임대차계약에 기하여 점유하고 있었기 때문에 본권(임차권)이 있다고 오신한데 정당한 이유가 있게 되어 **소제기 전까지는** 선의의 점유자로 사용이익반환의무가 없으나(제201조 1항), ② **소제기일 이후에는** 악의의 점유자로 간주되어(제197조 2항), 이 사건 부동산을 인도할 때까지 매월 차임 1200만원 상당의 부당이득반환의무를 부담한다(제201조 2항).

Ⅱ. 설문 2.의 경우(15)

1. 결 론

甲의 당해 부동산에 대한 인도청구에 대하여 丁은 丙에 대한 유익비상환청구권(제626조 2항)에 기해 유치권(제320조)의 항변을 할 수 있다(제213조 단서).

2. 논 거

(1) 丁의 甲 또는 丙에 대한 비용상환청구권 행사 가부

1) 유익비상환청구권의 성립요건(객, 구, 현)

ⅰ) 유익비란 임차인의 편의를 위해 지출한 것으로는 부족하고 임차목적물의 객관적 가치를 증대시킬 수 있는 것이어야 한다. ⅱ) **임차인이 지출한 결과가 임차목적물의 구성부분으로 되어 임차물에 부합하여야** 유익비상환의 대상이 되고, 비용지출의 결과물이 독립성이 있어서 그 소유권이 임차인에게 귀속되는 경우에는 부속물매수청구의 대상이 된다. ⅲ) 가액의 증가가 현존해야 하나, ⅳ) 유익비의 지출에 임대인의 동의가 있을 것을 요하지는 않는다(제626조 2항).

사안에서 丁이 지출한 비용은 사업을 보다 효율적으로 수행하기 위해 지출한 '내장공사 비용'으로 당해 결과물들은 명확하지는 않지만 독립성이 없이 임차목적물인 상가건물에 구성부분으로 되어

---

3) ★ [악의의 점유자] 判例에 따르면 악의의 점유자의 반환에 관한 제201조 2항은 제748조 2항의 특칙이 아니어서 악의의 점유자는 제201조 2항에 따라 과실을 반환하는 외에 다시 제748조 2항을 적용하여 임료 상당의 부당이익(사용이익) 및 그에 따른 법정이자와 위 부당이득 및 이자액에 대한 지연이자도 지급해야 한다고 한다.(대판 2003.11.4, 2001다61869).

4) 임대차가 위와 같은 '임대인의 이행불능'으로 당연종료한 때는 임대인은 임차인에게 목적물의 계속 사용으로 인한 부당이득의 반환을 청구할 수 없다(대판 1996.9.6, 94다54641). 다만 임차인과의 계약에 기한 연체차임의 지급은 청구할 수 있다.

건물에 부합(제256조 본문)되었다고 볼 수 있어 유익비에 해당한다.

2) 비용상환청구권의 상대방

判例에 따르면 "**점유자가 유익비를 지출할 당시 계약관계 등 적법한 점유의 권원을 가진 경우에 그 지출비용의 상환에 관하여는 그 계약관계를 규율하는 법조항**(예를 들면 전세권에 관한 제310조, 유치권에 기한 325조, 임대차에 관한 제626조)**이나 법리 등이 적용되는 것이어서**, 점유자는 그 계약관계 등의 상대방에 대하여 해당 법조항이나 법리에 따른 비용상환청구권을 행사할 수 있을 뿐 계약관계 등의 상대방이 아닌 **점유회복 당시의 소유자에 대하여 제203조 2항에 따른 지출비용의 상환을 구할 수는 없다**"(대판 2003.7.25, 2001다64752)고 한다. 따라서 임차인 丁은 계약당사자인 임대인 丙에게 민법 제626조 2항에 의하여 유익비의 상환을 청구할 수 있고, 그 외 소유권자인 甲에게 민법 제203조 2항에 따른 비용상환청구를 할 수는 없다.

3) 비용상환청구권의 행사범위

임차인은 그가 **지출한 금액**(5,000만 원)**과 현존하는 증가된 가액**(3,000만 원) **중 임대인이 선택한** 것을 임대인에게 청구할 수 있다(선택채권). 따라서 사안에서 임대인 丙은 적은 금액인 3,000만 원을 선택할 것이다.

(2) 유치권의 항변 가능 여부

점유자의 비용상환청구권은 필요비·유익비 어느 것이나 물건에 관하여 생긴 채권으로서 유치권이 성립할 수 있다(제320조 1항). 유치권자는 채권의 전부의 변제를 받을 때까지 유치물 전부에 대하여 그 권리를 행사할 수 있으므로 丁은 지출한 비용 전부를 변제받을 때까지 누구에게도 유치권을 행사하여 인도를 거절할 수 있다. 다만 유익비의 상환에 관하여 법원이 임대인에게 상당한 상환기간을 허여한 때에는(제626조 2항 2문), 그 기간에는 유치권이 인정되지 않는다.

기출해설 2019년 2차 법전협모의 제2문

【기초적 사실관계】 甲과 乙은 각각 1/4, 3/4의 지분으로 X토지를 공유하고 있다. A는 2003. 2. 1. 甲과 乙을 대리하여 X토지에 대해 丙과 매매계약을 체결하고, 丙으로부터 매매대금을 수령한 다음, 2003. 4. 1. 丙의 명의로 소유권(공유지분)이전등기를 마쳐주었다. 丙은 2004. 3. 1. X토지에 대해서 丁과 매매계약을 체결하였고, 2004. 4. 1. 丁에게 X토지의 인도 및 소유권이전등기를 마쳐주었다. 乙은 2015. 4. 1. 丙과 丁을 상대로 X토지에 관한 각 이전등기 전부의 말소를 구하는 소를 제기하였다. 변론절차에서 乙은 甲·乙이 A에게 대리권을 수여한 적이 없으므로 甲·乙과 丙 사이에 체결된 매매계약은 무효이며, A가 등기관련서류를 위조하여 마쳐진 丙과 丁명의의 등기도 무효라고 주장하였다.

【추가된 사실관계】 乙이 丙과 丁을 상대로 제기한 소송의 1심에서 A가 대리권이 없음에도 불구하고 甲과 乙을 대리하여 丙과 매매계약을 체결하였고, 등기관련서류를 위조하여 丙의 명의로 소유권이전등기를 마쳐주었다는 점이 인정되었다. 따라서 丙명의의 공유지분이전등기와 丁명의의 소유권이전등기의 말소청구는 인용되었다.

2. 乙이 제기한 소송의 판결이 2016. 2. 1. 확정되었다. 乙은 丁이 X토지를 인도받아 점유사용한 2014. 4. 1.부터 丁이 X토지를 반환하는 시점까지 월 임료 상당의 부당이득반환을 청구하였다. 심리결과 丁은 丙명의의 등기가 무효라는 점을 알지 못하였고, 그 오인에 정당한 이유가 있었으며, X토지의 월차임은 100만 원이었다. **乙의 청구에 대한 결론(각하, 기각, 전부 인용, 일부 인용) 및 결론에 이르게 된 논거를 설명하시오(이자 및 지연손해금은 고려하지 않음). (20점)**

사례D-27 선의점유자의 과실수취권, 공유지분권자의 부당이득반환청구

Ⅱ. 문제 2.의 경우(20)

1. 문제점

① 丁은 丙명의의 등기가 무효라는 점을 알지 못하였으므로 선의점유자로서 과실수취권이 인정되는지, ② 乙이 제기한 소송에서 패소한 丁에게 부당이득 반환의무가 인정되는 시기, ③ 공유자인 乙이 丁에게 청구할 수 있는 부당이득반환청구의 범위가 문제된다.

2. 乙의 丁에 대한 부당이득반환청구

사안에서 ⅰ) 丁은 X 토지를 점유 사용함으로써 차임상당의 이익을 얻었고, ⅱ) 乙에게는 X 토지를 사용수익하지 못한 손해가 있었다. ⅲ) 그리고 乙의 손실과 丁의 이익 사이에 인과관계가 인정된다. 문제가 되는 것은 丁의 이익에 대해서 법률상 원인이 존재하는가 여부이다. 乙이 丙과 丁을 상대로 제기한 소송에서 丁에게 소유권이 없음은 확인되었지만 선의점유자의 과실수취권(제201조 1항)이 법률상 원인이 될 수 있기 때문이다.

3. 丁의 과실수취권

(1) 판 례

判例는 점유를 전제로 한 부당이득에 있어서는 제201조 1항이 제748조 1항의 특칙으로 적용된다고 한다(점유부당이득론 ; 대판 2003.11.14, 2001다61869). 즉, 선의의 점유자는 점유물의 과실을 취득하는데 (제201조 1항), 여기서 '선의' 란 과실수취권을 포함하는 본권(소유권 · 지상권 · 전세권 · 임차권)을 가지고 있다고 적극적으로 오신하는 점유자를 가리키며(대판 1992.12.24, 92다22114), 그와 같이 믿은 데에 정당한 이유가 있는 것(무과실)을 의미한다(대판 1996.1.26, 95다44290). 아울러 '과실'에는 물건의 사용이익이 포함된다.

(2) 사안의 경우

丁은 선의의 점유자이며 매수인으로서 과실취득권을 포함하는 소유권이 있다고 오신하였다. 그리고 丙 명의의 등기가 무효임을 알 수 없었으므로(등기의 추정력) 丁은 제201조에 의해서 과실수취권을 갖는다. 따라서 丁의 이익은 법률상 원인이 있으므로 그 범위에서 丁은 부당이득반환의무를 부담하지 않는다. 다만, 乙이 丙과 丁을 상대로 제기한 소송에서 丁이 패소하였으므로 악의점유자로 의제되는 시점이 문제된다.

4. 악의수익자의 반환범위

(1) 판 례

권원 없는 점유였음이 밝혀졌다고 하여 바로 그동안의 점유에 대한 선의의 추정이 깨어졌다고 볼 것은 아니지만, 선의의 점유자라도 본권에 관한 소에서 패소한 때에는 그 **'소가 제기된 때'** 부터 악의의 점유자로 본다(제197조 2항)(대판 2019.1.31. 2017다216028,216035). 여기서의 본권에 관한 소에는 소유권에 기하여 점유물의 인도나 명도를 구하는 소송은 물론 부당점유자를 상대로 점유로 인한 부당이득의 반환을 구하는 소송도 포함된다(대판 2002.11.22, 2001다6213).

[비교] 민법 제749조 2항에서의 '그 소' 라 함은 부당이득을 이유로 그 반환을 구하는 소를 가리킨다는 점에서 민법 제197조 2항의 '본권에 관한 소' 와 다르다(대판 1987.1.20, 86다카1372 : 2회 선택형).

(2) 사안의 경우

乙이 丁을 상대로 제기한 본권에 관한 소송(제214조)에서 丁이 패소하였으므로 乙이 소를 제기한 2015. 4. 1.부터 丁은 악의의 점유자가 된다. 따라서 丁은 2015. 4. 1.부터 X 토지를 반환할 때까지 부당이득반환의무를 부담하게 된다. 이 경우 공유지분권자인 乙이 丁에게 청구할 수 있는 부당이득반환범위가 문제된다.

5. 공유지분권자의 부당이득반환청구

判例가 판시하는 바와 같이 제3자가 공유물을 불법으로 점유하고 있는 경우 "토지공유자는 특별한 사정이 없는 한 그 지분에 대응하는 비율의 범위내에서만 그 차임상당의 부당이득금반환의 청구권을 행사할 수 있다"(대판 1979.1.30. 78다2088). 따라서 乙은 丁에게 부당이득의 반환의무가 인정되더라도 자신의 지분비율인 월 차임 75만원의 비율에 따른 부당이득만을 청구할 수 있다.

6. 결 론

법원은 "1. 피고(丁)는 원고(乙)에게 2015. 4. 1.부터 X토지를 반환할 때까지 월 75만 원의 상당액을 지급하라. 2. 원고의 나머지 청구는 기각한다."는 내용의 일부인용판결을 선고해야 한다.

기출해설

2011년 사법시험 제1문

甲은 2008.3.3. 乙에게 Y물품을 계속하여 공급하고, 물품 대금은 매월 말에 변제받기로 합의하였다. 乙은 丙에게 甲에 대한 물품 대금 채무에 대한 담보 제공을 부탁하였고, 丙은 甲과 나대지 X에 대해, 같은 해 3.17. 채권최고액을 3억 원, 존속기간을 2년으로 하는 근저당권설정계약을 체결하고 같은 날 甲 명의의 1순위 근저당권설정등기를 마쳐주었다. 그 후 丙은 나대지 X를 丁에게 5억 원에 매도하면서, 丁과 나대지 X에 관한 위 근저당권의 설정 당시 피담보채무액이던 3억 원을 매매 대금에서 공제하기로 약정하였고, 이에 따라 丙은 2억 원을 받고서 丁에게 소유권이전등기를 경료하여 주었다. 그 후 폐기물처리업을 하는 戊는 나대지 X의 소재지 일대가 전원주택단지 조성예정지라는 사실을 알면서도 2009.4.15.부터 같은 해 4.30.까지 건축폐기물을 은밀히 나대지 X에 매립하였다. 戊가 폐기물을 매립할 당시에 甲의 乙에 대한 물품 대금은 지연손해금 등을 포함하여 총 2억 원이었는데, 戊의 폐기물 매립 사실을 알지 못한 甲은 계속해서 乙에게 Y물품을 공급하여 주었다. 2010.3.17. 현재 乙이 甲에게 연체한 물품 대금은 지연손해금 등을 포함하여 총 3억 원이고, 폐기물이 매립되지 않았을 경우에 나대지 X의 시가는 2008.3.3. 이후 계속 5억 원이었을 것이나, 폐기물 매립으로 인하여 그 가치가 거의 상실되었다. 폐기물 매립으로 인한 복구비용은 2009.4.30. 이후 계속 6억 원이다.

2. 위 공통 사안에서 나대지 X가 2008.3.17. 당시 丙의 단독소유였던 경우, 2010.3.17. 현재 丁의 戊에 대한 권리를 설명하시오. (20점)

사례D-28 **방해배제청구권과 손해배상청구권의 비교**

설문 2. (20)

Ⅰ. 논점의 정리(2)

丁이 丙으로부터 X토지를 매수, 이전등기까지 하여 소유권자가 되었는바(제186조), 丁의 戊에 대한 권리와 관련해서는 戊의 쓰레기 매립으로 X토지의 가치가 거의 상실된 바, 소유권에 기한 방해배제청구권(제214조 전단)을 행사하여 현재 계속되고 있는 **'방해의 원인을 제거'**할 수 있는지, 아니면 불법행위에 기한 손해배상청구권(제750조)을 행사하여 **'방해의 결과를 제거'**할 수 있는지가 핵심적으로 문제된다. 만약 소유권에 기한 방해배제청구권을 행사할 수 있다면 복구비용 6억 원을 모두 청구할 수 있는 반면에, 불법행위에 기한 손해배상청구권에 의하면 손해액인 5억 원만 청구할 수 있다는 점에서 논의의 실익이 있다.

Ⅱ. 소유권에 기한 방해배제청구권(8)

1. 소유물방해배제청구권에서 방해의 개념

소유자는 소유권을 방해하는 자에 대하여 방해의 제거를 청구할 수 있는바(제214조 전단), 여기서

'방해'란 判例에 따르면 "현재에도 지속되고 있는 침해를 의미하고, 법익 침해가 과거에 일어나서 이미 종결된 경우에 해당하는 '손해'의 개념과는 다르다 할 것이어서, 소유권에 기한 방해배제청구권은 방해결과의 제거를 내용으로 하는 것이 되어서는 아니 되며(이는 손해배상의 영역에 해당한다 할 것이다) 현재 계속되고 있는 방해의 원인을 제거하는 것을 내용으로 한다"(대판 2003.3.28, 2003다5917)고 한다.

2. 사안의 경우

判例에 따르면 X토지의 소유권자 丁이 쓰레기 매립에 동의하지 않은 쓰레기가 매립되어 있다 하더라도 이는 과거의 위법한 매립공사로 인하여 생긴 결과로서 소유권자 丁이 입은 손해에 해당한다 할 것일 뿐, 그 쓰레기가 현재 丁의 소유권에 대하여 별도의 침해를 지속하고 있다고 볼 수 없다. 그러므로 丁은 戊에게 소유권에 기한 방해배제청구권을 행사하여 '쓰레기의 수거 및 원상복구'를 청구할 수 없다(대판 2003.3.28, 2003다5917).[1]

Ⅲ. 불법행위에 기한 손해배상청구권(10)

1. 인정여부

戊는 타인 소유 X토지에 전원주택단지가 조성될 예정이라는 사실을 알면서도 은밀히 쓰레기를 매립한바, 이는 X토지 소유자 丁의 소유권을 침해하는 위법한 행위로서 불법행위에 해당한다(제750조).

2. 당사자 합의나 명문규정이 없는 경우에도 원상회복이 인정되는지 여부

丁이 戊에게 불법행위에 기한 손해배상으로 X토지에 매립된 쓰레기의 수거 및 원상회복을 청구할 수 있는지와 관련하여 ① 금전배상주의는 편의를 위한 것이므로 원상회복이 보다 형평에 타당하다면 가능하다고 보는 견해도 있으나, ② 입법론은 별론으로 하더라도 현행법의 해석상 다른 의사표시가 없으면 부정하는 견해가 判例(대판 1997.3.28, 96다10638)[2]이고 타당하다(제394조, 제763조).

3. 손해배상의 범위

(1) 소유물이 훼손된 경우 손해배상의 범위

위법행위로 인하여 물건이 '훼손'되었을 때 수리가 가능한 경우에는 ㉠ '수리비'가 통상의 손해이나, ㉡ 다만 '수리비가 과다하여 목적물의 시가를 상회'한다면 형평의 원칙상 그 손해액은 멸실에 준하여 그 목적물의 교환가치 범위 내로 제한되어야 한다고 본다(대판 1994.10.14, 94다3964). ㉢ 또한 '수리로 인하여 훼손 전보다 건물의 교환가치가 증가'하는 경우에는 그 수리비에서 교환가치 증가분을 공제한 금액이 그 손해이다(대판 2004.2.27. 2002다39456).

---

1) [판례평석] 判例는 본 사안과 유사한 2003다5917 판결에서 이를 부정하고 있으나 소유권은 지표나 지상뿐만 아니라 정당한 이익 있는 범위 내에서는 지하에도 미치는데, 그렇다면 타인의 토지 위에 건물을 지은 경우에 그 건축이 완료되었다고 할지라도 그 건물에 대해 토지소유권에 기해 방해제거청구를 인정하는 判例의 일관된 태도와도 모순된다[김규완, '소유권방해배제청구권에 있어서 방해의 개념', Jurist 제410호, p.271]. 이러한 견해에 따르면 X토지의 소유권자 丁은 戊에게 소유권에 기한 방해배제청구권을 행사하여 '쓰레기의 수거 및 원상복구'를 청구할 수 있다(제214조 전단). 이 경우 복구비용 6억 원 및 판결에 기한 강제집행비용은 채무자(피고), 즉 상대방이 부담하게 되므로(민사집행법 제53조 1항), 戊가 부담하여야 할 것이다.

2) "법률에 다른 규정이 있거나 당사자가 다른 의사표시를 하는 등 특별한 사정이 없는 이상 불법행위자에 대하여 원상회복청구는 할 수 없다"

[비교판례] * **수리가 불가능한 경우**

① 위법행위로 인하여 물건이 **'훼손'** 되었을 때 수리가 불가능한 경우에는 ㉠ '교환가치의 감소액'이 통상손해이고, ㉡ 수리를 한 후에도 일부 수리가 불가능한 부분이 남아있는 경우에는 '수리비 외에 수리불능으로 인한 교환가치의 감소액' 도 통상의 손해에 해당한다(대판 2017.5.17. 2016다248806). ② 수리가 불가능할만큼 물건이 **'멸실'** 된 경우에는 그 당시의 시가 상당액, 즉 교환가치가 통상손해에 해당한다.

(2) 사안의 경우

폐기물 매립이 없었다면 X토지의 시가는 계속 5억 원이었을 것이나, 폐기물 매립으로 인해 토지의 가치가 거의 상실되었으므로 교환가치 감소액은 5억 원이다(차액설). 따라서 폐기물 매립으로 인한 복구비용이 비록 6억 원이나 특별한 사정이 없는 한 丁은 戊에게 불법행위에 기한 손해배상으로 5억 원을 청구할 수 있다.

4. 소 결

丁은 戊에게 불법행위에 기한 손해배상으로 5억 원을 청구할 수 있으나(제750조), 判例에 따르면 이와 선택적으로 소유권에 기한 방해배제청구권을 행사하여 '쓰레기의 수거 및 원상복구'를 청구할 수는 없다(제214조).

기출해설

2017년 변호사시험 제2문

X토지에 관하여 2012. 2. 1. 甲 1/4 지분, 乙 1/2 지분, 丙 1/4 지분의 소유권이전등기가 마쳐졌다. 丙은 2013. 4. 1. 사망하였는데 丙의 상속인은 없다. 乙은 甲과 상의하지 아니하고 단독으로 2015. 9. 1. B에게 X토지 전체를 보증금 없이 월 차임 1,200만 원, 기간은 2015. 9. 1.부터 2018. 8. 31.까지 3년간으로 정하여 임대하였다. B는 2015. 9. 1. 乙로부터 X토지를 인도받아 이를 사용·수익하고 있고, 乙에게 차임을 모두 지급하였다. X토지에 관한 적정 차임은 2015. 9. 1.부터 현재까지 월 1,200만 원이다.

1. 甲은 위와 같은 사실관계를 알게 되어 2016. 7. 1. 법원에 乙과 B를 상대로 '피고 乙, B는 공동하여 원고(甲)에게 ① X토지를 인도하고, ② 2015. 9. 1.부터 2016. 6. 30.까지 월 1,200만 원의 비율로 계산한 부당이득금 합계 1억 2,000만 원을 지급하라'는 소를 제기하였다. 법원은 어떤 판단을 하여야 하는지 1) 결론(소 각하/청구기각/청구인용/청구일부인용-일부인용의 경우 인용범위를 특정할 것) 및 2) 논거를 기재하시오. (15점)

사례D-29 사망한 공유자의 지분상속, 과반수지분권자의 배타적 사용수익과 부당이득★

Ⅰ. 설문 1.의 경우(15)

1. 결 론

법원은 乙과 B를 상대로 한 甲의 X토지 인도청구와 B를 상대로 한 甲의 부당이득반환청구는 이유가 없으므로 청구기각판결을 해야 하고, 乙은 甲에게 부당이득금으로 1억 2,000만 원의 1/3인 4,000만 원을 지급하라는 일부인용판결을 하여야 한다.

2. 논 거

(1) 공유지분인지 여부

사안의 경우 X토지에 관하여 甲 1/4 지분, 乙 1/2 지분, 丙 1/4 지분의 소유권이전등기가 마쳐졌다고 할 뿐, 이 지분이 공유지분인지 합유지분인지가 분명하지는 않다. 다만 민법은 물건이 지분에 의하여 수인의 소유로 된 때에는 공유로 한다(제262조 1항)라고 명시하고 있으므로, 사안의 지분은 공유지분으로 보는 것이 타당하다.

(2) 공유지분의 탄력성

공유자가 그 지분을 포기하거나 상속인 없이 사망한 때에는 그 지분은 다른 공유자에게 각 지분의 비율로 귀속한다(제267조). "제267조의 공유지분의 포기는 법률행위로서 상대방 있는 단독행위에 해당하므로, 제186조에 의하여 등기를 하여야 공유지분 포기에 따른 물권변동의 효력이 발생한다"(대판 2016.10.27. 2015다52978).

그러나 사안의 경우는 공유자가 상속인 없이 사망한 경우이므로 제187조에 따라 등기 없이 바로 다른 공유자에게 지분이 귀속된다. 따라서 丙의 지분 1/4은 甲과 乙에게 각각 1 : 2의 비율로 귀속하게 되어 X토지에 관한 甲의 지분은 1/3, 乙의 지분은 2/3가 된다.

(3) 공유물의 관리행위

1) 개 념

공유물의 관리에 관한 사항은 공유자의 '지분의 과반수'로써 결정한다(제265조 본문). 공유물의 '관리'는 공유물을 이용·개량하는 행위로서, 공유물의 처분이나 변경에 이르지 않는 것을 말한다. 예컨대 공유물의 임대(임대차계약의 해지도 포함), 수선(도급계약) 등이 이에 해당한다.

2) 甲의 乙과 B를 상대로 한 X토지 인도청구 가부

判例가 판시하는 바와 같이 "공유자 사이에 공유물의 관리방법에 관한 협의가 없더라도, 과반수 공유지분을 가진 자는 그 관리에 관한 사항을 단독으로 결정할 수 있으므로, 그 공유토지의 특정부분을 배타적으로 사용·수익할 것을 정하는 것은 공유물의 관리방법으로 적법하며, 다른 공유자에 대하여도 그 효력이 있다"(대판 1991.9.24, 88다카33855 : 1회 · 2회 선택형).

따라서 과반수 지분의 공유자로부터 특정부분의 사용 · 수익을 허락받은 제3자의 점유는 다수지분권자의 '공유물관리권'에 터잡은 적법한 점유이므로, 사안에서 과반수 지분의 공유자 乙과 그로부터 사용 · 수익을 허락받은 점유자인 B를 상대로 한 소수 지분의 공유자 甲의 X토지 인도청구는 부당하다(대판 2002.5.14, 2002다9738 : 2회,4회 선택형).

3) 甲의 乙과 B를 상대로 한 부당이득반환청구 가부

判例가 판시하는 바와 같이 "과반수 지분의 공유자는 그 공유물의 관리방법으로서 그 공유토지의 특정된 한 부분을 배타적으로 사용 · 수익할 수 있으나, 그로 말미암아 지분은 있으되 그 특정 부분의 사용 · 수익을 전혀 하지 못하여 손해를 입고 있는 소수지분권자에 대하여 그 지분에 상응하는 임료 상당의 부당이득을 하고 있다 할 것이므로 이를 반환할 의무가 있다 할 것이나, 그 과반수 지분의 공유자로부터 다시 그 특정 부분의 사용·수익을 허락받은 제3자의 점유는 다수지분권자의 공유물 관리권에 터잡은 적법한 점유이므로 그 제3자는 소수지분권자에 대하여도 그 점유로 인하여 법률상 원인 없이 이득을 얻고 있다고는 볼 수 없다"((대판 2002.5.14, 2002다9738 : 2회,4회 선택형).

따라서 과반수 지분의 공유자 乙을 상대로 한 소수지분권자 甲의 부당이득반환청구는 甲의 지분 1/3에 상응하는 임료 상당에 한하여 인정되나, 乙로부터 다시 그 특정 부분의 사용 · 수익을 허락받은 제3자인 B를 상대로 한 甲의 부당이득반환청구는 인정될 수 없다.

기출해설

2012년 변호사시험 제2문

【공통된 사실관계】

甲과 乙은 2010. 3. 1. 甲이 乙에게 나대지인 X 토지를 매매대금 3억 원에 매도하되, 계약금 3,000만 원은 계약 당일 지급받고, 중도금 1억 원은 2010. 3. 31.까지 지급받되 미지급 시 그 다음날부터 월 1%의 비율에 의한 지연손해금을 가산하여 지급받으며, 잔대금 1억 7,000만 원은 2010. 9. 30. 소유권이전등기에 필요한 서류의 교부와 동시에 지급받기로 하는 내용의 매매계약(이하 '이 사건 매매계약'이라 한다.)을 체결하고, 그에 따라 같은 날 乙로부터 계약금 3,000만 원을 지급받았다.

【추가된 사실관계】

- 乙은 X 토지의 소유권을 취득한 다음 2011. 3. 20. A와 사이에, A의 비용으로 X 토지 지상에 2층 건물을 신축하되, 그 소유관계는 각 1/2 지분씩 공유하기로 서로 합의하고, 그에 따라 乙과 A가 공동건축주로서 신축을 시작하였다.
- 그 후 乙은 위 신축건물의 규모와 종류를 외관상 짐작할 수 있을 정도로 공사가 진행된 무렵인 2011. 4. 8. 자신의 동생 B가 C에 대하여 부담하고 있는 매매대금 3억 원(변제기는 2011. 7. 20.임)의 지급채무를 담보하기 위하여 C 명의로 X 토지에 관한 소유권이전등기를 경료해 주기로 상호 합의하였다.
- 乙은 B가 C에 대한 채무를 변제하지 못하자, 2011. 7. 25. 위 합의에 따라 X 토지에 관하여 C 명의의 소유권이전등기를 경료해 주었고, 그 당시 위 신축건물은 완공되지는 않았으나 2층 건물 공사 대부분이 마무리되고 내장공사만 남아 있었다.
- A는 2011. 7. 30. 乙과 아무런 상의 없이 일방적으로 D에게 위 신축건물 전체를 월 임료 500만 원으로 약정하여 임대하여 주었다.

1. C는 2011. 9. 20. 乙과 A를 상대로 위 신축건물의 철거 및 X 토지의 인도를 구하는 소를 제기하였다. 이 경우 乙과 A가 제기할 수 있는 실체법상 타당한 항변은 무엇인지를 그 논거와 함께 서술하시오(다만 X 토지에 관한 C의 소유권 취득은 정당한 것으로 전제함). (15점)

2. 乙은 2012. 1. 6. D를 상대로 위 신축건물의 인도 및 2011. 7. 30.부터 위 신축건물의 인도완료일까지 건물 임대료(월 500만 원) 상당액의 부당이득반환을 구하는 소를 제기하였다.
그러자 D는 위 신축건물에 관한 1/2 지분권자인 A로부터 적법하게 임차한 다음 A에게 임료 전액을 지급하였으므로 乙의 청구는 부당하다고 주장하였다.
위 사실관계의 내용 및 당사자의 주장사실이 모두 사실로 입증되고, 이 사건과 관련하여 다른 주장이 없다면, 乙의 청구에 대한 결론[청구전부인용, 청구일부인용(일부 인용되는 경우 그 구체적인 금액 또는 내용을 기재할 것), 청구기각]을 그 논거와 함께 서술하시오. (15점)

사례D-30 공유물의 관리와 부당이득반환청구권, 관습법상 법정지상권

Ⅰ. 설문 1.의 경우(乙과 A가 제기할 수 있는 실체법상 타당한 항변)(15)

1. 문제점

소유자는 그 소유에 속한 물건을 점유한 자에 대하여 반환을 청구할 수 있으나, 점유자가 그 물건을 점유할 권리가 있는 때에는 반환을 거부할 수 있다(제213조 단서). 즉, 피고에게 정당한 점유권원이 있다는 사실이 항변사유가 된다. 여기서 '점유할 권리'란 민법상 완전한 권리뿐만 아니라 점유를 정당화할 수 있는 모든 법적 지위를 포함하는바, 사안에서는 乙과 A에게 관습법상 법정지상권이 인정될 수 있는지가 문제된다.

2. 관습법상 법정지상권 성립 여부

(1) 요 건

관습법상 법정지상권이 성립하기 위해서는, ⅰ) 처분 당시 토지와 건물의 동일인의 소유에 속하였을 것, ⅱ) 매매 기타의 적법한 원인으로 소유자가 달라질 것, ⅲ) 당사자 사이에 건물을 철거한다는 특약 또는 토지의 점유·사용에 관하여 다른 약정이 없을 것을 요한다. 건물철거 소송의 피고는 ⅰ),ⅱ) 사실을 주장·입증하면 되고, 원고는 ⅲ) 특약 사실 등을 주장하며 재항변할 수 있다.

(2) 사안의 경우

1) 처분 당시 토지와 건물의 동일인의 소유에 속하였을 것

가) 처분 당시

처분 당시 토지와 건물의 소유권이 동일인에게 속할 것을 요하고, 원시적으로 동일인의 소유일 것을 요하는 것은 아니다.

나) 건물의 존재

그리고 처분 당시에 건물이 존재하여야 한다. 다만 건물의 완성 정도와 관련하여 判例는 민법 제366조의 법정지상권에서 "토지에 관한 저당권 설정 당시 그 지상에 건물이 토지 소유자에 의하여 건축중이었고, **그 건물의 규모, 종류가 외형상 예상할 수 있는 정도까지 건축이 진전되어 있는 경우 법정지상권을 인정함이 상당하다**"(대판 1992.6.12. 92다7221 : 3회 선택형)고 하며, 이 경우 그 후 경매절차에서 매수인이 매각대금을 다 낸 때까지 최소한의 기둥과 지붕 그리고 주벽이 이루어지는 등 독립된 부동산으로서 건물의 요건을 갖추면 법정지상권이 성립한다(대판 2004.6.11. 2004다13533 : 3회 선택형)고 한다.

사안의 경우 乙과 C가 양도담보계약을 체결한 2011. 4. 8.에는 신축건물의 규모와 종류를 외관상 짐작할 수 있을 정도로 공사가 진행되어 있었고, C에게 등기를 이전한 2011. 7. 25.에는 신축건물이 완공되지 않았으나 2층 건물 공사 대부분이 마무리 되고 내장공사만 남아있었다고 제시된 바, 건물로서의 요건을 갖추었다.

다) 토지와 건물의 동일인 소유

判例는 '특약이 없는 한' 자기의 노력과 재료를 들여 건물을 건축한 사람은 그 건물의 소유권을 원시적으로 취득한다(대판 1990.2.13. 89다카11401 : 3회 선택형)고 한다. 이러한 判例의 태도에 대해서는 도급인에게 소유권을 귀속시켜야 한다는 비판적인 견해가 있으나, 사안에서는 당사자간에 신축 건물을 각 1/2 지분씩 공유하기로 합의하였으므로 이러한 합의에 따라 2층 신축건물이 독립된 부동산으로서 건물의 요건을 갖추면 乙과 A가 공유한다는 점에는 이견이 없다.

다만 건물의 1/2 지분은 타인(A) 소유인데도 '동일인 소유'로 해석할 수 있느냐가 문제되는바, 判例는 "**건물공유자의 1인이 그 건물의 부지인 토지를 단독으로 소유하면서 그 토지에 관하여만 저당권을 설정하였다가 위 저당권에 의한 경매로 인하여 토지의 소유자가 달라진 경우에도**, 위 토지 소유자는 자기뿐만 아니라 다른 건물공유자들을 위하여도 위 토지의 이용을 인정하고 있었다고 할 것인 점, 저당권자로서도 저당권 설정 당시 법정지상권의 부담을 예상할 수 있었으므로 불측의 손해를 입는 것이 아닌 점, 건물의 철거로 인한 사회경제적 손실을 방지할 공익상의 필요성도 인정되는 점 등에 비추어 위 건물공유자들은 민법 제366조에 의하여 토지 전부에 관하여 건물의 존속을 위한 법정지상권을 취득한다고 보아야 한다"(대판 2011.1.13. 2010다67159)고 본다.[1]

따라서 건물의 1/2지분이 타인 소유라도 법정지상권 성립에는 문제가 없다.

2) 매매 기타의 적법한 원인으로 소유자가 달라질 것

乙은 동생 B의 C에 대한 매매대금채무를 담보하기 위해서 C에게 X토지의 소유권을 이전해 주기로 약정한 바, 이는 '부동산 양도담보약정'이다. 그러나 사안과 같이 피담보채무가 매매대금채권인 경우에는 가등기담보 등에 관한 법률(이하 가담법이라 한다)이 적용되지 않으며(가담법 제1조),[2] 가담법이 적용되지 않는 부동산 양도담보권이 설정된 경우에 대법원은 일관하여 "담보목적의 범위 내에서 채권자에게 그 소유권이 이전된다"(대판 1996.6.28. 96다9218)고 판시하고 있다.[3] 그리고 사안의 경우 X토지에 관한 C의 소유권 취득은 정당한 것으로 전제한다고 하였으므로 이러한 요건도 충족한다.

3) 당사자 사이에 건물을 철거한다는 특약 또는 토지의 점유·사용에 관하여 다른 약정이 없을 것

설문에 특별한 정황이 보이지 않으므로 이 요건은 충족한다.

3. 소 결

C의 주장(제213조, 제214조)에 대해 乙과 A가 제기할 수 있는 실체법상 타당한 항변은 관습법상 법정지상권이다(제213조 단서).[4]

---

1) [비교판례] "토지공유자 중의 1인이 공유토지 위에 건물을 소유하고 있다가 토지지분만을 전매함으로써 단순히 토지공유자의 1인에 대하여 관습상의 법정지상권이 성립된 것으로 볼 사유가 발생한 경우에 있어서는 당해토지에 관하여 건물의 소유를 위한 관습상의 법정지상권이 성립될 수 없다"(대판 1988.9.27. 87다카140).

2) 判例는 가등기담보법 제1조를 근거로 피담보채무가 매매대금채권인 경우에는 가담법이 적용되지 않으며, 주된 목적이 매매대금채권의 확보에 있고 대여금채권의 확보는 부수적 목적인 경우라도 가담법이 적용되지 않는다고 한다(대판 2002.12.24. 2002다50484).

3) ★ 만약 가등기담보법이 적용되는 부동산 양도담보의 경우라면 가등기담보법 제10조에 의해 법정지상권이 문제된다.

4) ★ 이와 유사한 사례에서 判例는 "대지를 양도담보한 후에 채무자가 그 대지 상에 건물을 지었을 경우에는 채권자의 승낙을 얻었다 하더라도 채무자는 그 대지 상에 관습에 의한 지상권이나 또는 지상권유사의 물권을 취득한 것이라고는 볼 수 없다"(대판 1966.5.17. 66다504)고 하였으나, 66다504判例의 사안은 대지를 양도담보의 취지로 채권자에게 소유권이전등기를 한 '후에' 건물을 신축한 사안이므로 소유권이전등기 전 건물을 신축한 당해 설문 사안과는 다르다.

Ⅱ. 설문 2.의 경우(15)

1. 결 론

① D는 乙에게 신축건물을 인도하여야 하며(청구전부인용), ② 2012. 1. 6. 부터 신축건물 인도완료일까지 건물 임대료의 1/2(월 250만 원) 상당액의 부당이득을 반환하여야 한다(청구일부인용).

2. 논 거

(1) 건물인도청구의 인용여부

1) 공유물의 관리

공유물의 관리에 관한 사항은 공유자의 '지분의 과반수'로써 결정하는데(제265조 본문), 공유자의 과반수가 아니라 지분의 과반수이다. 따라서 1/2의 지분은 반수이지 과반수는 아니다. 그리고 공유물의 '관리'란 공유물을 이용·개량하는 행위로서, 공유물의 처분이나 변경에 이르지 않는 것을 말한다.

2) 사안의 경우

사안에서 공유자 중 1인인 A가 공유건물을 D에게 임대한 것은 공유물을 이용·개량하는 행위로서 공유물의 관리에 해당하나, A는 공유건물에 대해 1/2의 지분을 가지고 있어 과반수에 미치지 못하므로 A가 단독으로 관리행위를 할 수 없다. 따라서 A와 임대차계약을 맺은 D는 신축건물에 대해서 적법한 점유자가 아니다. **제3자가 공유물을 불법으로 점유하고 있는 경우에 각 공유자는 보존행위**(제265조 단서)**로서 단독으로 공유물의 전부의 반환을 청구할 수 있다**(대판 1968.9.17. 68다1142).[5] 따라서 乙이 D를 상대로 한 신축건물의 인도청구는 전부 인용된다.

(2) 부당이득반환청구의 인용여부

1) 부당이득반환청구의 가부

불법점유자는 임료상당의 부당이득을 취하고 있는바, 비록 지분이 과반수에 미달하는 공유자(乙)라고 하더라고 부당이득 반환청구의 요건을 갖추게 되는 것이므로 청구권을 행사할 수 있다.

2) 부당이득반환청구의 범위

判例는 지분이 과반수에 미달하는 공유자의 1인이 단독으로 타인에게 임대차한 경우 그 공유자는 지분을 초과하는 부분에 대해서는 '다른 공유자'에게 부당이득반환의무나 불법행위에 기한 손해배상의무를 부담한다고 하는바(대판 1995.7.14. 94다15318),[6] 이는 제3자인 임차인에 대한 부당이득반환청구의 경우에도 마찬가지로 적용될 수 있다. 다만 D는 선의의 점유자로 추정되어 과실수취권이 있으나(제197조 1항, 제201조), 본권의 소에서 패소한 경우 그 소가 제기된 때부터 악의의 점유자로 추정된다(제197조 2항). 그러므로 사안에서 D는 乙이 소를 제기한 2012. 1. 6.부터 신축건물 인도완료일까지 건물 임대료의 1/2(월 250만 원) 상당액의 부당이득을 반환하여야 한다.[7]

---

5) ★ 사안에서는 '제3자에 대한 공유물 인도청구'가 문제되는 사안으로, 소수지분권자의 '다른 소수지분권자에 대한 공유물 인도청구'가 문제되는 사안이 아님을 유의할 필요가 있다.

6) "부동산의 공유자 중 1인이 타 공유자의 동의 없이 그 부동산을 타에 임대하였다면 이로 인한 수익 중 자신의 지분을 초과하는 부분에 대하여는 법률상 원인 없이 취득한 부당이득이 되어 이를 반환할 의무가 있고, 이 경우 반환하여야 할 범위는 그 부동산의 임대차로 인한 차임 상당액이며, 임대차의 내용이 미등기 전세이거나 보증금이 있는 경우에는 전세금이나 보증금의 이자 상당액이 차임에 해당되거나 차임에 보태어지는 것이다"

기출해설

2015년 2차 법전협모의 제2문

【공통된 사실관계】 甲, 乙, 丙은 X토지를 각 3분의 1의 지분으로 공유하고 있다. 乙과 丙은 甲에게 X토지의 관리를 위탁하였고, 이에 따라 2013.5.13. 甲은 주차장을 운영하려는 丁과 X토지에 관하여 임대기간 3년, 그리고 매 월말을 차임지급시기로 하는 계약을 공유자 전원의 명의로 체결하였다.

※ 특별한 언급이 없으면 추가적 사실관계들은 서로 독립적임

【추가된 사실관계 2】 丁은 2014.1.부터 차임을 지급하지 않고 있다. 이에 丙은 2015.2.23. 丁을 상대로 차임미지급을 이유로 하여 임대차계약을 해지한다고 통보하고, 나아가 자신에게 X토지를 반환하라고 청구하는 소를 제기하였다. **2. 丙의 청구의 당부를 논증하시오. (10점)**

【추가된 사실관계 3】 甲이 차임을 분배해주지 않자, 丙은 甲과 乙에 대하여 X토지의 분할을 청구하는 소를 제기하였다. 한편 X토지는 약 1/3 가량이 자연적인 경계에 따라 구분되어 있는데, 丙은 소장에서 X토지 중 자연적으로 구분된 부분을 그의 단독소유로 분할해 줄 것을 청구하였다.
3. 丙의 청구의 당부를 논증하시오. (10점)

【추가된 사실관계 4】 乙으 A은행으로부터 대출을 받으면서 그 담보로 X토지에 대한 그의 지분위에 근저당권을 설정하였다. 그 후 甲, 乙, 丙은 X토지를 현물분할 하였다. 그런데 丙이 아직까지 차임이 분배되지 않았다는 이유로 甲의 단독소유가 된 토지부분에 대한 경매를 신청하였고, A은행이 그 매각대금에서 丙에 우선하여 배당을 받는 것으로 배당표가 작성되었다. 이에 丙은 배당이의의 소를 제기하였다. **4. 丙의 청구의 당부를 논증하시오. (15점)**

사례D-31 공유자 1인의 임대차계약해지, 공유지분에 저당권설정 후 공유물분할

Ⅱ. 설문 2.의 경우(10)

1. 문제점

임차인 丁은 2015.2.23. 현재 2기의 차임액에 달하는 연체차임을 부담하는 바, 이 경우 차임연체를 이유로 임대차계약을 해지할 수 있음이 원칙이다(제640조). 그러나 丙은 공유자 중의 1인이므로 해지권 행사를 단독으로 할 수 있는지가 해지권의 불가분성(제547조 1항)과 관련하여 해결되어야 한다. 설령 단독으로 해지권 행사가 가능하더라도 임대차계약의 해지가 관리행위에 해당할 수 있는바, 이때에는 민법 제265조 본문에 따라 지분의 과반수를 요하게 되어 丙단독의 해지권행사는 불가할 수 있으므로 이에 대한 검토까지 이뤄져야 한다.

---

7) ★ 다만 判例에 따르면 악의의 점유자의 반환에 관한 제201조 2항은 제748조 2항의 특칙이 아니어서 악의의 점유자는 제201조 2항에 따라 과실을 반환하는 외에 다시 제748조 2항을 적용하여 임료 상당의 부당이익(사용이익) 및 그에 따른 법정이자와 위 부당이득 및 이자액에 대한 지연이자도 지급해야 한다고 한다(대판 2003.11.4, 2001다61869). 그러나 사안에서 乙은 이 사건 소장부본송달일 다음날부터 법정이자 및 지연손해금은 청구하지 아니하였으므로 처분권주의 원칙에 따라 법원은 이에 대해 별도로 판단할 필요가 없다.

2. 丙 단독으로 해지권행사가 가능한지 여부

당사자의 일방 또는 쌍방이 수인인 경우에는 계약의 해지나 해제는 그 전원으로부터 또는 전원에 대하여 하여야 한다(제547조 1항). 그러나 위 규정은 '하나의 계약에 있어' 일방 또는 쌍방의 당사자가 수인인 경우에 적용된다. 따라서 判例는 "하나의 부동산을 수인이 공유하는 경우 각 공유자는 각 그 소유의 지분을 자유로이 처분할 수 있으므로, 공유자 전원이 공유물에 대한 각 그 소유지분 전부를 형식상 하나의 매매계약에 의하여 동일한 매수인에게 매도하는 경우라도 특별한 사정이 없는 한 실질상 각 공유지분별로 별개의 매매계약이 성립되었다고 할 것이고, 일부 공유자가 매수인의 매매대금지급의무불이행을 원인으로 한 그 공유지분에 대한 매매계약을 해제하는 것은 가능하다"(대판 1995.3.28, 94다59745)고 한다. 따라서 원칙적으로 丙은 단독으로 해지권행사가 가능하다.

3. 임대차계약의 해지가 공유물의 관리행위(제265조)에 해당하는지 여부

임대차와 같은 관리행위의 성질을 지니는 계약이라면 그 계약의 해제·해지도 관리행위라고 볼 수 있다(대판 2010.9.9, 2010다37905).

4. 사안의 해결

결국 사안에서 丙은 1/3 지분권자에 불과하므로 단독으로 임대차계약을 해지할 수 없고, 따라서 임대차계약이 적법하게 해지되었음을 전제로 한 丙의 청구는 이유가 없는 것으로서 기각되어야 한다.

Ⅲ. 설문 3.의 경우(10)

1. 문제점

우선 공유물분할청구의 소는 필수적 공동소송이므로 공유자 전원이 피고가 되어야 하는데 사안에서 丙은 X토지의 나머지 공유자들인 甲, 乙을 상대로 공유물분할 청구소송을 제기하였다. 그런데 丙은 특정부분에 대한 분할을 요구하고 있는바, 이에 대해 처분권주의가 적용되어 법원은 丙의 청구에 구속되는 것은 아닌지가 문제된다.

2. 丙의 공유물분할청구소송의 의의와 성격

(1) 의 의

'공유물분할의 소'란 공유자 간에 공유물의 분할의 방법에 관하여 협의가 성립되지 아니한 때에 판결에 의한 분할을 청구하는 소를 말한다(제269조 1항). 법원은 공유물분할을 청구하는 자가 구하는 방법에 구애받지 아니하고 자유재량에 따라 합리적인 방법으로 공유물을 분할할 수 있다.

(2) 특 징

判例가 판시하는 바와 같이 "공유물분할의 소는 형성의 소이며, 법원은 공유물분할을 청구하는 자가 구하는 방법에 구애받지 아니하고 자유로운 재량에 따라 합리적인 방법으로 공유물을 분할할 수 있는 것이므로, 분할청구자가 바라는 방법에 따른 현물분할을 하는 것이 부적당하거나 이 방법에 따르면 그 가액이 현저히 감손될 염려가 있다고 하여 이를 이유로 막바로 대금분할을 명할 것은 아니고, 다른 방법에 의한 합리적인 현물분할이 가능하면 법원은 그 방법에 따른 현물분할을 명하는 것도 가능하다"(대판 1991.11.12. 91다27228). 불이익변경금지원칙이 적용되지 않으며, 청구기각판결은 허용되지 않는다.

3. 사안의 해결

따라서 丙이 현물분할을 청구하는 본 사안에 있어, 법원은 丙의 신청에 구애받지 아니하고 재량에 따라 합리적인 분할을 명할 수 있다.

Ⅳ. 설문 4.의 경우(15)

1. 문제점

丙의 청구가 이유 있는지와 관련하여 현물분할시 乙공유지분 위의 A은행의 근저당권이 그 본래의 지분비율로 존속할 수 있는지에 대한 검토가 필요하다.

2. 현물분할시 공유지분 위의 담보권이 존속하는지 여부

공유지분 위에 저당권 등 담보물권을 설정한 후에 공유물분할이 된 경우 담보물권의 효력이 어떻게 되는가에 대해, 통설은 공유자가 공유물의 전부를 취득한 경우, 그 공유자가 공유물의 일부를 취득한 경우, 그 공유자가 전혀 취득하지 않고 제3자나 다른 공유자가공유물을 취득한 경우 중 어느 경우라도 담보권은 그 본래의 지분비율에 존속한다고 한다.

判例도 "부동산의 일부 공유지분에 관하여 저당권이 설정된 후 부동산이 분할된 경우, 그 저당권은 분할된 각 부동산 위에 종전의 지분비율대로 존속하고, 분할된 각 부동산은 저당권의 공동담보(공동저당)가 된다"(대판 2012.3.29 2011다74932)고 판시하고 있다.

[관련쟁점] 만약 甲의 단독소유가 된 토지부분에 대한 경매신청이 있었고, 그 매각대금으로부터 배당을 받는 경우, A은행은 저당권자로서 매각대금 중 지분에 해당하는 경매대가에 대하여 우선변제를 받을 권리가 있고, 그 경우 공동저당 중 이른바 이시배당에 관하여 규정하고 있는 민법 제368조 2항의 법리에 따라 저당권의 피담보채권액 전부를 변제받을 수 있다(대판 2012.3.29 2011다74932). 이 경우 甲은 물상보증인의 지위를 가지는 것으로 보아야 한다.

3. 사안의 해결

乙이 X토지에 대한 자신의 지분을 A은행에 담보로 저당권을 설정한 후 그 토지가 분할된 경우라 하더라도 저당권은 분할된 각 토지에 미치므로, 분할로 인하여 甲과 丙이 분할하여 취득한 부분에 대하여 공동저당을 설정한 것과 같은 결과가 된다. 결국 A은행은 공동저당에서 이시배당이 된 경우와 마찬가지로 자신의 피담보채권 전액을 가지고 甲 단독소유가 된 토지부분에 대한 경매절차에 참여할 수 있다. 따라서 丙은 甲에게 비록 자신의 지분비율인 1/3 지분에 상당하는 차임상당의 부당이득반환청구권을 가지고 있다 하더라도, 저당권자인 A은행보다 후순위권자에 해당하므로 丙의 배당이의의 소는 기각되어야 한다.

기출해설 **2017년 2차 법전협모의 제2문**

甲 종중은 관리의 편의를 위해 종중소유 X 임야를 乙과 丙에게 명의신탁을 하기로 총회에서 결의하였고, 이에 따라 乙과 丙은 각 지분을 1/2로 하는 공유등기를 마쳤다. 이후 丙은 자신의 공유지분을 丁에게 매도하였는데, 乙은 丁과 X 임야를 협의 분할하여 자신의 분할부분에 대하여 각자의 명의로 등기를 마쳤다. 甲 종중은 총회의 결의를 거쳐 명의신탁을 해지하면서 乙과 丁에게 X 임야의 소유권이전등기를 청구하였다.

1. 甲 종중의 乙과 丁에 대한 청구에 관하여 그 이유를 들어 당부(當否)를 판단하시오 (20점)

사례D-32 **공동명의수탁자의 공유물분할과 명의신탁관계의 소멸**

Ⅰ. 설문 1.의 경우(20)

1. 결 론

甲종중의 乙에 대한 청구는 '전부인용'해야 하나, 丙에 대한 청구는 '기각'해야 한다.

2. 논 거

(1) 甲 종중의 乙, 丙에 대한 명의신탁의 유효 여부

甲과 乙, 丙 사이의 명의신탁약정은 탈법의 목적이 없는 한 **'부동산실명법 제8조 제1호'** 에 의해 동법의 적용이 없고, 判例가 판시하는 바와 같이 이는 '유효한 명의신탁'으로 **내부적 소유권은 신탁자 甲에게 있으나 외부적 소유권은 수탁자 乙에게 있으며, 이는 '명의신탁해지 후 신탁자에게로 등기회복 前' 에도 마찬가지이다**(대판 1994.2.8, 92다31675 : 대내외관계 구별설). 사안의 경우 甲 종중은 관리의 편의를 위해 乙과 丙에게 명의신탁을 한 것이므로 위 **명의신탁약정은 유효**하다.

그리고 종중재산이 여러 사람에게 명의신탁된 경우, 그 수탁인들 상호간에는 형식상 공유관계가 성립하므로 대외적으로 乙과 丙이 X임야를 공유하였다(대판 1992.9.8. 92다18184).

(2) 甲 종중의 丁에 대한 소유권이전등기 청구가부

1) 甲 종중과 丙 사이의 명의신탁관계가 존속하는지 여부

判例에 따르면 명의수탁자가 제3자에게 처분을 하면 그 처분행위가 무효 또는 취소되는 등의 사유가 없는 한 제3취득자는 신탁재산에 대한 소유권을 적법하게 취득하고 명의신탁관계는 소멸하는 것이 **원칙이다**(대판 2000.10.6, 2000다32147).

2) 사안의 경우

甲 종중과 丙의 명의신탁약정은 유효하나 수탁자 丙은 대외적 소유권자로서 신탁재산인 X 임야의 지분을 제3자 丁에게 처분한 이상 丁은 유효하게 위 지분을 취득하므로 甲은 소유권자인 丁에게 X 임야의 소유권이전등기를 청구할 수 없다.

(3) 甲 종중의 乙에 대한 소유권이전등기 청구가부

1) 문제점

甲과 丙 사이의 명의신탁관계는 丙이 丁에게 신탁재산을 처분함으로써 소멸하였다. 이후 乙과 丁의 공유물분할은 공동수탁자의 공유물분할이 아니어서 허용되어(대판 1993.2.9, 92다37482 참고) X임야는 乙과 丁의 공유가 된다. 그런데 수탁자와 제3취득자간의 협의분할을 통하여 특정 토지가 수탁자 단독소유로 된 경우에 **'특정 토지 전부'**에 관하여 명의신탁관계가 유지되는 것인지 아니면 **'특정 토지 중 원래 명의신탁자가 가지고 있던 지분'**에 한하여 명의신탁관계가 존재하는 것인지 문제된다.

2) 甲 종중과 乙 사이의 명의신탁관계가 X임야의 특정토지 전부에 존속하는지 여부

"여러 필지의 토지의 각 일부 지분을 명의신탁받은 명의수탁자(乙)가 임의로 명의신탁관계가 없는 다른 공유자들(丁)과의 공유물분할의 협의에 따라 특정 토지를 단독으로 소유하고 나머지 토지에 대한 지분을 다른 공유자에게 이전한 경우, 명의수탁자가 특정 토지를 단독으로 소유하게 된 것은 **형식적으로는 다른 공유자들의 지분의 등기명의를 승계취득한 것과 같은 형태를 취하고 있으나 실질적으로는 명의신탁받은 여러 필지의 토지에 분산되어 있는 지분을 분할로 인하여 취득하는 특정 토지에 집중시켜 그에 대한 소유 형태를 변경한 것에 불과하다고** 할 것이므로, 그 공유물분할이 명의신탁자의 의사와 관계없이 이루어진 것이라고 하더라도 **명의신탁자와 명의수탁자 사이의 명의신탁관계는 위 특정 토지 전부에 그대로 존속한다고** 보아야 한다"(대판 1999.6.17, 전합98다58443)[1)]

> [관련판례] ✻ **공동수탁자의 공유물분할**
> ① 공동수탁자들이 수탁받은 부동산에 대하여 **'공유물분할'**을 하는 것은 명의신탁의 목적에 반하고 신탁자가 명의신탁을 한 취지에도 어긋나는 것이고, 특히 종중의 재산을 보존하고 함부로 처분하지 못하게 하기 위하여 다수의 종중원에게 공동으로 명의신탁을 한 경우에는 더욱 그 취지에 반하는 것으로서 **허용되지 않는다**(대판 1993.2.9, 92다37482). ② 그러나 공동수탁자들이 공유물분할을 하고 각 그 지분을 서로 이전하여 **'단독소유'**로 하는 것은 명의수탁자들이 대외적인 소유형태를 변경하는 것에 불과하므로, 그 공유물분할이 신탁자의 의사에 반한 것이더라도 그것이 신탁자에 대한 반사회적인 배임행위가 된다거나 그 지분이전등기가 원인 없는 **무효의 등기라고는 할 수 없다**(대판 1987.2.24, 86다215, 86다카1071). 즉, 명의신탁관계를 소멸시키는 수탁부동산의 처분행위가 아니다.

3) 사안의 경우

乙은 X임야의 현물분할을 통해 특정부분을 단독소유하게 되었지만 그 전체에 대해 명의신탁 관계가 존속하므로, 甲종중이 명의신탁을 해지하여 乙을 상대로 소유권이전등기를 청구하고 있다면 이는 인용되어야 한다.

---

1) [반대의견] "명의신탁자로부터 여러 필지의 토지의 각 일부 지분의 소유 명의를 신탁받은 명의수탁자가 임의로 위 부동산에 관하여 명의신탁관계가 없는 다른 공유자들과 공유물분할 협의의 형식으로 특정 토지를 제외한 나머지 토지에 관한 명의수탁자의 각 지분을 다른 공유자들에게 이전하고 위 특정 토지에 관한 다른 공유자들의 각 지분을 이전받았다면, 그 법률관계는 위 특정 토지를 제외한 나머지 토지에 관한 명의수탁자의 명의수탁지분에 관한 한, 명의수탁자가 그 지분을 처분한 것이라 할 것이니, 이로써 위 특정 토지를 제외한 나머지 토지에 관한 명의신탁자와 명의수탁자의 사이의 명의신탁관계는 소멸되었다 할 것이고, 위 특정 토지를 제외한 나머지 토지에 관한 명의수탁자의 수탁지분이 위 특정 토지에 옮겨져 명의신탁관계가 그대로 존속하는 것이라고 할 수 없다"

기출해설

2015년 2차 법전협모의 제2문

【공통된 사실관계】 甲, 乙, 丙은 X토지를 각 3분의 1의 지분으로 공유하고 있다. 乙과 丙은 甲에게 X토지의 관리를 위탁하였고, 이에 따라 2013.5.13. 甲은 주차장을 운영하려는 丁과 X토지에 관하여 임대기간 3년, 그리고 매 월말을 차임지급시기로 하는 계약을 공유자 전원의 명의로 체결하였다.

【추가된 사실관계 5】 2013. 2. 20. 甲, 乙, 丙이 B로부터 X토지를 구입할 당시, 甲과 乙 사이에 "乙은 공동매수인의 1인이 되고 甲은 乙이 지급할 대금을 부담하며, 乙의 지분권은 甲의 소유로 한다."는 약정이 있었으나, B는 그 사실을 알지 못했다.
한편 甲은 2013. 8. 20. 乙과 재혼하였고, 그 후 丙이 제기한 공유물분할청구소송에서 X토지가 분할되어 2014.11.15. 등기를 마쳤다. 그러자 甲은 2014.11.25. 乙에 대하여 주위적으로 명의신탁 해지를 원인으로 하여 乙이 공유물 분할로 취득한 부분의 반환을 청구하고, 예비적으로 甲이 지급한 매매대금의 반환을 청구하는 소를 제기하였다. 위 소송이 계속되던 중 2015.3.29. 甲이 지병으로 사망하였다. 甲이 혈육으로 전혼(前婚)의 자(子) 丁이 있으며, 丁이 위 소송을 수계하였다.

5. 甲(또는 소송을 수계한 丁)의 청구의 당부를 논증하시오. (15점)

사례D-33 부부일방의 사망과 명의신탁관계의 존속여부

Ⅴ. 설문 5.의 경우(15)

1. 부부간 명의신탁약정과 부동산실명법 적용의 예외

(1) 부부간 명의신탁약정의 유효성

甲과 乙사이의 약정은 내부적으로는 신탁자 甲이 소유권을 보유하기로 하되, 1/3 지분에 관하여 외부적으로는 자신의 명의로 등기를 경료하면서도 수탁자 乙이 공동매수인의 1인으로서 상대방 丙과 직접 계약체결행위를 한 **계약명의신탁약정**에 해당한다. 그러나 그것이 **조세포탈·강제집행의 면탈 또는 법령상 제한의 회피를 목적으로 하지 않는 경우에 한해**, 명의신탁약정의 무효 · 과징금 · 이행강제금 · 벌칙 · 기존 명의신탁약정에 의한 등기의 실명등기에 관한 규정 등의 적용을 받지 않는다(동법 제8조). 따라서 이 한도에서는 종래의 判例이론이 그대로 적용될 수 있다.
이 때 '배우자'는 법률상의 배우자에 한정되므로 사실혼 관계에 있는 배우자는 포함되지 아니한다(대판 1999.5.14, 99두35). 또한 신탁자와 수탁자가 나중에 혼인하면 그 명의신탁등기는 당사자가 혼인한 때로부터 유효하게 된다(대판 2002.10.25. 2002다23840).

(2) 사안의 경우

甲과 乙이 명의신탁약정을 체결할 당시(2013.3.20.)에는 위 명의신탁약정은 동법 제4조 1항에 따라 무효였지만, 甲과 乙이 2013.8.20. 재혼을 함으로써 그때부터 명의신탁약정은 유효하게 되었다. 이 경우 신탁자인 甲은 특별한 사정이 없으면 언제든지 신탁을 해지하고 수탁자 乙에 대하여 신탁관계의 종료만을 이유로 소유명의의 이전등기절차의 이행을 구할 수 있다(대판 1976.6.2. 75다124). 甲은 乙을 상대로 명의신탁약정의 유효를 전제로 한 명의신탁약정의 해지에 기한 소유권이전등기 및 목적물의 반환청구를 할 수 있고, 이 청구가 인용된다면 예비적 청구인 매매대금의 반환청구에 대해서는 판단할 필요가 없다. 그러나 사안에서는 甲의 소송계속 중 소송당사자인 원고 甲이 사망하여, 그 상속인 丁이 위 소송을 수계하였는바, 이 경우에도 甲, 乙간 명의신탁약정의 효력이 승계가 되어 동일한 판단이 가능한지 검토가 필요하다.[1)]

2. 당사자 사망시 상속인과의 관계에서 명의신탁약정의 존속 가부

(1) 논의의 방향

甲은 소송계속 중 사망하였으므로, 소송절차는 중단(민사소송법 제233조)되나, 상속인 丁의 수계신청으로 다시 절차가 속행하게 된다. 사안에서는 수탁자인 乙 또한 공동상속인으로서 수계신청을 하여 소송을 수계할 수 있는지가 문제되나, 乙은 甲과의 소송에서 피고로서 당사자의 지위를 가지므로 丁만 소송수계를 한다고 봄이 타당하다. 이 경우 甲과 乙간의 명의신탁약정의 효력이 상속이 丁에게도 효력이 미치는지 여부에 따라 소송계속도 영향을 받는다.

(2) 판 례

"부부간 명의신탁이 유효한 것으로 인정된 후 배우자 일방의 사망으로 부부관계가 해소된 경우, 부부관계의 존속을 그 효력요건으로 삼고 있지 않고, 부부관계가 해소된 경우 이를 무효화하는 규정이 없으며, 상속인에 대해 존속하는 것으로 하여도 부동산실명법의 취지에 반하지 않는 점 등에 비추어 그 명의신탁약정은 사망한 배우자의 다른 상속인과의 관계에서도 유효하게 존속한다"(대판 2013.1.24, 2011다99498)고 판시하고 있다.

(3) 사안의 경우

결국 丁은 甲과 乙 간의 명의신탁약정의 지위를 승계하고, 이 때 명의신탁의 대상이 되는 권리는 지분권의 변형물에 해당하는 공유물분할로 취득하게 된 부분의 반환청구가 그 대상이 된다. 이 경우 신탁자 丁은 명의신탁약정의 해지를 원인으로 乙에게 신탁된 부동산의 소유권이전등기를 청구할 수 있다. 따라서 **법원은 소송을 수계한 丁의 주위적 청구를 인용하여야 한다. 그리고 이 때, 예비적 청구인 매매대금청구는 판단할 필요가 없다.** 다만 이 경우 乙에게 명의신탁된 재산이 丁에게 반환되더라도 그 재산은 상속재산으로 볼 것이므로 乙은 丁에게 그 재산에 대한 재산분할청구권을 청구하거나, 경우에 따라 상속회복청구권을 행사하는 것은 가능할 것이다.

3. 사안의 해결

丁은 甲의 신탁자로서의 지위를 수계하여 乙과의 관계에서 명의신착을 해지하고 乙이 공유물분할로 취득한 부분의 반환을 청구할 수 있으므로, 법원은 甲 또는 그 소송을 수계한 丁의 청구를 인용하여야 한다. 이때 甲이 지급한 매매대금의 반환을 청구하는 예비적 청구에 대해서는 판단할 필요가 없다.

---

1) **[甲의 예비적 병합 청구의 적법성]** 예비적 병합이란 양립할 수 없는 여러 개의 청구를 하면서 그 심판의 순위를 붙여 제1차적 청구가 인용될 것을 해제조건으로 하여 제2차적 청구에 대하여 심판을 구하는 형태의 병합을 말한다.
이 때 양립불가능성이란 주위적 청구와 예비적 청구가 상호 배척 관계로서 전자가 후자를 흡수하는 포함관계가 아니어야 한다는 의미이다. 사안의 甲(또는 丁)의 청구는 주위적으로는 명의신탁해지를 원인으로 하여 乙의 취득부분의 반환을 청구하고, 예비적으로는 甲이 지급한 매매대금의 반환을 구하고 있는 바, 주위적 청구는 명의신탁의 유효를 전제로 이를 해지한 경우이고, 예비적 청구는 명의신탁의 무효를 전제로 부당이득반환청구를 구하는 경우로서 양 청구는 양립할 수 없는 경우에 해당한다. 따라서 사안의 청구는 예비적 병합으로서 적법하다.

기출해설

2014년 변호사시험 제1문

【기초적 사실관계】 甲은 乙에게서 P시에 소재하는 1필의 X토지 중 일부를 위치와 면적을 특정하여 매수했으나 필요가 생기면 추후 분할하기로 하고 분할등기를 하지 않은 채 X토지 전체 면적에 대한 甲의 매수 부분의 면적 비율에 상응하는 지분소유권이전등기를 甲 명의로 경료하고 甲과 乙은 각자 소유하게 될 토지의 경계선을 확정하였다.

1. X토지 옆에서 공장을 운영하던 丙은 X토지가 상당 기간 방치되어 있는 것을 보고 甲과 乙의 동의를 받지 아니한 채 甲이 소유하는 토지 부분에는 천막시설을, 乙이 소유하는 토지 부분에는 컨테이너로 만든 임시사무실을 丙의 비용으로 신축, 설치하여 사용하고 있었다. 이를 알게 된 甲은 천막시설과 컨테이너를 철거하여 X토지 전체를 인도하라고 요구하였고, 丙이 이에 불응하자 甲은 甲 자신만이 원고가 되어 丙을 상대로 X토지 전체의 인도를 구하는 소송을 제기하였다(천막 및 컨테이너의 각 철거를 구하는 청구는 위 소송의 청구취지에 포함되어 있지 않다). 위 소송에서 丙은 'X토지 전체가 甲과 乙의 공유인데 乙은 현재 X토지의 인도를 요구하지 않고 있다.'는 취지의 주장을 하고 있다. 甲의 丙에 대한 청구가 인용될 수 있는지와 그 근거를 서술하시오. (20점)

사례D-34 구분소유적 공유(상호명의신탁)의 대외적 주장

Ⅰ. 설문 1.의 경우(20)

1. 결 론

甲의 丙에 대한 청구는 인용될 수 있다.

2. 근 거

(1) 甲과 乙의 X토지 소유관계

2인 이상이 내부적으로는 각 하나의 부동산을 위치, 면적 등을 특정하여 구분하여 소유하기로 약정하면서 그 부동산에 관한 등기는 그들의 공유로 마친 경우를 이른바 '**구분소유적 공유**'라고 한다.[1)]

---

1) [관련판례] "ⅰ) 구분소유적 공유관계는 어떤 토지에 관하여 그 위치와 면적을 특정하여 여러 사람이 구분소유하기로 하는 약정이 있어야만 적법하게 성립할 수 있고, 공유자들 사이에 그 공유물을 분할하기로 약정하고 그 때부터 각자의 소유로 분할된 부분을 특정하여 각자 점유·사용하여 온 경우에도 구분소유적 공유관계가 성립할 수 있지만, 공유자들 사이에서 특정부분을 각각의 공유자들에게 배타적으로 귀속시키려는 의사의 합치가 이루어지지 아니한 경우에는 이러한 관계가 성립할 여지가 없다. [判例는 분할 전 임야가 3필지로 분할되어 그 중 1필지의 임야에 대하여만 분할 전 공유자들 중 한 사람의 채권자에 대한 채권을 담보하기 위하여 지상권설정등기가 경료되고, 위 지상권설정등기를 보완하기 위하여 공유지분 확인서가 작성된 경우, 공유자들 사이에서 구분소유적 공유관계를 설정하기로 하는 의사의 합치가 있었다고 볼 수 없다고 하였다(대판 2005.4.29. 2004다71409)]
ⅱ) 구분소유적 공유관계의 성립에 있어 1필지의 토지의 일부에 관한 특정 매매와 그에 대한 등기로서 공유지분이전등기를 마친 사실이 있으면 통상 각 구분소유 부분에 대한 상호명의신탁의 합의가 존재하는 것으로 볼 수 있을 것이지만, 그 경우에도 그 토지의 위치와 면적을 특정하여 매수함으로써 이를 구분소유한다고 하는 기본적 사실관계에 관해서는 서로 의사의 합치가 있어야만 한다"(1필지의 임야 대부분을 매도하면서 분할매매의 형식으로 매매계약을 체결하였으나 매수인의 대금 지급의무 불이행으로 그 중 일부분에 대한 계약이 해제된 사안에서, 그 계약 체결 당시 매도인과 매수인 사이에 구분소유적 공유관계의 설정에 관한 확정적인 의사의 합치와 설정행위가 있었다고 볼 수 없다고 한 사례)(대판 2009.3.26. 2008다44313)

사안에서 甲은 乙에게서 X토지 중 일부를 위치와 면적을 특정하여 매수했으나 분할등기를 하지 않은 채 X토지 전체 면적에 대한 甲의 매수 부분의 면적 비율에 상응하는 지분소유권이전등기를 경료하였으므로, 토지의 위치와 면적을 특정하여 구분소유한다는 기본적 사실관계에 관한 합치가 있는 것으로 볼 수 있으므로 甲과 乙은 X토지에 대해 구분소유적 공유 관계에 있다.

(2) 구분소유적 공유의 법률관계

구분소유적 공유 관계에 있는 당사자들은 서로 자신이 위치, 면적 등을 특정하여 소유하고 있는 부동산 중 상대방의 공유지분에 관하여 상대방에게 명의신탁을 하고 있는 것으로 보아야 한다. 당사자들의 이러한 관계를 **'상호명의신탁'**이라고 하는데(대판 2008.2.14. 2007다63690 참조),[2] ① 대내적으로는 특정 부분을 각자가 단독으로 소유하나, ② 대외적으로는 1필지 전체에 관하여 공유관계가 성립되고 공유자로서의 권리만을 주장할 수 있다(대판 1994.2.8. 93다42986).

(3) 지상물에 대한 철거청구 없이 토지에 대한 인도청구가 가능한지 여부

사안에서 甲은 지상물인 천막 및 컨테이너의 철거청구 없이 토지에 대한 인도청구를 하고 있는바, 지상물에 대한 철거의 집행권원을 얻기 전에는 토지의 인도집행은 불가능하다. 그러나 집행의 단계가 아닌 소송의 단계에서 지상물에 대한 철거청구 없이 토지에 대한 인도청구가 불가능한 것은 아니다.[3]

(4) 구분소유적 공유자 중 1인이 단독으로 토지 전체의 인도를 구할 수 있는지 여부

공유물에 대한 보존행위는 공유자 각자가 할 수 있다(제265조 단서). **구분소유적 공유의 경우 대외적으로는 공유관계가 성립되므로** "제3자의 방해행위가 있는 경우에는 자기의 구분소유 부분뿐 아니라 전체토지에 대하여 공유물의 보존행위로서 그 배제를 구할 수 있다"(대판 1994.2.8. 93다42986).
따라서 사안에서 甲은 자기의 구분소유 부분뿐 아니라 X토지 전체에 대하여 丙에게 소유물반환청구로써 인도청구를 할 수 있다(제213조). 이에 대해 丙은 제213조 단서의 '점유할 권리'가 없으므로 甲의 丙에 대한 청구는 인용될 수 있다.

---

2) 이는 부동산실명법 제2조 제1호 단서 나목에 해당하여 동법이 적용되지 않으므로, 동법의 시행과 상관없이 유효하다.

3) **[관련판례]** 직접적인 判例는 아니나 예를 들어 判例는 순차로 경료된 소유권이전등기 중 후순위 등기에 대한 말소청구가 패소 확정되어 그 전순위 등기의 말소등기 실행이 불가능해진 경우에도, 그 전순위 등기의 말소를 구할 소의 이익이 있다고 보았다(대판 2008.6.12. 2007다36445). 즉, 승소판결 자체가 집행이 곤란한 사정이 있다고 하더라도 승소판결에 장애가 된다고 볼 수 없다.

기출해설

2016년 사법시험 제3문

X토지는 甲과 乙이 각각 1/2 지분씩 공유하고 있고, Y토지는 甲이 단독으로 소유하고 있다. 甲은 丙으로부터 금전을 차용하면서, 위 차용금채무를 담보할 목적으로 丙에게 X토지에 대한 자신의 지분 및 Y토지에 관하여 각 저당권을 설정하여 주었고, 乙 역시 甲의 위 채무를 담보할 목적으로 자신의 지분에 관하여 丙에게 저당권을 설정하여 주었다. 그 후 甲은 A로부터, 乙은 B로부터 금전을 차용하면서 각각 X토지에 대한 자신의 지분에 관하여 후순위저당권을 설정하여 주었다.
한편, 평소 甲소유의 Y토지에 건물을 건축하여 식당 영업을 희망하였던 C는 甲으로부터 Y토지를 임대차보증금 1억 원, 월 차임 50만 원, 임대차기간 3년으로 정하여 임차하였고, C는 이후 Y토지에 Z건물을 건축하였다.
3. 만일 甲과 乙이 X토지의 위치와 면적을 특정하여 소유하고 있었다면, 丙이 甲의 X토지 지분에 관하여 저당권에 기한 경매를 신청하여 위 지분이 D에게 매각된 경우, D는 甲의 지위를 그대로 승계하는가? (20점)

사례D-35 구분소유적 공유(상호명의신탁)관계의 승계

Ⅲ. 설문 3.의 경우(20)

1. 구분소유적 공유 및 상호명의신탁

설문에서 甲과 乙은 X토지의 위치와 면적을 특정하여 소유하고 있었음에도 1/2씩 공유지분등기를 한 경우라고 할 것이므로 '구분소유적 공유' 관계이다. 구분소유적 공유 관계에 있는 당사자들은 서로 자신이 위치, 면적 등을 특정하여 소유하고 있는 부동산 중 상대방의 공유지분에 관하여 상대방에게 명의신탁을 하고 있는 것으로 보아야 한다. 이는 부동산실명법 제2조 제1호 단서 나목에 해당하여 동법이 적용되지 않으므로, 동법의 시행과 상관없이 유효하다. 따라서 **대내적으로는 특정 부분을 각자가 단독으로 소유하지만, 대외적으로는 공유자가 토지 전부를 공유한다.**

2. 구분소유적 공유관계에 있어서의 처분

判例에 따르면 구분소유적 공유관계에 있어서, 각 구분소유적 공유자가 자신의 권리를 타인에게 처분하는 경우 중에는 ① 구분소유의 목적인 특정 부분을 처분하면서 등기부상의 공유지분을 그 특정 부분에 대한 표상으로서 이전하는 경우와 ② 등기부의 기재대로 1필지 전체에 대한 진정한 공유지분으로서 처분하는 경우가 있을 수 있고, 이 중 전자의 경우에는 그 제3자에 대하여 구분소유적 공유관계가 승계되나, 후자의 경우에는 제3자가 그 부동산 전체에 대한 공유지분을 취득하고 구분소유적 공유관계는 소멸한다(대판 2008.2.15, 2006다68810,68827)고 한다.
사안의 경우, 제3자인 丙의 경매신청에 의하여 지분이 매각된 바 이는 상호명의신탁의 대외관계의 문제라고 할 것이어서 진정한 공유지분으로 매각된 것이라고 보는 것이 합리적일 것이다. 따라서 구분소유적 공유관계는 소멸하고 D는 단순 공유자로서의 지위만 승계하고, 구분소유적 공유관계는 승계되지 않는다. **결국 D는 甲의 지위를 그대로 승계한다고 볼 수 없고, 부동산 전체에 관한 공유지분을 취득하여 단순 공유관계만 승계한다.**

기출해설 # 2016년 1차 법전협모의 제2문

甲은 자기 소유의 토지 위에 자신의 비용과 노력으로 2층의 다세대 주택을 신축하고자 하였다. 그 건물이 대부분 완성되어 갈 즈음 甲은 형식상 건축주 명의를 추가할 필요가 있게 되었고, 이에 친구 乙에게 부탁하여 그의 명의를 빌려 乙도 공동건축주로 하였다. 공사가 완료된 후 2013. 4. 25. 그 건물의 102호는 乙의 명의로 그리고 나머지는 甲의 명의로 각 소유권보존등기가 경료되었다. 그후 乙은 위 102호의 소유권보존등기가 자기명의로 마쳐져 있음을 기화로 丙에게 102호를 매도하였고 중도금을 수령하면서 丙명의로 소유권이전청구권 가등기를 마쳐주었다. 그러자 甲은 乙명의의 소유권보존등기가 「부동산 실권리자 명의 등기에 관한 법률」에 위반하는 무효의 등기임을 이유로 乙을 상대로 진정명의회복을 원인으로 한 소유권이전등기청구 및 丙을 상대로 가등기말소청구를 하였다. ※ 공동소송의 요건은 고려하지 않는다.

3. 甲의 乙, 丙을 상대로 한 각 청구에 대한 결론을 그 논거와 함께 서술하라. (25점)

사례D-36 양자간 명의신탁, 진명등, 부동산실명법 제4조 3항

Ⅲ. 설문 3.의 경우(25)

1. 결 론

법원은 甲의 乙에 대한 청구에 대하여 인용판결을, 丙에 대한 청구에 대하여는 기각판결을 하여야 한다.

2. 논 거

(1) 甲의 乙에 대한 청구인용 가부

1) 진정명의회복을 원인으로 하는 소유권이전등기청구권의 인정 여부

가) 인정여부

민법 제214조의 소유권에 기한 방해배제청구권은 소유권의 방해배제에 중점을 두는 것이므로 그 형식이 중요한 것은 아니며, 소송절차 및 소송경제상 말소등기가 아닌 이전등기가 유리한 점도 있으므로 긍정하는 判例(대판 1980.11.27, 전합89다카12398)의 태도가 타당하다.

나) 인정요건

제214조의 요건을 구비해야 한다. 따라서 ① **청구권자**는 채권자가 아닌 물권자, 즉 현재의 소유권자이어야 한다. 이와 관련하여 判例도 "ⅰ) 이미 자기 앞으로 소유권을 표상하는 등기가 되어 있었거나, ⅱ) 법률에 의하여 소유권을 취득한 자"에 한하여 이전등기청구를 인정할 수 있다고 한다(대판 1980.11.27, 전합89다카12398). ② **상대방**은 무효의 등기 등을 함으로써 현재 소유권의 행사를 방해하는 자이어야만 한다. 따라서 甲의 청구의 당부를 위해서는 현재 다세대주택(102호 포함)의 소유자가 甲인지, 乙의 소유권보존등기는 甲의 소유권을 방해하는 무효의 등기인지를 확인해야 한다.

2) 다세대주택(102호 포함)의 소유권자 확정

신축된 건물의 소유권은 이를 건축한 사람이 원칙적으로 원시취득하는 것이다(대판 1996.7.30. 79다434). 따라서 자기 소유의 토지 위에 자신의 비용과 노력으로 2층의 다세대 주택을 신축한 甲은 건물이 완공된 때에 다세대 주택 102호를 포함한 전체의 소유권을 원시취득하며(제187조 본문), 乙이 공동건축주로 기재되었다고 하더라도 건축허가서는 허가된 건물에 관한 실체적 권리의 득실변경의 공시방법이 아니므로 건축허가서에 공동건축주로 기재된 乙이 건물의 소유권을 취득하는 것은 아니다(대판 2002.4.26. 2000다16350).

3) 乙 명의의 102호에 대한 소유권보존등기의 효력 : 명의신탁의 성립과 효력

다세대주택을 원시취득하는 甲이 친구 乙의 명의로 소유권 보존등기를 해주었다면 '양자간 명의신탁약정'이 있다고 볼 것이다(대판 1993.12.14. 93다19139 참고). 따라서 甲과 乙간에 명의신탁약정 및 그에 기하여 102호에 관하여 소유권보존등기가 이루어진 이상, 부동산 실권리자명의 등기 등에 관한 법률(이하 '부동산실명법'이라 한다) 제4조 1항에 따라 명의신탁약정은 무효이고, 그에 기초한 부동산물권변동도 원칙적으로 무효이다(동법 제4조 2항 본문). 따라서 102호의 소유자는 甲이고, 乙 명의의 소유권보존등기는 무효등기로서 말소되어야 한다.

4) 소 결

甲이 다세대주택에 대하여 그 명의로 소유권보존등기를 한 바 없더라도 원시취득자로서 법률규정에 따라 소유권을 취득한 자이므로(제187조 본문), 甲은 원인무효의 보존등기 명의자인 乙에 대하여 진정명의회복을 원인으로 하는 소유권이전등기 청구를 할 수 있다. 따라서 법원은 甲의 乙에 대한 청구에 대하여 인용판결을 하여야 한다.

(2) 甲의 丙에 대한 청구인용 가부

1) 소유권에 기한 가등기 말소청구의 가부

甲의 丙에 대한 가등기 말소등기절차이행청구도 소유권에 기한 방해제거청구권으로서 ① 청구권자에게 소유권이 있을 것, ② 청구권자의 소유권에 대한 방해가 있을 것, 즉 ⅰ) 방해자의 등기가 있고, ⅱ) 그 등기가 원인무효일 것을 요한다(제214조). 전술한 바와 같이 甲은 다세대주택의 소유권자인바, 따라서 丙의 가등기가 무효의 등기인지를 확인해야 한다.

2) 丙 명의의 가등기가 말소대상인지 여부

명의신탁약정 내지 물권변동의 무효는 제3자에게 대항하지 못한다(부동산실명법 제4조 3항). 여기서 '제3자'라고 함은 선·악을 불문하고 명의신탁 약정의 당사자 및 포괄승계인 이외의 자로서 **'명의수탁자가 물권자임' 을 기초로 그와의 사이에 '직접' 실질적으로 새로운 이해관계를 맺은 자**를 말하고, 여기에는 소유권이나 저당권 등 물권을 취득한 자뿐만 아니라, 가압류채권자도 포함된다(대판 2000.3.28. 99다56529 ; 대판 2001.6.26. 2001다5371 : 6회 선택형).

사안의 경우 丙은 명의수탁자 乙이 보존등기명의자임을 기초로 102호를 매수하고 중도금을 지급한 후 소유권이전청구권가등기를 마친 자로서, 동법 제4조 3항의 제3자에 해당한다. 따라서 甲은 명의신탁약정 및 그 물권변동의 무효를 가지고 丙에 대하여 대항할 수 없다.

3) 소 결

법원은 甲의 丙에 대한 청구에 대하여 청구기각판결을 하여야 한다.

기출해설 2018년 3차 법전협모의 제2문

X 토지 소유자 甲에게는 처 乙과 아들 丙이 있었다. 甲이 2015. 1. 5. 사망한 후 乙과 丙은 丁과 1차 명의신탁약정을 체결하였다. 이에 따라 乙과 丙은 2015. 1. 15. X 토지에 관하여 甲으로부터 직접 丁에게 매매를 등기원인으로 하여 소유권이전등기를 경료해 주었다. 이후 2017. 2. 15. 乙은 X 토지 중 자신의 지분에 관하여 丙과 2차 명의신탁약정을 체결하였고, 같은 날 丙은 X 토지 전부에 관하여 丁으로부터 소유권이전등기를 마쳤다. **※ 아래 각 문제는 서로 독립적임.**

1. 그 후 丙이 X 토지 전부가 자신의 소유라고 주장한 경우, 乙은 X 토지 중 자신의 지분을 되찾기 위해서 丙을 상대로 어떠한 내용의 청구를 할 수 있는가? (20점)

2. 丙은 2017. 3. 15. 위와 같은 명의신탁 사실을 알고 있던 戊에게 X 토지를 당시의 시가에 따라 1억 원에 매각하기로 합의한 후, 위 합의에 좇아 戊로부터 같은 날 계약금 1,000만 원을, 같은 해 4. 15. 중도금 4,000만 원을, 같은 해 5. 15. 잔금 5,000만 원을 각 수령하였고, 위 잔금 수령과 동시에 戊 명의의 소유권이전등기를 마쳐주었다. **이 경우, 乙은 丙과 戊에 대하여 어떠한 내용의 청구를 할 수 있는가? (15점)**

사례D-37 명의신탁자의 소유권회복 방법, 양자간 명의수탁자의 처분행위와 신탁자의 권리

Ⅰ. 문제 1.의 경우(20)

1. 문제점

乙과 丙의 X토지에 대한 소유관계, 丁 명의의 1차 명의신탁과 丙 명의의 2차 명의신탁의 효력, 乙의 소유지분회복을 위한 방법이 문제된다.

2. 乙과 丙의 X토지에 대한 소유관계

상속인이 수인인 때에는 상속재산은 그 공유로 하며(제1006조), 피상속인 甲의 배우자인 乙과 직계비속인 丙의 상속지분은 1.5대 1이다(제1009조 2항). 따라서 乙과 丙은 X토지를 공유하며, X토지에 대한 지분은 각 3/5과 2/5이다.

3. 丁 명의의 1차 명의신탁의 효력

명의신탁약정은 무효이고 명의신탁약정에 따른 등기로 이루어진 부동산에 관한 물권변동도 무효이다(부동산실명법 제4조 1항, 동조 2항 본문). 따라서 X토지에 대한 丁 명의의 등기는 '전부무효'이다.

4. 丙 명의의 2차 명의신탁의 효력

(1) X토지 중 乙의 3/5지분에 대한 효력

2차 명의신탁약정 및 그에 관한 등기도 원칙적으로 무효이다. 따라서 X토지 중 3/5지분의 소유권은 여전히 乙에게 인정된다.

(2) X토지 중 丙의 2/5지분에 대한 효력

형식적 유효요건을 결여한 등기나 권리변동의 과정에 합치되지 않는 등기일지라도 일단 등기가 되었다면 현재의 권리상태에 부합하는 것일 경우 실체관계에 부합하는 등기로서 유효하다. 사안의 경우 X토지 중 2/5지분은 丙에게 실체적 권리가 인정되므로 현재 丙 명의의 등기는 2/5 범위에서 실체관계에 부합하는 유효한 등기에 해당한다.

5. 乙의 소유권지분 회복을 위한 丙에 대한 청구

(1) 청구의 근거

乙은 X토지의 3/5지분권자로서 소유권에 기한 방해제거로서 말소등기청구 또는 진정명의회복을 원인으로 한 소유권이전등기청구권을 행사할 수 있다(제214조). 양 청구권은 모두 소유권에 기한 방해배제청구권에 근거하므로 제214조의 요건을 구비해야 한다. 즉 ⅰ) 원고의 소유, ⅱ) 피고의 소유권이전등기경료, ⅲ) 등기의 원인무효일 것이 요구된다.

(2) 丁과 丙을 상대로 한 소유권이전등기말소청구

소유권이전등기말소의 방식으로 소유권을 회복하기 위해서는 무효등기명의인인 丁과 丙 모두를 상대로 승소판결을 받아야 한다. 따라서 乙은 丁을 상대로 丁 명의 등기 전부를 말소하는 판결을 받고, 丙을 상대로 丙 명의의 등기 중 실체관계에 부합하지 않는 3/5지분에 대하여 말소하는 판결을 받은 뒤, 상속을 원인으로 한 乙 자신 명의의 등기를 경료하여야 한다.

(3) 丙을 상대로 한 진정명의회복을 원인으로 하는 소유권이전등기청구

判例는 "이미 자기 앞으로 소유권을 표상하는 등기가 되어 있었거나 법률에 의하여 소유권을 취득한 자가 진정한 등기명의를 회복하기 위한 방법으로는 현재의 등기명의인을 상대로 그 등기의 말소를 구하는 외에 진정한 등기명의의 회복을 원인으로 한 소유권이전등기 절차의 이행을 직접 구하는 것도 허용되어야 할 것이다"(대판 1980.11.27, 전합89다카12398)라고 하여 실체관계에 부합하지 않는 무효의 등기가 경료된 경우에 이를 진실한 권리관계에 합치시키는 한 방법으로서 말소등기 대신에 진정한 권리자 명의로의 이전등기를 청구할 수 있다고 한다.
乙은 상속에 의해 X토지의 3/5지분권을 취득하였으므로 X토지의 최종명의인인 丙을 상대로 하여 丙 명의의 등기 중 실체관계에 부합하지 않는 3/5지분에 대하여 직접 乙 자신에게 이전등기할 것을 청구할 수 있다.

Ⅱ. 문제 2.의 경우(15)

1. 문제점

乙이 戊에 대하여 소유권에 기한 방해배제청구권을 행사할 수 있는지, 丙에 대해 부당이득반환청구 및 불법행위를 이유로 한 손해배상청구를 할 수 있는지 여부가 문제된다.

2. 戊에 대한 청구

(1) 명의신탁의 무효로써 대항할 수 있는지 여부

명의신탁약정은 무효이고(부동산실명법 제4조 1항), 그에 기초한 부동산물권변동도 원칙적으로 무효이다(동법 제4조 2항 본문). 그러나 명의신탁약정 내지 물권변동의 무효는 제3자에게 대항하지 못한다(동법 제4조 3항). 여기서 '제3자'라고 함은 선·악을 불문하고 명의신탁 약정의 당사자 및 포괄승계인 이외의 자로서 **'명의수탁자가 물권자임'을 기초로 그와의 사이에 '직접' 실질적으로 새로운 이해관계를 맺은 자**를 말한다(대판 2000.3.28. 99다56529 ; 대판 2001.6.26. 2001다5371).

(2) 사안의 경우

X토지의 2/5지분은 丙에게 소유권이 인정되므로 戊가 유효하게 소유권을 취득하였고, 3/5지분에 대해서도 戊는 수탁자 丙으로부터 X토지를 매수하였으므로 비록 戊가 명의신탁사실에 대해 알고 있었다 하더라도 乙은 명의신탁으로 인한 무효로 戊에게 대항할 수 없다. 따라서 乙은 戊에게 소유권에 기한 방해배제청구권을 행사할 수 없고, 무효등기를 주장할 권원도 인정되지 않는다.

3. 丙에 대한 청구[1)]

(1) 부당이득반환청구권의 발생여부

丙은 X토지를 戊에게 매도함으로써 1억 원의 대금을 받았는바, 이 중 乙의 지분에 해당하는 6천만 원에 대해서는 법률상 원인 없이 이익을 얻고, 乙에게 동액 상당의 손해를 주었으며, 丙의 이익과 乙의 손해 사이에 인과관계가 인정되므로 乙은 丙에 대해 부당이득반환청구권이 발생한다(제741조).

(2) 부당이득반환청구권의 범위

1) 악의의 수익자에 해당하는지 여부

악의의 수익자는 그 받은 이익에 이자를 붙여 반환하고 손해가 있으면 이를 배상하여야 하는 바(제748조 2항), 이때의 **'악의수익자'란 법률상 무원인을 야기하는 사정뿐만 아니라 그 법적 효과도 의식하면서 이득한 자**를 말한다(대판 2010.1.28, 2009다24187,24194). 즉, 자신의 이익 보유가 법률상 원인 없는 것임을 인식하는 것을 말하고, 그 이익의 보유를 법률상 원인이 없는 것이 되도록 하는 사정, 즉 부당이득반환의무의 발생요건에 해당하는 사실이 있음을 인식하는 것만으로는 부족하다(대판 2018.4.12. 2017다229536).

2) 사안의 경우

丙이 명의수탁자로서 명의신탁사실을 알고 있다는 이유만으로는 악의의 수익자라고 단정할 수 없다. 이 경우 乙이 제기한 부당이득반환소송에서 丙이 패소한 때에는 소장부본 송달일의 다음 날부터 악의의 수익자로 의제되어 다 갚는 날까지 乙에게 6천만 원에 대한 법정이자분의 손해배상액을 가산하여 반환하여야 한다(제749조 2항).

만약 丙이 명의신탁사실뿐만 아니라 그것이 부동산실명법상 무효라는 사실까지 알았다면 ① 매매대금 1억 원 중 6,000만 원 및 ② '6,000만 원에 대한 법정이자'로서 계약금 1,000만 원 중 600만 원에 대해서는 2017.3.15.부터 다 갚는 날까지 연 5%, 중도금 4,000만 원 중 2,400만 원에 대해서는 2017.4.15.부터 다 갚는 날까지 연 5%, 잔금 5,000만 원 중 3,000만 원에 대해서는 2017.5.15.부터 다 갚는 날까지 연 5%의 손해배상액을 가산하여 반환하여야 한다(제748조 2항).

---

1) **[불법행위로 인한 손해배상청구권]** 丙은 고의로 乙의 지분까지 매도하여 乙에게 손해를 끼쳤으므로 불법행위손해배상책임을 진다(제750조). 이 경우 부당이득반환청구권과 경합이 가능하여 乙은 어느 것이라도 선택하여 행사할 수 있지만 중첩적으로 행사할 수는 없다"(대판 1993.4.27, 92다56087).

기출해설 2023년 변호사시험 제2문

〈 기초적 사실관계 〉

甲은 2022. 2. 1. A로부터 A 소유의 X토지 및 Y토지를 대금 각 1억 원에 매수하고, 위 대금을 모두 지급하였다. 이어서 甲은 2022. 3. 31.「부동산등기법」에 따라 ① X토지에 관하여는 甲 명의의 소유권이전등기의 등기신청정보를 전산정보처리조직에 저장하였고, ② Y토지에 관하여는 그 등기 명의만을 乙로 하기로 하는 乙과의 합의 및 이에 대한 A의 협조하에 乙 명의의 소유권이전등기의 등기신청정보를 전산정보처리조직에 저장하였다. 이에 따라 등기관은 2022. 4. 4. 전산정보처리조직을 이용하여 각 등기부에 위 소유권이전등기에 관한 등기사항을 기록함으로써 등기사무를 처리한 뒤 나머지 후속절차까지 모두 마쳤다.

1. 위 각 토지에 관한 등기가 모두 마쳐진 상태에서, 2022. 4. 1.을 기준으로 X토지 및 Y토지의 각 소유자는 누구인가? (10점)

〈 추가적 사실관계 〉

甲의 대여금 채권자 丙은 2022. 6. 1. 대여금채권의 변제에 갈음하여 甲으로부터 Y토지의 소유권을 이전받기로 약정하고, 같은 날 乙로부터 직접 丙 명의의 소유권이전등기를 마쳤다. 그 후 갑자기 Y토지의 시가가 폭등하자, Y토지에 관한 乙 명의의 소유권이전등기 과정을 잘 알고 있던 A는 Y토지를 되찾아올 목적으로, 丙을 상대로 Y토지에 관하여 진정명의회복을 원인으로 한 소유권이전등기 청구의 소를 제기하였다.

2. A의 丙에 대한 위 소유권이전등기청구 소송에서, 丙은 ① 자신은「부동산 실권리자명의 등기에 관한 법률」제4조 제3항의 '제3자'에 해당하고, ② 자신 명의의 소유권이전등기는 실체관계에 부합한다고 항변하였다. A의 丙에 대한 청구는 인용될 수 있는가? (25점)

사례D-38 중간생략형 등기명의신탁, 부동산실명법 제4조 3항★

Ⅱ-1. 제2문의 1. 문제 1.(10)

1. X토지의 소유자

등기신청은 대법원규칙으로 정하는 등기신청정보가 전산정보처리조직에 저장된 때 접수된 것으로 본다(부동산등기법 제6조 1항). 동법 제11조 1항에 따른 등기관이 등기를 마친 경우 그 등기는 **'접수한 때'**부터 효력을 발생한다(동법 제6조 2항). 사안의 경우 X토지는 甲이 2022. 3. 31. 동법에 따라 甲명의의 소유권이전등기의 등기신청정보를 전산정보처리조직에 저장하였는바, 등기관이 등기를 마친 경우 그 등기는 접수한 때부터 효력을 발생하므로 2022. 4. 1. 기준으로 X토지 소유자는 甲이다.

2. Y토지의 소유자

(1) 甲과 乙의 명의신탁의 유형

앞서 X토지에서 검토한 바에 따르면 2022. 4. 1. 기준으로 Y토지 소유자는 乙인 것으로 보인다. 다만 실제 매매계약을 체결한 자는 甲인바, 乙명의 등기가 부동산 실권리자 명의 등기에 관한 법률(이하 '부동산실명법'이라 한다)에 위반되어 무효는 아닌지 문제된다. 부동산 명의신탁에 있어서도 계약 당사자의 확정 문제는 결국 법률행위의 해석문제이다. 따라서 법률행위해석(자연적, 규범적 해석)[1)]을 통해 '명의수탁자'가 계약의 당사자로 결정되는 경우에는 '계약명의신탁'에 해당할 것이지만, '명의신탁자'가 계약의 당사자로 결정되는 경우에는 '3자간 등기명의신탁'에 해당할 것이다. 사안에서 甲은 A와 당사자로서 매매계약을 체결하고 매매대금도 완납하였으나 등기명의는 乙로 하기로 乙과 합의 하고, A의 협조 하에 결국 乙명의로 등기가 되었으므로 이는 '3자간 등기명의신탁'에 해당한다.

(2) 2022. 4. 1.을 기준 Y토지의 소유자

명의신탁약정은 무효이고(부동산실명법 제4조 1항), 그에 기초한 부동산물권변동도 원칙적으로 무효이다(동법 제4조 2항 본문). 따라서 사안에서 甲과 乙 사이의 '3자간 등기명의신탁'은 무효이고, 수탁자 乙명의로 마쳐진 소유권이전등기도 무효이다. 그러므로 2022. 4. 1. 기준으로 Y토지 소유자는 여전히 A이다

Ⅱ-2. 제2문의 1. 문제 2.(25)

1. 문제점

A의 진정명의회복을 원인으로 하는 이전등기청구권은 물권적 청구권이므로 제214조의 요건을 구비해야 한다. 따라서 ⅰ) 청구권자는 **현재의 소유권자**, 즉 ㉠ 이미 자기 앞으로 소유권을 표상하는 등기가 되어 있었거나, ㉡ 법률에 의하여 소유권을 취득한 자에 한한다(대판 1980.11.27, 전합89다카12398). ⅱ) 상대방은 무효의 등기 등을 함으로써 현재 소유권의 행사를 방해하는 자이어야만 한다. 따라서 A는 이미 자기 앞으로 소유권을 표상하는 등기가 되어 있었으므로 丙의 등기가 A의 소유권을 방해하는 원인무효의 등기인지를 丙의 항변을 중심으로 검토한다.

2. 丙이 부동산실명법 제4조 3항의 제3자에 해당하는지 여부

(1) 부동산실명법 및 판례의 태도

명의신탁약정은 무효이고(동법 제4조 1항), 그에 기초한 부동산물권변동도 원칙적으로 무효이다(동법 제4조 2항 본문). 그러나 명의신탁약정 내지 물권변동의 무효는 제3자에게 대항하지 못한다(동법 제4조 3항).

判例에 따르면 여기서 '제3자'라고 함은 **선·악을 불문**하고 명의신탁 약정의 당사자 및 포괄승계인 이외의 자로서 **'명의수탁자가 물권자임' 을 기초로 그와의 사이에 '직접' 실질적으로 새로운 이해관계를**

---

1) **[관련판례]** 먼저 ① '자연적 해석'을 통하여 행위자와 상대방의 의사가 '일치'한 경우에는 그 일치하는 의사대로 행위자 또는 명의자의 행위로 확정하고, ② 그러한 일치하는 의사를 확정할 수 없는 경우에는 '규범적 해석'을 통하여 '상대방'이 행위자의 표시를 어떻게 이해했어야 하는가에 따라 당사자가 결정되어야 한다(대판 1995.9.29. 94다4912).

맺은 자를 말하고, 이와 달리 오로지 '명의신탁자'와 부동산에 관한 물권을 취득하기 위한 계약을 맺고 단지 등기명의만을 명의수탁자로부터 받은 것과 같은 외관을 갖춘 자는 동 조항의 제3자에 해당하지 않는다고 한다. 그러므로 자신의 등기가 실체관계에 부합하여 유효라고 주장하는 것은 별론으로 하더라도, 위 규정을 들어 자신의 등기가 유효하다는 주장은 할 수 없다고 한다(대판 2008.12.11. 2008다45187 : 4회 선택형).

(2) 사안의 경우

丙은 수탁자 乙이 Y토지의 소유권자임을 기초로 그와의 사이에 '직접' 이해관계를 맺은 것이 아니라 신탁자 甲으로부터 Y토지의 소유권을 이전받기로 약정하고, 단지 등기 명의만을 같은 날 乙로부터 직접 丙 명의로 경료받은 것이므로 부동산실명법 제4조 3항의 '제3자'에 해당하지 않는다.

3. 丙 명의의 등기가 실체관계 부합하는지 여부

(1) 실체관계에 부합하는 등기 및 판례의 태도

실체관계에 부합한다는 것은 i) 등기명의인 앞으로 현재와 같은 등기가 행하여져야 할 **'실체적 권리'**가 있고, ii) 동시이행의 항변권 등을 포함하여 등기의무자에게 등기의무의 이행을 거절할 정당한 사유가 없는 것, 즉 **'등기청구권의 실현에 장애'**가 없어야 한다.

判例에 따르면 오로지 '명의신탁자'와 부동산에 관한 물권을 취득하기 위한 계약을 맺고 단지 등기명의만을 명의수탁자로부터 경료받은 것 같은 외관을 갖춘 자도 자신의 등기가 실체관계에 부합하는 등기로서 유효하다는 주장은 할 수 있다고 본다(대판 2008.12.11. 2008다45187, 대판 2022.9.29. 2022다228933).

(2) 사안의 경우

判例에 따르면 신탁자 甲은 매도인 A에 대하여 유효한 매매계약에 기한 소유권이전등기를 청구할 수 있고, 그 소유권이전등기청구권을 보전하기 위해 매도인 A를 대위하여 수탁자 乙명의의 등기의 말소를 구할 수 있다(대판 2002.3.15. 2001다61654). 이러한 甲으로부터 丙은 대여금채권의 변제에 갈음하여 Y토지의 소유권을 이전받기로 약정하였으므로 丙은 자신의 등기가 실체관계에 부합하는 등기로서 유효하다고 주장할 수 있다.

4. 사안의 해결

丙의 부동산실명법 제4조 3항의 '제3자'에 해당한다는 주장은 타당하지 않으나, 丙 명의의 등기는 실체관계에 부합하는 등기라는 주장은 타당하다. 따라서 A의 丙에 대한 청구는 기각되어야 한다.

기출해설

2016년 변호사시험 제2문

【기초적 사실관계】 A 주식회사(이하 'A 회사'라 한다)의 대표이사 甲은 경매가 진행 중인 B 소유의 X 부동산(이하 '이 사건 부동산'이라 한다)을 경매 절차에서 매수하려고 계획하고 있었는데, A 회사의 금융기관에 대한 수억 원의 채무를 연대보증하게 되었다. 甲은 자신의 명의로 재산을 취득하는 경우 강제집행을 당할 우려가 있어 2014. 5. 1. A 회사의 이사로 근무하는 乙과의 사이에 乙의 명의로 경매에 참가하여 이 사건 부동산을 취득한 뒤, 향후 乙은 甲이 요구하는 경우 언제든지 甲에게 소유권을 반환하기로 하는 약정을 하였다. 2014. 6. 20. 이 사건 부동산에 대한 경매절차에서 乙이 경매에 참가하여 그 명의로 매각허가결정을 받자, 위 약정에 따라 甲은 2014. 6. 21. 乙에게 매각대금 3억 원을 지급하였고, 乙은 2014. 6. 24. 甲으로부터 교부받은 매각대금 3억 원 전액을 경매법원에 납입한 후, 2014. 8. 1. 乙 명의로 서울중앙지방법원 2014. 8. 3. 접수 제12221호로 소유권이전등기를 마쳤다.

그런데 「부동산 실권리자명의 등기에 관한 법률」을 잘 알고 있는 乙은 A 회사의 자금사정이 악화되어 A 회사로부터 급여를 제대로 지급받지 못하자 2014. 10. 1. 이 사건 부동산의 명의신탁 사실을 잘 아는 丙에게 이 사건 부동산을 매각하고 그 앞으로 서울중앙지방법원 2014. 10. 5. 접수 제12378호로 매매를 원인으로 한 소유권이전등기를 마쳐 주었다. 甲은 乙과 丙으로부터 이 사건 부동산의 소유권을 넘겨받기를 원하나, 만약 부동산 소유권을 넘겨받을 수 없다면 금전적으로나마 손해를 보전받기를 원한다. **※ 아래의 각 문제는 독립적이며, 공휴일 여부는 고려하지 말 것**

1. 甲이 丙을 상대로 소유권이전등기말소를 청구하는 소를 제기하는 경우 그 청구에 대한 결론[각하, 청구전부인용, 청구일부인용, 청구기각]을 그 논거와 함께 서술하시오.(15점)

2. 甲이 乙을 상대로 다음과 같은 내용의 부당이득의 반환을 청구하는 소를 제기하는 경우 그 청구에 대한 결론[각하, 청구전부인용, 청구일부인용(이 경우 구체적 인용범위를 기재할 것), 청구기각]을 그 논거와 함께 서술하시오. (25점) 단, 이 사건 부동산의 취득과 관련하여 발생한 취득세, 등록비용 기타 취득비용, 이자에 대한 지연손해금은 고려하지 말 것. 이 사건 소는 2015. 8. 1. 제기되었고, 제1심 변론종결일은 2015. 12. 28.이다.

【청구취지】

1. 피고는 원고에게 금 3억 원 및 이에 대한 2014. 6. 22.부터 이 사건 소장 부본 송달일까지는 연 5%의, 그 다음 날부터 다 갚는 날까지는 연 20%의 각 비율로 계산한 돈을 지급하라. (이하 생략)

[참고 법령] 〈구 소송촉진등에관한특례법제3조제1항본문의법정이율에관한규정〉

전부개정 2003.05.29. [대통령령 제17981호, 시행 2003.06.01.]

소송촉진등에관한특례법 제3조 제1항 본문의 규정에 의한 법정이율은 연 2할로 한다.

〈소송촉진 등에 관한 특례법 제3조 제1항 본문의 법정이율에 관한 규정〉

전부개정 2015.09.25. [대통령령 제26553호, 시행 2015.10.01.]

「소송촉진 등에 관한 특례법」 제3조 제1항 본문에 따른 법정이율은 연 100분의 15로 한다.

부칙 〈대통령령 제26553호, 2015. 9. 25.〉

제1조(시행일) 이 영은 2015년 10월 1일부터 시행한다.

제2조(경과조치) ① 이 영의 개정규정에도 불구하고 이 영 시행 당시 법원에 계속 중인 사건으로서 제1심의 변론이 종결된 사건에 대해서는 종전의 규정에 따른다. ② 이 영 시행 당시 법원에 계속 중인 사건으로서 제1심의 변론이 종결되지 아니한 사건에 대한 법정이율에 관하여는 2015년 9월 30일까지는 종전의 규정에 따른 이율에 의하고, 2015년 10월 1일부터는 이 영의 개정규정에 따른 이율에 의한다.

【변경된 사실관계】 이 사건 부동산에 대한 경매절차의 매각허가결정일은 1995. 6. 21.이고, 乙은 매각대금을 1995. 6. 24.에 완납하고, 같은 날 그 소유권이전등기를 마쳤다. 乙 앞으로 소유권이전등기가 마쳐진 이래 이 사건 소 제기일인 2015. 1. 5. 현재까지 소유권이전등기 명의는 변경된 적이 없고, 이 사건 부동산은 甲이 계속 점유해 오고 있다.

3. 甲이 乙을 상대로 부당이득을 원인으로 하여 이 사건 부동산의 소유권이전등기를 청구하는 소를 제기하였다(금전적 청구는 하지 아니하였음). 이에 대하여 乙은 甲에게 이 사건 부동산에 대한 등기청구권이 있다고 하더라도, 이 등기청구권은 소멸시효가 완성되었다고 주장하였다. 甲은 다시 자신이 이 사건 부동산을 점유해온 이상 소멸시효가 진행되지 아니한다고 주장하였다. 甲의 청구에 대한 결론(각하, 청구전부인용, 청구일부인용, 청구기각)을 그 논거와 함께 서술하시오. (20점)

사례D-39 계약명의신탁에서 매도인이 선의인 경우(부동산실명법 시행 전과 후)★

Ⅰ. 설문 1.의 경우(15)

1. 결 론

甲의 丙에 대한 소유권이전등기말소청구는 '청구기각'되어야 한다.

2. 논 거

(1) 문제점

甲의 丙에 대한 소유권이전등기말소청구가 인용되기 위해서는 ⅰ) 원고 甲이 X부동산의 소유자인 사실, ⅱ) 피고 丙 명의의 소유권이전등기 경료사실, ⅲ) 피고 丙 명의의 등기가 원인무효인 사실을 甲이 주장 · 증명해야 하는바(제214조), 사안에서는 특히 ⅰ), ⅲ) 요건이 문제된다.

(2) 甲이 X부동산의 소유자인지 여부

1) 경매[1]의 당사자

判例가 판시하는 바와 같이 "부동산경매절차에서 부동산을 매수하려는 甲이 매수대금을 자신이 부담하면서 다른 사람 乙의 명의로 매각허가결정을 받기로 그 다른 사람과 약정함에 따라 매각허가가 이루어진 경우 그 경매절차에서 매수인의 지위에 서게 되는 사람은 어디까지나 그 명의인인 乙이다"(대판 2005.4.29, 2005다664).

1) ★ 경매는 법원이 소유자의 의사와는 관계없이 강제적으로 매매하는 것으로써 그 효력은 일반 매매와 다를 것이 없으므로 실제 경매인이 제3자의 명의를 빌려 경매를 받는 명의신탁의 법률관계는 일반 매매에서의 명의신탁의 법률관계와 같다. 이하에서는 이를 전제로 검토한다.

2) 甲과 乙사이 약정의 내용 및 유효여부

① 判例는 매매계약 외에 부동산경매절차에서 사안과 같이 매수대금을 부담하면서 타인 명의(乙)를 빌리기로 약정하여 타인 명의(乙)로 경락받은 것도 **'계약명의신탁'** 의 한 형태로 인정한다(대판 2005.4.29, 2005다664). 따라서 2014. 5. 1. 甲과 乙 사이에 체결된 계약명의신탁 약정은 부동산 실권리자명의 등기에 관한 법률(이하 '부동산실명법')의 시행일(1995.7.1.) 이후에 체결되었고, 동법의 적용예외 사유(동법 제8조 등)에도 해당하지 않으므로 **명의신탁자 甲과 수탁자 乙간의 명의신탁계약은 무효가 된다(부동산실명법 제4조 1항).**

② 또한 사안에서 甲과 乙 사이에는 수탁자 乙이 X부동산을 경락받아 이 사건 부동산에 관하여 乙 명의로 소유권이전등기를 마치기로 하는 **'위임계약' 이 존재한다고 볼 수 있으나, 이 또한 '일부무효 법리' 에 따라 무효**가 된다(제137조 본문)(대판 2015.9.10. 2013다55300참고). 왜냐하면 명의신탁약정과 위임계약은 동시에 체결되고(일체성), 양자는 별개의 계약이며(분할가능성), 신탁자와 수탁자는 그 중 명의신탁약정이 무효임을 알았더라면 위임계약을 체결하지 않았을 것이기 때문이다(가정적 의사).

③ 또한 判例가 판시하는 바와 같이 "부동산경매절차에서 매수대금의 실질적 부담자인 甲과 명의인 乙간에 명의신탁관계가 성립한 경우, 그들 사이에 **매수대금의 실질적 부담자인 甲의 지시에 따라 부동산의 소유 명의를 이전**하거나 그 처분대금을 반환하기로 약정하였다 하더라도, 이는 부동산 실권리자명의 등기에 관한 법률에 의하여 무효인 명의신탁약정을 전제로 명의신탁 부동산 자체 또는 그 처분대금의 반환을 구하는 범주에 속하는 것이어서 **역시 무효**라고 보아야 한다"(대판 2006.11.9. 2006다35117 ; 대판 2015.9.10. 2013다55300).

결국 甲과 乙 사이의 ① 명의신탁 계약, ② 위임계약 및 ③ 그와 관련한 반환약정은 효력이 없으므로 甲은 X부동산의 소유권을 취득할 수 없다.

(3) 丙명의 등기가 원인무효인지 여부

1) 乙명의 등기의 유효성

甲과 乙 사이의 명의신탁약정이 무효라고 하더라도 이는 경락의 효력에는 영향을 주지 않는다. 그리고 사안에서는 경매가 이루어진 경우이므로 경매법원이 甲과 乙사이의 명의신탁약정을 알았다는 사정이 없으므로 위 경락은 유효하며, 乙은 경락대금을 완납한 때 즉시 소유권을 취득한다(대판 2005.4.29, 2005다664)[2](부동산실명법 제4조 2항 단서, 제187조).

2) 丙명의 등기의 유효성

부동산실명법 제4조 2항 단서에 의해 乙은 완전한 소유권을 취득한다. 따라서 소유자인 乙로부터 X부동산을 매수한 丙은 명의신탁에 대한 악의여부를 불문하고 유효한 소유권을 취득한다. 다만 **이는 부동산실명법 제4조 3항의 제3자 보호규정과 무관하게 수탁자 乙이 소유권을 갖고 있어서 그 처분행위가 유효한 결과일 뿐이다.**

---

2) ★ 동일한 사안에서 判例도 부동산실명법 제4조 2항 단서를 인용하고 있지 않고 있으나 "당해 경매절차에서 매수인의 지위에 서게 되는 사람은 어디까지나 그 명의인이므로 경매 목적 부동산의 소유권은 매수대금을 실질적으로 부담한 사람이 누구인가와 상관없이 그 명의인이 취득한다"(대판 2005.4.29, 2005다664)고 판시하고 있는바, 타당하다(하경일, '타인명의의 부동산경락과 명의신탁관계의 성립 여부', 월간 경영법무(통권91호), p.31)

Ⅱ. 설문 2.의 경우(25)

1. 결 론

甲의 乙에 대한 부당이득반환청구는 "피고는 원고에게 3억 원 및 이에 대한 2014. 6. 22.부터 이 사건 소장부본 송달일까지는 연 5%의, 그 다음 날부터 2015. 9. 30.까지는 연 20%의, 그 다음 날부터 다 갚는 날까지는 연 15%의 비율로 계산한 돈을 지급하라."는 '청구일부인용'이 되어야 한다.

2. 논 거

(1) 甲의 乙에 대한 부당이득반환청구권의 인정여부 및 대상

앞에서 본 바와 같이 명의신탁약정 및 위임계약 등은 무효이므로, 명의신탁자 甲은 명의수탁자 乙에게 위임계약(제684조 2항)에 기하여 또는 명의신탁 해지를 원인으로 이 사건 부동산의 소유권이전을 청구할 수는 없다. 그렇다면 判例가 판시하는 바와 같이 "**계약명의신탁약정이 부동산실명법 시행 후인 경우에는 명의신탁자 甲은 애초부터 이 사건 부동산의 소유권을 취득할 수 없었으므로 위 명의신탁약정의 무효로 인하여 명의신탁자 甲이 입은 손해는 이 사건 부동산 자체가 아니라 '명의수탁자 乙에게 제공한 매수자금'이라 할** 것이고, 따라서 명의수탁자 乙은 이 사건 부동산 자체가 아니라 명의신탁자 甲으로부터 제공받은 매수자금을 부당이득하였다고 할 것이다"(대판 2005.1.28, 2002다66922 : 3회 · 4회 · 7회 선택형). 그러나 소유권을 취득하게 된 수탁자 乙이 이 사건 부동산을 제3자 丙에게 처분하여 받은 대금은 신탁자에 대해 부당이득이 되는 것은 아니다(대판 2008.9.11. 2007다24817).

(2) 불법원인급여 해당여부

判例가 판시하는 바와 같이 "**설사 법률의 금지함(강행규정)에 위반한 경우라 할지라도** 그것이 선량한 풍속 기타 사회질서에 위반하지 않는 경우에는 민법 제746조의 불법에 해당하지 않는다"(대판 1983.11.22, 83다430 등 다수). 사안의 경우 "부동산실명법이 규정하는 명의신탁약정은 그 자체로 선량한 풍속 기타 사회질서에 위반하는 경우에 해당한다고 단정할 수 없어, 무효인 명의신탁약정에 기하여 타인 명의의 등기가 마쳐졌다는 이유만으로 그것이 당연히 불법원인급여에 해당한다고 볼 수 없다"(대판 2003.11.27, 2003다41722).

(3) 甲의 乙에 대한 부당이득반환청구의 구체적인 인정범위

1) 乙이 악의의 수익자인지 여부

부당이득의 경우 선의의 수익자는 그 받은 이익이 현존한 한도에서 책임이 있고, 악의의 수익자는 그 받은 이익에 이자를 붙여 반환하고 손해가 있으면 이를 배상하여야 한다(제748조). 한편 判例가 판시하는 바와 같이 "여기서 '악의'라고 함은, 자신의 이익 보유가 법률상 원인 없는 것임을 인식하는 것을 말하고, 그 이익의 보유를 법률상 원인이 없는 것이 되도록 하는 사정, 즉 부당이득반환의무의 발생요건에 해당하는 사실이 있음을 인식하는 것만으로는 부족하다"(대판 2010.1.28. 2009다24187,24194).

설문에서 명의수탁자 乙은 부동산실명법을 잘 알고 있었다고 하므로 당해 계약명의신탁약정이 부동산실명법 제4조 1항에 의하여 무효임을 알았다고 볼 수 있어, 그 금전의 보유에 관하여 법률상 원인 없음을 알았다고 봄이 타당하다. 따라서 乙은 甲으로부터 매수대금을 지급받은 2014. 6. 21.부터 악의의 수익자라고 보아야 한다.

2) 소송촉진법[3] 적용여부 등

① 乙은 甲으로부터 매수대금 3억 원을 지급받은 2014. 6. 21.부터 악의의 수익자이므로 원칙적으로 이때부터 이자를 지급할 의무가 있으나, 甲이 2014. 6. 22.부터 이 사건 소장부본 송달일까지 연 5%의 비율에 의한 금액으로 청구하였으므로 처분권주의에 따라 그 범위 내에서 인용된다.

② 또한 부당이득반환의무는 채무이행의 기한이 없는 경우로서 채무자는 이행청구를 받은 때(구체적으로는 그 다음날부터)로부터 '지체책임'이 있다(제387조 제2항). 따라서 이 사건 소장부본이 송달된 다음 날부터 '소송촉진 등에 관한 특례법'(이하 '소송촉진법'이라 한다) 상의 이율에 따른 지연이자를 구할 수 있는데, 개정 소송촉진법은 그 부칙 제2조 2항에서 개정된 대통령령 시행 당시(2015.10.1.) 법원에 계속 중인 사건으로서 제1심의 변론이 종결(2015.12.28.)되지 아니한 당해사건과 같은 경우는 2015. 9. 30.까지는 구 소송촉진법상 이율에 의할 것을 규정하고 있다. 그러므로, 이 사건 소장부본 송달일 다음 날부터 2015. 9. 30.까지는 구법에 따라 연 20%의, 그 다음 날부터 다 갚는 날까지는 신법에 따라 연 15%의 각 비율에 의한 지연이자를 구할 수 있다.

Ⅲ. 설문 3.의 경우(20)

1. 결 론

甲의 乙에 대한 부당이득을 원인으로 하는 소유권이전등기청구권은 '청구기각'되어야 한다.

2. 논 거

(1) 甲과 乙사이 명의신탁약정의 유효여부

甲과 乙 사이에 체결된 계약명의신탁은 부동산실명법 시행일인 1995. 7. 1. 이전에 체결되어 당해 법의 적용이 없는바, 判例가 판시하는 바와 같이 이러한 명의신탁은 통정허위표시가 아니라 원칙적으로 유효하다(대판 1994.2.8, 92다31675 등). 그러나 부동산실명법 제11조의 유예기간인 1996. 6. 30.을 경과하면 명의신탁약정 등의 효력에 관하여는 제4조가 적용되므로(동법 제12조 1항), 결국 甲과 乙 사이의 명의신탁약정은 무효이다(부동산실명법 제4조 1항).

(2) 甲의 乙에 대한 이 사건 부동산에 관한 부당이득반환청구 가부

判例가 판시하는 바와 같이 "**부동산실명법 시행일로부터 1년의 기간**(유예기간)**이 경과하기 전까지는 명의신탁자 甲은 언제라도 명의신탁을 해지하여 이 사건 부동산의 소유권을 취득할 수 있었다는 점에서,** 그 유예기간이 경과한 후에는 동법 제12조 1항에 의해 제4조가 적용되어 계약명의신탁법리가 적용된다고 하더라도, 동법 제3조 및 제4조가 명의신탁자에게 소유권이 귀속되는 것을 막는 취지의

3) [참고법령] 〈소송촉진 등에 관한 특례법 제3조 제1항 본문의 법정이율에 관한 규정〉 전부개정 2019.5.21.
「소송촉진 등에 관한 특례법」 제3조 제1항 본문에서 '대통령령으로 정하는 이율'이란 연 100분의 12를 말한다.
부칙 〈제29768호,2019.5.21〉
제1조(시행일) 이 슈은 2019년 6월 1일부터 시행한다.
제2조(경과조치) ①항 이 슈 시행 당시 법원에 계속 중인 사건으로서 제1심의 변론이 종결된 사건에 대한 법정이율은 이 슈의 개정규정에도 불구하고 종전의 규정에 따른다. ②항 이 슈 시행 당시 법원에 계속 중인 사건으로서 제1심의 변론이 종결되지 아니한 사건에 대한 법정이율은 2019년 5월 31일까지 발생한 분에 대해서는 종전의 규정에 따르고, 2019년 6월 1일 이후 발생하는 분에 대해서는 이 슈의 개정규정에 따른다.

규정은 아니므로 이 경우에는 **명의수탁자 乙은 명의신탁자 甲에게 자신이 취득한 해당 'X부동산 자체'를 부당이득으로 반환할 의무가 있다**"(대판 2002.12.26. 2000다21123 ; 대판 2008.11.27. 2008다62687).

(3) 乙의 소멸시효 완성 주장의 당부

사안의 경우 判例가 판시하는 바와 같이 명의신탁자 甲이 이 사건 부동산의 회복을 위해 명의수탁자 乙에 대해 가지는 이러한 소유권이전등기청구권은 그 성질상 법률의 규정에 의한 부당이득반환청구권으로서, 제162조 1항에 따라 10년의 기간이 경과함으로써 시효로 소멸한다(대판 2009.7.9. 2009다23313). 즉, 실명전환 유예기간이 경과하는 시점(부당이득반환청구권을 행사할 수 있는 시점)인 1996. 6. 30.부터 2006. 6. 30.이 경과하는 시점에서 원칙적으로 소멸시효가 완성한다.

(4) 甲의 소멸시효 중단 항변의 당부

判例는 매매계약에 따른 매수인의 매도인에 대한 소유권이전등기청구권과 관련해서는 매수인이 목적물을 사용·수익하고 있다면 권리 위에 잠자는 것으로 볼 수 없다 할 것이어서, 매수인이 등기청구권을 '행사'하고 있는 것으로 보아 등기청구권은 시효소멸하지 않는다"(대판 1976.11.6, 전합76다148)고 하나, 사안과 같은 **명의신탁 실명비전환자의 소유권이전등기청구권은 명의신탁자가 목적물을 점유하고 있더라도 소멸시효에 걸린다**고 한다(대판 2009.7.9. 2009다23313)

검토하건대, 만약 이 경우 소멸시효가 진행되지 않는다고 한다면 실명전환을 하지 않아 위 법률을 위반한 경우임에도 그 권리를 보호하여 주는 결과가 되므로 判例의 태도는 타당하다(위 2009다23313판시내용). 따라서 甲의 乙에 대한 부당이득을 원인으로 하는 소유권이전등기청구권은 2006. 6. 30. 24 : 00에 소멸시효가 완성하였다.

기출해설

2015년 법무사시험 제2문

甲 소유의 X토지에 대하여 강제경매절차가 개시되자, 乙은 그 경매절차에 참가하여 2014. 5.경 X토지에 대한 매각허가를 받고 그 대금납입기일에 매각대금을 완납하였다. 그런데 위 매각대금의 출처는, X토지 대한 경매절차가 개시되자 甲이 그 아들인 乙에게 위 경매절차에 참가하여 X토지를 낙찰받으라고 그 매수자금 전액을 마련하여 준 것이었다. ※ 아래 각 문항은 별개의 사안임

1. 위 X토지의 소유자는 누구인가? 그 결론과 논거를 간략하게 설명하시오. (40점)
2. 乙은 매각대금을 완납한 다음 X토지에 관하여 그 명의로 소유권이전등기도 마쳤다. 그런 연후 甲이 丙에게 X토지를 적정한 가격에 매도하고 乙의 협조하에 丙에게 그 소유권이전등기를 마쳐 주었다면, 甲의 위 매도행위는 甲의 일반채권자를 해하는 사해행위가 될 수 있는가? 이와 달리 乙이 丙에게 X토지를 매도하고 그 소유권이전등기를 마쳐주었다면, 乙의 위 매도행위는 乙의 일반채권자를 해하는 사해행위가 될 수 있는가? 그 결론과 논거를 간략하게 설명하시오.(甲과 乙은 모두 채무초과의 상태에 있고, X토지 외에는 다른 재산도 없다고 가정할 것) (30점)
3. 乙은 그 명의로 소유권이전등기를 마친 X토지에 관하여 丁과 명의신탁양정을 맺고 丁 앞으로 그 소유이전등기를 마쳐주었다. 그러던 중 丁이 그 등기명의가 자기 앞으로 되어 있음을 기화로 X토지를 戊에게 매도하고 소유권이전등기까지 마쳐주었다. 그 후 우연히 X토지에 대하여 강제경매절차가 개시된 사실을 알게 된 丁은 위 경매절차에서 X토지를 낙찰받아 그 소유권을 취득하였다. 이 경우 乙은 丁을 상대로 X토지에 관하여 소유권에 기한 물권적 청구권으로서 진정명의 회복을 원인으로 한 소유권이전등기절차의 이행을 구할 수 있는가? 그 결론과 논거를 간략하게 설명하시오. (30점)

사례D-40 계약명의신탁에서 매도인이 선의인 경우, 채권자취소권★

Ⅰ. 설문 1.의 경우(40)

1. 결 론

X토지의 소유자는 乙이다.

2. 논 거

(1) 부동산경매절차에서의 계약당사자 확정

1) 판 례

"부동산경매절차에서 부동산을 매수하려는 사람이 매수대금을 자신이 부담하면서 다른 사람의 명의로 매각허가결정을 받기로 그 다른 사람과 약정함에 따라 매각허가가 이루어진 경우, 그 경매절차에서 **매수인의 지위에 서게 되는 사람은 그 명의인이므로 경매 목적 부동산의 소유권은** 매수대금을 실질적으로 부담한 사람이 누구인가와 상관없이 **그 명의인이 취득하고**, 이 경우 매수대금을 부담한 사람과 이름을 빌려 준 사람 사이에는 (계약)**명의신탁관계가 성립한다**"(대판 2005.4.29, 2005다664).

2) 사안의 경우

사안의 경우 乙이 경매절차에 참여하여 매각대금을 완납한 이상 그 매각대금의 출처를 불문하고 경매절차의 매수인은 乙이다. 따라서 이 경우 甲과 乙 사이에는 계약명의신탁관계가 성립한다.

(2) 甲과 乙 사이의 계약명의신탁약정의 효력 및 이에 따른 물권변동의 효력

1) 명의신탁약정 및 위임계약의 효력

계약명의신탁의 경우 일반적으로 신탁자와 수탁자 사이에는 명의신탁약정 외에 수탁자를 수임인으로 하는 부동산 매수의 위임계약이 존재한다. 다만, 명의신탁약정은 특별한 사정이 없는 한 무효이고(부동산실명법 제4조 1항), 또한 '일부무효 법리'에 따라 위임계약도 무효가 된다(제137조 본문)(대판 2015.9.10. 2013다55300참고). 따라서 甲과 乙 사이의 명의신탁약정 및 위임계약은 무효이다. 다만, 이러한 사정은 X토지 경매의 효력에 영향을 미치지 아니한다.

2) X토지에 관한 물권변동의 효력

명의신탁약정에 따른 부동산의 물권변동은 무효가 됨이 원칙이다(부동산실명법 제4조 2항 본문). 다만, 계약명의신탁에서는 수탁자의 계약상대방이 명의신탁에 대하여 선의인 경우에는 그러하지 아니하다(동법 제4조 2항 단서). 사안과 같이 **부동산 경매절차에서 부동산의 소유자와 명의신탁자가 동일인인 경우** 수탁자의 소유권 취득이 동법 제4조 2항 본문에 따라 무효가 되는지가 문제된다. 判例는 "경매절차에서의 **소유자가 위와 같은 명의신탁약정 사실을 알고 있었거나 소유자와 명의신탁자가 동일인이라고 하더라도 그러한 사정만으로 그 명의인의 소유권취득이 부동산실명법 제4조 제2항에 따라 무효로 된다고 할 것은 아니다**. 비록 경매가 사법상 매매의 성질을 보유하고 있기는 하나 다른 한편으로는 법원이 소유자의 의사와 관계없이 그 소유물을 처분하는 공법상 처분으로서의 성질을 아울러 가지고 있고, 소유자는 경매절차에서 매수인의 결정 과정에 아무런 관여를 할 수 없는 점, 경매절차의 안정성 등을 고려할 때 **경매부동산의 소유자를 위 제4조 제2항 단서의 '상대방 당사자' 라고 볼 수는 없기 때문이다**"고 판시하였다(대판 2012.11.15. 2012다69197).

3) 사안의 경우

사안의 경우 X토지 강제경매절차에서 경매부동산 소유자와 명의신탁자 모두 甲으로 동일하지만, 甲을 경매절차에서 수탁자 乙의 계약 상대방 당사자라고 볼 수 없기 때문에 이러한 사정만으로는 부동산실명법 제4조 2항 본문이 적용되어 수탁자 乙의 X토지 소유권취득이 무효가 되는 것은 아니다. 따라서 乙이 경매에 참여하여 경매대금을 완납한 이상 X토지의 소유자는 乙이 된다(대판 2002.3.15 2000다7011).

Ⅱ. 설문 2.의 경우[1](30)

1. 결 론

① X토지는 甲의 책임재산에 해당하지 아니하므로, 甲의 매도행위는 甲의 일반채권자 입장에서 사해행위가 될 수 없다. ② X토지는 乙의 책임재산에 해당하므로, 乙의 매도행위는 乙의 일반채권자 입장에서 사해행위가 될 수 있다.

1) ★ 2018년 1차 법전협 모의고사 제1문에서도 동일한 쟁점이 출제되었다.

2. 논 거

(1) 명의신탁자 甲이 당사자가 되어 수탁자 乙이 취득한 부동산을 제3자에게 처분한 행위가 甲의 일반채권자들을 해하는 사해행위가 되는지 여부

1) 판 례

"신탁자가 수탁자에 대하여 부당이득반환채권만을 가지는 경우에는 그 부동산은 신탁자의 일반채권자들의 공동담보에 제공되는 책임재산이라고 볼 수 없고, 신탁자가 위 부동산에 관하여 제3자와 매매계약을 체결하는 등 신탁자가 실질적인 당사자가 되어 처분행위를 하고 소유권이전등기를 마쳐주었다고 하더라도 그로써 신탁자의 책임재산에 감소를 초래한 것이라고 할 수 없으므로, 이를 들어 신탁자의 일반채권자들을 해하는 사해행위라고 할 수 없다"(대판 2013.9.12. 2011다89903 : 09 · 15법무).

2) 사안의 경우

사안의 경우 수탁자 乙이 X토지의 소유권을 유효하게 취득하였고 신탁자 甲은 乙에 대해 매수자금 상당의 부당이득반환청구권을 가질 뿐이므로, X토지는 甲의 책임재산 범위에 속하지 않는다. 따라서 甲의 위 매도행위는 책임재산 감소를 초래하지 않는바 甲의 일반채권자들에 대한 사해행위가 될 수 없다.

(2) 명의수탁자 乙이 자신의 유일한 재산인 X토지를 양도하는 행위가 乙의 일반채권자들을 해하는 사해행위가 되는지 여부

1) 판 례

"명의수탁자가 취득한 부동산은 채무자인 명의수탁자의 일반 채권자들의 공동담보에 제공되는 책임재산이 되고, 명의신탁자는 명의수탁자에 대한 관계에서 금전채권자(부당이득반환채권) 중 한 명에 지나지 않으므로, **명의수탁자의 재산이 채무의 전부를 변제하기에 부족한 경우 명의수탁자가 위 부동산을 명의신탁자 또는 그가 지정하는 자에게 양도하는 행위는 특별한 사정이 없는 한 '명의수탁자'의 다른 채권자의 이익을 해하는 것으로서 다른 채권자들에 대한 관계에서 사해행위가 된다**"(대판 2008.9.25, 2007다74874 : 1회 선택형).

2) 사안의 경우

사안의 경우 수탁자 乙이 X토지의 소유권을 유효하게 취득함으로써 X토지는 乙의 책임재산이 된다. 乙은 무자력 상태에서 변제의 목적 없이 자신의 유일한 재산인 X토지를 丙에게 매각하였는바 이는 乙의 일반채권자 입장에서 사해행위가 될 수 있다.

Ⅲ. 설문 3.의 경우(30)

1. 결 론

乙에게는 더 이상 X토지 소유권에 기한 물권적 청구권이 존재하지 않으므로 乙은 丁에게 진정명의회복을 원인으로 한 소유권이전등기절차의 이행을 구할 수 없다.

2. 논 거

(1) 양자간 명의신탁에서 신탁자(乙)와 수탁자(丁) 사이의 법률관계

사안의 경우 乙과 丁 사이에는 양자간 명의신탁관계가 성립한다. 이 때 명의신탁약정과 丁 명의의 X토지 소유권이전등기는 무효이므로(부동산실명법 제4조 1항, 2항 본문), 신탁자 乙이 여전히 X토지의 소유권을 가지는 것이 원칙이다.

(2) 수탁자가 부동산을 처분한 경우 및 수탁자가 소유권을 다시 취득한 경우 법률관계

1) 판 례

수탁자 丁이 X토지를 제3자인 戊에게 처분한 경우, 戊의 선악을 불문하고 戊는 X토지의 소유권을 취득하고(동법 제4조 3항) 신탁자 乙은 X토지의 소유권을 상실한다. 다만 사안에서와 같이 수탁자 丁이 우연히 X토지의 소유권을 다시 취득한 경우, 신탁자 乙에게 X토지 소유권에 기한 물권적 청구권이 인정되는지가 문제된다. 이에 대해 判例는 "양자간 등기명의신탁에서 명의수탁자가 신탁부동산을 처분하여 제3취득자가 유효하게 소유권을 취득하고(부동산실명법 제4조 3항) 이로써 명의신탁자가 신탁부동산에 대한 **소유권을 상실하였다면**, 명의신탁자의 **소유권에 기한 물권적 청구권**, 즉 말소등기청구권이나 진정명의회복을 원인으로 한 이전등기청구권도 더 이상 **그 존재 자체가 인정되지 않는다.** 그 후 **명의수탁자가 우연히 신탁부동산의 소유권을 다시 취득하였다고 하더라도 명의신탁자가 신탁부동산의 소유권을 상실한 사실에는 변함이 없으므로, 여전히 물권적 청구권은 그 존재 자체가 인정되지 않는다**"(대판 2013.2.28. 2010다89814)고 판시하였다.

2) 사안의 경우

사안의 경우 수탁자 丁이 X토지를 戊에게 매도하여 소유권이전등기를 마쳐준 순간 신탁자 乙은 X토지 소유권을 상실하기 때문에 소유권에 기한 물권적 청구권은 그 존재 자체가 인정되지 않는다. 이러한 법리는 丁이 우연히 X토지 소유권을 다시 취득하였다는 사정에 영향을 받지 않는바, 여전히 乙에게는 X토지 소유권에 기한 물권적 청구권이 인정되지 않으므로 乙은 丁에게 X토지에 관하여 진정명의회복을 원인으로 한 소유권이전등기절차의 이행을 구할 수 없다.

기출해설 2019년 3차 법전협모의 제2문

甲은 丙으로부터 丙 소유의 X 토지를 매수하고자 하면서 친구 乙과 명의신탁 약정을 체결하였다. 丙은 甲과 乙 사이의 명의신탁약정을 알면서 乙과 매매계약을 체결하고 매매대금을 지급받음과 동시에 乙 앞으로 X 토지의 소유권이전등기를 마쳐주었다. 이후 乙은 丁에게 X 토지를 매도하고 丁에게 소유권이전등기를 마쳐주었다. 그 후 丙은 乙이 X 토지를 임의로 丁에게 처분하여 丙의 소유권을 상실시킨 것은 자신에 대한 불법행위를 구성하므로 X 토지의 시가 상당액을 배상할 의무가 있다고 하면서 乙을 상대로 법원에 손해배상청구의 소를 제기하였다.

3. 이에 대한 법원의 결론(인용, 기각, 일부 인용, 각하)을 근거와 함께 설명하시오. (15점)

사례D-41 계약명의신탁에서 매도인이 악의인 경우 수탁자의 처분행위

Ⅲ. 문제 3.의 경우(15)

1. 결 론

丙의 청구는 기각되어야 한다.

2. 근 거

(1) 명의신탁 약정의 유형 및 효력

사안의 경우 甲은 丙으로부터 丙 소유의 X 토지를 매수하고자 乙과 명의신탁 약정을 체결하였으므로 이는 계약명의신탁에 해당하고(부동산실명법 제4조 2항 본문), 丙은 甲과 乙 사이의 명의신 약정을 알면서 乙과 매매계약을 체결하였으므로 乙 명의의 소유권이전등기는 무효이고, X 토지의 소유권은 丙에게 그대로 남아 있게 된다.

(2) 乙의 X 토지 처분행위의 효력

타인의 토지를 처분한 행위는 무권리자의 처분행위로서 무효임이 원칙이나, 부동산실명법 제4조 3항에 따라 丁에 대한 乙의 처분행위에 대해서는 무효를 주장하지 못한다. 따라서 丁은 유효하게 X 부동산의 소유권을 취득한다.

(3) 丙이 乙에 대하여 불법행위를 이유로 하는 손해배상청구를 할 수 있는지 여부

判例가 판시하는 바와 같이 乙의 처분행위로 인해 丁이 X 토지의 소유권을 취득하게 된 것은 丙의 소유권 침해행위로서 불법행위에 해당한다. 그러나 명의수탁자로부터 매매대금을 수령한 상태의 매도인으로서는 그 부동산에 관한 소유명의를 회복하기 전까지는 신의칙 내지 민법 제536조 제1항 본문의 규정에 의하여 명의수탁자에 대하여 매매대금 반환채무의 이행을 거절할 수 있는데, 소유명의 회복이 불가능한 이상, 매도인으로서는 그와 동시이행관계에 있는 매매대금 반환채무를 이행할 여지가 없다. 결국 매도인인 丙에게 '손해가 발생하였다고 볼 수 없어' 수탁자인 乙에 대한 불법행위로 인한 손해배상청구도 인정되지 않는다(대판 2013.9.12. 2010다95185).

【사실관계】
파평 윤씨 모파 종중 甲은 그 소유 토지에 대하여 등기명의를 종중원 乙 앞으로 명의신탁하여 두었다. 甲 종중은 편의상 그렇게 하려고 했을 뿐 탈법의 목적은 없었다.
그 후 乙은 그 토지 위에 甲의 승낙도 없이 무단으로 2층 건물을 신축하여 소유하고 있었다. 또한 2층 건물에 대해 乙은 A에 대한 채무의 담보로 저당권을 설정해 주었다. 그 후 乙은 위 건물에 3개층을 더 증축하였는데, 증축된 부분은 지붕·경계벽·독립된 계단 내지 엘리베이터실을 갖추고 있고, 이를 음식점·골프연습장 등의 용도로 사용하였다. 그런데 乙은 위 증축된 부분에 대해 구분등기를 하지 않고 1동의 건물로 하여 기존의 등기에 대해 건물표시변경등기를 경료하였다. 나중에 이 사실을 알게 된 종중 甲은 위 명의신탁계약을 해지하였다.

【소송의 경과】
그러나 甲이 위 토지에 대하여 소유명의를 회복하기 전에 乙의 채무불이행으로 A가 저당권을 실행하여 위 건물을 경매하였는데, 이 경매절차에서 위 증축부분은 경매목적물로 평가되지 않았었다. 그리고 이 경매에서 丙이 건물을 경락받았다. 그러자 乙은 丙을 상대로 위 증축된 3개층 부분에 대하여 소유권확인의 소를 제기하였다.

1. 乙의 청구에 대한 결론을 그 근거를 들어 서술하시오. (20점)

【추가된 사실관계 및 소송의 경과】
丙이 적법·유효하게 건물을 경락받은 후 甲은 위 토지에 대한 소유명의를 회복하였다. 그러나 丙은 위 건물을 다시 丁에게 양도하고 丁 앞으로 소유권이전등기를 경료해 주었다. 그러자 甲은 丁에게 건물의 철거 및 토지의 인도를 구하는 소를 제기하면서 丁의 점유기간 동안의 차임 상당액을 부당이득으로서 반환 청구하였다.

2. 甲의 청구에 대한 결론을 그 근거를 들어 서술하시오. (30점)

사례D-42 부합, 유효한 명의신탁, 관습법상 법정지상권 등★[1)]

문제 1.

Ⅰ. 결 론(2)

乙이 신축한 건물에 A의 저당권이 설정된 이후, 소유권자 乙에 의해 증축된 3개층 부분에 대하여는 乙이 독립물로서 다루려는 의사를 갖추고 있지 않아 A의 저당권의 효력이 미친다(제358조). 그리고 비록 당해 경매절차에서 그 증축된 부분이 평가되지 않았다 하더라도 낙찰인 丙은 증축된 부분까지 소유권을 취득한다. 따라서 乙의 청구는 인용될 수 없다.

1) ★ 민법의 맥 핵심사례 D-07 유사 : 대판 1986.5.27, 86다카62 등 判例변형

Ⅱ. 증축된 3개층의 소유권자(18)[2]

1. 증축된 3개층이 기존건물에 부합되는지 여부(13)

(1) 문제점

건물의 구분소유에 관해서는 '집합건물의 소유 및 관리에 관한 법률'이 이를 규율하는데, 동법 제1조는 '1동의 건물 중 구조상 구분된 수개의 부분이 독립한 건물로서 사용될 수 있을 때에는 그 각 부분은 이 법이 정하는 바에 따라 각각 소유권의 목적으로 할 수 있다'고 정한다. 즉, 1동의 건물의 각 부분이 **구조상·이용상의 독립성**을 가지는 경우에는 구분소유권의 객체가 될 수 있다는 의미이다. 따라서 사안에서 건물의 각 부분이 구조상 · 이용상의 독립성을 가지는 것으로 객관적으로 인정되는 경우에는 당연히 신축(증축)과 동시에 구분소유권이 성립하는지 문제된다.

(2) 판 례

判例는 "법률상 1개의 부동산으로 등기된 기존 건물이 증축되어 증축부분이 구분소유의 객체가 될 수 있는 **구조상 및 이용상의 독립성을 갖추었다고 하더라도** 이로써 곧바로 그 증축부분이 법률상 기존 건물과 별개인 구분 건물로 되는 것은 아니고, **구분건물이 되기 위해서는 증축부분의 소유자의 구분소유의사가 객관적으로 표시된 구분행위가 있어야** 한다"(대판 1999.7.27, 98다35020)[3][4]라고 판시하고 있다.

(3) 검토 및 사안의 경우

判例는 건물을 구분소유하려는 자의 의사를 '구분등기'의 기준을 가지고 판단하고 있는 바, 이는 구분소유권의 객체로서의 요건을 갖추었다고 하더라도 소유자가 구분건물로서 등기하지 아니하고 1동의 건물 전체를 1개의 건물로 등기할 수도 있는 것이므로 당해 판결은 타당하다. 따라서 이러한 判例에 따르면, 사안에서는 **증축된 3개층은 구조상·이용상 독립성을 갖추고 있으나** 소유권자인 乙은 위 증축된 부분에 대해 구분등기를 하지 않고 건물표시변경등기를 경료하였으므로 증축부분을 구분건물로 다루려는 의사가 없어, **기존의 건물에 附合한다고 보는 것이 타당하다(제256조 본문).**

---

2) [문제점] 乙은 2층 건물을 신축함으로써 건물에 대한 소유권을 원시적으로 취득하고(제187조), A에 대한 채무담보로 건물에 저당권을 설정한 후에 위 건물에 3개층을 증축하였다. 사안에서 저당권의 효력이 증축된 3개층에도 미친다면 이 부분에 대한 소유권자는 경락인 丙이 되고, 그렇지 않다면 원소유자인 乙이 될 것이다. 이와 관련하여 민법은 저당권의 효력은 저당부동산에 부합된 물건에 미친다고 규정하고 있는바(제358조), 여기서 '부합된 물건'의 의미는 제256조의 '부동산에 부합한 물건'과 동일하다고 해석된다. 따라서 사안에서는 증축된 3개층을 기존의 건물(2개층 부분)에 附合하는 것으로 볼 것이냐 아니면 독립된 건물로 볼 것이냐에 따라 소유권 귀속이 달라질 수 있다.

3) "1동의 건물 중 구분된 각 부분이 구조상, 이용상 독립성을 가지고 있는 경우에 그 각 부분을 1개의 구분건물로 하는 것도 가능하고, 그 1동 전체를 1개의 건물로 하는 것도 가능하기 때문에, 이를 구분건물로 할 것인지 여부는 특별한 사정이 없는 한 소유자의 의사에 의하여 결정된다고 할 것이므로, 구분건물이 되기 위하여는 객관적·물리적인 측면에서 구분건물이 구조상·이용상의 독립성을 갖추어야 하고, 그 건물을 구분소유권의 객체로 하려는 의사표시 즉 구분행위가 있어야 하는 것으로서, 소유자가 기존 건물에 증축을 한 경우에도 증축 부분이 구조상 · 이용상의 독립성을 갖추었다는 사유만으로 당연히 구분소유권이 성립된다고 할 수는 없고, 소유자의 구분행위가 있어야 비로소 구분소유권이 성립된다고 할 것이며, 이 경우에 소유자가 기존 건물에 마쳐진 등기를 이와 같이 증축한 건물의 현황과 맞추어 1동의 건물로서 증축으로 인한 건물표시변경등기를 경료한 때에는 이를 구분건물로 하지 않고 그 전체를 1동의 건물로 하려는 의사였다고 봄이 상당하다"(대판 1999.7.27, 98다35020).

4) ★ "건물이 증축된 경우에 증축부분의 기존건물에 부합 여부는 증축부분이 기존건물에 부착된 ⅰ) 물리적 구조뿐만 아니라, ⅱ) 그 용도와 기능의 면에서 기존건물과 독립한 경제적 효용을 가지고 거래상 별개의 소유권의 객체가 될 수 있는지의 여부 및 ⅲ) 증축하여 이를 소유하는 자의 의사 등을 종합하여 판단하여야 한다"(대판 1994.6.10, 94다11606).

2. A의 저당권의 효력이 미치는 범위(5)

(1) 저당권 설정 후 부합된 경우

부합의 시기는 문제되지 않는다(대판 1974.2.12, 73다298). 왜냐하면 경매법원이 부합이 저당권 설정 이전에 있었는지 이후에 있었는지를 심리하는 것이 어려울 뿐만 아니라, 만일 이를 부정하게 되면 낙찰대금 완납 후 기존의 건물과 부합된 물건의 소유자가 다르게 되어 부합의 취지에 어긋나는 결과가 되며, 이를 긍정하더라도 저당권설정자의 이익을 전혀 해하지 않기 때문이다(통설).

(2) 경매목적물로 평가되지 않은 경우

사안에서 건물의 3개층 증축부분이 기존 2층 건물에 부합하여, 기존 2층 건물에 대한 저당권은 부합된 증축부분에도 효력이 미치는 것이므로(제358조), 기존건물에 대한 경매절차에서 경매목적물로 평가되지 않았더라도, 경락인 丙은 부합된 증축부분의 소유권을 취득할 수 있다(대판 2002.10.25, 2000다63110).

문제 2.

Ⅰ. 결 론(2)

법원은 甲의 丁에 대한 건물의 철거 및 토지의 인도 청구는 기각하여야 하고, 점유기간 동안의 차임 상당액을 부당이득으로서 반환할 것을 청구한 것은 인용하여야 한다(청구일부인용).

Ⅱ. 甲의 丁에 대한 건물철거 및 토지인도 청구의 인용 가부 등(28)

1. 문제점(3/28)

토지 소유자인 甲은 丁을 상대로 제213조 및 제214조에 의한 물권적 청구권을 행사하여 건물의 철거 및 토지의 인도를 청구할 수 있는바, 丁이 이를 거절하기 위해서는 甲의 토지를 사용할 수 있는 '정당한 권리'가 있어야 한다(제213조 단서). 이러한 관점에서 丙이 건물을 경락받을 당시 토지와 건물 모두 외관상 乙의 소유로 되어 있다가 丙의 경락으로 인하여 소유자를 달리하게 되었다는 점에서, 丙이 법정지상권을 취득하고 이를 丁이 승계취득 받음으로써 甲의 철거청구 등에 대항할 수 있는지 여부가 관건이다.

2. 甲·乙 사이의 법률관계(명의신탁의 유효성)(3/28)

부동산실명법 제8조 제1호에 의하면, 종중의 부동산의 명의신탁은 조세포탈 등 탈법의 목적이 없는 경우에는 위 법률의 대부분의 규정의 적용을 받지 않게 된다. 따라서 본 사안의 경우는 부동산실명법 제정 前의 명의신탁의 유효성에 관한 이론이 그대로 적용되는바 判例는 명의신탁이 통정허위표시가 아님을 전제로 그 유효성을 인정하고 있고, 내부적 소유권은 신탁자에게 있으나 외부적 소유권은 수탁자에게 이전된다고 보고 있다(대판 1994.2.8, 92다31675).

따라서 사안의 경우 甲, 乙 사이의 명의신탁약정은 유효하며, 내부적 소유권은 신탁자 甲에게 외부적 소유권은 수탁자 乙에게 있다고 봄이 타당하다.

3. 丙의 법정지상권 취득 여부(6/28)

(1) 법정지상권의 성립요건(설건, 설동, 저, 경)

법정지상권이 성립하기 위해서는 ⅰ) 저당권설정 당시부터 건물이 존재할 것, ⅱ) 저당권이 설정될 당시 토지와 건물의 소유자가 동일할 것, ⅲ) 토지나 건물 중 적어도 어느 하나에 저당권이 설정될 것, ⅳ) 경매로 인해 건물과 토지에 대한 소유자가 분리될 것을 요한다(제366조).

(2) 사안의 경우

사안의 경우에는 제3자 丙의 법정지상권의 취득이 문제되는 사안이므로 명의신탁된 토지의 소유권자 확정은 대외관계의 문제이다. 따라서 ⅱ) 요건과 관련하여 A의 저당권 설정당시 당해 토지는 명의수탁자 乙소유로 취급된다. 따라서 丙은 법정지상권 취득을 위한 나머지 요건도 모두 갖추었다고 판단되므로 건물에 대한 경락대금을 완납한 시점에서 당시 토지의 소유자로 등기되어 있던 乙에 대하여 법정지상권을 취득한 것이 되고 별도로 지상권설정등기까지 마칠 필요는 없다(제187조). 또한 물권으로서의 효력에 의해 乙로부터 토지의 소유명의를 회복한 甲에 대하여도 등기 없이 법정지상권을 주장할 수 있다.

4. 丁의 법정지상권 승계취득 여부(10/28)

(1) 문제점

丁은 丙으로부터 건물의 소유권이전등기는 경료하였으나 법정지상권의 이전등기는 하지 아니하였다. 이러한 경우 丁이 법정지상권을 취득했다고 볼 수 있는가 문제된다.

(2) 丙과 丁 사이 채권계약의 내용(제100조 2항의 유추적용 문제)

법정지상권을 취득한 건물소유자 丙이 건물에 대한 소유권을 양도하는 경우에는 특별한 사정이 없는 한 제100조 2항의 유추적용에 의해 건물의 소유권과 함께 법정지상권도 양도하기로 하는 채권적 계약이 있었다고 할 것이다(대판 1988.9.27, 87다카279).

(3) 丁의 법정지상권 취득 여부(제100조 2항의 유추적용 문제)

丁이 당해 지상권을 취득하기 위해서 건물소유권등기 외에 지상권등기를 해야 하는지와 관련하여 본조의 규정은 물건의 경제적 효용이라는 관점에서 종물과 주물을 하나의 집합물로 다루고자 하는 취지이고, 공시방법은 이와 별개인 것으로 해석하는 것이 타당하다(다수설). 判例도 역시 후자의 입장을 취하고 있는바, 지상권이 딸린 건물을 매도한 경우 제100조 2항을 유추하여 건물의 소유권뿐만 아니라 그 지상권도 양도한 것으로 보는데, 다만 지상권이전등기가 있어야만 지상권이 건물양수인에게 이전하는 것이고 건물소유권 이전등기로써 당연히 지상권까지 이전되는 것은 아니라고 하고 있다(대판 1985.4.9, 전합84다카1131).

(4) 소 결

따라서 丙의 지상권은 법률규정(제366조)에 의하여 당연히 성립하는 것이므로 제187조에 의하여 등기를 요하지 않으나, 사안과 같이 제3자 丁에게 법정지상권을 전득시키려면 제187조 단서에 의하여 등기를 하여야 한다. 그러므로 아직 지상권이전등기를 경료받지 못한 丁은 법정지상권이라는 물권을 취득하지는 못하였다.

5. 甲의 丁에 대한 건물철거청구 등 가능 여부(6/28)

(1) 건물철거 및 토지명도 청구

判例는 이러한 청구는 "지상권의 부담을 용인하고 그 설정등기절차를 이행할 의무있는 자가 그 권리자를 상대로 한 청구라 할 것이어서 '신의성실의 원칙' 상 허용될 수 없다"고 판시하고 있다(대판 1985.4.9, 84다카1131,1132). 이러한 判例의 입장은 결론에 있어 타당하나 다만 그 논거를 일반조항인 신의칙 위반에서 찾는 것은 부당하고,[5] **'일반조항으로의 도피'를 지양하는 차원에서 구체적 명문규정인 제213조 단서에 의해 건물철거 등을 청구할 수 없다고 봄이 타당하다.**[6]

(2) 임료상당의 부당이득반환청구

甲이 비록 丁에 대하여 건물의 철거 및 토지의 인도를 청구할 수 없다 하더라도 丁은 甲에 대한 관계에 있어서 법률상 원인 없이 甲 소유의 토지를 사용함으로써 부당이득을 취하고 있다고 볼 수 있다. 따라서 甲은 丁을 상대로 제741조에 의하여 그 점유기간 동안의 차임 상당액을 부당이득으로서 반환할 것을 청구할 수는 있다(대판 1988.10.24, 87다카1604).[7] 다만 지료는 당사자의 청구에 의하여 법원이 정하도록 규정한 제366조 단서를 적용하여 정한다.

---

5) 왜냐하면 사안의 경우 앞서 살핀대로 당초의 법정지상권자인 丙에게 남아 있게 되나, 특별한 사정이 없는 한 丙과 丁 사이에서는 제100조 2항의 유추적용에 의해 건물의 소유권이라는 주된 권리를 양도하는 것에 의해 종된 권리인 지상권도 함께 양도하기로 하는 채권적 계약이 있었던 것으로 보아야 한다. 따라서, 양도인 丙은 양수인 丁에게 이 법정지상권을 이전해 줄 의무를 지게 된다. 결국 丁은 丙을 대위하여 토지소유자 甲에 대하여 전소유자였던 법정지상권자 丙에게 법정지상권 설정등기를 해 줄 것을 청구할 수 있는 지위에 있으므로 이러한 지위는 제213조 단서에서 말하는 '점유할 권리'에 해당한다 할 것이다.

6) 윤진수, 법정지상권 성립 후 건물을 취득한 자의 지위(하), 사법행정 제307호, p.39~ ; 양창수, 민법주해 제5권, p.226~

7) "법정지상권자라고 할지라도 대지소유자에게 지료를 지급할 의무는 있는 것이고 법정지상권을 취득할 지위에 있는 자 역시 지료 또는 임료상당이득을 대지소유자에게 반환할 의무를 면할 수는 없는 것이므로 이러한 임료상당 부당이득의 반환청구까지도 신의성실의 원칙에 반한다고 볼 수 없다"(대판 1988.10.24, 87다카1604).

기출해설

2019년 1차 법전협모의 제1문

【기초적 사실관계】
甲 은행은 2017. 2. 9. 乙과 乙 소유의 X토지에 채무자 乙, 채권최고액 1억 3,000만 원, 근저당권자 甲 은행으로 한 근저당권설정계약을 체결하여 甲 은행 앞으로 근저당권설정등기를 마쳤고, 이어서 乙과 乙 소유의 X토지에 지료 없이 존속기간 2017. 2. 9.부터 만 10년으로 한 지상권설정계약을 체결하여 甲 은행 명의의 지상권설정등기를 마쳤다. 甲 은행은 2017. 2. 10. 乙에게 이율 연 5%, 변제기 2020. 2. 10.로 정하여 1억 원을 대출하였다.

1. 乙은 지상권설정등기에 관한 피담보채무의 부존재 확인의 소를 제기하였다. 乙의 청구에 관한 법원의 판단(각하, 기각, 전부 인용, 일부 인용)을 근거와 함께 서술하시오. (15점)

【추가된 사실관계】
丙은 2018. 2. 15. 乙과 X토지에 대한 사용대차계약을 체결한 후 X토지에 사과나무를 식재하였다. 甲 은행은 乙이 대출금에 대한 이자를 연체하자, 담보권 실행을 위한 경매를 신청하였고, 丁은 2019. 6. 5. 경매절차에서 최고가매수인으로 X토지에 대한 매각대금을 완납하였다.

2. 사과나무의 소유권 귀속에 관하여 설명하시오. (20점)

【변형된 사실관계】
乙은 甲 은행에 대한 대출금 이자를 연체하지 않고 있다. 한편 戊가 무단으로 X토지에 창고를 설치하여 자신의 물건을 보관하고 있다. 甲 은행은 戊를 상대로 지료 상당의 부당이득을 청구하였다.

3. 甲 은행의 청구에 관한 법원의 판단(각하, 기각, 전부 인용, 일부 인용)을 근거와 함께 서술하시오. (15점)

사례D-43 담보지상권과 피담보채무의 존부, 제256조 단서의 권원, 부당이득반환청구

Ⅰ. 문제 1.의 경우(15)

1. 문제점(甲 명의 지상권의 법적성격)

근저당권 등 담보권 설정의 당사자들이 담보로 제공된 토지에 추후 용익권이 설정되거나 건물 또는 공작물이 축조·설치되는 등으로 토지의 담보가치가 줄어드는 것을 막기 위하여 담보권과 아울러 설정하는 지상권을 '담보지상권'이라고 한다(대판 2017.10.31. 2015다65042).
사안에서 甲 명의 지상권은 담보지상권에 해당하는데 乙에게 담보지상권의 피담보채무 존부의 확인을 구할 이익이 인정되는지 여부가 문제된다.

2. 담보지상권의 피담보채무 부존재확인청구의 확인의 이익

확인의 이익은 원고의 권리 또는 법률상 지위에 현존하는 불안, 위험이 있고 그 불안, 위험을 제거함에는 확인판결을 받는 것이 가장 유효적절한 수단일 때에만 인정된다(대판 1991.12.10. 91다14420). "지상권은 용익물권으로서 담보물권이 아니므로 피담보채무라는 것이 존재할 수 없다. 그 지상권이 담보지상권이라 하더라도, 이는 당사자의 약정에 따라 담보권의 존속과 지상권의 존속이 서로 연계되어 있을 뿐이고, 이러한 경우에도 지상권의 피담보채무가 존재하는 것은 아니다. 따라서 지상권설정등기에 관한 피담보채무의 범위 확인을 구하는 청구는 원고의 권리 또는 법률상의 지위에 관한 청구라고 보기 어려우므로, 확인의 이익이 없어 부적법하다"(대판 2017.10.31. 2015다65042).

3. 사안의 해결

乙의 청구는 확인의 이익이 없으므로 법원은 부적법 각하판결을 하여야 한다.

Ⅱ. 문제 2.의 경우(20)

1. 문제점

민법 제358조 본문에 따라 X토지에 대한 저당권 실행경매의 매수인인 丁에게 위 사과나무의 소유권이 인정되는지, 아니면 민법 제256조 단서에 따라 乙과 X토지에 대한 사용대차계약을 체결한 丙에게 사과나무의 소유권이 인정되는지가 문제된다.

2. 저당권의 효력이 미치는 범위

저당권의 효력은 저당부동산에 부합된 물건에 미친다(민법 제358조 본문). 한편, 타인의 부동산에 권한 없이 식재한 수목의 소유권은 민법 제256조 본문에 의하여 부동산 소유자에게 귀속하나(대판 1970.11.30, 68다1995), 부합한 물건이 타인의 '권원'에 의하여 '부속'된 것인 때에는, 그 부합물은 부동산의 소유자의 소유가 되지 않고 그것을 부속시킨 자의 소유로 된다(제256조 단서).

따라서 丙이 X토지의 소유자인 乙과 사이에 수목의 소유를 위하여 체결한 사용대차계약을 민법 제256조 단서가 정하는 '권원'에 해당한다고 본다면, 사과나무는 X토지에 부합하지 않는다고 보아야 하며, 따라서 丁에게 소유권이 인정되지 않게 된다.

3. 담보지상권이 설정된 토지소유자로부터 취득한 토지사용권이 제256조 단서의 '권원'에 해당하는지 여부

判例는 "지상권을 설정한 토지소유자로부터 토지를 이용할 수 있는 권리를 취득하였다고 하더라도 지상권이 존속하는 한 이와 같은 권리는 원칙적으로 민법 제256조 단서가 정한 '권원'에 해당하지 않지만, 금융기관이 대출금 채권의 담보를 위하여 토지에 저당권과 함께 지료 없는 지상권을 설정하면서 채무자 등의 사용·수익권을 배제하지 않은 경우(이른바, 담보지상권) 그러한 토지소유자로부터 토지를 사용·수익할 수 있는 권리를 취득하였다면 이러한 권리는 민법 제256조 단서가 정한 '권원'에 해당한다고 볼 수 있다"(대판 2018.3.15. 2015다69907)고 판시하였다.

사안의 경우 甲 은행의 지상권은 '담보지상권'이므로 X토지의 사용수익권은 토지소유자 乙에게 있다. 따라서 乙로부터 위 토지를 사용대차하여 사과나무를 식재한 丙은 '제256조 단서'에 따라 사과나무의 소유권을 취득하고 이는 토지에 '부합'하지 않는다. 그러므로 X토지에 관하여 담보권실행 경매가 실행되어 그 소유권을 丁이 취득하더라도 사과나무에는 저당권의 효력이 미치지 않으므로(제358조 참조) 丁이 사과나무의 소유권까지 취득하는 것은 아니다.

4. 사안의 해결

丙이 사과나무의 소유권을 가진다.

Ⅲ. 문제 3.의 경우(15)

1. 문제점

"불법점유를 당한 부동산의 소유자 또는 용익권자로서는 불법점유자에 대하여 그로 인한 임료 상당 손해의 배상이나 부당이득의 반환을 구할 수 있을 것이나, **불법점유라는 사실이 발생한 바 없었다고 하더라도 부동산의 소유자 또는 용익권자에게 임료 상당 이익이나 기타 소득이 발생할 여지가 없는 특별한 사정이 있는 때에는 손해배상이나 부당이득반환을 청구할 수 없다**"(대판 2008.1.17. 2006다586). 따라서 사안의 경우 甲 은행의 부당이득 반환청구가 인정되기 위해서는 담보지상권자인 甲 은행에게 X토지의 사용수익권능이 인정되어야 한다.

2. 담보지상권과 사용수익권능의 귀속

判例는 **담보지상권과 관련하여** "금융기관이 대출금 채무의 담보를 위하여 채무자 또는 물상보증인 소유의 토지에 저당권을 취득함과 아울러 그 토지에 지료를 지급하지 아니하는 지상권을 취득하면서 채무자 등으로 하여금 그 토지를 계속하여 점유, 사용토록 하는 경우, 특별한 사정이 없는 한 당해 지상권은 저당권이 실행될 때까지 제3자가 용익권을 취득하거나 목적 토지의 담보가치를 하락시키는 침해행위를 하는 것을 배제함으로써 저당 부동산의 담보가치를 확보하는 데에 그 목적이 있다고 할 것이고, **그 경우 지상권의 목적 토지를 점유, 사용함으로써 임료 상당의 이익이나 기타 소득을 얻을 수 있었다고 보기 어려우므로, 그 목적 토지의 소유자 또는 제3자가 저당권 및 지상권의 목적 토지를 점유, 사용한다는 사정만으로는 금융기관에게 어떠한 손해가 발생하였다고 볼 수 없다**"(대판 2008.1.17. 2006다586)고 판시하였다.

3. 사안의 해결

담보지상권자인 甲 은행은 사용수익권능이 없으므로 이의 침해를 원인으로 한 부당이득반환청구는 기각되어야 한다.

기출해설

2015년 2차 법전협모의 제2문

【추가된 사실관계】

甲과 乙의 합의에 따라 2010.3.20.에 위 소가 취하되고, 존속기간은 30년, 지료는 연 600만 원으로 매년 3.20. (최초의 지료지급일은 2010.3.20.)에 지급한다는 내용을 포함한 지상권설정계약이 체결되고 이와 같은 사항에 관하여 등기가 이루어 졌다. 그 후 1년이 지났지만 乙은 甲에 대한 지료지급을 지체하다가 甲의 독촉에 따라 2011.6.1. 600만 원을 지급하였으나, 이후에는 더 이상 지료를 지급하지 않았다. 한편 위 건물에는 2010.5.15. 乙의 채권자 丙명의의 담보가등기(피담보채권 5천만 원)가 설정되어 있었는데, 乙의 채무불이행을 이유로 가등기담보등에 관한 법률 소정의 청산절차를 거쳐 丙이 2013.4.1. 가등기에 기한 소유권이전의 본등기와 함께 지상권 이전의 부기등기를 마쳤으나, 丙도 甲에게 지료를 지급하지 않고 있다.

2. 2014.4.7. 甲은 丙에게 지료연체를 이유로 지상권 소멸을 주장하고 건물의 철거 및 대지의 인도를 청구하였다. 甲의 청구의 당부를 논증하시오. (10점)

사례D-44 지상권이전의 경우 지료연체로 인한 지상권소멸청구(제287조)

Ⅱ. 설문 2.의 경우(10)

1. 지료연체로 인한 지상권소멸청구의 의의 및 요건

지상권자가 2년 이상의 지료연체시, 지상권설정자는 지상권자에게 지상권의 소멸을 청구할 수 있다(제287조). 이때 소멸청구권은 '통산'하여 2년분의 지료를 체납하면 인정되며 반드시 연속된 2년간 지료를 체납하였어야 하는 것은 아니라고 본다(통설).

2. 구 지상권자의 지료연체의 효과가 신 지상권자에게도 미치는지 여부

사안에서 乙이 이미 1년분의 지료의 지급을 연체하였고, 지상권의 양수인 丙이 지상권을 취득한 2013.4.1. 이후에 변제기가 도래하는 2014.3.20.에 지급하여야 할 지료 1년분의 지료의 지급을 연체하였는바, 통산할 경우 2년분의 지료가 연체되었다고 할 수 있다. 判例는 "지료액 또는 그 지급시기 등 지료에 관한 약정은 이를 등기하여야만 제3자에게 대항할 수 있으므로, **지료의 등기를 하지 않은 이상 토지소유자는 구 지상권자의 지료연체 사실을 들어 지상권을 이전받은 자에게 대항하지 못한다**"(대판 1996.4.26 95다52864)고 판시하고 있으며 부동산등기법 제69조 4호도 지료와 그 지급시기에 관한 약정은 등기하여야 제3자에게 대항할 수 있다고 규정하고 있다.

사안에서 지료에 관한 약정이 등기가 된 바, 구 지상권자 乙의 1년의 지료연체의 효과는 지상권양수인 丙에게도 효력이 미친다. 그리고 그 연체기간은 통산하여 2년이 경과하였다.

3. 사안의 해결

사안의 경우 지료약정이 등기가 되었는바, 연체기간을 통산할 수 있게 되고, 2년의 지료연체를 이유로 신 지상권자인 丙에게 지상권소멸청구가 가능하다(제287조). 따라서 甲은 이를 이유로 건물의 철거 및 대지인도를 청구할 수 있다(제213조, 제214조).

기출해설

2018년 3차 법전협모의 제2문

甲은 A로부터 X 토지 및 그 위의 Y1 건물을 매수하여 각각에 대하여 자기 명의로 소유권이전 등기를 마쳤다. 甲은 2014. 6. 1. B로부터 2억 원을 차용하면서 이를 담보하기 위하여 같은 날 B에게 X 토지에 근저당권설정등기를 마쳐주었다. 이후 甲은 Y1 건물을 철거하고 Y2 건물을 신축 하였으며 2015. 4. 1. 소유권보존등기를 마쳤다.(Y1 건물과 Y2 건물의 규모는 차이가 없으며 甲은 Y1 건물을 소유하였을 때와 마찬가지로 X 토지 전부를 건물부지로 사용하고 있었다). 그런데 B가 2015. 8. 1. X 토지에 대한 담보권 실행을 위한 경매를 신청하였고, 이 경매절차에서 X 토지를 매수한 乙은 2016. 2. 1. 매각대금 전액을 납부하였다. 그리고 X 토지에 관하여 2016. 2. 5. 乙명의의 소유권 이전등기가 마쳐졌다.

1. 乙은 이후 甲에게 Y2 건물의 철거 및 X 토지의 인도를 요구하였으나 甲이 법정지상권을 주장하면서 거절하였다. 이후 지료에 관한 협의가 결렬되자, 乙은 甲을 상대로 2016. 4. 1. 지료의 지급을 구하는 소를 제기하였다. 법원은 甲은 乙에게 2016. 2. 1.부터 매월 2백만 원의 지료를 지급하라는 판결을 선고하였고, 이 판결은 그대로 확정되었다. 그러나 甲은 乙에게 지료를 전혀 지급하지 아니하였다. 이후 乙은 2017. 4. 3. X 토지를 丙에게 매도하고 다음 날 소유권이전등기를 마쳐 주었다. **丙은 2018. 6. 1. 甲에 대하여 2016. 2. 1.부터 2년분이 넘는 지료의 미지급을 이유로 지상권이 소멸되었음을 주장하면서 Y2 건물의 철거 및 X 토지의 인도를 구하는 소를 제기하였다. 丙의 청구는 인용될 수 있는가? (15점)**

사례D-45 토지소유권 이전의 경우 지료연체로 인한 지상권소멸청구(제287조)

Ⅰ. 문제 1.의 경우(15)

1. 문제점

甲이 제366조의 법정지상권을 취득하는지 여부 및 법정지상권이 성립한 토지를 양수한 丙이 법정지상권자 甲의 지료 연체를 이유로 지상권소멸청구를 할 수 있는지 문제된다.

2. 甲에게 Y2건물의 소유를 위한 법정지상권이 인정되는지 여부[1)]

(1) 저당권 '설정 후' 경매로 인한 매각대금 납부 전에 '건물 재신축 등'을 한 경우

토지에 관하여만 '저당권'이 설정되어 있는 경우, 判例는 "민법 제366조 소정의 법정지상권이 성립하려면 저당권 설정 당시 저당권의 목적이 되는 토지 위에 건물이 존재하여야 하는데, 저당권 설정 당시의 건물을 그 후 개축·증축한 경우는 물론이고 그 건물이 멸실되거나 철거된 후 재건축·신축한 경우에도 법정지상권이 성립하며, 이 경우 신건물과 구건물 사이에 동일성이 있거나 소유자가 동일할 것

---

1) 법정지상권의 성립은 이 문제의 논점이 아니라고 생각된다. 이미 乙이 지료를 요구하여 지료판결이 났고, 쟁점은 제287조 적용여부와 관련된 99다17142의 해설인데 배점이 15점밖에 안되니 쓸 여유도 없다. 하지만 채점기준표에 법정지상권 관련 배점이 있고, 사실관계에서 법정지상권 관련 논점이 녹아들어 있으므로, 문제1.의 질문형식과 무관하게 출제자의 의도에 따라 법정지상권의 논점을 서술한다.

을 요하는 것은 아니라 할 것이지만, 그 법정지상권의 내용인 존속기간·범위 등은 구건물을 기준으로 하여야 할 것이다"(대판 2001.3.13. 2000다48517,48524,4853)고 판시하였다.

(2) 사안의 경우

B 명의의 저당권 설정 당시 X토지와 Y1건물이 존재하고 모두 甲의 소유였으므로 Y1건물을 철거하고 규모가 같은 Y2건물이 신축된 경우 Y2건물에 법정지상권이 인정된다(제366조).[2)]

3. 甲의 지료연체를 이유로 하는 丙의 지상권소멸청구의 타당성

(1) 개 관

지상권자가 2년 이상의 지료연체시 지상권설정자는 지상권자에게 지상권의 소멸을 청구할 수 있다(제287조).

(2) 甲에게 지료연체가 있었는지 여부

判例가 판시하는 바와 같이 "법정지상권의 경우 당사자 사이에 지료에 관한 협의가 있었다거나 법원에 의하여 지료가 결정되었다는 아무런 입증이 없다면, 법정지상권자가 지료를 지급하지 않았다고 하더라도 지료 지급을 지체한 것으로는 볼 수 없으므로 법정지상권자가 2년 이상의 지료를 지급하지 아니하였음을 이유로 하는 토지소유자의 지상권소멸청구는 이유가 없다"(대판 2001.3.13, 99다17142).

사안에서 甲과 丙 사이에 지료에 관한 협의나 법원에 의한 지료결정은 없었다. 문제는 乙의 甲에 대한 지료결정판결의 효력이 제3자인 丙에게 미치는지 여부인바, 아래에서 검토하기로 한다.

(3) 乙의 甲에 대한 지료결정판결의 효력이 丙에게 미치는지 여부

判例가 판시하는 바와 같이 "지료액 또는 그 지급시기 등 지료에 관한 약정은 이를 등기하여야만 제3자에게 대항할 수 있는 것이고, 법원에 의한 지료의 결정은 당사자의 지료결정청구에 의하여 형식적 형성소송인 지료결정판결로 이루어져야 제3자에게도 그 효력이 미친다"(대판 2001.3.13, 99다17142).

사안에서 乙과 甲 사이의 확정판결은 '지료지급청구판결'이고, '형식적 형성소송인 지료결정판결'이 아니므로 甲과 丙 사이에는 효력이 미치지 않는다.

(4) 乙에 대한 甲의 연체기간의 합산을 丙이 주장할 수 있는지 여부

判例가 판시하는 바와 같이 "지상권자의 지료 지급 연체가 토지소유권의 양도 전후에 걸쳐 이루어진 경우 토지양수인에 대한 연체기간이 2년이 되지 않는다면 양수인은 지상권소멸청구를 할 수 없다"(대판 2001.3.13, 99다17142).

사안에서 丙은 2017. 4. 4. 乙로부터 X토지의 소유권을 취득하였으므로 2018. 6. 1. 현재 甲이 丙에게 체납한 지료액은 통산 2년분에 해당되지 않는다. 따라서 丙은 지상권소멸청구를 할 수 없다.

4. 사안의 해결

甲의 제366조의 법정지상권은 소멸하지 않으므로 丙의 Y2 건물의 철거 및 X토지의 인도청구는 인용될 수 없다.

---

2) 법정지상권이 성립하기 위해서는 ⅰ) 저당권설정 당시부터 건물이 존재할 것, ⅱ) 저당권이 설정될 당시 토지와 건물의 소유자가 동일할 것, ⅲ) 토지나 건물 중 적어도 어느 하나에 저당권이 설정될 것, ⅳ) 경매로 인해 건물과 토지에 대한 소유자가 분리될 것을 요한다(제366조).

기출해설

2014년 2차 법전협모의 제2문

甲은 X토지와 그 지상의 Y건물을 소유하던 중 Y건물을 K에게 증여하고 소유권이전등기를 해주었다. K는 위 건물에 근저당권을 설정하여 대출받은 돈으로 커피전문점을 경영하였다.

그런데 K가 대출금 채무를 변제하지 못하게 되자, Y건물의 근저당권자는 Y건물의 경매를 청구하였고, 경매절차에서 L이 이를 매수한 후 자신의 명의로 소유권이전등기를 하였다.

그 후 L은 M에게 위 건물을 매도하고 소유권이전등기를 해 주었다.

丙은 M으로부터 다시 위 건물을 매수하고 대금을 모두 지급하였으나 아직 소유권이전등기는 하지 않은 채 사용·수익하고 있다. 이에 甲은 丙이 자신의 토지를 무단이용하고 있다고 주장하면서 丙에게 건물의 철거와 토지의 인도 및 토지의 사용·수익으로 얻은 이익의 반환을 구한다.

7. 丙은 건물을 철거, 토지를 인도하고 토지의 사용·수익으로 얻은 이익을 반환하여야 하는가? (20점)

사례D-46 관습상의 법정지상권의 승계★

Ⅶ. 설문 7.의 경우(20)

1. 결 론

丙은 Y건물의 철거 및 X토지의 인도의무를 부담하지 않는다(제213조, 제214조). 그러나 X토지의 사용수익으로 얻은 이익은 부당이득으로서(제741조) 甲에게 반환하여야 한다.

2. 甲의 丙에 대한 건물철거 및 토지인도청구의 인용여부

(1) 문제점 : 미등기 매수인 丙의 피고적격 등

토지소유권에 기한 토지인도청구 및 건물철거의 요건사실은 ⅰ) 원고의 토지 소유, ⅱ) 피고의 토지 점유(제213조 본문) 및 피고의 건물 소유이다(제214조).

사안에서 甲은 X토지의 소유권자이나 문제는 '피고적격'인바, "**건물철거는 그 소유권의 종국적 처분에 해당하는 사실행위이므로 '원칙'으로는 그 소유자**(등기명의자)**에게만 그 철거처분권이** 있다고 할 것이나 그 건물을 매수하여 점유하고 있는 자는 등기부상 아직 소유자로서의 등기명의가 없다 하더라도 그 권리의 범위 내에서 그 점유 중인 건물에 대하여 **법률상 또는 사실상 처분을 할 수 있는 지위에** 있고 그 건물이 건립되어 있어 불법으로 점유를 당하고 있는 토지소유자는 위와 같은 지위에 있는 건물점유자에게 그 철거를 구할 수 있다"(대판 1986.12.23. 86다카1751 : 4회 선택형)는 判例의 태도에 따를 때 **미등기 건물의 매수인 丙은 적법한 철거청구의 상대방**이 된다.

다만 丙이 '점유할 권리'가 있느냐에 따라 甲 청구의 인용여부가 결정되는바(제213조 단서), 사안에서는 그 전자인 K의 관습법상 법정지상권 및 이에 대한 승계취득여부가 문제된다.

(2) K가 관습법상 법정지상권을 취득하는지 여부(처동, 매, 특)

관습법상 법정지상권은 명문규정 없이 判例에 의하여 인정되는 권리로, 그 인정근거를 당사자의 추단된 의사에서 찾는다. 이는 ⅰ) 처분 당시 토지와 건물의 동일인의 소유에 속하였을 것, ⅱ)

매매 기타의 적법한 원인으로 소유자가 달라질 것, iii) 당사자 사이에 건물을 철거한다는 특약 또는 토지의 점유·사용에 관하여 다른 약정이 없을 것을 요한다. 취득에는 등기를 요하지 아니하나, 처분하기 위하여는 등기하여야 한다(제187조).

사안의 경우 X토지와 Y건물은 동일인 甲 소유에 속하였었고, K에 대한 증여로 소유권 귀속이 달라졌으며, 철거특약이 존재하는 사정이 없으므로 K는 Y건물 소유를 위한 관습법상 법정지상권을 취득하였다.

(3) L의 관습법상 법정지상권 승계취득 여부

저당권의 효력이 저당부동산에 부합된 물건과 종물에 미친다는 **제358조 본문을 유추**하여 보면 건물에 대한 저당권의 효력은 그 건물에 종된 권리인 건물의 소유를 목적으로 하는 지상권에도 미친다(대판 1996.4.26. 95다52864). 判例는 "건물 소유를 위하여 법정지상권을 취득한 사람으로부터 경매에 의하여 그 건물의 소유권을 이전받은 매수인은 매수 후 건물을 철거한다는 등의 매각조건하에서 경매되는 경우 등 특별한 사정이 없는 한 건물의 매수취득과 함께 위 지상권도 당연히 취득한다"(대판 2013.9.12. 2013다43345)고 한바, 사안에서는 특별한 매각조건이 존재하는 사정이 없으므로 경락인 L은 **제187조**에 의하여 등기 없이도 Y건물의 소유를 위한 관습법상 법정지상권을 취득한다.

(4) M, 丙의 관습법상 법정지상권 승계취득 여부

민법 제187조에 의해 등기 없이 건물 소유를 위한 지상권을 당연취득한 경락인이 건물을 제3자에게 양도한 때에는 특별한 사정이 없는 한 민법 **제100조 제2항의 유추적용**에 의하여 건물과 함께 종된 권리인 지상권도 양도하기로 한 것으로 봄이 상당하다(대판 1996.4.26. 95다52864).

사안에서 L, M사이 소유권이전의 합의에는 지상권이전의 합의 역시 포함된 것으로 볼 수 있다. 다만 처분을 위하여는 M 명의의 지상권이전등기가 경료되어야 하는데(제187조 단서), 사안의 경우 이러한 사정이 없으므로 **M은 지상권 이전등기청구권을 가질 뿐 아직 지상권을 취득하지는 못하였다. 이는 M과 건물 매매계약을 체결한 매수인 丙의 경우에도 마찬가지이다.**

(5) 소 결

判例는 이러한 청구는 "지상권의 부담을 용인하고 그 설정등기절차를 이행할 의무있는 자가 그 권리자를 상대로 한 청구라 할 것이어서 **'신의성실의 원칙'** 상 허용될 수 없다"고 판시하고 있다(대판 1985.4.9, 84다카1131,1132). 이러한 判例의 입장은 결론에 있어 타당하나 다만 그 논거를 일반조항인 신의칙 위반에서 찾는 것은 부당하고,[1] **'일반조항으로의 도피'를 지양하는 차원에서 구체적 명문규정인 제213조 단서에 의해 건물철거 등을 청구할 수 없다고 봄이 타당하다.**

사안의 경우 Y건물의 미등기 매수인인 丙은 M, L을 순차적으로 대위하여 甲에 대하여 법정지상권설정등기 및 이전등기절차의 이행을 구할 수 있는 권리가 있다. 따라서 제213조 단서의 '점유할 권리' 있는 자로서 甲의 丙에 대한 Y건물 철거 및 X토지 인도청구는 받아들여질 수 없다.

---

1) 왜냐하면 사안의 경우 앞서 살핀대로 당초의 법정지상권자인 丙에게 남아 있게 되나, 특별한 사정이 없는 한 丙과 丁 사이에서는 제100조 2항의 유추적용에 의해 건물의 소유권이라는 주된 권리를 양도하는 것에 의해 종된 권리인 지상권도 함께 양도하기로 하는 채권적 계약이 있었던 것으로 보아야 한다. 따라서, 양도인 丙은 양수인 丁에게 이 법정지상권을 이전해 줄 의무를 지게 된다. 결국 丁은 丙을 대위하여 토지소유자 甲에 대하여 전소유자였던 법정지상권자 丙에게 법정지상권 설정등기를 해 줄 것을 청구할 수 있는 지위에 있으므로 이러한 지위는 제213조 단서에서 말하는 '점유할 권리'에 해당한다 할 것이다.

3. 甲의 丙에 대한 토지의 사용·수익반환 인용여부

(1) 丙의 부당이득반환책임 성부

甲이 비록 丙에 대하여 건물의 철거 및 토지의 인도를 청구할 수 없다 하더라도 丙은 甲에 대한 관계에 있어서 법률상 원인 없이 甲 소유의 토지를 사용함으로써 부당이득을 취하고 있다고 볼 수 있다(제741조). 判例도 "법정지상권자라 할지라도 대지 소유자에게 지료를 지급할 의무는 있는 것이고, 법정지상권이 있는 건물의 양수인으로서 장차 법정지상권을 취득할 지위에 있어 대지 소유자의 건물 철거나 대지 인도 청구를 거부할 수 있다 하더라도 그 대지를 점유 · 사용함으로 인하여 얻은 이득은 부당이득으로서 대지 소유자에게 반환할 의무가 있다"(대판 1997.12.26. 96다34665)고 하였다. 따라서 甲은 丙을 상대로 그 점유기간 동안의 차임 상당액을 부당이득으로서 반환할 것을 청구할 수는 있다(대판 1988.10.24, 87다카1604).[2)]

(2) 丙의 불법행위책임 성부

丙의 X토지 점유는 법정지상권을 취득할 지위에 기한 정당한 점유이므로 甲은 丙에 대하여 불법행위를 원인으로 한 손해배상청구권을 행사할 수 없다.

2) "법정지상권자라고 할지라도 대지소유자에게 지료를 지급할 의무는 있는 것이고 법정지상권을 취득할 지위에 있는 자 역시 지료 또는 임료상당이득을 대지소유자에게 반환할 의무를 면할 수는 없는 것이므로 이러한 임료상당 부당이득의 반환청구까지도 신의성실의 원칙에 반한다고 볼 수 없다"

기출해설 2016년 1차 법전협모의 제2문

甲은 X토지의 소유자로서 2013. 1. 5. 乙로부터 2억 원을 차용하면서 乙에게 저당권을 설정해 주었다. 그 후 甲은 乙의 동의를 얻어 X토지 위에 자신의 노력과 비용으로 주거용인 Y건물을 신축하였다. 2013. 3. 2. 丙은 甲과 미등기상태의 Y건물에 대하여 임차보증금 5천만 원, 기간 2년으로 정하여 임대차 계약을 체결한 다음, 위 계약 직후 甲으로부터 Y건물을 인도받고 주민등록을 마쳤다.
한편 丁은 2013. 5. 3. 甲으로부터 X토지와 Y건물을 매수하여 대금을 모두 지급한 다음 X토지에 대하여만 소유권이전등기를 넘겨받고 Y건물에 대하여는 미등기인 관계로 그 등기를 이전받지 못하였다. 2013. 6. 4. 戊는丁에게 1억 원을 대여하였으나, 丁이 이를 변제하지 아니하자 丁을 상대로 대여금청구소송을 제기, 승소하고 X토지에 대하여 강제경매를 신청하였다.
위 경매절차에서 X토지를 매수하여 대금을 지급한 己가 X토지의 소유자임을 주장하면서 丁을 상대로 Y건물의 철거와 X토지의 인도를 구하고 丙에 대하여는 Y건물로부터의 퇴거를 구한다.

1. 己의 丙에 대한 청구의 당부를 논거를 들어 서술하라. (25점)

2. 己의 丁에 대한 청구의 당부를 논거를 들어 서술하라. (25점)

사례D-47 대항력 있는 건물임차인에 대한 퇴거청구, 강제경매와 관습법상 법정지상권★

Ⅰ. 설문 1.의 경우(25)

1. 결 론

己의 丙에 대한 Y건물에서의 퇴거청구는 타당하다(제214조).

2. 논 거

(1) 丙이 Y건물에 대한 퇴거청구의 피고적격이 있는지 여부

判例가 판시하는 바와 같이, "건물이 그 존립을 위한 토지사용권을 갖추지 못하여 토지의 소유자가 건물의 소유자에 대하여 당해 건물의 철거 및 그 대지의 인도를 청구할 수 있는 경우에라도 **건물소유자가 아닌 사람이 건물을 점유하고 있다면** 토지소유자는 그 건물 점유를 제거하지 아니하는 한 위의 건물 철거 등을 실행할 수 없다(건물철거의 대체집행시 건물퇴거도 건물소유자의 수인의무에 포함되나 건물소유자 아닌 제3자는 수인의무를 부담하지 않기 때문이다 : 저자주). 따라서 그때 토지소유권은 위와 같은 점유에 의하여 그 원만한 실현을 방해당하고 있다고 할 것이므로, 토지소유자는 자신의 소유권에 기한 방해배제로서 건물점유자에 대하여 건물로부터의 퇴거를 청구할 수 있다"(대판 2010.8.19, 2010다43801 : 3회 선택형).
따라서 사안의 경우 경매절차에서 X토지를 매수하여 대금을 지급한 己는 X토지의 소유자이므로(제187조), 己는 소유권에 기한 방해배제로서, 丁에 대한 Y건물 철거청구와는 별도로 Y건물의 점유자인 丙을 상대로 Y건물에서의 퇴거를 청구해야 한다.

[관련판례] 그러나 "건물의 소유자가 그 건물의 소유를 통하여 타인 소유의 토지를 점유하고 있다고 하더라도 그 토지 소유자로서는 그 건물의 철거와 그 대지 부분의 인도를 청구할 수 있을 뿐, **자기 소유의 건물을 점유하고 있는 자에 대하여 그 건물에서 퇴거할 것을 청구할 수는 없다**(대판 1999.7.9, 98다57457,57464). 즉, '건물철거의무'에는 '퇴거의무'도 포함된 것으로 보므로 그 의무자에게 철거를 구하면서 별도로 퇴거를 구할 필요는 없다.

(2) 丙이 Y건물에 대한 대항력 있는 임차권으로 己에게 대항할 수 있는지 여부

1) 문제점

미등기 또는 무허가 건물도 주택임대차보호법이 적용대상이 되는데(대판 2007.6.21. 2004다26133), 丙은 건물을 신축한 甲으로부터 2013. 3. 2. 주거용 Y건물을 임차하고 계약 직후 인도 및 주민등록을 마쳤으므로 대항력을 취득하였다(주택임대차보호법 제3조 1항 1문). 문제는 이러한 대항력 있는 건물임차권으로 토지소유자 己의 청구에 대항할 수 있는지 여부이다.

2) 판 례

"ⅰ) 주거용 건물이 아닌 대지만 경락받은 자는 주택임대차보호법상의 임대인의 지위를 승계하는 자가 아니며(대판 1998.4.10. 98다카3276), ⅱ) **건물임차권의 대항력은 기본적으로 건물에 관한 것이고 토지를 목적으로 하는 것이 아니므로 이로써 토지소유권을 제약할 수 없고**, 토지에 있는 건물에 대하여 대항력 있는 임차권이 존재한다고 하여도 이를 토지소유자에 대하여 대항할 수 있는 토지사용권이라고 할 수는 없다. 바꾸어 말하면, 건물에 관한 임차권이 대항력을 갖춘 후에 그 대지의 소유권을 취득한 사람은 민법 제622조 제1항이나 주택임대차보호법 제3조 제1항 등에서 그 임차권의 대항을 받는 것으로 정하여진 '제3자'에 해당한다고 할 수 없다"(대판 2010.8.19. 2010다43801 : 3회 선택형).

3) 사안의 경우

사안의 경우 대항력을 갖춘 Y건물 임차인 丙은 Y건물이 그 존립에 필요한 X토지에 대한 사용권이 없으므로 丙은 己에게 대항할 수 없다.

[심화] ✻ **丙이 유치권으로 대항할 수 있는지 여부**
건물 임차인이 필요비를 지출한 것이 있다면 필요비상환청구가 가능하고 이를 이유로 건물 소유자에게 유치권을 행사할 수도 있다고 할 것이다. 判例에 따르면 건물에 대한 유치권은 건물점유에 필요한 범위 내에서 건물의 대지에도 효력이 미치므로 건물의 대지도 유치할 수 있다고 본다(대판 1980.10.14. 79다1170). 다만 건물점유자가 건물의 원시취득자에게 그 건물에 관한 유치권이 있다고 하더라도 그 건물의 존재와 점유가 토지소유자에게 불법행위가 되고 있다면 그 유치권으로 토지소유자에게 대항할 수 없다(대판 1989.2.14. 87다카3073). 따라서 건물 자체가 철거되어야 할 사안의 경우에는 대지소유자 己에게 유치권으로 대항할 수 없다고 보인다.

Ⅱ. 설문 2.의 경우(25)

1. 결 론

丁은 관습법상 법정지상권자가 아니고 그밖에 점유할 권원이 있다고도 볼 수 없으며, 己의 철거청구가 권리남용에 해당한다고 볼 만한 사정도 없어서 己의 丁에 대한 X토지 인도 및 Y건물 철거청구는 타당하다.

2. 논 거

(1) 丁이 Y건물철거에 대한 피고적격이 있는지 여부[1)]

判例는 "**건물철거는 소유권의 종국적 처분에 해당하는 사실행위이므로 원칙으로는** 소유자(등기명의자)에게만 그 철거처분권이 있다고 할 것이나, **건물을 매수하여 점유하고 있는 자는** 등기부상 아직 소유자로서의 등기명의가 없다 하더라도 그 권리의 범위내에서 그 **점유 중인 건물에 대하여 법률상 또는 사실상 처분을 할 수 있는 지위**"에 있으므로 그 자를 상대로 건물철거를 구할 수 있다고 한다(대판 1986.12.23, 86다카1751 : 4회 선택형).

따라서 미등기인 Y건물을 매수하여 대금을 모두 지급한 丁은 Y건물에 대한 법률상·사실상 처분권한을 가진 자로서 해당 부지인 X토지를 점유하고 있다고 할 것인바, X토지를 점유할 정당한 권원이 있음을 입증하지 못하는 한, Y건물을 철거할 의무가 있다(제213조 단서).

(2) 丁에게 X토지를 '점유할 권리'가 있는지 여부

1) 제366조의 법정지상권의 성립여부

제366조의 경매는 저당권의 실행을 위한 경매를 뜻하기 때문에, 사안처럼 丁의 채권자 戊에 의해 강제경매가 된 경우에는 제366조가 아닌 관습법상 법정지상권의 성립여부만이 문제된다(대판 2013.4.11. 2009다62059).

2) 관습법상 법정지상권의 성립여부(처동, 매, 특)

관습법상 법정지상권이 성립되기 위해서는 i) 처분 당시 토지와 건물의 소유권이 동일인에게 속하여야 하며 ii) 매매 기타의 적법한 원인으로 소유자가 달라져야 하며 iii) 또한 당사자 사이에 건물을 철거한다는 특약이 없어야 한다.

가) 甲이 매매로 인해 관습법상 법정지상권을 취득하고, 丁이 이를 승계취득 하는지 여부

형식적으로는 토지와 건물이 甲의 소유에 속하다가, 2013. 5. 3. 丁이 X토지의 소유권이전등기를 마쳤을 때 대지와 건물의 소유자가 달라졌다. 그러나 判例는 **대지와 그 지상의 미등기건물을 일괄하여 매수하고 대지에 대하여만 소유권이전등기를 마친 경우**, 형식상으로는 미등기건물의 소유자와 대지의 소유자가 다르지만, "**토지의 점유·사용에 관하여 당사자 사이에 약정이 있는 것으로 볼 수 있거나 토지 소유자가 건물의 처분권까지 함께 취득한 경우에는 관습상의 법정지상권을 인정할 까닭이 없다**"할 것이어서 미등기건물의 소유자(건물 신축자)에게 관습상의 법정지상권은 성립하지 않는다고 한다(대판 2002.6.20. 전합2002다9660 : 2회 선택형).

사안의 경우 토지 소유자 丁이 건물의 처분권까지 함께 취득한 경우이므로 건물 소유자 甲에게 관습법상 법정지상권이 성립한다고 볼 수는 없다.

나) 丁이 강제경매로 인해 관습법상 법정지상권을 취득하는지 여부

강제경매의 경우 判例는 "**부동산강제경매절차에서 목적물을 매수한 사람의 법적 지위는 다른 특별한 사정이 없는 한 그 절차상 '압류의 효력이 발생하는 때'를 기준으로 하여 정하여지므로**, 강제경매의 목적이 된 토지 또는 그 지상 건물의 소유권이 강제경매로 인하여 매수인에게 이전된 경우에 관습상

---

1) 己는 경매절차를 통하여 대금을 납부함으로써 경매목적물인 X토지의 소유권을 취득하는바(민사집행법 제135조), 이는 민법 제187조에 의한 물권변동으로 등기 없이도 소유권을 취득한다. 따라서 Y건물로 X토지의 소유권이 방해받고 있다면 己는 X토지의 소유권에 기한 방해배제청구로서 Y건물의 철거 및 X토지의 인도를 구할 수 있다(제213조, 제214조).

법정지상권이 성립하는가 하는 문제에 있어서는 그 매수인이 소유권을 취득하는 매각대금의 완납시(과거 判例의 태도)가 아니라 그 **압류의 효력이 발생하는 때를 기준**으로 하여 토지와 그 지상 건물이 동일인에 속하였는지 여부가 판단되어야 한다"(대판 2012.10.18. 전합2010다52140 : 5회 선택형)고 한다. 그러나 토지 또는 그 지상 건물에 관하여 강제경매를 위한 (가)압류가 있기 이전에 저당권이 설정되어 있다가 그 후 '강제경매'로 인해 그 저당권이 소멸하는 경우에는 제366조의 법정지상권이 아니라 관습상의 법정지상권이 문제되며, 이 때 토지와 그 지상 건물이 동일인 소유에 속하였는지는 그 '**저당권 설정 당시**'를 기준으로 판단한다고 하였다(대판 2013.4.11. 2009다62059 : 3회 선택형).

설문의 경우 저당권 설정당시인 2013. 1. 5. 기준으로 토지와 건물이 동일인 소유였는지를 판단하여야 하는바, 저당권 설정당시 Y건물이 존재하지 아니하였으므로 Y건물의 매수인 丁이 관습법상 법정지상권을 취득할 여지가 없다.

기출해설 2016년 법원행정고시 제1문

X1토지와 X2토지에 관하여는 2004. 5. 15. 甲명의의 소유권이전등기가 마쳐졌고, Y건물에 관하여는 2005. 4. 1. 甲명의의 소유권보존등기가 마쳐졌으며, Y건물은 X1토지와 X2토지에 걸쳐서 세워져 있다.

甲은 2007. 1. 12. 乙에게 X2토지와 Y건물을 각각 매도하여 乙은 2007. 2. 20. 위 토지와 건물에 관하여 소유권이전등기를 마쳤는데, 甲의 대여금 채권자인 丙이 甲을 상대로는 대여금 청구, 乙을 상대로는 Y건물에 관한 매매계약이 사해행위임을 이유로 위 건물에 관한 매매계약 취소와 원상회복 방법으로 소유권이전등기의 말소등기절차의 이행청구의 소를 제기하여 2009. 1. 4. 丙이 전부 승소하였고, 그 무렵 위 판결이 확정되었다.

2009. 3. 10. 위 확정판결을 원인으로 Y건물에 관한 乙 명의의 소유권이전등기가 말소되었고, 이후 丙의 강제경매신청에 따라 Y건물에 대하여 경매개시결정이 이루어지면서 2010. 11. 5. 경매개시결정의 기입등기가 되었고, 그 경매절차에서 丁이 매각허가를 받아 2011. 6. 3. 매각대금을 납부하고 소유권을 취득하였다.

한편 甲은 2006. 8. 20. X1토지에 관하여 자신의 채권자인 제3자 앞으로 근저당권을 설정하였고, 위 근저당권에 기하여 진행된 임의경매절차에서 戊가 2008. 10. 17. 매각대금을 납부함으로써 소유권을 취득하였다.

1. 乙이 丁을 상대로 Y건물철거와 X2토지 인도를 구하는 소를 제기하자, 丁은 X2 토지에 관하여 법정지상권을 취득하였다고 항변하였다. 丁의 항변에 대하여 그 당부와 논거를 기재하시오. (40점)

2. 戊가 丁을 상대로 Y건물철거와 X1 토지인도를 구하는 소를 제기하자, 丁은 X1토지에 관하여 법정지상권을 취득하였다고 항변하였다. 丁의 항변에 대하여 그 당부와 논거를 기재하시오. (60점)

사례D-48 채권자취소권과 관습법상 법정지상권, 제366조의 법정지상권[1] ★

Ⅰ. 설문 1.의 경우(40)

1. 丁항변의 당부

丁은 2011. 6. 3. Y건물의 소유권을 취득하면서 X2토지에 관하여 관습법상 법정지상권을 취득하였으므로 제213조 단서의 '점유할 권리'를 가지는 바, 乙의 청구에 대한 丁의 항변은 타당하다.

2. 논 거(X2토지에 관한 丁의 관습법상 법정지상권 취득 여부)

(1) 문제점

X2토지에 대한 丁의 관습법상 법정지상권 취득여부 판단에 있어, 丙의 **채권자취소권 행사**에 따라 Y건물에 관한 乙명의의 소유권이전등기가 말소된 경우, 관습상 법정지상권의 성립요건인 **'동일인의 소유에 속하고 있던 토지와 그 지상 Y건물이 매매 등으로 인하여 소유자가 다르게 된 경우'** 에 해당하는 지가 문제된다.

1) ★ 2016년 3차 법전협모의 제2문에서도 동일한 쟁점이 출제되었다.

(2) 채권자취소권의 효력과 관습법상 법정지상권의 성립요건

1) 관습법상 법정지상권의 성립요건(처동, 매, 특)

관습법상 법정지상권이 성립하기 위해서는 ⅰ) 처분 당시 토지와 건물이 동일인의 소유에 속하였을 것, ⅱ) 매매 기타의 적법한 원인으로 소유자가 달라질 것, ⅲ) 당사자 사이에 건물을 철거한다는 특약 또는 토지의 점유·사용에 관하여 다른 약정이 없을 것을 요한다.

다만 대법원은 최근 전원합의체 판결을 통해 "부동산강제경매절차에서 목적물을 매수한 사람의 법적 지위는 다른 특별한 사정이 없는 한 그 절차상 '압류의 효력이 발생하는 때'를 기준으로 하여 정하여지므로, 강제경매의 목적이 된 토지 또는 그 지상 건물의 소유권이 강제경매로 인하여 그 절차상의 매수인에게 이전된 경우에 건물의 소유를 위한 관습상 법정지상권이 성립하는가 하는 문제에 있어서는 그 매수인이 소유권을 취득하는 매각대금의 완납시(과거 판례의 태도)가 아니라 그 압류의 효력이 발생하는 때를 기준으로 하여 토지와 그 지상 건물이 동일인에 속하였는지 여부가 판단되어야 한다"(대판 2012.10.18. 전합2010다52140 : 5회 선택형)고 판시하고 있다.

2) 채권자취소권 행사로 토지와 건물의 소유자가 달라진 경우

가) 판 례

"제406조의 채권자취소권의 행사로 인한 사해행위의 취소와 일탈재산의 원상회복은 채권자와 수익자 또는 전득자에 대한 관계에 있어서만 효력이 발생할 뿐이고 채무자가 직접 권리를 취득하는 것이 아니므로, 토지와 지상 건물이 함께 양도되었다가 채권자취소권의 행사에 따라 그중 건물에 관하여만 양도가 취소되고 수익자와 전득자 명의의 소유권이전등기가 말소되었다고 하더라도, 이는 관습상 법정지상권의 성립요건인 '동일인의 소유에 속하고 있던 토지와 지상 건물이 매매 등으로 인하여 소유자가 다르게 된 경우'에 해당한다고 할 수 없다"(대판 2014.12.24. 2012다73158 : 5회 선택형)

나) 사안의 경우

2009. 3. 10. 丙이 제기한 사해행위 취소소송의 확정판결에 따라 Y건물에 관한 乙의 소유권이전등기가 말소되었다 하더라도, 이는 관습법상 법정지상권의 성립요건인 '동일인의 소유에 속하고 있던 X2토지와 그 지상 Y건물이 매매 등으로 인하여 소유자가 다르게 된 경우'에 해당하지 않는다. 따라서 甲은 X2 토지에 관한 관습법상 법정지상권을 취득하지 못한다. 채권자취소권의 상대적 효력을 고려했을 때 Y건물에 관한 乙명의의 소유권이전등기가 말소되었다고 하더라도, Y건물에 관한 압류의 효력이 발생한 2010. 11. 5.까지도 乙이 X2토지와 Y건물 모두의 소유권을 가진다. 따라서 丁이 위 강제경매절차에서 Y건물을 매수하고 2011. 6. 3.에 매각대금을 완납하여 X2토지와 그 지상 Y건물의 소유자가 다르게 되었으므로, 丁이 X2 토지에 관한 관습법상 법정지상권을 취득한다.

Ⅱ. 설문 2.의 경우(60)

1. 丁항변의 당부

丁은 2011. 6. 3. Y건물의 소유권을 취득하면서 乙의 X1토지에 관한 제366조 법정지상권을 승계취득하였으므로(제100조 2항의 유추적용, 제187조 본문) 丁의 항변은 타당하다.

2. 논 거(X1토지에 관한 丁의 법정지상권 취득 여부)

(1) 문제점

X1토지에 관한 근저당권 설정 후 근저당권이 실행되기 전에 그 지상 Y건물의 소유권이 乙에게 이전된 사안의 경우, 2008. 10. 17. 乙이 X1토지에 관한 제366조 법정지상권을 취득하였는지 및 Y건물에 관한 乙명의 소유권이전등기가 채권자취소권행사에 따라 말소된 경우에도 丁이 제366조의 법정지상권 취득하는지가 문제된다.

(2) 乙의 법정지상권 취득 여부

1) 제366조 법정지상권 취득요건(설건, 설동, 저, 경)

법정지상권이 성립하기 위해서는 i) 저당권설정 당시부터 건물이 존재할 것, ii) 저당권이 설정될 당시 토지와 건물의 소유자가 동일할 것, iii) 토지나 건물 중 적어도 어느 하나에 저당권이 설정될 것, iv) 경매로 인해 건물과 토지에 대한 소유자가 분리될 것을 요한다(제366조).

2) 사안의 경우

判例에 따르면 제366조의 **법정지상권이 성립하기 위해서는 토지와 건물이 저당권설정 당시에 동일인의 소유에 속하였으면 충분하며, 경매가 행하여질 때까지 그래야 할 필요는 없다**(대판 1999.11.23, 99다52602). 즉, X1토지에 근저당권을 설정할 당시 X1토지에 지상의 Y건물이 존재하고 있었고 그 양자가 동일 소유자 甲에게 속하였다가 그 후 저당권의 실행 전에 Y건물이 乙에게 양도된 경우 Y건물을 양수한 **乙은 관습상의 법정지상권을 취득하지만, 이러한 용익권은 선순위저당권의 실행에 의한 매각으로 인하여 소멸되기 때문에 判例에 따르면 乙은 2008. 10. 17. X1토지에 관한 제366조의 법정지상권을 취득한다**(대판 1999.11.23, 99다52602).

(3) 丁의 제366조 법정지상권 승계 취득여부

1) 판 례

"저당권설정 당시 동일인의 소유에 속하고 있던 토지와 지상 건물이 경매로 인하여 소유자가 다르게 된 경우에 건물소유자는 건물의 소유를 위한 민법 제366조의 법정지상권을 취득한다. 그리고 건물 소유를 위하여 법정지상권을 취득한 사람으로부터 경매에 의하여 건물의 소유권을 이전받은 매수인은 매수 후 건물을 철거한다는 등의 매각조건하에서 경매되는 경우 등 **특별한 사정이 없는 한 건물의 매수취득과 함께 위 지상권도 당연히 취득하는데**(제100조 2항의 유추적용, 제187조), 이러한 법리는 사해행위의 수익자 또는 전득자가 건물의 소유자로서 법정지상권을 취득한 후 채무자와 수익자 사이에 행하여진 **건물의 양도에 대한 채권자취소권의 행사에 따라 수익자와 전득자 명의의 소유권이전등기가 말소된 다음 경매절차에서 건물이 매각되는 경우에도 마찬가지로 적용된다**"(대판 2014.12.24. 2012다73158)

2) 사안의 경우

2009. 3. 10. 丙의 채권자취소권 행사에 따라 Y건물에 관하여 乙 명의의 소유권이전등기가 말소되었다하더라도, 2011. 6. 3. 丁이 강제경매절차에서 Y건물에 관한 소유권을 취득함으로써 그 소유를 위한 乙의 X1 토지에 관한 제366조의 법정지상권도 함께 취득한다.

기출해설

2009년 사법시험 제3문

【공통되는 사실관계】
甲은 A로부터 1억 5,000만 원을 차용하면서 이를 담보하기 위하여 자기 소유의 대지와 그 지상주택, 그리고 친구인 乙, 丙 소유의 각 아파트에 대하여 공동저당권을 설정하였다.
그 후 甲은 B로부터 5,000만 원을 차용하면서 자기 소유의 대지와 그 지상주택에 2순위 저당권을 설정하여 준 다음, 위 주택을 철거하고 그 자리에 2층 상가를 신축하였는데 신축 상가에 대해서 A나 B에게 저당권을 설정하여 주지는 않았다.

2. 甲이 변제기에 위 A에 대한 차용금을 변제하지 못하자, A는 먼저 甲 소유의 대지에 대하여 경매를 신청하여, 위 대지가 C에게 낙찰되었다. 그 결과 A는 1억 2,000만 원을 배당받았고 B는 전혀 배당받지 못하였다. A는 乙, 丙 소유의 아파트들에 대하여 함께 경매를 신청을 하며, 乙 소유의 아파트는 1억 2,000만 원, 丙 소유의 아파트는 6,000만 원에 각각 낙찰되었다.

(나) 甲소유의 대지를 낙찰받은 C가 甲을 상대로 상가건물의 철거 및 대지의 인도를 구하자, 甲은 자신에게 상가건물의 소유를 위한 법정지상권이 있다고 주장한다. 甲의 주장은 정당한가? (30점)

사례D-49 공동저당권 설정 후 경매 전에 건물을 재신축한 경우 법정지상권[1] ★

Ⅱ. 설문 2.(나)의 경우(30)

1. 문제점

설문 2. (나)의 경우 경매절차에서 부동산을 매각받은 사람은 매각대금을 다 낸 때에 그 부동산의 소유권을 취득하므로(민사집행법 제135조), C는 대지의 소유권을 취득하였다(제187조). 그리고 甲은 신축 건물의 원시취득자로서(제187조) 그 대지를 점유하고 있다. 따라서 甲에게 위 대지를 점유할 권리가 없다면 甲은 위 건물을 철거하고 위 대지를 인도하여야 하는데, 甲의 점유할 권리와 관련하여 제366조의 법정지상권이 성립하는지 문제된다.

2. 공동저당권 설정 후 경매 전에 건물을 재신축한 경우 법정지상권이 성립하는지 여부

(1) 문제점

단독저당의 경우 통설과 判例(대판 2001.3.13, 2000다48517)는 기존 건물과 신축 건물 사이의 동일성을 따지지 않고 신축 건물을 위한 법정지상권의 성립을 인정하고 있다(다만 이 경우 법정지상권의 내용인 존속기간, 범위 등은 구 건물을 기준으로 하여 그 이용에 일반적으로 필요한 범위 내로 제한된다). 그러나 사안과 같은 공동저당의 경우 법정지상권의 성립을 인정하게 되면 토지와 구건물의 담보가치 모두를 확보하고 있었던 공동저당권자가 법정지상권의 부담이 있는 토지의 가치밖에 우선변제를 받을 수 없게 되어 당초에 예상하지 못한 현저한 손해를 입게 되는 것이 아닌가 하는 의문이 있다.

1) ★ 2019년 1차 법전협모의 제2문에서도 동일한 쟁점이 출제되었다.

(2) 판 례

토지와 그 지상 건물에 공동저당권이 설정된 후 지상건물이 '증·개축된 경우'에는 당연히 법정지상권이 성립된다. 그러나 判例는 동일인의 소유에 속하는 토지 및 그 지상 건물에 관하여 공동저당권이 설정된 후 그 지상 건물이 철거되고 새로 건물이 '신축된 경우'에는 '그 신축건물에 토지와 동순위의 공동저당권이 설정되지 아니한 경우'에는 저당물의 경매로 인하여 토지와 신축건물이 서로 다른 소유자에게 속하게 되더라도 제366조의 법정지상권은 성립하지 않는다고 한다(대판 2003.12.18, 전합98다43601[2] : 전체가치고려설 : 9회 선택형).

(3) 검 토

검토하건대, "공동저당권자는 '토지 및 건물 각각의 교환가치 전부'를 담보로 취득한 것으로서, 건물이 철거된 후 신축된 건물에 토지와 동순위의 공동저당권이 설정되지 아니하였는데도 그 신축건물을 위한 법정지상권이 성립한다면, 공동저당권자가 법정지상권이 성립하는 신축건물의 교환가치를 취득할 수 없게 되는 결과 법정지상권의 가액 상당 가치를 되찾을 길이 막혀 '당초 토지에 관하여 아무런 제한이 없는 나대지로서의 교환가치 전체를 실현시킬 수 있다고 기대'하고 담보를 취득한 공동저당권자에게 불측의 손해를 입게 하기 때문에"(전합98다43601판시내용) 법정지상권의 성립을 부정하는 判例의 태도는 타당하다.

3. 사안의 해결

사안의 경우 甲 자신에게 상가건물의 소유를 위한 법정지상권이 있다는 甲의 주장은 정당하지 않다.

---

2) [반대의견(개별가치고려설)] 위 전원합의체 판결의 반대의견은 신축 건물을 위한 법정지상권은 성립한다고 한다. 그 논거로는 i) 대지와 건물 모두에 공동저당권을 취득한 경우에도 대지의 담보가치는 나대지로서의 담보가치에서 법정지상권으로 인한 부담을 공제한 만큼으로 보고 대신에 건물의 담보가치는 건물 자체의 담보가치에 건물을 위한 법정지상권의 가치를 더한 만큼이기 때문에, 공동저당권자는 결과적으로 대지와 건물 전체의 교환가치를 담보가치로 파악할 수 있다고 한다. 따라서 신축 건물을 위한 법정지상권의 성립을 인정하더라도 저당권자에게 불측의 손해를 주는 것은 아니며, 문제는 건물의 소유자가 저당권의 목적인 건물을 함부로 철거하여 담보가치를 감소시킨 데 있다는 점과 ii) 신축 건물이 연립주택이나 다세대건물인 경우 그 건물이 철거되면 많은 서민들이 피해를 입을 우려가 있다는 점을 들고 있다.

2014년 변호사시험 제1문

【공통된 기초사실】 甲은 乙에게서 P시에 소재하는 1필의 X토지 중 일부를 위치와 면적을 특정하여 매수했으나 필요가 생기면 추후 분할하기로 하고 분할등기를 하지 않은 채 X토지 전체 면적에 대한 甲의 매수 부분의 면적 비율에 상응하는 지분소유권이전등기를 甲 명의로 경료하고 甲과 乙은 각자 소유하게 될 토지의 경계선을 확정하였다.

【추가된 사실관계】 甲과 乙은 각자 소유하는 토지 부분 위에 독자적으로 건축허가를 받아 각자의 건물을 각자의 비용으로 신축하기로 하였다. 각 건물의 1층 바닥의 기초공사를 마치고 건물의 벽과 지붕을 건축하던 중 자금이 부족하게 되자 甲과 乙은 공동으로 丁에게서 건축 자금 1억 원을 빌리면서 X토지 전체에 저당권을 설정해 주었다. 이후 건물은 완성되었으나 준공검사를 받지 못하여 소유권보존등기를 하지 못하고 있던 차에 자금 사정이 더욱 나빠진 甲과 乙은 원리금을 연체하게 되어 결국 저당권이 실행되었고 경매를 통하여 戊에게 X토지 전체에 대한 소유권이전등기가 경료되었다. 戊는 甲과 乙에게 법률상 근거 없이 X토지를 점유하고 있다는 이유로 각 건물의 철거 및 X토지 전체의 인도를 청구하고 있다. 甲과 乙은 위 소송 과정에서 자신들이 승소하기 위하여 법률상 필요하고 유효적절한 항변을 모두 하였다.

2. 戊의 甲, 乙에 대한 청구가 각 인용될 수 있는지와 그 근거를 서술하시오. (20점)

사례D-50 구분소유적 공유와 법정지상권

Ⅱ. 문제 2의 2.의 경우(20)

1. 결 론

戊의 甲, 乙에 대한 각 건물의 철거 청구와 X토지 전체의 인도 청구는 인용될 수 없다.

2. 근 거

(1) 戊의 청구원인과 甲, 乙의 항변사유

戊는 ⅰ) X토지 전체의 소유자이고(제187조),[1] ⅱ) 甲과 乙이 각 건물의 소유자로서 X토지를 점유하고 있으므로, 원칙적으로 戊는 甲과 乙에 대해 X토지의 반환(제213조)과, 각 건물의 철거(제214조)를 청구할 수 있다. 그러나 甲과 乙이 X토지를 '점유할 권리'가 있는 때에는 반환을 거부할 수 있는바(제213조 단서), 사안에서는 민법 제366조의 법정지상권이 성립되는지 문제된다.

---

1) [관련판례] 구분소유적 공유관계에 있어서, 각 구분소유적 공유자가 자신의 권리를 타인에게 처분하는 경우 중에는 ① 구분소유의 목적인 특정 부분을 처분하면서 등기부상의 공유지분을 그 특정 부분에 대한 표상으로서 이전하는 경우와 ② 등기부의 기재대로 1필지 전체에 대한 진정한 공유지분으로서 처분하는 경우가 있을 수 있고, 이 중 전자의 경우에는 그 제3자에 대하여 구분소유적 공유관계가 승계되나, 후자의 경우에는 제3자가 그 부동산 전체에 대한 공유지분을 취득하고 구분소유적 공유관계는 소멸한다(대판 2008.2.15, 2006다68810,68827). 사안은 후자에 속하는바, 甲과 乙의 X토지 전체에 대한 저당권 설정은 특정부분에 대한 처분이 아니라 공유지분 전체에 대한 처분으로, 甲과 乙은 X토지에 대해 상호명의신탁이 아닌 일반공유자로 저당권을 설정한 것이고, 戊는 저당권에 기한 경매를 통해 구분소유적 공유관계를 승계취득한 것이 아니라 X토지 전체에 대한 소유권을 취득한 것이다(민법 제187조).

(2) 甲, 乙의 법정지상권 취득 여부

1) 제366조 법정지상권의 성립요건

법정지상권이 성립하기 위해서는 i) 저당권설정 당시부터 건물이 존재할 것, ii) (저당권이 설정될 당시) 토지와 건물의 소유자가 동일할 것, iii) 토지나 건물 중 적어도 어느 하나에 저당권이 설정될 것, iv) 경매로 인해 건물과 토지에 대한 소유자가 분리될 것을 요한다(제366조).

사안에서는 iii) X토지에 저당권이 설정되었고, iv) 저당권 실행 경매로 인해 X토지의 소유권이 戊에게 이전되어 건물과 토지에 대한 소유자가 분리된 바, 이하에서는 i), ii) 요건을 충족했는지 검토한다.

2) 저당권 설정 당시부터 건물이 존재했는지 여부

"민법 제366조의 법정지상권은 저당권 설정 당시 동일인의 소유에 속하던 토지와 건물이 경매로 인하여 양자의 소유자가 다르게 된 때에 건물의 소유자를 위하여 발생하는 것으로서, **토지에 관하여 저당권이 설정될 당시 토지 소유자에 의하여 그 지상에 건물을 건축중이었던 경우 그것이 사회관념상 독립된 건물로 볼 수 있는 정도에 이르지 않았다 하더라도 건물의 규모·종류가 외형상 예상할 수 있는 정도까지 건축이 진전되어 있었고, 그 후 경매절차에서 매수인이 매각대금을 다 낸 때까지 최소한의 기둥과 지붕 그리고 주벽이 이루어지는 등 독립된 부동산으로서 건물의 요건을 갖추면** 법정지상권이 성립하며, 그 건물이 미등기라 **하더라도 법정지상권의 성립에는 아무런 지장이 없는 것이다**"(대판 2004.6.11. 2004다13533 : 3회 선택형).

사안에서 저당권 설정 당시 이미 각 건물의 1층 바닥의 기초공사를 마치고 건물의 벽과 지붕을 건축하던 중이었으므로 건물의 규모·종류가 외형상 예상할 수 있는 정도였고, 그 후 저당권 실행 경매 전에 건물이 완공되었으므로 위 判例의 요건을 충족한 것으로 판단된다.

3) X토지와 각 건물의 소유자가 동일했는지 여부

"공유로 등기된 토지의 소유관계가 구분소유적 공유관계에 있는 경우에는 공유자 중 1인이 소유하고 있는 건물과 그 대지는 다른 공유자와의 내부관계에 있어서는 그 공유자의 단독소유로 되었다 할 것이므로, 건물을 소유하고 있는 공유자가 그 건물 또는 토지지분에 대하여 저당권을 설정하였다가 그 후 저당권의 실행으로 소유자가 달라지게 되면 건물 소유자는 그 건물의 소유를 위한 법정지상권을 취득하게 되며, 이는 **구분소유적 공유관계에 있는 토지의 공유자들이 그 토지 위에 각자 독자적으로 별개의 건물을 소유하면서 그 토지 전체에 대하여 저당권을 설정하였다가 그 저당권의 실행으로 토지와 건물의 소유자가 달라지게 된 경우에도 마찬가지**라 할 것이다"(대판 2004.6.11. 2004다13533 : 3회 선택형).

이상에서 살펴보았듯 甲과 乙은 모든 요건을 충족하여 각각 건물을 위한 제366조의 법정지상권을 취득한다. 따라서 甲과 乙은 각 건물을 소유하기 위해 X토지를 점유할 권리가 인정되는 것이므로 戊의 청구는 모두 인용될 수 없다(제213조 단서).

기출해설

2013년 사법시험 제3문

자신 소유의 X토지 위에 Y건물을 지어 소유하던 甲은 2008. 10. 1. 乙과 Y건물에 관하여 전세금 1억 원, 기간 5년으로 하는 전세권설정계약을 체결한 후, 乙에게 전세권설정등기를 마쳐주었다. 甲은 사업자금 마련을 위하여 2009. 11. 1. Y건물을 담보로 丙은행으로부터 2억 원을 대출받으면서 채권최고액 2억 4,000만 원으로 하는 근저당권을 설정하여 주었다. 그 후 甲은 사업이 여의치 않자 2010. 9. 1. 丁으로부터 다시 사업자금으로 1억 원을 차용하였으나, 결국 丙은행 및 丁에 대한 차용금을 변제하지 못하였다.
이에 丁이 甲을 상대로 차용금 1억 원의 지급을 명하는 확정판결을 받아, Y건물에 대한 강제경매를 신청하였고, 그 경매절차에서 戊가 2012. 10. 20. Y건물을 매각받아 소유권이전등기를 마쳤다.

1. 경매절차에서 Y건물을 매수한 戊가 乙을 상대로 Y건물의 인도를 구하는 경우, 乙은 戊에 대하여 전세권을 주장할 수 있는지 여부 및 그 근거는? (20점)

4. 甲이 戊에 대하여 Y건물의 철거 및 X토지의 인도를 구하는 경우, 甲과 戊의 법률관계는? (30점)

사례D-51 전세권이 설정된 건물이 경매된 경우, 관습법상 법정지상권

Ⅰ. 설문 1.의 경우(20)

1. 문제점

경매절차에서 Y건물을 매수한 戊가 소유권에 기해 Y건물의 인도를 청구하는 경우(제213조 본문), 乙이 점유할 권리(제213조 단서)로서 戊에게 전세권을 주장할 수 있는지 문제된다.

2. 경매를 통한 乙의 전세권 소멸여부

乙은 전세권설정계약과 그에 따른 등기를 마친자로서 전세권자이다. 이러한 전세권은 담보물권적 성격과 함께 용익물권적 성격을 겸비하고 있다는 점(제303조)[1]에서 乙의 등기된 전세권이 丙의 저당권보다 순위가 앞서므로 경매절차에서 乙의 전세권은 소멸되지 않는다(민사집행법 제91조 2항 내지 4항 참조).

3. 乙의 전세권을 경락인 戊에게 주장할 수 있는지 여부

(1) 문제점

乙의 전세권의 존속기간 중 전세목적물인 Y건물의 소유권이 이전된 경우에 신소유자인 戊가 전세권설정자의 지위를 승계하는지 민법의 명문의 규정이 없어 문제된다.

(2) 판 례

判例는 승계긍정설의 입장이다. 즉 "전세권이 성립한 후 목적물의 소유권이 이전되는 경우에 전세권은 전세권자와 목적물의 소유권을 취득한 신 소유자 사이에서 계속 동일한 내용으로 존속하게

---

1) "전세권은 그 존속기간 내에는 주로 용익물권으로서의 성격을 갖고 담보물권으로서의 성격은 잠재되어 있다가, 존속기간 만료, 전세권 소멸통고 또는 소멸청구, 전세권의 합의해지 등의 사유가 있는 경우에는 용익물권으로서의 성격은 사라지고 전세금반환채권을 담보하는 담보물권으로서의 성질만 갖는다"(대판 2005.3.25, 2003다35659).

된다고 보아야 할 것이고, 따라서 목적물의 신 소유자는 구 소유자와 전세권자 사이에 성립한 전세권의 내용에 따른 권리의무의 직접적인 당사자가 되어 전세권이 소멸하는 때에 전세권자에 대하여 전세권설정자의 지위에서 전세금반환의무를 부담하게 되고, 구 소유자는 전세권설정자의 지위를 상실하여 전세금반환의무를 면하게 된다고 보아야 한다"(대판 2006.5.11, 2006다6072 : 1회 선택형)고 판시하였다.

(3) 검토 및 사안의 경우

물권으로서의 전세권은 목적물의 소유권이 변동되더라도 그 본질이 변할 수 없는 것이므로 신소유자가 전세권설정자의 지위를 이전받는다고 보아 이를 긍정하는 '승계긍정설'이 타당하다(주택임대차보호법 제3조 4항 및 민사집행법 제91조 3항 본문 참조). 따라서 乙은 戊에 대해 전세권자로서의 지위를 주장하여 戊의 인도청구에 대항할 수 있다(제213조 단서).

Ⅳ. 설문 4.의 경우(30)

1. 문제점

甲은 X토지의 소유자로서 원칙적으로 Y건물의 철거(제214조) 및 X토지의 인도(제213조 본문)를 청구할 수 있다. 이 때 戊에게 점유할 권리(제213조 단서)로서 관습법상 법정지상권이 성립하는지, 만약 관습법상 법정지상권이 성립한다면 甲이 지료를 청구할 수 있는지 문제된다.

2. 관습법상 법정지상권의 성부

관습법상 법정지상권이 성립하기 위해서는 ⅰ) 처분당시 토지와 건물이 동일인의 소유에 속하였을 것, ⅱ) 매매 기타의 적법한 원인으로 소유자가 달라질 것, ⅲ) 당사자 사이에 건물을 철거한다는 특약 또는 토지의 점유·사용에 관한 다른 약정이 없을 것이 필요하다.

사안에서 ⅰ) 처분당시 X토지와 Y건물이 동일인인 甲소유였다는 점은 분명하다.[2] ⅱ) 저당권에 기한 경매와 달리 강제경매로 인한 소유자 변동은 제366조 법정지상권의 문제가 아니라 관습법상 법정지상권의 문제로서, 매매 기타의 적법한 원인으로 토지와 건물의 소유자가 달라졌으며, ⅲ) 甲과 戊 사이에 건물 철거 특약 또는 토지의 점유·사용에 관한 다른 약정은 없으므로 戊는 관습법상 법정지상권의 성립을 주장하여 甲의 청구에 대항할 수 있다.

3. 지료청구

관습법상 법정지상권이 성립한다고 하여 戊에게 토지를 무상으로 사용·수익할 수 있는 권리가 생기는 것은 아니므로 지료상당액은 지급해야 한다(대판 1997.12.26. 96다34665). 이때 지료는 통설과 判例(대판 1996.2.13, 95누11023)에 따르면 제366조 유추적용하여 당사자의 협의에 의하여 결정되지 않으면 당사자의 신청에 의해 법원이 정한다고 한다.

4. 사안의 해결

甲의 토지인도, 건물철거 청구에 대하여 戊는 관습법상 법정지상권으로서 대항할 수 있다(제213조 단서). 이 때 戊는 甲에게 지상권설정등기를 청구할 수 있으며, 지료상당액을 지급해야 한다.

---

2) ★ 최근 대판 2012.10.18. 전합2010다52140판결인 "강제경매의 경우 관습상 법정지상권이 성립하는가 하는 문제에 있어서는 그 매수인이 소유권을 취득하는 매각대금의 완납시(과거 판례의 태도)가 아니라 그 압류의 효력이 발생하는 때를 기준으로 하여 토지와 그 지상 건물이 동일인에 속하였는지 여부가 판단되어야 한다"는 판시내용은 가압류 당시에 토지와 건물의 소유자가 달랐던 경우에 문제되는 것이므로, 토지와 건물의 소유자가 처음부터 동일한 경우인 설문과는 관계가 직접적인 연관성이 없다.

기출해설 2016년 2차 법전협모의 제2문

【공통된 사실관계】 甲은 자기소유 X건물을 乙에게 임대기간 2013. 2. 1 .부터 2015. 1. 31 까지, 임대보증금 1억 원 월차임 200만 원으로 정하여 임대하였다. 乙은 甲으로부터 X건물을 인도받고 甲에게 임대보증금 1억 원을 지급한 후, 甲에 대한 임대보증금반환채권을 담보하기 위해 X건물에 관하여 전세금 1억 원, 전세기간 2013. 2. 1.부터 2015. 1. 31.까지로 정한 전세권설정등기를 경료받았다. 甲과 乙사이의 전세권설정계약은 갱신되지 않고, 2015. 1. 31. 종료되었다.

【추가된 사실관계 1】 乙의 채권자 丙은 위와 같은 사실을 모르는 상태에서 위 전세권에 대하여 2014. 10. 8. 전세권근저당권(채권최고액 2억 원, 실제 피담보채권액 1억2천만 원)을 취득하였다. 2015. 1. 20. 乙은 전세기간 만료 후 발생할 甲에 대한 전세금반환채권 1억 원을 丁에게 양도하는 내용의 계약을 체결하고 2015. 2. 10. 그와 같은 취지를 확정일자부 서면을 통해 甲에게 통지하여 같은 날 도달하였다. 전세기간종료 후 丙은 위 전세금반환채권에 대하여 물상대위권에 기초해 압류 및 추심명령을 받았다(압류 및 추심명령은 2015. 10. 1. 甲에게 송달되었다).
이에 丙이 甲에게 전세금반환청구를 하고 있다. 다음 질문에 답하시오(질문들은 서로 독립적임).

2. 甲은 "丙이 추심명령을 받기전에 전세금반환채권이 丁에게 양도되고 甲에게 확정일자부로 양도통지가 이루어졌으므로 甲은 丁에게 전세금을 반환해야하고 丙의 청구에 응할 수 없다. 또한 2015. 9. 8. 丁에게 1억 원을 지급하였으므로 "丙의 청구에 응할 수 없다"고 항변한다. 甲의 항변은 받아들여 질 수 있는가? (15점)

3. 乙에 대하여 1억 원의 대여금채권을 가진 戊는 일반채권자로서 乙의 전세금반환채권 전액에 대하여 압류 및 추심명령을 받아 이 명령이 2015. 2. 5. 甲에게 도달하였다. 甲은 2015. 10. 20. 1억 원을 적법하게 공탁하였다. 이 경우 1억 원은 丙과 戊 사이에 어떻게 배분되어야하는가? (10점)

사례D-52 전세권과 물상대위의 추급력★

Ⅱ. 설문 2.의 경우(15)

1. 결 론

甲의 항변 중 ① 丁에게 전세금을 반환해야 하고, 丙의 청구에 응할 수 없다는 항변은 받아들여질 수 없으나, ② 丁에게 1억 원을 지급하였으므로 丙의 청구에 응할 수 없다는 항변은 받아들여질 수 있다.

2. 논 거

(1) 전세권 존속 중에 乙의 전세금반환채권 분리양도의 효력

乙은 전세기간 만료 전인 2015. 1. 20. 전세기간 만료 후 발생할 전세금반환채권을 丁에게 양도하였는바, 전세권 존속 중 전세권과 분리하여 전세금반환채권을 독립적으로 양도할 수 있는지 **전세권의 담보물권적 성격과 관련하여** 문제된다. 判例에 의하면 "전세권은 전세금을 지급하고 타인의 부동산을 그 용도에 따라 사용·수익하는 권리로서 전세금의 지급이 없으면 전세권은 성립하지 아니하는 등으로 **전세금은 전세권과 분리될 수 없는 요소일 뿐** 아니라, 전세권에 있어서는 그 설정행위에서 금지하지 아니하는 한 전세권자는 전세권 자체를 처분하여 전세금으로 지출한 자본을 회수할 수 있도록 되어 있으므로 전세권이 존속하는 동안은 전세권을 존속시키기로 하면서 전세금 반환채권만을 전세권과 분리하여 확정적으로 양도하는 것은 허용되지 않는 것이며, **다만 전세권 존속 중에는 장래에 그 전세권이 소멸하는 경우에 전세금 반환채권이 발생하는 것을 조건으로 그 장래의 조건부 채권을 양도할 수 있을 뿐**이라 할 것이다"(대판 2002.8.23. 2001다69122 : 5회 선택형)라고 하여 전세권의 소멸을 전제로 전세금반환청구권만을 양도하는 것은 가능하다고 본다.

따라서 사안의 경우 乙의 丁에 대한 채권양도는 조건부 채권의 양도로서 유효하며, 전세기간 종료 후(조건성취 후)에 채무자 甲에게 통지를 하였으므로 대항요건까지 갖추었다(제450조 1항).

[비교판례] ※ **전세권 소멸 후 분리양도 가능성**

"전세권이 담보물권적 성격도 가지는 이상 부종성과 수반성이 있는 것이므로 전세권을 그 담보하는 전세금반환채권과 분리하여 양도하는 것은 허용되지 않는다고 할 것이나, 한편 담보물권의 수반성이란 피담보채권의 처분이 있으면 **언제나** 담보물권도 함께 처분된다는 것이 아니라, 채권 담보라고 하는 담보물권 제도의 존재 목적에 비추어 볼 때 특별한 사정이 없는 한 피담보채권의 처분에는 담보물권의 처분도 포함된다고 보는 것이 합리적이라는 것일 뿐이므로, i) 전세권이 존속기간의 만료로 소멸한 경우이거나, ii) 전세계약의 합의해지 또는 iii) 당사자 간의 특약에 의하여 전세권반환채권의 처분에도 불구하고, **전세권의 처분이 따르지 않는 경우 등의 특별한 사정이 있는 때에는 채권양수인은 담보물권이 없는 무담보의 채권을 양수한 것이** 된다"(대판 1997.11.25, 97다29790 : 1회 선택형).

(2) 전세권부 저당권자 丙과 전세금반환채권 양수인 丁의 우열관계

1) 전세권의 존속기간이 만료된 후 전세권부 저당권자의 권리행사

"전세권의 존속기간이 만료하면 전세권의 용익물권적 권능이 소멸하기 때문에 그 전세권에 대한 저당권자는 더 이상 전세권 자체에 대하여 저당권을 실행할 수 없게 되고, 이러한 경우에는 민법 제370조, 제342조, 민사집행법 제273조에 의하여 **저당권의 목적물인 전세권에 갈음하여 존속하는 것으로 볼 수 있는 전세금반환채권에 대하여 추심명령 또는 전부명령을 받거나, 제3자가 전세금반환채권에 대하여 실시한 강제집행절차에서 배당요구를 하는 등의 방법으로 자신의 권리를 행사할 수 있고, 적법한 기간 내에 적법한 방법으로 물상대위권을 행사한 저당권자는 전세권자에 대한 일반채권자보다 우선변제**를 받을 수 있다"(대판 2008.3.13. 2006다29372)

2) 물상대위권자의 압류 전에 채권이 양도된 경우 물상대위권자의 추급이 가능한지 여부

물상대위권은 본래의 저당권의 객체의 변형에 불과하여 저당권과 동일성을 가지며, 저당권의 공시는 대위물에 대한 공시로서 작용하므로, 물상대위권 역시 추급력을 가지고 대위물청구권이 특정성을 보유하는 한 가치대표물의 소재에 추급하여 권리를 실행할 수 있다. 判例도 "물상대위권자의 압류 전에 양도 또는 전부명령 등에 의하여 채권이 타인에게 이전된 경우라도 채권이 직접 지급되거나 그 채권에 관한 강제집행절차에 있어서 배당요구의 종기에 이르기 전에는 여전히 그 청구권에 대한 추급이 가능하다"(대판 2000.6.23. 98다31899)고 한다.

3) 소 결

추심명령은 제3채무자에게 송달된 때에 효력이 발생하므로 사안의 경우 확정일자부 양도통지 도달일자(2015. 2. 10)가 丙의 추심명령의 효력발생일(2015. 10. 1)보다 빠르다. 그러나 전세권부 저당권자 丙은 전세권 소멸 후에 전세금반환채권에 대하여 물상대위를 할 수 있는 지위에 있기 때문에 여전히 丙은 그 채권에 대하여 추급이 가능하므로 압류 및 추심명령을 받아 적법하게 물상대위권을 행사하는 이상 우선변제권이 유지된다.

(3) 사안의 해결

1) '丁에게 전세금을 반환해야 하고, 丙의 청구에 응할 수 없다는 甲의 항변'의 타당성

전세권설정자 甲이 채권양수인 丁에게 전세금을 지급하기 전까지는 물상대위권자 丙의 우선변제권은 여전히 존속한다. 따라서 甲의 위 항변은 타당하지 않다.

2) '2015. 9. 8. 丁에게 1억 원을 지급하였으므로 丙의 청구에 응할 수 없다는 甲의 항변'의 타당성

判例는 "전세권을 목적물로 하는 저당권의 설정은 그 소유자의 의사와는 상관없이 전세권자의 동의만 있으면 가능한 것이고, 원래 전세권에서 전세금반환의무는 전세권설정자가 전세권자에게 지급함으로써 그 의무이행을 다할 뿐인 점에서, **전세금반환채권에 대해 제3자의 압류 등이 없는 한 전세권설정자는 전세권자에 대하여만 전세금반환의무를 부담한다**"(대판 1999.9.17, 98다31301 : 3회,5회,7회 선택형)고 한다.

사안에서 甲은 丙의 압류 및 추심명령이 송달되기 전인 2015. 9. 8. 채권양수인 丁에게 1억 원을 지급하였으므로, 判例에 따르면 甲의 丁에 대한 변제의 효력은 유효하다.[1] 따라서 甲의 위 항변은 타당하다.[2]

Ⅲ. 설문 3.의 경우(10)

1. 결 론

甲이 공탁한 1억 원은 丙에게 전액 배당되어야 하고, 戊는 배당받을 수 없다.

2. 논 거

(1) 戊의 압류 및 추심명령의 유효성(戊와 丁의 우열관계)

戊와 丁은 채무자 및 제3자에 대한 대항요건을 모두 갖추었다(제450조 2항). 다만 양자 간의 우열을 무엇을 기준으로 정할지에 대하여 判例에 따르면 "채권양수인과 동일채권에 대하여 가압류명령

---

1) 채점기준표 : 사안에서는 변제일인 2015. 9. 8. 당시 이미 채권양도 통지가 이루어졌으므로 양수인에 대한 변제만 유효.

2) 채점기준표 : 전세권저당권자의 보호를 위해 전세기간 중 전세금의 감액이나 소멸에 대하여 저당권자의 동의를 받도록 한 민법 규정 및 판례의 태도를 참작하여, 변제가 무효라는 주장에 대해서도 점수부여 또는 가점가능(아래 대법원 2005다59864 참조). "소외인과 피고는 위 전세권의 존속기간 중인 2003. 3. 27. 이 사건 부동산 중 일부만 임대차계약의 목적물로 존속하고 나머지 부분은 합의해지하기로 하면서 이 사건 부동산 중 일부를 임대차보증금 8,000만 원, 월 차임 100만 원, 임차기간 2년으로 정하여 임차하기로 하는 내용으로 종전의 임대차계약을 변경하였음을 알 수 있는바, 민법 제371조 제2항이 "전세권을 목적으로 저당권을 설정한 자는 저당권자의 동의 없이 전세권을 소멸하게 하는 행위를 하지 못한다."고 규정하고 있는 점에 비추어 볼 때, 위와 같은 경우 소외인과 피고 사이에서는 위 전세권이 위 계약 내용대로 변경되어 전세금이 1억 원에서 8,000만 원으로 일부 소멸한다고 할 것이지만, 위 전세권저당권자인 원고에 대한 관계에서는 소외인은 물론 위 전세권설정자인 피고도 원고의 동의가 있지 않는 한 위와 같은 전세권의 일부 소멸을 주장할 수 없다고 할 것이다"(대판 2006.2.9. 2005다59864).

을 집행한 자 사이의 우열은 확정일자 있는 채권양도통지와 가압류결정정본의 제3채무자에 대한 도달의 선후에 의하여 결정하여야 한다고 보아 **도달시를 기준으로 우열을 결정한다**"(대판 1994.4.26. 전합93다24223).

戊의 압류 및 추심명령은 2015. 2. 5. 甲에게 도달하였고, 그 이후인 2015. 2. 10. 丁에 대한 양도통지가 확정일자 부로 甲에게 송달되었으므로 戊의 압류 및 추심명령이 우선한다. 따라서 戊의 압류 및 추심명령은 유효하다.

(2) 丙과 戊의 우열관계

1) 물상대위권자의 우선변제권

전술하였듯이 甲이 전세금을 지급하기 전에, 전세권저당권자 丙이 전세금반환채권에 대하여 물상대위권을 행사한 경우 종전 저당권의 효력은 물상대위의 목적이 된 전세금반환채권에 존속하여 丙이 전세금반환채권으로부터 다른 일반채권자보다 우선변제를 받을 권리가 있다(대판 2014.10.27. 2013다91672).

2) 일반채권자의 압류·추심 도중에 물상대위권자가 중첩적으로 압류·추심한 경우

물상대위권은 본래의 저당권의 객체의 변형에 불과하여 저당권과 동일성을 가지며, 저당권의 공시는 대위물에 대한 공시로서 작용하므로, 물상대위권 역시 추급력을 가지고, 대위물청구권이 특정성을 보유하는 한 가치대표물의 소재에 추급하여 권리를 실행할 수 있다. 따라서 **채권양도나 전부명령 등에 의하여 물상대위권의 행사가 방해받는 것은 아니다**(대판 1998.9.22. 98다12812 : 즉, 목적채권이 양도되어 그 대항요건을 갖추거나 압류 및 전부되었다고 하더라도 이는 '지급 또는 인도'에 해당하지 않는다). 예를 들어 "물상대위권자의 압류 전에 채권양도 또는 압류 및 전부명령 등에 의하여 보상금채권이 타인에게 이전된 경우라도, **보상금이 직접 지급되거나 보상금지급청구권에 관한 강제집행절차에서 배당요구의 종기에 이르기 전에는** 여전히 그 청구권에 대한 추급이 가능하다"(대판 2000.6.23, 98다31899 ; 물상대위권자 우선설)고 한다.

3) 사안의 경우

사안의 경우 물상대위권자 丙의 압류 전인 2015. 2. 5. 戊의 압류 및 추심명령이 먼저 甲에게 송달되었다고 하더라도 甲이 1억 원을 적법하게 공탁한 이상 丙은 여전히 추급이 가능하며 丙의 우선변제권은 유지된다. 따라서 丙은 일반채권자 戊보다 우선변제를 받을 권리가 있다.

기출해설

2015년 변호사시험 제1문

A는 2010. 3. 10. B에게 A 소유의 X건물에 대하여 전세금 1억 원, 존속기간 2010. 3. 10.부터 2012. 3. 9.까지로 하여 전세권을 설정하여 주었고, B는 2010. 3. 10. A로부터 X건물을 인도받아 점유·사용하고 있다. 그런데 B는 사업상 자금이 필요하여 2010. 5. 20. C로부터 6,000만 원을 차용하면서, C 명의로 채권액 6,000만 원의 전세권저당권을 설정하여 주었고, 2012. 3. 9. 위 전세권의 존속기간이 만료되었다.

2. 이 경우 C는 전세권저당권자로서 어떠한 방법을 통해 자신의 채권만족을 얻을 수 있는가? (25점)

사례D-53 전세권저당권의 행사방법

Ⅰ. 전세권을 목적으로 하는 C명의 저당권의 효력(12)

1. 전세권의 존속기간이 만료된 경우 전세권의 효력

민법상 전세권을 목적으로 하는 저당권은 인정되고 있다(제371조). 다만 전세권의 존속기간이 만료한 후 저당권의 효력이 문제되는데, 전세권은 존속기간이 만료된 것만으로 곧바로 소멸하지는 않는다. 만일 전세권의 존속기간이 만료한 것만으로 전세권이 소멸되어 버리면 전세권자는 민법 제303조 1항 2문의 우선변제권이나 제318조의 경매청구권을 행사할 여지가 없어지기 때문이다. 따라서 전세권의 존속기간이 만료되면 그로써 소멸하는 것은 전세권의 용익권적 권능뿐이고 담보물권으로서의 성격은 그대로 유지된다.

2. 전세권의 존속기간이 만료된 후의 전세권을 목적으로 하는 저당권의 효력

判例는 "ⅰ) **전세권에 대하여 저당권이 설정된 경우 그 저당권의 목적물은 전세권 자체이지 전세금반환채권이 아니고**, 전세권의 존속기간이 만료되면 전세권은 소멸하므로 더 이상 전세권 자체에 대하여 저당권을 실행할 수 없다. ⅱ) 또한 제317조가 정하는 동시이행항변권 제도의 취지와 전세권을 목적물로 하는 저당권의 설정은 그 소유자의 의사와는 상관없이 전세권자의 동의만 있으면 가능한 것이고, 원래 전세권에서 전세금반환의무는 전세권설정자가 전세권자에게 지급함으로써 그 의무이행을 다할 뿐인 점에서, **전세금반환채권에 대해 제3자의 압류 등이 없는 한 전세권설정자는 전세권자에 대하여만 전세금반환의무를 부담한다**"(대판 1999.9.17, 98다31301 : 3회,5회,7회 선택형)라고 판시하여 물상대위설의 입장을 취하고 있다.[1)2)]

---

1) **[학설]** ① 담보물권은 피담보채권으로부터 독립한 권리가 아니어서 담보물권만을 담보의 목적으로 할 수 없으므로 '전세권자의 전세금반환청구권'에 대한 권리질권이 설정된 것으로 보아야 한다는 견해(권리질권설 ; 제353조 1항 참조)와 ② 전세금반환청구권에 대한 권리질권은 전세금 반환의무자인 전세권설정자에게 통지하거나 그로부터의 승낙이 있어야만 그에게 대항할 수 있는데(제349조 참조) 전세권에 대한 저당권의 설정만으로는 그러한 것을 인정할 수는 없고, 담보물권만을 담보목적으로 하는 저당권은 인정되지 않기 때문에 결국 저당권의 목적이 소멸된 것으로 보아야 한다는 견해(물상대위설)가 있다(제342조 참조).

2) **[판례평석]** 전세권을 목적으로 저당권을 설정하려는 자는 전세권 자체보다는 전세금반환청구권을 담보의 목적으로 생각하는 것이 대부분이다. 따라서 전세권의 존속기간이 만료하면 전세권을 목적으로 하는 저당권은 전세권(담보물권)부 전세금반환청구권에 대한 권리질권으로 파악하는 것이 저당권자의 의사에 부합한다. 그러나 이러한 견해에 따르면 전세권설정자는 원칙적으로 전세권자에게 전세금을 반환하면 안되는바, 전세권에 대한 저당권의 설정은 전세권설정자의 관여없이 전세권자와 저당권자의 합의만으로

Ⅱ. 전세권의 존속기간 만료 후 전세권저당권자 C의 권리행사 방법(13)

1. 판 례

判例는 "저당권이 설정된 전세권의 존속기간이 만료된 경우에 저당권자는 민법 제370조, 제342조 및 민사집행법 제273조에 의하여 저당권의 목적물인 전세권에 갈음하여 존속하는 것으로 볼 수 있는 **전세금반환채권에 대하여 압류 및 추심명령 또는 전부명령을 받는 등의 방법으로 권리를 행사하여 전세권설정자에 대해 전세금의 지급을 구할 수 있고,** 저당목적물의 변형물인 금전 기타 물건에 대하여 일반 채권자가 물상대위권을 행사하려는 저당채권자보다 단순히 **먼저 압류나 가압류의 집행을 함에 지나지 않은 경우에는 저당권자는 그 전은 물론 그 후에도 목적채권에 대하여 물상대위권을 행사하여 일반 채권자보다 우선변제를 받을 수가 있으며,** 위와 같이 전세권부 근저당권자가 우선권 있는 채권에 기하여 전부명령을 받은 경우에는 형식상 압류가 경합되었다 하더라도 그 전부명령은 유효하다"(대판 2008.12.24. 2008다65396)고 한다.

2. 사안의 해결

전세권저당권자 C는 민사집행법 절차를 통해 전세권저당권설정자(전세권자) B의 전세권설정자 A에 대한 전세금반환채권 1억 원 중 6천만 원에 대하여 추심명령 또는 전부명령을 받은 후 전세권설정자 A에 대하여 추심금 청구나 전부금청구를 통하여 전세금의 일부의 지급을 구할 수 있고, 전세금반환채권에 대하여 이미 일반 채권자가 압류나 가압류의 집행을 한 상태에 있다면 전세금반환청구권에 대한 배당절차에서 물상대위권을 행사하여 전세권저당권설정자(전세권자) B의 일반채권자보다 우선하여 변제를 받을 수 있다(제370조, 제342조).

이루어지기 때문에 위와 같이 해석하면 전세권설정자가 전세금을 이중지급하게 되는 위험에 빠질 수 있다. 따라서 전세권이 존속기간의 만료로 담보물권의 성격을 갖게 된 이상 저당권의 목적이 소멸한 것으로 보아 물상대위로 해결하는 견해가 타당하다.

기출해설

2019년 변호사시험 제2문

【기초적 사실관계】

甲은 2015. 12. 10. 그 소유인 X점포에 관하여 乙과 전세금 2억 원, 기간 2016. 1. 10.부터 2018. 1. 9.까지로 정하여 전세권설정계약을 체결하고 2016. 1. 10. 전세금을 받은 다음 乙에게 X점포를 인도하고 전세권설정등기를 마쳐주었다. 乙은 2017. 2. 10. 丙으로부터 2억 원을 차용하고 丙에게 위 전세권에 저당권을 설정하여 주었다. (이자나 지연손해금은 발생하지 않는 것으로 함)

[※ 추가적 사실관계는 각각 별개임] [※ 제시된 일자는 공휴일이 아닌 것으로 간주함]

【추가적 사실관계 1】

乙은 전세 기간 만료일인 2018. 1. 9. 甲에게 X점포를 인도하면서 전세금 반환을 요구하였고 甲은 그날 乙에게 전세금 일부 반환 명목으로 8,000만 원을 지급하였다. 乙의 일반 채권자 丁은 같은 해 1. 15. 법원으로부터 위 전세금반환채권 2억 원에 대해 압류·추심명령을 받았고 그 명령이 같은 해 1. 20. 甲에게 송달되었다. 丙도 같은 해 1. 22. 전세권저당권에 기해 법원으로부터 전세금반환채권 2억 원에 대해 압류·전부명령을 받고 그 명령이 같은 해 1. 25. 甲에게 송달되고 그 무렵 확정되었다. 이러한 사실이 알려지자 ① 丙은 자신이 전세권저당권자로서 전세금반환채권에 대해 우선변제권이 있으므로 甲이 乙에게 일부 전세금을 변제한 행위는 丙에게 대항할 수 없고 따라서 丙은 전세금 2억 원 전체에 대해 권리가 있다고 주장하였고, ② 丁은 자신의 압류·추심명령이 丙의 압류·전부명령보다 甲에게 먼저 송달되었으므로 丙의 전부명령은 효력을 상실하였고 따라서 丙과 丁은 동등한 권리가 있다고 주장한다.

1. 丙과 丁의 위 주장을 검토하고 丙과 丁이 각각 전세금반환채권에 관해 얼마의 범위에서 권리를 주장할 수 있는지 설명하시오. (20점)

【추가적 사실관계 2】

甲은 乙에게 4차례에 걸쳐 금전을 대여하여 아래와 같은 채권이 발생하였다.

	대여일	금 액	변제기
제1대여금채권	2015. 12. 15.	1,000만 원	2017. 10. 14.
제2대여금채권	2015. 12. 20.	1,500만 원	2018. 1. 19.
제3대여금채권	2016. 12. 15.	2,000만 원	2017. 12. 14.
제4대여금채권	2016. 12. 20.	2,500만 원	2018. 2. 19.

전세 기간이 만료된 후 丙은 2018. 2. 28. 전세권저당권에 기하여 법원으로부터 전세금반환채권 2억 원에 대해 압류·추심명령을 받고 그 명령이 같은 해 3. 10. 甲에게 송달되었다. 甲은 그때까지 乙로부터 위 대여금을 전혀 변제받지 못하였다. 丙이 甲에게 추심금의 지급을 구하자, 甲은 위 4건의 대여금채권 합계 7,000만 원을 자동채권으로, 전세금반환채권 2억 원을 수동채권으로 하여 상계한다는 의사를 표시하였다.

2. 甲이 상계로 丙에게 대항할 수 있는 대여금채권의 범위를 검토하시오. (15점)

사례D-54 압류된 전세금반환채권에 대한 전세권저당권자의 전부명령의 효력, 물상대위권 행사로 인한 압류와 제3채무자의 상계권 행사★

Ⅰ. 문제 1.의 경우(20)

1. 결 론

丙과 丁의 각 주장은 타당하지 않다. 결과적으로 丙은 잔존 전세금반환채권 1억 2천만 원에 대하여 권리를 주장할 수 있으나, 丁은 권리를 주장할 수 없다.

2. 논 거

(1) 丙의 ① 주장 판단

1) 전세권설정자의 전세금반환의 효력

判例는 "ⅰ) 전세권에 대하여 저당권이 설정된 경우 그 저당권의 목적물은 전세권 자체이지 전세금반환채권이 아니고, 전세권의 존속기간이 만료되면 전세권은 소멸하므로 더 이상 전세권 자체에 대하여 저당권을 실행할 수 없다. ⅱ) 이 경우 전세금반환채권은 전세권에 갈음하여 존속하는 것으로서 저당권자는 전세금반환채권에 대하여 물상대위권을 행사할 수 있다. ⅲ) 따라서 **전세금반환채권에 대해 제3자의 압류 등이 없는 한 전세권설정자는 전세권자에 대하여만 전세금반환의무를 부담한다**"(대판 1999.9.17, 98다31301)고 판시하여 **물상대위설**의 입장을 취하고 있다.

2) 검토 및 사안의 경우

전세권저당권자인 丙은 저당물인 전세권의 소멸에 따라 저당권설정자인 전세권자가 받을 전세금반환채권에 대하여 그 대위물의 지급 또는 인도 전에 미리 압류함으로써 물상대위권을 행사하여서만 그 권리를 실행할 수 있고(제370조, 제342조), 이러한 **물상대위권을 행사하기 전, 즉 전세금반환채권에 대한 압류 등이 있기 이전까지는 전세권설정자는 전세권자에 대하여 전세금을 반환하면 족하다.** 따라서 사안의 경우 전세권의 존속기간이 만료되고 甲이 乙에게 전세금 일부인 8000만 원을 지급할 당시인 2018. 1. 9.에는 丙의 물상대위권의 행사가 없었고, 丁의 압류도 없었으므로 甲이 乙에게 8000만 원을 지급한 것은 丙에 대하여서도 유효한 변제이다. 그러므로 **전세금 2억 원 전체에 대해 권리가 있다는 丙의 ① 주장은 타당하지 않다.**

(2) 丁의 ② 주장 판단

1) 압류된 전세금반환채권에 대한 전세권저당권자의 전부명령의 효력

判例는 "저당목적물의 변형물인 금전 기타 물건에 대하여 일반 채권자가 물상대위권을 행사하려는 저당채권자보다 단순히 **먼저 압류나 가압류의 집행을 함에 지나지 않은 경우에는 저당권자는 그 전은 물론 그 후에도 목적채권에 대하여 물상대위권을 행사하여 일반 채권자보다 우선변제를 받을 수가 있으며**, 위와 같이 전세권부 근저당권자가 우선권 있는 채권에 기하여 전부명령을 받은 경우에는 **형식상 압류가 경합되었다 하더라도 그 전부명령은 유효하다**"(대판 2008.12.24. 2008다65396)

2) 검토 및 사안의 경우

원칙적으로 전부명령이 제3채무자에게 송달될 때까지 그 금전채권에 관하여 다른 채권자가 압류·가압류 또는 배당요구를 한 경우에는 전부명령은 효력을 가지지 아니한다(민사집행법 제229조 5항). 그러나 丙은 丁의 압류 전에 '우선변제권' 있는 전세권저당권을 취득하여 이에 기초하여 전부명령을 받은 자이므로 丙의 압류명령 전에 丁의 압류·추심명령이 있었더라도 丙의 전부명령은 유효하므로, 선행 저당권자인 丙이 잔존 전세금반환채권에 대하여 丁보다 우선하여 권리를 갖는다. 결국, 丁의 ② 주장은 타당하지 않다.

Ⅱ. 문제 2.의 경우(15)

1. 결 론

甲은 제1·3 대여금 채권 총 3000만 원에 의한 상계로써 丙에게 대항할 수 있다.

2. 논 거

(1) 전세권저당권자 丙의 물상대위권 행사

사안의 경우 전세권의 존속기간이 만료한 이후, 저당권의 목적물인 전세권에 갈음하여 존속하는 전세금반환채권에 대하여 丙이 압류·추심명령을 받음으로써 물상대위권을 적법하게 행사하였다(제370조, 제342조)(대판 2014.10.27. 2013다91672).

(2) 상계로 대항 가부

1) 판 례

전세권 저당권자가 전세금반환채권에 대하여 물상대위권을 행사한 경우, 전세권설정자가 전세권자에 대한 반대채권으로 상계를 주장할 수 있는지 문제된다. 判例는 "전세금반환채권은 전세권이 성립하였을 때부터 이미 발생이 예정되어 있다고 볼 수 있으므로, ⅰ) 전세권저당권이 설정된 때(물상대위권에 기해 압류를 한 시점이 아님)에 이미 전세권설정자가 전세권자에 대하여 반대채권을 가지고 있고 ⅱ) 반대채권의 변제기가 장래 발생할 전세금반환채권의 변제기와 동시에 또는 그보다 먼저 도래하는 경우와 같이 전세권설정자에게 합리적 기대 이익을 인정할 수 있는 경우에는 특별한 사정이 없는 한 전세권설정자는 반대채권을 자동채권으로 하여 전세금반환채권과 상계함으로써 전세권저당권자에게 대항할 수 있다"(대판 2014.10.27. 2013다91672)고 한다.

2) 검토 및 사안의 경우

전세권설정자가 상계를 통해 달성하고자 하는 우선변제적 효과에 대한 합리적 기대와 전세권저당권자에게 예기치 못한 상계항변으로 인한 채권상실의 위험을 적절히 조화한다는 측면에서 判例의 태도는 타당하다(제한설 또는 변제기선도래설).[1]

따라서 사안의 경우 甲은 丙의 저당권설정 당시(2017. 2. 10.) 이미 존재하고 있는 제1 내지 제4대여금채권 중, 그 변제기가 자동채권인 전세금반환채권의 변제기(2018. 1. 9.)와 동시에 또는 그보다 먼저 도래하는 제1, 3 대여금 채권 총 3000만 원에 의한 상계로써만 丙에게 대항할 수 있다.

---

1) [관련판례] 제498조의 해석과 관련한 현재 확립된 判例는 "압류 또는 가압류의 효력발생 당시에 제3채무자가 채무자에 대해 갖는 자동채권의 변제기가 아직 도래하지 않았더라도 압류채권자가 그 이행을 청구할 수 있는 때, 즉 피압류채권인 수동채권의 변제기가 도래한 때에 자동채권의 변제기가 동시에 도래하거나 또는 그 전에 도래한 때에는 제3채무자의 상계에 관한 기대는 보호되어야 한다는 점에서 상계할 수 있다"(대판 1987.7.7, 86다카2762 등)고 한다. 최근에는 전원합의체 판결로 이를 확인하였다(대판 2012.2.16, 전합2011다45521).

2023년 2차 법전협모의 제2문

[2문의 3]
<기초적 사실관계>
2018. 2. 1. 甲은 자기 소유의 X건물을 乙에게 임대기간 2018. 2. 1.부터 2020. 1. 31.까지, 임대차보증금 1억 원, 월 차임 1천만 원으로 하여 임대하였다. 乙은 甲으로부터 X건물을 인도받고 임대차보증금 1억 원을 지급하였다. 2018. 2. 2. 乙은 甲에 대한 임대차보증금반환채권을 담보하기 위하여 X건물에 관하여 전세금 1억 원, 전세기간 2018. 2. 2.부터 2020. 1. 31.까지로 정한 전세권설정등기를 마쳤다. 그 후 2019. 10. 8. 乙은 채권자 丙으로부터 1억 원을 차용하면서 위 전세권에 대하여 저당권설정등기를 마쳐주었다(丙은 위 전세권설정등기의 경위에 대하여는 알지 못하였음). 2020. 3. 15. 丙은 전세기간이 만료한 후 위 전세금반환채권에 대하여 물상대위권에 기초하여 압류 및 추심명령을 받았고 甲에게 송달되었다.

※ 이하의 추가된 사실관계 및 질문은 상호 무관하며 독립적임.

<추가적 사실관계 1>
2020. 2. 2. 乙은 甲에 대한 전세금반환채권 1억 원을 丁에게 양도하는 내용의 계약을 체결하고 2020. 2. 4. 이 같은 취지를 확정일자부 증서를 통해 甲에게 통지하여 그 당일 도달하였다. 한편 乙은 甲에 대한 차임지급을 연체하였고 그 금액은 1억 원에 이른다.

1. 丙이 2020. 4. 5. 甲에게 추심금 1억 원의 지급을 청구하자, 甲은 "① 丙의 압류 및 추심명령 이전에 전세금반환채권이 丁에게 양도되었다. ② 乙의 甲에 대한 연체된 차임채무가 1억 원에 이르므로 반환해야 할 전세금은 존재하지 않는다."는 이유로 지급을 거절하였다. 丙과 甲의 주장을 고려하여 법원이 내릴 판단(각하, 기각, 인용, 일부 인용)을 그 법리적 논거와 함께 구체적으로 서술하시오. (구체적인 금액은 고려하지 말 것) (20점)

사례D-55 전세권저당권자의 물상대위와 상계★

Ⅰ. 문제 1.의 경우(20)

1. 문제점(2)

전세권저당권자의 물상대위의 효력을 전세권자로부터 전세보증금반환채권을 양수받은 자에게 주장할 수 있는지가 문제된다.

2. 전세권의 효력(2) : 유효

임대차계약에 따른 임대차보증금반환채권을 담보할 목적으로 임대인과 임차인 사이의 합의에 따라 임차인 명의로 전세권설정등기를 마친 경우, 그 전세금의 지급은 이미 지급한 임대차보증금으로 대신한 것이고, 장차 전세권자가 목적물을 사용·수익하는 것을 완전히 배제하는 것도 아니므로, 그 전세권설정등기는 원칙적으로 유효하다(대판 2021.12.30. 2018다268538)

3. 물상대위의 효력(9)

(1) 물상대위의 소급적 효력(3)

물상대위에 따라 압류, 추심명령을 받아두는 한 전세권저당권 설정등기 시점으로 소급적 효력에 따른 우선적 지위를 유지한다. 따라서 丙은 乙 및 양수인 丁에게 전세금반환채권에 대한 압류 및 추심의 효력을 주장할 수 있다(대판 2008.12.24. 2008다65396 : 11회 선택형).

(2) 물상대위의 추급력의 범위(6)

물상대위권자의 압류 전에 채권양도 또는 압류 및 전부명령 등에 의하여 보상금채권이 타인에게 이전된 경우라도, 보상금이 직접 지급되거나 보상금지급청구권에 관한 강제집행절차에서 배당요구의 종기에 이르기 전에는 여전히 그 청구권에 대한 추급이 가능하다(대판 2000.6.23. 98다31899 ; 물상대위권자 우선설)

사안의 경우에는 아직 전세보증금을 丁에게 지급하지 않았기 때문에 추급력이 미친다.

4. 연체차임의 공제로 대항할 수 있는지 여부(5)

"임대인과 임차인이 그와 같은 전세권설정등기를 마치기 위하여 전세권설정계약을 체결하여도, 임대차보증금은 임대차계약이 종료된 후 임차인이 목적물을 인도할 때까지 발생하는 차임 및 기타 임차인의 채무를 담보하는 것이므로, 임대인과 임차인이 위와 같이 임대차보증금반환채권을 담보할 목적으로 전세권을 설정하기 위하여 전세권설정계약을 체결하였다면, 임대차보증금에서 연체차임 등을 공제하고 남은 돈을 전세금으로 하는 것이 임대인과 임차인의 합치된 의사라고 볼 수 있다. 그러나 그 전세권설정계약은 외관상으로는 그 내용에 차임지급 약정이 존재하지 않고 이에 따라 전세금이 연체차임으로 공제되지 않는 등 임대인과 임차인의 진의와 일치하지 않는 부분이 존재한다. 따라서 그러한 전세권설정계약은 위와 같이 임대차계약과 양립할 수 없는 범위에서 통정허위표시에 해당하여 무효라고 봄이 타당하다. 다만 그러한 전세권설정계약에 의하여 형성된 법률관계에 기초하여 새로이 법률상 이해관계를 가지게 된 제3자에 대하여는 그 제3자가 그와 같은 사정을 알고 있었던 경우에만 그 무효를 주장할 수 있다"(대판 2021.12.30. 2018다268538).

사안의 경우에 전세권저당권자는 선의이므로 연체된 차임채무의 공제를 주장할 수 없다.

[관련판례] 判例는 임대차보증금반환채권 담보 목적의 전세권에 근저당권이 설정된 사안에서, "전세권설정계약은 임대차계약과 양립할 수 없는 범위에서 통정허위표시에 해당하여 무효이나, 전세권설정등기는 임대차계약에 따른 임대차보증금반환채권을 담보할 목적으로 마쳐진 것으로서 유효하고, 전세권근저당권자(제371조)가 이 사건 전세권설정등기가 임대차보증금반환채권 담보 목적임을 알고 있었으므로(제108조 2항) 전세권설정자는 전세권근저당권자에 대하여 이 사건 임대차계약에 따른 연체차임 등의 공제 주장으로 대항할 수 있을 뿐이며, 따라서 전세권설정등기는 임대차보증금 중 연체차임 등을 공제한 나머지를 담보하는 범위에서 여전히 유효하므로, 전세권근저당권자는 전세권설정자로부터 그 나머지 임대차보증금 상당액을 지급받을 때까지 전세권설정등기의 말소를 저지할 이익이 있다"(대판 2021.12.30. 2018다268538)고 한다.

6. 결론(2)

법원은 丙의 甲에 대한 청구를 '인용'해야 한다.

기출해설

2014년 1차 법전협모의 제1문

【기초적 사실관계】

甲은 자신의 소유인 A토지 지상에 B건물을 신축하였으나 아직 자신의 명의로 등기를 마치지는 않고 있던 중 위 토지와 건물을 乙과 丙에게 매도하였다. A토지에 대하여는 乙과 丙이 각 1/2씩 지분소유권이전등기를 경료하였고 B건물에 대하여는 乙과 丙이 아직 등기를 경료하지 못하였으나 이를 인도받아 이곳에서 거주하고 있다.

【변경된 사실관계】

乙과 丙은 B건물에 관하여 공유지분의 소유권보존등기를 경료한 후 이를 戊에게 임대하였다. 戊는 그 건물을 카페로 운영하기 위하여 인테리어업자 己에게 공사비 1억 원에 B건물의 내부수리공사를 맡겼다.

7. 己가 戊로부터 공사대금을 지급받지 못한 상태에서 위 임대차계약이 적법하게 해지되었는데, 乙은 丙과의 협의 없이 단독으로 B건물을 점유하고 있는 己를 상대로 B건물의 인도를 구한다. 이에 대하여 己가 (1) 乙과 丙은 B건물의 원시취득자가 아니므로 그들 명의의 보존등기는 무효이어서 소유권에 기한 물권적 청구권을 행사할 수 없고, (2) 丙과의 협의 없이 乙이 단독으로 인도청구를 할 수 없으며, (3) 공사비채권에 기하여 유치권을 행사한다고 주장한다. 己의 주장이 타당한지를 평가하고, 乙이 B건물을 인도받기 위한 요건을 설명하시오. (15점)

사례D-56 중간생략보존등기의 유효성, 유치권

Ⅶ. 설문 7.의 경우(15)

1. 결 론

己의 (1), (2) 주장은 타당하지 않고, (3)의 주장만 타당하며, 乙이 B건물을 인도받기 위해서는 채무변제를 통해서 유치권을 소멸시켜야 한다(제469조 2항의 반대해석).

2. 논 거

(1) 己 주장의 타당성

1) 乙·丙 명의의 보존등기가 무효라는 주장의 타당성

乙과 丙은 B 건물에 대한 법률상 또는 사실상 처분을 할 수 있는 지위에 있고, 등기청구권 실현에 장애가 되는 사유를 찾아볼 수 없으므로 위의 보존등기는 실체관계에 부합하는 등기로서 유효하다. 判例도 이른바 중간생략 보존등기의 유효성을 인정하고 있다(대판 1995.12.26, 94다44675).[1] 따라서 己의 (1) 주장은 타당하지 않다.

1) "미등기건물을 등기할 때에는 소유권을 원시취득한 자 앞으로 소유권보존등기를 한 다음 이를 양수한 자 앞으로 이전등기를 함이 원칙이라 할 것이나, 원시취득자와 승계취득자 사이의 합치된 의사에 따라 그 주차장에 관하여 승계취득자 앞으로 직접 소유권보존등기를 경료하게 되었다면, 그 소유권보존등기는 실체적 권리관계에 부합되어 적법한 등기로서의 효력을 가진다"

2) 乙이 단독으로 B 건물의 인도청구를 할 수 없다는 주장의 타당성

가) 공유지분권의 대외적 주장

제3자가 공유물을 불법으로 점유하고 있는 경우 공유지분권자는 공유물 전체의 인도를 청구할 수 있다. 判例는 보존행위를 근거로 한다(대판 1993.5.11, 92다52870). 즉, 공유물의 관리에 관한 사항은 공유자의 지분의 과반수로써 결정하나 보존행위는 각자가 할 수 있기 때문이다(제265조).

나) 사안의 경우

乙은 B 건물의 공유자에 해당하므로 보존행위로서 丙의 동의여부와 관계없이 단독으로 B 건물에 대해 인도를 청구할 수 있다. 따라서 己의 (2) 주장은 타당하지 않다.

3) 유치권 주장의 타당성

가) 요 건

유치권은 ⅰ) 타인의 물건 또는 유가증권(목적물)을 ⅱ) 적법하게 점유하고 있으며(재항변 사유), ⅲ) 그 목적물에 관하여 생긴 채권이 ⅳ) 변제기에 있을 때 ⅴ) 유치권 배제특약이 없는 경우(재항변 사유)에 성립한다(제320조)(변, 특, 타, 목, 적)

나) 공사비채권과 건물사이의 견련성의 인정여부

'견련성'의 인정범위에 대해 학설의 대립이 있으나, 공사비채권은 목적물 자체로부터 발생한 경우에 해당하므로 학설의 대립과 관계없이 견련성이 인정된다. 判例 또한 공사대금채권에 기한 유치권행사를 긍정한 바 있다(대판 2013.4.11. 2011다107009).

다) 사안의 경우

B는 타인 소유의 B건물을 적법하게 점유하고 있고, 공사비채권은 B 건물과 견련성이 인정되므로 변제기가 도래하였다면 유치권을 행사 할 수 있다. 따라서 己의 (3) 주장은 타당하다.

(2) 乙이 B 건물을 인도받기 위한 요건

1) 乙의 변제가부(제3자의 변제)

공사대금채무가 성질상 또는 당사자의 의사표시에 의해 제3자의 변제가 제한되는 경우라고 볼 수 없으며, 乙로서는 유치권의 피담보채무를 변제하지 않으면 유치권자의 경매신청(제322조 제1항)에 의해 소유권을 상실당할 위험을 부담하므로 '이해관계 있는 제3자'라고 할 수 있다. 따라서 乙은 피담보채무를 변제하여 유치권을 소멸시킬 수 있다(제469조 2항의 반대해석).

2) 乙이 己에 대한 부당이득반환채권으로 己의 戊에 대한 채권과 상계할 수 있는지 여부(제3자의 상계)

유치권자 己가 스스로 유치물인 건물에 거주하며 사용하는 것은 특별한 사정이 없는 한 유치물의 보존에 필요한 사용에 해당하나(대판 2009.9.24, 2009다40684 : 3회 선택형)(제324조 2항 단서), 己는 그로 인한 이익을 부당이득으로 소유자 乙과 丙에게 반환하여야 한다(대판 2009.12.24, 2009다32324).

이 때 乙이 己에 대한 부당이득반환채권을 자동채권으로 己의 戊에 대한 공사대금채권을 수동채권으로 상계할 수 있는지 이른바 '제3자의 상계'가 문제되나, 상계의 담보적 기능과 관련하여 '채권자평등원칙'에 위배된다는 점에 비추어 제3자에 의한 변제(대물변제, 공탁)와 달리 상계는 부정하는 것이 타당하다. 최근에 判例도 이를 부정한바 있다(대판 2011.4.28, 2010다101394).[2)]

기출해설

2018년 변호사시험 제1문

【기초적 사실관계】
주식회사 甲은행은 丙에게 대출을 해 주면서 丙 소유의 X건물에 대하여 2015. 7. 1. 제1순위 근저당권설정등기를 마쳤다. 丙은 자신 소유의 X건물 대수선 공사를 하기 위하여 공사업자 乙과 2016. 2. 1. X건물의 공사에 관하여 공사대금 2억 원, 공사완공예정일 2017. 3. 20., 공사대금은 완공 시에 일시금으로 지급하기로 하는 도급계약을 체결하였고, 乙은 계약당일 위 X건물에 대한 점유를 이전받았다. 근저당권자인 甲은행은 丙이 대출금에 대한 이자를 연체하자 위 근저당권실행을 위한 경매를 신청하여 2017. 5. 1. 경매개시결정 기입등기가 마쳐졌다. 乙은 2017. 3. 20. 위 공사를 완공하였고, 2017. 5. 20. 위 경매절차에서 공사대금채권의 유치권을 신고하였다. 경매절차에서 丁은 X건물에 대한 매각허가결정을 받아 2017. 10. 2. 매각대금을 완납하고, 소유권이전등기를 마친 후 乙에게 X건물에 대한 인도청구를 하였다.

1. 乙은 유치권으로 丁에게 대항할 수 있는가? (20점)

2. 만약 수원세무서에서 2017. 3. 1. X건물에 대해 체납처분압류등기를 한 경우 乙은 유치권으로 丁에게 대항할 수 있는가? (10점)

3. 만약 乙의 유치권이 상사유치권이었다고 한다면 乙은 丁에게 대항할 수 있는가? (10점)

사례D-57 압류의 효력과 유치권행사[1]★

Ⅰ. 설문 1.(20) - 압류의 효력 발생 전에 민사유치권이 성립한 경우

1. 결 론

乙은 유치권을 내세워 X건물에 관한 경매절차의 매수인 丁에게 대항할 수 있다.

2. 논 거

(1) X건물에 대한 乙의 유치권 취득 여부

1) 유치권의 성립요건(변, 특, 타, 목, 적)

유치권은 i) 타인의 물건 또는 유가증권(목적물)을 ii) 적법하게 점유하고 있으며(재항변 사유), iii) 그 목적물에 관하여 생긴 채권이 iv) 변제기에 있을 때 v) 유치권 배제특약이 없는 경우(재항변 사유)에 성립한다(제320조).

---

2) "만약 상대방이 제3자에 대하여 가지는 채권을 수동채권으로 하여 상계할 수 있다고 한다면, 이는 상계의 당사자가 아닌 상대방과 제3자 사이의 채권채무관계에서 상대방이 제3자에게서 채무의 본지에 따른 현실급부를 받을 이익을 침해하게 될 뿐 아니라, 상대방의 채권자들 사이에서 상계자만 독점적인 만족을 얻게 되는 불합리한 결과를 초래하게 되므로, 상계의 담보적 기능과 관련하여 법적으로 보호받을 수 있는 당사자의 합리적 기대가 이러한 경우에까지 미친다고 볼 수는 없다"

1) ★ 2013년 법무사시험 제1문, 2017년 법원행정고시 제2문에서도 동일한 쟁점이 출제되었다.

2) 사안의 경우

수급인 乙은 i) 丁 소유의 X건물을 ii) 공사하기 위하여 2016. 2. 1.에 적법하게 점유 이전받았으며, iii) 2017. 3. 20. X건물에 대한 공사를 완공하여 공사대금채권 2억 원은 iv) 변제기가 도래하였고, v) 유치권 배제특약이 없으므로, 2017. 3. 20.에 X건물에 대한 유치권을 취득하였다.

(2) 압류의 효력 발생 전에 유치권이 성립한 경우 경매절차의 매수인에 대한 유치권행사 여부

1) 판 례

목적물이 경매절차를 통해 매각된 경우 '유치권'은 소멸하지 않고 인수되는 것이 원칙이나(민사집행법 제91조 5항 ; 인수주의), '저당권'은 소멸한다(동법 제91조 2항 ; 소제주의). 나아가 경매로 인한 '압류'의 효력이 발생하기 전에 유치권을 취득한 경우 이는 '압류의 처분금지효'에 저촉되지 않으므로 (동법 제92조 1항) 최선순위의 저당권보다 뒤에 성립한 유치권이더라도 매각으로 유치권은 소멸되지 않고 매수인(경락인)에게 대항할 수 있는 있는 것이 원칙이다(대판 2009.1.15, 2008다70763 ; 대판 2005.8.19, 2005다22688[2] : 3회,5회,6회 선택형).

> [비교판례] ✻ **'가압류'의 효력 발생 후에 그 목적물을 인도받아 유치권을 취득한 경우(유치권 인정)**
> 최근에 대법원은 "부동산에 가압류등기가 경료되어 있을 뿐 현실적인 매각절차가 이루어지지 않고 있는 상황 하에서는 채무자의 점유이전으로 인하여 제3자가 유치권을 취득하게 된다고 하더라도 이를 처분행위로 볼 수는 없다"(대판 2011.11.24, 2009다19246)(5회,8회 선택형)라고 판시하여 이러한 유치권은 경매절차에서 매각으로 소멸하지 않고 매수인에게 인수된다고 판단하였다. [판례검토] 앞서 검토한 '압류'의 처분금지효와 '가압류'의 처분금지효 사이에 어떠한 본질적인 차이가 있는지는 의문이나, 아래에서 검토하는 바와 같이 이러한 유치권이 선순위의 저당권보다 우선한다면 선순위의 가압류보다도 우선하는 것은 타당하다고 판단된다.

2) 사안의 경우

X건물에 대하여 2017.5.1. 경매개시결정 기입등기가 마쳐짐으로서 이날 압류의 효력이 발생하였고, 수급인 乙은 X건물에 대한 압류의 효력이 발생하기 전인 2017.3.20.에 X건물에 대한 유치권을 취득하였으므로, 乙은 유치권을 내세워 X건물에 관한 경매절차의 매수인 丁에게 대항할 수 있다.

Ⅱ. 설문 2.(10) - '체납처분압류 후' 경매절차가 개시되기 전에 민사유치권을 취득한 경우

1. 결 론

乙은 유치권을 내세워 X건물에 관한 경매절차의 매수인 丁에게 대항할 수 있다.

2. 논 거

(1) '체납처분압류' 후 경매절차가 개시되기 전에 성립한 유치권으로 경락인에게 대항할 수 있는지

判例는 "부동산에 관한 민사집행절차에서는 경매개시결정과 함께 압류를 명하므로 압류가 행하여짐과 동시에 매각절차인 경매절차가 개시되는 반면, 국세징수법에 의한 체납처분절차에서는 그와 달리 체납

---

2) "채무자 소유의 건물 등 부동산에 강제경매개시결정의 기입등기가 경료되어 압류의 효력이 발생한 이후에 채무자가 위 부동산에 관한 공사대금 채권자에게 그 점유를 이전함으로써 그로 하여금 유치권을 취득하게 한 경우, 그와 같은 점유의 이전은 목적물의 교환가치를 감소시킬 우려가 있는 처분행위에 해당하여 민사집행법 제92조 1항, 제83조 4항에 따른 압류의 처분금지효에 저촉되므로 점유자로서는 위 유치권을 내세워 그 부동산에 관한 경매절차의 매수인에게 대항할 수 없다"

처분에 의한 압류(이하 '체납처분압류'라고 한다)와 동시에 매각절차인 공매절차가 개시되는 것이 아닐 뿐만 아니라, 체납처분압류가 반드시 공매절차로 이어지는 것도 아니다. 또한 체납처분절차와 민사집행절차는 서로 별개의 절차로서 공매절차와 경매절차가 별도로 진행되는 것이므로, 부동산에 관하여 체납처분압류가 되어 있다고 하여 경매절차에서 이를 그 부동산에 관하여 경매개시결정에 따른 압류가 행하여진 경우와 마찬가지로 볼 수는 없다. 따라서 체납처분압류가 되어 있는 부동산이라고 하더라도 그러한 사정만으로 경매절차가 개시되어 경매개시결정등기가 되기 전에 부동산에 관하여 민사유치권을 취득한 유치권자가 경매절차의 매수인에게 유치권을 행사할 수 없다고 볼 것은 아니다"라고 판단하였다(대판 2014.3.20. 전합2009다60336 : 6회 선택형).

(2) 사안의 경우

乙이 유치권을 취득하기 전인 2017. 3. 1. X건물에 대한 체납처분압류등기가 되었더라도, 乙은 경매개시결정등기가 되기 전에 유치권을 취득하였으므로 경매절차의 매수인 丁에게 대항할 수 있다.

Ⅲ. 설문 3.(10) - 선행(先行)저당권이 설정되어 있는 상태에서 상사유치권이 성립한 경우

1. 결 론

乙은 상사유치권을 내세워 X건물에 관한 경매절차의 매수인 丁에게 대항할 수 없다.

2. 논 거

(1) 상사유치권자가 선행저당권에 기한 경매절차의 매수인에게 대항할 수 있는지 여부

상사유치권은 채무자 소유의 물건에 대해서만 성립한다(상법 제58조). 判例는 이를 근거로 "상사유치권은 성립 당시 채무자가 목적물에 대하여 보유하고 있는 담보가치만을 대상으로 하는 제한물권이라는 의미를 담고, 따라서 유치권 성립 당시에 이미 목적물에 대하여 제3자가 권리자인 제한물권이 설정되어 있다면, 상사유치권은 그와 같이 제한된 채무자의 소유권에 기초하여 성립할 뿐이고, 기존의 제한물권이 확보하고 있는 담보가치를 사후적으로 침탈하지는 못한다고 보아야 한다. 그러므로 채무자 소유의 부동산에 관하여 이미 선행저당권이 설정되어 있는 상태에서 채권자의 상사유치권이 성립한 경우, 상사유치권자는 채무자 및 그 이후 채무자로부터 부동산을 양수하거나 제한물권을 설정받는 자에 대해서는 대항할 수 있지만, 선행저당권자 또는 선행저당권에 기한 임의경매절차에서 부동산을 취득한 매수인에 대한 관계에서는 상사유치권으로 대항할 수 없다"(대판 2013.2.28. 2010다57350)고 판시하였다.

(2) 사안의 경우

乙은 甲은행의 근저당권설정등기가 마쳐진 2015. 7. 1. 이후에 X건물에 대한 상사유치권을 취득하였으므로 이로써 경매절차의 매수인 丁에게 대항할 수 없다.

기출해설

2012년 사법시험 제1문

【공통되는 사실관계】 甲은 2010. 3. 5. 乙로부터 그 소유인 X토지를 매수하는 내용의 매매계약을 체결하였고 토지를 인도받았으나 아직 매매대금은 완불되지 아니한 상태이다. 甲은 2010. 4. 5. 건축업자인 丙과 도급계약을 체결하였다. 이 도급계약의 내용은 丙이 X토지 지상에 단층 주택을 건축하되, 건축주 명의와 보존등기 명의는 甲으로 하고, 공사대금은 丙의 완공된 건물 인도와 동시에 지급하기로 하는 것이었다.

3. 甲의 채권자 D는 2011. 2. 10. 위 건물에 관하여 강제경매를 신청하여 같은 달 15. 그 경매개시결정기입등기가 마쳐졌다. 위 건물공사는 2011. 3. 8. 완료되었다. 그 후 D는 위 경매절차에서 위 건물을 매수하여 2011. 7. 10. 매각대금을 납부하였고 2011. 8. 16. 소유권이전등기를 마쳤다. 한편 丙은 공사대금을 받지 못한 채 그때까지 위 건물을 계속 점유하고 있었으나 사용하고 있지는 않았다. **D는 丙에 대하여 건물인도 및 점유기간 동안의 차임 상당의 금원을 청구할 수 있는가? (30점)**

사례D-58 경매개시로 인한 압류의 효력 발생 후에 유치권을 취득한 경우 우열관계[1] ★

Ⅰ. 문제점(2)

D는 경매절차에서 건물을 매수하여 2011. 7. 10에 매각대금을 납부함으로써 건물의 소유권을 취득하였다(제187조, 민사집행법 제135조). 따라서 D는 건물을 점유 중인 丙에 대하여 소유권에 기한 반환청구권(제213조)을 행사할 수 있는바, 이에 대한 丙의 항변수단으로서 동시이행항변권과 유치권이 문제된다.

D의 차임 상당의 금원 청구에 관하여는, ① 부당이득반환청구의 경우 丙에게 실질적인 이득이 있는지, ② 부당이득이 안 된다면 불법행위로 인한 손해배상청구가 가능한지 문제된다.

Ⅱ. D의 丙에 대한 건물인도청구 가부(20)

1. 丙의 동시이행항변 가부

丙이 甲으로부터 보수를 지급받음과 동시에 건물을 인도하겠다는 항변을 할 수 있는지 문제된다. 그러나 D와 丙은 쌍무계약 관계에 있는 것이 아니고 달리 공평의 원칙상 이를 인정해야 할 필요성이 없으므로 丙은 동시이행항변을 할 수 없다.

2. 丙의 유치권 항변 가부

(1) 유치권의 성립요건(변, 특, 타, 목, 적)

유치권은 ⅰ) 타인의 물건 또는 유가증권(목적물)을 ⅱ) 적법하게 점유하고 있으며(재항변 사유), ⅲ) 그 목적물에 관하여 생긴 채권이 ⅳ) 변제기에 있을 때 ⅴ) 유치권 배제특약이 없는 경우(재항변 사유)에 성립한다(제320조).

1) ★ 2016년 3차 법전협모의 제2문에서도 동일한 쟁점이 출제되었다.

(2) 경매개시로 인한 압류의 효력 발생 후에 유치권을 취득한 경우 우열관계

최근 判例에 따르면, 부동산에 강제경매개시결정의 기입등기가 경료되어 압류의 효력이 발생한 이후에 목적물의 점유를 인도받는 것은 목적물의 교환가치를 감소시킬 우려가 있는 처분행위에 해당하여 압류의 처분금지효에 저촉되므로 점유자로서는 유치권을 행사하여 경락인에게 대항할 수 없다고 한다(대판 2011.10.13, 2011다55214 : 3회,4회,6회 선택형).

따라서, 사안에서 경매개시결정기입등기가 2011. 2. 15.에 마쳐짐으로써 압류의 효력이 발생하였고, 건물공사는 2011. 3. 8.에 완료됨으로써 공사대금청구권의 변제기가 도래하게 되는데, 이 때 공사대금청구권을 피담보채권으로 하여 유치권의 성립을 인정하게 되면 이미 발생한 압류의 처분금지효에 저촉되게 된다. 따라서 丙은 D의 건물인도청구에 대하여 유치권을 행사할 수 없다.

Ⅲ. D의 丙에 대한 차임 상당 금원 청구 가부(8)

1. 부당이득반환청구 가부

부당이득이득반환에서 '이득'이라 함은 실질적 이익을 가리키는 것이므로, 법률상 원인 없이 건물을 점유하고 있다고 하여도 이를 사용·수익하지 못하였다면 실질적인 이익을 얻었다고 볼 수 없다(대판 1984.5.15, 84다카108 등).

사안에서 비록 丙이 법률상 원인 없이 건물을 계속 점유하고 있었으나 사용하고 있지는 않았으므로 현실적으로 취한 이익이 없다. 따라서 丙은 D에 대하여 부당이득으로 반환할 것이 없다.

2. 불법행위로 인한 손해배상청구 가부

비록 丙이 현실적으로 취한 이익이 없다고 하더라도 점유할 정당한 권원이 없는 丙의 점유는 소유자 D에 대하여 불법점유로서 불법행위에 해당한다. 그러므로 丙의 이득여부와 관계없이 D에 대하여 불법행위로 인한 손해배상채무를 부담하고, 이에 따라 D는 차임 상당액을 손해배상으로 청구할 수 있다(제750조).[2]

2) 만약 丙에게 유치권이 인정된다면, 점유할 정당한 권원이 인정되므로 위법성이 없어 불법행위책임이 없다.

기출해설 2015년 1차 법전협모의 제1문

【기초적 사실관계】

乙과 丙은 각 2/3, 1/3 지분에 따라 X주택을 소유하며, 乙과 丙의 합의에 따라 乙이 단독으로 X주택을 거주하고 있었다. 2010.4.1. 乙은 甲에게 X주택의 보수를 의뢰하면서 그 대금을 5,000만 원으로 하고 공사완공과 동시에 지급하기로 약정하였다. 이 약정에 따라 甲은 2010.10.31. 보수공사를 마쳤다. 공사과정에서 甲은 3,000만 원 상당의 공사비를 지출하였으며, 보수공사 후에 X주택의 가치가 2,000만 원 상당 높아졌다. 그러나 乙이 공사대금을 지급하지 않아 甲은 X주택을 점유하고 그 반환을 거절하였다. 그 후 甲은 2012.12.1. 乙과 丙의 승낙이 없이 임대기간을 2년으로 하여 X주택을 丁에게 임대하였고, 전입신고를 마치고 확정일자를 받은 丁은 X주택에 입주하였다.

2013.9.30. 공사대금의 지급을 최고하는 내용으로 甲이 작성하여 발송한 우편이 2013.10.2. 乙에게 도달하였다. 한편 乙과 丙은 2014.1.15. 각 지분권에 기하여 甲과 丁을 상대로 X주택의 인도청구소송을 제기하였다. 이에 대하여 甲은 2014.2.1. 乙을 상대로 공사대금 전액을 청구하고, 丙을 상대로 공사비 3,000만 원 중 丙의 지분의 비율에 따른 1,000만 원의 비용상환 또는 부당이득반환을 청구하는 반소를 제기하였다.

위 소송 중 甲은 ①"乙이 공사비를 전액 지급할 때까지 乙은 물론 丙에 대하여도 주택인도를 거절한다"고 하였고, 丁은 ②"주택임대차보호법상 대항력으로 인하여 2014.11.30.까지 X주택을 사용, 수익할 권리가 있으므로 X주택의 인도를 거절할 수 있다"고 주장한다. 그리고 乙과 丙은 ③"공사완료 후 3년의 경과 또는 X주택의 무단임대 등으로 甲의 권리가 소멸하였으며, 그렇지 않을 경우에도 X주택의 인도와 상환하여 대금을 지급하여야 한다"고 주장하며, 丙은 여기에 덧붙여 ④"본인은 공사계약의 직접당사자가 아니므로 비용상환 또는 부당이득반환을 할 의무가 없다"고 항변한다. 이에 대해 甲은 ⑤"본인이 X주택을 점유하고 있는 동안 공사대금채권은 시효로 소멸하지 아니한다", "공사계약으로 원인 없이 이익을 얻은 丙은 이를 반환하여야 한다"고 각 주장한다.

1. 甲, 乙, 丙, 丁의 각 주장을 기초로 본소와 반소의 결론과 그에 따른 법적근거를 설명하시오. (단, 소의 병합요건과 지연손해금은 고려하지 않는다) (50점)

사례D-59 유치권의 소멸, 동시이행항변권, 전용물소권, 비용상환청구권★

Ⅰ. 설문 1.의 경우(50)

1. 乙, 丙의 甲에 대한 X주택인도청구

(1) 결 론

① 乙의 甲에 대한 X주택인도청구는 전부 기각된다.

② 丙의 甲에 대한 X주택인도청구는 전부 기각된다.

(2) 논 거

1) 乙, 丙의 X주택인도청구의 근거 : 보존행위에 따른 공유물 인도청구 (제256조 단서)

지분권자는 공유물 전체의 인도를 청구할 수 있다. 그 근거에 대해 判例는 보존행위를 근거로 한다(대판 1993.5.11, 92다52870 : 8회 선택형). 사안과 같은 공유물의 반환청구는 다른 공유자에 대하여도 객관적으로 이익이 되는 점에서 보존행위로 봄이 타당하다. 따라서 乙, 丙은 자신의 지분권에 기해 공유물 전부의 인도를 구할 수 있다(제213조 본문).

2) 甲의 공사대금채권에 기한 유치권 및 동시이행의 항변권 주장

가) 논의의 방향

먼저 甲의 공사대금채권의 소멸시효가 완성되어 공사대금채권이 존재하는지를 살핀 후, 존재한다면 유치권 및 동시이행의 항변권에 대한 주장을 살피기로 한다.

나) X주택 공사대금채권의 소멸시효

사안의 경우 수급인의 보수채권인 점에서 대상적격이 인정되고, 3년의 시효기간이 적용되며(제163조 3호), 공사완공과 동시에 지급하기로 약정한 점에서 불확정기한으로 볼 수 있고, 시효중단사유가 없는 한 원칙적으로 2013.10.31. 24시에 소멸시효가 완성된다.

다) 소멸시효 중단사유

a. 유치권, 동시이행의 항변권행사로 인한 소멸시효의 중단여부

유치권의 행사만으로 소멸시효가 중단되는 것은 아니다(제326조). 그리고 동시이행관계에 있더라도 소멸시효는 진행한다(대판 1991.3.22, 90다9797 : 4회,5회,6회 선택형).

b. 최고에 따른 시효중단 여부

최고(催告)는 권리자가 '재판 외'에서 의무자에게 의무의 이행을 청구하는 것으로 6월내에 재판상의 청구, 파산절차참가, 화해를 위한 소환, 임의출석, 압류 또는 가압류, 가처분을 하지 아니하면 시효중단의 효력이 없다(제174조).
사안의 경우 甲의 공사대금의 지급을 최고하는 우편이 2013.10.2. 乙에게 도달하였고, 2014.2.1. 乙을 상대로 공사대금전액을 청구하는 반소를 제기한 점에서 2013.10.2.에 소급하여 시효중단의 효력이 발생한다.

라) 유치권항변 및 유치권의 소멸청구

a. 유치권의 성립여부

사안의 경우 乙, 丙의 소유인 X주택에 대하여 공유물의 관리권한을 가진 乙과의 도급계약에 기한 점유를 취득하였고, X주택수리에 따른 보수채권은 유치목적물 자체로부터 발생한 채권이므로, 공사비청구에 대해 甲의 유치권이 성립한다(제320조)

b. 점유상실에 따른 유치권의 소멸

유치권은 점유의 상실로 인하여 소멸하나(제328조), 유치권자의 점유는 직접점유이든 간접점유이든 이를 묻지 않는다. 다만 유치권은 목적물을 유치함으로써 채무자의 변제를 간접적으로 강제하는 것을 본체적 효력으로 하는 권리인 점 등에 비추어, 그 직접점유자가 채무자인 경우에는 유치권의 요건으로서의 점유에 해당하지 않는다고 할 것이다(대판 2008.4.11, 2007다27236 : 4회 선택형).
설문에서 甲은 丁과 임대차계약을 체결하여 점유매개관계에 있는데 甲은 간접점유자가 된다. 따라서 甲은 여전히 유치권자이다.

c. 유치권의 소멸청구와 유치권의 소멸

유치권자는 소유자의 승낙이 없더라도 '유치물의 보존에 필요한 사용'은 할 수 있다(제324조 2항 단서). 다만 判例는 **공사대금채권에 기하여 유치권을 행사하는 자가 제3자와의 사이에 유치물인 건물에 관하여 채권적 전세계약을 체결하여 전세금을 수령하는** 것은 유치물의 보존에 필요한 범위를 넘는 것이라 할 것이라고 한다(사안과 같이 제3자와 임대차계약을 체결하는 것도 마찬가지이다)(대판 2009.12.24, 2009다32324). 이 경우 소유자의 승낙이 없었다면 소유자는 유치권자에 대하여 유치권의 소멸을 청구할 수 있다(제324조 3항).

사안의 경우에 甲은 乙과 丙의 승낙 없이 丁과 주택임대차계약을 체결한 점에서 유치권소멸청구권(형성권)이 인정되고, 乙과 丙의 주장에 의해 당연히 소멸한다.

마) 동시이행의 항변권의 주장

도급에서 수급인의 완성된 목적물의 인도와 도급인의 보수의 지급은 동시이행의 관계에 있으므로(제665조 1항), 도급인 乙의 인도청구에 대하여 동시이행의 항변권을 주장해 X주택의 인도를 거절할 수 있다.

바) 소결

乙의 X주택인도청구에 대하여 甲의 유치권주장은 인정될 수 없으나 동시이행의 항변은 가능하고, 丙의 청구에 대하여는 채권관계가 인정되지 않아 동시이행의 항변은 할 수 없다.

3) 피고적격의 문제(소유권에 기한 반환청구의 상대방)

소유권에 기한 반환청구의 상대방은 사실심 변론종결 당시 그 물건을 '점유'하고 있는 사람이다. 간접점유의 경우에 判例는 불법점유를 이유로 한 인도청구와 그 밖의 인도청구, 예컨대, 인도약정에 따라 그 이행을 구하는 경우를 나누어, i) 불법점유자에 대한 인도청구는 현실로 불법점유를 하고 있는 자만을 상대로 해야 한다고 하는 반면, ii) 인도약정에 따른 이행청구의 경우에는 간접점유자에 대해서도 인도를 청구할 수 있다고 한다(대판 1983.5.10, 81다187).[1] 이러한 判例(위 81다187판결)에 따르면 사안은 **도급계약상 인도청구가 아니라 지분권에 기한 소유물의 반환청구이므로 甲은 소유권에 기한 반환청구의 상대방이 아니다.**

다만 통설 및 判例에 의하면 이행의 소에서는 **자기에게 이행청구권이 있음을 주장하는** 자가 원고적격을 가지며, 그로부터 이행의무자로 주장된 자가 피고적격을 갖는다. 원고를 청구권자가 아니라 청구권을 주장하는 자로 보는 형식적 당사자개념에 의하므로 주장 자체로 판단한다. 따라서 원고가 실제로 이행청구권자이며 피고가 이행의무자인지 여부는 **본안에서 판단될 문제로서 본안심리 끝에 실제 이행청구권자나 의무자가 아님이 판명되면 청구기각의 판결**을 할 것이고, 당사자적격의 흠이라 하여 소를 각하해서는 아니된다.

4) 사안의 해결

결국 乙과 丙의 지분권에 기한 소유물의 반환청구에 대해 丁이 아닌 甲을 상대로 하였다는 점에서 乙과 丙의 인도청구는 기각 된다.

---

1) "불법점유를 이유로 한 건물인도청구를 하려면 현실적으로 불법점유하고 있는 사람을 상대로 하여야 할 것이나, 그렇지 않는 경우에는 간접점유자를 상대로 인도를 청구할 수 있다"

2. 乙, 丙의 丁에 대한 X주택인도청구

(1) 결 론

① 乙의 丁에 대한 X주택인도청구는 전부 인용된다.

② 丙의 丁에 대한 X주택인도청구는 전부 인용된다.

(2) 논 거

1) 丁의 임차권의 대항력 인정여부(제213조 단서의 점유할 권리의 인정 여부)

유치권자는 채무자의 승낙 없이 유치물의 사용, 대여, 담보제공을 하지 못한다(제324조 제2항). 따라서 소유자의 동의 없이 유치권자로부터 유치권의 목적물을 임차한 자는 소유자에 대하여 점유할 정당한 권원이 있다고 할 수 없으므로 임차인은 소유자에게 대항하지 못하며, 이는 임차권이 대항력을 갖추고 있더라도 마찬가지이다(대결 2002.11.27, 2002마3516). 따라서 丁은 소유자인 乙과 丙에 대한 관계에서 자신의 임차권을 주장할 수 없다.

2) 사안의 해결

乙과 丙의 丁에 대한 X주택 인도청구에 대해 丁은 자신의 임차권이 정당한 권원에 기해 주택임대차보호법상 대항력을 갖춘 것이라고 주장할 수 없어 乙과 丙의 인도청구에 대해 인도를 거절할 정당한 권원이 없다.

3. 甲의 乙에 대한 공사대금 5,000만 원 청구의 반소

(1) 결 론

甲의 乙에 대한 공사대금 5,000만 원 청구의 반소는 일부인용된다.

(2) 논 거

설문에서 소멸시효의 중단이 인정되어 甲의 5,000만 원의 보수채권은 인정되나 목적물의 인도와 상환으로 이행되어야 한다는 점(제665조 제1항)에서 일부인용(상환이행판결)을 해야 한다.

4. 甲의 丙에 대한 반소

(1) 결 론

甲의 丙에 대한 비용상환청구와 부당이득반환청구는 전부기각된다.

(2) 논 거

1) 제203조 2항에 기한 유익비상환청구권

甲 자신이 유익비를 지출한 자임을 이유로 丙에게 제203조 2항의 유익비 상환을 청구하는 방법으로 공사대금을 지급받을 수는 없다. 왜냐하면 비용상환청구는 비용지출자만이 가지는 권리이므로 乙이 궁극적으로 자신의 계산으로 비용지출과정을 관리한 것이고, 甲은 乙에게 보수채권을 가지는 이상 비용지출자는 丙이 아닌 乙이기 때문이다(대판 2002.8.23, 99다66564,66571 : 7회 선택형).

2) 부당이득반환의 일환으로 객관적 가치의 증가액 상당을 청구할 수 있는지 여부

甲이 乙, 丙 소유의 X주택을 가공하여 그 경제적 가치를 증가시켰으므로 보수계약의 당사자가 아닌 제3자인 丙에게 부당이득반환을 청구할 수 있는지 문제된다(이른바 '轉用物訴權'의 문제).

그러나 甲의 丙에 대한 부당이득반환청구를 인정한다면, 判例가 판시하는 바와 같이 ⅰ) 자기책임 하에 체결된 계약에 따른 위험부담을 제3자에게 전가시키는 것이 되어 계약법의 기본원리에 반하는 결과를 초래할 뿐만 아니라, ⅱ) 채권자인 계약당사자가 채무자인 계약 상대방의 일반채권자에 비하여 우대 받는 결과가 되어 일반채권자의 이익을 해치게 되고, ⅲ) 수익자인 제3자가 계약 상대방에 대하여 가지는 항변권 등을 침해하게 되어 부당하므로, 위와 같은 경우 계약상의 급부를 한 계약당사자는 이익의 귀속 주체인 제3자에 대하여 직접 부당이득반환을 청구할 수는 없다"(대판 2002.8.23, 99다66564,66571 : 7회 선택형)고 판시하여 전용물소권을 부정하는 입장에 있다. 따라서 甲은 丙에게 그의 지분비율에 따른 1천만 원에 대한 부당이득반환청구를 할 수 없다(계, 일, 항)

3) 사안의 해결

甲의 丙에 대한 비용상환청구권이 부정되어 丙에게 비용상환의무가 없고, 부당이득반환청구는 전용물소권이 인정되지 않는 점에서 丙의 부당이득반환의무가 없어 전부기각된다.

기출해설

2013년 변호사시험 제2문

【공통된 사실관계】

甲과 甲의 동생인 A는 2010. 9.경 甲이 제공한 매수자금으로 A를 매수인, B를 매도인으로 하여 B 소유의 X 부동산에 대한 매매계약을 체결하고 A 명의로 소유권이전등기를 경료하기로 하는 명의신탁약정을 체결하였다. A와 B는 2010. 10. 12. X 부동산에 관한 매매계약을 체결하고 A 명의로 소유권이전등기를 마쳤다. B는 甲과 A 사이의 명의신탁약정에 대하여는 전혀 알지 못하였다.
甲은 A가 X 부동산을 매수한 이래 현재까지 X 부동산을 무상으로 사무실로 사용하고 있으며, 2010. 12.경 X 부동산을 개량하기 위하여 5,000만 원 상당의 유익비를 지출하였다.
한편, A는 2011. 6. 3. C로부터 금 2억 원을 변제기 2012. 6. 3.로 정하여 차용하면서 甲이 모르게 X 부동산에 C 명의로 근저당권(채권최고액 2억 5,000만 원)을 설정해 주었다.

【추가된 사실관계】

A가 변제기에 C에게 채무를 변제하지 못하자 C는 근저당권을 실행하였고, 乙은 경매절차에서 2012. 7. 14. 매각대금을 완납하고 2012. 8. 1. 그 소유권이전등기를 경료하였다.
그 후 乙은 X 부동산의 소유자로서 甲을 상대로 '피고는 원고에게 X 부동산을 인도하고, 부당이득반환 또는 불법점유로 인한 손해배상으로 2010. 10. 12.부터 X 부동산의 인도완료일까지 월 200만 원의 비율에 의한 금원을 지급하라'는 내용의 소를 제기하였고, 이 소장부본은 2012. 8. 14. 甲에게 도달하였다. 乙의 청구에 대해서 甲은 다음과 같은 주장을 하였다.
① X 부동산의 실제 소유자는 甲 자신이므로 A가 甲의 동의 없이 C에게 설정해 준 근저당권은 실체법상 무효이고, 무효인 근저당권의 실행을 통한 경매절차에서 매각대금을 완납한 乙은 X 부동산의 소유자가 아니다.
② 설령 乙이 X 부동산의 소유자라도, 甲은 A에 대하여 X 부동산의 매수자금 상당의 부당이득반환청구권이 있고, X 부동산을 개량하기 위하여 유익비 5,000만 원을 지출하였으므로 민법 제611조 제2항에 따라 유익비상환청구권을 가지기 때문에 A로부터 매수자금과 유익비를 반환받을 때까지 X 부동산을 인도할 수 없다.
③ 또한 甲은 乙의 금원지급청구와 관련하여, 甲 자신이 X 부동산의 소유자로서 X 부동산을 적법하게 점유하여 사용·수익하고 있으므로 부당이득반환청구 또는 불법점유를 원인으로 한 손해배상청구에 응할 수 없다.
④ 설령 乙이 X 부동산의 소유자라도, 甲은 유치권자로서 X 부동산을 사무실로 사용하고 있으며 이는 유치물의 보존에 필요한 사용이므로 부당이득반환 또는 불법점유를 원인으로 한 손해배상청구에 응할 수 없다.
乙은 甲의 항변에 대해서, 甲과 A 사이의 명의신탁약정은 무효이고, X 부동산의 매수자금 상당의 부당이득반환청구권에 기하여 유치권이 성립하지 않으며, 유익비는 A에게 반환을 청구할 수 있을 뿐이므로 유익비상환청구권에 기하여도 유치권이 성립하지 않는다고 주장한다.
법원의 심리 결과, 甲의 유익비 지출로 인하여 X 부동산의 가치가 5,000만 원 정도 증대되어 현존하고 있는 사실과 2010. 10. 12.부터 현재까지 X 부동산의 임료가 월 100만 원임이 인정되었다.

甲에 대한 乙의 청구에 대한 결론[각하, 청구전부인용, 청구일부인용(일부 인용되는 경우 그 구체적인 금액 또는 내용을 기재할 것), 청구기각]을 그 논거와 함께 서술하시오. (40점)

사례D-60 매도인이 선의인 계약명의신탁, 부당이득과 유치권, 유익비상환청구권과 유치권

Ⅰ. 결 론(3)

① 乙의 X부동산 인도청구에 관하여는 "피고 甲은 소외 A로부터 5,000만 원을 지급받음과 동시에(상환으로) 원고 乙에게 X부동산을 인도하라."는 **상환이행판결**을 해야 하고, ② 乙의 부당이득반환 또는 손해배상청구(선택적 청구)에 관하여는 "피고 甲은 원고 乙에게 2012. 7. 14.부터 X부동산의 인도완료일까지 월 100만 원 비율에 의한 금원을 지급하라. 원고의 나머지 청구는 기각한다."라는 **일부인용판결**을 하여야 한다(乙의 손해배상청구는 청구기각 사안이나 선택적 청구이므로 판결이유에서 판단함으로 족하다).

Ⅱ. 乙의 甲에 대한 X부동산 인도청구에 관하여(27)

1. 민법 제213조 본문

(1) 문제점

소유권에 기한 부동산인도청구의 요건사실은 ⅰ) 원고의 목적물 소유, ⅱ) 피고의 목적물 점유이다(제213조 본문). 사안에서 ⅱ) 피고 甲이 X부동산을 점유하고 있는 것은 분명하나, ⅰ) 원고 乙이 2012. 7. 14. 매각대금을 완납함으로써 X부동산의 소유권을 취득한 것인지(제187조), 아니면 甲의 '부인'(否認)대로 X부동산의 실소유자는 甲이며, C의 근저당권등기는 무효이므로 乙은 소유자가 아닌지 문제된다.

(2) 乙이 X부동산에 대한 소유권자인지 여부

甲과 A 사이에는 계약명의신탁 관계에 있으므로 이러한 **계약명의신탁약정은 무효**이다(부동산 실권리자 명의등기에 관한 법률 제4조 1항 ; 이하 '부동산실명법'이라 한다). 따라서 그러한 명의신탁약정에 따라 행하여진 등기에 의한 부동산에 관한 물권변동은 무효이나, 매도인이 명의신탁약정이 있다는 사실을 알지 못하는 경우에는 수탁자명의의 물권변동은 유효하다(부동산실명법 제4조 2항 단서). 사안에서 매도인 B는 선의이므로 수탁자 A가 완전한 소유권을 취득한다. 결국 乙은 **부동산실명법 제4조 3항의 제3자 보호규정과 무관하게 유효한 '승계취득자'에 해당하여 위 X부동산의 소유권을 취득하게 된다**. 따라서 乙은 甲에게 원칙적으로 X부동산의 인도를 청구할 수 있다(제213조 본문).

2. 민법 제213조 단서

(1) 문제점

그러나 '점유할 권리'가 있는 자는 소유권자의 소유물반환청구에 대하여 반환을 거부할 권리가 있는바(제213조 단서), 이는 피고의 항변사유이다. 여기서 '점유할 권리'란 민법상 완전한 권리뿐만 아니라 **점유를 정당화할 수 있는 모든 법적 지위**를 포함하는바, 사안에서는 甲에게 유치권이 인정되는지 여부가 문제된다.

(2) 甲에게 유치권이 인정되는지 여부

1) 유치권의 성립요건(변, 특, 타, 목, 적)

유치권은 ⅰ) 타인의 물건 또는 유가증권(목적물)을 ⅱ) 적법하게 점유하고 있으며(재항변 사유), ⅲ) 그 목적물에 관하여 생긴 채권이 ⅳ) 변제기에 있을 때 ⅴ) 유치권 배제특약이 없는 경우(재항변 사유)에 성립한다(제320조). 특히 ⅲ)요건과 관련하여 최근에 判例는 "유치권 제도 본래의 취지인 공평의 원칙에 특별히 반하지 않는 한 채권이 목적물 자체로부터 발생한 경우는 물론이고 채권이 목적물의 반환청구권과 동일한 법률관계나 사실관계로부터 발생한 경우도 포함한다"(대판 2007.9.7, 2005다16942)고 한다.[1]

2) A에 대한 X부동산 매수자금의 '부당이득반환청구권'에 기한 유치권 성립 여부

가) 甲이 A에게 지급한 매수자금을 부당이득으로 반환청구할 수 있는지 여부

이른바 선의의 매도인이 있는 '계약명의신탁의 경우' 判例가 판시한 바와 같이 "명의수탁자는 당해 부동산의 완전한 소유권을 취득하게 되고, 반면 명의신탁자는 애초부터 당해 부동산의 소유권을 취득할 수 없고 다만 그가 **명의수탁자에게 제공한 부동산 매수자금이 무효의 명의신탁약정에 의한 법률상 원인 없는 것이 되는 관계로 명의수탁자에 대하여 동액 상당의 부당이득반환청구권을 가질 수 있다**"(대판 2005.1.28, 2002다66922 ; 대판 2009.3.26, 2008다34828). 따라서 명의신탁자 甲이 명의수탁자 A에게 지급한 매수자금은 부당이득으로 반환청구할 수 있다.

나) 유치권의 인정 여부

判例가 판시한 바와 같이 "명의신탁자의 이러한 부당이득반환청구권은 ⅰ) 부동산 자체로부터 발생한 채권이 아닐 뿐만 아니라 ⅱ) 소유권 등에 기한 부동산의 반환청구권과 동일한 법률관계나 사실관계로부터 발생한 채권이라고 보기도 어렵다"(대판 2009.3.26, 2008다34828 : 1회,3회,6회 선택형). **따라서 甲은 A에 대한 X부동산 매수자금의 '부당이득반환청구권'에 기한 유치권을 이유로 X부동산의 반환을 거부하지 못한다.**

3) A에 대한 5천만 원의 '유익비상환청구권'에 기한 유치권 성립 여부

가) 甲·A 사이의 X부동산 사용에 관한 계약 내용[2]

명의수탁자 A가 대내외적으로 완전한 소유권을 취득한 후에도 甲이 명의신탁자로서 실질적인 소유자라는 인식하에 무상으로 위 X부동산을 점유사용해 왔고, A 또한 위 부동산이 실질적으로는 甲의 소유라는 인식하에 甲의 위와 같은 점유·사용에 대하여 어떠한 이의도 제기하지 아니하였다면, **甲과 A 사이에는 甲이 위 X부동산을 무상으로 점유·사용하기로 하는 '사용대차'에 관한 묵시의 약정**이 있는 것으로 봄이 타당하다(대판 2009.3.26, 2008다34828).

나) 사용대차 계약에 기한 비용상환청구권 행사 가부 및 유치권 행사 가부

甲은 위 X부동산을 점유·사용하는 중에 지출한 유익비 5,000만 원에 관하여 위와 같은 사용대차 계약의 당사자인 A에게 비용상환청구권을 행사할 수 있다(제611조 2항, 제594조 2항). 다만 甲이

---

1) ★ 이는 광의설적인 입장에 따른 표현이나, 실제 결과에 있어서 判例는 동시이행의 항변권에 대해서는 공평의 원칙을 근거로 '견련성'의 의미를 완화하여 해석하는 반면, 유치권에 대해서는 아래에서 검토하는 바와 같이 이를 엄격하게 해석하고 있다.

2) ★ [관련판례] "제203조 2항에 의한 점유자의 회복자에 대한 유익비상환청구권은 점유자가 계약관계 등 적법하게 점유할 권리를 가지지 않아 소유자의 소유물반환청구에 응하여야 할 의무가 있는 경우에 성립되는 것으로서, 점유자가 유익비를 지출할 당시 계약관계 등 적법한 점유의 권원을 가진 경우에 그 지출비용 또는 가액증가액의 상환에 관하여는 그 계약관계를 규율하는 법조항이나 법리 등이 적용된다"(대판 2009.3.26, 2008다34828). 따라서 甲의 A에 대한 비용상환청구는 '점유자와 회복자'에 관한 일반조항인 제203조 2항의 '유익비상환청구권'이 아닌 A와의 개별계약에 기초한 비용상환청구권이 있는지를 선결적으로 검토해 볼 필요가 있다.

경매법원에 위 X부동산에 대한 유치권신고를 한 경우에는, 늦어도 그 무렵에는 위 사용대차계약 관계의 당사자인 甲과 A의 묵시적인 합의에 의하여 그 계약관계가 이미 종료되었고 위 유익비상환청구권의 변제기도 이미 도래한 것으로 볼 수 있다(대판 2009.3.26, 2008다34828). 따라서 위의 사정이 있다면 **甲은 A에 대한 5,000만 원의 비용상환청구권에 기해 乙에게 유치권으로 항변할 수 있다.**

3. 소 결

乙의 X부동산 인도청구에 대하여 甲이 유치권을 행사하여 위 부동산의 인도를 거절한 경우 乙의 부동산인도청구는 기각되어야 할 것이나, 判例는 채무의 변제와 상환으로 물건을 인도하라는 뜻의 상환급부판결(원고의 일부승소판결)을 하고 있다(대판 1969.11.25. 69다1592 ; 대판 1974.6.25, 73다1642).[3]

Ⅲ. 부당이득반환 또는 불법점유로 인한 손해배상청구에 관하여(10)

1. 불법행위에 기한 손해배상책임

유치권자는 소유자의 승낙이 없더라도 '유치물의 보존에 필요한 사용'은 할 수 있다(제324조 2항 단서). 判例에 따르면 부동산의 임대차가 소멸하기 전에 임차인이 지출한 비용을 상환받기 위해 임차권 소멸 후에 유치권을 행사하면서 기존의 방법으로 계속 사용하는 것은 보존에 필요한 사용으로서 임대인의 승낙이 필요 없으며 그 사용은 **'적법'**하고 따라서 불법점유로 인한 손해배상책임도 없다고 한다(대판 1972.1.31, 71다2414).

이러한 判例의 법리에 따르면 X부동산의 유치권자 甲은 소유권자 乙에 대해 불법행위에 기한 손해배상책임은 지지 않는다(제750조).

2. 사용이익에 대한 부당이득반환책임

① 민법은 유치권자에게 보존에 필요한 사용을 허용하고 있을 뿐 그에 따른 **이익까지 보장하고 있지는 않기 때문에**, 이 경우 유치권자가 보존에 필요한 범위 내의 사용이 적법하더라도 사용이익에 대해서는 부당이득이 성립한다(대판 1963.7.11, 63다235). ② 부당이득반환의무의 구체적인 내용은 다른 부당이득반환청구에서와 마찬가지로 의무자가 실제로 어떠한 구체적 이익을 얻었는지에 좇아 정하여진다. 그러므로 유익비상환청구권에 기하여 유치권자 스스로 유치물인 부동산에 사물실로 사용하는 경우 부당이득 내용은 **차임에 상당한 이득**이 기준이 된다(대판 2009.9.24, 2009다40684 참고). 따라서 甲은 乙이 X부동산의 소유권을 취득한 2012. 7. 14.부터 현실로 인도할 때까지 월 100만 원의 부당이득반환의무를 진다. **다만 이는 유치물에서 생긴 과실과 동일시하여 민법 제323조에 따라 甲의 유익비 상환채권에서 공제되어야** 한다(대판 2009.9.24. 2009다40684참고).[4][5]

---

3) 즉, 단순이행청구에 대하여 일부인용판결로서 상환이행판결을 하는 것은 처분권주의(민사소송법 제203조)에 반하지 않을 뿐 아니라, 소송경제상 유리하고 유치권의 목적은 이것으로 충분히 달성할 수 있기 때문이다(통설).

4) "유치권자가 유치물의 보존에 필요한 사용을 한 경우에도 특별한 사정이 없는 한 차임에 상당한 이득을 소유자에게 반환할 의무가 있다. 원심판결 이유에 의하면, 원심은, 판시와 같은 이유로 피고들이 이 사건 건물 2, 3층을 사용함으로써 얻은 이익이 피고들의 공사대금채권에서 공제되어야 한다고 판단하였는바, 이러한 원심의 판단은 피고들이 유치권자로서 이 사건 건물 2, 3층을 사용하는 것은 유치물의 보존에 필요한 사용이라는 판단을 전제로 차임에 상당한 이득을 반환할 의무가 있다는 취지로 판단한 것으로서 위 법리에 비추어 정당하고, 거기에 상고이유로 주장하는 법리오해 등의 위법이 없다"

5) 이러한 과실취득권(제323조)을 통해 유치권자는 사실상 우선변제권이 인정된다고 볼 수 있다[그 외 간이변제충당권도 이러한 우선변제적 기능을 한다(제322조 2항)](통설).

기출해설 2021년 3차 법전협모의 제2문

乙은 2013. 3. 15. X건물에 대한 신축공사 중 전기배선공사를 완료하여 丙에 대하여 1억 원의 공사대금채권(변제기 2013. 5. 15.)을 갖게 되었다. X건물에 대한 2013. 11. 5. 담보권 실행을 위한 경매절차가 개시되어 그 경매절차에서 매수인 甲이 2015. 7. 19. 매각대금을 모두 납부하였다. 甲은 2016. 1. 12. X건물 내의 현장사무실에서 숙식하고 있던 乙을 강제로 쫓아내고 건물출입을 막았다. 乙은 2017. 1. 5. 甲을 상대로 점유회수의 소를 제기하여 2017. 9. 6. 승소판결을 받고, 甲으로부터 X건물의 점유를 반환받았다. 乙은 2014. 9. 1. 공사대금채권에 대한 지급명령을 신청하여 2014. 9. 25. 지급명령이 확정되었다. 甲은 2020. 2. 14. 乙에게 X건물의 인도를 청구하는 소를 제기하였다. 乙은 유치권을 주장하면서 인도를 거부하였다.

1. 법원은 어떠한 판단을 하여야 하는지, 1) 결론(소각하/청구기각/청구전부인용/청구일부인용 - 일부 인용의 경우 인용범위를 특정할 것)과 2) 논거를 기재하시오. (지연손해금은 고려하지 말 것) (20점)

사례D-61 유치권의 소멸

Ⅰ. 문제 1.의 경우(20)

1. 乙의 유치권 취득여부

유치권은 ⅰ) 타인의 물건 또는 유가증권(목적물)을 ⅱ) 적법하게 점유하고 있으며(재항변 사유), ⅲ) 그 목적물에 관하여 생긴 채권(채권과 목적물과의 견련관계)이 ⅳ) 변제기에 있을 때 ⅴ) 유치권 배제특약이 없는 경우(재항변 사유)에 성립한다(제320조)(변, 특, 타, 목, 적)

사안의 경우 乙의 丙에 대한 공사대금채권은 X건물과 견련관계에 있고 변제기(2013. 5. 15.)가 도래하였으므로 X건물의 현장사무실에서 숙식하는 乙의 점유는 적법점유이므로 乙에게는 유치권이 일단 성립한다.

2. 임의경매절차와 유치권의 존속여부

判例가 판시하는 바와 같이 부동산에 경매개시결정 기입등기가 경료되기 이전에 유치권 성립요건 전부가 갖추어져야만 새로운 매수인에게 유치권을 가지고 대항할 수 있다(대판 2011.10.13, 2011다55214).

사안의 경우 X건물에 관하여 임의경매가 개시된 일자는 2013. 11. 5.로서 위에서 살펴본 대로 위 경매개시일자 이전에 乙의 유치권 요건은 모두 충족되었으므로 乙은 매수인 甲에게 유치권으로 대항할 수 있다.

3. 점유의 소멸로 인한 유치권의 소멸

점유침탈로 유치권자가 점유를 상실하면 유치권은 소멸하나(제328조), 유치권자가 점유회수의 소(제204조)를 제기하여 승소판결을 받아 점유를 회복하면 점유를 상실하지 않았던 것으로 되어 유치권이 되살아난다(제192조 2항 참조)(대판 2012.2.9. 2011다72189).

따라서 사안에서 乙이 점유회수의소에서 승소하고 甲으로부터 X건물의 점유를 반환받은 이상 乙의 유치권은 점유상실로 인해 소멸하지는 않는다.

4. 피담보채권의 시효완성으로 인한 유치권의 소멸

判例가 판시하는 바와 같이 "유치권이 성립된 부동산의 매수인은 피담보채권의 소멸시효가 완성되면 시효로 인하여 채무가 소멸되는 결과 직접적인 이익을 받는 자에 해당하므로 소멸시효의 완성을 원용할 수 있는 지위에 있다고 할 것이나, 매수인은 유치권자에게 채무자의 채무와는 별개의 독립된 채무를 부담하는 것이 아니라 단지 채무자의 채무를 변제할 책임을 부담하는 점 등에 비추어 보면, **유치권의 피담보채권의 소멸시효기간이 확정판결 등에 의하여 10년으로 연장된 경우 매수인은 그 채권의 소멸시효기간이 연장된 효과를 부정하고 종전의 단기소멸시효기간을 원용할 수는 없다"** (대판 2009.9.24, 2009다39530.

사안의 경우 공사대금채권은 3년의 단기소멸시효의 대상에 해당하나(제163조 3호), 지급명령에서 확정된 채권은 단기의 소멸시효에 해당하는 것이라도 그 소멸시효기간이 10년으로 연장되는바(대판 2009.9.24, 2009다39530). 乙이 변제기로부터 3년 이내인 2014. 9. 1.에 공사대금채권에 대해 지급명령을 신청하여 2014. 9. 25.에 지급명령이 확정된 이상 甲이 종전의 단기시효기간의 완성을 주장할 수는 없다.

5. 사안의 해결

물건의 인도를 청구하는 소송에서 피고의 유치권 항변이 인용되는 경우, 물건에 관하여 생긴 채권의 변제와 상환으로 물건의 인도를 명하여야 하므로(대판 2011.12.13. 2009다5162), 법원은 乙이 甲으로부터 1억 원을 지급받음과 동시에 X건물을 인도하라는 판결을 선고하여야 한다(상환급부판결).

기출해설 2021년 3차 법전협모의 제2문

丙은 2017. 4. 27. 丁으로부터 丁 소유의 X건물을 임대차보증금 5억 원, 임대차기간 2017. 4. 27.부터 2019. 4. 26.까지 2년으로 정하여 임차하고, 丁에게 임대차보증금 5억 원을 지급하였다. 丙은 2018. 10. 29. 戊가 甲에 대해 부담하는 대여금채무 5억 원을 담보하기 위하여 임대차보증금 반환채권을 담보로 제공하여, 甲과 사이에 위 임대차보증금 반환채권에 관하여 담보한도액을 5억 원으로 하는 근질권설정계약을 체결하였다. 丙은 2020. 3. 21. 임대차보증금 반환채권을 담보하기 위하여 X건물에 관하여 채권최고액 5억 원, 채무자 丁, 근저당권자 丙으로 된 근저당권을 설정받았다. 丁은 2020. 6. 7. 乙에게 X건물을 매도하였고, 2020. 7. 6. 乙 명의의 소유권이전등기가 마쳐졌다. 丙과 乙은 2020. 12. 27. 해지를 원인으로 근저당권설정등기의 말소를 신청하였고, 丙 명의의 근저당권설정등기가 2020. 12. 28. 말소되었다. 甲은 2021. 5. 6. 근질권자의 동의 없이 근저당권을 말소한 것은 위법하다고 주장하면서 근저당권설정등기의 회복등기절차의 이행을 구하는 소를 제기하였다. 법원의 심리결과 임대차계약과 근질권설정계약에는 근저당권설정에 관한 내용이 없었고, 근저당권설정등기에 관하여 근질권의 부기등기는 마쳐지지 않았다.

1. 법원은 어떠한 판단을 하여야 하는지, 1) 결론(소각하/청구기각/청구전부인용/청구일부인용 - 일부 인용의 경우 인용범위를 특정할 것)과 2) 논거를 기재하시오 (15점).

사례D-62 저당권부채권에 대한 채권질권 설정(제348조의 유추적용)

Ⅰ. 문제 1.의 경우(15)

1. 문제점

무담보채권에 질권을 설정한 후 그 채권을 담보하기 위해 저당권이 설정된 경우 민법 제348조의 적용여부가 문제된다.

2. 무담보채권에 질권을 설정한 후 그 채권을 담보하기 위해 저당권이 설정된 경우

민법 제348조는 저당권으로 담보한 채권을 질권의 목적으로 한 때에는 그 저당권설정등기에 질권의 부기등기를 하여야 그 효력이 저당권에 미친다고 정한다. 이는 공시의 원칙과 거래의 안전을 고려한 규정으로, '담보가 없는 채권에 질권을 설정한 다음 그 채권을 담보하기 위해서 저당권을 설정한 경우'에도 '저당권으로 담보한 채권에 질권을 설정한 경우'와 달리 볼 이유가 없다. 따라서 判例가 판시하는 바와 같이 담보가 없는 채권에 질권을 설정한 다음 그 채권을 담보하기 위해 저당권이 설정되었더라도, 민법 제348조가 유추적용되어 저당권설정등기에 질권의 부기등기를 하지 않으면 질권의 효력이 저당권에 미친다고 볼 수 없다(대판 2020.4.29. 2016다235411).

3. 사안의 해결

甲은 근저당설정등기에 근질권의 부기등기를 마치지 않았으므로 甲의 근질권 효력이 근저당권에 미치지는 않는다. 따라서 甲은 근저당권 등기 말소에 대해 방해배제청구권을 행사할 수 없다. 따라서 법원은 甲의 청구를 기각해야 한다.

기출해설

2008년 사법시험 제3문

甲과 乙은 부부이다. 乙은 건물의 소유를 목적으로 丙 소유의 토지를 보증금 1억 원에 임차하여, 그 지상에 조립식 2층 건물을 신축하고 소유권보존등기를 경료하였다. 甲, 乙은 함께 위 건물 1층에서 전자제품대리점을 운영하고 2층에 거주하였다. 그 후 丙은 A에게서 1억 원을 차용하면서 위 토지에 관하여 A 명의의 저당권을 설정하였다. 한편 乙은 건물 신축 때문에 진 빚도 갚고 위 대리점 운영 자금으로 사용하기 위하여 丁에게서 2억 원을 차용하였다.

2. 위 본문 사안에서, 乙이 丁에게서 금전을 차용하면서 丙에 대한 위 보증금반환채권에 질권을 설정하고 그 사실을 丙에게 통지하였다.

(가) 위 토지임대차 기간만료시 토지소유자 丙에 대하여 주장할 수 있는 乙과 丁 각각의 권리에 관하여 논하시오. (30점)

(나) A가 위 저당권을 실행하여 경매절차에서 戊가 토지를 매수하여 소유권을 취득하였다. 이 경우 보증금의 반환관계를 논하시오. (20점)

사례D-63 임대차 종료에 따른 법률관계, 채권질권

Ⅰ. 임대차 종료에 따른 乙과 丁의 丙에 대한 권리 여하 - 설문 2.의 (가)(30)

1. 乙의 丙에 대한 권리 여하

(1) 보증금반환청구권

임대차가 종료되면 임차인 乙은 임차목적물인 토지를 임대인 丙에게 '인도'할 때 체불임료 등 모든 피담보채무를 공제한 잔액이 있을 것을 조건으로 하여 그 잔액에 대해 丙에게 보증금반환청구권을 행사할 수 있다(대판 1977.9.28, 전합77다1241).

따라서 乙은 丙이 보증금을 반환할 때까지 동시이행의 항변권을 행사하여 丙의 임차건물인도청구를 거절할 수 있다(제536조). 그러나 임차인 乙이 丙의 임차물인도청구에 대하여 보증금반환청구권을 임차물에 대하여 생긴 채권으로 보아 제320조의 유치권을 행사할 수 있는지에 대해 다수설 및 判例(대판 1976.5.11, 75다1305)는 부정하는 입장이다. 다만 제3채무자 丙은 채권질권에 대한 대항요건이 갖추어진 때에는 질권설정자인 乙에게 입질채권을 변제하지 못한다(통설).

(2) 지상물매수청구권 등

건물의 소유를 목적으로 한 토지 임대차의 기간이 만료한 경우에 건물이 현존한 때에는 토지 임차인은 임대차계약의 갱신을 청구할 수 있고, 임대인이 이를 원하지 아니하는 때에는 상당한 가액으로 그 건물의 매수를 청구할 수 있다(제643조, 제283조). 사안의 경우, 乙과 丙 사이의 임대차계약이 기간 만료로 종료한바, 임대인 丙이 임대차계약을 갱신할 의사가 없음을 밝혔다면 乙은 당해 건물의 매수를 청구할 수 있다. 그 외에 투하된 비용이 있다면 경우에 따라서는 乙은 丙에게 비용상환청구권을 행사할 수도 있을 것이다(제626조).

2. 丁의 丙에 대한 권리 여하

(1) 보증금반환채권에 대한 질권설정 가부

1) 문제점

채권질권의 목적이 될 수 있는 것은 양도성 있는 채권이다(제355조, 제331조). 채권은 원칙적으로 양도할 수 있으나(제449조 1항), 임대차보증금반환채권은 임대차기간이 '종료'해야 비로소 발생하며, 그 액수도 임차목적물을 '반환'할 때까지의 임대차와 관계된 모든 손해를 공제한 것이 되므로(대판 1977.9.28, 전합77다1241) 불확정한 장래의 채권으로 그 성질상 양도가 제한되는 것은 아닌지가 문제된다.

2) 장래채권 양도의 허용여부

判例에 따르면 장래 발생할 채권이라도 i) '현재 그 권리의 특정이 가능'하고 ii) '가까운 장래에 발생할 것임이 상당한 정도로 기대'되는 경우에는 채권양도의 대상이 될 수 있다(대판 1997.7.25, 95다21624)고 하는바, 임차보증금의 수액이 불확정하다는 사정은 그 양수인이 이를 감수했다고 보아야 할 것이므로 임대차보증금반환채권은 자유롭게 양도할 수 있다고 할 것이다. 따라서 乙은 丙에 대한 임대차보증금반환채권을 임대차 종료 전에 질권설정할 수 있다.

(2) 丁의 丙에 대한 권리행사 방법

채권질권의 성립은 채권의 양도에 관한 방법에 의한다(제346조). 따라서 지명채권의 입질로 제3채무자 丙에게 대항하기 위하여 丙에게 질권의 설정을 통지하거나 丙이 이를 승낙하여야 하는바(제349조 1항, 제450조), 사안에서 丙에게 통지되었다. 그리고 채권을 질권의 목적으로 하는 경우에 채권증서가 있는 때에는 질권의 설정은 그 증서를 교부함으로써 그 효력이 생기지만(제347조), 判例에 따르면 **임대차계약서는 여기에서의 '채권증서'에 해당하지 않는다고** 한다(대판 2013.8.22, 2013다32574).

사안에서는 채권질권의 설정요건을 모두 갖추었으므로 **질권자인 丁은 질권의 목적이 된 채권을 丙에게 직접 청구할 수 있다**(제353조 1항). 특히 사안과 같이 입질채권의 목적이 금전인 경우에, 丁은 **자기 채권(2억)의 한도에서 보증금(1억원)의 지급을 직접 청구하고 이를 변제에 충당할 수 있다**(제353조 2항)(대판 2005.2.25, 2003다40668). 여기서 '직접'이란, 제3채무자에 대한 집행권원이나 설정자로부터의 추심위임 등을 요하지 않고 질권자가 질권에 기해 자신의 이름으로 청구하는 것을 말한다. 그리고 '청구한다' 함은, 단순히 이행을 최고하는 데 그치는 것이 아니라, 받은 금액을 채무자의 다른 일반채권자에 우선하여 피담보채권의 변제에 충당할 수 있는 것을 말한다.

(3) 丙의 항변

한편 丁은 乙이 丙에 대해 가지는 보증금반환채권에 대해 질권설정을 받은 것이므로, 丙의 乙에 대한 지위는 달라질 것이 없다. 즉 丙은 乙에 대해 가지는 항변사유로써 丁에게 대항할 수 있다(제349조 2항, 제451조 2항). 그런데 임대차가 종료되면 임대인 丙은 보증금 중 연체차임 등 당해 임대차에 관하여 '인도시'까지 생긴 모든 채무를 청산한 나머지를 반환해야 할 의무가 있으며, 이는 임차인 乙의 목적물반환의무와 동시이행의 관계에 있다(대판 1977.9.28, 전합77다1241). 따라서 **乙이 토지를 인도할 때까지는 丙은 丁이 질권자로서 보증금의 지급을 청구하는 것에 대해 이를 거절할 수 있다.**

Ⅱ. 임차목적물의 소유권 변동과 보증금 반환관계 - 설문 2.의 (나)(20)

1. 戊의 임대인 지위 승계여부

건물의 소유를 목적으로 한 토지임대차는 이를 등기하지 아니한 경우에도 임차인이 그 지상건물을 등기한 때에는 제3자에 대하여 임대차의 효력이 생긴다(제622조 1항). 제622조 1항은 대항력의 구체적인 효과에 관하여는 아무런 언급이 없으나, 통설은 주택임대차보호법 제3조 4항을 유추적용하여 임차토지의 양수인은 임대인의 지위를 승계한 것으로 본다고 해석하고 있다. 따라서 戊는 乙이 대항력을 취득한 이후에 토지의 소유권을 취득하였으므로, 종전에 丙이 가지고 있던 토지임대인의 지위를 그대로 승계한다. 다만 임차인 乙은 임대차승계에 대한 이의권(대판 2002.9.4, 2001다64615) 내지 해지권(대결 1998.9.2, 98마100)이 인정된다.

2. 乙의 보증금반환청구

(1) 양수인 戊에 대한 보증금 반환청구

앞서 검토한 바와 같이 乙의 임차권은 대항력을 갖추었으므로 임차인 乙과 토지 양수인 戊사이에는 종전의 임대차관계가 승계되며, 임대차에 종된 계약인 보증금 계약도 임대차관계에 수반하여 이전된다(제100조 2항 유추적용). 따라서 임대차가 종료되면 양수인 戊는 보증금 중 연체차임 등 당해 임대차에 관하여 인도시까지 생긴 모든 채무를 청산한 나머지를 반환해야 할 의무가 있으며, 이는 임차인의 목적물반환의무와 동시이행의 관계에 있다(대판 1977.9.28, 전합77다1241). 다만 제3채무자 戊는 채권질권에 대한 대항요건이 갖추어진 때에는 질권설정자인 乙에게 입질채권을 변제하지 못한다(통설).

(2) 양도인 丙에 대한 보증금 반환청구

判例는 면책적 채무인수로 보고 있다(대판 1996.2.27, 95다35616).[1] 判例가 임차인의 승낙 없는 임대인 지위의 승계를 인정하면서 임차인에게 임대차승계에 대한 이의권 내지 해지권을 인정하고 있다는 점을 고려할 때 양도인 丙의 채무는 소멸하는 것으로 보는 判例의 견해가 타당하다.

3. 丁의 戊에 대한 권리행사 가부 및 이에 대한 戊의 항변

앞서 검토한 바와 같이 乙·戊 간에 임대차관계가 지속되는 것이므로, 임대차 종료되면 丁은 질권에 기해 戊에게 직접자기 채권(2억)의 한도에서 직접 청구하고 이를 변제에 충당할 수 있다(제353조 2항)(대판 2005.2.25, 2003다40668). 한편 丁은 乙이 戊에 대해 가지는 보증금반환채권에 대해 질권설정을 받은 것이므로, 戊의 乙에 대한 지위는 달라질 것이 없다. 즉 戊는 乙에 대해 가지는 항변사유로써 丁에게 대항할 수 있다(제349조 2항, 제451조). 그런데 임대차가 종료되면 임대인 戊는 보증금 중 연체차임 등 당해 임대차에 관하여 '인도시'까지 생긴 모든 채무를 청산한 나머지를 반환해야 할 의무가 있으며, 이는 임차인 乙의 목적물반환의무와 동시이행의 관계에 있다(대판 1977.9.28, 전합77다1241). 따라서 乙이 토지를 인도할 때까지는 戊는 丁이 질권자로서 보증금의 지급을 청구하는 것에 대해 이를 거절할 수 있다.

---

1) "주택의 임차인이 제3자에 대한 대항력을 갖춘 후 임차주택의 소유권이 양도되어 그 양수인이 임대인의 지위를 승계하는 경우에는, 임대차보증금의 반환 채무도 부동산의 소유권과 결합하여 일체로서 이전하는 것이므로 양도인의 임대인으로서의 지위나 보증금반환 채무는 소멸한다"

기출해설 2020년 1차 법전협 모의 제1문

【공통된 기초사실관계】

甲은 2017. 3. 21. 乙과 사이에 乙 소유의 X 아파트를 임대차보증금 2억 원, 임대차기간 2017. 4. 1.부터 2019. 3. 31.까지 임차하는 내용의 임대차계약(이하 '이 사건 임대차'라 한다)을 체결하고, 2017. 4. 1. 임대차보증금을 2억 원을 지급하고서 X 아파트를 인도받아 당일 전입신고를 하고, 이 사건 임대차 계약서에 확정일자를 받았다.

甲은 2017. 4. 3. 丙으로부터 1억 5,000만 원을 이자 없이 변제기 2018. 3. 31.로 정하여 차용(이하 '이 사건 차용금'이라 한다)하면서 丙에게 이 사건 임대차에 기한 임대차보증금반환채권 중 1억 5,000만 원에 대하여 질권(이하 '이 사건 질권'이라 한다)을 설정해 주었다.

乙은 2017. 4. 4. 甲과 丙을 만나 이 사건 질권 설정을 승낙하고, 이 사건 임대차 종료 등으로 임대차보증금을 반환하는 경우 질권이 설정된 1억 5,000만 원은 丙에게 직접 반환하기로 약정하였다.

〈아래의 각 추가된 사실관계는 상호 독립적임〉

〈추가된 사실관계 1〉

乙은 2019. 3. 20. X 아파트를 丁에게 매도하면서 丁이 이 사건 임대차관계를 승계하는 특약을 체결하였고, 같은 날 丁 명의로 소유권이전등기를 마쳤다. 이 사건 차용금의 변제기가 지나도 甲이 변제를 하지 아니하자 丙은 2019. 5. 1. 乙을 상대로 질권이 설정된 1억 5,000만 원의 지급을 구하는 소를 제기하였다. 이에 대하여 乙은 1) 「민법」 제347조(설정계약의 요물성)에 근거해 이 사건 임대차계약서가 채권증서에 해당함에도 불구하고, 丙이 이를 甲으로부터 교부받지 못해 유효한 질권을 취득하지 못하였다고 주장하고(실제 丙이 변론과정에 甲의 교부사실을 증명하지 못하였다), 2) 임대차승계 특약을 하였으므로 자신이 면책되고, 3) 그것이 아니더라도 주택임대차보호법에 따라 丁이 임대인 지위를 승계하였으므로 자신은 면책된다고 항변하였다.

〈문제 1〉 **丙의 청구의 타당성 여부를 먼저 검토한 후, 乙의 위의 각 항변의 당부를 판단하여 위 청구에 대한 법원의 결론(인용, 일부인용, 기각, 각하)을 그 이유를 들어 검토하시오(30점).**[1)]

〈추가된 사실관계 2〉

乙은 2019. 3. 20. 기존에 거주하던 임차인 甲에게 X 아파트를 3억 원에 매도하는 내용의 매매계약을 체결하면서 매매대금 3억 원 중 2억 원은 이 사건 임대차에 따른 임대차보증금 2억 원과 상계하기로 합의하고, 나머지 1억 원은 甲이 乙에게 당일 직접 지급하고서 2019. 3. 21. 乙은 甲 명의로 소유권이전등기를 마쳐 주어 당일 이 사건 임대차계약을 해지하였다.

이 사건 차용금의 변제기가 지나도 甲이 변제를 하지 아니하자 丙은 2019. 5. 1. 乙을 상대로 질권이 설정된 1억 5,000만 원의 지급을 구하는 소를 제기하였다. 이에 대하여 乙은 1) X 아파트를 이미 甲에게 매도하였으므로 자신은 면책되었고, 2) 甲과 사이에 한 상계합의로 이 사건 임대차에 따른 보증금반환채무는 소멸되었다고 주장한다.

〈문제 2〉 **乙의 위 각 항변의 당부를 판단하여 丙의 청구에 대한 법원의 결론(인용, 일부인용, 기각, 각하)을 그 이유를 들어 검토하시오(20점).**[2)]

---

1) ★ 대판 2018.6.19. 2018다201610판례 사실관계

2) ★대판 2018.12.27. 2016다265689판례 사실관계

사례D-64 채권질권, 보증금반환채무의 면책적 인수, 상계합의와 이익침해금지★

Ⅰ. 문제 1.의 경우

1. 문제점

丙의 청구의 타당성은 채권질권의 요건을 갖추었는지를 통해 살펴보고(제346조, 제349조 1항), 乙의 ①항변인 임대차계약서가 제347조의 '채권증서'에 해당하는지, ②항변인 임대차계약상의 특약으로서 대항할 수 있는지, ③항변인 주택임대차보호법상의 면책항변에 대해 검토하기로 한다.

2. 丙의 乙에 대한 직접청구권

(1) 채권질권의 요건 및 효과

질권은 재산권인 채권을 목적으로 할 수 있고, 채권질권 설정방법은 법률에 다른 규정이 없으면 '그 권리의 양도에 관한 방법'에 의하여야 한다(제345조 및 제346조). 아울러 질권의 목적이 된 채권이 금전채권인 때에는 질권자는 '자기채권의 한도'에서 질권의 목적이 된 채권을 직접 청구할 수 있다(제353조).

(2) 사안의 경우

丙은 1억 5,000만 원의 이 사건 차용금 채권에 대한 담보로서 甲의 乙에 대한 임대차보증금반환채권 2억 원 중 1억 5,000만 원에 대해 질권을 설정하고, 그 질권설정에 대해 임대인 乙로부터 '승낙'을 받아 질권설정의 요건을 모두 갖추었으므로(**제346조, 제349조 1항**), 원칙적으로 丙은 乙에게 1억 5,000만 원을 직접 청구할 수 있다.

[보충쟁점] ✻ **장래채권인 보증금반환채권에 질권을 설정할 수 있는지 여부**
임대차보증금반환채권은 임대차기간이 '종료' 해야 비로소 발생하며, 그 액수도 임차목적물을 '반환' 할 때까지의 임대차와 관계된 모든 손해를 공제한 것이 되므로(대판 1977.9.28, 전합77다1241) 불확정한 장래의 채권으로 그 성질상 양도가 제한되는 것은 아닌지가 문제된다(**제449조 1항 단서**). 判例는 장래 발생할 채권이라도 ⅰ) '현재 그 권리의 특정이 가능' 하고 ⅱ) '가까운 장래에 발생할 것임이 상당한 정도로 기대' 되는 경우에는 채권양도의 대상이 될 수 있다(대판 1997.7.25, 95다21624)고 하는바, 甲과 丙은 임대차 종료일인 2019. 3. 31.에 발생할 임대차보증금반환채권을 그 전인 2017. 4. 3.에 질권을 설정할 수 있다.

3. 임대차계약서가 제347조의 '채권증서'에 해당하는지 여부…乙의 ① 항변

(1) 판 례

채권을 질권의 목적으로 하는 경우에 채권증서가 있는 때에는 질권의 설정은 그 증서를 질권자에게 교부함으로써 효력이 생긴다(설정계약의 요물성)(**제347조**). 判例는 "**제347조 소정의 '채권증서'는 채권의 존재를 증명하는 문서로서 장차 변제 등으로 채권이 소멸하면 제475조에 따라 채무자가 채권자에게 그 반환을 청구할 수 있는 것을 말하는데**, 임대차계약서는 임대인과 임차인의 권리의무 관계를 정한 약정서일 뿐 임대차보증금 반환채권의 존재를 증명하기 위해 임대인이 임차인에게 제공한 문서는 아니어서 위 채권증서에는 해당하지 않는다"고 보았다(대판 2013.8.22. 2013다32574).

(2) 사안의 경우

判例에 따르면 임대차계약서는 제347조에서 정한 채권증서라 볼 수 없어 乙의 항변은 이유없다.

4. 임대차승계특약으로 질권자 丙에게 대항할 수 있는지 여부…乙의 ② 항변

(1) 임대차승계특약의 법적성질

判例는 "부동산의 매수인이 매매목적물에 관한 임대차보증금 반환채무 등을 인수하는 한편 그 채무액을 매매대금에서 공제하기로 약정한 경우, 그 인수는 특별한 사정이 없는 이상 매도인을 면책시키는 면책적 채무인수가 아니라 '이행인수'로 보아야 하고, '면책적 채무인수'로 보기 위해서는 이에 대한 채권자 즉 임차인의 승낙이 있어야 한다"(대판 2015.5.29. 2012다84370)고 한다.

(2) 질권자 丙에 대한 대항가부

질권설정자는 질권자의 동의없이 질권의 목적된 권리를 소멸하게 하거나 질권자의 이익을 해하는 변경을 할 수 없다(**제352조**). 따라서 ㉠ 위 승계특약을 判例와 같이 **'이행인수'**로 보면 乙이 임차보증금반환채무를 여전히 부담하므로 丙의 乙에 대한 채권질권행사에 아무런 영향이 없고, ㉡ 설령 임차인(질권설정자) 甲이 승낙하여 **'면책적 채무인수'**로 보더라도 제352조에 따라 질권자인 丙에게 임대차승계특약을 이유로 자신의 보증금반환채무가 면책되었다는 주장을 할 수는 없다.

5. 주택양수인 丁에게 채권질권의 제3채무자의 지위가 당연승계되는지…乙의 ③ 항변

(1) 대항력 있는 임차권이 설정된 주택의 양수인이 임대차보증금반환채권의 권리질권자에 대해 제3채무자의 지위를 당연승계하는지 여부 및 종전 임대인의 법적 지위

甲은 주거용으로 사용하는 X아파트를 임차하여 보증금을 지급하고 목적물을 인도받아 전입신고를 마쳤으므로 대항력을 취득하였다(주택임대차보호법 제3조 1항). 따라서 대항요건을 갖춘 임대차의 경우 임대주택의 양수인은 임대인의 지위를 승계한 것으로 본다(**동법 제3조 4항**). 이는 법률상의 당연승계 규정으로 보아야 하므로, 임대주택이 양도된 경우에 양수인은 주택의 소유권과 결합하여 임대인의 임대차계약상 권리·의무 일체를 그대로 승계한다. 그 결과 양수인이 임대차보증금반환채무를 면책적으로 인수하고, 양도인은 임대차관계에서 탈퇴하여 임차인에 대한 임대차보증금반환채무를 면하게 된다(대판 2013.1.17. 전합2011다49523). 이는 **임차인이 임대차보증금반환채권에 질권을 설정하고 임대인이 그 질권 설정을 승낙한 후에 임대주택이 양도된 경우에도 마찬가지로 양도인(임대인)은 임대차관계에서 탈퇴하여 임차인에 대한 보증금반환채무를 면한다**(대판 2018.6.19. 2018다201610).

> [관련판례] ✻ **보증증금반환채권이 가압류된 후 임차건물의 양수인**
> "ⅰ) 임대주택의 양도로 임대인의 지위가 일체로 양수인에게 이전된다면 채권가압류의 제3채무자의 지위도 임대인의 지위와 함께 이전된다고 볼 수밖에 없다는 점과 ⅱ) 만약 이를 부정하면 가압류권자는 장차 본집행절차에서 주택의 매각대금으로부터 우선변제를 받을 수 있는 권리를 상실하는 중대한 불이익을 입게 된다는 점 등에서 **양수인은 채권가압류의 제3채무자의 지위도 승계하고, 가압류권자 또한 임대주택의 양도인이 아니라 양수인에 대하여만 위 가압류의 효력을 주장할 수 있다고 보아야 한다**"(대판 2013.1.17. 전합2011다49523 : 6회,8회,9회 선택형).

(2) 사안의 경우

이 사건 임대차는 임차인 甲이 대항력을 갖추고 있으므로 임대인 乙이 丁에게 X 아파트를 양도하여 소유권이전등기를 넘겨주면 주택임대차보호법에 따라 丁이 임대인지위를 승계하고, 乙은 설령 질권설정을 승낙하였다고 하더라도 임대차관계에서 탈퇴하고 임차인에 대한 임대차보증금반환채무를 면하게 된다.

6. 사안의 해결

임대차계약서가 제347조의 채권증서라는 항변(①항변)과 임대차승계특약에 따른 乙의 면책항변(②항변)은 부정되나, 주택임대차보호법에 따른 임대차승계로 인한 면책항변(③항변)은 인용되므로 결국 丙의 乙에 대한 청구는 기각된다.

Ⅱ. 문제 2.의 경우

1. 문제점

甲의 임대인지위의 승계 여부 및 상계합의로써 질권자 丙에게 대항할 수 있는지 문제된다(제352조).

2. 임차인 甲의 임대인지위 승계 여부

(1) 주택임대차에서 양수인이 임대차를 승계하지 않는 경우

"대항력을 갖춘 임차인이 있는 경우 주택임대차보호법 제4항에 따라 임차주택의 양수인은 임대인의 지위를 승계한 것으로 본다. 그 결과 임차주택의 양수인은 임대차보증금반환채무를 면책적으로 인수하고, 양도인은 임대차관계에서 탈퇴하여 임차인에 대한 임대차보증금반환채무를 면하게 된다. **그러나 임차주택의 양수인에게 대항할 수 있는 임차권자라도 스스로 임대차관계의 승계를 원하지 아니할 때에는 승계되는 임대차관계의 구속을 면할 수 있다**"(대판 2018.12.27. 2016다265689).

(2) 사안의 경우

대항력을 갖춘 임차인인 甲은 임대인인 乙로부터 이 사건 아파트를 매수하면서 그와 동시에 임대차계약을 해지하고 매매대금채권과 보증금반환채권을 상계하기로 합의하였다고 할 것이므로 이는 위에서 본 바와 같이 임차인 甲이 임대인 지위의 승계를 원하지 않은 것이라 볼 것이므로 甲은 임대인의 지위를 승계하지 않는다(대판 2018.12.27. 2016다265689). 따라서 종전 임대인 乙은 임대차보증금반환채무를 면하지 못한다.

3. 상계합의로써 질권자 丙에게 대항할 수 있는지

(1) 질권자 동의 없는 질권설정자의 이익침해 행위

질권설정자는 질권자의 동의 없이 질권의 목적된 권리를 소멸하게 하거나 질권자의 이익을 해하는 변경을 할 수 없다(제352조). 한편, 질권설정자의 상계합의와 관련하여 判例는 제3채무자가 질권자의 동의 없이 질권설정자와 상계합의를 함으로써 질권의 목적인 채무를 소멸하게 한 경우에도 마찬가지로 질권자에게 대항할 수 없고, 질권자는 여전히 제3채무자에 대하여 직접 채무의 변제를 청구할 수 있다(대판 2018. 12.27. 2016다265689)고 판시하였다.

(2) 사안의 경우

乙(피고)은 질권설정의 제3채무자로서 질권설정을 '승낙'하였으므로 乙이 질권자인 丙(원고)의 동의 없이 질권설정자인 甲과 상계합의를 함으로써 질권의 목적인 X 아파트에 관한 임대차보증금반환채무를 소멸하게 하였더라도 이로써 질권자인 丙(원고)에게 대항할 수 없고, 丙(원고)은 여전히 乙(피고)에 대하여 직접 임대차보증금의 반환을 청구할 수 있다.

4. 사안의 해결

乙은 甲과의 상계합의로 임대차보증금반환채무가 소멸되었다고 질권자 丙에게 대항할 수 없고, 丙은 질권자로서 직접 乙에게 질권이 설정된 임대차보증금의 반환을 구할 수 있으며, X 아파트를 매수한 임차인 甲은 주택임대차보호법에 따른 임대인 지위승계를 하지 않으므로 여전히 임차보증금반환채무는 임대인 乙이 부담하여야 하므로 丙의 청구는 인용된다.

기출해설

2017년 3차 법전협모의 제2문

【기초적 사실관계】

甲은 새로운 건설 사업을 하기 위하여 2011. 10. 16. 乙로부터 2억 원을 빌리면서 변제기는 2012. 10. 15.로 하고, 이자는 월 1%로 매월 15일에 지급하기로 하였고, 이 채무를 담보하기 위하여 같은 날 甲의 부탁을 받은 丙이 乙에 대하여 연대보증채무를 부담하기로 약정하였다. 그런데 乙이 담보를 더 요구하여 甲은 2011. 10. 16. 자신의 X 건물(시가 2억 원 상당)과, 그의 부탁을 받은 丁 소유의 Y 아파트(시가 1억 원 상당)에 채권최고액을 2억 4천만 원으로 하는 乙 명의의 공동 근저당권을 설정해 주었다. 이후 甲은 사업을 위하여 戊에게 X 건물의 리모델링 공사를 맡겼다. 그런데 戊가 공사를 완료한 후 2011. 11. 30.까지 공사대금 1억 원을 지급하기로 하였음에도 이를 지급하지 않고 있었다.

1. 甲은 2012. 3. 15. X 건물의 건축 당시부터 설치되어 있던 낡은 냉난방설비를 A에게 3천만 원에 의뢰하여 최신식 스마트 냉난방설비로 전면 교체하였다. 그런데 甲이 A에게 변제기인 2012. 4. 15. 교체비 3천만 원의 채무를 이행하지 못하자 화가 난 A는 2013. 1. 15. 자신이 설치한 냉난방설비를 임의로 분리하여 수거해갔다. 甲으로부터 이자조차 한 번도 지급받지 못한 乙은 A를 상대로 2013. 3. 5. 원상회복 및 불법행위로 인한 손해배상을 청구하였다면, 乙의 각 청구는 타당한가? (20점)

사례D-65 저당권의 침해에 대한 구제★

Ⅰ. 설문 1.의 경우(20)

1. 결 론

乙의 A에 대한 원상회복청구 및 불법행위로 인한 손해배상을 청구는 인정되지 않는다.

2. 논 거

(1) 乙의 A에 대한 원상회복청구가 타당한지 여부

1) 저당권의 효력이 미치는지 여부

저당권의 효력은 저당부동산에 부합된 물건과 종물에 미친다(제358조 본문). 사안의 냉난방설비는 저당부동산인 X 건물의 부합물 내지 종물에 해당하므로 乙의 저당권의 효력은 냉난방설비에도 미친다.

2) 침해행위의 제거·예방의 청구가부

① 저당권에 기해 방해의 배제 또는 예방을 청구할 수 있다(제370조, 제214조). 그러나 저당권은 목적물을 점유하는 것을 내용으로 하지 않기 때문에 반환청구권은 인정되지 않는다. 그러나 저당부동산 소유자의 소유권에 기한 반환청구권의 대위행사는 가능하다. ② 분리한 종물을 완전히 반출해 버린 후에는 이제 그에 대하여 저당권의 효력이 미치지 않기 때문에 물권적 청구권을 행사할 수 없는 것이 원칙이다. 하지만 공장저당의 경우에는 저당권의 목적이 된 물건이 (저당권자의

동의 없이) 제3취득자에게 인도된 후일지라도 그 물건에 대하여 저당권을 행사할 수 있다는 특별규정(공장 및 광업재단 저당법 제7조)이 있으므로 달리 판단해야 한다. 대법원도 **공장저당권의 목적동산이 저당권자의 동의를 얻지 아니하고 공장으로부터 반출된 사안**에서 "저당권자는 점유권이 없기 때문에 설정자로부터 일탈한 저당목적물을 저당권자 자신에게 반환할 것을 청구할 수는 없지만, **저당목적물이 제3자에게 선의취득되지 아니하는 한 원래의 설치장소에 '원상회복' 할 것을 청구할 수 있다**"(대판 1996.3.22, 95다55184 : 제214조의 내용적 확대)라고 판시하고 있다.

3) 검토 및 사안의 경우

어느 견해에 따르더라도 목적물을 반출하려고 하는 경우 저당권자는 저당권에 기한 물권적 청구권에 의하여 그 반출을 금지할 수 있으나, **목적물이 분리되어 반출까지 되어 버린 이상 저당권의 효력은 미치지 않는다**. 다만 공장 및 광업재단저당법 제7조[1]를 유추적용하여 제3취득자의 선의취득(저당권의 부담이 없는 소유권의 취득)이 성립하지 않은 이상 저당권의 효력이 미치는 것으로 해석할 수 없는지 문제될 수 있으나 입법론으로는 별론 해석론으로는 취하기 어렵다.

따라서 사안에서는 채권자 A가 자신이 설치한 냉난방설비를 임의로 분리하여 수거해 갔기 때문에 乙은 저당권침해의 구제수단으로서 방해배제청구권을 행사할 수 없다.

(2) 乙의 A에 대한 손해배상청구가 타당한지 여부

1) 요 건

ⅰ) 침해자의 고의·과실이 있어야 하며, ⅱ) 목적물의 침해로 저당권자가 채권의 완전한 만족을 얻을 수 없게 되었을 것, 즉 손해가 있어야 한다. ⅲ) 저당권실행 전이라도 손해액을 산정하는 것이 반드시 불가능하지는 않으므로 불법행위 후 곧 손해배상을 청구할 수 있다(대판 1998.11.10, 98다34126).

2) 불법행위 후 근저당권이 확정된 경우 근저당권자가 입는 손해의 산정 방법과 그 기준시

"**근저당권의 공동 담보물 중 일부를 권한 없이 멸실·훼손하거나 담보가치를 감소시키는 행위로 인하여 근저당권자가 나머지 저당 목적물만으로 채권의 완전한 만족을 얻을 수 없게 되었다면 근저당권자는 불법행위에 기한 손해배상청구권을 취득한다**. 이때 이와 같은 불법행위 후 근저당권이 확정된 경우 근저당권자가 입게 되는 손해는 채권최고액 범위 내에서 나머지 저당 목적물의 가액에 의하여 만족을 얻지 못하는 채권액과 멸실·훼손되거나 또는 담보가치가 감소된 저당 목적물 부분(이하 '소멸된 저당 목적물 부분'이라 한다)의 가액 중 적은 금액이다"(대판 2009.5.28, 2006다42818).[2]

3) 사안의 경우

저당권자의 손해는 침해당시를 기준으로 산정한다. 사안의 경우 2013. 1. 15 저당권침해 당시 乙의 채권은 원금 2억 원 및 이자 3,000만 원(2011. 10. 16.부터 변제기 2012. 10. 15.까지 약정이자 월 1% 2억 원×0.01×12=2,400만 원 + 2012. 10. 16.부터 침해당시 2013. 1. 15.까지 지연이자 월 1%

---

1) "저당권자는 제3조(공장 토지의 저당권)와 제4조(공장 건물의 저당권)에 따라 저당권의 목적이 된 물건이 (저당권자의 동의 없이) 제3취득자에게 인도된 후일지라도 그 물건에 대하여 저당권을 행사할 수 있다. 다만 민법 제249조 내지 제251조까지의 규정을 적용할 때는 그러하지 아니하다"

2) "여기서 나머지 저당 목적물의 가액에 의하여 만족을 얻지 못하는 채권액은 위 근저당권의 실행 또는 제3자의 신청으로 개시된 경매절차에서 근저당권자가 배당받을 금액이 확정되었거나 확정될 수 있는 때에는 그 금액을 기준으로 하여 산정하며, 그렇지 아니한 경우에는 손해배상 청구소송의 사실심 변론종결시를 기준으로 산정하여야 하고, 소멸된 저당 목적물 부분의 가액 역시 같은 시점을 기준으로 산정하여야 한다"

(약정이율 월 1%는 연 12%로 법정이율 연 5%보다 높으므로 지연이자는 양정이율에 따라 산정한다 : 대판 2013.4.26. 2011다50509) 2억 원×0.01×3=600만 원)이다.

그런데 담보는 2억 원 상당의 X 건물과 1억 원 상당의 물상보증인 소유 Y 아파트이다. 채권최고액을 2억 4천만 원의 한도내인 乙의 채권액 2억 3천만 원은 냉난방설비 3천만 원을 제외한 나머지 저당목적물 가액 2억 7천만 원에서 전액 충당할 수 있다. 따라서 3천만 원 상당의 냉난방설비를 임의로 분리 수거해 갔더라도 나머지 저당 목적물의 가액에 의하여 만족을 얻지 못하는 채권액이 없으므로 손해가 없다.

기출해설 2017년 2차 법전협모의 제2문

甲은 乙에게 2014. 3. 1. 이자 월 2%, 변제기 2015. 2. 28.로 하여 1억 원을 빌려 주었다. 乙은 甲으로부터 위 금전을 차용하면서 자신 소유의 X 토지 위에 甲을 채권자로 하는 저당권을 설정해 주었다. 그런데 얼마 후 乙은 관련 서류를 위조하여 위 저당권등기를 말소시킨 후 이러한 사정을 알지 못한 丙에게 위 토지를 매도하여 소유권이전등기를 마쳐주었다.

1. 甲의 저당권등기의 회복 여부와 그 방법에 대하여 그 논거를 들어 서술하시오. (15점)

사례D-66 불법말소된 저당권등기의 회복★

Ⅰ. 설문 1.의 경우(15)

1. 결 론

甲은 乙을 상대로 저당권말소회복등기를 청구하고, 丙을 상대로 승낙의 의사표시를 청구하여 등기를 회복할 수 있다.

2. 논 거

(1) 불법말소된 저당권설정등기의 효력

"등기는 물권의 효력발생요건이고 존속요건은 아니어서 등기가 원인 없이 말소된 경우에는 그 물권의 효력에 아무런 영향이 없고, 그 회복등기가 마쳐지기 전이라도 말소된 등기의 등기명의인은 적법한 권리자로 추정되며, 그 회복등기 신청절차에 의하여 말소된 등기를 회복할 수 있다"(대판 1997.9.30, 95다39526 : 2회,5회 선택형). 따라서 甲은 저당권자로서 저당권설정등기 말소회복청구권을 갖는다.

(2) 말소회복등기의 상대방

判例는 말소회복등기의 상대방은 현재의 등기명의인이 아니라 '말소 당시의 소유자'라고 한다(대판 1969.3.18. 68다1617 : 5회,7회,9회 선택형). 따라서 甲은 현재 등기명의인인 丙이 아니라 乙을 상대로 저당권말소회복등기를 청구하여야 한다.

(3) 이해관계 있는 제3자의 승낙

말소된 등기의 회복을 신청하는 경우에 등기상 이해관계 있는 제3자가 있을 때에는 그 제3자의 승낙이 있어야 한다(부동산등기법 제59조). 여기서 '등기상 이해관계 있는 제3자'라 함은 **등기 기재의 형식상 말소된 등기가 회복됨으로 인하여 손해를 입을 우려가 있는 제3자**를 의미하고(대판 2002.2.27, 2000마7937), 다만 그 제3자가 등기권리자에 대한 관계에 있어 그 승낙을 하여야 할 **'실체법상의 의무'**가 있는 경우가 아니면, 그 승낙요구에 응하여야 할 이유가 없다(대판 2004.2.27. 2003다35567).

다만 말소등기가 원인 무효인 경우에는 원칙적으로 '등기의 공신력'이 인정되지 않기 때문에 등기상 이해관계 있는 제3자는 그의 선의, 악의를 묻지 아니하고 등기권리자의 회복등기절차에 필요한 승낙을 할 의무가 있다(대판 1997.9.30, 95다39526). 사안의 경우 丙은 저당권설정등기가 불법말소된 후 소유권이전등기를 마친 자로서 **'등기상 이해관계'가 있으며, 丙을 보호하는 '실체법상의 근거'가 없으**므로 비록 이러한 사정을 알지 못했다 하더라도 회복등기절차에 필요한 승낙을 할 의무가 있다.

기출해설

2011년 사법시험 제1문

甲은 2008.3.3. 乙에게 Y물품을 계속하여 공급하고, 물품 대금은 매월 말에 변제받기로 합의하였다. 乙은 丙에게 甲에 대한 물품 대금 채무에 대한 담보 제공을 부탁하였고, 丙은 甲과 나대지 X에 대해, 같은 해 3.17. 채권최고액을 3억 원, 존속기간을 2년으로 하는 근저당권설정계약을 체결하고 같은 날 甲 명의의 1순위 근저당권설정등기를 마쳐주었다. 그 후 丙은 나대지 X를 丁에게 5억 원에 매도하면서, 丁과 나대지 X에 관한 위 근저당권의 설정 당시 피담보채무액이던 3억 원을 매매 대금에서 공제하기로 약정하였고, 이에 따라 丙은 2억 원을 받고서 丁에게 소유권이전등기를 경료하여 주었다. 그 후 폐기물처리업을 하는 戊는 나대지 X의 소재지 일대가 전원주택단지 조성예정지라는 사실을 알면서도 2009.4.15.부터 같은 해 4.30.까지 건축폐기물을 은밀히 나대지 X에 매립하였다. 戊가 폐기물을 매립할 당시에 甲의 乙에 대한 물품 대금은 지연손해금 등을 포함하여 총 2억 원이었는데, 戊의 폐기물 매립 사실을 알지 못한 甲은 계속해서 乙에게 Y물품을 공급하여 주었다. 2010.3.17. 현재 乙이 甲에게 연체한 물품 대금은 지연손해금 등을 포함하여 총 3억 원이고, 폐기물이 매립되지 않았을 경우에 나대지 X의 시가는 2008.3.3. 이후 계속 5억 원이었을 것이나, 폐기물 매립으로 인하여 그 가치가 거의 상실되었다. 폐기물 매립으로 인한 복구비용은 2009.4.30. 이후 계속 6억 원이다. **※ 아래의 각 문항은 별개의 사안임.**

3. 위 공통 사안에서 나대지 X가 2008.3.17. 당시 丙의 단독소유였던 경우, 2010.3.17. 현재 甲의 戊에 대한 권리들을 설명하시오. (40점)

4. 위 공통 사안에서 나대지 X가 2008.3.17. 당시 丙의 단독소유였던 경우, 甲과 丙 사이에 甲과 乙 사이의 거래가 계속 중일 때에는 丙이 변제자대위에 기한 권리를 행사하지 않기로 하는 특약이 있었으며, 甲이 2010.3.17. 戊에 대한 권리를 행사하여 乙에 대한 채권의 만족을 얻었다면, 乙과 丙 사이의 법률관계는? (20점)

사례D-67 저당권 침해와 물상대위, 대위권불행사의 특약

설문 3.(40)

Ⅰ. 논점의 정리(4)

甲의 戊에 대한 권리와 관련해서는 戊의 쓰레기 매립으로 X토지의 교환가치가 거의 상실된 바, ① 먼저 **戊의 행위가 甲의 저당권을 침해하는 행위인지** 살펴보고, 그렇다면 저당권 침해에 대한 구제수단으로 ⅰ) 저당권에 기한 방해배제청구권(제370조, 제214조), ⅱ) 불법행위에 기한 손해배상청구권(제750조)이 문제된다. ② 그리고 戊의 폐기물 매립으로 **저당목적물이 멸실·훼손되었다면** 물상대위에 의하여 소유자 丁의 손해배상청구권에 대해 저당권의 효력을 주장할 수 있는지 문제된다(제370조, 제342조).

Ⅱ. 戊의 저당권침해에 대한 甲의 권리(20)

1. 戊의 행위가 甲의 저당권을 침해하는지 여부

저당권은 목적물에 대한 점유의 이전 없이 그 교환가치를 파악하여 채권의 우선변제를 받는 것을 내용으로 하므로(제356조), 이러한 내용에 장애를 가져오는 것은 저당권의 침해가 된다. 따라서 戊가 폐기물을 저당목적물인 X토지에 매립하여 그 교환가치가 거의 상실되었다면 이는 甲의 저당권을 침해하는 행위가 된다.

2. 戊의 저당권 침해에 대한 甲의 권리

(1) 저당권에 기한 방해배제청구권

1) 요 건

ⅰ) 객관적으로 침해가 있으면 족하고 침해자의 고의·과실을 요하지 않으며, ⅱ) 저당권의 불가분성에 의하여 남은 목적물의 교환가치가 피담보채권을 만족시킬 수 있는 경우에도 인정되며, ⅲ) 저당권실행의 착수 여부를 묻지 않고 침해가 있으면 언제나 행사할 수 있다(제370조, 제214조).

2) 사안의 경우

X토지의 소유권자 丁과 마찬가지로 저당권자 甲도 戊에게 저당권에 기한 방해배제청구권을 행사하여 '쓰레기의 수거 및 원상복구'를 청구할 수 있다(제370조, 제214조). 그러나 소유권자 丁의 권리행사에 방해가 되지 않아야 한다. 다만 앞서 검토한 바와 같이 判例에 따르면 부정될 것이다.

(2) 불법행위에 기한 손해배상청구권

1) 인정여부

ⅰ) 침해자의 고의·과실이 있어야 하며, ⅱ) 목적물의 침해로 저당권자가 채권의 완전한 만족을 얻을 수 없게 되었을 것, 즉 손해가 있어야 한다(제750조).

사안의 경우 戊는 명확하지는 않으나 고의 또는 과실[1]로 저당목적물인 X토지에 쓰레기를 은밀히 매립한 것으로 보이는바, 이는 甲의 X토지에 대한 저당권을 침해하는 위법한 행위로서 불법행위에 해당한다(제750조).[2]

2) 손해배상의 범위

判例는 담보물을 권한 없이 멸실·훼손하거나 담보가치를 감소시키는 행위에 의하여 "채권자가 입게 되는 손해는 담보목적물의 가액의 범위 내에서 **채권최고액을 한도로 하는 피담보채권액으로 확정될 뿐** 그 피담보채무의 변제기가 도래하여 그 담보권을 실행할 때 비로소 발생하는 것은 아니" 라고 한다(대판 1998.11.10, 98다34126). 따라서 甲은 戊에게 불법행위책임으로 X토지의 훼손 당시의 가액인 5억 원이 아니라 **피담보채권액 3억 원(채권최고액 3억 원)에 상당하는 손해배상을 청구할 수 있다.**

---

1) 戊는 X토지의 소재지 일대가 전원주택단지 조성예정지라는 사실을 알면서도 은밀히 쓰레기를 매립하였는바, 戊에게 저당권침해에 대한 고의가 있었는지는 분명하지 않지만 적어도 과실을 인정할 수는 있겠다. 물론 다른 판단이 가능하다고 생각된다.

2) 담보권 자체의 소멸만이 아니라 담보목적물이 멸실, 훼손됨으로써 담보권이 침해된 경우에도 불법행위가 성립한다.

(3) 담보물보충청구권 또는 즉시변제청구권

담보물보충청구권은 저당권설정자인 채무자나 물상보증인에게 청구할 수 있고(제362조) 즉시변제청구권 또한 채무자에 대한 권리이므로(제388조), 저당권자 甲은 제3자인 戊에게 이러한 권리를 행사할 수는 없다.

(4) 소결(제214조와 제750조와의 관계)

甲은 戊에게 불법행위에 기한 손해배상으로 3억 원을 청구하거나(제750조), 이와 선택적으로 저당권에 기한 방해배제청구권을 행사하여 '쓰레기의 수거 및 원상복구'를 청구할 수도 있다(제370조, 제214조).

Ⅲ. 戊의 X토지 훼손에 따른 甲의 물상대위(16)

1. 甲에게 물상대위권이 인정되는지 여부

(1) 물상대위의 요건 및 행사방법

저당권은 저당물의 멸실, 훼손 또는 공용징수로 인하여 저당권설정자가 받을 금전 기타 물건에 대하여도 이를 행사할 수 있다(제370조, 제342조). 다만 저당권자가 물상대위권을 행사하기 위해서는, 대위물의 지급 또는 인도 전에 이를 압류하여야 한다(제370조, 제342조 단서). 물상대위권의 행사는 ① 채권압류 및 전부명령을 신청하거나(민사집행법 제273조 2항), ② 타인의 강제집행절차에서 배당요구를 하는 방법에 의하여 하여야 한다(민사집행법 제247조 1항).

(2) 사안의 경우

사안에서 戊의 폐기물 매립으로 X토지의 교환가치가 상실되었으므로, 저당물이 멸실·훼손되었다고 할 수 있다. 따라서 甲은 앞서 검토한 丁의 戊에 대한 채권에 대해 채권압류 및 전부명령을 신청하는 방법으로 물상대위권을 행사할 수 있다

2. 손해배상청구권과 물상대위권의 관계

앞서 검토한 바와 같이 제3자 戊의 불법행위로 인하여 저당물인 X토지의 교환가치가 상실된 경우, 저당권자인 甲이 저당권의 침해를 이유로 한 손해배상청구권을 가지면서 동시에 저당물의 제3취득자인 丁도 소유권 침해를 이유로 한 손해배상청구권을 갖게 된다. 이 경우 소유자 丁과 저당권자인 甲은 일종의 부진정연대채권관계에 있고, 각각의 권리 사이에 우열은 없다. 그러나 가해자 戊가 어느 일방에게 변제하면, 그 한도에서는 다른 채권자에 대한 채무액도 감축된다.
이 경우 저당권자 甲은 물상대위에 의하여 소유자 丁의 손해배상청구권에 대해 저당권의 효력을 주장함으로써 우선변제받을 수 있는 효과가 있다(제370조, 제342조). 반면 저당권자 甲이 직접 제3자 戊에게 손해배상청구권을 행사할 경우에, 甲은 일반채권자로서의 지위만 가진다.

설문 4. (20)

Ⅰ. 논점의 정리(2)

채무자 乙과 물상보증인 丙 사이의 법률관계에서는 채권자 甲이 저당부동산인 X토지에 대한 권리를 행사하여 채권의 만족을 얻었으므로, 무엇보다 이에 대한 **丙의 乙에 대한 구제수단이 문제된**다. 다만 사안에서는 X토지에 대한 제3취득자 丁이 존재하고, 대위권불행사의 특약이 있다는 점에서 이러한 사실이 丙의 乙에 대한 권리행사에 어떤 영향을 미치는지가 관건이다.

Ⅱ. 물상보증인 丙이 乙에 대해 구상권을 가지는지 여부(6)

1. 문제점

담보물의 제3취득자가 피담보채무를 변제하면 채무자에게 구상권이 있고(제364조, 제576조 2항), 물상보증인도 변제하면 채무자에게 구상권이 있다(제370조, 제341조). 그렇다면 사안과 같이 물상보증인이 제공한 저당부동산을 제3자가 취득하고 채권자가 저당부동산에 대한 권리를 행사하여 만족을 얻은 경우 누가 채무자에게 구상할 수 있는지 문제된다.

2. 판 례

① 일반적으로 判例는 **물상보증의 목적인 부동산의 제3취득자는 물상보증인과 유사한 지위에 있으므로**, 물상보증의 목적물인 저당부동산의 제3취득자가 채무를 변제하거나 저당권의 실행으로 저당물의 소유권을 잃은 때에는 **물상보증인의 구상권에 관한 제370조, 제341조의 규정을 유추적용**하여 보증채무에 관한 규정에 의하여 채무자에 대한 구상권이 있으나(대판 1997.7.25, 97다8403), ② **제3취득자가 피담보채무의 이행을 인수하기로 한 경우에는 본래의 물상보증인이 구상권을 취득한다고 한다**(대판 1997.5.30, 97다1556).[3]

3. 검토 및 사안의 경우

원칙적으로 물상보증의 목적인 부동산의 제3취득자가 채무자에 대해 구상권을 가지는 것이 타당하나, 제3취득자가 피담보채무의 이행을 인수하기로 한 경우에는 본래의 물상보증인이 구상권을 취득하는 것이 타당하다.

따라서 물상보증인 丙과 제3취득자 丁이 저당부동산 X토지에 대한 매매계약을 하면서 매매대금 5억 원에서 피담보채무 3억 원을 공제하기로 약정하여 **피담보채무의 이행을 인수하기로 한 경우 丙이 乙에 대해 구상권**을 가진다(제370조, 제341조). 구체적으로 구상권의 범위는 3억 원 및 면책된 날 이후의 법정이자 및 피할 수 없는 비용 기타 손해배상을 포함한다(제341조, 제441조 2항, 제425조 2항).

3) 지원림, 민법강의(13판), 3-382 ; 권순한, 민법요해 I (5판), p.1648 ; 그러나 ①의 97다8403판결은 제3취득자가 소유권을 취득한 경우이고, ②의 97다1556판결은 아직 제3취득자가 소유권을 취득하지 않은 상태에서, 즉 물상보증인 소유의 부동산이 경매된 경우이다.

Ⅲ. 물상보증인의 구상권과 변제자 대위에 의하여 취득하는 원채권과의 관계(6)

사안에서 물상보증인은 채무자에 대하여 구상권을 가짐과 동시에 제481조에 의하여 당연히 채권자를 대위하고, 위 구상권과 변제자 대위권은 내용이 다른 별개의 권리로서, 물상보증인은 고유의 구상권을 행사하든 대위하여 채권자의 권리를 행사하든 자유이다.[4)]

Ⅳ. 대위권불행사의 특약과 물상보증인의 구상권 제한(6)

1. 대위권불행사 특약의 유효성 및 적용범위

계약자유의 원칙상 채권자의 우선성을 확보하기 위한 대위권불행사 특약은 유효하다.[5)] 다만 사안에서 대위권불행사의 특약은 채권자와 채무자의 거래 계속 중에 적용되는 것으로 하였는데, 여기서 '거래 계속 중'이란 일반적으로 채권자 甲과 채무자 乙의 물품거래가 종료되어도 물품대금이 잔존하고 있는 한 거래 계속 중이라고 해석된다.[6)]

2. 대위권불행사 특약에 의하여 대위변제자의 구상권이 제한되는지 여부

구상권과 변제자 대위권은 위에서 본 바와 같이 별개의 권리라는 점, 위 특약의 문리해석상으로도 특약의 적용 대상이 되는 것은 대위에 의하여 채권자 甲으로부터 취득하는 권리임이 명백한 점 등에 비추어 **대위권불행사 특약에 의하여 행사가 제한되는 것은 변제자 대위에 의한 원채권만이고, 구상권은 이에 포함되지 않는다**(대판 1997.5.30, 97다1556).

따라서 물상보증인 丙은 채무자 乙에 대하여 앞서 검토한 구상권을 행사할 수 있다. 다만 이러한 구상권은 단순한 무담보채권에 지나지 않는다.

---

4) 다만 채권자를 대위하는 경우에는 제482조 제1항에 의하여 고유의 구상권의 범위에서 채권 및 그 담보에 관한 권리를 행사할 수 있는 것이어서, 변제자 대위권은 고유의 구상권의 효력을 확보하는 역할을 한다(대판 1997.5.30, 97다1556).

5) 대위권불행사 특약은 보증인이 보증채무의 일부를 이행한 경우 채권자에 대위하여 그 변제한 가액에 비례하여 채권자와 함께 권리를 행사하게 되지만(제483조 1항) 이 경우 보증인에 대하여 독자적으로 그 권리를 행사하는 것을 허용하면, 채권자가 잔존채권을 회수하는데 지장을 초래할 우려가 있는 것을 염려하여 하는 경우가 일반적이라고 한다(물상보증인의 경우에도 같다)(김동윤, 위 문헌, p.64).

6) 김동윤, 위 문헌, p.66

2020년 변호사시험 제2문

【기초적 사실관계】 甲은 2015. 2. 1. A은행으로부터 3억 원을 변제기 2017. 1. 31.로 정하여 차용하였는데, 같은 날 甲과 A은행은 '甲이 A은행에 대해 현재 및 장래에 부담하는 대출 및 보증에 기해 발생하는 채무'를 담보한다는 내용의 근저당권설정계약서를 작성하고, 甲 소유의 X토지(시가 5억 원) 및 Y건물(시가 3억 원)에 대해 각 A은행 명의로 채권최고액을 4억 5,000만 원으로 하는 1번 근저당권설정등기를 마쳐 주었다. 이후 甲은 2016. 4. 1. B은행으로부터 2억 원을 변제기 2017. 3. 31.로 정하여 차용하면서, 甲 소유의 X토지에 대해 채권최고액을 2억 5,000만 원으로 하는 2번 근저당권설정등기를 마쳐 주었다. 또한 甲은 2016. 5. 1. A은행으로부터 1억 원을 변제기 2017. 4. 30.로 정하여 추가로 차용하였다. 이후 甲이 A은행에 대한 위 각 차용금채무를 변제하지 않자 A은행은 2018. 3. 2. X토지에 대해서 근저당권에 기한 경매를 신청하였다. 한편 2018. 4. 1. 甲의 배우자인 丁은 A은행으로부터 5,000만 원을 변제기 2019. 3. 31.로 정하여 차용하였고, 당시 甲은 丁의 A은행에 대한 차용금채무를 연대보증하였다.

【추가적 사실관계】

甲은 2017. 4. 15. 戊에게 X토지를 매도하였고, 같은 날 戊 명의로 소유권이전등기를 마쳐 주었다.

2. A은행이 X토지에 대한 경매를 신청하자 戊는 X토지의 소유권을 계속 보유할 법적 수단을 강구하기 위하여 변호사인 당신에게 자문을 구하였다. 당신은 戊를 위하여 어떤 법적 수단을 강구할 것을 조언하겠는가? (15점)

사례D-68 제3취득자의 변제권과 경매인이 될 수 있는 권리

Ⅱ. 문제 2.의 경우(15)

1. 문제점

제3취득자의 변제권(제364조)과 경매인이 될 수 있는 권리(제363조 2항)를 통해 戊의 소유권을 유지할 수 있는지 문제된다.

2. 제3취득자의 변제권(제364조)

(1) 의 의

원래 채무는 제3자라도 변제할 수 있는 것이며(제469조 1항), 더구나 저당부동산의 제3취득자는 이해관계 있는 제3자이므로 채무자의 의사에 반해서도 변제할 수 있다(제469조 2항). 그럼에도 민법은 특별히 제364조를 규정하여 제3취득자에게 부동산으로 담보된 채권을 변제하고 저당권의 소멸을 청구할 수 있도록 하고 있다.

(2) 요 건

1) 저당부동산에 대한 제3자가 권리를 취득할 것

부동산의 양수인이 매매계약을 할 때 피담보채무를 인수한 경우에는, 그 때부터 그는 채권자에 대한 관계에서는 채무자의 지위로 변경되므로 제364조는 적용되지 않는다.

사안의 경우 戊이 甲의 채무를 인수하고 이를 A은행이나 B은행이 채권자로서 승낙한 정황은 나타나 있지 않고(제454조), 2017. 4. 15. 戊 명의로 소유권이전등기가 경료 되었으므로 戊는 제364조의 적용을 받는 제3취득자에 해당한다.

2) 제3취득자의 피담보채권의 변제

근저당권의 경우 제3취득자는 '피담보채무가 확정된 이후'에 그 확정된 피담보채무를 채권최고액의 범위 내에서 변제하고 근저당권의 소멸을 청구할 수 있다(대판 2002.5.24. 2002다7176).

사안의 경우 甲의 채무는 A은행이 경매를 신청한 2018. 3. 2. 확정되고, 채무액은 각 근저당권의 채권최고액 4억 5,000만 원과 2억 5,000만 원의 범위 내의 금액이므로, 戊는 총 7억 원 이하의 채무액을 대신 변제하고 X토지의 소유권을 유지할 수 있다.[1)]

(3) 효 과

1) 제3취득자와 저당채무자 사이의 법률관계

저당부동산의 제3취득자는 변제할 정당한 이익이 있는 자이므로 변제를 하면 당연히 채권자를 대위한다(제481조). 지상권자 또는 전세권자인 제3취득자가 변제한 경우에는 대위에 의해 저당권은 제3취득자가 가지게 되나, 소유자인 제3취득자가 변제한 경우에는 저당권은 소멸한다(다만 혼동의 예외가 인정될 수 있다). 대신 제3취득자 戊는 채무자 甲에 대해 구상권을 가진다. 또한 민법 제576조 2항은 소유권을 취득한 제3취득자가 자신의 출재로 그 소유권을 보존한 때에는 특별히 매도인에게 담보책임의 성립을 인정하고 있다. 따라서 매수인 戊가 제576조에 의해 비용상환을 청구하는 경우 저당채무자인 매도인 甲에게 구상권과 함께 손해배상책임도 추궁할 수 있다(제576조 3항).

2) 제3취득자와 저당권자간의 법률관계

제3취득자의 변제로 인해 저당권은 부종성으로 인해 소멸한다. 이때는 등기를 요하지 않는다(제187조). 따라서 제364조가 '저당권의 소멸을 청구할 수 있다'고 한 것은 무의미한 규정이다. 따라서 戊는 피담보채무액을 변제한 후 A은행과 B은행에 대하여 근저당권의 소멸을 주장할 수 있다.

3. 경매인이 될 수 있는 권리(제363조 2항)

저당물의 소유권을 취득한 제3자도 경매인이 될 수 있다(제363조 2항). 저당권설정자인 동시에 채무자인 자를 제외하고는 누구든지 경매인이 될 수 있으므로(민사집행규칙 제202조, 제59조), 이는 주의적 규정이다. 더구나 경매절차에 참여한다고 하여 반드시 매수인이 된다는 보장도 없다. 다만, 이미 甲에게 대금을 지급하였다면 경매인으로서 또다시 경매대금을 지급해야 하는 경우 甲에게 담보책임(제576조)이나, 채무불이행책임(제390조)을 물을 수 있다.

4. 사안의 해결

戊는 A은행과 B은행에 피담보채무액을 대신 변제하여 근저당권을 소멸시키거나, 스스로 경매인이 되어 X토지를 매수함으로써 소유권을 유지할 수 있다.

---

1) 〈문제 1〉에는 (배당받을 금액을 산정하는 데 있어 차용원금 외에 이자 및 지연손해금 등은 고려하지 않음)이라는 제한조건이 붙어 있으나, 〈추가적 사실관계〉의 〈문제 2〉에는 이러한 제한문구가 없다. 〈문제 1〉은 "배당받을 수 있는 금액은 얼마인가?"로 액수를 계산하라는 문제이고 〈문제 2〉는 "X토지의 소유권을 계속 보유할 법적 수단"을 묻는 문제이므로 〈문제 2〉에서 이자 등 불명확한 요소를 무시하고 무리한 계산을 할 필요는 없다. 출제자는 이미 〈문제 1〉에서 응시자의 계산능력을 평가했다.

기출해설

2017년 1차 법전협모의 제1문

【공통된 사실관계】
甲은 2016. 8경 인테리어 시공업자인 乙과 카페의 인테리어 공사에 관하여 공사대금 5,000만 원으로하는 도급계약을 체결하였다 乙은약정기한인 2016. 10. 20. 위 인테리어 공사를 완료하고 甲에게 카페를 인도히였다.

【추가된 사실관계】
甲은 2015. 2. 1. A로부터 1억 원을 빌리면서 변제기는 2015. 8. 1.로 정하였으나 위 기일까지 甲이 대여금채무를 변제하지 아니하여 A는 甲소유의 카페건물에 대하여 2015. 10. 10. 가압류를 신청하여 같은 달 10. 12. 가압류기입등기를 마쳤다.
한편 甲은 2016. 2. 20. B에게 2억 원을 빌리면서 위 카페건물에 대하여 위 차용금 채무를 담보하기 위하여 B에게 저당권을 설정해주었다.
甲은 2016. 2. 1. C로부터 1억 원을 빌리면서 변제기는 2016. 8. 1.로 정하였으나 위 기일까지 甲이 대여금채무를 변제하지 아니하여 C는 甲소유의 카페건물에 대하여 2016. 10. 10. 가압류를 신청하여 같은 달 10. 12. 가압류기입등기를 마쳤다.
B는 甲이 변제기가 지나도록 피담보채무를 이행하지 아니하자 2017. 3. 5. 저당권을 실행하여 D가 경매절차에서 매각대금을 납부하고 그 명의로 소유권이전등기를 마쳤다.

2. 집행법원은 1억 원(매각대금에서 집행비용을 공제한금액)을 A, B, C에게 어떻게 배당여야 하는지를 근거를 들어 서술하시오. (25점)

사례D-69 가압류채권자와 저당권자의 우열관계

Ⅱ. 설문 2.의 경우(25)

1. A와 B의 관계

(1) 가압류의 처분금지효

"채권가압류가 된 경우(민사집행법 제276조 이하), 제3채무자는 채무자에 대하여 채무의 지급을 하여서는 안되고, 채무자는 추심, 양도 등의 처분행위를 하여서는 안되지만, 이는 이와 같은 변제나 처분행위를 하였을 때에 이를 가압류채권자에게 대항할 수 없다는 것이지"(대판 1989.11.24. 88다카25038 : 상대적 처분금지효). 그것에 의하여 곧바로 부동산 위에 어떤 지배관계가 생겨서 그 부동산을 임의로 타에 처분하는 행위자체를 금지하는 것은 아니다.

(2) 가압류권자에게 가압류 목적물로부터의 우선변제권이 인정되는지 여부

가압류는 금전채권이나 금전으로 환산할 수 있는 채권의 집행을 보전할 목적으로 미리 채무자의 재산을 동결시켜 채무자로부터 그 재산에 대한 처분권을 잠정적으로 빼앗는 집행보전 제도이다. 따라서 가압류권자는 가압류 목적물로부터의 우선변제권이 없다.

(3) 사안의 경우

A의 가압류 등기 이후 B의 저당권이 설정되었으나, 저당권은 선행가압류의 처분금지효에 의하여 가압류의 진행보전의 목적을 달성하는데 필요한 범위에서 선행 가압류채권자와의 관계에서만 상대적으로 무효일 뿐이고, 가압류에는 우선변제적 효력이 없으므로 A와 B는 채권액에 비례한 평등배당을 받는다.

2. B와 C 및 A와 C의 관계

判例가 판시하는 바와 같이 "가압류채권자와 근저당권자 및 근저당권설정등기 후 강제경매신청을 한 압류채권자 사이의 배당관계에 있어서, 근저당권자는 선순위 가압류채권자에 대하여는 우선변제권을 주장할 수 없으므로 1차로 채권액에 따른 안분비례에 의하여 평등배당을 받은 다음, 후순위 경매신청압류채권자에 대하여는 우선변제권이 인정되므로 경매신청압류채권자가 받을 배당액으로부터 자기의 채권액을 만족시킬 때까지 이를 흡수하여 배당받을 수 있다"(대결 1994.11.29. 94마417). 따라서 사안의 경우 B는 C에 대하여는 우선변제권이 인정되나 가압류채권자 A와 C사이에서는 우열관계가 인정되지 않으므로 1차적으로 A, B, C사이에서 채권액에 따른 안분배당을 하고 B는 C의 배당액을 흡수한다.

3. 사안의 해결

A,B,C의 채권액은 각각 1억원, 2억원, 1억원이므로 1억원을 1:2:1의 비율로 안분배당하면 A는 2,500만원(1억원×$\frac{1}{4}$), B는 5,000만원(1억원×$\frac{1}{2}$), C는 2,500만원(1억원×$\frac{1}{4}$)을 배당받고, B는 C의 배당액 2,500만원을 흡수한다. 결국 집행법원은 1억원에 대해 A에게 2,500만원, B에게 7,5000만원, C에게 0원을 배당하여야 한다.

2018년 변호사시험 제2문

【기초적 사실관계】

甲은 자기 소유인 X토지에 대하여 A은행 앞으로 근저당권을 설정한 후, 乙에게 지상권을 설정해 주었다. 乙은 2015. 10.경 X토지 위에 Y다세대주택을 신축하여 분양하는 사업을 하게 되었다. 그 후 신축공사가 절반 정도 진행된 상태에서 乙은 자금사정 악화로 공사를 계속하기 어려워졌고, 乙에게 건축자재를 납품해 오던 丙은 연체된 대금을 받으려는 의도로 丁에게 Y다세대주택이 최고급 건축자재로 지어지고 있고, 역세권에 있어서 투자가치가 높으며, 이미 준공검사 신청까지 접수해 놓은 상태여서 이를 담보로 은행대출도 가능하다고 이야기하면서 분양받을 것을 제의하였다. 이에 丁은 2016. 1. 10. 乙과 Y다세대주택 중 1세대(이하 '이 사건 주택'이라고 함)에 대한 분양계약을 체결하고, 계약 당일 계약금 3,000만 원, 같은 해 2. 10. 중도금 1억 원을 乙에게 각 지급하였다. 한편, 분양계약 체결 당시에 Y다세대주택은 절반밖에 완성되지 않은 상태였다. 그런데 乙은 丁이 丙에게서 Y다세대주택이 준공검사 신청까지 접수되어 은행대출도 가능한 좋은 물건이라고 소개받았다는 말을 듣고 이상하다고 생각하면서도 자금이 급한 나머지 그대로 분양계약을 체결하였다. 이후 乙은 2016. 4. 20. Y다세대주택의 내부공사만 남겨둔 상태에서 지급불능 상태에 빠졌다. 이 사건 주택의 소유권을 취득하지 못하게 된 丁은 乙과 丙을 상대로 소를 제기하였는바, 乙에 대하여서는 기망을 이유로 분양계약의 취소와 기지급한 계약금과 중도금 합계액에 대한 부당이득반환을 청구하고, 丙에 대하여서는 불법행위에 기한 손해배상을 청구하였다.

【추가적 사실관계】

그 후 乙은 자금을 차용하여 Y다세대주택을 준공하고 소유권보존등기를 마쳤으나, 분양사업의 부진으로 甲에게 X토지에 대한 지료를 지급하지 못하였다. 이에 甲은 2년 이상의 지료미납을 이유로 지상권 소멸을 청구하였고, 甲은 乙로부터 Y다세대주택을 매수한 후 소유권이전등기를 마쳤다. 한편, 甲이 A은행에 대한 대출금 채무를 연체하자 A은행은 X토지에 대한 근저당권에 기하여 X토지와 함께 Y다세대주택에 대한 일괄경매를 신청하였고, 戊가 이를 모두 경락받았다. 그러자 甲은 乙이 Y다세대주택을 건축하였고 그 주택을 자신이 매수한 것이므로 Y다세대주택은 일괄경매의 대상이 될 수 없다고 주장하면서 戊를 상대로 Y다세대주택에 대한 소유권이전등기의 말소를 청구하는 소를 제기하였다.

2. 甲의 戊에 대한 소유권이전등기의 말소등기 청구는 인용될 수 있는가? (15점)

사례D-70 일괄경매청구권의 허용요건

Ⅱ. 설문 2.의 경우(15)

1. 결 론

甲의 戊에 대한 소유권이전등기의 말소등기 청구는 인용될 수 없고 기각된다.

2. 논 거

(1) 일괄경매청구권의 의의 및 취지

토지에 저당권을 설정한 후 저당권설정자가 건물을 축조한 경우 저당권자는 토지와 함께 건물에 대하여도 경매를 청구할 수 있는바(제365조), 이는 i) 법정지상권이 성립되지 않는 경우 건물의 철거로 인한 사회경제적 손실방지 및 ii) 저당권자에게도 저당토지상의 건물의 존재로 인하여 생기게 되는 경매의 어려움을 해소하여 저당권의 실행을 쉽게 할 수 있도록 하기 위한 취지이다(대판 2003.4.11, 2003다3850).

(2) 일괄경매청구의 요건

일괄경매청구권이 인정되기 위해서는 i) 토지에 대하여 저당권설정 당시에 그 지상에 건물이 없을 것, ii) 저당권설정 후에 설정자가 당해 토지에 건물을 건축하였을 것, iii) 경매신청시에 토지와 지상건물의 소유자가 동일할 것이 필요하다(제365조).

(3) 타인이 축조한 건물을 저당권설정자가 취득한 경우 일괄경매청구권의 허용 여부

判例는 저당권설정자로부터 저당토지의 용익권을 취득한 자가 건물을 신축하고 저당권설정자가 신축자로부터 그 건물의 소유권을 취득한 경우에 일괄경매청구권을 인정하였다(대판 2003.4.11, 2003다3850). 이는 '저당권설정자가 건물을 신축하였을 것'이라는 ii) 요건을 완화한 것으로 제365조의 취지를 고려할 때 타당하다.

[비교판례] 判例는 나대지에 관하여 저당권을 설정하여 준 뒤 그 지상에 건물을 신축하여 그 소유권을 제3자에게 양도해 준 사안에서 "제365조에 기한 일괄경매청구권은 저당권설정자가 건물을 축조하여 소유하고 있는 경우에 한한다"(대결 1999.4.20, 99마146)고 하여 일괄경매청구권을 부정하였다.

(4) 사안의 경우

Y주택은 X토지에 대한 저당권설정자인 X토지의 소유자甲이 직접 건축한 것이 아니라 Y주택을 신축한 乙로부터 매수한 것이지만[1], 判例의 태도에 비추어 X토지의 저당권자 A에게는 일괄경매청구권이 인정되고, 따라서 X토지와 함께 Y주택의 소유권은 모두 경락인인 戊에게 인정되므로, 甲은 戊를 상대로 Y다세대주택에 대한 소유권이전등기의 말소를 청구를 할 수 없다.

---

1) 甲이 乙로부터 Y주택을 매수한 것을 두고 乙의 지상물매수청구권의 행사로 인한 것이라고 서술해서는 안 된다. 乙은 지료를 연체하여 지상물매수청구권이 인정되지 않을 뿐만 아니라, 설문에서는 지상물매수청구를 주장한 바도 없기 때문이다.
[관련판례] "민법 제283조 제2항 소정의 지상물매수청구권은 지상권이 존속기간의 만료로 인하여 소멸하는 때에 지상권자에게 갱신청구권이 있어 그 갱신청구를 하였으나 지상권설정자가 계약갱신을 원하지 아니할 경우 행사할 수 있는 권리이므로, 지상권자의 지료연체를 이유로 토지소유자가 그 지상권소멸청구를 하여 이에 터잡아 지상권이 소멸된 경우에는 매수청구권이 인정되지 않는다"(대판 1993.6.29. 93다10781).

기출해설

2015년 사법시험 제1문

건축업자 甲은 자기 소유의 X토지 위에 Y건물(단독주택)을 신축하던 중, Y건물의 기초 및 골조공사가 완성된 직후인 2011. 2. 4. A로부터 1억 원을 차용하면서 X토지에 채권최고액 1억 5,000만 원인 근저당권을 설정해 주었다. 한편 甲은 Y건물의 내장공사만 남겨둔 2011. 2. 15. 교통사고로 다리를 다쳐 입원하게 되었다. 甲의 가족으로는 처(妻) 乙, 甲과 乙 사이의 자(子) 丙(21세)이 있다. (아래 각 문항은 별개의 사안임)

2. D는 X토지에 관한 근저당권 실행으로 인한 경매절차에서 X토지의 소유권을 취득하였다. 그 후, 甲은 Y건물을 B에게 매도하였고 B는 마무리공사를 한 후 입주하여 사용하고 있지만, 아직 Y건물에 대한 소유권보존등기는 되어 있지 않다. D가 B에 대하여 Y건물의 철거 및 X토지의 인도 및 차임 상당의 부당이득의 반환을 청구하였다면, D의 청구는 인용될 수 있는가? (20점)

3. A는 X토지에 대한 경매를 청구하면서, X토지의 경매가격이 하락할 것을 염려하여 Y건물에 대해서도 함께 경매를 청구하려고 한다. Y건물은 준공검사를 받은 상태이지만, 아직 소유권보존등기는 되어 있지 않다. A의 일괄경매청구는 허용될 수 있는가? (10점)

사례D-71 법정지상권과 일괄경매청구권

Ⅱ. 문제 2.의 경우(20)

1. D의 B에 대한 Y건물의 철거 및 X토지의 인도청구(15)

(1) 문제점

토지의 소유권에 기한 토지인도청구(제213조)와 건물철거청구(제214조)의 요건은 ⅰ) 원고가 토지의 소유자일 것, ⅱ) 토지위에 건물이 있을 것(방해), ⅲ) 피고가 건물의 소유자로서 토지를 점유하는 자일 것이다. 다만 사안에서는 선결적으로 미등기건물 매수인 B에게 건물철거의 피고적격이 있는지 문제되고, 만약 이러한 요건을 충족한다면 B의 항변수단으로는 제213조 단서의 '점유할 권리'와 관련해서 제366조의 법정지상권이 인정되는지 문제된다.

(2) B의 피고적격(건물소유자가 아닌 건물점유자 B에 대한 건물철거의 적법 여부)

判例는 지상건물의 소유자가 아닌 **미등기 건물의 매수인**도 건물철거에 따른 피고적격이 있다고 하는 바(대판 1986.12.23, 86다카1751 : 4회 선택형), 건물의 존속 여부에 대하여 현실적인 이해관계를 가지고 있는 자는 등기명의자가 아니라 매수하여 점유하고 있는 자라고 할 것이기 때문에 判例의 태도는 타당하다. 따라서 토지소유자 D는 비록 법률상의 소유자는 아니지만 건물을 현실적으로 점유하고 있는 B를 상대로 소유권에 기한 건물철거를 청구할 수 있다.

(3) B의 '점유할 권리'

1) 甲에게 제366조의 법정지상권이 인정되는지 여부

가) 인정요건(설건, 설동, 저, 경)

법정지상권이 성립하기 위해서는 i) 저당권설정 당시부터 건물이 존재할 것, ii) 저당권이 설정될 당시 토지와 건물의 소유자가 동일할 것, iii) 토지나 건물 중 적어도 어느 하나에 저당권이 설정될 것, iv) 경매로 인해 건물과 토지에 대한 소유자가 분리될 것을 요한다(제366조). 사안에서는 다른 요건은 충족하나 특히 i) 요건이 문제된다.

나) 사안의 경우

判例는 ① **"토지에 관한 저당권 설정 당시 그 지상에 건물이 토지 소유자에 의하여 건축 중이었고, 그 건물의 규모, 종류가 외형상 예상할 수 있는 정도까지 건축이 진전되어 있는 경우 법정지상권을 인정함이 상당하다"**(대판 1992.6.12, 92다7221 : 3회 선택형)[1]고 하며, ② 이 경우 그 후 경매절차에서 매수인이 매각대금을 다 낸 때까지 최소한의 기둥과 지붕 그리고 주벽이 이루어지는 등 독립된 부동산으로서 건물의 요건을 갖추면 법정지상권이 성립한다(대판 2004.6.11, 2004다13533 : 3회 선택형)고 한다.

사안의 경우 ① A의 근저당권 설정당시 Y건물의 기초 및 골조공사가 완성되어 그 건물의 규모, 종류가 외형상 예상할 수 있는 정도까지 건축이 진전되어 있었고, ② D가 경락받을 당시 甲은 Y건물의 내장공사만 남겨 둔 상태였으므로 이때 독립된 부동산으로서 건물의 요건을 갖춘 것으로 판단되므로 甲은 제366조의 법정지상권을 취득하였다.

2) B에게 제366조의 법정지상권이 인정되는지 여부

判例는 (법정)지상권이 딸린 건물을 매도한 경우 **제100조 2항을 유추**하여 건물의 소유권뿐만 아니라 그 (법정)지상권도 양도한 것으로 보는데, 다만 지상권이전등기가 있어야만 지상권이 건물양수인에게 이전하는 것이고 건물소유권 이전등기로써 당연히 (법정)지상권까지 이전되는 것은 아니라고 한다(대판 1985.4.9, 전합84다카1131,1132). 제100조의 규정은 물건의 경제적 효용이라는 관점에서 종물과 주물을 하나의 집합물로 다루고자 하는 취지이고, 공시방법은 이와 별개인 것으로 判例의 태도는 타당하다. 따라서 甲의 법정지상권은 제187조에 의하여 등기를 요하지 않으나, 사안과 같이 **제3자 B에게 법정지상권을 전득시키려면 제187조 단서에 의하여 등기를 하여야 한다.**

3) D의 청구가 인용되는지 여부

判例는 D의 B에 대한 건물철거 및 토지 인도청구는 "지상권의 부담을 용인하고 그 설정등기절차를 이행할 의무있는 자가 그 권리자를 상대로 한 청구라 할 것이어서 **'신의성실의 원칙'** 상 **허용될 수 없다"**고 판시하고 있다(대판 1985.4.9, 84다카1131,1132). 이러한 判例의 입장은 결론에 있어 타당하나 그 논거를 일반조항인 신의칙 위반에서 찾는 것은 부당하고, '일반조항으로의 도피'를 지양하는 차원에서 구체적 명문규정인 제213조 단서에 의해 건물철거 등을 청구할 수 없다고 봄이 타당하다.

---

1) "민법 제366조 소정의 법정지상권은 저당권 설정 당시 동일인의 소유에 속하던 토지와 건물이 경매로 인하여 양자의 소유자가 다르게 된 때에 건물의 소유자를 위하여 발생하는 것으로서, 토지에 관하여 저당권이 설정될 당시 그 지상에 건물이 위 토지 소유자에 의하여 건축중이었고, 그것이 사회관념상 독립된 건물로 볼 수 있는 정도에 이르지 않았다 하더라도 건물의 규모, 종류가 외형상 예상할 수 있는 정도까지 건축이 진전되어 있는 경우에는, 저당권자는 완성될 건물을 예상할 수 있으므로 법정지상권을 인정하여도 불측의 손해를 입는 것이 아니며 사회경제적으로도 건물을 유지할 필요가 인정되기 때문에 법정지상권의 성립을 인정함이 상당하다고 해석된다"

2. D의 B에 대한 차임 상당의 부당이득반환(5)

D가 비록 B에 대하여 Y건물의 철거 및 X토지의 인도를 청구할 수 없다 하더라도 B는 D에 대한 관계에 있어서 법률상 원인 없이 D 소유의 토지를 사용함으로써 부당이득을 취하고 있다고 볼 수 있다. 즉, "법정지상권자라고 할지라도 대지소유자에게 지료를 지급할 의무는 있는 것이고 **법정지상권을 취득할 지위에 있는 자 역시 지료 또는 임료상당이득을 대지소유자에게 반환할 의무를 면할 수는 없는 것**이므로 이러한 임료상당 부당이득의 반환청구까지도 신의성실의 원칙에 반한다고 볼 수 없다"(대판 1988.10.24, 87다카1604). 따라서 D는 B를 상대로 제741조에 의하여 그 점유기간 동안의 차임 상당액을 부당이득으로서 반환할 것을 청구할 수는 있다. 다만 지료는 당사자의 청구에 의하여 법원이 정하도록 규정한 제366조 단서를 적용하여 정한다.

3. 사안의 해결(0.5)

D의 X토지인도 및 Y건물철거 청구는 법정지상권을 취득할 지위에 있는 B에게 제213조 단서의 '점유할 권리'가 인정되므로 인용될 수 없으나, 차임상당의 부당이득반환청구는 인용가능하다. 결국 법원은 D의 청구에 대해 일부인용판결을 하여야 할 것이다.

Ⅲ. 문제 3.의 경우(10)

1. 일괄경매청구권 성립요건 및 인정취지

A의 일괄경매청구권이 인정되기 위해서는 ⅰ) 토지에 대하여 저당권설정 당시에 그 지상에 건물이 없을 것, ⅱ) 저당권설정 후에 설정자가 당해 토지에 건물을 건축하였을 것, ⅲ) 경매 신청시에 토지와 지상건물의 소유자가 동일할 것이 필요하다(제365조).

이러한 일괄경매청구권은 ⅰ) 법정지상권이 성립되지 않는 경우 건물의 철거로 인한 사회경제적 손실방지 및 ⅱ) 저당권자에게도 저당토지상의 건물의 존재로 인하여 생기게 되는 경매의 어려움을 해소하여 저당권의 실행을 쉽게 할 수 있도록 하기 위한 취지이다(대판 2003.4.11, 2003다3850).

2. 저당권설정 당시에 건물의 존재가 예측되는 경우

(1) 판 례

判例는 "민법 제365조는 저당권설정자가 저당권을 설정한 후 저당목적물인 토지상에 건물을 축조함으로써 저당권의 실행이 곤란하여지거나 저당목적물의 담보가치의 하락을 방지하고자 함에 그 규정취지가 있다고 할 것이므로, **저당권설정 당시에 건물의 존재가 예측되고 또한 당시 사회경제적 관점에서 그 가치의 유지를 도모할 정도로 건물의 축조가 진행되어 있는 경우에는 위 규정은 적용되지 아니한다**"(대판 1987.4.28. 86다카2856)고 판시하고 있다.

(2) 검토 및 사안의 경우

위 判例의 경우 법정지상권이 성립하기 때문에 일괄경매청구권이 인정될 필요가 없다. 사안의 경우에도 마찬가지로 저당권 설정 당시에 건물의 규모, 종류가 외형상 예상할 수 있는 정도까지 건축이 진전되어 있는 경우로서 **제366조 법정지상권이 성립하는 경우**이므로 A의 제365조 일괄경매청구는 허용되지 않는다.

기출해설

중요판례 미기출 핵심사례

甲은 乙로부터 1991.11.27.부터 2001.11.25.까지 부담하게 될 채무를 위해 乙의 요구에 따라 제3자 丙에게 甲자신의 X토지에 채권최고액 10억원의 근저당권설정등기를 하여 주었다. 그러나 丙은 乙의 친구로 乙의 부탁으로 자신의 이름으로 근저당권의 등기를 하여 준 것뿐이었다. 당시 근저당권설정계약서에는 피담보채무의 범위에 관하여 "채무자가 채권자에 대하여 현재 및 장래에 부담하는 대출, 지급보증 기타 여신거래로 말미암은 채무, 보증채무, 어음 또는 수표채무 기타 여신거래에 관한 모든 채무"라고 기재되어 있었다. 또한 丁은 위 甲의 채무를 위해 乙과 보증계약을 체결하였다. 그 후 1995.1.20. 乙은 丙으로부터 근저당권이전의 부기등기를 경료받았다.
그러나 그 후 甲은 위 대출금에 대한 할부금의 지급을 연체하여 1998.8.10. 기한의 이익을 상실함에 따라 丁은 1999.5.19. 乙에게 대출 원리금의 일부인 5억원을 대위변제하였다.
한편 乙의 부기등기 후에 경료된 후순위저당권자 A의 신청으로 1998.8.21. 개시된 X토지에 대한 임의경매사건에서 B가 낙찰허가결정을 받고 1999.12.10. 그 대금을 완납하였다.

1. 丙명의 근저당권 및 이에 기초한 乙명의 근저당권 부기등기의 유효성 여부를 판단하라. (20점)

2. 이 경우 丁은 乙에 대해서 일부대위변제에 따라 일부분의 근저당권도 자신에게 이전되었다고 주장한다. 이 주장의 타당성은? (20점)

3. 만약 경락대금이 완납된 당시 乙의 채권액은 총 5억원이었고, 위 경락대금 가운데 경매비용 등을 제하고 채권자에게 배당될 수 있는 금액은 총 8억원이라고 할 때 丁이 배당받을 수 있는 금액은 얼마나 되는가? (단, A는 고려하지 말고, 채권에 대한 (지연)이자도 고려하지 말 것) (10점)

사례D-72 제3자 명의의 근저당권, 피담보채권의 확정시기, 일부 변제자대위[1] ★

Ⅰ. 丙 및 乙명의 근저당권의 유효성(20)[2] - 설문 1.의 경우

1. 포괄근저당의 효력

대법원은 "근저당권설정계약서에 그 피담보채권으로서 근저당권설정 당시의 차용금채무 뿐만 아니라, '기타 각종 원인으로 장래 부담하게 될 모든 채무까지 담보한다'라고 기재되어 있으면" 그 계약서의 내용은 포괄적인 근저당으로서 '유효'하다고 판시하고 있다(대판 1982.12.14, 82다카413)
사안의 근저당권설정계약은 "....기타 여신 거래에 관한 모든 채무"라고 하여 발생원인 등을 특정하였으므로 부가적(제한적) 포괄근저당권을 설정하는 계약으로 유효하다.

2. 채권자 아닌 제3자를 근저당권 명의인으로 하는 근저당권의 유효 여부

---

1) ★ 민법의 맥 핵심사례 D-14. : 대판 2007.1.11, 2006다50055 ; 대판 2002.7.26, 2001다53929 判例변형
설문 3.의 일부대위 쟁점은 2020년 2차 법전협 모의 1문으로 출제되었다.

2) [문제점] 丙명의 근저당권의 경우 근저당권의 부종성 완화의 정도와 관련하여 ⅰ) 포괄근저당의 유효성의 범위, ⅱ) 채권자 아닌 제3자 丙명의의 근저당권의 유효 여부가 1차적으로 문제된다. 아울러 이러한 丙명의 근저당권이 무효라면 乙명의 근저당권의 경우, 비록 무효등기에 기초한 부기등기이나 실제 채권자에 기한 근저당권이라는 점에서 실체관계에 부합한 등기인지 여부가 문제된다.

(1) 원칙과 예외

① 원칙적으로 담보물권의 당사자가 채권자와 채무자 또는 물상보증인이 아니면 '부종성'의 원칙상 무효가 된다. ② 그러나 최근 判例는 이러한 의미의 부종성을 제한적으로 완화하고 있는바 "**근저당권은 채권담보를 위한 것이므로 원칙적으로 채권자와 근저당권자는 동일인이 되어야 하지만, 제3자**를 근저당권 명의인으로 하는 근저당권을 설정하는 경우 ⅰ) 그 점에 대하여 **채권자와 채무자 및 제3자 사이에 합의가 있고, ⅱ) 채권양도, 제3자를 위한 계약, 불가분적 채권관계의 형성 등 방법으로 채권이 그 제3자에게 '실질적으로 귀속'되었다고 볼 수 있는 특별한 사정이 있는 경우에는 제3자 명의의 근저당권설정등기도 유효하다**"고 판시하고 있다(대판 2001.3.15, 전합99다48948 : 1회 선택형).

(2) 사안의 경우

사안에서 제3자 丙 앞으로의 근저당권 설정에 대해서는 甲, 乙 및 丙 사이에 합의가 있었지만, 제3자 丙에게 실제로 피담보채권이 귀속된 사정이 보이지 않으므로 丙의 근저당권설정등기는 피담보채무가 존재하지 아니하여 그 원인이 없거나 부종성에 반하는 무효의 등기라 할 것이다(대판 2007.1.11, 2006다50055).

3. 乙명의 부기등기가 실체적 권리관계에 부합하는 등기인지 여부[3]

채권자가 채무자와의 사이에 근저당권설정계약을 체결하였으나 그 계약에 기한 근저당권설정등기가 채권자가 아닌 제3자의 명의로 경료되고 그 후 다시 채권자가 위 근저당권설정등기에 대한 부기등기의 방법으로 위 근저당권을 이전받았다면 특별한 사정이 없는 한 그 때부터 위 근저당권설정등기는 실체관계에 부합하는 유효한 등기로 볼 수 있다(대판 2007.1.11, 2006다50055).

따라서 丙의 근저당권설정등기는 원인무효이나 다시 채권자 乙이 부기등기의 방법으로 근저당권을 이전받았으므로 乙의 등기는 실체관계에 부합하는 등기가 된다.

4. 사안의 해결

채권자 乙은 위 부기등기가 경료된 1995. 1. 20. 시점에 비로소 유효한 근저당권을 취득한다.[4]

Ⅱ. 근저당권 피담보채권의 확정 및 근저당권 피담보채무의 일부 대위변제와 근저당권의 일부 이전[5](20) - 설문 2.의 경우

---

3) 2006다50055 判例사안에서는 무효등기의 유용에 관한 합의 내지 추인도 문제가 된 바, 判例에 따르면 "무효등기의 유용에 관한 합의 내지 추인은 묵시적으로도 이루어질 수 있으나, 위와 같은 묵시적 합의 내지 추인을 인정하려면 무효등기 사실을 알면서 장기간 이의를 제기하지 아니하고 방치한 것만으로는 부족하고 그 등기가 무효임을 알면서도 유효함을 전제로 기대되는 행위를 하거나 용태를 보이는 등 무효등기를 유용할 의사에서 비롯되어 장기간 방치된 것이라고 볼 수 있는 특별한 사정이 있어야 한다"(대판 2007.1.11, 2006다50055)고 한다. 그런데 사안에서는 이러한 특별한 사정은 보이지 않고, 그냥 편의상 丙 앞으로 등기를 한 것뿐이어서 무효행위에 대한 묵시적 추인으로 볼 수 없다.

4) 다만 부기등기의 순위가 주등기의 순위에 의하도록 되어 있는 부동산 등기법 제5조에 따라 등기부상으로는 채권자 乙은 제3자 丙명의의 근저당권설정등기가 경료된 시점에 근저당권을 취득한 것이 된다.

5) [문제점] 보증인 등 변제할 정당한 이익이 있는 자가 채무자를 대신하여 채무의 전부 또는 그 일부를 변제할 때에는 채권자가 가진 당해 채권 및 그 담보권의 전부 또는 일부를 법률상 당연히 취득하게 됨이 원칙이다(제481조, 제482조 1항, 제483조 1항). 그런데 담보권 중 근저당권은 보통의 저당권에 있어서와 달리 그 피담보채권이 확정되기 전에는 근저당권이 담보하는 개개의 채권에 대한 부종성이 약하여 과연 대위변제에 따라 채권이 대위변제자에게 이전하는 것과 마찬가지로 근저당권도 대위변제자에게 당연히 이전할 것인지에 관하여서는 의문이 있다. 따라서 이에 관한 학설상 견해와 判例의 입장을 검토하기로 한다.

1. 丁과 乙 사이의 보증계약의 유효성

사안에서 丁은 乙과 채무자 甲의 계속적 계약관계로부터 발생하는 현재와 장래의 불특정한 채무(보증기간의 제한이 있으나, 보증한도액의 정함이 없는)에 관한 **포괄근보증계약**을 체결하였다.

判例는 장래의 채무에 대한 보증에 있어서 그 한도액의 정함이 없다 하여 그 계약이 당연히 무효로 되거나 공서양속에 위반된다고 할 수는 없다고 하여 **'포괄근보증'**이라도 원칙적으로 유효하다고 한다(대판 1987.4.28, 86다2033 등). 다만 개정민법(2016.2.4.시행)에 따르면 보증은 불확정한 다수의 채무에 대해서도 할 수 있으나, 이 경우 보증하는 채무의 최고액을 서면으로 특정하여야 한다고 한다. 만약 채무의 최고액을 제428조의2 제1항에 따른 서면으로 특정하지 아니한 보증계약은 효력이 없다고 규정하고 있다(제428조의 3).

2. 근저당권의 피담보채권의 확정시기

(1) 판 례

후순위 근저당권자가 경매를 신청한 경우 선순위 근저당권의 피담보채권은 그 근저당권이 소멸하는 시기, 즉 '경락인이 경락대금을 완납한 때'에 확정된다(대판 1999.9.21, 99다26085)고 한다.

(2) 검 토

이는 선순위 저당권자에게 담보가치를 최대한 활용할 수 있는 기회를 줘야 한다는 요구와 후순위 권리자의 권리가 보호되어야 한다는 요구가 충돌되는 부분이다. 검토하건대, 근저당권의 당사자들은 매각대금이 완납될 때까지 거래를 계속할 수 있지만, 그때까지 피담보채권이 확정되지 않는다고 하면 후순위담보권자가 지나치게 불리해질 가능성이 있다. 그러나 채권최고액 만큼의 담보가치는 이미 선순위 근저당권자에 의하여 파악되어 있는 것이므로 이는 후순위담보권자가 감수해야 할 위험이라고 보아야 한다. 따라서 '경락인이 경락대금을 완납한 때'에 확정된다고 보는 것이 보다 타당하다.

(3) 사안의 경우

사안의 경우 후순위저당권자(A)의 신청에 의한 경매절차는 1998. 8. 21. 개시되어 1999. 12. 10. 그 경락대금이 완납되었다. 따라서 앞서 검토한 경락대금완납시설에 의할 때 근저당권의 확정시기는 1999. 12. 10.이 되며, 보증인 丁에 의한 대위변제는 1999. 5. 19. 이루어졌으므로 근저당 거래 계속 중 피담보채권의 일부가 대위변제된 경우이다.

3. 근저당 거래 계속 중 근저당권 피담보채무의 일부 대위변제와 근저당권의 일부 이전

(1) 판 례

"근저당 거래관계가 계속중인 경우 즉, 근저당권의 피담보채권이 확정되기 전에 그 채권의 일부를 양도하거나 대위변제한 경우 근저당권이 양수인이나 대위변제자에게 이전할 여지는 없다 할 것이나, 그 근저당권에 의하여 담보되는 피담보채권이 확정되게 되면, 그 피담보채권액이 그 근저당권의 채권최고액을 초과하지 않는 한 그 근저당권 내지 그 실행으로 인한 경락대금에 대한 권리 중 그 피담보채권액을 담보하고 남는 부분은 저당권의 일부이전의 부기등기의 경료 여부와 관계없이 대위변제자에게 법률상 당연히 이전된다"(대판 2002.7.26, 2001다53929)고 보아 부정설의 입장이다.

(2) 검 토

생각건대 민법 제357조 1항이 "저당권은 그 담보할 채무의 최고액만을 정하고 채무의 확정을 장래에 보류하여 이를 설정할 수 있다. 이 경우에는 그 확정될 때까지의 채무의 소멸 또는 이전은 저당권에 영향을 미치지 아니한다"고 규정하고 있음에 비추어 볼 때 부정설이 타당하다.

(3) 사안의 경우

사안의 경우 丁이 대위변제한 시점(1999.5.19)은 근저당권이 확정되기 전이었으므로 변제로 인한 변제자대위가 인정되지 않으나, 그 후 근저당권이 확정된 시점(1999.12.10)에는 저당권의 일부이전의 부기등기의 경료여부에 관계없이 대위변제자에게 법률상 당연히 일부 이전된다고 보는 것이 타당하다.

4. 사안의 해결

乙명의 근저당권의 피담보채권의 확정시기는 경락대금완납시인 1999.12.10.이고, 이 때 저당권의 일부이전의 부기등기의 경료여부에 관계없이 대위변제자 丁에게 법률상 당연히 일부 이전된다.

Ⅲ. 일부변제의 경우 변제자 대위(10) - 설문 3.의 경우

1. 문제점

제483조 제1항은 "채권의 일부에 대하여 대위변제가 있는 때에는 대위자는 그 변제한 가액에 비례하여 채권자와 함께 그 권리를 행사한다"고 규정하고 있는바, 그 의미에 대해 견해가 대립한다.

2. '채권자와 함께 행사'의 의미

채권자의 의사를 고려하고 또 담보물권의 불가분성의 원칙에 의해, 변제자는 채권자가 담보권을 행사하는 경우에만 채권자와 함께 그 권리를 행사할 수 있다는 공동행사설이 타당하다.

3. '변제한 가액에 비례하여 행사'의 의미

(1) 판 례

앞서 검토한 判例의 판시내용과 같이 "근저당권에 의하여 담보되는 피담보채권이 확정되게 되면, 그 피담보채권액이 그 근저당권의 채권최고액을 초과하지 않는 한 그 근저당권 내지 그 실행으로 인한 경락대금에 대한 권리 중 그 피담보채권액을 담보하고 남는 부분은 저당권의 일부이전의 부기등기의 경료 여부와 관계없이 대위변제자에게 법률상 당연히 이전된다"고 보아 **채권자가 대위자에 우선하여 변제받는**다고 한다(대판 1988.9.27, 88다카1797 ; 대판 2002.7.26, 2001다53929 등).

(2) 검 토

대위변제제도는 구상권을 보호하려는 것뿐이므로 채권자를 해하면서까지 변제자를 보호할 필요가 없고, 그 일부대위의 효력이 채권자가 갖는 **'담보물권의 불가분성'**을 해칠 수도 없으므로 채권자우선설이 타당하다

4. 사안의 해결

따라서 경매대가 8억원으로부터 채권자 乙이 먼저 5억원을 변제받고, 보증인 丁은 자신의 변제액 5억원 중 3억원만 변제받게 된다.

기출해설

2017년 변호사시험 제1문

【기초적 사실관계】
甲은 2014. 2. 2. 乙로부터 1억 원을 변제기 2015. 2. 2., 이자 연 20%로 차용하기로 하는 소비대차계약을 체결하였고, 같은 날 丙은 자신 소유의 X토지에 대하여 乙에게 甲의 위 채무를 담보하기 위하여 근저당권자 乙, 채권최고액 1억 2,000만 원으로 하는 근저당권을 설정하여 주었다. 그런데 변제기가 지나도록 甲이 위 채무를 변제하지 않자, 乙은 위 근저당권을 실행하겠다는 뜻을 甲과 丙에게 통지하고 2016. 2. 2. X토지에 대하여 근저당권에 기한 경매를 신청하였다. 이에 丙이 甲의 채무를 대신 변제하겠다고 하였으나, 乙은 대여금 1억 원과 이에 대한 이자 및 지연손해금도 추가로 지급할 것을 요구하였다.

1. 丙은 乙에게 위 채권최고액인 1억 2,000만 원을 변제하였다. 丙은 乙을 피고로 위 근저당권설정등기의 말소를 청구할 수 있는가? (10점)

【변형된 사실관계】
甲이 乙과의 사이에 위와 같은 소비대차계약을 체결하면서, 채무자 甲은 자신 소유의 Y토지에 대하여 근저당권자 乙, 채권최고액 1억 2,000만 원으로 하는 근저당권을 설정하였다. 변제기가 지나도록 甲이 위 채무를 변제하지 않자, 乙은 위 근저당권을 실행하겠다는 뜻을 甲에게 통지하고 2016. 2. 2. Y토지에 대하여 근저당권에 기한 경매를 신청하였다.

2. 甲은 乙에게 위 채권최고액인 1억 2,000만 원을 변제하였다. 甲은 乙을 피고로 위 근저당권설정등기의 말소를 청구할 수 있는가? (10점)

사례D-73 근저당권에 있어서 채무액이 채권최고액을 초과하는 경우★

Ⅰ. 설문 1.의 경우(10) - 근저당권에 있어서 채무액이 채권최고액을 초과하는 경우 물상보증인의 변제액

1. 문제점

근저당권자가 근저당목적물에 대하여 경매신청을 함으로써 거래를 종료시키려는 의사를 표시한 경우에는 '경매신청시'에 피담보채권이 확정된다(대판 1988.10.11. 87다카545 : 2회 선택형)
사안의 경우 乙의 채권액은 원본 채권 1억 원, 변제기까지 이자채권 2,000만 원(2014. 2. 3.부터 2015. 2. 2.까지 연20%), 경매신청시까지 지연손해금 2,000만 원(약정이율이 법정이율보다 높으므로 2015. 2. 3.부터 2016. 2. 2.까지 연20%)을 합하여 총 1억 4,000만 원이다. 그런데, 이처럼 근저당권에 있어서 채무액이 채권최고액을 초과하는 경우 근저당권설정등기의 말소를 구하기 위하여 변제할 채무액이 채무전액인가 또는 채권최고액인가는 변제자가 누구인가에 따라 달라진다.

2. 물상보증인이 변제하는 경우

근저당권이 설정된 부동산을 매수한 제3취득자 또는 근저당권의 물상보증인은 민법 제357조에서 말하는 채권의 최고액만을 변제하면 근저당권설정등기의 말소청구를 할 수 있고 채권최고액을 초과하는 부분의 채권액까지 변제할 의무가 있는 것이 아니다(대판 1974.12.10. 74다998).

3. 사안의 해결

물상보증인 丙은 채권자 乙에게 채권최고액인 1억 2,000만 원을 변제한 사안의 경우 丙은 乙을 피고로 하여 위 근저당권설정등기의 말소를 청구할 수 있다.

Ⅱ. 설문 2.의 경우(10) - 근저당권에 있어서 채무액이 채권최고액을 초과하는 경우 채무자의 변제액

1. 문제점

근저당권에 있어서 채무액이 채권최고액을 초과하는 경우 근저당권설정등기의 말소를 구하기 위하여 변제할 채무액은 채무전액인가 또는 채권최고액인가는 변제자가 누구인가에 따라 달라진다.

2. 채무자겸 근저당권설정자가 변제하는 경우

민사집행법상 경매절차에 있어 근저당권설정자와 채무자가 동일한 경우에 근저당권의 채권최고액은 민사집행법 제148조에 따라 배당받을 채권자나 저당목적 부동산의 제3취득자에 대한 우선변제권의 한도로서의 의미를 갖는 것에 불과하고, 그 부동산으로써는 그 최고액 범위 내의 채권에 한하여서만 변제를 받을 수 있다는 이른바 책임의 한도라고까지는 볼 수 없다(대판 2009.2.26. 2008다4001). 따라서 채무자의 채무액이 근저당 채권최고액을 초과하는 경우에 채무자 겸 근저당권설정자가 그 채무의 일부인 채권최고액과 지연손해금 및 집행비용 만을 변제하였다면 채권전액의 변제가 있을 때까지 근저당권의 효력은 잔존채무에 미치는 것이므로 위 채무일부의 변제로써 위 근저당권의 말소를 청구할 수 없다(대판 1981.11.10. 80다2712).
사안의 경우 채무총액은 대여금 1억 원과 이에 대한 이자 2,000만 원 및 지연손해금 2,000만원을 합한 1억 4,000만원이다.

3. 사안의 해결

채무자 甲이 채권자 乙에게 채권최고액인 1억 2,000만 원을 변제한 사안의 경우 甲은 乙을 피고로 위 근저당권설정등기의 말소를 청구할 수 없다.

기출해설

2023년 변호사시험 제1문

〈 기초적 사실관계 〉

甲은 2019. 3. 1. 乙로부터 X토지를 임대차보증금 5억 원, 임대차 기간 3년으로 정하여 임차하였다. 甲은 2019. 3. 1. A은행으로부터 3억 원을 변제기 2022. 2. 28.로 정하여 대출받으면서 A은행에 위 임대차보증금반환채권 중 3억 원에 대하여 질권을 설정해 주었다. 질권설정계약 당일 乙은 A은행에 위 질권 설정에 관하여 확정일자 있는 승낙을 하였고, 임대차의 종료 등으로 임대차보증금을 반환하는 경우 질권이 설정된 3억 원을 A은행에 직접 반환하기로 약정하였다.

[※ 이하의 추가적 사실관계 1, 2는 각각 독립적인 별개의 사실관계임, 기간 등과 관련하여 기재된 날짜의 공휴일 여부, 이자 및 지연손해금은 고려하지 말 것]

〈 추가적 사실관계 1 〉

丙은 甲에 대하여 5억 원의 대여금채권을 가지고 있는데, 2019. 5. 1. 위 대여금채권을 집행채권으로 하여 甲의 임대차보증금반환채권 5억 원에 대한 압류 및 전부명령을 받았고, 위 압류 및 전부명령은 2019. 5. 10. 채무자 甲과 제3채무자 乙에게 각각 송달된 후 확정되었다. 乙은 임대차가 종료된 2022. 2. 28. 위 보증금 5억 원을 丙에게 지급하였다. A은행은 丙이 지급받은 금원 중 3억 원이 자신에게 먼저 지급되었어야 할 몫이라고 주장하며, 丙을 상대로 부당이득반환청구의 소를 제기하였다.

1. **A은행의 丙에 대한 청구가 이유 있는지 판단하고 근거를 서술하시오.** (20점)

〈 추가적 사실관계 2 〉

甲은 乙이 X토지를 B에게 매도하려 한다는 소식을 듣고 乙에게 보증금반환채권을 위한 담보를 요구하였다. 이에 乙은 2020. 1. 3. 甲에게 X토지에 관하여 채권최고액 5억 원, 채무자 乙, 근저당권자 甲으로 하는 근저당권설정등기를 마쳐 주었다. 이후 乙과 B 사이의 매매계약 체결이 무산되자, 甲과 乙은 2020. 5. 1. X토지에 관한 근저당권설정계약을 해지하고 위 근저당권설정등기를 말소하였다. 이후 乙은 X토지를 丁에게 양도하고 소유권이전등기를 마쳐 주었다.

뒤늦게 이러한 사정을 알게 된 A은행은 甲의 근저당권은 피담보채권의 종된 권리로서 그 피담보채권인 임대차보증금반환채권과 함께 질권의 목적이 되므로, A은행의 동의 없이 말소된 甲 명의의 근저당권설정등기가 회복되어야 한다고 주장하며 乙과 丁을 상대로 말소된 근저당권설정등기에 관한 회복등기청구의 소(이하 '이 사건 소송'이라 한다)를 제기하였다.

甲과 乙 사이의 임대차계약, 甲과 A은행 사이의 질권설정계약 당시 근저당권설정에 관해서는 논의된 바 없고, 甲의 근저당권설정등기에 관하여 질권의 부기등기가 마쳐지지는 않았다.

2. **법원은 乙과 丁에 대한 이 사건 소송에 관하여 어떠한 판단을 하여야 하는지 ① 결론(소 각하/청구 기각/청구 인용)과 ② 근거를 서술하시오.** (20점)

사례D-74 무담보채권에 질권을 설정한 후 그 채권을 담보하기 위해 저당권이 설정된 경우

Ⅵ-1. 제1문의 6. 문제 1.(20)

1. A은행과 丙사이의 우열

(1) 질권설정자의 권리처분제한

질권설정자는 질권자의 동의 없이 질권의 목적인 권리를 소멸하게 하거나 질권자를 해하는 변경을 하지 못한다(제352조). 따라서 判例가 판시하는 바와 같이 "질권설정자가 제349조 1항에 따라 제3채무자에게 질권이 설정된 사실을 통지하거나 제3채무자가 이를 승낙한 때에는 제3채무자가 질권자의 동의 없이 질권의 목적인 채무를 **'변제'** 하더라도 질권자에게 대항할 수 없고, 질권자는 여전히 제3채무자에게 직접 채무의 변제를 청구할 수 있다. 따라서 질권의 목적인 채권에 대하여 질권설정자의 일반채권자의 신청으로 **압류·전부명령이 내려진 경우에도 그 명령이 송달된 날보다 먼저 질권자가 확정일자 있는 문서에 의해 제349조 1항에서 정한 대항요건을 갖추었다면**, 전부채권자는 질권이 설정된 채권을 이전받을 뿐이고 제3채무자는 전부채권자에게 변제했음을 들어 질권자에게 대항할 수 없다"(대판 2022.3.31. 2018다21326).

(2) 사안의 경우

甲은 2019. 3. 1. A은행으로부터 3억 원을 변제기 2022. 2. 28.로 정하여 대출받으면서 A은행에 위 임대차보증금반환채권 중 3억 원에 대하여 질권을 설정해 주었고, 질권설정계약 당일 제3채무자 乙은 질권자 A은행에게 위 질권 설정에 관하여 확정일자 있는 승낙을 하였는바(**제349조 1항, 제450조**), A은행은 乙에게 직접 채무의 변제를 청구할 수 있다(**제353조 1항**). 그러나 丙의 압류 및 전부명령은 확정일자 있는 승낙인 2019. 3. 1. 이후인 2019. 5. 10. 채무자 甲과 제3채무자 乙에게 각각 송달된 후 확정되었는 바, 전부채권자 丙은 질권이 설정된 채권을 이전받을 뿐이고 제3채무자 乙은 丙에게 변제했음을 들어 질권자 A에게 대항할 수 없다.

2. A은행의 丙에 대한 부당이득 반환청구권

이러한 부당이득반환청구는 자신의 질권을 침해하였다는 점을 근거로 한 것인데, 사안에서 A은행은 乙에게 질권을 행사할 수 있으므로 丙을 상대로 한 부당이득반환청구는 타당하지 않다.

3. 사안의 해결

A은행의 丙은행에 대한 청구는 이유 없다.

Ⅵ-2. 제1문의 6. 문제 2.(20)

1. 결 론

丁에 대한 이 사건 소는 각하될 것이고, 乙에 대한 이 사건 청구는 기각될 것이다.

2. 논 거

(1) 丁에 대한 이 사건 소송에 대한 법원의 판단

判例는 말소회복등기의 상대방은 현재의 등기명의인이 아니라 '말소 당시의 소유자'라고 한다(대판 1969.3.18. 68다1617 : 5회,7회,9회 선택형). 사안에서 2020. 5. 1. X토지에 관한 근저당권설정등기의 말소등기 당시 소유자는 乙인 바, 丁에 대한 이 사건 소송은 피고적격이 부정되어 각하되어야 한다.

(2) 乙에 대한 이 사건 소송에 대한 법원의 판단

1) 무담보채권에 질권을 설정한 후 그 채권을 담보하기 위해 저당권이 설정된 경우

判例는 "민법 제348조의 입법 취지에 비추어 보면, '담보가 없는 채권에 질권을 설정한 다음 그 채권을 담보하기 위해서 저당권을 설정한 경우'에도 '저당권으로 담보한 채권에 질권을 설정한 경우'와 달리 볼 이유가 없다. 따라서 담보가 없는 채권에 질권을 설정한 다음 그 채권을 담보하기 위해 저당권이 설정되었더라도, 민법 제348조가 유추적용되어 저당권설정등기에 질권의 부기등기를 하지 않으면 질권의 효력이 저당권에 미친다고 볼 수 없다"(대판 2020.4.29. 2016다235411)고 한다.

2) 검토 및 사안의 경우

저당권에 의해 담보된 채권을 다른 채권의 담보로 제공하는 것은 저당권부 채권의 입질에 해당한다. 이것은 채권의 입질과 저당권의 입질 두 가지를 포함하므로, 그 입질에 따른 각각의 요건을 갖추어야 한다. 즉 채권의 입질에 관하여는 지명채권에 대한 질권의 대항요건을 정한 규정(제349조)이 적용되고, 저당권의 입질에 관하여는 그 저당권등기에 질권의 부기등기를 하여야 그 효력이 저당권에 미친다(제348조). 이는 무담보채권에 질권을 설정한 후 그 채권을 담보하기 위해 저당권이 설정된 경우에도 마찬가지라 할 것이다.

따라서 사안의 乙에 대한 이 사건 소송은 근저당권설정등기 말소등기 당시 소유자였으므로 피고적격이 구비되어 적법하나, 甲의 근저당권설정등기에 관하여 질권의 부기등기가 마쳐지지는 않았는바, 질권의 효력이 저당권에 미친다고 볼 수 없으므로 말소회복등기청구는 기각될 것이다.

기출해설

2013년 2차 법전협모의 제2문

甲이 소유하는 X 토지(시가 6억 원) 및 Y 건물(시가 4억 원)에 대하여, 甲의 채권자 乙, 丙, 丁을 위하여 다음과 같은 내용의 저당권이 설정되어 있다. 乙은 5억 원의 채권을 담보하기 위하여 X, Y 양 부동산 위에 1번 저당권을 가지고 있고, 丙은 X 토지 위에 6억 원의 2번 저당권을, 丁은 Y 건물 위에 4억 원의 채권을 담보하는 2번 저당권을 각각 가지고 있다.
(1, 2번에서 지연이자 및 경매비용은 고려하지 않음)

1. 乙이 X 토지의 저당권을 실행한 후에 Y 건물에 대하여 丁이 저당권을 실행한 경우의 법률관계를 논하시오. (15점)

2. X 토지가 물상보증인 戊의 소유인 경우를 상정하여, (1) Y 건물의 저당권이 실행된 후에 X 토지의 저당권이 실행된 경우, (2) X토지의 저당권이 실행된 후에 Y 건물의 저당권이 실행된 경우로 나누어 법률관계를 논하되, 판례의 법리를 중심으로, 각각의 경우 배당액을 산출하기 위한 논리를 구체적으로 적시하시오. (35점)

사례D-75 공동저당권의 동시배당과 이시배당★

Ⅰ. 설문 1. 채무자 소유 부동산에 공동저당권이 설정된 경우 개별경매를 한 경우(15)

1. 채무자소유 부동산의 개별경매(이시배당의 경우)

(1) 원 칙

공동저당권자는 어느 일부 부동산만을 경매하여 먼저 배당받는 경우에는 그 경매대금에서 전부 변제를 받을 수 있다(제368조 2항 1문).

(2) 후순위저당권자의 대위

① 후순위저당권자는 동시에 배당했더라면 공동저당권자가 다른 부동산에서 변제받을 수 있었던 금액의 한도 내에서 공동저당권자를 대위한다(제368조 2항 2문). 여기서 후순위저당권자란 동순위자, 후순위자 모두를 의미하고, 공동저당권자가 채권의 전부를 변제받을 것을 요하지 않아 공동저당권자가 일부변제를 받은 경우에도 인정된다. ② 공동저당권자가 가지고 있던 저당권은 후순위저당권자에게 등기없이 당연히 이전된다(제187조).

[심화] 다만 최근 判例가 판시한 바와 같이 후순위저당권자가 대위할 저당권이 말소된 상태에서 그 부동산의 소유권 등 새로이 이해관계를 취득한 제3자에 대해서는, 후순위저당권자는 공동저당의 대위등기가 없는 한 제368조 2항에 의한 대위를 주장할 수 없다(대판 2015.3.20, 2012다99341 : 개정 부동산등기법 제80조 신설 참조).

(3) 민법 제368조 2항 2문의 적용범위

이상의 법리는 채무자 소유의 수 개의 부동산 또는 동일한 물상보증인 소유의 수 개의 부동산에 관하여 공동저당권이 설정된 경우에만 적용되고, 채무자 소유의 부동산과 물상보증인 소유의 부동산에 관하여 공동저당권이 설정된 경우에는 적용되지 않는다.

[심화] ① 구체적으로 **채무자 소유 부동산이 먼저 경매되면** 그 부동산의 후순위저당권자는 물상보증인 소유 부동산에 후순위저당권자대위를 하지 못하고(대결 1995.6.13, 95마500 : 1회,3회,6회 선택형), 그리고 이러한 법리는 채무자 소유의 부동산에 후순위 저당권이 설정된 후에 물상보증인 소유의 부동산이 추가로 공동저당의 목적으로 된 경우에도 마찬가지로 적용된다(대판 2014.1.23. 2013다207996). ② 반대로 **물상보증인 소유 부동산이 먼저 경매되면** 물상보증인이 채무자 소유 부동산에 '변제자대위'를 하고 물상보증인 소유 부동산의 후순위저당권자는 이에 대하여 다시 '물상대위'를 하게 된다(대판 1994.5.10, 93다25417 : 1회,3회,6회 선택형). 그 이유는 채무자 소유 부동산과 물상보증인 소유 부동산에 공동저당권이 설정된 경우, 물상보증인은 변제자대위를 통해 최종적인 책임을 채무자에게 전가할 수 있는 기대를 갖게 되는데, 이러한 기대가 그 뒤 채무자 소유 부동산에 후순위 저당권이 설정되었다고 하여 침해되어서는 안 되기 때문이다.

2. 사안의 경우

① **1순위 공동저당권자** 乙은 X토지의 저당권의 실행을 통해 자신의 채권액 전액인 5억 원을 배당받을 수 있고, ② **X토지의 후순위저당권자인 丙은** ⅰ) 6억 원의 X토지에서 乙이 배당받고 남은 1억 원을 배당받을 수 있으며, ⅱ) 아울러 동시에 배당했더라면 공동저당권자인 乙이 다른 부동산 Y건물에서 받을 수 있었던 금액인 2억 원의 한도 내에서 공동저당권자를 대위할 수 있으므로, 결국 총 3억 원(1억+ 2억)을 배당받을 수 있다. ③ 따라서 4억 원의 **Y건물의 후순위저당권자인 丁은** 丙이 배당받는 2억에서 남은 금액인 2억 원을 배당받을 수 있다.

Ⅱ. 설문 2. 채무자 소유 부동산과 물상보증인 소유 부동산에 공동저당권이 설정된 경우 개별경매를 한 경우(35)

1. 문제점

공동저당의 목적물이 일부는 채무자의 소유이고 일부는 물상보증인이나 저당부동산의 제3취득자 소유일 때에도 공동저당권을 실행할 수 있고, 이 때 물상보증인이나 제3취득자도 변제자대위의 규정(제481조, 제482조)에 의해 대위권을 취득할 수 있다. 이 경우 후순위저당권자의 대위권과(제368조 2항 후문)의 충돌이 생기는바, 이의 우열관계가 문제된다.

2. 채무자 소유 부동산 Y건물이 먼저 경매된 경우(채무자 소유 부동산의 후순위저당권자와 물상보증인의 관계)

(1) 판 례

"공동저당의 목적인 채무자 소유의 부동산과 물상보증인 소유의 부동산 중 **'채무자 소유의 부동산에 대하여 먼저 경매'**가 이루어져 그 경매대금의 교부에 의하여 1번 공동저당권자가 변제를 받더라도, 채무자 소유의 부동산에 대한 후순위저당권자는 민법 제368조 제2항 후단에 의하여 1번 공동저당권자를 대위하여 물상보증인 소유의 부동산에 대하여 저당권을 행사할 수 없다(대결 1995.6.13, 95마500 : 1회,3회,6회 선택형)고 판시하여 **물상보증인을 우선**(변제자대위 우선설)시키고 있다.[1]

1) [학설] ① '물상보증인 우선설(변제자대위 우선설)'은 물상보증인은 채무자 소유 부동산의 담보력을 신뢰하고 공동저당의 목적물을 제공한 자로서 제481조는 이러한 신뢰를 보호하는 규정이고, 물상보증인이 제공한 부동산의 담보가치의 이용은 물상보증인

즉, 判例는 후순위저당권자의 대위규정(제368조 2항 후문)은 채무자 소유의 수 개의 부동산 또는 동일한 물상보증인 소유의 수 개의 부동산에 관하여 공동저당권이 설정된 경우에만 적용되고, 채무자 소유의 부동산과 물상보증인 소유의 부동산에 관하여 공동저당권이 설정된 경우에는 적용되지 않는다는 입장이다.

(2) 검토 및 사안의 경우

후순위저당권자는 공동저당의 등기에 의하여 물상보증인의 선순위저당권자에 대한 대위를 미리 예견할 수 있다는 점에서 물상보증인을 우선하는 것이 타당하다.

사안의 경우 채무자 소유 부동산 Y가 먼저 경매된 '이시배당'에서, 공동저당권자 乙은 민법 제368조 2항 1문에 의해 자신의 채권액 5억 중 4억 원을 우선 배당받을 수 있고, 나머지 1억 원에 대해서는 X토지의 경매대가에서 우선변제받을 수 있다. 아울러 앞서 검토한 判例의 태도에 따르면 채무자 소유의 부동산에 대한 후순위저당권자 丁은 민법 제368조 제2항 2문에 의하여 1번 공동저당권자를 대위하여 물상보증인 소유의 부동산에 대하여 저당권을 행사할 수 없으므로 X토지의 경매대가에서 丙은 乙이 배당받고 남은 5억원에 대해 배당받을 수 있다.

3. 물상보증인 소유 부동산 X토지가 먼저 경매된 경우(물상보증인 소유 부동산의 후순위저당권자와 물상보증인의 관계)

(1) 판 례

"공동저당의 목적인 채무자소유의 부동산과 물상보증인소유의 부동산에 각각 채권자를 달리하는 후순위저당권이 설정되어 있는 경우, '물상보증인의 부동산이 먼저 경매' 되어 1번저당권자에게 대위변제를 한 물상보증인은 1번저당권을 대위취득하고 그 물상보증인 소유부동산의 후순위저당권자는 1번저당권에 대하여 물상대위를 할 수 있다"(대판 1994.5.10, 93다25417 : 1회,3회,6회 선택형)

(2) 검토 및 사안의 경우

이는 엄격히 말해서 변제자대위와 후순위저당권자대위의 충돌문제가 아니라 물상대위를 인정할 것인가의 문제이다. 물상보증인은 어차피 후순위저당권자에 대하여 집행의 부담을 지고 있었으므로 변제자대위에 의해 유리하게 될 이유가 없다. 따라서 물상대위를 인정하는 判例가 타당하다.

앞서 살핀바와 같이 1번 저당권자 乙은 X토지의 경매를 통해 자신의 채권 전액인 5억 원을 우선적으로 배당받고(제368조 2항 1문), 2번 저당권자 丙이 나머지 1억 원에 대해 배당을 받는다. 그리고 물상보증인 戊는 변제자대위에 의하여 乙의 甲에 대한 5억 원의 채권 및 이를 담보하기 위한 채무자 소유 Y 건물에 관한 乙의 저당권을 대위취득하고(제481조, 제482조), 다시 丙이 그에 대하여 물상대위를 하게 된다(제370조, 제342조). 따라서 나중에 Y건물이 경매되면 丙이 4억 원을 배당받게 되고(X토지에 대한 배당을 포함 총 5억 원), 戊나 丁은 한 푼도 배당을 받지 못하게 된다.

자신이 하게 하는 것이 타당하므로 제362조 2항은 채무자 소유의 부동산에 공동저당권이 설정된 경우에 한하여 적용된다고 한다. ② '후순위저당권자 우선설'은 물상보증인은 공동저당의 목적물을 제공한 이상 부동산 가액에 비례한 피담보채권의 안분액만큼은 부담을 질 각오가 되어 있는 자이므로 그 한도에서는 후순위저당권자를 우선시켜야 한다고 한다.

기출해설

2009년 사법시험 제3문

【공통되는 사실관계】

甲은 A로부터 1억 5,000만 원을 차용하면서 이를 담보하기 위하여 자기 소유의 대지와 그 지상주택, 그리고 친구인 乙, 丙 소유의 각 아파트에 대하여 공동저당권을 설정하였다.

그 후 甲은 B로부터 5,000만 원을 차용하면서 자기 소유의 대지와 그 지상주택에 2순위 저당권을 설정하여 준 다음, 위 주택을 철거하고 그 자리에 2층 상가를 신축하였는데 신축 상가에 대해서 A나 B에게 저당권을 설정하여 주지는 않았다.

2. 甲이 변제기에 위 A에 대한 차용금을 변제하지 못하자, A는 먼저 甲 소유의 대지에 대하여 경매를 신청하여, 위 대지가 C에게 낙찰되었다. 그 결과 A는 1억 2,000만 원을 배당받았고 B는 전혀 배당받지 못하였다. A는 乙, 丙 소유의 아파트들에 대하여 함께 경매를 신청을 하며, 乙 소유의 아파트는 1억 2,000만 원, 丙 소유의 아파트는 6,000만 원에 각각 낙찰되었다.

(가) 甲 소유 대지의 후순위 저당권자인 B는 공동저당에 따른 경매가 동시에 이루어지지 않아 자신이 전혀 배당받지 못하여 부당하다고 주장하면서, 저당권자인 A를 대위하여 乙 소유의 아파트 낙찰대금에 대하여 자신의 채권액 5,000만 원의 배당을 요구하였다. 乙 소유의 아파트 낙찰대금은 어떻게 배당되어야 할 것인가? (경매비용과 이자는 고려하지 말 것) (30점)

사례D-76 물상보증인의 대위권(제481조, 제482조)과 후순위저당권자 대위권(제368조 2항 후문)의 관계

Ⅱ. 설문 2(가) - 乙소유 아파트 낙찰대금의 배당(30)

1. 문제점

공동저당부동산의 후순위저당권자는 선순위저당권자가 다른 부동산의 경매대가에서 변제를 받을 수 있는 금액의 한도에서 선순위자를 대위하여 저당권을 행사할 수 있으므로(제368조 2항 후문) 이에 기하여 B는 배당을 요구하고 있다. 한편 공동저당의 목적물 중 일부가 물상보증인 乙과 丙의 소유인 경우에 그 부동산이 경매되면 그들은 채무자 甲에 대하여 구상권을 취득하고 채권자 A를 대위하여 다른 공동저당부동산 위의 공동저당권을 취득하게 된다(제481조, 제482조). 따라서 이 조항에 의한 변제자대위와 제368조 2항 후문에 의한 후순위저당권자의 대위가 충돌하게 되는 바, 이들의 관계가 문제된다.

2. 물상보증인의 대위권(제481조, 제482조)과 후순위저당권자의 대위권(제368조 2항 후문)의 관계(채무자소유 부동산의 후순위저당권자와 물상보증인의 관계)

(1) 판 례

"공동저당의 목적인 채무자 소유의 부동산과 물상보증인 소유의 부동산 중 채무자 소유의 부동산에 대하여 먼저 경매가 이루어져 그 경매대금의 교부에 의하여 1번 공동저당권자가 변제를 받더라도, 채무자 소유의 부동산에 대한 후순위저당권자는 민법 제368조 제2항 후단에 의하여 1번 공동저당권자를 대위하여 물상보증인 소유의 부동산에 대하여 저당권을 행사할 수 없다"(대결 1995.6.13, 95마500 : 1회,3회,6회 선택형)고 판시하여 물상보증인을 우선시키고 있다.

(2) 검토 및 사안의 경우

후순위저당권자는 공동저당의 등기에 의하여 물상보증인의 선순위저당권자에 대한 대위를 미리 예견할 수 있다는 점에서 물상보증인을 우선하는 것이 타당하다.

乙 소유의 아파트 낙찰대금 1억 2천만원의 배당을 변제자대위 우선설(물상보증인 우선설)에 따라 판단해 보면, 사안과 같이 乙과 丙 소유 아파트가 동시에 배당되는 경우 각 부동산의 경매대가에 비례하여 그 채권의 분담을 정하므로(제368조 1항), 乙과 丙 소유 아파트의 경매대가의 비율인 2 : 1(1억 2천만원 : 6천만원)에 따라 **A의 남은 채권 3천만원 중 2천만원이 우선 배당되고**[1] **나머지 낙찰대금인 1억원은 물상보증인 乙에게 모두 배당된다.**

3. 사안의 해결

변제자대위 우선설에 따라 채권자 A는 현재 3천만원의 채권을 변제받지 못하고 있으므로 3천만원에 대한 동시배당으로 乙소유 아파트에서 2천만원을 丙소유 아파트에서 1천만원이 배당되어야 한다(제368조 제1항). 따라서 乙소유 아파트 나머지 낙찰대금 1억원은 물상보증인 乙에게 귀속될 것이다.

---

1) A의 남은 1천만원의 채권은 丙 소유 아파트 낙찰대금인 6천만원에서 우선배당받게 된다.

기출해설

2016년 사법시험 제3문

【공통되는 사실관계】
X토지는 甲과 乙이 각각 1/2 지분씩 공유하고 있고, Y토지는 甲이 단독으로 소유하고 있다. 甲은 丙으로부터 금전을 차용하면서, 위 차용금채무를 담보할 목적으로 丙에게 X토지에 대한 자신의 지분 및 Y토지에 관하여 각 저당권을 설정하여 주었고, 乙 역시 甲의 위 채무를 담보할 목적으로 자신의 지분에 관하여 丙에게 저당권을 설정하여 주었다. 그 후 甲은 A로부터, 乙은 B로부터 금전을 차용하면서 각각 X토지에 대한 자신의 지분에 관하여 후순위저당권을 설정하여 주었다.
한편, 평소 甲소유의 Y토지에 건물을 건축하여 식당 영업을 희망하였던 C는 甲으로부터 Y토지를 임대차보증금 1억 원, 월 차임 50만 원, 임대차기간 3년으로 정하여 임차하였고, C는 이후 Y토지에 Z건물을 건축하였다. (각 문항은 독립된 것임)

1. X토지 중 乙의 지분이 먼저 경매되어 이로써 丙의 채권이 전부 만족되었다. 만일 B가 丙의 권리를 대위하고자 할 경우, 이와 관련한 B의 구제 방법을 논하시오. (40점)

2. 丙이 乙의 X토지 지분에 관한 경매 절차에서 채권 전부의 만족을 얻게 되자, 丙과 甲은 공모하여 X토지에 대한 甲의 지분 및 Y토지에 관한 각 저당권을 모두 말소하였고, 甲은 즉시 X토지에 대한 자신의 지분과 Y토지를 제3자에게 처분하고 이전등기를 해 주었다. 이 경우 물상보증인 乙의 丙을 상대로 한 손해배상청구는 인용될 수 있는가? (20점)

사례D-77 공동저당권의 변제자대위와 물상대위, 공동저당권의 불법말소

Ⅰ. 설문 1.의 경우(40)

1. 문제의 소재

설문에서는 물상보증인 乙소유의 부동산 X토지 지분의 후순위권리자인 B가 채권자이자 선순위저당권자인 丙의 권리를 대위하고자 할 경우의 B의 구제방법을 묻고 있으므로, 丙에게 공동저당이 인정되는지, B에게 제368조 2항에 의한 후순위저당권자의 대위권이 인정되는지, 乙이 丙에게 변제자대위권을 행사할 수 있고 이를 B가 물상대위할 수 있는지가 문제된다.

2. 丙에게 공동저당이 인정되는지 여부

공동저당이란 채권자가 동일한 채권의 담보로서 수개의 부동산 위에 저당권을 설정하는 것을 말한다(제368조 1항). 사안은 채무자 소유의 수개의 부동산(X토지 甲 명의 1/2지분 및 채무자 甲 소유 Y토지)과, 물상보증인 乙소유의 부동산 X토지 지분에 대하여 甲의 채권자 丙을 위한 공동저당이 설정된 경우이다.

3. B에게 제368조 2항에 의한 후순위저당권자의 대위권이 인정되는지 여부

(1) 제368조 2항 1문의 적용(긍정)

공동저당권자는 공동저당물 전부에 대해 일괄경매를 신청할 수도 있고, 공동저당물 중 일부 만에 대하여 저당권을 실행할 수도 있으며, 이것은 저당권자의 권리에 속한다. 공동저당권자는 어느 일부 부동산만을 경매하여 먼저 배당받는 경우에는 그 경매대금에서 전부변제를 받을 수 있다(제368조 2항 1문). 따라서 설문의 경우 X부동산의 乙 지분이 먼저 경매된 경우 그 경매대금에서 丙의 채권의 전부를 변제받을 수 있다.

(2) 제368조 2항 2문의 적용(부정)

민법은 후순위저당권자는 동시에 배당했더라면 공동저당권자가 다른 부동산에서 변제받을 수 있었던 금액의 한도 내에서 공동저당권자를 대위한다고 규정하고 있으나(제368조 2항 2문), 이는 동시에 배당하는 때에는 각부동산의 경매대가에 비례하여 그 채권의 분담을 정한다는 제368조 1항의 적용을 전제로 한 것이다. 그런데 判例는 제368조 1항은 채무자 소유의 수 개의 부동산 또는 동일한 물상보증인 소유의 수 개의 부동산에 관하여 공동저당권이 설정된 경우에만 적용되고, **채무자 소유의 부동산과 물상보증인 소유의 부동산에 관하여 공동저당권이 설정된 경우에는 적용되지 않**는다고 한다. 즉, 이 경우에는 **채무자 소유 부동산의 경매대가에서 공동저당권자에게 우선적으로 배당**을 하고, 부족분이 있는 경우에 한하여 물상보증인 소유 부동산의 경매대가에서 추가로 배당을 하여야 한다(대판 2010.4.15, 2008다41475 ; 1회,2회,3회,6회 선택형)고 한다. 따라서 제368조 2항 2문의 적용 역시 채무자 소유의 수 개의 부동산 또는 동일한 물상보증인 소유의 수 개의 부동산에 관하여 공동저당권이 설정된 경우에만 적용되고, **채무자 소유의 부동산과 물상보증인 소유의 부동산에 관하여 공동저당권이 설정된 경우에는 적용되지 않게 되므로** B에게는 제368조 2항에 의한 후순위저당권자의 대위권이 인정되지 않는다.

4. B가 乙의 丙에 대한 변제자대위권을 물상대위할 수 있는지 여부

(1) 乙이 丙에 대해 변제자대위권을 행사할 수 있는지 여부(긍정)

"공동저당의 목적인 채무자 소유의 부동산과 물상보증인 소유의 부동산에 각각 채권자를 달리하는 후순위저당권이 설정되어 있는 경우, 물상보증인 소유의 부동산에 대하여 먼저 경매가 이루어져 그 경매대금의 교부에 의하여 1번저당권자가 변제를 받은 때에는 **물상보증인은 채무자에 대하여 구상권을 취득함과 동시에, 민법 제481조, 제482조의 규정에 의한 변제자대위에 의하여 채무자 소유의 부동산에 대한 1번저당권을 취득한다**"(대판 1994.5.10, 93다25417 : 1회,3회,6회 선택형).

따라서 물상보증인 乙은 채무자 甲에 대한 구상권을 취득함과 동시에 丙에 대해 변제자대위권을 행사할 수 있다.

(2) B가 乙의 丙에 대한 변제자대위권을 물상대위할 수 있는지 여부(긍정)

判例는 "이러한 경우 물상보증인 소유의 부동산에 대한 후순위저당권자는 물상보증인에게 이전한 1번저당권으로부터 우선하여 변제를 받을 수 있으며, 물상보증인이 수인인 경우에도 마찬가지라 할 것이므로(이 경우 물상보증인들 사이의 변제자대위의 관계는 민법 제482조 제2항 제4호, 제3호에 의하여 규율될 것이다), **자기 소유의 부동산이 먼저 경매되어 1번저당권자에게 대위변제를 한 물상보증인은 1번저당권을 대위취득하고, 그 물상보증인 소유의 부동산의 후순위저당권자는 1번저당권에 대하여 물상대위를 할 수 있다**"(대판 1994.5.10, 93다25417 : 1회,3회,6회 선택형)고 하였다.

따라서 B는 乙의 丙에 대한 변제자대위권을 물상대위하여 丙이 甲의 부동산(X토지 甲 명의 1/2지분 및 채무자 甲 소유 Y토지)에 갖는 1번저당권을 행사할 수 있다.

5. 결 론

B가 丙의 권리를 대위하고자 할 경우에는 제368조 2항 2문에 기한 후순위저당권자의 대위는 할 수 없고, 乙이 丙에 대하여 가지는 변제자대위권을 물상대위 할 수 있다.

Ⅱ. 설문 2.의 경우(40)

1. 문제의 소재

丙이 甲과 공모하여 X토지에 대한 甲의 지분 및 Y토지에 관한 각 저당권을 모두 말소하고, 甲이 즉시 위 부동산을 처분하여 제3자에게 이전등기가 이루어진 경우 乙이 대위취득한 저당권으로 대항할 수 없어 공동불법행위자 중 1인인 丙에게 불법행위를 이유로 한 손해배상청구를 할 수 있는지가 문제된다.

2. 乙이 제3자에게 대항할 수 있는지 여부

判例는 공동근저당의 목적인 채무자 소유 부동산과 물상보증인 소유 부동산 중 물상보증인 소유 부동산에 먼저 경매가 이루어져 공동근저당권자가 변제를 받았는데, 물상보증인 소유 부동산에 대한 후순위저당권가 물상보증인 명의로 대위의 부기등기를 하지 않고 있는 동안 공동근저당권자가 임의로 채무자 소유 부동산에 설정되어 있던 공동근저당권을 말소하였고, 그 후 채무자 소유 부동산에 제3자 명의의 근저당권이 설정되었다가 경매로 그 부동산이 매각된 사안에서, 민법 제482조 2항 1호에 의하여 물상보증인 소유 부동산의 후순위저당권자는 대항할 수 없다고 판시하였다(대판 2011.8.18. 2011다30666,30673).

사안의 경우 乙은 물상보증인으로서 丙을 대위하여 甲에게 제1저당권을 행사할 수 있으나 부기등기를 하지 않은 이상 저당목적물의 소유권을 취득한 제3자에게 대항할 수 없다.

3. 乙이 丙에게 불법행위를 이유로 한 손해배상청구를 할 수 있는지 여부

判例는 공동저당권자에 의한 공동근저당권의 불법말소 후 제3자가 저당부동산의 소유권을 취득한 사안에서, 물상보증인 소유 부동산의 후순위저당권자는 더 이상 물상보증인의 권리를 대위할 수 없어 손해가 확정적으로 발생하였고, 물상보증인이 대위의 부기등기를 마치지 않은 사정만으로 공동저당권자의 불법행위와 손해 사이에 존재하는 인과관계가 단절된다고 할 수 없다고 판시하였다(대판 2011.8.18. 2011다30666,30673).

사안의 경우 비록 乙이 제3자에게 저당권으로 대항할 수 없게 된 데에는 乙 자신이 대위의 부기등기를 하지 않은 사정이 있었으나, 그렇다 하더라도 丙의 불법행위와 乙의 손해 사이에 존재하는 인과관계가 단절된다고 할 수 없으므로 乙은 丙에게 불법행위로 인한 손해배상을 청구할 수 있다(제750조).

4. 결 론

丙이 甲과 공모하여 X토지의 甲의 지분 및 Y토지에 관한 저당권을 모두 말소한 것은 乙에 대하여 공동불법행위가 성립하고 乙은 공동불법행위자 중 1인인 丙에 대하여 불법행위손해배상책임을 물을 수 있다.

2019년 1차 법전협모의 제2문

【계속된 사실관계】

(X토지 소유자 丙은 X토지 위에 Z건물을 소유한 甲을 상대로 Z건물의 철거소송을 제기하였고, 甲은 법정지상권의 취득을 근거로 항변하였는데) 甲과 丙의 화해로 甲이 Z건물을 X토지 위에 유지할 수 있게 되었다. 丙은 丁은행으로부터 3억 원을 차용하면서, 2018. 2. 1. 丙 소유 X토지와 甲에게 부탁하여 甲 소유 Z건물에 관하여 丁명의의 공동근저당권이 설정되었다. 그 후 甲은 A로부터 1억 5,000만 원을 차용하면서 Z건물에 관하여 2018. 3. 10. A 명의의 제2순위 근저당권을 설정해 주었다.

【계속된 사실관계】

甲이 A의 피담보채무에 대한 이자를 연체하자, A는 2018. 7. 10. Z건물에 대하여 경매를 신청하였고, 丁은행이 2018. 9. 2. 배당에 참가하여 Z건물로부터 피담보채권액 3억 원을 우선 배당받았다. 그 후 B가 2018. 10. 6. X토지에 대하여 경매를 신청하여 2018. 12. 15. 매각대금이 완납되었다. 배당기일에 丁은행은 채권최고액의 범위 내에서 2018. 10. 26. 丙에게 1억 원을 추가로 대출하였으므로 X토지로부터의 우선변제권을 주장하였고, B는 丁은행이 Z건물의 배당에 참가하였으므로 X토지에 대해서도 그 당시 이미 피담보채권이 확정되었다고 주장하였다.

3. B의 주장에 대한 법원의 판단을 근거와 함께 기술하시오. (15점)

사례D-78 공동근저당권의 피담보채권의 확정시기 1.★

Ⅲ. 문제 3.의 경우(15)

1. 문제점

공동근저당권자가 목적 부동산 중 일부 부동산에 대하여 제3자가 신청한 경매절차에 소극적으로 참가하여 우선배당을 받은 경우, 해당 부동산과 나머지 목적 부동산에 관한 근저당권의 피담보채권이 각각 확정되는지 여부가 문제된다.

2. Z건물에 대한 丁의 공동저당권이 확정되는지 여부(적극)

(1) 근저당권의 피담보채권의 확정시기

① 근저당권자가 근저당목적물에 대하여 경매신청을 함으로써 거래를 종료시키려는 의사를 표시한 경우에는 **'경매신청시'**(경매개시결정시가 아님)에 피담보채권의 원본이 확정되나(대판 1988.10.11. 87다카545 : 2회 선택형), ② 후순위 근저당권자 등 제3가 경매를 신청한 경우 선순위 근저당권의 피담보채권은 그 근저당권이 소멸하는 시기, 즉 **'경락인이 경락대금을 완납한 때'**에 확정된다(대판 1999.9.21, 99다26085 : 2회,8회 선택형).

(2) 검 토

근저당권의 당사자들은 매각대금이 완납될 때까지 거래를 계속할 수 있지만, 그때까지 피담보채권이 확정되지 않는다고 하면 후순위담보권자가 지나치게 불리해질 가능성이 있다. 그러나 채권최고액 만큼의 담보가치는 이미 선순위 근저당권자에 의하여 파악되어 있는 것이므로 이는 후순위담보권자가 감수해야 할 위험이라고 보아야 한다. 따라서 '경락인이 경락대금을 완납한 때'에 확정된다고 보는 것이 보다 타당하다(다수설).

(3) 사안의 경우

선순위저당권자 丁 스스로 경매신청을 한 것이 아니라 후순위 저당권자 A의 Z건물에 대한 경매신청이 있었던 경우이므로 丁의 Z건물에 대한 공동근저당권은 경락인이 경락대금을 완납한 때에 확정된다.

3. X토지에 대한 丁의 공동근저당권이 확정되는지 여부(소극)

(1) 공동근저당권의 피담보채권의 확정시기

① 공동근저당권자가 목적물 중 일부에 대하여 **'스스로 경매를 신청'** 한 경우에는 목적물 전체에 관하여 공동근저당권이 확정된다(대판 1996.3.8, 95다36596). ② 그러나 공동근저당권자가 목적 부동산 중 일부 부동산에 대하여 **'제3자가 신청한 경매절차에 소극적으로 참가하여 우선배당을 받은 경우'**, 해당 부동산에 관한 근저당권의 피담보채권은 그 근저당권이 소멸하는 시기, 즉 매수인이 매각대금을 지급한 때에 확정되지만, '나머지 목적 부동산에 관한 근저당권의 피담보채권'은 기본거래가 종료하거나 채무자나 물상보증인에 대하여 파산이 선고되는 등의 다른 확정사유가 발생하지 아니하는 한 확정되지 아니한다(대판 2017.9.21. 2015다50637)

(2) 검 토

공동근저당권자가 제3자가 신청한 경매절차에 소극적으로 참가하여 우선배당을 받았다는 사정만으로는 당연히 채권자와 채무자 사이의 기본거래가 종료된다고 볼 수 없고, **기본거래가 계속되는 동안에는 공동근저당권자가 나머지 목적 부동산에 관한 근저당권의 담보가치를 최대한 활용할 수 있도록 피담보채권의 증감·교체를 허용할 필요가 있으며**, 위와 같이 우선배당을 받은 금액은 나머지 목적 부동산에 대한 경매절차에서 다시 공동근저당권자로서 우선변제권을 행사할 수 없어 이후에 피담보채권액이 증가하더라도 **나머지 목적 부동산에 관한 공동근저당권자의 우선변제권 범위는 우선배당액을 공제한 채권최고액으로 제한되므로 후순위 근저당권자나 기타 채권자들이 예측하지 못한 손해를 입게 된다고 볼 수 없으므로 判例의 입장이 타당하다**(대판 2017.9.21. 2015다50637).

(3) 사안의 경우

丁은 A가 신청한 Z건물에 대한 경매에서 소극적으로 배당에 참가하였다 하더라도 이로서 나머지 공동저당 부동산인 X토지에 대하여 피담보채권이 확정되는 것은 아니다. 그리고 X토지는 제3자인 B의 경매신청으로 매각되었으므로, 丁의 X토지에 대한 공동저당권은 경락인이 경락대금을 완납한 때인 2018. 12. 15.에 확정된다. 따라서 2018. 10. 26. 丁의 丙에 대한 1억 원의 추가대출은 근저당권이 확정되기 전에 발생한 채권이므로 '채권최고액의 범위 내'에서 근저당권에 의하여 담보된다.

4. 사안의 해결

B의 주장은 이유가 없다.

기출해설 2020년 변호사시험 제2문

【기초적 사실관계】
甲은 2015. 2. 1. A은행으로부터 3억 원을 변제기 2017. 1. 31.로 정하여 차용하였는데, 같은 날 甲과 A은행은 '甲이 A은행에 대해 현재 및 장래에 부담하는 대출 및 보증에 기해 발생하는 채무'를 담보한다는 내용의 근저당권설정계약서를 작성하고, 甲 소유의 X토지(시가 5억 원) 및 Y건물(시가 3억 원)에 대해 각 A은행 명의로 채권최고액을 4억 5,000만 원으로 하는 1번 근저당권설정등기를 마쳐 주었다. 이후 甲은 2016. 4. 1. B은행으로부터 2억 원을 변제기 2017. 3. 31.로 정하여 차용하면서, 甲 소유의 X토지에 대해 채권최고액을 2억 5,000만 원으로 하는 2번 근저당권설정등기를 마쳐 주었다. 또한 甲은 2016. 5. 1. A은행으로부터 1억 원을 변제기 2017. 4. 30.로 정하여 추가로 차용하였다. 이후 甲이 A은행에 대한 위 각 차용금채무를 변제하지 않자 A은행은 2018. 3. 2. X토지에 대해서 근저당권에 기한 경매를 신청하였다. 한편 2018. 4. 1. 甲의 배우자인 丁은 A은행으로부터 5,000만 원을 변제기 2019. 3. 31.로 정하여 차용하였고, 당시 甲은 丁의 A은행에 대한 차용금채무를 연대보증하였다.

1. 위 경매절차에서 2019. 8. 1. X토지가 시가 상당액인 5억 원에 매각되고, 2019. 9. 1. 배당이 이루어진다면, A은행이 X토지의 매각대금으로부터 배당받을 수 있는 금액은 얼마인가? (배당받을 금액을 산정하는 데 있어 차용원금 외에 이자 및 지연손해금 등은 고려하지 않음) (20점)

사례D-79 공동근저당권의 피담보채권의 확정시기 2.★

Ⅰ. 문제 1.의 경우(20)

1. 문제점

채무자 소유 공동근저당물의 이시배당과 배당순서 및 공동근저당의 이시배당에 있어 공동근저당권자가 목적물 중 일부에 대하여 **'스스로 경매를 신청'** 한 경우 피담보채권액의 확정이 문제된다.

2. 공동근저당의 효과

(1) 공동저당의 법리 적용여부

'동일한 채권'의 담보로 수개의 부동산에 저당권을 설정하는 것이 공동저당인데(제368조), 근저당에서는 채권은 불확정한 것이지만 장래 근저당이 확정되는 것을 전제로 하여 채권최고액의 범위 내에서 우선변제를 받는 것이 예정되어 있으므로, **공동근저당에 관하여도 공동저당에 관한 제368조가 적용되고**, 또한 공동근저당권자 스스로 경매를 실행하는 경우는 물론 타인이 실행한 경매에서 우선배당을 받는 경우에도 적용된다(대판 2006.10.27, 2005다14502 등).

(2) 후순위저당권자에 대한 관계

일괄경매(**동시배당**)의 경우 공동저당권자의 자의를 허용하지 않고 각 부동산의 경매대가에 비례해서 피담보채권의 부담 부분을 안분하고(제368조 1항), 그 비례 안분액을 넘는 부분은 후순위저당권자의 변제에 충당한다. 한편 개별경매(이시배당), 즉 공동저당권자가 어느 일부 부동산만을 경매하여 먼저 배당받는 경우에는 그 경매대금에서 전부변제를 받을 수 있다(제368조 2항 1문).

(3) 사안의 경우

A은행은 X토지 및 Y건물에 대해 1번 근저당권을 가지고 있으므로 공동근저당권자에 해당하고, 2019. 8. 1. X토지가 먼저 5억 원에 매각되었으므로 채권최고액 4억 5,000만 원의 한도에서 피담보채권액 전부의 변제를 받을 수 있다.

3. 공동근저당권의 피담보채권액 확정

(1) 피담보채권액의 범위 및 확정

근저당권에 의해 담보되는 채권의 범위는 그 설정계약에서 정한 최고액을 한도로 하여 결산기에 가서 확정되는 현실의 채권 잔액인데, ① 근저당권자가 근저당목적물에 대하여 경매신청을 함으로써 거래를 종료시키려는 의사를 표시한 경우에는 **'경매신청시'**(경매개시결정시가 아님)에 피담보채권의 원본이 확정되나(대판 1988.10.11. 87다카545 : 2회 선택형), ② 후순위 근저당권자 등 제3가 경매를 신청한 경우 선순위 근저당권의 피담보채권은 그 근저당권이 소멸하는 시기, 즉 **'경락인이 경락대금을 완납한 때'**에 확정된다(대판 1999.9.21, 99다26085 : 2회,8회 선택형).

(2) 사안의 경우

甲과 A은행의 근저당권설정계약은 '甲이 A은행에 대해 현재 및 장래에 부담하는 대출 및 보증에 기해 발생하는 채무'를 담보한다는 내용이므로 근저당권설정계약이 채결된 2015. 2. 1.자 3억 원의 채권뿐만 아니라 2016. 5. 1.자 1억 원의 채권도 피담보채권액에 포함된다.

그러나 2018. 3. 2. A은행 스스로 X토지에 대해서 근저당권에 기한 경매를 신청하였으므로, 피담보채권액은 2018. 3. 2.을 기준으로 확정되고 그 이후에 甲이 부담하게 된 2018. 4. 1.자 5,000만 원의 보증채무는 A은행의 피담보채권액에 포함되지 않는다.

4. 사안의 해결

A은행은 X부동산의 매각대금 5억 원 중 채권최고액 4억 5,000만 원까지 우선변제를 받을 수 있는 바, 공동근저당권의 피담보채권액은 2015. 2. 1.자 3억 원의 채권과 2016. 5. 1.자 1억 원의 채권의 합계인 4억 원이므로, 총 4억 원을 배당받을 수 있다.

기출해설 2021년 3차 법전협모의 제2문

丙은 2019. 5. 3. 3억 원을 丁으로부터 차용한 후 자신 소유의 X토지에 대하여 2019. 5. 6. 채권최고액 2억 원으로 하는 근저당권을 丁에게 설정해 주었다. 한편 丁은 위 3억 원을 확실하게 변제받기 위하여 추가로 2019. 5. 9. 甲 소유의 Y토지에 대하여 채권최고액 2억 원으로 하는 근저당권을 설정받았다. 丙은 2019. 7. 7. 乙에 대한 자재대금채무(2억 원)를 담보하기 위하여 X토지에 대하여 채권최고액 2억 원으로 하는 근저당권을 乙에게 설정해 주었다. 이후 丁은 2020. 5. 3. Y토지에 대한 협의취득보상금에 대하여 물상대위권을 행사하여 2억 원을 수령하였다. 한편 X토지에 대한 담보권 실행을 위한 경매절차가 진행되어 2020. 10. 5. 丁은 1억 원, 乙은 2억 원, 甲은 2억 원을 채권액으로 신고하였다. 법원은 2020. 11. 25. 매각대금에서 집행비용을 제외한 금액인 2억 원을 丁에게 1억 원을 乙에게 1억 원을 배당하고, 甲에게 전혀 배당하지 않았다. 이에 甲은 2021. 6. 5. 乙에 대한 배당액에 대해 이의하고 2021. 6. 9. 배당이의의 소를 제기하였다.

1. 법원은 어떠한 판단을 하여야 하는지, 1) 결론(소각하/청구기각/청구전부인용/청구일부인용 - 일부 인용의 경우 인용범위를 특정할 것)과 2) 논거를 기재하시오. (이자, 지연손해금은 고려하지 말 것) (20점)

사례D-80 누적적 근저당권, 물상보증인의 변제자대위와 후순위근저당권자의 우열

Ⅰ. 문제 1.의 경우(20)

1. 문제점

먼저 공동근저당권과 누적적 근저당권의 구별을 통해 丁의 근저당권의 성질을 확인하고, 甲의 배당이의의 소 인용여부를 위해 물상보증인 甲의 변제자대위와 후순위근저당권자 乙의 우열을 검토하기로 한다.

2. 丁의 근저당권의 성질(공동근저당권과 누적적 근저당권의 구별)

判例가 판시하는 바와 같이 "당사자 사이에 하나의 기본계약에서 발생하는 동일한 채권을 담보하기 위하여 여러 개의 부동산에 근저당권을 설정하면서 각각의 근저당권 채권최고액을 합한 금액을 우선변제받기 위하여 공동근저당권의 형식이 아닌 '개별 근저당권의 형식'을 취한 경우, 이러한 근저당권은 민법 제368조가 적용되는 공동근저당권이 아니라 피담보채권을 누적적(累積的)으로 담보하는 근저당권에 해당한다. 이와 같은 누적적 근저당권은 공동근저당권과 달리 담보의 범위가 중첩되지 않으므로, 누적적 근저당권을 설정받은 채권자는 여러 개의 근저당권을 동시에 실행할 수도 있고, 여러 개의 근저당권 중 어느 것이라도 먼저 실행하여 그 채권최고액의 범위에서 피담보채권의 전부나 일부를 우선변제받은 다음 피담보채권이 소멸할 때까지 나머지 근저당권을 실행하여 그 근저당권의 채권최고액 범위에서 반복하여 우선변제를 받을 수 있다"(대판 2020.4.9. 2014다51756, 51763).

사안의 경우 丁은 丙에 대한 대여금채권 3억 원을 확실히 담보하기 위해 丙에 대한 채권최고액 2억 원의 근저당권에 추가하여 甲으로부터 개별적으로 채권최고액 2억 원의 근저당권을 설정받았으므로 양자는 누적적 근저당권에 해당한다.

3. 물상보증인 甲의 변제자대위권

判例가 판시하는 바와 같이 "채권자가 하나의 기본계약에서 발생하는 동일한 채권을 담보하기 위하여 채무자 소유의 부동산과 물상보증인 소유의 부동산에 누적적 근저당권을 설정받았는데 물상보증인 소유의 부동산이 먼저 경매되어 매각대금에서 채권자가 변제를 받은 경우, 물상보증인은 채무자에 대하여 구상권을 취득함과 동시에 민법 제481조, 제482조에 따라 종래 채권자가 가지고 있던 채권 및 담보에 관한 권리를 행사할 수 있다. 이때 **물상보증인은 변제자대위에 의하여 종래 채권자가 보유하던 채무자 소유 부동산에 관한 근저당권을 대위취득하여 행사할 수 있다**"(대판 2020.4.9. 2014다51756, 51763).

사안의 경우 丁은 Y토지에 대한 협의취득보상금에 대해 물상대위권을 행사하여 2억 원을 수령하였으므로 Y토지의 소유자였던 물상보증인 甲 역시 X토지에 대한 丁의 권리를 대위취득할 수 있다(제481조, 제482조 1항). 그런데 判例는 채권자와 일부변제대위자의 관계에 대해 '채권자우선설'을 취하고 있으므로(대판 1988.9.27, 88다카1797), X토지의 매각대금 중 1억 원은 일단 丁에게 우선배당된다. 따라서 나머지 매각대금 1억 원의 배당에서 甲과 乙의 우열관계를 검토하여야 한다.

[주의] 과거 判例는 '협의취득' 보상금에 대해서는 '강제수용' 보상금과 달리 저당권이 소멸되지 않음을 이유로 물상대위권을 부정하였으나(대판 1981.5.26. 80다2109), 2014다51756, 51763판결은 누적적 근저당권자의 물상대위권이 인정됨을 전제로 해당법리를 전개하고 있음을 주의하여야 한다.

4. 물상보증인 甲의 변제자대위와 후순위근저당권자 乙의 우열

判例가 판시하는 바와 같이 "누적적 근저당권은 공동근저당권이 아니라 개별 근저당권의 형식으로 등기되므로 채무자 소유 부동산의 후순위저당권자는 해당 부동산의 교환가치에서 선순위근저당권의 채권최고액을 뺀 나머지 부분을 담보가치로 파악하고 저당권을 취득한다. 따라서 **선순위근저당권의 채권최고액 범위에서 물상보증인에게 변제자대위를 허용하더라도 후순위저당권자의 보호가치 있는 신뢰를 침해한다고 볼 수 없다**"(대판 2020.4.9. 2014다51756, 51763).

따라서 丁에게 우선배당되고 남은 1억 원은 甲에게 배당되어야 하며 乙에게 돌아갈 몫은 남아있지 않다.

5. 사안의 해결

X토지의 매각대금 2억 원은 丁에게 1억 원, 甲에게 1억 원씩 배당되어야 하므로 甲의 배당이의의 소는 일부인용되어야 한다.

기출해설 2012년 3차 법전협모의 제2문

【추가된 사실관계】
甲법인은 E금융기관으로부터 5억 원을 차용하면서 담보를 위해 화성시 소재 甲의 농장 X동 축사에서 사육중인 돼지 1천 마리를 점유개정의 방식으로 양도하였다. 그 후 甲법인은 사료공급업자 F와 사료공급계약을 맺고 2012. 1. 1. F의 사료대금채권 1억 원의 담보로 위 돼지들을 F에게 역시 점유개정방식으로 양도하였다.
4. 이러한 경우에 F가 양도담보권을 취득할 수 있는지를 검토하시오.(30점)

사례D-81 유동집합동산의 양도담보, 점유개정에 의한 선의취득 가부★

Ⅳ. 설문 4.의 경우(30)

1. 결 론

甲법인의 F에 대한 제2양도담보설정행위는 무권리자의 처분이므로(신탁적 소유권이전설), F는 양도담보권을 취득하지 못한다. 다만 F의 선의취득이 문제되나, 점유개정에 의한 선의취득은 인정되지 않으므로 F는 양도담보권을 선의취득할 수 없다.

2. 논 거

(1) E에 대한 양도담보설정(제1양도담보)의 유효성

1) 판 례(다, 종, 장, 수)

判例는 일반적으로 일단의 증감 변동하는 동산(양만장의 뱀장어, 농장의 돼지, 제강회사가 제품생산에 필요하여 반입하는 원자재 등)을 **'하나의 물건으로 보아'** 이를 채권담보의 목적으로 삼으려는 이른바 집합물에 대한 양도담보설정계약체결도 가능하며, 이 경우 **그 목적동산이 담보설정자의 다른 물건과 구별될 수 있도록 그 종류·장소 또는 수량지정 등의 방법에 의하여 특정되어 있으면** 그 전부를 하나의 재산권으로 보아 이에 대해 유효한 담보권의 설정이 된 것으로 볼 수 있다고 한다(대판 1990.12.26, 88다카20224).[1)]

2) 사안의 경우

이러한 양도담보가 유효하기 위해서는 목적물이 특정되어야 하는바, 사안의 경우 甲의 농장 X동 축사에서 사육중인 돼지 1천 마리를 양도담보의 객체로 하였으므로 설문내용만으로 명확하지는 않으나 종류·장소 또는 수량지정 등의 방법에 의하여 특정되었다고 할 것이다. 따라서 **위 양도담보는 유효하다.**

---

1) 구성요소가 변동하는 집합동산에 대해서도 양도담보의 효력이 미치는지 여부는 소유권 기타의 물권은 하나의 '특정'한 물건에만 성립할 수 있다는 원칙, 즉 '일물일권주의'에 반하지는 않는지와 관련된다. 즉, 당해 사안과 같이 돈사 내의 돼지 전부에 대해 양도담보를 설정하였는데, 돼지는 성장을 계속하고 성장한 후에는 수시로 내다 팔고 또한 새끼돼지가 태어나게 되는 경우가 발생하는 바, 현재의 돼지 전부에 대해서도 양도담보의 효력이 미치는지 문제되는 것이다.

(2) 돼지의 소유권자 확정(동산양도담보의 법적성질)

1) 판 례

判例는 동산양도담보의 경우 가등기담보 등에 관한 법률의 시행 전후를 불문하고 신탁적 소유권이전설의 입장이다. 즉 "금전채무를 담보하기 위하여 채무자가 그 소유의 동산을 채권자에게 양도하되 점유개정에 의하여 채무자가 이를 계속 점유하기로 한 경우 특별한 사정이 없는 한 동산의 소유권은 신탁적으로 이전됨에 불과하여 채권자와 채무자 사이의 대내적 관계에서 채무자는 의연히 소유권을 보유하나 대외적인 관계에 있어서 채무자는 동산의 소유권을 이미 채권자에게 양도한 무권리자가 된다"(대판 2004.10.28. 2003다30463 : 3회 선택형, 11행정)고 판시하고 있다.

2) 사안의 경우

생각건대, 양도담보권자는 담보권 실행의 시기 및 방법의 자유로운 선택 등 합리적인 이유에서 '소유권이전'이라는 형식을 택한 것인바 명문의 규정 없이 함부로 이를 부정할 것은 아니다. 그렇다면 동산양도담보권자 E는 대외적 관계에서 돼지 1천 마리에 대한 소유권을 주장할 수 있다. 다만 대내외관계를 구별하는 判例에 의하면, 동산양도담보권자 E는 대내적 관계에서는 담보계약에 따른 권리만을 갖는다.

(3) F에 대한 양도담보설정(제2양도담보)의 유효성

1) 甲법인의 F에 대한 양도담보권설정의 효력

앞서 살펴본 신탁적 소유권이전설에 따르면, 양도담보 설정 이후 소유권을 가지지 않는 양도담보설정자의 처분은 무권리자의 처분이므로, 원칙적으로 E는 F에 대한 관계에서는 그 소유권을 주장할 수 있다. 다만 F에게 선의취득이 인정되는지 문제된다.

2) F의 점유개정에 의한 선의취득 가부[2)]

가) 판 례

判例는 "동산의 선의취득에 필요한 점유의 취득은 현실적 인도가 있어야 하고 점유개정에 의한 점유취득만으로서는 그 요건을 충족할 수 없다"(대판 1964.5.5, 63다775 : 11 · 15행정)고 하여 부정설을 취한다.

나) 사안의 경우

점유개정은 관념적 점유이전 중에서도 가장 불명확한 것으로, 외부에서는 거래행위의 존재를 인식할 수 없으므로 이를 인정하면 원권리자에게 너무 가혹하다는 점에서 부정설이 타당하다. 그러나 부정설에 따르더라도 나중에 현실인도를 받을 때까지 선의 · 무과실이면 그 때 '현실인도에 의한 선의취득'이 인정될 수 있다.

사안에서 F가 점유하고 있는 돼지에 관하여는 점유개정에 의한 선의취득이 인정되지 않기 때문에 이에 대한 소유권자는 여전히 E이다.

---

2) 동산 양도담보권도 선의취득의 대상이 될 수 있다. 양도담보권을 신탁적 소유권으로 보면 소유권의 선의취득에 관한 제249조가, 담보물권으로 보면 질권의 선의취득에 관한 제343조가 적용된다. 이에 대해 통설과 判例는 동산양도담보의 법적성질에 대해서 신탁적 소유권이전설을 취하는 바, 동산 양도담보의 경우 양수인은 담보물권을 취득하는 것이 아니라 소유권을 취득한다고 보므로 제249조의 성립여부가 문제된다.

기출해설 2014년 사법시험 제3문

A는 2014. 2. 2.에 B로부터 3개월을 기한으로 3억 원을 빌리면서 그 차용금 채무의 담보로 A가 소유한 4호 크기의 이중섭 화백의 '황소'를 B에게 양도하고 그 그림을 A의 거실에 계속 걸어두기로 하였다. 그 후에도 급전이 필요하게 된 A는 2014. 3. 3.에 C로부터 2개월을 기한으로 2억 원을 빌리면서 그 차용금 채무의 담보로 '황소'를 다시 C에게 양도하고 그 그림을 계속 A의 거실에 걸어두기로 하였다. **(아래 각 문항은 별개의 사안임)**

1. A는 2014. 4. 4.에 이중섭 화백의 작품에 심취한 수집가 D의 집요한 요청으로 '황소'를 D에게 팔기로 약속하고 그에 따라 D에게 '황소'를 넘겨주었다. B와 C는 D에게 '황소'의 인도를 각 청구한다. **각 청구의 정당성을 검토하시오. (20점)**
2. 미술관의 개관을 맞아 2014. 5. 5.부터 6. 6.까지 특별전을 기획한 E에게 A는 같은 해 4. 4.에 1,000만 원을 받고 '황소'를 대여하였다. 그런데 같은 해 6. 3.에 잘못 설치된 조명등의 과열로 불이 나 미술관 건물과 함께 '황소'가 소실되었다.
   B와 C가 대여금을 회수하기 위하여 행사할 수 있는 권리를 설명하시오. (30점)

사례D-82 이중의 동산양도담보, 양도담보권침해에 따른 구제수단★

설문 1.(20)

Ⅰ. 문제점(2)

B와 C의 D에 대한 황소인도청구권(제213조 본문)이 인정되기 위해서는 ⅰ) B 또는 C가 황소의 소유자일 것, ⅱ) D가 황소를 점유하고 있을 것을 요한다. ⅱ) 사안에서 D는 황소를 점유하고 있는바, 먼저 ⅰ) 요건과 관련하여 동산양도담보의 법적성질(B의 소유권 확정) 및 점유개정에 의한 선의취득(C의 소유권 확정)이 문제된다. 다만 '동산담보등기부'에 등기했다는 사정이 없으므로 '동산채권 등의 담보에 관한 법률'은 문제되지 않는다.[1)]

Ⅱ. B 또는 C가 황소의 소유권자인지 여부(14)

1. 동산양도담보의 법적 성질(B가 황소의 소유권자인지 여부)

判例는 양도담보권자는 청산절차를 마치기 전이라 하더라도 제3자에 대한 관계에서는 물건의 소유자임을 주장할 수 있다고 하여 신탁적 소유권이전설의 입장인바(대판 2004.10.28. 2003다30463 : 3회 선택형), 양도담보권자는 담보권 실행의 시기 및 방법의 자유로운 선택 등 합리적인 이유에서 '소유권이전'이라는 형식을 택한 것인바 判例의 입장은 타당하다(통설).[2)]

---

1) 동법은 2012년 6월 10일부터 시행되고 있다. 동법의 특징은 동산담보권과 채권담보권을 창설하여, 담보등기에 의해 이를 공시하며, 설정자가 동산을 점유하여 사용·수익하는데 있다. 그런데 동법에 의한 담보권과는 별개로 기존의 담보제도는 존속한다. 그러므로 당사자들은 그 선택에 따라 기존의 질권이나 양도담보를 이용하거나, 아니면 동법에 따라 동산담보권이나 채권담보권을 설정할 수 있다. 그리고 동법은 인적 적용범위를 제한하고 있다. 즉 동산·채권을 담보로 제공하는 경우에는 법인(상사법인, 민법법인, 특별법에 따른 법인, 외국법인을 말한다. 이하 같다) 또는 '상업등기법'에 따라 상호등기를 한 사람으로 한정한다(동법 2조 5호).

이에 따르면 B는 황소의 양도담보권자로서 대외적으로 황소에 대한 소유자임을 주장할 수 있다. 다만 그 후 A는 C와 양도담보권설정계약을 체결한 바, 신탁적 소유권이전설에 따르면 A는 이미 대외적으로 B에게 '황소'에 대한 소유권을 양도한 무권리자이므로 C의 양도담보권 선의취득 가부가 문제된다.[3)]

2. C의 양도담보권 취득여부(C가 황소의 소유권자인지 여부)

(1) 점유개정에 의한 선의취득의 인정여부

선의취득이 성립하기 위해서는 ⅰ) 목적물이 동산이어야 하고, ⅱ) 처분자는 점유자이지만 무권리자이어야 하고, ⅲ) 유효한 거래행위에 의해 점유를 승계취득한 것이어야 하며, ⅳ) 선의취득자의 점유는 평온·공연·선의·무과실이어야 한다(제249조).

사안에서는 **점유개정에 의한 선의취득이 인정되는지** 문제되는바, 判例는 "동산의 선의취득에 필요한 점유의 취득은 현실적 인도가 있어야 하고 점유개정에 의한 점유취득만으로서는 그 요건을 충족할 수 없다"(대판 1964.5.5, 63다775 : 11 · 15행정)고 하여 **부정설**을 취한다. 점유개정은 관념적 점유이전 중에서도 가장 불명확한 것으로, 외부에서는 거래행위의 존재를 인식할 수 없으므로 이를 인정하면 원권리자에게 너무 가혹하다는 점에서 부정설이 타당하다(다수설).

(2) 사안의 경우

사안의 경우 C는 동산인 황소를 무권리자 A로부터 취득한 것이나 점유개정에 의해 점유를 취득한 것이며, 이후에 현실인도를 받았다는 사정도 보이지 않으므로 C는 양도담보권을 취득하지 못한다(대판 2004.10.28. 2003다30463 참고 : 3회 선택형).[4)] 따라서 '황소'인도청구권은 B에게만 원칙적으로 인정된다. 다만 D가 위 황소를 선의취득하여 자신이 소유권을 취득하였음을 주장할 수 있는지 문제된다.[5)]

Ⅲ. D의 황소에 대한 선의취득 가부(4)

전술한 선의취득의 요건에 따르면, ⅰ) D는 동산인 '황소'에 대하여, ⅱ) 점유자이지만 대외적으로 무권리자인 A로부터, ⅲ) 황소를 집요하게 요청하였으나, 동산양도담보권이 설정정 사실을 알면서 적극적으로 배임행위에 가담하는 등의 사정이 없는 한 유효한 매매계약을 체결하여(제103조 참조) 현실인도 받았고, ⅳ) 제197조 1항에 의해 선의, 평온, 공연이 추정된다. 문제는 무과실까지

---

2) 그렇다면 동산양도담보권자는 대외적관계에서 목적물의 소유권을 주장할 수 있다. 다만 대내외관계를 구별하는 判例에 의하면, 동산양도담보권자는 대내적 관계에서는 담보계약에 따른 권리만을 갖는다.

3) 동산 양도담보권도 선의취득의 대상이 될 수 있다. 양도담보권을 신탁적 소유권으로 보면 소유권의 선의취득에 관한 제249조가, 담보물권으로 보면 질권의 선의취득에 관한 제343조가 적용된다. 이에 대해 통설과 判例는 동산양도담보의 법적성질에 대해서 신탁적 소유권이전설을 취하는 바, 동산 양도담보의 경우 양수인은 담보물권을 취득하는 것이 아니라 소유권을 취득한다고 보므로 제249조의 성립여부를 살펴본다.

4) "금전채무를 담보하기 위하여 채무자가 그 소유의 동산을 채권자에게 양도하되 점유개정에 의하여 채무자가 이를 계속 점유하기로 한 경우 특별한 사정이 없는 한 동산의 소유권은 신탁적으로 이전됨에 불과하여 채권자와 채무자 사이의 대내적 관계에서 채무자는 의연히 소유권을 보유하나 대외적인 관계에 있어서 채무자는 동산의 소유권을 이미 채권자에게 양도한 무권리자가 되는 것이어서 다시 다른 채권자와의 사이에 양도담보 설정계약을 체결하고 점유개정의 방법으로 인도를 하더라도 선의취득이 인정되지 않는 한 나중에 설정계약을 체결한 채권자는 양도담보권을 취득할 수 없는데, 현실의 인도가 아닌 점유개정으로는 선의취득이 인정되지 아니하므로, 결국 뒤의 채권자는 양도담보권을 취득할 수 없다"(대판 2004.10.28. 2003다30463).

5) 즉, 전술한 신탁적 소유권이전설에 따르면 A는 이미 대외적으로 B에게 '황소'에 대한 소유권을 양도한 무권리자이므로 D의 소유권 선의취득 가부가 문제된다.

함께 추정된다고 볼 것인지인바, 判例에 의하면 무과실은 추정되지 않고 양수인이 이를 입증하여야 한다고 한다(대판 1968.9.3, 68다169 : 08행정). 그러나 제200조(권리적법 추정)에 의해 **양수인의 무과실도 추정된다고** 보는 것이 타당하다(다수설).

무엇보다 사안에서 D는 이중섭 화백의 작품에 심취하여 황소를 집요하게 요청한바, 이러한 사정만으로 D가 황소에 대해서 B에게 양도담보권이 설정되어 있다는 사실을 알았거나 알 수 있었다고 보기는 어렵다. 따라서 **D는 황소를 선의취득하는바(제249조), 결국 B와 C의 황소인도청구는 모두 정당하지 않다.**

설문 2.(30)

Ⅰ. B의 대여금 회수를 위한 권리여하(24)

1. B의 A에 대한 권리

(1) 대여금청구 가부

B는 변제기인 2014. 5. 2.이 지났으므로 A에게 대여금 3억의 지급을 청구할 수 있다(제603조).

(2) 양도담보권 소멸에 따른 대여금 회수수단

1) 양도담보권 침해에 따른 손해배상청구권

B는 **대내적으로 A에 대하여 담보권자의 지위**에 있는바, 사안에서 A는 임의로 E에게 담보목적물인 '황소'를 대여해 줌에 따라 소실의 원인을 제공한 것이므로 A의 귀책사유를 인정할 수 있어, B는 A에게 양도담보권 침해에 따른 불법행위에 기한 손해배상을 청구할 수 있다(제750조).

2) 담보물보충청구권

B는 **대내적으로 A에 대하여 담보권자의 지위**에 있으므로, 양도담보설정자 A의 책임있는 사유로 인해 담보물의 가액이 현저히 감소된 때에는 양도담보권자 B는 설정자 A에 대하여 그 원상회복 또는 상당한 담보제공을 청구할 수 있다(제362조 유추적용). 사안에서 A는 임의로 E에게 담보목적물인 '황소'를 대여해 줌에 따라 소실의 원인을 제공한 것이므로 A의 귀책사유를 인정할 수 있어, B는 A에게 상당한 담보제공을 청구할 수 있다.

3) 구제수단 상호간의 관계

담보물보충청구권은 손해배상청구권과 함께 행사될 수 없고 선택적 관계에 있다.

2. B의 E에 대한 권리

(1) 불법행위에 기한 손해배상청구권의 행사 가부

조명 등을 잘못 설치한 E의 과실로 **대외적으로 소유권자인 B**의 '황소'가 소실되었으므로, B는 E에게 소유권 침해를 이유로 불법행위에 기한 손해배상청구권을 행사할 수 있다(제750조). 이를 통해 B는 실질적으로 대여금 회수하는 효과를 누릴 수 있다.

(2) 물상대위권의 행사 가부

B는 대내적으로 A에 대하여 담보권자의 지위에 있다. A는 '황소'의 소실과 관련하여 E에 대해 동산 임대차계약(제618조)상의 목적물반환의무 불이행(제374조 참조)에 따른 손해배상청구권(제390조)을 가지므로, B는 A의 E에 대한 채무불이행으로 인한 손해배상청구권에 대해 물상대위권을 행사할 수 있다(제342조 유추적용). B가 직접 가해자 E에게 손해배상청구권(제750조)을 행사할 경우에, B는 일반채권자로서의 지위만 가진다. 그러나 물상대위에 의하여 임대인 A의 손해배상청구권에 대해 양도담보권의 효력을 주장함으로써 **우선변제받을 수 있는 효과**가 있다. **判例도 동산양도담보권자의 물상대위권을 인정**하고 있다(대판 2009.11.26. 2006다37106 ; 참고로 判例는 법적근거로 제372조 및 제342조를 들고 있다).

Ⅱ. C의 대여금 회수를 위한 권리여하(6)

C는 '황소'에 대한 양도담보권을 선의취득하지 못하였으므로, '황소'가 소실되었다고 하더라도 소유권침해에 따른 손해배상청구권(제750조)이나 양도담보권 상실에 따른 물상대위권, 즉시변제청구권 등의 문제는 발생하지 않는다. 따라서 C는 일반채권자로서 A에게 변제기인 2014. 5. 3.이 되면 대여금 2억의 지급을 청구할 수 있을 뿐이다.

기출해설 **2017년 · 2021년 법전협 모의변형**

乙은 2021. 1. 5. Y 주택을 신축할 목적으로 甲 소유의 X 토지를 甲으로부터 5억 원에 매수 하면서, 계약금 1억 원은 2021. 1. 5.에, 중도금 2억 원은 2021. 6. 5.에, 잔금 2억 원은 2021. 12. 5.에 각 지급하기로 하였다. 甲은 계약금과 중도금을 지급받은 후 잔금채무를 담보하기 위하여 2021. 6. 5. Y 주택에 대한 건축허가를 자신의 명의로 신청하였고, 乙은 2021. 12. 5. Y 주택을 자신의 비용으로 신축하였다. 甲은 2022. 1. 5. 자신의 명의로 Y 주택에 대한 보존등기를 경료하였다. 乙은 2022. 1. 5. 丙과 Y 주택에 대하여 임대기간 2년, 보증금 2억 원으로 하는 임대차계약을 체결하였고, 丙은 2022. 1. 5. 乙에게 보증금 전액을 지급한 후 당일 Y 주택에 입주하면서 전입신고를 마쳤다.

1. Y 주택에 관하여 甲과 乙은 각각 어떠한 권리를 취득하는지 그 논거를 들어 서술하시오. (10점)

2. 乙이 잔금의 지급을 지체한다면, 甲은 丙에게 Y 주택의 인도를 청구할 수 있는지 여부를 논거를 들어 서술하시오. (15점)

3. 한편 甲은 2022. 10. 4. 임의로 Y주택을 丁에게 매도하고 등기를 이전해 주었다(丁은 매입 당시부터 Y주택의 신축과정과 등기와 관련된 사정을 모두 알고 있었다). 한편 乙은 甲에게 X토지 매매 잔금 및 지연손해금을 모두 지급한 후 丁에게 이전등기를 말소할 것을 청구하였다. 乙의 丁에 대한 청구가 타당한지 논거를 들어 서술하시오. (5점)

사례D-83 건축허가를 채권자명의로 한 경우 부동산 양도담보와 주택임차인의 대항력[1]

Ⅰ. 문제 1.의 경우(10)

1. 결 론

Y주택이 신축되면 乙은 원시적으로 '소유권'을 취득하고, 甲은 Y 주택에 관하여 자신의 명의로 소유권보존등기가 됨에 따라 '양도담보권'을 취득한다.

2. 논 거

(1) 도급계약 없이 채무자가 건물을 신축하면서 담보목적으로 채권자명의로 건축허가를 받은 경우

判例는 ① "건축허가서는 허가된 건물에 관한 실체적 권리의 득실변경의 공시방법이 아니며 추정력도 없으므로 건축허가서에 건축주로 기재된 자가 건물의 소유권을 취득하는 것은 아니므로, 자기 비용과 노력으로 건물을 신축한 자는 그 건축허가가 타인의 명의로 된 여부에 관계없이 그 소유권을 원시취득한다. 건축업자가 타인의 대지를 매수하여 그 대금을 지급하지 아니한 채 그 위에 자기의 노력과 재료를 들여 건물을 건축하면서 건축허가 명의를 대지소유자로 한 경우에는, 부동산등기법 제131조의 규정에 의하여 특별한 사정이 없는 한 건축허가명의인 앞으로 소유권보존등기를 할 수밖에 없는 점에 비추어 볼 때, 그 목적이 대지대금 채무를 담보하기 위한 경우가 일반적이라 할 것이고, 이 경우 완성된 건물의 소유권은 일단 이를 건축한 채무자가 원시적으로 취득한 후 채권자 명의로 소유권보존등기를 마침으로써 담보 목적의 범위 내에서 위 채권자에게 그 소유권이 이전된다"(대판 2002.4.26, 2000다16350) 고 판시하거나,

---

1) ★ 2017년 2차 법전협모의 제2문 및 2021년 2차 법전협모의 제2문 변형

② "대지 소유자가 건축업자에게 대지를 매도하고 건축업자는 대지 소유자 명의로 건축허가를 받았다면 이는 완성될 건물을 대지 매매대금의 담보로 제공키로 하는 합의로서 '법률행위에 의한 담보물권의 설정'에 다름 아니어서, 완성된 건물의 소유권은 일단 이를 건축한 '채무자'가 원시적으로 취득한 후 대지 소유자 명의로 소유권보존등기를 마침으로써 '담보목적의 범위 내'에서 대지 소유자에게 그 소유권이 이전된다"(대판 2002.7.12, 2002다19254)고 한다.

(2) 사안의 경우

통상적으로 건축허가서의 건축주가 건축물대장에 등재되고, 그에 따라 그 명의로 건물에 관한 소유권보존등기가 마쳐지기 때문에(부동산등기법 제65조 1호 참조), 수급인이 도급인 명의로 건축허가를 받았다는 사실은 도급인과 수급인 사이에 신축건물의 소유권을 도급인에게 귀속시키기로 하는 묵시적 합의가 있었다는 점에 대한 유력한 간접사실이 된다(대판 1997.5.30, 97다8601 : 2회,5회 선택형).
그러나 사안과 같이 도급계약 없이 채무자 乙이 건물을 신축하면서 채권담보목적으로 채권자 甲 명의로 건축허가를 받은 경우는 甲은 Y 주택을 신축한 것이 아니므로 소유권은 신축자인 乙에게 원시적으로 귀속되고 甲은 '담보목적의 범위 내'에서 乙로부터 소유권을 이전받는바, 그 법적 성격은 '양도담보권'으로 볼 수 있다.

Ⅱ. 문제 2.의 경우(15)

1. 결 론

甲은 2022. 1. 5. 자신의 명의로 Y 주택에 대한 보존등기를 경료함으로써 양도담보권을 취득하였고, 丙은 2022. 1. 5. 乙에게 보증금 전액을 지급하고 전입신고까지 마침으로써 그 다음날인 2022. 1. 6. 오전 0시부터 대항력을 취득하였다. 따라서 丙은 甲에게 대항할 수 없고 甲은 丙에게 Y 주택의 인도를 청구할 수 있다(일종의 처분정산). 한편 귀속청산의 방식으로 청산할 경우 甲이 乙에게 정산금을 지급한 후 소유자로서 인도를 청구할 수도 있다.

2. 논 거

(1) 양도담보권의 실행을 위한 양도담보권자의 목적물 인도청구권

"채무의 담보를 위하여 채무자가 자기의 비용과 노력으로 신축하는 건물의 건축허가 명의를 채권자 명의로 하였다면 이는 완성될 건물을 양도담보로 제공하기로 하는 담보권 설정의 합의로서, 완성된 건물에 관하여 자신 명의로 소유권보존등기를 마친 채권자는 채무자가 변제기를 도과하여 피담보채무의 이행지체에 빠졌을 때에는 담보계약에 의하여 취득한 목적 부동산의 처분권을 행사하기 위한 환가절차의 일환으로서 즉, 담보권의 실행으로서 채무자에 대하여 그 건물의 인도를 구할 수 있고, 제3자가 채무자로부터 적법하게 건물의 점유를 이전받아 있는 경우에는 그 제3자를 상대로 인도청구를 할 수도 있으며, 여기의 제3자에는 담보권설정 후에 대항요건을 갖춘 주택임차인도 당연히 포함된다"(대판 2001.1.5. 2000다47682).

(2) 양도담보권자 甲의 인도청구권과 丙의 대항력 있는 주택임차권의 우열

임대차는 임차인이 주택의 인도와 주민등록을 마친 때에는 그 다음 날부터 제3자에 대하여 효력이 생긴다. 이 경우 전입신고를 한 때에 주민등록이 된 것으로 본다(주택임대차보호법 제3조 1

항). 따라서 丙은 2017. 1. 5. Y 주택에 입주하면서 전입신고를 마쳤으므로 그 다음날인 2017. 1. 6. 오전 0시부터 대항력을 취득하였다. 그런데 甲은 2017. 1. 5. 자신의 명의로 Y 주택에 대한 보존등기를 경료함으로써 양도담보권을 취득하였다. 결국 甲은 담보권설정 후에 대항요건을 갖춘 丙에 대하여 그 건물의 인도를 구할 수 있다(대판 2001.1.5. 2000다47682).

Ⅲ. 문제 3.의 경우(5)

1. 결 론

乙의 丁에 대한 등기말소청구는 기각되어야 한다(제214조).

2. 논거 : 乙의 丁에 대한 등기말소청구의 인용여부

가등기담보법은 그 문언상 금전소비대차 또는 준소비대차로 인한 차용금채무를 담보하기 위하여 소유권이전등기 또는 가등기가 마쳐진 경우에만 적용될 뿐(대판 1997.3.11, 96다50797 ; 동법 제1조 참조) 피담보채무가 매매대금채권인 경우에는 가담법이 적용되지 않는다(대판 2002.12.24, 2002다5048). 이처럼 가담법이 적용되지 않는 부동산 양도담보권이 설정된 경우 대법원은 일관하여 **"담보목적의 범위 내에서 채권자에게 그 소유권이 이전된다"**(대판 1996.6.28, 96다9218)고 판시함으로써, 대외적으로는 양도담보권자에게 그 소유권이 이전되지만 대내적으로는 양도담보권자가 담보계약에 따른 권리만을 갖는다는 입장이다(신탁적 소유권이전설).

따라서 **Y주택의 소유권은 대외적으로 甲에게 귀속된다** 할 것이므로, **甲으로부터 Y주택을 매수한 丁은 선·악을 불문하고 등기함으로써 Y주택의 소유권을 유효하게 취득한다.** 결국 乙은 甲에게 X토지 매매잔금을 지급하더라도 자신명의로 등기를 취득하지 않는 이상 丁에 대해 소유권에 기한 방해제거 청구로서 말소등기청구를 할 수 없다(제214조).

제5편

민 법 기 출 의 맥

친족 · 상속법

2024년 변호사시험 제2문

甲은 1998. 1. 5. X토지에 관하여 매매를 원인으로 한 소유권이전등기를 마쳤다. 甲은 2012. 4. 20. 丁과 혼인하였다. 甲은 2023. 11.경 丁이 혼인 전 자녀 A를 출산한 사실이 있음을 알게 되었다. 丁은 청소년 시절에 성폭력범죄의 피해를 입어 A를 출산하였으나 곧바로 입양 보냈고, A와 관계가 단절되어 양육이나 교류 등은 전혀 없었다. 丁은 甲에게 A를 출산한 사실을 고지한 적이 없다.

甲은 2024. 1. 3. 가정법원에 혼인취소의 소를 제기하며, '丁에게 자녀가 있는지는 혼인의 의사결정에 영향을 미칠 수 있는 사정인데도 丁이 자신의 출산 여부를 고지할 의무를 위반하였으므로, 민법 제816조 제3호의 혼인취소 사유가 존재한다' 고 주장하였다. 甲의 주장이 타당한지 1) 결론과 2) 논거를 서술하시오. (10점)

사례E-01 과거 출산 경력의 고지와 혼인의 취소사유

Ⅰ. 결 론

甲의 주장은 타당하지 않다.

Ⅱ. 논 거

1. 민법 제816조 제3호의 혼인취소사유

사기 · 강박으로 인한 혼인은 사기를 안 날 또는 강박을 면한 날로부터 3월을 경과한 때에는 그 취소를 청구하지 못한다(제816조 3호, 제823조). 과거 출산 사실을 고지할 의무가 丁에게 있는지, 이를 위반한 것이 사기로 인한 혼인에 해당하여 甲이 혼인의 취소를 주장할 수 있는지 검토한다.

2. 丁이 출산경력을 고지하지 아니한 것이 제816조 3호의 '사기'에 해당하는지 여부

(1) 판 례

아동성폭력범죄 등의 피해를 당해 임신을 하고 출산을 하였으나 자녀와의 관계가 단절되고 상당한 기간 양육이나 교류 등이 이루어지지 않은 경우, 判例는 출산 경력을 고지하지 않은 것은 제816조 제3호에서 정한 '사기로 인한 혼인취소사유'에 해당하지 않는다고 한다(대판 2016.2.18. 2015므654,661).

(2) 검토 및 사안의 경우

민법 제816조 제3호의 '사기'는 당사자의 명예 또는 사생활의 본질적 부분이 침해될 우려가 있는지, 사회통념상 당사자나 제3자에게 그에 대한 고지를 기대할 수 있는지, 고지하지 아니한 것이 신의칙상 비난받을 정도인지 여부를 고려하여야 한다. 丁이 성장과정에서 자신의 의사와 무관하게 성폭력범죄 등의 피해를 당해 임신을 하고 출산까지 하였으나 이후 자녀와의 관계가 단절되고 상당한 기간 동안 양육이나 교류 등이 전혀 이루어지지 않은 경우이므로, 이는 丁의 명예 또는 사생활 비밀의 본질적 부분에 해당하고, 나아가 丁이 그에 대한 고지할 것을 기대할 수 있다거나 고지하지 아니한 것이 신의칙에 비추어 비난받을 정도라고 단정할 수 없으므로, 이를 두고 제816조 제3호의 혼인취소사유에 해당한다고 볼 수 없다.

최신판례 미기출 핵심사례

乙(女)과 甲(男)은 1990.12.12. 혼인신고를 마친 법률상 부부로서 두 자녀를 두고 있었다. 그러던 중 乙은 甲과 원만하지 않은 혼인생활을 하던 중 1997.11.30. 가출하였다가 2003.9.30. 甲의 설득에 의해 집으로 들어왔으나 한 달 만인 2003.10.30. 다시 가출하여 2008년 8월 현재까지 각자의 주거지에서 따로 생활하고 있다.

그런데 乙은 2007년 초 A를 만나 현재까지 혼인의 의사로 동거하면서 A와의 사이에서 2008.2.12. 기형아인 딸을 출산하였고, 기존의 甲과 乙사이에서 출생한 두 자녀는 별거기간 동안 甲이 甲의 어머니의 도움을 받아 양육하여 왔다. 乙은 가정법원의 조정기일에서 기형아인 딸이 치료를 받아야 하는데 이혼이 되지 않아 자신의 子로 가족관계등록을 할 수 없어 어려움을 겪고 있고, 이미 혼인관계가 파탄되었다는 것을 이유로 甲과의 혼인관계를 해소하여야 한다는 의사를 표시하였으나, 甲은 乙이 기형아인 딸을 A에게 맡기는 조건으로 甲의 가정에 복귀하여야 한다는 의사를 표시하여 조정이 성립되지 않았다.

(1) 이 경우에 2008년 8월 현재 乙은 재판상 이혼을 청구할 수 있는가? (25점)

(2) 위 사안에서 甲과 乙 사이의 재산관계는 다음과 같다.

甲은 乙과의 혼인 당시 그의 부친으로부터 증여받은 X토지와 1억 5,000만 원의 예금이 있었다. 이때 X토지는 甲과 제3자의 합유로 등기되어 있었고, 위 예금은 甲의 명의로 되어 있었다. 다만 X토지는 혼인 중 甲과 乙이 주말을 이용해 밭농사를 지었으나, 위 예금은 甲이 따로 관리하고 있고, 예금은 재투자를 거듭하여 현재는 3억 원이다. 그 밖에 乙과의 혼인생활 중 甲은 직장생활에서 번 수입을 저축하여 시가 2억 원의 Y아파트를 분양받았고(甲의 명의로 등기됨), 그리고 甲은 두 자녀의 등록금으로 쓰기 위하여 타인으로부터 2,000만 원을 빌린 바 있다. 그리고 甲은 10년 전 직장에서 퇴직하여 퇴직금으로 1억 원을 받았다. 그러나 乙은 전업주부로서 따로 관리하는 재산은 없고 혼인생활 중 별도의 수입을 올린 적도 없다.

이 경우 만약 甲과 乙이 2008.10.1.에 협의이혼하였다면, 乙은 甲에게 재산분할을 청구할 수 있는가?(현재는 2008.10.30.이다) (35점)

(3) 위 (2)의 경우에 甲이 B에 대하여 이행기에 도달한 3,000만 원의 금전채권을 가지고 있다면, 乙은 그 권리를 행사할 수 있는가? 만약 乙이 재산분할을 청구한 뒤에 甲이 Y아파트를 2008.11.21.에 그의 조카인 C에게 증여하고, 2008.11.25. 소유권이전등기를 마쳤다면, 2010.3.5. 이 사실을 알게 된 乙은 이를 되돌릴 수 있는가?(甲은 무자력이다). (20점)

(4) A는 甲과 乙이 법적으로 이혼하기 전에 자신이 乙과 사실상 혼인관계에 있었음을 내세워 乙에 대하여 사실혼관계의 해소를 원인으로 재산분할을 청구할 수 있는가?[1] (20점)

1) ★ 설문 1. 대판 2009.12.24, 2009므2130 판례 사실관계(유책배우자의 이혼청구권) ; 설문 2. 대판 2009.11.12, 2009므2840,2857 및 이화여대 송덕수 교수님 출제 변형(이혼시 재산분할청구권) ; 설문 3. 대판 1999.4.9, 98다58016(재산분할청구권과 채권자대위권·채권자취소권) ; 설문 4. 대판 1995.9.26, 94므1638 판례변형(중혼적 사실혼 해소에 따른 재산분할청구권)

사례E-02 유책배우자의 이혼청구권, 재산분할청구권(채권자대위권 · 취소권), 중혼적 사실혼★

Ⅰ. 유책배우자 乙의 재판상 이혼청구 가부 및 제척기간 도과여부(25) - 설문 (1)의 경우

1. 문제점

乙은 10년 이상 가출한 상태였고, A와 중혼적 사실혼관계까지 맺은 자로 甲과의 혼인파탄에 유책성이 있다. 이러한 乙이 과연 제840조 6호의 '기타 혼인을 계속하기 어려운 중대한 사유' 를 들어 재판상 이혼을 청구할 수 있는지 문제된다. 아울러 乙의 재판상 이혼청구권이 인정된다고 하더라도 제842조의 제척기간을 도과하지는 않았는지 문제된다.

2. 유책배우자의 이혼청구권

(1) 판 례

判例는 유책배우자의 이혼청구를 배척하는 것이 기본입장이나, ⅰ) 상대방도 이혼의 반소를 제기하여 이혼의사가 있는 경우나(대판 1987.12.8, 87므44), ⅱ) 상대방도 혼인을 계속할 의사가 없음이 객관적으로 명백한데도 오기나 보복적 감정에서 이혼에 응하지 아니하고 있을 뿐이라는 등 특별한 사정이 있는 경우는 예외적으로 유책배우자의 이혼청구권이 인정된다(대판 1969.12.9, 69므31)고 한다.
그리고 최근에는 전원합의체 판결을 통해 그 사유를 확대하였는바, "㉠ 이혼을 청구하는 배우자의 유책성을 상쇄할 정도로 상대방 배우자 및 자녀에 대한 보호와 배려가 이루어진 경우, ㉡ 세월의 경과에 따라 혼인파탄 당시 현저하였던 유책배우자의 유책성과 상대방 배우자가 받은 정신적 고통이 점차 약화되어 쌍방의 책임의 경중을 엄밀히 따지는 것이 더 이상 무의미할 정도가 된 경우 등과 같이 혼인생활의 파탄에 대한 유책성이 그 이혼청구를 배척해야 할 정도로 남아 있지 아니한 특별한 사정이 있는 경우에는 예외적으로 유책배우자의 이혼청구를 허용할 수 있다"(대판 2015.9.15. 전합2013므568)고 한다.

(2) 사안의 경우

甲과 乙 사이의 10년이 넘는 장기간의 별거, 乙과 A 사이의 사실혼관계 형성 및 기형아인 子의 출산 등 제반사정을 고려할 때 甲과 乙의 혼인은 혼인의 본질에 상응하는 부부공동생활 관계가 회복할 수 없을 정도로 파탄되었고, 그 혼인생활의 계속을 강제하는 것이 일방 배우자 乙에게 참을 수 없는 고통이 된다고 할 수 있다. 그리고 무엇보다 유책배우자 乙의 유책성이 혼인제도가 추구하는 목적과 민법의 지도이념인 신의성실의 원칙에 비추어 이혼청구를 배척할 정도로 중하지 아니한 경우에 해당한다고 볼 수 있어 甲과 乙의 혼인에는 민법 제840조 제6호의 '혼인을 계속하기 어려운 중대한 사유가 있을 때'라는 이혼원인이 존재한다(대판 2009.12.24, 2009므2130 판시 원문).

3. 이혼청구권의 제척기간 도과 여부

제840조 6호의 사유가 있더라도 다른 일방이 이를 안 날부터 6월, 그 사유가 있은 날부터 2년을 경과하면 이혼을 청구하지 못한다(제842조). 이 기간은 제척기간이다. 그런데 '기타 혼인을 계속하기 어려운 중대한 사유'가 이혼청구 당시까지도 계속 존재하는 경우에는 判例가 판시하는 바와 같이 당연히 이혼청구권의 제척기간에 관한 제842조가 적용되지 아니한다(대판 2001.2.23, 2000므1561). 따라서 2008년 8월 현재 乙은 재판상 이혼을 청구할 수 있다.

Ⅱ. 乙의 재산분할청구권 인정여부 및 인정범위(35) - 설문 (2)의 경우

1. 문제점

재산분할청구권은 이혼을 한 당사자의 일방이 다른 일방에 대하여 재산분할을 청구할 수 있는 권리이다. 민법은 재산분할청구권을 협의이혼에 관하여 규정하고(제839조의2), 이를 재판상이혼의 경우에 준용한다(제843조). 이하에서 甲이 취득한 각 재산이 재산분할대상이 되는지 검토하기로 한다.

2. 유책배우자 乙의 재산분할청구 가부

이혼의 일방배우자가 청구할 수 있으며 유책배우자라 할지라도 부부가 혼인 중에 취득한 실질적인 공동재산에 대해 재산분할을 청구할 수 있다(대결 1993.5.11, 93스6 : 2회,4회 선택형).

3. 분할의 대상이 되는 재산

재산분할 청구권의 대상이 되는 재산은 원칙적으로 '당사자 쌍방의 협력으로 이룩한 공유재산' 이다(제839조의2 2항).

(1) 甲이 증여받은 예금

甲이 혼인 당시 그의 부친으로부터 증여받은 1억 5,000만 원의 예금은 甲의 고유재산으로서 분할의 대상이 되지 않는다. 그리고 그 고유재산으로부터 증가된 재산도 제외되므로 현재 3억 원으로 되어 있는 예금은 그 전부가 분할대상에서 제외된다.

(2) 甲이 증여받았으나 제3자와 합유하고 있는 X토지

합유재산이라는 이유만으로 이를 재산분할의 대상에서 제외할 수는 없고, 다만 부부의 일방이 제3자와 합유하고 있는 재산 또는 그 지분은 이를 임의로 처분하지 못하므로(제272조 본문, 제273조 1항), 직접 당해 재산의 분할을 명할 수는 없으나 그 지분의 가액을 산정하여 이를 분할의 대상으로 삼거나 다른 재산의 분할에 참작하는 방법으로 재산분할의 대상에 포함하여야 한다(대판 2009.11.12, 2009므2840,2857). 사안의 경우 비록 X토지는 甲이 혼인 당시 그의 부친으로부터 증여받아 제3자와 합유로 등기하였으나, 乙이 혼인 중 甲과 함께 주말을 이용해 밭농사를 짓는 등 X토지의 유지를 위하여 직·간접으로 기여하였으므로 재산분할의 대상에 포함하여야 한다. 다만 이 경우에도 혼인 계속 중 재산유지에 기여한 부분만이 고려될 수 있겠다.

(3) 甲의 명의로 등기된 Y아파트

1) 혼인 중 부부의 협력으로 이룩한 재산이 일방의 명의로 되어 있을 경우

判例가 판시하는 바와 같이 부부의 일방이 혼인 중에 자기명의로 취득한 재산은 그 명의자의 특유재산으로 추정되나 실질적으로 다른 일방 또는 쌍방이 그 재산의 대가를 부담하여 취득한 것이 증명된 때에는 특유재산의 추정은 번복되어 다른 일방의 소유이거나 쌍방의 공유(특유재산추정설 ; 대판 1990.10.23, 90다카5624)라고 보아 재산분할의 대상이 된다고 보는 것이 타당하다. 아울러 判例는 妻의 가사노동도 재산조성에 대한 협력으로 취급함으로써 구체적인 증명이 없더라도 일방의 특유재산에 대한 재산분할청구의 길을 열어놓고 있다(대결 1993.5.11, 93스6 등 : 2회 선택형).

2) 사안의 경우

甲은 '혼인생활 중' 직장에서 번 수입으로 자신의 명의로 Y아파트를 구입한 바, 乙의 가사노동이 Y아파트 구입에 기여하였다고 볼 수 있다. 따라서 Y아파트는 재산분할의 대상이 된다.

(4) 10년 전 甲이 수령한 퇴직금

퇴직금은 혼인 중에 제공한 근로에 대한 대가가 유예된 것이므로 부부의 혼인 중 재산의 일부가 되며, 부부 중 일방이 직장에서 일하다가 이혼 당시에 이미 퇴직금을 수령하여 소지하고 있는 경우에는 재산분할의 대상이 된다(대판 1995.3.28, 94므1584).

(5) 자녀의 등록금을 위한 채무

채무가 일상가사에 관한 것이 아닌 경우에는 원칙적으로 개인채무로서 청산대상이 되지 않으나, 공동재산의 형성에 수반하여 부담한 채무인 경우에는 청산대상이 된다(대판 1998.2.13, 97므1486). 사안에서 甲이 자녀등록금으로 쓰기 위하여 빌린 2,000만 원의 채무는 비록 부부가 사실상 이혼상태에 있었다 하더라도 부부의 일상가사에 관한 것이므로 청산의 대상이 된다.

4. 재산분할청구권의 소멸여부

재산분할청구권은 이혼 후 2년간 행사할 수 있는데(제839조의2 3항), 사안이 경우 乙이 이혼한 지는 1개월도 되지 않았으므로 乙은 재산분할청구를 할 수 있다.

5. 재산분할의 방법

재산분할은 제1차적으로 甲과 乙의 협의에 의하여 하나, 협의가 되지 않거나 협의할 수 없는 때에는 甲과 乙의 청구에 의하여 가정법원이 재산분할의 액수와 방법을 정한다(제839조의2 2항).

Ⅲ. 재산분할청구권과 채권자대위권 · 채권자취소권(20) - 설문 (3)의 경우

1. 乙이 甲의 B에 대한 채권을 행사할 수 있는지 여부

(1) 문제점

甲이 B에 대하여 가지고 있는 금전채권을 이혼한 乙이 자신의 권리처럼 행사할 수는 없다. 乙이 권리를 행사할 수 있다면 그것은 채권자대위권인바(제404조), 아래에서 검토하기로 한다.

(2) 재산분할청구권을 보전하기 위하여 채권자대위권을 행사할 수 있는지 여부

判例가 판시하는 바와 같이 재산분할청구권은 협의 또는 심판에 의하여 그 구체적 내용이 형성되기까지는 그 범위 및 내용이 불명확·불확정하기 때문에 이를 보전하기 위하여 채권자대위권을 행사할 수 없다(대판 1999.4.9, 98다58016).

(3) 사안의 경우

사안에서는 아직 재산분할청구권의 내용이 구체적으로 확정되어 있지 않기 때문에, 乙은 재산분할청구권을 보전하기 위하여 甲의 B에 대한 금전채권을 대위행사할 수 없다.

2. 乙이 甲의 Y아파트 증여계약을 취소할 수 있는지 여부

(1) 문제점

乙이 재산분할청구권을 보전하기 위하여 채권자취소권을 행사할 수 있는지의 문제이다(제406조).

(2) 채권자취소권의 성립요건(보, 사, 사)

(3) 사안의 경우

乙은 재산분할청구권을 가지고 있고 또 행사하였다. 이 경우 **피보전채권이 사해행위 이전에 발생하였는지 문제될 수 있으나, 제839조의3에 의해 입법적으로 해결되었다.** 그리고 甲은 조카인 C에게 자신 명의의 아파트를 증여함으로써 무자력이 되었으므로 甲과 C에게는 사해의사가 추정된다.[2] 아울러 사안에서는 2008.11.25. 사해행위가 있었으므로 제소기간을 도과하지도 않았다. 결국 乙은 甲과 C사이의 증여계약을 사해행위로서 취소할 수 있다(제839조의3, 제406조).

Ⅳ. 사실혼 배우자 A의 재산분할청구권 인정여부(20) - 설문 (4)의 경우

1. 사실혼의 요건과 효과

사실혼이 성립하기 위해서는 당사자 사이에 주관적으로 혼인의사의 합치가 있고, 객관적으로 부부공동생활이라고 인정할 만한 혼인생활의 실체가 존재하여야 한다(대판 2001.4.13, 2000다52943 등). 그러나 사안에서 甲과 乙이 법적으로 이혼하기 전이라면 A가 乙과의 동거생활이 사실상 혼인의 실체관계에 있었음을 증명하더라도 중혼적 사실혼에 불과하다.

2. 중혼적 사실혼관계 해소시의 재산분할청구권

(1) 판 례

① 判例는 부부재산의 청산의 의미를 갖는 재산분할에 관한 규정은 부부의 생활공동체라는 실질에 비추어 인정되는 것이므로 사실혼관계에도 원칙적으로 준용 또는 유추적용할 수 있다(대판 1995.3.10, 94므1379)고 한다. ② 그러나 判例는 "법률상 배우자 있는 자는 그 **법률혼 관계가 사실상 이혼상태라는 등의 특별한 사정이 없는 한** 사실혼 관계에 있는 상대방에게 그와의 사실혼해소를 이유로 재산분할을 청구함은 허용되지 않는다"(대결 1995.7.3, 94스30)고 하고, "법률상의 혼인을 한 부부의 어느 한쪽이 집을 나가 장기간(20년) 돌아오지 아니하고 있는 상태에서, 부부의 다른 한쪽이 제3자와 혼인의 의사로 실질적인 혼인생활을 하고 있다고 하더라도, 특별한 사정이 없는 한, 이를 사실혼으로 인정하여 법률혼에 준하는 보호를 허여할 수는 없다"(대판 1995.9.26, 94므1638)고 하여 중혼적 사실혼에 관한 법적 보호에 소극적이다. 더구나 **'사실상의 이혼상태'의 인정기준에 관하여서도 대체로 엄격하게 이해하고 있다.**

(2) 사안의 경우

사안과 같이 **甲과 乙이 사실상 이혼상태에 있는 경우라면** A는 乙과의 동거생활이 사실상 혼인의 실체관계에 있었음을 증명하여 재산분할청구권 중 적어도 청산적 요소에 해당하는 부분에 한하여는 재산분할을 청구할 수 있다고 보아야 한다(제839조의2 유추적용).

---

2) 채무자가 그의 유일한 재산을 증여하거나 매도한 경우에는 이로써 채권자들의 공동담보에 부족이 생길 것이라는 사실을 알았다고 봄이 상당하다(사실상 추정)(대판 1997.5.9, 96다2606).

기출해설

2016년 사법시험 제2문

甲과 乙은 2000. 1. 1. 혼인하였고 그 사이에서 丙이 2001. 1. 1. 출생하였다. 甲은 2001. 12. 31. 가출하여 乙과 별거하였다. 甲은 가출 이후 乙에게 재정적 지원을 일절 하지 않다가 2005. 1.부터 이혼할 때까지 양육비 명목으로 乙에게 매월 50만 원씩을 송금하였다. 乙은 2015. 3. 3. 甲과 협의이혼하였다. 당시 乙은 甲의 요구에 따라 재산분할 명목으로 甲에게 금 1억 원을 2016. 12. 31.까지 지급하기로 약정하였다. (각 문항은 독립된 것임)

1. 乙은 2016. 6. 20. 甲을 상대로 법원에 2002. 1. 1.부터 2004. 12. 31.까지의 양육비 지급을 청구하였다. 이 청구는 받아들여질 수 있는가? (24점)
2. 乙은 甲이 2002. 1. 1.부터 이혼할 때까지 배우자인 자신을 전혀 부양하지 않았음을 이유로 하여 2016. 6. 20. 甲을 상대로 법원에 부양료 지급을 청구하였다. 이 청구는 받아들여질 수 있는가? (16점)
3. 甲과 乙은 협의이혼 당시 甲이 乙에게 丙의 양육비로 매월 100만 원을 지급하기로 약정하였다. 2016. 6. 20. 현재 甲이 지급하지 않은 양육비가 1,000만 원에 이르렀다면, 같은 날 乙은 위 양육비 채권으로 甲의 위 1억 원 채권과 상계할 수 있는가? (20점)

사례E-03 부모의 자녀에 대한 과거의 양육비 청구, 부부 상호간 과거의 부양료 청구

Ⅰ. 설문 1.의 경우(24)

1. 문제점

① 친생자로 추정(제844조)되는 甲이 가출한 경우에도 미성년자 丙에 대한 부양의무를 지는지 여부, ② 인정된다면 乙이 甲에 대해 2002. 1. 1.부터 2004. 12. 31까지의 과거의 양육비 청구가 가능한지 여부, ③ 가능하더라도 2016. 6. 20. 현재 소멸시효가 완성된 것은 아닌지 문제된다.

2. 부모의 미성년 자녀에 대한 부양의무의 근거

미성년 자녀에 대한 부양의무가 인정된다는 점에는 이론이 없지만, 그 근거에 관하여서는 민법이 명확한 규정을 두고 있지 않아 문제된다.[1] 검토하건대, 친권의 유무, 子와의 공동생활 (동거)유무에 관계없이 혈연을 기초로 하는 친자관계의 본질에서 근거한다는 견해가 타당하다(다수설, 판례).
사안의 경우 甲이 가출을 하여 미성년 자녀 丙과 실제로 공동생활을 하고 있지 않았다고 하더라도 甲은 丙에 대하여 부양의무를 진다.

---

1) [학설 및 판례] ① 친권에 근거한다는 견해(제913조 참조), ② 친자간의 공동생활에서 근거한다는 견해 ③ 친권의 유무, 子와의 공동생활 (동거)유무에 관계없이 혈연을 기초로 하는 친자관계의 본질에서 근거한다는 견해 등이 대립하며 ④ 判例는 기준을 친권 유무에 두고 있지 않은 점이 주류적 태도이므로 역시 친자관계의 본질이라는 점에서 부양의무의 근거를 찾고 있는 듯하다.

3. 乙의 甲에 대한 과거의 양육비 청구 가부

(1) 판 례

종래의 判例는 부정했으나, 태도를 변경하여 "어떠한 사정으로 인하여 부모 중 어느 한 쪽만이 자녀를 양육하게 된 경우에, 그와 같은 일방에 의한 양육이 그 양육자의 일방적이고 이기적인 목적이나 동기에서 비롯한 것이라거나 자녀의 이익을 위하여 도움이 되지 아니하거나 그 양육비를 상대방에게 부담시키는 것이 오히려 형평에 어긋나게 되는 등 특별한 사정이 있는 경우를 제외하고는, 양육하는 일방은 상대방에 대하여 현재 및 (성년이 될 때까지의) 장래에 있어서의 양육비 중 적정 금액의 분담을 청구할 수 있음은 물론이고, 부모의 자녀양육의무는 특별한 사정이 없는 한 자녀의 출생과 동시에 발생하는 것이므로 과거의 양육비에 대하여도 상대방이 분담함이 상당하다고 인정되는 경우에는 그 비용의 상환을 청구할 수 있다"(대결 1993.5.13, 전합92스21)라고 판시하여 긍정하고 있다.

(2) 검토 및 사안의 경우

부양의무자의 과거의 생활은 지나갔어도 그 생활을 위해 부담한 채무나 경제적 궁핍은 현재에도 계속될 수 있으며, 과거의 양육비에 관한 결정도 제837조 2항의 양육에 관한 처분에 해당한다는 점으로 보아 과거의 양육비를 자녀를 양육하지 아니한 일방에게 청구할 수 있다고 본다.

그러므로 乙은 甲을 상대로 2002. 1. 1.부터 2004. 12. 31까지의 과거의 양육비를 청구할 수 있다.

4. 소멸시효 도과 여부

과거의 양육비 청구권도 재산권으로 소멸시효의 대상이 되고, 그 시효기간은 10년이다(제162조). 다만, 과거의 양육비 청구권의 소멸시효의 기산점과 관련하여서는 判例가 판시하는 바와 같이 "당사자의 협의 또는 가정법원의 심판에 의하여 구체적인 지급청구권으로서 성립하기 전에는 과거의 양육비에 관한 권리는 양육자가 그 권리를 행사할 수 있는 재산권에 해당한다고 할 수 없고, 따라서 이에 대하여는 소멸시효가 진행할 여지가 없다"(대결 2011.7.29, 2008스67).

따라서 사안의 경우 2002. 1. 1.부터 2004. 12. 31까지의 양육비에 관해서 당사자의 협의나 가정법원의 심판에 의하여 구체화된 바가 없기 때문에, 소멸시효가 진행할 여지가 없다.

5. 사안의 해결

乙의 2016. 6. 20. 甲을 상대로 한 2002. 1. 1.부터 2004. 12. 31까지의 양육비 지급 청구는 받아들여질 수 있다.

Ⅱ. 설문 2.의 경우(16)

1. 문제점

2016. 6. 20. 현재 乙은 배우자 甲을 상대로 2002. 1. 1.부터 이혼할 때까지의 부양료 지급 청구를 하고 있으므로 이는 '과거의 부양료'를 청구하고 있는바, 부부간에서 과거의 부양료 지급을 청구할 수 있는지 문제된다.

2. 부부간의 부양의무

부부 사이의 부양의무는 1차적 부양의무이어서(일방에게 경제적 여유가 있는 경우에만 인정되는 친족간의 부양과 달리) 무조건적인 것이다(제826조 1항)(6회 선택형). 따라서 사안의 경우에 甲과 乙은 상호간에 부양의무를 진다.

[주의] 다만 **동거의무를 위반한 甲은 배우자 乙에게 부양료 청구를 할 수 없다.** 부부간의 동거·부양·협조 의무는 서로 독립된 별개의 의무가 아니라 결합되어 있는 것이기 때문이다(대판 1991.12.10, 91므245).

3. 부부사이의 과거의 부양료 청구 가부

判例에 따르면 ① "**부부간의 상호부양의무는 부부의 일방에게 부양을 받을 필요가 생겼을 때 당연히 발생하는 것이기는 하지만,** 과거의 부양료에 관하여는 부양을 받을 자가 부양의무자에게 부양의무의 이행을 청구하였음에도 불구하고 부양의무자가 부양의무를 이행하지 아니함으로써 '**이행지체에 빠진 이후의 것**'에 대하여만 부양료의 지급을 청구할 수 있을 뿐, 부양의무자가 부양의무의 이행을 청구받기 이전의 부양료의 지급은 청구할 수 없다고 보는 것이 부양의무의 성질이나 형평의 관념에 합치된다"(대결 2008.6.12, 2005스50 : 2회,8회 선택형)[2] ② 다만 "부양의무의 성질이나 형평의 관념상 이를 허용해야 할 특별한 사정[3]이 있는 경우에 한하여 이행청구 이전의 과거 부양료를 지급하여야 한다"(대판 2012.12.27. 2011다96932)고 한다.

4. 검토 및 사안의 해결

判例에 따를 경우에는 ① 乙은 甲에게 부양의무의 이행을 청구한 바가 없으므로 甲이 이행지체에 빠진 바도 없고, ② 다른 특별한 사정도 없어서 과거 부양료 청구는 받아들여질 수 없을 것이다. 그러나 과거 양육비 청구와 마찬가지로 과거의 부양료 청구도 부양의무의 이행을 청구하지 않은 부분도 청구할 수 있다고 보아야 하며, 상호간의 협의나 법원의 재판에 의해 구체적 지급청구권으로 성립한 이후부터 시효가 진행한다고 보아 2002. 1. 1.부터 이혼할 때까지의 과거의 부양료 청구를 할 수 있다고 봄이 타당하다(다수설).

---

2) **[판례평석]** 부부간의 상호부양의무는 부부의 일방에게 부양을 받을 필요가 생겼을 때 당연히 발생하는 것이므로 判例와 같은 해석은 합리적인 근거를 찾기 어려울 뿐만 아니라, 부양료를 지급하지 않고 오래 버틸수록 부양의무자에게 유리하게 되어 도덕적 해이를 부추기는 결과가 되므로 부당하다(다수설).

3) "기록에 의하여 알 수 있는 다음과 같은 사정, 즉 소외인은 의사소통이 불가능하다는 등의 이유로 피고에게 부양을 청구하기가 곤란하였던 점, 피고는 소외인이 부양이 필요하다는 사실을 잘 알고 실제 부양을 하기도 하였던 점, 피고는 자신이 부양을 중단한 후에도 소외인이 여전히 부양이 필요한 상태였고 원고가 부양을 계속한 사실을 알았던 점 등에 비추어 보면, 피고에게는 소외인으로부터 부양의무의 이행청구를 받기 이전의 과거 부양료도 지급할 의무가 있다고 볼만한 사정이 있다고 볼 여지가 많다"

Ⅲ. 설문 3.의 경우(20)

1. 문제점(상계의 요건[4] 충족 여부 : 대, 동, 변, 허, 현)

사안의 경우에 i) 乙의 甲에 대한 양육비 채권(자동채권)과 甲의 乙에 대한 재산분할에 따른 1억 원 지급청구권(수동채권)이고, ii) 자동채권과 수동채권이 모두 금전채권이며 iii) 양육비 채권 중 2016. 6. 20.까지의 것은 변제기가 도달하였으며, 수동채권의 변제기는 2016. 12. 31. 아직 도달하지 않았으나 채무자가 기한의 이익을 포기할 수 있으므로(제153조 2항), 이행기 도래 전이라도 乙은 기한의 이익을 포기하고 2016. 6. 20.에 상계할 수 있다. v) 이러한 상계적상은 상계의 의사표시가 행하여지는 2016. 6. 20. 현존하고 있다. iv) **문제는 채무의 성질상 상계가 허용되는지와 관련하여(제492조 1항 단서)** 재산분할청구권을 '수동채권'으로 상계할 수 있는지, 양육비채권을 '자동채권'으로 상계할 수 있는지 문제된다.

2. 甲의 재산분할청구권이 수동채권이 될 수 있는지 여부

이혼에 따른 재산분할은 "혼인 중 쌍방의 협력으로 형성된 공동재산의 청산이라는 성격에 상대방에 대한 부양적 성격이 가미된 제도"인바(대판 2001.2.9 2000다63516 등), 협의 또는 심판에 의해 구체적으로 성립한 재산분할청구권은 완전한 재산권으로서 채무의 성질상 상계가 허용된다.

사안에서 甲과 乙은 협의이혼을 하고 재산분할 명목으로 乙이 甲에게 1억 원을 2016. 12. 31.까지 지급하기로 약정하였으므로 이는 완전하게 성립된 재산권으로 볼 수 있고, 따라서 상계의 수동채권이 될 수 있다.

3. 乙의 양육비채권이 자동채권이 될 수 있는지 여부

判例가 판시하는 바와 같이 "**가정법원의 심판에 의하여 구체적인 청구권의 내용과 범위가 확정된 후의 양육비채권 중 이미 이행기에 도달한 후의 양육비채권**은 완전한 재산권(손해배상청구권)으로서 친족법상의 신분으로부터 독립하여 처분이 가능하고, 권리자의 의사에 따라 포기·양도 또는 상계의 자동채권으로 하는 것도 가능하다"(대판 2006.7.4. 2006므751 : 실제 판례사안도 수동채권은 이혼에 따른 재산분할채권이었다, 5회 선택형).

사안에서 협의이혼 당시 甲과 乙은 양육비로 매월 100만원을 지급하기로 약정하였고 따라서 협의이혼 성립시인 2015. 3. 3.에 구체화되었다고 볼 수 있고 그 시점 이후에는 상계가 가능하다.

4. 사안의 해결

2016. 6. 20. 현재 甲의 1억 원 채권은 아직 변제기(2016. 12. 31.)가 도래하지 않았으나, 자동채권인 乙의 양육비채권이 변제기에 도래하였고 대립하는 금전채권으로서 채권의 성질상 상계가 허용되지 않는 경우가 아니므로 乙은 일방적 의사표시에 의해 상계할 수 있다(제492조).

---

4) 상계가 유효하기 위해서는 양 채권이 상계적상에 있어야 하는바, i) 채권이 대립하고 있을 것, ii) 대립하는 채권이 동일한 종류일 것, iii) 적어도 자동채권의 변제기가 도래할 것, iv) 상계가 허용되지 않는 채권이 아닐 것을 요한다. v) 이러한 상계적상은 원칙적으로 상계의 의사표시가 행하여지는 당시에 현존하여야 한다(제492조).

최신판례 미기출 핵심사례

甲(男)과 乙(女)은 대학시절 선후배 관계였으나 서로 비슷한 성격의 소심한 A형으로써 호감을 느껴 8년여의 교제 끝에 1994. 5. 5. 결혼식을 한 뒤 함께 생활하였고, 혼인신고는 1994. 6. 5.에 마쳤다. 그러나 결혼 직후 甲은 乙을 가정부 다루듯 무시하고 외박을 자주하였다. 이에 외로움이 극에 달한 乙은 결혼 전에 알고 지냈던 화끈한 B형 남자 丙과 자주 만나 情을 통해 왔고 1997. 6. 5. 丙과의 사이에서 丁(B형)을 출산하였다. 그리고 甲 또한 혼인 외의 자인 戊가 있었다.

甲은 丁을 본 순간 자신을 전혀 닮지 않지 않았을 뿐만 아니라 혈액형까지 배치되는 사실을 알고 1999. 5.경 丁과의 부자관계를 다투고자 한다. 그 방법은? 친부 丙이 丁을 인지할 수 있는가? (30점)

사례E-04 친생자추정과 제한, 친생부인의 소

Ⅰ. 논점의 정리

사안의 경우 제844조의 친생자추정 규정과 제847조의 친생부인의 소 규정을 토대로 우선 丁이 친생자추정을 받는 자인지 살펴보고, 그에 대한 결과로서 甲이 요건이 엄격한 친생부인의 소로만 친생을 부정할 수 있는 것인지 살펴본다. 또한 친부 丙이 甲의 행위와 관계없이 丁을 인지할 수 있는지도 검토한다.

Ⅱ. 丁의 민법상 지위

1. 丁이 친생자추정을 받는 혼인중의 출생자인지 여부

(1) 친생자 추정의 요건

1) 母가 妻일 것

父와 母가 혼인관계에 있어야 하고, 母는 父의 妻이어야 한다.

2) 혼인 중에 포태할 것

친생자 추정을 받기 위해서는 혼인 중에 포태할 것을 요한다. 그리고 혼인성립의 날로부터 200일(최단 임신기간) 후에 출생한 자녀는 혼인 중에 임신한 것으로 추정하고(제844조 2항), 혼인관계 종료의 날로부터 300일(최장 임신기간) 이내에 출생한 자녀도 혼인 중에 임신한 것으로 추정한다(제844조 3항).

제844조 2항의 '혼인성립의 날' 이란 본래 혼인신고를 한 날(사실혼관계존재확인청구에 의하는 경우에 그 신고를 보고적 신고로 보는 다수설의 입장에 따르면 조정 성립일 또는 판결 확정일)**을 의미하나**, 다수설 및 判例는 사실혼을 거쳐 법률혼으로 가는 실제의 관행을 고려하여 **사실혼 성립의 날도 포함하는** 것으로 해석한다(대판 1963.6.13, 63다228).[1)]

---

1) 따라서 이에 의하면, 혼인신고일로부터 200일이 되기 전에 출생한 자라도 사실혼 성립일로부터 200일 후에 출생하였으면 친생자의 추정을 받게 된다. 아울러 200일 또는 300일의 기간은 날로 계산하며, 초일을 산입한다(제157조).

(2) 사안의 경우

i) 乙은 甲의 처이며, ii) 丁은 甲과 乙이 혼인을 한 날로부터 200일 후에 출생한 자가 분명하고 甲과 乙의 혼인이 종료되지 않았으므로 민법 제844조 2항의 규정에 의한 친생자추정을 받는 혼인 중의 자가 된다.

2. 丁의 혈액형이 甲의 혈액형에 반함에도 여전히 친생자추정을 받는지 여부

(1) 문제점

현재까지의 과학이 증명하는 바에 따르면 甲과 乙은 모두 A형으로 둘 사이에서 B형인 子가 출생할 수 없다. 이처럼 夫와 子의 혈액형이 배치되는 경우에도 제844조의 친생자추정이 미친다고 볼 것인지 문제된다.

(2) 판 례[2)]

처음에는 친생자 추정이 미치는 포태기간을 호적에 의하여 획일적·형식적으로 정하여야 한다는 입장이었으나(대판 1968.2.27, 67므34), 현재의 判例는 **妻가 夫의 子를 포태할 수 없는 것이 객관적으로 명백한 사정이 있는 경우에는 夫의 친생자로서의 추정이 미치지 않는다는 외관설의 입장이다**(대판 1983.7.12, 전합82므59). 다만 夫와 子가 혈액형이 배치된 경우 등에 대하여는 판단한 적이 없다.

(3) 검토 및 사안의 경우

가정의 평화를 유지한다는 친생자추정 및 부인제도의 취지에 비추어 비록 혈연진실주의에 반하더라도 포태기간 중의 동서(同棲)의 결여라는 외관상 객관적으로 명백한 사실이 존재하는 경우가 아니라면, 夫에 의한 포태가능성이 없음(가령 夫의 생식불능 또는 夫와 子의 혈액형의 상위와 같은 부부의 개인적인 내부사정)을 이유로 가령 친생자관계존부확인의 소에 의하여 친생을 부인할 수는 없다.
따라서 외관설이 타당하며, 사안의 경우 **비록 丁의 혈액형이 법률상 부부인 甲과 乙의 혈액형과 어긋난다고 하더라도 丁은 여전히 민법상 친생자추정을 받는 甲의 혼인 중의 자이다.**

Ⅲ. 친생자추정의 효과와 甲과 丙의 대처방안

1. 친생자 추정을 받는 혼인 중의 출생자의 경우

친생자 추정은 반증이 허용되지 않는 강한 추정이어서 그 추정을 번복하려는 父가 제846조 이하의 엄격한 요건의 **'친생부인의 소'**를 제기하여야 하고(제846조), 제865조에 의한 **'친생자관계 부존재확인의 소'에 의할 수는 없다**(대판 2000.8.22, 2000므292 : 9회 선택형).
따라서 친생자 추정을 받는 자에 대해서는 친생자관계부존재확인의 소, 인지청구, 임의인지 등을 할 수 없고 또한 별소에서 선결문제로 친생부인을 주장하는 것도 허용되지 않는다.

---

2) [학설] 친생추정의 한계에 관한 학설은 ① 외관상 동거의 결여가 객관적으로 명백한 경우에 한한다는 외관설(다수설), ② 夫의 생식불능 등 부자관계가 있을 수 없음이 증명되면 된다는 혈연설, ③ 동거의 결여라는 객관적 사정이 없더라도 이미 가정이 붕괴되었다면 원칙적으로 혈연진실주의를 우선하여 친생추정이 미치지 않는다는 절충설로 나뉘어 있다.

[비교] ❋ **친생자 추정을 받지 않는 혼인 중의 출생자의 경우**
혼인이 성립한 날로부터 200일이 되기 전에 출생한 자, 혼인관계 종료의 날로부터 300일 이후에 출생한 자, 친생자 추정의 제한을 받는 경우 등이다. 이를 다툴 때에는 원칙적으로 출소기간의 제한도 없는 '친생자관계 부존재확인의 소'에 의하여 부자관계를 부정할 수 있다(대판 1983.7.12. 전합82므59).

2. 甲이 부자관계를 다투는 방법

친생추정의 효과로 甲은 오로지 친생부인의 소(제846조)만을 통하여 丁과의 부자관계를 부인할 수 있다. **甲은 제847조의 제소권자인 부(夫)에 해당하므로 다른 일방인 처(妻) 乙이나 자(子) 丁을 상대로 하여 그 사유가 있음을 안 날(즉, 夫의 子가 아님을 안 날)로부터 2년 내에 제기하여야 한다(제847조 1항).**[3]

사안에서 丁은 1997. 6. 5. 태어났으므로 1999. 5.경에 甲이 친생부인의 소를 통해 부자관계를 다투는 것은 가능하다.

3. 丙의 인지 가부

혼인관계가 없는 乙과의 사이에서 출생한 혼인 외의 자 丁과의 친자관계를 성립시킬 수 있는 방법은 민법 제855조상의 인지가 있다.[4]

그러나 丙으로서는 丁이 자신의 子임이 확실히 알 수 있다고 하더라도 丁이 甲의 친생자로 추정을 받기 때문에 **甲이 친생부인을 하지 않는 한 丙은 인지할 수 없다.** 이는 설사 丁이 丙을 상대로 인지청구를 하는 경우에도 마찬가지이다(대판 1992.7.24, 91므566).

Ⅳ. 사안의 해결

보론

※ 甲이 2년이 지난 이후에 제기한 친생자관계존부확인의 소의 경우

친생부인의 소의 제소기간은 제척기간으로서 그 기간이 경과한 후에도 제도의 취지상 친생자관계존부확인의 소로도 다툴 수 없다. 다만 甲이 제척기간이 경과 후 친생자관계존부확인의 소를 제기하였고 법원이 그 청구를 받아들여 친생자관계가 존재하지 않는다는 확인의 판결을 선고하여 확정한 경우에 그 판결을 당연무효로 볼 것인가는 별개의 문제이다.

判例는 그 소가 부적법한 것이지만 법원이 그 잘못을 간과하고 청구를 받아들여 그 판결이 확정된 이상 신분관계에 관한 소송의 인용판결의 기판력이 제3자에게도 미치는 점 때문에 누구도 소송상 혹은 소송 외에서 친생자임을 주장할 수 없게 되었다고 하여 확정심판의 기판력과 충돌되는 친생자로서의 추정의 효력은 사라져버렸다고 한다(대판 1992.7.24, 91므566). 따라서 甲이 丁이 출생한지 2년이 지난 시점에서 친생자관계 부존재확인의 소를 제기하였고 법원이 실수로 이를 판단하여 인용판결을 내렸다면 甲은 친생부인의 소를 제기하여 인용 받은 것과 같은 결과를 얻을 수 있다.

---

3) 2년의 기간은 제척기간으로 그 기간을 경과하면 甲은 더 이상 丁이 자신의 자가 아님을 이유로 다툴 수 없게 되어 丁이 甲의 친생자로 확정이 된다.

4) 丙의 인지가 가능하다면 인지의 소급효(제860조)에 의하여 丁의 출생시로 소급하여 丙과 丁사이에 친자관계가 성립하는 효력이 발생할 것이다.

중요판례 미기출 핵심사례

A남과 甲녀 부부는 슬하에 자녀가 없던 중 1960년경 자기 집 문 앞에 버려진 영아 乙을 발견하고, 그때부터 자기 친자식처럼 키웠다. 乙도 철이 든 후에 자기가 버려진 아이라는 것을 알면서도 A남과 甲녀를 친부모님과 마찬가지로 여기고 극진히 섬겼다. 그리고 乙은 출생신고가 되어 있지 않았는데, 乙이 학교에 들어갈 무렵인 1967년경 A남은 甲녀와 상의하여 자기의 호적(가족관계등록부)에 乙이 자신의 친생자인 것처럼 출생신고를 하였다. 그 후 1992. 4. 1. A가 지병으로 사망할 당시 A의 재산으로는 X아파트 한 채가 전부였다.

乙이 亡 A의 정당한 상속인인지 검토하라. (50점)

사례E-05 허위의 친생자출생신고, 무효행위의 전환·무효행위의 추인[1)]

Ⅰ. 논점의 정리

양자는 입양신고시부터(제878조) 양친의 혼인 중의 출생자의 신분을 취득하며, 양부모의 혈족·친족과의 사이에서도 친족관계가 발생한다(제722조 1항). 따라서 **양자와 양부모 및 그 혈족 사이에 서로 부양·상속관계가 생긴다.** 결국 사안의 경우 乙이 亡 A의 정당한 상속인인지 여부는 乙과 망 A의 사이에 양친자관계가 성립하였는지에 달려있다.

Ⅱ. 乙이 망 A의 정당한 상속인인지 여부

1. 문제점

'가족관계의 등록 등에 관한 법률' 제57조는 "부가 혼인 외의 자녀에 대하여 친생자출생의 신고를 한 때에는 그 신고는 인지의 효력이 있다"고 명문화하고 있으나, A의 신고와 같이 입양신고를 하여야 하는데 친생자신고를 한 경우에 관한 명문규정이 없어, 허위친생자신고에 대해 입양신고의 효력을 인정할지에 관하여 견해가 대립한다. 한편 허위친생자신고에 대하여 입양신고로서의 효력을 긍정한다고 하더라도 당사자 간에는 입양의 실질적 요건이 충족되어야 하는바, 이에 관하여도 검토하기로 한다.

2. 1967년경 허위의 친생자 출생신고에 의하여 입양이 성립하였는지 여부

(1) 양친자관계의 성립요건(입양의 성립요건)

1) 실질적 요건

ⅰ) 당사자 사이에 입양의 합의가 있어야 한다(제883조 1호). 그런데 양자가 될 사람이 만13세 이상의 미성년자인 경우에 법정대리인의 동의를 받아 입양을 승낙하여야 하고, 양자가 될 사람이 만 13세 미만(종래에는 만 15세 미만)인 경우에는 법정대리인이 그를 갈음하여 입양을 승낙한다(제869

1) ★ 허위의 친생자출생신고 등 ; 사안은 대판 1977.7.26, 전합77다492을 기초로 변형한 사안으로 허위의 친생자출생신고를 무효행위의 전환, 무효행위의 추인의 법리와 함께 기본적으로 정리하고 있어야 한다.

조 1항, 2항)[다만 법정대리인이 정당한 이유 없이 동의 또는 승낙을 거부하는 경우 또는 법정대리인의 소재를 알 수 없는 등의 사유로 동의 또는 승낙을 받을 수 없는 경우에는 가정법원이 입양을 허가할 수 있다(제860조 3항)]. ii) 양자는 양친의 존속 또는 연장자가 아니어야 한다(제877조 1항). i),ii)요건이 흠결되면 입양은 무효이다(제869조 1항은 취소사유이고 2항은 무효사유이다).

iii) 양친이 되는 자는 성년이어야 한다(제866조). iv) 양자가 될 자는 '원칙적'으로 부모 등의 동의를 얻어야 한다. 양자가 될 자가 성년인 경우에도 마찬가지이다. 다만 부모의 소재를 알 수 없는 등의 사유로 동의를 받을 수 없는 경우 그러하지 아니하다(제870조, 제871조). v) 배우자 있는 자가 양자를 할 때에는 배우자와 공동으로 하여야 하고, 배우자 있는 자가 양자가 될 때에는 다른 일방의 동의를 얻어야 한다(민법 제874조). iii),iv),v) 요건이 흠결되면 입양은 취소될 수 있다.

2) 형식적 요건

입양은 가족관계의 등록 등에 관한 법률이 정한 바에 의하여 신고함으로써 그 효력이 생긴다(제878조 1항). 이 신고는 당사자 쌍방과 성년자인 증인 2인의 연서한 서면으로 하여야 한다(제878조 2항).

(2) 乙이 입양의 형식적 요건을 구비하였는지 여부

1) 문제점

사안과 같이 A가 입양의 의사를 가지고, 입양신고 대신에 마치 친생자인 것처럼 출생신고를 한 경우 이를 입양신고로 볼 수 있는지 문제된다.

2) 판 례

① 判例의 다수의견은 당사자 사이에 양친자관계를 창설하려는 명백한 의사가 있고 나아가 기타 입양의 성립 요건이 모두 구비된 경우에 입양신고 대신 친생자 출생신고가 있다면 형식에 다소 잘못이 있더라도 입양의 효력이 있다고 해석함이 타당하다고 한다. ② 이에 대해 判例의 소수의견은 사전 분쟁예방을 위하여 요식행위로 한 이유에 어긋나며, 인지와는 달리 입양은 합의에 의해 이루어지며, 어린 나이에 입양이 이루어지는 경우 사실상 파양권을 박탈당하고 친부모를 찾기 곤란한 비인도적 사태가 생길 수 있음을 이유로 이에 반대하였다(대판 1977.7.26, 전합77다492).[2)]

3) 검토 및 사안의 경우

생각건대 소수의견 논지 또한 경청할 만하나, 현대에 있어서의 양자제도가 子의 복리를 위한 양자제도로 변해가고 있음을 고려할 때 친생부모와의 관계도 중요하지만 양자가 큰 충격 없이 성장해 나가는 것이 더욱 중요하므로 허위출생자신고에 입양의 효력을 인정하는 견해가 타당하다. 따라서 A의 허위친생자신고는 입양신고로서의 요건을 갖추었다고 할 것이다.

(3) 乙이 입양의 실질적 요건을 구비하였는지 여부

당시 양자가 될 자인 乙은 만 15세 미만임이 명백하기 때문에 그 법정대리인의 대락이 필요한데(제869조 2항)(2013년 7월 1일부터는 양자가 될 사람이 '만 13세 미만'인 경우에는 법정대리인이 그를 갈음하여 입양을 승낙한다), 사안에서는 이 요건이 충족되지 않았으므로 당사자 사이에 입양의 합의가 없었다.

(4) 소 결

위 입양은 무효이다(제883조 3호).

---

2) [학설] 무효행위의 전환의 법리(제138조)를 통해 허위친생자신고에 대하여 입양신고로서의 효력을 인정함이 대체적인 견해이다.

3. 乙이 무효인 입양에 대한 묵시적인 추인이 있었다고 볼 수 있는지 여부

(1) 무효행위의 추인이 인정되기 위한 요건(무, 알, 새)

무효행위의 추인이 인정되기 위해서는 i) 일단 성립한 법률행위가 무효일 것, ii) 당사자는 그 법률행위가 무효임을 알고 추인할 것, iii) 추인시에 새로운 법률행위로서 유효요건을 갖추고 있을 것을 요한다(제139조).

(2) 사안의 경우

양자가 될 자가 만 15세가 된 경우에는 단독으로 입양의 승낙을 할 수 있다. 사안의 경우 乙은 철이 든 후에 A와 甲이 자신의 생부모가 아니라는 사실을 알면서도 A와 甲을 마치 자신의 생부모인 것처럼 극진히 섬겼다고 하는바, 그가 만 15세가 될 때인 1975년경 입양에 대한 승낙의 의사가 있었다고 봄이 상당하다. 그리고 양부모인 A와 甲의 입양 의사 또한 그때까지 계속 유지된 것으로 보인다. 따라서 乙과 A·甲 사이에는 1975년경 위와 같이 무효인 입양에 대한 묵시적인 추인이 있었다고 볼 수 있다.

다만 위 입양에는 여전히 양자가 될 자인 乙의 부모 등의 동의가 없다는 하자가 있다. 그러나 이는 입양의 취소 사유에 불과하고(제884조 제1호), 제871조의 규정(미성년자 입양의 동의)에 위반한 입양은 양자가 성년에 달한 후 3월을 경과한 때에는 그 취소를 청구하지 못하고(제891조), 제870조의 규정(입양의 동의)에 위반한 입양은 그 사유 있은 날로부터 1년을 경과하면 그 취소를 청구하지 못하는바(제894조), 사안에서는 이미 그 제척기간이 도과된 것으로 보이므로 위 하자는 치유되었다. 따라서 乙과 A·甲 사이에서는 적어도 乙이 만 15세가 된 이후에는 유효한 양친자관계가 성립하였다.

4. 묵시적 추인에 소급효를 인정할 수 있는지 여부

(1) 판 례

"친생자 출생신고 당시 입양의 실질적 요건을 갖추지 못하여 입양신고로서의 효력이 생기지 아니하였더라도 그 후에 '입양의 실질적 요건을 갖추게 된 경우'에는 무효인 친생자 출생신고는 '소급적으로' 입양신고로서의 효력을 갖게 된다. 다만 당사자 간에 무효인 신고행위에 상응하는 신분관계가 실질적으로 형성되어 있지 아니한 경우에는 무효인 신분행위에 대한 추인의 의사표시만으로 그 무효행위의 효력을 인정할 수 없다"(대판 2000.6.9, 99므1633 등).

(2) 검토 및 사안의 경우

원칙적으로 무효행위를 추인한 때에는 새로운 법률행위로서 장래에 향하여 유효하게 된다(제139조). 그러나 무효인 입양을 추인한 경우에는 신분질서의 안정을 위해 소급효를 인정하는 것이 타당하다. 따라서 사안의 경우 乙과 A·甲 사이에는 양친자관계에 상응하는 신분관계가 실질적으로 형성되어 있었다고 보이므로 위 묵시적인 추인에 소급효를 인정할 수 있다. 따라서 乙과 A·甲 사이에는 입양신고에 갈음하여 친생자 출생신고를 한 때인 1967년경에 소급하여 양친자관계가 성립하였다.

Ⅲ. 사안의 해결

乙은 A의 직계비속으로서 甲은 A의 배우자로서 A의 공동상속인이 된다(제1000조 1호, 제1003조 1항).

2012년 사법시험 제2문

【공통되는 사실관계】
2010. 5. 사망한 A에게 유족으로는 처 甲과 직계혈족 乙이 있고, 상속재산으로는 A의 단독소유인 X주택(시가 3억 원 상당), 저축은행 Y에 예금 1억 원이 남았다. ※ 아래 각 문항은 별개의 사안임.

2. A의 사망으로 甲과 乙(당시 만 17세인 A의 자로 가정함)이 공동상속인으로 되었다. 甲은 乙의 친권자로서 상속재산을 분할하였다. 그 결과 X주택은 甲의 단독명의로, 저축은행 Y에 예금해 둔 1억 원은 乙의 것으로(성년이 된 乙만이 인출할 수 있음) 하였다. 甲의 상속재산분할은 유효한가? (10점)

4. 위 공통 사안에서 甲과 乙(A의 모라고 가정함)이 A의 재산을 공동상속하고 이미 재산분할까지 마친 상황에서 A의 내연녀인 B가 丁을 출산하여 A의 친자로 밝혀졌고, 2010. 10. 인지신고가 되었다. 이 경우 A의 최종 상속인은 누구이며, 그들의 구체적인 상속분(적극재산에서 소극재산을 제외한 상속재산은 2억 1천만 원으로 가정함)은 각각 얼마인가? (20점)

사례E-06 상속재산분할과 이해상반행위, 제860조 단서★

Ⅱ. 甲의 상속재산분할의 유효성(10) - 설문 2.

1. 문제점

甲이 乙의 친권자로서 상속재산분할을 한 것이 이해상반행위(제921조 참조)에 해당하여, 특별대리인을 선임하지 않고 甲이 乙을 대리한 것이 무권대리로서 무효인지가 문제된다.

2. 甲의 상속재산분할이 이해상반행위에 해당하는지 여부

(1) 판 례[1)]

判例는 "제921조 1항의 이해상반행위란 행위의 객관적 성질상 친권자와 子 사이에 이해의 대립이 생길 우려가 있는 행위를 가리키는 것으로서 친권자의 의도나 그 행위의 결과로 실질적 이해의 대립이 생겼는가의 여부는 묻지 아니하는 것이라"(대판 1991.11.26, 91다32466 : 8회 선택형)고 하여 원칙적으로 형식적 판단설을 취하고 있다.

(2) 검토 및 사안의 경우

사안과 같이 친권자가 子를 대리하여 친권자에게 유리한 상속재산을 분할하는 것(친권자 甲의 X주택의 시가는 3억원 상당임에 비해 미성년자 乙의 예금은 1억원 상당)은 어느 견해에 따르더라도 이해상반행위에 해당한다(대판 1993.4.13. 92다54524 등[2)] : 5회,6회,7회,8회 선택형).

---

1) [학설] ① 이해상반행위는 오직 그 행위 자체에 대한 외형적 법률효과로만 판단해야 한다는 형식적 판단설, ② 이해상반행위는 당해 행위에 이르게 된 친권자의 동기, 경제적 효과까지 고려하여 실질적으로 판단하여야 한다는 실질적 판단설 등이 있다.

2) "공동상속재산분할협의는 그 행위의 객관적 성질상 상속인 상호간에 이해의 대립이 생길 우려가 있는 행위라고 할 것이므로 공동상속인인 친권자와 미성년인 수인의 자 사이에 상속재산분할협의를 하게 되는 경우에는 미성년자 각자마다 특별대리인을 선

그러므로 甲은 乙을 위해 특별대리인을 선임하여 그와 상속재산분할협의를 했었어야 하므로(제921조 1항), 직접 乙을 대리한 것은 무권대리 행위로서 무효이다(제130조). 즉 당해 상속재산분할은 무효이다.

Ⅳ. 최종상속인 확정 및 구체적인 상속분(20) - 설문 4.

1. 최종상속인의 확정

(1) 문제점

인지의 소급효(제860조 본문)로 인해 丁은 출생시에 소급하여 A의 직계비속이 된다. 따라서 배우자 甲과 직계혈족 乙이 공동상속인이었다고 하더라도 丁의 인지와 동시에 배우자 甲과 직계비속 丁이 공동상속인이 되는 것이다. 이 때 乙의 상속권이 인지의 소급효로부터 보호받는 제3자의 권리인지 문제된다(제860조 단서 참조).

(2) 피인지자보다 후순위 상속인이 제860조 단서의 제3자에 해당하는지 여부

1) 판 례

判例는 동순위 상속인조차 인지되어 새로 상속인이 된 자가 있는 경우 가액반환의무(제1014조 참조)를 부담하는 점을 근거로 이와 균형상 후순위 상속권자의 상속권은 제860조 단서에 의해 보호받는 제3자의 권리에 해당하지 않는다고 판시하였다(대판 1993.3.12, 92다48512).[3]

2) 검토 및 사안의 경우

생각건대 피인지자가 동순위의 상속인에 대하여는 가액지급에 의한 상환청구를 할 수 있으나(제1014조), 후순위의 상속인에 대하여는 전혀 아무런 청구를 할 수 없다는 것은 형평의 원칙에 어긋나므로 判例의 태도가 타당하다. 그렇다면 후순위상속인 乙은 丁의 인지와 동시에 상속권을 상실한다. 결국 최종상속인은 배우자 甲과 직계비속 丁이다.

2. 최종상속인의 구체적 상속분

(1) 상속분의 산정

배우자와 직계비속이 공동상속하는 경우, 배우자는 직계비속의 상속분에 5할을 가산한 비율로 상속을 하게 된다(제1009조 2항). 즉 배우자와 직계비속의 상속비율은 1.5 : 1 이 된다.

임하여 그 각 특별대리인이 각 미성년자인 자를 대리하여 상속재산분할의 협의를 하여야 하고 만약 친권자가 수인의 미성년자의 법정대리인으로서 상속재산분할협의를 한 것이라면 이는 민법 제921조에 위반된 것으로서 이러한 대리행위에 의하여 성립된 상속재산분할협의는 피대리자 전원에 의한 추인이 없는 한 무효이다"

3) "민법 제860조는 인지의 소급효는 제3자가 이미 취득한 권리에 의하여 제한받는다는 취지를 규정하면서 제1014조는 상속개시 후의 인지 또는 재판의 확정에 의하여 공동상속인이 된 자는 그 상속분에 상응한 가액의 지급을 청구할 권리가 있다고 규정하여 제860조 소정의 제3자의 범위를 제한하고 있는 취지에 비추어 볼 때 혼인 외의 출생자가 父의 사망 후에 인지의 소에 의하여 출생자로 인지받은 후 피인지자보다 후순위상속인인 피상속인의 직계존속 또는 형제자매 등은 피인지자의 출현과 함께 자신이 취득한 상속권을 소급적으로 잃게 되는 것으로 보아야 하고, 그것에 제860조 단서의 규정에 따라 인지의 소급효 제한에 의하여 보호받게 되는 제3자의 기득권에 포함된다고 볼 수 없다"

(2) 사안의 해결

1) 소극재산의 경우

사안에서 A의 적극재산은 X주택과 예금을 합쳐서 4억원이다. 적극재산에서 소극재산을 제외한 상속재산이 2억 1천만원이라는 점에서 소극재산은 1억 9천만원임을 알 수 있다. 소극재산, 즉 상속채무의 경우 判例는 "금전채무와 같이 급부의 내용이 가분인 채무가 공동상속된 경우, 이는 상속 개시와 동시에 당연히 법정상속분에 따라 공동상속인에게 분할되어 귀속되는 것이므로, 상속재산 분할의 대상이 될 여지가 없다"(대판 1997.6.24, 97다8809 : 3회,5회,8회,9회 선택형)고 한다.

따라서 사안에서 만약 소극재산 1억 9천만 원이 금전채무라면 이 중 3/5(1억 1,400만 원)는 甲에게 귀속되고 2/5(7,600만 원)은 丁에게 귀속되어 각 분할채무를 부담하게 될 것이다.

2) 적극재산의 경우

공동상속인은 분할을 할 때까지는 상속재산을 (준)공유한다(제1006조). 그리고 判例가 판시하는 바와 같이 "금전채권과 같이 급부의 내용이 가분인 채권은 공동상속되는 경우 상속개시와 동시에 당연히 법정상속분에 따라 공동상속인들에게 분할되어 귀속되므로 상속재산분할의 대상이 될 수 없는 것이 원칙이다(대결 2006.7.24. 2005스83).

따라서 사안에서 ① 적극재산 중 X주택은 甲이 3/5, 丁이 2/5지분으로 공유한다. ② 적극재산 중 예금 1억 원은 甲에게 3/5인 6,000만 원이 귀속되고, 丁에게 2/5인 4,00만 원이 귀속되어 각 분할채권을 취득한다.

기출해설

2014년 사법시험 제2문

甲은 친생자 乙, 사실혼 배우자 丙, 丙과의 사이에 출생한 딸 丁을 두고 있다. 甲은 2011. 1. 5.에 戊로부터 5억 원에 X부동산을 구입하는 계약을 체결하였다. 그러나 자신의 명의로 등기를 하면 문제가 될 것을 우려하여 丙과 戊의 동의하에 丙의 명의로 소유권이전등기를 경료하였다. 甲은 2013. 5. 6.에 교통사고로 사망하였다. (아래 각 문항은 별개의 사안임)

1. 乙은 甲의 상속인으로서 X부동산에 관하여 어떠한 청구를 할 수 있는가? (20점)

2. 乙은 2014. 4. 1.에 소유권이전등기청구소송의 승소확정판결에 터 잡아 자기 명의로 X부동산에 관하여 소유권이전등기를 마쳤다. 丁은 어떠한 절차를 거쳐, X부동산에 관하여 어떠한 청구를 할 수 있는가? (20점)

사례E-07 제3자간 명의신탁, 인지청구의 소, 제1014조와 상속회복청구★

Ⅰ. 甲의 상속인으로서 X부동산에 대한 乙의 청구여하(20) - 설문 1.

1. 甲과 丙 사이의 명의신탁약정의 유형 및 효력

(1) 명의신탁약정의 유형

甲이 신탁자로서 매도인 戊와 매매계약을 체결하고, X부동산에 관한 등기명의만 丙 앞으로 경료한 바, 이는 3자간 등기명의신탁(중간생략형 명의신탁)에 해당한다.

(2) 명의신탁 약정의 효력

부동산 실권리자 명의등기에 관한 법률(이하 '부동산실명법') 제8조 2호에 따르면 배우자 명의로 명의신탁을 하는 경우 조세포탈, 강제집행의 면탈 등의 목적이 아닌 이상 부동산실명법의 적용이 없으나, 여기에서의 배우자는 判例가 판시하는 바와 같이 '법률혼 배우자'를 의미하므로(대판 1999.5.14. 99두35 등) **사실혼 관계인 甲과 丙 사이의 명의신탁약정은 부동산실명법의 적용을 받는다.** 그러므로 甲과 丙간의 명의신탁약정과 그에 의한 X부동산 등기는 무효로 된다(동법 제4조 1항, 2항 본문).

2. 甲과 戊 사이의 매매계약의 효력

한편 부동산실명법은 매도인과 명의신탁자 사이의 매매계약의 효력을 부정하는 규정을 두고 있지 아니하므로, 그들 사이의 매매계약은 유효하다.

3. 乙의 X부동산에 대한 청구여하

(1) 3자간 명의신탁에 관련한 判例의 태도

부동산실명법은 매도인과 명의신탁자 사이의 매매계약의 효력을 부정하는 규정을 두고 있지 아니하므로 그들 사이의 매매계약은 유효한 것으로 되어, 判例가 판시하는 바와 같이 **명의신탁자는 매도인에 대하여 매매계약에 기한 소유권이전등기를 청구할 수 있고, 그 소유권이전등기청구권을 보전하기 위해 매도인을 대위하여 수탁자 명의의 등기의 말소를 구할 수 있다**(대판 2002.3.15, 2001다61654).

(2) 사안의 경우

수탁자 丙 명의의 X부동산등기는 원인무효가 되고 명의신탁된 부동산은 매도인 戊 소유로 복귀하므로, 매수인 甲은 매도인 戊에 대한 매매계약에 기한 소유권이전등기청구권을 보전하기 위해 戊를 대위하여 丙 명의의 등기의 말소를 구할 수 있다(제404조). 이때 특정채권을 보전하기 위해 채권자대위권을 행사하는 것이므로 戊의 무자력은 요구되지 않는다. 사안에서 乙은 甲의 유일한 상속인으로서 甲과 戊 사이의 매매계약상 지위를 포괄승계하며, 명의신탁자의 지위도 상속하게 되므로(제1000조 1항 1호), 乙은 상속인의 지위에서 甲의 채권자대위권을 행사할 수 있다.

Ⅱ. 丁의 X부동산에 대한 청구 및 이를 위한 절차(20) - 설문 2.

1. 丁이 상속인이 되는 절차 및 그에 따른 효과

(1) 인지청구의 소(제864조)

사실혼 배우자 丙과의 사이에서 출생한 丁은 '혼외자'로서 상속권이 인정되지 않는다. 따라서 상속인으로서의 지위를 취득하기 위해서는 인지가 되어야 하는바, 인지청구의 소는 부 또는 모를 상대로 하여야 하나(제863조), 사안의 경우는 이미 甲이 사망하였으므로 그 사망을 안 날로부터 2년 내에 검사를 상대로 하여 인지청구의 소를 제기할 수 있다(제864조).

(2) 인지에 따른 효과

인지의 재판이 확정되면 丁은 출생시부터 소급하여 甲의 子인 것이 되어 乙과 공동상속인이 된다(제860조 본문). 그리고 상속인이 수인인 때에는 상속재산은 공유로 하므로(제1006조), 丁은 乙과 **X부동산에 관하여 각각 1/2 지분씩을 공유한다(제1000조 1항 1호).**

2. 丁의 X부동산에 대한 청구 여하

(1) 가액반환청구권 또는 상속회복청구권

인지의 소급효는 제3자의 취득한 권리를 해하지 못하나(제860조 단서), 공동상속인 乙은 이에 해당하지 않는다. 즉 인지청구의 소에 의해 승소판결을 받은 丁은 소급하여 공동상속인이 되는바, ⅰ) 다른 공동상속인들이 이미 상속재산의 분할 기타 처분을 한 때에는 그 상속분에 상당한 가액의 지급을 청구할 수 있고(제1014조), ⅱ) 아직 분할 기타 처분을 하지 않은 경우에는 제척기간 내에 상속회복청구권을 행사할 수 있다(제999조). 특히 후자의 경우 **判例의 판시내용과 같이 다른 상속인의 상속분을 침해하는 공동상속인도 참칭상속인에 포함되기** 때문이다(대판 1991.12.24, 전합90다5740).

(2) 사안의 경우

처분은 관리행위의 범위를 넘는 것을 의미하는데, 사안에서 乙은 무효인 丙명의의 등기를 말소하고 X부동산의 소유권을 취득한 바 이는 '처분행위'에 해당하지 않는다. 따라서 **제1014조의 가액반환 청구권은 인정되지 않고, 丁은 乙에게 상속회복청구권을 행사하여 제999조 2항의 단기제척기간 내에 X부동산에 대한 1/2의 지분의 이전등기를 청구할 수 있다(제999조 1항).** 즉, 현행 부동산 등기법상 일부지분 말소등기가 허용되지 않기 때문에 다른 공유자 중 한 사람은 일부지분의 이전등기를 청구하여 간편하게 문제를 해결할 수 있다. 다만 判例는 일부지분의 말소등기를 명하고 그 집행은 '경정등기'를 통해 해결하고 있지만, 경정 전후의 등기의 동일성이 유지되지 않는 점에서 문제가 있다.

2010년 사법시험 제1문

【공통되는 사실관계】
甲남과 乙녀는 결혼을 하여 2008.4.7. 혼인신고를 하였으며 乙은 2009.4.20. 甲과의 사이에서 丙을 출산하였다. 혼인생활 도중 甲은 2010.3.26. 심장마비로 자연사하여 상속이 개시되었고, 甲 명의의 상속재산으로는 시가 5억 원 상당의 X부동산이 유일하게 존재한다.

3. 甲은 2009.11.경 C와 혼인 외 정교관계를 맺어 戊가 포태되었다. 甲이 사망하자 乙과 丙은, 戊의 존재를 모르는 상태로, X부동산에 대하여 상속등기를 하고 적법한 절차에 따라 D에게 5억 원에 매도하여 2010.5.31. D를 소유자로 한 소유권이전등기를 마쳤다. 이때 태아인 戊에게는 상속에 관하여 어떠한 권리가 인정되는가를 설명하고, 정상적으로 출생한 후의 권리 행사에 대해 설명하라. (50점)

사례E-08 태아의 권리능력, 인지청구권, 가액반환청구권

Ⅲ. 설문 3.의 경우(50)

1. 戊가 태아인 상태에서 상속에 관하여 인정되는 권리(15)

(1) 태아 戊의 상속능력 인정여부 및 인정시기

1) 문제점

태아인 戊도 상속능력이 인정된다(제1000조 3항). 다만 제1000조 3항에서 태아는 상속순위에 관하여는 "이미 출생한 것으로 본다"고 규정되어 있는바 그 의미가 무엇인지 문제된다.

2) 판 례

"특정한 권리에 있어 태아가 권리를 취득한다 하더라도, 현행법상 이를 대행할 기관(법정대리인)이 없어 태아로 있는 동안은 권리능력을 취득할 수 없고, 따라서 살아서 출생할 때에 출생 시기가 문제의 사건의 시기까지 소급하여 그때에 태아가 출생한 것과 같이 법률상 보아준다고 해석하여야 한다"(대판 1976.9.14, 76다1365)고 판시하여 정지조건설을 취하고 있다.

3) 검토 및 사안의 경우

해제조건설은 태아의 이익보호를 그 논거로 하나, 법정대리인의 처분에 의해 오히려 태아에게 불이익을 가져올 수도 있고 그 밖에 사산의 경우나 쌍생아출산 등의 문제가 발생할 가능성이 크다. 따라서 정지조건설이 타당하다. 이에 따르면 戊는 태아인 상태에서는 상속능력이 없다가 살아서 출생하면 피상속인 甲의 사망시에 소급하여 상속능력이 인정된다.

(2) 태아 戊가 인지청구권을 행사하여 상속인이 될 수 있는지 여부

父는 태아를 인지할 수 있으나(제858조), 태아에게도 인지청구권이 인정되는지에 대하여는 학설이 대립된다. ① 제858조의 규정은 父의 인지가능성을 규정한 것일 뿐 태아의 인지청구권을 부정하는 취지는 아니므로 태아도 법정대리인을 통해 인지가 가능하다는 긍정설이 있으나, ② 제858조의 반대해석상 허용되지 않는다는 부정설이 타당하다(다수설). 따라서 戊는 태아인 동안 상속에 관하여 권리를 행사할 수 없다.

2. 출생 후 戊의 권리행사(30)

(1) 戊가 상속인이 될 수 있는 방법(강제인지)

앞서 검토한 바와 같이 戊는 태아인 동안 인지청구권을 행사할 수 없지만, 살아서 출생한 이후 법정대리인인 母 C가 戊를 대리하여 父 甲의 사망을 안 날로부터 2년 내에 검사를 상대로 인지청구의 소를 제기할 수 있다(제864조). 그리고 인지는 그 자의 출생시에 소급하여 효력이 생기므로(제860조 본문) 乙, 丙, 戊는 甲의 공동상속인이 된다.

(2) 상속재산 X부동산의 귀속형태

상속인이 수인인 때에는 상속재산은 그 공유로 한다(제1006조). 여기서 말하는 '공유'의 성질을 ① 공동상속인들을 혈연에 의하여 결합된 조합체로 보는 합유설도 있으나, ② 민법이 명문으로 공유라고 규정한 것을 합유라고 해석하는 것은 명문의 규정에 반하는 해석이며, 합유설에 의하면 공동상속인 각자의 재산권 행사를 어렵게 하므로 상속지분의 신속한 거래와 거래안전의 측면에 비추어 공유설이 타당하다. 判例도 일관되게 공유설을 취하고 있다(대판 1996.2.9, 94다61649). 사안의 경우 乙, 丙, 戊는 甲의 공동상속인이 되어 상속재산을 3 : 2 : 2의 비율로 공유하게 된다(제1006조).

(3) 乙과 丙의 상속재산분할과 戊의 재분할청구의 가능성

乙과 丙은 X부동산을 D에게 처분함으로써 상속재산을 협의분할하였다(제1013조). 협의분할은 상속인 전부가 참여하지 않은 한 무효이므로(대판 2001.6.29, 2001다28299), 인지 또는 재판의 확정 전에 이미 다른 공동상속인이 분할 기타의 처분을 하였다면 재분할을 할 수 있을 것 같다. 그러나 재분할은 제3자에게 예기치 못한 손해를 입힐 염려가 있을 뿐만 아니라 인지의 소급효는 제3자의 권리를 해하지 못하므로(제860조 단서), 상속재산분할의 효과를 그대로 인정할 수밖에 없다. 따라서 戊는 D를 상대로 X부동산에 대한 지분이전등기말소 등은 청구할 수 없다.

(4) 피인지자 戊의 가액반환청구권

1) 戊의 가액반환청구권이 인정되는지 여부

가) 가액청구의 요건

i) 제1014조에 기한 청구권자는 상속개시 후 인지 또는 재판의 확정에 의하여 공동상속인이 된 자이어야 하며, ii) 인지자 등이 재산분할을 청구할 당시 이미 다른 공동상속인이 분할 기타 처분을 하였어야 한다. iii) 아울러 위 가액청구권은 상속회복청구권의 실질이 있으므로 상속회복청구권의 소멸시효에 관한 단기제척기간이 적용된다(대판 1993.8.24, 93다12).

나) 사안의 경우

i) 戊가 父인 甲이 사망한 후 인지청구의 소를 제기하여 인지확정판결을 받고, ii) 甲의 공동상속인인 乙과 丙이 공동상속재산을 협의분할하였으며, iii) 여기서 침해를 안 날이란, 인지판결이 확정된 날(대판 2007.7.26, 2006므2757 : 3회 선택형)을 의미하므로 戊는 인지판결이 확정된 날로부터 3년 내에 乙과 丙을 상대로 X부동산의 가액반환청구를 할 수 있다.

2) 가액산정의 기준시점

乙과 丙이 반환할 가액의 기준시점은 현실의 지급시를 기준으로 하는 것이 피인지자 戊에게 공평하다. 判例 역시 이와 같은 견지에서 제1014조의 가액은 다른 공동상속인들이 상속재산을 실제 처분한 가액 또는 처분한 때의 시가가 아니라 사실심 변론종결시의 시가를 의미한다고 판시하였다(대판 1993.8.24, 93다12).

3) 가액반환의 범위

乙과 丙이 피인지자 戊의 존재를 모르고 있었다고 하더라도 제1014조의 취지가 피인지자의 이익과 기존의 권리관계를 합리적으로 조정하는 데 그 목적이 있는 만큼 부당이득반환의 범위에 관한 민법규정과는 그 성격을 달리하므로 判例가 판시하는 바와 같이(대판 1993.8.24, 93다12) 가액의 범위에 관하여는 부당이득반환의 범위에 관한 민법규정(제748조 1항)을 유추적용할 수 없다. 따라서 乙과 丙의 선의는 반환할 가액산정에 영향을 미치지 않는다.

4) 소 결

戊는 인지판결이 확정된 날로부터 3년 내에 乙과 丙을 상대로 X부동산의 변론종결시 가액의 2/7에 대해 각각 3/5, 2/5의 비율로 가액반환청구를 할 수 있다. 가령 변론종결시 X부동산의 가액이 5억원이라면 戊는 乙에 대해서는 5억×2/7×3/5, 丙에 대해서는 5억×2/7×2/5에 대해 가액반환을 청구할 수 있다.

3. 사안의 해결(5)

戊는 태아인 동안 상속에 관하여 권리를 행사할 수 없으나, 戊가 출생한 이후에는 강제인지의 소(제864조)를 통해 승소판결을 받으면 乙, 丙, 戊는 甲의 공동상속인이 되어 X부동산을 3:2:2의 비율로 공유하게 된다(제1006조). 이 때 戊는 D를 상대로 X부동산에 대한 지분이전등기말소 등은 청구할 수 없으나, 인지판결이 확정된 날로부터 3년 내에 乙과 丙을 상대로 X부동산의 변론종결시 가액의 2/7에 대해 각각 3/5, 2/5의 비율로 가액반환청구를 할 수 있다.

2014년 변호사시험 제2문

2. **(공통 사실관계)** 乙은 2009. 2. 1. F가 야기한 교통사고로 사망하였는데, 사망 당시 상속인으로는 배우자인 C와 망인의 父 D, 母 E가 있었고, 상속재산으로는 甲에 대한 위 1억 원의 의류대금채무 및 Z 부동산(가액은 2억 원), W 동산(1,000만 원 상당)과 F에 대한 5,000만 원의 손해배상채권이 있었으며 C, D, E는 이러한 상속재산의 현황을 잘 알고 있었다.

2-1. 乙의 사망 당시 C는 태아(乙의 친자라고 가정한다)를 포태 중이었는데, 남편의 사망으로 정신적 충격으로 고민 끝에 2009. 3. 낙태하였다.
한편, D는 F로부터 위 교통사고로 인한 망인의 손해배상금을 추심하여 변제받아 이를 소비하지 않은 채 E의 예금계좌로 송금한 후, 상속을 포기하기로 마음먹고 2009. 4. 1. 가정법원에 가서 적법요건을 갖춘 상속포기신고를 마쳤다.
甲이 2009. 7. 1. 1억 원의 의류대금청구소송을 제기할 때 누구를 상대로 얼마의 금원을 청구하면 전부승소를 받을 수 있는지(혹은 C, D, E 누구에게도 청구할 수 없다면 그 점을) 그 논거와 함께 서술하라(이자, 비용은 고려하지 않는다). (10점)

사례E-09 낙태와 상속결격,[1] 상속포기

Ⅱ-1. 설문 2-1.의 경우(10)

1. 결 론

甲의 의류대금청구소송의 상대방은 채무자 乙의 상속인이어야 하므로 상속인이 누구인지 확정하여야 한다. 사안에서 배우자 C는 낙태로 인해 상속결격되었으며(제1004조 1호), 직계존속 D의 추심행위는 법정단순승인사유로 D의 상속포기는 효력이 없으므로(제1026조 1호), 결국 상속인은 직계존속인 D와 E가 된다.

아울러 判例에 따르면 '금전채무'는 상속인의 상속 비율에 따라 분할되어 귀속되므로(대판 1997.6.24, 97다8809 : 3회,5회,8회,9회 선택형) 1억 원의 甲에 대한 채무는 상속인 D와 E가 1 : 1의 비율로 분할하여 상속받는다. 따라서 甲은 의류대금청구소송을 제기할 때 D와 E에게 각 5,000만 원씩 청구하면 전부승소를 받을 수 있다.

2. 논 거

(1) 배우자 C가 상속결격 되는지 여부

1) 낙태도 상속결격사유에 포함되는지 여부

고의로 직계존속, 피상속인, 그 배우자 또는 상속의 선순위나 동순위에 있는 자를 살해하거나 살해하려고 한 경우에는 상속의 자격이 박탈되는바(제1004조 1호), 비록 형법상으로 태아는 살인죄의 객체가 되지 못하지만, 제1004조의 취지상 낙태와 살인을 달리 평가할 것은 아니므로 判例와

1) ★ 낙태와 상속결격 쟁점은 2007년 사법시험에서도 동일하게 출제되었다.

같이 낙태를 제1004조 1호의 상속의 동순위에 있는 자를 '살해' 한 것으로 보아 상속결격이 된다고 보는 것이 타당하다(대판 1992.5.22, 92다2127). 따라서 C가 자신과 乙 사이의 子를 낙태한 것도 민법 제1004조 1호의 요건에 포함된다.

2) 상속결격이 되기 위해서 상속에 유리하다는 인식을 요하는지 여부

判例가 판시하는 바와 같이 "ⅰ) 제1004조 1호는 '고의' 만을 규정하고 있을 뿐 별도로 '상속에 유리하다는 인식'을 요구하고 있지 않으며 ⅱ) 제1004조 2호는 '상해의 고의'만 있었던 경우에도 상속결격을 인정하므로 이 경우 상속에 유리하다는 인식이 필요 없다"(대판 1992.5.22, 92다2127).

그러므로 C의 낙태가 상속에 유리하다는 인식 없이 단순히 남편의 사망으로 인한 정신적 충격이 원인이었다 해도 C에게는 제1004조 1호 상의 상속결격이 인정될 것이다. 그러므로 C는 상속결격이 되어 상속인이 아니다.

(2) 직계존속 D의 상속포기가 유효한지 여부 : 법정단순승인

상속인이 상속재산에 대한 처분행위를 한 경우 상속인은 단순승인을 한 것으로 본다(제1026조 1호). 判例에 따르면 "상속인이 피상속인의 채권을 추심하여 변제받는 것도 상속재산에 대한 처분행위에 해당한다"고 한다(대판 2010.4.29, 2009다84936 : 9회 선택형).

그러므로 사안에서 D가 F로부터 위 교통사고로 인한 망인의 손해배상금을 추심하여 변제받았다면 이를 소비하지 않고 다른 상속인에게 송금한 경우더라도 법정단순승인을 한 것이 될 것이고 이런 단순승인 후에는 상속개시 있음을 안 지 3개월 이내라도 민법 제1019조 3항과 같은 특별한정승인제도가 아닌 한 상속포기를 할 수 없으므로 C의 상속포기는 효력이 없다. 결국 D는 법정단순승인을 한 상속인이 된다(제1026조 1호). 아울러 상속개시 있음을 안 날로부터 3개월 내에 한정승인 또는 포기를 하지 않은 E도 법정단순승인을 한 상속인이 된다(제1026조 2호).

기출해설

2010년 사법시험 제1문

甲은 1970년 4월경 A와 혼인신고를 마치고 그와의 사이에서 1972년 12월 15일에 乙을 낳았다. 그런데 A는 2000년 1월경 丙과도 혼인신고를 하고 동거하던 중 2005년 7월 1일에 사망하였다. 丙은 2005년 10월 10일에 A의 소유였던 건물 X를 상속을 원인으로 丙의 단독 명의로 등기를 한 후 丁에게 임대하였다. 甲은 A의 사망 후 중혼을 이유로 A와 丙 사이의 혼인취소청구를 하여 승소확정판결을 받았다.

1. 상속과 관련한 '甲과 丙' 사이의 법률관계를 논하시오. (30점)

2. 건물 X와 관련한 '甲과 丙', '甲과 丁' 사이의 법률관계를 논하시오. (30점)

사례E-10 중혼취소와 공동상속, 상속회복청구권과 공유물 관리[1)]

Ⅰ. 설문 1.의 경우(30)

1. 문제점

乙은 A의 직계비속으로(제1000조 제1항 1호), 甲은 A의 법률상 배우자로 공동상속인이 된다는 것에는 의문이 없다(제1003조 1항). 그러나 문제는 중혼의 배우자인 丙인바, 혼인취소 판결에 의한 중혼배우자의 상속인자격 상실여부 및 상속인 자격이 인정된다면 상속분의 비율은 어떻게 되는지 그리고 공동상속재산의 귀속형태는 어떻게 되는지 문제된다.

2. 상속과 관련한 '甲과 丙' 사이의 법률관계

(1) 중혼배우자(A)의 사망 후 혼인취소판결에 의한 후혼 생존배우자(丙)의 상속인자격 상실 여부

1) 판 례

判例는 "혼인 중에 부부 일방이 사망하여 상대방이 배우자로서 망인의 재산을 상속받은 후에 그 혼인이 취소되었다는 사정만으로 그 전에 이루어진 상속관계가 소급하여 무효라거나, 또는 그 상속재산이 법률상 원인 없이 취득한 것이라고는 볼 수 없다"(대판 1996.12.23, 95다48308 : 1회,3회 선택형)고 판시하여 상속인자격유지설의 입장이다.

2) 검토 및 사안의 경우

민법에 있어서는 혼인취소의 소급효가 인정되지 않기 때문에(제824조) 생존 배우자의 상속인자격에는 영향을 미치지 않는다고 보는 상속인자격유지설이 타당하다. 따라서 결국 丙도 乙, 甲과 함께 공동상속인이 된다.

(2) 甲과 丙의 상속비율 및 공동상속재산의 귀속형태

1) 상속비율의 문제

중혼의 경우 생존 배우자들인 甲과 丙의 상속분을 어떻게 확정하여야 하는지 문제된다. 두 가지의 방법을 생각해 볼 수 있는바, ① 하나는 각 배우자가 각각 1.5의 상속지분을 갖는 방법과,[2)] ②

---

1) ★ 당해 사안은 대판 1996.12.23, 95다48308 判例의 사실관계를 기초로 만들어진 사안이다.

또 다른 하나는 각 배우자가 1.5의 1/2씩의 상속지분을 갖는 방법이다. 검토하건대 후자가 공평의 원칙에 보다 부합한다. 하급심 判例도 후자에 따라 판단하고 있다(광주고법 1995.10.6, 95나209). 따라서 이를 당해 사안에 적용하면 각 상속인들의 상속분은 甲(1.5×1/2 → 3/10), 乙(1 → 4/10), 丙(1.5×1/2 → 3/10)이 된다.

2) 공동상속재산의 귀속형태

민법은 상속인이 수인인 때에는 상속재산은 그 공유로 한다(제1006조)고 규정하고 있는바, 여기서 말하는 '공유'의 성질에 대해 ① 합유의 의미로 보는 견해도 있으나, ② 명문의 규정을 고려할 때 判例와 같이 공동상속을 공유관계로 보면서 개별재산에 대한 지분의 자유로운 처분을 긍정하는 것이 타당하다(대판 1996.2.9, 94다61649). 따라서 甲, 乙, 丙이 공동상속재산을 3:4:3의 비율로 공유한다고 보는 것이 타당하다.

3. 사안의 해결

甲과 丙은 공동상속인으로 乙과 함께 공동상속재산을 3:4:3의 비율로 공유한다(제1006조).

Ⅱ. 설문 2.의 경우(30)

1. 문제점

앞서 검토한 바에 따르면 甲은 공동상속인으로 건물 X에 대한 공유지분 3/10을 가지므로, 丙과 丁에 대한 구제수단으로 물권적 청구권·부당이득반환청구권·불법행위로 인한 손해배상청구권·상속회복청구권의 행사 가부가 문제된다. 특히 사안에서 소수지분권자인 丙은 다른 공유자와의 동의 없이 목적물을 丁에게 임대해 준 바, 이러한 임대행위는 제265조 본문의 공유물의 '관리행위'라 할 것이어서, 다른 공유자 甲에 대해 효력이 미치는지 문제된다.

2. 건물 X와 관련한 '甲과 丙', '甲과 丁' 사이의 법률관계

(1) 공동상속재산(건물 X)에 대한 甲의 상속회복청구권의 행사[3)]

1) 상속회복청구권의 법적성질

제999조 2항의 단기의 제척기간과 관련해 개별 물권적 청구권과의 관계가 문제되는 바, '상속회복청구권'의 법적성질과 관련하여 判例가 판시하는 바와 같이 "참칭상속인 또는 자기들만이 재산상속을 하였다는 일부 공동상속인들을 상대로 그 소유권 또는 지분권이 귀속되었다는 주장이 **상속을 원인으로 하는 것인 이상 그 청구원인**(예를 들어 제213조, 제214조, 제741조, 제750조) **여하에 불구하고 민법 제999조의 단기 제척기간의 적용을 받는 상속회복의 소로 보아야 한다**"(대판 1991.12.24, 전합90다5740).
따라서 제999조의 제척기간이 경과한 후에는 개별적 청구권에 기한 상속재산회복도 불허되나 설문에서는 제척기간 도과여부를 알 수 없어 특별히 문제되지 않는다.

---

2) ★ 신판주역민법(26), p.282 이를 당해 사안에 적용하면 각 상속인들의 상속분은 다음과 같다. 甲(1.5 → 3/8), 乙(1 → 2/8), 丙(1.5 → 3/8)

3) ★ 비록 출제의도를 명확하게 파악할 수는 없다 하여도 당해 논의는 제척기간과 관련하여 의미를 가지므로, 사안과 같이 제척기간 도과 여부를 알 수 없는 사안에서는 당해 쟁점은 큰 쟁점은 아니라고 판단된다. 또한 당해 쟁점은 설문 1.에서 언급하더라도 무방하다.

(2) 丙과 丁이 상속회복청구권의 상대방이 될 수 있는지 여부

가) 참칭상속인

상속회복청구의 상대방이 되는 참칭상속인이란 i) 정당한 상속권이 없음에도 재산상속인임을 신뢰케 하는 외관을 갖추고 있는 자이거나(표현상속인) ii) 상속인이라고 참칭하여 상속재산의 전부 또는 일부를 점유하고 있는 자이다(대판 1998.3.27, 96다37398).

나) 공동상속인(丙)

단기의 제척기간을 정함으로써 권리관계의 조속한 안정을 취하려는 제999조의 입법취지상 상속인이 다른 상속인의 상속권을 무시하고 상속재산을 점유 또는 등기한 경우에도 상속회복청구권을 행사할 수 있다는 判例의 입장이 타당하다(대판 1991.12.24, 전합90다5740).

다) 참칭상속인으로부터의 제3취득자(丁)

상속회복청구의 단기의 제척기간이 참칭상속인에만 적용되고 참칭상속인으로부터 양수한 제3자에게는 인정되지 않는다면 거래관계의 조기안정을 의도하는 단기의 제척기간이 무의미하게 될 수 있으므로, 判例가 판시하는 바와 같이 **참칭상속인으로부터 권리를 이전받은 제3자**와 참칭상속인의 상속인도 **상속회복청구의 상대방이 된다**(대판 1981.1.27, 전합79다854).

(2) 건물X와 관련한 甲과 丙과의 법률관계

1) 소유권이전등기말소청구 가부 및 진정명의회복을 위한 소유권이전등기의 청구가부

가) 소유권이전등기말소청구 가부

사안의 경우 상속에 의하여 甲·乙·丙 수인의 공유로 된 건물X에 관하여 丙이 공유물 전부에 관한 소유권이전등기를 그 단독명의로 경료함으로써, 甲이 공유물에 대하여 갖는 권리를 방해한 경우이므로, 그 방해를 받고 있는 공유자 甲은 공유물의 '보존행위'로서(제265조 단서), 위 단독명의로 등기를 경료하고 있는 공유자 丙에 대하여 丙의 공유지분인 3/10을 제외한 나머지 공유지분 전부에 관하여 소유권이전등기말소등기절차의 이행을 구할 수 있다(대판 1988.2.23, 87다카961).[4)]

나) 진정명의회복을 위한 소유권이전등기청구 가부

아울러 甲은 丙에 대해 건물X에 경료된 원인무효의 등기(7/10)에 관하여 해당 지분별(甲은 3/10, 乙은 4/10)로 진정명의회복을 원인으로 한 소유권이전등기를 이행할 것을 단독으로 청구할 수 있다(대판 2005.9.29, 2003다40651 참고 : 1회 선택형).

2) 목적물인도 청구가부

丙은 간접점유자(제194조)에 불과하므로, 甲은 丙에 대해 소유권에 기한 목적물반환을 청구할 수는 없다(제213조).

[관련판례] 과거 判例는 공유자가 공유지분을 가지고 있더라도 그의 '배타적 사용'이 공유지분의 과반수의 결의에 의한 것이 아닌 이상 부적법한 것이므로, 과반수에 미달하는 소수지분권자라도

---

4) 다만 현행 부동산 등기법상 일부지분의 말소등기가 허용되지 않기 때문에 다른 공유자 중 한 사람은 일부지분의 이전등기를 청구하여 간편하게 문제를 해결할 수 있다. 다만 判例는 일부지분의 말소등기를 명하고 그 집행은 '경정등기'를 통해 해결하고 있는 바(대판 1995.5.9, 94다38403), 이를 실무상 '일부말소등기로서의 경정등기'라고 한다. 그러나 이는 경정 전후의 등기의 동일성이 유지되지 않는 점에서 문제가 있다. 왜냐하면 원칙적으로 경정등기는 경전 전후의 등기의 동일성을 요하는 한계 내에서 행해져야 하기 때문이다.

'보존행위'로서 그 공유물 전부의 인도를 구할 수 있다고 하였으나(대판 1994.3.22, 전합93다9392,9408 : 1회,2회 선택형), 바뀐 전원합의체 판결에 따르면 "제265조 단서가 공유자 각자가 다른 공유자와 협의 없이 보존행위를 할 수 있게 한 것은 그것이 다른 공유자에게도 이익이 되기 때문인바, 소수지분권자가 다른 소수지분권에게 공유물 인도를 청구하는 것은 다른 소수지분권자가 가지고 있는 '지분의 비율에 따른 사용 · 수익권'까지 근거 없이 박탈하는 것으로 다른 공유자에게도 이익이 되는 보존행위라고 볼 수 없다"는 것을 이유로 부정하였다. 다만 공유토지 위의 지상물 철거청구나 공동점유에 대한 방해금지 등의 '방해배제청구'(제214조)는 가능하다고 보았다(대판 2020.5.21. 전합2018다287522)

3) 부당이득반환청구 및(또는) 불법행위에 기한 손해배상청구 가부

사안과 같이 소수지분권자 丙이 공유물인 건물X를 임의로 丁에게 임대한 경우, 그 수익 중 丙의 지분(3/10)을 초과하는 부분은 법률상 원인 없이 취득한 부당이득이 되어 이를 반환할 의무가 있고(제748조 2항), 또한 위 무단임대행위는 다른 공유지분권자 甲의 사용, 수익을 침해한 불법행위가 성립되어 그 손해를 배상할 의무도 있다(제750조).

다만 반환 또는 배상의 범위는 건물 X의 임대차로 인한 차임 상당액이고(대판 1995.7.14, 94다15318),[5] 임대차계약의 당사자가 아닌 다른 공유자 甲은 부동산의 임대차보증금 자체에 대한 지분 비율 상당액의 반환 또는 배상을 구할 수는 없다(대판 1991.9.24, 91다23639).[6]

(3) 건물X와 관련한 甲과 丁과의 법률관계

1) 목적물인도청구 가부

丁이 과반수가 되지 못하는 지분을 소유한 공유자 丙과 임대차계약을 체결한 것은 과반수 공유자의 결의 없이 '관리행위'를 한 것으로 다른 공유자 甲과의 관계에서 무효이다(대판 1962.4.4, 62다1). 따라서 甲은 甲 자신에게 건물 X를 반환할 것을 임차인 丁에게 청구할 수 있다.

2) 불법점유를 이유로 한 손해배상청구 및(또는) 임료상당의 부당이득반환청구 가부

丁은 다른 공유자 甲과의 관계에서는 공유물을 불법으로 점유하는 경우이므로, 甲은 단독으로 자기의 지분범위인 3/10의 범위 안에서 임료상당의 부당이득반환 및(또는) 손해배상청구권을 행사할 수 있다(대판 2002.5.14, 2002다9738 참고 : 2회,4회 선택형).

3. 사안의 해결

① 甲은 丙에 대해 丙의 공유지분을 제외한 7/10 공유지분 전부에 관하여 소유권이전등기말소등기절차의 이행을 구하거나, 해당 지분별(甲은 3/10, 乙은 4/10)로 진정명의회복을 원인으로 한 소유권이전등기를 이행할 것을 단독으로 청구할 수 있다. 또한 丙의 지분(3/10)을 초과하는 건물X의 차임 상당액에 대해서는 부당이득반환 및(또는) 손해배상을 청구할 수 있다. ② 甲은 丁에 대해 甲 자신에게 건물 X를 반환할 것을 청구할 수 있고, 단독으로 자기의 지분범위인 3/10의 범위 안에서 임료상당의 부당이득반환 및(또는) 손해배상청구권을 행사할 수 있다.

---

5) "부동산의 공유자 중 1인이 타 공유자의 동의 없이 그 부동산을 타에 임대하였다면 이로 인한 수익 중 자신의 지분을 초과하는 부분에 대하여는 법률상 원인 없이 취득한 부당이득이 되어 이를 반환할 의무가 있고, 이 경우 반환하여야 할 범위는 그 부동산의 임대차로 인한 차임 상당액이며, 임대차의 내용이 미등기 전세이거나 보증금이 있는 경우에는 전세금이나 보증금의 이자 상당액이 차임에 해당되거나 차임에 보태어지는 것이다"

6) "공유물의 보존행위란 공유물의 현상을 유지하기 위하여 이를 침해하는 제3자에게 그 배제를 구하는 행위를 말하므로 그 행위의 전제로서 공유자가 수령한 임대차보증금 중 자신의 지분비율 상당액의 지급을 구할 수 없다"

기출해설 2014년 3차 법전협모의 제2문

甲은 2000. 5. 21. 사망하였고, 유족으로는 처(妻) 乙과 자녀 丙, 丁이 있다. 丁은 상속재산분할 협의서를 위조한 후, 2002. 3. 5. 상속재산인 X부동산에 대하여 협의분할에 의한 상속을 원인으로 丁단독 명의의 소유권이전등기를 마쳤다. 그 후 2005. 12. 16. 丁은 X부동산에 저당권을 설정하고 K은행으로부터 1억 원을 대출받았다. 2011. 12. 3. 이러한 사실을 알게 된 丙은 2012. 1. 5. 丁을 상대로 X부동산 중 자신의 상속분에 상당한 지분에 대하여 소유권이전등기말소의 소를 제기하였다. 또한 丙은 2012. 5. 9. K은행을 상대로 자신의 상속분에 상당한 지분에 대하여 저당권등기말소의 소를 제기하였다.

丙의 丁과 K에 대한 청구의 결론을 그 논거와 함께 서술하시오. (15점)

사례E-11 상속회복청구권의 상대방과 제소기간★

Ⅰ. 丙의 丁과 K에 대한 청구의 인용여부(15)

1. 결 론

丙의 丁에 대한 청구는 인용되고, K에 대한 청구는 각하될 것이다.

2. 논 거

(1) 문제점

상속인 丙의 자기 상속분에 대한 권리는 공동상속인 丁에 의하여 침해되었다. 이때 구제수단으로 제999조의 상속회복청구권, 제214조의 소유권에 기한 방해배제청구권, 제265조의 공유물의 보존행위에 의한 청구 등이 가능한데, **제999조 2항의 단기의 제척기간과 관련해 개별 물권적 청구권과의 관계가 문제된다.** 또한 상속회복청구의 상대방에 대하여 丁과 K에 대하여 각각 제척기간이 준수되었는지 문제된다.

(2) 상속회복청구권

1) 법적 성질

상속권이 참칭상속권자로 인하여 침해된 때에는 상속권자 또는 그 법정대리인은 상속회복의 소를 제기할 수 있다(제999조). 이러한 '상속회복청구권'의 법적성질과 관련하여 判例는 "참칭상속인 또는 자기들만이 재산상속을 하였다는 일부 공동상속인들을 상대로 그 소유권 또는 지분권이 귀속되었다는 주장이 **상속을 원인으로 하는 것인 이상 그 청구원인**(예를 들어 제213조, 제214조, 제741조, 제750조) **여하에 불구하고 민법 제999조의 단기 제척기간의 적용을 받는 상속회복의 소로 보아야 한다**"(대판 1991.12.24, 전합90다5740)라고 판시하였는바, 일반적으로 **집합권리설**(개별적 청구권설)을 취하고 있는 것으로 해석되고 있다.

2) 청구의 상대방

청구의 주체는 상속권을 침해당한 진정한 상속권자 또는 그 법정대리인이다(제999조 1항). 반면 청구의 상대방은 원칙적으로 참칭상속인으로서, **상속권이 없음에도 불구하고 상속인인 것 같은 외관을 갖거나 상속인이라고 사칭하는 자**이다(대판 1991.2.22, 90다카19470).

가) 공동상속인 丁

단기의 제척기간을 정함으로써 권리관계의 조속한 안정을 취하려는 제999조의 입법취지상 상속인이 다른 상속인의 상속권을 무시하고 상속재산을 점유 또는 등기한 경우에도 상속회복청구권을 행사할 수 있다는 判例의 입장이 타당하다(대판 1991.12.24, 전합90다5740),

나) 참칭상속인 丁으로부터 저당권을 설정받은 제3자 K

상속회복청구의 단기의 제척기간이 참칭상속인에만 적용되고 참칭상속인으로부터 양수한 제3자에게는 인정되지 않는다면 거래관계의 조기안정을 의도하는 단기의 제척기간이 무의미하게 될 수 있으므로, 判例가 판시하는 바와 같이 **참칭상속인으로부터 권리를 이전받은 제3자도 상속회복청구의 상대방이 된다**(대판 1981.1.27, 전합79다854).

3) 제척기간

제1항의 상속회복청구권은 그 침해를 안 날부터 3년, 상속권의 침해행위가 있은 날부터 10년을 경과하면 소멸된다(제999조 2항). **제척기간의 준수 여부는 상속회복청구의 상대방별로 각각 판단하여야 한다.**[1)]

(3) 사안의 경우

丙의 상속권을 침해한 공동상속인 丁과 그로부터 저당권을 설정받은 K은행 모두 청구의 상대방이 될 수 있다. 아울러 **丙의 청구원인이 무엇이든 상속을 원인으로 하는 이상 제999조의 단기제척기간이 적용된다.**

① 사안에서 참칭상속인 丁이 소유권이전등기를 마친 2002. 3. 5.이 '상속권의 침해행위가 있은 날'이고,[2)] 丙이 2012. 1. 5. 丁을 상대로 소유권이전등기말소의 소를 제기한 것은 침해사실을 안 날(2011. 12. 3.)로부터 3년 이내이고, 침해행위가 있는 날로부터 10년 이내이므로 적법하다.

② 그러나 丙이 2012. 5. 9. K를 상대로 저당권등기말소의 소를 제기한 것은 침해행위가 있는 날로부터 10년 이후이므로 제척기간이 도과하여 부적법하다. 왜냐하면 참칭상속인으로부터 상속재산을 전득한 제3자를 상대로 한 상속회복청구권의 제척기간 기간일도 **'최초 침해행위일'** 이므로 10년의 제척기간은 2002. 3. 5.부터 계산하여야 하기 때문이다(대판 2006.9.8, 2006다26694참고).[3)]

---

1) '진정한 상속인이 참칭상속인으로부터 상속재산에 관한 권리를 취득한 제3자를 상대로 제척기간 내에 상속회복청구의 소를 제기한 이상' 그 제3자에 대하여는 제999조에서 정하는 상속회복청구권의 기간이 준수되었으므로, 참칭상속인에 대하여 그 기간 내에 상속회복청구권을 행사한 일이 없다고 하더라도 그것이 진정한 상속인의 제3자에 대한 권리행사에 장애가 될 수는 없다(대판 2009.10.15, 2009다42321).

2) '상속권의 침해행위가 있은 날'이라 함은 참칭상속인이 상속재산의 전부 또는 일부를 점유하거나 상속재산인 부동산에 관하여 소유권이전등기를 마치는 등의 방법에 의하여 진정한 상속인의 상속권을 침해하는 행위를 한 날을 의미(대판 2009.10.15, 2009다42321).

3) "참칭상속인의 최초 침해행위가 있은 날로부터 10년이 경과한 이후에는 비록 제3자가 참칭상속인으로부터 상속재산에 관한 권리를 취득하는 등의 새로운 침해행위가 최초 침해행위시로부터 10년이 경과한 후에 이루어졌다 하더라도 상속회복청구권은 제척기간의 경과로 소멸되어 진정상속인은 더 이상 제3자를 상대로 그 등기의 말소 등을 구할 수 없다 할 것이며, 이는 '진정상속인이 참칭상속인을 상대로 제척기간 내에 상속회복청구의 소를 제기하여 승소의 확정판결을 받았다'고 하여 달리 볼 것은 아니라 할 것이다"

기출해설 2020년 1차 법전협모의 제2문

【공통된 기초사실관계】

甲은 1994. 9. 21. 사망하였는데, 당시 상속인으로 처인 乙, 자녀 A, B가 있었다. 乙은 2009. 1. 17. 사망하였고, 乙의 상속인으로는 1) 甲과의 사이에서 태어난 자녀 A, B, 2) 甲과 혼인하기 전에 丙과의 사이에서 태어난 자녀 C가 있었다. 한편 사망 당시 甲은 자신 명의로 X 임야의 소유권이전등기를 마쳐두고 있었다. 〈이하의 각 추가된 사실관계는 상호무관하고 독립적임〉

【추가된 사실관계 1.】

甲이 사망한 이후 甲의 상속인들 중 A를 제외한 나머지 상속인들은 X 임야를 장남인 A의 단독명의로 해 두기 위하여 각 상속포기 신고를 하여 1994. 11. 1. 가정법원으로부터 이를 수리하는 심판을 받았다. 그런데 1996. 5. 22. 乙이 공유물의 보존행위로서 공동상속인 모두를 위하여 상속등기를 신청하였다. 이에 상속인들의 법정상속분에 따라 A, B 명의로 각 2/7지분, 乙명의로 3/7지분에 관하여 각 소유권이전등기가 마쳐졌다. 그 후 A는 乙과 B로부터 X 임야의 각 지분을 매수한 사실이 없는데도 불구하고 보증서와 확인서를 위조하여 2007. 3. 4. 乙과 B의 위 각 지분에 관하여 1995. 5. 31. 매매를 원인으로 하여 구 「부동산소유권 이전등기 등에 관한 특별조치법」(이하 '특별조치법'이라 한다)에 의하여 A 명의로 소유권이전등기(이하 '이 사건 소유권이전등기'라 한다)를 마쳤다.

1. 2010. 5. 6. C는 A를 상대로 위 부동산에 관한 乙의 지분(X 임야의 3/7지분) 중 A의 상속분을 제외한 나머지 지분(X 임야의 2/7지분)의 원인무효를 이유로 이 사건 소유권 이전등기말소를 청구하는 소를 제기하였다. C의 A에 대한 청구의 결론[인용, 기각, 일부 인용, 각하]을 구체적 이유와 함께 적시하시오. (20점)

사례E-12 참칭상속인과 상속회복청구 및 공유물의 보존행위★

Ⅰ. 문제 1.의 경우(20)

1. 乙, B의 상속포기 후 乙의 신청에 의한 乙, B명의의 공동상속등기에 따른 법률관계

(1) 문제점

사안의 경우 甲의 사망으로 A, B, 乙이 각 상속분에 따라 X토지를 공동으로 상속하였다(제1000조 1항 1호, 2항, 제1003조 1항). 그러나 B와 乙은 적법한 기간 내에 각 상속포기 신고를 하여 상속권을 소급하여 상실하였고(제1042조), 이에 따라 X토지는 A의 단독상속이 되었다(제1043조).

그럼에도 불구하고 乙이 공유물의 보존행위로서 A, B, 乙명의의 공유지분등기를 한 것은 A의 상속분을 침해하는 것이 되어 乙과 B가 참칭상속인에 해당되어 제999조의 단기제척기간이 적용되는 것은 아닌지 문제된다.

(2) 乙명의 3/7지분이전등기

1) 乙이 참칭상속인인지 여부

判例가 판시하는 바와 같이 "상속회복청구의 상대방이 되는 참칭상속인이라 함은 정당한 상속권이 없음에도 재산상속인인 것을 신뢰케 하는 외관을 갖추고 있는 자나 상속인이라고 참칭하여 상속재산의 전부 또는 일부를 점유하는 자를 가리키는 것으로서, 공동상속인의 한 사람이 다른 상속인의 상속권을 부정하고 자기만이 상속권이 있다고 참칭하여 상속재산인 부동산에 관하여 단독 명의로 소유권이전등기를 한 경우는 물론이고, **상속을 유효하게 포기한 공동상속인 중 한 사람이 그 사실을 숨기고 여전히 공동상속인의 지위에 남아 있는 것처럼 참칭하여 그 상속지분에 따른 소유권이전등기를 한 경우에도 참칭상속인에 해당할 수 있다**"(대판 2012.5.24. 2010다33392).

사안의 경우 乙은 상속포기로 인해 상속인이 아님에도 불구하고 이를 숨기고 공유물의 보존행위로서 乙명의로 3/7지분에 관하여 소유권이전등기가 마쳐졌으므로 乙은 참칭상속인에 해당한다.

2) 제척기간 도과여부

상속회복청구권은 상속인 또는 그 법정대리인이 침해를 안 날부터 3년, 상속권의 침해행위가 있은 날부터 10년이 경과하면 소멸한다(제999조 2항). 이 기간은 제척기간이다(대판 1978.12.13, 78다1811).

사안의 경우 참칭상속인 乙명의로 지분이전등기가 된 1996. 5. 22.이 상속권의 침해가 있는 날에 해당하므로(대판 2009.10.15, 2009다42321), 그로부터 10년이 지난 2006. 5. 23. 오전 0시에 제척기간이 도과되었다. 따라서 그 **'반사적 효과'**로서 참칭상속인 乙은 **'상속개시일에 소급'**하여 3/7 상속지분에 따른 소유권을 취득하게 된다(대판 1998.3.27. 96다37398).

(3) B명의 2/7지분이전등기

判例가 판시하는 바와 같이 "**상속을 원인으로 하는 등기가 명의인의 의사에 기하지 않고 제3자에 의하여 상속 참칭의 의도와 무관하게 이루어진 것일 때에는** 위 등기명의인을 상속회복청구의 소에서 말하는 참칭상속인이라고 할 수 없다"(대판 2012.5.24. 2010다33392).

사안의 경우 B명의 지분이전등기는 B의 의사에 기하지 않고 乙의 신청에 의해 이루어진 것이어서 B는 참칭상속인이 아니다. 따라서 제999조의 단기제척기간이 적용되지 않으므로 **단독상속권자 A는 '소유권에 기한 물권적 청구권'으로 '언제든지' 지분이전등기말소를 청구할 수 있다**(제214조).

2. 乙의 사망에 따른 법률관계

제999조의 제척기간이 경과한 2006. 5. 23. 이후부터 X임야는 乙과 A가 각각 3/7, 4/7씩 공유하게 되었고(B명의의 2/7지분등기는 원인무효), 乙이 2009. 1. 17. 사망함에 따라 직계비속인 A, B, C는 공동상속인이 되어(제1000조 1항 1호, 2항), 각 1/7(3/7×1/7)씩 공유지분권을 갖게 되었다.

즉, A와 B는 혼인 중의 출생자이고(생래적 혼인중의 출생자), C는 혼인 외의 자로 출생하였으나 후에 甲과 乙이 혼인을 하였으므로 甲과 乙이 혼인한 때부터 혼인 중의 출생자(준정에 의한 혼인중의 출생자)로 보기 때문에(제855조 2항), C도 법률상의 친생자로 상속권이 있다.

3. 특별조치법에 따른 A명의의 이 사건 소유권이전등기에 따른 법률관계

A는 乙로부터 이 사건 부동산을 매수한 사실이 없음에도 문서를 위조하여 매매를 원인으로 하여 특별조치법에 의하여 이 사건 소유권이전등기를 마쳤다. 따라서 이 사건 소유권이전등기는 권리

변동의 원인에 관한 실체적 기재 내용이 진실에 부합하지 않는 보증서나 확인서에 기하여 등기한 것으로 볼 수 있으므로 실체적 권리관계에 부합하는 유효한 등기로 추정되는 추정력이 깨어져서 원인무효의 등기가 된다(대판 1989.8.8. 88다카6242).

따라서 특별조치법에 따른 A에 의한 이 사건 소유권이전등기는 자신의 공유지분권 5/7을 제외하고는 실체적 권리관계에 부합하지 않은 소유권이전등기로서 원칙적으로 무효에 해당한다.

4. C의 A에 대한 이 사건 소유권이전등기말소 청구 가부

사안의 경우 C가 앞서 살펴본 X임야에 대한 자신의 상속지분인 1/7지분을 넘어 2/7지분의 말소를 청구하고 있는바 타당한지 문제된다.

그러나 判例가 판시하는 바와 같이 "공유자 중 1인이 부정한 방법으로 공유물 전부에 관한 소유권이전등기를 단독으로 경료한 경우, 다른 공유자 중 1인은 '공유물의 보존행위'로서 단독명의로 등기를 경료한 공유자의 공유지분을 제외한 나머지 공유지분 전부에 대하여 말소등기를 청구할 수 있다"(대판 1965.4.22. 전합65다268). 따라서 C는 본인의 1/7지분 뿐만 아니라 B의 1/7 지분에 대해서도 말소를 청구할 수 있다.

5. 결 론

C의 A에 대한 말소등기청구는 전부 인용된다.

기출해설

2021년 3차 법전협모의 제2문

토지 X, Y, Z는 원래 乙의 소유였는데, 乙은 2010. 1. 29. 사망하기 직전인 같은 달 8. 공증담당 변호사와 증인 2인을 입회시킨 가운데 '자신의 명의로 등기되어 있는 일체의 부동산 및 기타 동산과 재산권을 포함한 일체의 재산을 배우자 甲의 소유로 하며, 권리이전에 관한 일체의 권한을 甲에게 부여한다'는 유언의 취지를 구수하고 공증인이 이를 필기낭독하여 유언자와 증인이 그 정확함을 승인한 후 각자 서명 또는 기명날인하였다. 甲과 乙 사이에는 자녀 丙이 있었는데, 丙은 甲이 유증에 의한 등기를 지체하자 2010. 12. 5. 서류를 위조하여 토지 전부에 관하여 乙로부터 상속을 원인으로 丙 명의의 소유권이전등기를 경료하였고, 丁에게 매도하여 2011. 11. 5. 丁 명의로 소유권이전등기가 경료되었다. 甲은 2020. 4. 5. 토지 X, Y, Z에 대한 등기부를 열람하고, 2021. 1. 5. 丁을 상대로 진정명의 회복을 위한 이전등기를 청구하는 소를 제기하였다.

1. 법원은 어떠한 판단을 하여야 하는지, 1) 결론(소각하/청구기각/청구전부인용/청구일부인용 - 일부 인용의 경우 인용범위를 특정할 것)과 2) 논거를 기재하시오 (15점).

사례E-13 포괄적 유증과 상속회복청구권

Ⅰ. 문제 1.의 경우(15)

1. 문제점

乙의 유언의 효력과 상속회복청구권 행사(제999조)의 적법성이 문제된다.

2. 乙의 유언의 효력

① 유언은 민법에 정한 방식에 의하지 아니하면 효력이 생기지 아니한다(제1060조). 공정증서에 의한 유언은 유언자가 증인 2인이 참여한 공증인의 면전에서 유언의 취지를 구수하고 공증인이 이를 필기낭독하여 유언자와 증인이 그 정확함을 승인한 후 각자 서명 또는 기명날인 하여야 하는바(제1068조), 乙의 유언은 위 요건을 모두 구비하였으므로 유효하다.

② 포괄적 유증을 받은 자는 상속인과 동일한 권리의무가 인정되는바(제1078조), 사안의 경우 乙은 자신의 적극재산 전부를 甲의 소유로 하고 이에 관한 일체의 권리를 甲에게 부여하였으므로, 甲은 포괄수증자로서 그 수증분에 따라 유증자의 일신전속적인 권리를 제외한 모든 권리와 의무를 법률상 당연히 포괄승계한다(제1005조).

3. 진정명의회복을 위한 이전등기청구의 법적 성질

포괄수유자 甲에게도 상속회복청구권이 인정되는데(대판 2001.10.12, 2000다22942), 判例가 판시하는 바와 같이 "참칭상속인으로부터 상속재산을 양수한 제3자를 상대로 상속재산인 부동산에 관한 등기의 말소 등을 청구하는 경우에 소유권 또는 지분권이 귀속되었다는 주장이 상속을 원인으로 하는 것인 이상 청구원인 여하에 불구하고 이는 구 민법(1990.1.13. 법률 제4199호로 개정되기 전의 것) 제999조 소정의 상속회복청구의 소라고 해석함이 상당하다"(대판 1993.2.26. 92다3083).

사안의 경우 丙은 서류를 위조하여 甲에게 포괄수유된 토지에 관하여 상속을 원인으로 이전등기를 하였으므로 참칭상속인에 해당하고, 丙으로부터 상속재산을 양수한 丁도 상속회복청구의 상대방이 되므로(대판 1981.1.27, 전합79다854), 甲의 丁에 대한 진정명의회복을 위한 이전등기청구는 상속회복청구에 해당한다.

4. 상속회복청구의 적법여부

상속회복청구권은 상속인 또는 그 법정대리인이 침해를 안 날부터 3년, 상속권의 침해행위가 있은 날부터 10년이 경과하면 소멸한다(제999조 2항). 이 기간은 제척기간이다(대판 1978.12.13, 78다1811). 그런데 判例는 참칭상속인의 최초 침해행위가 있은 날로부터 10년이 경과한 이후에는 비록 제3자가 참칭상속인으로부터 상속재산에 관한 권리를 취득하는 등의 새로운 침해행위가 **'최초 침해행위시'**로부터 10년이 경과한 후에 이루어졌다 하더라도 상속회복청구권은 제척기간의 경과로 소멸되어 진정상속인은 더 이상 제3자를 상대로 그 등기의 말소 등을 구할 수 없다(대판 2006.9.8, 2006다26694)고 판시하였다.

따라서 사안의 경우 2021.1.5.에 甲이 丁을 상대로 소를 제기한 것은 丙의 위조행위로 침해행위가 있었던 2010.12.5.로부터 10년이 경과한 시점이어서 제척기간을 도과하여 부적법하다.

5. 사안의 해결

법원은 甲의 청구를 각하해야 한다.

2014년 변호사시험 제2문

2. **(공통 사실관계)** 乙은 2009. 2. 1. F가 야기한 교통사고로 사망하였는데, 사망 당시 상속인으로는 배우자인 C와 망인의 父 D, 母 E가 있었고, 상속재산으로는 甲에 대한 위 1억 원의 의류대금채무 및 Z 부동산(가액은 2억 원), W 동산(1,000만 원 상당)과 F에 대한 5,000만 원의 손해배상채권이 있었으며 C, D, E는 이러한 상속재산의 현황을 잘 알고 있었다.

2-2. D, E는 2009. 6. 1. C에게 'C가 망인의 채무를 포함한 재산 전부를 상속하는 것에 대해 이의를 제기하지 않겠다'는 취지의 각서를 작성해 주었다.
이러한 사실을 알게 된 甲은 2009. 7. 1. C를 상대로 의류대금 1억 원 전액의 지급을 구하는 소를 제기하였다. **위 소에 대한 결론**(각하, 청구기각, 청구일부인용(일부인용의 경우 그 구체적인 금액과 내용을 기재할 것), 청구전부인용)**을 그 논거와 함께 서술하라**(이자, 비용은 고려하지 않는다). **(10점)**

사례E-14 상속재산의 협의분할과 면책적 채무인수[1] ★

Ⅱ-2. 설문 2-2.의 경우(10)

1. 결 론

법원은 甲의 C에 대한 1억 원 지급청구에 대하여 전부인용판결을 해야 한다.

2. 논 거

(1) C가 단독으로 상속채무를 부담하기로 한 합의가 '상속재산 협의분할'로서 효력이 있는지 여부

상속의 포기는 상속개시 있음을 안 날로부터 3개월 내에 가정법원에 포기신고를 해야 하므로(제1041조), D와 E가 乙이 사망한 4개월 후(2009. 6. 1.)에 C에게 'C가 상속채무를 포함한 모든 재산을 상속하는데 이의를 제기하지 않겠다'고 하여 각서를 써 주었다고 하더라도 상속포기로서의 효력은 없으나, 그 취지에 따라서는 무효행위의 전환법리가 적용되어 상속재산분할의 협의로 될 수는 있다(대판 1996.3.26, 95다45545,45552,45569 : 1회 선택형). 그러나 判例가 판시하는 바와 같이 **"금전채무와 같이 급부의 내용이 가분인 채무가 공동상속된 경우, 이는 상속 개시와 동시에 당연히 법정상속분에 따라 공동상속인에게 분할되어 귀속되는 것이므로, 상속재산 분할의 대상이 될 여지가 없다"**(대판 1997.6.24, 97다8809 : 3회,5회,8회,9회 선택형).

따라서 乙의 금전채무를 C가 단독으로 부담하기로 한 합의는 상속재산 분할협의로서의 효력은 없다. 그러나 위 상속인 간의 합의가 채무인수에 해당할 것인지는 추가적으로 검토하여야 한다.

(2) C가 단독으로 상속채무를 부담하기로 한 합의가 '면책적 채무인수'에 해당하는지 여부

"상속재산 분할의 대상이 될 수 없는 상속채무에 관하여 공동상속인들 사이에 분할의 협의가 있는 경우라면 이러한 협의는 상속재산의 협의분할에 해당하는 것은 아니지만, 위 협의에 따라 공동

1) ★ 2015년 1차 법전협모의 제2문, 2018년 3차 법전협모의 제2문에서도 동일한 쟁점이 출제되었다.

상속인 중의 1인이 법정상속분을 초과하여 채무를 부담하기로 하는 약정은 면책적 채무인수의 실질을 가진다. 따라서 채권자에 대한 관계에서 위 약정에 의하여 다른 공동상속인이 법정상속분에 따른 채무의 일부 또는 전부를 면하기 위하여는 민법 제454조의 규정에 따른 채권자의 승낙을 필요로 한다"(대판 1997.6.24. 97다8809).

(3) 채권자 甲의 C에 대한 이행청구가 '묵시적인 채무인수의 승낙'으로 볼 수 있는지 여부

채무자와 인수인 사이의 계약에 의한 채무인수에 대하여 채권자는 명시적인 방법뿐만 아니라 묵시적인 방법으로도 승낙을 할 수 있는 것인데, 채권자가 직접 채무인수인에 대하여 인수채무금의 지급을 청구하였다면 그 지급청구로써 묵시적으로 채무인수를 승낙한 것으로 보아야 한다(대판 1989.11.14. 88다카29962).

그러므로 사안에서 채권자 甲이 채무인수의 사실을 알고 인수인인 C에 대해 인수채무금 전액의 지급을 청구하였다면 이는 '묵시적으로 채무인수에 대한 승낙'이 있었다고 볼 수 있다. 이로써 C는 상속 채무 전액에 대한 채무자가 되고 甲은 C에 대해 상속채무 전액을 청구할 수 있다.

★ 유사기출 [2015년 1차 법전협모의 제2문, 2018년 3차 법전협모의 제2문 유사]

사실관계 | 甲은 자기 소유의 X토지를 2013. 10. 1. 乙에게 2억 원에 매도하는 계약을 체결하면서, 계약금 2천만 원은 계약체결일에 지급받고, 중도금 8천만 원은 2013. 12. 1.에, 잔금 1억 원은 2014. 2. 1.에 乙로부터 각각 지급받기로 하였다. 한편 甲은 乙로부터 중도금을 지급받으면 바로 X토지의 소유권이전등기를 마쳐주기로 하였다. 甲은 乙로부터 계약금 및 중도금을 모두 지급받고, 2013. 12. 10. X토지에 관하여 乙 명의의 소유권이전등기를 마쳐주었다. 그런데 2014. 2. 1.이 경과하여도 乙은 甲에게 매매잔금을 지급하지 않았다.

2014. 3. 5. 乙이 사망한 직후 그의 자(子) A와 B 그리고 乙의 처(妻) C는 乙 소유의 X토지와 Y토지를 A가 단독상속하되, 甲에 대한 채무를 A가 단독으로 부담하기로 합의하였다. 이러한 합의에 따라 B와 C는 2014. 7. 5. 법원에 상속포기의 신고를 하였다. A가 甲에 대한 채무의 이행을 하지 않자, 甲은 A, B, C를 상대로 각 1억 원의 채무 전액의 이행을 구하는 소송을 제기하였다. A, B, C의 예상 항변을 고려하여 각 청구 상대방에 대하여 이 청구의 당부를 검토하시오. (15점)

사안의 해결 | 사안의 경우 ① 2014. 3. 5. 乙이 사망한 직후에 상속포기의 합의를 한 점에 비추어 이때부터 진행하고, 따라서 2014. 7. 5.에 한 B, C의 상속포기신고는 이미 상속포기기간(피상속인의 사망사실을 안 날로부터 3개월)이 도과한 것으로서 **상속포기는 무효**이다(제1041조). ② 다만, 무효행위의 전환법리에 따라 B와 C는 상속재산을 전혀 취득하지 아니하고, A가 상속재산 전부를 취득하기로 하는 '상속재산분할협의'가 있는 것으로 볼 수 있다(대판 1996.3.26, 95다45545,45552,45569). ③ 그러나 금전채무와 같이 급부의 내용이 가분인 채무가 공동상속된 경우, 이는 상속 개시와 동시에 당연히 법정상속분에 따라 공동상속인에게 분할되어 귀속되는 것이므로, **상속재산 분할의 대상이 될 여지가 없고** 다만 A가 법정상속분을 초과하여 채무를 부담하기로 하는 A, B, C 사이의 약정은 **면책적 채무인수의 실질**을 가진다(대판 1997.6.24, 97다8809).

따라서 채권자 甲에 대한 관계에서 제454조의 규정에 따른 승낙을 필요로 하는바, 사안과 같이 **채권자 甲이 공동상속인 전원인 A, B, C를 상대로 각 1억 원의 상속채무 전액의 이행청구를 한 것은 면책적 채무인수에 대해 승낙하지 않는 것이라고 해석할 것이므로**, A와 B는 각각 1억 원X2/7에 해당하는 금전을 C는 1억 원X3/7에 해당하는 금전을 甲에게 지급해야 할 의무가 있다. 따라서 甲의 청구는 위 범위에서 일부인용되어야 한다.

기출해설

2019년 2차 법전협모의 제1문

【기초적 사실관계】
丙은 2017. 4. 1. 사망하였고, 丙의 상속인으로 그의 자(子) 甲과 丁이 있다.

문제 2. 丙 사망 당시 상속재산으로 A은행에 대한 1억 원의 예금채권이 전부였고, 甲에게 6,000만 원의 특별수익분이 있었다.

丁은 甲에 대하여 위 예금채권에 관한 상속재산 분할협의를 제안하였고, 甲은 가분채권은 분할협의의 대상이 되지 않는다고 하면서 이를 거절하였다. 누구의 주장이 타당한가? (10점)

사례E-15 가분채권의 상속재산분할★

Ⅱ. 문제 2.의 해결(10) - 가분채권의 상속재산분할

1. 문제점

가분채권이 상속재산인 경우에도 상속재산분할협의의 대상이 되는지가 문제된다.

2. 상속재산분할협의와 가분채권

① **[원 칙]** "금전채권과 같이 급부의 내용이 가분인 채권은 공동상속되는 경우 상속개시와 동시에 당연히 법정상속분에 따라 공동상속인들에게 분할되어 귀속되므로 상속재산분할의 대상이 될 수 없는 것이 원칙이다"(대결 2006.7.24. 2005스83).

② **[예 외]** 그러나 "가분채권을 일률적으로 상속재산분할의 대상에서 제외하면 부당한 결과가 발생할 수 있다. 예를 들어 ㉠ 공동상속인들 중에 초과특별수익자가 있는 경우 초과특별수익자는 초과분을 반환하지 아니하면서도 가분채권은 법정상속분대로 상속받게 되는 부당한 결과가 나타난다. ㉡ 그 외에도 특별수익이 존재하거나 기여분이 인정되어 구체적인 상속분이 법정상속분과 달라질 수 있는 상황에서 상속재산으로 가분채권만이 있는 경우에는 모든 상속재산이 법정상속분에 따라 승계되므로 수증재산과 기여분을 참작한 구체적 상속분에 따라 상속을 받도록 함으로써 공동상속인들 사이의 공평을 도모하려는 민법 제1008조, 제1008조의2의 취지에 어긋나게 된다. 따라서 이와 같은 특별한 사정이 있는 때는 상속재산분할을 통하여 공동상속인들 사이에 형평을 기할 필요가 있으므로 가분채권도 예외적으로 상속재산분할의 대상이 될 수 있다고 봄이 타당하다"(대결 2016.5.4. 2014스122).

3. 사안의 해결

특별수익자의 상속재산 분배액은 (현존상속재산가액 + 생전증여의 가액)×법정상속분 - 특별수익(이미 받은 생전증여 및 받을 유증의 가액)이므로 甲의 구체적 상속분은 2천만 원이고[(1억 + 6천만 원)×1/2 - 6천만 원], 丁의 구체적 상속분은 8천만 원이다. 그럼에도 위 예금채권이 법정상속분에 따라 공동상속인에게 분할적으로 귀속된다고 하면 甲은 총 1억 1천만 원(=1억 원의 예금채권 중 법정상속분 5천 + 특별수익 6천), 丁은 5천만 원(=1억 원의 예금채권 중 법정상속분 5천)을 상속받게 되어 丁에게 매우 불리하게 된다. 따라서 丙의 A에 대한 예금채권은 상속재산분할의 대상이 될 수 있으므로, 丁의 주장이 타당하다.

2020년 변호사시험 제2문

【기초적 사실관계】

甲은 2015. 8. 31. 甲 명의로 X토지에 관한 소유권이전등기를 적법하게 마치고, 2018. 12. 22. 사망하였다. 甲의 상속인으로는 배우자 乙과 자녀 丙, 丁이 있다.

丙은 2019. 1. 21. 乙과 丁의 동의 없이 丙 단독명의로 X토지에 관한 소유권이전등기를 마친 후, 자신이 대표이사로 재직하고 있는 A주식회사의 B은행에 대한 차용금반환채무를 담보하기 위하여 B은행 앞으로 X토지에 관한 근저당권설정등기를 마쳐 주었다.

1. 乙과 丁이 2019. 5. 20. B은행에 대하여 근저당권설정등기의 말소를 청구하는 것은 타당한가?(10점)

【추가적 사실관계 1】

이후 2019. 8. 15. 丙과 乙, 丁은 X토지를 丙이 단독으로 상속하기로 하는 내용의 상속재산 분할협의를 하였다.

2. 위의 경우 B은행의 근저당권은 유효한가? (5점)

【추가적 사실관계 2】

丙과 乙, 丁은 2019. 10. 1. 위 상속재산 분할협의의 내용에 "丙이 2019. 11. 15.까지 상속세를 비롯한 상속 관련 채무를 모두 변제하고, 이를 지키지 않을 경우 이 상속재산 분할협의는 그 효력을 상실한다."라는 조건을 추가하여 새로운 상속재산 분할협의를 하였다. 그러나 丙은 이 조건을 약정한 기한 내에 지키지 못하였다.

3. 위의 경우 2020. 1. 10. 乙과 丁이 B은행에 대하여 근저당권설정등기의 말소를 청구하는 것은 타당한가? (15점)

사례E-16 공동상속 중 1인이 무단으로 단독등기를 한 경우(상속회복청구), 상속재산분할협의의 소급효, 상속재산 분할협의의 합의해제와 제548조 1항 단서★

Ⅰ. 문제 1.의 해결(10)

1. 丙 단독명의 등기의 유효성

乙, 丙, 丁은 공동상속인으로, 그 상속지분은 각각 3/7, 2/7, 2/7이다(제100조 1항 1호, 제1003조 1항, 제109조 1항, 2항). 상속인이 수인인 때에는 상속재산은 그 '공유'로 한다(제1006조).[1] 따라서 甲이 사망하면 X토지는 乙, 丙, 丁이 각각의 상속지분에 따라 공유하는 관계가 법률상 당연히 성립한다(제187조).

1) 이 때 '공유'의 의미에 대해 성질을 ① 공동상속인들을 혈연에 의하여 결합된 조합체로 보는 합유설도 있으나, ② 민법이 명문으로 공유라고 규정한 것을 합유라고 해석하는 것은 명문의 규정에 반하는 해석이며, 합유설에 의하면 공동상속인 각자의 재산권 행사를 어렵게 하므로 상속지분의 신속한 거래와 거래안전의 측면에 비추어 공유설이 타당하다. 判例도 일관되게 공유설을 취하고 있다(대판 1996.2.9, 94다61649).

따라서 X토지에 대한 丙의 공유지분 2/7 범위 내에서는 **'실체관계에 부합'** 하는 유효한 등기이므로 말소청구를 할 수 없고, 乙과 丁은 공유물에 대한 **'보존행위'** 로서 무효인 나머지 공유지분 전부인 5/7 지분에 관한 말소등기절차를 이행할 것을 청구할 수 있다(대판 2006.8.24. 2006다32200).[2)]

2. B명의 근저당권설정등기의 유효성

등기의 공신력을 인정하지 않는 우리 법제상 B명의 근저당권설정등기도 丙의 소유 부분인 2/7 지분 한도에서 유효할 뿐 나머지 지분은 원인무효의 등기이다(대판 2009.2.26. 2006다72802).[3)]

3. 乙과 丁의 B명의 근저당권설정등기 말소청구 가부

(1) 丙명의 등기이전이 상속 이외의 원인으로 인한 것일 경우

乙과 丁은 비록 소수지분권자지만 **물권적 청구권의 행사는** '보존행위' 이므로 단독으로 말소등기청구권을 행사할 수 있다(제265조 단서, 제214조). 이는 **소멸시효의 대상이 되지 않는다**(대판 1982.7.27, 80다2968). 따라서 乙과 丁은 단독으로 5/7지분에 관하여 말소청구를 할 수도 있고, 乙이 3/7, 丁이 2/7지분에 각각 말소청구를 할 수도 있다.

(2) 丙명의 등기이전이 상속을 원인으로 한 것일 경우

상속을 원인으로 하는 것인 이상 그 청구원인(예를 들어 제213조, 제214조, 제741조, 제750조) 여하에 불구하고 민법 제999조의 **단기 제척기간의 적용을 받는 상속회복의 소**로 보아야 하는바(대판 1991.12.24, 전합90다5740), 丙은 비록 공동상속인이나 자신의 상속지분 이외의 부분(5/7지분)에 대해서는 참칭상속인이 되고(대판 1991.12.24, 전합90다5740), 그로부터 근저당권을 취득한 제3자 B도 상속회복청구권의 상대방이 된다(대판 1981.1.27, 전합79다854).

사안에서 丙명의 등기경료일은 2019. 1. 21.이고 乙과 丁의 소제기일은 2019. 5. 20.이므로, 침해를 안 날로부터 3년, 침해행위가 있은 날로부터 10년이라는 상속회복청구권의 제척기간은 문제되지 않는다(제999조 2항).

[참고] B명의 근저당권설정등기가 경료된 시점이 설문에서 나와 있지 않으나, 참칭상속인(丙)으로부터 상속재산을 전득한 제3자(B)를 상대로 한 상속회복청구권의 제척기간 기간일도 '최초 침해행위일(=丙명의 등기경료일)' 을 기준으로 하므로 문제될 것이 없다(대판 2006.9.8, 2006다26694참고).

4. 사안의 해결

乙과 丁의 B은행에 대한 근저당권설정등기말소청구는 5/7 지분 한도에서는 타당하다.

---

2) "부동산의 공유자의 1인은 당해 부동산에 관하여 제3자 명의로 원인무효의 소유권보존등기가 경료되어 있는 경우 공유물에 관한 보존행위로서 제3자에 대하여 그 등기 전부의 말소를 구할 수 있다고 할 것이나, 그 제3자가 당해 부동산의 공유자 중의 1인인 경우에는 그 소유권보존등기는 동인의 공유지분에 관하여는 실체관계에 부합하는 등기라고 할 것이므로, 이러한 경우 공유자의 1인은 단독 명의로 등기를 경료하고 있는 공유자에 대하여 그 공유자의 공유지분을 제외한 나머지 공유지분 전부에 관하여만 소유권보존등기 말소등기절차의 이행을 구할 수 있다"

3) "부동산등기에는 공신력이 인정되지 아니하므로, 부동산의 소유권이전등기가 불실등기인 경우 그 불실등기를 믿고 부동산을 매수하여 소유권이전등기를 경료하였다 하더라도 그 소유권을 취득한 것으로 될 수 없고, 부동산에 관한 소유권이전등기가 무효라면 이에 터잡아 이루어진 근저당권설정등기는 특별한 사정이 없는 한 무효이며, 무효인 근저당권에 기하여 진행된 임의경매절차에서 부동산을 경락받았다 하더라도 그 소유권을 취득할 수 없다"

Ⅱ. 문제 2.의 해결(5)

1. 상속재산분할협의의 유효성 및 효력의 소급효

상속재산분할협의가 유효하기 위해서는 ⅰ) 상속재산에 대하여 공유관계가 존재하여야 하며, ⅱ) 공동상속인이 확정되어야 하며, ⅲ) 분할의 금지가 없어야 한다(제1012조). 한편 상속재산분할협의가 유효하게 성립하면 **'상속이 개시된 때에 소급'** 하여 그 효력이 생긴다(제1015조 본문). 즉 상속재산을 피상속인으로부터 상속인들 각자가 직접 상속하는 것이 되어 그 재산에 대해서 상속인들의 공유상태는 존재하지 않았던 것으로 된다(이는 물권법상의 공유물분할에 소급효가 없는 것과 구별된다).[4]

2. 사안의 해결

사안의 경우 ⅰ) 상속재산인 X토지에 대하여 공유관계가 존재하며(제1006조), ⅱ) 2019. 8. 15. 공동상속인 乙, 丙, 丁 사이에 이루어졌고 ⅲ) 분할의 금지도 없었으므로 이들 사이의 상속재산분할협의는 유효하다. 따라서 X토지는 **'甲의 사망시로부터 소급'** 하여 丙이 단독상속받은 재산이 되므로, **'B명의의 근저당권설정등기는 실체관계에 부합하는 유효한 등기'** 가 된다.

아울러 만약 乙과 丁이 무권리자의 처분행위(丙의 저당권설정행위)를 알면서 상속재산분할협의를 하였다면 이는 '무권리자의 처분행위에 대한 권리자의 추인'의 성격도 갖게 되어 B명의의 근저당권설정행위는 역시 '소급적'으로 유효하게 된다(대판 2017.6.8. 2017다3499).

Ⅲ. 문제 3.의 해결(15)

1. 2019. 10. 1.자 새로운 상속재산분할협의의 의미(=2019. 8. 15.자 상속재산분할협의 합의해제)

判例가 판시하는 바와 같이 "상속재산 분할협의는 공동상속인들 사이에 이루어지는 **'일종의 계약'** 으로서, 공동상속인들은 이미 이루어진 상속재산 분할협의의 전부 또는 일부를 전원의 **합의에 의하여 해제한 다음 다시 새로운 분할협의를 할 수 있다**"(대판 2004.7.8, 2002다73203).

사안에서 2019. 10. 1.자 새로운 상속재산분할협의는 당초 2019. 8. 15.자 상속재산분할협의를 합의해제한 것으로 보아야 한다. 아울러 새로운 상속재산분할협의는 '丙의 상속세 등 상속채무 불이행을 해제조건으로 하는 합의'로서 **'해제조건' 이 성취됨에 따라 최종적으로 실효**되었다(대판 2004.7.8. 2002다73203 참고 : 당해 判例에서는 상속채무이행을 정지조건으로 하는 합의가 있었다고 판단하였다).

> [참고] 判例는 금전채무와 같이 급부의 내용이 가분인 채무가 공동상속된 경우, 이는 상속 개시와 동시에 당연히 법정상속분에 따라 공동상속인에게 분할되어 귀속되는 것이므로, **상속재산 분할의 대상이 될 여지가 없고** 이러한 분할의 협의에 따라 공동상속인 중의 1인이 법정상속분을 초과하여 채무를 부담하기로 하는 약정은 면책적 채무인수의 실질을 가진다고 보았다(대판 1997.6.24, 97다8809). 그러나 사안의 경우 乙, 丙, 丁이 부담하는 상속 관련 채무가 가분채무인지 불명확하다. 설령 상속 관련 채무가 가분채무여서 乙, 丙, 丁의 합의를 면책적 채무인수로 본다고 하더라도, 상속채권자의 승낙여부를 설문에서 알 수 없다. 요컨대 15점 배점문제에서 출제자의 의도한 논점은 상속재산분할협의 해제와 관련된 判例(대판 2004.7.8, 2002다73203)의 법리에 국한된다고 보는 것이 합리적이다.

---

4) "공동상속인 상호간에 상속재산에 관하여 협의분할이 이루어짐으로써 공동상속인 중 일부가 고유의 상속분을 초과하는 재산을 취득하게 되었다고 하여도 이는 상속개시 당시에 소급하여 피상속인으로부터 승계받은 것으로 보아야 하고 다른 공동상속인으로부터 증여받은 것으로 볼 수 없다"(대판 2002.7.12, 2001두441).

2. 상속재산분할협의가 합의해제된 경우 B가 제548조 1항 단서에 의해 보호받을 수 있는지 여부(또는 제1015조 단서에 의해 보호받을 수 있는지 여부)

(1) 판 례

判例는 "상속재산 분할협의가 합의해제되면 그 협의에 따른 이행으로 변동이 생겼던 물권은 당연히 그 분할협의가 없었던 원상태로 복귀하지만, 민법 제548조 제1항 단서의 규정상 이러한 합의해제를 가지고서는, 그 해제 전의 분할협의로부터 생긴 법률효과를 기초로 하여 새로운 이해관계를 가지게 되고 등기·인도 등으로 완전한 권리를 취득한 제3자의 권리를 해하지 못한다"(대판 2004.7.8, 2002다73203)고 한다.

(2) 검토 및 사안의 경우

검토하건대, 계약의 효력은 원칙적으로 당사자 간에만 미치므로 완전한 권리를 취득한 제3자의 권리관계에는 영향을 미치지 못한다. 즉 제548조 1항 단서 규정은 합의해제의 경우에도 유추적용된다.

따라서 사안의 경우 ① B는 '2019. 8. 15.자 상속재산분할협의'에 기초하여 합의해제되기 전에 새로운 이해관계를 가졌고, 근저당권설정등기를 통해 완전한 권리를 취득하였으므로 제548조 1항 단서에 의해 보호되는 제3자에 해당한다. ② 또한 B는 '2019. 10. 1.자 새로운 상속재산분할협의'의 소급효에 의해 보호되는 제1015조 단서에 의해 보호되는 제3자에 해당한다고 볼 수도 있다.

[참고] 상속재산분할의 소급효는 제3자의 권리를 침해할 수 없다(제1015조 단서). 제3자는 상속재산분할 전에 이해관계를 맺은 '특별승계인'으로서 그의 선의·악의는 묻지 않는다. 다만 제3자가 권리를 주장하기 위해서는 '권리변동의 효력발생요건'(제186조·제188조)을 갖추어야 한다.

3. 사안의 해결

乙과 丁이 B은행에 대해 근저당권설정등기의 말소를 청구하는 것은 타당하지 않다.

[2문의 3]

〈기초적 사실관계〉

A는 1970. 1.경 경기도 가평군 소재 X부동산을 취득하여 소유해 왔고, 이 X부동산은 A가 가진 유일한 재산이다.

〈추가적 사실관계 2〉

2021. 9. 21. A는 사망하였는데, 공동상속인으로 乙, 丙, 丁이 있다. 2021. 12. 29. 丁은 X부동산에 대한 자신의 지분을 戊에게 매도하였다. 2022. 3. 30. X부동산을 乙소유로 하고 乙이 나머지 공동상속인들에게 돈을 지급하기로 하는 등을 내용으로 하는 상속재산분할심판이 확정되었다(이하 '이 사건 상속재산분할심판'). 이 사건 상속재산분할심판이 있었음을 알고 있던 戊는 2022. 5. 13. 丁에 대한 소유권이전등기청구권을 피보전권리로 하여 X부동산 중 丁 지분에 관하여 처분금지가처분결정을 받았다. 2022. 5. 15. 戊의 적법한 대위신청으로 丁의 지분에 관하여 乙, 丙, 丁 앞으로 상속을 원인으로 한 소유권이전등기를 마친 후 위 가처분등기가 이루어졌다. 2022. 5. 24. 戊는 X부동산 중 丁의 지분에 관하여 매매를 원인으로 한 소유권이전등기를 마쳤다.

3. 2022. 6. 2. 乙이 戊를 상대로 乙의 지분이전등기의 말소등기절차 이행을 구하는 청구를 한 경우에 乙의 戊에 대한 청구의 결론[인용, 기각, 일부 인용, 각하]을 구체적 이유와 함께 서술하시오. (15점)

사례E-17 제1015조 단서의 제3자★

Ⅲ. 문제 3.의 경우(15)

1. 문제점(2)

상속재산분할에 의한 소급효와 그 소급효에 의해 소유권을 취득한 乙에게 丙이 제1015조 단서에 의해 대항할 수 있는지 여부가 문제된다.

2. 상속재산분할의 효과(10) : 소급효

(1) 원 칙

상속재산의 분할은 상속이 개시된 때에 소급하여 그 효력이 생긴다(제1015조). 즉 상속재산을 피상속인으로부터 상속인들 각자가 직접 상속하는 것이 되어 그 재산에 대해서 상속인들의 공유상태는 존재하지 않았던 것으로 된다[1](이는 물권법상의 공유물분할에 소급효가 없는 것과 구별된다).

1) "공동상속인 상호간에 상속재산에 관하여 협의분할이 이루어짐으로써 공동상속인 중 일부가 고유의 상속분을 초과하는 재산을 취득하게 되었다고 하여도 이는 상속개시 당시에 소급하여 피상속인으로부터 승계받은 것으로 보아야 하고 다른 공동상속인으로부터 증여받은 것으로 볼 수 없다"(대판 2002.7.12. 2001두441).

(2) 예 외

① 상속재산분할의 소급효는 제3자의 권리를 침해할 수 없다(제1015조 단서). 제3자는 상속재산분할 전에 이해관계를 맺은 **'특별승계인'** 으로서 **'권리변동의 효력발생요건'**(제186조·제188조)을 갖추어야 한다. 즉, 민법 제1015조 단서에서 말하는 제3자는 일반적으로 상속재산분할의 대상이 된 상속재산에 관하여 상속재산분할 전에 새로운 이해관계를 가졌을 뿐만 아니라 등기, 인도 등으로 권리를 취득한 사람을 말하고, 判例**에 따르면 '상속재산분할심판에 대해 선의' 이어야** 한다고 한다(아래 2019다249312판결).

② 즉, "상속재산인 부동산의 분할 귀속을 내용으로 하는 상속재산분할심판이 확정되면 **민법 제187조**에 의하여 **상속재산분할심판에 따른 등기 없이도** 해당 부동산에 관한 물권변동의 효력이 발생한다. 다만 민법 제1015조 단서의 내용과 입법취지 등을 고려하면, **'상속재산분할심판에 따른 등기'** 가 이**루어지기 전에 상속재산분할의 효력과 양립하지 않는 법률상 이해관계를 갖고 등기를 마쳤으나 상속재산분할심판이 있었음을 알지 못한 제3자에 대하여는 상속재산분할의 효력을 주장할 수 없다.** 이 경우 제3자가 상속재산분할심판이 있었음을 알았다는 점에 관한 주장·증명책임은 상속재산분할심판의 효력을 주장하는 자에게 있다"(대판 2020.8.13. 2019다249312).

3. 사안의 해결(3)

戊는 상속재산분할심판에 대해 알고 난 이후에 가처분등기 및 이전등기를 마쳤기 때문에 제1015조 단서에서 보호되는 제3자가 아니다. 따라서 戊는 상속재산분할심판에 의해 단속소유권을 취득한 乙의 주장에 대해서 대항할 수 없다. 그러므로 2022. 6. 2. 乙이 戊를 상대로 乙의 지분이전등기의 말소등기절차 이행을 구하는 청구는 '인용'되어야 한다.

기출해설

2018년 1차 법전협모의 제1문

【공통된 사실관계】

甲은 2007. 1. 1. 乙에게 변제기를 2007. 12. 31.로 정하여 3,000만 원을 대여하였다. 그런데 乙은 이를 변제하지 못한 채 심장마비로 2017. 9. 1. 사망하고 말았다.

【변경된 사실관계】

乙의 상속인 丙은 한정승인신고를 하였고 2017. 9. 15. 乙 소유의 X 토지(시가 1억 원)에 대해 상속을 원인으로 한 소유권이전등기를 마쳤다. 그런데 丙은 甲에 대한 3,000만 원의 채무를 변제하지 않았고, 2017. 10. 1. 丁으로부터 변제기를 2018. 4. 30.로 정하여 1억 원을 빌리면서 X 토지에 저당권을 설정해 주었다. 丙은 변제기가 지나도 丁에게 변제하지 못하였고, 丁은 몇 차례의 독촉 후 X 토지에 대한 경매를 신청하였다. 경매 결과 X 토지가 매각되었고 甲이 적법하게 배당요구를 하였으나, 법원은 매각대금 중 경매비용 등을 공제한 나머지 금액 1억 원을 丁에게 모두 배당하였다. 이에 甲이 배당이의의 소를 제기하였다.

2. 위 배당이의의 소는 인용될 수 있는가? (15점)[1]

사례E-18 한정승인의 효력(상속채권자와 상속인의 고유채권자의 우열관계)★

Ⅱ. 문제 2.의 경우 - 한정승인의 효력

1. 문제점

한정승인이 이루어진 경우 상속채권자 甲과 상속재산에 관하여 한정승인자로부터 담보권을 취득한 고유채권자 丁사이의 우열관계가 문제된다.

2. 한정승인자 丙이 자신의 고유채권자 丁을 위해 상속재산에 저당권을 설정한 행위

(1) 법정단순승인인지 여부

상속인이 상속재산에 대한 '처분행위'를 한 때에는 법정단순승인사유에 해당한다(제1026조 1호). 그러나 이는 '상속인이 상속포기 또는 한정승인을 하기 전에 상속재산을 처분한 경우'에 한하여 적용되고 한정승인 이후에 처분행위를 한 경우에는 그 처분행위가 '부정소비'에 해당하는 경우(제1026조 3호)에만 단순승인한 것으로 간주된다(대판 2004.3.12. 2003다63586).

그러나 '상속재산의 부정소비'라 함은 정당한 사유 없이 상속재산을 써서 없앰으로써 그 재산적 가치를 상실시키는 것을 의미하는바, 사안과 같이 상속재산에 관하여 저당권 등의 담보권을 설정해 주는 경우는 '부정소비'라고 할 수 없다(대판 2010.3.18, 전합2007다77781 참고).

1) ★ 동일한 쟁점이 2020년 2차 법전협 모의 제2문에 출제되었다.

(2) 저당권 설정의 유효성

判例는 "민법은 한정승인자에 관하여 그가 상속재산을 은닉하거나 부정소비한 경우 단순승인을 한 것으로 간주하는 것(제1026조 3호) 외에는 상속재산의 처분행위 자체를 직접적으로 제한하는 규정을 두고 있지 않기 때문에, 한정승인으로 발생하는 책임제한 효과로 인하여 한정승인자의 상속재산 처분행위가 당연히 제한된다고 할 수는 없다"(대판 2010.3.18, 전합2007다77781)고 한다. 따라서 상속인 丙이 한정승인 후 상속재산인 X토지에 저당권을 설정한 행위는 유효하다.

3. 상속채권자(甲)와 상속인의 고유채권자(丁)의 우열관계

(1) 일반적인 관계

한정승인을 하면 일단 상속재산과 상속인의 고유재산이 분리되는 효과가 발생하고, 상속채권자는 청산절차에서 변제를 받으며 남은 상속재산이 있으면 이는 한정승인한 상속인도 상속하여 그 상속인 고유의 채권자가 그 재산으로부터 변제를 받거나 집행할 수 있다. 그러한 범위 내에서는 **상속채권자는 상속재산에 대해 한정승인한 상속인의 고유채권자보다 우선한다**(대판 2016.5.24. 2015다250574).[2]

(2) 상속인의 고유채권자가 저당권을 취득한 경우

대법원은 "한정승인자로부터 상속재산에 관하여 저당권 등의 담보권을 취득한 사람과 상속채권자 사이의 **우열관계는 '민법상의 일반원칙'에 따라야 하고**, 상속채권자가 한정승인의 사유만으로 우선적 지위를 주장할 수는 없다. 그리고 이러한 이치는 한정승인자가 그 저당권 등의 피담보채무를 상속개시 전부터 부담하고 있었다고 하여 달리 볼 것이 아니다"(대판 2010.3.18, 전합2007다77781 : 2회,6회 선택형)라고 판시하여 이때에는 **일반상속채권자가 담보권자에 우선할 수 없다**고 보았다.[3]

4. 검토 및 사안의 경우

한정승인만으로 상속채권자에게 상속재산에 관하여 한정승인자로부터 물권을 취득한 제3자에 대하여 우선적 지위를 부여하는 규정은 없으며, 현행법상 한정승인을 하더라도 그러한 사실이 등기 등에 의하여 공시되지 않는다(전합2007다77781판시내용). 따라서 상속인과 거래를 하는 자의 신뢰를 보호할 필요가 있다는 상황을 고려할 경우 담보물권을 설정한 상속인의 고유채권자에게 우선변제권을 인정하는 것이 타당하다.

사안에서 甲은 상속채권자로서 일반채권자이고 丁은 한정승인자인 丙으로부터 유효하게 근저당권을 설정받은 물권자이므로, '민법상의 일반원칙'에 비추어 丁에게 우선하여 배당이 이루어진 것은 정당하다. 따라서 **甲이 제기한 배당이의의 소는 기각되어야** 한다.

---

2) "상속재산에 관하여 담보권을 취득하였다는 등 사정이 없는 이상, 한정승인자의 고유채권자는 상속채권자가 상속재산으로부터 그 채권의 만족을 받지 못한 상태에서 상속재산을 고유채권에 대한 책임재산으로 삼아 이에 대하여 강제집행을 할 수 없다"(대판 2016.5.24. 2015다250574판결은 상속재산의 매각대금을 한정승인자의 고유채권자로서 그 상속재산에 관하여 담보권을 취득한 바 없는 조세채권자에게 상속채권자보다 우선하여 배당한 경매법원의 조치는 위법하다고 보았다)

3) 다만 "상속부동산에 관하여 민사집행법 제274조 제1항에 따른 형식적 경매절차가 진행된 것이 아니라 담보권 실행을 위한 경매절차가 진행된 경우에는 비록 한정승인 절차에서 상속채권자로 신고한 자라고 하더라도 집행권원을 얻어 그 경매절차에서 배당요구를 함으로써 일반채권자로서 배당받을 수 있다"(대판 2010.6.24. 2010다14599).

기출해설 2016년 2차 법전협모의 제2문

甲은 2016. 4. 5. 횡단보도를 건너던 중 A에 의한 음주교통사고로 사망하였고, 사망 당시 처 乙, 자녀로 아들 丙과 딸丁, 부(父) 戊를 두었고 상속재산으로는 甲 소유의 시가 10억 원 상당(사망당시기준)의 X토지, B금융기관에 대한 채무 3억 원(사망당시기준)이 있었다. 丙은 운영하던 사업이 어려워져 C로부터 2015. 3. 5. 7억 원을 차용하였는데, 변제기가 지났음에도 아직 돈을 갚지 못하고 있으며, 다른 재산도 없는 무지력 상태이다.

1. 丙과 丁이 상속(丙과 丁 모두 자녀는 없는 상태이다)을 포기할 경우 X토지, B에 대한 채무는 누가 얼마만큼 상속하게 되는지 서술하시오. (15점)

사례E-19 상속포기의 경우 상속권자

Ⅰ. 설문 1.의 해결(15)

1. 상속포기와 상속인 확정

피상속인 甲의 사망 당시 상속인은 직계비속인 丙, 丁과 배우자 乙이 된다(제1000조, 제1003조). 사안에서 丙과 丁이 상속을 포기했으므로 상속포기의 소급효로 인하여 丙과 丁은 처음부터 상속인이 아닌 것으로 된다(제1019조, 제1042조). 이 경우 포기자의 상속분은 다른 공동상속인에게 귀속하는데(제1043조), 사안과 같이 **직계비속과 배우자가 공동상속인인데 직계비속이 모두 상속을 포기하면 배우자가 단독상속하는지, 후순위 혈족상속인과 배우자가 공동상속하는지 문제된다.**

判例는 "상속을 포기한 자는 상속개시된 때부터 상속인이 아니었던 것과 같은 지위에 놓이게 되므로, 피상속인의 배우자와 자녀 중 자녀 전부가 상속을 포기한 경우에는 배우자와 피상속인의 손자녀 또는 직계존속이 공동으로 상속인이 되고, 피상속인의 손자녀와 직계존속이 존재하지 아니하면 배우자가 단독으로 상속인이 된다"(대판 2015.5.14. 2013다48852)고 하여 **공동상속설의 입장**이다. 判例에 따르면 배우자 乙과 직계존속 戊가 공동상속인이 된다.

2. 戊와 乙의 상속분

민법 제1009조 2항에 따라 직계존속 戊는 2/5이고, 배우자 乙은 직계존속의 상속분에 5할을 가산한 3/5이다.

3. 사안의 해결

戊와 乙은 위 상속분에 따라 X토지와 B에 대한 채무를 공동상속한다. 따라서 ① **X토지**는 戊가 2/5, 乙이 3/5의 지분으로 공유한다(제1006조). ② 다만, 금전채무와 같이 가분채무가 공동상속된 경우에는 상속개시와 동시에 당연히 법정상속분에 따라 공동상속인에게 분할되어 귀속되므로(대판 1997. 6. 24. 97다8809), **상속채무 3억 원**에 대하여는 위 상속분에 따라 戊는 1억 2천만 원, 乙은 1억 8천만 원의 상속채무를 부담한다.

기출해설

2017년 사법시험 제1문

3. Y건물의 소유자 丁은 2017. 5. 2. 교통사고로 사망하였고, 그 단독상속인인 己는 가정법원에 상속포기신고를 한 다음 Y건물을 A에게 양도하였으며, 그 후에 상속포기신고를 수리하는 심판이 고지되었다. 그러자 丁의 사망 전에 丁에게 1억 원을 대여한 庚은 그 변제기가 도래하자 己에게 1억 원의 지급을 청구하였다. **己는 庚의 청구에 응하여야 하는가?** (20점)

사례E-20 상속포기 신고 후 수리심판 전에 상속재산 처분행위를 한 경우

Ⅲ. 설문 3.의 경우(20)

1. 문제점

庚의 청구가 인용되기 위해서는 己의 상속포기신고에도 불구하고 己가 단순승인으로 의제되어야 할 것인바, 이와 관련해 상속포기의 효력발생시기가 문제된다. 이는 상속포기 후의 상속재산의 처분은 당연히 법정단순승인사유는 아니고, 부정소비(제1026조 3호)에 해당하는 때에 한하여 법정단순승인사유로 되는바(대판 2004.3.12. 2003다63586), 상속포기 전이라면 Y건물을 A에게 양도한 것만으로 처분행위(제1026조 1호)로써 법정단순승인사유가 될 수 있기 때문이다.

2. 상속포기의 효력발생시기

(1) 판 례

"상속의 한정승인이나 포기는 상속인의 의사표시만으로 효력이 발생하는 것이 아니라 가정법원에 신고를 하여 가정법원의 심판을 받아야 하며, 그 심판은 당사자가 이를 고지받음으로써 효력이 발생한다(대판 2004. 6. 25. 2004다20401). 따라서 상속인이 가정법원에 상속포기의 신고를 하였다고 하더라도 이를 수리하는 가정법원의 심판이 고지되기 이전에 상속재산을 처분하였다면, 이는 상속 포기의 효력 발생 전에 처분행위를 한 것에 해당하므로 제1026조 1호에 따라 상속의 단순승인을 한 것으로 보아야 한다"(대판 2016.12.29. 2013다73520 : 9회 선택형).

(2) 사안의 경우

己가 행위능력이 있고(제1020조 참조) 상속개시 있음을 안 날로부터 3월내일지라도(제1019 조 1항 본문) 상속포기는 가정법원의 심판이 있어야 효력이 발생하는바, 상속포기신고를 수리하는 심판이 고지되기 전에 한 Y건물의 양도행위는 상속포기 전에 이루어진 것이다.

3. 사안의 해결(법정 단순승인으로 의제 되는지 여부)

상속인이 가정법원에 상속포기의 신고를 하였더라도 이를 수리하는 가정법원의 심판이 고지되기 이전에 상속재산을 처분하였다면, 이는 상속포기의 효력 발생 전에 처분행위를 한 것이므로 제1026조 1호에 따라 상속의 단순승인을 한 것으로 보아야 한다(대판 2016.12.29. 2013다73520). 그리고 단순승인으로 간주된 이후에 한 상속포기는 효력이 없다(대판 2010.4.29. 2009다84936). 결국 己는 단순승인을 한 단독상속인이므로 庚의 1억원 지급 청구에 응하여야 한다.

기출해설

2018년 변호사시험 제2문

X토지를 소유하고 있던 A에게는 세 자녀(B, C, D)가 있다. A는 X토지를 장남인 B에게 준다는 말을 자주 하였으나 2016. 3. 10. 유언 없이 사망하였다. 평소 B의 도움을 많이 받았던 C는 A의 뜻을 존중하여 2016. 5. 7. 상속포기신고를 하였고, 2016. 6. 20. 수리되었다. 그리고 A의 사망 사실을 즉시 알았으나 해외유학 중이던 D는 2016. 8.경 귀국하여 2016. 8. 25. 상속포기신고를 하였고, 2016. 9. 30. 수리되었다.

한편 B는 2016. 4. 초순경 X토지 위에 Y건물을 짓기 시작하여 같은 해 8. 31. 준공검사를 받았다. 공사가 거의 끝날 무렵인 2016. 8. 5. B는 乙과 Y건물에 대한 매매계약을 체결하였고, 2016. 9. 5. 보존등기를 하지 않은 상태에서 乙에게 Y건물을 인도하였다. 그 후 B는 사업자금을 마련할 목적으로 2016. 9. 21. 甲에게 X토지를 매도하고 소유권이전등기를 경료해 주었다. 그런데 X토지 위에 미등기 상태인 Y건물이 있는 것을 알게 된 甲은 Y건물이 자신의 동의 없이 건축되었다고 주장하면서 乙을 상대로 Y건물의 철거를 청구하는 소를 제기하였다.

甲의 청구에 대하여, 乙은 X토지의 전 소유자인 B가 신축한 건물을 정당하게 매수하였다고 항변하였고, 甲은 Y건물을 신축할 당시 X토지가 B, C, D의 공유였다고 반박하였다. 甲의 Y건물에 대한 철거청구는 인용될 수 있는가? (35점)

사례E-21 상속포기와 관습상의 법정지상권

Ⅰ. 결 론

甲의 Y건물에 대한 철거청구는 인용될 수 없다.

Ⅱ. 논 거

1. 문제점

甲이 乙을 상대로 Y건물에 대한 철거청구가 인용되기 위한 요건사실은 ⅰ) 원고 甲의 X토지 소유, ⅱ) 피고 乙의 지상건물 소유이다(제214조). 그러나 '점유할 권리'가 있는 자는 소유권자의 소유물반환청구에 대하여 반환을 거부할 권리가 있는바(제213조 단서), 사안의 경우 乙의 '관습법상 법정지상권'이 문제된다.

2. 원고 甲에게 X토지의 소유권이 귀속되는지 여부

(1) C의 상속포기 신고의 효력

상속포기는 상속개시 있음을 안 날로부터 3개월 내에 할 수 있다(제1019조 1항 본문). C는 상속이 개시된 2016. 3. 10.로부터 3개월 이내인 2016. 5. 7.에 상속포기신고를 하였으므로 당연히 제1019조 1항의 기간을 준수 하였고(제1041조), 2016. 6. 20.에 신고가 수리되어 상속포기의 효력이 발생하였다(대판 2016.12.29. 2013다73520).[1] 따라서 C는 상속 개시시로 '소급' 하여 상속인이 아니었던 것으로 된다(제1042조).

(2) D의 상속포기 신고의 효력

1) D의 상속포기가 유효한지 여부

D는 A가 사망한 것을 '안 날'인 2016. 3. 10.부터 3개월 후인 2016. 8. 25. 상속포기신고를 하였으므로 D의 상속포기는 효력이 없다. 다만, 이러한 D의 상속포기를 무효행위의 전환 법리에 따라 상속재산에 관한 분할협의가 이루어진 것으로 볼 수 있는지 여부가 문제된다.

2) 무효인 D의 상속포기 신고를 상속재산분할협의로 볼 수 있는지 여부

判例는 상속재산 전부를 상속인 중 1인에게 상속시키기 위하여 나머지 상속인들이 법원에 상속포기 신고를 하였으나 그 신고가 법정기간 도과 후의 것이어서 상속포기로서의 효력이 없더라도 **무효행위의 전환법리가 적용되어 그러한 내용의 분할협의가 이루어진 것으로 해석한다**(대판 1996.3.26, 95다45545,45552,45569 : 1회 선택형). 이러한 判例에 따르면 D의 상속포기 신고는 B가 상속재산 전부를 취득하고 D는 이를 전혀 취득하지 않기로 하는 내용의 상속재산에 관한 협의분할이 이루어진 것으로 보아야 하고, 따라서 D는 **상속 개시시로 '소급'하여** 상속에서 배제된다(제1015조 본문).

(3) 사안의 경우

C의 상속포기와 D의 상속재산분할협의로 인해 B는 상속개시시인 2016. 3. 10.에 등기 없이도 X토지의 소유권을 전부 취득한다(제187조). 따라서 2016. 9. 21. B로부터 매수하여 등기를 취득한 甲은 현재 X토지의 소유권자이다(제186조).

3. 乙을 상대로 한 甲의 Y건물 철거청구의 적법 여부

判例는 "**건물철거는 소유권의 종국적 처분에 해당하는 사실행위이므로 원칙으로는** 소유자(등기명의자)에게만 그 철거처분권이 있다고 할 것이나, **건물을 매수하여 점유하고 있는 자는** 등기부상 아직 소유자로서의 등기명의가 없다 하더라도 그 권리의 범위내에서 그 **점유 중인 건물에 대하여 법률상 또는 사실상 처분을 할 수 있는 지위**"에 있으므로 그 자를 상대로 건물철거를 구할 수 있다고 한다(대판 1986.12.23, 86다카1751 : 4회,9회 선택형).

이러한 判例에 따르면 Y건물에 대한 미등기매수인의 지위에 있는 乙을 상대로 한 甲의 Y건물 철거청구의 적법하다.

4. 피고 乙에게 '점유할 권리'가 존재하는지 여부

(1) B에게 관습상의 법정지상권이 인정되는지 여부

1) 관습상의 지상권의 성립요건(처동, 매, 특)

관습상의 지상권이 인정되기 위해서는 ⅰ) 처분 당시 토지와 건물의 동일인의 소유에 속하였을 것, ⅱ) 매매 기타의 적법한 원인으로 소유자가 달라질 것, ⅲ) 당사자 사이에 건물을 철거한다는 특약 또는 토지의 점유·사용에 관하여 다른 약정이 없을 것을 요한다.

1) "상속의 한정승인이나 포기는 상속인의 의사표시만으로 효력이 발생하는 것이 아니라 가정법원에 신고를 하여 가정법원의 심판을 받아야 하며, 그 심판은 당사자가 이를 고지받음으로써 효력이 발생한다"

2) 사안의 경우

토지와 건물의 동일인 소유의 기준시점은 강제경매로 인한 소유권 변동을 제외하고는 '처분당시'(소유권이 유효하게 변동될 당시)를 기준으로 한다(대판 1995.07.28. 95다9075,9082).

사안의 경우 상속포기 및 상속재산 분할의 '소급효'로 인해 B는 Y건물의 신축당시 이미 2016. 3. 10. 상속을 원인으로 X토지를 취득하고, Y건물의 경우 그 건물이 미등기인 관계로 소유권은 여전히 건물 양도인 B에게 남아 있는 것이므로, 토지와 건물이 동일인 B에게 속해 있다가 후에 X토지가 甲에게 소유권이전등기가 경료됨으로써 비로소 건물의 소유자와 토지의 소유자가 달라지게 되었으므로 Y건물의 소유자인 B가 관습상의 법정지상권을 취득하게 되었다.

(2) 미등기 Y건물 매수인 乙의 법적지위

B는 관습법상 법정지상권을 취득하였고, B와 乙 사이에는 Y건물 매매계약을 통해 주된 권리인 소유권이전을 합의하였으므로 종된 권리인 관습법상 법정지상권도 이전하기로 하는 합의가 있다고 할 수 있다(제100조 2항의 유추적용). 따라서 건물 양수인인 乙은 채권자대위의 법리에 따라 양도인인 B 및 그로부터 X토지를 매수한 대지 소유자인 甲에 대하여 차례로 지상권설정등기 및 그 이전등기절차의 이행을 구할 수 있다(대판 1995.07.28. 95다9075,9082). 이러한 지위는 제213조 단서에서 말하는 '점유할 권리'에 해당한다.

(3) 甲의 乙에 대한 Y건물 철거청구 허용여부

따라서 법정지상권을 취득할 지위에 있는 건물 양수인 乙에 대하여 대지 소유자 甲이 Y건물의 철거를 구하는 것은 지상권의 부담을 용인하고 지상권설정등기절차를 이행할 의무가 있는 자가 그 권리자 乙을 상대로 한 것이어서 '신의성실의 원칙' 상 허용될 수 없다(대판 1995.07.28. 95다9075,9082)

기출해설 2019년 1차 법전협모의 제2문

처와 사별한 甲에게는 자녀 乙, 丙이 있다. 甲은 "본인은 상속재산으로서 아파트 래미문 제1004호를 乙에게 물려준다. 사후에 자녀 간에 불협화음을 없애기 위하여 이것을 남긴다."는 내용의 유언장을 자필로 작성하였다. 유언장의 말미에 작성연월일, 주민등록번호, 성명을 자서한 후 날인하였고, 작성연월일 옆에 "암사동에서"라고 기재하였다. 甲은 위 유언장을 공증법인에서 공증을 받았고, 여기에 증인 1인의 참여가 있었다. 甲은 2000. 5. 21. 사망하였고, 乙은 단독으로 상속재산인 래미문 1004호를 월 임대료 100만 원에 丁에게 임대하였고, 6개월이 지났다.

丙은 乙에게 임료의 1/2에 관하여 부당이득반환을 청구하였고, 丁에게 건물의 인도를 청구하는 소를 제기하였다. 丙의 청구에 관한 법원의 판단(각하, 기각, 전부 인용, 일부 인용)을 근거와 함께 서술하시오. (이자는 고려하지 않음) (20점)

사례E-22 유언의 효력, 공유물(공동상속재산)의 관리 및 보존행위

Ⅰ. 결 론

법원은 丙의 청구를 전부인용해야 한다.

Ⅱ. 근 거

1. 문제점

① 甲의 유언이 '엄격 요식성'에 비추어 유효한지, ② 무효라면 乙과 丙의 상속관계를 확인한 후 공동상속인 중 1인인 乙이 상속재산을 단독으로 타인에게 임대한 행위가 '공유물의 관리행위'로 유효한지, ③ 유효하지 않다면 丙의 丁에 대한 건물인도청구 및 乙에 대한 부당이득반환청구의 타당성을 검토하기로 한다.

2. 甲의 유언의 효력

(1) 유언의 엄격 요식성

유언은 민법에 정한 방식에 의하지 아니하면 효력이 생기지 아니한다(제1060조). 민법은 유언방식으로 자필증서, 녹음, 공정증서, 비밀증서, 구수증서의 5가지를 한정하는 **'법정방식주의'**를 채택하고 있다. 법정된 요건과 방식에 어긋난 유언은 그것이 유언자의 진정한 의사에 합치하더라도 무효이다(대판 2006.3.9, 2005다57899). 甲은 자필로 유언장을 작성하였는바 **자필증서에 의한 유언으로** 유효한지, 아니면 위 유언장을 공증법인에서 공증을 받았으므로 **공정증서에 의한 유언으로** 유효한지 살펴보아야 한다.

(2) 자필증서에 의한 유언으로 유효한지 여부

자필증서에 의한 유언은 유언자가 그 전문과 년월일, 주소, 성명을 자서하고 날인하여야 한다. 그 증서에 문자의 삽입, 삭제 또는 변경을 함에는 유언자가 이를 자서하고 날인하여야 한다(제1066조).

여기서 자서가 필요한 주소는 반드시 주민등록법에 의하여 등록된 곳일 필요는 없으나, 적어도 제18조에서 정한 생활의 근거되는 곳으로서 다른 장소와 구별되는 정도의 표시를 갖추어야 한다(대판 2014.9.26. 2012다71688). 사안의 경우 甲은 유언장에 "암사동에서"라고 기재하였는바, 이는 다른 장소와 구별되는 정도의 표시라고 볼 수 없으므로 자필증서에 의한 유언으로서의 효력은 인정될 수 없다.

(3) 공정증서에 의한 유언으로 유효한지 여부

공정증서에 의한 유언은 유언자가 증인 2인이 참여한 공증인의 면전에서 유언의 취지를 구수하고 공증인이 이를 필기낭독하여 유언자와 증인이 그 정확함을 승인한 후 각자 서명 또는 기명날인하여야 한다(제1068조). 사안의 경우 증인 1인의 참여가 있었을 뿐이므로 공정증서에 의한 유언으로서의 효력도 인정될 수 없다.

3. 乙과 丙의 상속관계

甲은 처와 사별하여 배우자가 없고 자녀 乙과 丙은 甲의 직계비속으로서 1순위 상속인이며(제1000조 1항 1호), 동순위 공동상속인 관계에 있다(제1000조 2항). 따라서 乙과 丙은 상속재산인 위 건물을 공유하고(제1006조), 그 지분은 상속분에 대응하므로 각 1/2에 해당한다(제1007조, 제1009조 1항).

4. 乙이 공유재산을 丁에게 단독 임대한 행위가 '관리행위'로서 적법한지 여부

공유물을 제3자에게 임대하는 행위는 '공유물에 대한 관리행위'로서(대판 2010.9.9. 2010다37905), 공유물의 관리에 관한 사항은 공유자의 '지분의 과반수'로써 결정한다(제265조). 사안의 경우 1/2지분권자 乙이 단독으로 목적물 전체에 대해 丁과 임대차계약을 체결하였는바, 1/2의 지분은 반수이지 과반수가 아니므로 乙의 임대행위는 부적법한 관리행위에 해당한다.

5. 丙의 丁에 대한 인도청구 가부

공유물의 보존행위는 각 공유자가 단독으로 할 수 있다(제265조 단서). 判例가 판시하는 바와 같이 소수지분권자의 의사에 의한 제3자의 점유는 부적법하고, 다른 지분권자는 과반수 지분권자가 아니더라도 그 제3자에 대하여 '보존행위'로서 공유물 전체의 인도를 청구할 수 있다(대판 2014.5.16. 2012다43324).

따라서 사안의 경우 과반수지분권자가 아닌 丙도 공유물의 보존행위로서 공유물을 점유하고 있는 임차인 丁을 상대로 건물의 인도를 청구할 수 있다(제213조).

[주의] 이는 '제3자에 대한 공유물 인도청구'가 문제되는 사안으로 소수지분권자의 '다른 소수지분권자에 대한 공유물 인도청구'의 쟁점과는 구별할 필요가 있다.

6. 丙의 乙에 대한 부당이득반환 청구

소수지분권자의 배타적 점유의 경우 다른 소수지분권자는 자신의 지분침해를 이유로 손해배상청구 또는 부당이득반환청구를 할 수 있다(대판 2001.12.11. 2000다13948). 따라서 丙은 乙을 상대로 6개월간 임료의 1/2에 해당하는 300만 원을 부당이득으로서 반환청구할 수 있다.

기출해설

2015년 사법시험 제1문 변형

【기초적 사실관계】

2011.2.15. 甲의 사망 당시 가족으로는 처(妻) 乙, 甲과 乙 사이의 자(子) 丙(21세)이 있다.

4. 甲이 사망한 후 乙은 丙과, "상속재산인 X토지(시가 1억 원)와 Y건물(시가 1억 원)을 乙이 모두 상속하되, 乙이 사망한 후 X토지와 Y건물을 丙에게 증여한다."는 합의를 하고 등기를 마쳤으며, 공정증서도 작성하였다. 한편 乙은 사회복지법인 E에 1억 2,000만 원을 준다는 유언도 하였다. 그 후 乙이 2012. 2. 14. 교통사고로 갑자기 사망하자, 丙은 2012. 5. 12. X토지와 Y건물을 자신의 명의로 등기하였고, 유언집행자의 자격으로 현금 1억 2,000만 원을 E에 주었다. 한편 乙에게는 혼외자 丁이 있었는데, 2014. 7. 12. 乙이 사망했다는 사실을 알게 된 丁은 2015. 6. 27. 丙과 E에 대하여 각각 유류분 전액을 금전으로 반환할 것을 청구하는 소를 제기하였다. 丁의 丙과 E에 대한 청구는 인용될 수 있는가? (乙에게 다른 상속재산이나 채무는 없고, 상속재산 분할협의와 유언은 유효한 것으로 보며, X토지와 Y건물의 가격의 변동 및 이자는 고려하지 않음) (30점)

사례E-23 유류분반환청구권★

Ⅳ. 문제 4.의 경우(30)

1. 문제점(丁이 유류분권리자인지 여부)(3)

혼인 외의 출생자와 生父 사이의 부자관계는 부의 인지에 의해서만 생길 수 있는 반면(대판 1997.2.14. 96므738 ; 그 결과 인지가 있기 전에는 친권, 상속 등의 친자관계에 따른 법률효과가 발생하지 않는다), 사안과 같이 혼외자 丁의 生母 乙과의 모자관계는 인지나 출생신고 등과 무관하게 자의 출생으로 당연히 발생한다(대판 1986.11.11. 86도1982). 따라서 丁은 乙의 1순위 법정상속인(제1000조 1항 1호)이나 상속을 받지 못하였으므로 유류분반환청구를 누구에게 얼마만큼 어떻게 가능한지가 문제된다.

2. 丁의 丙과 E에 대한 유류분반환청구의 인용여부(26)

(1) 丁의 유류분의 비율

피상속인의 직계비속의 유류분은 그 법정상속분의 1/2이다(제1112조 1호). 따라서 피상속인 乙의 동순위 상속인인 丙과 丁의 법정상속분은 균분하므로(제1009조 1항), 丁의 유류분권은 법정상속분 1/2의 1/2, 즉 1/4이다.

(2) 丁의 유류분액의 산정

1) 유류분 산정의 기초가 되는 재산

유류분은 피상속인의 상속개시시에 있어서 가진 재산의 가액에 증여재산의 가액을 가산하고 채무의 전액을 공제하여 이를 산정한다(제1113조 1항). 이 때 '상속개시시에 가진 상속재산'은 적극재산만을 의미하는바, 상속재산에는 유증 재산이 포함되고 유증 규정이 준용되는 사인증여도 포함된다(대판 2001.11.30. 2001다6947).

2) 사안의 경우

따라서 피상속인 乙이 사망한 후 X토지(시가 1억 원)와 Y건물(시가 1억 원)을 상속인 丙에게 증여한다는 **사인증여**도 '상속개시시에 가진 상속재산'에 포함되나, 사회복지법인 E에 1억 2,000만 원을 준다는 피상속인 乙의 **유증**은 설문 내용상 乙에게 다른 상속재산이 없다는 것으로 보아 이는 상속개시시에 가진 상속재산에는 포함되지 않는다. 그리고 설문에서 공제되어야 할 채무는 없고, X토지와 Y건물의 가격의 변동 및 이자는 고려하지 않는다고 하므로 결국 **유류분 산정의 기초가 되는 재산은 총 2억 원이고, 丁의 유류분액은 5,000만 원**(=2억 원×1/4)이다.

(3) 丁의 유류분반환청구권의 행사순서, 행사방법, 소멸시효

1) 丁의 유류분반환청구권의 행사순서

가) 수유자 또는 수증자 중에 공동상속인이 있는 경우

행사의 상대방은 수증자, 수유자 및 그 포괄승계인인바, 증여에 대하여는 유증을 반환받은 후가 아니면 청구할 수 없다(제1116조). 아울러 수유자 또는 수증자 중에 공동상속인이 있는 경우(제1118조, 제1008조) 判例는 "유류분권리자가 유류분반환청구를 하는 경우에 증여 또는 유증을 받은 다른 공동상속인이 수인일 때에는, 민법이 정한 유류분 제도의 목적과 같은 법 제1115조 제2항의 규정취지에 비추어 다른 공동상속인들 중 증여 또는 유증을 받은 재산의 가액이 자기 고유의 유류분액을 초과하는 상속인을 상대로 하여 그 유류분액을 초과한 금액의 비율에 따라 반환청구를 할 수 있다고 보아야 할 것이고, **공동상속인과 공동상속인이 아닌 제3자가 있는 경우에는 그 제3자에게는 유류분이라는 것이 없으므로 공동상속인은 자기 고유의 유류분액을 초과한 금액을 기준으로 하여, 제3자는 그 수증가액을 기준으로 하여 각 그 금액의 비율에 따라 반환청구를 할 수 있다고 하여야 한다**"(대판 2006.11.10, 2006다46346)는 입장이다.

나) 사안의 경우

사인증여를 받은 丙에게도 丁과 동일한 비율의 유류분권이 있으므로(제1112조 1호), 공동상속인 丙도 자기 고유의 유류분권액 5,000만 원을 초과한 3,000만 원(=사인증여 받은 X토지와 Y건물의 시가 2억 원-1억 2,000만 원-5,000만원)을 기준으로 하여, 제3자 E는 그 수증가액 현금 1억 2,000만 원을 기준으로 하여 각 그 금액의 비율 1 : 4(=3,000만 원 : 1억 2,000만 원)에 따라 반환청구를 할 수 있다. 그렇다면 결국 丁은 丙에게 1,000만 원(=5,000만 원×1/5), E에게 4,000만 원(=5,000만 원×4/5)에 대한 유류분반환을 청구할 수 있다. 다만, 丙의 경우 원물반환으로 청구해야하는 것은 아닌지, 그리고 소멸시효는 완성되지 않았는지 검토할 필요가 있다.

2) 丁의 유류분반환청구권의 행사방법

"민법은 유류분의 반환방법에 관하여 별도의 규정을 두지 않는바, 반환의무자는 통상적으로 증여 또는 유증대상인 재산 그 자체를 반환하면 될 것이다(제115조 1항 참조, 예컨대 수증자 또는 수유자가 아직 목적물을 소유하고 있거나, 목적물을 양수한 제3자가 악의인 경우). 만약 원물반환이 불가능한 경우(예컨대 수증자 또는 수유자가 선의의 제3자에게 양도한 경우)에는 그 가액 상당액을 반환할 수밖에 없다"(대판 2013.3.14. 2010다42624).

3) 丁의 유류분반환청구권의 소멸시효

유류분반환청구권은 유류분권리자가 상속의 개시와 반환하여야 할 증여 또는 유증을 한 사실을 안 때로부터 1년내에 하지 아니하면 시효에 의하여 소멸하고, 상속이 개시한 때로부터 10년을 경과한 때도 같다(제1117조).

4) 소 결

2014. 7. 12. 피상속인 乙이 사망했다는 사실을 알게 된 유류분권리자 丁은 이로부터 1년이 지나기 前 2015. 6. 27. 丙과 E에 대하여 각각 유류분 전액을 금전으로 반환할 것을 청구하는 소를 제기한 바, 이는 소멸시효가 완성되기 전이다. 또한 특히 丙에 대한 유류분반환의 경우 원칙적으로 원물반환으로 X토지와 Y건물에 대한 각 1/20 공유지분 [(500만 원=1,000만 원×1/2)/1억 원)] 에 대한 이전등기를 청구하는 형태가 되어야 할 것이나, 유류분권리자 丁의 가액반환청구에 대하여 반환의무자 丙이 이를 다투지 않은 경우에는 법원은 앞서 검토한 바와 같이 丙에게 1,000만 원(=5,000만 원×1/5), E에게 4,000만 원(=5,000만 원×4/5)에 대한 가액반환을 명할 수 있다. 다만, 유류분권리자의 가액반환청구에 대하여 반환의무자가 원물반환을 주장하며 가액반환에 반대하는 의사를 표시한 경우에는 반환의무자의 의사에 반하여 원물반환이 가능한 재산에 대하여 가액반환을 명할 수 없다(대판 2013.3.14. 2010다42624).

2. 사안의 해결(1)

丁의 2015. 6. 27.자 丙과 E에 대한 각각 유류분 전액을 금전으로 반환할 것을 청구하는 소는 丙이 가액반환에 대해 다투지 않은 경우에는 丙에게 1,000만 원, E에게 4,000만 원에 대해 일부인용될 것이다.

기출해설

2015년 3차 법전협모의 제2문

甲은 2009.5. 경 자신이 거주하던 X아파트를 장남인 乙에게 증여하고, 乙명의의 소유권이전등기를 마쳤다. 또한 甲은 2012.5. 경 현금 2억 원을 자선단체 A에 익명으로 기부하였고, 2013.10.10. Y건물을 사회복지법인인 B에게 기부하는 내용의 유언을 작성하였다. 그런데 2015.2.5. 甲이 지병으로 사망한 후 甲의 유언이 공개되자 丙은 자신의 유류분이 침해되었음을 알고 유류분의 반환을 청구하는 소를 제기하고자 한다. 甲의 상속인으로는 자녀인 乙과 丙이 있으며, 甲의 사망당시 재산으로는 Y건물이 있다. (甲에게 다른 재산이나 채무는 없고, 甲의 사망 당시 X아파트와 Y건물의 가액은 각 4억 원이며, 甲의 유언은 유효하게 작성된 것으로 본다.)

4. 丙이 乙, A, B에게 각각 유류분 반환을 청구할 수 있는 금액을 제시하고, 그 근거를 서술하시오. (20점)

사례E-24 **유류분반환청구권**

Ⅳ. 설문 4.의 경우(20)

1. 문제점

丙은 피상속인 甲의 1순위 법정상속인(제1000조 1항 1호)이나 상속을 받지 못하였으므로 유류분반환청구권을 행사할 수 있다고 할 것인 바, 유류분산정의 기초가 되는 재산의 파악, 유류분반환청구의 상대방과 행사범위가 문제된다.

2. 乙, A, B에 대한 유류분반환청구의 인용여부

(1) 丙의 유류분의 비율

피상속인의 직계비속의 유류분은 그 법정상속분의 1/2이다(제1112조 1호). 따라서 피상속인 甲의 동순위 상속인인 乙과 丙의 법정상속분은 균분하므로(제1009조 1항), 丙의 유류분권은 법정상속분 1/2의 1/2인 1/4이다.

(2) 丙의 유류분액의 산정

1) 산정의 기초가 되는 재산

유류분 산정의 기초가 되는 재산 = 상속개시시 적극재산의 가액 + 증여재산의 가액 - 채무전액이다. 즉, 유류분은 피상속인의 상속개시시에 있어서 가진 재산의 가액에 증여재산의 가액을 가산하고 채무의 전액을 공제하여 산정한다(제1113조 1항). 이때 상속재산은 적극재산만을 의미한다. 상속재산에는 유증 재산이 포함되고 유증 규정이 준용되는 사인증여도 포함된다(대판 2001.11.30, 2001다6947).

2) 구체적인 산정의 방법

유증도 '상속개시시에 가진 상속재산'에 포함된다. 그리고 '증여재산의 가액'은 증여계약이 체결된 때를 기준으로 상속개시전의 1년간 증여는 모두 산입된다(제1114조). 判例는 상속개시 전에 이미 증여계약이 이행되어 소유권이 수증자에게 이전된 재산을 의미한다고 한다(대판 1996.8.20, 96다13682). 한편 특별수익은 상속재산을 선급 받은 것으로 볼 것이므로 **공동상속인에 있어서는 상속 개시 1년 전에 증여받은 것이라도 모두 산입대상이 된다**(대판 1996.2.9, 95다17885 : 8회 선택형). 증여받은 재산의 시가는 **상속개시 당시를 기준**으로 산정해야 하고(대판 1996.2.9, 95다17885), 당해 반환의무자에 대하여 반환해야 할 재산의 범위를 확정한 다음 그 원물반환이 불가능하여 가액반환을 명하는 경우에는 그 가액은 **사실심 변론종결시**를 기준으로 산정해야 한다(대판 2005.6.23, 2004다51887 : 6회 선택형).

3) 사안의 경우

공제되어야 할 채무는 없고, 유류분산정의 기초가 되는 재산은 X아파트 시가 4억 원에 유증에 제공된 Y건물의 시가 4억 원을 합산한 총 8억 원이고, 자선단체 A에 익명으로 기부한 2억 원은 2012.5. 경에 이루어진 증여로서 상속개시 전 1년간에 이루어진 것이 아니므로, 상속재산에서 제외된다. 丙의 유류분액은 2억 원(8억 원 × 1/4)이다.

(3) 丙의 유류분반환청구권의 행사순서

행사의 상대방은 수증자, 수유자, 그 포괄승계인인바, 증여에 대하여는 유증을 반환받은 후가 아니면 청구할 수 없다(제1116조). 사안의 경우 유류분권자 丙은 乙과 B에 대하여 유류분반환청구권을 행사할 수 있다. 유증에 대하여 우선하여 반환청구를 하여야 하므로 丙은 사회복지법인 B에 대하여 丙 자신의 유류분 부족분인 2억 원 상당액에 대하여 반환을 청구할 수 있다.

3. 사안의 해결

丙은 유증을 받은 B에 대하여 유류분 부족분인 2억 원 상당액에 대하여 반환을 청구할 수 있다. 따라서 B에게 유류분 침해액 전부를 반환 받을 수 있기 때문에 증여를 받은 乙과 A에게 각각 유류분 반환을 청구할 수 있는 금액은 0원이다.

판례색인

[대법원 결정]

대결 1972.6.2., 72마399 214
대결 1993.5.11. 93스6 831
대결 1993.5.13, 전합92스21 835
대결 1994.11.29. 94마417 789
대결 1995.6.13. 95마500 805, 808
대결 1995.7.3. 94스30 833
대결 1997.3.21. 96스62 233
대결 1998.9.2, 98마100 518
대결 1998.9.2., 98마100 771
대결 1999.4.20. 99마146 791
대결 2002.11.27, 2002마3516 760
대결 2005.1.17. 2003마1477 6
대결 2006.7.24. 2005스83 846, 867
대결 2007.11.30, 2005마1130 545, 546
대결 2008.6.12, 2005스50 836
대결 2011.7.29, 2008스67 835
대결 2016.5.4. 2014스122 867

[대법원 판결]

대판 1958.5.8, 4290민상372 169
대판 1961.11.9, 4293민상729 554
대판 1962.1.13, 4292민상445 663
대판 1962.4.4, 4294민상1296 295, 299, 303, 327
대판 1962.4.12, 61다1021 86
대판 1962.4.26. 62다72 579
대판 1962.11.15, 62다596 587
대판 1962.11.15. 62다634 221, 235, 243, 259
대판 1963.4.18, 62다223 92, 94, 196
대판 1963.5.9. 63다67 34, 35
대판 1963.6.13, 63다228 838
대판 1963.6.13. 63다191 89
대판 1963.7.11, 63다235 474, 765
대판 1964.5.5. 63다775 617, 666, 819, 821
대판 1965.4.22. 전합65다268 862
대판 1965.7.27, 65다947 436
대판 1965.7.27, 65다947 176, 179
대판 1965.8.24, 64다1156 86
대판 1965.12.28. 65다2133 134
대판 1966.5.17. 66다504 681
대판 1966.6.7, 66다600,601 560
대판 1966.6.28. 66다493 579
대판 1966.7.5. 66다736 417, 421
대판 1966.9.27, 66다1149 190, 201
대판 1966.10.4, 66다1535 182, 226, 237, 259, 266, 275
대판 1966.10.18, 66다1335 340, 572, 576
대판 1967.4.18. 67다238 573
대판 1967.4.25. 67다75 133
대판 1967.5.23, 66다1617 573
대판 1967.5.23. 67다529 115
대판 1967.7.4. 67다836 176, 179
대판 1967.9.5, 67다1307 579
대판 1967.10.6, 67다1587 344
대판 1967.10.23, 67다1778 600, 602
대판 1967.11.21, 67다2158 437
대판 1968.2.27. 67므34 839
대판 1968.8.30. 68다1051 72
대판 1968.9.3. 68다169 614, 822
대판 1968.9.3. 68다169 617
대판 1968.9.17. 68다1142 682
대판 1968.11.26. 68다1727,1728 71
대판 1969.3.18. 68다1617 780, 803
대판 1969.6.24, 68다1749 64
대판 1969.6.24. 69다633 72
대판 1969.7.22, 69다504 340, 576
대판 1969.7.29. 69다835 602
대판 1969.12.9. 69므31 830
대판 1970.2.24, 69다1410,1411 408
대판 1970.9.22. 69다446 323
대판 1970.9.29, 70다466 41, 294
대판 1970.10.30. 70다1812 72

대판 1970.11.30, 68다1995 718
대판 1971.4.6. 71다26 799
대판 1972.1.31, 71다2356 573
대판 1972.1.31, 71다2414 765
대판 1972.1.31, 71다2697 306, 313
대판 1973.9.25, 72다2502 573
대판 1973.9.25, 73다1100 340, 575, 580
대판 1973.11.13, 전합72다518 370
대판 1974.2.12, 73다298 714
대판 1974.6.25, 73다1642 765
대판 1974.11.26, 74다246 572
대판 1974.12.10. 74다998 799
대판 1975.2.10. 74다334 215
대판 1975.4.22. 73다2010 505
대판 1975.8.19, 74다2229 182
대판 1975.12.23, 75다1193 285, 593
대판 1975.12.23. 73다1086 196
대판 1975.12.23. 75다413 579
대판 1976.4.27, 75다1241 507
대판 1976.5.11, 75다1305 510
대판 1976.5.11, 75다1305 444
대판 1976.5.11, 75다1305 769
대판 1976.6.2. 75다124 688
대판 1976.6.22. 75다819 286
대판 1976.9.14, 76다1365 849
대판 1976.11.6, 전합76다148 33, 706
대판 1977.4.12, 75다1780 178
대판 1977.5.24, 75다1394 426, 440, 446
대판 1977.7.26, 전합77다492 842
대판 1977.7.26, 전합77다492 841
대판 1977.8.23, 77다785 627, 635
대판 1977.9.28, 전합77다1241 510, 519
대판 1977.9.28, 전합77다1241 505, 507, 515
대판 1977.9.28, 전합77다1241 769, 770, 771, 773
대판 1977.9.28. 전합77다1241 291
대판 1977.12.13, 77다115 512
대판 1978.4.25. 78다226 246
대판 1978.6.13, 78다468 304
대판 1978.12.13, 78다1811 861, 864
대판 1979.1.30. 78다2088 673
대판 1979.6.26. 79다741 600, 602
대판 1979.7.10, 79다644 582
대판 1979.7.10. 79다644 568
대판 1979.10.10. 79다1508 431
대판 1979.10.10, 79다1508 162
대판 1979.10.10. 79다1508 320
대판 1979.10.30. 79다1455 449
대판 1979.11.13, 79다1562 364
대판 1979.12.11, 전합78다481 14
대판 1980.2.12, 79다2035 432
대판 1980.2.26. 80다56 320
대판 1980.5.13. 78다1790 138
대판 1980.7.8. 79다1928 190, 528
대판 1980.10.14. 79다1170 727
대판 1980.11.27, 전합89다카12398 693, 696
대판 1981.1.13, 79다2151 96
대판 1981.1.27, 전합79다854 856, 859, 864, 869
대판 1981.3.24, 80다2226 642, 649
대판 1981.4.14, 80다2314 84, 89, 91
대판 1981.4.14, 80다2314 84
대판 1981.4.14, 80다2381 429
대판 1981.4.14. 80다2314 91
대판 1981.6.23. 80다609 72
대판 1981.6.23. 81다225 176
대판 1981.7.28. 81다209 575
대판 1981.8.25. 80다3204 72
대판 1981.9.8, 80다2649 392
대판 1981.9.8, 80다2649 343, 428
대판 1981.10.27, 80다2784 417, 421
대판 1981.11.10. 80다2712 800
대판 1981.11.10. 81다378 512
대판 1981.11.18, 81다1340 604
대판 1981.11.24, 81다633 166
대판 1982.4.27. 80다2555 552
대판 1982.5.25, 81다1349, 82
대판 1982.6.22, 81다카1283,1284 160, 433
대판 1982.7.27, 80다2968 8, 869
대판 1982.8.24, 82다카348 578
대판 1982.9.28. 82다카177 72
대판 1982.11.23, 81다카1110 620
대판 1982.12.14, 82다카413 795
대판 1983.3.22. 전합82다카1533 177
대판 1983.4.26, 83다카57 181, 186
대판 1983.5.10, 81다187 759

대판 1983.7.12, 전합82므59 839
대판 1983.7.12. 전합82므59 840
대판 1983.11.22, 83다430 99, 704
대판 1983.11.22, 83다430 38
대판 1984.3.27. 83다323 286
대판 1984.5.15, 84다카108 562, 756
대판 1984.5.15, 84다카108 520
대판 1984.7.24, 84다카68 182, 219
대판 1984.9.11, 83다카2288 296
대판 1984.9.11. 83다카2288 322
대판 1984.10.10, 84다카780 89
대판 1985.4.9, 84다카1131,1132 716, 724, 793
대판 1985.4.9, 84다카130,131 426, 440, 441
대판 1985.4.9. 85도167 49
대판 1985.4.9, 전합84다카1131 715
대판 1985.4.9, 전합84다카1131,1132 793
대판 1985.9.10, 84다카1532 173
대판 1985.11.12, 85다카1499 543
대판 1985.11.12, 85다카1499 545
대판 1986.2.25, 85다카1529 315
대판 1986.2.25. 85다카1529 288
대판 1986.5.27, 86다카62 712
대판 1986.9.9, 85다카175 530
대판 1986.11.11. 86도1982 883
대판 1986.11.25, 86다카1569 119
대판 1986.12.23, 86다카1751 728, 879
대판 1986.12.23, 86다카1751 792
대판 1986.12.23. 86다카1751 723
대판 1987.1.20, 86다카1372 673
대판 1987.1.20. 85다카2197 160, 429
대판 1987.2.24, 86다215, 687
대판 1987.2.24, 86다카1695 477
대판 1987.3.10. 86다카1114 486, 488
대판 1987.3.10. 86다카1114 484
대판 1987.3.24. 86다카1348 89
대판 1987.4.28, 86다2033 797
대판 1987.4.28. 86다카2856 794
대판 1987.5.26. 86다카1876 384
대판 1987.7.7, 86다카2762 747
대판 1987.7.7, 86다카2762 325
대판 1987.9.8, 85다카733 467
대판 1987.9.8, 86다카1045 589
대판 1987.9.8, 86다카1349 15, 26
대판 1987.10.28, 87다카1185 551
대판 1987.11.10, 86다카371 36, 69
대판 1987.12.8. 87므44 830
대판 1987.12.8. 86다카1170 28
대판 1987.12.22, 86다카2994 582, 591
대판 1987.12.22, 86다카2994 582
대판 1988.1.19, 87다카1315 312, 317, 489
대판 1988.1.19, 87다카1315 316
대판 1988.1.19, 87다카1315 506, 509
대판 1988.2.23, 87다카600 188
대판 1988.2.23, 87다카961 856
대판 1988.4.12. 87다카2429 292
대판 1988.6.28, 87다카12895 452
대판 1988.9.27, 87다카279 715
대판 1988.9.27, 88다카1797 361, 817
대판 1988.9.27, 88다카1797 798
대판 1988.9.27. 86다카2634 453
대판 1988.9.27. 87다카140 681
대판 1988.10.11. 87다카545 139, 799, 812, 815
대판 1988.10.24, 87다카1604 716, 725, 794
대판 1988.10.24, 87다카1604 716, 794
대판 1988.11.22. 86다카1923 568
대판 1989.1.31, 87다카2358 33
대판 1989.2.14. 87다카3073 727
대판 1989.2.28, 88다카214 123
대판 1989.4.11, 88다카13219 84
대판 1989.4.11. 88다카5843 634
대판 1989.4.25, 88다카3618 648
대판 1989.4.25, 88다카4253,4260 290
대판 1989.4.25, 88다카4253·4260 291
대판 1989.4.25. 88다카4253,4260 528
대판 1989.5.23, 87다카2723 552, 583, 587, 591
대판 1989.6.27, 87다카2478 253
대판 1989.8.8. 88다카6242 862
대판 1989.10.27. 89다카4298 291
대판 1989.11.14, 88다카29962 331
대판 1989.11.14. 88다카29962 329, 866
대판 1989.11.24, 88다카25038 365, 788
대판 1989.11.28, 89다카15601 139
대판 1990.1.12, 89다카4946 137
대판 1990.1.23, 88다카7245,7252 514

대판 1995.1.24, 93다32200 339, 341
대판 1995.2.10, 94다30263 105
대판 1995.2.10. 94다28468 634
대판 1995.3.10, 94므1379 833
대판 1995.3.10. 94다16571 233
대판 1995.3.14, 94다26646 159
대판 1995.3.17, 93다32996 341
대판 1995.3.28, 94다59745 684
대판 1995.3.28, 94므1584 832
대판 1995.3.28, 전합93다47745 635
대판 1995.4.28, 93다26397 103
대판 1995.4.28, 94다16083 403
대판 1995.5.9, 94다22484 643
대판 1995.5.9, 94다38403 848, 856
대판 1995.6.30, 95다12927 510
대판 1995.7.11, 94다4509 632, 636, 638
대판 1995.7.11, 95다12446 127, 131, 136, 150
대판 1995.7.11, 전합94다34265 518, 523
대판 1995.7.11. 94다4509 638
대판 1995.7.14, 94다15318 857
대판 1995.7.14. 94다15318 682
대판 1995.7.25, 95다14664 316
대판 1995.7.25, 95다14664 509
대판 1995.7.25. 94다46428 651
대판 1995.7.28. 95다9075,9082 880
대판 1995.8.11, 94다58599 333, 334
대판 1995.8.25, 94다35886 122, 628
대판 1995.8.25. 94다35886 136
대판 1995.9.15, 94다61144 520
대판 1995.9.15. 94다61144 525
대판 1995.9.26, 94므1638 829, 833
대판 1995.9.29, 94다4912 35, 239
대판 1995.9.29. 94다4912 699
대판 1995.10.12, 95다22283 442, 669
대판 1995.12.8, 95다38493 645
대판 1995.12.12, 95다32037 442, 447
대판 1995.12.12. 95다32037 442
대판 1995.12.21. 전합94다26721 284
대판 1995.12.25, 94다44675 750
대판 1995.12.26, 95다29888 620, 621
대판 1996.1.23. 95다39854 126, 133
대판 1996.1.26, 95다44290 670, 673
대판 1996.2.9, 94다61649 850, 868
대판 1996.2.9, 94다61649 855
대판 1996.2.9, 95다17885 887
대판 1996.2.13, 95누11023 738
대판 1996.2.23, 95다49141 279
대판 1996.2.27, 95다35616 477
대판 1996.2.27, 95다35616 478, 771
대판 1996.3.8, 95다34866 626
대판 1996.3.8, 95다36596 813
대판 1996.3.8, 95다55467 90, 432
대판 1996.3.8. 95다15087 465
대판 1996.3.22, 95다24302 582, 591
대판 1996.3.22, 95다55184 778
대판 1996.3.26, 95다45545,45552,45569 865, 866, 879
대판 1996.4.12, 95다54167 201, 202
대판 1996.4.12. 93다40614 5
대판 1996.4.26 95다52864 720
대판 1996.4.26, 94다12074 49
대판 1996.4.26, 95다54426,54433 185, 186
대판 1996.4.26, 95다54426 · 54433 187
대판 1996.4.26. 95다52864 724
대판 1996.5.14, 94다54283 8
대판 1996.5.14, 94다54283 9
대판 1996.5.14, 94다54283 9
대판 1996.6.11, 95다12798 367, 532, 538
대판 1996.6.14, 95다11429 168
대판 1996.6.14. 96다14517 466, 468, 522, 525
대판 1996.6.25, 95다12682 33
대판 1996.6.25. 95다6601 397
대판 1996.6.28, 96다14807 614, 661
대판 1996.6.28, 96다14807 616, 663
대판 1996.6.28, 96다3982 607
대판 1996.6.28, 96다9218)고 826
대판 1996.6.28. 96다9218 651, 681
대판 1996.7.12. 96다7250,7267 368
대판 1996.7.26. 94다25964 48, 54, 60, 63
대판 1996.7.26. 95다25138 441
대판 1996.7.30, 95다7932 310
대판 1996.7.30. 79다434 694
대판 1996.7.30. 95다7932 321
대판 1996.8.20, 96다13682 886

대판 1996.8.20. 96다18656 23
대판 1996.8.23, 95다8713 475
대판 1996.9.6, 94다54641 670
대판 1996.9.10, 96다25463 598
대판 1996.9.10, 96다25463은 598
대판 1996.10.17, 전합96다12511 605
대판 1996.12.10, 94다43825 632, 636
대판 1996.12.19. 전합94다22927 109
대판 1996.12.23, 95다48308 854
대판 1997.1.24, 96다41335 629
대판 1997.2.14. 95다31645 279
대판 1997.2.14. 96므738 883
대판 1997.3.11, 96다37428 8
대판 1997.3.11, 96다50797 826
대판 1997.3.14, 96다3982 607
대판 1997.3.14, 96다55860 625, 652
대판 1997.3.28, 96다10638 675
대판 1997.3.28, 96다10638 184, 187
대판 1997.4.8, 96다45443 519, 522
대판 1997.4.11, 97다5824 626
대판 1997.4.25. 97다6186 650
대판 1997.5.7, 96다39455 173, 460, 461
대판 1997.5.9, 96다2606
215, 237, 244, 259, 275, 833
대판 1997.5.23, 95다51908
215, 236, 237, 241, 259, 266, 271, 275
대판 1997.5.30, 97다1556 350, 353, 784, 785
대판 1997.5.30, 97다8601 404, 527, 825
대판 1997.6.24. 97다8809
846, 852, 865, 866, 870, 876
대판 1997.6.27, 97다15258 571
대판 1997.6.27, 97다3828 74
대판 1997.6.27, 97다9369 423
대판 1997.6.27. 96다51332 615
대판 1997.6.27. 97다9369 417
대판 1997.7.25, 95다21624 770, 773
대판 1997.7.25, 97다4357 435
대판 1997.7.25, 97다8403 348, 350, 784
대판 1997.8.22, 96다26657 61
대판 1997.8.22, 97다카13023 58
대판 1997.9.9, 97다10864 263
대판 1997.9.13. 77다832 123
대판 1997.9.30, 95다39526 780
대판 1997.10.10, 97다27022 578
대판 1997.10.24, 97다28698 407
대판 1997.10.24. 95다49530 38
대판 1997.11.25, 97다29790 740
대판 1997.11.28. 97다31229 71
대판 1997.12.12, 96다50896
285, 286, 287, 583, 589, 593
대판 1997.12.26, 97다22676 147, 200
대판 1997.12.26. 96다34665 725, 738
대판 1998.2.13, 97므1486 832
대판 1998.2.13. 97다6711 264, 276
대판 1998.3.13, 97다54376 542
대판 1998.3.13. 97다6919 548
대판 1998.3.13., 97다34112 575
대판 1998.3.27, 96다37398 856
대판 1998.3.27. 96다37398 861
대판 1998.4.10. 98다카3276 727
대판 1998.4.28. 97다55164 549, 550, 551, 592
대판 1998.5.8, 98다2389 312, 515
대판 1998.5.12, 97다8496,8502 635
대판 1998.5.12. 97다8496,5802 643
대판 1998.5.15. 97다58316 216, 268, 277
대판 1998.5.29, 97다55317 81
대판 1998.6.12, 98다505 90, 432
대판 1998.6.12, 98다6800 615
대판 1998.6.26. 98다11826 279
대판 1998.7.10, 98다15545 515
대판 1998.7.10. 98다18988 71, 72
대판 1998.8.21. 98다15439 308
대판 1998.9.4, 98다17909 40
대판 1998.9.22. 98다12812 742
대판 1998.10.20, 98다31691 591
대판 1998.10.20, 98다31691 583, 587
대판 1998.10.27, 98다25184 332, 335
대판 1998.11.10, 98다32878 629
대판 1998.11.10, 98다32878 629, 648
대판 1998.11.10, 98다34126 778, 782
대판 1998.11.10, 98다34126 782
대판 1998.11.19, 전합98다24105 214
대판 1998.11.24, 98다25061 156
대판 1998.11.24, 98다33765 331

대판 1998.12.8, 97다31472 194, 205
대판 1999.1.26, 97다48906 617
대판 1999.1.29. 98다1584 149
대판 1999.2.12, 98다40688 649
대판 1999.2.26, 98다56072 600, 602
대판 1999.2.9. 98다42615 323
대판 1999.3.12, 98다48989 40
대판 1999.4.13, 98다51077 154
대판 1999.4.13, 98다51077, 157, 550
대판 1999.4.13. 98다51077 534
대판 1999.4.23, 98다32939 477, 484
대판 1999.4.27, 98다56690 183, 220
대판 1999.4.27, 98다56690 187
대판 1999.4.27. 98다56690 220
대판 1999.4.9, 98다58016 829, 832
대판 1999.4.9, 99다2515 218, 246, 266
대판 1999.5.11, 99두1540 580
대판 1999.5.14, 99두35 688
대판 1999.5.14. 99두35 847
대판 1999.5.25, 99다9981 471, 476, 479, 481, 484
대판 1999.6.11, 99다16378 133
대판 1999.6.17, 전합98다40459 103, 435
대판 1999.6.17, 전합98다40459 101, 415
대판 1999.6.17, 전합98다58443 687
대판 1999.6.25, 99다5866,5873 629
대판 1999.7.27, 98다35020 713
대판 1999.7.9, 98다57457,57464 727
대판 1999.7.9, 99다10004 574, 576
대판 1999.8.20, 99다18039 296, 299, 318
대판 1999.8.20. 99다18039 322
대판 1999.9.17, 98다31301 741, 743, 746
대판 1999.9.17, 99다21738 209
대판 1999.9.21, 99다26085 812, 815
대판 1999.9.21, 99다26085 797
대판 1999.9.21, 99다31667 573
대판 1999.9.7, 98다41490 260, 263, 267, 272, 276
대판 1999.10.12, 98다62671 157
대판 1999.11.12, 99다29916 221
대판 1999.11.23, 99다52602 732
대판 1999.11.26. 99다23093 491
대판 1991.12.24, 전합90다12243 607
대판 1999.12.28, 99다8834 311
대판 1999.12.28, 99다8834 298
대판 1999.12.28, 99다8834 324
대판 2000.1.14, 99다40937 448
대판 2000.1.18, 98다18506 59
대판 2000.1.21, 99다50538 286
대판 2000.3.16, 전합97다37661 634
대판 2000.3.28. 99다56529 694, 697
대판 2000.4.7, 99다52817 310, 311, 324
대판 2000.4.11, 99다23888 381
대판 2000.4.11, 99다51685 203, 295, 448
대판 2000.4.11. 99다12123 125
대판 2000.4.11. 99다23888 112, 211, 365, 381
대판 2000.5.12, 2000다12259 54, 57, 61, 63
대판 2000.6.9, 2000다15371 59, 463
대판 2000.6.9, 99므1633 843
대판 2000.6.9. 99다36778 631, 641
대판 2000.6.23, 98다31899 740, 742, 749
대판 2000.7.6. 99다51258 46
대판 2000.8.22, 2000다19922 122
대판 2000.8.22, 2000다23433 440
대판 2000.8.22, 2000다29028 573
대판 2000.8.22, 2000므292 839
대판 2000.9.8, 99다6524 318
대판 2000.9.22, 99다53759,53766 167
대판 2000.9.29. 2000다3262 246
대판 2000.10.6, 2000다32147 686
대판 2000.11.24, 2000다38718,38725 575, 577, 579
대판 2000.12.8, 2000다14934,14941 642, 649
대판 2000.12.8. 2000다42977 624, 647
대판 2001.1.5. 2000다47682 651, 825, 826
대판 2001.1.19, 2000다57351 464
대판 2001.1.19. 2000다37319 361
대판 2001.2.23, 2000다68924 546
대판 2001.2.23, 2000므1561 830
대판 2001.2.27, 2000다44348 255
대판 2001.2.9 2000다51797 232
대판 2001.2.9 2000다63516 837
대판 2001.2.9, 2000다57139 247
대판 2001.2.9, 99다38613 37
대판 2001.3.13. 2000다48517,48524,4853 722, 733
대판 2001.3.13, 99다17142 722
대판 2001.3.15, 전합99다48948 796

대판 2001.3.23, 2000다51285 621
대판 2001.3.27, 2000다43819 368, 370, 375, 386
대판 2001.4.13, 2000다52943 833
대판 2001.4.24, 2000다41875 246
대판 2001.4.27, 2000다69026 241
대판 2001.4.27. 2000다69026 331
대판 2001.5.29, 2000다10246 23
대판 2001.5.8, 99다38699 183, 187
대판 2001.5.8. 2000다6053 158, 159, 160
대판 2001.6.1, 2001다21854 346
대판 2001.6.1. 98다17930 203
대판 2001.6.1, 99다63183 255
대판 2001.6.12. 2001다3580 131
대판 2001.6.12. 2001다3580) 117
대판 2001.6.12. 99다20612 250
대판 2001.6.26. 2001다5371 694, 697
대판 2001.6.29, 2001다23201 581
대판 2001.6.29, 2001다28299 850
대판 2001.7.10. 2001다3764 55
대판 2001.7.13, 2001다17572 652
대판 2001.7.27. 2000다73377 229
대판 2001.8.21, 2001다22840 142
대판 2001.8.21. 2001다3658 568
대판 2001.9.4. 2001다14108 220, 250
대판 2001.9.18, 2001다9304 532, 541
대판 2001.10.9, 2000다42618 227, 266, 272, 275, 276
대판 2001.10.12, 2000다22942 863
대판 2001.10.23, 2001다25184 284
대판 2001.11.9, 2001다44291 96
대판 2001.11.30, 2001다6947 883, 886
대판 2001.12.27, 2000다73049 237, 655
대판 2001.12.27, 2001다33734 233, 247, 263, 267, 272, 277
대판 2002.1.25. 2001다5250 588
대판 2002.2.5, 2000다38527 664
대판 2002.2.5, 2001다66369 20, 28
대판 2002.2.5. 2001다72029 600, 602
대판 2002.2.8, 2000다50596 376
대판 2002.2.27, 2000마7937 780
대판 2002.3.15 2000다7011 708
대판 2002.3.15, 2001다61654 240, 700, 847
대판 2002.3.15. 2001다77352,77369 8, 627, 629, 631, 638, 643, 645
대판 2002.3.29, 2000다13887 295, 303, 315, 316, 327
대판 2002.3.29. 2000다13887 299, 301, 321
대판 2002.4.12, 2000다63912 247
대판 2002.4.26, 2000다16350 526, 824
대판 2002.4.26, 2001다59033 365, 382
대판 2002.4.26. 2000다16350 694
대판 2002.4.26. 2000다50497 338
대판 2002.4.26. 2001다59033 308
대판 2002.5.10, 2000다18578 332, 334, 399
대판 2002.5.10, 2000다37296,37302 537
대판 2002.5.10, 2000다55171 656
대판 2002.5.14 2002다12635 101
대판 2002.5.14, 2000다62476 120, 130
대판 2002.5.14, 2000다62476 123
대판 2002.5.14, 2002다9738 678
대판 2002.5.14, 2002다9738 857
대판 2002.5.24. 2002다7176 787
대판 2002.6.14, 2002다11441 106
대판 2002.6.14. 2002다14853 279
대판 2002.6.20. 전합2002다9660 728
대판 2002.6.28, 2001다49814 36
대판 2002.7.12, 2001두441 870
대판 2002.7.12, 2002다19254 825
대판 2002.7.12. 2001두441 872
대판 2002.7.26, 2001다53929 795, 797, 798
대판 2002.7.26, 2001다68839 441
대판 2002.8.23, 2001다69122 740
대판 2002.8.23. 99다66564,66571 556, 558, 560, 561, 619, 760, 761
대판 2002.8.23. 2002다25242 296, 364, 368
대판 2002.8.27, 2001다71699 325
대판 2002.9.4, 2001다64615 517, 771
대판 2002.9.10, 2002다21509 57, 281
대판 2002.9.27, 2002다15917 584, 589
대판 2002.10.11, 2002다33502 203, 294, 426, 440, 446, 450
대판 2002.10.25, 2000다63110 714
대판 2002.10.25. 2002다23840 688
대판 2002.11.8, 2002다41589 216, 235

대판 2002.11.8, 2002다42957 221
대판 2002.12.6. 2001다2846 352
대판 2002.12.6. 2002다39715 264
대판 2002.12.10, 2002다52657 315
대판 2002.12.24, 2002다50484 681, 826
대판 2002.12.26. 2000다21123 706
대판 2003.1.10, 2000다27343 196, 198, 205
대판 2003.1.10, 2000다34426 566, 586, 592
대판 2003.1.10. 2000다34426 569
대판 2003.1.24, 2000다22850
179, 294, 295, 408, 436, 440, 441, 444
대판 2003.1.24. 2000다22850 294
대판 2003.2.11, 2002다37474 273
대판 2003.2.11. 2002다37474 267
대판 2003.2.28, 2000다6508 330
대판 2003.3.28, 2003다5917 675
대판 2003.3.28. 2003다5917 108
대판 2003.4.11, 2002다70884 57, 60, 155
대판 2003.4.11, 2003다3850 791, 794
대판 2003.4.22. 2003다7685 514
대판 2003.5.13, 2002다64148 182, 187
대판 2003.5.27. 2001다13532 127, 220
대판 2003.5.30. 2001다10748 364
대판 2003.6.13, 2001다29803 282
대판 2003.6.13, 2003다8862 563
대판 2003.6.27, 2003다20190 108, 461
대판 2003.7.11, 2001다73626 23
대판 2003.7.11, 2001다73626 26, 30
대판 2003.7.11, 2003다19435 258
대판 2003.7.11, 2003다19435 250
대판 2003.7.11, 2003다19558 236
대판 2003.7.11, 2003다19572 216, 260, 263
대판 2003.7.11. 2003다19435 218
대판 2003.7.11. 2003다19558 263, 275
대판 2003.7.22, 2002다64780 80
대판 2003.7.22. 2001다76298 436
대판 2003.7.23, 2002다64780 27, 30
대판 2003.7.25, 2001다64752 555, 671
대판 2003.7.25, 2002다27088 24, 28
대판 2003.8.22. 2003다12717 442
대판 2003.10.24, 2003다37426 306
대판 2003.11.4, 2001다61869 9
대판 2003.11.4, 2001다61869 670, 683
대판 2003.11.13, 2003다39989 260, 262, 266
대판 2003.11.14. 2001다61869 55
대판 2003.11.14, 2001다61869 669, 673
대판 2003.11.14, 2003다35482 657
대판 2003.11.27. 2003다41722 208, 704
대판 2003.12.11, 2003다49771 409, 410
대판 2003.12.12, 2003다40286 247, 260
대판 2003.12.18. 전합98다43601 734
대판 2003.12.26, 2003다49542 568, 582
대판 2003.12.26. 2001다46730 455
대판 2004.1.15, 2002다31537 41
대판 2004.1.16, 2003다30890 136, 139
대판 2004.2.12, 2001다10151 194, 198, 205
대판 2004.2.13, 2003다43490 326
대판 2004.2.14, 2003다43490 298, 310
대판 2004.2.27, 2002다39456 675
대판 2004.3.12, 2001다79013 402
대판 2004.3.12, 2001다79013 403
대판 2004.3.12, 2001다79013 400, 402
대판 2004.3.12. 2001다79013 155
대판 2004.3.12., 2003다63586 877
대판 2004.3.18, 전합2001다82507 174
대판 2004.3.25. 2002다69358 240
대판 2004.5.14, 2003다57697 628
대판 2004.5.28, 2003다70041 50, 295
대판 2004.5.28, 2003다70041 51, 52
대판 2004.5.28, 2003다70041
16, 63, 79, 93, 100, 200, 225, 294, 333, 334, 371, 388, 512
대판 2004.6.11. 2004다13533 680, 736
대판 2004.6.11, 2004다13533 793
대판 2004.6.25. 2003다46260,53879 45
대판 2004.6.25. 2004다20401 877
대판 2004.7.8, 2002다73203 203, 870
대판 2004.7.8, 2002다73203 871
대판 2004.7.9, 2004다13083 335
대판 2004.7.22, 2002다51586 172, 460, 461
대판 2004.8.20, 2001다70337 542, 550, 576
대판 2004.8.30. 2004다21923
218, 219, 234, 246, 249, 258
대판 2004.9.24, 2004다31463 634

대판 2004.10.28. 2003다30463 819, 820, 821
대판 2004.11.12, 2004다22858 598
대판 2004.12.23, 2004다56554 312, 317
대판 2004.12.23, 2004다56554 489
대판 2004.12.24, 2004다45943 666
대판 2005.1.28, 2002다66922 704
대판 2005.1.28, 2002다66922 764
대판 2005.1.28. 2002다66922 208
대판 2005.2.17, 2004다59959 136
대판 2005.2.25, 2003다40668 770
대판 2005.2.25, 2003다40668 771
대판 2005.3.25, 2003다35659 737
대판 2005.3.25. 2004다10985 275
대판 2005.4.15, 2003다60297 11
대판 2005.4.15. 2004다70024 201
대판 2005.4.29, 2003다66431 609, 611
대판 2005.4.29, 2005다664 536, 537, 702, 703, 707
대판 2005.4.29. 2004다71409 690
대판 2005.5.12. 2005다459,466 497
대판 2005.5.13, 2004다71881 462
대판 2005.5.26. 2002다43417 632
대판 2005.5.27, 2004다43824 63, 64
대판 2005.6.9, 2005다4529 498
대판 2005.6.9, 2005다6341 426, 441
대판 2005.6.9. 2004다17535 219, 249, 251, 270
대판 2005.6.23, 2004다51887 887
대판 2005.7.22, 2005다7566,7573 408, 409
대판 2005.7.22. 2005다7566 412
대판 2005.8.19, 2004다53173 167, 170
대판 2005.8.19, 2005다22688 753
대판 2005.9.15, 전합2004다44971 23
대판 2005.9.28, 2005다8323 317, 318, 520
대판 2005.9.29, 2003다40651 610, 856
대판 2005.10.13, 2003다24147 584
대판 2005.10.14. 2003다60891 277
대판 2005.11.10, 2004다37676 542
대판 2005.11.10, 2005다41818 129
대판 2005.11.25, 2005다51457 236
대판 2006.1.13, 2005다51013,51020 464
대판 2006.1.26, 2005다17341 352, 353
대판 2006.1.26, 2005다47014 591
대판 2006.1.27, 2005다19378 286, 589
대판 2006.1.27. 2005다19378 285, 594
대판 2006.2.9. 2005다59864 741
대판 2006.2.10, 2004다11599 419, 421, 423
대판 2006.2.10, 2004다2564 262
대판 2006.3.9, 2005다57899 881
대판 2006.3.10, 2002다1321 49
대판 2006.4.14. 2006다3813 129
대판 2006.4.27, 2006다1381 122
대판 2006.4.27. 2006다1381 149
대판 2006.5.11, 2006다6072 738
대판 2006.5.12, 2005다75910 637, 638
대판 2006.7.4, 2004다61280 218, 246
대판 2006.7.4. 2006므751 837
대판 2006.7.28. 2004다54633 368
대판 2006.8.24. 2006다32200 869
대판 2006.9.8, 2004다55230 284, 584
대판 2006.9.8, 2006다26694 859, 864, 869
대판 2006.9.22. 2006다22852,22869 123, 138
대판 2006.10.12, 2004다48515 48
대판 2006.10.26, 2004다63019 588
대판 2006.10.27, 2005다14502 814
대판 2006.11.9. 2006다35117 703
대판 2006.11.10, 2005다35516 123
대판 2006.11.10, 2006다46346 884
대판 2006.11.23, 2005다13288 55
대판 2006.12.7, 2004다54978 253, 254
대판 2006.12.21, 2004다24960 270
대판 2007.1.11, 2006다33364 139
대판 2007.1.11, 2006다50055 796
대판 2007.1.11, 2006다50055 795, 796
대판 2007.1.25. 2006다68940 136
대판 2007.2.22, 2004다59546 622
대판 2007.3.15, 2006다12701 498, 653
대판 2007.3.29, 2004다31302 419, 673
대판 2007.4.19., 전합2004다60072 60089 23, 26, 27, 30, 80
대판 2007.4.26, 2006다22715 279
대판 2007.5.10, 2006다82700,82717 188, 190, 656
대판 2007.6.1, 2005다5812,5829,5836 396
대판 2007.6.14, 2005다32999 588

대판 2007.6.14. 2005다9326 279
대판 2007.6.21, 전합2004다26133 502, 727
대판 2007.7.26, 2006므2757 850
대판 2007.7.26. 2007다23081 276
대판 2007.8.23, 2007다21856,21863 312, 488, 497, 505
대판 2007.9.7, 2005다16942 764
대판 2007.9.20, 2005다63337 167
대판 2007.11.16, 2005다71659 12, 13
대판 2007.11.29, 2007다54849 127, 229, 261
대판 2008.1.31, 2007다64471 194, 205
대판 2008.2.14, 2007다77569 83
대판 2008.2.14. 2006다33357 223, 236, 261
대판 2008.2.14. 2007다63690 691
대판 2008.2.15, 2006다68810,68827 692, 735
대판 2008.3.13, 2006다53733,53740 563, 564
대판 2008.3.13, 2006다58912 43, 44
대판 2008.3.13, 2007다73611 414, 416, 417, 419, 420, 422
대판 2008.3.13. 2006다29372 740
대판 2008.3.13. 2006다29372,29389 44, 45, 378
대판 2008.3.14, 2006다2940 124
대판 2008.3.27, 2007다82875 184
대판 2008.4.10, 2007다38908 446, 669
대판 2008.4.10, 2007다38908,38915 442, 444
대판 2008.4.11, 2007다27236 758
대판 2008.4.24. 2007다84352 263, 277
대판 2008.5.8, 2007다36933 · 36940 662, 663, 664, 665
대판 2008.6.12, 2007다37837 248
대판 2008.6.12. 2007다36445 691
대판 2008.8.21. 2007다8464 338
대판 2008.9.11, 2006다46278 103, 455, 563
대판 2008.9.11. 2007다24817 704
대판 2008.9.25, 2007다74874 478, 709
대판 2008.10.23, 2007다72274,72281 421
대판 2008.11.13, 2006다1442 248, 260, 263, 277
대판 2008.11.27. 2008다62687 706
대판 2008.12.11, 2007다69162 220, 250
대판 2008.12.11. 2008다45187 700
대판 2008.12.24. 2008다51649 286
대판 2008.12.24. 2008다65396 744, 746, 749
대판 2009.1.15, 2008다70763 474, 753
대판 2009.1.15. 2007다61618 260, 268, 277
대판 2009.1.30, 2008다73731 75
대판 2009.1.30. 2008다79340 548
대판 2009.2.12, 2006다23312 80
대판 2009.2.12, 2008두20109 129
대판 2009.2.26. 2008다4001 800
대판 2009.3.26, 2008다34828 764, 765
대판 2009.3.26. 2008다44313 690
대판 2009.4.23, 2008다50615 417, 419, 420
대판 2009.4.23, 2008다62427 417
대판 2009.5.14, 2009다5193 338, 400
대판 2009.5.28, 2006다42818 778
대판 2009.5.28, 2008다98655,98662 398
대판 2009.5.28, 2009다4787 191, 192, 194, 196, 198, 206
대판 2009.5.28. 2007다20440 398
대판 2009.6.11, 2008다75072 331
대판 2009.6.11. 2008다7109 276
대판 2009.6.25, 2009다16186,16193 605
대판 2009.7.9, 2009다14340 149
대판 2009.7.9. 2009다23313 706
대판 2009.7.16, 전합2007다15172,15189 649
대판 2009.7.23, 2009다19802,19819 385
대판 2009.9.24, 2009다15602 661
대판 2009.9.24, 2009다39530 119, 767
대판 2009.9.24, 2009다40684 751, 765
대판 2009.10.15, 2009다42321 859, 861
대판 2009.10.15. 2006다43903 241
대판 2009.11.12, 2009므2840,2857 829, 831
대판 2009.11.12., 2009다46828 84
대판 2009.11.26. 2006다37106 823
대판 2009.12.24, 2009다32324 751, 759
대판 2009.12.24, 2009다64215 253
대판 2009.12.24, 2009다85342 392, 428
대판 2009.12.24, 2009므2130 829, 830
대판 2010.1.14. 2009다7212,7229 541
대판 2010.1.28, 2009다24187,24194 697, 704
대판 2010.1.28. 2009다61193 524
대판 2010.2.11. 2009다73905 337
대판 2010.2.11. 2009다79316 575

대판 2010.2.11. 2009다79729 543, 549
대판 2010.2.25, 2009다98386 641
대판 2010.3.18, 전합2007다77781 874, 875
대판 2010.4.15, 2008다41475 810
대판 2010.4.29, 2009다84936 853
대판 2010.4.29, 2009다99129 436
대판 2010.4.29. 2009다84936 877
대판 2010.5.20, 전합2007다90760 284
대판 2010.5.20. 2009다48312 133
대판 2010.6.10, 2007다61113,61120 355, 358, 359
대판 2010.6.10, 2009다101275 482, 503
대판 2010.6.24. 2010다14599 875
대판 2010.8.19, 2010다43801 514, 726
대판 2010.8.19. 2010다43801 727
대판 2010.8.19. 2010다31860,3187 408
대판 2010.9.9, 2010다37905 67, 684
대판 2010.9.9. 2010다37905 882
대판 2010.9.16, 전합2008다97218 284, 589
대판 2010.9.30. 2007다2718 235, 261
대판 2010.10.14, 2010다47438 162, 437
대판 2010.10.14, 2010다53273 134
대판 2010.10.14. 2010다48455 308
대판 2010.10.28. 2010다58377 197
대판 2011.1.13. 2010다67159 681
대판 2011.2.10. 2010다83199,83205 71
대판 2011.2.10. 2010다90708 254
대판 2011.3.24. 2010다100711 303
대판 2011.4.28, 2010다101394 475, 751
대판 2011.4.28. 2011다1200 491
대판 2011.5.13, 2011다10044 144
대판 2011.5.26. 2011다1330 534
대판 2011.6.9, 2011다29307 231
대판 2011.6.23. 전합2007다63089 488
대판 2011.6.24. 2011다11009 103
대판 2011.6.30, 2011다8614 315
대판 2011.7.14, 2010다107064 603, 604, 605
대판 2011.7.28. 2010다70018 493
대판 2011.8.18. 2011다30666,30673 811
대판 2011.9.8, 2010다37325,37332 562
대판 2011.10.13, 2011다10266 108, 463
대판 2011.10.13, 2011다55214 756, 766
대판 2011.11.24, 2009다19246 753
대판 2011.12.13. 2009다5162 560, 767
대판 2011.12.22, 2011다64669 75, 77
대판 2012.2.9. 2011다72189 767
대판 2012.2.16, 전합2011다45521
296, 318, 325, 370, 379, 747
대판 2012.3.29 2011다74932 685
대판 2012.4.13. 2011다104246 122, 149
대판 2012.5.17, 전합2010다28604 655, 657
대판 2012.5.17, 전합2011다87235 201
대판 2012.5.24. 2010다33392 861
대판 2012.6.28. 2010다71431 253
대판 2012.6.28. 2010다81049 3
대판 2012.7.12. 2010다42990 471, 482
대판 2012.7.12. 2010다51192 134
대판 2012.7.12. 2012다20475 106
대판 2012.7.26. 2012다45689 482, 503
대판 2012.8.30. 2009다90924 279
대판 2012.8.30. 2010다39918 641
대판 2012.9.27. 2012다49490 315, 317
대판 2012.10.18. 전합2010다52140 729, 731, 738
대판 2012.10.25. 2010다32214 360
대판 2012.10.25. 2011다107382 243
대판 2012.10.25. 2012다45566 138
대판 2012.11.15 2012다69197 708
대판 2012.11.29. 2012다65867 429
대판 2012.12.27. 2011다96932 836
대판 2013.1.10. 2011다64607 22
대판 2013.1.17. 전합2011다49523 486, 774
대판 2013.1.24, 2011다99498 689
대판 2013.2.15. 2012다48855 353
대판 2013.2.15. 2012다68217 136
대판 2013.2.28. 2010다57350 474, 754
대판 2013.2.28. 2010다89814 538, 539, 710
대판 2013.2.28. 2011다49608,49615 497
대판 2013.3.14. 2010다42624 884, 885
대판 2013.3.28. 2011다97898 547
대판 2013.4.11. 2009다62059 728, 729
대판 2013.4.11. 2011다107009 751
대판 2013.4.11. 2012다44969 566
대판 2013.4.26. 2011다50509 436, 779
대판 2013.5.9. 2011다75232 276
대판 2013.7.18. 전합2012다5643 223, 227

대판 2013.7.25. 2011다56187,56194 149
대판 2013.8.22. 2012다54133 4
대판 2013.8.22. 2013다32574 770, 773
대판 2013.9.12. 2010다95185 711
대판 2013.9.12. 2011다89903 448, 709
대판 2013.9.12. 2013다43345 724
대판 2013.9.13, 2013다45457 66
대판 2013.11.28. 2013다48364 525
대판 2013.12.12. 2013다14675 441
대판 2013.12.18. 전합2013다202120 111
대판 2014.1.16. 2013다30653 538
대판 2014.1.23. 2013다207996 805
대판 2014.2.13. 2011다64782 450
대판 2014.2.27. 2013다213038 85, 87
대판 2014.3.13. 2011다111459 629, 648
대판 2014.3.20. 전합2009다60336 754
대판 2014.3.27. 2013다1518 270
대판 2014.5.16. 2012다43324 882
대판 2014.6.12. 2011다76105 118, 141, 282
대판 2014.9.4. 2013다60661 235
대판 2014.9.26. 2012다71688 882
대판 2014.10.27. 2013다91672 45, 378, 742, 747
대판 2014.11.27. 2013다49794 49
대판 2014.12.18. 전합2011다50233 351
대판 2014.12.24. 2012다73158 731, 732
대판 2014.12.24. 2012다49285 350
대판 2015.3.20, 2012다99341 804
대판 2015.3.26. 2012다25432 543
대판 2015.4.9. 2014다80945 296
대판 2015.4.23. 2014다231378 414, 423
대판 2015.5.14. 2013다48852 876
대판 2015.5.21. 전합2012다952 216
대판 2015.6.11. 2015다200227 131, 149, 150
대판 2015.7.23. 2013다30301 211
대판 2015.9.10. 2013다55300 198, 208, 703, 708
대판 2015.9.15. 2013므568 830
대판 2015.9.15. 전합2013므568 830
대판 2015.10.29. 2012다21560 545
대판 2015.10.29. 2013다83992 182, 266
대판 2015.11.17. 2012다2743 224, 225
대판 2016.1.14. 2015다235353 276
대판 2016.2.18. 2015므654,661 828
대판 2016.4.15. 2015다59115 437
대판 2016.5.19. 전합2009다66549 109
대판 2016.5.24. 2015다250574 875
대판 2016.7.14. 2015다46119 94, 304
대판 2016.8.18. 2013다90402 223
대판 2016.8.18. 2014다31691,31707 542
대판 2016.8.29. 2015다236547 210, 211
대판 2016.10.27. 2013다7769 164, 177, 180, 398
대판 2016.10.27. 2015다52978 677
대판 2016.11.25. 2016다211309 494, 495, 496, 497, 501
대판 2016.12.29. 2013다73520 877, 878
대판 2017.1.25. 2014다52933 306
대판 2017.3.15. 2015다252501 493
대판 2017.3.22. 2016다218874 488
대판 2017.3.22. 2016다258124 123
대판 2017.3.9. 2015다217980 244
대판 2017.4.7. 2016다35451 130, 133, 137, 142, 144
대판 2017.4.26. 2014다221777,221784 391
대판 2017.5.17. 2016다248806 676
대판 2017.5.18. 전합2012다86895, 86901 465
대판 2017.5.30. 2015다34437 256
대판 2017.5.30. 2017다205073 267
대판 2017.6.8. 2017다3499 96, 870
대판 2017.7.11. 2014다32458 147, 199, 200
대판 2017.7.18. 2015다206973 362
대판 2017.9.21. 2015다50637 813
대판 2017.10.31. 2015다65042 717, 718
대판 2017.12.5. 2014다227492 650
대판 2017.12.13. 2016다6293 157
대판 2018.2.13. 396
대판 2018.3.15. 2015다69907 718
대판 2018.4.12. 2017다229536 697
대판 2018.4.26. 2016다3201 78
대판 2018.6.19. 2018다201610 772, 774
대판 2018.6.28. 2018다214319 275, 276
대판 2018.9.13. 2015다78703 61
대판 2018.11.9. 2015다75308 197, 198
대판 2018.11.9. 2018다38782 146
대판 2018.12.27. 2016다265689 772, 775

대판 2019.1.24. 전합2016다264556 3
대판 2019.1.31. 2017다216028,216035 673
대판 2019.1.31. 2017다228618 101
대판 2019.2.14. 2017다274703 385, 386, 387
대판 2019.3.14. 2018두56435 117
대판 2019.6.27. 2017다222962 383
대판 2019.7.25. 2019다212945 111, 113
대판 2020.1.30. 2019다268252 534
대판 2020.2.6. 2019다223723 115, 116
대판 2020.4.9. 2014다51756, 51763 816, 817
대판 2020.4.29. 2016다235411 768
대판 2020.5.14. 2019다252042 515
대판 2020.8.13. 2019다249312 873
대판 2021.10.28. 2019다293036 165, 166
대판 2021.11.11. 2020다254280 4
대판 2021.12.30. 2018다268538 748, 749
대판 2021.3.11. 2020다229239 4, 5, 6
대판 2021.8.19. 2018다244976 411, 412
대판 2021.8.19. 2019다297137 109
대판 2022.3.31. 2018다21326 802
대판 2022.4.14. 2021다263519 651
대판 2022.5.26. 2020다206625 116
대판 2022.6.30. 2022다200089 381, 383
대판 2022.6.30. 2022다20089 493
대판 2022.7.28. 2017다245330 453
대판 2022.12.29. 2019다272275 654

[고등법원 판결]

서울고법 1980.10.31, 80나2589 187, 458

저자 **윤동환**

주요 약력

- 서울대학교 졸업(법학사, 경제학사), 고려대학교 법학대학원 수료
- 민사법 전문강의 20년(민소법 강의 10년)
- 법학전문대학원 성균관대 · 경북대 · 전남대 · 제주대 · 인하대 로스쿨 특강
- 사법시험 2차 민법 90% 이상의 독보적 점유율
- 2016년 이후 매년 변호사시험 재학생 수강률 1위
- 성균관대 · 한양대 · 단국대 · 전남대 · 전북대 등 대학 특강 및 모의고사 문제 출제
- 현 | 해커스변호사 민사법 대표강사
- 전 | 합격의 법학원 민사법 담당

주요 저서

- 해커스변호사 민법 · 민사소송법 변호사시험 기출의 맥 선택형(해커스변호사)
- 해커스변호사 민법 기본 사례의 맥(해커스변호사)
- 해커스변호사 민법 · 민사소송법 핵심 正지문의 맥(해커스변호사)
- 해커스변호사 민법의 맥(해커스변호사)
- 해커스변호사 민법 · 민사소송법 실전답안 핵심사례의 맥(해커스변호사)
- 해커스변호사 민사법 최근 1개년 판례의 맥(공태용 공저, 해커스변호사)
- 해커스변호사 친족상속법 슬림한 친상법의 맥(해커스변호사)
- 해커스변호사 민법 · 민사소송법 최근 3개년 판례의 맥(해커스변호사)
- 해커스변호사 민법 · 민사소송법 기출중심 사례의 맥(해커스변호사)
- 해커스변호사 민법 · 민사소송법 암기장(해커스변호사)
- 해커스변호사 변호사시험 핵심기출 400제 민사법 선택형(공태용 공저, 해커스변호사)
- 민사소송법의 맥(우리아카데미)
- 민사 기록의 맥(공태용 공저, 우리아카데미)
- 주관식용 핵심 민법의 맥(마체베트)

2025 대비 최신개정판

해커스변호사 민법 기출중심 사례의 맥

개정 3판 1쇄 발행 2024년 7월 19일

지은이	윤동환
펴낸곳	해커스패스
펴낸이	해커스변호사 출판팀
주소	서울특별시 강남구 강남대로 428 해커스변호사
고객센터	1588-4055
교재 관련 문의	해커스 법아카데미 사이트(law.Hackers.com) 1:1 고객센터
학원 강의 및 동영상강의	law.Hackers.com
ISBN	979-11-7244-205-7 (13360)
Serial Number	03-01-01